THE BIG BLUE BOOK OF FRENCH VERBS

David M. Stillman, Ph.D.
Ronni L. Gordon, Ph.D.

McGraw Hill

New York Chicago San Francisco Lisbon London Madrid Mexico City
Milan New Delhi San Juan Seoul Singapore Sydney Toronto

The McGraw-Hill Companies

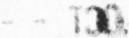

1 2 3 4 5 6 7 8 9 0 QPD/QPD 0 9 8 (0-07-159148-6)
1 2 3 4 5 6 7 8 9 0 QPD/QPD 0 9 8 (0-07-159151-6)

ISBN 978-0-07-159150-8
MHID 0-07-159150-8 (book and CD set)

ISBN 978-0-07-159151-5
MHID 0-07-159151-6 (book for set)

ISBN 978-0-07-159148-5
MHID 0-07-159148-6 (book alone)

Interior design by Village Bookworks, Inc.

CD-ROM for Windows
To install: Insert the CD-ROM into your CD-ROM drive. The CD-ROM will start automatically. If it does not, double-click on MY COMPUTER; find and open your CD-ROM disk drive, then double-click on the install.exe icon. The CD-ROM includes audio instructions to guide you in using this program effectively.

CD-ROM for Mac
To install: Insert the CD-ROM into your CD-ROM drive. A window will open with the contents of the CD. Drag the program icon to your Applications folder. For easy access, create an alias of the program on your desktop or your dock.

Minimum System Requirements:
Computer: Windows 2000, XP, Vista / Mac OS X 10.3.x, 10.4.x, 10.5.x
Pentium II, AMD K6-2, or better / Power PC (G3 recommended) or better; any Intel processor
256 MB RAM
14" color monitor
8× or better CD-ROM
Sound card
Installation: Necessary free hard-drive space: 300 MB
Settings: 800 × 600 screen resolution
256 (8-bit) colors (minimum)
Thousands (24- or 32-bit) of colors (preferred)

MP3 Downloads:
MP3 files in "Top 50 Verb Mini-Dialogues" can be downloaded from the CD-ROM. Select Download All, save and then expand the compressed zip folder "All_French_Verb_MP3s." To load onto your iPod, drag and drop the expanded folder into your LIBRARY in iTunes. Once synced with your iPod, locate the files in Music/Artists under "French Verbs: Big Blue."

Call 800-722-4726 if the CD-ROM is missing from this book.
For technical support go to http://www.mhprofessional.com/support/technical/contact.php

This book is printed on acid-free paper.

Pour Mimi, Alex, Kathleen, et Juliana,
les étoiles de notre firmament

Contents

Preface vii

French Tense Profiles 1

▶ *Easy-to-view summaries of formation and uses of each tense*

The Basics of Conjugation 1
The Simple Tenses 2
  The Present Tense 3
  The Imperfect Tense 6
  The Passé Simple 8
  The Future Tense 10
  The Conditional Tense 12
  The Present Subjunctive 14
  The Imperfect Subjunctive 18
The Compound Tenses 20
  The Passé Composé 21
  The Pluperfect Tense 23
  The Past Anterior Tense 24
  The Future Anterior Tense 25
  The Past Conditional Tense 26
  The Past Subjunctive 27
  The Pluperfect Subjunctive 28
Principal Parts of the Verb 29
Commands (The Imperative) 30
Pronominal/Reflexive Verbs 31
The Passive Voice 32
Impersonal Verbs 33
The Infinitive 37
The Present Participle 40
Defective Verbs 41
Guide to Irregular Verbs 42

555 Fully Conjugated Verbs 45

▶ *Alphabetically ordered with examples of common usage*

Top 50 Verbs: *Full page of examples adjoining select conjugations*

English-French Verb Index 652

▶ *555 verb models cross-referenced by their English meaning*

Irregular Verb Form Index 657

▶ *Index showing the infinitive of difficult irregular French verb forms*

French Verb Index 660

▶ *More than 2,700 verbs cross-referenced to the full verb models*

Preface

It was the Verb that mixed the hands, it was the Verb that lacked stability, it was the Verb that had no permanent opinion about anything, it was the Verb that was always dodging the issue and putting out the light and making all the trouble . . . I must catch a Verb and tame it.

MARK TWAIN

The Big Blue Book of French Verbs, Second Edition sets a new standard for verb reference books with important enhancements that guide the learner toward mastery of the French verb system.

We have expanded the *French Tense Profiles,* ever a favorite with users of *The Big Blue Book of French Verbs,* to give the learner even more guidance than in the first edition on verb formation and how to use the tenses of the French verb correctly. To illustrate, we have added many new and interesting examples of tense usage.

The Big Blue Book of French Verbs, Second Edition, like the first edition, is designed to provide beginning through advanced learners of French with a powerful reference and practice tool. It can be used successfully by independent learners, in conjunction with any self-teaching program, as well as in a traditional classroom setting. Teachers who use our book report significant progress in their students' performance. In writing this second edition, we have taken into account and deeply appreciate the valuable feedback we have received from learners and teachers.

The Big Blue Book of French Verbs, Second Edition retains all the features that have made it so popular with users: 555 fully conjugated verbs and more than 2,700 verbs cross-referenced in the index, the Top 50 Verbs selected for their high frequency, and productive examples that make use of all tenses in the *Usage* sections. We have added hundreds of new examples in many fields to the *Usage* sections based on the contemporary language written and spoken by educated French speakers in French-speaking countries so that learners using *The Big Blue Book of French Verbs, Second Edition* are exposed to rich and expressive current, everyday French. Thus, learners are provided with even more examples of idiomatic French that they can incorporate into their own repertoire.

Easy-to-read verb charts are essential for a verb reference book. We have retained the highly accessible and manageable organization of verb tenses and paradigms you liked so much in the first edition and modified the appearance of the tables for even greater clarity and ease of use. The very useful English-French Verb Index, Irregular Verb Form Index, and French Verb Index remain important features of the second edition.

If you have the version with the CD-ROM, you will see that we have added to the CD-ROM hundreds of oral exercises that will take you from conjugation to conversation. These include conversational exchanges selected from the *Usage* sections of the Top 50 Verbs and read by native speakers of French, with pauses to allow you to repeat. These *Mini-Dialogues—Faisons de la conversation!* appear on screen with their English translations as they are read. They are indicated by this icon in the book. Also new is the Audio Practice section, *Vous comprenez?,* which includes 100 oral multiple choice questions that are read by native speakers of French. Immediate feedback is provided by means of a "correct/incorrect" screen that gives you the option of hearing the question again, seeing the question written out, or proceeding to the next question.

We have included another important and highly effective new feature, *Listening for Key Contrasts—Les sons du français*. These listening drills target some of the key sound contrasts in the French verb system. By learning to listen for subtle differences in spoken French, learners improve their comprehension so that they can understand everyday speech.

The Big Blue Book of French Verbs, Second Edition provides you with the information you need to conjugate and use any French verb you may encounter. Mastering the French verb system is the key first step to communicating with confidence. To that end, we recommend using our acclaimed texts, *The Ultimate French Review and Practice with CD-ROM* and *The Ultimate French Verb Review and Practice*, as companion texts for grammar review and the development of proficiency in French.

David M. Stillman, Ph.D.
Ronni L. Gordon, Ph.D.

French Tense Profiles

THE BASICS OF CONJUGATION

Conjugation is a list of the forms of the verb in a conventional order. The forms of the verb in a particular tense vary to show person and number. The three persons are: the speaker, or first person (I), the person spoken to, or second person (you), and the person or thing referred to, or third person (he, she, it). There are two numbers in English and French, singular and plural. The verb forms are designated by person and number, as summarized in the chart below:

	SINGULAR	PLURAL
FIRST PERSON	I	we
SECOND PERSON	you	you
THIRD PERSON	he, she, it	they

Thus, in the English conjugation of the verb *to be*

	SINGULAR	PLURAL
FIRST PERSON	I am	we are
SECOND PERSON	you are	you are
THIRD PERSON	he, she, it is	they are

We say that *am* is first-person singular, *is* is third-person singular. The form *are* is used for the second-person singular and plural as well as for the first- and third-persons plural. The above order of forms is called a conjugation paradigm, and is conventional in both English and French for the presentation of verb forms. This is the pattern that will be used to present the forms of French verbs in this book.

The Persons of the Verb in French

The subject pronouns in French do not correspond exactly to the English system.

	SINGULAR	PLURAL
FIRST PERSON	je	nous
SECOND PERSON	tu	vous
THIRD PERSON	il, elle, on	ils, elles

Note the following:

1 · French has two pronouns meaning you. **Tu** is used to address one person to signal an informal relationship: relatives, friends, fellow students, etc. **Vous** is used to address one person to signal a formal relationship: strangers, neighbors, adult colleagues (unless they are good friends), service personnel. **Vous** is also used to address more than one person whether the relationship is formal or informal.

2 · The third-person plural pronouns in French distinguish gender: **ils** vs. **elles**. The masculine form is used for groups of males or groups of males and females. The feminine form is used for groups consisting solely of females.

3 · In addition to **il** and **elle**, French has an additional third-person singular pronoun **on**. **On** means *one, people, they, you,* a pronoun that conveys the idea of an indefinite subject. In colloquial speech, **on** also means *we* and **on** + third-person singular verb often replaces **nous** + first-person plural verb.

4 · The pronouns **il** and **elle** can refer to people or things. **Il** replaces any masculine noun, **elle** replaces any feminine noun. **Il** can therefore mean either *he* or *it* and **elle** can mean either *she* or *it,* depending on the noun they refer to.

Verb Classes

French verbs have more endings than English verbs. These endings reflect the subject and show tense and mood.

There are three major classes, called conjugations. Each conjugation has its own set of endings, although there is some overlap among the three. The conjugation to which a verb belongs is shown by the *infinitive,* the form ending in **-er**, **-ir**, **-re**. The infinitive is not marked for person or tense. The verbs **parler** *to speak,* **finir** *to finish,* and **vendre** *to sell* represent the three conjugations. Notice the various ways these verbs are designated:

parler	first-conjugation verb OR **-er** verb
finir	second-conjugation verb OR **-ir** verb
vendre	third-conjugation verb OR **-re** verb

THE SIMPLE TENSES

These are the simple (single-word) tenses or moods in French:

The Present Tense page 3
The Imperfect Tense page 6
The Passé Simple page 8
The Future Tense page 10
The Conditional Tense page 12
The Present Subjunctive page 14
The Imperfect Subjunctive page 18

The Present Tense

We can analyze the present tense forms of French verbs as consisting of two parts each: the stem, which carries the meaning of the verb, and the person ending, which shows the person who performs the action and the tense or mood. The stem is formed by dropping the ending of the infinitive: **-er**, **-ir**, **-re**.

INFINITIVE		STEM
parler	>	**parl-**
finir	>	**fin-**
vendre	>	**vend-**

Examine the conjugations of the three model verbs in the present tense:

parler *to speak*

je parl**e**	nous parl**ons**
tu parl**es**	vous parl**ez**
il/elle/on parl**e**	ils/elles parl**ent**

finir *to finish*

je fin**is**	nous fin**issons**
tu fin**is**	vous fin**issez**
il/elle/on fin**it**	ils/elles fin**issent**

vendre *to sell*

je vend**s**	nous vend**ons**
tu vend**s**	vous vend**ez**
il/elle/on vend	ils/elles vend**ent**

Note:

1 · The singular forms of each conjugation sound alike. In the first conjugation (**-er** verbs) the third-person plural form is identical in pronunciation to the singular.

2 · **-Ir** verbs add **-iss-** between the stem and the endings of the plural.

3 · **-Re** verbs in French have a third-person singular ending in **-t**. Verbs whose stems end in **-d** do not add a **-t** in the third-person singular.

4 · In **-ir** and **-re** verbs the third-person plural form ends in a pronounced consonant in speech that drops (is silent) in the singular. This dropping of the final consonant in speech in the singular forms of the present tense is characteristic of most French irregular verbs as well.

Two- and Three-Stem Verbs

Many irregular verbs in French have two stems in the present tense, one used in the **nous** and **vous** forms and a different stem in the other forms. This pattern is further complicated by the loss in the singular forms of the final consonant of the stem as it appears in the third-person plural. Examine the following conjugations:

vouloir *to want* (STEMS **voul-, veu(l)-**)

je **veux**	nous **voul**ons
tu **veux**	vous **voul**ez
il/elle/on **veut**	ils/elles **veul**ent

boire *to drink* (STEMS **buv-, boi(v)-**)	
je **bois**	nous **buv**ons
tu **bois**	vous **buv**ez
il/elle/on **boit**	ils/elles **boiv**ent

recevoir *to receive* (STEMS **recev-, reçoi(v)-**)	
je **reçois**	nous **recev**ons
tu **reçois**	vous **recev**ez
il/elle/on **reçoit**	ils/elles **reçoiv**ent

The verb **prendre** *to take* and its compounds have three stems in the present.

STEMS **pren-, prenn-, prend-**	
je **prends**	nous **pren**ons
tu **prends**	vous **pren**ez
il/elle/on **prend**	ils/elles **prenn**ent

Uses of the Present Tense

1 · The present tense is used to express ongoing or habitual actions in the present.

M. Duvalier **travaille** chez lui aujourd'hui.	*Mr. Duvalier* ***is working*** *at home today.*
Je **prends** un café tous les jours avant de rentrer.	*I* ***have*** *a cup of coffee every day before going home.*
Elle ne **commande** jamais de bière.	*She never* ***orders*** *beer.*
Nous **suivons** des cours d'informatique à l'université.	*We****'re taking*** *computer science courses at the university.*

The English auxiliary verb *do/does* is not translated before French verb forms in questions and in negative sentences.

—Tu **comprends** la leçon?	***Do*** *you* ***understand*** *the lesson?*
—Non, je **ne comprends pas** parce que je **ne travaille pas**.	*No, I* ***don't understand*** *because I* ***don't study****.*
—Tu **te sens bien**?	***Do*** *you* ***feel all right****?*
—Non, je **ne me sens pas bien**. Je suis enrhumé.	*No, I* ***don't feel well****. I have a cold.*
—**Chante-t-elle** bien?	***Does*** *she* ***sing*** *well?*
—Non, elle **ne chante pas** bien. Elle chante toujours faux.	*No, she* ***doesn't sing*** *well. She always sings off-key.*

2 · The present tense can express future time when another element of the sentence makes it clear that the future is being referred to.

—**Tu reviens** demain?	***Will you return*** *tomorrow?*
—Non, **je reste** jusqu'à la semaine prochaine.	*No,* ***I'll stay*** *until next week.*
—Quand est-ce que l'avion **arrive**?	*When* ***will*** *the plane* ***arrive****?*
—Il **arrive** à deux heures de l'après-midi.	*It* ***will arrive*** *at two in the afternoon.*

3 · The present tense is used to indicate actions that began in the past but that continue into the present. English uses *have/has been doing something* to express this.

—Depuis combien de temps **habitez**-vous ici?	*How long* ***have*** *you* ***been living*** *here?*
—Nous **habitons** ici depuis un an.	*We****'ve been living*** *here for a year now.*

—Depuis quand Marthe **cherche**-t-elle du travail?	*Since when **has** Marthe **been looking** for a job?*
—Elle **cherche** du travail depuis janvier.	*She**'s been looking** for work since January.*
—Il y a longtemps qu'il **veut** venir?	***Has** he **been wanting** to come for a long time?*
—Oui, ça fait trois ans qu'il **essaie** de faire le voyage.	*Yes, he**'s been trying** to take the trip for three years.*

4 · The present tense can be used to refer to the past for dramatic effect. This is called the historical present.

Jacques Cartier **arrive** au Canada en 1534.	*Jacques Cartier **arrives** in Canada in 1534.*
La Révolution française **commence** en 1789.	*The French Revolution **begins** in 1789.*
Trois ans plus tard on **signe** le traité de paix.	*Three years later the peace treaty **is signed**.*

The Imperfect Tense

The imperfect tense is one of the most regular tenses in French. To form the imperfect of all verbs except **être** you add a special set of endings to the **nous**-form of the present without the **-ons** ending.

-er verbs (nous parlons > **parl-**)

je parl**ais**	nous parl**ions**
tu parl**ais**	vous parl**iez**
il/elle/on parl**ait**	ils/elles parl**aient**

-ir verbs (nous finissons > **finiss-**)

je finiss**ais**	nous finiss**ions**
tu finiss**ais**	vous finiss**iez**
il/elle/on finiss**ait**	ils/elles finiss**aient**

-re verbs (nous vendons > **vend-**)

je vend**ais**	nous vend**ions**
tu vend**ais**	vous vend**iez**
il/elle/on vend**ait**	ils/elles vend**aient**

Only **être** *to be* has an irregular imperfect stem: **ét-**.

j'ét**ais**	nous ét**ions**
tu ét**ais**	vous ét**iez**
il/elle/on ét**ait**	ils/elles ét**aient**

Uses of the Imperfect Tense

The imperfect tense expresses one of the two aspects of past time in French (the other is expressed by the passé composé). The imperfect is used to indicate actions that the speaker sees as continuing in the past, without reference to their beginning or end. The imperfect is therefore used to refer to:

1 · actions that are seen as backgrounds to other actions, such as time or weather; only the imperfect is used to tell what time it was in the past

Il était déjà **dix heures** quand nos amis sont arrivés.	***It was** already **ten o'clock** when our friends arrived.*
Quand je suis sorti, **il faisait froid** et **il pleuvait**.	*When I left, **it was cold** and **it was raining**.*

2 · actions that were customary in the past with no reference to their beginning or end (English *used to*)

Quand nous **habitions** à Nice, on **allait** souvent à la plage.	*When we **lived** in Nice, we **used to go** to the beach a lot.*
On **dînait** toujours dans ce restaurant parce que l'on y **mangeait** très bien.	*We always **used to have dinner** at that restaurant because **the food was** very good.*

3 · descriptions of states or conditions that existed in the past (as opposed to events)

La maison **était** neuve et elle **avait** de grandes pièces confortables.	*The house **was** new and **had** big, comfortable rooms.*

Le soleil **se couchait** et les réverbères **s'allumaient**. Les gens **se promenaient** déjà dans les rues.	*The sun **was setting** and the streetlights **were being turned on**. People **were** already **strolling** in the streets.*

4 · actions that were repeated in the past with no reference to their beginning or end

Quand j'**étais** étudiant, j'**allais** tous les jours à la bibliothèque.	*When I **was** a student, I **went** to the library every day.*
Le dimanche mes amis et moi, on **se voyait** au café.	*On Sundays my friends and I **would see each other** at the café.*

5 · The imperfect tense is used in indirect discourse, that is, to report what someone said. It follows the past tenses of verbs such as **dire** *to say* and **écrire** *to write*.

Elle m'a dit qu'elle **allait** au cinéma.	*She told me she **was going** to the movies.*
Nous leur avons écrit que nous **voulions** les voir à Londres.	*We wrote them that we **wanted** to see them in London.*

The Passé Simple

The passé simple is a tense used primarily in written French.

-er verbs

je parl**ai**	nous parl**âmes**
tu parl**as**	vous parl**âtes**
il/elle/on parl**a**	ils/elles parl**èrent**

-ir verbs

je fin**is**	nous fin**îmes**
tu fin**is**	vous fin**îtes**
il/elle/on fin**it**	ils/elles fin**irent**

-re verbs

je vend**is**	nous vend**îmes**
tu vend**is**	vous vend**îtes**
il/elle/on vend**it**	ils/elles vend**irent**

Most irregular verbs in the passé simple pattern like **-ir** and **-re** verbs. Many irregular verbs in the passé simple have the vowel **u** before the endings.

avoir *to have*

j'eu**s**	nous eû**mes**
tu eu**s**	vous eû**tes**
il/elle/on eu**t**	ils/elles eu**rent**

lire *to read*

je lu**s**	nous lû**mes**
tu lu**s**	vous lû**tes**
il/elle/on lu**t**	ils/elles lu**rent**

Uses of the Passé Simple

Third-person singular and plural forms of the passé simple occur in newspaper writing as well as in more formal styles. In older stages of French, the passé simple was used to label a past action as completed in the past with no reference to the present. It is especially common in formal literary or historical writing.

Les Anglais **brûlèrent** Jeanne d'Arc à Rouen.	*The English* ***burned*** *Joan of Arc at Rouen.*
Jefferson **acheta** la Louisiane à la France en 1803.	*Jefferson* ***bought*** *Louisiana from France in 1803.*

Certain inverted forms of the passé simple are common in current prose to indicate who is speaking. The verbs **dire** and **faire** are frequent in this function.

« Je ne m'en irai pas », **dis-je**.	*"I won't leave,"* ***I said.***
« Sortez d'ici! » **cria-t-elle**.	*"Get out of here!"* ***she shouted.***
« Nous sommes prêts », **fit-il**.	*"We are ready,"* ***he said.***

Third-person singular passé simple forms are common in formal and even journalistic writing. Other forms of the passé simple also may appear for stylistic effect.

MITTERRAND François (1916–1996)

Avocat au barreau de Paris, mobilisé en 1939, il **fut fait** prisonnier et, s'étant évadé, il **entra** dans la résistance.... il **fut** successivement ministre des Anciens combattants (1947–1948), de l'information (1948), de la France d'outre-mer (1950–1951), Ministre d'État dans le cabinet Laniel (1953); il **démissionna** en raison de son désaccord sur la politique coloniale... Il **devint** ministre de l'intérieur dans le cabinet Mendès-France.
(*Short biography of François Mitterrand from a French government website about the officials of the Fourth Republic* (http://www.interieur.gouv.fr/sections/a_l_interieur/le_ministere/histoire/4e-republique))

A lawyer at the Paris bar, he was drafted in 1939, was taken prisoner and, once he escaped, joined the Resistance. . . . he was successively Minister for Veterans' Affairs (1947–1948), Information Minister (1948), Minister of Overseas French Territory (1950–1951), Secretary of State in the Laniel cabinet (1953); he resigned in disagreement with the colonial policy. . . . He became Minister of the Interior in Mendès-France's cabinet.

The Future Tense

The future tense in French is formed not from the stem, but from the infinitive. A special set of endings is added to the infinitive. These endings are the same for *all* verbs. Note that **-re** verbs drop the final **-e** before adding endings.

parler	
je parler**ai**	nous parler**ons**
tu parler**as**	vous parler**ez**
il/elle/on parler**a**	ils/elles parler**ont**

finir	
je finir**ai**	nous finir**ons**
tu finir**as**	vous finir**ez**
il/elle/on finir**a**	ils/elles finir**ont**

vendre	
je vendr**ai**	nous vendr**ons**
tu vendr**as**	vous vendr**ez**
il/elle/on vendr**a**	ils/elles vendr**ont**

Note the following irregular stems (modified infinitives) used to form the future tense:

accueillir	j'**accueiller**ai
aller	j'**ir**ai
avoir	j'**aur**ai
courir	je **courr**ai
cueillir	je **cueiller**ai
devoir	je **devr**ai
envoyer	j'**enverr**ai
être	je **ser**ai
faire	je **fer**ai
mourir	je **mourr**ai
pouvoir	je **pourr**ai
recevoir	je **recevr**ai
savoir	je **saur**ai
tenir	je **tiendr**ai
venir	je **viendr**ai
voir	je **verr**ai
vouloir	je **voudr**ai

Other irregular futures are presented in the verb charts of this book.

Uses of the Future Tense

The future tense marks events that will take place in the future.

Il **finira ses études** l'année prochaine.	*He'**ll graduate** next year.*
Quand est-ce que tu **viendras** nous voir?	*When **will** you **come** to see us?*

The future serves as a polite command.

Vous m'aiderez, n'est-ce pas?	***You'll help me**, won't you?*
Tu me pardonneras.	***You'll forgive me.***

The future tense can be used to speculate or conjecture.

C'est aujourd'hui lundi. Elle **sera** de retour.	*Today is Monday. She'**ll** probably **be** back.*
Il **aura** son rhume des foins.	*It **must be** his hay fever.*

The future is also common after **ne pas savoir si** *not to know whether* when the main verb is in the present tense.

Je ne sais pas **si** je **pourrai** venir.	*I don't know **whether I'll be able** to come.*
Nous ne savons pas **s'**il **voudra** partir.	*We don't know **whether** he **will want** to leave.*

The future is common in reporting speech (*indirect discourse*) after verbs of communication, such as **dire** or **écrire**, when the main verb of the sentence is in the present tense.

Il dit qu'il **ne** le **fera pas**.	*He says that he **won't do** it.*
Elle écrit qu'elle **viendra**.	*She writes that she **will come**.*

In sentences expressing a hypothesis, the future is used in the main clause when the **si**-clause (*if*-clause)—that is, the subordinate or dependent clause—has the verb in the present tense.

Si vous **sortez**, je **sortirai** avec vous. (OR Je **sortirai** avec vous si vous **sortez**.)	*If you **go out**, **I'll go out** with you.*

The Conditional Tense

The conditional (English *would*) is formed by adding the endings of the imperfect tense to the infinitive. Note that **-re** verbs drop the final **-e** before adding endings.

parler	
je parler**ais**	nous parler**ions**
tu parler**ais**	vous parler**iez**
il/elle/on parler**ait**	ils/elles parler**aient**

finir	
je finir**ais**	nous finir**ions**
tu finir**ais**	vous finir**iez**
il/elle/on finir**ait**	ils/elles finir**aient**

vendre	
je vendr**ais**	nous vendr**ions**
tu vendr**ais**	vous vendr**iez**
il/elle/on vendr**ait**	ils/elles vendr**aient**

Verbs that have modified infinitives in the future use the same modified form in the conditional.

accueillir	j'**accueiller**ais
aller	j'**ir**ais
avoir	j'**aur**ais
courir	je **courr**ais
cueillir	je **cueiller**ais
devoir	je **devr**ais
envoyer	j'**enverr**ais
être	je **ser**ais
faire	je **fer**ais
mourir	je **mourr**ais
pouvoir	je **pourr**ais
recevoir	je **recevr**ais
savoir	je **saur**ais
tenir	je **tiendr**ais
venir	je **viendr**ais
voir	je **verr**ais
vouloir	je **voudr**ais

Uses of the Conditional Tense

The conditional tells what *would* happen.

Dans ce cas-là, je te **prêterais** l'argent.	*In that case, I **would lend** you the money.*

The conditional is also common after a past tense form of **ne pas savoir si** *not to know whether.*

Je ne savais pas **si** tu **viendrais**.	*I didn't know **whether** you **were coming / would come.***
Il ne savait pas **si** je **pourrais** l'aider.	*He didn't know **whether** I **would be able** to help him.*

The conditional is common to report speech (*indirect discourse*) after verbs of communication, such as **dire** or **écrire**, when the main verb of the sentence is in one of the past tenses.

Il a dit qu'il **ne** le **ferait pas**.	*He said that he **wouldn't do** it.*
Elle a écrit qu'elle **viendrait**.	*She wrote that she **would come**.*

The conditional may be used similarly after verbs of belief.

Je croyais qu'il **sortirait**.	*I thought he **would go out**.*

Note that not every occurrence of *would* in English indicates a conditional in French. English often uses the verb *would* to indicate repeated actions in the past. That use of *would* requires an imperfect, not a conditional, in French.

Quand j'étais jeune, **j'allais** tous les jours à la plage.	*When I was young, **I would go** to the beach every day.*
Elle servait du gâteau quand elle recevait.	***She would serve** cake when she had company.*

The conditional tense is used in the main clause of a conditional sentence when the **si**-clause (*if*-clause)—that is, the subordinate or dependent clause—has the verb in the imperfect tense. (These are called contrary-to-fact clauses.)

Si vous **vous en alliez**, moi je **m'en irais** aussi. (OR Moi je **m'en irais** si vous **vous en alliez**.)	*If you **were to leave**, I **would leave** too.*

The conditional is also used to soften requests or suggestions.

Je voudrais un aller et retour sur Paris.	***I'd like** a round-trip ticket to Paris.*
Voudriez-vous prendre un café?	***Would you like** to have a cup of coffee?*
Pourriez-vous m'aider?	***Could you** help me?*
J'aimerais vous revoir demain.	***I'd like** to see you again tomorrow.*
Nous préférerions ne pas partir.	***We'd prefer** not to leave.*

In journalistic language, the conditional is used to indicate allegations or facts that are not yet verified but merely claimed.

Selon le porte-parole du gouvernement un accord commercial entre les deux pays **serait signé** cette semaine.	*According to the government spokesman, a commercial agreement between the two countries **will be signed** this week.*
La Corée du Nord **aurait fermé** son principal complexe nucléaire.	*North Korea **claims to have shut down** its main nuclear complex.*
Le gouvernement français **aurait entamé** des pourparlers avec les Japonais.	*The French government **is said to have begun** talks with the Japanese.*
Deux cents personnes **seraient mortes** dans un accident d'avion au Brésil.	*Two hundred people **are believed to have died** in a plane crash in Brazil.*

The Present Subjunctive

The stem of the present subjunctive is the same as that of the third-person plural of the present tense. The ending **-ent** is dropped and the subjunctive endings are added. All conjugations have the same endings in the subjunctive.

parler	
que je parl**e**	que nous parl**ions**
que tu parl**es**	que vous parl**iez**
qu'il/elle/on parl**e**	qu'ils/elles parl**ent**

finir	
que je finiss**e**	que nous finiss**ions**
que tu finiss**es**	que vous finiss**iez**
qu'il/elle/on finiss**e**	qu'ils/elles finiss**ent**

vendre	
que je vend**e**	que nous vend**ions**
que tu vend**es**	que vous vend**iez**
qu'il/elle/on vend**e**	qu'ils/elles vend**ent**

Verbs with two stems show the same variety of stems in the subjunctive, except that the final consonant of the third-person plural appears in all singular forms.

boire *to drink* (STEMS **buv-, boi(v)-**)	
que je **boive**	que nous **buv**ions
que tu **boiv**es	que vous **buv**iez
qu'il/elle/on **boive**	qu'ils/elles **boiv**ent

recevoir *to receive* (STEMS **recev-, reçoi(v)-**)	
que je **reçoive**	que nous **recev**ions
que tu **reçoiv**es	que vous **recev**iez
qu'il/elle/on **reçoive**	qu'ils/elles **reçoiv**ent

The verb **prendre** *to take* and its compounds have two stems in the present subjunctive: **prenn-, pren-**.

que je **prenne**	que nous **pren**ions
que tu **prenn**es	que vous **pren**iez
qu'il/elle/on **prenne**	qu'ils/elles **prenn**ent

Some verbs have irregular stems in the present subjunctive. Check the subjunctive of **aller**, **avoir**, **être**, **faire**, **pouvoir**, **savoir**, and **vouloir** in the verb conjugation section of this book.

Uses of the Subjunctive

The subjunctive in French is not a tense, but a mood. Like the indicative, the French subjunctive has tenses. In modern French there are only two subjunctive tenses in use: the present subjunctive and the past subjunctive. The subjunctive is used largely in subordinate clauses (dependent clauses that are part of a larger sentence and introduced by the conjunction **que**). Most cases of the subjunctive in French are predictable.

To understand the subjunctive it is necessary to understand the role of clauses in forming sentences. Turning a sentence into a subordinate clause allows the sentence to function as a noun or an adjective or an adverb within a larger sentence.

Compare the following two sentences:

Je dis **la vérité**.	*I tell **the truth**.*
Je dis **que Jean arrivera aujourd'hui**.	*I say **that Jean will arrive today**.*

Both **la vérité** and **que Jean arrivera aujourd'hui** function as direct objects of the verb **dis**. Thus, the subordinate clause **que Jean arrivera aujourd'hui** functions as a noun, and is therefore called a noun clause.

Now compare the following two sentences:

Nous avons une programmeuse **française**.	*We have a **French** programmer.*
Nous avons une programmeuse **qui parle français**.	*We have a programmer **who speaks French**.*

Both **française** and **qui parle français** modify the noun **programmeuse**. The subordinate clause **qui parle français** functions like an adjective and is therefore called an adjective clause (or a relative clause).

Adverb clauses are introduced by conjunctions other than **que**. Compare the following two sentences:

Jacqueline arrive **à deux heures**.	*Jacqueline is arriving **at two**.*
Jacqueline arrive **quand elle veut**.	*Jacqueline arrives **when she wants**.*

Both **à deux heures** and the clause **quand elle veut** modify the verb in the same way: they tell when the action takes place. **Quand elle veut** is therefore called an adverb clause.

The question then arises: In which subordinate clauses is the subjunctive used instead of the indicative? The subjunctive is used when the subordinate clause is dependent on a verb that means or implies imposition of will, emotion, doubt, or non-existence.

Thus, the subjunctive is used in noun clauses dependent on verbs such as **vouloir que**, **tenir à ce que**, **préférer que**, **regretter que**, **douter que**, **nier que**, etc.

Je **ne veux pas** ***que tu t'en ailles***.	***I don't want you to go away.***
Le professeur **tient à ce** ***que nous fassions*** le travail.	*The teacher **insists that we do** the work.*
Je **regrette** ***que vous ne puissiez pas*** venir.	***I'm sorry that you can't*** *come.*
Je **préfère** ***que tu prennes*** le train.	*I **prefer that you take** the train.*
Je **doute** ***qu'il soit*** là.	*I **doubt that he's** there.*
Je **nie** ***qu'il sache*** la réponse.	*I **deny that he knows** the answer.*

The following expressions of emotion (among others) are followed by the subjunctive:

avoir peur que	*to be afraid that*
craindre que	*to fear that*
être content(e)/triste que	*to be happy/sad that*
être ravi(e)/heureux(se) que	*to be delighted/happy that*
(ne pas) aimer que	*(not) to like the fact that*
s'étonner que	*to be surprised that*
se réjouir que	*to rejoice that*
être désolé(e) que	*to be sorry that*

The subjunctive is used after the negative and interrogative of **croire** and **penser**.

Je **ne crois pas** ***que tu puisses*** m'aider.	*I **don't think you can** help me.*
Elle **ne pense pas** ***que cela soit*** vrai.	*She **doesn't think that's** true.*

The affirmatives of **croire** and **penser** are followed by the indicative.

Je **crois *que tu peux*** m'aider.	*I **think you can** help me.*
Elle **pense *que c'est*** vrai.	*She **thinks that's** true.*

The subjunctive is used in adjective clauses after indefinite or negative antecedents.

Je cherche un ami **qui puisse** m'aider.	*I'm looking for a friend **who can** help me.*
Il n'y a aucune émission **qui soit intéressante**.	*There's no TV program **that's interesting**.*
Il ne dit rien **que je puisse** comprendre.	*He doesn't say anything **that I can** understand.*

Note that when these antecedents are not negative or when they are definite, the indicative, not the subjunctive, is used in the adjective clause:

J'ai un ami **qui peut** m'aider.	*I have a friend **who can** help me.*
Il y a des émissions **qui sont intéressantes**.	*There are TV programs **that are interesting**.*
Il dit quelque chose **que je peux** comprendre.	*He says something **that I can** understand.*

Impersonal expressions followed by the subjunctive fall under the same categories:

Il faut que / Il est nécessaire que	*It's necessary that*
Il est important/essentiel que	*It's important/essential that*
Il est indispensable/souhaitable que	*It's indispensable/desirable that*
Il est douteux/invraisemblable que	*It's doubtful/unlikely that*
Il vaut mieux que	*It's better that*
Il est peu probable que	*It's improbable that*
Il n'est pas vrai/sûr/certain que	*It's not true/sure/certain that*
Il se peut que	*It may be that*

Some examples:

Il faut **que tu me le dises.**	*It's necessary **for you to tell me.***
Il est peu probable **qu'elle nous reçoive.**	*It's improbable (unlikely) **that she will see us.***
Il est douteux **que nous y arrivions** à l'heure.	*It's doubtful **that we'll get there** on time.*
Il n'est pas vrai **qu'il fasse froid** aujourd'hui.	*It's not true **that it's cold** today.*

Note that **il n'est pas douteux que**, **il est probable que**, and **il est vrai/sûr/certain que** do not express doubt or negation and therefore are followed by the indicative.

Il n'est pas douteux **que nous y arrivons** à l'heure.	*It's not doubtful **that we'll get there** on time.*
Il est vrai **qu'il fait froid** aujourd'hui.	*It's true **that it's cold** today.*

The subjunctive is used after superlatives.

C'est la ville la plus intéressante **que je connaisse.**	*It's the most interesting city **that I know.***
Vous nous avez servi la meilleure tarte à citron **que nous ayons** jamais **mangée.**	*You have served us the best lemon tart **that we have** ever **eaten.***
Je fais le travail le plus ennuyeux **que tu puisses** imaginer.	*I do the most boring work **that you can** imagine.*

The subjunctive is normally used after **premier**, **dernier**, and **seul**, especially in formal speech and writing.

Quel est le premier livre **que vous ayez écrit**? — *What is the first book **that you wrote**?*

Lui, c'est le seul ingénieur **que l'entreprise veuille** engager. — *He's the only engineer **that the firm wants** to hire.*

The subjunctive is NOT used after **la première fois que, la dernière fois que**.

C'est la première fois **que nous sommes partis** ensemble. — *It's the first time **that we went away on vacation** together.*

Ce dîner à Marseille, c'était la dernière fois **que je l'ai vu**. — *That dinner in Marseilles was the last time **that I saw him**.*

When a clause beginning with **que** is moved to the head of the sentence for stylistic effect, the verb of the **que** clause is usually put into the subjunctive *whether or not the subjunctive was required when the* **que** *clause was in its original position.*

Subjunctive required in noun clause

Il est douteux **que cette théorie *soit* correcte.**
→ **Que cette théorie *soit* correcte** est douteux.

Il est important **que votre démonstration *soit* claire et concise.**
→ **Que votre démonstration *soit* claire et concise** est important.

Il est essentiel **que vous *preniez* une décision.**
→ **Que vous *preniez* une décision** est essentiel.

Il est merveilleux **qu'elle *ait* un nouvel ordinateur.**
→ **Qu'elle *ait* un nouvel ordinateur** est merveilleux.

Indicative in noun clause replaced by the subjunctive when clause is moved to the head of the sentence

Il est certain **que la situation *est* dangereuse.**
→ **Que la situation *soit* dangereuse** est certain.

Il est clair **que le gouvernement ne s'en *rend* pas compte.**
→ **Que le gouvernement ne s'en *rende* pas compte** est clair.

Il est évident **que notre société *doit* évoluer.**
→ **Que notre société *doive* évoluer** est évident.

Il est bien probable **qu'il *vient* demain.**
→ **Qu'il *vienne* demain**, c'est bien probable.

Note that the subjunctive is usually used after **Le fait que** *The fact that* at the beginning of a sentence.

Le fait qu'il **suive** des cours est encourageant. — *The fact that he **is taking** courses is encouraging.*

The Imperfect Subjunctive

To form the imperfect subjunctive, remove the last letter of the first-person singular form of the passé simple and add the imperfect subjunctive endings. (The first-person singular of the passé simple is the second of the four principal parts listed at each verb conjugation in this book.)

parler	
que je parl**asse**	que nous parl**assions**
que tu parl**asses**	que vous parl**assiez**
qu'il/elle/on parl**ât**	qu'ils/elles parl**assent**

finir	
que je fin**isse**	que nous fin**issions**
que tu fin**isses**	que vous fin**issiez**
qu'il/elle/on fin**ît**	qu'ils/elles fin**issent**

vendre	
que je vend**isse**	que nous vend**issions**
que tu vend**isses**	que vous vend**issiez**
qu'il/elle/on vend**ît**	qu'ils/elles vend**issent**

Uses of the Imperfect Subjunctive

The imperfect subjunctive in French is a literary tense, limited to formal writing and older texts.

In very formal written French the imperfect subjunctive may replace the present subjunctive when the main verb is in the past.

Modern French (acceptable in most situations)

Il était essentiel qu'il le **sache**. — *It was essential for him **to know** that.*

Je ne voulais pas que tu le **fasses**. — *I didn't want you **to do** it.*

Je n'ai pas pensé qu'il **puisse** venir. — *I didn't think that he **could** come.*

Formal literary French

Il était essentiel qu'il le **sût**. — *It was essential for him **to know** that.*

Je ne voulais pas que tu le **fisses**. — *I didn't want you **to do** it.*

Je n'ai pas pensé qu'il **pût** venir. — *I didn't think that he **could** come.*

Certain imperfect subjunctive forms are used in modern French to lend a formal tone to the language.

fût-il, fût-elle *even if he/she were*

Elle (= La culture) n'est la propriété ni d'un ministère, **fût-il** installé rue de Valois, ni d'une classe, **fût-elle** la classe possédante, ni d'une ville, **fût-elle** notre capitale à tous, ni d'un seul secteur, **fût-il** le secteur public. (*Quoted from a speech of Jack Lang, former Minister of Culture to the Assemblée Nationale, 11/17/81. 3, rue de Valois in Paris is the address of the French Ministry of Culture.*)

*Culture is not the property of one Ministry, **even if** (that ministry) **were** housed at rue de Valois, nor of a single class, **even if** that class **were** the propertied class, nor of a single city, **even if** that city **were** our capital, nor of a single sector, **even if** it **were** the public sector.*

eût-il, eût-elle *even if he/she had*

Eût-il tous les mérites, un ambitieux ne peut être honnête qu'à la surface. N'ayez confiance que dans les indifférents. (*Quote from Emil Michel Cioran (1911–1995), a Rumanian philosopher and writer who wrote in French*)

***Even if he had** all good qualities, an ambitious person can only be superficially honest. Trust only those who don't care.*

THE COMPOUND TENSES

Compound tenses are formed by means of an auxiliary verb, either **avoir** or **être**, and the past participle. Most verbs form the passé composé with **avoir**; a small group of intransitive verbs of motion and change of state such as **aller**, **arriver**, **descendre**, **devenir**, **entrer**, **monter**, **mourir**, **naître**, **partir**, **sortir**, and **venir** form the compound tenses with **être**. In addition, all reflexive verbs form the compound tenses with **être**.

The past participle is formed as follows.

-**Er** verbs replace the **-er** of the infinitive with **-é**: **parlé**, **allé**, **joué**, **arrivé**
-**Ir** verbs replace the **-ir** of the infinitive with **-i**: **fini**, **choisi**, **parti**, **dormi**
-**Re** verbs replace the **-re** of the infinitive with **-u**: **vendu**, **attendu**, **rompu**, **perdu**

Many verbs have irregular past participles. The past participles appear as the third principal part of each verb analyzed in this book and are found in the right-hand column of compound tenses.

These are the compound tenses in French:

The Passé Composé	page 21
The Pluperfect Tense	page 23
The Past Anterior Tense	page 24
The Future Anterior Tense	page 25
The Past Conditional Tense	page 26
The Past Subjunctive	page 27
The Pluperfect Subjunctive	page 28

The Passé Composé

The passé composé consists of the present tense of the appropriate auxiliary verb and the past participle (*I have spoken, sold, lived,* etc.). Here are examples of verbs of the three conjugations conjugated with **avoir**.

parler

j'**ai** parlé	nous **avons** parlé
tu **as** parlé	vous **avez** parlé
il/elle/on **a** parlé	ils/elles **ont** parlé

finir

j'**ai** fini	nous **avons** fini
tu **as** fini	vous **avez** fini
il/elle/on **a** fini	ils/elles **ont** fini

vendre

j'**ai** vend**u**	nous **avons** vend**u**
tu **as** vend**u**	vous **avez** vend**u**
il/elle/on **a** vend**u**	ils/elles **ont** vend**u**

Here are examples of the passé composé of verbs forming the compound tenses with **être**. Note that the past participle agrees with the subject in gender and number.

aller

je **suis** all**é(e)**	nous **sommes** all**é(e)s**
tu **es** all**é(e)**	vous **êtes** all**é(e)(s)**
il/elle/on **est** all**é(e)**	ils/elles **sont** all**é(e)s**

partir

je **suis** parti**(e)**	nous **sommes** parti**(e)s**
tu **es** parti**(e)**	vous **êtes** parti**(e)(s)**
il/elle/on **est** parti**(e)**	ils/elles **sont** parti**(e)s**

descendre

je **suis** descend**u(e)**	nous **sommes** descend**u(e)s**
tu **es** descend**u(e)**	vous **êtes** descend**u(e)(s)**
il/elle/on **est** descend**u(e)**	ils/elles **sont** descend**u(e)s**

The letters in parentheses are added depending on the gender and number of the subject. For instance, an entry such as **vous êtes allé(e)(s)** means that the form has four possibilities:

to a male	vous êtes all**é**
to a female	vous êtes all**ée**
to a group of males or males and females	vous êtes all**és**
to a group of females	vous êtes all**ées**

The third-person singular **on** form is often used informally in place of the **nous** form. In formal French, when the subject of the sentence is **on**, the past participle of **être** verbs is always masculine singular. In less formal writing there is a tendency to make the participle agree with whomever **on** refers to.

On est partis très tôt hier matin.	***We left*** *very early yesterday morning.*

Use of the Passé Composé

The passé composé expresses a past event or action that the speaker sees either as completed in the past or as related to or having consequences for the present.

Elle **a fait ses études** à Paris.	*She **went to college** in Paris.*
Regarde. J'**ai fini** mes devoirs.	*Look. **I've finished** my homework.*
Tu **as compris** ce que le professeur **a dit**?	***Did** you **understand** what the teacher **said**?*
Oh, les enfants! Qu'est-ce que vous **avez fait**?	*Children! What **have** you **done**?*
Regardez cette chambre!	***Look at** this room!*
Quelqu'un **a frappé**. Va ouvrir.	*Someone **(has) knocked**. Go open the door.*

Note that French prefers the present tense for actions beginning in the past and continuing into the present, especially in sentences where you specify how long the action has been going on.

—**Cela fait** combien de temps que vous **habitez** ici?	*How long **have** you **been living** here?*
—**Ça fait** un an que nous **sommes** dans cet appartement.	***We've been** in this apartment for one year.*

The Pluperfect Tense

This tense consists of the imperfect tense of the auxiliary, either **avoir** or **être**, and the past participle (*I had spoken, finished, gone downstairs,* etc.).

parler

j'**avais** parlé	nous **avions** parlé
tu **avais** parlé	vous **aviez** parlé
il/elle/on **avait** parlé	ils/elles **avaient** parlé

finir

j'**avais** fini	nous **avions** fini
tu **avais** fini	vous **aviez** fini
il/elle/on **avait** fini	ils/elles **avaient** fini

descendre

j'**étais** descendu(e)	nous **étions** descendu(e)s
tu **étais** descendu(e)	vous **étiez** descendu(e)(s)
il/elle/on **était** descendu(e)	ils/elles **étaient** descendu(e)s

Use of the Pluperfect Tense

The pluperfect tense is used to specify an action or event as happening further back in the past than another action or event, which usually appears in the passé composé.

Eux, ils **avaient déjà fini** le travail quand vous avez téléphoné.	*They* ***had already finished*** *the job when you called. (Their finishing the work took place further back in the past (pluperfect) than your calling.)*
Jean **n'était pas encore arrivé** quand moi, j'ai commencé à manger.	*Jean* ***still hadn't arrived*** *when I began to eat. (Jean's arrival was expected, but did not happen, further back in the past than my beginning to eat.)*

The Past Anterior Tense

The past anterior tense consists of the passé simple of the auxiliary, either **avoir** or **être**, and the past participle (*I had spoken, sold, gone out,* etc.).

parler	
j'**eus** parlé	nous **eûmes** parlé
tu **eus** parlé	vous **eûtes** parlé
il/elle/on **eut** parlé	ils/elles **eurent** parlé

vendre	
j'**eus** vendu	nous **eûmes** vendu
tu **eus** vendu	vous **eûtes** vendu
il/elle/on **eut** vendu	ils/elles **eurent** vendu

sortir	
je **fus** sorti(e)	nous **fûmes** sorti(e)s
tu **fus** sorti(e)	vous **fûtes** sorti(e)(s)
il/elle/on **fut** sorti(e)	ils/elles **furent** sorti(e)s

Use of the Past Anterior Tense

The past anterior tense is rarely used in speech. It is a feature of formal, literary French, where it may be used after the conjunctions **quand**, **lorsque** *when*, **aussitôt que**, **dès que**, **sitôt que** *as soon as*, **tant que** *as long as*, **après que** *after*, **une fois que** *once*.

J'ai fait les démarches nécessaires aussitôt qu'ils m'**eurent expliqué** l'affaire.	*I took the necessary measures as soon as they **had explained** the matter to me.*
Une fois qu'il **eut fini**, il est parti.	*Once he **had finished**, he left.*

In everyday language, the past anterior tense is replaced by the pluperfect or the passé composé.

Quand il **a fini**, il est parti.	*When he **finished**, he left.*

The Future Anterior Tense

The future anterior tense consists of the future of the auxiliary, either **avoir** or **être**, and the past participle (*I will have spoken, sold, gone out,* etc.).

parler	
j'**aurai** parlé	nous **aurons** parlé
tu **auras** parlé	vous **aurez** parlé
il/elle/on **aura** parlé	ils/elles **auront** parlé

vendre	
j'**aurai** vendu	nous **aurons** vendu
tu **auras** vendu	vous **aurez** vendu
il/elle/on **aura** vendu	ils/elles **auront** vendu

sortir	
je **serai** sorti(e)	nous **serons** sorti(e)s
tu **seras** sorti(e)	vous **serez** sorti(e)(s)
il/elle/on **sera** sorti(e)	ils/elles **seront** sorti(e)s

Uses of the Future Anterior Tense

The future anterior is used to label a future action as completed before another future action takes place.

Nous **aurons fini** de dîner avant qu'il n'arrive.	*We **will have finished** eating before he arrives.*

The future anterior may express a conjecture or guess about what happened in the past before another past event occurred.

—Quelle surprise! Nos cousins sont déjà là.	*What a surprise! Our cousins are already here.*
—Il **auront pris** le train de dix heures.	*They **probably took** the ten o'clock train.*

The Past Conditional Tense

The past conditional (conditional perfect) tense consists of the conditional of the auxiliary, either **avoir** or **être**, and the past participle (*I would have spoken, finished, gone downstairs,* etc.).

parler

j'**aurais** parlé	nous **aurions** parlé
tu **aurais** parlé	vous **auriez** parlé
il/elle/on **aurait** parlé	ils/elles **auraient** parlé

finir

j'**aurais** fini	nous **aurions** fini
tu **aurais** fini	vous **auriez** fini
il/elle/on **aurait** fini	ils/elles **auraient** fini

descendre

je **serais** descendu(e)	nous **serions** descendu(e)s
tu **serais** descendu(e)	vous **seriez** descendu(e)(s)
il/elle/on **serait** descendu(e)	ils/elles **seraient** descendu(e)s

Uses of the Past Conditional Tense

The past conditional is most commonly used in conditional sentences that present hypotheses contrary to facts in the past, in other words, what *would have* taken place.

Fact

Jean n'est pas venu. On ne l'a donc pas vu. — *Jean didn't come. That's why we didn't see him.*

Contrary-to-fact conditional sentence

Si Jean était venu, on l'**aurait vu**. — *If Jean had come, we **would have seen** him.*

Fact

Je me suis réveillé tard. C'est pour ça que je ne suis pas arrivé à l'heure. — *I woke up late. That's why I didn't arrive on time.*

Contrary-to-fact conditional sentence

Si je ne m'étais pas réveillé tard, je **serais arrivé** à l'heure. — *If I hadn't woken up late, I **would have arrived** on time.*

The past conditional is used in reported speech to refer to completed actions in the future.

Elle a dit qu'avant vendredi elle les aurait aidés. — *She said that before Friday she would have helped them.*

Direct speech

Elle a dit, « Avant vendredi je les aurai aidés. » — *She said, "Before Friday I will have helped them."*

The past conditional is also used to express allegations in the past.

Le cambrioleur aurait travaillé avec des complices. — *The burglar allegedly worked with accomplices.*

The Past Subjunctive

The past subjunctive consists of the present subjunctive of the appropriate auxiliary, either **avoir** or **être**, plus the past participle.

parler	
que j'**aie** parlé	que nous **ayons** parlé
que tu **aies** parlé	que vous **ayez** parlé
qu'il/elle/on **ait** parlé	qu'ils/elles **aient** parlé

finir	
que j'**aie** fini	que nous **ayons** fini
que tu **aies** fini	que vous **ayez** fini
qu'il/elle/on **ait** fini	qu'ils/elles **aient** fini

descendre	
que je **sois** descendu(e)	que nous **soyons** descendu(e)s
que tu **sois** descendu(e)	que vous **soyez** descendu(e)(s)
qu'il/elle/on **soit** descendu(e)	qu'ils/elles **soient** descendu(e)s

Use of the Past Subjunctive

The past subjunctive is used in subordinate clauses that require the subjunctive to express past events that happened *before* the action of the main clause. The present subjunctive expresses actions simultaneous with or subsequent to the action of the main clause. Compare the following pairs of sentences.

Je suis content **qu'elle vienne.**	*I'm happy* ***she's coming.***
Je suis content **qu'elle soit venue.**	*I'm happy* ***she came.***
Je ne crois pas **qu'il le fasse.**	*I don't think* ***he'll do it.***
Je ne crois pas **qu'il l'ait fait.**	*I don't think* ***he did it.***
Elle doute **qu'il comprenne.**	*She doubts* ***that he will understand.***
Elle doute **qu'il ait compris.**	*She doubts* ***that he understood.***
Nous regrettions **que vous partiez.**	*We were sorry* ***that you were leaving.***
Nous regrettions **que vous soyez partis.**	*We were sorry* ***that you had left.***

The Pluperfect Subjunctive

The pluperfect subjunctive consists of the imperfect subjunctive of the appropriate auxiliary, either **avoir** or **être**, plus the past participle.

parler

que j'**eusse** parlé	que nous **eussions** parlé
que tu **eusses** parlé	que vous **eussiez** parlé
qu'il/elle/on **eût** parlé	qu'ils/elles **eussent** parlé

vendre

que j'**eusse** vendu	que nous **eussions** vendu
que tu **eusses** vendu	que vous **eussiez** vendu
qu'il/elle/on **eût** vendu	qu'ils/elles **eussent** vendu

sortir

que je **fusse** sorti(e)	que nous **fussions** sorti(e)s
que tu **fusses** sorti(e)	que vous **fussiez** sorti(e)(s)
qu'il/elle/on **fût** sorti(e)	qu'ils/elles **fussent** sorti(e)s

Uses of the Pluperfect Subjunctive

The pluperfect subjunctive is limited to formal written French. It is used in place of the past subjunctive to express past events that happened *before* the action of the main clause when the main verb is in one of the past tenses.

Compare:

Modern spoken and written French

Nous regrettions que vous **soyez partis**. *We were sorry that you **had left**.*

Formal written French

Nous regrettions que vous **fussiez partis**. *We were sorry that you **had left**.*

Although rare in the modern language, the pluperfect subjunctive is sometimes used in both clauses of past contrary-to-fact conditional sentences for stylistic effect. Usually the pluperfect subjunctive is used only in the third-person singular.

Si le Président de la République **eût su** que la guerre allait éclater, il **ne fût pas parti** en mission. *If the President of the Republic **had known** that war was going to break out, he **would not have left** on a diplomatic mission.*

In normal, current style the above sentence would be written as follows:

Si le Président de la République **avait su** que la guerre allait éclater, il **ne serait pas parti** en mission.

PRINCIPAL PARTS OF THE VERB

You can predict almost all the forms of all French verbs if you know the principal parts of the verb. The principal parts are the *infinitive*, the *first-person singular of the present tense*, the *first-person singular of the passé simple*, the *past participle*, and the *present participle*.

The principal parts look like this:

> **fermer**
> **je ferme · je fermai · fermé · fermant**

From the *infinitive* (**fermer**) you form the following tenses:

1 · The future: **je fermerai, tu fermeras, il/elle/on fermera, nous fermerons, vous fermerez, ils fermeront**

2 · The conditional: **je fermerais, tu fermerais, il/elle/on fermerait, nous fermerions, vous fermeriez, ils fermeraient**

From the *first-person singular of the present tense* (**je ferme**) you can derive the rest of the present tense for **-er** verbs: **tu fermes, il/elle/on ferme, nous fermons, vous fermez, ils/elles ferment**.

From the *passé simple* you can derive the imperfect subjunctive: **que je fermasse, que tu fermasses, qu'il/elle/on fermasse, que nous fermassions, que vous fermassiez, qu'ils/elles fermassent**.

The *past participle* is used to form the following compound tenses:

1 · the passé composé: **j'ai fermé**

2 · the pluperfect: **j'avais fermé**

3 · the past anterior: **j'eus fermé**

4 · the future anterior: **j'aurai fermé**

5 · the past conditional: **j'aurais fermé**

6 · the past subjunctive: **que j'aie fermé**

7 · the pluperfect subjunctive: **que j'eusse fermé**

8 · The past participle is also used with **être** to form the passive: **La porte a été fermée par le portier.**

The *present participle* provides the stem of the verbs (for all but a few irregulars). The verb stem is arrived at by removing the **-ant** of the present participle. The following forms may be derived from this verb stem:

1 · the imperfect: **je fermais, tu fermais, il/elle/on fermait, nous fermions, vous fermiez, ils/elles fermaient**

2 · the present subjunctive: **que je ferme, que tu fermes, qu'il/elle/on ferme, que nous fermions, que vous fermiez, qu'ils/elles ferment**

3 · the plural of the present tense forms for verbs other than **-er** verbs: **nous finissons, nous recevons, nous suivons, nous lisons**, etc.

COMMANDS (THE IMPERATIVE)

French command forms are identical to the present tense form of the verb minus the subject pronoun. The **tu** form of **-er** verbs drops the final **-s** of the present tense form.

Parle.	*Speak.*
Parlons.	*Let's speak.*
Parlez.	*Speak.*
Finis le travail.	*Finish the work.*
Finissons le travail.	*Let's finish the work.*
Finissez le travail.	*Finish the work.*
Attends-le.	*Wait for him.*
Attendons-le.	*Let's wait for him.*
Attendez-le.	*Wait for him.*

The **-s** is restored (and pronounced) before the pronouns **y** and **en**.

Monte**s**-**y**.	*Go up there.*
Parle**s**-**en**.	*Talk about it.*

The verbs **être**, **avoir**, and **savoir** have irregular imperatives:

être	**sois, soyons, soyez**
avoir	**aie, ayons, ayez**
savoir	**sache, sachons, sachez**

The negative command is formed by placing **ne** before the imperative and **pas** after it:

Ne parle **pas**.	***Don't*** *speak.*
Ne finissez **pas** le travail.	***Don't*** *finish the work.*
Ne l'attendons **pas**.	***Let's not*** *wait for him.*

Uses of Command Forms

Command forms are used to tell someone to do something or not to do something. Commands may be softened by the use of **Veuillez** (the irregular command form of **vouloir**) + the infinitive. **Veuillez** adds the idea of *please*.

Veuillez venir à 3 heures.	***Please*** *come at three o'clock.*

A subjunctive clause beginning with the word **que** can express a command directed at a third person.

Qu'il vienne avec nous.	***Let him (Have him) come*** *with us.*
Qu'elle apprenne le vocabulaire.	***Have her learn*** *the vocabulary.*
Qu'ils fassent leurs devoirs.	***Let them (Have them) do*** *their homework.*
Qu'elles vous le **rendent**.	***Have them give*** *it* ***back*** *to you.*

PRONOMINAL/REFLEXIVE VERBS

French has a large class of verbs known as pronominal or reflexive verbs. These verbs always appear with a reflexive pronoun referring back to the subject. Pronominal verbs occur in all tenses. Study the present tense of **se lever** *to get up*.

je me lève	**nous nous** levons
tu te lèves	**vous vous** levez
il/elle/on se lève	**ils/elles se** lèvent

Here is an example of a reflexive verb in the passé composé. Note that reflexive verbs are always conjugated with **être** in the compound tenses.

s'amuser *to have a good time*

je me **suis** amusé**(e)**	nous nous **sommes** amusé**(e)s**
tu t'**es** amusé**(e)**	vous vous **êtes** amusé**(e)(s)**
il/elle/on s'**est** amusé**(e)**	ils/elles se **sont** amusé**(e)s**

Note that in the passé composé the past participle of pronominal verbs agrees in gender and number with the reflexive pronoun if the reflexive pronoun is a direct object. This is the most common case. However, there are cases where the reflexive pronoun is an indirect object and a direct object noun follows the verb. In this case the participle does NOT agree. Study the conjugation of **se laver les mains** *to wash one's hands*. In these sentences **les mains** is the direct object of the verb.

Je **me suis lavé** les mains.	Nous **nous sommes lavé** les mains.
Tu **t'es lavé** les mains.	Vous **vous êtes lavé** les mains.
Il/elle/on **s'est lavé** les mains.	Ils/elles **se sont lavé** les mains.

Note that if **les mains** is replaced by the object pronoun **les**, which is placed before the verb, the past participle will agree with **les**.

Il **se les est lavées**. — *He **washed them** (= his hands).*

Uses of Reflexive Verbs

In English the number of reflexive verbs (*I hurt myself*) is relatively small. Reflexive verb forms in English are followed by a pronoun that ends in *-self* or *-selves* (*I cut myself. / They hurt themselves.*). Most reflexive verbs in French correspond to English intransitive verbs, that is, verbs that have no direct object, or to English verb constructions with *get* or *be*.

Elle **s'est réveillée** à sept heures. — *She **woke up** at seven o'clock.*

Tu **t'es fâché**. — *You **got angry**.*

Ils vont **se laver**. — *They're going **to wash up**.*

In some cases, the reflexive pronoun is an indirect object, not a direct object. These verbs can have a direct object as well as the reflexive pronoun. Some examples:

Je **me suis brossé les dents**. (**les dents** = direct object) — *I **brushed my teeth**.*

Les enfants **se sont lavé le visage**. (**le visage** = direct object) — *The children **washed their faces**.*

Note that French uses the *definite article* where English uses a possessive adjective for articles of clothing and parts of the body. Some common reflexive verbs used this way:

se casser + *part of the body*	*to break*
se couper + *part of the body*	*to cut*
se laver + *part of the body*	*to wash*

THE PASSIVE VOICE

The passive voice in French is formed as in English. It consists of **être** + the past participle. The past participle agrees in gender and number with the subject of the sentence. The passive may be used in any tense.

Cette famille **est** très **respectée**.	*That family **is** very **respected**.*
Les ordinateurs **ont été vendus** au rabais.	*The computers **were sold** at a discount.*

Passives often include a phrase beginning with **par** to tell who (or what) is performing the action.

La ville **fut brûlée par l'ennemi.**	*The city **was burned down by the enemy.***
Beaucoup d'écoles **seront construites par le gouvernement.**	*Many schools **will be built by the government.***
Le projet de loi **va être considéré par le Sénat.**	*The bill **is going to be considered by the Senate.***
La décision **avait été prise par le conseil d'administration.**	*The decision **had been made by the board.***

The Use of the Passive Voice

The passive voice is more common in written French than in spoken French. In active sentences (e.g., *The dog bites the man.*) the focus is on the performer of the action (the subject). In the passive, the focus is shifted from the performer of the action to the object, which becomes the grammatical subject of the sentence (e.g., *The man is bitten by the dog.*)

In spoken French the equivalent of the English passive is a construction consisting of the pronoun **on** + the third-person singular of the verb. In this construction, the performer of the action is not mentioned. A phrase with **par** cannot be added to the construction with **on**.

On respecte beaucoup cette famille.	*That family **is** very **respected**.*
On a vendu la maison.	*The house **was sold**.*
Quand est-ce qu'**on trouvera** une solution?	*When **will** a solution **be found**?*
On construira beaucoup d'écoles.	*Many schools **will be built**.*
Ici **on parle** français.	*French **is spoken** here.*

When the performer of the action must be mentioned, the active voice is used in spoken French.

L'ennemi **a brûlé** la ville.	*The enemy **burned down** the city.*
Le gouvernement **construira** beaucoup d'écoles.	*The government **will build** many schools.*
Le Sénat **va considérer** le projet de loi.	*The Senate **is going to consider** the bill.*

IMPERSONAL VERBS

A number of verbs in French can be used with an invariable subject **il**. These are called impersonal verbs. Many verbs appear in both personal and impersonal constructions but with differences in meaning. The most common set of impersonal verbs are those that express weather conditions.

Il fait beau.	***The weather is*** *nice. /* ***It's*** *nice* ***out****.*
Il fait mauvais.	***The weather is*** *bad. /* ***It's*** *nasty* ***out****.*
Il fait chaud/froid.	***It's*** *warm/cold (****out****).*
Il fait (du) soleil / du vent.	***It's*** *sunny/windy.*
Il pleut.	***It's raining.***
Il neige.	***It's snowing.***

The expression **il y a** *there is / there are* is an impersonal expression. It is used before both singular and plural nouns.

Il y a un avion / des avions pour Genève ce soir.	***There's a plane / There are planes*** *for Geneva this evening.*

The verb **falloir** *to be necessary/needed* is used only as an impersonal verb. It can be followed by a singular or plural noun.

Il faut un combat sérieux contre la drogue.	***We need*** *a serious war on drugs.*
Il faut de tout pour faire un monde.	***It takes*** *all kinds to make a world.*
Il faudra des investissements pour réaliser ces objectifs.	*Investments* ***will be necessary*** *to reach these goals.*
Il a fallu des années pour construire ce quartier.	***It took*** *years to build this neighborhood.*

Il faut is often followed by an infinitive.

Il faut payer ses dettes.	***One must*** *pay one's debts.*
Il faut absolument voir ce film.	***You*** *simply* ***must*** *see this film.*

Il faut may be followed by a subjunctive clause.

Il faut que vous fassiez un effort.	***You've got*** *to try.*
Il faut que je lui écrive.	***I've got*** *to write to him.*

Falloir, like most other impersonal verbs, may be used with an indirect object pronoun.

Il me faut le silence absolu pour travailler.	***I need*** *absolute quiet to work.*
Il lui faut chercher un nouvel emploi.	***He needs*** *to look for a new job.*

When **il faut** appears with an indirect object pronoun, a subjunctive clause cannot follow. It is replaced by an infinitive. Compare the following pairs of sentences:

Il faut que vous fassiez un effort.
Il vous faut faire un effort.

Il faut que je lui écrive.
Il me faut lui écrire.

The infinitive is more common than the subjunctive clause in modern French.

Here are some other common impersonal verbs used both with and without an indirect object.

arriver

Il arrive un moment où il faut prendre une décision.	*The time **comes** when you have to make a decision.*
Dans la vie **il arrive** souvent des problèmes difficiles à résoudre tout seul.	*Problems that are hard to solve by yourself often **come up** in life.*
Il m'est arrivé quelque chose d'extraordinaire aujourd'hui.	*Something extraordinary **happened to me** today.*
Il lui est arrivé de passer la nuit dans la voiture.	***He actually** spent the night in the car.*

For additional examples of the personal and impersonal use of **arriver**, see verb 63.

manquer

Il manque des pages.	*Some pages **are missing**.*
Il manque des places de parking au centre.	***There's a shortage** of parking spaces downtown.*
Il vous manque quoi?	*What **are you missing**? / What **don't you have**?*
Il nous manque un bon gardien de but.	***We need** a good goalie.*

For additional examples of the personal and impersonal use of **manquer**, see verb 322.

paraître

Il paraît que is usually followed by the indicative.

Il paraît que les médias ne sont pas objectifs.	***It seems that** the media is not objective.*

Il me paraît que is followed by the indicative. (*Compare* **je pense que**, **je crois que**.)

Il me paraît que mon idée vous déplaît.	***I think that** you don't like my idea.*

Il ne me paraît pas que is followed by the subjunctive. (*Compare* **je ne pense pas que**, **je ne crois pas que**.)

Il ne me paraît pas que ces deux situations puissent être comparées.	***I don't think that** these two situations can be compared.*

For additional examples of the personal and impersonal use of **paraître**, see verb 357.

rester

Il reste beaucoup à faire.	***There's** a lot **left** to do.*
Il ne reste rien dans le frigo.	***There's nothing left** in the fridge.*
Il me reste deux cents euros.	***I have** 200 euros **left**.*
Il leur reste quatre semaines de travail.	***They have** four weeks of work **left**.*

For additional examples of the personal and impersonal use of **rester**, see verb 459.

sembler

Il semble que is followed by the indicative or the subjunctive, depending on the degree of certainty.

Il semble qu'ils sont pressés.	***It seems that** they are in a hurry.*
Il semble qu'elle sache un peu de français.	***It seems that** she might know a little French.*

Il me semble que is followed by the indicative. (*Compare* **je pense que, je crois que**.)

Il me semble que ça fait une éternité qu'on ne s'est pas vus. — ***It seems that*** *it's been such a long time since we've seen each other.*

Il ne me semble pas que is followed by the subjunctive. (*Compare* **je ne pense pas que, je ne crois pas que**.)

Il ne me semble pas que ce logiciel soit compatible avec mon ordinateur. — ***I don't think that*** *this software is compatible with my computer.*

Other Impersonal Constructions

il s'agit de *it's a question of / it's about / it's a matter of* (**agir**: verb 34)

Il s'agit de la mise en place d'une boîte à idées. — ***It's a question of*** *setting up a suggestion box.*

Dans ce roman **il s'agit d'**un conflit social. — *This novel* ***is about*** *a social conflict.*

Il s'agit de faciliter l'accès aux nouvelles technologies à un prix réduit. — ***It's a matter of*** *simplifying access to new technologies at a reduced cost.*

il convient de + infinitive *it is suitable/appropriate/advisable to* (**convenir**: verb 133)

Il convient de tenir compte de ces faits. — ***It's advisable*** *to keep these facts in mind.*

il est as a formal substitute for **il y a** (**être**: verb 245)

Il est des événements qui restent gravés dans notre mémoire. — ***There are*** *events that are engraved on our memory.*

venir (**venir**: verb 543)

Il viendra peu de touristes cet été. — *Few tourists* ***will come*** *this summer.*

Il m'est venu une idée. — ***I've got*** *an idea.*

There are impersonal expressions with **être** that can appear with an indirect object. These expressions usually have the following structure: **il est** + adjective + **de** + infinitive.

Il est difficile de répondre à votre question. — ***It's difficult*** *to answer your question.*

Il m'est difficile de dire ce que je ressens. — ***It's hard for me*** *to say what I feel.*

Il est facile de sous estimer le mécontentement populaire. — ***It is easy*** *to underestimate popular discontent.*

Il ne leur sera pas facile de s'en sortir. — ***It won't be easy for them*** *to get out of this.*

Il est important de rester au courant de tout ce qui se passe au monde. — ***It's important*** *to stay abreast of everything that's going on in the world.*

Il vous est important de rester maître de la situation. — ***It's important for you*** *to stay in control of the situation.*

Il est nécessaire de construire un nouveau réacteur nucléaire. — ***It's necessary*** *to build a new nuclear reactor.*

Il me sera nécessaire de relire son courriel. — ***I'll need*** *to reread his e-mail.*

Il est pénible de voir tant d'enfants vivre dans la misère. — ***It's painful*** *to see so many children living in poverty.*

Il m'est pénible de me séparer de ma famille. — ***It's hard for me*** *to be apart from my family.*

These additional impersonal expressions may appear either with or without an indirect object.

Il est agréable de + *infinitive*	*It's nice to*
Il est défendu de + *infinitive*	*It's forbidden to*
Il est interdit de + *infinitive*	*It's forbidden to*
Il est inutile de + *infinitive*	*It's useless to*
Il est préférable de + *infinitive*	*It's preferable to*
Il est utile de + *infinitive*	*It's useful to*

See the Tense Profile of the subjunctive for additional impersonal expressions.

THE INFINITIVE

The French infinitive has a broader range of functions than the English infinitive. French uses the infinitive as a verbal noun, not the present participle as English does.

Marcher est un bon exercice.	***Walking*** *is good exercise.*
Programmer un ordinateur, c'est **construire** un algorithme.	***Programming*** *a computer is* ***building*** *an algorithm.*
En politique, **gagner** c'est tout.	*In politics,* ***winning*** *is everything.*
Pour cette artiste, **peindre** c'est la vie.	*For that artist,* ***painting*** *is his life.*

The infinitive in French is used after prepositions. English, however, requires the *-ing* form in this context.

Mon fils rêve **de jouer** du violon.	*My son dreams* ***of playing*** *the violin.*
Ils sont entrés **sans** nous **dire** bonjour.	*They came in* ***without saying*** *hello to us.*
Il a commencé **par établir** des objectifs.	*He began* ***by setting*** *goals.*

The infinitive can be used for impersonal instructions.

Tenir la droite.	***Keep*** *right.* (on road signs)
Ne pas prendre ce médicament pendant plus de 14 jours.	***Don't take*** *this medication for more than 14 days.*
Ne pas déranger.	***Do not disturb.***

The infinitive can also serve as a complement of a verb. Some verbs take an infinitive complement without a preposition. (Note that in these lists **faire qqch** stands for any infinitive.)

adorer faire qqch	*to love to do something*
aimer faire qqch	*to like to do something*
aimer mieux faire qqch	*to prefer to do something*
aller faire qqch	*to be going to do something* (future meaning)
compter faire qqch	*to intend to do something*
désirer faire qqch	*to want to do something*
détester faire qqch	*to hate to do something*
devoir faire qqch	*should / must / ought to do something*
espérer faire qqch	*to hope to do something*
oser faire qqch	*to dare to do something*
pouvoir faire qqch	*to be able to do something*
préférer faire qqch	*to prefer to do something*
savoir faire qqch	*to know how to do something*
sembler faire qqch	*to appear/seem to do something*
vouloir faire qqch	*to want to do something*

—Je vais au cinéma. Tu **veux m'accompagner**?	*I'm going to the movies.* ***Do*** *you* ***want to go with me?***
—Je **ne peux pas sortir** maintenant. Je **dois finir** mon travail.	*I* ***can't go out*** *now. I* ***have to finish*** *my work.*
—Vous **comptez leur dire** ce qui est arrivé?	***Do*** *you* ***intend to tell them*** *what happened?*
—Je **n'ose pas leur en parler**.	*I* ***don't dare talk to them about it.***

Verbs of motion are also followed by an infinitive complement.

aller faire qqch	*to be going to do something*
s'en aller faire qqch	*to go off to do something*
descendre faire qqch	*to go down to do something*
entrer faire qqch	*to go inside to do something*
monter faire qqch	*to go up to do something*

rentrer faire qqch	*to go home to do something*
revenir faire qqch	*to come back to do something*
sortir faire qqch	*to go out to do something*
venir faire qqch	*to come to do something*

—Tu **sors faire** les courses? — ***Are** you **going out to do** the shopping?*
—Oui, je **vais acheter** un poulet et des légumes. — *Yes, **I'm going to buy** a chicken and vegetables.*

Consult the usage of the verbs **amener** (verb 43) and **emmener** (verb 211) for additional examples.

Most French verbs require either the preposition **à** or **de** before an infinitive.

Here are the most common verbs requiring **à** before an infinitive complement:

apprendre à	*to learn how to*
s'apprêter à	*to get ready to*
arriver à	*to manage to*
s'attarder à	*to linger (doing something)*
s'attendre à	*to expect to*
chercher à	*to try to*
commencer à	*to begin to*
consentir à	*to consent to*
continuer à	*to continue to*
se décider à	*to make up one's mind to*
s'exercer à	*to practice (doing something)*
s'habituer à	*to get used to*
hésiter à	*to hesitate to*
se mettre à	*to begin to*
parvenir à	*to manage to / succeed in (doing something)*
passer son temps à	*to spend one's time (doing something)*
penser à	*to be thinking of (doing something)*
perdre son temps à	*to waste one's time (doing something)*
se plaire à	*to take pleasure in (doing something)*
se préparer à	*to get ready to*
renoncer à	*to give up (doing something)*
se résigner à	*to resign oneself to*
se résoudre à	*to resolve to*
réussir à	*to succeed in (doing something)*
tenir à	*to insist on (doing something)*

Here are some of the most common verbs requiring **de** before an infinitive complement:

accepter de	*to agree to*
s'arrêter de	*to stop (doing something)*
avoir peur de	*to be afraid of (doing something)*
cesser de	*to stop (doing something)*
décider de	*to decide to*
s'empêcher de	*to refrain / keep oneself from (doing something)*
s'empresser de	*to hurry/rush to*
essayer de	*to try to*
s'étonner de	*to marvel at (doing something)*
être forcé/obligé de	*to be forced/obliged to*
s'excuser de	*to apologize for (doing something)*
éviter de	*to avoid (doing something)*
faire semblant de	*to pretend to*
finir de	*to finish (doing something)*
manquer de	*to fail to*
négliger de	*to neglect to*

oublier de	*to forget to*
refuser de	*to refuse to*
regretter de	*to regret (doing something)*
se réjouir de	*to be delighted to*
se repentir de	*to regret (doing something)*
risquer de	*to risk / run the risk of (doing something)*

Note also **venir de faire qqch** *to have just done something.*

—Je vais **essayer de lui parler** quand il arrivera.	*I will **try to speak with him** when he gets here.*
—Bon, vas-y. Il **vient d'entrer**.	*Good, go ahead. He **has just come in**.*
—J'**ai l'intention de lui dire** exactement ce que je pense.	*I **intend to tell him** exactly what I think.*
—Fais attention. Tu **risques de l'offenser**.	*Be careful. You **run the risk of insulting him**.*

For all verbs taking an infinitive complement with or without a preposition, additional examples can be found in the Usage section of each verb.

THE PRESENT PARTICIPLE

The French present participle ends in **-ant**, which is added to the stem of the verb (the first-person plural of the present tense minus the **-ons** ending).

INFINITIVE	*nous* FORM	PRESENT PARTICIPLE
marcher	nous marchons	**marchant**
réfléchir	nous réfléchissons	**réfléchissant**
attendre	nous attendons	**attendant**
dire	nous disons	**disant**
prendre	nous prenons	**prenant**
suivre	nous suivons	**suivant**

Three very common verbs have irregular present participles:

avoir	**ayant**
être	**étant**
savoir	**sachant**

Many French present participles are used as adjectives and agree in gender and number with the nouns they modify.

un sourire **charmant** (< charmer)	*a **charming** smile*
de l'eau **courante** (< courir)	***running** water*
des matchs **passionnants** (< passionner)	***exciting** games*
des spectacles **payants** (< payer)	*shows **that charge admission***
les équipes **perdantes** (< perdre)	*the **losing** teams*

There are several verbal uses of the present participle.

The present participle may be used instead of a relative clause. In this case it is invariable. This construction is typical of formal speech and writing.

les avions **qui arrivent** d'Amérique	
→ les avions **arrivant** d'Amérique	*planes **arriving** from America*

The French construction called **le gérondif** consists of **en** + present participle.

Il parle au téléphone **en conduisant**.	*He talks on the phone **while driving**.*
En lisant, on apprend beaucoup.	*You learn a lot **by reading**.*

DEFECTIVE VERBS

Some common verbs in French are "defective." They do not appear in all persons or in all tenses.

The verb **pleuvoir** *to rain* is used only in the third-person singular.

pleuvoir

PRESENT	il pleut
PASSÉ COMPOSÉ	il a plu
IMPERFECT	il pleuvait
PASSÉ SIMPLE	il plut
FUTURE	il pleuvra
CONDITIONAL	il pleuvrait
PRESENT SUBJUNCTIVE	qu'il pleuve
IMPERFECT SUBJUNCTIVE	qu'il plût

The present participle is **pleuvant**.

Examples:

Il pleut et je n'ai pas de parapluie!	*It's raining and I have no umbrella!*
—Je me demande s'il pleuvra.	*I wonder if it will rain.*
—La météo a dit qu'il pleuvrait.	*The weather report said it would rain.*
Il pleut des cordes.	*It's pouring.*
Il pleut à verse.	*It's pouring.*
Qu'il pleuve ou qu'il vente.	*Come what may, rain or shine.*

The verbs **neiger** *to snow* and **grêler** *to hail*, like **pleuvoir**, are used only in the third-person singular. **Neiger** has the spelling change of *g* > *ge/a*: **il neigea, il neigeait**.

The verb **falloir** *to be necessary / must* is used only in the third-person singular.

falloir

PRESENT	il faut
PASSÉ COMPOSÉ	il a fallu
IMPERFECT	il fallait
PASSÉ SIMPLE	il fallut
FUTURE	il faudra
CONDITIONAL	il faudrait
PRESENT SUBJUNCTIVE	qu'il faille
IMPERFECT SUBJUNCTIVE	qu'il fallût

Examples:

Il faut rentrer.	*We have to go home.*
Il fallait le lui dire.	*You should have told him.*
Il faut que tu sortes un peu.	*You must go out a little.*
s'il le faut	*if necessary*
Il faudra partir de bonne heure.	*We'll have to leave early.*
Il me faut travailler ce soir.	*I have to study this evening.*
Il faut de tout pour faire un monde.	*It takes all kinds.*

GUIDE TO IRREGULAR VERBS

Although French has many irregular verbs, there are patterns in the irregularities, so they may be learned in groups. The most important division in the French verb system is between verbs whose infinitive ends in **-er** and all other verbs. Verbs ending in **-er** have the same stem throughout their conjugation. All other verbs (with the exception of a few irregulars) lose the final consonant of the stem in the singular of the present tense. This may or may not be shown in the writing system, but is always apparent in speech. Also, all verbs other than **-er** verbs have the endings **-s**, **-s**, **-t** in the singular of the present tense.

Some examples:

1 · **ils finissent** vs. **il finit** (final consonant **s** [written **ss**] drops in both speech and writing)

2 · **ils vendent** vs. **il vend** (final consonant **d** is written in the singular but not pronounced; note that the ending **-t** is never added to **d**)

3 · **ils lisent** vs. **il lit** (final consonant **z** [written **s**] drops in both speech and writing)

4 · **ils reçoivent** vs. **il reçoit** (final consonant **v** drops in both speech and writing)

Note that in the present subjunctive the final consonant is written and pronounced in all persons of the singular.

Rare Irregular Verbs

The verb **assaillir** *to attack* is conjugated like an **-er** verb in the present, imperfect, and present subjunctive.

assaillir

PRESENT	j'assaille, tu assailles, il assaille, nous assaillons, etc.
PASSÉ COMPOSÉ	j'ai assailli
IMPERFECT	j'assaillais, etc.
PASSÉ SIMPLE	j'assaillis
FUTURE	j'assaillirai
CONDITIONAL	j'assaillirais
PRESENT SUBJUNCTIVE	que j'assaille
IMPERFECT SUBJUNCTIVE	que j'assaillisse

The present participle is **assaillant**.

The verb **clore** *to close* is rare in modern French, except in its past participle.

clore

PRESENT	je clos, tu clos, il clôt, ils closent (*nous* and *vous* forms not used)
PASSÉ COMPOSÉ	j'ai clos
IMPERFECT	—
PASSÉ SIMPLE	—
FUTURE	je clorai
CONDITIONAL	je clorais
PRESENT SUBJUNCTIVE	que je close
IMPERFECT SUBJUNCTIVE	—

The present participle is not used.

Compounds of **clore**, such as **éclore**, do not have a circumflex in the third-person singular of the present: **La fleur éclot.**

The verb **confire** *to preserve (food) in fat or sugar* is irregular.

confire

PRESENT	je confis, tu confis, il confit, nous confisons, vous confisez, ils confisent
PASSÉ COMPOSÉ	j'ai confit
IMPERFECT	je confisais
PASSÉ SIMPLE	je confis
FUTURE	je confirai
CONDITIONAL	je confirais
PRESENT SUBJUNCTIVE	que je confise
IMPERFECT SUBJUNCTIVE	que je confisse

The present participle is **confisant**.

The verb **déchoir** *to decline* is irregular; it is not used in the imperfect.

déchoir

PRESENT	je déchois, tu déchois, il déchoit, nous déchoyons, vous déchoyez, ils déchoient
PASSÉ COMPOSÉ	je suis déchu(e) OR j'ai déchu
IMPERFECT	—
PASSÉ SIMPLE	je déchus
FUTURE	je déchoirai
CONDITIONAL	je déchoirais
PRESENT SUBJUNCTIVE	que je déchoie, que tu déchoies, qu'il déchoie, que nous déchoyions, que vous déchoyiez, qu'ils déchoient
IMPERFECT SUBJUNCTIVE	que je déchusse

The present participle is not used.

The verb **faillir** *to almost/nearly do* is rarely if ever used in any tense except passé composé or passé simple.

faillir

PRESENT	—
PASSÉ COMPOSÉ	j'ai failli
IMPERFECT	je faillais
PASSÉ SIMPLE	je faillis
FUTURE	je faillirai
CONDITIONAL	je faillirais
PRESENT SUBJUNCTIVE	—
IMPERFECT SUBJUNCTIVE	—

The verb **gésir** *to lie (in a grave)* is used only in the present and imperfect.

gésir

PRESENT	je gis, tu gis, il gît, nous gisons, vous gisez, ils gisent
IMPERFECT	je gisais

The present participle of **gésir** is **gisant**. The verb is most commonly encountered in the phrase **ci-gît** *here lies*.

The verb **ouïr** *to hear* is obsolete. It is occasionally found in the infinitive and in the compound tenses: **j'ai ouï**.

The verb **pourvoir** *to provide* is conjugated like **voir**, except that its future and conditional are regular, and the vowel **u** is used in the passé simple and the imperfect subjunctive.

pourvoir

FUTURE	je pourvoirai
CONDITIONAL	je pourvoirais
PASSÉ SIMPLE	je pourvus
IMPERFECT SUBJUNCTIVE	que je pourvusse

The present participle is **pourvoyant.**

The verb **surseoir** *to postpone* is irregular.

surseoir

PRESENT	je sursois, tu sursois, il sursoit, nous sursoyons, vous sursoyez, ils sursoient
PASSÉ COMPOSÉ	j'ai sursis
IMPERFECT	je sursoyais
PASSÉ SIMPLE	je sursis
FUTURE	je surseoirai
CONDITIONAL	je surseoirais
PRESENT SUBJUNCTIVE	que je sursoie, que tu sursoies, qu'il sursoie, que nous sursoyions, que vous sursoyiez, qu'ils sursoient
IMPERFECT SUBJUNCTIVE	que je sursisse

The present participle is **sursoyant.**

The verb **traire** *to milk (a cow)* is irregular. It is not used in the simple past or the imperfect subjunctive.

traire

PRESENT	je trais, tu trais, il trait, nous trayons, vous trayez, ils traient
PASSÉ COMPOSÉ	j'ai trait
IMPERFECT	je trayais
PASSÉ SIMPLE	—
FUTURE	je trairai
CONDITIONAL	je trairais
PRESENT SUBJUNCTIVE	que je traie, que tu traies, qu'il traie, que nous trayions, que vous trayiez, qu'ils traient
IMPERFECT SUBJUNCTIVE	—

The present participle is **trayant.**

555

FULLY CONJUGATED VERBS

TOP 50 VERBS

The following fifty verbs have been selected for their high frequency and their use in many common idiomatic expressions. For each verb, a full page of example sentences and phrases providing guidance on correct usage immediately precedes or follows the conjugation table.

acheter *to buy* 23
achever *to finish, complete* 24
agir *to act* 34
aller *to go* 39
arriver *to arrive, get to* 63
avoir *to have* 74
battre *to hit, beat* 80
casser *to break* 99
changer *to change* 104
chercher *to look for* 109
commencer *to begin* 116
comprendre *to understand* 119
connaître *to know, be familiar with* 123
croire *to believe, think* 145
dépasser *to pass, exceed* 169
devenir *to become* 188
devoir *to owe; should, ought, must* 189
dire *to say, tell* 191
donner *to give* 195
écrire *to write* 202
être *to be* 245
faire *to do, make* 257
jeter *to throw* 306
jouer *to play* 308
laisser *to let, allow* 312
lancer *to launch, throw* 313
lire *to read* 318
mettre *to put* 331
ouvrir *to open* 355
parler *to speak, talk* 359
passer *to pass* 361
payer *to pay* 362
penser *to think* 368
perdre *to lose* 369
plaire *to please* 376
porter *to carry, wear* 378
pouvoir *to be able to, can* 383
prendre *to take* 388
produire *to produce* 399
quitter *to leave* 410
répondre *to answer* 453
savoir *to know* 483
servir *to serve* 492
tenir *to hold* 515
tirer *to pull; to draw; to shoot* 517
tomber *to fall* 519
trouver *to find* 533
venir *to come* 543
voir *to see* 551
vouloir *to want* 553

regular -*er* verb **j'abandonne · j'abandonnai · abandonné · abandonnant**

Present		*Passé Composé*	
j'abandonne	nous abandonnons	j'ai abandonné	nous avons abandonné
tu abandonnes	vous abandonnez	tu as abandonné	vous avez abandonné
il/elle abandonne	ils/elles abandonnent	il/elle a abandonné	ils/elles ont abandonné
Imperfect		*Pluperfect*	
j'abandonnais	nous abandonnions	j'avais abandonné	nous avions abandonné
tu abandonnais	vous abandonniez	tu avais abandonné	vous aviez abandonné
il/elle abandonnait	ils/elles abandonnaient	il/elle avait abandonné	ils/elles avaient abandonné
Passé Simple		*Past Anterior*	
j'abandonnai	nous abandonnâmes	j'eus abandonné	nous eûmes abandonné
tu abandonnas	vous abandonnâtes	tu eus abandonné	vous eûtes abandonné
il/elle abandonna	ils/elles abandonnèrent	il/elle eut abandonné	ils/elles eurent abandonné
Future		*Future Anterior*	
j'abandonnerai	nous abandonnerons	j'aurai abandonné	nous aurons abandonné
tu abandonneras	vous abandonnerez	tu auras abandonné	vous aurez abandonné
il/elle abandonnera	ils/elles abandonneront	il/elle aura abandonné	ils/elles auront abandonné
Conditional		*Past Conditional*	
j'abandonnerais	nous abandonnerions	j'aurais abandonné	nous aurions abandonné
tu abandonnerais	vous abandonneriez	tu aurais abandonné	vous auriez abandonné
il/elle abandonnerait	ils/elles abandonneraient	il/elle aurait abandonné	ils/elles auraient abandonné
Present Subjunctive		*Past Subjunctive*	
que j'abandonne	que nous abandonnions	que j'aie abandonné	que nous ayons abandonné
que tu abandonnes	que vous abandonniez	que tu aies abandonné	que vous ayez abandonné
qu'il/elle abandonne	qu'ils/elles abandonnent	qu'il/elle ait abandonné	qu'ils/elles aient abandonné
Imperfect Subjunctive		*Pluperfect Subjunctive*	
que j'abandonnasse	que nous abandonnassions	que j'eusse abandonné	que nous eussions abandonné
que tu abandonnasses	que vous abandonnassiez	que tu eusses abandonné	que vous eussiez abandonné
qu'il/elle abandonnât	qu'ils/elles abandonnassent	qu'il/elle eût abandonné	qu'ils/elles eussent abandonné

Commands

	(nous) abandonnons
(tu) abandonne	(vous) abandonnez

USAGE

abandonner une propriété / des terres	*to abandon a piece of property / land*
abandonner sa famille	*to abandon one's family*
une maison abandonnée	*an abandoned house*
Les familles abandonnent les villes.	*Families are leaving the cities (for good).*
abandonner une méthode	*to give up a method*
abandonner son travail / le pouvoir	*to give up one's job / political power*
abandonner la lutte	*to give up the struggle*
abandonner la médecine	*to give up medicine / a medical practice*
abandonner la partie	*to give up the project/undertaking*
J'abandonne!	*I give up!* (games, etc.)
Essaie de le convaincre. N'abandonne pas!	*Try to convince him. Don't give up!*
L'entreprise a abandonné son offre.	*The firm retracted its offer.*
L'ennemi a abandonné toute idée de victoire.	*The enemy has given up any thought of victory.*
Ses forces l'ont abandonné.	*His strength failed him.*

2 **abattre** *to knock down*

j'abats · j'abattis · abattu · abattant

irregular verb; only one t in the singular of the present tense

Present		*Passé Composé*	
j'abats	nous abattons	j'ai abattu	nous avons abattu
tu abats	vous abattez	tu as abattu	vous avez abattu
il/elle abat	ils/elles abattent	il/elle a abattu	ils/elles ont abattu
Imperfect		*Pluperfect*	
j'abattais	nous abattions	j'avais abattu	nous avions abattu
tu abattais	vous abattiez	tu avais abattu	vous aviez abattu
il/elle abattait	ils/elles abattaient	il/elle avait abattu	ils/elles avaient abattu
Passé Simple		*Past Anterior*	
j'abattis	nous abattîmes	j'eus abattu	nous eûmes abattu
tu abattis	vous abattîtes	tu eus abattu	vous eûtes abattu
il/elle abattit	ils/elles abattirent	il/elle eut abattu	ils/elles eurent abattu
Future		*Future Anterior*	
j'abattrai	nous abattrons	j'aurai abattu	nous aurons abattu
tu abattras	vous abattrez	tu auras abattu	vous aurez abattu
il/elle abattra	ils/elles abattront	il/elle aura abattu	ils/elles auront abattu
Conditional		*Past Conditional*	
j'abattrais	nous abattrions	j'aurais abattu	nous aurions abattu
tu abattrais	vous abattriez	tu aurais abattu	vous auriez abattu
il/elle abattrait	ils/elles abattraient	il/elle aurait abattu	ils/elles auraient abattu

Present Subjunctive		*Past Subjunctive*	
que j'abatte	que nous abattions	que j'aie abattu	que nous ayons abattu
que tu abattes	que vous abattiez	que tu aies abattu	que vous ayez abattu
qu'il/elle abatte	qu'ils/elles abattent	qu'il/elle ait abattu	qu'ils/elles aient abattu
Imperfect Subjunctive		*Pluperfect Subjunctive*	
que j'abattisse	que nous abattissions	que j'eusse abattu	que nous eussions abattu
que tu abattisses	que vous abattissiez	que tu eusses abattu	que vous eussiez abattu
qu'il/elle abattît	qu'ils/elles abattissent	qu'il/elle eût abattu	qu'ils/elles eussent abattu

Commands

	(nous) abattons
(tu) abats	(vous) abattez

USAGE

abattre une maison	*to knock down / demolish a house*
abattre un arbre	*to chop down a tree*
abattre un animal	*to shoot an animal dead*
Les terroristes ont abattu un avion.	*The terrorists shot down a plane.*
Je suis abattu par la chaleur.	*The heat has gotten to me.*
abattre de la besogne / du travail	*to get a lot of work done*
Tu abats de la besogne comme quatre!	*You do the work of four people!*
se laisser abattre	*to let oneself get depressed*
Ne te laisse pas abattre!	*Keep your chin up!*

RELATED WORDS AND EXPRESSIONS

l'abattement *(m)*	*discouragement, depression*
abattu(e)	*in low spirits, discouraged*

PROVERB

Petite pluie abat grand vent.	*A little rain settles a great deal of dust.*

regular -*er* verb **j'abîme · j'abîmai · abîmé · abîmant**

Present		*Passé Composé*	
j'abîme	nous abîmons	j'ai abîmé	nous avons abîmé
tu abîmes	vous abîmez	tu as abîmé	vous avez abîmé
il/elle abîme	ils/elles abîment	il/elle a abîmé	ils/elles ont abîmé
Imperfect		*Pluperfect*	
j'abîmais	nous abîmions	j'avais abîmé	nous avions abîmé
tu abîmais	vous abîmiez	tu avais abîmé	vous aviez abîmé
il/elle abîmait	ils/elles abîmaient	il/elle avait abîmé	ils/elles avaient abîmé
Passé Simple		*Past Anterior*	
j'abîmai	nous abîmâmes	j'eus abîmé	nous eûmes abîmé
tu abîmas	vous abîmâtes	tu eus abîmé	vous eûtes abîmé
il/elle abîma	ils/elles abîmèrent	il/elle eut abîmé	ils/elles eurent abîmé
Future		*Future Anterior*	
j'abîmerai	nous abîmerons	j'aurai abîmé	nous aurons abîmé
tu abîmeras	vous abîmerez	tu auras abîmé	vous aurez abîmé
il/elle abîmera	ils/elles abîmeront	il/elle aura abîmé	ils/elles auront abîmé
Conditional		*Past Conditional*	
j'abîmerais	nous abîmerions	j'aurais abîmé	nous aurions abîmé
tu abîmerais	vous abîmeriez	tu aurais abîmé	vous auriez abîmé
il/elle abîmerait	ils/elles abîmeraient	il/elle aurait abîmé	ils/elles auraient abîmé

Present Subjunctive		*Past Subjunctive*	
que j'abîme	que nous abîmions	que j'aie abîmé	que nous ayons abîmé
que tu abîmes	que vous abîmiez	que tu aies abîmé	que vous ayez abîmé
qu'il/elle abîme	qu'ils/elles abîment	qu'il/elle ait abîmé	qu'ils/elles aient abîmé
Imperfect Subjunctive		*Pluperfect Subjunctive*	
que j'abîmasse	que nous abîmassions	que j'eusse abîmé	que nous eussions abîmé
que tu abîmasses	que vous abîmassiez	que tu eusses abîmé	que vous eussiez abîmé
qu'il/elle abîmât	qu'ils/elles abîmassent	qu'il/elle eût abîmé	qu'ils/elles eussent abîmé

Commands

	(nous) abîmons
(tu) abîme	(vous) abîmez

USAGE

La pluie a abîmé nos vêtements.	*The rain ruined our clothing.*
Ma chemise est complètement abîmée.	*My shirt is all soiled / completely ruined.*
Ce shampooing a abîmé mes cheveux.	*This shampoo ruined my hair.*
Ne lis pas sans tes lunettes. Tu vas t'abîmer les yeux.	*Don't read without your glasses. You're going to ruin your eyes.*
Ne mettez pas votre valise sur la table. Vous allez en abîmer la surface.	*Don't put your suitcase on the table. You'll ruin the surface.*
Ne jette pas tes jouets en l'air! Tu vas les abîmer!	*Don't throw your toys up in the air! You're going to ruin them!*
abîmer qqn	*to pull someone apart / criticize someone*
se faire abîmer le portrait	*to get one's face smashed/battered in a fight*

RELATED WORDS AND EXPRESSIONS

s'abîmer	*to spoil / go bad*
Les fruits se sont abîmés.	*The fruit went bad / spoiled.*
La soie s'abîme facilement.	*Silk is easily damaged.*

abolir *to abolish*

j'abolis · j'abolis · aboli · abolissant regular -ir verb

Present		*Passé Composé*	
j'abolis	nous abolissons	j'ai aboli	nous avons aboli
tu abolis	vous abolissez	tu as aboli	vous avez aboli
il/elle abolit	ils/elles abolissent	il/elle a aboli	ils/elles ont aboli
Imperfect		*Pluperfect*	
j'abolissais	nous abolissions	j'avais aboli	nous avions aboli
tu abolissais	vous abolissiez	tu avais aboli	vous aviez aboli
il/elle abolissait	ils/elles abolissaient	il/elle avait aboli	ils/elles avaient aboli
Passé Simple		*Past Anterior*	
j'abolis	nous abolîmes	j'eus aboli	nous eûmes aboli
tu abolis	vous abolîtes	tu eus aboli	vous eûtes aboli
il/elle abolit	ils/elles abolirent	il/elle eut aboli	ils/elles eurent aboli
Future		*Future Anterior*	
j'abolirai	nous abolirons	j'aurai aboli	nous aurons aboli
tu aboliras	vous abolirez	tu auras aboli	vous aurez aboli
il/elle abolira	ils/elles aboliront	il/elle aura aboli	ils/elles auront aboli
Conditional		*Past Conditional*	
j'abolirais	nous abolirions	j'aurais aboli	nous aurions aboli
tu abolirais	vous aboliriez	tu aurais aboli	vous auriez aboli
il/elle abolirait	ils/elles aboliraient	il/elle aurait aboli	ils/elles auraient aboli

Present Subjunctive		*Past Subjunctive*	
que j'abolisse	que nous abolissions	que j'aie aboli	que nous ayons aboli
que tu abolisses	que vous abolissiez	que tu aies aboli	que vous ayez aboli
qu'il/elle abolisse	qu'ils/elles abolissent	qu'il/elle ait aboli	qu'ils/elles aient aboli
Imperfect Subjunctive		*Pluperfect Subjunctive*	
que j'abolisse	que nous abolissions	que j'eusse aboli	que nous eussions aboli
que tu abolisses	que vous abolissiez	que tu eusses aboli	que vous eussiez aboli
qu'il/elle abolît	qu'ils/elles abolissent	qu'il/elle eût aboli	qu'ils/elles eussent aboli

Commands

	(nous) abolissons
(tu) abolis	(vous) abolissez

USAGE

abolir une loi	*to abolish a law*
une loi abolie	*an abolished law*
abolir l'esclavage	*to abolish slavery*
abolir la peine de mort	*to abolish the death penalty*
L'Internet abolit les distances.	*The Internet wipes out distance.*

RELATED WORDS AND EXPRESSIONS

l'abolition *(f)* de la peine de mort	*the abolition of the death penalty*
Cet homme d'état préconise l'abolition des dettes des pays pauvres.	*This statesman favors the cancellation of the debts of poor countries.*
l'abolitionnisme *(m)*	*abolitionism*
un/une abolitionniste	*an abolitionist*

regular *-er* reflexive verb;
compound tenses with *être*

je m'abonne · je m'abonnai · s'étant abonné · s'abonnant

Present		*Passé Composé*	
je m'abonne	nous nous abonnons	je me suis abonné(e)	nous nous sommes abonné(e)s
tu t'abonnes	vous vous abonnez	tu t'es abonné(e)	vous vous êtes abonné(e)(s)
il/elle s'abonne	ils/elles s'abonnent	il/elle s'est abonné(e)	ils/elles se sont abonné(e)s
Imperfect		*Pluperfect*	
je m'abonnais	nous nous abonnions	je m'étais abonné(e)	nous nous étions abonné(e)s
tu t'abonnais	vous vous abonniez	tu t'étais abonné(e)	vous vous étiez abonné(e)(s)
il/elle s'abonnait	ils/elles s'abonnaient	il/elle s'était abonné(e)	ils/elles s'étaient abonné(e)s
Passé Simple		*Past Anterior*	
je m'abonnai	nous nous abonnâmes	je me fus abonné(e)	nous nous fûmes abonné(e)s
tu t'abonnas	vous vous abonnâtes	tu te fus abonné(e)	vous vous fûtes abonné(e)(s)
il/elle s'abonna	ils/elles s'abonnèrent	il/elle se fut abonné(e)	ils/elles se furent abonné(e)s
Future		*Future Anterior*	
je m'abonnerai	nous nous abonnerons	je me serai abonné(e)	nous nous serons abonné(e)s
tu t'abonneras	vous vous abonnerez	tu te seras abonné(e)	vous vous serez abonné(e)(s)
il/elle s'abonnera	ils/elles s'abonneront	il/elle se sera abonné(e)	ils/elles se seront abonné(e)s
Conditional		*Past Conditional*	
je m'abonnerais	nous nous abonnerions	je me serais abonné(e)	nous nous serions abonné(e)s
tu t'abonnerais	vous vous abonneriez	tu te serais abonné(e)	vous vous seriez abonné(e)(s)
il/elle s'abonnerait	ils/elles s'abonneraient	il/elle se serait abonné(e)	ils/elles se seraient abonné(e)s

Present Subjunctive		*Past Subjunctive*	
que je m'abonne	que nous nous abonnions	que je me sois abonné(e)	que nous nous soyons abonné(e)s
que tu t'abonnes	que vous vous abonniez	que tu te sois abonné(e)	que vous vous soyez abonné(e)(s)
qu'il/elle s'abonne	qu'ils/elles s'abonnent	qu'il/elle se soit abonné(e)	qu'ils/elles se soient abonné(e)s
Imperfect Subjunctive		*Pluperfect Subjunctive*	
que je m'abonnasse	que nous nous abonnassions	que je me fusse abonné(e)	que nous nous fussions abonné(e)s
que tu t'abonnasses	que vous vous abonnassiez	que tu te fusses abonné(e)	que vous vous fussiez abonné(e)(s)
qu'il/elle s'abonnât	qu'ils/elles s'abonnassent	qu'il/elle se fût abonné(e)	qu'ils/elles se fussent abonné(e)s

Commands

(nous) abonnons-nous
(tu) abonne-toi (vous) abonnez-vous

USAGE

s'abonner à un magazine/journal — *to subscribe to a magazine/newspaper*
s'abonner au football/théâtre — *to get a season ticket for soccer / the theater*

RELATED WORDS AND EXPRESSIONS

l'abonnement *(m)* — *subscription / season ticket*
prendre un abonnement à un quotidien — *to subscribe to a daily newspaper*
un abonné / une abonnée — *a consumer/subscriber* (phone, gas, electricity)
être abonné(e) à — *to have a subscription or season ticket to*
abonner qqn à un magazine — *to give someone a subscription to a magazine*
abonner qqn à un sport / au théâtre — *to give someone a season ticket to a sport / the theater*
désabonner qqn de — *to cancel someone's subscription to*
se désabonner de — *to cancel one's (own) subscription to*

—Tu ne lis plus ce magazine? — *You don't read that magazine anymore?*
—Non, je m'en suis désabonné. — *No, I canceled my subscription.*

se réabonner à — *to renew one's subscription to*

SLANG

Il y est abonné! — *That always happens to him!*

6 aborder *to arrive at, approach, tackle (problem)*

j'aborde · j'abordai · abordé · abordant regular -*er* verb

Present		*Passé Composé*	
j'aborde	nous abordons	j'ai abordé	nous avons abordé
tu abordes	vous abordez	tu as abordé	vous avez abordé
il/elle aborde	ils/elles abordent	il/elle a abordé	ils/elles ont abordé
Imperfect		***Pluperfect***	
j'abordais	nous abordions	j'avais abordé	nous avions abordé
tu abordais	vous abordiez	tu avais abordé	vous aviez abordé
il/elle abordait	ils/elles abordaient	il/elle avait abordé	ils/elles avaient abordé
Passé Simple		***Past Anterior***	
j'abordai	nous abordâmes	j'eus abordé	nous eûmes abordé
tu abordas	vous abordâtes	tu eus abordé	vous eûtes abordé
il/elle aborda	ils/elles abordèrent	il/elle eut abordé	ils/elles eurent abordé
Future		***Future Anterior***	
j'aborderai	nous aborderons	j'aurai abordé	nous aurons abordé
tu aborderas	vous aborderez	tu auras abordé	vous aurez abordé
il/elle abordera	ils/elles aborderont	il/elle aura abordé	ils/elles auront abordé
Conditional		***Past Conditional***	
j'aborderais	nous aborderions	j'aurais abordé	nous aurions abordé
tu aborderais	vous aborderiez	tu aurais abordé	vous auriez abordé
il/elle aborderait	ils/elles aborderaient	il/elle aurait abordé	ils/elles auraient abordé

Present Subjunctive		*Past Subjunctive*	
que j'aborde	que nous abordions	que j'aie abordé	que nous ayons abordé
que tu abordes	que vous abordiez	que tu aies abordé	que vous ayez abordé
qu'il/elle aborde	qu'ils/elles abordent	qu'il/elle ait abordé	qu'ils/elles aient abordé
Imperfect Subjunctive		***Pluperfect Subjunctive***	
que j'abordasse	que nous abordassions	que j'eusse abordé	que nous eussions abordé
que tu abordasses	que vous abordassiez	que tu eusses abordé	que vous eussiez abordé
qu'il/elle abordât	qu'ils/elles abordassent	qu'il/elle eût abordé	qu'ils/elles eussent abordé

Commands

	(nous) abordons
(tu) aborde	(vous) abordez

USAGE

J'ai abordé le patron avec inquiétude.	*I went nervously up to the boss.*
aborder une nouvelle activité	*to start a new activity*
aborder l'informatique	*to get into computers*
aborder une question avec qqn	*to bring up a question/matter with someone*

RELATED WORDS AND EXPRESSIONS

d'abord	*first*
de premier abord	*right away / right from the outset*
Il est d'un abord facile.	*He's very approachable.*
déborder	*to overflow / boil over*
C'est la goutte d'eau qui fait déborder le vase!	*It's the straw that breaks the camel's back!*

regular -*ir* verb **j'aboutis · j'aboutis · abouti · aboutissant**

Present		*Passé Composé*	
j'aboutis	nous aboutissons	j'ai abouti	nous avons abouti
tu aboutis	vous aboutissez	tu as abouti	vous avez abouti
il/elle aboutit	ils/elles aboutissent	il/elle a abouti	ils/elles ont abouti
Imperfect		*Pluperfect*	
j'aboutissais	nous aboutissions	j'avais abouti	nous avions abouti
tu aboutissais	vous aboutissiez	tu avais abouti	vous aviez abouti
il/elle aboutissait	ils/elles aboutissaient	il/elle avait abouti	ils/elles avaient abouti
Passé Simple		*Past Anterior*	
j'aboutis	nous aboutîmes	j'eus abouti	nous eûmes abouti
tu aboutis	vous aboutîtes	tu eus abouti	vous eûtes abouti
il/elle aboutit	ils/elles aboutirent	il/elle eut abouti	ils/elles eurent abouti
Future		*Future Anterior*	
j'aboutirai	nous aboutirons	j'aurai abouti	nous aurons abouti
tu aboutiras	vous aboutirez	tu auras abouti	vous aurez abouti
il/elle aboutira	ils/elles aboutiront	il/elle aura abouti	ils/elles auront abouti
Conditional		*Past Conditional*	
j'aboutirais	nous aboutirions	j'aurais abouti	nous aurions abouti
tu aboutirais	vous aboutiriez	tu aurais abouti	vous auriez abouti
il/elle aboutirait	ils/elles aboutiraient	il/elle aurait abouti	ils/elles auraient abouti
Present Subjunctive		*Past Subjunctive*	
que j'aboutisse	que nous aboutissions	que j'aie abouti	que nous ayons abouti
que tu aboutisses	que vous aboutissiez	que tu aies abouti	que vous ayez abouti
qu'il/elle aboutisse	qu'ils/elles aboutissent	qu'il/elle ait abouti	qu'ils/elles aient abouti
Imperfect Subjunctive		*Pluperfect Subjunctive*	
que j'aboutisse	que nous aboutissions	que j'eusse abouti	que nous eussions abouti
que tu aboutisses	que vous aboutissiez	que tu eusses abouti	que vous eussiez abouti
qu'il/elle aboutît	qu'ils/elles aboutissent	qu'il/elle eût abouti	qu'ils/elles eussent abouti

Commands

	(nous) aboutissons
(tu) aboutis	(vous) aboutissez

USAGE

Cette rue aboutit dans la place centrale.	*This street dead-ends at the main square.*
Sa lutte a finalement abouti.	*His struggle finally came to a head.*
Je suis déçu. Mes projets n'ont pas abouti.	*I am disappointed. My plans came to nothing.*
Il est content. Ses efforts ont abouti.	*He is happy. His efforts were successful.*
faire aboutir	*to bring to a successful conclusion*
Comment faire aboutir ces pourparlers?	*How can we bring these talks to a successful conclusion?*
L'enquête de la police n'a pas abouti.	*The police investigation was a failure.*
Ces démarches n'ont abouti à rien.	*These measures achieved nothing.*

RELATED WORDS AND EXPRESSIONS

l'aboutissement *(m)*	*success; conclusion/end*
l'aboutissement des recherches	*the successful conclusion of the research*
les tenants *(mpl)* et aboutissants *(mpl)* d'une affaire	*the ins and outs of an issue*

8 s'abriter *to take shelter, take cover*

je m'abrite · je m'abritai · s'étant abrité · s'abritant

regular -*er* reflexive verb; compound tenses with *être*

Present		*Passé Composé*	
je m'abrite	nous nous abritons	je me suis abrité(e)	nous nous sommes abrité(e)s
tu t'abrites	vous vous abritez	tu t'es abrité(e)	vous vous êtes abrité(e)(s)
il/elle s'abrite	ils/elles s'abritent	il/elle s'est abrité(e)	ils/elles se sont abrité(e)s
Imperfect		*Pluperfect*	
je m'abritais	nous nous abritions	je m'étais abrité(e)	nous nous étions abrité(e)s
tu t'abritais	vous vous abritiez	tu t'étais abrité(e)	vous vous étiez abrité(e)(s)
il/elle s'abritait	ils/elles s'abritaient	il/elle s'était abrité(e)	ils/elles s'étaient abrité(e)s
Passé Simple		*Past Anterior*	
je m'abritai	nous nous abritâmes	je me fus abrité(e)	nous nous fûmes abrité(e)s
tu t'abritas	vous vous abritâtes	tu te fus abrité(e)	vous vous fûtes abrité(e)(s)
il/elle s'abrita	ils/elles s'abritèrent	il/elle se fut abrité(e)	ils/elles se furent abrité(e)s
Future		*Future Anterior*	
je m'abriterai	nous nous abriterons	je me serai abrité(e)	nous nous serons abrité(e)s
tu t'abriteras	vous vous abriterez	tu te seras abrité(e)	vous vous serez abrité(e)(s)
il/elle s'abritera	ils/elles s'abriteront	il/elle se sera abrité(e)	ils/elles se seront abrité(e)s
Conditional		*Past Conditional*	
je m'abriterais	nous nous abriterions	je me serais abrité(e)	nous nous serions abrité(e)s
tu t'abriterais	vous vous abriteriez	tu te serais abrité(e)	vous vous seriez abrité(e)(s)
il/elle s'abriterait	ils/elles s'abriteraient	il/elle se serait abrité(e)	ils/elles se seraient abrité(e)s

Present Subjunctive		*Past Subjunctive*	
que je m'abrite	que nous nous abritions	que je me sois abrité(e)	que nous nous soyons abrité(e)s
que tu t'abrites	que vous vous abritiez	que tu te sois abrité(e)	que vous vous soyez abrité(e)(s)
qu'il/elle s'abrite	qu'ils/elles s'abritent	qu'il/elle se soit abrité(e)	qu'ils/elles se soient abrité(e)s
Imperfect Subjunctive		*Pluperfect Subjunctive*	
que je m'abritasse	que nous nous abritassions	que je me fusse abrité(e)	que nous nous fussions abrité(e)s
que tu t'abritasses	que vous vous abritassiez	que tu te fusses abrité(e)	que vous vous fussiez abrité(e)(s)
qu'il/elle s'abritât	qu'ils/elles s'abritassent	qu'il/elle se fût abrité(e)	qu'ils/elles se fussent abrité(e)s

Commands

	(nous) abritons-nous
(tu) abrite-toi	(vous) abritez-vous

USAGE

Pendant la guerre on s'abritait des bombes.	*During the war we took shelter from the bombs.*
On s'abritait dans les stations de métro.	*We took shelter in subway stations.*
s'abriter de l'orage / la pluie	*to take shelter from the storm/rain*
s'abriter derrière sa maladie	*to use his illness as a cover / an excuse*

RELATED WORDS AND EXPRESSIONS

l'abri *(m)*	*shelter*
se mettre à l'abri (de la tempête)	*to take shelter (from the storm)*
abriter	*to shelter*
abriter ses yeux du journal	*to shield one's eyes (from the sun) with a newspaper*
Viens, je t'abrite sous mon parapluie.	*Come, I'll protect you from the rain with my umbrella.*
Ce scientifique croit que Vénus pourrait abriter la vie.	*This scientist believes that Venus would be able to harbor life / that there may be life on Venus.*

irregular verb; feminine form of the past participle *absous* is *absoute*

j'absous · j'absoudrai · absous · absolvant

Present		***Passé Composé***	
j'absous	nous absolvons	j'ai absous	nous avons absous
tu absous	vous absolvez	tu as absous	vous avez absous
il/elle absout	ils/elles absolvent	il/elle a absous	ils/elles ont absous
Imperfect		***Pluperfect***	
j'absolvais	nous absolvions	j'avais absous	nous avions absous
tu absolvais	vous absolviez	tu avais absous	vous aviez absous
il/elle absolvait	ils/elles absolvaient	il/elle avait absous	ils/elles avaient absous
Passé Simple not used		***Past Anterior***	
		j'eus absous	nous eûmes absous
		tu eus absous	vous eûtes absous
		il/elle eut absous	ils/elles eurent absous
Future		***Future Anterior***	
j'absoudrai	nous absoudrons	j'aurai absous	nous aurons absous
tu absoudras	vous absoudrez	tu auras absous	vous aurez absous
il/elle absoudra	ils/elles absoudront	il/elle aura absous	ils/elles auront absous
Conditional		***Past Conditional***	
j'absoudrais	nous absoudrions	j'aurais absous	nous aurions absous
tu absoudrais	vous absoudriez	tu aurais absous	vous auriez absous
il/elle absoudrait	ils/elles absoudraient	il/elle aurait absous	ils/elles auraient absous

Present Subjunctive		***Past Subjunctive***	
que j'absolve	que nous absolvions	que j'aie absous	que nous ayons absous
que tu absolves	que vous absolviez	que tu aies absous	que vous ayez absous
qu'il/elle absolve	qu'ils/elles absolvent	qu'il/elle ait absous	qu'ils/elles aient absous
Imperfect Subjunctive not used		***Pluperfect Subjunctive***	
		que j'eusse absous	que nous eussions absous
		que tu eusses absous	que vous eussiez absous
		qu'il/elle eût absous	qu'ils/elles eussent absous

Commands

	(nous) absolvons
(tu) absous	(vous) absolvez

USAGE

Le prêtre a absous les pénitents.	*The priest absolved the penitents.*
Elle est absoute de tous ses péchés.	*She has been forgiven for all her sins.*
Ne t'en fais pas. Je t'absous! *(humorous)*	*Don't worry. I forgive you!*
Selon la loi, l'amnistie permet d'absoudre un coupable.	*According to the law, amnesty allows a guilty person to be pardoned.*

RELATED WORDS AND EXPRESSIONS

l'absolution *(f)*	*absolution / forgiveness of sin* (religious term)
donner l'absolution à qqn	*to give someone absolution* (religious term)
absolu(e)	*absolute*
absolument	*absolutely*
dissoudre	*to dissolve*

abuser to abuse, misuse, take advantage of

j'abuse · j'abusai · abusé · abusant regular *-er* verb

Present		*Passé Composé*	
j'abuse	nous abusons	j'ai abusé	nous avons abusé
tu abuses	vous abusez	tu as abusé	vous avez abusé
il/elle abuse	ils/elles abusent	il/elle a abusé	ils/elles ont abusé
Imperfect		***Pluperfect***	
j'abusais	nous abusions	j'avais abusé	nous avions abusé
tu abusais	vous abusiez	tu avais abusé	vous aviez abusé
il/elle abusait	ils/elles abusaient	il/elle avait abusé	ils/elles avaient abusé
Passé Simple		***Past Anterior***	
j'abusai	nous abusâmes	j'eus abusé	nous eûmes abusé
tu abusas	vous abusâtes	tu eus abusé	vous eûtes abusé
il/elle abusa	ils/elles abusèrent	il/elle eut abusé	ils/elles eurent abusé
Future		***Future Anterior***	
j'abuserai	nous abuserons	j'aurai abusé	nous aurons abusé
tu abuseras	vous abuserez	tu auras abusé	vous aurez abusé
il/elle abusera	ils/elles abuseront	il/elle aura abusé	ils/elles auront abusé
Conditional		***Past Conditional***	
j'abuserais	nous abuserions	j'aurais abusé	nous aurions abusé
tu abuserais	vous abuseriez	tu aurais abusé	vous auriez abusé
il/elle abuserait	ils/elles abuseraient	il/elle aurait abusé	ils/elles auraient abusé

Present Subjunctive		*Past Subjunctive*	
que j'abuse	que nous abusions	que j'aie abusé	que nous ayons abusé
que tu abuses	que vous abusiez	que tu aies abusé	que vous ayez abusé
qu'il/elle abuse	qu'ils/elles abusent	qu'il/elle ait abusé	qu'ils/elles aient abusé
Imperfect Subjunctive		***Pluperfect Subjunctive***	
que j'abusasse	que nous abusassions	que j'eusse abusé	que nous eussions abusé
que tu abusasses	que vous abusassiez	que tu eusses abusé	que vous eussiez abusé
qu'il/elle abusât	qu'ils/elles abusassent	qu'il/elle eût abusé	qu'ils/elles eussent abusé

Commands

	(nous) abusons
(tu) abuse	(vous) abusez

USAGE

Il abuse de l'alcool.	*He drinks too much.*
Il ne faut pas abuser de ses amis.	*One shouldn't exploit one's friends.*
Vous abusez de sa bonté.	*You are taking advantage of his kindness.*
abuser de la situation	*to take unfair advantage of the situation / go too far*
Je ne voudrais pas abuser de votre hospitalité.	*I don't want to overstay my welcome.*
Notre cousin sait abuser de nos services.	*Our cousin is good at imposing himself (on us).*

RELATED WORDS AND EXPRESSIONS

l'abus *(m)*	*abuse / excessive use of / misuse*
Il a commis un abus de confiance avec l'argent de ses parents.	*He misused his parents' money.*
Hier soir tu a fait des abus.	*You overdid it last night.*
Là, il y a de l'abus, je trouve.	*That's going a bit too far, I think.*
désabuser qqn (de)	*to disabuse / help someone see through a deception*

-er verb; spelling change: *é* > *è*/mute *e* except in the future and conditional

j'accélère · j'accélérai · accéléré · accélérant

Present		***Passé Composé***	
j'accélère	nous accélérons	j'ai accéléré	nous avons accéléré
tu accélères	vous accélérez	tu as accéléré	vous avez accéléré
il/elle accélère	ils/elles accélèrent	il/elle a accéléré	ils/elles ont accéléré
Imperfect		***Pluperfect***	
j'accélérais	nous accélérions	j'avais accéléré	nous avions accéléré
tu accélérais	vous accélériez	tu avais accéléré	vous aviez accéléré
il/elle accélérait	ils/elles accéléraient	il/elle avait accéléré	ils/elles avaient accéléré
Passé Simple		***Past Anterior***	
j'accélérai	nous accélérâmes	j'eus accéléré	nous eûmes accéléré
tu accéléras	vous accélérâtes	tu eus accéléré	vous eûtes accéléré
il/elle accéléra	ils/elles accélérèrent	il/elle eut accéléré	ils/elles eurent accéléré
Future		***Future Anterior***	
j'accélérerai	nous accélérerons	j'aurai accéléré	nous aurons accéléré
tu accéléreras	vous accélérerez	tu auras accéléré	vous aurez accéléré
il/elle accélérera	ils/elles accéléreront	il/elle aura accéléré	ils/elles auront accéléré
Conditional		***Past Conditional***	
j'accélérerais	nous accélérerions	j'aurais accéléré	nous aurions accéléré
tu accélérerais	vous accéléreriez	tu aurais accéléré	vous auriez accéléré
il/elle accélérerait	ils/elles accéléreraient	il/elle aurait accéléré	ils/elles auraient accéléré

Present Subjunctive		***Past Subjunctive***	
que j'accélère	que nous accélérions	que j'aie accéléré	que nous ayons accéléré
que tu accélères	que vous accélériez	que tu aies accéléré	que vous ayez accéléré
qu'il/elle accélère	qu'ils/elles accélèrent	qu'il/elle ait accéléré	qu'ils/elles aient accéléré
Imperfect Subjunctive		***Pluperfect Subjunctive***	
que j'accélérasse	que nous accélérassions	que j'eusse accéléré	que nous eussions accéléré
que tu accélérasses	que vous accélérassiez	que tu eusses accéléré	que vous eussiez accéléré
qu'il/elle accélérât	qu'ils/elles accélérassent	qu'il/elle eût accéléré	qu'ils/elles eussent accéléré

Commands

	(nous) accélérons
(tu) accélère	(vous) accélérez

USAGE

accélérer le mouvement/pas	*to speed up the movement/pace*
accélérer les travaux	*to speed up the work*
accélérer la mise en œuvre du plan	*to speed up the implementation of the plan*
accélérer le transfert des données	*to speed up data transmission*
Ici tu peux accélérer parce que la route est bonne.	*Here you can go faster because the road is good.*
Accélérez!	*Step on the gas!*

RELATED WORDS AND EXPRESSIONS

l'accélérateur *(m)*	*accelerator* (car)
un accélérateur de particules	*particle accelerator* (physics)
l'accéléré *(m)*	*speeded-up footage in a film*
La danse des clowns en accéléré m'a fait rire.	*The speeded-up version of the clowns' dance made me laugh.*
l'accélération *(f)* de la vitesse	*increase in speed*
s'accélérer	*to move faster*
Le rythme de mon cœur s'accéléra.	*My heart started to beat faster.*

accepter *to accept*

j'accepte · j'acceptai · accepté · acceptant regular *-er* verb

Present		*Passé Composé*	
j'accepte	nous acceptons	j'ai accepté	nous avons accepté
tu acceptes	vous acceptez	tu as accepté	vous avez accepté
il/elle accepte	ils/elles acceptent	il/elle a accepté	ils/elles ont accepté
Imperfect		*Pluperfect*	
j'acceptais	nous acceptions	j'avais accepté	nous avions accepté
tu acceptais	vous acceptiez	tu avais accepté	vous aviez accepté
il/elle acceptait	ils/elles acceptaient	il/elle avait accepté	ils/elles avaient accepté
Passé Simple		*Past Anterior*	
j'acceptai	nous acceptâmes	j'eus accepté	nous eûmes accepté
tu acceptas	vous acceptâtes	tu eus accepté	vous eûtes accepté
il/elle accepta	ils/elles acceptèrent	il/elle eut accepté	ils/elles eurent accepté
Future		*Future Anterior*	
j'accepterai	nous accepterons	j'aurai accepté	nous aurons accepté
tu accepteras	vous accepterez	tu auras accepté	vous aurez accepté
il/elle acceptera	ils/elles accepteront	il/elle aura accepté	ils/elles auront accepté
Conditional		*Past Conditional*	
j'accepterais	nous accepterions	j'aurais accepté	nous aurions accepté
tu accepterais	vous accepteriez	tu aurais accepté	vous auriez accepté
il/elle accepterait	ils/elles accepteraient	il/elle aurait accepté	ils/elles auraient accepté
Present Subjunctive		*Past Subjunctive*	
que j'accepte	que nous acceptions	que j'aie accepté	que nous ayons accepté
que tu acceptes	que vous acceptiez	que tu aies accepté	que vous ayez accepté
qu'il/elle accepte	qu'ils/elles acceptent	qu'il/elle ait accepté	qu'ils/elles aient accepté
Imperfect Subjunctive		*Pluperfect Subjunctive*	
que j'acceptasse	que nous acceptassions	que j'eusse accepté	que nous eussions accepté
que tu acceptasses	que vous acceptassiez	que tu eusses accepté	que vous eussiez accepté
qu'il/elle acceptât	qu'ils/elles acceptassent	qu'il/elle eût accepté	qu'ils/elles eussent accepté

Commands

	(nous) acceptons
(tu) accepte	(vous) acceptez

USAGE

accepter une invitation	*to accept an invitation*
accepter un défi	*to accept a challenge*
Ce professeur accepte tout de ses élèves.	*That teacher puts up with anything from his students.*
Accepte cette perte comme une leçon.	*Take that loss as a lesson.*
Je n'accepte pas que ma vie soit ennuyeuse.	*I can't accept that my life might be boring.*
Il n'accepte pas que son fils abandonne ses études.	*He can't agree to his son's quitting school.*
Je n'accepte pas ton explication.	*I don't buy your explanation.*

RELATED WORDS AND EXPRESSIONS

l'acception *(f)*	*meaning of a word*
Ce mot a plusieurs acceptions.	*This word has several meanings.*
l'acceptation *(f)*	*acceptance/agreement*
Je me demande si j'obtiendrai son acceptation du projet.	*I wonder if I'll get his acceptance of the project.*

regular -*er* verb

j'accompagne · j'accompagnai · accompagné · accompagnant

Present		*Passé Composé*	
j'accompagne	nous accompagnons	j'ai accompagné	nous avons accompagné
tu accompagnes	vous accompagnez	tu as accompagné	vous avez accompagné
il/elle accompagne	ils/elles accompagnent	il/elle a accompagné	ils/elles ont accompagné
Imperfect		*Pluperfect*	
j'accompagnais	nous accompagnions	j'avais accompagné	nous avions accompagné
tu accompagnais	vous accompagniez	tu avais accompagné	vous aviez accompagné
il/elle accompagnait	ils/elles accompagnaient	il/elle avait accompagné	ils/elles avaient accompagné
Passé Simple		*Past Anterior*	
j'accompagnai	nous accompagnâmes	j'eus accompagné	nous eûmes accompagné
tu accompagnas	vous accompagnâtes	tu eus accompagné	vous eûtes accompagné
il/elle accompagna	ils/elles accompagnèrent	il/elle eut accompagné	ils/elles eurent accompagné
Future		*Future Anterior*	
j'accompagnerai	nous accompagnerons	j'aurai accompagné	nous aurons accompagné
tu accompagneras	vous accompagnerez	tu auras accompagné	vous aurez accompagné
il/elle accompagnera	ils/elles accompagneront	il/elle aura accompagné	ils/elles auront accompagné
Conditional		*Past Conditional*	
j'accompagnerais	nous accompagnerions	j'aurais accompagné	nous aurions accompagné
tu accompagnerais	vous accompagneriez	tu aurais accompagné	vous auriez accompagné
il/elle accompagnerait	ils/elles accompagneraient	il/elle aurait accompagné	ils/elles auraient accompagné

Present Subjunctive		*Past Subjunctive*	
que j'accompagne	que nous accompagnions	que j'aie accompagné	que nous ayons accompagné
que tu accompagnes	que vous accompagniez	que tu aies accompagné	que vous ayez accompagné
qu'il/elle accompagne	qu'ils/elles accompagnent	qu'il/elle ait accompagné	qu'ils/elles aient accompagné
Imperfect Subjunctive		*Pluperfect Subjunctive*	
que j'accompagnasse	que nous accompagnassions	que j'eusse accompagné	que nous eussions accompagné
que tu accompagnasses	que vous accompagnassiez	que tu eusses accompagné	que vous eussiez accompagné
qu'il/elle accompagnât	qu'ils/elles accompagnassent	qu'il/elle eût accompagné	qu'ils/elles eussent accompagné

Commands

	(nous) accompagnons
(tu) accompagne	(vous) accompagnez

USAGE

Un pianiste accompagne la flûtiste.	*A pianist accompanies the flutist.*
Je ne suis pas accompagné.	*I'm alone. / I've come alone.*
Il n'y a aucune carte qui accompagne ce cadeau?	*There's no card with this gift?*
un bifteck accompagné de champignons	*a steak with mushrooms*

RELATED WORDS AND EXPRESSIONS

l'accompagnement *(m)*	*change management / management consulting*
un accompagnateur / une accompagnatrice	*a group leader; an accompanist* (music)
raccompagner qqn	*to walk someone home*
—Bon, je m'en vais.	*Well, I'm leaving.*
—Attends, je te raccompagne.	*Wait, I'll walk you home.*

14 accomplir *to accomplish, achieve*

j'accomplis · j'accomplis · accompli · accomplissant regular -*ir* verb

Present		*Passé Composé*	
j'accomplis	nous accomplissons	j'ai accompli	nous avons accompli
tu accomplis	vous accomplissez	tu as accompli	vous avez accompli
il/elle accomplit	ils/elles accomplissent	il/elle a accompli	ils/elles ont accompli
Imperfect		*Pluperfect*	
j'accomplissais	nous accomplissions	j'avais accompli	nous avions accompli
tu accomplissais	vous accomplissiez	tu avais accompli	vous aviez accompli
il/elle accomplissait	ils/elles accomplissaient	il/elle avait accompli	ils/elles avaient accompli
Passé Simple		*Past Anterior*	
j'accomplis	nous accomplîmes	j'eus accompli	nous eûmes accompli
tu accomplis	vous accomplîtes	tu eus accompli	vous eûtes accompli
il/elle accomplit	ils/elles accomplirent	il/elle eut accompli	ils/elles eurent accompli
Future		*Future Anterior*	
j'accomplirai	nous accomplirons	j'aurai accompli	nous aurons accompli
tu accompliras	vous accomplirez	tu auras accompli	vous aurez accompli
il/elle accomplira	ils/elles accompliront	il/elle aura accompli	ils/elles auront accompli
Conditional		*Past Conditional*	
j'accomplirais	nous accomplirions	j'aurais accompli	nous aurions accompli
tu accomplirais	vous accompliriez	tu aurais accompli	vous auriez accompli
il/elle accomplirait	ils/elles accompliraient	il/elle aurait accompli	ils/elles auraient accompli
Present Subjunctive		*Past Subjunctive*	
que j'accomplisse	que nous accomplissions	que j'aie accompli	que nous ayons accompli
que tu accomplisses	que vous accomplissiez	que tu aies accompli	que vous ayez accompli
qu'il/elle accomplisse	qu'ils/elles accomplissent	qu'il/elle ait accompli	qu'ils/elles aient accompli
Imperfect Subjunctive		*Pluperfect Subjunctive*	
que j'accomplisse	que nous accomplissions	que j'eusse accompli	que nous eussions accompli
que tu accomplisses	que vous accomplissiez	que tu eusses accompli	que vous eussiez accompli
qu'il/elle accomplît	qu'ils/elles accomplissent	qu'il/elle eût accompli	qu'ils/elles eussent accompli

Commands

	(nous) accomplissons
(tu) accomplis	(vous) accomplissez

USAGE

accomplir une tâche	*to accomplish/finish a task*
accomplir une chose	*to achieve/complete something*
accomplir un devoir	*to do/fulfill one's duty*
Nous avons accompli ce qu'on a décidé de faire.	*We carried out what we decided to do.*
accomplir une promesse	*to fulfill a promise*
accomplir un geste en faveur de qqn	*to make a gesture to help someone*
accomplir une mauvaise action	*to commit an evil act*
accomplir un travail	*to do/perform a job*

RELATED WORDS AND EXPRESSIONS

l'accomplissement *(m)*	*accomplishment/fulfillment/achievement*
un fait accompli	*a done deed / a fait accompli*

regular -*er* verb **j'accorde · j'accordai · accordé · accordant**

Present		*Passé Composé*	
j'accorde	nous accordons	j'ai accordé	nous avons accordé
tu accordes	vous accordez	tu as accordé	vous avez accordé
il/elle accorde	ils/elles accordent	il/elle a accordé	ils/elles ont accordé
Imperfect		*Pluperfect*	
j'accordais	nous accordions	j'avais accordé	nous avions accordé
tu accordais	vous accordiez	tu avais accordé	vous aviez accordé
il/elle accordait	ils/elles accordaient	il/elle avait accordé	ils/elles avaient accordé
Passé Simple		*Past Anterior*	
j'accordai	nous accordâmes	j'eus accordé	nous eûmes accordé
tu accordas	vous accordâtes	tu eus accordé	vous eûtes accordé
il/elle accorda	ils/elles accordèrent	il/elle eut accordé	ils/elles eurent accordé
Future		*Future Anterior*	
j'accorderai	nous accorderons	j'aurai accordé	nous aurons accordé
tu accorderas	vous accorderez	tu auras accordé	vous aurez accordé
il/elle accordera	ils/elles accorderont	il/elle aura accordé	ils/elles auront accordé
Conditional		*Past Conditional*	
j'accorderais	nous accorderions	j'aurais accordé	nous aurions accordé
tu accorderais	vous accorderiez	tu aurais accordé	vous auriez accordé
il/elle accorderait	ils/elles accorderaient	il/elle aurait accordé	ils/elles auraient accordé

Present Subjunctive		*Past Subjunctive*	
que j'accorde	que nous accordions	que j'aie accordé	que nous ayons accordé
que tu accordes	que vous accordiez	que tu aies accordé	que vous ayez accordé
qu'il/elle accorde	qu'ils/elles accordent	qu'il/elle ait accordé	qu'ils/elles aient accordé
Imperfect Subjunctive		*Pluperfect Subjunctive*	
que j'accordasse	que nous accordassions	que j'eusse accordé	que nous eussions accordé
que tu accordasses	que vous accordassiez	que tu eusses accordé	que vous eussiez accordé
qu'il/elle accordât	qu'ils/elles accordassent	qu'il/elle eût accordé	qu'ils/elles eussent accordé

Commands

	(nous) accordons
(tu) accorde	(vous) accordez

USAGE

accorder sa permission	*to grant one's permission*
accorder un piano	*to tune a piano*
accorder ses violons	*to get one's story straight*
Avant de parler aux journalistes, il faut que les ministres accordent leurs violons.	*Before speaking with journalists, the government officials have to agree on what tack to take.*
accorder les couleurs	*to match colors*

RELATED WORDS AND EXPRESSIONS

l'accord *(m)*	*agreement*
d'accord	*OK/agreed*
s'accorder pour	*to agree / work together to do something*
Les deux entreprises se sont accordées pour lancer un nouveau produit.	*The two firms agreed to work together to bring out a new product.*

s'accouder *to lean on one's elbows*

je m'accoude · je m'accoudai · s'étant accoudé · s'accoudant

regular *-er* reflexive verb; compound tenses with *être*

Present	***Passé Composé***
je m'accoude — nous nous accoudons	je me suis accoudé(e) — nous nous sommes accoudé(e)s
tu t'accoudes — vous vous accoudez	tu t'es accoudé(e) — vous vous êtes accoudé(e)(s)
il/elle s'accoude — ils/elles s'accoudent	il/elle s'est accoudé(e) — ils/elles se sont accoudé(e)s
Imperfect	***Pluperfect***
je m'accoudais — nous nous accoudions	je m'étais accoudé(e) — nous nous étions accoudé(e)s
tu t'accoudais — vous vous accoudiez	tu t'étais accoudé(e) — vous vous étiez accoudé(e)(s)
il/elle s'accoudait — ils/elles s'accoudaient	il/elle s'était accoudé(e) — ils/elles s'étaient accoudé(e)s
Passé Simple	***Past Anterior***
je m'accoudai — nous nous accoudâmes	je me fus accoudé(e) — nous nous fûmes accoudé(e)s
tu t'accoudas — vous vous accoudâtes	tu te fus accoudé(e) — vous vous fûtes accoudé(e)(s)
il/elle s'accouda — ils/elles s'accoudèrent	il/elle se fut accoudé(e) — ils/elles se furent accoudé(e)s
Future	***Future Anterior***
je m'accouderai — nous nous accouderons	je me serai accoudé(e) — nous nous serons accoudé(e)s
tu t'accouderas — vous vous accouderez	tu te seras accoudé(e) — vous vous serez accoudé(e)(s)
il/elle s'accoudera — ils/elles s'accouderont	il/elle se sera accoudé(e) — ils/elles se seront accoudé(e)s
Conditional	***Past Conditional***
je m'accouderais — nous nous accouderions	je me serais accoudé(e) — nous nous serions accoudé(e)s
tu t'accouderais — vous vous accouderiez	tu te serais accoudé(e) — vous vous seriez accoudé(e)(s)
il/elle s'accouderait — ils/elles s'accouderaient	il/elle se serait accoudé(e) — ils/elles se seraient accoudé(e)s
Present Subjunctive	***Past Subjunctive***
que je m'accoude — que nous nous accoudions	que je me sois accoudé(e) — que nous nous soyons accoudé(e)s
que tu t'accoudes — que vous vous accoudiez	que tu te sois accoudé(e) — que vous vous soyez accoudé(e)(s)
qu'il/elle s'accoude — qu'ils/elles s'accoudent	qu'il/elle se soit accoudé(e) — qu'ils/elles se soient accoudé(e)s
Imperfect Subjunctive	***Pluperfect Subjunctive***
que je m'accoudasse — que nous nous accoudassions	que je me fusse accoudé(e) — que nous nous fussions accoudé(e)s
que tu t'accoudasses — que vous vous accoudassiez	que tu te fusses accoudé(e) — que vous vous fussiez accoudé(e)(s)
qu'il/elle s'accoudât — qu'ils/elles s'accoudassent	qu'il/elle se fût accoudé(e) — qu'ils/elles se fussent accoudé(e)s

Commands

(nous) accoudons-nous
(tu) accoude-toi — (vous) accoudez-vous

USAGE

s'accouder à la table — *to lean on one's elbows sitting at the table*
s'accouder à la fenêtre — *to look out the window resting one's elbows on the sill*
s'accouder au bord de la piscine — *to rest on one's elbows at the side of the pool*
s'accouder au comptoir — *to lean on one's elbows at the counter*

RELATED WORDS AND EXPRESSIONS

le coude — *elbow*
se frayer un chemin à coups de coude — *to elbow one's way through*
accoudé(e) — *leaning on one's elbows*
Je t'ai vue accoudée à ta fenêtre. — *I saw you leaning out your window (resting on your elbows).*
Il est toujours accoudé à sa table de café préférée, son journal devant lui. — *He's always seated at his favorite coffee table (resting on his elbows), with his newspaper in front of him.*

irregular verb; may be conjugated with *être* in passé composé: either *j'ai accouru* or *je suis accouru(e)*

j'accours · j'accourus · accouru · accourant

Present		*Passé Composé*	
j'accours	nous accourons	j'ai accouru	nous avons accouru
tu accours	vous accourez	tu as accouru	vous avez accouru
il/elle accourt	ils/elles accourent	il/elle a accouru	ils/elles ont accouru
Imperfect		*Pluperfect*	
j'accourais	nous accourions	j'avais accouru	nous avions accouru
tu accourais	vous accouriez	tu avais accouru	vous aviez accouru
il/elle accourait	ils/elles accouraient	il/elle avait accouru	ils/elles avaient accouru
Passé Simple		*Past Anterior*	
j'accourus	nous accourûmes	j'eus accouru	nous eûmes accouru
tu accourus	vous accourûtes	tu eus accouru	vous eûtes accouru
il/elle accourut	ils/elles accoururent	il/elle eut accouru	ils/elles eurent accouru
Future		*Future Anterior*	
j'accourrai	nous accourrons	j'aurai accouru	nous aurons accouru
tu accourras	vous accourrez	tu auras accouru	vous aurez accouru
il/elle accourra	ils/elles accourront	il/elle aura accouru	ils/elles auront accouru
Conditional		*Past Conditional*	
j'accourrais	nous accourrions	j'aurais accouru	nous aurions accouru
tu accourrais	vous accourriez	tu aurais accouru	vous auriez accouru
il/elle accourrait	ils/elles accourraient	il/elle aurait accouru	ils/elles auraient accouru
Present Subjunctive		*Past Subjunctive*	
que j'accoure	que nous accourions	que j'aie accouru	que nous ayons accouru
que tu accoures	que vous accouriez	que tu aies accouru	que vous ayez accouru
qu'il/elle accoure	qu'ils/elles accourent	qu'il/elle ait accouru	qu'ils/elles aient accouru
Imperfect Subjunctive		*Pluperfect Subjunctive*	
que j'accourusse	que nous accourussions	que j'eusse accouru	que nous eussions accouru
que tu accourusses	que vous accourussiez	que tu eusses accouru	que vous eussiez accouru
qu'il/elle accourût	qu'ils/elles accourussent	qu'il/elle eût accouru	qu'ils/elles eussent accouru

Commands

	(nous) accourons
(tu) accours	(vous) accourez

USAGE

NOTE: This verb is more common in formal writing than in speech.

On est accourus quand on a entendu son cri.	*We rushed over when we heard her cry out.*
Les pompiers ont accouru à notre appel.	*The firefighters answered our call.*
J'ai crié, mais personne n'est accouru.	*I screamed, but no one came to my aid.*
Quand il a vu tomber la vieille dame, il est accouru pour l'aider.	*When he saw the old woman fall, he ran over to help her.*
À l'éclatement des émeutes le chef d'état est accouru pour gérer la crise.	*When the riots broke out, the president rushed to the scene to manage the crisis.*
Ses cris ont fait accourir la police.	*Her cries brought out the police.*
On a vu accourir les enfants de tous les immeubles pour voir le défilé.	*We saw children run over from all the apartment buildings to see the parade.*
Tous les fidèles sont accourus à l'église.	*All the faithful rushed to church.*
accourir à l'aide de quelqu'un	*to rush to help someone*
Philippe Auguste... accueillit les savants; les écoles de Paris devinrent célèbres; on y accourut des provinces et des pays étrangers. *(St-Foix, Essais sur Paris, Œuvres, t. III, p. 16)*	*Philippe Auguste . . . welcomed scholars; the schools of Paris became famous; people flocked there from the provinces and from foreign countries.*

18 accrocher *to hang, hang up, hang on a hook*

j'accroche · j'accrochai · accroché · accrochant regular *-er* verb

Present		*Passé Composé*	
j'accroche	nous accrochons	j'ai accroché	nous avons accroché
tu accroches	vous accrochez	tu as accroché	vous avez accroché
il/elle accroche	ils/elles accrochent	il/elle a accroché	ils/elles ont accroché
Imperfect		*Pluperfect*	
j'accrochais	nous accrochions	j'avais accroché	nous avions accroché
tu accrochais	vous accrochiez	tu avais accroché	vous aviez accroché
il/elle accrochait	ils/elles accrochaient	il/elle avait accroché	ils/elles avaient accroché
Passé Simple		*Past Anterior*	
j'accrochai	nous accrochâmes	j'eus accroché	nous eûmes accroché
tu accrochas	vous accrochâtes	tu eus accroché	vous eûtes accroché
il/elle accrocha	ils/elles accrochèrent	il/elle eut accroché	ils/elles eurent accroché
Future		*Future Anterior*	
j'accrocherai	nous accrocherons	j'aurai accroché	nous aurons accroché
tu accrocheras	vous accrocherez	tu auras accroché	vous aurez accroché
il/elle accrochera	ils/elles accrocheront	il/elle aura accroché	ils/elles auront accroché
Conditional		*Past Conditional*	
j'accrocherais	nous accrocherions	j'aurais accroché	nous aurions accroché
tu accrocherais	vous accrocheriez	tu aurais accroché	vous auriez accroché
il/elle accrocherait	ils/elles accrocheraient	il/elle aurait accroché	ils/elles auraient accroché

Present Subjunctive		*Past Subjunctive*	
que j'accroche	que nous accrochions	que j'aie accroché	que nous ayons accroché
que tu accroches	que vous accrochiez	que tu aies accroché	que vous ayez accroché
qu'il/elle accroche	qu'ils/elles accrochent	qu'il/elle ait accroché	qu'ils/elles aient accroché
Imperfect Subjunctive		*Pluperfect Subjunctive*	
que j'accrochasse	que nous accrochassions	que j'eusse accroché	que nous eussions accroché
que tu accrochasses	que vous accrochassiez	que tu eusses accroché	que vous eussiez accroché
qu'il/elle accrochât	qu'ils/elles accrochassent	qu'il/elle eût accroché	qu'ils/elles eussent accroché

Commands

	(nous) accrochons
(tu) accroche	(vous) accrochez

USAGE

accrocher des tableaux / une affiche au mur	*to hang pictures / a poster on the wall*
accrocher sa veste	*to hang up one's jacket*
accrocher un écriteau	*to put up a sign*
La voiture a accroché un camion.	*The car collided with a truck.*

RELATED WORDS AND EXPRESSIONS

le crochet	*hook*
s'accrocher	*to hold on*
s'accrocher à la vie	*to cling to life*
s'accrocher à un espoir de guérison	*to cling to the hope of a cure*
Accroche-toi bien!	*Hold on tight!*

SLANG

s'accrocher avec qqn	*to pester someone*
Il s'accroche au chef.	*He's always hanging around the boss.*
se l'accrocher	*to kiss it good-bye*
Tu peux te l'accrocher, tu sais!	*You can kiss it good-bye, you know!*

irregular verb **j'accrois · j'accrus · accru · accroissant**

Present		***Passé Composé***	
j'accrois	nous accroissons	j'ai accru	nous avons accru
tu accrois	vous accroissez	tu as accru	vous avez accru
il/elle accroît	ils/elles accroissent	il/elle a accru	ils/elles ont accru
Imperfect		***Pluperfect***	
j'accroissais	nous accroissions	j'avais accru	nous avions accru
tu accroissais	vous accroissiez	tu avais accru	vous aviez accru
il/elle accroissait	ils/elles accroissaient	il/elle avait accru	ils/elles avaient accru
Passé Simple		***Past Anterior***	
j'accrus	nous accrûmes	j'eus accru	nous eûmes accru
tu accrus	vous accrûtes	tu eus accru	vous eûtes accru
il/elle accrut	ils/elles accrurent	il/elle eut accru	ils/elles eurent accru
Future		***Future Anterior***	
j'accroîtrai	nous accroîtrons	j'aurai accru	nous aurons accru
tu accroîtras	vous accroîtrez	tu auras accru	vous aurez accru
il/elle accroîtra	ils/elles accroîtront	il/elle aura accru	ils/elles auront accru
Conditional		***Past Conditional***	
j'accroîtrais	nous accroîtrions	j'aurais accru	nous aurions accru
tu accroîtrais	vous accroîtriez	tu aurais accru	vous auriez accru
il/elle accroîtrait	ils/elles accroîtraient	il/elle aurait accru	ils/elles auraient accru

Present Subjunctive		***Past Subjunctive***	
que j'accroisse	que nous accroissions	que j'aie accru	que nous ayons accru
que tu accroisses	que vous accroissiez	que tu aies accru	que vous ayez accru
qu'il/elle accroisse	qu'ils/elles accroissent	qu'il/elle ait accru	qu'ils/elles aient accru
Imperfect Subjunctive		***Pluperfect Subjunctive***	
que j'accrusse	que nous accrussions	que j'eusse accru	que nous eussions accru
que tu accrusses	que vous accrussiez	que tu eusses accru	que vous eussiez accru
qu'il/elle accrût	qu'ils/elles accrussent	qu'il/elle eût accru	qu'ils/elles eussent accru

Commands

	(nous) accroissons
(tu) accrois	(vous) accroissez

USAGE

accroître la production agricole/industrielle	*to increase agricultural/industrial production*
Le propriétaire a accru la surface de l'usine.	*The owner increased the floor space of the factory.*

RELATED WORDS AND EXPRESSIONS

l'accroissement *(m)*	*increase*
l'accroissement *(m)* démographique	*population growth*
un accroissement de la production du pétrole	*an increase in oil production*
s'accroître	*to increase*
La richesse du pays s'est accrue.	*The country's wealth increased.*
Mon intérêt s'est accru.	*My interest increased.*
Sa fureur s'accroissait.	*His fury was growing.*
L'amitié entre les deux jeunes gens s'accrut.	*The friendship between the two young men grew.*
Le nombre de touristes s'accroîtra cette année.	*The number of tourists will grow this year.*
La popularité de cette chanteuse s'est énormément accrue.	*The popularity of that singer has grown tremendously.*

s'accroupir *to crouch down, squat*

je m'accroupis · je m'accroupis · s'étant accroupi · s'accroupissant

regular -*ir* reflexive verb; compound tenses with *être*

Present		***Passé Composé***	
je m'accroupis	nous nous accroupissons	je me suis accroupi(e)	nous nous sommes accroupi(e)s
tu t'accroupis	vous vous accroupissez	tu t'es accroupi(e)	vous vous êtes accroupi(e)(s)
il/elle s'accroupit	ils/elles s'accroupissent	il/elle s'est accroupi(e)	ils/elles se sont accroupi(e)s
Imperfect		***Pluperfect***	
je m'accroupissais	nous nous accroupissions	je m'étais accroupi(e)	nous nous étions accroupi(e)s
tu t'accroupissais	vous vous accroupissiez	tu t'étais accroupi(e)	vous vous étiez accroupi(e)(s)
il/elle s'accroupissait	ils/elles s'accroupissaient	il/elle s'était accroupi(e)	ils/elles s'étaient accroupi(e)s
Passé Simple		***Past Anterior***	
je m'accroupis	nous nous accroupîmes	je me fus accroupi(e)	nous nous fûmes accroupi(e)s
tu t'accroupis	vous vous accroupîtes	tu te fus accroupi(e)	vous vous fûtes accroupi(e)(s)
il/elle s'accroupit	ils/elles s'accroupirent	il/elle se fut accroupi(e)	ils/elles se furent accroupi(e)s
Future		***Future Anterior***	
je m'accroupirai	nous nous accroupirons	je me serai accroupi(e)	nous nous serons accroupi(e)s
tu t'accroupiras	vous vous accroupirez	tu te seras accroupi(e)	vous vous serez accroupi(e)(s)
il/elle s'accroupira	ils/elles s'accroupiront	il/elle se sera accroupi(e)	ils/elles se seront accroupi(e)s
Conditional		***Past Conditional***	
je m'accroupirais	nous nous accroupirions	je me serais accroupi(e)	nous nous serions accroupi(e)s
tu t'accroupirais	vous vous accroupiriez	tu te serais accroupi(e)	vous vous seriez accroupi(e)(s)
il/elle s'accroupirait	ils/elles s'accroupiraient	il/elle se serait accroupi(e)	ils/elles se seraient accroupi(e)s

Present Subjunctive		***Past Subjunctive***	
que je m'accroupisse	que nous nous accroupissions	que je me sois accroupi(e)	que nous nous soyons accroupi(e)s
que tu t'accroupisses	que vous vous accroupissiez	que tu te sois accroupi(e)	que vous vous soyez accroupi(e)(s)
qu'il/elle s'accroupisse	qu'ils/elles s'accroupissent	qu'il/elle se soit accroupi(e)	qu'ils/elles se soient accroupi(e)s
Imperfect Subjunctive		***Pluperfect Subjunctive***	
que je m'accroupisse	que nous nous accroupissions	que je me fusse accroupi(e)	que nous nous fussions accroupi(e)s
que tu t'accroupisses	que vous vous accroupissiez	que tu te fusses accroupi(e)	que vous vous fussiez accroupi(e)(s)
qu'il/elle s'accroupît	qu'ils/elles s'accroupissent	qu'il/elle se fût accroupi(e)	qu'ils/elles se fussent accroupi(e)s

Commands

	(nous) accroupissons-nous
(tu) accroupis-toi	(vous) accroupissez-vous

USAGE

Il s'est accroupi derrière la porte.	*He crouched (down) behind the door.*
Si tu veux te cacher, accroupis-toi.	*If you want to hide, crouch down.*
On s'est accroupis auprès du feu pour se chauffer.	*We crouched down next to the fire to warm up.*
L'enfant s'est accroupi derrière le dossier de la chaise.	*The child crouched down behind the back of the chair.*
Les prisonniers ont été forcés à s'accroupir.	*The prisoners were forced to squat.*
Le soldat s'est accroupi pour pointer son arme.	*The soldier squatted to aim his weapon.*

RELATED WORDS AND EXPRESSIONS

accroupi	*crouching/squatting*
être accroupi	*to be in a crouching position*
J'ai trouvé l'enfant accroupi sous la table.	*I found the child crouching under the table.*
J'ai vu au Louvre la statue égyptienne du scribe accroupi.	*I saw the Egyptian statue of the crouching scribe at the Louvre.*

irregular verb

j'accueille · j'accueillis · accueilli · accueillant

Present		*Passé Composé*	
j'accueille	nous accueillons	j'ai accueilli	nous avons accueilli
tu accueilles	vous accueillez	tu as accueilli	vous avez accueilli
il/elle accueille	ils/elles accueillent	il/elle a accueilli	ils/elles ont accueilli
Imperfect		*Pluperfect*	
j'accueillais	nous accueillions	j'avais accueilli	nous avions accueilli
tu accueillais	vous accueilliez	tu avais accueilli	vous aviez accueilli
il/elle accueillait	ils/elles accueillaient	il/elle avait accueilli	ils/elles avaient accueilli
Passé Simple		*Past Anterior*	
j'accueillis	nous accueillîmes	j'eus accueilli	nous eûmes accueilli
tu accueillis	vous accueillîtes	tu eus accueilli	vous eûtes accueilli
il/elle accueillit	ils/elles accueillirent	il/elle eut accueilli	ils/elles eurent accueilli
Future		*Future Anterior*	
j'accueillerai	nous accueillerons	j'aurai accueilli	nous aurons accueilli
tu accueilleras	vous accueillerez	tu auras accueilli	vous aurez accueilli
il/elle accueillera	ils/elles accueilleront	il/elle aura accueilli	ils/elles auront accueilli
Conditional		*Past Conditional*	
j'accueillerais	nous accueillerions	j'aurais accueilli	nous aurions accueilli
tu accueillerais	vous accueilleriez	tu aurais accueilli	vous auriez accueilli
il/elle accueillerait	ils/elles accueilleraient	il/elle aurait accueilli	ils/elles auraient accueilli

Present Subjunctive		*Past Subjunctive*	
que j'accueille	que nous accueillions	que j'aie accueilli	que nous ayons accueilli
que tu accueilles	que vous accueilliez	que tu aies accueilli	que vous ayez accueilli
qu'il/elle accueille	qu'ils/elles accueillent	qu'il/elle ait accueilli	qu'ils/elles aient accueilli
Imperfect Subjunctive		*Pluperfect Subjunctive*	
que j'accueillisse	que nous accueillissions	que j'eusse accueilli	que nous eussions accueilli
que tu accueillisses	que vous accueillissiez	que tu eusses accueilli	que vous eussiez accueilli
qu'il/elle accueillît	qu'ils/elles accueillissent	qu'il/elle eût accueilli	qu'ils/elles eussent accueilli

Commands

	(nous) accueillons
(tu) accueille	(vous) accueillez

USAGE

Ils nous ont bien accueillis.	*They gave us a warm welcome.*
Des cris de joie ont accueilli l'équipe.	*Cries of joy greeted the (victorious) team.*
La France a accueilli de nombreux réfugiés.	*France took in a good number of refugees.*
Cette auberge accueille les jeunes voyageurs.	*This hostel takes in / lodges young travelers.*
Le peuple a mal accueilli la nouvelle loi.	*The people gave a cool reception to the new law.*

RELATED WORDS AND EXPRESSIONS

l'accueil *(m)*	*welcome; reception office*
Demandez à l'accueil.	*Ask at the reception desk.*
un accueil chaleureux	*a warm welcome*
Ses œuvres ont été bien/mal accueillies par le public.	*His works were well/poorly received by the general public.*
On leur a fait bon accueil.	*They were given a warm welcome.*
Les critiques ont fait un mauvais accueil au nouveau roman.	*The critics received the new novel unfavorably.*

22 accuser *to accuse*

j'accuse · j'accusai · accusé · accusant regular *-er* verb

Present		*Passé Composé*	
j'accuse	nous accusons	j'ai accusé	nous avons accusé
tu accuses	vous accusez	tu as accusé	vous avez accusé
il/elle accuse	ils/elles accusent	il/elle a accusé	ils/elles ont accusé
Imperfect		*Pluperfect*	
j'accusais	nous accusions	j'avais accusé	nous avions accusé
tu accusais	vous accusiez	tu avais accusé	vous aviez accusé
il/elle accusait	ils/elles accusaient	il/elle avait accusé	ils/elles avaient accusé
Passé Simple		*Past Anterior*	
j'accusai	nous accusâmes	j'eus accusé	nous eûmes accusé
tu accusas	vous accusâtes	tu eus accusé	vous eûtes accusé
il/elle accusa	ils/elles accusèrent	il/elle eut accusé	ils/elles eurent accusé
Future		*Future Anterior*	
j'accuserai	nous accuserons	j'aurai accusé	nous aurons accusé
tu accuseras	vous accuserez	tu auras accusé	vous aurez accusé
il/elle accusera	ils/elles accuseront	il/elle aura accusé	ils/elles auront accusé
Conditional		*Past Conditional*	
j'accuserais	nous accuserions	j'aurais accusé	nous aurions accusé
tu accuserais	vous accuseriez	tu aurais accusé	vous auriez accusé
il/elle accuserait	ils/elles accuseraient	il/elle aurait accusé	ils/elles auraient accusé

Present Subjunctive		*Past Subjunctive*	
que j'accuse	que nous accusions	que j'aie accusé	que nous ayons accusé
que tu accuses	que vous accusiez	que tu aies accusé	que vous ayez accusé
qu'il/elle accuse	qu'ils/elles accusent	qu'il/elle ait accusé	qu'ils/elles aient accusé
Imperfect Subjunctive		*Pluperfect Subjunctive*	
que j'accusasse	que nous accusassions	que j'eusse accusé	que nous eussions accusé
que tu accusasses	que vous accusassiez	que tu eusses accusé	que vous eussiez accusé
qu'il/elle accusât	qu'ils/elles accusassent	qu'il/elle eût accusé	qu'ils/elles eussent accusé

Commands

	(nous) accusons
(tu) accuse	(vous) accusez

USAGE

accuser qqn d'un crime	*to accuse someone of a crime*
accuser qqn de vol	*to accuse someone of theft*
accuser qqn de meurtre	*to accuse someone of murder*
accuser qqn sans preuves	*to accuse someone without proof*
accuser le destin / le sort / les événements	*to blame destiny/fate/events*
Vous n'avez pas le droit de m'accuser!	*You have no right to accuse me!*
J'accuse!	*I accuse!* (title of the famous 1898 manifesto by Émile Zola in the Dreyfus case)

RELATED WORDS AND EXPRESSIONS

l'accusation *(f)*	*accusation/charge*
renoncer à l'accusation	*to drop the charge*
faire des accusations (fausses)	*to make (false) charges*
l'accusé(e)	*the defendant/accused*
On a interrogé l'accusé pendant dix heures.	*The accused was interrogated for ten hours.*
accusé(e)	*marked/noticeable*
un accent allemand très accusé	*a very noticeable / strong German accent*

to buy acheter 23

-er verb; spelling change: *e* > è/mute *e* **j'achète · j'achetai · acheté · achetant**

Present		*Passé Composé*	
j'achète	nous achetons	j'ai acheté	nous avons acheté
tu achètes	vous achetez	tu as acheté	vous avez acheté
il/elle achète	ils/elles achètent	il/elle a acheté	ils/elles ont acheté
Imperfect		***Pluperfect***	
j'achetais	nous achetions	j'avais acheté	nous avions acheté
tu achetais	vous achetiez	tu avais acheté	vous aviez acheté
il/elle achetait	ils/elles achetaient	il/elle avait acheté	ils/elles avaient acheté
Passé Simple		***Past Anterior***	
j'achetai	nous achetâmes	j'eus acheté	nous eûmes acheté
tu achetas	vous achetâtes	tu eus acheté	vous eûtes acheté
il/elle acheta	ils/elles achetèrent	il/elle eut acheté	ils/elles eurent acheté
Future		***Future Anterior***	
j'achèterai	nous achèterons	j'aurai acheté	nous aurons acheté
tu achèteras	vous achèterez	tu auras acheté	vous aurez acheté
il/elle achètera	ils/elles achèteront	il/elle aura acheté	ils/elles auront acheté
Conditional		***Past Conditional***	
j'achèterais	nous achèterions	j'aurais acheté	nous aurions acheté
tu achèterais	vous achèteriez	tu aurais acheté	vous auriez acheté
il/elle achèterait	ils/elles achèteraient	il/elle aurait acheté	ils/elles auraient acheté

Present Subjunctive		*Past Subjunctive*	
que j'achète	que nous achetions	que j'aie acheté	que nous ayons acheté
que tu achètes	que vous achetiez	que tu aies acheté	que vous ayez acheté
qu'il/elle achète	qu'ils/elles achètent	qu'il/elle ait acheté	qu'ils/elles aient acheté
Imperfect Subjunctive		***Pluperfect Subjunctive***	
que j'achetasse	que nous achetassions	que j'eusse acheté	que nous eussions acheté
que tu achetasses	que vous achetassiez	que tu eusses acheté	que vous eussiez acheté
qu'il/elle achetât	qu'ils/elles achetassent	qu'il/elle eût acheté	qu'ils/elles eussent acheté

Commands

	(nous) achetons
(tu) achète	(vous) achetez

USAGE

NOTE: *Acheter* is often followed by the partitive, especially when talking about buying food.

acheter qqch	*to buy something*
acheter de la viande	*to buy meat*
acheter des légumes	*to buy vegetables*
acheter des fruits	*to buy fruit*
acheter du café	*to buy coffee*

RELATED WORDS AND EXPRESSIONS

l'achat *(m)*	*purchase*
le pouvoir d'achat	*purchasing power*
les achats *(mpl)*	*shopping*
un centre d'achats	*shopping center* (Canadian term)
le rachat	*repurchase; ransom*

top 50 verb

23 acheter *to buy*

j'achète · j'achetai · acheté · achetant — -*er* verb; spelling change: *e* > *è*/mute *e*

Qu'est-ce qu'on achète?

acheter une maison/voiture	*to buy a house/car*
acheter des cadeaux de Noël	*to buy Christmas gifts*
acheter un bijou/diamant pour sa fiancée	*to buy a jewel/diamond for one's fiancée*

Les rapports entre acheteurs et vendeurs

acheter qqch à qqn	*to buy something for someone*
Regarde! Je t'ai acheté un pain au chocolat.	*Look! I've bought you a chocolate croissant.*
Ils ont acheté une mobylette à leur fils.	*They bought their son a moped.*
Les enfants sont contents parce que nous leur avons acheté des jouets.	*The children are happy because we bought toys for them.*
Si tu descends, achète-moi le journal.	*If you're going down, buy me the paper.*

(Notice that the same structure can have the opposite meaning.)

acheter qqch à qqn	*to buy something from someone*
J'ai acheté ces livres à un ancien étudiant.	*I bought these books from a former student.*
Nous achetons notre café à cet épicier.	*We buy our coffee from this grocer.*
—À qui as-tu acheté cette vieille voiture?	*Whom did you buy that old car from?*
—Je l'ai achetée à mon voisin le mécanicien.	*I bought it from my neighbor the mechanic.*

Comment acheter?

acheter qqch bon marché	*to buy something cheap*
acheter qqch très cher	*to pay a lot for something*
acheter qqch d'occasion	*to buy something used, secondhand*
acheter en gros	*to buy wholesale*
acheter au détail	*to buy retail*
acheter à crédit	*to buy on credit*
acheter au comptant	*to buy with cash*

La joie d'acheter

Ma mère adore acheter.	*My mother loves to shop.*
Demain je vais faire des achats.	*Tomorrow I'm going to do some shopping.*
—En décembre les magasins son pleins d'acheteurs.	*In December, the stores are full of shoppers.*
—Tout le monde fait ses achats de Noël.	*Everyone is doing his Christmas shopping.*

acheter et la corruption

acheter des électeurs	*to buy votes*
acheter un juge/ministre	*to bribe a judge / high government official*
acheter la loyauté de qqn	*to buy someone's loyalty*
C'est un mauvais fonctionnaire qui se laisse acheter.	*He who can be bribed/bought is a bad official.*

racheter

racheter les droits à un rival	*to buy a rival out*
racheter une propriété	*to buy back a piece of property*
Il m'a racheté cette vieille maison.	*He took that old house off my hands.*
Je voudrais racheter mon indifférence.	*I'd like to make up for / atone for my indifference.*
racheter un prisonnier	*to ransom a prisoner*

top 50 verb

-*er* verb; spelling change: *e* > *è*/mute *e*

j'achève · j'achevai · achevé · achevant

Present		Passé Composé	
j'achève	nous achevons	j'ai achevé	nous avons achevé
tu achèves	vous achevez	tu as achevé	vous avez achevé
il/elle achève	ils/elles achèvent	il/elle a achevé	ils/elles ont achevé
Imperfect		**Pluperfect**	
j'achevais	nous achevions	j'avais achevé	nous avions achevé
tu achevais	vous acheviez	tu avais achevé	vous aviez achevé
il/elle achevait	ils/elles achevaient	il/elle avait achevé	ils/elles avaient achevé
Passé Simple		**Past Anterior**	
j'achevai	nous achevâmes	j'eus achevé	nous eûmes achevé
tu achevas	vous achevâtes	tu eus achevé	vous eûtes achevé
il/elle acheva	ils/elles achevèrent	il/elle eut achevé	ils/elles eurent achevé
Future		**Future Anterior**	
j'achèverai	nous achèverons	j'aurai achevé	nous aurons achevé
tu achèveras	vous achèverez	tu auras achevé	vous aurez achevé
il/elle achèvera	ils/elles achèveront	il/elle aura achevé	ils/elles auront achevé
Conditional		**Past Conditional**	
j'achèverais	nous achèverions	j'aurais achevé	nous aurions achevé
tu achèverais	vous achèveriez	tu aurais achevé	vous auriez achevé
il/elle achèverait	ils/elles achèveraient	il/elle aurait achevé	ils/elles auraient achevé
Present Subjunctive		**Past Subjunctive**	
que j'achève	que nous achevions	que j'aie achevé	que nous ayons achevé
que tu achèves	que vous acheviez	que tu aies achevé	que vous ayez achevé
qu'il/elle achève	qu'ils/elles achèvent	qu'il/elle ait achevé	qu'ils/elles aient achevé
Imperfect Subjunctive		**Pluperfect Subjunctive**	
que j'achevasse	que nous achevassions	que j'eusse achevé	que nous eussions achevé
que tu achevasses	que vous achevassiez	que tu eusses achevé	que vous eussiez achevé
qu'il/elle achevât	qu'ils/elles achevassent	qu'il/elle eût achevé	qu'ils/elles eussent achevé

Commands

	(nous) achevons
(tu) achève	(vous) achevez

USAGE

achever qqch	*to finish something*
achever son déjeuner	*to finish one's lunch*
achever la lecture du roman	*to finish reading the novel*
achever le travail	*to finish the work*
achever sa réponse	*to finish one's answer*
Le peintre a achevé son tableau.	*The painter finished his painting.*
L'écrivain a achevé son conte.	*The writer finished his short story.*
L'avocat a achevé son plaidoyer.	*The lawyer finished his plea.*
L'informaticien a achevé son logiciel.	*The computer specialist finished his software program.*
La nouvelle autoroute doit être achevée en trois ans.	*The new superhighway is supposed to be finished in three years.*
achever le projet / sa tâche	*to complete the project / one's task*

top 50 verb

24 achever *to finish, complete*

j'achève · j'achevai · achevé · achevant

-*er* verb; spelling change: *e* > *è*/mute *e*

achever qqch (le finir comme il faut)

Laissez-moi achever ma phrase!	*Let me finish my sentence!*
Si tu continues à le déranger, il n'achèvera jamais son article.	*If you keep on bothering him, he'll never finish his article.*
Malgré la mort de son père, elle a achevé ses études dans trois ans.	*In spite of the death of her father, she completed her studies in three years.*

sans achever (les choses qui ne s'achèvent pas)

Il s'en est allé sans achever son repas.	*He left without finishing his meal.*
Elle a arrêté de parler sans achever sa réponse.	*She stopped speaking without finishing her answer.*
Il a posé son stylo sans achever sa lettre.	*He put down his pen without finishing his letter.*

achever une action (achever de faire qqch)

Quand achèveras-tu de parler?	*When will you finish speaking?*
Il achevait de faire ses valises.	*He was just finishing packing.*
Les enfants ont achevé de se laver.	*The children have finished washing up.*
Elle n'a pas encore achevé de se plaindre.	*She hasn't yet finished complaining.*
Ta réponse a achevé de le fâcher.	*Your answer/response really made him angry.*
Cette nouvelle a achevé de nous faire repenser nos plans pour les vacances.	*That piece of news finally made us rethink our vacation plans.*
—Est-ce que vous avez achevé d'écrire votre article?	*Have you finished writing your article?*
—Oui, maintenant il faut le parachever d'un beau titre.	*Yes, now I have to put the finishing touches on it with a nice title.*

achever qqn (le mettre à bout de sa patience, à bout de ses forces; le tuer)

Ses peines l'achevèrent.	*His sorrows killed him.*
Il a achevé le cheval malade d'un coup de fusil.	*He finished off the sick horse with a rifle shot.*
Le nettoyage de l'appartement nous a achevés.	*Cleaning the apartment finished us off.*
Cette conférence ennuyeuse m'a achevé.	*That boring lecture finished me off.*
La maladie de son fils l'achèvera.	*Her son's illness will be the end of her.*

s'achever (arriver à la fin)

Le jour s'achève.	*The day is ending.*
Les vacances s'achèvent.	*Vacation is ending.*
L'année scolaire s'achève.	*The school year is coming to an end.*
Sa vie s'acheva soudain.	*His life ended suddenly.*
Les pourparlers s'achèveront demain.	*The talks will be over tomorrow.*

RELATED WORDS AND EXPRESSIONS

l'achèvement *(m)*	*completion/culmination*
Les travaux sont en voie d'achèvement.	*The construction project is close to completion.*
inachevé(e)	*incomplete/unfinished*
Il a laissé son œuvre inachevée.	*He left his work incomplete.*
parachever	*to perfect / put the finishing touches on*
Le compositeur est en train de parachever sa symphonie.	*The composer is putting the finishing touches on his symphony.*

top 50 verb

irregular verb **j'acquiers · j'acquis · acquis · acquérant**

Present		*Passé Composé*	
j'acquiers	nous acquérons	j'ai acquis	nous avons acquis
tu acquiers	vous acquérez	tu as acquis	vous avez acquis
il/elle acquiert	ils/elles acquièrent	il/elle a acquis	ils/elles ont acquis
Imperfect		*Pluperfect*	
j'acquérais	nous acquérions	j'avais acquis	nous avions acquis
tu acquérais	vous acquériez	tu avais acquis	vous aviez acquis
il/elle acquérait	ils/elles acquéraient	il/elle avait acquis	ils/elles avaient acquis
Passé Simple		*Past Anterior*	
j'acquis	nous acquîmes	j'eus acquis	nous eûmes acquis
tu acquis	vous acquîtes	tu eus acquis	vous eûtes acquis
il/elle acquit	ils/elles acquirent	il/elle eut acquis	ils/elles eurent acquis
Future		*Future Anterior*	
j'acquerrai	nous acquerrons	j'aurai acquis	nous aurons acquis
tu acquerras	vous acquerrez	tu auras acquis	vous aurez acquis
il/elle acquerra	ils/elles acquerront	il/elle aura acquis	ils/elles auront acquis
Conditional		*Past Conditional*	
j'acquerrais	nous acquerrions	j'aurais acquis	nous aurions acquis
tu acquerrais	vous acquerriez	tu aurais acquis	vous auriez acquis
il/elle acquerrait	ils/elles acquerraient	il/elle aurait acquis	ils/elles auraient acquis

Present Subjunctive		*Past Subjunctive*	
que j'acquière	que nous acquérions	que j'aie acquis	que nous ayons acquis
que tu acquières	que vous acquériez	que tu aies acquis	que vous ayez acquis
qu'il/elle acquière	qu'ils/elles acquièrent	qu'il/elle ait acquis	qu'ils/elles aient acquis
Imperfect Subjunctive		*Pluperfect Subjunctive*	
que j'acquisse	que nous acquissions	que j'eusse acquis	que nous eussions acquis
que tu acquisses	que vous acquissiez	que tu eusses acquis	que vous eussiez acquis
qu'il/elle acquît	qu'ils/elles acquissent	qu'il/elle eût acquis	qu'ils/elles eussent acquis

Commands

	(nous) acquérons
(tu) acquiers	(vous) acquérez

USAGE

acquérir une grande renommée	*to acquire fame*
acquérir un terrain	*to purchase a piece of land*
acquérir un terrain par succession	*to inherit a piece of land*

RELATED WORDS AND EXPRESSIONS

l'acquis *(m)*, de l'acquis	*acquired knowledge*
Les langues sont un acquis important.	*Languages are a valuable acquisition.*
une acquisition	*purchase/acquisition*
faire l'acquisition d'un immeuble	*to buy an apartment building*
Voilà ma nouvelle acquisition.	*There's my new acquisition.*
l'acquisition du langage	*language acquisition*
acquis(e)	*accepted/established*
C'est un fait acquis.	*It's an established fact.*
Il est acquis que...	*It's established that . . .*
Je vous suis tout acquis/acquise.	*I'm all yours.*
Je suis acquis(e) à cette idée.	*I've come to be an advocate of that idea.*

admettre *to admit*

j'admets · j'admis · admis · admettant

irregular verb; only one *t* in the singular of the present tense

Present		*Passé Composé*	
j'admets	nous admettons	j'ai admis	nous avons admis
tu admets	vous admettez	tu as admis	vous avez admis
il/elle admet	ils/elles admettent	il/elle a admis	ils/elles ont admis
Imperfect		*Pluperfect*	
j'admettais	nous admettions	j'avais admis	nous avions admis
tu admettais	vous admettiez	tu avais admis	vous aviez admis
il/elle admettait	ils/elles admettaient	il/elle avait admis	ils/elles avaient admis
Passé Simple		*Past Anterior*	
j'admis	nous admîmes	j'eus admis	nous eûmes admis
tu admis	vous admîtes	tu eus admis	vous eûtes admis
il/elle admit	ils/elles admirent	il/elle eut admis	ils/elles eurent admis
Future		*Future Anterior*	
j'admettrai	nous admettrons	j'aurai admis	nous aurons admis
tu admettras	vous admettrez	tu auras admis	vous aurez admis
il/elle admettra	ils/elles admettront	il/elle aura admis	ils/elles auront admis
Conditional		*Past Conditional*	
j'admettrais	nous admettrions	j'aurais admis	nous aurions admis
tu admettrais	vous admettriez	tu aurais admis	vous auriez admis
il/elle admettrait	ils/elles admettraient	il/elle aurait admis	ils/elles auraient admis

Present Subjunctive		*Past Subjunctive*	
que j'admette	que nous admettions	que j'aie admis	que nous ayons admis
que tu admettes	que vous admettiez	que tu aies admis	que vous ayez admis
qu'il/elle admette	qu'ils/elles admettent	qu'il/elle ait admis	qu'ils/elles aient admis
Imperfect Subjunctive		*Pluperfect Subjunctive*	
que j'admisse	que nous admissions	que j'eusse admis	que nous eussions admis
que tu admisses	que vous admissiez	que tu eusses admis	que vous eussiez admis
qu'il/elle admît	qu'ils/elles admissent	qu'il/elle eût admis	qu'ils/elles eussent admis

Commands

	(nous) admettons
(tu) admets	(vous) admettez

USAGE

Il admet que nous avons raison.	*He admits we are right.*
Les animaux ne sont pas admis dans ce restaurant.	*Animals are not allowed in this restaurant.*
Le ton de son ordre n'admet pas d'objection.	*The tone of his order doesn't allow any objections.*
Cette règle n'admet pas d'exception.	*This rule allows no exceptions.*
Ma fille a été admise au concours!	*My daughter passed the exam!*
Admettons qu'il sache le faire.	*Let's suppose he knows how to do it.*
En admettant qu'il puisse apparaître...	*Assuming that he might appear . . .*
Il est admis que...	*It's an accepted fact that . . .*
se faire admettre à un club	*to get accepted to a club*

RELATED WORDS AND EXPRESSIONS

l'admission *(f)* au concours	*passing the test*
admissible	*acceptable*
Votre langage n'est pas admissible.	*Your choice of words is unacceptable.*

regular -er verb

j'admire · j'admirai · admiré · admirant

Present		*Passé Composé*	
j'admire	nous admirons	j'ai admiré	nous avons admiré
tu admires	vous admirez	tu as admiré	vous avez admiré
il/elle admire	ils/elles admirent	il/elle a admiré	ils/elles ont admiré
Imperfect		*Pluperfect*	
j'admirais	nous admirions	j'avais admiré	nous avions admiré
tu admirais	vous admiriez	tu avais admiré	vous aviez admiré
il/elle admirait	ils/elles admiraient	il/elle avait admiré	ils/elles avaient admiré
Passé Simple		*Past Anterior*	
j'admirai	nous admirâmes	j'eus admiré	nous eûmes admiré
tu admiras	vous admirâtes	tu eus admiré	vous eûtes admiré
il/elle admira	ils/elles admirèrent	il/elle eut admiré	ils/elles eurent admiré
Future		*Future Anterior*	
j'admirerai	nous admirerons	j'aurai admiré	nous aurons admiré
tu admireras	vous admirerez	tu auras admiré	vous aurez admiré
il/elle admirera	ils/elles admireront	il/elle aura admiré	ils/elles auront admiré
Conditional		*Past Conditional*	
j'admirerais	nous admirerions	j'aurais admiré	nous aurions admiré
tu admirerais	vous admireriez	tu aurais admiré	vous auriez admiré
il/elle admirerait	ils/elles admireraient	il/elle aurait admiré	ils/elles auraient admiré

Present Subjunctive		*Past Subjunctive*	
que j'admire	que nous admirions	que j'aie admiré	que nous ayons admiré
que tu admires	que vous admiriez	que tu aies admiré	que vous ayez admiré
qu'il/elle admire	qu'ils/elles admirent	qu'il/elle ait admiré	qu'ils/elles aient admiré
Imperfect Subjunctive		*Pluperfect Subjunctive*	
que j'admirasse	que nous admirassions	que j'eusse admiré	que nous eussions admiré
que tu admirasses	que vous admirassiez	que tu eusses admiré	que vous eussiez admiré
qu'il/elle admirât	qu'ils/elles admirassent	qu'il/elle eût admiré	qu'ils/elles eussent admiré

Commands

	(nous) admirons
(tu) admire	(vous) admirez

USAGE

Jacquot admire son père.	*Jacquot admires his father.*
Les étudiants admirent leur professeur.	*The students admire their teacher.*
J'admire votre franchise.	*I admire your frankness.*
Nous admirons la compétence de ce joueur de football.	*We admire the ability of this soccer player.*

RELATED WORDS AND EXPRESSIONS

l'admiration *(f)*	*admiration*
Nous sommes remplis d'admiration pour nos soldats.	*We are filled with admiration for our soldiers.*
admirable	*admirable*
Je trouve que votre courage est admirable.	*I find your courage admirable.*
Sa maîtrise de la langue allemande est admirable.	*His mastery/command of the German language is admirable.*

adopter *to adopt*

j'adopte · j'adoptai · adopté · adoptant

regular *-er* verb

Present		*Passé Composé*	
j'adopte	nous adoptons	j'ai adopté	nous avons adopté
tu adoptes	vous adoptez	tu as adopté	vous avez adopté
il/elle adopte	ils/elles adoptent	il/elle a adopté	ils/elles ont adopté
Imperfect		*Pluperfect*	
j'adoptais	nous adoptions	j'avais adopté	nous avions adopté
tu adoptais	vous adoptiez	tu avais adopté	vous aviez adopté
il/elle adoptait	ils/elles adoptaient	il/elle avait adopté	ils/elles avaient adopté
Passé Simple		*Past Anterior*	
j'adoptai	nous adoptâmes	j'eus adopté	nous eûmes adopté
tu adoptas	vous adoptâtes	tu eus adopté	vous eûtes adopté
il/elle adopta	ils/elles adoptèrent	il/elle eut adopté	ils/elles eurent adopté
Future		*Future Anterior*	
j'adopterai	nous adopterons	j'aurai adopté	nous aurons adopté
tu adopteras	vous adopterez	tu auras adopté	vous aurez adopté
il/elle adoptera	ils/elles adopteront	il/elle aura adopté	ils/elles auront adopté
Conditional		*Past Conditional*	
j'adopterais	nous adopterions	j'aurais adopté	nous aurions adopté
tu adopterais	vous adopteriez	tu aurais adopté	vous auriez adopté
il/elle adopterait	ils/elles adopteraient	il/elle aurait adopté	ils/elles auraient adopté

Present Subjunctive		*Past Subjunctive*	
que j'adopte	que nous adoptions	que j'aie adopté	que nous ayons adopté
que tu adoptes	que vous adoptiez	que tu aies adopté	que vous ayez adopté
qu'il/elle adopte	qu'ils/elles adoptent	qu'il/elle ait adopté	qu'ils/elles aient adopté
Imperfect Subjunctive		*Pluperfect Subjunctive*	
que j'adoptasse	que nous adoptassions	que j'eusse adopté	que nous eussions adopté
que tu adoptasses	que vous adoptassiez	que tu eusses adopté	que vous eussiez adopté
qu'il/elle adoptât	qu'ils/elles adoptassent	qu'il/elle eût adopté	qu'ils/elles eussent adopté

Commands

	(nous) adoptons
(tu) adopte	(vous) adoptez

USAGE

adopter un enfant	*to adopt a child*
adopter le catholicisme	*to adopt / convert to Catholicism*
Il a adopté une attitude hostile envers nous.	*He adopted a hostile attitude toward us.*
adopter une loi	*to pass a law*

RELATED WORDS AND EXPRESSIONS

l'adoption *(f)* d'un enfant	*adoption of a child*
l'adoption *(f)* d'une loi	*the passing of a law*
d'adoption	*adopted / of adoption*
Paris est ma ville d'adoption.	*Paris is my adopted city.*
adoptif/adoptive	*adopted/adoptive*
mon fils adoptif	*my adopted son*
ma fille adoptive	*my adopted daughter*
ses parents adoptifs	*his adoptive parents*

regular -er verb **j'adore · j'adorai · adoré · adorant**

Present		*Passé Composé*	
j'adore	nous adorons	j'ai adoré	nous avons adoré
tu adores	vous adorez	tu as adoré	vous avez adoré
il/elle adore	ils/elles adorent	il/elle a adoré	ils/elles ont adoré
Imperfect		*Pluperfect*	
j'adorais	nous adorions	j'avais adoré	nous avions adoré
tu adorais	vous adoriez	tu avais adoré	vous aviez adoré
il/elle adorait	ils/elles adoraient	il/elle avait adoré	ils/elles avaient adoré
Passé Simple		*Past Anterior*	
j'adorai	nous adorâmes	j'eus adoré	nous eûmes adoré
tu adoras	vous adorâtes	tu eus adoré	vous eûtes adoré
il/elle adora	ils/elles adorèrent	il/elle eut adoré	ils/elles eurent adoré
Future		*Future Anterior*	
j'adorerai	nous adorerons	j'aurai adoré	nous aurons adoré
tu adoreras	vous adorerez	tu auras adoré	vous aurez adoré
il/elle adorera	ils/elles adoreront	il/elle aura adoré	ils/elles auront adoré
Conditional		*Past Conditional*	
j'adorerais	nous adorerions	j'aurais adoré	nous aurions adoré
tu adorerais	vous adoreriez	tu aurais adoré	vous auriez adoré
il/elle adorerait	ils/elles adoreraient	il/elle aurait adoré	ils/elles auraient adoré

Present Subjunctive		*Past Subjunctive*	
que j'adore	que nous adorions	que j'aie adoré	que nous ayons adoré
que tu adores	que vous adoriez	que tu aies adoré	que vous ayez adoré
qu'il/elle adore	qu'ils/elles adorent	qu'il/elle ait adoré	qu'ils/elles aient adoré
Imperfect Subjunctive		*Pluperfect Subjunctive*	
que j'adorasse	que nous adorassions	que j'eusse adoré	que nous eussions adoré
que tu adorasses	que vous adorassiez	que tu eusses adoré	que vous eussiez adoré
qu'il/elle adorât	qu'ils/elles adorassent	qu'il/elle eût adoré	qu'ils/elles eussent adoré

Commands

	(nous) adorons
(tu) adore	(vous) adorez

USAGE

adorer le Seigneur	*to worship the Lord*
J'adore ce chanteur.	*I love that singer.*
Cet enfant adore le pain au chocolat.	*This child loves chocolate croissants.*
adorer faire qqch	*to love to do something*
J'adore nager dans un lac.	*I love to swim in a lake.*
J'adore regarder les matchs à la télé.	*I love watching sports on TV.*
Elle adore recevoir des cadeaux.	*She loves getting gifts.*

RELATED WORDS AND EXPRESSIONS

l'adoration *(f)*	*worship/adoration*
adorable	*adorable / very cute*
Votre fille est adorable.	*Your daughter is adorable.*

30 s'adresser *to speak to, turn to, address oneself to*

je m'adresse · je m'adressai · s'étant adressé · s'adressant

regular *-er* reflexive verb; compound tenses with *être*

Present		*Passé Composé*	
je m'adresse	nous nous adressons	je me suis adressé(e)	nous nous sommes adressé(e)s
tu t'adresses	vous vous adressez	tu t'es adressé(e)	vous vous êtes adressé(e)(s)
il/elle s'adresse	ils/elles s'adressent	il/elle s'est adressé(e)	ils/elles se sont adressé(e)s
Imperfect		*Pluperfect*	
je m'adressais	nous nous adressions	je m'étais adressé(e)	nous nous étions adressé(e)s
tu t'adressais	vous vous adressiez	tu t'étais adressé(e)	vous vous étiez adressé(e)(s)
il/elle s'adressait	ils/elles s'adressaient	il/elle s'était adressé(e)	ils/elles s'étaient adressé(e)s
Passé Simple		*Past Anterior*	
je m'adressai	nous nous adressâmes	je me fus adressé(e)	nous nous fûmes adressé(e)s
tu t'adressas	vous vous adressâtes	tu te fus adressé(e)	vous vous fûtes adressé(e)(s)
il/elle s'adressa	ils/elles s'adressèrent	il/elle se fut adressé(e)	ils/elles se furent adressé(e)s
Future		*Future Anterior*	
je m'adresserai	nous nous adresserons	je me serai adressé(e)	nous nous serons adressé(e)s
tu t'adresseras	vous vous adresserez	tu te seras adressé(e)	vous vous serez adressé(e)(s)
il/elle s'adressera	ils/elles s'adresseront	il/elle se sera adressé(e)	ils/elles se seront adressé(e)s
Conditional		*Past Conditional*	
je m'adresserais	nous nous adresserions	je me serais adressé(e)	nous nous serions adressé(e)s
tu t'adresserais	vous vous adresseriez	tu te serais adressé(e)	vous vous seriez adressé(e)(s)
il/elle s'adresserait	ils/elles s'adresseraient	il/elle se serait adressé(e)	ils/elles se seraient adressé(e)s

Present Subjunctive		*Past Subjunctive*	
que je m'adresse	que nous nous adressions	que je me sois adressé(e)	que nous nous soyons adressé(e)s
que tu t'adresses	que vous vous adressiez	que tu te sois adressé(e)	que vous vous soyez adressé(e)(s)
qu'il/elle s'adresse	qu'ils/elles s'adressent	qu'il/elle se soit adressé(e)	qu'ils/elles se soient adressé(e)s
Imperfect Subjunctive		*Pluperfect Subjunctive*	
que je m'adressasse	que nous nous adressassions	que je me fusse adressé(e)	que nous nous fussions adressé(e)s
que tu t'adressasses	que vous vous adressassiez	que tu te fusses adressé(e)	que vous vous fussiez adressé(e)(s)
qu'il/elle s'adressât	qu'ils/elles s'adressassent	qu'il/elle se fût adressé(e)	qu'ils/elles se fussent adressé(e)s

Commands

	(nous) adressons-nous
(tu) adresse-toi	(vous) adressez-vous

USAGE

s'adresser à qqn	*to speak to someone*
Pour prendre rendez-vous avec le chef, il faut s'adresser à sa secrétaire.	*To make an appointment with the boss, you must speak to his secretary.*
Je m'adresse à vous.	*I am turning to you.* (for advice, help, etc.)
Ce livre s'adresse aux spécialistes.	*This book is aimed at / intended for specialists.*
Pour savoir où il habitait, je me suis adressé à la concierge.	*To find out where he lived, I spoke to the concierge.*
Le président s'est adressé au Sénat.	*The president addressed the Senate.*

RELATED WORDS AND EXPRESSIONS

l'adresse *(f)*	*address*
C'est une bonne adresse.	*It's a good store/restaurant/hotel.*
Il a fait une remarque à leur adresse.	*He directed a remark at them.*
adresser	*to address*
Adresser toute requête à...	*Address all requests to . . .*

regular -*er* verb **j'affole · j'affolai · affolé · affolant**

Present		*Passé Composé*	
j'affole	nous affolons	j'ai affolé	nous avons affolé
tu affoles	vous affolez	tu as affolé	vous avez affolé
il/elle affole	ils/elles affolent	il/elle a affolé	ils/elles ont affolé
Imperfect		*Pluperfect*	
j'affolais	nous affolions	j'avais affolé	nous avions affolé
tu affolais	vous affoliez	tu avais affolé	vous aviez affolé
il/elle affolait	ils/elles affolaient	il/elle avait affolé	ils/elles avaient affolé
Passé Simple		*Past Anterior*	
j'affolai	nous affolâmes	j'eus affolé	nous eûmes affolé
tu affolas	vous affolâtes	tu eus affolé	vous eûtes affolé
il/elle affola	ils/elles affolèrent	il/elle eut affolé	ils/elles eurent affolé
Future		*Future Anterior*	
j'affolerai	nous affolerons	j'aurai affolé	nous aurons affolé
tu affoleras	vous affolerez	tu auras affolé	vous aurez affolé
il/elle affolera	ils/elles affoleront	il/elle aura affolé	ils/elles auront affolé
Conditional		*Past Conditional*	
j'affolerais	nous affolerions	j'aurais affolé	nous aurions affolé
tu affolerais	vous affoleriez	tu aurais affolé	vous auriez affolé
il/elle affolerait	ils/elles affoleraient	il/elle aurait affolé	ils/elles auraient affolé

Present Subjunctive		*Past Subjunctive*	
que j'affole	que nous affolions	que j'aie affolé	que nous ayons affolé
que tu affoles	que vous affoliez	que tu aies affolé	que vous ayez affolé
qu'il/elle affole	qu'ils/elles affolent	qu'il/elle ait affolé	qu'ils/elles aient affolé
Imperfect Subjunctive		*Pluperfect Subjunctive*	
que j'affolasse	que nous affolassions	que j'eusse affolé	que nous eussions affolé
que tu affolasses	que vous affolassiez	que tu eusses affolé	que vous eussiez affolé
qu'il/elle affolât	qu'ils/elles affolassent	qu'il/elle eût affolé	qu'ils/elles eussent affolé

Commands

(nous) affolons
(tu) affole (vous) affolez

USAGE

Cela nous affole!	*That scares us!*
Son comportement a fini par affoler le professeur.	*His conduct eventually horrified the teacher.*

RELATED WORDS AND EXPRESSIONS

l'affolement *(m)*	*panic/alarm*
Tu as eu un moment d'affolement, je crois.	*You were frightened there for a moment, I think.*
affolant(e)	*maddening / very upsetting / appalling*
La situation au bureau est affolante.	*The situation at the office is appalling.*
Ton attitude est affolante.	*Your attitude is maddening.*
affolé(e)	*horrified / panic-stricken / very upset*
Nous sommes affolés d'entendre cela.	*We are shocked to hear that.*
Le chien affolé se mit à aboyer.	*The frightened dog began to bark.*
s'affoler	*to go crazy / get very upset / lose one's head*
Je m'affolais en lisant sa lettre.	*I was getting alarmed as I read her letter.*
Ne t'affole surtout pas!	*Most of all, don't lose your head!*

affranchir *to free; to put postage on*

j'affranchis · j'affranchis · affranchi · affranchissant regular -ir verb

Present		*Passé Composé*	
j'affranchis	nous affranchissons	j'ai affranchi	nous avons affranchi
tu affranchis	vous affranchissez	tu as affranchi	vous avez affranchi
il/elle affranchit	ils/elles affranchissent	il/elle a affranchi	ils/elles ont affranchi
Imperfect		*Pluperfect*	
j'affranchissais	nous affranchissions	j'avais affranchi	nous avions affranchi
tu affranchissais	vous affranchissiez	tu avais affranchi	vous aviez affranchi
il/elle affranchissait	ils/elles affranchissaient	il/elle avait affranchi	ils/elles avaient affranchi
Passé Simple		*Past Anterior*	
j'affranchis	nous affranchîmes	j'eus affranchi	nous eûmes affranchi
tu affranchis	vous affranchîtes	tu eus affranchi	vous eûtes affranchi
il/elle affranchit	ils/elles affranchirent	il/elle eut affranchi	ils/elles eurent affranchi
Future		*Future Anterior*	
j'affranchirai	nous affranchirons	j'aurai affranchi	nous aurons affranchi
tu affranchiras	vous affranchirez	tu auras affranchi	vous aurez affranchi
il/elle affranchira	ils/elles affranchiront	il/elle aura affranchi	ils/elles auront affranchi
Conditional		*Past Conditional*	
j'affranchirais	nous affranchirions	j'aurais affranchi	nous aurions affranchi
tu affranchirais	vous affranchiriez	tu aurais affranchi	vous auriez affranchi
il/elle affranchirait	ils/elles affranchiraient	il/elle aurait affranchi	ils/elles auraient affranchi

Present Subjunctive		*Past Subjunctive*	
que j'affranchisse	que nous affranchissions	que j'aie affranchi	que nous ayons affranchi
que tu affranchisses	que vous affranchissiez	que tu aies affranchi	que vous ayez affranchi
qu'il/elle affranchisse	qu'ils/elles affranchissent	qu'il/elle ait affranchi	qu'ils/elles aient affranchi
Imperfect Subjunctive		*Pluperfect Subjunctive*	
que j'affranchisse	que nous affranchissions	que j'eusse affranchi	que nous eussions affranchi
que tu affranchisses	que vous affranchissiez	que tu eusses affranchi	que vous eussiez affranchi
qu'il/elle affranchît	qu'ils/elles affranchissent	qu'il/elle eût affranchi	qu'ils/elles eussent affranchi

Commands

	(nous) affranchissons
(tu) affranchis	(vous) affranchissez

USAGE

affranchir les esclaves	*to free the slaves*
Vous connaîtrez la vérité, et la vérité vous affranchira. *(Jean, 8.32)*	*You shall know the truth, and the truth shall make you free.* (John 8:32)
affranchir une lettre	*to put the necessary stamps on a letter*
machine à affranchir	*postage meter*
La poste renvoie les lettres non affranchies.	*The post office sends back unstamped letters.*
Cette enveloppe est insuffisamment affranchie.	*This envelope has insufficient postage.*

RELATED WORDS AND EXPRESSIONS

s'affranchir	*to be freed/emancipated*
Les transports ont du mal à s'affranchir du pétrole.	*Transportation has trouble doing without oil.*
s'affranchir des idées reçues	*to cast off received ideas*
Il faut aider les peuples à s'affranchir de la misère.	*People must be helped to free themselves from poverty.*

SLANG

un affranchi	*a wild guy*
Il se fait passer pour un affranchi.	*He tries to act wild.*

agacer

to irritate, annoy, pester

regular -*er* verb;
spelling change: *c* > *ç/a, o*

j'agace · j'agaçai · agacé · agaçant

Present		Passé Composé	
j'agace	nous agaçons	j'ai agacé	nous avons agacé
tu agaces	vous agacez	tu as agacé	vous avez agacé
il/elle agace	ils/elles agacent	il/elle a agacé	ils/elles ont agacé
Imperfect		***Pluperfect***	
j'agaçais	nous agacions	j'avais agacé	nous avions agacé
tu agaçais	vous agaciez	tu avais agacé	vous aviez agacé
il/elle agaçait	ils/elles agaçaient	il/elle avait agacé	ils/elles avaient agacé
Passé Simple		***Past Anterior***	
j'agaçai	nous agaçâmes	j'eus agacé	nous eûmes agacé
tu agaças	vous agaçâtes	tu eus agacé	vous eûtes agacé
il/elle agaça	ils/elles agacèrent	il/elle eut agacé	ils/elles eurent agacé
Future		***Future Anterior***	
j'agacerai	nous agacerons	j'aurai agacé	nous aurons agacé
tu agaceras	vous agacerez	tu auras agacé	vous aurez agacé
il/elle agacera	ils/elles agaceront	il/elle aura agacé	ils/elles auront agacé
Conditional		***Past Conditional***	
j'agacerais	nous agacerions	j'aurais agacé	nous aurions agacé
tu agacerais	vous agaceriez	tu aurais agacé	vous auriez agacé
il/elle agacerait	ils/elles agaceraient	il/elle aurait agacé	ils/elles auraient agacé
Present Subjunctive		***Past Subjunctive***	
que j'agace	que nous agacions	que j'aie agacé	que nous ayons agacé
que tu agaces	que vous agaciez	que tu aies agacé	que vous ayez agacé
qu'il/elle agace	qu'ils/elles agacent	qu'il/elle ait agacé	qu'ils/elles aient agacé
Imperfect Subjunctive		***Pluperfect Subjunctive***	
que j'agaçasse	que nous agaçassions	que j'eusse agacé	que nous eussions agacé
que tu agaçasses	que vous agaçassiez	que tu eusses agacé	que vous eussiez agacé
qu'il/elle agaçât	qu'ils/elles agaçassent	qu'il/elle eût agacé	qu'ils/elles eussent agacé

Commands

	(nous) agaçons
(tu) agace	(vous) agacez

USAGE

Nous étions drôlement agacés de le voir.	*We were pretty irritated at seeing him.*
Arrête! Tu m'agaces!	*Stop! You're getting on my nerves!*
Ses remarques m'ont agacé les nerfs.	*His remarks got on my nerves.*
Le chahut de la rue commence à m'agacer.	*The ruckus from the street is starting to get on my nerves.*
agacer qqn	*to pester someone / get on someone's nerves*

RELATED WORDS AND EXPRESSIONS

l'agacement *(m)*	*irritated annoyance*
Le chef a répondu avec agacement.	*The boss answered in an irritated manner.*
agaçant(e)	*irritating/annoying*
Ce bruit est agaçant.	*That noise is annoying.*
Ses demandes sont agaçantes.	*His requests are annoying.*
Tous ces potins sont agaçants.	*All this gossip is annoying.*

34 agir *to act*

j'agis · j'agis · agi · agissant regular *-ir* verb

agir librement / en toute liberté	*to act willingly*
J'ai agi de mon plein gré.	*I acted freely / of my own free will.*
agir bien/mal envers qqn	*to act well/badly toward someone*
Il faut bien agir envers ses proches.	*You have to act well toward members of your family.*
J'ai mal agi envers mon camarade.	*I acted badly toward my friend.*
Choisis! Agis ou renonce!	*Make a choice! Do something or give up!*
Choisis! Agis ou laisse ta place!	*Make a choice! Do something or make room for someone else!*
agir au nom de l'État	*to act in the name of the government*
agir au nom de l'entreprise	*to act in the name of the firm*
agir au nom d'un parti politique	*to act in the name of a political party*
Quelle façon d'agir!	*What a way to act!*
Je n'aime pas leur manière d'agir.	*I don't like the way they behave.*
Je ne comprends pas ce qui le fait agir.	*I don't understand what makes him tick.*

agir sur/contre

Agissez sur lui pour qu'il accepte.	*Try and influence him to agree.*
Il faut agir auprès du chef.	*You must use your influence with the boss.*
L'État agit contre le trafic de la drogue.	*The government is taking action against the drug trade.*

agir pour parler des remèdes

Ces aspirines n'agissent plus.	*These aspirin don't work anymore.*
Ce médicament agit sans effets secondaires.	*This medicine works without side effects.*
C'est un remède qui agit lentement.	*It's a slow-acting remedy.*
Il faut laisser au médicament le temps d'agir.	*You have to give the medicine time to take effect.*

s'agir

il s'agit de	*it's about / it's a question of*
De quoi s'agit-il?	*What's it about? / What is the issue?*
Dans cet article il s'agit des élections.	*This article is about the elections.*
S'il s'agit de vous, la nouvelle ne m'étonne pas.	*If the news is about you, then I'm not surprised.*
Pour vous, il s'agit de trouver un emploi.	*What you have to do is find a job.*
Il ne s'agit pas de bavarder maintenant.	*Now is not the time for chatter.*
Il s'agit de découvrir leurs intentions.	*What we have to do is discover their intentions.*
Pour moi il ne s'agit que de réussir à l'examen.	*All I have to do now is pass the test.*
Il s'agit de trouver une voiture d'occasion.	*It's a question of finding a used car.*
S'agissant de qqn/qqch...	*As far as X goes . . . / When it's a matter of X . . .*
S'agissant de vous, ça ne m'étonne pas.	*If it's about you / If you're the one, I'm not surprised.*
S'agissant d'une propriété tellement importante, il faut procéder avec prudence.	*When such an important piece of property is involved, you have to proceed with caution.*

RELATED WORDS AND EXPRESSIONS

les agissements *(mpl)*	*tricks/intrigues/schemes*
Je suis au courant de tes agissements.	*I'm informed about your schemes.*
agissant	*active/influential*
une organisation très agissante	*a very influential organization*

top 50 verb

to act **agir** 34

regular -ir verb **j'agis · j'agis · agi · agissant**

Present		*Passé Composé*	
j'agis	nous agissons	j'ai agi	nous avons agi
tu agis	vous agissez	tu as agi	vous avez agi
il/elle agit	ils/elles agissent	il/elle a agi	ils/elles ont agi

Imperfect		*Pluperfect*	
j'agissais	nous agissions	j'avais agi	nous avions agi
tu agissais	vous agissiez	tu avais agi	vous aviez agi
il/elle agissait	ils/elles agissaient	il/elle avait agi	ils/elles avaient agi

Passé Simple		*Past Anterior*	
j'agis	nous agîmes	j'eus agi	nous eûmes agi
tu agis	vous agîtes	tu eus agi	vous eûtes agi
il/elle agit	ils/elles agirent	il/elle eut agi	ils/elles eurent agi

Future		*Future Anterior*	
j'agirai	nous agirons	j'aurai agi	nous aurons agi
tu agiras	vous agirez	tu auras agi	vous aurez agi
il/elle agira	ils/elles agiront	il/elle aura agi	ils/elles auront agi

Conditional		*Past Conditional*	
j'agirais	nous agirions	j'aurais agi	nous aurions agi
tu agirais	vous agiriez	tu aurais agi	vous auriez agi
il/elle agirait	ils/elles agiraient	il/elle aurait agi	ils/elles auraient agi

Present Subjunctive		*Past Subjunctive*	
que j'agisse	que nous agissions	que j'aie agi	que nous ayons agi
que tu agisses	que vous agissiez	que tu aies agi	que vous ayez agi
qu'il/elle agisse	qu'ils/elles agissent	qu'il/elle ait agi	qu'ils/elles aient agi

Imperfect Subjunctive		*Pluperfect Subjunctive*	
que j'agisse	que nous agissions	que j'eusse agi	que nous eussions agi
que tu agisses	que vous agissiez	que tu eusses agi	que vous eussiez agi
qu'il/elle agît	qu'ils/elles agissent	qu'il/elle eût agi	qu'ils/elles eussent agi

Commands

	(nous) agissons
(tu) agis	(vous) agissez

USAGE

Il faut agir!	*We have to act! / We have to do something!*
agir à temps	*to act / take action in time*
agir seul(e)	*to act alone / go it alone*
agir sagement	*to act wisely/intelligently*
agir en ami	*to act as a friend*
agir en conseiller	*to act / conduct oneself as an adviser/consultant*
agir en chef	*to behave the way a boss does/should*
Mais tu agis comme un bébé.	*But you're acting like a baby.*
Quand est-ce que vous déciderez d'agir?	*When will you decide to act / take action?*
—Il faut agir tout de suite!	*We have to do something right away!*
—Oui, tu as raison. C'est maintenant le moment d'agir.	*Yes, you're right. Now is the time to act.*

top 50 verb

aider *to help*

j'aide · j'aidai · aidé · aidant regular *-er* verb

Present		*Passé Composé*	
j'aide	nous aidons	j'ai aidé	nous avons aidé
tu aides	vous aidez	tu as aidé	vous avez aidé
il/elle aide	ils/elles aident	il/elle a aidé	ils/elles ont aidé
Imperfect		***Pluperfect***	
j'aidais	nous aidions	j'avais aidé	nous avions aidé
tu aidais	vous aidiez	tu avais aidé	vous aviez aidé
il/elle aidait	ils/elles aidaient	il/elle avait aidé	ils/elles avaient aidé
Passé Simple		***Past Anterior***	
j'aidai	nous aidâmes	j'eus aidé	nous eûmes aidé
tu aidas	vous aidâtes	tu eus aidé	vous eûtes aidé
il/elle aida	ils/elles aidèrent	il/elle eut aidé	ils/elles eurent aidé
Future		***Future Anterior***	
j'aiderai	nous aiderons	j'aurai aidé	nous aurons aidé
tu aideras	vous aiderez	tu auras aidé	vous aurez aidé
il/elle aidera	ils/elles aideront	il/elle aura aidé	ils/elles auront aidé
Conditional		***Past Conditional***	
j'aiderais	nous aiderions	j'aurais aidé	nous aurions aidé
tu aiderais	vous aideriez	tu aurais aidé	vous auriez aidé
il/elle aiderait	ils/elles aideraient	il/elle aurait aidé	ils/elles auraient aidé
Present Subjunctive		***Past Subjunctive***	
que j'aide	que nous aidions	que j'aie aidé	que nous ayons aidé
que tu aides	que vous aidiez	que tu aies aidé	que vous ayez aidé
qu'il/elle aide	qu'ils/elles aident	qu'il/elle ait aidé	qu'ils/elles aient aidé
Imperfect Subjunctive		***Pluperfect Subjunctive***	
que j'aidasse	que nous aidassions	que j'eusse aidé	que nous eussions aidé
que tu aidasses	que vous aidassiez	que tu eusses aidé	que vous eussiez aidé
qu'il/elle aidât	qu'ils/elles aidassent	qu'il/elle eût aidé	qu'ils/elles eussent aidé

Commands

	(nous) aidons
(tu) aide	(vous) aidez

USAGE

Je peux t'aider à laver la vaisselle?	*Can I help you do the dishes?*
le temps aidant	*in the course of time*
Le temps aidant, ils se sont raccommodés.	*In the course of time, they made up.*
La télé m'aide à passer le temps.	*The TV helps me pass the time.*

RELATED WORDS AND EXPRESSIONS

l'aide *(f)*	*help*
Je te remercie de ton aide.	*I thank you for your help.*
Il l'a fait sans notre aide.	*He did it without our help.*
un/une aide	*assistant*
un/une aide de laboratoire	*a laboratory assistant*

PROVERB

Aide-toi, le ciel t'aidera.	*Heaven helps those who help themselves.*

regular -*er* verb

j'aime · j'aimai · aimé · aimant

Present		***Passé Composé***	
j'aime	nous aimons	j'ai aimé	nous avons aimé
tu aimes	vous aimez	tu as aimé	vous avez aimé
il/elle aime	ils/elles aiment	il/elle a aimé	ils/elles ont aimé
Imperfect		***Pluperfect***	
j'aimais	nous aimions	j'avais aimé	nous avions aimé
tu aimais	vous aimiez	tu avais aimé	vous aviez aimé
il/elle aimait	ils/elles aimaient	il/elle avait aimé	ils/elles avaient aimé
Passé Simple		***Past Anterior***	
j'aimai	nous aimâmes	j'eus aimé	nous eûmes aimé
tu aimas	vous aimâtes	tu eus aimé	vous eûtes aimé
il/elle aima	ils/elles aimèrent	il/elle eut aimé	ils/elles eurent aimé
Future		***Future Anterior***	
j'aimerai	nous aimerons	j'aurai aimé	nous aurons aimé
tu aimeras	vous aimerez	tu auras aimé	vous aurez aimé
il/elle aimera	ils/elles aimeront	il/elle aura aimé	ils/elles auront aimé
Conditional		***Past Conditional***	
j'aimerais	nous aimerions	j'aurais aimé	nous aurions aimé
tu aimerais	vous aimeriez	tu aurais aimé	vous auriez aimé
il/elle aimerait	ils/elles aimeraient	il/elle aurait aimé	ils/elles auraient aimé

Present Subjunctive		***Past Subjunctive***	
que j'aime	que nous aimions	que j'aie aimé	que nous ayons aimé
que tu aimes	que vous aimiez	que tu aies aimé	que vous ayez aimé
qu'il/elle aime	qu'ils/elles aiment	qu'il/elle ait aimé	qu'ils/elles aient aimé
Imperfect Subjunctive		***Pluperfect Subjunctive***	
que j'aimasse	que nous aimassions	que j'eusse aimé	que nous eussions aimé
que tu aimasses	que vous aimassiez	que tu eusses aimé	que vous eussiez aimé
qu'il/elle aimât	qu'ils/elles aimassent	qu'il/elle eût aimé	qu'ils/elles eussent aimé

Commands

	(nous) aimons
(tu) aime	(vous) aimez

USAGE

Il aime la bonne table.	*He likes good food.*
Tu aimes la natation?	*Do you like swimming?*
Il aime qu'on lui écrive.	*He likes for people to write to him.*
Je n'aime pas que tu me parles sur ce ton.	*I don't like it when you speak to me in that tone of voice.*
J'aime le cinéma.	*I like the movies.*
Je t'aime.	*I love you.*
Ils s'aiment beaucoup.	*They love each other a lot.*
J'aime mieux penser qu'il n'était pas au courant.	*I prefer to think that he wasn't aware of the matter.*
Il aimerait autant rester à la maison.	*He'd just as soon stay home.*

PROVERB

Qui aime bien, châtie bien.	*Spare the rod and spoil the child.*

ajouter *to add*

j'ajoute · j'ajoutai · ajouté · ajoutant regular *-er* verb

Present		*Passé Composé*	
j'ajoute	nous ajoutons	j'ai ajouté	nous avons ajouté
tu ajoutes	vous ajoutez	tu as ajouté	vous avez ajouté
il/elle ajoute	ils/elles ajoutent	il/elle a ajouté	ils/elles ont ajouté
Imperfect		*Pluperfect*	
j'ajoutais	nous ajoutions	j'avais ajouté	nous avions ajouté
tu ajoutais	vous ajoutiez	tu avais ajouté	vous aviez ajouté
il/elle ajoutait	ils/elles ajoutaient	il/elle avait ajouté	ils/elles avaient ajouté
Passé Simple		*Past Anterior*	
j'ajoutai	nous ajoutâmes	j'eus ajouté	nous eûmes ajouté
tu ajoutas	vous ajoutâtes	tu eus ajouté	vous eûtes ajouté
il/elle ajouta	ils/elles ajoutèrent	il/elle eut ajouté	ils/elles eurent ajouté
Future		*Future Anterior*	
j'ajouterai	nous ajouterons	j'aurai ajouté	nous aurons ajouté
tu ajouteras	vous ajouterez	tu auras ajouté	vous aurez ajouté
il/elle ajoutera	ils/elles ajouteront	il/elle aura ajouté	ils/elles auront ajouté
Conditional		*Past Conditional*	
j'ajouterais	nous ajouterions	j'aurais ajouté	nous aurions ajouté
tu ajouterais	vous ajouteriez	tu aurais ajouté	vous auriez ajouté
il/elle ajouterait	ils/elles ajouteraient	il/elle aurait ajouté	ils/elles auraient ajouté

Present Subjunctive		*Past Subjunctive*	
que j'ajoute	que nous ajoutions	que j'aie ajouté	que nous ayons ajouté
que tu ajoutes	que vous ajoutiez	que tu aies ajouté	que vous ayez ajouté
qu'il/elle ajoute	qu'ils/elles ajoutent	qu'il/elle ait ajouté	qu'ils/elles aient ajouté
Imperfect Subjunctive		*Pluperfect Subjunctive*	
que j'ajoutasse	que nous ajoutassions	que j'eusse ajouté	que nous eussions ajouté
que tu ajoutasses	que vous ajoutassiez	que tu eusses ajouté	que vous eussiez ajouté
qu'il/elle ajoutât	qu'ils/elles ajoutassent	qu'il/elle eût ajouté	qu'ils/elles eussent ajouté

Commands

	(nous) ajoutons
(tu) ajoute	(vous) ajoutez

USAGE

Combien de carottes faut-il ajouter à la soupe?	*How many carrots do you have to add to the soup?*
—Tu n'as rien à ajouter?	*You have nothing more to add?*
—Si, je voudrais ajouter que...	*Yes, I'd like to add that . . .*
Je crois que ma fille veut ajouter un mot.	*I think my daughter would like to add something.*
Permettez-moi d'ajouter quelques remarques.	*Allow me to add a few remarks.*
Si vous ajoutez son manque d'intégrité à sa grossièreté, vous pouvez comprendre pourquoi on l'a renvoyé.	*If you add his lack of honesty to his coarseness, you can understand why he was fired.*
Son arrivée n'a fait qu'ajouter à la confusion.	*His arrival did nothing but add to the confusion.*
Son refus a ajouté à nos problèmes.	*His refusal added to our problems.*
Pour revenir à une page Web qui vous intéresse, utilisez la commande "Ajouter à vos favoris."	*To return to a web page that interests you, use the command "Add to favorites."*

-er verb; spelling changes: *é* > *è*/mute *e* except in the future and conditional; *g* > *ge*/*a*, *o*

j'allège · j'allégeai · allégé · allégeant

Present		*Passé Composé*	
j'allège	nous allégeons	j'ai allégé	nous avons allégé
tu allèges	vous allégez	tu as allégé	vous avez allégé
il/elle allège	ils/elles allègent	il/elle a allégé	ils/elles ont allégé
Imperfect		*Pluperfect*	
j'allégeais	nous allégions	j'avais allégé	nous avions allégé
tu allégeais	vous allégiez	tu avais allégé	vous aviez allégé
il/elle allégeait	ils/elles allégeaient	il/elle avait allégé	ils/elles avaient allégé
Passé Simple		*Past Anterior*	
j'allégeai	nous allégeâmes	j'eus allégé	nous eûmes allégé
tu allégeas	vous allégeâtes	tu eus allégé	vous eûtes allégé
il/elle allégea	ils/elles allégèrent	il/elle eut allégé	ils/elles eurent allégé
Future		*Future Anterior*	
j'allégerai	nous allégerons	j'aurai allégé	nous aurons allégé
tu allégeras	vous allégerez	tu auras allégé	vous aurez allégé
il/elle allégera	ils/elles allégeront	il/elle aura allégé	ils/elles auront allégé
Conditional		*Past Conditional*	
j'allégerais	nous allégerions	j'aurais allégé	nous aurions allégé
tu allégerais	vous allégeriez	tu aurais allégé	vous auriez allégé
il/elle allégerait	ils/elles allégeraient	il/elle aurait allégé	ils/elles auraient allégé

Present Subjunctive		*Past Subjunctive*	
que j'allège	que nous allégions	que j'aie allégé	que nous ayons allégé
que tu allèges	que vous allégiez	que tu aies allégé	que vous ayez allégé
qu'il/elle allège	qu'ils/elles allègent	qu'il/elle ait allégé	qu'ils/elles aient allégé
Imperfect Subjunctive		*Pluperfect Subjunctive*	
que j'allégeasse	que nous allégeassions	que j'eusse allégé	que nous eussions allégé
que tu allégeasses	que vous allégeassiez	que tu eusses allégé	que vous eussiez allégé
qu'il/elle allégeât	qu'ils/elles allégeassent	qu'il/elle eût allégé	qu'ils/elles eussent allégé

Commands

	(nous) allégeons
(tu) allège	(vous) allégez

USAGE

alléger un emploi de temps trop chargé	*to lighten a schedule that's too heavy*
alléger la charge	*to lighten one's duties*
alléger un fardeau	*to lighten a burden*
Il faut alléger cette malle. Personne ne pourra la lever.	*You have to lighten that trunk. No one will be able to lift it.*
Il faut alléger les vidéo clips avant de les mettre sur votre portable.	*You have to lighten (reduce the file size of) the videos before putting them on your laptop.*
Tes mots ont allégé ma douleur.	*Your words have alleviated my sorrow.*
Votre présence va alléger sa peine.	*Your presence will lighten her pain.*
Je crois que mes remarques ont allégé l'atmosphère.	*I think my remarks helped clear the air.*
alléger les impôts	*to reduce taxes*
Il faut alléger la dette du Tiers-Monde.	*We have to reduce the debt of the Third World.*

39 aller *to go*

je vais · j'allai · allé · allant — irregular verb; compound tenses with *être*

aller pour la santé et l'état des choses

Ça va?	*How are things?* (informal)
—Comment allez-vous?	*How are you?* (formal)
—Je vais bien, merci.	*I'm fine, thanks.*
Tout va bien.	*Everything is OK.*
—Comment vont tes études?	*How are you doing at school?*
—Ça va mal.	*There's trouble. / Things are going badly.*

aller pour exprimer ce qui convient quant à la mesure, au style, etc.

—Est-ce que cette cravate va avec ma veste?	*Does this tie go with my jacket?*
—Non, et franchement, cette couleur ne te va pas du tout.	*No, and frankly that color doesn't look good on you at all.*
Cette chaleur ne me va pas.	*This heat doesn't agree with me.*
Tout le monde se retrouve au café à quatre heures. Ça te va?	*Everyone is meeting at the café at four. Is that OK for you?*
Ça va cahin-caha.	*Things are so-so.*
La situation va de mal en pis.	*The situation is going from bad to worse.*

aller + infinitive (le futur proche)

—Qu'est-ce tu vas faire aujourd'hui?	*What are you going to do today?*
—Je vais travailler à la bibliothèque.	*I'm going to study at the library.*
J'allais vous demander un service.	*I was going to ask you for a favor.*

aller chercher

Je vais chercher le médecin.	*I'm going to go get the doctor.*
Tu peux aller me chercher le journal?	*Can you go get me the newspaper?*

aller with y and *en*

On y va?	*Shall we go?*
Il faut y aller doucement.	*Easy does it.*
Il y va de ta carrière.	*Your career is at stake.*
Il en va de même pour nous.	*The same is true of us.*

aller aux activités

aller à la pêche	*to go fishing*
aller à la chasse	*to go hunting*
aller aux nouvelles	*to go find out what's happening*

RELATED WORDS AND EXPRESSIONS

Allons, allons!	*Come now!*
Il faut y aller de bon cœur.	*You have to go about it with good will / wholeheartedly.*
Il n'y est pas allé avec le dos de la cuillère.	*He laid it on thick.*
Ça va sans dire.	*That goes without saying.*
Ça va de soi.	*It's self-evident. / It goes without saying.*
aller loin dans la vie	*to go far in life*
se laisser aller	*to be unkempt / let oneself go*

irregular verb; compound tenses with *être* **je vais · j'allai · allé · allant**

Present		*Passé Composé*	
je vais	nous allons	je suis allé(e)	nous sommes allé(e)s
tu vas	vous allez	tu es allé(e)	vous êtes allé(e)(s)
il/elle va	ils/elles vont	il/elle est allé(e)	ils/elles sont allé(e)s
Imperfect		*Pluperfect*	
j'allais	nous allions	j'étais allé(e)	nous étions allé(e)s
tu allais	vous alliez	tu étais allé(e)	vous étiez allé(e)(s)
il/elle allait	ils/elles allaient	il/elle était allé(e)	ils/elles étaient allé(e)s
Passé Simple		*Past Anterior*	
j'allai	nous allâmes	je fus allé(e)	nous fûmes allé(e)s
tu allas	vous allâtes	tu fus allé(e)	vous fûtes allé(e)(s)
il/elle alla	ils/elles allèrent	il/elle fut allé(e)	ils/elles furent allé(e)s
Future		*Future Anterior*	
j'irai	nous irons	je serai allé(e)	nous serons allé(e)s
tu iras	vous irez	tu seras allé(e)	vous serez allé(e)(s)
il/elle ira	ils/elles iront	il/elle sera allé(e)	ils/elles seront allé(e)s
Conditional		*Past Conditional*	
j'irais	nous irions	je serais allé(e)	nous serions allé(e)s
tu irais	vous iriez	tu serais allé(e)	vous seriez allé(e)(s)
il/elle irait	ils/elles iraient	il/elle serait allé(e)	ils/elles seraient allé(e)s

Present Subjunctive		*Past Subjunctive*	
que j'aille	que nous allions	que je sois allé(e)	que nous soyons allé(e)s
que tu ailles	que vous alliez	que tu sois allé(e)	que vous soyez allé(e)(s)
qu'il/elle aille	qu'ils/elles aillent	qu'il/elle soit allé(e)	qu'ils/elles soient allé(e)s
Imperfect Subjunctive		*Pluperfect Subjunctive*	
que j'allasse	que nous allassions	que je fusse allé(e)	que nous fussions allé(e)s
que tu allasses	que vous allassiez	que tu fusses allé(e)	que vous fussiez allé(e)(s)
qu'il/elle allât	qu'ils/elles allassent	qu'il/elle fût allé(e)	qu'ils/elles fussent allé(e)s

Commands

	(nous) allons
(tu) va	(vous) allez

USAGE

aller à pied	*to go on foot / walk somewhere*
Je vais au bureau à pied.	*I walk to the office.*
aller en voiture	*to go by car / drive somewhere*
Elle va en voiture à la fac.	*She goes by car to the university.*
aller en avion	*to go by plane / fly somewhere*
Nous sommes allés à Rome en avion.	*We flew to Rome.*
aller à bicyclette	*to go by bike / cycle somewhere*
Nous sommes allés au village à bicyclette.	*We cycled / rode our bikes to the village.*
aller à pattes	*to go on foot / hoof it* (slang)
Mon vélo est en panne. Je suis allé à pattes.	*My bike is broken. I had to walk.*
Ça va dans le bon sens.	*Things are moving in the right direction.*

top 50 verb

s'en aller *to go away, leave*

je me vais · je m'en allai · s'en étant allé · s'en allant

irregular verb; compound tenses with *être*

Present		*Passé Composé*	
je m'en vais	nous nous en allons	je m'en suis allé(e)	nous nous en sommes allé(e)s
tu t'en vas	vous vous en allez	tu t'en es allé(e)	vous vous en êtes allé(e)(s)
il/elle s'en va	ils/elles s'en vont	il/elle s'en est allé(e)	ils/elles s'en sont allé(e)s
Imperfect		*Pluperfect*	
je m'en allais	nous nous en allions	je m'en étais allé(e)	nous nous en étions allé(e)s
tu t'en allais	vous vous en alliez	tu t'en étais allé(e)	vous vous en étiez allé(e)(s)
il/elle s'en allait	ils/elles s'en allaient	il/elle s'en était allé(e)	ils/elles s'en étaient allé(e)s
Passé Simple		*Past Anterior*	
je m'en allai	nous nous en allâmes	je m'en fus allé(e)	nous nous en fûmes allé(e)s
tu t'en allas	vous vous en allâtes	tu t'en fus allé(e)	vous vous en fûtes allé(e)(s)
il/elle s'en alla	ils/elles s'en allèrent	il/elle s'en fut allé(e)	ils/elles s'en furent allé(e)s
Future		*Future Anterior*	
je m'en irai	nous nous en irons	je m'en serai allé(e)	nous nous en serons allé(e)s
tu t'en iras	vous vous en irez	tu t'en seras allé(e)	vous vous en serez allé(e)(s)
il/elle s'en ira	ils/elles s'en iront	il/elle s'en sera allé(e)	ils/elles s'en seront allé(e)s
Conditional		*Past Conditional*	
je m'en irais	nous nous en irions	je m'en serais allé(e)	nous nous en serions allé(e)s
tu t'en irais	vous vous en iriez	tu t'en serais allé(e)	vous vous en seriez allé(e)(s)
il/elle s'en irait	ils/elles s'en iraient	il/elle s'en serait allé(e)	ils/elles s'en seraient allé(e)s

Present Subjunctive		*Past Subjunctive*	
que je m'en aille	que nous nous en allions	que je m'en sois allé(e)	que nous nous en soyons allé(e)s
que tu t'en ailles	que vous vous en alliez	que tu t'en sois allé(e)	que vous vous en soyez allé(e)(s)
qu'il/elle s'en aille	qu'ils/elles s'en aillent	qu'il/elle s'en soit allé(e)	qu'ils/elles s'en soient allé(e)s
Imperfect Subjunctive		*Pluperfect Subjunctive*	
que je m'en allasse	que nous nous en allassions	que je m'en fusse allé(e)	que nous nous en fussions allé(e)s
que tu t'en allasses	que vous vous en allassiez	que tu t'en fusses allé(e)	que vous vous en fussiez allé(e)(s)
qu'il/elle s'en allât	qu'ils/elles s'en allassent	qu'il/elle s'en fût allé(e)	qu'ils/elles s'en fussent allé(e)s

Commands

	(nous) allons-nous-en
(tu) va-t'en	(vous) allez-vous-en

USAGE

Pour trouver un bon travail, il faut s'en aller à Paris.	*To find a good job, you have to go away/off to Paris.*
Ils s'en vont de Paris.	*They are moving away from Paris.*
—Tu t'en vas? Pourquoi?	*You're leaving? Why?*
—Il est tard. Il faut que je m'en aille.	*It's late. I've got to go.*
Je m'en suis allé furieux.	*I left furious.*
Tu t'en vas en vacances?	*Are you leaving on vacation?*
Le malade s'en est allé doucement.	*The patient quietly slipped away / died.*
Cette tache s'en ira au lavage.	*This stain will come out in the wash.*
Mes projets s'en sont allés en fumée.	*My plans fizzled.*
l'année qui s'en va	*the year that is ending*

regular -*er* verb **j'allume · j'allumai · allumé · allumant**

Present		*Passé Composé*	
j'allume	nous allumons	j'ai allumé	nous avons allumé
tu allumes	vous allumez	tu as allumé	vous avez allumé
il/elle allume	ils/elles allument	il/elle a allumé	ils/elles ont allumé
Imperfect		*Pluperfect*	
j'allumais	nous allumions	j'avais allumé	nous avions allumé
tu allumais	vous allumiez	tu avais allumé	vous aviez allumé
il/elle allumait	ils/elles allumaient	il/elle avait allumé	ils/elles avaient allumé
Passé Simple		*Past Anterior*	
j'allumai	nous allumâmes	j'eus allumé	nous eûmes allumé
tu allumas	vous allumâtes	tu eus allumé	vous eûtes allumé
il/elle alluma	ils/elles allumèrent	il/elle eut allumé	ils/elles eurent allumé
Future		*Future Anterior*	
j'allumerai	nous allumerons	j'aurai allumé	nous aurons allumé
tu allumeras	vous allumerez	tu auras allumé	vous aurez allumé
il/elle allumera	ils/elles allumeront	il/elle aura allumé	ils/elles auront allumé
Conditional		*Past Conditional*	
j'allumerais	nous allumerions	j'aurais allumé	nous aurions allumé
tu allumerais	vous allumeriez	tu aurais allumé	vous auriez allumé
il/elle allumerait	ils/elles allumeraient	il/elle aurait allumé	ils/elles auraient allumé

Present Subjunctive		*Past Subjunctive*	
que j'allume	que nous allumions	que j'aie allumé	que nous ayons allumé
que tu allumes	que vous allumiez	que tu aies allumé	que vous ayez allumé
qu'il/elle allume	qu'ils/elles allument	qu'il/elle ait allumé	qu'ils/elles aient allumé
Imperfect Subjunctive		*Pluperfect Subjunctive*	
que j'allumasse	que nous allumassions	que j'eusse allumé	que nous eussions allumé
que tu allumasses	que vous allumassiez	que tu eusses allumé	que vous eussiez allumé
qu'il/elle allumât	qu'ils/elles allumassent	qu'il/elle eût allumé	qu'ils/elles eussent allumé

Commands

	(nous) allumons
(tu) allume	(vous) allumez

USAGE

allumer le feu	*to light the fire*
Il y a une panne de courant. Je ne vois rien. Il faut allumer des bougies.	*There's a power failure. I can't see a thing. We have to light candles.*
allumer la lumière/radio	*to turn on the light/radio*
—Tu n'as pas allumé le poêle?	*You didn't turn on the stove?*
—Non, j'ai allumé la télé.	*No, I turned on the TV.*
Laissez la lampe allumée.	*Leave the lamp on.*
Mon ordinateur refuse de s'allumer.	*My computer won't turn on.*

RELATED WORDS AND EXPRESSIONS

une allumette	*a match*
une boîte d'allumettes	*a box of matches*
une pochette d'allumettes	*a matchbook*

aménager *to fix up, make livable*

j'aménage · j'aménageai · aménagé · aménageant

regular -*er* verb;
spelling change: *g* > *ge*/*a*, *o*

Present		*Passé Composé*	
j'aménage	nous aménageons	j'ai aménagé	nous avons aménagé
tu aménages	vous aménagez	tu as aménagé	vous avez aménagé
il/elle aménage	ils/elles aménagent	il/elle a aménagé	ils/elles ont aménagé
Imperfect		*Pluperfect*	
j'aménageais	nous aménagions	j'avais aménagé	nous avions aménagé
tu aménageais	vous aménagiez	tu avais aménagé	vous aviez aménagé
il/elle aménageait	ils/elles aménageaient	il/elle avait aménagé	ils/elles avaient aménagé
Passé Simple		*Past Anterior*	
j'aménageai	nous aménageâmes	j'eus aménagé	nous eûmes aménagé
tu aménageas	vous aménageâtes	tu eus aménagé	vous eûtes aménagé
il/elle aménagea	ils/elles aménagèrent	il/elle eut aménagé	ils/elles eurent aménagé
Future		*Future Anterior*	
j'aménagerai	nous aménagerons	j'aurai aménagé	nous aurons aménagé
tu aménageras	vous aménagerez	tu auras aménagé	vous aurez aménagé
il/elle aménagera	ils/elles aménageront	il/elle aura aménagé	ils/elles auront aménagé
Conditional		*Past Conditional*	
j'aménagerais	nous aménagerions	j'aurais aménagé	nous aurions aménagé
tu aménagerais	vous aménageriez	tu aurais aménagé	vous auriez aménagé
il/elle aménagerait	ils/elles aménageraient	il/elle aurait aménagé	ils/elles auraient aménagé
Present Subjunctive		*Past Subjunctive*	
que j'aménage	que nous aménagions	que j'aie aménagé	que nous ayons aménagé
que tu aménages	que vous aménagiez	que tu aies aménagé	que vous ayez aménagé
qu'il/elle aménage	qu'ils/elles aménagent	qu'il/elle ait aménagé	qu'ils/elles aient aménagé
Imperfect Subjunctive		*Pluperfect Subjunctive*	
que j'aménageasse	que nous aménageassions	que j'eusse aménagé	que nous eussions aménagé
que tu aménageasses	que vous aménageassiez	que tu eusses aménagé	que vous eussiez aménagé
qu'il/elle aménageât	qu'ils/elles aménageassent	qu'il/elle eût aménagé	qu'ils/elles eussent aménagé

Commands

	(nous) aménageons
(tu) aménage	(vous) aménagez

USAGE

aménager sa chambre	*to fix up one's room*
—Vous allez aménager votre maison?	*Are you going to fix up your house?*
—Oui, on va aménager la mansarde en chambre à coucher.	*Yes, we're going to convert the attic into a bedroom.*
aménager la plage	*to improve the beach*
aménager le programme d'études	*to improve the curriculum*
aménager les conditions du travail	*to improve working conditions*

RELATED WORDS AND EXPRESSIONS

l'aménagement *(m)*	*fixing up / improvement / adjustment*
l'aménagement *(m)* du territoire	*national planning for use of space*
un aménagement fiscal	*a tax rebate*

-er verb; spelling change: *e* > *è*/mute *e* **j'amène · j'amenai · amené · amenant**

Present		*Passé Composé*	
j'amène	nous amenons	j'ai amené	nous avons amené
tu amènes	vous amenez	tu as amené	vous avez amené
il/elle amène	ils/elles amènent	il/elle a amené	ils/elles ont amené
Imperfect		***Pluperfect***	
j'amenais	nous amenions	j'avais amené	nous avions amené
tu amenais	vous ameniez	tu avais amené	vous aviez amené
il/elle amenait	ils/elles amenaient	il/elle avait amené	ils/elles avaient amené
Passé Simple		***Past Anterior***	
j'amenai	nous amenâmes	j'eus amené	nous eûmes amené
tu amenas	vous amenâtes	tu eus amené	vous eûtes amené
il/elle amena	ils/elles amenèrent	il/elle eut amené	ils/elles eurent amené
Future		***Future Anterior***	
j'amènerai	nous amènerons	j'aurai amené	nous aurons amené
tu amèneras	vous amènerez	tu auras amené	vous aurez amené
il/elle amènera	ils/elles amèneront	il/elle aura amené	ils/elles auront amené
Conditional		***Past Conditional***	
j'amènerais	nous amènerions	j'aurais amené	nous aurions amené
tu amènerais	vous amèneriez	tu aurais amené	vous auriez amené
il/elle amènerait	ils/elles amèneraient	il/elle aurait amené	ils/elles auraient amené

Present Subjunctive		*Past Subjunctive*	
que j'amène	que nous amenions	que j'aie amené	que nous ayons amené
que tu amènes	que vous ameniez	que tu aies amené	que vous ayez amené
qu'il/elle amène	qu'ils/elles amènent	qu'il/elle ait amené	qu'ils/elles aient amené
Imperfect Subjunctive		***Pluperfect Subjunctive***	
que j'amenasse	que nous amenassions	que j'eusse amené	que nous eussions amené
que tu amenasses	que vous amenassiez	que tu eusses amené	que vous eussiez amené
qu'il/elle amenât	qu'ils/elles amenassent	qu'il/elle eût amené	qu'ils/elles eussent amené

Commands

	(nous) amenons
(tu) amène	(vous) amenez

USAGE

Qu'est-ce qui t'amène?	*What brings you here?*
Quel bon vent t'amène?	*To what do I owe the pleasure of seeing you?*
Voilà Richard qui s'amène.	*There's Richard coming this way.*
Ne m'amenez plus de gens comme ça.	*Don't bring any more people like that to me.*
Si vous voulez sortir, vous pouvez nous amener les enfants.	*If you want to go out, you can bring the children to us.*
Tu peux amener ta petite amie dîner avec nous.	*You can bring your girlfriend to have dinner with us.*
Rien ne m'amènera à cet avis.	*Nothing will make me accept that opinion.*
Ses arguments nous ont amenés à cette conclusion.	*His arguments brought us to this conclusion.*
Ses dépenses amèneront une crise.	*His expenses will cause a crisis.*

44 amorcer *to put bait on a hook; to begin a project; to boot (computer)*

j'amorce · j'amorçai · amorcé · amorçant — regular *-er* verb; spelling change: c > ç/a, o

Present		*Passé Composé*	
j'amorce	nous amorçons	j'ai amorcé	nous avons amorcé
tu amorces	vous amorcez	tu as amorcé	vous avez amorcé
il/elle amorce	ils/elles amorcent	il/elle a amorcé	ils/elles ont amorcé
Imperfect		*Pluperfect*	
j'amorçais	nous amorcions	j'avais amorcé	nous avions amorcé
tu amorçais	vous amorciez	tu avais amorcé	vous aviez amorcé
il/elle amorçait	ils/elles amorçaient	il/elle avait amorcé	ils/elles avaient amorcé
Passé Simple		*Past Anterior*	
j'amorçai	nous amorçâmes	j'eus amorcé	nous eûmes amorcé
tu amorças	vous amorçâtes	tu eus amorcé	vous eûtes amorcé
il/elle amorça	ils/elles amorcèrent	il/elle eut amorcé	ils/elles eurent amorcé
Future		*Future Anterior*	
j'amorcerai	nous amorcerons	j'aurai amorcé	nous aurons amorcé
tu amorceras	vous amorcerez	tu auras amorcé	vous aurez amorcé
il/elle amorcera	ils/elles amorceront	il/elle aura amorcé	ils/elles auront amorcé
Conditional		*Past Conditional*	
j'amorcerais	nous amorcerions	j'aurais amorcé	nous aurions amorcé
tu amorcerais	vous amorceriez	tu aurais amorcé	vous auriez amorcé
il/elle amorcerait	ils/elles amorceraient	il/elle aurait amorcé	ils/elles auraient amorcé

Present Subjunctive		*Past Subjunctive*	
que j'amorce	que nous amorcions	que j'aie amorcé	que nous ayons amorcé
que tu amorces	que vous amorciez	que tu aies amorcé	que vous ayez amorcé
qu'il/elle amorce	qu'ils/elles amorcent	qu'il/elle ait amorcé	qu'ils/elles aient amorcé
Imperfect Subjunctive		*Pluperfect Subjunctive*	
que j'amorçasse	que nous amorçassions	que j'eusse amorcé	que nous eussions amorcé
que tu amorçasses	que vous amorçassiez	que tu eusses amorcé	que vous eussiez amorcé
qu'il/elle amorçât	qu'ils/elles amorçassent	qu'il/elle eût amorcé	qu'ils/elles eussent amorcé

Commands

	(nous) amorçons
(tu) amorce	(vous) amorcez

USAGE

—Qu'est-ce que tu as pour amorcer l'hameçon?	*What do you have to put on the hook as bait?*
—J'amorce toujours au pain.	*I always use bread as bait.*
amorcer un projet	*to begin a project*
amorcer les travaux	*to begin construction/remodeling work*
amorcer une conversation	*to begin a conversation*
amorcer des pourparlers avec	*to begin talks with*
Après le virage, une pente s'amorça.	*After the turn, a slope began.*

RELATED WORDS AND EXPRESSIONS

l'amorce *(f)*	*cap* (for a gun)
un pistolet à amorces	*a cap pistol*
l'amorce *(f)*	*beginning*
Cette conversation est l'amorce d'une amitié.	*This conversation is the beginning of a friendship.*
réamorcer	*to reboot* (computer)

regular -*er* verb **j'amuse · j'amusai · amusé · amusant**

Present		*Passé Composé*	
j'amuse	nous amusons	j'ai amusé	nous avons amusé
tu amuses	vous amusez	tu as amusé	vous avez amusé
il/elle amuse	ils/elles amusent	il/elle a amusé	ils/elles ont amusé
Imperfect		*Pluperfect*	
j'amusais	nous amusions	j'avais amusé	nous avions amusé
tu amusais	vous amusiez	tu avais amusé	vous aviez amusé
il/elle amusait	ils/elles amusaient	il/elle avait amusé	ils/elles avaient amusé
Passé Simple		*Past Anterior*	
j'amusai	nous amusâmes	j'eus amusé	nous eûmes amusé
tu amusas	vous amusâtes	tu eus amusé	vous eûtes amusé
il/elle amusa	ils/elles amusèrent	il/elle eut amusé	ils/elles eurent amusé
Future		*Future Anterior*	
j'amuserai	nous amuserons	j'aurai amusé	nous aurons amusé
tu amuseras	vous amuserez	tu auras amusé	vous aurez amusé
il/elle amusera	ils/elles amuseront	il/elle aura amusé	ils/elles auront amusé
Conditional		*Past Conditional*	
j'amuserais	nous amuserions	j'aurais amusé	nous aurions amusé
tu amuserais	vous amuseriez	tu aurais amusé	vous auriez amusé
il/elle amuserait	ils/elles amuseraient	il/elle aurait amusé	ils/elles auraient amusé

Present Subjunctive		*Past Subjunctive*	
que j'amuse	que nous amusions	que j'aie amusé	que nous ayons amusé
que tu amuses	que vous amusiez	que tu aies amusé	que vous ayez amusé
qu'il/elle amuse	qu'ils/elles amusent	qu'il/elle ait amusé	qu'ils/elles aient amusé
Imperfect Subjunctive		*Pluperfect Subjunctive*	
que j'amusasse	que nous amusassions	que j'eusse amusé	que nous eussions amusé
que tu amusasses	que vous amusassiez	que tu eusses amusé	que vous eussiez amusé
qu'il/elle amusât	qu'ils/elles amusassent	qu'il/elle eût amusé	qu'ils/elles eussent amusé

Commands

	(nous) amusons
(tu) amuse	(vous) amusez

USAGE

—Ça t'amuse?	*Does that amuse you?*
—Ça ne m'amuse pas du tout. Ça m'ennuie.	*It doesn't amuse me at all. It bores me.*
Ne croyez pas que ses visites m'amusent.	*Don't think that I enjoy his visits.*
L'idée de le revoir ne m'amuse point.	*I don't enjoy the idea of seeing him again at all.*
Tes histoires ne m'amusent pas du tout.	*I don't find your stories funny.*
Les matchs de football nous amusent.	*We enjoy soccer games.*
Il a prononcé ce discours pour amuser ses concurrents.	*He gave that speech as a distraction for his competitors.*

RELATED WORDS AND EXPRESSIONS

l'amuse-gueule *(m)*	*snack/appetizer*
amusant(e)	*funny/amusing*
Le plus amusant c'est qu'il n'est pas venu.	*The funniest thing is that he didn't come.*

s'amuser *to have a good time*

je m'amuse · je m'amusai · s'étant amusé · s'amusant

regular *-er* reflexive verb; compound tenses with *être*

Present		*Passé Composé*	
je m'amuse	nous nous amusons	je me suis amusé(e)	nous nous sommes amusé(e)s
tu t'amuses	vous vous amusez	tu t'es amusé(e)	vous vous êtes amusé(e)(s)
il/elle s'amuse	ils/elles s'amusent	il/elle s'est amusé(e)	ils/elles se sont amusé(e)s
Imperfect		***Pluperfect***	
je m'amusais	nous nous amusions	je m'étais amusé(e)	nous nous étions amusé(e)s
tu t'amusais	vous vous amusiez	tu t'étais amusé(e)	vous vous étiez amusé(e)(s)
il/elle s'amusait	ils/elles s'amusaient	il/elle s'était amusé(e)	ils/elles s'étaient amusé(e)s
Passé Simple		***Past Anterior***	
je m'amusai	nous nous amusâmes	je me fus amusé(e)	nous nous fûmes amusé(e)s
tu t'amusas	vous vous amusâtes	tu te fus amusé(e)	vous vous fûtes amusé(e)(s)
il/elle s'amusa	ils/elles s'amusèrent	il/elle se fut amusé(e)	ils/elles se furent amusé(e)s
Future		***Future Anterior***	
je m'amuserai	nous nous amuserons	je me serai amusé(e)	nous nous serons amusé(e)s
tu t'amuseras	vous vous amuserez	tu te seras amusé(e)	vous vous serez amusé(e)(s)
il/elle s'amusera	ils/elles s'amuseront	il/elle se sera amusé(e)	ils/elles se seront amusé(e)s
Conditional		***Past Conditional***	
je m'amuserais	nous nous amuserions	je me serais amusé(e)	nous nous serions amusé(e)s
tu t'amuserais	vous vous amuseriez	tu te serais amusé(e)	vous vous seriez amusé(e)(s)
il/elle s'amuserait	ils/elles s'amuseraient	il/elle se serait amusé(e)	ils/elles se seraient amusé(e)s

Present Subjunctive		*Past Subjunctive*	
que je m'amuse	que nous nous amusions	que je me sois amusé(e)	que nous nous soyons amusé(e)s
que tu t'amuses	que vous vous amusiez	que tu te sois amusé(e)	que vous vous soyez amusé(e)(s)
qu'il/elle s'amuse	qu'ils/elles s'amusent	qu'il/elle se soit amusé(e)	qu'ils/elles se soient amusé(e)s
Imperfect Subjunctive		***Pluperfect Subjunctive***	
que je m'amusasse	que nous nous amusassions	que je me fusse amusé(e)	que nous nous fussions amusé(e)s
que tu t'amusasses	que vous vous amusassiez	que tu te fusses amusé(e)	que vous vous fussiez amusé(e)(s)
qu'il/elle s'amusât	qu'ils/elles s'amusassent	qu'il/elle se fût amusé(e)	qu'ils/elles se fussent amusé(e)s

Commands

	(nous) amusons-nous
(tu) amuse-toi	(vous) amusez-vous

USAGE

Si je veux m'amuser, je vais danser.	*If I want to have fun, I go dancing.*
Nous nous sommes bien amusés en France.	*We had a very good time in France.*
Je m'amuse à faire du jardinage.	*I enjoy gardening.*
Je m'amuse à parler avec vous.	*I enjoy talking with you.*
Les enfants se sont amusés comme des fous.	*The children had a ball.*
Qu'est-ce qu'ils s'amusent!	*Boy, are they having fun!*
Il s'amuse à taquiner sa petite sœur.	*He thinks it's fun to tease his younger sister.*
Tu ne peux pas t'amuser avec toute la besogne qui te reste.	*You can't waste any time with all the work you have to do.*
Les jeunes viennent s'amuser au club.	*Young people come to have a good time at the club.*
Il fait les quatre cents coups à Paris et s'amuse comme un fou.	*He's living it up in Paris and having a ball.*

irregular verb; spelling change: c > ç/o, u

j'aperçois · j'aperçus · aperçu · apercevant

Present		*Passé Composé*	
j'aperçois	nous apercevons	j'ai aperçu	nous avons aperçu
tu aperçois	vous apercevez	tu as aperçu	vous avez aperçu
il/elle aperçoit	ils/elles aperçoivent	il/elle a aperçu	ils/elles ont aperçu
Imperfect		*Pluperfect*	
j'apercevais	nous apercevions	j'avais aperçu	nous avions aperçu
tu apercevais	vous aperceviez	tu avais aperçu	vous aviez aperçu
il/elle apercevait	ils/elles apercevaient	il/elle avait aperçu	ils/elles avaient aperçu
Passé Simple		*Past Anterior*	
j'aperçus	nous aperçûmes	j'eus aperçu	nous eûmes aperçu
tu aperçus	vous aperçûtes	tu eus aperçu	vous eûtes aperçu
il/elle aperçut	ils/elles aperçurent	il/elle eut aperçu	ils/elles eurent aperçu
Future		*Future Anterior*	
j'apercevrai	nous apercevrons	j'aurai aperçu	nous aurons aperçu
tu apercevras	vous apercevrez	tu auras aperçu	vous aurez aperçu
il/elle apercevra	ils/elles apercevront	il/elle aura aperçu	ils/elles auront aperçu
Conditional		*Past Conditional*	
j'apercevrais	nous apercevrions	j'aurais aperçu	nous aurions aperçu
tu apercevrais	vous apercevriez	tu aurais aperçu	vous auriez aperçu
il/elle apercevrait	ils/elles apercevraient	il/elle aurait aperçu	ils/elles auraient aperçu

Present Subjunctive		*Past Subjunctive*	
que j'aperçoive	que nous apercevions	que j'aie aperçu	que nous ayons aperçu
que tu aperçoives	que vous aperceviez	que tu aies aperçu	que vous ayez aperçu
qu'il/elle aperçoive	qu'ils/elles aperçoivent	qu'il/elle ait aperçu	qu'ils/elles aient aperçu
Imperfect Subjunctive		*Pluperfect Subjunctive*	
que j'aperçusse	que nous aperçussions	que j'eusse aperçu	que nous eussions aperçu
que tu aperçusses	que vous aperçussiez	que tu eusses aperçu	que vous eussiez aperçu
qu'il/elle aperçût	qu'ils/elles aperçussent	qu'il/elle eût aperçu	qu'ils/elles eussent aperçu

Commands

	(nous) apercevons
(tu) aperçois	(vous) apercevez

USAGE

En descendant la montagne, nous avons aperçu le village.	*Coming down the mountain we caught sight of the village.*
Je t'ai aperçu dans la foule.	*I caught sight of you in the crowd.*
—Ma jupe s'est déchirée.	*My skirt got torn.*
—Ne t'en fais pas. Ça ne s'aperçoit pas.	*Don't worry. You can't see it.*

RELATED WORDS AND EXPRESSIONS

l'aperçu *(m)*	*survey / general view*
Le professeur nous a donné un aperçu de l'œuvre de ce philosophe.	*The teacher gave us a survey of the work of that philosopher.*
inaperçu(e)	*unnoticed*
Son erreur a passé inaperçue.	*His error went unnoticed.*
Ta générosité ne passera pas inaperçue.	*Your generosity will not go unnoticed/unrewarded.*

apparaître *to appear, seem*

j'apparais · j'apparus · apparu · apparaissant

irregular verb; sometimes conjugated with *être*

Present		*Passé Composé*	
j'apparais	nous apparaissons	j'ai apparu	nous avons apparu
tu apparais	vous apparaissez	tu as apparu	vous avez apparu
il/elle apparaît	ils/elles apparaissent	il/elle a apparu	ils/elles ont apparu
Imperfect		*Pluperfect*	
j'apparaissais	nous apparaissions	j'avais apparu	nous avions apparu
tu apparaissais	vous apparaissiez	tu avais apparu	vous aviez apparu
il/elle apparaissait	ils/elles apparaissaient	il/elle avait apparu	ils/elles avaient apparu
Passé Simple		*Past Anterior*	
j'apparus	nous apparûmes	j'eus apparu	nous eûmes apparu
tu apparus	vous apparûtes	tu eus apparu	vous eûtes apparu
il/elle apparut	ils/elles apparurent	il/elle eut apparu	ils/elles eurent apparu
Future		*Future Anterior*	
j'apparaîtrai	nous apparaîtrons	j'aurai apparu	nous aurons apparu
tu apparaîtras	vous apparaîtrez	tu auras apparu	vous aurez apparu
il/elle apparaîtra	ils/elles apparaîtront	il/elle aura apparu	ils/elles auront apparu
Conditional		*Past Conditional*	
j'apparaîtrais	nous apparaîtrions	j'aurais apparu	nous aurions apparu
tu apparaîtrais	vous apparaîtriez	tu aurais apparu	vous auriez apparu
il/elle apparaîtrait	ils/elles apparaîtraient	il/elle aurait apparu	ils/elles auraient apparu

Present Subjunctive		*Past Subjunctive*	
que j'apparaisse	que nous apparaissions	que j'aie apparu	que nous ayons apparu
que tu apparaisses	que vous apparaissiez	que tu aies apparu	que vous ayez apparu
qu'il/elle apparaisse	qu'ils/elles apparaissent	qu'il/elle ait apparu	qu'ils/elles aient apparu
Imperfect Subjunctive		*Pluperfect Subjunctive*	
que j'apparusse	que nous apparussions	que j'eusse apparu	que nous eussions apparu
que tu apparusses	que vous apparussiez	que tu eusses apparu	que vous eussiez apparu
qu'il/elle apparût	qu'ils/elles apparussent	qu'il/elle eût apparu	qu'ils/elles eussent apparu

Commands

	(nous) apparaissons
(tu) apparais	(vous) apparaissez

USAGE

Le jour apparaît.	*Day is breaking. / It's dawn.*
Il a apparu sans cravate.	*He showed up without a tie.*
Peu à peu les difficultés apparaissaient.	*Little by little, the difficulties appeared.*
Tout d'un coup, la vérité m'a apparu / m'est apparue.	*All of a sudden the truth became clear to me.*
Elle apparaît dans les restaurants de luxe.	*She is seen in fancy restaurants.*

RELATED WORDS AND EXPRESSIONS

l'apparence *(f)*	*appearance*
contre toute apparence	*in spite of what things seemed*
les apparences *(fpl)*	*appearance(s)*
sauver les apparences	*to keep up appearances*
apparent(e)	*apparent*
apparemment	*apparently*

irregular verb **j'appartiens · j'appartins · appartenu · appartenant**

Present		*Passé Composé*	
j'appartiens	nous appartenons	j'ai appartenu	nous avons appartenu
tu appartiens	vous appartenez	tu as appartenu	vous avez appartenu
il/elle appartient	ils/elles appartiennent	il/elle a appartenu	ils/elles ont appartenu
Imperfect		*Pluperfect*	
j'appartenais	nous appartenions	j'avais appartenu	nous avions appartenu
tu appartenais	vous apparteniez	tu avais appartenu	vous aviez appartenu
il/elle appartenait	ils/elles appartenaient	il/elle avait appartenu	ils/elles avaient appartenu
Passé Simple		*Past Anterior*	
j'appartins	nous appartînmes	j'eus appartenu	nous eûmes appartenu
tu appartins	vous appartîntes	tu eus appartenu	vous eûtes appartenu
il/elle appartint	ils/elles appartinrent	il/elle eut appartenu	ils/elles eurent appartenu
Future		*Future Anterior*	
j'appartiendrai	nous appartiendrons	j'aurai appartenu	nous aurons appartenu
tu appartiendras	vous appartiendrez	tu auras appartenu	vous aurez appartenu
il/elle appartiendra	ils/elles appartiendront	il/elle aura appartenu	ils/elles auront appartenu
Conditional		*Past Conditional*	
j'appartiendrais	nous appartiendrions	j'aurais appartenu	nous aurions appartenu
tu appartiendrais	vous appartiendriez	tu aurais appartenu	vous auriez appartenu
il/elle appartiendrait	ils/elles appartiendraient	il/elle aurait appartenu	ils/elles auraient appartenu

Present Subjunctive		*Past Subjunctive*	
que j'appartienne	que nous appartenions	que j'aie appartenu	que nous ayons appartenu
que tu appartiennes	que vous apparteniez	que tu aies appartenu	que vous ayez appartenu
qu'il/elle appartienne	qu'ils/elles appartiennent	qu'il/elle ait appartenu	qu'ils/elles aient appartenu
Imperfect Subjunctive		*Pluperfect Subjunctive*	
que j'appartinsse	que nous appartinssions	que j'eusse appartenu	que nous eussions appartenu
que tu appartinsses	que vous appartinssiez	que tu eusses appartenu	que vous eussiez appartenu
qu'il/elle appartînt	qu'ils/elles appartinssent	qu'il/elle eût appartenu	qu'ils/elles eussent appartenu

Commands

	(nous) appartenons
(tu) appartiens	(vous) appartenez

USAGE

—Qu'est-ce qui t'appartient?	*What belongs to you?*
—Ces terrains m'appartiennent.	*These parcels of land belong to me.*
appartenir à un club	*to belong to a club*
Il ne m'appartient pas de vous critiquer.	*It is not for me to criticize you.*
Il ne nous appartient pas de le lui reprocher.	*It is not our right to reproach him.*
Il l'a fait pour des raisons qui lui appartiennent.	*He did it for reasons of his own.*
Il appartient au PDG de prendre cette décision.	*It is the province of the CEO to make that decision.*
Le droit de faire grâce appartient au président.	*The right to grant a pardon belongs to the president.*
Cette chanteuse appartient à une autre génération.	*This singer belongs to another generation.*
On l'accuse d'appartenir à une organisation terroriste.	*He is accused of belonging to a terrorist organization.*
Avec tout le travail qu'ils ont, ils ne s'appartiennent plus.	*With all the work they have, their time is no longer their own.*

appeler *to call*

j'appelle · j'appelai · appelé · appelant

-er verb; spelling change: l > ll/mute *e*

Present		*Passé Composé*	
j'appelle	nous appelons	j'ai appelé	nous avons appelé
tu appelles	vous appelez	tu as appelé	vous avez appelé
il/elle appelle	ils/elles appellent	il/elle a appelé	ils/elles ont appelé
Imperfect		*Pluperfect*	
j'appelais	nous appelions	j'avais appelé	nous avions appelé
tu appelais	vous appeliez	tu avais appelé	vous aviez appelé
il/elle appelait	ils/elles appelaient	il/elle avait appelé	ils/elles avaient appelé
Passé Simple		*Past Anterior*	
j'appelai	nous appelâmes	j'eus appelé	nous eûmes appelé
tu appelas	vous appelâtes	tu eus appelé	vous eûtes appelé
il/elle appela	ils/elles appelèrent	il/elle eut appelé	ils/elles eurent appelé
Future		*Future Anterior*	
j'appellerai	nous appellerons	j'aurai appelé	nous aurons appelé
tu appelleras	vous appellerez	tu auras appelé	vous aurez appelé
il/elle appellera	ils/elles appelleront	il/elle aura appelé	ils/elles auront appelé
Conditional		*Past Conditional*	
j'appellerais	nous appellerions	j'aurais appelé	nous aurions appelé
tu appellerais	vous appelleriez	tu aurais appelé	vous auriez appelé
il/elle appellerait	ils/elles appelleraient	il/elle aurait appelé	ils/elles auraient appelé

Present Subjunctive		*Past Subjunctive*	
que j'appelle	que nous appelions	que j'aie appelé	que nous ayons appelé
que tu appelles	que vous appeliez	que tu aies appelé	que vous ayez appelé
qu'il/elle appelle	qu'ils/elles appellent	qu'il/elle ait appelé	qu'ils/elles aient appelé
Imperfect Subjunctive		*Pluperfect Subjunctive*	
que j'appelasse	que nous appelassions	que j'eusse appelé	que nous eussions appelé
que tu appelasses	que vous appelassiez	que tu eusses appelé	que vous eussiez appelé
qu'il/elle appelât	qu'ils/elles appelassent	qu'il/elle eût appelé	qu'ils/elles eussent appelé

Commands

	(nous) appelons
(tu) appelle	(vous) appelez

USAGE

Il appelle son chien.	*He's calling his dog.*
Elle m'appelle tous les jours.	*She calls me up every day.*
appeler les pompiers / la police / le SAMU	*to call the fire department / the police / emergency rescue*
Il m'appelle par mon prénom.	*He calls me by my first name.*
appeler un chat un chat	*to call a spade a spade*
Ça, c'est ce que j'appelle un repas!	*That's what I call a meal!*
Un mensonge en appelle un autre.	*One lie leads to another.*

RELATED WORDS AND EXPRESSIONS

l'appel *(m)*	*call / roll call*
Le professeur fait l'appel.	*The teacher calls the roll / takes attendance.*
l'appel *(m)* du devoir	*the call of duty*
un appel à l'aide	*a call for help*

-*er* verb; spelling change:
l > ll/mute *e*

je m'appelle · je m'appelai · s'étant appelé · s'appelant

Present		*Passé Composé*	
je m'appelle	nous nous appelons	je me suis appelé(e)	nous nous sommes appelé(e)s
tu t'appelles	vous vous appelez	tu t'es appelé(e)	vous vous êtes appelé(e)(s)
il/elle s'appelle	ils/elles s'appellent	il/elle s'est appelé(e)	ils/elles se sont appelé(e)s
Imperfect		*Pluperfect*	
je m'appelais	nous nous appelions	je m'étais appelé(e)	nous nous étions appelé(e)s
tu t'appelais	vous vous appeliez	tu t'étais appelé(e)	vous vous étiez appelé(e)(s)
il/elle s'appelait	ils/elles s'appelaient	il/elle s'était appelé(e)	ils/elles s'étaient appelé(e)s
Passé Simple		*Past Anterior*	
je m'appelai	nous nous appelâmes	je me fus appelé(e)	nous nous fûmes appelé(e)s
tu t'appelas	vous vous appelâtes	tu te fus appelé(e)	vous vous fûtes appelé(e)(s)
il/elle s'appela	ils/elles s'appelèrent	il/elle se fut appelé(e)	ils/elles se furent appelé(e)s
Future		*Future Anterior*	
je m'appellerai	nous nous appellerons	je me serai appelé(e)	nous nous serons appelé(e)s
tu t'appelleras	vous vous appellerez	tu te seras appelé(e)	vous vous serez appelé(e)(s)
il/elle s'appellera	ils/elles s'appelleront	il/elle se sera appelé(e)	ils/elles se seront appelé(e)s
Conditional		*Past Conditional*	
je m'appellerais	nous nous appellerions	je me serais appelé(e)	nous nous serions appelé(e)s
tu t'appellerais	vous vous appelleriez	tu te serais appelé(e)	vous vous seriez appelé(e)(s)
il/elle s'appellerait	ils/elles s'appelleraient	il/elle se serait appelé(e)	ils/elles se seraient appelé(e)s

Present Subjunctive		*Past Subjunctive*	
que je m'appelle	que nous nous appelions	que je me sois appelé(e)	que nous nous soyons appelé(e)s
que tu t'appelles	que vous vous appeliez	que tu te sois appelé(e)	que vous vous soyez appelé(e)(s)
qu'il/elle s'appelle	qu'ils/elles s'appellent	qu'il/elle se soit appelé(e)	qu'ils/elles se soient appelé(e)s
Imperfect Subjunctive		*Pluperfect Subjunctive*	
que je m'appelasse	que nous nous appelassions	que je me fusse appelé(e)	que nous nous fussions appelé(e)s
que tu t'appelasses	que vous vous appelassiez	que tu te fusses appelé(e)	que vous vous fussiez appelé(e)(s)
qu'il/elle s'appelât	qu'ils/elles s'appelassent	qu'il/elle se fût appelé(e)	qu'ils/elles se fussent appelé(e)s

Commands

(nous) appelons-nous
(tu) appelle-toi (vous) appelez-vous

USAGE

—Comment s'appellent les habitants de Cahors? — *What do you call the inhabitants of Cahors?* (a city in southwestern France)
—On les appelle "cadurciens". — *They're called "cadurciens."*
—Comment vous appelez-vous? — *What's your name?*
—Je m'appelle Marie-Christine Daumier. — *My name is Marie-Christine Daumier.*
Je ne sais pas comment il s'appelle. — *I don't know what his name is.*
Comment s'appelle ce village? — *What is the name of this village?*
Comment s'appelle cette machine en anglais? — *What is this machine called in English?*
Voilà ce qui s'appelle une bêtise! — *That's what I call a stupid thing to do!*

applaudir *to applaud*

j'applaudis · j'applaudis · applaudi · applaudissant regular -*ir* verb

Present		*Passé Composé*	
j'applaudis	nous applaudissons	j'ai applaudi	nous avons applaudi
tu applaudis	vous applaudissez	tu as applaudi	vous avez applaudi
il/elle applaudit	ils/elles applaudissent	il/elle a applaudi	ils/elles ont applaudi
Imperfect		*Pluperfect*	
j'applaudissais	nous applaudissions	j'avais applaudi	nous avions applaudi
tu applaudissais	vous applaudissiez	tu avais applaudi	vous aviez applaudi
il/elle applaudissait	ils/elles applaudissaient	il/elle avait applaudi	ils/elles avaient applaudi
Passé Simple		*Past Anterior*	
j'applaudis	nous applaudîmes	j'eus applaudi	nous eûmes applaudi
tu applaudis	vous applaudîtes	tu eus applaudi	vous eûtes applaudi
il/elle applaudit	ils/elles applaudirent	il/elle eut applaudi	ils/elles eurent applaudi
Future		*Future Anterior*	
j'applaudirai	nous applaudirons	j'aurai applaudi	nous aurons applaudi
tu applaudiras	vous applaudirez	tu auras applaudi	vous aurez applaudi
il/elle applaudira	ils/elles applaudiront	il/elle aura applaudi	ils/elles auront applaudi
Conditional		*Past Conditional*	
j'applaudirais	nous applaudirions	j'aurais applaudi	nous aurions applaudi
tu applaudirais	vous applaudiriez	tu aurais applaudi	vous auriez applaudi
il/elle applaudirait	ils/elles applaudiraient	il/elle aurait applaudi	ils/elles auraient applaudi

Present Subjunctive		*Past Subjunctive*	
que j'applaudisse	que nous applaudissions	que j'aie applaudi	que nous ayons applaudi
que tu applaudisses	que vous applaudissiez	que tu aies applaudi	que vous ayez applaudi
qu'il/elle applaudisse	qu'ils/elles applaudissent	qu'il/elle ait applaudi	qu'ils/elles aient applaudi
Imperfect Subjunctive		*Pluperfect Subjunctive*	
que j'applaudisse	que nous applaudissions	que j'eusse applaudi	que nous eussions applaudi
que tu applaudisses	que vous applaudissiez	que tu eusses applaudi	que vous eussiez applaudi
qu'il/elle applaudît	qu'ils/elles applaudissent	qu'il/elle eût applaudi	qu'ils/elles eussent applaudi

Commands

	(nous) applaudissons
(tu) applaudis	(vous) applaudissez

USAGE

applaudir les acteurs	*to applaud the actors*
applaudir le gagnant	*to applaud the winner*
Le public a applaudi à tout rompre.	*The audience brought the house down with their applause.*

RELATED WORDS AND EXPRESSIONS

les applaudissements *(mpl)*	*applause*
L'actrice est sortie pour recevoir des applaudissements.	*The actress came out to take a bow / receive the applause.*
s'applaudir d'avoir fait qqch	*to pat oneself on the back for having done something*
Il s'applaudit d'avoir renoncé à ce travail avant la faillite de l'entreprise.	*He's patting himself on the back for having quit that job before the company went bankrupt.*
Ça s'applaudit!	*That's something to be proud of!*

regular -*er* verb **j'apporte · j'apportai · apporté · apportant**

Present		*Passé Composé*	
j'apporte	nous apportons	j'ai apporté	nous avons apporté
tu apportes	vous apportez	tu as apporté	vous avez apporté
il/elle apporte	ils/elles apportent	il/elle a apporté	ils/elles ont apporté
Imperfect		*Pluperfect*	
j'apportais	nous apportions	j'avais apporté	nous avions apporté
tu apportais	vous apportiez	tu avais apporté	vous aviez apporté
il/elle apportait	ils/elles apportaient	il/elle avait apporté	ils/elles avaient apporté
Passé Simple		*Past Anterior*	
j'apportai	nous apportâmes	j'eus apporté	nous eûmes apporté
tu apportas	vous apportâtes	tu eus apporté	vous eûtes apporté
il/elle apporta	ils/elles apportèrent	il/elle eut apporté	ils/elles eurent apporté
Future		*Future Anterior*	
j'apporterai	nous apporterons	j'aurai apporté	nous aurons apporté
tu apporteras	vous apporterez	tu auras apporté	vous aurez apporté
il/elle apportera	ils/elles apporteront	il/elle aura apporté	ils/elles auront apporté
Conditional		*Past Conditional*	
j'apporterais	nous apporterions	j'aurais apporté	nous aurions apporté
tu apporterais	vous apporteriez	tu aurais apporté	vous auriez apporté
il/elle apporterait	ils/elles apporteraient	il/elle aurait apporté	ils/elles auraient apporté
Present Subjunctive		*Past Subjunctive*	
que j'apporte	que nous apportions	que j'aie apporté	que nous ayons apporté
que tu apportes	que vous apportiez	que tu aies apporté	que vous ayez apporté
qu'il/elle apporte	qu'ils/elles apportent	qu'il/elle ait apporté	qu'ils/elles aient apporté
Imperfect Subjunctive		*Pluperfect Subjunctive*	
que j'apportasse	que nous apportassions	que j'eusse apporté	que nous eussions apporté
que tu apportasses	que vous apportassiez	que tu eusses apporté	que vous eussiez apporté
qu'il/elle apportât	qu'ils/elles apportassent	qu'il/elle eût apporté	qu'ils/elles eussent apporté

Commands

	(nous) apportons
(tu) apporte	(vous) apportez

USAGE

apporter qqch à qqn	*to bring something to someone*
Apporte-le-nous en descendant.	*Bring it to us when you come downstairs.*
Ce contrat va vous apporter des ennuis.	*That contract will spell trouble for you.*
Son discours n'a rien apporté d'intéressant.	*His speech contributed nothing interesting.*
Il a apporté sa contribution à l'informatique.	*He made his contribution to computer science.*
Sa déclaration apporte de l'eau à mon moulin.	*His statement is grist for the mill.*
Il faudra apporter du soin à cette tâche.	*You will have to use care in this task.*
Sa lettre m'a apporté beaucoup de satisfaction.	*His letter brought me a great deal of satisfaction.*
Le président de la République apporte le soutien de la France à ce pays déchiré par la guerre.	*The president of France offers French support to this war-torn country.*

RELATED WORDS AND EXPRESSIONS

l'apport *(m)*	*contribution*

apprendre *to learn*

j'apprends · j'appris · appris · apprenant — irregular verb

Present		*Passé Composé*	
j'apprends	nous apprenons	j'ai appris	nous avons appris
tu apprends	vous apprenez	tu as appris	vous avez appris
il/elle apprend	ils/elles apprennent	il/elle a appris	ils/elles ont appris
Imperfect		***Pluperfect***	
j'apprenais	nous apprenions	j'avais appris	nous avions appris
tu apprenais	vous appreniez	tu avais appris	vous aviez appris
il/elle apprenait	ils/elles apprenaient	il/elle avait appris	ils/elles avaient appris
Passé Simple		***Past Anterior***	
j'appris	nous apprîmes	j'eus appris	nous eûmes appris
tu appris	vous apprîtes	tu eus appris	vous eûtes appris
il/elle apprit	ils/elles apprirent	il/elle eut appris	ils/elles eurent appris
Future		***Future Anterior***	
j'apprendrai	nous apprendrons	j'aurai appris	nous aurons appris
tu apprendras	vous apprendrez	tu auras appris	vous aurez appris
il/elle apprendra	ils/elles apprendront	il/elle aura appris	ils/elles auront appris
Conditional		***Past Conditional***	
j'apprendrais	nous apprendrions	j'aurais appris	nous aurions appris
tu apprendrais	vous apprendriez	tu aurais appris	vous auriez appris
il/elle apprendrait	ils/elles apprendraient	il/elle aurait appris	ils/elles auraient appris
Present Subjunctive		***Past Subjunctive***	
que j'apprenne	que nous apprenions	que j'aie appris	que nous ayons appris
que tu apprennes	que vous appreniez	que tu aies appris	que vous ayez appris
qu'il/elle apprenne	qu'ils/elles apprennent	qu'il/elle ait appris	qu'ils/elles aient appris
Imperfect Subjunctive		***Pluperfect Subjunctive***	
que j'apprisse	que nous apprissions	que j'eusse appris	que nous eussions appris
que tu apprisses	que vous apprissiez	que tu eusses appris	que vous eussiez appris
qu'il/elle apprît	qu'ils/elles apprissent	qu'il/elle eût appris	qu'ils/elles eussent appris

Commands

	(nous) apprenons
(tu) apprends	(vous) apprenez

USAGE

apprendre à faire qqch	*to learn how to do something*
J'ai appris à nager à l'âge de six ans.	*I learned how to swim when I was six.*
Ce programme s'apprend facilement.	*This program is easily learned.*
J'ai appris que votre mère était souffrante.	*I learned that your mother was ill.*
Nous avons appris la nouvelle par la télé.	*We heard the news on the TV.*
apprendre à qqn à faire qqch	*to teach someone to do something*
Il m'a appris à programmer.	*He taught me how to program.*
Je t'apprendrai à vivre!	*I'll teach you (a lesson)! / I'll teach you a thing or two!*
Je vais t'apprendre à me répondre sur ce ton!	*I'll teach you to answer me in that tone of voice!*

RELATED WORDS AND EXPRESSIONS

l'apprentissage *(m)*	*learning*
un apprenti / une apprentie	*an apprentice; a learner*

regular -*er* reflexive verb;
compound tenses with *être*

je m'approche · je m'approchai · s'étant approché · s'approchant

Present		*Passé Composé*	
je m'approche	nous nous approchons	je me suis approché(e)	nous nous sommes approché(e)s
tu t'approches	vous vous approchez	tu t'es approché(e)	vous vous êtes approché(e)(s)
il/elle s'approche	ils/elles s'approchent	il/elle s'est approché(e)	ils/elles se sont approché(e)s
Imperfect		*Pluperfect*	
je m'approchais	nous nous approchions	je m'étais approché(e)	nous nous étions approché(e)s
tu t'approchais	vous vous approchiez	tu t'étais approché(e)	vous vous étiez approché(e)(s)
il/elle s'approchait	ils/elles s'approchaient	il/elle s'était approché(e)	ils/elles s'étaient approché(e)s
Passé Simple		*Past Anterior*	
je m'approchai	nous nous approchâmes	je me fus approché(e)	nous nous fûmes approché(e)s
tu t'approchas	vous vous approchâtes	tu te fus approché(e)	vous vous fûtes approché(e)(s)
il/elle s'approcha	ils/elles s'approchèrent	il/elle se fut approché(e)	ils/elles se furent approché(e)s
Future		*Future Anterior*	
je m'approcherai	nous nous approcherons	je me serai approché(e)	nous nous serons approché(e)s
tu t'approcheras	vous vous approcherez	tu te seras approché(e)	vous vous serez approché(e)(s)
il/elle s'approchera	ils/elles s'approcheront	il/elle se sera approché(e)	ils/elles se seront approché(e)s
Conditional		*Past Conditional*	
je m'approcherais	nous nous approcherions	je me serais approché(e)	nous nous serions approché(e)s
tu t'approcherais	vous vous approcheriez	tu te serais approché(e)	vous vous seriez approché(e)(s)
il/elle s'approcherait	ils/elles s'approcheraient	il/elle se serait approché(e)	ils/elles se seraient approché(e)s

Present Subjunctive		*Past Subjunctive*	
que je m'approche	que nous nous approchions	que je me sois approché(e)	que nous nous soyons approché(e)s
que tu t'approches	que vous vous approchiez	que tu te sois approché(e)	que vous vous soyez approché(e)(s)
qu'il/elle s'approche	qu'ils/elles s'approchent	qu'il/elle se soit approché(e)	qu'ils/elles se soient approché(e)s
Imperfect Subjunctive		*Pluperfect Subjunctive*	
que je m'approchasse	que nous nous approchassions	que je me fusse approché(e)	que nous nous fussions approché(e)s
que tu t'approchasses	que vous vous approchassiez	que tu te fusses approché(e)	que vous vous fussiez approché(e)(s)
qu'il/elle s'approchât	qu'ils/elles s'approchassent	qu'il/elle se fût approché(e)	qu'ils/elles se fussent approché(e)s

Commands

	(nous) approchons-nous
(tu) approche-toi	(vous) approchez-vous

USAGE

s'approcher de qqch/qqn	*to approach / come close to / come near to*
La voiture s'approcha de l'immeuble.	*The car came close to the apartment house.*
Ne vous approchez pas de nous!	*Don't come near us!*
Le chanteur s'est approché du micro.	*The singer came up to the mike.*
Ce poème s'approche de la perfection.	*This poem comes close to perfection.*
s'approcher de qqch à pas de loup	*to sneak up on something stealthily*
Il s'approche de la quarantaine.	*He's getting close to forty.*
Dis-moi si je m'approche.	*Tell me if I'm getting close.* (to the answer, to finding something)

RELATED WORDS AND EXPRESSIONS

l'approche *(f)*	*approach*
à l'approche des examens	*when exam time draws near*
être d'approche facile	*to be approachable*

approfondir *to deepen; to study thoroughly, go into deeply*

j'approfondis · j'approfondis · approfondi · approfondissant regular -ir verb

Present		*Passé Composé*	
j'approfondis	nous approfondissons	j'ai approfondi	nous avons approfondi
tu approfondis	vous approfondissez	tu as approfondi	vous avez approfondi
il/elle approfondit	ils/elles approfondissent	il/elle a approfondi	ils/elles ont approfondi
Imperfect		*Pluperfect*	
j'approfondissais	nous approfondissions	j'avais approfondi	nous avions approfondi
tu approfondissais	vous approfondissiez	tu avais approfondi	vous aviez approfondi
il/elle approfondissait	ils/elles approfondissaient	il/elle avait approfondi	ils/elles avaient approfondi
Passé Simple		*Past Anterior*	
j'approfondis	nous approfondîmes	j'eus approfondi	nous eûmes approfondi
tu approfondis	vous approfondîtes	tu eus approfondi	vous eûtes approfondi
il/elle approfondit	ils/elles approfondirent	il/elle eut approfondi	ils/elles eurent approfondi
Future		*Future Anterior*	
j'approfondirai	nous approfondirons	j'aurai approfondi	nous aurons approfondi
tu approfondiras	vous approfondirez	tu auras approfondi	vous aurez approfondi
il/elle approfondira	ils/elles approfondiront	il/elle aura approfondi	ils/elles auront approfondi
Conditional		*Past Conditional*	
j'approfondirais	nous approfondirions	j'aurais approfondi	nous aurions approfondi
tu approfondirais	vous approfondiriez	tu aurais approfondi	vous auriez approfondi
il/elle approfondirait	ils/elles approfondiraient	il/elle aurait approfondi	ils/elles auraient approfondi

Present Subjunctive		*Past Subjunctive*	
que j'approfondisse	que nous approfondissions	que j'aie approfondi	que nous ayons approfondi
que tu approfondisses	que vous approfondissiez	que tu aies approfondi	que vous ayez approfondi
qu'il/elle approfondisse	qu'ils/elles approfondissent	qu'il/elle ait approfondi	qu'ils/elles aient approfondi
Imperfect Subjunctive		*Pluperfect Subjunctive*	
que j'approfondisse	que nous approfondissions	que j'eusse approfondi	que nous eussions approfondi
que tu approfondisses	que vous approfondissiez	que tu eusses approfondi	que vous eussiez approfondi
qu'il/elle approfondît	qu'ils/elles approfondissent	qu'il/elle eût approfondi	qu'ils/elles eussent approfondi

Commands

	(nous) approfondissons
(tu) approfondis	(vous) approfondissez

USAGE

Les ingénieurs ont proposé d'approfondir le canal.	*The engineers suggested deepening the canal.*
Il faut approfondir ce puits.	*This well has to be made deeper.*
Il faut un examen approfondi de la question.	*The matter requires thorough study.*
Nous avons discuté du thème sans approfondir.	*We discussed the subject superficially.*
La police voudra approfondir ce sujet.	*The police will want to delve further into this topic.*
Notre équipe va approfondir la question.	*Our team will go deeper into the matter.*
Il est allé en France pour approfondir sa connaissance de la langue française.	*He went to France to increase his knowledge of the French language.*

RELATED WORDS AND EXPRESSIONS

l'approfondissement *(m)*	*deepening/increasing* (of knowledge)
l'approfondissement des connaissances	*increase in knowledge*

regular -*er* verb **j'approuve · j'approuvai · approuvé · approuvant**

Present		*Passé Composé*	
j'approuve	nous approuvons	j'ai approuvé	nous avons approuvé
tu approuves	vous approuvez	tu as approuvé	vous avez approuvé
il/elle approuve	ils/elles approuvent	il/elle a approuvé	ils/elles ont approuvé
Imperfect		*Pluperfect*	
j'approuvais	nous approuvions	j'avais approuvé	nous avions approuvé
tu approuvais	vous approuviez	tu avais approuvé	vous aviez approuvé
il/elle approuvait	ils/elles approuvaient	il/elle avait approuvé	ils/elles avaient approuvé
Passé Simple		*Past Anterior*	
j'approuvai	nous approuvâmes	j'eus approuvé	nous eûmes approuvé
tu approuvas	vous approuvâtes	tu eus approuvé	vous eûtes approuvé
il/elle approuva	ils/elles approuvèrent	il/elle eut approuvé	ils/elles eurent approuvé
Future		*Future Anterior*	
j'approuverai	nous approuverons	j'aurai approuvé	nous aurons approuvé
tu approuveras	vous approuverez	tu auras approuvé	vous aurez approuvé
il/elle approuvera	ils/elles approuveront	il/elle aura approuvé	ils/elles auront approuvé
Conditional		*Past Conditional*	
j'approuverais	nous approuverions	j'aurais approuvé	nous aurions approuvé
tu approuverais	vous approuveriez	tu aurais approuvé	vous auriez approuvé
il/elle approuverait	ils/elles approuveraient	il/elle aurait approuvé	ils/elles auraient approuvé

Present Subjunctive		*Past Subjunctive*	
que j'approuve	que nous approuvions	que j'aie approuvé	que nous ayons approuvé
que tu approuves	que vous approuviez	que tu aies approuvé	que vous ayez approuvé
qu'il/elle approuve	qu'ils/elles approuvent	qu'il/elle ait approuvé	qu'ils/elles aient approuvé
Imperfect Subjunctive		*Pluperfect Subjunctive*	
que j'approuvasse	que nous approuvassions	que j'eusse approuvé	que nous eussions approuvé
que tu approuvasses	que vous approuvassiez	que tu eusses approuvé	que vous eussiez approuvé
qu'il/elle approuvât	qu'ils/elles approuvassent	qu'il/elle eût approuvé	qu'ils/elles eussent approuvé

Commands

	(nous) approuvons
(tu) approuve	(vous) approuvez

USAGE

Je n'approuve pas votre démarche.	*I don't approve of the way you've gone about it.*
Il n'approuve pas la conduite de sa sœur.	*He doesn't approve of his sister's behavior.*
Mon père n'approuve pas que nous sortions ensemble.	*My father doesn't approve of our dating.*
Elle ne se sent pas approuvée.	*She doesn't feel she has the approval of others.*
J'ai renoncé à mon poste. J'espère que vous m'approuvez.	*I have quit my job. I hope you agree with me.*
approuver un projet de loi	*to pass a bill*

RELATED WORDS AND EXPRESSIONS

l'approbation (*f*)	*approval*
Il désire notre approbation.	*He wants our approval.*
Ses idées ne sont pas dignes d'approbation.	*His ideas are unworthy of approval / being approved.*

s'appuyer *to lean on*

je m'appuie · je m'appuyai · s'appuyé · s'appuyant

regular *-er* reflexive verb; spelling change: y > i/mute *e*; compound tenses with *être*

Present		*Passé Composé*	
je m'appuie	nous nous appuyons	je me suis appuyé(e)	nous nous sommes appuyé(e)s
tu t'appuies	vous vous appuyez	tu t'es appuyé(e)	vous vous êtes appuyé(e)(s)
il/elle s'appuie	ils/elles s'appuient	il/elle s'est appuyé(e)	ils/elles se sont appuyé(e)s
Imperfect		*Pluperfect*	
je m'appuyais	nous nous appuyions	je m'étais appuyé(e)	nous nous étions appuyé(e)s
tu t'appuyais	vous vous appuyiez	tu t'étais appuyé(e)	vous vous étiez appuyé(e)(s)
il/elle s'appuyait	ils/elles s'appuyaient	il/elle s'était appuyé(e)	ils/elles s'étaient appuyé(e)s
Passé Simple		*Past Anterior*	
je m'appuyai	nous nous appuyâmes	je me fus appuyé(e)	nous nous fûmes appuyé(e)s
tu t'appuyas	vous vous appuyâtes	tu te fus appuyé(e)	vous vous fûtes appuyé(e)(s)
il/elle s'appuya	ils/elles s'appuyèrent	il/elle se fut appuyé(e)	ils/elles se furent appuyé(e)s
Future		*Future Anterior*	
je m'appuierai	nous nous appuierons	je me serai appuyé(e)	nous nous serons appuyé(e)s
tu t'appuieras	vous vous appuierez	tu te seras appuyé(e)	vous vous serez appuyé(e)(s)
il/elle s'appuiera	ils/elles s'appuieront	il/elle se sera appuyé(e)	ils/elles se seront appuyé(e)s
Conditional		*Past Conditional*	
je m'appuierais	nous nous appuierions	je me serais appuyé(e)	nous nous serions appuyé(e)s
tu t'appuierais	vous vous appuieriez	tu te serais appuyé(e)	vous vous seriez appuyé(e)(s)
il/elle s'appuierait	ils/elles s'appuieraient	il/elle se serait appuyé(e)	ils/elles se seraient appuyé(e)s

Present Subjunctive		*Past Subjunctive*	
que je m'appuie	que nous nous appuyions	que je me sois appuyé(e)	que nous nous soyons appuyé(e)s
que tu t'appuies	que vous vous appuyiez	que tu te sois appuyé(e)	que vous vous soyez appuyé(e)(s)
qu'il/elle s'appuie	qu'ils/elles s'appuient	qu'il/elle se soit appuyé(e)	qu'ils/elles se soient appuyé(e)s
Imperfect Subjunctive		*Pluperfect Subjunctive*	
que je m'appuyasse	que nous nous appuyassions	que je me fusse appuyé(e)	que nous nous fussions appuyé(e)s
que tu t'appuyasses	que vous vous appuyassiez	que tu te fusses appuyé(e)	que vous vous fussiez appuyé(e)(s)
qu'il/elle s'appuyât	qu'ils/elles s'appuyassent	qu'il/elle se fût appuyé(e)	qu'ils/elles se fussent appuyé(e)s

Commands

	(nous) appuyons-nous
(tu) appuie-toi	(vous) appuyez-vous

USAGE

s'appuyer sur/contre qqch	*to lean on something*
Appuyez-vous à mon bras.	*Lean on my arm.*
Je m'appuie sur vous.	*I'm counting on you.*
Il s'appuie sur mon amitié.	*He's counting on my friendship.*
Je m'appuie sur votre article dans ma conférence.	*I'm using your article as a basis for my lecture.*
Aujourd'hui je m'appuie les courses.	*I'll take on the errands today.*
Je me suis appuyé une année de six cours.	*I forced myself to take six courses in one year.*

RELATED WORDS AND EXPRESSIONS

l'appui *(m)*	*support/backing*
à l'appui de sa thèse	*in support of his thesis*
appuyer	*to press*
appuyer sur le bouton	*to press the button*

regular -*er* verb

j'arrache · j'arrachai · arraché · arrachant

Present		*Passé Composé*	
j'arrache	nous arrachons	j'ai arraché	nous avons arraché
tu arraches	vous arrachez	tu as arraché	vous avez arraché
il/elle arrache	ils/elles arrachent	il/elle a arraché	ils/elles ont arraché
Imperfect		*Pluperfect*	
j'arrachais	nous arrachions	j'avais arraché	nous avions arraché
tu arrachais	vous arrachiez	tu avais arraché	vous aviez arraché
il/elle arrachait	ils/elles arrachaient	il/elle avait arraché	ils/elles avaient arraché
Passé Simple		*Past Anterior*	
j'arrachai	nous arrachâmes	j'eus arraché	nous eûmes arraché
tu arrachas	vous arrachâtes	tu eus arraché	vous eûtes arraché
il/elle arracha	ils/elles arrachèrent	il/elle eut arraché	ils/elles eurent arraché
Future		*Future Anterior*	
j'arracherai	nous arracherons	j'aurai arraché	nous aurons arraché
tu arracheras	vous arracherez	tu auras arraché	vous aurez arraché
il/elle arrachera	ils/elles arracheront	il/elle aura arraché	ils/elles auront arraché
Conditional		*Past Conditional*	
j'arracherais	nous arracherions	j'aurais arraché	nous aurions arraché
tu arracherais	vous arracheriez	tu aurais arraché	vous auriez arraché
il/elle arracherait	ils/elles arracheraient	il/elle aurait arraché	ils/elles auraient arraché

Present Subjunctive		*Past Subjunctive*	
que j'arrache	que nous arrachions	que j'aie arraché	que nous ayons arraché
que tu arraches	que vous arrachiez	que tu aies arraché	que vous ayez arraché
qu'il/elle arrache	qu'ils/elles arrachent	qu'il/elle ait arraché	qu'ils/elles aient arraché
Imperfect Subjunctive		*Pluperfect Subjunctive*	
que j'arrachasse	que nous arrachassions	que j'eusse arraché	que nous eussions arraché
que tu arrachasses	que vous arrachassiez	que tu eusses arraché	que vous eussiez arraché
qu'il/elle arrachât	qu'ils/elles arrachassent	qu'il/elle eût arraché	qu'ils/elles eussent arraché

Commands

	(nous) arrachons
(tu) arrache	(vous) arrachez

USAGE

Les médecins l'ont arraché de la mort.	*The doctors snatched him from death.*
arracher un clou	*to pull out a nail*
arracher une dent	*to pull a tooth*
Il faut que je me fasse arracher une dent.	*I've got to have a tooth pulled.*
arracher les mauvaises herbes	*to weed*
Il m'a arraché une promesse de lui prêter de l'argent.	*He wrung a promise from me to lend him money.*
La police a réussi à lui arracher un aveu.	*The police managed to get a confession out of him.*
On adore ce groupe. On arrache leurs CD.	*People love this group. Their CDs are selling like hotcakes.*
Son coup de fil m'a arraché du lit à cinq heures.	*His call got me out of bed at five o'clock.*

RELATED WORDS AND EXPRESSIONS

s'arracher les cheveux	*to pull one's hair out*
s'arracher les yeux	*to scratch each other's eyes out*

arranger *to fix up, make livable*

j'arrange · j'arrangeai · arrangé · arrangeant

regular *-er* verb; spelling change: *g* > *ge/a, o*

Present		*Passé Composé*	
j'arrange	nous arrangeons	j'ai arrangé	nous avons arrangé
tu arranges	vous arrangez	tu as arrangé	vous avez arrangé
il/elle arrange	ils/elles arrangent	il/elle a arrangé	ils/elles ont arrangé
Imperfect		*Pluperfect*	
j'arrangeais	nous arrangions	j'avais arrangé	nous avions arrangé
tu arrangeais	vous arrangiez	tu avais arrangé	vous aviez arrangé
il/elle arrangeait	ils/elles arrangeaient	il/elle avait arrangé	ils/elles avaient arrangé
Passé Simple		*Past Anterior*	
j'arrangeai	nous arrangeâmes	j'eus arrangé	nous eûmes arrangé
tu arrangeas	vous arrangeâtes	tu eus arrangé	vous eûtes arrangé
il/elle arrangea	ils/elles arrangèrent	il/elle eut arrangé	ils/elles eurent arrangé
Future		*Future Anterior*	
j'arrangerai	nous arrangerons	j'aurai arrangé	nous aurons arrangé
tu arrangeras	vous arrangerez	tu auras arrangé	vous aurez arrangé
il/elle arrangera	ils/elles arrangeront	il/elle aura arrangé	ils/elles auront arrangé
Conditional		*Past Conditional*	
j'arrangerais	nous arrangerions	j'aurais arrangé	nous aurions arrangé
tu arrangerais	vous arrangeriez	tu aurais arrangé	vous auriez arrangé
il/elle arrangerait	ils/elles arrangeraient	il/elle aurait arrangé	ils/elles auraient arrangé
Present Subjunctive		*Past Subjunctive*	
que j'arrange	que nous arrangions	que j'aie arrangé	que nous ayons arrangé
que tu arranges	que vous arrangiez	que tu aies arrangé	que vous ayez arrangé
qu'il/elle arrange	qu'ils/elles arrangent	qu'il/elle ait arrangé	qu'ils/elles aient arrangé
Imperfect Subjunctive		*Pluperfect Subjunctive*	
que j'arrangeasse	que nous arrangeassions	que j'eusse arrangé	que nous eussions arrangé
que tu arrangeasses	que vous arrangeassiez	que tu eusses arrangé	que vous eussiez arrangé
qu'il/elle arrangeât	qu'ils/elles arrangeassent	qu'il/elle eût arrangé	qu'ils/elles eussent arrangé

Commands

	(nous) arrangeons
(tu) arrange	(vous) arrangez

USAGE

Il te faudra t'arranger du sofa pour dormir.	*You'll have to make do with the sofa for sleeping.*
arranger sa coiffure	*to straighten up one's hair / put one's hair in place*
arranger sa cravate	*to straighten one's tie*
arranger sa vie	*to organize one's life*
Ça m'arrange.	*That suits me / is good for me.*
Ça ne nous arrange pas.	*That doesn't help us.*
arranger une réunion / un match à l'avance	*to arrange a meeting / a sporting event in advance*
On lui a arrangé un rendez-vous avec Louis.	*They fixed her up with Louis.*
Tout ça va s'arranger, ne t'en fais pas.	*Everything will work out all right, don't worry.*
Arrange-toi pour finir tes devoirs.	*Do what you have to do to get your homework done.*
Il est très facile à vivre. Il s'arrange de tout.	*He's easy to get along with. He's easygoing.*
Je m'arrangerai pour que tout finisse bien.	*I'll work things out so that everything ends well.*

regular -*er* verb **j'arrête · j'arrêtai · arrêté · arrêtant**

Present		*Passé Composé*	
j'arrête	nous arrêtons	j'ai arrêté	nous avons arrêté
tu arrêtes	vous arrêtez	tu as arrêté	vous avez arrêté
il/elle arrête	ils/elles arrêtent	il/elle a arrêté	ils/elles ont arrêté
Imperfect		*Pluperfect*	
j'arrêtais	nous arrêtions	j'avais arrêté	nous avions arrêté
tu arrêtais	vous arrêtiez	tu avais arrêté	vous aviez arrêté
il/elle arrêtait	ils/elles arrêtaient	il/elle avait arrêté	ils/elles avaient arrêté
Passé Simple		*Past Anterior*	
j'arrêtai	nous arrêtâmes	j'eus arrêté	nous eûmes arrêté
tu arrêtas	vous arrêtâtes	tu eus arrêté	vous eûtes arrêté
il/elle arrêta	ils/elles arrêtèrent	il/elle eut arrêté	ils/elles eurent arrêté
Future		*Future Anterior*	
j'arrêterai	nous arrêterons	j'aurai arrêté	nous aurons arrêté
tu arrêteras	vous arrêterez	tu auras arrêté	vous aurez arrêté
il/elle arrêtera	ils/elles arrêteront	il/elle aura arrêté	ils/elles auront arrêté
Conditional		*Past Conditional*	
j'arrêterais	nous arrêterions	j'aurais arrêté	nous aurions arrêté
tu arrêterais	vous arrêteriez	tu aurais arrêté	vous auriez arrêté
il/elle arrêterait	ils/elles arrêteraient	il/elle aurait arrêté	ils/elles auraient arrêté

Present Subjunctive		*Past Subjunctive*	
que j'arrête	que nous arrêtions	que j'aie arrêté	que nous ayons arrêté
que tu arrêtes	que vous arrêtiez	que tu aies arrêté	que vous ayez arrêté
qu'il/elle arrête	qu'ils/elles arrêtent	qu'il/elle ait arrêté	qu'ils/elles aient arrêté
Imperfect Subjunctive		*Pluperfect Subjunctive*	
que j'arrêtasse	que nous arrêtassions	que j'eusse arrêté	que nous eussions arrêté
que tu arrêtasses	que vous arrêtassiez	que tu eusses arrêté	que vous eussiez arrêté
qu'il/elle arrêtât	qu'ils/elles arrêtassent	qu'il/elle eût arrêté	qu'ils/elles eussent arrêté

Commands

	(nous) arrêtons
(tu) arrête	(vous) arrêtez

USAGE

Il a arrêté la voiture devant le cinéma.	*He stopped the car in front of the movie theater.*
À quelle heure la station arrête-t-elle ses émissions?	*At what time does the station sign off?*
arrêter des dispositions générales	*to lay down basic rules*
arrêter un plan	*to decide on / finalize a plan*
arrêter une décision	*to make a decision*
arrêter ses études	*to give up one's studies*
arrêter le football	*to give up soccer*
arrêter de fumer	*to stop smoking*
Les enfants n'arrêtent pas de pleurer.	*The children just won't stop crying.*
On ne l'arrête pas de parler.	*You just can't shut her up / get her to stop talking.*
Rien ne peut les arrêter.	*Nothing can stop them.*
se faire arrêter	*to get arrested*
Je vous arrête!	*I must interrupt you.*
Arrête ton char! Il ne t'a pas dit ça.	*Lay off, will you! He didn't tell you that.*

s'arrêter *to stop*

je m'arrête · je m'arrêtai · s'étant arrêté · s'arrêtant

regular *-er* reflexive verb; compound tenses with *être*

Present		*Passé Composé*	
je m'arrête	nous nous arrêtons	je me suis arrêté(e)	nous nous sommes arrêté(e)s
tu t'arrêtes	vous vous arrêtez	tu t'es arrêté(e)	vous vous êtes arrêté(e)(s)
il/elle s'arrête	ils/elles s'arrêtent	il/elle s'est arrêté(e)	ils/elles se sont arrêté(e)s
Imperfect		*Pluperfect*	
je m'arrêtais	nous nous arrêtions	je m'étais arrêté(e)	nous nous étions arrêté(e)s
tu t'arrêtais	vous vous arrêtiez	tu t'étais arrêté(e)	vous vous étiez arrêté(e)(s)
il/elle s'arrêtait	ils/elles s'arrêtaient	il/elle s'était arrêté(e)	ils/elles s'étaient arrêté(e)s
Passé Simple		*Past Anterior*	
je m'arrêtai	nous nous arrêtâmes	je me fus arrêté(e)	nous nous fûmes arrêté(e)s
tu t'arrêtas	vous vous arrêtâtes	tu te fus arrêté(e)	vous vous fûtes arrêté(e)(s)
il/elle s'arrêta	ils/elles s'arrêtèrent	il/elle se fut arrêté(e)	ils/elles se furent arrêté(e)s
Future		*Future Anterior*	
je m'arrêterai	nous nous arrêterons	je me serai arrêté(e)	nous nous serons arrêté(e)s
tu t'arrêteras	vous vous arrêterez	tu te seras arrêté(e)	vous vous serez arrêté(e)(s)
il/elle s'arrêtera	ils/elles s'arrêteront	il/elle se sera arrêté(e)	ils/elles se seront arrêté(e)s
Conditional		*Past Conditional*	
je m'arrêterais	nous nous arrêterions	je me serais arrêté(e)	nous nous serions arrêté(e)s
tu t'arrêterais	vous vous arrêteriez	tu te serais arrêté(e)	vous vous seriez arrêté(e)(s)
il/elle s'arrêterait	ils/elles s'arrêteraient	il/elle se serait arrêté(e)	ils/elles se seraient arrêté(e)s

Present Subjunctive		*Past Subjunctive*	
que je m'arrête	que nous nous arrêtions	que je me sois arrêté(e)	que nous nous soyons arrêté(e)s
que tu t'arrêtes	que vous vous arrêtiez	que tu te sois arrêté(e)	que vous vous soyez arrêté(e)(s)
qu'il/elle s'arrête	qu'ils/elles s'arrêtent	qu'il/elle se soit arrêté(e)	qu'ils/elles se soient arrêté(e)s
Imperfect Subjunctive		*Pluperfect Subjunctive*	
que je m'arrêtasse	que nous nous arrêtassions	que je me fusse arrêté(e)	que nous nous fussions arrêté(e)s
que tu t'arrêtasses	que vous vous arrêtassiez	que tu te fusses arrêté(e)	que vous vous fussiez arrêté(e)(s)
qu'il/elle s'arrêtât	qu'ils/elles s'arrêtassent	qu'il/elle se fût arrêté(e)	qu'ils/elles se fussent arrêté(e)s

Commands

	(nous) arrêtons-nous
(tu) arrête-toi	(vous) arrêtez-vous

USAGE

Le train s'est arrêté dans le village.	*The train stopped in the village.*
On va s'arrêter au prochain relais.	*We'll stop at the next service area.*
s'arrêter net/court	*to stop short/suddenly*
On s'arrête une semaine dans le Midi.	*We'll stay for a week in southern France.*
Tu dois t'arrêter pour te reposer.	*You ought to stop to rest.*
Dans notre bureau on s'arrête à cinq heures.	*In our office we stop work at five o'clock.*
On s'arrête aux détails.	*We're paying too much attention to details.*
Je me suis arrêté en cours de route pour consulter à nouveau ma carte.	*I stopped during my trip to look at my map again.*

RELATED WORDS AND EXPRESSIONS

l'arrêt *(m)*	*stop* (bus, train)
l'arrêt d'autobus	*bus stop*
On descend au prochain arrêt.	*We get off at the next stop.*

to arrive, get to **arriver** 63

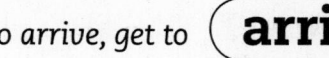

regular *-er* verb; compound tenses with *être* — **j'arrive · j'arrivai · arrivé · arrivant**

Present		*Passé Composé*	
j'arrive	nous arrivons	je suis arrivé(e)	nous sommes arrivé(e)s
tu arrives	vous arrivez	tu es arrivé(e)	vous êtes arrivé(e)(s)
il/elle arrive	ils/elles arrivent	il/elle est arrivé(e)	ils/elles sont arrivé(e)s
Imperfect		***Pluperfect***	
j'arrivais	nous arrivions	j'étais arrivé(e)	nous étions arrivé(e)s
tu arrivais	vous arriviez	tu étais arrivé(e)	vous étiez arrivé(e)(s)
il/elle arrivait	ils/elles arrivaient	il/elle était arrivé(e)	ils/elles étaient arrivé(e)s
Passé Simple		***Past Anterior***	
j'arrivai	nous arrivâmes	je fus arrivé(e)	nous fûmes arrivé(e)s
tu arrivas	vous arrivâtes	tu fus arrivé(e)	vous fûtes arrivé(e)(s)
il/elle arriva	ils/elles arrivèrent	il/elle fut arrivé(e)	ils/elles furent arrivé(e)s
Future		***Future Anterior***	
j'arriverai	nous arriverons	je serai arrivé(e)	nous serons arrivé(e)s
tu arriveras	vous arriverez	tu seras arrivé(e)	vous serez arrivé(e)(s)
il/elle arrivera	ils/elles arriveront	il/elle sera arrivé(e)	ils/elles seront arrivé(e)s
Conditional		***Past Conditional***	
j'arriverais	nous arriverions	je serais arrivé(e)	nous serions arrivé(e)s
tu arriverais	vous arriveriez	tu serais arrivé(e)	vous seriez arrivé(e)(s)
il/elle arriverait	ils/elles arriveraient	il/elle serait arrivé(e)	ils/elles seraient arrivé(e)s

Present Subjunctive		*Past Subjunctive*	
que j'arrive	que nous arrivions	que je sois arrivé(e)	que nous soyons arrivé(e)s
que tu arrives	que vous arriviez	que tu sois arrivé(e)	que vous soyez arrivé(e)(s)
qu'il/elle arrive	qu'ils/elles arrivent	qu'il/elle soit arrivé(e)	qu'ils/elles soient arrivé(e)s
Imperfect Subjunctive		***Pluperfect Subjunctive***	
que j'arrivasse	que nous arrivassions	que je fusse arrivé(e)	que nous fussions arrivé(e)s
que tu arrivasses	que vous arrivassiez	que tu fusses arrivé(e)	que vous fussiez arrivé(e)(s)
qu'il/elle arrivât	qu'ils/elles arrivassent	qu'il/elle fût arrivé(e)	qu'ils/elles fussent arrivé(e)s

Commands

	(nous) arrivons
(tu) arrive	(vous) arrivez

USAGE

L'avion arrive à quelle heure?	*What time does the plane arrive?*
Il faut que vous arriviez à l'heure.	*You have to arrive on time.*
Nous sommes arrivés en taxi.	*We came by cab.*
Votre paquet n'est pas encore arrivé.	*Your package hasn't gotten here yet.*
Il commence à faire chaud. L'été arrive.	*It's beginning to get warm. Summer is almost here.*
Je suis arrivé chez moi à six heures.	*I got home at six o'clock.*
Quand êtes-vous arrivé à Paris?	*When did you get to Paris?*
—Où est Jean-Christophe?	*Where is Jean-Christophe?*
—Il arrive.	*He'll be here any minute.*

RELATED WORDS AND EXPRESSIONS

l'arrivée *(f)*	*arrival*
Il se présentera à nous à notre arrivée.	*He'll introduce himself to us when we get there.*
Depuis son arrivée, il se plaint de tout.	*He's been complaining about everything since he got here.*

63 arriver *to arrive, get to*

j'arrive · j'arrivai · arrivé · arrivant — regular *-er* verb; compound tenses with *être*

arriver pour les déplacements

—Tu es arrivé en autobus?	*Did you get here by bus?*
—Non, je suis arrivé à pied.	*No, I walked / got here on foot.*
—Le train de Bordeaux arrive quand, s'il vous plaît?	*When does the train from Bordeaux get here, please?*
—Il arrive en gare maintenant, quai numéro huit.	*It's pulling into the station now on platform eight.*
—C'est loin l'adresse que nous cherchons?	*Is the address we're looking for far away?*
—Non, je crois que nous arrivons. Ah, voilà le numéro 20. Nous sommes arrivés.	*No, I think we're almost there. Ah, there's number 20. We're here.*

arriver = s'approcher, venir

—Marie! J'ai besoin de toi.	*Marie! I need you.*
—J'arrive, Madame.	*I'm coming, ma'am.*
—Nos copains ne sont pas encore là?	*Our friends aren't here yet?*
—Les voilà qui arrivent.	*Here they come now.*
—Tu es plus grand que ton oncle.	*You're taller than your uncle.*
—Oui, il m'arrive au menton.	*Yes, he comes up to my chin.*
Ton rival ne t'arrive pas à la cheville.	*Your rival can't hold a candle to you.*

arriver = réussir

Il prétend que son fils est arrivé lui-même.	*He claims that his son is a self-made man.*
arriver à faire qqch	*to manage to do something*
Je n'arrive pas à le comprendre.	*I just can't understand him.*
—Vous y arrivez, les enfants?	*Can you do it, children?*
—Non, maman, on n'y arrive pas.	*No, Mom, we can't do it.*

arriver = se passer, survenir

Sois prudent. Sinon, il t'arrivera malheur.	*Be careful. If you're not, something bad will happen to you.*
Cela n'arrive qu'à moi.	*Just my luck.*
Il nous arrive souvent des situations difficiles.	*We often find ourselves in difficult situations.*
Il m'arrive de dîner avec lui de temps en temps.	*I have dinner with him from time to time.*
S'il m'arrive de faire une gaffe, dites-le-moi.	*If I happen to make a blunder, tell me.*
Il peut arriver qu'il soit déjà parti.	*He may have left already.*

en arriver à

J'en arrive à me demander s'il pourra le faire.	*I'm beginning to wonder if he will be able to do it.*

RELATED WORDS AND EXPRESSIONS

l'arrivisme *(m)*	*pushiness / excessive ambition*
un/une arriviste	*an opportunist*
Les premiers arrivés seront les premiers servis.	*First come, first served.*

top 50 verb

regular *-er* verb **j'arrose · j'arrosai · arrosé · arrosant**

Present		*Passé Composé*	
j'arrose	nous arrosons	j'ai arrosé	nous avons arrosé
tu arroses	vous arrosez	tu as arrosé	vous avez arrosé
il/elle arrose	ils/elles arrosent	il/elle a arrosé	ils/elles ont arrosé
Imperfect		*Pluperfect*	
j'arrosais	nous arrosions	j'avais arrosé	nous avions arrosé
tu arrosais	vous arrosiez	tu avais arrosé	vous aviez arrosé
il/elle arrosait	ils/elles arrosaient	il/elle avait arrosé	ils/elles avaient arrosé
Passé Simple		*Past Anterior*	
j'arrosai	nous arrosâmes	j'eus arrosé	nous eûmes arrosé
tu arrosas	vous arrosâtes	tu eus arrosé	vous eûtes arrosé
il/elle arrosa	ils/elles arrosèrent	il/elle eut arrosé	ils/elles eurent arrosé
Future		*Future Anterior*	
j'arroserai	nous arroserons	j'aurai arrosé	nous aurons arrosé
tu arroseras	vous arroserez	tu auras arrosé	vous aurez arrosé
il/elle arrosera	ils/elles arroseront	il/elle aura arrosé	ils/elles auront arrosé
Conditional		*Past Conditional*	
j'arroserais	nous arroserions	j'aurais arrosé	nous aurions arrosé
tu arroserais	vous arroseriez	tu aurais arrosé	vous auriez arrosé
il/elle arroserait	ils/elles arroseraient	il/elle aurait arrosé	ils/elles auraient arrosé

Present Subjunctive		*Past Subjunctive*	
que j'arrose	que nous arrosions	que j'aie arrosé	que nous ayons arrosé
que tu arroses	que vous arrosiez	que tu aies arrosé	que vous ayez arrosé
qu'il/elle arrose	qu'ils/elles arrosent	qu'il/elle ait arrosé	qu'ils/elles aient arrosé
Imperfect Subjunctive		*Pluperfect Subjunctive*	
que j'arrosasse	que nous arrosassions	que j'eusse arrosé	que nous eussions arrosé
que tu arrosasses	que vous arrosassiez	que tu eusses arrosé	que vous eussiez arrosé
qu'il/elle arrosât	qu'ils/elles arrosassent	qu'il/elle eût arrosé	qu'ils/elles eussent arrosé

Commands

	(nous) arrosons
(tu) arrose	(vous) arrosez

USAGE

arroser les fleurs	*to water the flowers*
arroser le gazon	*to water the lawn*
arroser un succès	*to drink to someone's success*
Tu as trouvé un emploi? Ça s'arrose!	*You found a job? Let's drink to that!*
un dîner bien arrosé	*a dinner at which a lot of wine was drunk*
Elle arrosa le tombeau de ses larmes.	*She wept profusely over the grave.*
On n'avait pas de parapluie—on s'est donc fait arroser.	*We had no umbrellas so we got soaked.*
Le garçon a fait un faux pas et m'a arrosé de bière.	*The waiter slipped and got beer all over me.*
Ils ont arrosé la secrétaire pour être admis au bureau du PDG.	*They bribed the secretary in order to be let in to see the CEO.*
Le Rhône arrose Avignon.	*The Rhône flows through Avignon.*

s'asseoir *to sit down*

je m'assieds (*or* je m'assois) · je m'assis · s'étant assis · s'asseyant (*or* s'assoyant)

irregular reflexive verb; compound tenses with *être*

Present		***Passé Composé***	
je m'assieds	nous nous asseyons	je me suis assis(e)	nous nous sommes assis(es)
tu t'assieds	vous vous asseyez	tu t'es assis(e)	vous vous êtes assis(e)/(es)
il/elle s'assied	ils/elles s'asseyent	il/elle s'est assis(e)	ils/elles se sont assis(es)
Imperfect		***Pluperfect***	
je m'asseyais	nous nous asseyions	je m'étais assis(e)	nous nous étions assis(es)
tu t'asseyais	vous vous asseyiez	tu t'étais assis(e)	vous vous étiez assis(e)/(es)
il/elle s'asseyait	ils/elles s'asseyaient	il/elle s'était assis(e)	ils/elles s'étaient assis(es)
Passé Simple		***Past Anterior***	
je m'assis	nous nous assîmes	je me fus assis(e)	nous nous fûmes assis(es)
tu t'assis	vous vous assîtes	tu te fus assis(e)	vous vous fûtes assis(e)/(es)
il/elle s'assit	ils/elles s'assirent	il/elle se fut assis(e)	ils/elles se furent assis(es)
Future		***Future Anterior***	
je m'assiérai	nous nous assiérons	je me serai assis(e)	nous nous serons assis(es)
tu t'assiéras	vous vous assiérez	tu te seras assis(e)	vous vous serez assis(e)/(es)
il/elle s'assiéra	ils/elles s'assiéront	il/elle se sera assis(e)	ils/elles se seront assis(es)
Conditional		***Past Conditional***	
je m'assiérais	nous nous assiérions	je me serais assis(e)	nous nous serions assis(es)
tu t'assiérais	vous vous assiériez	tu te serais assis(e)	vous vous seriez assis(e)/(es)
il/elle s'assiérait	ils/elles s'assiéraient	il/elle se serait assis(e)	ils/elles se seraient assis(es)

Present Subjunctive		***Past Subjunctive***	
que je m'asseye	que nous nous asseyions	que je me sois assis(e)	que nous nous soyons assis(es)
que tu t'asseyes	que vous vous asseyiez	que tu te sois assis(e)	que vous vous soyez assis(e)/(es)
qu'il/elle s'asseye	qu'ils/elles s'asseyent	qu'il/elle se soit assis(e)	qu'ils/elles se soient assis(es)
Imperfect Subjunctive		***Pluperfect Subjunctive***	
que je m'assisse	que nous nous assissions	que je me fusse assis(e)	que nous nous fussions assis(es)
que tu t'assisses	que vous vous assissiez	que tu te fusses assis(e)	que vous vous fussiez assis(e)/(es)
qu'il/elle s'assît	qu'ils/elles s'assissent	qu'il/elle se fût assis(e)	qu'ils/elles se fussent assis(es)

Commands

(tu) assieds-toi
(nous) asseyons-nous
(vous) asseyez-vous

Alternate Command Forms

(tu) assois-toi
(nous) assoyons-nous
(vous) assoyez-vous

Alternate Forms

Present	je m'assieds *or* je m'assois
Imperfect	je m'asseyais *or* je m'assoyais
Future	je m'assiérai *or* je m'assoirai
Conditional	je m'assiérais *or* je m'assoirais
Present Subjunctive	que je m'asseye *or* que je m'assoie

USAGE

Je peux m'asseoir?	*May I sit down?*
Oui, asseyez-vous, s'il vous plaît.	*Yes, sit down, please.*
Asseyons-nous à table.	*Let's sit down at the table.*
s'asseoir sur une chaise / le canapé	*to sit down on a chair / the sofa*
Où s'est-elle assise?	*Where did she sit?*
Ils se sont assis à notre table.	*They sat down at our table.*

regular *-er* verb **j'assiste · j'assistai · assisté · assistant**

Present		*Passé Composé*	
j'assiste	nous assistons	j'ai assisté	nous avons assisté
tu assistes	vous assistez	tu as assisté	vous avez assisté
il/elle assiste	ils/elles assistent	il/elle a assisté	ils/elles ont assisté
Imperfect		*Pluperfect*	
j'assistais	nous assistions	j'avais assisté	nous avions assisté
tu assistais	vous assistiez	tu avais assisté	vous aviez assisté
il/elle assistait	ils/elles assistaient	il/elle avait assisté	ils/elles avaient assisté
Passé Simple		*Past Anterior*	
j'assistai	nous assistâmes	j'eus assisté	nous eûmes assisté
tu assistas	vous assistâtes	tu eus assisté	vous eûtes assisté
il/elle assista	ils/elles assistèrent	il/elle eut assisté	ils/elles eurent assisté
Future		*Future Anterior*	
j'assisterai	nous assisterons	j'aurai assisté	nous aurons assisté
tu assisteras	vous assisterez	tu auras assisté	vous aurez assisté
il/elle assistera	ils/elles assisteront	il/elle aura assisté	ils/elles auront assisté
Conditional		*Past Conditional*	
j'assisterais	nous assisterions	j'aurais assisté	nous aurions assisté
tu assisterais	vous assisteriez	tu aurais assisté	vous auriez assisté
il/elle assisterait	ils/elles assisteraient	il/elle aurait assisté	ils/elles auraient assisté

Present Subjunctive		*Past Subjunctive*	
que j'assiste	que nous assistions	que j'aie assisté	que nous ayons assisté
que tu assistes	que vous assistiez	que tu aies assisté	que vous ayez assisté
qu'il/elle assiste	qu'ils/elles assistent	qu'il/elle ait assisté	qu'ils/elles aient assisté
Imperfect Subjunctive		*Pluperfect Subjunctive*	
que j'assistasse	que nous assistassions	que j'eusse assisté	que nous eussions assisté
que tu assistasses	que vous assistassiez	que tu eusses assisté	que vous eussiez assisté
qu'il/elle assistât	qu'ils/elles assistassent	qu'il/elle eût assisté	qu'ils/elles eussent assisté

Commands

	(nous) assistons
(tu) assiste	(vous) assistez

USAGE

assister à	*to attend*
—Ton frère assiste à toutes ses classes?	*Does your brother attend all his classes?*
—Non, mais il assiste à tous les concerts de rock.	*No, but he attends all the rock concerts.*
—Tu assistes aux matchs de football?	*Do you attend soccer matches?*
—Non, je n'assiste qu'aux matchs de tennis.	*No, I attend only tennis matches.*

RELATED WORDS AND EXPRESSIONS

l'assistance *(f)*	*audience/attendance*
un assistant / une assistante	*an assistant*
direction assistée	*power steering*
le dessin assisté par ordinateur	*computer-aided design*

assurer *to assure; to insure*

j'assure · j'assurai · assuré · assurant — regular *-er* verb

Present		*Passé Composé*	
j'assure	nous assurons	j'ai assuré	nous avons assuré
tu assures	vous assurez	tu as assuré	vous avez assuré
il/elle assure	ils/elles assurent	il/elle a assuré	ils/elles ont assuré
Imperfect		*Pluperfect*	
j'assurais	nous assurions	j'avais assuré	nous avions assuré
tu assurais	vous assuriez	tu avais assuré	vous aviez assuré
il/elle assurait	ils/elles assuraient	il/elle avait assuré	ils/elles avaient assuré
Passé Simple		*Past Anterior*	
j'assurai	nous assurâmes	j'eus assuré	nous eûmes assuré
tu assuras	vous assurâtes	tu eus assuré	vous eûtes assuré
il/elle assura	ils/elles assurèrent	il/elle eut assuré	ils/elles eurent assuré
Future		*Future Anterior*	
j'assurerai	nous assurerons	j'aurai assuré	nous aurons assuré
tu assureras	vous assurerez	tu auras assuré	vous aurez assuré
il/elle assurera	ils/elles assureront	il/elle aura assuré	ils/elles auront assuré
Conditional		*Past Conditional*	
j'assurerais	nous assurerions	j'aurais assuré	nous aurions assuré
tu assurerais	vous assureriez	tu aurais assuré	vous auriez assuré
il/elle assurerait	ils/elles assureraient	il/elle aurait assuré	ils/elles auraient assuré

Present Subjunctive		*Past Subjunctive*	
que j'assure	que nous assurions	que j'aie assuré	que nous ayons assuré
que tu assures	que vous assuriez	que tu aies assuré	que vous ayez assuré
qu'il/elle assure	qu'ils/elles assurent	qu'il/elle ait assuré	qu'ils/elles aient assuré
Imperfect Subjunctive		*Pluperfect Subjunctive*	
que j'assurasse	que nous assurassions	que j'eusse assuré	que nous eussions assuré
que tu assurasses	que vous assurassiez	que tu eusses assuré	que vous eussiez assuré
qu'il/elle assurât	qu'ils/elles assurassent	qu'il/elle eût assuré	qu'ils/elles eussent assuré

Commands

	(nous) assurons
(tu) assure	(vous) assurez

USAGE

assurer à qqn que	*to assure someone that*
Je vous assure que cet hôtel va vous plaire.	*I assure you that you'll like this hotel.*
assurer un service	*to provide a service*
Cette compagnie assure notre accès à l'Internet.	*That company provides our Internet access.*
assurer qqn (sur)	*to insure someone*
assurer qqn sur la vie	*to insure someone's life*
être assuré(e)	*to be insured*

RELATED WORDS AND EXPRESSIONS

l'assurance *(f)*	*insurance*
l'assurance sur la vie	*life insurance*
s'assurer contre qqch	*to insure oneself against something*
s'assurer sur la vie	*to take out life insurance*

irregular verb; stem is *atteign-*

j'atteins · j'atteignis · atteint · atteignant

Present		*Passé Composé*	
j'atteins	nous atteignons	j'ai atteint	nous avons atteint
tu atteins	vous atteignez	tu as atteint	vous avez atteint
il/elle atteint	ils/elles atteignent	il/elle a atteint	ils/elles ont atteint
Imperfect		*Pluperfect*	
j'atteignais	nous atteignions	j'avais atteint	nous avions atteint
tu atteignais	vous atteigniez	tu avais atteint	vous aviez atteint
il/elle atteignait	ils/elles atteignaient	il/elle avait atteint	ils/elles avaient atteint
Passé Simple		*Past Anterior*	
j'atteignis	nous atteignîmes	j'eus atteint	nous eûmes atteint
tu atteignis	vous atteignîtes	tu eus atteint	vous eûtes atteint
il/elle atteignit	ils/elles atteignirent	il/elle eut atteint	ils/elles eurent atteint
Future		*Future Anterior*	
j'atteindrai	nous atteindrons	j'aurai atteint	nous aurons atteint
tu atteindras	vous atteindrez	tu auras atteint	vous aurez atteint
il/elle atteindra	ils/elles atteindront	il/elle aura atteint	ils/elles auront atteint
Conditional		*Past Conditional*	
j'atteindrais	nous atteindrions	j'aurais atteint	nous aurions atteint
tu atteindrais	vous atteindriez	tu aurais atteint	vous auriez atteint
il/elle atteindrait	ils/elles atteindraient	il/elle aurait atteint	ils/elles auraient atteint

Present Subjunctive		*Past Subjunctive*	
que j'atteigne	que nous atteignions	que j'aie atteint	que nous ayons atteint
que tu atteignes	que vous atteigniez	que tu aies atteint	que vous ayez atteint
qu'il/elle atteigne	qu'ils/elles atteignent	qu'il/elle ait atteint	qu'ils/elles aient atteint
Imperfect Subjunctive		*Pluperfect Subjunctive*	
que j'atteignisse	que nous atteignissions	que j'eusse atteint	que nous eussions atteint
que tu atteignisses	que vous atteignissiez	que tu eusses atteint	que vous eussiez atteint
qu'il/elle atteignît	qu'ils/elles atteignissent	qu'il/elle eût atteint	qu'ils/elles eussent atteint

Commands

	(nous) atteignons
(tu) atteins	(vous) atteignez

USAGE

L'autocar a atteint Lyon.	*The bus reached Lyons.*
Les enfants ne peuvent pas atteindre les bonbons, parce que je les ai placés trop haut.	*The children can't reach the candy, because I put it too high up.*
atteindre un but/objectif	*to reach a goal*
La critique de son œuvre n'a pas atteint ce peintre.	*The criticism of his work did not affect this painter.*
Cette famille a été atteinte par une grande tragédie.	*That family was struck by a great tragedy.*
La balle l'a atteint au mollet.	*The bullet struck him in the calf.*
Dans ce pays pauvre, la population est atteinte de beaucoup de maladies.	*In this poor country, the population suffers from many illnesses.*
L'entreprise a atteint le milliard de bénéfices.	*The company has reached the billion dollar mark in profits.*

RELATED WORDS AND EXPRESSIONS

l'atteinte *(f)*	*reach*
hors d'atteinte	*out of reach*

attendre *to wait for*

j'attends · j'attendis · attendu · attendant regular *-re* verb

Present		*Passé Composé*	
j'attends	nous attendons	j'ai attendu	nous avons attendu
tu attends	vous attendez	tu as attendu	vous avez attendu
il/elle attend	ils/elles attendent	il/elle a attendu	ils/elles ont attendu
Imperfect		*Pluperfect*	
j'attendais	nous attendions	j'avais attendu	nous avions attendu
tu attendais	vous attendiez	tu avais attendu	vous aviez attendu
il/elle attendait	ils/elles attendaient	il/elle avait attendu	ils/elles avaient attendu
Passé Simple		*Past Anterior*	
j'attendis	nous attendîmes	j'eus attendu	nous eûmes attendu
tu attendis	vous attendîtes	tu eus attendu	vous eûtes attendu
il/elle attendit	ils/elles attendirent	il/elle eut attendu	ils/elles eurent attendu
Future		*Future Anterior*	
j'attendrai	nous attendrons	j'aurai attendu	nous aurons attendu
tu attendras	vous attendrez	tu auras attendu	vous aurez attendu
il/elle attendra	ils/elles attendront	il/elle aura attendu	ils/elles auront attendu
Conditional		*Past Conditional*	
j'attendrais	nous attendrions	j'aurais attendu	nous aurions attendu
tu attendrais	vous attendriez	tu aurais attendu	vous auriez attendu
il/elle attendrait	ils/elles attendraient	il/elle aurait attendu	ils/elles auraient attendu

Present Subjunctive		*Past Subjunctive*	
que j'attende	que nous attendions	que j'aie attendu	que nous ayons attendu
que tu attendes	que vous attendiez	que tu aies attendu	que vous ayez attendu
qu'il/elle attende	qu'ils/elles attendent	qu'il/elle ait attendu	qu'ils/elles aient attendu
Imperfect Subjunctive		*Pluperfect Subjunctive*	
que j'attendisse	que nous attendissions	que j'eusse attendu	que nous eussions attendu
que tu attendisses	que vous attendissiez	que tu eusses attendu	que vous eussiez attendu
qu'il/elle attendît	qu'ils/elles attendissent	qu'il/elle eût attendu	qu'ils/elles eussent attendu

Commands

	(nous) attendons
(tu) attends	(vous) attendez

USAGE

attendre l'autobus / le métro	*to wait for the bus/subway*
attendre un ami / le professeur	*to wait for a friend / the teacher*
attendre une heure / un mois	*to wait an hour / a month*
Attends-moi! Je descends tout de suite.	*Wait for me! I'll be right down.*
—J'attends qu'il s'en aille.	*I'm waiting for him to leave.*
—Moi aussi, j'attends son départ avec impatience.	*I'm also waiting impatiently for him to leave.*
Qu'attend-il pour t'inviter à dîner?	*What's he waiting for to ask you to dinner?*
Un grand avenir vous attend!	*A great future awaits you!*
Quand tu verras l'accueil qui t'attend!	*Wait till you see the welcome that's in store for you!*
J'attendais mieux de toi.	*I expected more of you.*
Il n'attend pas grand-chose de ces négociations.	*He doesn't expect much from these negotiations.*

RELATED WORDS AND EXPRESSIONS

l'attente *(f)*	*wait*
la salle d'attente	*waiting room*

regular *-re* reflexive verb;
compound tenses with *être*

je m'attends · je m'attendis · s'étant attendu · s'attendant

Present		*Passé Composé*	
je m'attends	nous nous attendons	je me suis attendu(e)	nous nous sommes attendu(e)s
tu t'attends	vous vous attendez	tu t'es attendu(e)	vous vous êtes attendu(e)(s)
il/elle s'attend	ils/elles s'attendent	il/elle s'est attendu(e)	ils/elles se sont attendu(e)s
Imperfect		*Pluperfect*	
je m'attendais	nous nous attendions	je m'étais attendu(e)	nous nous étions attendu(e)s
tu t'attendais	vous vous attendiez	tu t'étais attendu(e)	vous vous étiez attendu(e)(s)
il/elle s'attendait	ils/elles s'attendaient	il/elle s'était attendu(e)	ils/elles s'étaient attendu(e)s
Passé Simple		*Past Anterior*	
je m'attendis	nous nous attendîmes	je me fus attendu(e)	nous nous fûmes attendu(e)s
tu t'attendis	vous vous attendîtes	tu te fus attendu(e)	vous vous fûtes attendu(e)(s)
il/elle s'attendit	ils/elles s'attendirent	il/elle se fut attendu(e)	ils/elles se furent attendu(e)s
Future		*Future Anterior*	
je m'attendrai	nous nous attendrons	je me serai attendu(e)	nous nous serons attendu(e)s
tu t'attendras	vous vous attendrez	tu te seras attendu(e)	vous vous serez attendu(e)(s)
il/elle s'attendra	ils/elles s'attendront	il/elle se sera attendu(e)	ils/elles se seront attendu(e)s
Conditional		*Past Conditional*	
je m'attendrais	nous nous attendrions	je me serais attendu(e)	nous nous serions attendu(e)s
tu t'attendrais	vous vous attendriez	tu te serais attendu(e)	vous vous seriez attendu(e)(s)
il/elle s'attendrait	ils/elles s'attendraient	il/elle se serait attendu(e)	ils/elles se seraient attendu(e)s

Present Subjunctive		*Past Subjunctive*	
que je m'attende	que nous nous attendions	que je me sois attendu(e)	que nous nous soyons attendu(e)s
que tu t'attendes	que vous vous attendiez	que tu te sois attendu(e)	que vous vous soyez attendu(e)(s)
qu'il/elle s'attende	qu'ils/elles s'attendent	qu'il/elle se soit attendu(e)	qu'ils/elles se soient attendu(e)s
Imperfect Subjunctive		*Pluperfect Subjunctive*	
que je m'attendisse	que nous nous attendissions	que je me fusse attendu(e)	que nous nous fussions attendu(e)s
que tu t'attendisses	que vous vous attendissiez	que tu te fusses attendu(e)	que vous vous fussiez attendu(e)(s)
qu'il/elle s'attendît	qu'ils/elles s'attendissent	qu'il/elle se fût attendu(e)	qu'ils/elles se fussent attendu(e)s

Commands

	(nous) attendons-nous
(tu) attends-toi	(vous) attendez-vous

USAGE

s'attendre à qqch	*to expect something*
Je ne m'attendais pas à perdre tant d'argent.	*I wasn't expecting to lose so much money.*
Il faut s'attendre au pire.	*We must expect the worst.*
—On ne s'attendait pas à vous voir ici.	*We didn't expect to see you here.*
—Je ne m'attendais pas à pouvoir venir.	*I didn't expect to be able to come.*
Maman s'attend à ce que tu fasses tes devoirs.	*Mother expects you to finish your homework.*
Il ne s'attendait pas à ce que tu lui dises des mensonges.	*He wasn't expecting that you would tell him lies.*
On s'attendait à pire.	*We were expecting worse.*
Je me suis attendu à ce que mes efforts ne changent quoi que ce soit.	*I expected that my efforts wouldn't change anything.*

71 **attirer** *to attract, lure, entice*

j'attire · j'attirai · attiré · attirant regular -*er* verb

Present		*Passé Composé*	
j'attire	nous attirons	j'ai attiré	nous avons attiré
tu attires	vous attirez	tu as attiré	vous avez attiré
il/elle attire	ils/elles attirent	il/elle a attiré	ils/elles ont attiré
Imperfect		***Pluperfect***	
j'attirais	nous attirions	j'avais attiré	nous avions attiré
tu attirais	vous attiriez	tu avais attiré	vous aviez attiré
il/elle attirait	ils/elles attiraient	il/elle avait attiré	ils/elles avaient attiré
Passé Simple		***Past Anterior***	
j'attirai	nous attirâmes	j'eus attiré	nous eûmes attiré
tu attiras	vous attirâtes	tu eus attiré	vous eûtes attiré
il/elle attira	ils/elles attirèrent	il/elle eut attiré	ils/elles eurent attiré
Future		***Future Anterior***	
j'attirerai	nous attirerons	j'aurai attiré	nous aurons attiré
tu attireras	vous attirerez	tu auras attiré	vous aurez attiré
il/elle attirera	ils/elles attireront	il/elle aura attiré	ils/elles auront attiré
Conditional		***Past Conditional***	
j'attirerais	nous attirerions	j'aurais attiré	nous aurions attiré
tu attirerais	vous attireriez	tu aurais attiré	vous auriez attiré
il/elle attirerait	ils/elles attireraient	il/elle aurait attiré	ils/elles auraient attiré

Present Subjunctive		*Past Subjunctive*	
que j'attire	que nous attirions	que j'aie attiré	que nous ayons attiré
que tu attires	que vous attiriez	que tu aies attiré	que vous ayez attiré
qu'il/elle attire	qu'ils/elles attirent	qu'il/elle ait attiré	qu'ils/elles aient attiré
Imperfect Subjunctive		***Pluperfect Subjunctive***	
que j'attirasse	que nous attirassions	que j'eusse attiré	que nous eussions attiré
que tu attirasses	que vous attirassiez	que tu eusses attiré	que vous eussiez attiré
qu'il/elle attirât	qu'ils/elles attirassent	qu'il/elle eût attiré	qu'ils/elles eussent attiré

Commands

	(nous) attirons
(tu) attire	(vous) attirez

USAGE

Sa tenue attira tous les regards.	*Her outfit attracted everyone's glances.*
Cette ville attire tous les congrès internationaux.	*This city attracts all the international conventions.*
Il l'attira dans la cuisine.	*He drew her into the kitchen.*
J'essaie de l'attirer dans un piège.	*I'm trying to lure him into a trap.*
C'est une belle femme qui attire tous les regards.	*She's a beautiful woman who is the center of attention.*
Le cirque attire des foules d'enfants.	*The circus draws crowds of children.*
Je ne veux pas leur attirer des ennuis.	*I don't want to cause them any trouble.*
Sa situation attira la pitié des voisins.	*His situation gained him the neighbors' pity.*
Permettez que j'attire votre attention sur ce fait.	*Allow me to draw your attention to this fact.*
Tu vas t'attirer la colère du patron.	*You're going to make the boss angry at you.*
C'est ça qui m'attire.	*That's what I like about it.*

regular -*er* verb **j'attrape · j'attrapai · attrapé · attrapant**

Present		*Passé Composé*	
j'attrape	nous attrapons	j'ai attrapé	nous avons attrapé
tu attrapes	vous attrapez	tu as attrapé	vous avez attrapé
il/elle attrape	ils/elles attrapent	il/elle a attrapé	ils/elles ont attrapé
Imperfect		*Pluperfect*	
j'attrapais	nous attrapions	j'avais attrapé	nous avions attrapé
tu attrapais	vous attrapiez	tu avais attrapé	vous aviez attrapé
il/elle attrapait	ils/elles attrapaient	il/elle avait attrapé	ils/elles avaient attrapé
Passé Simple		*Past Anterior*	
j'attrapai	nous attrapâmes	j'eus attrapé	nous eûmes attrapé
tu attrapas	vous attrapâtes	tu eus attrapé	vous eûtes attrapé
il/elle attrapa	ils/elles attrapèrent	il/elle eut attrapé	ils/elles eurent attrapé
Future		*Future Anterior*	
j'attraperai	nous attraperons	j'aurai attrapé	nous aurons attrapé
tu attraperas	vous attraperez	tu auras attrapé	vous aurez attrapé
il/elle attrapera	ils/elles attraperont	il/elle aura attrapé	ils/elles auront attrapé
Conditional		*Past Conditional*	
j'attraperais	nous attraperions	j'aurais attrapé	nous aurions attrapé
tu attraperais	vous attraperiez	tu aurais attrapé	vous auriez attrapé
il/elle attraperait	ils/elles attraperaient	il/elle aurait attrapé	ils/elles auraient attrapé

Present Subjunctive		*Past Subjunctive*	
que j'attrape	que nous attrapions	que j'aie attrapé	que nous ayons attrapé
que tu attrapes	que vous attrapiez	que tu aies attrapé	que vous ayez attrapé
qu'il/elle attrape	qu'ils/elles attrapent	qu'il/elle ait attrapé	qu'ils/elles aient attrapé
Imperfect Subjunctive		*Pluperfect Subjunctive*	
que j'attrapasse	que nous attrapassions	que j'eusse attrapé	que nous eussions attrapé
que tu attrapasses	que vous attrapassiez	que tu eusses attrapé	que vous eussiez attrapé
qu'il/elle attrapât	qu'ils/elles attrapassent	qu'il/elle eût attrapé	qu'ils/elles eussent attrapé

Commands

	(nous) attrapons
(tu) attrape	(vous) attrapez

USAGE

attraper un rhume / la grippe / une maladie	*to catch a cold / the flu / a disease*
Cours si tu veux attraper le train.	*Run if you want to catch the train.*
Qu'il t'y attrape!	*Don't let him catch you!*
La police a attrapé l'assassin.	*The police caught the murderer.*
On a attrapé le cambrioleur la main dans le sac.	*They caught the burglar red-handed.*
Je vais jeter la balle. Attrape!	*I'm going to throw the ball. Catch!*
Tu attrapes quelques mots quand on parle vite?	*Do you catch a few words when we talk fast?*
Cette infection s'attrape facilement.	*This infection is very contagious.*
Tu ne vas pas l'attraper avec une ruse comme ça.	*You're not going to trap him with a trick like that.*
Je commence à attraper le coup.	*I'm beginning to get the hang of it.*
Gare à toi si tes parents t'attrapent!	*Just watch it if your parents get hold of you!*

avertir *to warn, inform, notify*

j'avertis · j'avertis · averti · avertissant regular -ir verb

Present		*Passé Composé*	
j'avertis	nous avertissons	j'ai averti	nous avons averti
tu avertis	vous avertissez	tu as averti	vous avez averti
il/elle avertit	ils/elles avertissent	il/elle a averti	ils/elles ont averti
Imperfect		*Pluperfect*	
j'avertissais	nous avertissions	j'avais averti	nous avions averti
tu avertissais	vous avertissiez	tu avais averti	vous aviez averti
il/elle avertissait	ils/elles avertissaient	il/elle avait averti	ils/elles avaient averti
Passé Simple		*Past Anterior*	
j'avertis	nous avertîmes	j'eus averti	nous eûmes averti
tu avertis	vous avertîtes	tu eus averti	vous eûtes averti
il/elle avertit	ils/elles avertirent	il/elle eut averti	ils/elles eurent averti
Future		*Future Anterior*	
j'avertirai	nous avertirons	j'aurai averti	nous aurons averti
tu avertiras	vous avertirez	tu auras averti	vous aurez averti
il/elle avertira	ils/elles avertiront	il/elle aura averti	ils/elles auront averti
Conditional		*Past Conditional*	
j'avertirais	nous avertirions	j'aurais averti	nous aurions averti
tu avertirais	vous avertiriez	tu aurais averti	vous auriez averti
il/elle avertirait	ils/elles avertiraient	il/elle aurait averti	ils/elles auraient averti
Present Subjunctive		*Past Subjunctive*	
que j'avertisse	que nous avertissions	que j'aie averti	que nous ayons averti
que tu avertisses	que vous avertissiez	que tu aies averti	que vous ayez averti
qu'il/elle avertisse	qu'ils/elles avertissent	qu'il/elle ait averti	qu'ils/elles aient averti
Imperfect Subjunctive		*Pluperfect Subjunctive*	
que j'avertisse	que nous avertissions	que j'eusse averti	que nous eussions averti
que tu avertisses	que vous avertissiez	que tu eusses averti	que vous eussiez averti
qu'il/elle avertît	qu'ils/elles avertissent	qu'il/elle eût averti	qu'ils/elles eussent averti

Commands

	(nous) avertissons
(tu) avertis	(vous) avertissez

USAGE

Tiens-toi pour averti. / Te voilà averti!	*Consider yourself notified/warned.*
C'est un public averti qui assiste à ces concerts.	*It's an informed audience that attends these concerts.*
Je vous avertis de son départ.	*I'm alerting you to his departure.*
Le chef m'a averti qu'il n'était pas content de mon travail.	*The boss let me know that he wasn't happy with my work.*
Je t'avertis que ta conduite est inacceptable.	*I'm alerting you that your behavior is unacceptable.*

RELATED WORDS AND EXPRESSIONS

l'avertissement *(m)*	*warning*
Les étudiants ont reçu un avertissement.	*The students received a warning.*
avertissement au lecteur	*foreword*

PROVERB

Un homme averti en vaut deux.	*Forewarned is forearmed.*

irregular verb

j'ai · j'eus · eu · ayant

Present		*Passé Composé*	
j'ai	nous avons	j'ai eu	nous avons eu
tu as	vous avez	tu as eu	vous avez eu
il/elle a	ils/elles ont	il/elle a eu	ils/elles ont eu
Imperfect		*Pluperfect*	
j'avais	nous avions	j'avais eu	nous avions eu
tu avais	vous aviez	tu avais eu	vous aviez eu
il/elle avait	ils/elles avaient	il/elle avait eu	ils/elles avaient eu
Passé Simple		*Past Anterior*	
j'eus	nous eûmes	j'eus eu	nous eûmes eu
tu eus	vous eûtes	tu eus eu	vous eûtes eu
il/elle eut	ils/elles eurent	il/elle eut eu	ils/elles eurent eu
Future		*Future Anterior*	
j'aurai	nous aurons	j'aurai eu	nous aurons eu
tu auras	vous aurez	tu auras eu	vous aurez eu
il/elle aura	ils/elles auront	il/elle aura eu	ils/elles auront eu
Conditional		*Past Conditional*	
j'aurais	nous aurions	j'aurais eu	nous aurions eu
tu aurais	vous auriez	tu aurais eu	vous auriez eu
il/elle aurait	ils/elles auraient	il/elle aurait eu	ils/elles auraient eu

Present Subjunctive		*Past Subjunctive*	
que j'aie	que nous ayons	que j'aie eu	que nous ayons eu
que tu aies	que vous ayez	que tu aies eu	que vous ayez eu
qu'il/elle ait	qu'ils/elles aient	qu'il/elle ait eu	qu'ils/elles aient eu
Imperfect Subjunctive		*Pluperfect Subjunctive*	
que j'eusse	que nous eussions	que j'eusse eu	que nous eussions eu
que tu eusses	que vous eussiez	que tu eusses eu	que vous eussiez eu
qu'il/elle eût	qu'ils/elles eussent	qu'il/elle eût eu	qu'ils/elles eussent eu

Commands

	(nous) ayons
(tu) aie	(vous) ayez

USAGE

- —Tu as des pièces de cinquante centimes? *Do you have any fifty-cent coins?*
  —Non, je regrette, je n'ai pas de monnaie. *No, sorry, I have no change.*
- —Tu as un stylo à me prêter? *Do you have a pen to lend me?*
  —Je n'ai qu'un stylo, mais j'ai deux crayons. *I have only one pen, but I have two pencils.*
- —J'ai rendez-vous avec Julie. *I have a date with Julie.*
  —Tu as de la chance. *You're lucky.*
- —Qu'est-ce que tu as? *What's wrong with you?*
  —Ne t'en fais pas. Je n'ai rien. *Don't worry. It's nothing.*
- —Nous n'avons pas de viande. *We have no meat.*
  —Il faudra faire avec ce que nous avons. *We'll have to make do with what we have.*
- —Il y a combien d'élèves dans cette classe? *How many students are there in this class?*
  —Il y en a vingt-trois. *There are twenty-three.*

top 50 verb

74 avoir *to have*

j'ai · j'eus · eu · ayant — irregular verb

avoir + noun *to be* + adjective

avoir faim	*to be hungry*
avoir soif	*to be thirsty*
avoir sommeil	*to be sleepy*
avoir chaud	*to be warm* (said of people)
avoir froid	*to be cold* (said of people)
avoir raison	*to be right*
avoir tort	*to be wrong*
avoir de la chance	*to be lucky*

avoir pour exprimer le rapport entre la personne et ses circonstances

avoir besoin de qqch	*to need something*
avoir hâte de faire qqch	*to be in a hurry to do something*
avoir envie de faire qqch	*to feel like doing something*
avoir du mal à faire qqch	*to have trouble/difficulty doing something*

en avoir pour

● —Tu en as pour longtemps?	*Will you be long?*
—J'en ai pour cinq minutes.	*It will take me five minutes.*

avoir à

Je n'ai rien à faire.	*I have nothing to do.*
On n'a pas à se plaindre.	*We can't complain.*
J'ai qqch à vous dire.	*I have something to tell you.*
Nous avons trois cents pages à lire.	*We have three hundred pages to read.*
Elle a à faire le ménage avant de sortir.	*She has to do the housework before going out.*

n'avoir qu'à *all one has to do is*

Tu n'as qu'à lui demander.	*All you have to do is ask him.*
On n'a qu'à patienter.	*All we have to do is be patient.*
Je n'avais qu'à ne pas sortir.	*I shouldn't have gone out in the first place.*

ne rien avoir

Je n'ai rien à te dire.	*I have nothing to say to you.*
Cela n'a rien à voir avec cette affaire.	*That has nothing to do with this matter.*
Il n'y a rien à faire.	*There's nothing to be done.*

avoir *to get*

J'ai eu un coup de fil de mon cousin.	*I got a call from my cousin.*
Vous pouvez m'avoir ce journal?	*Can you get that newspaper for me?*
J'ai eu ce livre pour dix euros.	*I got this book for ten euros.*
Essayez de m'avoir New York.	*Try to connect me with New York.*
Qui avais-tu au téléphone?	*Who were you on the phone with?*
On t'a eu!	*You were taken in. / You've been had.*
Qu'est-ce qu'il y a?	*What's the matter?*

regular -*er* verb **j'avoue · j'avouai · avoué · avouant**

Present		*Passé Composé*	
j'avoue	nous avouons	j'ai avoué	nous avons avoué
tu avoues	vous avouez	tu as avoué	vous avez avoué
il/elle avoue	ils/elles avouent	il/elle a avoué	ils/elles ont avoué
Imperfect		*Pluperfect*	
j'avouais	nous avouions	j'avais avoué	nous avions avoué
tu avouais	vous avouiez	tu avais avoué	vous aviez avoué
il/elle avouait	ils/elles avouaient	il/elle avait avoué	ils/elles avaient avoué
Passé Simple		*Past Anterior*	
j'avouai	nous avouâmes	j'eus avoué	nous eûmes avoué
tu avouas	vous avouâtes	tu eus avoué	vous eûtes avoué
il/elle avoua	ils/elles avouèrent	il/elle eut avoué	ils/elles eurent avoué
Future		*Future Anterior*	
j'avouerai	nous avouerons	j'aurai avoué	nous aurons avoué
tu avoueras	vous avouerez	tu auras avoué	vous aurez avoué
il/elle avouera	ils/elles avoueront	il/elle aura avoué	ils/elles auront avoué
Conditional		*Past Conditional*	
j'avouerais	nous avouerions	j'aurais avoué	nous aurions avoué
tu avouerais	vous avoueriez	tu aurais avoué	vous auriez avoué
il/elle avouerait	ils/elles avoueraient	il/elle aurait avoué	ils/elles auraient avoué

Present Subjunctive		*Past Subjunctive*	
que j'avoue	que nous avouions	que j'aie avoué	que nous ayons avoué
que tu avoues	que vous avouiez	que tu aies avoué	que vous ayez avoué
qu'il/elle avoue	qu'ils/elles avouent	qu'il/elle ait avoué	qu'ils/elles aient avoué
Imperfect Subjunctive		*Pluperfect Subjunctive*	
que j'avouasse	que nous avouassions	que j'eusse avoué	que nous eussions avoué
que tu avouasses	que vous avouassiez	que tu eusses avoué	que vous eussiez avoué
qu'il/elle avouât	qu'ils/elles avouassent	qu'il/elle eût avoué	qu'ils/elles eussent avoué

Commands

	(nous) avouons
(tu) avoue	(vous) avouez

USAGE

Avoue! On sait que tu l'as fait!	*Confess! We know you did it!*
J'avoue que j'avais peur.	*I admit I was afraid.*
Il s'est avoué peu satisfait.	*He admitted to being dissatisfied.*
Je m'avoue déçu.	*I admit I'm disappointed.*
Nous nous sommes avoués vaincus.	*We admitted defeat.*
C'est une vérité que personne n'avoue.	*It's a truth that no one admits.*

RELATED WORDS AND EXPRESSIONS

un aveu (*pl.* des aveux)	*a confession*
Il a fait l'aveu de ses méfaits.	*He confessed his misdeeds.*
C'est un individu sans aveu.	*He's a dubious/disreputable character.*
Le prisonnier passa aux aveux.	*The prisoner confessed.*

baisser *to lower*

je baisse · je baissai · baissé · baissant regular -er verb

Present		*Passé Composé*	
je baisse	nous baissons	j'ai baissé	nous avons baissé
tu baisses	vous baissez	tu as baissé	vous avez baissé
il/elle baisse	ils/elles baissent	il/elle a baissé	ils/elles ont baissé
Imperfect		*Pluperfect*	
je baissais	nous baissions	j'avais baissé	nous avions baissé
tu baissais	vous baissiez	tu avais baissé	vous aviez baissé
il/elle baissait	ils/elles baissaient	il/elle avait baissé	ils/elles avaient baissé
Passé Simple		*Past Anterior*	
je baissai	nous baissâmes	j'eus baissé	nous eûmes baissé
tu baissas	vous baissâtes	tu eus baissé	vous eûtes baissé
il/elle baissa	ils/elles baissèrent	il/elle eut baissé	ils/elles eurent baissé
Future		*Future Anterior*	
je baisserai	nous baisserons	j'aurai baissé	nous aurons baissé
tu baisseras	vous baisserez	tu auras baissé	vous aurez baissé
il/elle baissera	ils/elles baisseront	il/elle aura baissé	ils/elles auront baissé
Conditional		*Past Conditional*	
je baisserais	nous baisserions	j'aurais baissé	nous aurions baissé
tu baisserais	vous baisseriez	tu aurais baissé	vous auriez baissé
il/elle baisserait	ils/elles baisseraient	il/elle aurait baissé	ils/elles auraient baissé

Present Subjunctive		*Past Subjunctive*	
que je baisse	que nous baissions	que j'aie baissé	que nous ayons baissé
que tu baisses	que vous baissiez	que tu aies baissé	que vous ayez baissé
qu'il/elle baisse	qu'ils/elles baissent	qu'il/elle ait baissé	qu'ils/elles aient baissé
Imperfect Subjunctive		*Pluperfect Subjunctive*	
que je baissasse	que nous baissassions	que j'eusse baissé	que nous eussions baissé
que tu baissasses	que vous baissassiez	que tu eusses baissé	que vous eussiez baissé
qu'il/elle baissât	qu'ils/elles baissassent	qu'il/elle eût baissé	qu'ils/elles eussent baissé

Commands

	(nous) baissons
(tu) baisse	(vous) baissez

USAGE

baisser la tête	*to lower one's head*
Il est entré la tête baissée.	*He came in with his head lowered.*
baisser les yeux	*to lower one's eyes / look down*
La température baisse.	*The temperature is dropping.*
—Tu crois qu'il demande trop d'argent pour cette vieille voiture?	*Do you think he's asking too much for that old car?*
—Oui. Essaie de lui faire baisser le prix.	*Yes. Try to make him lower the price.*
Le rideau baisse.	*The curtain comes down.*
Le jour baisse.	*It's beginning to get dark.*
Vers cinq heures je baisse les stores.	*Around five o'clock I lower the blinds.*
Le boxeur a baissé les bras.	*The boxer threw in the towel.*
Sur l'autoroute il faut baisser les phares.	*On the highway you must dim your headlights.*

RELATED WORDS AND EXPRESSIONS

la baisse	*lowering/drop/fall*
être en baisse	*to be dropping*
La bourse est en baisse.	*The stock market is falling.*

regular -*er* reflexive verb; compound tenses with *être*

je me balade · je me baladai · s'étant baladé · se baladant

Present		*Passé Composé*	
je me balade	nous nous baladons	je me suis baladé(e)	nous nous sommes baladé(e)s
tu te balades	vous vous baladez	tu t'es baladé(e)	vous vous êtes baladé(e)(s)
il/elle se balade	ils/elles se baladent	il/elle s'est baladé(e)	ils/elles se sont baladé(e)s
Imperfect		***Pluperfect***	
je me baladais	nous nous baladions	je m'étais baladé(e)	nous nous étions baladé(e)s
tu te baladais	vous vous baladiez	tu t'étais baladé(e)	vous vous étiez baladé(e)(s)
il/elle se baladait	ils/elles se baladaient	il/elle s'était baladé(e)	ils/elles s'étaient baladé(e)s
Passé Simple		***Past Anterior***	
je me baladai	nous nous baladâmes	je me fus baladé(e)	nous nous fûmes baladé(e)s
tu te baladas	vous vous baladâtes	tu te fus baladé(e)	vous vous fûtes baladé(e)(s)
il/elle se balada	ils/elles se baladèrent	il/elle se fut baladé(e)	ils/elles se furent baladé(e)s
Future		***Future Anterior***	
je me baladerai	nous nous baladerons	je me serai baladé(e)	nous nous serons baladé(e)s
tu te baladeras	vous vous baladerez	tu te seras baladé(e)	vous vous serez baladé(e)(s)
il/elle se baladera	ils/elles se baladeront	il/elle se sera baladé(e)	ils/elles se seront baladé(e)s
Conditional		***Past Conditional***	
je me baladerais	nous nous baladerions	je me serais baladé(e)	nous nous serions baladé(e)s
tu te baladerais	vous vous baladeriez	tu te serais baladé(e)	vous vous seriez baladé(e)(s)
il/elle se baladerait	ils/elles se baladeraient	il/elle se serait baladé(e)	ils/elles se seraient baladé(e)s

Present Subjunctive		*Past Subjunctive*	
que je me balade	que nous nous baladions	que je me sois baladé(e)	que nous nous soyons baladé(e)s
que tu te balades	que vous vous baladiez	que tu te sois baladé(e)	que vous vous soyez baladé(e)(s)
qu'il/elle se balade	qu'ils/elles se baladent	qu'il/elle se soit baladé(e)	qu'ils/elles se soient baladé(e)s
Imperfect Subjunctive		***Pluperfect Subjunctive***	
que je me baladasse	que nous nous baladassions	que je me fusse baladé(e)	que nous nous fussions baladé(e)s
que tu te baladasses	que vous vous baladassiez	que tu te fusses baladé(e)	que vous vous fussiez baladé(e)(s)
qu'il/elle se baladât	qu'ils/elles se baladassent	qu'il/elle se fût baladé(e)	qu'ils/elles se fussent baladé(e)s

Commands

	(nous) baladons-nous
(tu) balade-toi	(vous) baladez-vous

USAGE

se balader en ville	*to take a walk/stroll around town*
On va se balader dans le Midi.	*We're going on a trip/jaunt to southern France.*
Ce message s'est baladé de secrétaire en secrétaire.	*This message was sent from secretary to secretary.*
J'aime me balader.	*I like to walk around.*
Il ne fait que se balader.	*All he does is idle about.*

RELATED WORDS AND EXPRESSIONS

la balade	*walk/drive*
Aujourd'hui je suis en balade.	*Today I'm out for a walk/drive.*
On peut faire une balade ensemble.	*We can go for a walk together.*
le baladeur	*Walkman*

balayer *to sweep*

je balaie · je balayai · balayé · balayant regular *-er* verb; spelling change: y > i/mute *e*

Present		*Passé Composé*	
je balaie	nous balayons	j'ai balayé	nous avons balayé
tu balaies	vous balayez	tu as balayé	vous avez balayé
il/elle balaie	ils/elles balaient	il/elle a balayé	ils/elles ont balayé
Imperfect		*Pluperfect*	
je balayais	nous balayions	j'avais balayé	nous avions balayé
tu balayais	vous balayiez	tu avais balayé	vous aviez balayé
il/elle balayait	ils/elles balayaient	il/elle avait balayé	ils/elles avaient balayé
Passé Simple		*Past Anterior*	
je balayai	nous balayâmes	j'eus balayé	nous eûmes balayé
tu balayas	vous balayâtes	tu eus balayé	vous eûtes balayé
il/elle balaya	ils/elles balayèrent	il/elle eut balayé	ils/elles eurent balayé
Future		*Future Anterior*	
je balaierai	nous balaierons	j'aurai balayé	nous aurons balayé
tu balaieras	vous balaierez	tu auras balayé	vous aurez balayé
il/elle balaiera	ils/elles balaieront	il/elle aura balayé	ils/elles auront balayé
Conditional		*Past Conditional*	
je balaierais	nous balaierions	j'aurais balayé	nous aurions balayé
tu balaierais	vous balaieriez	tu aurais balayé	vous auriez balayé
il/elle balaierait	ils/elles balaieraient	il/elle aurait balayé	ils/elles auraient balayé

Present Subjunctive		*Past Subjunctive*	
que je balaie	que nous balayions	que j'aie balayé	que nous ayons balayé
que tu balaies	que vous balayiez	que tu aies balayé	que vous ayez balayé
qu'il/elle balaie	qu'ils/elles balaient	qu'il/elle ait balayé	qu'ils/elles aient balayé
Imperfect Subjunctive		*Pluperfect Subjunctive*	
que je balayasse	que nous balayassions	que j'eusse balayé	que nous eussions balayé
que tu balayasses	que vous balayassiez	que tu eusses balayé	que vous eussiez balayé
qu'il/elle balayât	qu'ils/elles balayassent	qu'il/elle eût balayé	qu'ils/elles eussent balayé

Commands

	(nous) balayons
(tu) balaie	(vous) balayez

USAGE

NOTE: This verb is sometimes seen without the *y > i* change, such as *balaye.*

balayer le plancher / l'escalier / la cuisine	*to sweep the floor/stairs/kitchen*
balayer les feuilles / la poussière	*to sweep up the leaves/dust*
balayer les obstacles	*to sweep away all obstacles*
L'arrivée des enfants a balayé nos soucis.	*The arrival of the children made us forget our cares.*
L'orage a tout balayé sur son passage.	*The storm swept away everything in its path.*
Le chef a balayé une dizaine d'employés.	*The boss fired about ten employees.*

RELATED WORDS AND EXPRESSIONS

le balai	*broom*
Il y a des papiers par terre. Il faut donner un coup de balai.	*There are papers on the floor. We'll have to sweep.*
le balayeur	*street sweeper*

regular -*ir* verb **je bâtis · je bâtis · bâti · bâtissant**

Present		*Passé Composé*	
je bâtis	nous bâtissons	j'ai bâti	nous avons bâti
tu bâtis	vous bâtissez	tu as bâti	vous avez bâti
il/elle bâtit	ils/elles bâtissent	il/elle a bâti	ils/elles ont bâti
Imperfect		*Pluperfect*	
je bâtissais	nous bâtissions	j'avais bâti	nous avions bâti
tu bâtissais	vous bâtissiez	tu avais bâti	vous aviez bâti
il/elle bâtissait	ils/elles bâtissaient	il/elle avait bâti	ils/elles avaient bâti
Passé Simple		*Past Anterior*	
je bâtis	nous bâtîmes	j'eus bâti	nous eûmes bâti
tu bâtis	vous bâtîtes	tu eus bâti	vous eûtes bâti
il/elle bâtit	ils/elles bâtirent	il/elle eut bâti	ils/elles eurent bâti
Future		*Future Anterior*	
je bâtirai	nous bâtirons	j'aurai bâti	nous aurons bâti
tu bâtiras	vous bâtirez	tu auras bâti	vous aurez bâti
il/elle bâtira	ils/elles bâtiront	il/elle aura bâti	ils/elles auront bâti
Conditional		*Past Conditional*	
je bâtirais	nous bâtirions	j'aurais bâti	nous aurions bâti
tu bâtirais	vous bâtiriez	tu aurais bâti	vous auriez bâti
il/elle bâtirait	ils/elles bâtiraient	il/elle aurait bâti	ils/elles auraient bâti

Present Subjunctive		*Past Subjunctive*	
que je bâtisse	que nous bâtissions	que j'aie bâti	que nous ayons bâti
que tu bâtisses	que vous bâtissiez	que tu aies bâti	que vous ayez bâti
qu'il/elle bâtisse	qu'ils/elles bâtissent	qu'il/elle ait bâti	qu'ils/elles aient bâti
Imperfect Subjunctive		*Pluperfect Subjunctive*	
que je bâtisse	que nous bâtissions	que j'eusse bâti	que nous eussions bâti
que tu bâtisses	que vous bâtissiez	que tu eusses bâti	que vous eussiez bâti
qu'il/elle bâtît	qu'ils/elles bâtissent	qu'il/elle eût bâti	qu'ils/elles eussent bâti

Commands

	(nous) bâtissons
(tu) bâtis	(vous) bâtissez

USAGE

bâtir un immeuble / une maison	*to build an apartment house / a house*
bâtir son avenir	*to construct one's future*
bâtir un plan	*to draw up a plan*
bâtir sa réputation	*to build up one's reputation*
(se) faire bâtir	*to have something built*
Nous (nous) faisons bâtir une maison à la campagne.	*We're having a house built in the country.*
un terrain à bâtir	*a plot of land (to build on)*

RELATED WORDS AND EXPRESSIONS

le bâtiment	*building*
Lui, il est du bâtiment.	*He knows which end is up.*

80 battre *to hit, beat*

je bats · je battis · battu · battant

irregular verb; only one t in the singular of the present tense

battre dans les combats et les matchs

Il a battu ses agresseurs à plâtre / à plate couture.	*He knocked the living daylights out of his attackers.*
Notre équipe a battu tous les records!	*Our team broke all records!*

battre pour parcourir ou explorer un lieu

Nos vendeurs ont battu la campagne pour trouver de nouveaux clients.	*Our salesmen scoured the countryside to find new customers.*
Perdus dans la ville, ils battaient le pavé.	*Lost in the town, they wandered the streets.*

battre pour les mouvements répétés

Le petit oiseau battait des ailes.	*The little bird flapped its wings.*
J'ai le cœur qui bat.	*My heart is racing.*
battre des paupières	*to blink one's eyelids*
battre du tambour	*to beat the drum*
se battre la poitrine	*to beat one's breast/chest*
battre l'eau de ses bras	*to thrash about in the water*

OTHER USES

Vers onze heures, la fête battait son plein.	*Toward eleven o'clock the party was in full swing.*
Ils se sont fâchés contre lui. C'est pour ça qu'ils le battent froid.	*They got angry with him. That's why they're giving him the cold shoulder.*
Il faisait tellement froid qu'on battait la semelle en attendant l'autobus.	*It was so cold that we were stamping our feet to keep warm while waiting for the bus.*
Le public battait la mesure de la musique.	*The audience was keeping time to the music.*
L'orage a battu les champs.	*The storm lashed the fields.*

se battre

Les deux hommes se sont battus.	*The two men had a fight.*
Ils se sont battus comme des chiffonniers.	*They fought like cats and dogs.*
Ils ne se sont pas battus en duel.	*They didn't fight a duel.*
Les deux pays se sont battus.	*The two countries fought.*
Notre pays s'est battu contre le pays voisin.	*Our country fought against its neighbor.*
—Notre armée s'est bien battue.	*Our army fought well.*
—Oui. Elle s'est battue même à la baïonnette.	*Yes. It even fought with bayonets.*
Nous nous battons contre des difficultés insurmontables.	*We are struggling against insurmountable difficulties.*

le battement

un battement de paupières	*a blink / flutter of the eyelids*
les battements du pouls	*the beating of the pulse*
les battements du cœur	*heartbeats / beating of the heart*
Ça me donne des battements de cœur.	*That makes my heart race / gives me palpitations.*

la batterie

la batterie	*percussion/drums*
Qui est à la batterie?	*Who's playing percussion?*

battre — to hit, beat — 80

irregular verb; only one *t* in the singular of the present tense

je bats · je battis · battu · battant

Present		*Passé Composé*	
je bats	nous battons	j'ai battu	nous avons battu
tu bats	vous battez	tu as battu	vous avez battu
il/elle bat	ils/elles battent	il/elle a battu	ils/elles ont battu

Imperfect		*Pluperfect*	
je battais	nous battions	j'avais battu	nous avions battu
tu battais	vous battiez	tu avais battu	vous aviez battu
il/elle battait	ils/elles battaient	il/elle avait battu	ils/elles avaient battu

Passé Simple		*Past Anterior*	
je battis	nous battîmes	j'eus battu	nous eûmes battu
tu battis	vous battîtes	tu eus battu	vous eûtes battu
il/elle battit	ils/elles battirent	il/elle eut battu	ils/elles eurent battu

Future		*Future Anterior*	
je battrai	nous battrons	j'aurai battu	nous aurons battu
tu battras	vous battrez	tu auras battu	vous aurez battu
il/elle battra	ils/elles battront	il/elle aura battu	ils/elles auront battu

Conditional		*Past Conditional*	
je battrais	nous battrions	j'aurais battu	nous aurions battu
tu battrais	vous battriez	tu aurais battu	vous auriez battu
il/elle battrait	ils/elles battraient	il/elle aurait battu	ils/elles auraient battu

Present Subjunctive		*Past Subjunctive*	
que je batte	que nous battions	que j'aie battu	que nous ayons battu
que tu battes	que vous battiez	que tu aies battu	que vous ayez battu
qu'il/elle batte	qu'ils/elles battent	qu'il/elle ait battu	qu'ils/elles aient battu

Imperfect Subjunctive		*Pluperfect Subjunctive*	
que je battisse	que nous battissions	que j'eusse battu	que nous eussions battu
que tu battisses	que vous battissiez	que tu eusses battu	que vous eussiez battu
qu'il/elle battît	qu'ils/elles battissent	qu'il/elle eût battu	qu'ils/elles eussent battu

Commands

	(nous) battons
(tu) bats	(vous) battez

USAGE

battre qqn	*to beat/hit someone*
battre des œufs	*to beat eggs*
battre les cartes	*to shuffle the deck*
battre des mains	*to clap one's hands*
battre la retraite	*to beat a retreat / have the army withdraw*
Je ne bats jamais mes enfants.	*I never hit my children.*
On a battu la victime à mort.	*The victim was beaten to death.*
Elle sort les tapis au jardin pour les battre.	*She takes the rugs out to the garden to beat them.*
battre qqn / un rival	*to defeat someone / a rival*
Notre équipe a battu nos rivaux.	*Our team beat our rivals.*
Je ne me tiens pas pour battu!	*I don't consider myself defeated.*
Ils nous ont battus 10 à 6.	*They beat us 10 to 6.*

PROVERB

Il faut battre le fer pendant qu'il est chaud.	*Strike while the iron is hot.*

top 50 verb

81 bavarder *to chat, chatter, gossip*

je bavarde · je bavardai · bavardé · bavardant — regular *-er* verb

Present		*Passé Composé*	
je bavarde	nous bavardons	j'ai bavardé	nous avons bavardé
tu bavardes	vous bavardez	tu as bavardé	vous avez bavardé
il/elle bavarde	ils/elles bavardent	il/elle a bavardé	ils/elles ont bavardé
Imperfect		***Pluperfect***	
je bavardais	nous bavardions	j'avais bavardé	nous avions bavardé
tu bavardais	vous bavardiez	tu avais bavardé	vous aviez bavardé
il/elle bavardait	ils/elles bavardaient	il/elle avait bavardé	ils/elles avaient bavardé
Passé Simple		***Past Anterior***	
je bavardai	nous bavardâmes	j'eus bavardé	nous eûmes bavardé
tu bavardas	vous bavardâtes	tu eus bavardé	vous eûtes bavardé
il/elle bavarda	ils/elles bavardèrent	il/elle eut bavardé	ils/elles eurent bavardé
Future		***Future Anterior***	
je bavarderai	nous bavarderons	j'aurai bavardé	nous aurons bavardé
tu bavarderas	vous bavarderez	tu auras bavardé	vous aurez bavardé
il/elle bavardera	ils/elles bavarderont	il/elle aura bavardé	ils/elles auront bavardé
Conditional		***Past Conditional***	
je bavarderais	nous bavarderions	j'aurais bavardé	nous aurions bavardé
tu bavarderais	vous bavarderiez	tu aurais bavardé	vous auriez bavardé
il/elle bavarderait	ils/elles bavarderaient	il/elle aurait bavardé	ils/elles auraient bavardé

Present Subjunctive		*Past Subjunctive*	
que je bavarde	que nous bavardions	que j'aie bavardé	que nous ayons bavardé
que tu bavardes	que vous bavardiez	que tu aies bavardé	que vous ayez bavardé
qu'il/elle bavarde	qu'ils/elles bavardent	qu'il/elle ait bavardé	qu'ils/elles aient bavardé
Imperfect Subjunctive		***Pluperfect Subjunctive***	
que je bavardasse	que nous bavardassions	que j'eusse bavardé	que nous eussions bavardé
que tu bavardasses	que vous bavardassiez	que tu eusses bavardé	que vous eussiez bavardé
qu'il/elle bavardât	qu'ils/elles bavardassent	qu'il/elle eût bavardé	qu'ils/elles eussent bavardé

Commands

	(nous) bavardons
(tu) bavarde	(vous) bavardez

USAGE

Ils se rencontrent pour le plaisir de bavarder ensemble.	*They get together for the pleasure of chatting.*
Tu perds tout ton temps à bavarder.	*You're wasting all your time gabbing.*
C'est affolant. Ils n'arrêtent pas de bavarder.	*It's maddening. They don't stop talking.*
Tout le monde est au courant! Qui aura bavardé?	*Everyone knows about it! Who could have talked?*

RELATED WORDS AND EXPRESSIONS

le bavardage	*chatter/talk*
Je ne peux pas travailler. Mes collègues n'arrêtent pas leur bavardage.	*I can't work. My coworkers won't stop their talking.*
bavard(e)	*talkative*
bavard(e) comme une pie	*a real chatterbox*
Lui, c'est un bavard intarissable.	*He never gets tired of talking.*

regular -*er* verb;
spelling change: y > i/mute *e*

je bégaie · je bégayai · bégayé · bégayant

Present		*Passé Composé*	
je bégaie	nous bégayons	j'ai bégayé	nous avons bégayé
tu bégaies	vous bégayez	tu as bégayé	vous avez bégayé
il/elle bégaie	ils/elles bégaient	il/elle a bégayé	ils/elles ont bégayé
Imperfect		*Pluperfect*	
je bégayais	nous bégayions	j'avais bégayé	nous avions bégayé
tu bégayais	vous bégayiez	tu avais bégayé	vous aviez bégayé
il/elle bégayait	ils/elles bégayaient	il/elle avait bégayé	ils/elles avaient bégayé
Passé Simple		*Past Anterior*	
je bégayai	nous bégayâmes	j'eus bégayé	nous eûmes bégayé
tu bégayas	vous bégayâtes	tu eus bégayé	vous eûtes bégayé
il/elle bégaya	ils/elles bégayèrent	il/elle eut bégayé	ils/elles eurent bégayé
Future		*Future Anterior*	
je bégaierai	nous bégaierons	j'aurai bégayé	nous aurons bégayé
tu bégaieras	vous bégaierez	tu auras bégayé	vous aurez bégayé
il/elle bégaiera	ils/elles bégaieront	il/elle aura bégayé	ils/elles auront bégayé
Conditional		*Past Conditional*	
je bégaierais	nous bégaierions	j'aurais bégayé	nous aurions bégayé
tu bégaierais	vous bégaieriez	tu aurais bégayé	vous auriez bégayé
il/elle bégaierait	ils/elles bégaieraient	il/elle aurait bégayé	ils/elles auraient bégayé

Present Subjunctive		*Past Subjunctive*	
que je bégaie	que nous bégayions	que j'aie bégayé	que nous ayons bégayé
que tu bégaies	que vous bégayiez	que tu aies bégayé	que vous ayez bégayé
qu'il/elle bégaie	qu'ils/elles bégaient	qu'il/elle ait bégayé	qu'ils/elles aient bégayé
Imperfect Subjunctive		*Pluperfect Subjunctive*	
que je bégayasse	que nous bégayassions	que j'eusse bégayé	que nous eussions bégayé
que tu bégayasses	que vous bégayassiez	que tu eusses bégayé	que vous eussiez bégayé
qu'il/elle bégayât	qu'ils/elles bégayassent	qu'il/elle eût bégayé	qu'ils/elles eussent bégayé

Commands

(nous) bégayons
(tu) bégaie (vous) bégayez

USAGE

NOTE: This verb is sometimes seen without the *y* > *i* change, such as *bégaye.*

Il a bégayé une réponse.	*He stammered out an answer.*
Il a bégayé une excuse.	*He stammered an apology.*
La peur l'a fait bégayer.	*He stammered out of fear.*
L'enfant bégayait par timidité.	*The child was stuttering out of shyness.*
L'histoire ne se répète pas, elle bégaye.	*History doesn't repeat itself, it stutters.*

RELATED WORDS AND EXPRESSIONS

le bégaiement/bégayement	*stammering*
On comprenait mal les bégaiements de l'enfant.	*It was hard for us to understand the child's babble.*

bénir *to bless*

je bénis · je bénis · béni · bénissant regular -ir verb

Present		*Passé Composé*	
je bénis	nous bénissons	j'ai béni	nous avons béni
tu bénis	vous bénissez	tu as béni	vous avez béni
il/elle bénit	ils/elles bénissent	il/elle a béni	ils/elles ont béni
Imperfect		*Pluperfect*	
je bénissais	nous bénissions	j'avais béni	nous avions béni
tu bénissais	vous bénissiez	tu avais béni	vous aviez béni
il/elle bénissait	ils/elles bénissaient	il/elle avait béni	ils/elles avaient béni
Passé Simple		*Past Anterior*	
je bénis	nous bénîmes	j'eus béni	nous eûmes béni
tu bénis	vous bénîtes	tu eus béni	vous eûtes béni
il/elle bénit	ils/elles bénirent	il/elle eut béni	ils/elles eurent béni
Future		*Future Anterior*	
je bénirai	nous bénirons	j'aurai béni	nous aurons béni
tu béniras	vous bénirez	tu auras béni	vous aurez béni
il/elle bénira	ils/elles béniront	il/elle aura béni	ils/elles auront béni
Conditional		*Past Conditional*	
je bénirais	nous bénirions	j'aurais béni	nous aurions béni
tu bénirais	vous béniriez	tu aurais béni	vous auriez béni
il/elle bénirait	ils/elles béniraient	il/elle aurait béni	ils/elles auraient béni

Present Subjunctive		*Past Subjunctive*	
que je bénisse	que nous bénissions	que j'aie béni	que nous ayons béni
que tu bénisses	que vous bénissiez	que tu aies béni	que vous ayez béni
qu'il/elle bénisse	qu'ils/elles bénissent	qu'il/elle ait béni	qu'ils/elles aient béni
Imperfect Subjunctive		*Pluperfect Subjunctive*	
que je bénisse	que nous bénissions	que j'eusse béni	que nous eussions béni
que tu bénisses	que vous bénissiez	que tu eusses béni	que vous eussiez béni
qu'il/elle bénît	qu'ils/elles bénissent	qu'il/elle eût béni	qu'ils/elles eussent béni

Commands

	(nous) bénissons
(tu) bénis	(vous) bénissez

USAGE

Le curé du village a béni leur mariage.	*The village priest blessed their marriage.*
Dieu vous bénisse!	*God bless you!* (said to someone who sneezes)
Dieu soit béni!	*Praise the Lord!*
Je bénis l'agent de police qui m'a sauvé.	*I am thankful to the policeman who saved me.*
Nous bénissons cette coïncidence.	*We are so grateful for this coincidence.*

RELATED WORDS AND EXPRESSIONS

le bénitier	*holy water font*
bénit(e)	*blessed* (when used as an adjective)
l'eau bénite	*holy water*

blaguer

to kid, joke

regular -*er* verb

je blague · je blaguai · blagué · blaguant

Present		*Passé Composé*	
je blague	nous blaguons	j'ai blagué	nous avons blagué
tu blagues	vous blaguez	tu as blagué	vous avez blagué
il/elle blague	ils/elles blaguent	il/elle a blagué	ils/elles ont blagué
Imperfect		*Pluperfect*	
je blaguais	nous blaguions	j'avais blagué	nous avions blagué
tu blaguais	vous blaguiez	tu avais blagué	vous aviez blagué
il/elle blaguait	ils/elles blaguaient	il/elle avait blagué	ils/elles avaient blagué
Passé Simple		*Past Anterior*	
je blaguai	nous blaguâmes	j'eus blagué	nous eûmes blagué
tu blaguas	vous blaguâtes	tu eus blagué	vous eûtes blagué
il/elle blagua	ils/elles blaguèrent	il/elle eut blagué	ils/elles eurent blagué
Future		*Future Anterior*	
je blaguerai	nous blaguerons	j'aurai blagué	nous aurons blagué
tu blagueras	vous blaguerez	tu auras blagué	vous aurez blagué
il/elle blaguera	ils/elles blagueront	il/elle aura blagué	ils/elles auront blagué
Conditional		*Past Conditional*	
je blaguerais	nous blaguerions	j'aurais blagué	nous aurions blagué
tu blaguerais	vous blagueriez	tu aurais blagué	vous auriez blagué
il/elle blaguerait	ils/elles blagueraient	il/elle aurait blagué	ils/elles auraient blagué

Present Subjunctive		*Past Subjunctive*	
que je blague	que nous blaguions	que j'aie blagué	que nous ayons blagué
que tu blagues	que vous blaguiez	que tu aies blagué	que vous ayez blagué
qu'il/elle blague	qu'ils/elles blaguent	qu'il/elle ait blagué	qu'ils/elles aient blagué
Imperfect Subjunctive		*Pluperfect Subjunctive*	
que je blaguasse	que nous blaguassions	que j'eusse blagué	que nous eussions blagué
que tu blaguasses	que vous blaguassiez	que tu eusses blagué	que vous eussiez blagué
qu'il/elle blaguât	qu'ils/elles blaguassent	qu'il/elle eût blagué	qu'ils/elles eussent blagué

Commands

	(nous) blaguons
(tu) blague	(vous) blaguez

USAGE

NOTE: *Blaguer* is colloquial for *plaisanter*.

Tu blagues!	*You're kidding!*
Sans blaguer.	*I'm not kidding.*
Ne t'offense pas. Je l'ai dit pour blaguer.	*Don't be offended. I said it as a joke.*
Tu ne blagues pas?	*Are you on the level?*

RELATED WORDS AND EXPRESSIONS

la blague	*joke/trick*
Sans blague?	*No kidding?*
Blague à part, dis-moi où ils sont.	*Stop kidding around and tell me where they are.*
—Il nous a fait une blague.	*He played a trick on us.*
—J'en ai marre de ses blagues, tu sais.	*You know, I've had enough of his tricks/jokes.*
Tout ça c'est de la blague.	*That's just hogwash.*
Quelle blague!	*What baloney!*
Arrête de raconter ces blagues!	*Stop telling those jokes!*
Mais tu prends tout ce que je te dis à blague!	*But you're taking everything I tell you as a joke!*
un blagueur / une blagueuse	*a kidder/jokester*

blâmer *to blame*

je blâme · je blâmai · blâmé · blâmant regular *-er* verb

Present		*Passé Composé*	
je blâme	nous blâmons	j'ai blâmé	nous avons blâmé
tu blâmes	vous blâmez	tu as blâmé	vous avez blâmé
il/elle blâme	ils/elles blâment	il/elle a blâmé	ils/elles ont blâmé
Imperfect		*Pluperfect*	
je blâmais	nous blâmions	j'avais blâmé	nous avions blâmé
tu blâmais	vous blâmiez	tu avais blâmé	vous aviez blâmé
il/elle blâmait	ils/elles blâmaient	il/elle avait blâmé	ils/elles avaient blâmé
Passé Simple		*Past Anterior*	
je blâmai	nous blâmâmes	j'eus blâmé	nous eûmes blâmé
tu blâmas	vous blâmâtes	tu eus blâmé	vous eûtes blâmé
il/elle blâma	ils/elles blâmèrent	il/elle eut blâmé	ils/elles eurent blâmé
Future		*Future Anterior*	
je blâmerai	nous blâmerons	j'aurai blâmé	nous aurons blâmé
tu blâmeras	vous blâmerez	tu auras blâmé	vous aurez blâmé
il/elle blâmera	ils/elles blâmeront	il/elle aura blâmé	ils/elles auront blâmé
Conditional		*Past Conditional*	
je blâmerais	nous blâmerions	j'aurais blâmé	nous aurions blâmé
tu blâmerais	vous blâmeriez	tu aurais blâmé	vous auriez blâmé
il/elle blâmerait	ils/elles blâmeraient	il/elle aurait blâmé	ils/elles auraient blâmé

Present Subjunctive		*Past Subjunctive*	
que je blâme	que nous blâmions	que j'aie blâmé	que nous ayons blâmé
que tu blâmes	que vous blâmiez	que tu aies blâmé	que vous ayez blâmé
qu'il/elle blâme	qu'ils/elles blâment	qu'il/elle ait blâmé	qu'ils/elles aient blâmé
Imperfect Subjunctive		*Pluperfect Subjunctive*	
que je blâmasse	que nous blâmassions	que j'eusse blâmé	que nous eussions blâmé
que tu blâmasses	que vous blâmassiez	que tu eusses blâmé	que vous eussiez blâmé
qu'il/elle blâmât	qu'ils/elles blâmassent	qu'il/elle eût blâmé	qu'ils/elles eussent blâmé

Commands

	(nous) blâmons
(tu) blâme	(vous) blâmez

USAGE

Il me blâme de son renvoi.	*He blames me for his getting fired.*
Je ne te blâme pas. Tu n'y es pour rien.	*I don't blame you. You're not at fault.*
Cet enfant n'est pas à blâmer. Il est à plaindre.	*This child is not deserving of blame. He is to be pitied.*
Qui est à blâmer pour cette situation?	*Who's to blame for this situation?*

RELATED WORDS AND EXPRESSIONS

le blâme	*blame/reprimand* (school or sports)
L'arbitre lui a donné un blâme.	*The umpire gave him a reprimand.*
Il mérite un blâme.	*He deserves a formal reprimand.*
Il a encouru un blâme.	*He got a reprimand.*
Votre collègue essaie de rejeter le blâme sur vous.	*Your colleague is trying to make you look like the guilty party.*
blâmable	*blameful / deserving of blame*

regular -*ir* verb **je blanchis · je blanchis · blanchi · blanchissant**

Present		*Passé Composé*	
je blanchis	nous blanchissons	j'ai blanchi	nous avons blanchi
tu blanchis	vous blanchissez	tu as blanchi	vous avez blanchi
il/elle blanchit	ils/elles blanchissent	il/elle a blanchi	ils/elles ont blanchi
Imperfect		*Pluperfect*	
je blanchissais	nous blanchissions	j'avais blanchi	nous avions blanchi
tu blanchissais	vous blanchissiez	tu avais blanchi	vous aviez blanchi
il/elle blanchissait	ils/elles blanchissaient	il/elle avait blanchi	ils/elles avaient blanchi
Passé Simple		*Past Anterior*	
je blanchis	nous blanchîmes	j'eus blanchi	nous eûmes blanchi
tu blanchis	vous blanchîtes	tu eus blanchi	vous eûtes blanchi
il/elle blanchit	ils/elles blanchirent	il/elle eut blanchi	ils/elles eurent blanchi
Future		*Future Anterior*	
je blanchirai	nous blanchirons	j'aurai blanchi	nous aurons blanchi
tu blanchiras	vous blanchirez	tu auras blanchi	vous aurez blanchi
il/elle blanchira	ils/elles blanchiront	il/elle aura blanchi	ils/elles auront blanchi
Conditional		*Past Conditional*	
je blanchirais	nous blanchirions	j'aurais blanchi	nous aurions blanchi
tu blanchirais	vous blanchiriez	tu aurais blanchi	vous auriez blanchi
il/elle blanchirait	ils/elles blanchiraient	il/elle aurait blanchi	ils/elles auraient blanchi

Present Subjunctive		*Past Subjunctive*	
que je blanchisse	que nous blanchissions	que j'aie blanchi	que nous ayons blanchi
que tu blanchisses	que vous blanchissiez	que tu aies blanchi	que vous ayez blanchi
qu'il/elle blanchisse	qu'ils/elles blanchissent	qu'il/elle ait blanchi	qu'ils/elles aient blanchi
Imperfect Subjunctive		*Pluperfect Subjunctive*	
que je blanchisse	que nous blanchissions	que j'eusse blanchi	que nous eussions blanchi
que tu blanchisses	que vous blanchissiez	que tu eusses blanchi	que vous eussiez blanchi
qu'il/elle blanchît	qu'ils/elles blanchissent	qu'il/elle eût blanchi	qu'ils/elles eussent blanchi

Commands

	(nous) blanchissons
(tu) blanchis	(vous) blanchissez

USAGE

blanchir un mur à la chaux	*to whitewash a wall*
La neige a blanchi la ville.	*The snow turned the city white.*
—Tu n'as pas de machine à laver?	*You have no washing machine?*
—Non, je donne mon linge à blanchir.	*No, I send my wash out to be laundered.*
Ses cheveux ont blanchi.	*His hair has turned white.*
blanchir de l'argent	*to launder money*

RELATED WORDS AND EXPRESSIONS

la blanchisserie	*laundry*
la blanchisserie automatique / laverie automatique	*coin laundry*
le blanchissage	*laundering*
J'envoie le linge au blanchissage.	*I send the linen to the laundry.*
le blanchiment/blanchissage de l'argent	*money laundering*

blesser *to wound*

je blesse · je blessai · blessé · blessant regular *-er* verb

Present		*Passé Composé*	
je blesse	nous blessons	j'ai blessé	nous avons blessé
tu blesses	vous blessez	tu as blessé	vous avez blessé
il/elle blesse	ils/elles blessent	il/elle a blessé	ils/elles ont blessé
Imperfect		*Pluperfect*	
je blessais	nous blessions	j'avais blessé	nous avions blessé
tu blessais	vous blessiez	tu avais blessé	vous aviez blessé
il/elle blessait	ils/elles blessaient	il/elle avait blessé	ils/elles avaient blessé
Passé Simple		*Past Anterior*	
je blessai	nous blessâmes	j'eus blessé	nous eûmes blessé
tu blessas	vous blessâtes	tu eus blessé	vous eûtes blessé
il/elle blessa	ils/elles blessèrent	il/elle eut blessé	ils/elles eurent blessé
Future		*Future Anterior*	
je blesserai	nous blesserons	j'aurai blessé	nous aurons blessé
tu blesseras	vous blesserez	tu auras blessé	vous aurez blessé
il/elle blessera	ils/elles blesseront	il/elle aura blessé	ils/elles auront blessé
Conditional		*Past Conditional*	
je blesserais	nous blesserions	j'aurais blessé	nous aurions blessé
tu blesserais	vous blesseriez	tu aurais blessé	vous auriez blessé
il/elle blesserait	ils/elles blesseraient	il/elle aurait blessé	ils/elles auraient blessé

Present Subjunctive		*Past Subjunctive*	
que je blesse	que nous blessions	que j'aie blessé	que nous ayons blessé
que tu blesses	que vous blessiez	que tu aies blessé	que vous ayez blessé
qu'il/elle blesse	qu'ils/elles blessent	qu'il/elle ait blessé	qu'ils/elles aient blessé
Imperfect Subjunctive		*Pluperfect Subjunctive*	
que je blessasse	que nous blessassions	que j'eusse blessé	que nous eussions blessé
que tu blessasses	que vous blessassiez	que tu eusses blessé	que vous eussiez blessé
qu'il/elle blessât	qu'ils/elles blessassent	qu'il/elle eût blessé	qu'ils/elles eussent blessé

Commands

	(nous) blessons
(tu) blesse	(vous) blessez

USAGE

L'agresseur a blessé sa victime d'un coup de couteau.	*The attacker stabbed his victim.*
Il a été blessé dans un accident.	*He was hurt in an accident.*
Ma grand-mère s'est blessée en tombant.	*My grandmother fell and hurt herself.*
Je me suis blessé le bras.	*I hurt my arm.*
Cette musique blesse l'oreille!	*This music hurts your ears!*
Ces sacrées chaussures me blessent!	*These darned shoes are hurting me!*
Votre remarque m'a blessé au vif.	*Your remark hurt me deeply.*
Ça m'a profondément blessé.	*That really hurt me.*
Tu te blesses pour un rien.	*You get offended too easily.*
Votre commentaire a blessé mon amour-propre.	*Your comment hurt my pride.*

RELATED WORDS AND EXPRESSIONS

la blessure	*wound*
les blessés *(mpl)*	*the wounded*

irregular verb **je bois · je bus · bu · buvant**

Present		*Passé Composé*	
je bois	nous buvons	j'ai bu	nous avons bu
tu bois	vous buvez	tu as bu	vous avez bu
il/elle boit	ils/elles boivent	il/elle a bu	ils/elles ont bu
Imperfect		*Pluperfect*	
je buvais	nous buvions	j'avais bu	nous avions bu
tu buvais	vous buviez	tu avais bu	vous aviez bu
il/elle buvait	ils/elles buvaient	il/elle avait bu	ils/elles avaient bu
Passé Simple		*Past Anterior*	
je bus	nous bûmes	j'eus bu	nous eûmes bu
tu bus	vous bûtes	tu eus bu	vous eûtes bu
il/elle but	ils/elles burent	il/elle eut bu	ils/elles eurent bu
Future		*Future Anterior*	
je boirai	nous boirons	j'aurai bu	nous aurons bu
tu boiras	vous boirez	tu auras bu	vous aurez bu
il/elle boira	ils/elles boiront	il/elle aura bu	ils/elles auront bu
Conditional		*Past Conditional*	
je boirais	nous boirions	j'aurais bu	nous aurions bu
tu boirais	vous boiriez	tu aurais bu	vous auriez bu
il/elle boirait	ils/elles boiraient	il/elle aurait bu	ils/elles auraient bu

Present Subjunctive		*Past Subjunctive*	
que je boive	que nous buvions	que j'aie bu	que nous ayons bu
que tu boives	que vous buviez	que tu aies bu	que vous ayez bu
qu'il/elle boive	qu'ils/elles boivent	qu'il/elle ait bu	qu'ils/elles aient bu
Imperfect Subjunctive		*Pluperfect Subjunctive*	
que je busse	que nous bussions	que j'eusse bu	que nous eussions bu
que tu busses	que vous bussiez	que tu eusses bu	que vous eussiez bu
qu'il/elle bût	qu'ils/elles bussent	qu'il/elle eût bu	qu'ils/elles eussent bu

Commands

	(nous) buvons
(tu) bois	(vous) buvez

USAGE

boire du café / du thé / du vin / de la bière	*to drink coffee/tea/wine/beer*
Allons boire un verre!	*Let's go have a drink.*
Tu veux boire un coup?	*Do you want to have a drink?*
Tu as soif? Je vais te donner à boire.	*Are you thirsty? I'll give you something to drink.*
Chez nous on boit du vin à table.	*We drink wine with our meals.*
Nous allons boire à votre réussite.	*We are going to drink to your health.*
Le vin blanc se boit avec le poisson.	*White wine is drunk with fish.*
Ce n'est pas la mer à boire!	*It's not really so hard to do!*
Les étudiants buvaient les paroles du professeur.	*The students were hanging on the professor's every word.*

RELATED WORDS AND EXPRESSIONS

la buvette	*refreshment area*
la buvette de la gare	*refreshment counter at the station*
un buveur / une buveuse	*a drinker*
C'est un gros buveur.	*He's a big drinker.*
Ce café est imbuvable!	*This coffee is undrinkable!*

boucher *to plug, block, stuff, cork*

je bouche · je bouchai · bouché · bouchant regular -*er* verb

Present		*Passé Composé*	
je bouche	nous bouchons	j'ai bouché	nous avons bouché
tu bouches	vous bouchez	tu as bouché	vous avez bouché
il/elle bouche	ils/elles bouchent	il/elle a bouché	ils/elles ont bouché
Imperfect		*Pluperfect*	
je bouchais	nous bouchions	j'avais bouché	nous avions bouché
tu bouchais	vous bouchiez	tu avais bouché	vous aviez bouché
il/elle bouchait	ils/elles bouchaient	il/elle avait bouché	ils/elles avaient bouché
Passé Simple		*Past Anterior*	
je bouchai	nous bouchâmes	j'eus bouché	nous eûmes bouché
tu bouchas	vous bouchâtes	tu eus bouché	vous eûtes bouché
il/elle boucha	ils/elles bouchèrent	il/elle eut bouché	ils/elles eurent bouché
Future		*Future Anterior*	
je boucherai	nous boucherons	j'aurai bouché	nous aurons bouché
tu boucheras	vous boucherez	tu auras bouché	vous aurez bouché
il/elle bouchera	ils/elles boucheront	il/elle aura bouché	ils/elles auront bouché
Conditional		*Past Conditional*	
je boucherais	nous boucherions	j'aurais bouché	nous aurions bouché
tu boucherais	vous boucheriez	tu aurais bouché	vous auriez bouché
il/elle boucherait	ils/elles boucheraient	il/elle aurait bouché	ils/elles auraient bouché

Present Subjunctive		*Past Subjunctive*	
que je bouche	que nous bouchions	que j'aie bouché	que nous ayons bouché
que tu bouches	que vous bouchiez	que tu aies bouché	que vous ayez bouché
qu'il/elle bouche	qu'ils/elles bouchent	qu'il/elle ait bouché	qu'ils/elles aient bouché
Imperfect Subjunctive		*Pluperfect Subjunctive*	
que je bouchasse	que nous bouchassions	que j'eusse bouché	que nous eussions bouché
que tu bouchasses	que vous bouchassiez	que tu eusses bouché	que vous eussiez bouché
qu'il/elle bouchât	qu'ils/elles bouchassent	qu'il/elle eût bouché	qu'ils/elles eussent bouché

Commands

	(nous) bouchons
(tu) bouche	(vous) bouchez

USAGE

Il faut boucher le trou: il y a une fuite d'eau.	*We have to plug the hole: there's a leak.*
Asseyez-vous! Vous bouchez la vue.	*Sit down. You're blocking the view.*
Ça sent mauvais! Les enfants se bouchent le nez.	*It smells bad! The children are holding their noses.*
Quel bruit! Je me bouche les oreilles.	*What noise! I'm covering my ears.*
J'ai le nez bouché.	*I have a stuffy nose.*
J'ai les oreilles bouchées.	*My ears are stuffed.*

RELATED WORDS AND EXPRESSIONS

le bouchon	*cork / traffic jam*
Il y a un bouchon sur l'autoroute.	*There's a traffic jam on the highway.*
le bouche-trou	*stand-in/substitute*
—On doit déboucher cette bouteille de vin.	*We should uncork this bottle of wine.*
—Voilà le tire-bouchon. Vas-y.	*There's the corkscrew. Go to it.*

regular -*er* verb **je boude · je boudai · boudé · boudant**

Present		*Passé Composé*	
je boude	nous boudons	j'ai boudé	nous avons boudé
tu boudes	vous boudez	tu as boudé	vous avez boudé
il/elle boude	ils/elles boudent	il/elle a boudé	ils/elles ont boudé
Imperfect		*Pluperfect*	
je boudais	nous boudions	j'avais boudé	nous avions boudé
tu boudais	vous boudiez	tu avais boudé	vous aviez boudé
il/elle boudait	ils/elles boudaient	il/elle avait boudé	ils/elles avaient boudé
Passé Simple		*Past Anterior*	
je boudai	nous boudâmes	j'eus boudé	nous eûmes boudé
tu boudas	vous boudâtes	tu eus boudé	vous eûtes boudé
il/elle bouda	ils/elles boudèrent	il/elle eut boudé	ils/elles eurent boudé
Future		*Future Anterior*	
je bouderai	nous bouderons	j'aurai boudé	nous aurons boudé
tu bouderas	vous bouderez	tu auras boudé	vous aurez boudé
il/elle boudera	ils/elles bouderont	il/elle aura boudé	ils/elles auront boudé
Conditional		*Past Conditional*	
je bouderais	nous bouderions	j'aurais boudé	nous aurions boudé
tu bouderais	vous bouderiez	tu aurais boudé	vous auriez boudé
il/elle bouderait	ils/elles bouderaient	il/elle aurait boudé	ils/elles auraient boudé

Present Subjunctive		*Past Subjunctive*	
que je boude	que nous boudions	que j'aie boudé	que nous ayons boudé
que tu boudes	que vous boudiez	que tu aies boudé	que vous ayez boudé
qu'il/elle boude	qu'ils/elles boudent	qu'il/elle ait boudé	qu'ils/elles aient boudé
Imperfect Subjunctive		*Pluperfect Subjunctive*	
que je boudasse	que nous boudassions	que j'eusse boudé	que nous eussions boudé
que tu boudasses	que vous boudassiez	que tu eusses boudé	que vous eussiez boudé
qu'il/elle boudât	qu'ils/elles boudassent	qu'il/elle eût boudé	qu'ils/elles eussent boudé

Commands

	(nous) boudons
(tu) boude	(vous) boudez

USAGE

Cet enfant boude tout le temps.	*This child is always sulking.*
C'est un enfant qui boude sans cesse.	*He's a child who sulks all the time.*
Il nous arrive à tous de bouder de temps en temps.	*All of us get into a bad mood from time to time.*
Il boude la nourriture.	*He doesn't want to eat.*
Elle me boude.	*She's looking cross at me.*

RELATED WORDS AND EXPRESSIONS

la bouderie	*sulking*
boudeur/boudeuse	*sullen*
C'est un vrai boudeur.	*He's always sullen.*
Il a un air boudeur.	*He looks sullen.*
se bouder	*to not be on speaking terms*
On s'est brouillés et maintenant on se boude.	*We had a fight and now we're not on speaking terms.*

91 bouffer *to eat, gobble, gobble up*

je bouffe · je bouffai · bouffé · bouffant regular *-er* verb

Present		*Passé Composé*	
je bouffe	nous bouffons	j'ai bouffé	nous avons bouffé
tu bouffes	vous bouffez	tu as bouffé	vous avez bouffé
il/elle bouffe	ils/elles bouffent	il/elle a bouffé	ils/elles ont bouffé
Imperfect		*Pluperfect*	
je bouffais	nous bouffions	j'avais bouffé	nous avions bouffé
tu bouffais	vous bouffiez	tu avais bouffé	vous aviez bouffé
il/elle bouffait	ils/elles bouffaient	il/elle avait bouffé	ils/elles avaient bouffé
Passé Simple		*Past Anterior*	
je bouffai	nous bouffâmes	j'eus bouffé	nous eûmes bouffé
tu bouffas	vous bouffâtes	tu eus bouffé	vous eûtes bouffé
il/elle bouffa	ils/elles bouffèrent	il/elle eut bouffé	ils/elles eurent bouffé
Future		*Future Anterior*	
je boufferai	nous boufferons	j'aurai bouffé	nous aurons bouffé
tu boufferas	vous boufferez	tu auras bouffé	vous aurez bouffé
il/elle bouffera	ils/elles boufferont	il/elle aura bouffé	ils/elles auront bouffé
Conditional		*Past Conditional*	
je boufferais	nous boufferions	j'aurais bouffé	nous aurions bouffé
tu boufferais	vous boufferiez	tu aurais bouffé	vous auriez bouffé
il/elle bouffcrait	ils/elles boufferaient	il/elle aurait bouffé	ils/elles auraient bouffé

Present Subjunctive		*Past Subjunctive*	
que je bouffe	que nous bouffions	que j'aie bouffé	que nous ayons bouffé
que tu bouffes	que vous bouffiez	que tu aies bouffé	que vous ayez bouffé
qu'il/elle bouffe	qu'ils/elles bouffent	qu'il/elle ait bouffé	qu'ils/elles aient bouffé
Imperfect Subjunctive		*Pluperfect Subjunctive*	
que je bouffasse	que nous bouffassions	que j'eusse bouffé	que nous eussions bouffé
que tu bouffasses	que vous bouffassiez	que tu eusses bouffé	que vous eussiez bouffé
qu'il/elle bouffât	qu'ils/elles bouffassent	qu'il/elle eût bouffé	qu'ils/elles eussent bouffé

Commands

	(nous) bouffons
(tu) bouffe	(vous) bouffez

USAGE

NOTE: *Bouffer* is a slang word for *manger.*

Comme ils ont bouffé la quiche!	*Boy, did they gobble up the quiche!*
Dans ce pays on bouffe des briques.	*In that country they have nothing to eat.*
—Tu n'aimes pas sortir avec eux?	*You don't like going out with them?*
—Pas du tout. Ils se bouffent le nez tout le temps.	*Not at all. They quarrel all the time.*
—On bouffe bien ici?	*Is the food good here?*
—Oui, on bouffe mieux que dans tous les autres restaurants.	*Yes, the food is better here than in all the other restaurants.*

RELATED WORDS AND EXPRESSIONS

la bouffe	*food/grub*
—Il ne pense qu'à la bouffe.	*All he thinks of is food.*
—Oui, mais au moins il sait faire la bouffe.	*Yes, but at least he knows how to cook.*

regular -*er* verb; spelling change: *g* > *ge/a, o*

je bouge · je bougeai · bougé · bougeant

Present		***Passé Composé***	
je bouge	nous bougeons	j'ai bougé	nous avons bougé
tu bouges	vous bougez	tu as bougé	vous avez bougé
il/elle bouge	ils/elles bougent	il/elle a bougé	ils/elles ont bougé
Imperfect		***Pluperfect***	
je bougeais	nous bougions	j'avais bougé	nous avions bougé
tu bougeais	vous bougiez	tu avais bougé	vous aviez bougé
il/elle bougeait	ils/elles bougeaient	il/elle avait bougé	ils/elles avaient bougé
Passé Simple		***Past Anterior***	
je bougeai	nous bougeâmes	j'eus bougé	nous eûmes bougé
tu bougeas	vous bougeâtes	tu eus bougé	vous eûtes bougé
il/elle bougea	ils/elles bougèrent	il/elle eut bougé	ils/elles eurent bougé
Future		***Future Anterior***	
je bougerai	nous bougerons	j'aurai bougé	nous aurons bougé
tu bougeras	vous bougerez	tu auras bougé	vous aurez bougé
il/elle bougera	ils/elles bougeront	il/elle aura bougé	ils/elles auront bougé
Conditional		***Past Conditional***	
je bougerais	nous bougerions	j'aurais bougé	nous aurions bougé
tu bougerais	vous bougeriez	tu aurais bougé	vous auriez bougé
il/elle bougerait	ils/elles bougeraient	il/elle aurait bougé	ils/elles auraient bougé
Present Subjunctive		***Past Subjunctive***	
que je bouge	que nous bougions	que j'aie bougé	que nous ayons bougé
que tu bouges	que vous bougiez	que tu aies bougé	que vous ayez bougé
qu'il/elle bouge	qu'ils/elles bougent	qu'il/elle ait bougé	qu'ils/elles aient bougé
Imperfect Subjunctive		***Pluperfect Subjunctive***	
que je bougeasse	que nous bougeassions	que j'eusse bougé	que nous eussions bougé
que tu bougeasses	que vous bougeassiez	que tu eusses bougé	que vous eussiez bougé
qu'il/elle bougeât	qu'ils/elles bougeassent	qu'il/elle eût bougé	qu'ils/elles eussent bougé

Commands

	(nous) bougeons
(tu) bouge	(vous) bougez

USAGE

Ne bouge pas! On va nous entendre!	*Don't move! They'll hear us!*
Tu peux venir à n'importe quelle heure. Je ne bouge pas de chez moi aujourd'hui.	*You can come at any time. I'm not budging from my house today.*
Le prix de l'essence n'a pas bougé.	*The price of gasoline has stayed the same.*
Elle n'a pas bougé le petit doigt.	*She didn't lift a finger (to help with the task).*

RELATED WORDS AND EXPRESSIONS

la bougeotte	*moving around / fidgetiness*
avoir la bougeotte	*to be always on the move*
Ils ont vécu un peu partout. Ils ont la bougeotte.	*They've lived almost everywhere. They're always on the move.*
Tu as la bougeotte aujourd'hui. Qu'est-ce qui t'arrive?	*You're fidgety today. What's the matter with you?*

93 bouillir *to boil*

je bous · je bouillis · bouilli · bouillant — irregular verb

Present		*Passé Composé*	
je bous	nous bouillons	j'ai bouilli	nous avons bouilli
tu bous	vous bouillez	tu as bouilli	vous avez bouilli
il/elle bout	ils/elles bouillent	il/elle a bouilli	ils/elles ont bouilli
Imperfect		*Pluperfect*	
je bouillais	nous bouillions	j'avais bouilli	nous avions bouilli
tu bouillais	vous bouilliez	tu avais bouilli	vous aviez bouilli
il/elle bouillait	ils/elles bouillaient	il/elle avait bouilli	ils/elles avaient bouilli
Passé Simple		*Past Anterior*	
je bouillis	nous bouillîmes	j'eus bouilli	nous eûmes bouilli
tu bouillis	vous bouillîtes	tu eus bouilli	vous eûtes bouilli
il/elle bouillit	ils/elles bouillirent	il/elle eut bouilli	ils/elles eurent bouilli
Future		*Future Anterior*	
je bouillirai	nous bouillirons	j'aurai bouilli	nous aurons bouilli
tu bouilliras	vous bouillirez	tu auras bouilli	vous aurez bouilli
il/elle bouillira	ils/elles bouilliront	il/elle aura bouilli	ils/elles auront bouilli
Conditional		*Past Conditional*	
je bouillirais	nous bouillirions	j'aurais bouilli	nous aurions bouilli
tu bouillirais	vous bouilliriez	tu aurais bouilli	vous auriez bouilli
il/elle bouillirait	ils/elles bouilliraient	il/elle aurait bouilli	ils/elles auraient bouilli

Present Subjunctive		*Past Subjunctive*	
que je bouille	que nous bouillions	que j'aie bouilli	que nous ayons bouilli
que tu bouilles	que vous bouilliez	que tu aies bouilli	que vous ayez bouilli
qu'il/elle bouille	qu'ils/elles bouillent	qu'il/elle ait bouilli	qu'ils/elles aient bouilli
Imperfect Subjunctive		*Pluperfect Subjunctive*	
que je bouillisse	que nous bouillissions	que j'eusse bouilli	que nous eussions bouilli
que tu bouillisses	que vous bouillissiez	que tu eusses bouilli	que vous eussiez bouilli
qu'il/elle bouillît	qu'ils/elles bouillissent	qu'il/elle eût bouilli	qu'ils/elles eussent bouilli

Commands

	(nous) bouillons
(tu) bous	(vous) bouillez

USAGE

L'eau bout.	*The water is boiling.*
Je vais faire bouillir l'eau pour la soupe.	*I'm going to bring the water to a boil for soup.*
de l'eau bouillie	*boiled water*
de l'eau bouillante	*boiling water*
faire bouillir à gros bouillons	*to bring to a full boil*
Il bout de colère.	*He's seething with anger.*

RELATED WORDS AND EXPRESSIONS

la bouillie	*baby's cereal*
C'est de la bouillie pour les chats.	*It's an illegible text. / This text is a mess.*
mettre/réduire en bouillie	*to beat to a pulp*
Son ennemi était réduit en bouillie.	*His enemy was beaten to a pulp.*
le bouillon	*broth/stock*

regular -*er* verb **je bourre · je bourrai · bourré · bourrant**

Present		*Passé Composé*	
je bourre	nous bourrons	j'ai bourré	nous avons bourré
tu bourres	vous bourrez	tu as bourré	vous avez bourré
il/elle bourre	ils/elles bourrent	il/elle a bourré	ils/elles ont bourré
Imperfect		*Pluperfect*	
je bourrais	nous bourrions	j'avais bourré	nous avions bourré
tu bourrais	vous bourriez	tu avais bourré	vous aviez bourré
il/elle bourrait	ils/elles bourraient	il/elle avait bourré	ils/elles avaient bourré
Passé Simple		*Past Anterior*	
je bourrai	nous bourrâmes	j'eus bourré	nous eûmes bourré
tu bourras	vous bourrâtes	tu eus bourré	vous eûtes bourré
il/elle bourra	ils/elles bourrèrent	il/elle eut bourré	ils/elles eurent bourré
Future		*Future Anterior*	
je bourrerai	nous bourrerons	j'aurai bourré	nous aurons bourré
tu bourreras	vous bourrerez	tu auras bourré	vous aurez bourré
il/elle bourrera	ils/elles bourreront	il/elle aura bourré	ils/elles auront bourré
Conditional		*Past Conditional*	
je bourrerais	nous bourrerions	j'aurais bourré	nous aurions bourré
tu bourrerais	vous bourreriez	tu aurais bourré	vous auriez bourré
il/elle bourrerait	ils/elles bourreraient	il/elle aurait bourré	ils/elles auraient bourré

Present Subjunctive		*Past Subjunctive*	
que je bourre	que nous bourrions	que j'aie bourré	que nous ayons bourré
que tu bourres	que vous bourriez	que tu aies bourré	que vous ayez bourré
qu'il/elle bourre	qu'ils/elles bourrent	qu'il/elle ait bourré	qu'ils/elles aient bourré
Imperfect Subjunctive		*Pluperfect Subjunctive*	
que je bourrasse	que nous bourrassions	que j'eusse bourré	que nous eussions bourré
que tu bourrasses	que vous bourrassiez	que tu eusses bourré	que vous eussiez bourré
qu'il/elle bourrât	qu'ils/elles bourrassent	qu'il/elle eût bourré	qu'ils/elles eussent bourré

Commands

	(nous) bourrons
(tu) bourre	(vous) bourrez

USAGE

bourrer une valise de vêtements	*to stuff a suitcase with clothing*
bourrer une tarte de fruits	*to stuff a pie with fruit*
bourrer sa serviette de papiers	*to stuff one's briefcase with papers*
bourrer un poêle de charbon	*to fill a stove with coal*
bourrer une pipe de tabac	*to fill a pipe with tobacco*
bourrer quelqu'un de coups	*to pummel someone*
Il a trop bu. Il était complètement bourré.	*He drank too much. He got plastered.*
Ta copie est bourrée de fautes.	*Your composition is loaded with mistakes.*
Les enfants se sont bourrés de bonbons.	*The children stuffed themselves with candy.*
Les malfaiteurs l'ont bourré de coups.	*The criminals beat him up.*

SLANG

Cette famille est bourrée de fric.	*That family is loaded/rich.*
Tu dois faire attention dans ce quartier la nuit. Tu peux te faire bourrer la gueule.	*You should be careful in that neighborhood at night. You can get your head bashed in.*

95 brancher *to plug in, connect*

je branche · je branchai · branché · branchant regular *-er* verb

Present		*Passé Composé*	
je branche	nous branchons	j'ai branché	nous avons branché
tu branches	vous branchez	tu as branché	vous avez branché
il/elle branche	ils/elles branchent	il/elle a branché	ils/elles ont branché
Imperfect		*Pluperfect*	
je branchais	nous branchions	j'avais branché	nous avions branché
tu branchais	vous branchiez	tu avais branché	vous aviez branché
il/elle branchait	ils/elles branchaient	il/elle avait branché	ils/elles avaient branché
Passé Simple		*Past Anterior*	
je branchai	nous branchâmes	j'eus branché	nous eûmes branché
tu branchas	vous branchâtes	tu eus branché	vous eûtes branché
il/elle brancha	ils/elles branchèrent	il/elle eut branché	ils/elles eurent branché
Future		*Future Anterior*	
je brancherai	nous brancherons	j'aurai branché	nous aurons branché
tu brancheras	vous brancherez	tu auras branché	vous aurez branché
il/elle branchera	ils/elles brancheront	il/elle aura branché	ils/elles auront branché
Conditional		*Past Conditional*	
je brancherais	nous brancherions	j'aurais branché	nous aurions branché
tu brancherais	vous brancheriez	tu aurais branché	vous auriez branché
il/elle brancherait	ils/elles brancheraient	il/elle aurait branché	ils/elles auraient branché

Present Subjunctive		*Past Subjunctive*	
que je branche	que nous branchions	que j'aie branché	que nous ayons branché
que tu branches	que vous branchiez	que tu aies branché	que vous ayez branché
qu'il/elle branche	qu'ils/elles branchent	qu'il/elle ait branché	qu'ils/elles aient branché
Imperfect Subjunctive		*Pluperfect Subjunctive*	
que je branchasse	que nous branchassions	que j'eusse branché	que nous eussions branché
que tu branchasses	que vous branchassiez	que tu eusses branché	que vous eussiez branché
qu'il/elle branchât	qu'ils/elles branchassent	qu'il/elle eût branché	qu'ils/elles eussent branché

Commands

	(nous) branchons
(tu) branche	(vous) branchez

USAGE

—Cet ordinateur ne marche pas!	*This computer isn't working!*
—Tu ne l'as pas branché.	*You didn't plug it in.*
Sur quelle prise est-ce que je peux brancher la télé?	*What socket can I plug the TV into?*
Ça se branche où?	*Where do I plug this in?*
Dans notre bureau tous les ordinateurs sont branchés sur l'Internet.	*In our office, all the computers are connected to the Internet.*
C'est un jeune homme branché.	*He's a with-it young man.*
brancher qqn sur un sujet	*to get someone started on a topic*
Ne le branchez pas sur la politique. Il vous cassera les oreilles.	*Don't get him started on politics. He'll chew your ear off.*

regular -*er* verb **je brosse · je brossai · brossé · brossant**

Present		*Passé Composé*	
je brosse	nous brossons	j'ai brossé	nous avons brossé
tu brosses	vous brossez	tu as brossé	vous avez brossé
il/elle brosse	ils/elles brossent	il/elle a brossé	ils/elles ont brossé
Imperfect		*Pluperfect*	
je brossais	nous brossions	j'avais brossé	nous avions brossé
tu brossais	vous brossiez	tu avais brossé	vous aviez brossé
il/elle brossait	ils/elles brossaient	il/elle avait brossé	ils/elles avaient brossé
Passé Simple		*Past Anterior*	
je brossai	nous brossâmes	j'eus brossé	nous eûmes brossé
tu brossas	vous brossâtes	tu eus brossé	vous eûtes brossé
il/elle brossa	ils/elles brossèrent	il/elle eut brossé	ils/elles eurent brossé
Future		*Future Anterior*	
je brosserai	nous brosserons	j'aurai brossé	nous aurons brossé
tu brosseras	vous brosserez	tu auras brossé	vous aurez brossé
il/elle brossera	ils/elles brosseront	il/elle aura brossé	ils/elles auront brossé
Conditional		*Past Conditional*	
je brosserais	nous brosserions	j'aurais brossé	nous aurions brossé
tu brosserais	vous brosseriez	tu aurais brossé	vous auriez brossé
il/elle brosserait	ils/elles brosseraient	il/elle aurait brossé	ils/elles auraient brossé

Present Subjunctive		*Past Subjunctive*	
que je brosse	que nous brossions	que j'aie brossé	que nous ayons brossé
que tu brosses	que vous brossiez	que tu aies brossé	que vous ayez brossé
qu'il/elle brosse	qu'ils/elles brossent	qu'il/elle ait brossé	qu'ils/elles aient brossé
Imperfect Subjunctive		*Pluperfect Subjunctive*	
que je brossasse	que nous brossassions	que j'eusse brossé	que nous eussions brossé
que tu brossasses	que vous brossassiez	que tu eusses brossé	que vous eussiez brossé
qu'il/elle brossât	qu'ils/elles brossassent	qu'il/elle eût brossé	qu'ils/elles eussent brossé

Commands

	(nous) brossons
(tu) brosse	(vous) brossez

USAGE

Brosse le manteau. — *Brush (off) the coat.*

RELATED WORDS AND EXPRESSIONS

la brosse à dents	*toothbrush*
la brosse à cheveux	*hairbrush*
la brosse à vêtements	*clothing brush*
donner un coup de brosse à	*to brush* (especially clothing)
avoir/porter les cheveux en brosse	*to have a crew cut*
se brosser les dents	*to brush one's teeth*
se brosser les cheveux	*to brush one's hair*

SLANG

Tu t'attends à ce qu'il te prête sa voiture? Tu peux te brosser, tu sais. — *You expect him to lend you his car? You'd better not count on it, you know.*

97 brûler *to burn*

je brûle · je brûlai · brûlé · brûlant regular -*er* verb

Present		*Passé Composé*	
je brûle	nous brûlons	j'ai brûlé	nous avons brûlé
tu brûles	vous brûlez	tu as brûlé	vous avez brûlé
il/elle brûle	ils/elles brûlent	il/elle a brûlé	ils/elles ont brûlé
Imperfect		*Pluperfect*	
je brûlais	nous brûlions	j'avais brûlé	nous avions brûlé
tu brûlais	vous brûliez	tu avais brûlé	vous aviez brûlé
il/elle brûlait	ils/elles brûlaient	il/elle avait brûlé	ils/elles avaient brûlé
Passé Simple		*Past Anterior*	
je brûlai	nous brûlâmes	j'eus brûlé	nous eûmes brûlé
tu brûlas	vous brûlâtes	tu eus brûlé	vous eûtes brûlé
il/elle brûla	ils/elles brûlèrent	il/elle eut brûlé	ils/elles eurent brûlé
Future		*Future Anterior*	
je brûlerai	nous brûlerons	j'aurai brûlé	nous aurons brûlé
tu brûleras	vous brûlerez	tu auras brûlé	vous aurez brûlé
il/elle brûlera	ils/elles brûleront	il/elle aura brûlé	ils/elles auront brûlé
Conditional		*Past Conditional*	
je brûlerais	nous brûlerions	j'aurais brûlé	nous aurions brûlé
tu brûlerais	vous brûleriez	tu aurais brûlé	vous auriez brûlé
il/elle brûlerait	ils/elles brûleraient	il/elle aurait brûlé	ils/elles auraient brûlé

Present Subjunctive		*Past Subjunctive*	
que je brûle	que nous brûlions	que j'aie brûlé	que nous ayons brûlé
que tu brûles	que vous brûliez	que tu aies brûlé	que vous ayez brûlé
qu'il/elle brûle	qu'ils/elles brûlent	qu'il/elle ait brûlé	qu'ils/elles aient brûlé
Imperfect Subjunctive		*Pluperfect Subjunctive*	
que je brûlasse	que nous brûlassions	que j'eusse brûlé	que nous eussions brûlé
que tu brûlasses	que vous brûlassiez	que tu eusses brûlé	que vous eussiez brûlé
qu'il/elle brûlât	qu'ils/elles brûlassent	qu'il/elle eût brûlé	qu'ils/elles eussent brûlé

Commands

	(nous) brûlons
(tu) brûle	(vous) brûlez

USAGE

On brûle les ordures.	*We burn the garbage.*
Les soldats ont brûlé la ville.	*The soldiers burned the city.*
Il a le visage brûlé par le soleil.	*His face is sunburned.*
Au feu! La maison brûle!	*Fire! The house is burning!*
Fais attention au feu. Tu vas te brûler.	*Careful of the fire. You're going to get burned.*
Cet appareil brûle beaucoup d'électricité.	*This machine consumes a lot of electricity.*
Il a brûlé un feu rouge.	*He went through a red light.*
Tu brûles!	*You're getting warmer!* (children's guessing games)
brûler de faire qqch	*to be dying to do something*
Je brûle de l'interroger.	*I am dying to question him.*

RELATED WORDS AND EXPRESSIONS

Va voir ta tarte! Ça sent le brûlé!	*Go check your pie. It smells like something is burning.*
Faites attention. La soupe est brûlante.	*Careful. The soup is very hot.*
On a tiré à brûle-pourpoint.	*They shot at point-blank range.*

regular -*er* verb **je cache · je cachai · caché · cachant**

Present		*Passé Composé*	
je cache	nous cachons	j'ai caché	nous avons caché
tu caches	vous cachez	tu as caché	vous avez caché
il/elle cache	ils/elles cachent	il/elle a caché	ils/elles ont caché
Imperfect		*Pluperfect*	
je cachais	nous cachions	j'avais caché	nous avions caché
tu cachais	vous cachiez	tu avais caché	vous aviez caché
il/elle cachait	ils/elles cachaient	il/elle avait caché	ils/elles avaient caché
Passé Simple		*Past Anterior*	
je cachai	nous cachâmes	j'eus caché	nous eûmes caché
tu cachas	vous cachâtes	tu eus caché	vous eûtes caché
il/elle cacha	ils/elles cachèrent	il/elle eut caché	ils/elles eurent caché
Future		*Future Anterior*	
je cacherai	nous cacherons	j'aurai caché	nous aurons caché
tu cacheras	vous cacherez	tu auras caché	vous aurez caché
il/elle cachera	ils/elles cacheront	il/elle aura caché	ils/elles auront caché
Conditional		*Past Conditional*	
je cacherais	nous cacherions	j'aurais caché	nous aurions caché
tu cacherais	vous cacheriez	tu aurais caché	vous auriez caché
il/elle cacherait	ils/elles cacheraient	il/elle aurait caché	ils/elles auraient caché

Present Subjunctive		*Past Subjunctive*	
que je cache	que nous cachions	que j'aie caché	que nous ayons caché
que tu caches	que vous cachiez	que tu aies caché	que vous ayez caché
qu'il/elle cache	qu'ils/elles cachent	qu'il/elle ait caché	qu'ils/elles aient caché
Imperfect Subjunctive		*Pluperfect Subjunctive*	
que je cachasse	que nous cachassions	que j'eusse caché	que nous eussions caché
que tu cachasses	que vous cachassiez	que tu eusses caché	que vous eussiez caché
qu'il/elle cachât	qu'ils/elles cachassent	qu'il/elle eût caché	qu'ils/elles eussent caché

Commands

	(nous) cachons
(tu) cache	(vous) cachez

USAGE

Ils ont caché l'argent au sous-sol.	*They hid the money in the basement.*
Il cache ses vraies intentions.	*He's hiding his real intentions.*
Pour réussir, il a caché son jeu.	*To succeed, he hid his intentions.*
Je ne leur ai pas caché ma colère.	*I didn't hide my anger from them.*
Tu n'as rien à cacher.	*You have nothing to hide.*
Il ne se cache pas de sa peur.	*He doesn't hide from the fact that he's afraid.*
Les enfants jouent à cache-cache. Ils se cachent derrière les arbres.	*The children are playing hide-and-seek. They're hiding behind the trees.*
un trésor caché	*a hidden treasure*
Les arbres cachent la plage.	*You can't see the beach because of the trees.*
Il fait frais ici. Les arbres cachent le soleil.	*It's cool here. The trees block the sun.*
Je ne vous cache pas que je suis inquiet.	*I won't pretend that I am not nervous.*
Il ne faut pas se cacher de ses sentiments.	*You mustn't deny your feelings.*

99 casser *to break*

je casse · je cassai · cassé · cassant regular *-er* verb

casser intransitif

Le câble a cassé.	*The cable broke.*
Fais attention! Ça casse.	*Careful! That can break.*

se casser

se casser le bras / la jambe	*to break one's arm/leg*
se casser un bras / une jambe	*to break one's arm/leg*
Ne te casse pas la tête (là-dessus).	*Don't worry about it.*
Tu vas te casser la figure!	*You'll break your neck / get killed!*
Tu vas te casser la gueule! *(vulgar)*	*You'll break your neck / get killed!*

Des mots composés avec *casse-*

le casse-cou	*daredevil*
être casse-cou	*to be reckless*
le casse-pieds	*pain in the neck*
le casse-tête	*puzzle/brainteaser*
le casse-noisette	*nutcracker*
Casse-Noisette	*Tchaikovsky's "Nutcracker Suite"*
le casse-croûte	*snack*
prendre son casse-croûte	*to take along one's snack*

RELATED WORDS AND EXPRESSIONS

la cassation d'un testament *(legal)*	*the annulling of a will*
la cour de cassation	*court of final appeal*
une voix cassée	*a hoarse, raspy voice*
cassant	*brittle; clipped/curt*
avoir les cheveux cassants	*to have brittle hair*
un matériau cassant	*a brittle material*
des paroles cassantes	*sharp words*
Le chef est cassant avec ses employés.	*The boss is curt with his employees.*
J'ai entendu un bruit à tout casser.	*I heard a deafening noise.*
On nous a servi un repas à tout casser.	*They served us a first-rate meal.*
casser la croûte	*to have a snack*

SLANG

Je vais te casser la figure!	*I'll break your neck!*
casser sa pipe	*to die / kick the bucket*
—Je vois que tu ne t'es pas cassé la tête.	*I see you haven't overworked.*
—Et toi, tu t'es cassé?	*And you strained, I suppose?*
Tu me casses la tête avec tes histoires.	*You're boring me to tears with your stories.*
Ce plat ne casse rien.	*This dish is nothing special.*
Ce film ne casse pas des briques.	*This movie is no great shakes.*

to break **casser** 99

regular -*er* verb — **je casse · je cassai · cassé · cassant**

Present		*Passé Composé*	
je casse	nous cassons	j'ai cassé	nous avons cassé
tu casses	vous cassez	tu as cassé	vous avez cassé
il/elle casse	ils/elles cassent	il/elle a cassé	ils/elles ont cassé

Imperfect		*Pluperfect*	
je cassais	nous cassions	j'avais cassé	nous avions cassé
tu cassais	vous cassiez	tu avais cassé	vous aviez cassé
il/elle cassait	ils/elles cassaient	il/elle avait cassé	ils/elles avaient cassé

Passé Simple		*Past Anterior*	
je cassai	nous cassâmes	j'eus cassé	nous eûmes cassé
tu cassas	vous cassâtes	tu eus cassé	vous eûtes cassé
il/elle cassa	ils/elles cassèrent	il/elle eut cassé	ils/elles eurent cassé

Future		*Future Anterior*	
je casserai	nous casserons	j'aurai cassé	nous aurons cassé
tu casseras	vous casserez	tu auras cassé	vous aurez cassé
il/elle cassera	ils/elles casseront	il/elle aura cassé	ils/elles auront cassé

Conditional		*Past Conditional*	
je casserais	nous casserions	j'aurais cassé	nous aurions cassé
tu casserais	vous casseriez	tu aurais cassé	vous auriez cassé
il/elle casserait	ils/elles casseraient	il/elle aurait cassé	ils/elles auraient cassé

Present Subjunctive		*Past Subjunctive*	
que je casse	que nous cassions	que j'aie cassé	que nous ayons cassé
que tu casses	que vous cassiez	que tu aies cassé	que vous ayez cassé
qu'il/elle casse	qu'ils/elles cassent	qu'il/elle ait cassé	qu'ils/elles aient cassé

Imperfect Subjunctive		*Pluperfect Subjunctive*	
que je cassasse	que nous cassassions	que j'eusse cassé	que nous eussions cassé
que tu cassasses	que vous cassassiez	que tu eusses cassé	que vous eussiez cassé
qu'il/elle cassât	qu'ils/elles cassassent	qu'il/elle eût cassé	qu'ils/elles eussent cassé

Commands

	(nous) cassons
(tu) casse	(vous) cassez

USAGE

—J'ai cassé trois assiettes aujourd'hui.	*I broke three plates today.*
—Et moi, j'ai cassé un verre.	*And I broke a glass.*
Oh, cet enfant casse tout.	*Oh, this child is always breaking something.*
—Jean-Marc a le bras dans le plâtre. Comment est-ce qu'il s'est cassé le bras?	*Jean-Marc has his arm in a cast. How did he break his arm?*
—Ils lui ont cassé le bras pendant une bagarre.	*He got his arm broken in a fight.*
casser un carreau	*to smash a windowpane*
Il a cassé le poste de télé en morceaux.	*He smashed the TV to pieces.*
Après Noël, les commerçants cassent les prix.	*After Christmas, the storekeepers slash prices.*

top 50 verb

causer *to cause; to chat*

je cause · je causai · causé · causant regular -*er* verb

Present		*Passé Composé*	
je cause	nous causons	j'ai causé	nous avons causé
tu causes	vous causez	tu as causé	vous avez causé
il/elle cause	ils/elles causent	il/elle a causé	ils/elles ont causé
Imperfect		***Pluperfect***	
je causais	nous causions	j'avais causé	nous avions causé
tu causais	vous causiez	tu avais causé	vous aviez causé
il/elle causait	ils/elles causaient	il/elle avait causé	ils/elles avaient causé
Passé Simple		***Past Anterior***	
je causai	nous causâmes	j'eus causé	nous eûmes causé
tu causas	vous causâtes	tu eus causé	vous eûtes causé
il/elle causa	ils/elles causèrent	il/elle eut causé	ils/elles eurent causé
Future		***Future Anterior***	
je causerai	nous causerons	j'aurai causé	nous aurons causé
tu causeras	vous causerez	tu auras causé	vous aurez causé
il/elle causera	ils/elles causeront	il/elle aura causé	ils/elles auront causé
Conditional		***Past Conditional***	
je causerais	nous causerions	j'aurais causé	nous aurions causé
tu causerais	vous causeriez	tu aurais causé	vous auriez causé
il/elle causerait	ils/elles causeraient	il/elle aurait causé	ils/elles auraient causé

Present Subjunctive		*Past Subjunctive*	
que je cause	que nous causions	que j'aie causé	que nous ayons causé
que tu causes	que vous causiez	que tu aies causé	que vous ayez causé
qu'il/elle cause	qu'ils/elles causent	qu'il/elle ait causé	qu'ils/elles aient causé
Imperfect Subjunctive		***Pluperfect Subjunctive***	
que je causasse	que nous causassions	que j'eusse causé	que nous eussions causé
que tu causasses	que vous causassiez	que tu eusses causé	que vous eussiez causé
qu'il/elle causât	qu'ils/elles causassent	qu'il/elle eût causé	qu'ils/elles eussent causé

Commands

	(nous) causons
(tu) cause	(vous) causez

USAGE

Cet accident m'a causé beaucoup d'ennuis.	*That accident caused me a lot of trouble.*
Je ne veux pas vous causer de la peine.	*I don't want to hurt you / cause you grief.*
Les problèmes de sécurité peuvent causer la ruine financière d'une entreprise.	*Security problems can bring about a company's financial ruin.*

RELATED WORDS AND EXPRESSIONS

Quelle est la cause de l'accident?	*What is the cause of the accident?*
agir en connaissance de cause	*to act in full knowledge of what one is doing*

SLANG

causer	*to chat*
la causerie	*talking/chatting*
faire un petit bout de causette / faire un brin de causette	*to have a chat*

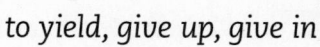

-er verb; spelling change: *é* > *è*/mute *e* except in the future and conditional

je cède · je cédai · cédé · cédant

	Present		*Passé Composé*
je cède	nous cédons	j'ai cédé	nous avons cédé
tu cèdes	vous cédez	tu as cédé	vous avez cédé
il/elle cède	ils/elles cèdent	il/elle a cédé	ils/elles ont cédé
	Imperfect		*Pluperfect*
je cédais	nous cédions	j'avais cédé	nous avions cédé
tu cédais	vous cédiez	tu avais cédé	vous aviez cédé
il/elle cédait	ils/elles cédaient	il/elle avait cédé	ils/elles avaient cédé
	Passé Simple		*Past Anterior*
je cédai	nous cédâmes	j'eus cédé	nous eûmes cédé
tu cédas	vous cédâtes	tu eus cédé	vous eûtes cédé
il/elle céda	ils/elles cédèrent	il/elle eut cédé	ils/elles eurent cédé
	Future		*Future Anterior*
je céderai	nous céderons	j'aurai cédé	nous aurons cédé
tu céderas	vous céderez	tu auras cédé	vous aurez cédé
il/elle cédera	ils/elles céderont	il/elle aura cédé	ils/elles auront cédé
	Conditional		*Past Conditional*
je céderais	nous céderions	j'aurais cédé	nous aurions cédé
tu céderais	vous céderiez	tu aurais cédé	vous auriez cédé
il/elle céderait	ils/elles céderaient	il/elle aurait cédé	ils/elles auraient cédé

	Present Subjunctive		*Past Subjunctive*
que je cède	que nous cédions	que j'aie cédé	que nous ayons cédé
que tu cèdes	que vous cédiez	que tu aies cédé	que vous ayez cédé
qu'il/elle cède	qu'ils/elles cèdent	qu'il/elle ait cédé	qu'ils/elles aient cédé
	Imperfect Subjunctive		*Pluperfect Subjunctive*
que je cédasse	que nous cédassions	que j'eusse cédé	que nous eussions cédé
que tu cédasses	que vous cédassiez	que tu eusses cédé	que vous eussiez cédé
qu'il/elle cédât	qu'ils/elles cédassent	qu'il/elle eût cédé	qu'ils/elles eussent cédé

Commands

(nous) cédons
(tu) cède (vous) cédez

USAGE

céder qqch à qqn	*to yield something / give something up to someone*
céder le pas à	*to yield one's place / let someone get ahead of one*
L'entreprise va céder un pan de ses activités financières à un fonds d'investissements japonais.	*The firm is going to give up a part of its financial activities to a Japanese investment fund.*
céder le haut du pavé	*to give up a leadership position / top rank*
L'industrie aérospatiale nationale a cédé le haut du pavé à ses concurrents allemands.	*The domestic aerospace industry has given up its leadership position to its German competitors.*
L'armée a cédé du terrain.	*The army gave up ground.*
Il a cédé à sa peur.	*He gave in to his fear.*
Je vous cède ma place.	*You may have my seat.*
Les problèmes économiques cèdent le pas maintenant aux problèmes de l'environnement.	*Economic concerns are now taking a back seat to environmental problems.*
Il m'a cédé son tour.	*He gave me his turn.*

célébrer *to celebrate, observe*

je célèbre · je célébrai · célébré · célébrant

-er verb; spelling change: *é* > *è*/mute *e* except in the future and conditional

Present		*Passé Composé*	
je célèbre	nous célébrons	j'ai célébré	nous avons célébré
tu célèbres	vous célébrez	tu as célébré	vous avez célébré
il/elle célèbre	ils/elles célèbrent	il/elle a célébré	ils/elles ont célébré
Imperfect		*Pluperfect*	
je célébrais	nous célébrions	j'avais célébré	nous avions célébré
tu célébrais	vous célébriez	tu avais célébré	vous aviez célébré
il/elle célébrait	ils/elles célébraient	il/elle avait célébré	ils/elles avaient célébré
Passé Simple		*Past Anterior*	
je célébrai	nous célébrâmes	j'eus célébré	nous eûmes célébré
tu célébras	vous célébrâtes	tu eus célébré	vous eûtes célébré
il/elle célébra	ils/elles célébrèrent	il/elle eut célébré	ils/elles eurent célébré
Future		*Future Anterior*	
je célébrerai	nous célébrerons	j'aurai célébré	nous aurons célébré
tu célébreras	vous célébrerez	tu auras célébré	vous aurez célébré
il/elle célébrera	ils/elles célébreront	il/elle aura célébré	ils/elles auront célébré
Conditional		*Past Conditional*	
je célébrerais	nous célébrerions	j'aurais célébré	nous aurions célébré
tu célébrerais	vous célébreriez	tu aurais célébré	vous auriez célébré
il/elle célébrerait	ils/elles célébreraient	il/elle aurait célébré	ils/elles auraient célébré

Present Subjunctive		*Past Subjunctive*	
que je célèbre	que nous célébrions	que j'aie célébré	que nous ayons célébré
que tu célèbres	que vous célébriez	que tu aies célébré	que vous ayez célébré
qu'il/elle célèbre	qu'ils/elles célèbrent	qu'il/elle ait célébré	qu'ils/elles aient célébré
Imperfect Subjunctive		*Pluperfect Subjunctive*	
que je célébrasse	que nous célébrassions	que j'eusse célébré	que nous eussions célébré
que tu célébrasses	que vous célébrassiez	que tu eusses célébré	que vous eussiez célébré
qu'il/elle célébrât	qu'ils/elles célébrassent	qu'il/elle eût célébré	qu'ils/elles eussent célébré

Commands

	(nous) célébrons
(tu) célèbre	(vous) célébrez

USAGE

Elle a célébré son anniversaire.	*She celebrated her birthday.*
célébrer un mariage	*to celebrate a marriage*
célébrer la messe	*to celebrate/conduct mass*
célébrer l'œuvre littéraire d'un auteur	*to celebrate an author's literary work*
célébrer la mémoire de qqn	*to celebrate/commemorate someone's memory*
Nous célébrerons la fête légale.	*We will observe the legal holiday.*

RELATED WORDS AND EXPRESSIONS

la célébration de la messe / d'un mariage	*the celebration of mass / of a marriage*
la célébrité	*fame/celebrity*
célèbre	*famous*
un artiste célèbre	*a famous artist*
se rendre / devenir célèbre	*to become famous*

regular -*er* verb

je cesse · je cessai · cessé · cessant

Present		*Passé Composé*	
je cesse	nous cessons	j'ai cessé	nous avons cessé
tu cesses	vous cessez	tu as cessé	vous avez cessé
il/elle cesse	ils/elles cessent	il/elle a cessé	ils/elles ont cessé
Imperfect		*Pluperfect*	
je cessais	nous cessions	j'avais cessé	nous avions cessé
tu cessais	vous cessiez	tu avais cessé	vous aviez cessé
il/elle cessait	ils/elles cessaient	il/elle avait cessé	ils/elles avaient cessé
Passé Simple		*Past Anterior*	
je cessai	nous cessâmes	j'eus cessé	nous eûmes cessé
tu cessas	vous cessâtes	tu eus cessé	vous eûtes cessé
il/elle cessa	ils/elles cessèrent	il/elle eut cessé	ils/elles eurent cessé
Future		*Future Anterior*	
je cesserai	nous cesserons	j'aurai cessé	nous aurons cessé
tu cesseras	vous cesserez	tu auras cessé	vous aurez cessé
il/elle cessera	ils/elles cesseront	il/elle aura cessé	ils/elles auront cessé
Conditional		*Past Conditional*	
je cesserais	nous cesserions	j'aurais cessé	nous aurions cessé
tu cesserais	vous cesseriez	tu aurais cessé	vous auriez cessé
il/elle cesserait	ils/elles cesseraient	il/elle aurait cessé	ils/elles auraient cessé

Present Subjunctive		*Past Subjunctive*	
que je cesse	que nous cessions	que j'aie cessé	que nous ayons cessé
que tu cesses	que vous cessiez	que tu aies cessé	que vous ayez cessé
qu'il/elle cesse	qu'ils/elles cessent	qu'il/elle ait cessé	qu'ils/elles aient cessé
Imperfect Subjunctive		*Pluperfect Subjunctive*	
que je cessasse	que nous cessassions	que j'eusse cessé	que nous eussions cessé
que tu cessasses	que vous cessassiez	que tu eusses cessé	que vous eussiez cessé
qu'il/elle cessât	qu'ils/elles cessassent	qu'il/elle eût cessé	qu'ils/elles eussent cessé

Commands

	(nous) cessons
(tu) cesse	(vous) cessez

USAGE

Nous avons cessé nos efforts.	*We stopped our efforts.*
L'usine a cessé la production de cet article.	*The factory stopped production of this item.*
Les ouvriers ont cessé le travail.	*The workers stopped work.*
Le bruit a cessé.	*The noise stopped.*
Le travail a cessé.	*Work stopped.*
La pluie / Le vent a cessé.	*The rain/wind stopped.*
cesser de faire qqch	*to stop doing something*
Ils ont cessé de fumer.	*They stopped smoking.*
Il ne cesse pas de faire l'idiot.	*He won't stop acting like an idiot.*

RELATED WORDS AND EXPRESSIONS

la cessation	*stopping*
la cessation des hostilités	*cease-fire*
sans cesse	*continually/constantly*

104 changer *to change*

je change · je changeai · changé · changeant

regular -*er* verb;
spelling change: *g* > *ge/a, o*

changer = transformer

changer qqch en qqch	*to change something into something*
Il a changé son salle de séjour en cabinet de travail.	*He changed his living room into a study.*

Changer de l'argent

changer de l'argent	*to change money / convert currency*
le bureau de change	*foreign currency exchange office*
gagner/perdre au change	*to gain/lose money in an exchange operation*
une opération de change	*a foreign exchange operation*

changer de + noun (usually singular)

changer d'adresse	*to move / change address*
changer de train / d'autobus / d'avion	*to change trains/buses/planes*
changer de vêtements	*to change one's clothes*
changer d'avis/d'idée	*to change one's mind*
changer de ton	*to change one's tune*
changer de sujet	*to change the subject*
Quand elle a vu son ancien fiancé, elle a changé de couleur.	*When she saw her former fiancé, she changed color.*
Je l'ai pas reconnue parce qu'elle avait changé de coiffure.	*I didn't recognize her because she had changed her hairdo.*
Ce politicien a changé de camp.	*This politician has changed sides.*
Changeons de route pour qu'on ne nous poursuive pas.	*Let's go a different way so that they don't follow us.*

changer qqch

changer ses plans	*to change one's plans*
changer les draps	*to change the sheets*
changer sa voiture	*to get a different car*
changer sa façon de vivre	*to change one's way of life*
changer un enfant	*to change a child* (clothing, diapers)
changer les couches à un enfant	*to change a child's diapers*
changer qqch contre qqch	*to exchange something for something*
Il a changé sa vieille bicyclette contre une nouvelle.	*He exchanged his old bicycle for a new one.*

changer qqch de place to move something

—Ah, vous avez changé le canapé de place.	*Oh, you've moved the sofa.*
—Oui, nous avons changé tous les meubles de place.	*Yes, we've moved all the furniture.*
On m'a changé de poste.	*They moved me to a different job.*
changer son fusil d'épaule	*to change one's tack; to have a change of heart*

se changer to change one's clothes

—Tu vas te changer avant de sortir?	*Are you going to change before going out?*
—Oui. Le temps de me changer et je descends.	*Just give me enough time to change and I'll be right down.*

top 50 verb

to change **changer**

regular -*er* verb;
spelling change: *g* > *ge/a, o*

je change · je changeai · changé · changeant

Present		*Passé Composé*	
je change	nous changeons	j'ai changé	nous avons changé
tu changes	vous changez	tu as changé	vous avez changé
il/elle change	ils/elles changent	il/elle a changé	ils/elles ont changé

Imperfect		*Pluperfect*	
je changeais	nous changions	j'avais changé	nous avions changé
tu changeais	vous changiez	tu avais changé	vous aviez changé
il/elle changeait	ils/elles changeaient	il/elle avait changé	ils/elles avaient changé

Passé Simple		*Past Anterior*	
je changeai	nous changeâmes	j'eus changé	nous eûmes changé
tu changeas	vous changeâtes	tu eus changé	vous eûtes changé
il/elle changea	ils/elles changèrent	il/elle eut changé	ils/elles eurent changé

Future		*Future Anterior*	
je changerai	nous changerons	j'aurai changé	nous aurons changé
tu changeras	vous changerez	tu auras changé	vous aurez changé
il/elle changera	ils/elles changeront	il/elle aura changé	ils/elles auront changé

Conditional		*Past Conditional*	
je changerais	nous changerions	j'aurais changé	nous aurions changé
tu changerais	vous changeriez	tu aurais changé	vous auriez changé
il/elle changerait	ils/elles changeraient	il/elle aurait changé	ils/elles auraient changé

Present Subjunctive		*Past Subjunctive*	
que je change	que nous changions	que j'aie changé	que nous ayons changé
que tu changes	que vous changiez	que tu aies changé	que vous ayez changé
qu'il/elle change	qu'ils/elles changent	qu'il/elle ait changé	qu'ils/elles aient changé

Imperfect Subjunctive		*Pluperfect Subjunctive*	
que je changeasse	que nous changeassions	que j'eusse changé	que nous eussions changé
que tu changeasses	que vous changeassiez	que tu eusses changé	que vous eussiez changé
qu'il/elle changeât	qu'ils/elles changeassent	qu'il/elle eût changé	qu'ils/elles eussent changé

Commands

	(nous) changeons
(tu) change	(vous) changez

USAGE

Tout ça ne change rien.	*All that changes nothing / makes no difference.*
Je vois que rien ne te changera.	*I see that nothing will change you.*
changer une ampoule	*to change a lightbulb*
On ne peut pas le changer.	*He'll never change.*
changer les idées à qqn	*to take someone's mind off things*
Un dîner en ville te changera les idées.	*A dinner out will take your mind off things.*
Il a démissionné? Ça change tout!	*He resigned? That makes all the difference.*

PROVERBS

Plus ça change, plus c'est la même chose.	*The more things change, the more they remain the same.*
Ce n'est pas la peine de changer un cheval borgne pour un cheval aveugle.	*We might as well choose the lesser of two evils.* (lit., *There's no sense exchanging a one-eyed horse for a blind horse.*)

chanter *to sing*

je chante · je chantai · chanté · chantant regular *-er* verb

Present		*Passé Composé*	
je chante	nous chantons	j'ai chanté	nous avons chanté
tu chantes	vous chantez	tu as chanté	vous avez chanté
il/elle chante	ils/elles chantent	il/elle a chanté	ils/elles ont chanté
Imperfect		*Pluperfect*	
je chantais	nous chantions	j'avais chanté	nous avions chanté
tu chantais	vous chantiez	tu avais chanté	vous aviez chanté
il/elle chantait	ils/elles chantaient	il/elle avait chanté	ils/elles avaient chanté
Passé Simple		*Past Anterior*	
je chantai	nous chantâmes	j'eus chanté	nous eûmes chanté
tu chantas	vous chantâtes	tu eus chanté	vous eûtes chanté
il/elle chanta	ils/elles chantèrent	il/elle eut chanté	ils/elles eurent chanté
Future		*Future Anterior*	
je chanterai	nous chanterons	j'aurai chanté	nous aurons chanté
tu chanteras	vous chanterez	tu auras chanté	vous aurez chanté
il/elle chantera	ils/elles chanteront	il/elle aura chanté	ils/elles auront chanté
Conditional		*Past Conditional*	
je chanterais	nous chanterions	j'aurais chanté	nous aurions chanté
tu chanterais	vous chanteriez	tu aurais chanté	vous auriez chanté
il/elle chanterait	ils/elles chanteraient	il/elle aurait chanté	ils/elles auraient chanté
Present Subjunctive		*Past Subjunctive*	
que je chante	que nous chantions	que j'aie chanté	que nous ayons chanté
que tu chantes	que vous chantiez	que tu aies chanté	que vous ayez chanté
qu'il/elle chante	qu'ils/elles chantent	qu'il/elle ait chanté	qu'ils/elles aient chanté
Imperfect Subjunctive		*Pluperfect Subjunctive*	
que je chantasse	que nous chantassions	que j'eusse chanté	que nous eussions chanté
que tu chantasses	que vous chantassiez	que tu eusses chanté	que vous eussiez chanté
qu'il/elle chantât	qu'ils/elles chantassent	qu'il/elle eût chanté	qu'ils/elles eussent chanté

Commands

	(nous) chantons
(tu) chante	(vous) chantez

USAGE

chanter une chanson	*to sing a song*
chanter juste	*to sing in tune*
chanter faux	*to sing out of tune*
Il chante en parlant.	*He speaks in a singsong.*
C'est comme si je chantais!	*I see I'm wasting my breath!*
Qu'est-ce que tu me chantes là?	*What nonsense are you telling me?*
On peut aller au cinéma si le film te chante.	*We can go to the movies if the film appeals to you.*
Ça ne me chante pas de passer la soirée avec eux.	*I really don't feel like spending the evening with them.*
Il téléphone à ses parents quand ça lui chante.	*He calls his parents when he feels like it.*

RELATED WORDS AND EXPRESSIONS

la chanson	*song*
la chanson de geste	*epic poem*
le chant	*song/melody/singing*
un chanteur / une chanteuse	*a singer*

regular -*er* verb;
spelling change: *g* > *ge/a, o*

je charge · je chargeai · chargé · chargeant

Present		*Passé Composé*	
je charge	nous chargeons	j'ai chargé	nous avons chargé
tu charges	vous chargez	tu as chargé	vous avez chargé
il/elle charge	ils/elles chargent	il/elle a chargé	ils/elles ont chargé
Imperfect		*Pluperfect*	
je chargeais	nous chargions	j'avais chargé	nous avions chargé
tu chargeais	vous chargiez	tu avais chargé	vous aviez chargé
il/elle chargeait	ils/elles chargeaient	il/elle avait chargé	ils/elles avaient chargé
Passé Simple		*Past Anterior*	
je chargeai	nous chargeâmes	j'eus chargé	nous eûmes chargé
tu chargeas	vous chargeâtes	tu eus chargé	vous eûtes chargé
il/elle chargea	ils/elles chargèrent	il/elle eut chargé	ils/elles eurent chargé
Future		*Future Anterior*	
je chargerai	nous chargerons	j'aurai chargé	nous aurons chargé
tu chargeras	vous chargerez	tu auras chargé	vous aurez chargé
il/elle chargera	ils/elles chargeront	il/elle aura chargé	ils/elles auront chargé
Conditional		*Past Conditional*	
je chargerais	nous chargerions	j'aurais chargé	nous aurions chargé
tu chargerais	vous chargeriez	tu aurais chargé	vous auriez chargé
il/elle chargerait	ils/elles chargeraient	il/elle aurait chargé	ils/elles auraient chargé

Present Subjunctive		*Past Subjunctive*	
que je charge	que nous chargions	que j'aie chargé	que nous ayons chargé
que tu charges	que vous chargiez	que tu aies chargé	que vous ayez chargé
qu'il/elle charge	qu'ils/elles chargent	qu'il/elle ait chargé	qu'ils/elles aient chargé
Imperfect Subjunctive		*Pluperfect Subjunctive*	
que je chargeasse	que nous chargeassions	que j'eusse chargé	que nous eussions chargé
que tu chargeasses	que vous chargeassiez	que tu eusses chargé	que vous eussiez chargé
qu'il/elle chargeât	qu'ils/elles chargeassent	qu'il/elle eût chargé	qu'ils/elles eussent chargé

Commands

	(nous) chargeons
(tu) charge	(vous) chargez

USAGE

charger le camion	*to load the truck*
Il a chargé le paquet sur son épaule.	*He put the package on his shoulder.*
Les escargots m'ont chargé l'estomac.	*The snails upset my stomach.*
avoir les bras chargés	*to be loaded down / have a lot to carry*
J'ai la mémoire chargée de détails.	*My memory is overloaded with details.*
J'ai l'horaire très chargé aujourd'hui.	*I have a very full schedule today.*
charger qqn de qqch	*to put someone in charge of something*
Il m'a chargé de la réunion d'affaires.	*He put me in charge of the business meeting.*
charger qqn de faire qqch	*to give someone the responsibility for doing something*
Il m'a chargé de préparer un compte-rendu.	*He assigned me the responsibility of preparing a report.*

RELATED WORDS AND EXPRESSIONS

télécharger	*to download/upload*

chasser *to hunt, chase*

je chasse · je chassai · chassé · chassant regular *-er* verb

Present		*Passé Composé*	
je chasse	nous chassons	j'ai chassé	nous avons chassé
tu chasses	vous chassez	tu as chassé	vous avez chassé
il/elle chasse	ils/elles chassent	il/elle a chassé	ils/elles ont chassé
Imperfect		*Pluperfect*	
je chassais	nous chassions	j'avais chassé	nous avions chassé
tu chassais	vous chassiez	tu avais chassé	vous aviez chassé
il/elle chassait	ils/elles chassaient	il/elle avait chassé	ils/elles avaient chassé
Passé Simple		*Past Anterior*	
je chassai	nous chassâmes	j'eus chassé	nous eûmes chassé
tu chassas	vous chassâtes	tu eus chassé	vous eûtes chassé
il/elle chassa	ils/elles chassèrent	il/elle eut chassé	ils/elles eurent chassé
Future		*Future Anterior*	
je chasserai	nous chasserons	j'aurai chassé	nous aurons chassé
tu chasseras	vous chasserez	tu auras chassé	vous aurez chassé
il/elle chassera	ils/elles chasseront	il/elle aura chassé	ils/elles auront chassé
Conditional		*Past Conditional*	
je chasserais	nous chasserions	j'aurais chassé	nous aurions chassé
tu chasserais	vous chasseriez	tu aurais chassé	vous auriez chassé
il/elle chasserait	ils/elles chasseraient	il/elle aurait chassé	ils/elles auraient chassé
Present Subjunctive		*Past Subjunctive*	
que je chasse	que nous chassions	que j'aie chassé	que nous ayons chassé
que tu chasses	que vous chassiez	que tu aies chassé	que vous ayez chassé
qu'il/elle chasse	qu'ils/elles chassent	qu'il/elle ait chassé	qu'ils/elles aient chassé
Imperfect Subjunctive		*Pluperfect Subjunctive*	
que je chassasse	que nous chassassions	que j'eusse chassé	que nous eussions chassé
que tu chassasses	que vous chassassiez	que tu eusses chassé	que vous eussiez chassé
qu'il/elle chassât	qu'ils/elles chassassent	qu'il/elle eût chassé	qu'ils/elles eussent chassé

Commands

	(nous) chassons
(tu) chasse	(vous) chassez

USAGE

chasser le lapin/lion	*to go rabbit/lion hunting*
Ses rivaux politiques l'ont chassé du pays.	*His political rivals made him leave the country.*
Le bruit du chantier va me chasser de chez moi.	*The noise from the construction site is going to drive me out of my house.*
Un incendie les a chassés de chez eux.	*A fire burned them out of their home.*
Il est avocat comme son père; il chasse de race.	*He's a lawyer like his father, following in the family tradition.*

RELATED WORDS AND EXPRESSIONS

la chasse	*the hunt*
aller à la chasse	*to go hunting*
un chasseur / une chasseuse	*a hunter; a bellhop*
un chasseur / une chasseuse de têtes	*a headhunter*

to warm up **se chauffer**

regular -*er* reflexive verb;
compound tenses with *être*

je me chauffe · je me chauffai · s'étant chauffé · se chauffant

Present		*Passé Composé*	
je me chauffe	nous nous chauffons	je me suis chauffé(e)	nous nous sommes chauffé(e)s
tu te chauffes	vous vous chauffez	tu t'es chauffé(e)	vous vous êtes chauffé(e)(s)
il/elle se chauffe	ils/elles se chauffent	il/elle s'est chauffé(e)	ils/elles se sont chauffé(e)s
Imperfect		*Pluperfect*	
je me chauffais	nous nous chauffions	je m'étais chauffé(e)	nous nous étions chauffé(e)s
tu te chauffais	vous vous chauffiez	tu t'étais chauffé(e)	vous vous étiez chauffé(e)(s)
il/elle se chauffait	ils/elles se chauffaient	il/elle s'était chauffé(e)	ils/elles s'étaient chauffé(e)s
Passé Simple		*Past Anterior*	
je me chauffai	nous nous chauffâmes	je me fus chauffé(e)	nous nous fûmes chauffé(e)s
tu te chauffas	vous vous chauffâtes	tu te fus chauffé(e)	vous vous fûtes chauffé(e)(s)
il/elle se chauffa	ils/elles se chauffèrent	il/elle se fut chauffé(e)	ils/elles se furent chauffé(e)s
Future		*Future Anterior*	
je me chaufferai	nous nous chaufferons	je me serai chauffé(e)	nous nous serons chauffé(e)s
tu te chaufferas	vous vous chaufferez	tu te seras chauffé(e)	vous vous serez chauffé(e)(s)
il/elle se chauffera	ils/elles se chaufferont	il/elle se sera chauffé(e)	ils/elles se seront chauffé(e)s
Conditional		*Past Conditional*	
je me chaufferais	nous nous chaufferions	je me serais chauffé(e)	nous nous serions chauffé(e)s
tu te chaufferais	vous vous chaufferiez	tu te serais chauffé(e)	vous vous seriez chauffé(e)(s)
il/elle se chaufferait	ils/elles se chaufferaient	il/elle se serait chauffé(e)	ils/elles se seraient chauffé(e)s

Present Subjunctive		*Past Subjunctive*	
que je me chauffe	que nous nous chauffions	que je me sois chauffé(e)	que nous nous soyons chauffé(e)s
que tu te chauffes	que vous vous chauffiez	que tu te sois chauffé(e)	que vous vous soyez chauffé(e)(s)
qu'il/elle se chauffe	qu'ils/elles se chauffent	qu'il/elle se soit chauffé(e)	qu'ils/elles se soient chauffé(e)s
Imperfect Subjunctive		*Pluperfect Subjunctive*	
que je me chauffasse	que nous nous chauffassions	que je me fusse chauffé(e)	que nous nous fussions chauffé(e)s
que tu te chauffasses	que vous vous chauffassiez	que tu te fusses chauffé(e)	que vous vous fussiez chauffé(e)(s)
qu'il/elle se chauffât	qu'ils/elles se chauffassent	qu'il/elle se fût chauffé(e)	qu'ils/elles se fussent chauffé(e)s

Commands

(nous) chauffons-nous
(tu) chauffe-toi (vous) chauffez-vous

USAGE

Le chat se chauffe au soleil.	*The cat is warming himself in the sun.*
—Nous, on se chauffe au bois.	*We use wood for heating.*
—Chez nous on se chauffe au gaz.	*We have gas heat.*
—Je veux me chauffer.	*I want to warm up.*
—Je vais te faire un thé.	*I'll make you a cup of tea.*
Je me chauffe avant de courir.	*I warm up before running.*

RELATED WORDS AND EXPRESSIONS

le chauffage électrique/solaire	*electric/solar heating*
le chauffe-eau	*water heater*
le chauffe-plats	*chafing dish*

109 chercher *to look for*

je cherche · je cherchai · cherché · cherchant regular -er verb

verb of motion + *chercher*

aller chercher qqn	*to go pick up / get someone*
Tu peux aller chercher papa à la gare?	*Can you go pick up Dad at the station?*
Il faut aller chercher du secours.	*We have to get help.*
Va me chercher le journal, s'il te plaît.	*Go get me the newspaper, please.*
Qu'est-ce que tu viens chercher?	*What have you come to get?*
Le chasseur est monté chercher nos valises.	*The bellhop went up to get our bags.*
Maman est descendue chercher une baguette pour le dîner.	*Mother went downstairs to get a baguette for dinner.*
Sortons chercher la voiture.	*Let's go out and pick up the car.*
Je suis rentré chercher mon portefeuille.	*I went back home to get my wallet.*
Cherche! Cherche! / Va chercher!	*Go get it! / Fetch!* (to a dog)

OTHER USES

Il faut chercher un taxi pour y aller.	*We have to get a cab to get there.*
chercher à tâtons	*to grope for*
Je cherchais mes lunettes à tâtons dans le noir.	*I was hunting around for my glasses in the dark.*
Qu'est-ce que vous cherchez en disant cela?	*What do you mean by that?*
Il est assez méchant. Ne le cherchez pas!	*He's rather nasty. Don't provoke him!*
Ça va chercher dans les cinq mille euros.	*That's going to cost about five thousand euros.*

RELATED WORDS AND EXPRESSIONS

la recherche	*research*
à la recherche de	*in search of*
un chercheur / une chercheuse	*a researcher*
Ce type est pénible. Il cherche toujours midi à quatorze heures.	*That guy is annoying. He's always looking for complications.*
Il est toujours à chercher la bagarre.	*He's always looking for a fight.*
—Alors, comment s'appelle-t-elle?	*So, what's her name?*
—Attendez un peu, je cherche encore son nom.	*Wait a minute, I'm still trying to remember her name.*
C'est comme chercher une aiguille dans une botte de foin.	*It's like looking for a needle in a haystack.*
chercher la petite bête	*to split hairs*
Je la trouve fatigante. Elle cherche toujours des noises à tout le monde.	*I find her tiresome. She's always trying to pick a quarrel with everyone.*
Méfiez-vous de cet homme. Il vous cherche des histoires.	*Be careful of that man. He's trying to make trouble for you.*
Les agents de police lui ont cherché des poux/crosses.	*The policemen gave him a hard time.*
chercher ses mots	*to have trouble finding words*
Cherchez la femme.	*Look for the woman.* (as the explanation for events)

top 50 verb

to look for **chercher** 109

regular *-er* verb — **je cherche · je cherchai · cherché · cherchant**

Present		*Passé Composé*	
je cherche	nous cherchons	j'ai cherché	nous avons cherché
tu cherches	vous cherchez	tu as cherché	vous avez cherché
il/elle cherche	ils/elles cherchent	il/elle a cherché	ils/elles ont cherché
Imperfect		***Pluperfect***	
je cherchais	nous cherchions	j'avais cherché	nous avions cherché
tu cherchais	vous cherchiez	tu avais cherché	vous aviez cherché
il/elle cherchait	ils/elles cherchaient	il/elle avait cherché	ils/elles avaient cherché
Passé Simple		***Past Anterior***	
je cherchai	nous cherchâmes	j'eus cherché	nous eûmes cherché
tu cherchas	vous cherchâtes	tu eus cherché	vous eûtes cherché
il/elle chercha	ils/elles cherchèrent	il/elle eut cherché	ils/elles eurent cherché
Future		***Future Anterior***	
je chercherai	nous chercherons	j'aurai cherché	nous aurons cherché
tu chercheras	vous chercherez	tu auras cherché	vous aurez cherché
il/elle cherchera	ils/elles chercheront	il/elle aura cherché	ils/elles auront cherché
Conditional		***Past Conditional***	
je chercherais	nous chercherions	j'aurais cherché	nous aurions cherché
tu chercherais	vous chercheriez	tu aurais cherché	vous auriez cherché
il/elle chercherait	ils/elles chercheraient	il/elle aurait cherché	ils/elles auraient cherché

Present Subjunctive		*Past Subjunctive*	
que je cherche	que nous cherchions	que j'aie cherché	que nous ayons cherché
que tu cherches	que vous cherchiez	que tu aies cherché	que vous ayez cherché
qu'il/elle cherche	qu'ils/elles cherchent	qu'il/elle ait cherché	qu'ils/elles aient cherché
Imperfect Subjunctive		***Pluperfect Subjunctive***	
que je cherchasse	que nous cherchassions	que j'eusse cherché	que nous eussions cherché
que tu cherchasses	que vous cherchassiez	que tu eusses cherché	que vous eussiez cherché
qu'il/elle cherchât	qu'ils/elles cherchassent	qu'il/elle eût cherché	qu'ils/elles eussent cherché

Commands

	(nous) cherchons
(tu) cherche	(vous) cherchez

USAGE

chercher qqn	*to look for someone*
La mère cherche son enfant.	*The mother is looking for her child.*
chercher qqch	*to look for something*
chercher un objet perdu	*to look for a lost object*
chercher un emploi	*to look for a job*
chercher une solution / une excuse	*to look for a solution / an excuse*
chercher un mot dans le dictionnaire	*to look up a word in the dictionary*
chercher un logement	*to be looking for a place to live*
chercher partout	*to look everywhere*
J'ai cherché une pièce dans ma poche.	*I looked for a coin in my pocket.*
Tu n'as pas bien cherché!	*You didn't look carefully.*
chercher à faire qqch	*to try to do something*
Je vais chercher à savoir la date.	*I'll try to find out the date.*
Il cherche à nous persuader.	*He's trying to persuade us.*

chérir *to cherish*

je chéris · je chéris · chéri · chérissant regular -ir verb

Present		*Passé Composé*	
je chéris	nous chérissons	j'ai chéri	nous avons chéri
tu chéris	vous chérissez	tu as chéri	vous avez chéri
il/elle chérit	ils/elles chérissent	il/elle a chéri	ils/elles ont chéri
Imperfect		*Pluperfect*	
je chérissais	nous chérissions	j'avais chéri	nous avions chéri
tu chérissais	vous chérissiez	tu avais chéri	vous aviez chéri
il/elle chérissait	ils/elles chérissaient	il/elle avait chéri	ils/elles avaient chéri
Passé Simple		*Past Anterior*	
je chéris	nous chérîmes	j'eus chéri	nous eûmes chéri
tu chéris	vous chérîtes	tu eus chéri	vous eûtes chéri
il/elle chérit	ils/elles chérirent	il/elle eut chéri	ils/elles eurent chéri
Future		*Future Anterior*	
je chérirai	nous chérirons	j'aurai chéri	nous aurons chéri
tu chériras	vous chérirez	tu auras chéri	vous aurez chéri
il/elle chérira	ils/elles chériront	il/elle aura chéri	ils/elles auront chéri
Conditional		*Past Conditional*	
je chérirais	nous chéririons	j'aurais chéri	nous aurions chéri
tu chérirais	vous chéririez	tu aurais chéri	vous auriez chéri
il/elle chérirait	ils/elles chériraient	il/elle aurait chéri	ils/elles auraient chéri

Present Subjunctive		*Past Subjunctive*	
que je chérisse	que nous chérissions	que j'aie chéri	que nous ayons chéri
que tu chérisses	que vous chérissiez	que tu aies chéri	que vous ayez chéri
qu'il/elle chérisse	qu'ils/elles chérissent	qu'il/elle ait chéri	qu'ils/elles aient chéri
Imperfect Subjunctive		*Pluperfect Subjunctive*	
que je chérisse	que nous chérissions	que j'eusse chéri	que nous eussions chéri
que tu chérisses	que vous chérissiez	que tu eusses chéri	que vous eussiez chéri
qu'il/elle chérît	qu'ils/elles chérissent	qu'il/elle eût chéri	qu'ils/elles eussent chéri

Commands

	(nous) chérissons
(tu) chéris	(vous) chérissez

USAGE

chérir sa famille	*to cherish one's family*
chérir la mémoire de qqn	*to cherish someone's memory*
chérir son pays	*to love one's country*
Il faut chérir la liberté avant tout.	*Freedom must be prized above everything else.*
Oh, mon fils chéri!	*Oh, my beloved son!*
Sa fille chérie l'a soigné dans sa vieillesse.	*His cherished daughter cared for him in his old age.*

RELATED WORDS AND EXPRESSIONS

mon chéri / ma chérie	*(my) darling*
être le chéri de sa mère	*to be his mother's favorite*
Cet enfant est le chéri de ses parents.	*His parents dote on this child.*

regular -ir verb **je choisis · je choisis · choisi · choisissant**

Present		*Passé Composé*	
je choisis	nous choisissons	j'ai choisi	nous avons choisi
tu choisis	vous choisissez	tu as choisi	vous avez choisi
il/elle choisit	ils/elles choisissent	il/elle a choisi	ils/elles ont choisi
Imperfect		*Pluperfect*	
je choisissais	nous choisissions	j'avais choisi	nous avions choisi
tu choisissais	vous choisissiez	tu avais choisi	vous aviez choisi
il/elle choisissait	ils/elles choisissaient	il/elle avait choisi	ils/elles avaient choisi
Passé Simple		*Past Anterior*	
je choisis	nous choisîmes	j'eus choisi	nous eûmes choisi
tu choisis	vous choisîtes	tu eus choisi	vous eûtes choisi
il/elle choisit	ils/elles choisirent	il/elle eut choisi	ils/elles eurent choisi
Future		*Future Anterior*	
je choisirai	nous choisirons	j'aurai choisi	nous aurons choisi
tu choisiras	vous choisirez	tu auras choisi	vous aurez choisi
il/elle choisira	ils/elles choisiront	il/elle aura choisi	ils/elles auront choisi
Conditional		*Past Conditional*	
je choisirais	nous choisirions	j'aurais choisi	nous aurions choisi
tu choisirais	vous choisiriez	tu aurais choisi	vous auriez choisi
il/elle choisirait	ils/elles choisiraient	il/elle aurait choisi	ils/elles auraient choisi

Present Subjunctive		*Past Subjunctive*	
que je choisisse	que nous choisissions	que j'aie choisi	que nous ayons choisi
que tu choisisses	que vous choisissiez	que tu aies choisi	que vous ayez choisi
qu'il/elle choisisse	qu'ils/elles choisissent	qu'il/elle ait choisi	qu'ils/elles aient choisi
Imperfect Subjunctive		*Pluperfect Subjunctive*	
que je choisisse	que nous choisissions	que j'eusse choisi	que nous eussions choisi
que tu choisisses	que vous choisissiez	que tu eusses choisi	que vous eussiez choisi
qu'il/elle choisît	qu'ils/elles choisissent	qu'il/elle eût choisi	qu'ils/elles eussent choisi

Commands

	(nous) choisissons
(tu) choisis	(vous) choisissez

USAGE

Tu n'as qu'à choisir.	*All you have to do is choose.*
Je ne sais pas pourquoi on m'a choisi pour ce travail.	*I don't know why I got picked for this job.*
Vous avez choisi, monsieur?	*Have you decided, sir?* (waiter to customer)

RELATED WORDS AND EXPRESSIONS

le choix	*choice*
l'embarras du choix	*too much to choose from*
Je n'avais pas le choix.	*I had no choice.*
question au choix	*optional question*
Tu peux louer la voiture de ton choix.	*You can rent the car you like best.*
des fruits de premier choix	*choice fruit*
—Allez! Il faut faire un choix.	*Come on! You have to make a choice.*
—Bon. Mon choix est fait.	*OK. I've made up my mind.*

chuchoter *to whisper*

je chuchote · je chuchotai · chuchoté · chuchotant regular -*er* verb

Present		*Passé Composé*	
je chuchote	nous chuchotons	j'ai chuchoté	nous avons chuchoté
tu chuchotes	vous chuchotez	tu as chuchoté	vous avez chuchoté
il/elle chuchote	ils/elles chuchotent	il/elle a chuchoté	ils/elles ont chuchoté
Imperfect		*Pluperfect*	
je chuchotais	nous chuchotions	j'avais chuchoté	nous avions chuchoté
tu chuchotais	vous chuchotiez	tu avais chuchoté	vous aviez chuchoté
il/elle chuchotait	ils/elles chuchotaient	il/elle avait chuchoté	ils/elles avaient chuchoté
Passé Simple		*Past Anterior*	
je chuchotai	nous chuchotâmes	j'eus chuchoté	nous eûmes chuchoté
tu chuchotas	vous chuchotâtes	tu eus chuchoté	vous eûtes chuchoté
il/elle chuchota	ils/elles chuchotèrent	il/elle eut chuchoté	ils/elles eurent chuchoté
Future		*Future Anterior*	
je chuchoterai	nous chuchoterons	j'aurai chuchoté	nous aurons chuchoté
tu chuchoteras	vous chuchoterez	tu auras chuchoté	vous aurez chuchoté
il/elle chuchotera	ils/elles chuchoteront	il/elle aura chuchoté	ils/elles auront chuchoté
Conditional		*Past Conditional*	
je chuchoterais	nous chuchoterions	j'aurais chuchoté	nous aurions chuchoté
tu chuchoterais	vous chuchoteriez	tu aurais chuchoté	vous auriez chuchoté
il/elle chuchoterait	ils/elles chuchoteraient	il/elle aurait chuchoté	ils/elles auraient chuchoté

Present Subjunctive		*Past Subjunctive*	
que je chuchote	que nous chuchotions	que j'aie chuchoté	que nous ayons chuchoté
que tu chuchotes	que vous chuchotiez	que tu aies chuchoté	que vous ayez chuchoté
qu'il/elle chuchote	qu'ils/elles chuchotent	qu'il/elle ait chuchoté	qu'ils/elles aient chuchoté
Imperfect Subjunctive		*Pluperfect Subjunctive*	
que je chuchotasse	que nous chuchotassions	que j'eusse chuchoté	que nous eussions chuchoté
que tu chuchotasses	que vous chuchotassiez	que tu eusses chuchoté	que vous eussiez chuchoté
qu'il/elle chuchotât	qu'ils/elles chuchotassent	qu'il/elle eût chuchoté	qu'ils/elles eussent chuchoté

Commands

	(nous) chuchotons
(tu) chuchote	(vous) chuchotez

USAGE

Tout le monde chuchote pendant le film. Je n'entends rien.	*Everyone is whispering during the movie. I can't hear anything.*
Il voulait me chuchoter son idée.	*He wanted to whisper his idea to me.*
—J'ai quelque chose d'important à te dire, mais je ne veux que personne l'entende.	*I have something important to tell you, but I don't want anyone to hear.*
—Tu peux me le chuchoter à l'oreille.	*You can whisper it in my ear.*

RELATED WORDS AND EXPRESSIONS

la chuchoterie	*whispering / whispered information*
le chuchotement	*whispering*
—J'entends des chuchotements!	*I hear whispering!*
—Tu rêves. Il n'y a personne qui chuchote ici.	*You're dreaming. There's no one whispering here.*

regular -*er* verb **je circule · je circulai · circulé · circulant**

Present		Passé Composé	
je circule	nous circulons	j'ai circulé	nous avons circulé
tu circules	vous circulez	tu as circulé	vous avez circulé
il/elle circule	ils/elles circulent	il/elle a circulé	ils/elles ont circulé
Imperfect		**Pluperfect**	
je circulais	nous circulions	j'avais circulé	nous avions circulé
tu circulais	vous circuliez	tu avais circulé	vous aviez circulé
il/elle circulait	ils/elles circulaient	il/elle avait circulé	ils/elles avaient circulé
Passé Simple		**Past Anterior**	
je circulai	nous circulâmes	j'eus circulé	nous eûmes circulé
tu circulas	vous circulâtes	tu eus circulé	vous eûtes circulé
il/elle circula	ils/elles circulèrent	il/elle eut circulé	ils/elles eurent circulé
Future		**Future Anterior**	
je circulerai	nous circulerons	j'aurai circulé	nous aurons circulé
tu circuleras	vous circulerez	tu auras circulé	vous aurez circulé
il/elle circulera	ils/elles circuleront	il/elle aura circulé	ils/elles auront circulé
Conditional		**Past Conditional**	
je circulerais	nous circulerions	j'aurais circulé	nous aurions circulé
tu circulerais	vous circuleriez	tu aurais circulé	vous auriez circulé
il/elle circulerait	ils/elles circuleraient	il/elle aurait circulé	ils/elles auraient circulé
Present Subjunctive		**Past Subjunctive**	
que je circule	que nous circulions	que j'aie circulé	que nous ayons circulé
que tu circules	que vous circuliez	que tu aies circulé	que vous ayez circulé
qu'il/elle circule	qu'ils/elles circulent	qu'il/elle ait circulé	qu'ils/elles aient circulé
Imperfect Subjunctive		**Pluperfect Subjunctive**	
que je circulasse	que nous circulassions	que j'eusse circulé	que nous eussions circulé
que tu circulasses	que vous circulassiez	que tu eusses circulé	que vous eussiez circulé
qu'il/elle circulât	qu'ils/elles circulassent	qu'il/elle eût circulé	qu'ils/elles eussent circulé

Commands

	(nous) circulons
(tu) circule	(vous) circulez

USAGE

Circulez, circulez!	*Move along!*
Les voitures circulent sur le pont.	*Cars are moving along the bridge.*
Aux heures de pointe rien ne circule.	*At rush hour, traffic just doesn't move.*
Il y a tant de rumeurs qui circulent à ce sujet.	*There are so many rumors going around about this.*
Très peu d'autobus circulent la nuit.	*Very few buses run all night long.*
Dans la plupart des pays on circule à droite.	*In most countries you drive on the right.*
Faites circuler la bouteille de vin.	*Pass around the bottle of wine.*

RELATED WORDS AND EXPRESSIONS

la circulation	*traffic*
la circulation du sang	*blood circulation*
mettre un nouveau produit en circulation	*to put a new product on the market*
la circulation aérienne	*air traffic*
circulatoire	*circulatory*
l'appareil circulatoire	*the circulatory system*

combattre *to fight*

je combats · je combattis · combattu · combattant

irregular verb; only one t in the singular of the present tense

Present		*Passé Composé*	
je combats	nous combattons	j'ai combattu	nous avons combattu
tu combats	vous combattez	tu as combattu	vous avez combattu
il/elle combat	ils/elles combattent	il/elle a combattu	ils/elles ont combattu
Imperfect		*Pluperfect*	
je combattais	nous combattions	j'avais combattu	nous avions combattu
tu combattais	vous combattiez	tu avais combattu	vous aviez combattu
il/elle combattait	ils/elles combattaient	il/elle avait combattu	ils/elles avaient combattu
Passé Simple		*Past Anterior*	
je combattis	nous combattîmes	j'eus combattu	nous eûmes combattu
tu combattis	vous combattîtes	tu eus combattu	vous eûtes combattu
il/elle combattit	ils/elles combattirent	il/elle eut combattu	ils/elles eurent combattu
Future		*Future Anterior*	
je combattrai	nous combattrons	j'aurai combattu	nous aurons combattu
tu combattras	vous combattrez	tu auras combattu	vous aurez combattu
il/elle combattra	ils/elles combattront	il/elle aura combattu	ils/elles auront combattu
Conditional		*Past Conditional*	
je combattrais	nous combattrions	j'aurais combattu	nous aurions combattu
tu combattrais	vous combattriez	tu aurais combattu	vous auriez combattu
il/elle combattrait	ils/elles combattraient	il/elle aurait combattu	ils/elles auraient combattu

Present Subjunctive		*Past Subjunctive*	
que je combatte	que nous combattions	que j'aie combattu	que nous ayons combattu
que tu combattes	que vous combattiez	que tu aies combattu	que vous ayez combattu
qu'il/elle combatte	qu'ils/elles combattent	qu'il/elle ait combattu	qu'ils/elles aient combattu
Imperfect Subjunctive		*Pluperfect Subjunctive*	
que je combattisse	que nous combattissions	que j'eusse combattu	que nous eussions combattu
que tu combattisses	que vous combattissiez	que tu eusses combattu	que vous eussiez combattu
qu'il/elle combattît	qu'ils/elles combattissent	qu'il/elle eût combattu	qu'ils/elles eussent combattu

Commands

	(nous) combattons
(tu) combats	(vous) combattez

USAGE

Les femmes ont combattu pour avoir leurs droits.	*Women fought to get their rights.*
Les soldats sont prêts à combattre.	*The soldiers are ready to fight.*
Ils combattront pour défendre nos frontières.	*They will fight to protect our borders.*
Les forces armées combattent l'ennemi.	*The armed forces are fighting the enemy.*
Ce malade combat le cancer.	*This patient is fighting cancer.*
Le président a promis de combattre la corruption.	*The president has promised to fight corruption.*

RELATED WORDS AND EXPRESSIONS

le combat	*fight*
Ce régiment n'est jamais allé au combat.	*This regiment never fought.*
le combat aérien/naval	*air/sea battle*
le combat corps à corps	*hand-to-hand combat*

regular -*er* verb **je commande · je commandai · commandé · commandant**

Present		*Passé Composé*	
je commande	nous commandons	j'ai commandé	nous avons commandé
tu commandes	vous commandez	tu as commandé	vous avez commandé
il/elle commande	ils/elles commandent	il/elle a commandé	ils/elles ont commandé
Imperfect		*Pluperfect*	
je commandais	nous commandions	j'avais commandé	nous avions commandé
tu commandais	vous commandiez	tu avais commandé	vous aviez commandé
il/elle commandait	ils/elles commandaient	il/elle avait commandé	ils/elles avaient commandé
Passé Simple		*Past Anterior*	
je commandai	nous commandâmes	j'eus commandé	nous eûmes commandé
tu commandas	vous commandâtes	tu eus commandé	vous eûtes commandé
il/elle commanda	ils/elles commandèrent	il/elle eut commandé	ils/elles eurent commandé
Future		*Future Anterior*	
je commanderai	nous commanderons	j'aurai commandé	nous aurons commandé
tu commanderas	vous commanderez	tu auras commandé	vous aurez commandé
il/elle commandera	ils/elles commanderont	il/elle aura commandé	ils/elles auront commandé
Conditional		*Past Conditional*	
je commanderais	nous commanderions	j'aurais commandé	nous aurions commandé
tu commanderais	vous commanderiez	tu aurais commandé	vous auriez commandé
il/elle commanderait	ils/elles commanderaient	il/elle aurait commandé	ils/elles auraient commandé

Present Subjunctive		*Past Subjunctive*	
que je commande	que nous commandions	que j'aie commandé	que nous ayons commandé
que tu commandes	que vous commandiez	que tu aies commandé	que vous ayez commandé
qu'il/elle commande	qu'ils/elles commandent	qu'il/elle ait commandé	qu'ils/elles aient commandé
Imperfect Subjunctive		*Pluperfect Subjunctive*	
que je commandasse	que nous commandassions	que j'eusse commandé	que nous eussions commandé
que tu commandasses	que vous commandassiez	que tu eusses commandé	que vous eussiez commandé
qu'il/elle commandât	qu'ils/elles commandassent	qu'il/elle eût commandé	qu'ils/elles eussent commandé

Commands

	(nous) commandons
(tu) commande	(vous) commandez

USAGE

—Est-ce que vous avez commandé?	*Have you ordered?* (in a restaurant)
—Nous avons commandé le poulet.	*We ordered chicken.*
commander à qqn de faire qqch	*to order someone to do something*
Qui commande ici?	*Who gives the orders here?*
Tu n'as pas le droit de me commander.	*You have no right to order me around.*
Chez eux c'est Madame qui commande.	*In their house it's the wife who gives the orders.*
commander des livres sur Internet	*to order books online*
Il faut faire ce que les circonstances commandent.	*We have to do what the circumstances require.*
Il ne se commande plus.	*He can't control himself anymore.*
Ce navigateur Web se commande à la voix.	*This web browser is voice operated.*

RELATED WORDS AND EXPRESSIONS

le commandement	*command/commandment*
les Dix Commandements	*the Ten Commandments*

commencer *to begin*

je commence · je commençai · commencé · commençant

regular *-er* verb; spelling change: c > ç/*a, o*

commencer qqch

commencer la classe en faisant l'appel	*to begin class by calling the roll*
Est-ce que tu as bien commencé le mois?	*Did you make a good start to the month?*
Quand est-ce que votre fils commence ses études?	*When does your son begin his studies?*
L'avion commence sa descente.	*The plane is beginning its descent.*
Par quoi est-ce qu'il faut commencer ce projet?	*How do we begin this project?*
J'ai commencé une lettre à mon chef.	*I started a letter to my boss.*
Il a commencé sa conférence avec des citations.	*He began his lecture with quotes.*
Quand est-ce qu'on commence les travaux chez toi?	*When are they beginning the work over at your house?*
Quelle façon de commencer le semestre!	*What a way to begin the semester!*

commencer intransitif

Ça commence!	*Here they go!*
Ça commence bien!	*Things are off to a good start!*
Il commence tard et finit tôt.	*He starts late and finishes early.*
La pluie commence.	*The rain is starting.*
À quelle heure est-ce que vous commencez?	*What time do you begin?*
On commence à trois heures.	*We'll start at three o'clock.*
Il faut commencer par le commencement.	*You have to begin at the beginning.*
Tous mes ennuis ont commencé quand j'ai changé de travail.	*All my trouble began when I changed jobs.*
Je ne sais pas ce qu'il faut faire pour commencer.	*I don't know what to do to begin.*
Tu dois commencer par lui téléphoner.	*You should begin by calling her.*
Il a commencé en disant aux élèves de s'asseoir.	*He began by telling the students to sit down.*
—Ma fille commence dans la vie.	*My daughter is starting off in life.*
—Elle a donc fini ses études?	*So she's finished her studies?*
Pour commencer, une salade.	*I'll have a salad as a first course.*
Le film commence à quelle heure?	*What time does the film begin?*
Ces vélos commencent à 150 euros.	*These bikes start at 150 euros.*

commencer à faire qqch

Il commence à pleuvoir.	*It's beginning to rain.*
Il commence à neiger.	*It's beginning to snow.*
Je commence à me fâcher.	*I'm beginning to get angry.*
Elle commence à m'agacer.	*She's beginning to get on my nerves.*
Je commence à avoir peur.	*I'm beginning to be afraid.*
Je commence à en avoir marre. *(slang)*	*I'm beginning to get fed up.*
Les enfants commencent à s'impatienter.	*The children are beginning to get impatient.*
Ça commence à bien faire!	*That's enough!*
Demain on commence à travailler.	*Tomorrow we start to work.*

le *commencement*

Les commencements sont toujours durs.	*It's always hard to begin.*
J'étais là du commencement jusqu'à la fin.	*I was there from the beginning to the end.*
C'est le commencement de la fin.	*It's the beginning of the end.*

to begin **commencer**

regular -*er* verb;
spelling change: *c* > *ç/a, o*

je commence · je commençai · commencé · commençant

Present		*Passé Composé*	
je commence	nous commençons	j'ai commencé	nous avons commencé
tu commences	vous commencez	tu as commencé	vous avez commencé
il/elle commence	ils/elles commencent	il/elle a commencé	ils/elles ont commencé
Imperfect		***Pluperfect***	
je commençais	nous commencions	j'avais commencé	nous avions commencé
tu commençais	vous commenciez	tu avais commencé	vous aviez commencé
il/elle commençait	ils/elles commençaient	il/elle avait commencé	ils/elles avaient commencé
Passé Simple		***Past Anterior***	
je commençai	nous commençâmes	j'eus commencé	nous eûmes commencé
tu commenças	vous commençâtes	tu eus commencé	vous eûtes commencé
il/elle commença	ils/elles commencèrent	il/elle eut commencé	ils/elles eurent commencé
Future		***Future Anterior***	
je commencerai	nous commencerons	j'aurai commencé	nous aurons commencé
tu commenceras	vous commencerez	tu auras commencé	vous aurez commencé
il/elle commencera	ils/elles commenceront	il/elle aura commencé	ils/elles auront commencé
Conditional		***Past Conditional***	
je commencerais	nous commencerions	j'aurais commencé	nous aurions commencé
tu commencerais	vous commenceriez	tu aurais commencé	vous auriez commencé
il/elle commencerait	ils/elles commenceraient	il/elle aurait commencé	ils/elles auraient commencé

Present Subjunctive		*Past Subjunctive*	
que je commence	que nous commencions	que j'aie commencé	que nous ayons commencé
que tu commences	que vous commenciez	que tu aies commencé	que vous ayez commencé
qu'il/elle commence	qu'ils/elles commencent	qu'il/elle ait commencé	qu'ils/elles aient commencé
Imperfect Subjunctive		***Pluperfect Subjunctive***	
que je commençasse	que nous commençassions	que j'eusse commencé	que nous eussions commencé
que tu commençasses	que vous commençassiez	que tu eusses commencé	que vous eussiez commencé
qu'il/elle commençât	qu'ils/elles commençassent	qu'il/elle eût commencé	qu'ils/elles eussent commencé

Commands

	(nous) commençons
(tu) commence	(vous) commencez

USAGE

commencer qqch	*to begin something*
commencer son travail	*to begin one's work*
commencer un projet	*to begin a project*
commencer le jeu	*to begin the game*
commencer le violon / la flûte	*to start taking violin/flute lessons*
—Qu'est-ce que tu attends? Commence la lessive.	*What are you waiting for? Get started on the laundry.*
—Ne commence pas. J'ai beaucoup à faire.	*Don't start in. I have a lot to do.*
commencer à faire qqch	*to begin to do something*
commencer à laver la voiture	*to begin washing the car*
commencer à travailler	*to begin working*

RELATED WORDS AND EXPRESSIONS

le commencement	*beginning*

top 50 verb

commettre *to commit*

je commets · je commis · commis · commettant

irregular verb; only one t in the singular of the present tense

Present		*Passé Composé*	
je commets	nous commettons	j'ai commis	nous avons commis
tu commets	vous commettez	tu as commis	vous avez commis
il/elle commet	ils/elles commettent	il/elle a commis	ils/elles ont commis

Imperfect		*Pluperfect*	
je commettais	nous commettions	j'avais commis	nous avions commis
tu commettais	vous commettiez	tu avais commis	vous aviez commis
il/elle commettait	ils/elles commettaient	il/elle avait commis	ils/elles avaient commis

Passé Simple		*Past Anterior*	
je commis	nous commîmes	j'eus commis	nous eûmes commis
tu commis	vous commîtes	tu eus commis	vous eûtes commis
il/elle commit	ils/elles commirent	il/elle eut commis	ils/elles eurent commis

Future		*Future Anterior*	
je commettrai	nous commettrons	j'aurai commis	nous aurons commis
tu commettras	vous commettrez	tu auras commis	vous aurez commis
il/elle commettra	ils/elles commettront	il/elle aura commis	ils/elles auront commis

Conditional		*Past Conditional*	
je commettrais	nous commettrions	j'aurais commis	nous aurions commis
tu commettrais	vous commettriez	tu aurais commis	vous auriez commis
il/elle commettrait	ils/elles commettraient	il/elle aurait commis	ils/elles auraient commis

Present Subjunctive		*Past Subjunctive*	
que je commette	que nous commettions	que j'aie commis	que nous ayons commis
que tu commettes	que vous commettiez	que tu aies commis	que vous ayez commis
qu'il/elle commette	qu'ils/elles commettent	qu'il/elle ait commis	qu'ils/elles aient commis

Imperfect Subjunctive		*Pluperfect Subjunctive*	
que je commisse	que nous commissions	que j'eusse commis	que nous eussions commis
que tu commisses	que vous commissiez	que tu eusses commis	que vous eussiez commis
qu'il/elle commît	qu'ils/elles commissent	qu'il/elle eût commis	qu'ils/elles eussent commis

Commands

	(nous) commettons
(tu) commets	(vous) commettez

USAGE

Il a commis un crime.	*He committed a crime.*
commettre un péché	*to commit a sin*
commettre une gaffe	*to make a blunder*
commettre une indiscrétion	*to be indiscreet*
commettre une maladresse	*to do/say something awkward*
commettre une erreur	*to make a mistake*
Il ne doit pas se commettre avec des gens pareils.	*He shouldn't get involved with people like that.*
Je crains d'avoir commis une imprudence.	*I'm afraid I've done something unwise.*
Il a commis un poème.	*He wrote a terrible poem.*
commettre un avocat	*to appoint a lawyer*

RELATED WORDS AND EXPRESSIONS

l'avocat *(m)* commis d'office	*lawyer appointed by the court*

regular -*er* verb **je compare · je comparai · comparé · comparant**

Present		Passé Composé	
je compare	nous comparons	j'ai comparé	nous avons comparé
tu compares	vous comparez	tu as comparé	vous avez comparé
il/elle compare	ils/elles comparent	il/elle a comparé	ils/elles ont comparé
Imperfect		***Pluperfect***	
je comparais	nous comparions	j'avais comparé	nous avions comparé
tu comparais	vous compariez	tu avais comparé	vous aviez comparé
il/elle comparait	ils/elles comparaient	il/elle avait comparé	ils/elles avaient comparé
Passé Simple		***Past Anterior***	
je comparai	nous comparâmes	j'eus comparé	nous eûmes comparé
tu comparas	vous comparâtes	tu eus comparé	vous eûtes comparé
il/elle compara	ils/elles comparèrent	il/elle eut comparé	ils/elles eurent comparé
Future		***Future Anterior***	
je comparerai	nous comparerons	j'aurai comparé	nous aurons comparé
tu compareras	vous comparerez	tu auras comparé	vous aurez comparé
il/elle comparera	ils/elles compareront	il/elle aura comparé	ils/elles auront comparé
Conditional		***Past Conditional***	
je comparerais	nous comparerions	j'aurais comparé	nous aurions comparé
tu comparerais	vous compareriez	tu aurais comparé	vous auriez comparé
il/elle comparerait	ils/elles compareraient	il/elle aurait comparé	ils/elles auraient comparé
Present Subjunctive		***Past Subjunctive***	
que je compare	que nous comparions	que j'aie comparé	que nous ayons comparé
que tu compares	que vous compariez	que tu aies comparé	que vous ayez comparé
qu'il/elle compare	qu'ils/elles comparent	qu'il/elle ait comparé	qu'ils/elles aient comparé
Imperfect Subjunctive		***Pluperfect Subjunctive***	
que je comparasse	que nous comparassions	que j'eusse comparé	que nous eussions comparé
que tu comparasses	que vous comparassiez	que tu eusses comparé	que vous eussiez comparé
qu'il/elle comparât	qu'ils/elles comparassent	qu'il/elle eût comparé	qu'ils/elles eussent comparé

Commands

	(nous) comparons
(tu) compare	(vous) comparez

USAGE

comparer deux livres	*to compare two books*
comparer un article à un autre	*to compare one article to another*
Il faut comparer les prix avant d'acheter.	*You should compare prices before buying.*
On la compare toujours à Céline Dion.	*People always compare her to Céline Dion.*

RELATED WORDS AND EXPRESSIONS

la comparaison	*comparison*
Cette ville est sans comparaison avec Paris.	*This city cannot be compared to Paris.*
un adverbe de comparaison	*an adverb of comparison*
comparatif/comparative	*comparative*
Le comparatif se fait avec *plus* ou *moins*.	*The comparative is formed with* plus *or* moins.

comprendre *to understand*

je comprends · je compris · compris · comprenant — irregular verb

Ce qu'on comprend

Je ne comprends pas ce que vous dites.	*I don't understand what you're saying.*
—Je veux que tu comprennes mon point de vue.	*I want you to understand my point of view.*
—Ne t'en fais pas. Je comprends!	*Don't worry. I understand!*
Mes parents ne comprennent pas les jeunes.	*My parents don't understand young people.*
Son attitude est difficile à comprendre.	*His attitude is hard to understand.*
Je comprends mal votre idée.	*I find your idea hard to understand.*
C'est comme ça que je comprends cette situation.	*That's how I see this situation.*
—Si je comprends bien, il nous a quitté.	*If I understand correctly, he has left us.*
—Vous avez mal compris.	*You have misunderstood.*
Je n'y comprends rien du tout.	*I don't understand that at all.*
Vous comprenez la gravité de ces pertes?	*Do you understand the seriousness of these losses?*
Tout ça c'est à n'y rien comprendre.	*That's all incomprehensible.*
Essayez de comprendre.	*Try to understand.*

se faire comprendre

Le prof nous a fait comprendre qu'il fallait faire attention en classe.	*The teacher made us realize that we had to pay attention in class.*
Tu ne t'es pas fait comprendre.	*People didn't understand what you meant.*
—Tu t'es débrouillé en Allemagne?	*Did you get along all right in Germany?*
—Je me suis fait comprendre.	*I managed to make myself understood.*

comprendre = inclure

Est-ce que le prix comprend les taxes?	*Does the price include the tax?*
Toutes taxes comprises.	*All taxes included.*
Le prix de la chambre comprend le petit déjeuner.	*The price of the room includes breakfast.*
Le service est compris?	*Is the service charge included?*
Ce manuel comprend deux volumes.	*This textbook is made up of two volumes.*
L'Europe comprend une grande variété de peuples et de langues.	*Europe is comprised of a great variety of peoples and languages.*

se comprendre

Ça se comprend.	*That's understandable.*
—Elle ne veut plus sortir avec lui.	*She doesn't want to go out with him anymore.*
—Après ce qu'il a fait, ça se comprend parfaitement.	*After what he did, that's perfectly understandable.*
Ils se sont mal compris.	*They misunderstood each other.*
Je crois qu'on se comprend maintenant.	*I think we understand each other now.*

top 50 verb

to understand **comprendre** 119

irregular verb **je comprends · je compris · compris · comprenant**

Present		*Passé Composé*	
je comprends	nous comprenons	j'ai compris	nous avons compris
tu comprends	vous comprenez	tu as compris	vous avez compris
il/elle comprend	ils/elles comprennent	il/elle a compris	ils/elles ont compris
Imperfect		***Pluperfect***	
je comprenais	nous comprenions	j'avais compris	nous avions compris
tu comprenais	vous compreniez	tu avais compris	vous aviez compris
il/elle comprenait	ils/elles comprenaient	il/elle avait compris	ils/elles avaient compris
Passé Simple		***Past Anterior***	
je compris	nous comprîmes	j'eus compris	nous eûmes compris
tu compris	vous comprîtes	tu eus compris	vous eûtes compris
il/elle comprit	ils/elles comprirent	il/elle eut compris	ils/elles eurent compris
Future		***Future Anterior***	
je comprendrai	nous comprendrons	j'aurai compris	nous aurons compris
tu comprendras	vous comprendrez	tu auras compris	vous aurez compris
il/elle comprendra	ils/elles comprendront	il/elle aura compris	ils/elles auront compris
Conditional		***Past Conditional***	
je comprendrais	nous comprendrions	j'aurais compris	nous aurions compris
tu comprendrais	vous comprendriez	tu aurais compris	vous auriez compris
il/elle comprendrait	ils/elles comprendraient	il/elle aurait compris	ils/elles auraient compris

Present Subjunctive		*Past Subjunctive*	
que je comprenne	que nous comprenions	que j'aie compris	que nous ayons compris
que tu comprennes	que vous compreniez	que tu aies compris	que vous ayez compris
qu'il/elle comprenne	qu'ils/elles comprennent	qu'il/elle ait compris	qu'ils/elles aient compris
Imperfect Subjunctive		***Pluperfect Subjunctive***	
que je comprisse	que nous comprissions	que j'eusse compris	que nous eussions compris
que tu comprisses	que vous comprissiez	que tu eusses compris	que vous eussiez compris
qu'il/elle comprît	qu'ils/elles comprissent	qu'il/elle eût compris	qu'ils/elles eussent compris

Commands

	(nous) comprenons
(tu) comprends	(vous) comprenez

USAGE

comprendre le français	*to understand French*
comprendre le sens d'un mot	*to understand the meaning of a word*
comprendre l'importance de la situation	*to understand the importance of the situation*
comprendre une explication	*to understand an explanation*
comprendre une plaisanterie	*to understand a joke*
comprendre la blague	*to understand the joke* (slang)
comprendre le problème	*to understand the problem*
comprendre la vie	*to understand life*
comprendre les choses	*to understand things*

RELATED WORDS AND EXPRESSIONS

la compréhension	*comprehension*
la compréhension auditive	*listening comprehension*
l'incompréhension *(f)*	*lack of understanding*
compréhensif/compréhensive	*comprehensive/understanding*
Sa mère est très compréhensive.	*His mother is very understanding.*

top 50 verb

compter to count; to intend to

je compte · je comptai · compté · comptant regular *-er* verb

Present		*Passé Composé*	
je compte	nous comptons	j'ai compté	nous avons compté
tu comptes	vous comptez	tu as compté	vous avez compté
il/elle compte	ils/elles comptent	il/elle a compté	ils/elles ont compté
Imperfect		*Pluperfect*	
je comptais	nous comptions	j'avais compté	nous avions compté
tu comptais	vous comptiez	tu avais compté	vous aviez compté
il/elle comptait	ils/elles comptaient	il/elle avait compté	ils/elles avaient compté
Passé Simple		*Past Anterior*	
je comptai	nous comptâmes	j'eus compté	nous eûmes compté
tu comptas	vous comptâtes	tu eus compté	vous eûtes compté
il/elle compta	ils/elles comptèrent	il/elle eut compté	ils/elles eurent compté
Future		*Future Anterior*	
je compterai	nous compterons	j'aurai compté	nous aurons compté
tu compteras	vous compterez	tu auras compté	vous aurez compté
il/elle comptera	ils/elles compteront	il/elle aura compté	ils/elles auront compté
Conditional		*Past Conditional*	
je compterais	nous compterions	j'aurais compté	nous aurions compté
tu compterais	vous compteriez	tu aurais compté	vous auriez compté
il/elle compterait	ils/elles compteraient	il/elle aurait compté	ils/elles auraient compté

Present Subjunctive		*Past Subjunctive*	
que je compte	que nous comptions	que j'aie compté	que nous ayons compté
que tu comptes	que vous comptiez	que tu aies compté	que vous ayez compté
qu'il/elle compte	qu'ils/elles comptent	qu'il/elle ait compté	qu'ils/elles aient compté
Imperfect Subjunctive		*Pluperfect Subjunctive*	
que je comptasse	que nous comptassions	que j'eusse compté	que nous eussions compté
que tu comptasses	que vous comptassiez	que tu eusses compté	que vous eussiez compté
qu'il/elle comptât	qu'ils/elles comptassent	qu'il/elle eût compté	qu'ils/elles eussent compté

Commands

	(nous) comptons
(tu) compte	(vous) comptez

USAGE

Cet enfant sait compter de un à dix.	*This child knows how to count from one to ten.*
Comptez votre argent.	*Count your money.*
Comptez les étudiants dans ce cours.	*Count the students in this class.*
C'est le premier pas qui compte.	*It's the first step that is the most important.*
compter sur qqn	*to rely on someone*
—Je compte sur vous.	*I'm counting on you.*
—Et vous, vous pouvez compter sur moi.	*And you can count on me.*
compter faire qqch	*to intend to do something*
Nous comptons passer nos vacances à Baton Rouge.	*We intend to spend our vacation in Baton Rouge.*

RELATED WORDS AND EXPRESSIONS

le compte-rendu	*report*
un/une comptable	*an accountant*
la comptabilité	*accountancy*
la comptine	*children's counting rhyme / nursery rhyme*

irregular verb

je conclus · je conclus · conclu · concluant

Present		*Passé Composé*	
je conclus	nous concluons	j'ai conclu	nous avons conclu
tu conclus	vous concluez	tu as conclu	vous avez conclu
il/elle conclut	ils/elles concluent	il/elle a conclu	ils/elles ont conclu
Imperfect		*Pluperfect*	
je concluais	nous concluions	j'avais conclu	nous avions conclu
tu concluais	vous concluiez	tu avais conclu	vous aviez conclu
il/elle concluait	ils/elles concluaient	il/elle avait conclu	ils/elles avaient conclu
Passé Simple		*Past Anterior*	
je conclus	nous conclûmes	j'eus conclu	nous eûmes conclu
tu conclus	vous conclûtes	tu eus conclu	vous eûtes conclu
il/elle conclut	ils/elles conclurent	il/elle eut conclu	ils/elles eurent conclu
Future		*Future Anterior*	
je conclurai	nous conclurons	j'aurai conclu	nous aurons conclu
tu concluras	vous conclurez	tu auras conclu	vous aurez conclu
il/elle conclura	ils/elles concluront	il/elle aura conclu	ils/elles auront conclu
Conditional		*Past Conditional*	
je conclurais	nous conclurions	j'aurais conclu	nous aurions conclu
tu conclurais	vous concluriez	tu aurais conclu	vous auriez conclu
il/elle conclurait	ils/elles concluraient	il/elle aurait conclu	ils/elles auraient conclu

Present Subjunctive		*Past Subjunctive*	
que je conclue	que nous concluions	que j'aie conclu	que nous ayons conclu
que tu conclues	que vous concluiez	que tu aies conclu	que vous ayez conclu
qu'il/elle conclue	qu'ils/elles concluent	qu'il/elle ait conclu	qu'ils/elles aient conclu
Imperfect Subjunctive		*Pluperfect Subjunctive*	
que je conclusse	que nous conclussions	que j'eusse conclu	que nous eussions conclu
que tu conclusses	que vous conclussiez	que tu eusses conclu	que vous eussiez conclu
qu'il/elle conclût	qu'ils/elles conclussent	qu'il/elle eût conclu	qu'ils/elles eussent conclu

Commands

	(nous) concluons
(tu) conclus	(vous) concluez

USAGE

Il a conclu son discours avec un proverbe.	*He ended his speech with a proverb.*
conclure que	*to conclude that*
J'en conclus qu'ils ne veulent pas venir.	*I conclude that they don't want to come.*
Marché conclu!	*It's a deal!*
conclure la paix	*to make peace / sign a peace treaty*
conclure un traité	*to sign a treaty*

RELATED WORDS AND EXPRESSIONS

la conclusion	*conclusion*
Je suis arrivé à la conclusion que ce projet ne peut pas se réaliser.	*I have come to the conclusion that this project cannot be carried out.*
Nous pouvons tirer des conclusions de ces renseignements.	*We can draw conclusions from this information.*
Conclusion, nous ne pouvons pas partir.	*The result is that we can't leave on our trip.*

conduire *to drive*

je conduis · je conduisis · conduit · conduisant — irregular verb

Present		*Passé Composé*	
je conduis	nous conduisons	j'ai conduit	nous avons conduit
tu conduis	vous conduisez	tu as conduit	vous avez conduit
il/elle conduit	ils/elles conduisent	il/elle a conduit	ils/elles ont conduit
Imperfect		***Pluperfect***	
je conduisais	nous conduisions	j'avais conduit	nous avions conduit
tu conduisais	vous conduisiez	tu avais conduit	vous aviez conduit
il/elle conduisait	ils/elles conduisaient	il/elle avait conduit	ils/elles avaient conduit
Passé Simple		***Past Anterior***	
je conduisis	nous conduisîmes	j'eus conduit	nous eûmes conduit
tu conduisis	vous conduisîtes	tu eus conduit	vous eûtes conduit
il/elle conduisit	ils/elles conduisirent	il/elle eut conduit	ils/elles eurent conduit
Future		***Future Anterior***	
je conduirai	nous conduirons	j'aurai conduit	nous aurons conduit
tu conduiras	vous conduirez	tu auras conduit	vous aurez conduit
il/elle conduira	ils/elles conduiront	il/elle aura conduit	ils/elles auront conduit
Conditional		***Past Conditional***	
je conduirais	nous conduirions	j'aurais conduit	nous aurions conduit
tu conduirais	vous conduiriez	tu aurais conduit	vous auriez conduit
il/elle conduirait	ils/elles conduiraient	il/elle aurait conduit	ils/elles auraient conduit

Present Subjunctive		*Past Subjunctive*	
que je conduise	que nous conduisions	que j'aie conduit	que nous ayons conduit
que tu conduises	que vous conduisiez	que tu aies conduit	que vous ayez conduit
qu'il/elle conduise	qu'ils/elles conduisent	qu'il/elle ait conduit	qu'ils/elles aient conduit
Imperfect Subjunctive		***Pluperfect Subjunctive***	
que je conduisisse	que nous conduisissions	que j'eusse conduit	que nous eussions conduit
que tu conduisisses	que vous conduisissiez	que tu eusses conduit	que vous eussiez conduit
qu'il/elle conduisît	qu'ils/elles conduisissent	qu'il/elle eût conduit	qu'ils/elles eussent conduit

Commands

	(nous) conduisons
(tu) conduis	(vous) conduisez

USAGE

conduire une voiture	*to drive a car*
savoir conduire	*to know how to drive*
Vous conduisez vite!	*You drive fast!*
conduire à droite/gauche	*to drive on the right/left*
passer son permis de conduire	*to take one's driver's license test*
Qu'est-ce qui vous a conduit à cette conclusion?	*What led you to this conclusion?*
Dutoit conduira l'orchestre.	*Dutoit will conduct the orchestra.*

RELATED WORDS AND EXPRESSIONS

la conduite	*driving; conduct/behavior*
Sa conduite n'est pas normale.	*His behavior is not normal.*
se conduire	*to behave*
—Il ose se conduire comme ça?	*He dares to behave like that?*
—Lui, il ne sait pas se conduire avec les gens.	*He doesn't know how to behave with people.*

to know, be familiar with **connaître** 123

irregular verb **je connais · je connus · connu · connaissant**

Present		*Passé Composé*	
je connais	nous connaissons	j'ai connu	nous avons connu
tu connais	vous connaissez	tu as connu	vous avez connu
il/elle connaît	ils/elles connaissent	il/elle a connu	ils/elles ont connu
Imperfect		*Pluperfect*	
je connaissais	nous connaissions	j'avais connu	nous avions connu
tu connaissais	vous connaissiez	tu avais connu	vous aviez connu
il/elle connaissait	ils/elles connaissaient	il/elle avait connu	ils/elles avaient connu
Passé Simple		*Past Anterior*	
je connus	nous connûmes	j'eus connu	nous eûmes connu
tu connus	vous connûtes	tu eus connu	vous eûtes connu
il/elle connut	ils/elles connurent	il/elle eut connu	ils/elles eurent connu
Future		*Future Anterior*	
je connaîtrai	nous connaîtrons	j'aurai connu	nous aurons connu
tu connaîtras	vous connaîtrez	tu auras connu	vous aurez connu
il/elle connaîtra	ils/elles connaîtront	il/elle aura connu	ils/elles auront connu
Conditional		*Past Conditional*	
je connaîtrais	nous connaîtrions	j'aurais connu	nous aurions connu
tu connaîtrais	vous connaîtriez	tu aurais connu	vous auriez connu
il/elle connaîtrait	ils/elles connaîtraient	il/elle aurait connu	ils/elles auraient connu

Present Subjunctive		*Past Subjunctive*	
que je connaisse	que nous connaissions	que j'aie connu	que nous ayons connu
que tu connaisses	que vous connaissiez	que tu aies connu	que vous ayez connu
qu'il/elle connaisse	qu'ils/elles connaissent	qu'il/elle ait connu	qu'ils/elles aient connu
Imperfect Subjunctive		*Pluperfect Subjunctive*	
que je connusse	que nous connussions	que j'eusse connu	que nous eussions connu
que tu connusses	que vous connussiez	que tu eusses connu	que vous eussiez connu
qu'il/elle connût	qu'ils/elles connussent	qu'il/elle eût connu	qu'ils/elles eussent connu

Commands

	(nous) connaissons
(tu) connais	(vous) connaissez

USAGE

connaître qqn	*to know someone*
Je connais votre père.	*I know your father.*
connaître un endroit	*to know / be familiar with a place*
Il connaît bien Paris.	*He knows Paris well.*
Je ne connais pas Lyon.	*I've never been to Lyons.*

RELATED WORDS AND EXPRESSIONS

la connaissance	*acquaintance*
faire la connaissance de qqn	*to make someone's acquaintance*
Je suis enchanté de faire votre connaissance, Mademoiselle.	*I'm delighted to meet you, Miss.* (formal)
les connaissances *(fpl)*	*knowledge*
Il a de bonnes connaissances en informatique.	*He has a good knowledge of computer science.*
connu(e)	*famous/well-known*
un auteur très connu	*a very famous author*

top 50 verb

connaître *to know, be familiar with*

je connais · je connus · connu · connaissant irregular verb

connaître les gens

—Est-ce que tu connais beaucoup de monde à Montréal?	*Do you know a lot of people in Montreal?*
—Oui, je connais tout le monde, moi.	*Yes, I know everyone.*
—Vous connaissez vos voisins?	*Do you know your neighbors?*
—On ne les connaît qu'un peu.	*We know them only a little.*
—Je croyais que tu n'allais pas protester.	*I thought you were not going to protest.*
—Tu me connais mal.	*You don't know me at all.*
—Tu connais le nouveau PDG?	*Do you know the new CEO?*
—Non, mais présente-moi. Je voudrais le connaître.	*No, but introduce me. I'd like to meet him.*
—Je le connais depuis longtemps.	*I've known him for a long time.*
—Où est-ce que tu l'as connu?	*Where did you get to know / meet him?*
Si tu ne m'invites pas, je ne te connais plus.	*If you don't invite me, I'll have nothing more to do with you.*
Personne ne lui connaissait d'ennemis.	*He had no known enemies.*
Je connais un peu la programmation.	*I know some programming.*

connaître les endroits

Je connais Paris comme ma poche.	*I know Paris like the back of my hand.*
Je voudrais connaître la Louisiane.	*I'd like to visit Louisiana.*
Tu connais un bon restaurant dans le coin?	*Do you know a good restaurant in the neighborhood?*

connaître les choses

—Tu y connais quelque chose en bureautique?	*Do you know anything about office automation?*
—Je n'y connais rien.	*I don't know anything about it.*
Notre entreprise a connu des revers.	*Our firm has had setbacks.*
J'espère que vous ne connaîtrez jamais une telle humiliation.	*I hope you will never know such humiliation.*
—Il m'a promis de m'aider.	*He promised to help me.*
—Oh, ses promesses, on connaît.	*Don't talk to us about his promises.*
La pauvreté, il a connu ça.	*He knows what poverty is.*

faire connaître

Il nous fera connaître sa stratégie.	*He will inform us of his strategy.*
Je vous ferai connaître mon avis.	*I'll let you know what I think.*

se connaître

On a refusé de faire un vol en parapente. On se connaît.	*We refused to take a hang glider / paraglider flight. We know ourselves / our limits.*
s'y connaître	*to be an expert / well-versed*
Il s'y connaît en littérature.	*He's well-versed in literature.*

top 50 verb

irregular verb

je conquiers · je conquis · conquis · conquérant

Present		Passé Composé	
je conquiers	nous conquérons	j'ai conquis	nous avons conquis
tu conquiers	vous conquérez	tu as conquis	vous avez conquis
il/elle conquiert	ils/elles conquièrent	il/elle a conquis	ils/elles ont conquis
Imperfect		**Pluperfect**	
je conquérais	nous conquérions	j'avais conquis	nous avions conquis
tu conquérais	vous conquériez	tu avais conquis	vous aviez conquis
il/elle conquérait	ils/elles conquéraient	il/elle avait conquis	ils/elles avaient conquis
Passé Simple		**Past Anterior**	
je conquis	nous conquîmes	j'eus conquis	nous eûmes conquis
tu conquis	vous conquîtes	tu eus conquis	vous eûtes conquis
il/elle conquit	ils/elles conquirent	il/elle eut conquis	ils/elles eurent conquis
Future		**Future Anterior**	
je conquerrai	nous conquerrons	j'aurai conquis	nous aurons conquis
tu conquerras	vous conquerrez	tu auras conquis	vous aurez conquis
il/elle conquerra	ils/elles conquerront	il/elle aura conquis	ils/elles auront conquis
Conditional		**Past Conditional**	
je conquerrais	nous conquerrions	j'aurais conquis	nous aurions conquis
tu conquerrais	vous conquerriez	tu aurais conquis	vous auriez conquis
il/elle conquerrait	ils/elles conquerraient	il/elle aurait conquis	ils/elles auraient conquis

Present Subjunctive		Past Subjunctive	
que je conquière	que nous conquérions	que j'aie conquis	que nous ayons conquis
que tu conquières	que vous conquériez	que tu aies conquis	que vous ayez conquis
qu'il/elle conquière	qu'ils/elles conquièrent	qu'il/elle ait conquis	qu'ils/elles aient conquis
Imperfect Subjunctive		**Pluperfect Subjunctive**	
que je conquisse	que nous conquissions	que j'eusse conquis	que nous eussions conquis
que tu conquisses	que vous conquissiez	que tu eusses conquis	que vous eussiez conquis
qu'il/elle conquît	qu'ils/elles conquissent	qu'il/elle eût conquis	qu'ils/elles eussent conquis

Commands

	(nous) conquérons
(tu) conquiers	(vous) conquérez

USAGE

conquérir le monde	*to conquer the world*
Notre produit a conquis dix pour cent du marché.	*Our product has captured 10 percent of the market.*

RELATED WORDS AND EXPRESSIONS

la conquête	*conquest*
faire la conquête du pays	*to conquer the country*
Il a fait ses conquêtes.	*He's had his success with women.*
être conquis(e) à	*to be won over to*
Je suis conquis à cette idée.	*I have been won over to that idea.*
Nos consommateurs sont conquis par le commerce en ligne.	*Our consumers have been won over by online commerce.*

conseiller *to advise*

je conseille · je conseillai · conseillé · conseillant regular *-er* verb

Present		*Passé Composé*	
je conseille	nous conseillons	j'ai conseillé	nous avons conseillé
tu conseilles	vous conseillez	tu as conseillé	vous avez conseillé
il/elle conseille	ils/elles conseillent	il/elle a conseillé	ils/elles ont conseillé
Imperfect		*Pluperfect*	
je conseillais	nous conseillions	j'avais conseillé	nous avions conseillé
tu conseillais	vous conseilliez	tu avais conseillé	vous aviez conseillé
il/elle conseillait	ils/elles conseillaient	il/elle avait conseillé	ils/elles avaient conseillé
Passé Simple		*Past Anterior*	
je conseillai	nous conseillâmes	j'eus conseillé	nous eûmes conseillé
tu conseillas	vous conseillâtes	tu eus conseillé	vous eûtes conseillé
il/elle conseilla	ils/elles conseillèrent	il/elle eut conseillé	ils/elles eurent conseillé
Future		*Future Anterior*	
je conseillerai	nous conseillerons	j'aurai conseillé	nous aurons conseillé
tu conseilleras	vous conseillerez	tu auras conseillé	vous aurez conseillé
il/elle conseillera	ils/elles conseilleront	il/elle aura conseillé	ils/elles auront conseillé
Conditional		*Past Conditional*	
je conseillerais	nous conseillerions	j'aurais conseillé	nous aurions conseillé
tu conseillerais	vous conseilleriez	tu aurais conseillé	vous auriez conseillé
il/elle conseillerait	ils/elles conseilleraient	il/elle aurait conseillé	ils/elles auraient conseillé

Present Subjunctive		*Past Subjunctive*	
que je conseille	que nous conseillions	que j'aie conseillé	que nous ayons conseillé
que tu conseilles	que vous conseilliez	que tu aies conseillé	que vous ayez conseillé
qu'il/elle conseille	qu'ils/elles conseillent	qu'il/elle ait conseillé	qu'ils/elles aient conseillé
Imperfect Subjunctive		*Pluperfect Subjunctive*	
que je conseillasse	que nous conseillassions	que j'eusse conseillé	que nous eussions conseillé
que tu conseillasses	que vous conseillassiez	que tu eusses conseillé	que vous eussiez conseillé
qu'il/elle conseillât	qu'ils/elles conseillassent	qu'il/elle eût conseillé	qu'ils/elles eussent conseillé

Commands

	(nous) conseillons
(tu) conseille	(vous) conseillez

USAGE

conseiller qqn	*to advise someone*
Il sait conseiller ses amis.	*He knows how to advise his friends.*
J'ai l'impression d'avoir été mal conseillé.	*I have the impression that I was ill-advised.*
conseiller qqch à qqn	*to suggest something to someone*
Le médecin lui a conseillé le repos.	*The doctor advised rest for him.*
conseiller à qqn de faire qqch	*to advise someone to do something*
On leur a conseillé de ne plus attendre.	*We advised them not to wait any longer.*

RELATED WORDS AND EXPRESSIONS

le conseil	*piece of advice*
La nuit porte conseil.	*Sleep on it.*
C'est une femme de bon conseil.	*She gives good advice.*
les conseils	*advice*
déconseiller	*to advise against*
déconseiller à qqn de faire qqch	*to advise someone not to do something*

irregular verb **je consens · je consentis · consenti · consentant**

Present		*Passé Composé*	
je consens	nous consentons	j'ai consenti	nous avons consenti
tu consens	vous consentez	tu as consenti	vous avez consenti
il/elle consent	ils/elles consentent	il/elle a consenti	ils/elles ont consenti
Imperfect		*Pluperfect*	
je consentais	nous consentions	j'avais consenti	nous avions consenti
tu consentais	vous consentiez	tu avais consenti	vous aviez consenti
il/elle consentait	ils/elles consentaient	il/elle avait consenti	ils/elles avaient consenti
Passé Simple		*Past Anterior*	
je consentis	nous consentîmes	j'eus consenti	nous eûmes consenti
tu consentis	vous consentîtes	tu eus consenti	vous eûtes consenti
il/elle consentit	ils/elles consentirent	il/elle eut consenti	ils/elles eurent consenti
Future		*Future Anterior*	
je consentirai	nous consentirons	j'aurai consenti	nous aurons consenti
tu consentiras	vous consentirez	tu auras consenti	vous aurez consenti
il/elle consentira	ils/elles consentiront	il/elle aura consenti	ils/elles auront consenti
Conditional		*Past Conditional*	
je consentirais	nous consentirions	j'aurais consenti	nous aurions consenti
tu consentirais	vous consentiriez	tu aurais consenti	vous auriez consenti
il/elle consentirait	ils/elles consentiraient	il/elle aurait consenti	ils/elles auraient consenti
Present Subjunctive		*Past Subjunctive*	
que je consente	que nous consentions	que j'aie consenti	que nous ayons consenti
que tu consentes	que vous consentiez	que tu aies consenti	que vous ayez consenti
qu'il/elle consente	qu'ils/elles consentent	qu'il/elle ait consenti	qu'ils/elles aient consenti
Imperfect Subjunctive		*Pluperfect Subjunctive*	
que je consentisse	que nous consentissions	que j'eusse consenti	que nous eussions consenti
que tu consentisses	que vous consentissiez	que tu eusses consenti	que vous eussiez consenti
qu'il/elle consentît	qu'ils/elles consentissent	qu'il/elle eût consenti	qu'ils/elles eussent consenti

Commands

	(nous) consentons
(tu) consens	(vous) consentez

USAGE

consentir à faire qqch	*to agree to do something*
Je consens à y aller avec vous.	*I agree to go there with you.*
consentir à ce que qqn fasse qqch	*to allow someone to do something*
Je consens à ce qu'il y aille avec vous.	*I allow him to go there with you.*
—Vous y consentez?	*Do you agree to it?*
—Non, je n'y consentirai jamais.	*No, I will never agree to it.*
consentir qqch à qqn	*to grant someone something*
Je leur ai consenti un prêt.	*I decided to make them a loan.*

RELATED WORDS AND EXPRESSIONS

le consentement	*consent*
Elle se déplace avec/sans le consentement de son frère.	*She's traveling with/without her brother's consent.*
Ils ont donné leur consentement au mariage.	*They gave their consent to the marriage.*

127 construire *to build, construct*

je construis · je construisis · construit · construisant irregular verb

Present		*Passé Composé*	
je construis	nous construisons	j'ai construit	nous avons construit
tu construis	vous construisez	tu as construit	vous avez construit
il/elle construit	ils/elles construisent	il/elle a construit	ils/elles ont construit
Imperfect		*Pluperfect*	
je construisais	nous construisions	j'avais construit	nous avions construit
tu construisais	vous construisiez	tu avais construit	vous aviez construit
il/elle construisait	ils/elles construisaient	il/elle avait construit	ils/elles avaient construit
Passé Simple		*Past Anterior*	
je construisis	nous construisîmes	j'eus construit	nous eûmes construit
tu construisis	vous construisîtes	tu eus construit	vous eûtes construit
il/elle construisit	ils/elles construisirent	il/elle eut construit	ils/elles eurent construit
Future		*Future Anterior*	
je construirai	nous construirons	j'aurai construit	nous aurons construit
tu construiras	vous construirez	tu auras construit	vous aurez construit
il/elle construira	ils/elles construiront	il/elle aura construit	ils/elles auront construit
Conditional		*Past Conditional*	
je construirais	nous construirions	j'aurais construit	nous aurions construit
tu construirais	vous construiriez	tu aurais construit	vous auriez construit
il/elle construirait	ils/elles construiraient	il/elle aurait construit	ils/elles auraient construit

Present Subjunctive		*Past Subjunctive*	
que je construise	que nous construisions	que j'aie construit	que nous ayons construit
que tu construises	que vous construisiez	que tu aies construit	que vous ayez construit
qu'il/elle construise	qu'ils/elles construisent	qu'il/elle ait construit	qu'ils/elles aient construit
Imperfect Subjunctive		*Pluperfect Subjunctive*	
que je construisisse	que nous construisissions	que j'eusse construit	que nous eussions construit
que tu construisisses	que vous construisissiez	que tu eusses construit	que vous eussiez construit
qu'il/elle construisît	qu'ils/elles construisissent	qu'il/elle eût construit	qu'ils/elles eussent construit

Commands

	(nous) construisons
(tu) construis	(vous) construisez

USAGE

construire une maison	*to build a house*
faire construire une maison	*to have a house built*
construire une phrase	*to construct/build a sentence*
—Cette expression se construit avec le subjonctif?	*Does this expression take the subjunctive?*
—Non, elle se construit avec l'indicatif.	*No, it takes the indicative.*

RELATED WORDS AND EXPRESSIONS

la construction	*building*
la construction de navires	*shipbuilding*
les matériaux de construction	*construction materials*
de construction américaine	*American-built*
la construction de la phrase	*the structure of the sentence*
le constructeur / la constructrice	*builder/manufacturer*

irregular verb **je contiens · je contins · contenu · contenant**

Present		*Passé Composé*	
je contiens	nous contenons	j'ai contenu	nous avons contenu
tu contiens	vous contenez	tu as contenu	vous avez contenu
il/elle contient	ils/elles contiennent	il/elle a contenu	ils/elles ont contenu
Imperfect		*Pluperfect*	
je contenais	nous contenions	j'avais contenu	nous avions contenu
tu contenais	vous conteniez	tu avais contenu	vous aviez contenu
il/elle contenait	ils/elles contenaient	il/elle avait contenu	ils/elles avaient contenu
Passé Simple		*Past Anterior*	
je contins	nous contînmes	j'eus contenu	nous eûmes contenu
tu contins	vous contîntes	tu eus contenu	vous eûtes contenu
il/elle contint	ils/elles continrent	il/elle eut contenu	ils/elles eurent contenu
Future		*Future Anterior*	
je contiendrai	nous contiendrons	j'aurai contenu	nous aurons contenu
tu contiendras	vous contiendrez	tu auras contenu	vous aurez contenu
il/elle contiendra	ils/elles contiendront	il/elle aura contenu	ils/elles auront contenu
Conditional		*Past Conditional*	
je contiendrais	nous contiendrions	j'aurais contenu	nous aurions contenu
tu contiendrais	vous contiendriez	tu aurais contenu	vous auriez contenu
il/elle contiendrait	ils/elles contiendraient	il/elle aurait contenu	ils/elles auraient contenu
Present Subjunctive		*Past Subjunctive*	
que je contienne	que nous contenions	que j'aie contenu	que nous ayons contenu
que tu contiennes	que vous conteniez	que tu aies contenu	que vous ayez contenu
qu'il/elle contienne	qu'ils/elles contiennent	qu'il/elle ait contenu	qu'ils/elles aient contenu
Imperfect Subjunctive		*Pluperfect Subjunctive*	
que je continsse	que nous continssions	que j'eusse contenu	que nous eussions contenu
que tu continsses	que vous continssiez	que tu eusses contenu	que vous eussiez contenu
qu'il/elle contînt	qu'ils/elles continssent	qu'il/elle eût contenu	qu'ils/elles eussent contenu

Commands

	(nous) contenons
(tu) contiens	(vous) contenez

USAGE

—Cette bouteille contient un litre d'eau?	*Does this bottle hold a liter of water?*
—Non, elle en contient un litre et demi.	*No, it holds a liter and a half.*
La foule a été contenue par la barrière.	*The barrier held the crowd back.*
Cette composition contient des fautes.	*This composition contains mistakes.*
Son livre contient beaucoup d'idées importantes.	*His book contains many important ideas.*

RELATED WORDS AND EXPRESSIONS

le contenu	*content*
le contenu du livre	*the contents of the book*
le contenu bouleversant de son message	*the disturbing content of his message*
contenu(e)	*contained/restrained*
des sentiments contenus	*restrained feelings*
se contenir	*to control one's emotions*

continuer *to continue*

je continue · je continuai · continué · continuant regular -*er* verb

Present		*Passé Composé*	
je continue	nous continuons	j'ai continué	nous avons continué
tu continues	vous continuez	tu as continué	vous avez continué
il/elle continue	ils/elles continuent	il/elle a continué	ils/elles ont continué
Imperfect		***Pluperfect***	
je continuais	nous continuions	j'avais continué	nous avions continué
tu continuais	vous continuiez	tu avais continué	vous aviez continué
il/elle continuait	ils/elles continuaient	il/elle avait continué	ils/elles avaient continué
Passé Simple		***Past Anterior***	
je continuai	nous continuâmes	j'eus continué	nous eûmes continué
tu continuas	vous continuâtes	tu eus continué	vous eûtes continué
il/elle continua	ils/elles continuèrent	il/elle eut continué	ils/elles eurent continué
Future		***Future Anterior***	
je continuerai	nous continuerons	j'aurai continué	nous aurons continué
tu continueras	vous continuerez	tu auras continué	vous aurez continué
il/elle continuera	ils/elles continueront	il/elle aura continué	ils/elles auront continué
Conditional		***Past Conditional***	
je continuerais	nous continuerions	j'aurais continué	nous aurions continué
tu continuerais	vous continueriez	tu aurais continué	vous auriez continué
il/elle continuerait	ils/elles continueraient	il/elle aurait continué	ils/elles auraient continué

Present Subjunctive		*Past Subjunctive*	
que je continue	que nous continuions	que j'aie continué	que nous ayons continué
que tu continues	que vous continuiez	que tu aies continué	que vous ayez continué
qu'il/elle continue	qu'ils/elles continuent	qu'il/elle ait continué	qu'ils/elles aient continué
Imperfect Subjunctive		***Pluperfect Subjunctive***	
que je continuasse	que nous continuassions	que j'eusse continué	que nous eussions continué
que tu continuasses	que vous continuassiez	que tu eusses continué	que vous eussiez continué
qu'il/elle continuât	qu'ils/elles continuassent	qu'il/elle eût continué	qu'ils/elles eussent continué

Commands

	(nous) continuons
(tu) continue	(vous) continuez

USAGE

Nous continuons nos traditions.	*We are continuing our traditions.*
Le gouvernement continue sa politique.	*The government goes on with its policy.*
Le nouveau président continue l'ancien.	*The new president is picking up where the former one left off.*
Gare à toi si tu continues comme ça!	*You'd better watch it if you keep up like this!*
continuer à/de faire qqch	*to keep on doing something / continue to do something*
Je continue à essayer de la contacter.	*I'm continuing to try to get in touch with her.*
L'autoroute continue jusqu'à La Nouvelle Orléans.	*The highway continues until New Orleans.*

RELATED WORDS AND EXPRESSIONS

la continuation	*continuation*
Bonne continuation!	*All the best to you!*
la continuité de la tradition	*continuity of tradition*
un problème continuel	*a continual/constant problem*

irregular verb **je contrains · je contraignis · contraint · contraignant**

Present		*Passé Composé*	
je contrains	nous contraignons	j'ai contraint	nous avons contraint
tu contrains	vous contraignez	tu as contraint	vous avez contraint
il/elle contraint	ils/elles contraignent	il/elle a contraint	ils/elles ont contraint
Imperfect		*Pluperfect*	
je contraignais	nous contraignions	j'avais contraint	nous avions contraint
tu contraignais	vous contraigniez	tu avais contraint	vous aviez contraint
il/elle contraignait	ils/elles contraignaient	il/elle avait contraint	ils/elles avaient contraint
Passé Simple		*Past Anterior*	
je contraignis	nous contraignîmes	j'eus contraint	nous eûmes contraint
tu contraignis	vous contraignîtes	tu eus contraint	vous eûtes contraint
il/elle contraignit	ils/elles contraignirent	il/elle eut contraint	ils/elles eurent contraint
Future		*Future Anterior*	
je contraindrai	nous contraindrons	j'aurai contraint	nous aurons contraint
tu contraindras	vous contraindrez	tu auras contraint	vous aurez contraint
il/elle contraindra	ils/elles contraindront	il/elle aura contraint	ils/elles auront contraint
Conditional		*Past Conditional*	
je contraindrais	nous contraindrions	j'aurais contraint	nous aurions contraint
tu contraindrais	vous contraindriez	tu aurais contraint	vous auriez contraint
il/elle contraindrait	ils/elles contraindraient	il/elle aurait contraint	ils/elles auraient contraint
Present Subjunctive		*Past Subjunctive*	
que je contraigne	que nous contraignions	que j'aie contraint	que nous ayons contraint
que tu contraignes	que vous contraigniez	que tu aies contraint	que vous ayez contraint
qu'il/elle contraigne	qu'ils/elles contraignent	qu'il/elle ait contraint	qu'ils/elles aient contraint
Imperfect Subjunctive		*Pluperfect Subjunctive*	
que je contraignisse	que nous contraignissions	que j'eusse contraint	que nous eussions contraint
que tu contraignisses	que vous contraignissiez	que tu eusses contraint	que vous eussiez contraint
qu'il/elle contraignît	qu'ils/elles contraignissent	qu'il/elle eût contraint	qu'ils/elles eussent contraint

Commands

	(nous) contraignons
(tu) contrains	(vous) contraignez

USAGE

Les circonstances me contraignent à la frugalité.	*Circumstances are forcing me to be frugal.*
contraindre qqn à faire qqch	*to force someone to do something*
contraint et forcé	*under duress*
J'ai avoué contraint et forcé.	*I confessed under duress.*

RELATED WORDS AND EXPRESSIONS

la contrainte	*constraint/limitation*
Il m'a parlé sans contrainte.	*He spoke to me without any reservation.*
être contraint(e) de faire qqch	*to be obliged to do something*
Je suis contraint de partir en voyage.	*I'm obliged to leave on a trip.*
se contraindre	*to force oneself*
—Tu es allé avec lui chez son oncle?	*Did you go with him to his uncle's?*
—Je me suis contraint.	*I forced myself.*

131 contredire *to contradict*

je contredis · je contredis · contredit · contredisant irregular verb

Present		*Passé Composé*	
je contredis	nous contredisons	j'ai contredit	nous avons contredit
tu contredis	vous contredisez	tu as contredit	vous avez contredit
il/elle contredit	ils/elles contredisent	il/elle a contredit	ils/elles ont contredit
Imperfect		***Pluperfect***	
je contredisais	nous contredisions	j'avais contredit	nous avions contredit
tu contredisais	vous contredisiez	tu avais contredit	vous aviez contredit
il/elle contredisait	ils/elles contredisaient	il/elle avait contredit	ils/elles avaient contredit
Passé Simple		***Past Anterior***	
je contredis	nous contredîmes	j'eus contredit	nous eûmes contredit
tu contredis	vous contredîtes	tu eus contredit	vous eûtes contredit
il/elle contredit	ils/elles contredirent	il/elle eut contredit	ils/elles eurent contredit
Future		***Future Anterior***	
je contredirai	nous contredirons	j'aurai contredit	nous aurons contredit
tu contrediras	vous contredirez	tu auras contredit	vous aurez contredit
il/elle contredira	ils/elles contrediront	il/elle aura contredit	ils/elles auront contredit
Conditional		***Past Conditional***	
je contredirais	nous contredirions	j'aurais contredit	nous aurions contredit
tu contredirais	vous contrediriez	tu aurais contredit	vous auriez contredit
il/elle contredirait	ils/elles contrediraient	il/elle aurait contredit	ils/elles auraient contredit

Present Subjunctive		*Past Subjunctive*	
que je contredise	que nous contredisions	que j'aie contredit	que nous ayons contredit
que tu contredises	que vous contredisiez	que tu aies contredit	que vous ayez contredit
qu'il/elle contredise	qu'ils/elles contredisent	qu'il/elle ait contredit	qu'ils/elles aient contredit
Imperfect Subjunctive		***Pluperfect Subjunctive***	
que je contredisse	que nous contredissions	que j'eusse contredit	que nous eussions contredit
que tu contredisses	que vous contredissiez	que tu eusses contredit	que vous eussiez contredit
qu'il/elle contredît	qu'ils/elles contredissent	qu'il/elle eût contredit	qu'ils/elles eussent contredit

Commands

	(nous) contredisons
(tu) contredis	(vous) contredisez

USAGE

Tu oses contredire le professeur?	*You dare to contradict the teacher?*
—Arrête de me contredire.	*Stop contradicting me.*
—Je ne contredis personne.	*I'm not contradicting anyone.*
J'hésite à le contredire.	*I am reluctant to contradict him.*
Permettez-moi de vous contredire.	*Allow me to contradict you.*
Son explication contredit les faits.	*His explanation contradicts the facts.*

RELATED WORDS AND EXPRESSIONS

la contradiction	*contradiction*
avoir un esprit de contradiction	*to be contrary*
sans contredit	*doubtlessly/certainly*
se contredire	*to contradict oneself / each other*
Tu te contredis tout le temps.	*You're contradicting yourself all the time.*
Les deux déclarations se contredisent.	*The two statements contradict each other.*

irregular verb **je convaincs · je convainquis · convaincu · convainquant**

Present		Passé Composé	
je convaincs	nous convainquons	j'ai convaincu	nous avons convaincu
tu convaincs	vous convainquez	tu as convaincu	vous avez convaincu
il/elle convainc	ils/elles convainquent	il/elle a convaincu	ils/elles ont convaincu
Imperfect		*Pluperfect*	
je convainquais	nous convainquions	j'avais convaincu	nous avions convaincu
tu convainquais	vous convainquiez	tu avais convaincu	vous aviez convaincu
il/elle convainquait	ils/elles convainquaient	il/elle avait convaincu	ils/elles avaient convaincu
Passé Simple		*Past Anterior*	
je convainquis	nous convainquîmes	j'eus convaincu	nous eûmes convaincu
tu convainquis	vous convainquîtes	tu eus convaincu	vous eûtes convaincu
il/elle convainquit	ils/elles convainquirent	il/elle eut convaincu	ils/elles eurent convaincu
Future		*Future Anterior*	
je convaincrai	nous convaincrons	j'aurai convaincu	nous aurons convaincu
tu convaincras	vous convaincrez	tu auras convaincu	vous aurez convaincu
il/elle convaincra	ils/elles convaincront	il/elle aura convaincu	ils/elles auront convaincu
Conditional		*Past Conditional*	
je convaincrais	nous convaincrions	j'aurais convaincu	nous aurions convaincu
tu convaincrais	vous convaincriez	tu aurais convaincu	vous auriez convaincu
il/elle convaincrait	ils/elles convaincraient	il/elle aurait convaincu	ils/elles auraient convaincu
Present Subjunctive		*Past Subjunctive*	
que je convainque	que nous convainquions	que j'aie convaincu	que nous ayons convaincu
que tu convainques	que vous convainquiez	que tu aies convaincu	que vous ayez convaincu
qu'il/elle convainque	qu'ils/elles convainquent	qu'il/elle ait convaincu	qu'ils/elles aient convaincu
Imperfect Subjunctive		*Pluperfect Subjunctive*	
que je convainquisse	que nous convainquissions	que j'eusse convaincu	que nous eussions convaincu
que tu convainquisses	que vous convainquissiez	que tu eusses convaincu	que vous eussiez convaincu
qu'il/elle convainquît	qu'ils/elles convainquissent	qu'il/elle eût convaincu	qu'ils/elles eussent convaincu

Commands

	(nous) convainquons
(tu) convaincs	(vous) convainquez

USAGE

convaincre qqn de qqch	*to convince someone of something*
Il m'a convaincu de l'importance de la programmation.	*He convinced me of the importance of programming.*
Je l'ai convaincu de nous accompagner.	*I convinced him to accompany us.*
Notre parti a réussi à convaincre l'opposition de soutenir notre projet d'abaisser les impôts.	*Our party succeeded in convincing the opposition to support our plan to lower taxes.*

RELATED WORDS AND EXPRESSIONS

convaincant(e)	*convincing*
un témoignage convaincant	*a convincing testimony*
une preuve convaincante	*a convincing piece of evidence*
convaincu(e)	*convinced/dyed-in-the-wool*
C'est un socialiste convaincu.	*He's a socialist through and through.*

133 convenir *to agree*

je conviens · je convins · convenu · convenant irregular verb

Present		*Passé Composé*	
je conviens	nous convenons	j'ai convenu	nous avons convenu
tu conviens	vous convenez	tu as convenu	vous avez convenu
il/elle convient	ils/elles conviennent	il/elle a convenu	ils/elles ont convenu
Imperfect		*Pluperfect*	
je convenais	nous convenions	j'avais convenu	nous avions convenu
tu convenais	vous conveniez	tu avais convenu	vous aviez convenu
il/elle convenait	ils/elles convenaient	il/elle avait convenu	ils/elles avaient convenu
Passé Simple		*Past Anterior*	
je convins	nous convînmes	j'eus convenu	nous eûmes convenu
tu convins	vous convîntes	tu eus convenu	vous eûtes convenu
il/elle convint	ils/elles convinrent	il/elle eut convenu	ils/elles eurent convenu
Future		*Future Anterior*	
je conviendrai	nous conviendrons	j'aurai convenu	nous aurons convenu
tu conviendras	vous conviendrez	tu auras convenu	vous aurez convenu
il/elle conviendra	ils/elles conviendront	il/elle aura convenu	ils/elles auront convenu
Conditional		*Past Conditional*	
je conviendrais	nous conviendrions	j'aurais convenu	nous aurions convenu
tu conviendrais	vous conviendriez	tu aurais convenu	vous auriez convenu
il/elle conviendrait	ils/elles conviendraient	il/elle aurait convenu	ils/elles auraient convenu

Present Subjunctive		*Past Subjunctive*	
que je convienne	que nous convenions	que j'aie convenu	que nous ayons convenu
que tu conviennes	que vous conveniez	que tu aies convenu	que vous ayez convenu
qu'il/elle convienne	qu'ils/elles conviennent	qu'il/elle ait convenu	qu'ils/elles aient convenu
Imperfect Subjunctive		*Pluperfect Subjunctive*	
que je convinsse	que nous convinssions	que j'eusse convenu	que nous eussions convenu
que tu convinsses	que vous convinssiez	que tu eusses convenu	que vous eussiez convenu
qu'il/elle convînt	qu'ils/elles convinssent	qu'il/elle eût convenu	qu'ils/elles eussent convenu

Commands

	(nous) convenons
(tu) conviens	(vous) convenez

USAGE

Nous convenons que c'est dangereux.	*We agree that it's dangerous.*
Vous n'en convenez pas?	*Do you disagree?*
Ça ne convient pas.	*That's not suitable.*
Tes vêtements ne conviennent pas à l'occasion.	*Your clothes are inappropriate for the occasion.*
—Il convient que vous partiez tout de suite.	*You ought to leave right away.*
—Je n'en conviens pas.	*I don't agree.*
convenir du prix	*to agree on the price*

RELATED WORDS AND EXPRESSIONS

convenable	*suitable*
une tenue convenable	*a suitable/appropriate outfit*
convenu(e)	*agreed upon*
C'est convenu, alors.	*Then it's agreed upon.*
les opinions convenues	*conventional opinion*

regular -*er* verb;
spelling change: *g* > *ge/a, o*

je corrige · je corrigeai · corrigé · corrigeant

Present		*Passé Composé*	
je corrige	nous corrigeons	j'ai corrigé	nous avons corrigé
tu corriges	vous corrigez	tu as corrigé	vous avez corrigé
il/elle corrige	ils/elles corrigent	il/elle a corrigé	ils/elles ont corrigé
Imperfect		*Pluperfect*	
je corrigeais	nous corrigions	j'avais corrigé	nous avions corrigé
tu corrigeais	vous corrigiez	tu avais corrigé	vous aviez corrigé
il/elle corrigeait	ils/elles corrigeaient	il/elle avait corrigé	ils/elles avaient corrigé
Passé Simple		*Past Anterior*	
je corrigeai	nous corrigeâmes	j'eus corrigé	nous eûmes corrigé
tu corrigeas	vous corrigeâtes	tu eus corrigé	vous eûtes corrigé
il/elle corrigea	ils/elles corrigèrent	il/elle eut corrigé	ils/elles eurent corrigé
Future		*Future Anterior*	
je corrigerai	nous corrigerons	j'aurai corrigé	nous aurons corrigé
tu corrigeras	vous corrigerez	tu auras corrigé	vous aurez corrigé
il/elle corrigera	ils/elles corrigeront	il/elle aura corrigé	ils/elles auront corrigé
Conditional		*Past Conditional*	
je corrigerais	nous corrigerions	j'aurais corrigé	nous aurions corrigé
tu corrigerais	vous corrigeriez	tu aurais corrigé	vous auriez corrigé
il/elle corrigerait	ils/elles corrigeraient	il/elle aurait corrigé	ils/elles auraient corrigé

Present Subjunctive		*Past Subjunctive*	
que je corrige	que nous corrigions	que j'aie corrigé	que nous ayons corrigé
que tu corriges	que vous corrigiez	que tu aies corrigé	que vous ayez corrigé
qu'il/elle corrige	qu'ils/elles corrigent	qu'il/elle ait corrigé	qu'ils/elles aient corrigé
Imperfect Subjunctive		*Pluperfect Subjunctive*	
que je corrigeasse	que nous corrigeassions	que j'eusse corrigé	que nous eussions corrigé
que tu corrigeasses	que vous corrigeassiez	que tu eusses corrigé	que vous eussiez corrigé
qu'il/elle corrigeât	qu'ils/elles corrigeassent	qu'il/elle eût corrigé	qu'ils/elles eussent corrigé

Commands

	(nous) corrigeons
(tu) corrige	(vous) corrigez

USAGE

Le professeur corrige les copies.	*The teacher corrects the compositions.*
—Vous permettez que je vous corrige?	*May I correct you?*
—Oui, corrigez-moi si je fais une faute en parlant.	*Yes, correct me if I make a mistake while speaking.*
Corrigeons le tir.	*Let's make some adjustments.*
Si tu continues comme ça, tu vas te faire corriger!	*If you keep that up, you're going to get a spanking!*

RELATED WORDS AND EXPRESSIONS

le correctif	*qualifying statement*
Permettez-moi d'apporter un correctif à votre compte-rendu.	*Allow me to qualify what you said in your report.*
la correction	*correction/correctness; spanking*
Le professeur fait ses corrections.	*The teacher is marking papers.*
J'admire la correction de ce rapport.	*I admire the accuracy of this report.*
agir avec correction	*to act with good manners*
Ce gosse a reçu une correction.	*That kid got a spanking.*

corrompre *to corrupt, bribe*

je corromps · je corrompis · corrompu · corrompant regular -*re* verb

Present		*Passé Composé*	
je corromps	nous corrompons	j'ai corrompu	nous avons corrompu
tu corromps	vous corrompez	tu as corrompu	vous avez corrompu
il/elle corrompt	ils/elles corrompent	il/elle a corrompu	ils/elles ont corrompu
Imperfect		*Pluperfect*	
je corrompais	nous corrompions	j'avais corrompu	nous avions corrompu
tu corrompais	vous corrompiez	tu avais corrompu	vous aviez corrompu
il/elle corrompait	ils/elles corrompaient	il/elle avait corrompu	ils/elles avaient corrompu
Passé Simple		*Past Anterior*	
je corrompis	nous corrompîmes	j'eus corrompu	nous eûmes corrompu
tu corrompis	vous corrompîtes	tu eus corrompu	vous eûtes corrompu
il/elle corrompit	ils/elles corrompirent	il/elle eut corrompu	ils/elles eurent corrompu
Future		*Future Anterior*	
je corromprai	nous corromprons	j'aurai corrompu	nous aurons corrompu
tu corrompras	vous corromprez	tu auras corrompu	vous aurez corrompu
il/elle corrompra	ils/elles corrompront	il/elle aura corrompu	ils/elles auront corrompu
Conditional		*Past Conditional*	
je corromprais	nous corromprions	j'aurais corrompu	nous aurions corrompu
tu corromprais	vous corrompriez	tu aurais corrompu	vous auriez corrompu
il/elle corromprait	ils/elles corrompraient	il/elle aurait corrompu	ils/elles auraient corrompu

Present Subjunctive		*Past Subjunctive*	
que je corrompe	que nous corrompions	que j'aie corrompu	que nous ayons corrompu
que tu corrompes	que vous corrompiez	que tu aies corrompu	que vous ayez corrompu
qu'il/elle corrompe	qu'ils/elles corrompent	qu'il/elle ait corrompu	qu'ils/elles aient corrompu
Imperfect Subjunctive		*Pluperfect Subjunctive*	
que je corrompisse	que nous corrompissions	que j'eusse corrompu	que nous eussions corrompu
que tu corrompisses	que vous corrompissiez	que tu eusses corrompu	que vous eussiez corrompu
qu'il/elle corrompît	qu'ils/elles corrompissent	qu'il/elle eût corrompu	qu'ils/elles eussent corrompu

Commands

	(nous) corrompons
(tu) corromps	(vous) corrompez

USAGE

Ce fichier est corrompu.	*This file is corrupt.*
On a accusé Socrate de corrompre la jeunesse.	*Socrates was accused of corrupting the youth.*
Son jugement est corrompu par sa colère.	*His judgment is distorted by his anger.*
La chaleur a corrompu la viande.	*The heat spoiled the meat.*
corrompre un témoin	*to bribe a witness*
Ce juge est corrompu.	*That judge can be bribed.*

RELATED WORDS AND EXPRESSIONS

la corruption	*corruption/debasement*
la corruption de la langue	*the debasement/corruption of language*
la corruption des mœurs	*the corruption of conduct*

se coucher

to go to bed

regular *-er* reflexive verb;
compound tenses with *être*

je me couche · je me couchai · s'étant couché · se couchant

Present		*Passé Composé*	
je me couche	nous nous couchons	je me suis couché(e)	nous nous sommes couché(e)s
tu te couches	vous vous couchez	tu t'es couché(e)	vous vous êtes couché(e)(s)
il/elle se couche	ils/elles se couchent	il/elle s'est couché(e)	ils/elles se sont couché(e)s
Imperfect		*Pluperfect*	
je me couchais	nous nous couchions	je m'étais couché(e)	nous nous étions couché(e)s
tu te couchais	vous vous couchiez	tu t'étais couché(e)	vous vous étiez couché(e)(s)
il/elle se couchait	ils/elles se couchaient	il/elle s'était couché(e)	ils/elles s'étaient couché(e)s
Passé Simple		*Past Anterior*	
je me couchai	nous nous couchâmes	je me fus couché(e)	nous nous fûmes couché(e)s
tu te couchas	vous vous couchâtes	tu te fus couché(e)	vous vous fûtes couché(e)(s)
il/elle se coucha	ils/elles se couchèrent	il/elle se fut couché(e)	ils/elles se furent couché(e)s
Future		*Future Anterior*	
je me coucherai	nous nous coucherons	je me serai couché(e)	nous nous serons couché(e)s
tu te coucheras	vous vous coucherez	tu te seras couché(e)	vous vous serez couché(e)(s)
il/elle se couchera	ils/elles se coucheront	il/elle se sera couché(e)	ils/elles se seront couché(e)s
Conditional		*Past Conditional*	
je me coucherais	nous nous coucherions	je me serais couché(e)	nous nous serions couché(e)s
tu te coucherais	vous vous coucheriez	tu te serais couché(e)	vous vous seriez couché(e)(s)
il/elle se coucherait	ils/elles se coucheraient	il/elle se serait couché(e)	ils/elles se seraient couché(e)s

Present Subjunctive		*Past Subjunctive*	
que je me couche	que nous nous couchions	que je me sois couché(e)	que nous nous soyons couché(e)s
que tu te couches	que vous vous couchiez	que tu te sois couché(e)	que vous vous soyez couché(e)(s)
qu'il/elle se couche	qu'ils/elles se couchent	qu'il/elle se soit couché(e)	qu'ils/elles se soient couché(e)s
Imperfect Subjunctive		*Pluperfect Subjunctive*	
que je me couchasse	que nous nous couchassions	que je me fusse couché(e)	que nous nous fussions couché(e)s
que tu te couchasses	que vous vous couchassiez	que tu te fusses couché(e)	que vous vous fussiez couché(e)(s)
qu'il/elle se couchât	qu'ils/elles se couchassent	qu'il/elle se fût couché(e)	qu'ils/elles se fussent couché(e)s

Commands

	(nous) couchons-nous
(tu) couche-toi	(vous) couchez-vous

USAGE

—Nous, on se couche tôt.	*We go to bed early.*
—Vous faites bien. Moi je me couche trop tard.	*You're right to do so. I go to bed too late.*
se coucher comme les poules	*to go to bed early*
Va te coucher!	*Get out of here!*
Je l'ai envoyé se coucher.	*I sent him packing / told him where to get off.*
Le cyclist se couchait sur le guidon.	*The cyclist bent over the handlebars.*
Le blé se couche sous le vent.	*The wheat bends in the wind.*
Il se couche mais n'arrive pas à trouver le sommeil.	*He goes to bed but cannot fall asleep.*

137 coudre *to sew*

je couds · je cousis · cousu · cousant — irregular verb

Present		*Passé Composé*	
je couds	nous cousons	j'ai cousu	nous avons cousu
tu couds	vous cousez	tu as cousu	vous avez cousu
il/elle coud	ils/elles cousent	il/elle a cousu	ils/elles ont cousu
Imperfect		*Pluperfect*	
je cousais	nous cousions	j'avais cousu	nous avions cousu
tu cousais	vous cousiez	tu avais cousu	vous aviez cousu
il/elle cousait	ils/elles cousaient	il/elle avait cousu	ils/elles avaient cousu
Passé Simple		*Past Anterior*	
je cousis	nous cousîmes	j'eus cousu	nous eûmes cousu
tu cousis	vous cousîtes	tu eus cousu	vous eûtes cousu
il/elle cousit	ils/elles cousirent	il/elle eut cousu	ils/elles eurent cousu
Future		*Future Anterior*	
je coudrai	nous coudrons	j'aurai cousu	nous aurons cousu
tu coudras	vous coudrez	tu auras cousu	vous aurez cousu
il/elle coudra	ils/elles coudront	il/elle aura cousu	ils/elles auront cousu
Conditional		*Past Conditional*	
je coudrais	nous coudrions	j'aurais cousu	nous aurions cousu
tu coudrais	vous coudriez	tu aurais cousu	vous auriez cousu
il/elle coudrait	ils/elles coudraient	il/elle aurait cousu	ils/elles auraient cousu

Present Subjunctive		*Past Subjunctive*	
que je couse	que nous cousions	que j'aie cousu	que nous ayons cousu
que tu couses	que vous cousiez	que tu aies cousu	que vous ayez cousu
qu'il/elle couse	qu'ils/elles cousent	qu'il/elle ait cousu	qu'ils/elles aient cousu
Imperfect Subjunctive		*Pluperfect Subjunctive*	
que je cousisse	que nous cousissions	que j'eusse cousu	que nous eussions cousu
que tu cousisses	que vous cousissiez	que tu eusses cousu	que vous eussiez cousu
qu'il/elle cousît	qu'ils/elles cousissent	qu'il/elle eût cousu	qu'ils/elles eussent cousu

Commands

	(nous) cousons
(tu) couds	(vous) cousez

USAGE

—Tu sais coudre un bouton à un vêtement? — *Do you know how to sew a button on an article of clothing?*
—Non, je dois apprendre à coudre. — *No, I ought to learn how to sew.*
coudre à la main — *to sew by hand*
coudre à la machine — *to sew by machine*

RELATED WORDS AND EXPRESSIONS

la couture — *sewing; fashion; seam*
sans couture — *seamless*
la haute couture — *high fashion*
une maison de couture — *fashion house*
un couturier / une couturière — *a fashion designer*
être cousu(e) d'or — *to be very wealthy*

regular -*er* verb **je coupe · je coupai · coupé · coupant**

Present		*Passé Composé*	
je coupe	nous coupons	j'ai coupé	nous avons coupé
tu coupes	vous coupez	tu as coupé	vous avez coupé
il/elle coupe	ils/elles coupent	il/elle a coupé	ils/elles ont coupé
Imperfect		***Pluperfect***	
je coupais	nous coupions	j'avais coupé	nous avions coupé
tu coupais	vous coupiez	tu avais coupé	vous aviez coupé
il/elle coupait	ils/elles coupaient	il/elle avait coupé	ils/elles avaient coupé
Passé Simple		***Past Anterior***	
je coupai	nous coupâmes	j'eus coupé	nous eûmes coupé
tu coupas	vous coupâtes	tu eus coupé	vous eûtes coupé
il/elle coupa	ils/elles coupèrent	il/elle eut coupé	ils/elles eurent coupé
Future		***Future Anterior***	
je couperai	nous couperons	j'aurai coupé	nous aurons coupé
tu couperas	vous couperez	tu auras coupé	vous aurez coupé
il/elle coupera	ils/elles couperont	il/elle aura coupé	ils/elles auront coupé
Conditional		***Past Conditional***	
je couperais	nous couperions	j'aurais coupé	nous aurions coupé
tu couperais	vous couperiez	tu aurais coupé	vous auriez coupé
il/elle couperait	ils/elles couperaient	il/elle aurait coupé	ils/elles auraient coupé

Present Subjunctive		*Past Subjunctive*	
que je coupe	que nous coupions	que j'aie coupé	que nous ayons coupé
que tu coupes	que vous coupiez	que tu aies coupé	que vous ayez coupé
qu'il/elle coupe	qu'ils/elles coupent	qu'il/elle ait coupé	qu'ils/elles aient coupé
Imperfect Subjunctive		***Pluperfect Subjunctive***	
que je coupasse	que nous coupassions	que j'eusse coupé	que nous eussions coupé
que tu coupasses	que vous coupassiez	que tu eusses coupé	que vous eussiez coupé
qu'il/elle coupât	qu'ils/elles coupassent	qu'il/elle eût coupé	qu'ils/elles eussent coupé

Commands

	(nous) coupons
(tu) coupe	(vous) coupez

USAGE

couper le fromage	*to cut the cheese*
couper avec un couteau / des ciseaux	*to cut with a knife / a pair of scissors*
Ces ciseaux ne coupent plus.	*This pair of scissors doesn't cut anymore.*

RELATED WORDS AND EXPRESSIONS

la coupe de cheveux	*haircut*
la coupe au rasoir	*razor cut*
se couper les cheveux	*to cut one's hair*
se couper les ongles	*to cut one's nails*
se couper le doigt	*to cut one's finger*
—Tu saignes!	*You're bleeding!*
—Je me suis coupé la joue en me rasant.	*I cut my cheek while shaving.*
découper	*to cut out*
découper un article / une annonce	*to cut out an article/ad*

courir *to run*

je cours · je courus · couru · courant irregular verb

Present		*Passé Composé*	
je cours	nous courons	j'ai couru	nous avons couru
tu cours	vous courez	tu as couru	vous avez couru
il/elle court	ils/elles courent	il/elle a couru	ils/elles ont couru
Imperfect		*Pluperfect*	
je courais	nous courions	j'avais couru	nous avions couru
tu courais	vous couriez	tu avais couru	vous aviez couru
il/elle courait	ils/elles couraient	il/elle avait couru	ils/elles avaient couru
Passé Simple		*Past Anterior*	
je courus	nous courûmes	j'eus couru	nous eûmes couru
tu courus	vous courûtes	tu eus couru	vous eûtes couru
il/elle courut	ils/elles coururent	il/elle eut couru	ils/elles eurent couru
Future		*Future Anterior*	
je courrai	nous courrons	j'aurai couru	nous aurons couru
tu courras	vous courrez	tu auras couru	vous aurez couru
il/elle courra	ils/elles courront	il/elle aura couru	ils/elles auront couru
Conditional		*Past Conditional*	
je courrais	nous courrions	j'aurais couru	nous aurions couru
tu courrais	vous courriez	tu aurais couru	vous auriez couru
il/elle courrait	ils/elles courraient	il/elle aurait couru	ils/elles auraient couru

Present Subjunctive		*Past Subjunctive*	
que je coure	que nous courions	que j'aie couru	que nous ayons couru
que tu coures	que vous couriez	que tu aies couru	que vous ayez couru
qu'il/elle coure	qu'ils/elles courent	qu'il/elle ait couru	qu'ils/elles aient couru
Imperfect Subjunctive		*Pluperfect Subjunctive*	
que je courusse	que nous courussions	que j'eusse couru	que nous eussions couru
que tu courusses	que vous courussiez	que tu eusses couru	que vous eussiez couru
qu'il/elle courût	qu'ils/elles courussent	qu'il/elle eût couru	qu'ils/elles eussent couru

Commands

	(nous) courons
(tu) cours	(vous) courez

USAGE

courir vite	*to run fast*
courir chercher le médecin	*to run off to get the doctor*
J'ai couru partout pour trouver ce livre.	*I ran everywhere to find this book.*
Elle est entrée en courant.	*She ran in.*
Les enfants sont sortis au jardin en courant.	*The children ran out into the garden.*
La police est montée en courant.	*The police ran upstairs.*
—Tu as fini?	*Did you finish?*
—Oui, mais j'ai tout fait en courant.	*Yes, but I rushed through everything.*
Il y a un bruit qui court.	*There's a rumor going around.*
courir un risque	*to run a risk*
Un prof comme ça, ça ne court pas les rues.	*You don't find teachers like him everywhere.*
courir les magasins	*to be an avid shopper*

RELATED WORDS AND EXPRESSIONS

la course	*running; race; errand*
la course de fond	*long-distance race*
faire les courses	*to do the shopping*

irregular verb **je couvre · je couvris · couvert · couvrant**

Present		*Passé Composé*	
je couvre	nous couvrons	j'ai couvert	nous avons couvert
tu couvres	vous couvrez	tu as couvert	vous avez couvert
il/elle couvre	ils/elles couvrent	il/elle a couvert	ils/elles ont couvert
Imperfect		*Pluperfect*	
je couvrais	nous couvrions	j'avais couvert	nous avions couvert
tu couvrais	vous couvriez	tu avais couvert	vous aviez couvert
il/elle couvrait	ils/elles couvraient	il/elle avait couvert	ils/elles avaient couvert
Passé Simple		*Past Anterior*	
je couvris	nous couvrîmes	j'eus couvert	nous eûmes couvert
tu couvris	vous couvrîtes	tu eus couvert	vous eûtes couvert
il/elle couvrit	ils/elles couvrirent	il/elle eut couvert	ils/elles eurent couvert
Future		*Future Anterior*	
je couvrirai	nous couvrirons	j'aurai couvert	nous aurons couvert
tu couvriras	vous couvrirez	tu auras couvert	vous aurez couvert
il/elle couvrira	ils/elles couvriront	il/elle aura couvert	ils/elles auront couvert
Conditional		*Past Conditional*	
je couvrirais	nous couvririons	j'aurais couvert	nous aurions couvert
tu couvrirais	vous couvririez	tu aurais couvert	vous auriez couvert
il/elle couvrirait	ils/elles couvriraient	il/elle aurait couvert	ils/elles auraient couvert

Present Subjunctive		*Past Subjunctive*	
que je couvre	que nous couvrions	que j'aie couvert	que nous ayons couvert
que tu couvres	que vous couvriez	que tu aies couvert	que vous ayez couvert
qu'il/elle couvre	qu'ils/elles couvrent	qu'il/elle ait couvert	qu'ils/elles aient couvert
Imperfect Subjunctive		*Pluperfect Subjunctive*	
que je couvrisse	que nous couvrissions	que j'eusse couvert	que nous eussions couvert
que tu couvrisses	que vous couvrissiez	que tu eusses couvert	que vous eussiez couvert
qu'il/elle couvrît	qu'ils/elles couvrissent	qu'il/elle eût couvert	qu'ils/elles eussent couvert

Commands

	(nous) couvrons
(tu) couvre	(vous) couvrez

USAGE

J'ai couvert les murs d'affiches.	*I covered the walls with posters.*
Couvrez la casserole de son couvercle.	*Cover the pot with its lid.*
Il fait froid aujourd'hui. Couvre-toi bien!	*It's cold today. Dress warmly!*
La mère a couvert sa fille de baisers.	*The mother covered her daughter with kisses.*
Il s'est couvert de honte.	*He disgraced himself.*
—Ne me demande pas de couvrir tes fautes.	*Don't ask me to cover up for your mistakes.*
—J'ai peur de me couvrir de ridicule.	*I'm afraid to look ridiculous.*

RELATED WORDS AND EXPRESSIONS

la couverture	*blanket; coverage* (press)
couvert(e)	*overcast*
Le ciel est couvert.	*The sky is overcast.*
couvert(e) de	*covered with*
Les rues sont couvertes de neige.	*The streets are covered with snow.*

141 craindre *to fear*

je crains · je craignis · craint · craignant irregular verb

Present		*Passé Composé*	
je crains	nous craignons	j'ai craint	nous avons craint
tu crains	vous craignez	tu as craint	vous avez craint
il/elle craint	ils/elles craignent	il/elle a craint	ils/elles ont craint
Imperfect		*Pluperfect*	
je craignais	nous craignions	j'avais craint	nous avions craint
tu craignais	vous craigniez	tu avais craint	vous aviez craint
il/elle craignait	ils/elles craignaient	il/elle avait craint	ils/elles avaient craint
Passé Simple		*Past Anterior*	
je craignis	nous craignîmes	j'eus craint	nous eûmes craint
tu craignis	vous craignîtes	tu eus craint	vous eûtes craint
il/elle craignit	ils/elles craignirent	il/elle eut craint	ils/elles eurent craint
Future		*Future Anterior*	
je craindrai	nous craindrons	j'aurai craint	nous aurons craint
tu craindras	vous craindrez	tu auras craint	vous aurez craint
il/elle craindra	ils/elles craindront	il/elle aura craint	ils/elles auront craint
Conditional		*Past Conditional*	
je craindrais	nous craindrions	j'aurais craint	nous aurions craint
tu craindrais	vous craindriez	tu aurais craint	vous auriez craint
il/elle craindrait	ils/elles craindraient	il/elle aurait craint	ils/elles auraient craint

Present Subjunctive		*Past Subjunctive*	
que je craigne	que nous craignions	que j'aie craint	que nous ayons craint
que tu craignes	que vous craigniez	que tu aies craint	que vous ayez craint
qu'il/elle craigne	qu'ils/elles craignent	qu'il/elle ait craint	qu'ils/elles aient craint
Imperfect Subjunctive		*Pluperfect Subjunctive*	
que je craignisse	que nous craignissions	que j'eusse craint	que nous eussions craint
que tu craignisses	que vous craignissiez	que tu eusses craint	que vous eussiez craint
qu'il/elle craignît	qu'ils/elles craignissent	qu'il/elle eût craint	qu'ils/elles eussent craint

Commands

	(nous) craignons
(tu) crains	(vous) craignez

USAGE

—Je crains qu'il soit déjà parti.	*I fear he has already left.*
—C'est exactement ce que je craignais!	*That's just what I was afraid of!*
Je craignais qu'il ne vienne.	*I was afraid he would come.*
Il craint que vous ne le sachiez pas.	*He fears that you won't know it.*
Je crains le pire.	*I fear the worst.*
Il ne craindra pas de vous le dire.	*He won't hesitate to tell you.*
C'est un danger à craindre.	*It's a danger one should be afraid of.*

RELATED WORDS AND EXPRESSIONS

la crainte	*fear*
Vous pouvez être sans crainte au sujet de votre fils.	*You have no reason to have any fear about your son.*
de crainte que	*for fear that*
Je l'ai caché de crainte qu'il ne le voie.	*I hid it for fear that he would see it.*

regular -er verb

je crée · je créai · créé · créant

Present		*Passé Composé*	
je crée	nous créons	j'ai créé	nous avons créé
tu crées	vous créez	tu as créé	vous avez créé
il/elle crée	ils/elles créent	il/elle a créé	ils/elles ont créé
Imperfect		*Pluperfect*	
je créais	nous créions	j'avais créé	nous avions créé
tu créais	vous créiez	tu avais créé	vous aviez créé
il/elle créait	ils/elles créaient	il/elle avait créé	ils/elles avaient créé
Passé Simple		*Past Anterior*	
je créai	nous créâmes	j'eus créé	nous eûmes créé
tu créas	vous créâtes	tu eus créé	vous eûtes créé
il/elle créa	ils/elles créèrent	il/elle eut créé	ils/elles eurent créé
Future		*Future Anterior*	
je créerai	nous créerons	j'aurai créé	nous aurons créé
tu créeras	vous créerez	tu auras créé	vous aurez créé
il/elle créera	ils/elles créeront	il/elle aura créé	ils/elles auront créé
Conditional		*Past Conditional*	
je créerais	nous créerions	j'aurais créé	nous aurions créé
tu créerais	vous créeriez	tu aurais créé	vous auriez créé
il/elle créerait	ils/elles créeraient	il/elle aurait créé	ils/elles auraient créé
Present Subjunctive		*Past Subjunctive*	
que je crée	que nous créions	que j'aie créé	que nous ayons créé
que tu crées	que vous créiez	que tu aies créé	que vous ayez créé
qu'il/elle crée	qu'ils/elles créent	qu'il/elle ait créé	qu'ils/elles aient créé
Imperfect Subjunctive		*Pluperfect Subjunctive*	
que je créasse	que nous créassions	que j'eusse créé	que nous eussions créé
que tu créasses	que vous créassiez	que tu eusses créé	que vous eussiez créé
qu'il/elle créât	qu'ils/elles créassent	qu'il/elle eût créé	qu'ils/elles eussent créé

Commands

	(nous) créons
(tu) crée	(vous) créez

USAGE

la nécessité de créer	*the need to create*
Ce type m'a créé des ennuis avec le chef.	*That guy made trouble for me with the boss.*
Ce commerçant a su se créer une clientèle.	*This storekeeper was able to build up a clientele.*
créer un mot	*to coin a word*
créer une histoire de toutes pièces	*to make up a story from beginning to end*

RELATED WORDS AND EXPRESSIONS

la création	*creation*
la créativité	*creativity / creative spirit*
un créateur / une créatrice	*a creator/designer*
créateur/créatrice	*creative*
des investissements créateurs d'emplois	*investments that create jobs*

143 crever *to burst, puncture; to wear out; to die* (slang)

je crève · je crevai · crevé · crevant

regular *-er* verb; spelling change: *e* > *è*/mute *e*

Present		*Passé Composé*	
je crève	nous crevons	j'ai crevé	nous avons crevé
tu crèves	vous crevez	tu as crevé	vous avez crevé
il/elle crève	ils/elles crèvent	il/elle a crevé	ils/elles ont crevé
Imperfect		*Pluperfect*	
je crevais	nous crevions	j'avais crevé	nous avions crevé
tu crevais	vous creviez	tu avais crevé	vous aviez crevé
il/elle crevait	ils/elles crevaient	il/elle avait crevé	ils/elles avaient crevé
Passé Simple		*Past Anterior*	
je crevai	nous crevâmes	j'eus crevé	nous eûmes crevé
tu crevas	vous crevâtes	tu eus crevé	vous eûtes crevé
il/elle creva	ils/elles crevèrent	il/elle eut crevé	ils/elles eurent crevé
Future		*Future Anterior*	
je crèverai	nous crèverons	j'aurai crevé	nous aurons crevé
tu crèveras	vous crèverez	tu auras crevé	vous aurez crevé
il/elle crèvera	ils/elles crèveront	il/elle aura crevé	ils/elles auront crevé
Conditional		*Past Conditional*	
je crèverais	nous crèverions	j'aurais crevé	nous aurions crevé
tu crèverais	vous crèveriez	tu aurais crevé	vous auriez crevé
il/elle crèverait	ils/elles crèveraient	il/elle aurait crevé	ils/elles auraient crevé

Present Subjunctive		*Past Subjunctive*	
que je crève	que nous crevions	que j'aie crevé	que nous ayons crevé
que tu crèves	que vous creviez	que tu aies crevé	que vous ayez crevé
qu'il/elle crève	qu'ils/elles crèvent	qu'il/elle ait crevé	qu'ils/elles aient crevé
Imperfect Subjunctive		*Pluperfect Subjunctive*	
que je crevasse	que nous crevassions	que j'eusse crevé	que nous eussions crevé
que tu crevasses	que vous crevassiez	que tu eusses crevé	que vous eussiez crevé
qu'il/elle crevât	qu'ils/elles crevassent	qu'il/elle eût crevé	qu'ils/elles eussent crevé

Commands

	(nous) crevons
(tu) crève	(vous) crevez

USAGE

Le pneu de sa voiture a crevé.	*The tire on his car burst / got punctured.*
J'avais mis tant de papiers dans ma serviette qu'elle a crevé.	*I had put so many papers into my briefcase that it broke.*
Qu'il crève! *(vulgar)*	*I hope he drops dead!*
Il crève de faim.	*He's famished/starving.*
On crève de froid ici!	*You could freeze to death here!*
On crève de chaud!	*We're dying of the heat!*

RELATED WORDS AND EXPRESSIONS

une crevaison	*a flat tire*
crevé(e)	*exhausted*
Je suis crevé.	*I'm beat.*
un pneu crevé	*a flat tire*

SLANG

Ça crève les yeux!	*It's obvious! / It's as plain as the nose on your face!*

regular -*er* verb

je crie · je criai · crié · criant

Present		*Passé Composé*	
je crie	nous crions	j'ai crié	nous avons crié
tu cries	vous criez	tu as crié	vous avez crié
il/elle crie	ils/elles crient	il/elle a crié	ils/elles ont crié
Imperfect		***Pluperfect***	
je criais	nous criions	j'avais crié	nous avions crié
tu criais	vous criiez	tu avais crié	vous aviez crié
il/elle criait	ils/elles criaient	il/elle avait crié	ils/elles avaient crié
Passé Simple		***Past Anterior***	
je criai	nous criâmes	j'eus crié	nous eûmes crié
tu crias	vous criâtes	tu eus crié	vous eûtes crié
il/elle cria	ils/elles crièrent	il/elle eut crié	ils/elles eurent crié
Future		***Future Anterior***	
je crierai	nous crierons	j'aurai crié	nous aurons crié
tu crieras	vous crierez	tu auras crié	vous aurez crié
il/elle criera	ils/elles crieront	il/elle aura crié	ils/elles auront crié
Conditional		***Past Conditional***	
je crierais	nous crierions	j'aurais crié	nous aurions crié
tu crierais	vous crieriez	tu aurais crié	vous auriez crié
il/elle crierait	ils/elles crieraient	il/elle aurait crié	ils/elles auraient crié

Present Subjunctive		*Past Subjunctive*	
que je crie	que nous criions	que j'aie crié	que nous ayons crié
que tu cries	que vous criiez	que tu aies crié	que vous ayez crié
qu'il/elle crie	qu'ils/elles crient	qu'il/elle ait crié	qu'ils/elles aient crié
Imperfect Subjunctive		***Pluperfect Subjunctive***	
que je criasse	que nous criassions	que j'eusse crié	que nous eussions crié
que tu criasses	que vous criassiez	que tu eusses crié	que vous eussiez crié
qu'il/elle criât	qu'ils/elles criassent	qu'il/elle eût crié	qu'ils/elles eussent crié

Commands

	(nous) crions
(tu) crie	(vous) criez

USAGE

—Les enfants crient à tue-tête.	*The children are screaming their heads off.*
—Pourquoi est-ce qu'ils crient comme ça?	*Why are they shouting like that?*
Il crie fort.	*He's screaming loudly.*
Je lui ai crié de s'en aller.	*I yelled at him to leave.*
crier au loup	*to cry wolf*
crier à l'assassin	*to cry murder*

RELATED WORDS AND EXPRESSIONS

le cri	*shout/scream*
un cri de joie/douleur	*a shout of joy/pain*
C'est le dernier cri.	*It's all the rage now. / It's the latest.*
criard(e)	*loud/gaudy*
des couleurs criardes	*gaudy colors*

croire *to believe, think*

je crois · je crus · cru · croyant irregular verb

croire = penser, accepter comme vrai

Je crois que non.	*I don't think so.*
Je crois que oui.	*I think so.*
—Elle n'est pas encore arrivée?	*Hasn't she arrived yet?*
—Je crois que si.	*I think so.*
Je n'en crois pas mes yeux/oreilles!	*I can't believe my eyes/ears.*
Je crois bien qu'il est souffrant.	*I think he's ill.*
Vous pouvez m'en croire.	*You can take it from me.*
À l'en croire,...	*If he is to be believed, . . . / If you go by what he says, . . .*
—Tu as vu? Il a sorti un pistolet!	*Did you see? He took out a gun!*
—Oui, je croyais rêver.	*Yes, it was unbelievable.*
C'est à n'y pas croire.	*It's unbelievable.*
—Je crois dur comme fer qu'elle m'aime sincèrement.	*I firmly believe that she loves me sincerely.*
—Elle n'est pas celle que tu crois.	*She's not the kind of person you think she is.*
J'aime à croire qu'il nous avertira.	*I would like to think he will notify us.*
Je le crois capable de tout.	*I wouldn't put anything past him.*
Je le crois méchant et malhonnête.	*I think he is wicked and dishonest.*

croire à

Personne ne croit à son innocence.	*No one believes in his innocence.*
Je ne crois plus à ses promesses.	*I don't believe his promises anymore.*
Il faut croire à l'avenir.	*One must have faith in the future.*
Ils croient à l'astrologie.	*They believe in astrology.*
Tu crois aux fantômes?	*Do you believe in ghosts?*

croire en

croire en Dieu	*to believe in God*
Nous croyions en lui.	*We had confidence in him.*

faire croire

faire croire qqch à qqn	*to convince someone of something*
Je lui ai fait croire que je l'aiderais.	*I led him to believe that I would help him.*
Tu ne peux pas me faire croire qu'on a congédié tout le monde.	*You can't expect me to believe that everyone was fired.*

se croire

Tu te crois malin, toi!	*You think you're clever!*
Il se croit très important.	*He thinks he's very important.*
Il se croit une grosse tête.	*He thinks he's a genius.*

IDIOMS

Il croit encore au Père Noël, lui.	*He still believes in Santa Claus.* (He's naive.)
Il ne croit ni à Dieu ni au diable.	*He's a complete nonbeliever.*

PROVERB

Voir, c'est croire.	*Seeing is believing.*

top 50 verb

irregular verb

je crois · je crus · cru · croyant

Present		*Passé Composé*	
je crois	nous croyons	j'ai cru	nous avons cru
tu crois	vous croyez	tu as cru	vous avez cru
il/elle croit	ils/elles croient	il/elle a cru	ils/elles ont cru
Imperfect		*Pluperfect*	
je croyais	nous croyions	j'avais cru	nous avions cru
tu croyais	vous croyiez	tu avais cru	vous aviez cru
il/elle croyait	ils/elles croyaient	il/elle avait cru	ils/elles avaient cru
Passé Simple		*Past Anterior*	
je crus	nous crûmes	j'eus cru	nous eûmes cru
tu crus	vous crûtes	tu eus cru	vous eûtes cru
il/elle crut	ils/elles crurent	il/elle eut cru	ils/elles eurent cru
Future		*Future Anterior*	
je croirai	nous croirons	j'aurai cru	nous aurons cru
tu croiras	vous croirez	tu auras cru	vous aurez cru
il/elle croira	ils/elles croiront	il/elle aura cru	ils/elles auront cru
Conditional		*Past Conditional*	
je croirais	nous croirions	j'aurais cru	nous aurions cru
tu croirais	vous croiriez	tu aurais cru	vous auriez cru
il/elle croirait	ils/elles croiraient	il/elle aurait cru	ils/elles auraient cru

Present Subjunctive		*Past Subjunctive*	
que je croie	que nous croyions	que j'aie cru	que nous ayons cru
que tu croies	que vous croyiez	que tu aies cru	que vous ayez cru
qu'il/elle croie	qu'ils/elles croient	qu'il/elle ait cru	qu'ils/elles aient cru
Imperfect Subjunctive		*Pluperfect Subjunctive*	
que je crusse	que nous crussions	que j'eusse cru	que nous eussions cru
que tu crusses	que vous crussiez	que tu eusses cru	que vous eussiez cru
qu'il/elle crût	qu'ils/elles crussent	qu'il/elle eût cru	qu'ils/elles eussent cru

Commands

	(nous) croyons
(tu) crois	(vous) croyez

USAGE

croire qqn	*to believe someone*
—Croyez-moi, c'était bien dangereux.	*Believe me, it was very dangerous.*
—Je vous crois.	*I believe you.*
croire que	*to believe that*
Je crois qu'il est là.	*I think he's here.*
Je ne crois pas qu'il comprendra.	*I don't think he'll understand.*
Je ne crois pas qu'il comprenne.	*I (really) don't think he'll understand.*
Croyez-vous qu'il comprenne?	*Do you think he'll understand?*
croire qqch	*to believe something*
Je ne crois pas cette explication.	*I don't believe this explanation.*
Elle ne croit pas ce que je lui dis.	*She doesn't believe what I'm telling her.*

RELATED WORDS AND EXPRESSIONS

la croyance	*belief*
croyant(e)	*believing/religious*

top 50 verb

croître *to grow*

je croîs · je crûs · crû · croissant irregular verb

Present		*Passé Composé*	
je croîs	nous croissons	j'ai crû	nous avons crû
tu croîs	vous croissez	tu as crû	vous avez crû
il/elle croît	ils/elles croissent	il/elle a crû	ils/elles ont crû
Imperfect		*Pluperfect*	
je croissais	nous croissions	j'avais crû	nous avions crû
tu croissais	vous croissiez	tu avais crû	vous aviez crû
il/elle croissait	ils/elles croissaient	il/elle avait crû	ils/elles avaient crû
Passé Simple		*Past Anterior*	
je crûs	nous crûmes	j'eus crû	nous eûmes crû
tu crûs	vous crûtes	tu eus crû	vous eûtes crû
il/elle crût	ils/elles crûrent	il/elle eut crû	ils/elles eurent crû
Future		*Future Anterior*	
je croîtrai	nous croîtrons	j'aurai crû	nous aurons crû
tu croîtras	vous croîtrez	tu auras crû	vous aurez crû
il/elle croîtra	ils/elles croîtront	il/elle aura crû	ils/elles auront crû
Conditional		*Past Conditional*	
je croîtrais	nous croîtrions	j'aurais crû	nous aurions crû
tu croîtrais	vous croîtriez	tu aurais crû	vous auriez crû
il/elle croîtrait	ils/elles croîtraient	il/elle aurait crû	ils/elles auraient crû

Present Subjunctive		*Past Subjunctive*	
que je croisse	que nous croissions	que j'aie crû	que nous ayons crû
que tu croisses	que vous croissiez	que tu aies crû	que vous ayez crû
qu'il/elle croisse	qu'ils/elles croissent	qu'il/elle ait crû	qu'ils/elles aient crû
Imperfect Subjunctive		*Pluperfect Subjunctive*	
que je crûsse	que nous crûssions	que j'eusse crû	que nous eussions crû
que tu crûsses	que vous crûssiez	que tu eusses crû	que vous eussiez crû
qu'il/elle crût	qu'ils/elles crûssent	qu'il/elle eût crû	qu'ils/elles eussent crû

Commands

	(nous) croissons
(tu) croîs	(vous) croissez

USAGE

Les fleurs croissent dans notre jardin.	*The flowers are growing in our garden.*
croître en richesse	*to grow in wealth*
La pluie a fait croître le maïs.	*The rain made the corn grow.*
La chaleur n'arrête pas de croître.	*The heat keeps increasing.*
Les mises en chantier croissent cette année.	*Housing starts are up this year.*

RELATED WORDS AND EXPRESSIONS

la croissance	*growth*
être en pleine croissance	*to be in a growth phase*
Cet enfant est en pleine croissance.	*This child is growing rapidly.*
Cette entreprise est en pleine croissance.	*This company is expanding steadily.*

irregular verb

je cueille · je cueillis · cueilli · cueillant

Present		*Passé Composé*	
je cueille	nous cueillons	j'ai cueilli	nous avons cueilli
tu cueilles	vous cueillez	tu as cueilli	vous avez cueilli
il/elle cueille	ils/elles cueillent	il/elle a cueilli	ils/elles ont cueilli
Imperfect		*Pluperfect*	
je cueillais	nous cueillions	j'avais cueilli	nous avions cueilli
tu cueillais	vous cueilliez	tu avais cueilli	vous aviez cueilli
il/elle cueillait	ils/elles cueillaient	il/elle avait cueilli	ils/elles avaient cueilli
Passé Simple		*Past Anterior*	
je cueillis	nous cueillîmes	j'eus cueilli	nous eûmes cueilli
tu cueillis	vous cueillîtes	tu eus cueilli	vous eûtes cueilli
il/elle cueillit	ils/elles cueillirent	il/elle eut cueilli	ils/elles eurent cueilli
Future		*Future Anterior*	
je cueillerai	nous cueillerons	j'aurai cueilli	nous aurons cueilli
tu cueilleras	vous cueillerez	tu auras cueilli	vous aurez cueilli
il/elle cueillera	ils/elles cueilleront	il/elle aura cueilli	ils/elles auront cueilli
Conditional		*Past Conditional*	
je cueillerais	nous cueillerions	j'aurais cueilli	nous aurions cueilli
tu cueillerais	vous cueilleriez	tu aurais cueilli	vous auriez cueilli
il/elle cueillerait	ils/elles cueilleraient	il/elle aurait cueilli	ils/elles auraient cueilli

Present Subjunctive		*Past Subjunctive*	
que je cueille	que nous cueillions	que j'aie cueilli	que nous ayons cueilli
que tu cueilles	que vous cueilliez	que tu aies cueilli	que vous ayez cueilli
qu'il/elle cueille	qu'ils/elles cueillent	qu'il/elle ait cueilli	qu'ils/elles aient cueilli
Imperfect Subjunctive		*Pluperfect Subjunctive*	
que je cueillisse	que nous cueillissions	que j'eusse cueilli	que nous eussions cueilli
que tu cueillisses	que vous cueillissiez	que tu eusses cueilli	que vous eussiez cueilli
qu'il/elle cueillît	qu'ils/elles cueillissent	qu'il/elle eût cueilli	qu'ils/elles eussent cueilli

Commands

	(nous) cueillons
(tu) cueille	(vous) cueillez

USAGE

cueillir des fleurs/pommes/fraises	*to pick flowers/apples/strawberries*
cueillir qqn	*to nab someone*
La police a cueilli le malfaiteur dans sa cachette.	*The police caught the criminal in his hiding place.*
cueillir qqn à froid	*to catch someone off guard*
Cet écrivain a cueilli tous les prix littéraires.	*This writer won all the literary prizes.*

RELATED WORDS AND EXPRESSIONS

la cueillette	*picking/gathering*
Les hommes primitifs pratiquaient la cueillette.	*Primitive humans were gatherers.*

cuire to cook

je cuis · je cuisis · cuit · cuisant irregular verb

Present		***Passé Composé***	
je cuis	nous cuisons	j'ai cuit	nous avons cuit
tu cuis	vous cuisez	tu as cuit	vous avez cuit
il/elle cuit	ils/elles cuisent	il/elle a cuit	ils/elles ont cuit
Imperfect		***Pluperfect***	
je cuisais	nous cuisions	j'avais cuit	nous avions cuit
tu cuisais	vous cuisiez	tu avais cuit	vous aviez cuit
il/elle cuisait	ils/elles cuisaient	il/elle avait cuit	ils/elles avaient cuit
Passé Simple		***Past Anterior***	
je cuisis	nous cuisîmes	j'eus cuit	nous eûmes cuit
tu cuisis	vous cuisîtes	tu eus cuit	vous eûtes cuit
il/elle cuisit	ils/elles cuisirent	il/elle eut cuit	ils/elles eurent cuit
Future		***Future Anterior***	
je cuirai	nous cuirons	j'aurai cuit	nous aurons cuit
tu cuiras	vous cuirez	tu auras cuit	vous aurez cuit
il/elle cuira	ils/elles cuiront	il/elle aura cuit	ils/elles auront cuit
Conditional		***Past Conditional***	
je cuirais	nous cuirions	j'aurais cuit	nous aurions cuit
tu cuirais	vous cuiriez	tu aurais cuit	vous auriez cuit
il/elle cuirait	ils/elles cuiraient	il/elle aurait cuit	ils/elles auraient cuit
Present Subjunctive		***Past Subjunctive***	
que je cuise	que nous cuisions	que j'aie cuit	que nous ayons cuit
que tu cuises	que vous cuisiez	que tu aies cuit	que vous ayez cuit
qu'il/elle cuise	qu'ils/elles cuisent	qu'il/elle ait cuit	qu'ils/elles aient cuit
Imperfect Subjunctive		***Pluperfect Subjunctive***	
que je cuisisse	que nous cuisissions	que j'eusse cuit	que nous eussions cuit
que tu cuisisses	que vous cuisissiez	que tu eusses cuit	que vous eussiez cuit
qu'il/elle cuisît	qu'ils/elles cuisissent	qu'il/elle eût cuit	qu'ils/elles eussent cuit

Commands

	(nous) cuisons
(tu) cuis	(vous) cuisez

USAGE

La viande cuit.	*The meat is cooking.*
Je fais cuire de la viande.	*I'm cooking meat.*
J'aime la viande bien cuite.	*I like well-done meat.*
Le poulet était cuit à point.	*The chicken was done to perfection.*
La climatisation ne marche pas. On cuit!	*The air conditioning is not working. We're roasting!*
Dans la politique il faut être un dur à cuir.	*In politics you have to be thick-skinned.*
Elle m'a dit d'aller me faire cuire un œuf.	*She told me to go fly a kite.*
Les carottes sont cuites!	*That's it for us! / We're done for!*
Nous sommes cuits!	*We're done for!*
Tu auras cet emploi. C'est du tout cuit.	*You'll get that job. It's in the bag.*
Si tu ne fais pas ce que je t'ordonne, il t'en cuira.	*If you don't do what I order you to, you'll be in for it.*

regular -er verb **je danse · je dansai · dansé · dansant**

Present		*Passé Composé*	
je danse	nous dansons	j'ai dansé	nous avons dansé
tu danses	vous dansez	tu as dansé	vous avez dansé
il/elle danse	ils/elles dansent	il/elle a dansé	ils/elles ont dansé
Imperfect		*Pluperfect*	
je dansais	nous dansions	j'avais dansé	nous avions dansé
tu dansais	vous dansiez	tu avais dansé	vous aviez dansé
il/elle dansait	ils/elles dansaient	il/elle avait dansé	ils/elles avaient dansé
Passé Simple		*Past Anterior*	
je dansai	nous dansâmes	j'eus dansé	nous eûmes dansé
tu dansas	vous dansâtes	tu eus dansé	vous eûtes dansé
il/elle dansa	ils/elles dansèrent	il/elle eut dansé	ils/elles eurent dansé
Future		*Future Anterior*	
je danserai	nous danserons	j'aurai dansé	nous aurons dansé
tu danseras	vous danserez	tu auras dansé	vous aurez dansé
il/elle dansera	ils/elles danseront	il/elle aura dansé	ils/elles auront dansé
Conditional		*Past Conditional*	
je danserais	nous danserions	j'aurais dansé	nous aurions dansé
tu danserais	vous danseriez	tu aurais dansé	vous auriez dansé
il/elle danserait	ils/elles danseraient	il/elle aurait dansé	ils/elles auraient dansé

Present Subjunctive		*Past Subjunctive*	
que je danse	que nous dansions	que j'aie dansé	que nous ayons dansé
que tu danses	que vous dansiez	que tu aies dansé	que vous ayez dansé
qu'il/elle danse	qu'ils/elles dansent	qu'il/elle ait dansé	qu'ils/elles aient dansé
Imperfect Subjunctive		*Pluperfect Subjunctive*	
que je dansasse	que nous dansassions	que j'eusse dansé	que nous eussions dansé
que tu dansasses	que vous dansassiez	que tu eusses dansé	que vous eussiez dansé
qu'il/elle dansât	qu'ils/elles dansassent	qu'il/elle eût dansé	qu'ils/elles eussent dansé

Commands

	(nous) dansons
(tu) danse	(vous) dansez

USAGE

—Vous savez danser?	*Do you know how to dance?*
—Non, pas du tout. Je n'aime pas danser.	*No, not at all. I don't like dancing.*
Vous dansez? / On danse?	*Would you like to dance?*
Je ne savais pas sur quel pied danser en attendant ton coup de fil.	*I was on pins and needles waiting for your call.*
danser sur la corde raide	*to walk a tightrope*
C'est un empêcheur de danser en rond.	*He's a spoilsport / wet blanket.*
J'ai trop bu. Tout danse devant mes yeux.	*I've had too much to drink. Everything is swimming before my eyes.*

RELATED WORDS AND EXPRESSIONS

la danse	*dance*
C'est lui qui mène la danse.	*He's the boss. / He calls the tune/shots.*
entrer dans la danse	*to join in*
Les syndicats et les étudiants sont entrés dans la danse.	*The unions and the students joined in.*

débarrasser *to clear, unencumber*

je débarrasse · je débarrassai · débarrassé · débarrassant regular -*er* verb

Present		*Passé Composé*	
je débarrasse	nous débarrassons	j'ai débarrassé	nous avons débarrassé
tu débarrasses	vous débarrassez	tu as débarrassé	vous avez débarrassé
il/elle débarrasse	ils/elles débarrassent	il/elle a débarrassé	ils/elles ont débarrassé
Imperfect		*Pluperfect*	
je débarrassais	nous débarrassions	j'avais débarrassé	nous avions débarrassé
tu débarrassais	vous débarrassiez	tu avais débarrassé	vous aviez débarrassé
il/elle débarrassait	ils/elles débarrassaient	il/elle avait débarrassé	ils/elles avaient débarrassé
Passé Simple		*Past Anterior*	
je débarrassai	nous débarrassâmes	j'eus débarrassé	nous eûmes débarrassé
tu débarrassas	vous débarrassâtes	tu eus débarrassé	vous eûtes débarrassé
il/elle débarrassa	ils/elles débarrassèrent	il/elle eut débarrassé	ils/elles eurent débarrassé
Future		*Future Anterior*	
je débarrasserai	nous débarrasserons	j'aurai débarrassé	nous aurons débarrassé
tu débarrasseras	vous débarrasserez	tu auras débarrassé	vous aurez débarrassé
il/elle débarrassera	ils/elles débarrasseront	il/elle aura débarrassé	ils/elles auront débarrassé
Conditional		*Past Conditional*	
je débarrasserais	nous débarrasserions	j'aurais débarrassé	nous aurions débarrassé
tu débarrasserais	vous débarrasseriez	tu aurais débarrassé	vous auriez débarrassé
il/elle débarrasserait	ils/elles débarrasseraient	il/elle aurait débarrassé	ils/elles auraient débarrassé

Present Subjunctive		*Past Subjunctive*	
que je débarrasse	que nous débarrassions	que j'aie débarrassé	que nous ayons débarrassé
que tu débarrasses	que vous débarrassiez	que tu aies débarrassé	que vous ayez débarrassé
qu'il/elle débarrasse	qu'ils/elles débarrassent	qu'il/elle ait débarrassé	qu'ils/elles aient débarrassé
Imperfect Subjunctive		*Pluperfect Subjunctive*	
que je débarrassasse	que nous débarrassassions	que j'eusse débarrassé	que nous eussions débarrassé
que tu débarrassasses	que vous débarrassassiez	que tu eusses débarrassé	que vous eussiez débarrassé
qu'il/elle débarrassât	qu'ils/elles débarrassassent	qu'il/elle eût débarrassé	qu'ils/elles eussent débarrassé

Commands

	(nous) débarrassons
(tu) débarrasse	(vous) débarrassez

USAGE

débarrasser la table	*to clear the table*
—Je vais débarrasser la table.	*I'm going to clear the table.*
—Ne débarrassez pas mon assiette, s'il vous plaît.	*Leave my plate (on the table), please.*
débarrasser qqn de qqch	*to take something off someone's hands*
Il m'a débarrassé de mon vieux vélo.	*He took my old bike off my hands.*

RELATED WORDS AND EXPRESSIONS

le débarras	*storage room*
Bon débarras!	*Good riddance!*
se débarrasser de	*to get rid of*
Ils se sont débarrassés de leur vieille maison.	*They got rid of their old house.*

regular *-er* reflexive verb;
compound tenses with *être*

je me débrouille · je me débrouillai · s'étant débrouillé · se débrouillant

Present		*Passé Composé*	
je me débrouille	nous nous débrouillons	je me suis débrouillé(e)	nous nous sommes débrouillé(e)s
tu te débrouilles	vous vous débrouillez	tu t'es débrouillé(e)	vous vous êtes débrouillé(e)(s)
il/elle se débrouille	ils/elles se débrouillent	il/elle s'est débrouillé(e)	ils/elles se sont débrouillé(e)s
Imperfect		*Pluperfect*	
je me débrouillais	nous nous débrouillions	je m'étais débrouillé(e)	nous nous étions débrouillé(e)s
tu te débrouillais	vous vous débrouilliez	tu t'étais débrouillé(e)	vous vous étiez débrouillé(e)(s)
il/elle se débrouillait	ils/elles se débrouillaient	il/elle s'était débrouillé(e)	ils/elles s'étaient débrouillé(e)s
Passé Simple		*Past Anterior*	
je me débrouillai	nous nous débrouillâmes	je me fus débrouillé(e)	nous nous fûmes débrouillé(e)s
tu te débrouillas	vous vous débrouillâtes	tu te fus débrouillé(e)	vous vous fûtes débrouillé(e)(s)
il/elle se débrouilla	ils/elles se débrouillèrent	il/elle se fut débrouillé(e)	ils/elles se furent débrouillé(e)s
Future		*Future Anterior*	
je me débrouillerai	nous nous débrouillerons	je me serai débrouillé(e)	nous nous serons débrouillé(e)s
tu te débrouilleras	vous vous débrouillerez	tu te seras débrouillé(e)	vous vous serez débrouillé(e)(s)
il/elle se débrouillera	ils/elles se débrouilleront	il/elle se sera débrouillé(e)	ils/elles se seront débrouillé(e)s
Conditional		*Past Conditional*	
je me débrouillerais	nous nous débrouillerions	je me serais débrouillé(e)	nous nous serions débrouillé(e)s
tu te débrouillerais	vous vous débrouilleriez	tu te serais débrouillé(e)	vous vous seriez débrouillé(e)(s)
il/elle se débrouillerait	ils/elles se débrouilleraient	il/elle se serait débrouillé(e)	ils/elles se seraient débrouillé(e)s

Present Subjunctive		*Past Subjunctive*	
que je me débrouille	que nous nous débrouillions	que je me sois débrouillé(e)	que nous nous soyons débrouillé(e)s
que tu te débrouilles	que vous vous débrouilliez	que tu te sois débrouillé(e)	que vous vous soyez débrouillé(e)(s)
qu'il/elle se débrouille	qu'ils/elles se débrouillent	qu'il/elle se soit débrouillé(e)	qu'ils/elles se soient débrouillé(e)s
Imperfect Subjunctive		*Pluperfect Subjunctive*	
que je me débrouillasse	que nous nous débrouillassions	que je me fusse débrouillé(e)	que nous nous fussions débrouillé(e)s
que tu te débrouillasses	que vous vous débrouillassiez	que tu te fusses débrouillé(e)	que vous vous fussiez débrouillé(e)(s)
qu'il/elle se débrouillât	qu'ils/elles se débrouillassent	qu'il/elle se fût débrouillé(e)	qu'ils/elles se fussent débrouillé(e)s

Commands

	(nous) débrouillons-nous
(tu) débrouille-toi	(vous) débrouillez-vous

USAGE

Le vieillard se débrouille mal après la mort de sa femme.	*The old man has had trouble managing since the death of his wife.*
Ils se sont débrouillés pour avoir des billets d'avion.	*They managed to get plane tickets.*
se débrouiller en français	*to get along in French*
—Tu parles couramment le français?	*Do you speak French fluently?*
—Non, mais je me débrouille.	*No, but I get along / manage.*

SLANG

un débrouillard / une débrouillarde	*a resourceful person / operator*
C'est un grand débrouillard, lui.	*He's very resourceful.*

décevoir *to disappoint*

je déçois · je déçus · déçu · décevant

irregular verb; spelling change: c > ç/o, u

Present		***Passé Composé***	
je déçois	nous décevons	j'ai déçu	nous avons déçu
tu déçois	vous décevez	tu as déçu	vous avez déçu
il/elle déçoit	ils/elles déçoivent	il/elle a déçu	ils/elles ont déçu
Imperfect		***Pluperfect***	
je décevais	nous décevions	j'avais déçu	nous avions déçu
tu décevais	vous déceviez	tu avais déçu	vous aviez déçu
il/elle décevait	ils/elles décevaient	il/elle avait déçu	ils/elles avaient déçu
Passé Simple		***Past Anterior***	
je déçus	nous déçûmes	j'eus déçu	nous eûmes déçu
tu déçus	vous déçûtes	tu eus déçu	vous eûtes déçu
il/elle déçut	ils/elles déçurent	il/elle eut déçu	ils/elles eurent déçu
Future		***Future Anterior***	
je décevrai	nous décevrons	j'aurai déçu	nous aurons déçu
tu décevras	vous décevrez	tu auras déçu	vous aurez déçu
il/elle décevra	ils/elles décevront	il/elle aura déçu	ils/elles auront déçu
Conditional		***Past Conditional***	
je décevrais	nous décevrions	j'aurais déçu	nous aurions déçu
tu décevrais	vous décevriez	tu aurais déçu	vous auriez déçu
il/elle décevrait	ils/elles décevraient	il/elle aurait déçu	ils/elles auraient déçu
Present Subjunctive		***Past Subjunctive***	
que je déçoive	que nous décevions	que j'aie déçu	que nous ayons déçu
que tu déçoives	que vous déceviez	que tu aies déçu	que vous ayez déçu
qu'il/elle déçoive	qu'ils/elles déçoivent	qu'il/elle ait déçu	qu'ils/elles aient déçu
Imperfect Subjunctive		***Pluperfect Subjunctive***	
que je déçusse	que nous déçussions	que j'eusse déçu	que nous eussions déçu
que tu déçusses	que vous déçussiez	que tu eusses déçu	que vous eussiez déçu
qu'il/elle déçût	qu'ils/elles déçussent	qu'il/elle eût déçu	qu'ils/elles eussent déçu

Commands

	(nous) décevons
(tu) déçois	(vous) décevez

USAGE

—Le repas ne vous a pas déçu?	*You found the meal disappointing?*
—Non, ce restaurant ne déçoit jamais.	*No, this restaurant is consistently good.*
Ma petite amie m'a déçu.	*My girlfriend disappointed me.*
Les étudiants ont déçu leurs professeurs.	*The students disappointed their professors.*
Ce voyage m'a déçu.	*That trip disappointed me.*

RELATED WORDS AND EXPRESSIONS

la déception	*disappointment*
éprouver une déception	*to experience a disappointment*
Sa vie est pleine de cruelles déceptions.	*His life is full of bitter disappointments.*
décevant(e)	*disappointing*
Les résultats sont assez décevants.	*The results are rather disappointing.*
C'est un Noël décevant pour les commerçants.	*It's a disappointing Christmas for merchants.*

regular -*er* verb;
spelling change: *g > ge/a, o*

je décharge · je déchargeai · déchargé · déchargeant

Present		*Passé Composé*	
je décharge	nous déchargeons	j'ai déchargé	nous avons déchargé
tu décharges	vous déchargez	tu as déchargé	vous avez déchargé
il/elle décharge	ils/elles déchargent	il/elle a déchargé	ils/elles ont déchargé
Imperfect		*Pluperfect*	
je déchargeais	nous déchargions	j'avais déchargé	nous avions déchargé
tu déchargeais	vous déchargiez	tu avais déchargé	vous aviez déchargé
il/elle déchargeait	ils/elles déchargeaient	il/elle avait déchargé	ils/elles avaient déchargé
Passé Simple		*Past Anterior*	
je déchargeai	nous déchargeâmes	j'eus déchargé	nous eûmes déchargé
tu déchargeas	vous déchargeâtes	tu eus déchargé	vous eûtes déchargé
il/elle déchargea	ils/elles déchargèrent	il/elle eut déchargé	ils/elles eurent déchargé
Future		*Future Anterior*	
je déchargerai	nous déchargerons	j'aurai déchargé	nous aurons déchargé
tu déchargeras	vous déchargerez	tu auras déchargé	vous aurez déchargé
il/elle déchargera	ils/elles déchargeront	il/elle aura déchargé	ils/elles auront déchargé
Conditional		*Past Conditional*	
je déchargerais	nous déchargerions	j'aurais déchargé	nous aurions déchargé
tu déchargerais	vous déchargeriez	tu aurais déchargé	vous auriez déchargé
il/elle déchargerait	ils/elles déchargeraient	il/elle aurait déchargé	ils/elles auraient déchargé

Present Subjunctive		*Past Subjunctive*	
que je décharge	que nous déchargions	que j'aie déchargé	que nous ayons déchargé
que tu décharges	que vous déchargiez	que tu aies déchargé	que vous ayez déchargé
qu'il/elle décharge	qu'ils/elles déchargent	qu'il/elle ait déchargé	qu'ils/elles aient déchargé
Imperfect Subjunctive		*Pluperfect Subjunctive*	
que je déchargeasse	que nous déchargeassions	que j'eusse déchargé	que nous eussions déchargé
que tu déchargeasses	que vous déchargeassiez	que tu eusses déchargé	que vous eussiez déchargé
qu'il/elle déchargeât	qu'ils/elles déchargeassent	qu'il/elle eût déchargé	qu'ils/elles eussent déchargé

Commands

	(nous) déchargeons
(tu) décharge	(vous) déchargez

USAGE

décharger un véhicule	*to unload a vehicle*
décharger les caisses d'un camion	*to unload the crates from a truck*
—J'ai tant de bagages.	*I have so much luggage.*
—Permettez-moi de vous décharger.	*Let me take your bags for you.*
L'autobus déchargeait ses passagers.	*The bus was letting off its passengers.*
Nous pouvons vous décharger de cette responsabilité.	*We can take that responsibility off your shoulders.*
On l'a déchargé de ses fonctions.	*He was fired.*
La pile s'est déchargée.	*The battery ran down.*
Le juge a déchargé les policiers des accusations portées contre eux.	*The judge acquitted the policemen of the charges brought against them.*

RELATED WORDS AND EXPRESSIONS

le déchargement	*unloading*
la décharge	*defense* (legal)
témoin à décharge	*witness for the defense*

déchirer *to tear, rip*

je déchire · je déchirai · déchiré · déchirant regular *-er* verb

Present		*Passé Composé*	
je déchire	nous déchirons	j'ai déchiré	nous avons déchiré
tu déchires	vous déchirez	tu as déchiré	vous avez déchiré
il/elle déchire	ils/elles déchirent	il/elle a déchiré	ils/elles ont déchiré
Imperfect		*Pluperfect*	
je déchirais	nous déchirions	j'avais déchiré	nous avions déchiré
tu déchirais	vous déchiriez	tu avais déchiré	vous aviez déchiré
il/elle déchirait	ils/elles déchiraient	il/elle avait déchiré	ils/elles avaient déchiré
Passé Simple		*Past Anterior*	
je déchirai	nous déchirâmes	j'eus déchiré	nous eûmes déchiré
tu déchiras	vous déchirâtes	tu eus déchiré	vous eûtes déchiré
il/elle déchira	ils/elles déchirèrent	il/elle eut déchiré	ils/elles eurent déchiré
Future		*Future Anterior*	
je déchirerai	nous déchirerons	j'aurai déchiré	nous aurons déchiré
tu déchireras	vous déchirerez	tu auras déchiré	vous aurez déchiré
il/elle déchirera	ils/elles déchireront	il/elle aura déchiré	ils/elles auront déchiré
Conditional		*Past Conditional*	
je déchirerais	nous déchirerions	j'aurais déchiré	nous aurions déchiré
tu déchirerais	vous déchireriez	tu aurais déchiré	vous auriez déchiré
il/elle déchirerait	ils/elles déchireraient	il/elle aurait déchiré	ils/elles auraient déchiré
Present Subjunctive		*Past Subjunctive*	
que je déchire	que nous déchirions	que j'aie déchiré	que nous ayons déchiré
que tu déchires	que vous déchiriez	que tu aies déchiré	que vous ayez déchiré
qu'il/elle déchire	qu'ils/elles déchirent	qu'il/elle ait déchiré	qu'ils/elles aient déchiré
Imperfect Subjunctive		*Pluperfect Subjunctive*	
que je déchirasse	que nous déchirassions	que j'eusse déchiré	que nous eussions déchiré
que tu déchirasses	que vous déchirassiez	que tu eusses déchiré	que vous eussiez déchiré
qu'il/elle déchirât	qu'ils/elles déchirassent	qu'il/elle eût déchiré	qu'ils/elles eussent déchiré

Commands

	(nous) déchirons
(tu) déchire	(vous) déchirez

USAGE

—Elle a déchiré sa lettre?	*Did she tear up his letter?*
—Oui, elle l'a déchirée en petits morceaux.	*Yes, she tore it into little pieces.*
Regarde! Tu as déchiré ta chemise!	*Look! You tore your shirt!*
Tu ne peux pas sortir avec ce pantalon déchiré.	*You can't go out in those torn pants.*

RELATED WORDS AND EXPRESSIONS

la déchirure	*tear*
une déchirure musculaire	*a muscle tear*
le déchirement	*emotional pain*
le déchirement de la mort de ses parents	*the emotional trauma of the death of his parents*
se déchirer un muscle	*to tear a muscle*
Ta robe s'est déchirée.	*Your dress has gotten torn.*
Ils se déchirent.	*They're tearing each other apart / destroying each other.*

regular -*er* verb **je décide · je décidai · décidé · décidant**

Present		*Passé Composé*	
je décide	nous décidons	j'ai décidé	nous avons décidé
tu décides	vous décidez	tu as décidé	vous avez décidé
il/elle décide	ils/elles décident	il/elle a décidé	ils/elles ont décidé
Imperfect		***Pluperfect***	
je décidais	nous décidions	j'avais décidé	nous avions décidé
tu décidais	vous décidiez	tu avais décidé	vous aviez décidé
il/elle décidait	ils/elles décidaient	il/elle avait décidé	ils/elles avaient décidé
Passé Simple		***Past Anterior***	
je décidai	nous décidâmes	j'eus décidé	nous eûmes décidé
tu décidas	vous décidâtes	tu eus décidé	vous eûtes décidé
il/elle décida	ils/elles décidèrent	il/elle eut décidé	ils/elles eurent décidé
Future		***Future Anterior***	
je déciderai	nous déciderons	j'aurai décidé	nous aurons décidé
tu décideras	vous déciderez	tu auras décidé	vous aurez décidé
il/elle décidera	ils/elles décideront	il/elle aura décidé	ils/elles auront décidé
Conditional		***Past Conditional***	
je déciderais	nous déciderions	j'aurais décidé	nous aurions décidé
tu déciderais	vous décideriez	tu aurais décidé	vous auriez décidé
il/elle déciderait	ils/elles décideraient	il/elle aurait décidé	ils/elles auraient décidé

Present Subjunctive		*Past Subjunctive*	
que je décide	que nous décidions	que j'aie décidé	que nous ayons décidé
que tu décides	que vous décidiez	que tu aies décidé	que vous ayez décidé
qu'il/elle décide	qu'ils/elles décident	qu'il/elle ait décidé	qu'ils/elles aient décidé
Imperfect Subjunctive		***Pluperfect Subjunctive***	
que je décidasse	que nous décidassions	que j'eusse décidé	que nous eussions décidé
que tu décidasses	que vous décidassiez	que tu eusses décidé	que vous eussiez décidé
qu'il/elle décidât	qu'ils/elles décidassent	qu'il/elle eût décidé	qu'ils/elles eussent décidé

Commands

	(nous) décidons
(tu) décide	(vous) décidez

USAGE

—On a décidé de partir demain.	*We have decided to leave tomorrow.*
—Comment avez-vous décidé cela?	*How did you come to that decision?*
Rien n'est encore décidé.	*Nothing has been decided. / Everything is still up in the air.*
décider qqn à faire qqch	*to persuade someone to do something*
Il faut décider Pierre à nous aider.	*We've got to persuade Pierre to help us.*

RELATED WORDS AND EXPRESSIONS

la décision	*decision*
prendre une décision	*to make a decision*
un décideur / une décideuse	*a decision maker*
décidé(e)	*resolute/decisive*
se décider	*to make up one's mind*
Mais décidez-vous donc!	*Make up your mind already!*

déclarer *to declare*

je déclare · je déclarai · déclaré · déclarant regular *-er* verb

Present		*Passé Composé*	
je déclare	nous déclarons	j'ai déclaré	nous avons déclaré
tu déclares	vous déclarez	tu as déclaré	vous avez déclaré
il/elle déclare	ils/elles déclarent	il/elle a déclaré	ils/elles ont déclaré
Imperfect		*Pluperfect*	
je déclarais	nous déclarions	j'avais déclaré	nous avions déclaré
tu déclarais	vous déclariez	tu avais déclaré	vous aviez déclaré
il/elle déclarait	ils/elles déclaraient	il/elle avait déclaré	ils/elles avaient déclaré
Passé Simple		*Past Anterior*	
je déclarai	nous déclarâmes	j'eus déclaré	nous eûmes déclaré
tu déclaras	vous déclarâtes	tu eus déclaré	vous eûtes déclaré
il/elle déclara	ils/elles déclarèrent	il/elle eut déclaré	ils/elles eurent déclaré
Future		*Future Anterior*	
je déclarerai	nous déclarerons	j'aurai déclaré	nous aurons déclaré
tu déclareras	vous déclarerez	tu auras déclaré	vous aurez déclaré
il/elle déclarera	ils/elles déclareront	il/elle aura déclaré	ils/elles auront déclaré
Conditional		*Past Conditional*	
je déclarerais	nous déclarerions	j'aurais déclaré	nous aurions déclaré
tu déclarerais	vous déclareriez	tu aurais déclaré	vous auriez déclaré
il/elle déclarerait	ils/elles déclareraient	il/elle aurait déclaré	ils/elles auraient déclaré

Present Subjunctive		*Past Subjunctive*	
que je déclare	que nous déclarions	que j'aie déclaré	que nous ayons déclaré
que tu déclares	que vous déclariez	que tu aies déclaré	que vous ayez déclaré
qu'il/elle déclare	qu'ils/elles déclarent	qu'il/elle ait déclaré	qu'ils/elles aient déclaré
Imperfect Subjunctive		*Pluperfect Subjunctive*	
que je déclarasse	que nous déclarassions	que j'eusse déclaré	que nous eussions déclaré
que tu déclarasses	que vous déclarassiez	que tu eusses déclaré	que vous eussiez déclaré
qu'il/elle déclarât	qu'ils/elles déclarassent	qu'il/elle eût déclaré	qu'ils/elles eussent déclaré

Commands

	(nous) déclarons
(tu) déclare	(vous) déclarez

USAGE

déclarer que	*to declare that*
Le Président a déclaré que l'économie est en pleine croissance.	*The president declared that the economy is growing apace.*
On déclare les enfants à la mairie.	*The births of children are registered at city hall.*
Le juge l'a déclaré coupable.	*The judge declared him guilty.*
déclarer la guerre (à)	*to declare war (on)*

RELATED WORDS AND EXPRESSIONS

la déclaration	*declaration*
la déclaration des impôts	*tax return/statement*
se déclarer	*to state one's opinion; to declare one's love*
Je ne veux pas me déclarer sur l'état de l'entreprise.	*I don't want to state my opinion about the condition of the firm.*
Marc s'est déclaré à Nicole.	*Marc told Nicole that he loved her.*

irregular verb **je découvre · je découvris · découvert · découvrant**

Present		*Passé Composé*	
je découvre	nous découvrons	j'ai découvert	nous avons découvert
tu découvres	vous découvrez	tu as découvert	vous avez découvert
il/elle découvre	ils/elles découvrent	il/elle a découvert	ils/elles ont découvert
Imperfect		*Pluperfect*	
je découvrais	nous découvrions	j'avais découvert	nous avions découvert
tu découvrais	vous découvriez	tu avais découvert	vous aviez découvert
il/elle découvrait	ils/elles découvraient	il/elle avait découvert	ils/elles avaient découvert
Passé Simple		*Past Anterior*	
je découvris	nous découvrîmes	j'eus découvert	nous eûmes découvert
tu découvris	vous découvrîtes	tu eus découvert	vous eûtes découvert
il/elle découvrit	ils/elles découvrirent	il/elle eut découvert	ils/elles eurent découvert
Future		*Future Anterior*	
je découvrirai	nous découvrirons	j'aurai découvert	nous aurons découvert
tu découvriras	vous découvrirez	tu auras découvert	vous aurez découvert
il/elle découvrira	ils/elles découvriront	il/elle aura découvert	ils/elles auront découvert
Conditional		*Past Conditional*	
je découvrirais	nous découvririons	j'aurais découvert	nous aurions découvert
tu découvrirais	vous découvririez	tu aurais découvert	vous auriez découvert
il/elle découvrirait	ils/elles découvriraient	il/elle aurait découvert	ils/elles auraient découvert

Present Subjunctive		*Past Subjunctive*	
que je découvre	que nous découvrions	que j'aie découvert	que nous ayons découvert
que tu découvres	que vous découvriez	que tu aies découvert	que vous ayez découvert
qu'il/elle découvre	qu'ils/elles découvrent	qu'il/elle ait découvert	qu'ils/elles aient découvert
Imperfect Subjunctive		*Pluperfect Subjunctive*	
que je découvrisse	que nous découvrissions	que j'eusse découvert	que nous eussions découvert
que tu découvrisses	que vous découvrissiez	que tu eusses découvert	que vous eussiez découvert
qu'il/elle découvrît	qu'ils/elles découvrissent	qu'il/elle eût découvert	qu'ils/elles eussent découvert

Commands

	(nous) découvrons
(tu) découvre	(vous) découvrez

USAGE

En voyageant dans le Midi nous avons découvert des petits villages charmants.	*Traveling through the south of France we discovered delightful little villages.*
Les médecins ont découvert la cause de sa maladie.	*The doctors discovered the cause of his illness.*
Christophe Colomb a découvert l'Amérique.	*Christopher Columbus discovered America.*
J'ai découvert quelqu'un que je connaissais dans l'amphithéâtre.	*I spotted someone I knew in the lecture hall.*
Le chien policier a découvert le criminel.	*The police dog sniffed out the criminal.*
Dans l'adversité on se découvre.	*We get to know ourselves in adversity.*

RELATED WORDS AND EXPRESSIONS

la découverte	*discovery*
la découverte de l'Amérique	*the discovery of America*
C'est une grande découverte scientifique.	*It's a great scientific discovery.*

IDIOM

découvrir St Pierre pour couvrir St Paul	*to rob Peter to pay Paul* (lit., *to uncover St. Peter in order to cover St. Paul*)

décrire *to describe*

je décris · je décrivis · décrit · décrivant irregular verb

Present		*Passé Composé*	
je décris	nous décrivons	j'ai décrit	nous avons décrit
tu décris	vous décrivez	tu as décrit	vous avez décrit
il/elle décrit	ils/elles décrivent	il/elle a décrit	ils/elles ont décrit
Imperfect		*Pluperfect*	
je décrivais	nous décrivions	j'avais décrit	nous avions décrit
tu décrivais	vous décriviez	tu avais décrit	vous aviez décrit
il/elle décrivait	ils/elles décrivaient	il/elle avait décrit	ils/elles avaient décrit
Passé Simple		*Past Anterior*	
je décrivis	nous décrivîmes	j'eus décrit	nous eûmes décrit
tu décrivis	vous décrivîtes	tu eus décrit	vous eûtes décrit
il/elle décrivit	ils/elles décrivirent	il/elle eut décrit	ils/elles eurent décrit
Future		*Future Anterior*	
je décrirai	nous décrirons	j'aurai décrit	nous aurons décrit
tu décriras	vous décrirez	tu auras décrit	vous aurez décrit
il/elle décrira	ils/elles décriront	il/elle aura décrit	ils/elles auront décrit
Conditional		*Past Conditional*	
je décrirais	nous décririons	j'aurais décrit	nous aurions décrit
tu décrirais	vous décririez	tu aurais décrit	vous auriez décrit
il/elle décrirait	ils/elles décriraient	il/elle aurait décrit	ils/elles auraient décrit
Present Subjunctive		*Past Subjunctive*	
que je décrive	que nous décrivions	que j'aie décrit	que nous ayons décrit
que tu décrives	que vous décriviez	que tu aies décrit	que vous ayez décrit
qu'il/elle décrive	qu'ils/elles décrivent	qu'il/elle ait décrit	qu'ils/elles aient décrit
Imperfect Subjunctive		*Pluperfect Subjunctive*	
que je décrivisse	que nous décrivissions	que j'eusse décrit	que nous eussions décrit
que tu décrivisses	que vous décrivissiez	que tu eusses décrit	que vous eussiez décrit
qu'il/elle décrivît	qu'ils/elles décrivissent	qu'il/elle eût décrit	qu'ils/elles eussent décrit

Commands

	(nous) décrivons
(tu) décris	(vous) décrivez

USAGE

Décrivez vos amis.	*Describe your friends.*
Vous avez très bien décrit la situation.	*You have described the situation very well.*
Décrivez-moi l'arbre que vous avez vu.	*Describe for me the tree you saw.*
Il nous a décrit les animaux de l'Australie.	*He described the animals of Australia for us.*
Le chef a décrit le projet en détail.	*The boss gave a detailed description of the project.*
Ce site décrit le procédé de fabrication utilisée dans notre usine.	*This site describes the manufacturing process used in our factory.*

RELATED WORDS AND EXPRESSIONS

la description	*description*
J'ai lu la description du pays.	*I read the description of the country.*
L'agent nous a donné une description de la maison.	*The agent gave us a description of the house.*
descriptif/descriptive	*descriptive*

regular -*er* verb **je décroche · je décrochai · décroché · décrochant**

Present		*Passé Composé*	
je décroche	nous décrochons	j'ai décroché	nous avons décroché
tu décroches	vous décrochez	tu as décroché	vous avez décroché
il/elle décroche	ils/elles décrochent	il/elle a décroché	ils/elles ont décroché
Imperfect		*Pluperfect*	
je décrochais	nous décrochions	j'avais décroché	nous avions décroché
tu décrochais	vous décrochiez	tu avais décroché	vous aviez décroché
il/elle décrochait	ils/elles décrochaient	il/elle avait décroché	ils/elles avaient décroché
Passé Simple		*Past Anterior*	
je décrochai	nous décrochâmes	j'eus décroché	nous eûmes décroché
tu décrochas	vous décrochâtes	tu eus décroché	vous eûtes décroché
il/elle décrocha	ils/elles décrochèrent	il/elle eut décroché	ils/elles eurent décroché
Future		*Future Anterior*	
je décrocherai	nous décrocherons	j'aurai décroché	nous aurons décroché
tu décrocheras	vous décrocherez	tu auras décroché	vous aurez décroché
il/elle décrochera	ils/elles décrocheront	il/elle aura décroché	ils/elles auront décroché
Conditional		*Past Conditional*	
je décrocherais	nous décrocherions	j'aurais décroché	nous aurions décroché
tu décrocherais	vous décrocheriez	tu aurais décroché	vous auriez décroché
il/elle décrocherait	ils/elles décrocheraient	il/elle aurait décroché	ils/elles auraient décroché

Present Subjunctive		*Past Subjunctive*	
que je décroche	que nous décrochions	que j'aie décroché	que nous ayons décroché
que tu décroches	que vous décrochiez	que tu aies décroché	que vous ayez décroché
qu'il/elle décroche	qu'ils/elles décrochent	qu'il/elle ait décroché	qu'ils/elles aient décroché
Imperfect Subjunctive		*Pluperfect Subjunctive*	
que je décrochasse	que nous décrochassions	que j'eusse décroché	que nous eussions décroché
que tu décrochasses	que vous décrochassiez	que tu eusses décroché	que vous eussiez décroché
qu'il/elle décrochât	qu'ils/elles décrochassent	qu'il/elle eût décroché	qu'ils/elles eussent décroché

Commands

	(nous) décrochons
(tu) décroche	(vous) décrochez

USAGE

J'ai décroché ma veste.	*I took my jacket off its hook.*
décrocher	*to answer the phone* (lit., *pick up the receiver*)
Si tu ne veux pas parler, ne décroche pas.	*If you don't feel like talking, don't pick up.*
Son téléphone est décroché.	*His phone is off the hook.*
décrocher un bon emploi	*to land a good job*
décrocher	*to give up* (race, competition)
Quand j'ai vu que les autres vélos me dépassaient, j'ai décroché.	*When I saw that the other bikes were passing me, I gave up.*
Les agents de police suivaient le voleur, mais il a décroché.	*The policemen were following the thief but he gave them the slip.*

RELATED WORDS AND EXPRESSIONS

le décrochez-moi ça	*secondhand clothing store*
un décrocheur / une décrocheuse *(Canada)*	*a high-school dropout*

déduire *to deduce, deduct*

je déduis · je déduisis · déduit · déduisant irregular verb

Present		*Passé Composé*	
je déduis	nous déduisons	j'ai déduit	nous avons déduit
tu déduis	vous déduisez	tu as déduit	vous avez déduit
il/elle déduit	ils/elles déduisent	il/elle a déduit	ils/elles ont déduit
Imperfect		*Pluperfect*	
je déduisais	nous déduisions	j'avais déduit	nous avions déduit
tu déduisais	vous déduisiez	tu avais déduit	vous aviez déduit
il/elle déduisait	ils/elles déduisaient	il/elle avait déduit	ils/elles avaient déduit
Passé Simple		*Past Anterior*	
je déduisis	nous déduisîmes	j'eus déduit	nous eûmes déduit
tu déduisis	vous déduisîtes	tu eus déduit	vous eûtes déduit
il/elle déduisit	ils/elles déduisirent	il/elle eut déduit	ils/elles eurent déduit
Future		*Future Anterior*	
je déduirai	nous déduirons	j'aurai déduit	nous aurons déduit
tu déduiras	vous déduirez	tu auras déduit	vous aurez déduit
il/elle déduira	ils/elles déduiront	il/elle aura déduit	ils/elles auront déduit
Conditional		*Past Conditional*	
je déduirais	nous déduirions	j'aurais déduit	nous aurions déduit
tu déduirais	vous déduiriez	tu aurais déduit	vous auriez déduit
il/elle déduirait	ils/elles déduiraient	il/elle aurait déduit	ils/elles auraient déduit

Present Subjunctive		*Past Subjunctive*	
que je déduise	que nous déduisions	que j'aie déduit	que nous ayons déduit
que tu déduises	que vous déduisiez	que tu aies déduit	que vous ayez déduit
qu'il/elle déduise	qu'ils/elles déduisent	qu'il/elle ait déduit	qu'ils/elles aient déduit
Imperfect Subjunctive		*Pluperfect Subjunctive*	
que je déduisisse	que nous déduisissions	que j'eusse déduit	que nous eussions déduit
que tu déduisisses	que vous déduisissiez	que tu eusses déduit	que vous eussiez déduit
qu'il/elle déduisît	qu'ils/elles déduisissent	qu'il/elle eût déduit	qu'ils/elles eussent déduit

Commands

	(nous) déduisons
(tu) déduis	(vous) déduisez

USAGE

—Il a dit qu'il veut partir.	*He said he wants to leave.*
—J'en déduis qu'il n'est pas content ici.	*I conclude therefore that he isn't happy here.*
déduire les frais de voyage de la somme	*to deduct travel expenses from the amount*
On a le droit de déduire fiscalement les frais de garde d'enfants.	*You can deduct child care expenses from your taxes.*

RELATED WORDS AND EXPRESSIONS

la déduction	*deduction/conclusion*
tirer des déductions	*to draw conclusions*
les déductions fiscales	*tax deductions*

irregular verb **je défais · je défis · défait · défaisant**

Present		*Passé Composé*	
je défais	nous défaisons	j'ai défait	nous avons défait
tu défais	vous défaites	tu as défait	vous avez défait
il/elle défait	ils/elles défont	il/elle a défait	ils/elles ont défait
Imperfect		*Pluperfect*	
je défaisais	nous défaisions	j'avais défait	nous avions défait
tu défaisais	vous défaisiez	tu avais défait	vous aviez défait
il/elle défaisait	ils/elles défaisaient	il/elle avait défait	ils/elles avaient défait
Passé Simple		*Past Anterior*	
je défis	nous défîmes	j'eus défait	nous eûmes défait
tu défis	vous défîtes	tu eus défait	vous eûtes défait
il/elle défit	ils/elles défirent	il/elle eut défait	ils/elles eurent défait
Future		*Future Anterior*	
je déferai	nous déferons	j'aurai défait	nous aurons défait
tu déferas	vous déferez	tu auras défait	vous aurez défait
il/elle défera	ils/elles déferont	il/elle aura défait	ils/elles auront défait
Conditional		*Past Conditional*	
je déferais	nous déferions	j'aurais défait	nous aurions défait
tu déferais	vous déferiez	tu aurais défait	vous auriez défait
il/elle déferait	ils/elles déferaient	il/elle aurait défait	ils/elles auraient défait
Present Subjunctive		*Past Subjunctive*	
que je défasse	que nous défassions	que j'aie défait	que nous ayons défait
que tu défasses	que vous défassiez	que tu aies défait	que vous ayez défait
qu'il/elle défasse	qu'ils/elles défassent	qu'il/elle ait défait	qu'ils/elles aient défait
Imperfect Subjunctive		*Pluperfect Subjunctive*	
que je défisse	que nous défissions	que j'eusse défait	que nous eussions défait
que tu défisses	que vous défissiez	que tu eusses défait	que vous eussiez défait
qu'il/elle défît	qu'ils/elles défissent	qu'il/elle eût défait	qu'ils/elles eussent défait

Commands

	(nous) défaisons
(tu) défais	(vous) défaites

USAGE

défaire sa cravate	*to undo one's tie*
défaire ses cheveux	*to let one's hair down*
avec les cheveux défaits	*with one's hair down*
défaire les valises	*to unpack*
défaire sa tente	*to take down one's tent*
défaire le lit	*to unmake the bed*
un lit défait	*an unmade bed*
un lit qui n'avait pas été défait	*a bed which hadn't been slept in*
un visage défait par la douleur	*a face visibly affected by grief*

RELATED WORDS AND EXPRESSIONS

se défaire de qqn/qqch	*to get rid of someone/something*
Je voudrais me défaire de cet imbécile.	*I'd like to get that moron out of here.*
Il ne réussit pas à se défaire de cette mauvaise habitude.	*He can't get rid of that bad habit.*

162 défendre *to defend; to prohibit*

je défends · je défendis · défendu · défendant regular *-re* verb

Present		*Passé Composé*	
je défends	nous défendons	j'ai défendu	nous avons défendu
tu défends	vous défendez	tu as défendu	vous avez défendu
il/elle défend	ils/elles défendent	il/elle a défendu	ils/elles ont défendu
Imperfect		***Pluperfect***	
je défendais	nous défendions	j'avais défendu	nous avions défendu
tu défendais	vous défendiez	tu avais défendu	vous aviez défendu
il/elle défendait	ils/elles défendaient	il/elle avait défendu	ils/elles avaient défendu
Passé Simple		***Past Anterior***	
je défendis	nous défendîmes	j'eus défendu	nous eûmes défendu
tu défendis	vous défendîtes	tu eus défendu	vous eûtes défendu
il/elle défendit	ils/elles défendirent	il/elle eut défendu	ils/elles eurent défendu
Future		***Future Anterior***	
je défendrai	nous défendrons	j'aurai défendu	nous aurons défendu
tu défendras	vous défendrez	tu auras défendu	vous aurez défendu
il/elle défendra	ils/elles défendront	il/elle aura défendu	ils/elles auront défendu
Conditional		***Past Conditional***	
je défendrais	nous défendrions	j'aurais défendu	nous aurions défendu
tu défendrais	vous défendriez	tu aurais défendu	vous auriez défendu
il/elle défendrait	ils/elles défendraient	il/elle aurait défendu	ils/elles auraient défendu
Present Subjunctive		***Past Subjunctive***	
que je défende	que nous défendions	que j'aie défendu	que nous ayons défendu
que tu défendes	que vous défendiez	que tu aies défendu	que vous ayez défendu
qu'il/elle défende	qu'ils/elles défendent	qu'il/elle ait défendu	qu'ils/elles aient défendu
Imperfect Subjunctive		***Pluperfect Subjunctive***	
que je défendisse	que nous défendissions	que j'eusse défendu	que nous eussions défendu
que tu défendisses	que vous défendissiez	que tu eusses défendu	que vous eussiez défendu
qu'il/elle défendît	qu'ils/elles défendissent	qu'il/elle eût défendu	qu'ils/elles eussent défendu

Commands

	(nous) défendons
(tu) défends	(vous) défendez

USAGE

défendre les frontières du pays	*to defend the borders of the country*
défendre qqch à qqn	*to forbid someone to have something*
Le médecin lui a défendu le sel.	*The doctor took him off salt.*
défendre à qqn de faire qqch	*to forbid someone to do something*
Je te défends de me parler sur ce ton.	*I forbid you to speak to me in that tone.*

RELATED WORDS AND EXPRESSIONS

la défense	*defense*
la défense du pays	*the defense of the country*
Défense de fumer.	*No smoking.*
Défense d'afficher.	*Post no bills.*
Défense d'entrer.	*No admittance.*
se défendre bien	*to do well*
Mon grand-père se défend bien pour son âge.	*My grandfather is doing well for his age.*
se défendre de	*to refrain from; deny*
Je ne peux pas me défendre de me fâcher contre lui.	*I can't help getting angry with him.*
Il s'est défendu d'avoir fait ta connaissance.	*He denied having met you.*

regular -*er* verb **je déjeune · je déjeunai · déjeuné · déjeunant**

Present		*Passé Composé*	
je déjeune	nous déjeunons	j'ai déjeuné	nous avons déjeuné
tu déjeunes	vous déjeunez	tu as déjeuné	vous avez déjeuné
il/elle déjeune	ils/elles déjeunent	il/elle a déjeuné	ils/elles ont déjeuné
Imperfect		*Pluperfect*	
je déjeunais	nous déjeunions	j'avais déjeuné	nous avions déjeuné
tu déjeunais	vous déjeuniez	tu avais déjeuné	vous aviez déjeuné
il/elle déjeunait	ils/elles déjeunaient	il/elle avait déjeuné	ils/elles avaient déjeuné
Passé Simple		*Past Anterior*	
je déjeunai	nous déjeunâmes	j'eus déjeuné	nous eûmes déjeuné
tu déjeunas	vous déjeunâtes	tu eus déjeuné	vous eûtes déjeuné
il/elle déjeuna	ils/elles déjeunèrent	il/elle eut déjeuné	ils/elles eurent déjeuné
Future		*Future Anterior*	
je déjeunerai	nous déjeunerons	j'aurai déjeuné	nous aurons déjeuné
tu déjeuneras	vous déjeunerez	tu auras déjeuné	vous aurez déjeuné
il/elle déjeunera	ils/elles déjeuneront	il/elle aura déjeuné	ils/elles auront déjeuné
Conditional		*Past Conditional*	
je déjeunerais	nous déjeunerions	j'aurais déjeuné	nous aurions déjeuné
tu déjeunerais	vous déjeuneriez	tu aurais déjeuné	vous auriez déjeuné
il/elle déjeunerait	ils/elles déjeuneraient	il/elle aurait déjeuné	ils/elles auraient déjeuné

Present Subjunctive		*Past Subjunctive*	
que je déjeune	que nous déjeunions	que j'aie déjeuné	que nous ayons déjeuné
que tu déjeunes	que vous déjeuniez	que tu aies déjeuné	que vous ayez déjeuné
qu'il/elle déjeune	qu'ils/elles déjeunent	qu'il/elle ait déjeuné	qu'ils/elles aient déjeuné
Imperfect Subjunctive		*Pluperfect Subjunctive*	
que je déjeunasse	que nous déjeunassions	que j'eusse déjeuné	que nous eussions déjeuné
que tu déjeunasses	que vous déjeunassiez	que tu eusses déjeuné	que vous eussiez déjeuné
qu'il/elle déjeunât	qu'ils/elles déjeunassent	qu'il/elle eût déjeuné	qu'ils/elles eussent déjeuné

Commands

	(nous) déjeunons
(tu) déjeune	(vous) déjeunez

USAGE

déjeuner au restaurant	*to have lunch out*
—Tu comptes déjeuner chez toi?	*Do you intend to have lunch at home?*
—Non, je vais déjeuner en ville.	*No, I'm going to have lunch in town / eat out.*
Je déjeune toujours d'une salade.	*I always have a salad for lunch.*
inviter qqn à déjeuner	*to invite someone to (have) lunch*
J'ai déjeuné avec un client à Lausanne.	*I had lunch with a client in Lausanne.*

RELATED WORDS AND EXPRESSIONS

le déjeuner	*lunch*
C'est l'heure du déjeuner.	*It's lunchtime.*
le petit déjeuner	*breakfast*
Pour commencer la journée du bon pied, rien ne vaut un bon petit déjeuner.	*To start the day off right, nothing beats a good breakfast.*

demander *to ask, ask for*

je demande · je demandai · demandé · demandant regular *-er* verb

Present		*Passé Composé*	
je demande	nous demandons	j'ai demandé	nous avons demandé
tu demandes	vous demandez	tu as demandé	vous avez demandé
il/elle demande	ils/elles demandent	il/elle a demandé	ils/elles ont demandé
Imperfect		*Pluperfect*	
je demandais	nous demandions	j'avais demandé	nous avions demandé
tu demandais	vous demandiez	tu avais demandé	vous aviez demandé
il/elle demandait	ils/elles demandaient	il/elle avait demandé	ils/elles avaient demandé
Passé Simple		*Past Anterior*	
je demandai	nous demandâmes	j'eus demandé	nous eûmes demandé
tu demandas	vous demandâtes	tu eus demandé	vous eûtes demandé
il/elle demanda	ils/elles demandèrent	il/elle eut demandé	ils/elles eurent demandé
Future		*Future Anterior*	
je demanderai	nous demanderons	j'aurai demandé	nous aurons demandé
tu demanderas	vous demanderez	tu auras demandé	vous aurez demandé
il/elle demandera	ils/elles demanderont	il/elle aura demandé	ils/elles auront demandé
Conditional		*Past Conditional*	
je demanderais	nous demanderions	j'aurais demandé	nous aurions demandé
tu demanderais	vous demanderiez	tu aurais demandé	vous auriez demandé
il/elle demanderait	ils/elles demanderaient	il/elle aurait demandé	ils/elles auraient demandé
Present Subjunctive		*Past Subjunctive*	
que je demande	que nous demandions	que j'aie demandé	que nous ayons demandé
que tu demandes	que vous demandiez	que tu aies demandé	que vous ayez demandé
qu'il/elle demande	qu'ils/elles demandent	qu'il/elle ait demandé	qu'ils/elles aient demandé
Imperfect Subjunctive		*Pluperfect Subjunctive*	
que je demandasse	que nous demandassions	que j'eusse demandé	que nous eussions demandé
que tu demandasses	que vous demandassiez	que tu eusses demandé	que vous eussiez demandé
qu'il/elle demandât	qu'ils/elles demandassent	qu'il/elle eût demandé	qu'ils/elles eussent demandé

Commands

	(nous) demandons
(tu) demande	(vous) demandez

USAGE

Il m'a demandé si je voulais boire.	*He asked me if I wanted something to drink.*
Demandez-lui quand elle sera de retour.	*Ask her when she'll be back.*
demander le chemin	*to ask directions*
demander qqch à qqn	*to ask someone for something*
—Qu'est-ce qu'il a demandé à ses amis?	*What did he ask his friends for?*
—Il leur a demandé un prêt.	*He asked them for a loan.*
Il a demandé une voiture à ses parents.	*He asked his parents for a car.*
J'ai un service à vous demander.	*I have a favor to ask of you.*
demander à qqn de faire qqch	*to ask someone to do something*
Ils m'ont demandé de passer les voir.	*They asked me to stop by to see them.*
Je ne t'ai pas demandé de faire la vaisselle?	*Didn't I ask you to do the dishes?*

RELATED WORDS AND EXPRESSIONS

la demande	*request*
remplir une demande d'emploi	*to fill out a job application*
l'offre et la demande	*supply and demand*

regular -*er* verb;
spelling change: *g* > *ge*/*a*, *o*

je déménage · je déménageai · déménagé · déménageant

Present		*Passé Composé*	
je déménage	nous déménageons	j'ai déménagé	nous avons déménagé
tu déménages	vous déménagez	tu as déménagé	vous avez déménagé
il/elle déménage	ils/elles déménagent	il/elle a déménagé	ils/elles ont déménagé
Imperfect		*Pluperfect*	
je déménageais	nous déménagions	j'avais déménagé	nous avions déménagé
tu déménageais	vous déménagiez	tu avais déménagé	vous aviez déménagé
il/elle déménageait	ils/elles déménageaient	il/elle avait déménagé	ils/elles avaient déménagé
Passé Simple		*Past Anterior*	
je déménageai	nous déménageâmes	j'eus déménagé	nous eûmes déménagé
tu déménageas	vous déménageâtes	tu eus déménagé	vous eûtes déménagé
il/elle déménagea	ils/elles déménagèrent	il/elle eut déménagé	ils/elles eurent déménagé
Future		*Future Anterior*	
je déménagerai	nous déménagerons	j'aurai déménagé	nous aurons déménagé
tu déménageras	vous déménagerez	tu auras déménagé	vous aurez déménagé
il/elle déménagera	ils/elles déménageront	il/elle aura déménagé	ils/elles auront déménagé
Conditional		*Past Conditional*	
je déménagerais	nous déménagerions	j'aurais déménagé	nous aurions déménagé
tu déménagerais	vous déménageriez	tu aurais déménagé	vous auriez déménagé
il/elle déménagerait	ils/elles déménageraient	il/elle aurait déménagé	ils/elles auraient déménagé

Present Subjunctive		*Past Subjunctive*	
que je déménage	que nous déménagions	que j'aie déménagé	que nous ayons déménagé
que tu déménages	que vous déménagiez	que tu aies déménagé	que vous ayez déménagé
qu'il/elle déménage	qu'ils/elles déménagent	qu'il/elle ait déménagé	qu'ils/elles aient déménagé
Imperfect Subjunctive		*Pluperfect Subjunctive*	
que je déménageasse	que nous déménageassions	que j'eusse déménagé	que nous eussions déménagé
que tu déménageasses	que vous déménageassiez	que tu eusses déménagé	que vous eussiez déménagé
qu'il/elle déménageât	qu'ils/elles déménageassent	qu'il/elle eût déménagé	qu'ils/elles eussent déménagé

Commands

	(nous) déménageons
(tu) déménage	(vous) déménagez

USAGE

Nous déménageons demain.	*We're moving tomorrow.*
déménager le frigo	*to move the refrigerator out of the house*
déménager le salon	*to move the furniture out of the living room*
Il nous a fait déménager.	*He threw us out / sent us on our merry way.*

RELATED WORDS AND EXPRESSIONS

le déménagement	*move*
Le déménagement du bureau a été très difficile.	*Moving the office was very hard.*
faire un déménagement	*to move*
les déménageurs *(mpl)*	*movers*
Il faut toujours demander un devis au déménageurs.	*One should always ask the movers for an estimate.*
emménager	*to move in*

démolir *to demolish*

je démolis · je démolis · démoli · démolissant regular -ir verb

Present		*Passé Composé*	
je démolis	nous démolissons	j'ai démoli	nous avons démoli
tu démolis	vous démolissez	tu as démoli	vous avez démoli
il/elle démolit	ils/elles démolissent	il/elle a démoli	ils/elles ont démoli
Imperfect		*Pluperfect*	
je démolissais	nous démolissions	j'avais démoli	nous avions démoli
tu démolissais	vous démolissiez	tu avais démoli	vous aviez démoli
il/elle démolissait	ils/elles démolissaient	il/elle avait démoli	ils/elles avaient démoli
Passé Simple		*Past Anterior*	
je démolis	nous démolîmes	j'eus démoli	nous eûmes démoli
tu démolis	vous démolîtes	tu eus démoli	vous eûtes démoli
il/elle démolit	ils/elles démolirent	il/elle eut démoli	ils/elles eurent démoli
Future		*Future Anterior*	
je démolirai	nous démolirons	j'aurai démoli	nous aurons démoli
tu démoliras	vous démolirez	tu auras démoli	vous aurez démoli
il/elle démolira	ils/elles démoliront	il/elle aura démoli	ils/elles auront démoli
Conditional		*Past Conditional*	
je démolirais	nous démolirions	j'aurais démoli	nous aurions démoli
tu démolirais	vous démoliriez	tu aurais démoli	vous auriez démoli
il/elle démolirait	ils/elles démoliraient	il/elle aurait démoli	ils/elles auraient démoli
Present Subjunctive		*Past Subjunctive*	
que je démolisse	que nous démolissions	que j'aie démoli	que nous ayons démoli
que tu démolisses	que vous démolissiez	que tu aies démoli	que vous ayez démoli
qu'il/elle démolisse	qu'ils/elles démolissent	qu'il/elle ait démoli	qu'ils/elles aient démoli
Imperfect Subjunctive		*Pluperfect Subjunctive*	
que je démolisse	que nous démolissions	que j'eusse démoli	que nous eussions démoli
que tu démolisses	que vous démolissiez	que tu eusses démoli	que vous eussiez démoli
qu'il/elle démolît	qu'ils/elles démolissent	qu'il/elle eût démoli	qu'ils/elles eussent démoli

Commands

	(nous) démolissons
(tu) démolis	(vous) démolissez

USAGE

démolir un bâtiment	*to demolish a building*
—Qu'est-ce qu'on démolit par ici!	*How much they're tearing down around here!*
—Oui, on démolit toutes les vieilles maisons.	*Yes, they're tearing down all the old houses.*
Le bombardement a démoli le quartier.	*The bombing demolished the neighborhood.*
Sa voiture a été démolie.	*His car was wrecked.*
Son commentaire a démoli notre hypothèse.	*His comments destroyed our hypothesis.*
Les critiques ont démoli son nouveau roman.	*The critics tore his new novel to pieces.*
La randonnée m'a démoli.	*The hike left me exhausted.*
Pierrot! Ne démolis pas ta chambre!	*Pierrot! Don't wreck your room!*

RELATED WORDS AND EXPRESSIONS

la démolition	*demolition/wrecking*
une entreprise de démolition	*a wrecking company*
un démolisseur / une démolisseuse	a *wrecker*
les démolisseurs *(mpl)*	*demolition crew*

regular -*er* verb **je démonte · je démontai · démonté · démontant**

Present		*Passé Composé*	
je démonte	nous démontons	j'ai démonté	nous avons démonté
tu démontes	vous démontez	tu as démonté	vous avez démonté
il/elle démonte	ils/elles démontent	il/elle a démonté	ils/elles ont démonté
Imperfect		*Pluperfect*	
je démontais	nous démontions	j'avais démonté	nous avions démonté
tu démontais	vous démontiez	tu avais démonté	vous aviez démonté
il/elle démontait	ils/elles démontaient	il/elle avait démonté	ils/elles avaient démonté
Passé Simple		*Past Anterior*	
je démontai	nous démontâmes	j'eus démonté	nous eûmes démonté
tu démontas	vous démontâtes	tu eus démonté	vous eûtes démonté
il/elle démonta	ils/elles démontèrent	il/elle eut démonté	ils/elles eurent démonté
Future		*Future Anterior*	
je démonterai	nous démonterons	j'aurai démonté	nous aurons démonté
tu démonteras	vous démonterez	tu auras démonté	vous aurez démonté
il/elle démontera	ils/elles démonteront	il/elle aura démonté	ils/elles auront démonté
Conditional		*Past Conditional*	
je démonterais	nous démonterions	j'aurais démonté	nous aurions démonté
tu démonterais	vous démonteriez	tu aurais démonté	vous auriez démonté
il/elle démonterait	ils/elles démonteraient	il/elle aurait démonté	ils/elles auraient démonté

Present Subjunctive		*Past Subjunctive*	
que je démonte	que nous démontions	que j'aie démonté	que nous ayons démonté
que tu démontes	que vous démontiez	que tu aies démonté	que vous ayez démonté
qu'il/elle démonte	qu'ils/elles démontent	qu'il/elle ait démonté	qu'ils/elles aient démonté
Imperfect Subjunctive		*Pluperfect Subjunctive*	
que je démontasse	que nous démontassions	que j'eusse démonté	que nous eussions démonté
que tu démontasses	que vous démontassiez	que tu eusses démonté	que vous eussiez démonté
qu'il/elle démontât	qu'ils/elles démontassent	qu'il/elle eût démonté	qu'ils/elles eussent démonté

Commands

	(nous) démontons
(tu) démonte	(vous) démontez

USAGE

démonter un meuble	*to take apart a piece of furniture*
démonter le pneu crevé	*to remove the flat tire*
Le cheval a démonté son cavalier.	*The horse threw its rider off.*
Cette mauvaise nouvelle m'a démonté.	*That bad news disconcerted me.*
Rien ne le démonte.	*Nothing gets to him.*

RELATED WORDS AND EXPRESSIONS

se démonter	*to be disassembled / get taken apart*
Cette étagère ne se démonte pas.	*That bookcase can't be taken apart.*
se démonter	*to be disconcerted / get upset*
—Je ne me démonterais pas pour si peu de chose.	*I wouldn't get upset over so small a thing.*
—Toi, tu ne te démontes jamais.	*You never get upset.*
Elle ne s'est pas laissé démonter.	*She didn't get flustered.*

démontrer *to prove, demonstrate, show*

je démontre · je démontrai · démontré · démontrant regular *-er* verb

Present		***Passé Composé***	
je démontre	nous démontrons	j'ai démontré	nous avons démontré
tu démontres	vous démontrez	tu as démontré	vous avez démontré
il/elle démontre	ils/elles démontrent	il/elle a démontré	ils/elles ont démontré
Imperfect		***Pluperfect***	
je démontrais	nous démontrions	j'avais démontré	nous avions démontré
tu démontrais	vous démontriez	tu avais démontré	vous aviez démontré
il/elle démontrait	ils/elles démontraient	il/elle avait démontré	ils/elles avaient démontré
Passé Simple		***Past Anterior***	
je démontrai	nous démontrâmes	j'eus démontré	nous eûmes démontré
tu démontras	vous démontrâtes	tu eus démontré	vous eûtes démontré
il/elle démontra	ils/elles démontrèrent	il/elle eut démontré	ils/elles eurent démontré
Future		***Future Anterior***	
je démontrerai	nous démontrerons	j'aurai démontré	nous aurons démontré
tu démontreras	vous démontrerez	tu auras démontré	vous aurez démontré
il/elle démontrera	ils/elles démontreront	il/elle aura démontré	ils/elles auront démontré
Conditional		***Past Conditional***	
je démontrerais	nous démontrerions	j'aurais démontré	nous aurions démontré
tu démontrerais	vous démontreriez	tu aurais démontré	vous auriez démontré
il/elle démontrerait	ils/elles démontreraient	il/elle aurait démontré	ils/elles auraient démontré
Present Subjunctive		***Past Subjunctive***	
que je démontre	que nous démontrions	que j'aie démontré	que nous ayons démontré
que tu démontres	que vous démontriez	que tu aies démontré	que vous ayez démontré
qu'il/elle démontre	qu'ils/elles démontrent	qu'il/elle ait démontré	qu'ils/elles aient démontré
Imperfect Subjunctive		***Pluperfect Subjunctive***	
que je démontrasse	que nous démontrassions	que j'eusse démontré	que nous eussions démontré
que tu démontrasses	que vous démontrassiez	que tu eusses démontré	que vous eussiez démontré
qu'il/elle démontrât	qu'ils/elles démontrassent	qu'il/elle eût démontré	qu'ils/elles eussent démontré

Commands

	(nous) démontrons
(tu) démontre	(vous) démontrez

USAGE

démontrer un théorème	*to prove a theorem*
démontrer qqch à qqn	*to prove something to someone*
démontrer une vérité	*to demonstrate a truth*
Cet accident démontre qu'il faut un feu rouge au carrefour.	*This accident shows they need a traffic light at the intersection.*
Son visage démontrait sa peur.	*His face revealed his fear.*

RELATED WORDS AND EXPRESSIONS

démontrable	*demonstrable*

to pass, exceed **dépasser** 169

regular *-er* verb **je dépasse · je dépassai · dépassé · dépassant**

Present		*Passé Composé*	
je dépasse	nous dépassons	j'ai dépassé	nous avons dépassé
tu dépasses	vous dépassez	tu as dépassé	vous avez dépassé
il/elle dépasse	ils/elles dépassent	il/elle a dépassé	ils/elles ont dépassé
Imperfect		***Pluperfect***	
je dépassais	nous dépassions	j'avais dépassé	nous avions dépassé
tu dépassais	vous dépassiez	tu avais dépassé	vous aviez dépassé
il/elle dépassait	ils/elles dépassaient	il/elle avait dépassé	ils/elles avaient dépassé
Passé Simple		***Past Anterior***	
je dépassai	nous dépassâmes	j'eus dépassé	nous eûmes dépassé
tu dépassas	vous dépassâtes	tu eus dépassé	vous eûtes dépassé
il/elle dépassa	ils/elles dépassèrent	il/elle eut dépassé	ils/elles eurent dépassé
Future		***Future Anterior***	
je dépasserai	nous dépasserons	j'aurai dépassé	nous aurons dépassé
tu dépasseras	vous dépasserez	tu auras dépassé	vous aurez dépassé
il/elle dépassera	ils/elles dépasseront	il/elle aura dépassé	ils/elles auront dépassé
Conditional		***Past Conditional***	
je dépasserais	nous dépasserions	j'aurais dépassé	nous aurions dépassé
tu dépasserais	vous dépasseriez	tu aurais dépassé	vous auriez dépassé
il/elle dépasserait	ils/elles dépasseraient	il/elle aurait dépassé	ils/elles auraient dépassé

Present Subjunctive		*Past Subjunctive*	
que je dépasse	que nous dépassions	que j'aie dépassé	que nous ayons dépassé
que tu dépasses	que vous dépassiez	que tu aies dépassé	que vous ayez dépassé
qu'il/elle dépasse	qu'ils/elles dépassent	qu'il/elle ait dépassé	qu'ils/elles aient dépassé
Imperfect Subjunctive		***Pluperfect Subjunctive***	
que je dépassasse	que nous dépassassions	que j'eusse dépassé	que nous eussions dépassé
que tu dépassasses	que vous dépassassiez	que tu eusses dépassé	que vous eussiez dépassé
qu'il/elle dépassât	qu'ils/elles dépassassent	qu'il/elle eût dépassé	qu'ils/elles eussent dépassé

Commands

	(nous) dépassons
(tu) dépasse	(vous) dépassez

USAGE

dépasser une voiture	*to pass a car* (while driving)
dépasser une personne en marchant	*to walk past someone*
dépasser tout le monde	*to beat / be better than everyone*
dépasser ses amis	*to outshine/exceed his friends*
dépasser une limite	*to exceed / go beyond a limit*
dépasser une frontière	*to go beyond a border; to have prominence abroad*
dépasser une certaine somme d'argent	*to cost more than a certain amount of money*

RELATED WORDS AND EXPRESSIONS

le dépassement	*passing/overtaking another car while driving*
Sur une pente le dépassement est dangereux.	*Passing is dangerous on a hill.*
le dépassement de crédit	*overspending*
dépassé(e)	*old-fashioned / outmoded / out of date*
se sentir dépassé(e)	*to feel out of one's depth*

top 50 verb

169 dépasser *to pass, exceed*

je dépasse · je dépassai · dépassé · dépassant regular *-er* verb

dépasser dans l'espace et le temps

La flèche a dépassé sa cible.	*The arrow overshot its target.*
Je vais essayer de dépasser ce camion.	*I'll try to pass that truck.*
La voiture de police nous a dépassés comme un trait.	*The police car shot ahead of us.*
Défense de dépasser.	*No passing.*
—Pour arriver à la place centrale, s'il vous plaît?	*How can I get to the main square, please?*
—Dépassez le carrefour et prenez la première rue à droite.	*Go through the intersection and take the first street on the right.*
Dans la course, les cyclistes essaient de se dépasser.	*In the race, the cyclists try to get ahead of each other.*
La réputation de cette école dépasse les frontières.	*This school's reputation reaches beyond the borders.*
Notre visite a dépassé quatre heures.	*Our visit lasted more than four hours.*
Elle a dépassé la cinquantaine.	*She's over fifty.*

dépasser au figuré

Tout te dépasse.	*Everything is too much for you.*
La matière de ce cours me dépasse.	*The subject matter of this course is too much for me.*
Cela dépasse mes forces.	*I'm not strong enough to do that.*
Mais tu dépasses les bornes!	*You're going too far!*
Ce qu'il dit dépasse les limites du raisonnable.	*What he is saying goes overboard / goes too far.*
Il a bûché comme un fou et a dépassé tous les autres étudiants.	*He crammed like a madman and did better than all the other students.*
Quelle bonne année! Les bénéfices ont dépassé toutes nos prévisions.	*What a good year! Earnings exceeded all our forecasts.*
Pour le talent musical, elle dépasse tous les autres enfants.	*She beats everyone in musical talent.*
Avec les médicaments il faut faire attention à ne pas dépasser la dose prescrite.	*With medication you must be careful not to exceed the prescribed dosage.*

RELATED WORDS AND EXPRESSIONS

Le dépassement est interdit sur dix kilomètres.	*Passing is not allowed over the next ten kilometers.*
Dans notre entreprise on a découvert un dépassement de crédit de quatre millions d'euros.	*At our firm they discovered four million euros of overspending.*
Ses connaissances en informatique sont dépassées.	*His knowledge of computer science is obsolete.*
Les machines à écrire sont presque totalement dépassées aujourd'hui.	*Typewriters are almost completely obsolete today.*
Ces coutumes sont dépassées.	*These customs are outmoded.*

top 50 verb

se dépêcher

to hurry, hurry up

regular *-er* reflexive verb;
compound tenses with *être*

je me dépêche · je me dépêchai · s'étant dépêché · se dépêchant

Present		*Passé Composé*	
je me dépêche	nous nous dépêchons	je me suis dépêché(e)	nous nous sommes dépêché(e)s
tu te dépêches	vous vous dépêchez	tu t'es dépêché(e)	vous vous êtes dépêché(e)(s)
il/elle se dépêche	ils/elles se dépêchent	il/elle s'est dépêché(e)	ils/elles se sont dépêché(e)s
Imperfect		*Pluperfect*	
je me dépêchais	nous nous dépêchions	je m'étais dépêché(e)	nous nous étions dépêché(e)s
tu te dépêchais	vous vous dépêchiez	tu t'étais dépêché(e)	vous vous étiez dépêché(e)(s)
il/elle se dépêchait	ils/elles se dépêchaient	il/elle s'était dépêché(e)	ils/elles s'étaient dépêché(e)s
Passé Simple		*Past Anterior*	
je me dépêchai	nous nous dépêchâmes	je me fus dépêché(e)	nous nous fûmes dépêché(e)s
tu te dépêchas	vous vous dépêchâtes	tu te fus dépêché(e)	vous vous fûtes dépêché(e)(s)
il/elle se dépêcha	ils/elles se dépêchèrent	il/elle se fut dépêché(e)	ils/elles se furent dépêché(e)s
Future		*Future Anterior*	
je me dépêcherai	nous nous dépêcherons	je me serai dépêché(e)	nous nous serons dépêché(e)s
tu te dépêcheras	vous vous dépêcherez	tu te seras dépêché(e)	vous vous serez dépêché(e)(s)
il/elle se dépêchera	ils/elles se dépêcheront	il/elle se sera dépêché(e)	ils/elles se seront dépêché(e)s
Conditional		*Past Conditional*	
je me dépêcherais	nous nous dépêcherions	je me serais dépêché(e)	nous nous serions dépêché(e)s
tu te dépêcherais	vous vous dépêcheriez	tu te serais dépêché(e)	vous vous seriez dépêché(e)(s)
il/elle se dépêcherait	ils/elles se dépêcheraient	il/elle se serait dépêché(e)	ils/elles se seraient dépêché(e)s

Present Subjunctive		*Past Subjunctive*	
que je me dépêche	que nous nous dépêchions	que je me sois dépêché(e)	que nous nous soyons dépêché(e)s
que tu te dépêches	que vous vous dépêchiez	que tu te sois dépêché(e)	que vous vous soyez dépêché(e)(s)
qu'il/elle se dépêche	qu'ils/elles se dépêchent	qu'il/elle se soit dépêché(e)	qu'ils/elles se soient dépêché(e)s
Imperfect Subjunctive		*Pluperfect Subjunctive*	
que je me dépêchasse	que nous nous dépêchassions	que je me fusse dépêché(e)	que nous nous fussions dépêché(e)s
que tu te dépêchasses	que vous vous dépêchassiez	que tu te fusses dépêché(e)	que vous vous fussiez dépêché(e)(s)
qu'il/elle se dépêchât	qu'ils/elles se dépêchassent	qu'il/elle se fût dépêché(e)	qu'ils/elles se fussent dépêché(e)s

Commands

	(nous) dépêchons-nous
(tu) dépêche-toi	(vous) dépêchez-vous

USAGE

Je me suis dépêché de faire le ménage.	*I hurried to do the housework.*
Dépêche-toi de préparer le dîner. Tout le monde a faim.	*Hurry and make dinner. Everyone is hungry.*
On s'est dépêchés de partir.	*We rushed away. / We hurried and left.*
Dépêche-toi! Le train est déjà en gare.	*Hurry up! The train is already in the station.*
Il faut que vous vous dépêchiez si vous voulez arriver à l'heure.	*You have to hurry up if you want to arrive on time.*

dépendre *to depend*

je dépends · je dépendis · dépendu · dépendant regular *-re* verb

Present		***Passé Composé***	
je dépends	nous dépendons	j'ai dépendu	nous avons dépendu
tu dépends	vous dépendez	tu as dépendu	vous avez dépendu
il/elle dépend	ils/elles dépendent	il/elle a dépendu	ils/elles ont dépendu
Imperfect		***Pluperfect***	
je dépendais	nous dépendions	j'avais dépendu	nous avions dépendu
tu dépendais	vous dépendiez	tu avais dépendu	vous aviez dépendu
il/elle dépendait	ils/elles dépendaient	il/elle avait dépendu	ils/elles avaient dépendu
Passé Simple		***Past Anterior***	
je dépendis	nous dépendîmes	j'eus dépendu	nous eûmes dépendu
tu dépendis	vous dépendîtes	tu eus dépendu	vous eûtes dépendu
il/elle dépendit	ils/elles dépendirent	il/elle eut dépendu	ils/elles eurent dépendu
Future		***Future Anterior***	
je dépendrai	nous dépendrons	j'aurai dépendu	nous aurons dépendu
tu dépendras	vous dépendrez	tu auras dépendu	vous aurez dépendu
il/elle dépendra	ils/elles dépendront	il/elle aura dépendu	ils/elles auront dépendu
Conditional		***Past Conditional***	
je dépendrais	nous dépendrions	j'aurais dépendu	nous aurions dépendu
tu dépendrais	vous dépendriez	tu aurais dépendu	vous auriez dépendu
il/elle dépendrait	ils/elles dépendraient	il/elle aurait dépendu	ils/elles auraient dépendu
Present Subjunctive		***Past Subjunctive***	
que je dépende	que nous dépendions	que j'aie dépendu	que nous ayons dépendu
que tu dépendes	que vous dépendiez	que tu aies dépendu	que vous ayez dépendu
qu'il/elle dépende	qu'ils/elles dépendent	qu'il/elle ait dépendu	qu'ils/elles aient dépendu
Imperfect Subjunctive		***Pluperfect Subjunctive***	
que je dépendisse	que nous dépendissions	que j'eusse dépendu	que nous eussions dépendu
que tu dépendisses	que vous dépendissiez	que tu eusses dépendu	que vous eussiez dépendu
qu'il/elle dépendît	qu'ils/elles dépendissent	qu'il/elle eût dépendu	qu'ils/elles eussent dépendu

Commands

	(nous) dépendons
(tu) dépends	(vous) dépendez

USAGE

Ça dépend.	*It depends.*
Tout dépend.	*It all depends.*
dépendre de qqch	*to depend on something*
—Notre succès dépend de quoi?	*Our success depends on what?*
—Tout dépend de leur décision.	*Everything depends on their decision.*
dépendre de qqn	*to depend on someone*
Tout le monde dépend de moi.	*Everyone depends on me.*
Tout cela ne dépend que de vous.	*All of that is entirely up to you.*
Il ne dépend que de lui-même.	*He is self-sufficient.*
—Est-ce que je dois lui téléphoner ou laisser tomber?	*Shall I call him or just forget about it?*
—Ça dépend de toi.	*It's up to you.*

regular -*er* verb

je dépense · je dépensai · dépensé · dépensant

Present		*Passé Composé*	
je dépense	nous dépensons	j'ai dépensé	nous avons dépensé
tu dépenses	vous dépensez	tu as dépensé	vous avez dépensé
il/elle dépense	ils/elles dépensent	il/elle a dépensé	ils/elles ont dépensé
Imperfect		*Pluperfect*	
je dépensais	nous dépensions	j'avais dépensé	nous avions dépensé
tu dépensais	vous dépensiez	tu avais dépensé	vous aviez dépensé
il/elle dépensait	ils/elles dépensaient	il/elle avait dépensé	ils/elles avaient dépensé
Passé Simple		*Past Anterior*	
je dépensai	nous dépensâmes	j'eus dépensé	nous eûmes dépensé
tu dépensas	vous dépensâtes	tu eus dépensé	vous eûtes dépensé
il/elle dépensa	ils/elles dépensèrent	il/elle eut dépensé	ils/elles eurent dépensé
Future		*Future Anterior*	
je dépenserai	nous dépenserons	j'aurai dépensé	nous aurons dépensé
tu dépenseras	vous dépenserez	tu auras dépensé	vous aurez dépensé
il/elle dépensera	ils/elles dépenseront	il/elle aura dépensé	ils/elles auront dépensé
Conditional		*Past Conditional*	
je dépenserais	nous dépenserions	j'aurais dépensé	nous aurions dépensé
tu dépenserais	vous dépenseriez	tu aurais dépensé	vous auriez dépensé
il/elle dépenserait	ils/elles dépenseraient	il/elle aurait dépensé	ils/elles auraient dépensé

Present Subjunctive		*Past Subjunctive*	
que je dépense	que nous dépensions	que j'aie dépensé	que nous ayons dépensé
que tu dépenses	que vous dépensiez	que tu aies dépensé	que vous ayez dépensé
qu'il/elle dépense	qu'ils/elles dépensent	qu'il/elle ait dépensé	qu'ils/elles aient dépensé
Imperfect Subjunctive		*Pluperfect Subjunctive*	
que je dépensasse	que nous dépensassions	que j'eusse dépensé	que nous eussions dépensé
que tu dépensasses	que vous dépensassiez	que tu eusses dépensé	que vous eussiez dépensé
qu'il/elle dépensât	qu'ils/elles dépensassent	qu'il/elle eût dépensé	qu'ils/elles eussent dépensé

Commands

	(nous) dépensons
(tu) dépense	(vous) dépensez

USAGE

—Il a dépensé tout son argent à acheter des vêtements.	*He spent all his money buying clothing.*
—Oui, il dépense sans compter.	*Yes, he spends too freely.*

RELATED WORDS AND EXPRESSIONS

la dépense	*expense*
pouvoir se permettre une dépense	*to be able to afford an outlay of money*
les dépenses d'exploitation	*operating costs/expenses*
les dépenses du ménage	*household expenses*
une grande dépense de temps	*a big expenditure of time*
se dépenser	*to expend one's energy*
Tu te dépenses trop pour les autres.	*You overwork yourself too much for other people.*

déplacer *to move, shift, displace*

je déplace · je déplaçai · déplacé · déplaçant

regular *-er* verb; spelling change: c > ç/*a, o*

Present		*Passé Composé*	
je déplace	nous déplaçons	j'ai déplacé	nous avons déplacé
tu déplaces	vous déplacez	tu as déplacé	vous avez déplacé
il/elle déplace	ils/elles déplacent	il/elle a déplacé	ils/elles ont déplacé
Imperfect		*Pluperfect*	
je déplaçais	nous déplacions	j'avais déplacé	nous avions déplacé
tu déplaçais	vous déplaciez	tu avais déplacé	vous aviez déplacé
il/elle déplaçait	ils/elles déplaçaient	il/elle avait déplacé	ils/elles avaient déplacé
Passé Simple		*Past Anterior*	
je déplaçai	nous déplaçâmes	j'eus déplacé	nous eûmes déplacé
tu déplaças	vous déplaçâtes	tu eus déplacé	vous eûtes déplacé
il/elle déplaça	ils/elles déplacèrent	il/elle eut déplacé	ils/elles eurent déplacé
Future		*Future Anterior*	
je déplacerai	nous déplacerons	j'aurai déplacé	nous aurons déplacé
tu déplaceras	vous déplacerez	tu auras déplacé	vous aurez déplacé
il/elle déplacera	ils/elles déplaceront	il/elle aura déplacé	ils/elles auront déplacé
Conditional		*Past Conditional*	
je déplacerais	nous déplacerions	j'aurais déplacé	nous aurions déplacé
tu déplacerais	vous déplaceriez	tu aurais déplacé	vous auriez déplacé
il/elle déplacerait	ils/elles déplaceraient	il/elle aurait déplacé	ils/elles auraient déplacé
Present Subjunctive		*Past Subjunctive*	
que je déplace	que nous déplacions	que j'aie déplacé	que nous ayons déplacé
que tu déplaces	que vous déplaciez	que tu aies déplacé	que vous ayez déplacé
qu'il/elle déplace	qu'ils/elles déplacent	qu'il/elle ait déplacé	qu'ils/elles aient déplacé
Imperfect Subjunctive		*Pluperfect Subjunctive*	
que je déplaçasse	que nous déplaçassions	que j'eusse déplacé	que nous eussions déplacé
que tu déplaçasses	que vous déplaçassiez	que tu eusses déplacé	que vous eussiez déplacé
qu'il/elle déplaçât	qu'ils/elles déplaçassent	qu'il/elle eût déplacé	qu'ils/elles eussent déplacé

Commands

	(nous) déplaçons
(tu) déplace	(vous) déplacez

USAGE

Déplacez le canapé vers la gauche.	*Move the sofa to the left.*
On a déplacé la date de la réunion.	*They moved the date of the meeting forward.*

RELATED WORDS AND EXPRESSIONS

le déplacement	*swing/shift/movement/travel/trip*
Ce film ne vaut pas le déplacement.	*That film is not worth going to.*
déplacé(e)	*out of place / uncalled for*
Vos propos déplacés ont agacé tout le monde.	*Your inappropriate remarks disturbed everyone.*
se déplacer	*to move / shift position / travel*
Avec Internet, on peut faire ses achats sans se déplacer.	*With the Internet, you can do your shopping without leaving the house.*
Après l'accident il se déplaçait avec une canne.	*After the accident he got around with a cane.*
Il se déplace beaucoup pour affaires.	*He travels a lot on business.*

irregular verb **je déplais · je déplus · déplu · déplaisant**

Present		Passé Composé	
je déplais	nous déplaisons	j'ai déplu	nous avons déplu
tu déplais	vous déplaisez	tu as déplu	vous avez déplu
il/elle déplaît	ils/elles déplaisent	il/elle a déplu	ils/elles ont déplu
Imperfect		*Pluperfect*	
je déplaisais	nous déplaisions	j'avais déplu	nous avions déplu
tu déplaisais	vous déplaisiez	tu avais déplu	vous aviez déplu
il/elle déplaisait	ils/elles déplaisaient	il/elle avait déplu	ils/elles avaient déplu
Passé Simple		*Past Anterior*	
je déplus	nous déplûmes	j'eus déplu	nous eûmes déplu
tu déplus	vous déplûtes	tu eus déplu	vous eûtes déplu
il/elle déplut	ils/elles déplurent	il/elle eut déplu	ils/elles eurent déplu
Future		*Future Anterior*	
je déplairai	nous déplairons	j'aurai déplu	nous aurons déplu
tu déplairas	vous déplairez	tu auras déplu	vous aurez déplu
il/elle déplaira	ils/elles déplairont	il/elle aura déplu	ils/elles auront déplu
Conditional		*Past Conditional*	
je déplairais	nous déplairions	j'aurais déplu	nous aurions déplu
tu déplairais	vous déplairiez	tu aurais déplu	vous auriez déplu
il/elle déplairait	ils/elles déplairaient	il/elle aurait déplu	ils/elles auraient déplu
Present Subjunctive		*Past Subjunctive*	
que je déplaise	que nous déplaisions	que j'aie déplu	que nous ayons déplu
que tu déplaises	que vous déplaisiez	que tu aies déplu	que vous ayez déplu
qu'il/elle déplaise	qu'ils/elles déplaisent	qu'il/elle ait déplu	qu'ils/elles aient déplu
Imperfect Subjunctive		*Pluperfect Subjunctive*	
que je déplusse	que nous déplussions	que j'eusse déplu	que nous eussions déplu
que tu déplusses	que vous déplussiez	que tu eusses déplu	que vous eussiez déplu
qu'il/elle déplût	qu'ils/elles déplussent	qu'il/elle eût déplu	qu'ils/elles eussent déplu

Commands

	(nous) déplaisons
(tu) déplais	(vous) déplaisez

USAGE

Le trajet en autobus déplaît à tout le monde.	*Nobody likes the bus trip.*
Ce chef déplaît à tous ses employés.	*This boss is disliked by all his employees.*
Ça me déplaît qu'il ne vienne pas.	*I don't like it that he is not coming.*
Ça me déplaît que tu aies dit ça.	*I don't like it that you said that.*
Il ne te déplaît pas de te conduire comme ça.	*You can't enjoy behaving like that.*
Elle a rompu avec son petit ami. Elle dit qu'il lui avait déplu.	*She broke it off with her boyfriend. She says that he no longer appealed to her.*

RELATED WORDS AND EXPRESSIONS

déplaisant(e)	*unpleasant*
une conversation déplaisante	*an unpleasant conversation*
se déplaire (à)	*to be unhappy (in a place) / not to like being (in a place)*
—Ils se plaisaient à Marseille?	*Did they like it in Marseilles?*
—Ils ont déménagé à Paris parce qu'ils se déplaisaient à Marseille.	*They moved to Paris because they didn't like it in Marseilles.*
Elle s'est toujours déplu en Angleterre.	*She never liked it in England.*

175 déposer *to put down, drop off*

je dépose · je déposai · déposé · déposant regular *-er* verb

Present		*Passé Composé*	
je dépose	nous déposons	j'ai déposé	nous avons déposé
tu déposes	vous déposez	tu as déposé	vous avez déposé
il/elle dépose	ils/elles déposent	il/elle a déposé	ils/elles ont déposé
Imperfect		***Pluperfect***	
je déposais	nous déposions	j'avais déposé	nous avions déposé
tu déposais	vous déposiez	tu avais déposé	vous aviez déposé
il/elle déposait	ils/elles déposaient	il/elle avait déposé	ils/elles avaient déposé
Passé Simple		***Past Anterior***	
je déposai	nous déposâmes	j'eus déposé	nous eûmes déposé
tu déposas	vous déposâtes	tu eus déposé	vous eûtes déposé
il/elle déposa	ils/elles déposèrent	il/elle eut déposé	ils/elles eurent déposé
Future		***Future Anterior***	
je déposerai	nous déposerons	j'aurai déposé	nous aurons déposé
tu déposeras	vous déposerez	tu auras déposé	vous aurez déposé
il/elle déposera	ils/elles déposeront	il/elle aura déposé	ils/elles auront déposé
Conditional		***Past Conditional***	
je déposerais	nous déposerions	j'aurais déposé	nous aurions déposé
tu déposerais	vous déposeriez	tu aurais déposé	vous auriez déposé
il/elle déposerait	ils/elles déposeraient	il/elle aurait déposé	ils/elles auraient déposé

Present Subjunctive		*Past Subjunctive*	
que je dépose	que nous déposions	que j'aie déposé	que nous ayons déposé
que tu déposes	que vous déposiez	que tu aies déposé	que vous ayez déposé
qu'il/elle dépose	qu'ils/elles déposent	qu'il/elle ait déposé	qu'ils/elles aient déposé
Imperfect Subjunctive		***Pluperfect Subjunctive***	
que je déposasse	que nous déposassions	que j'eusse déposé	que nous eussions déposé
que tu déposasses	que vous déposassiez	que tu eusses déposé	que vous eussiez déposé
qu'il/elle déposât	qu'ils/elles déposassent	qu'il/elle eût déposé	qu'ils/elles eussent déposé

Commands

	(nous) déposons
(tu) dépose	(vous) déposez

USAGE

Elle a déposé son sac sur la table.	*She put her bag down on the table.*
—Tu peux me déposer à la gare?	*Can you drop me off at the train station?*
—Je te déposerai devant la cathédrale. La gare est à 100 mètres.	*I'll drop you off in front of the cathedral. The station is a block away.*
—Qu'est-ce qu'on peut faire de toutes nos valises?	*What can we do with all our suitcases?*
—On peut les déposer à la consigne.	*We can leave them at the baggage check.*
—Tu sors de la banque, je vois.	*You're just coming from the bank, I see.*
—Oui, le vendredi je touche mon chèque. Je viens de le déposer.	*Yes, I get my paycheck on Fridays. I've just deposited it.*
déposer une plainte	*to lodge a complaint*

RELATED WORDS AND EXPRESSIONS

le dépôt	*deposit* (bank); *lodging* (of a complaint)
glisser-déposer	*drag and drop* (computer)

regular *-er* verb;
spelling change: *g* > *ge/a, o*

je dérange · je dérangeai · dérangé · dérangeant

Present		*Passé Composé*	
je dérange	nous dérangeons	j'ai dérangé	nous avons dérangé
tu déranges	vous dérangez	tu as dérangé	vous avez dérangé
il/elle dérange	ils/elles dérangent	il/elle a dérangé	ils/elles ont dérangé
Imperfect		*Pluperfect*	
je dérangeais	nous dérangions	j'avais dérangé	nous avions dérangé
tu dérangeais	vous dérangiez	tu avais dérangé	vous aviez dérangé
il/elle dérangeait	ils/elles dérangeaient	il/elle avait dérangé	ils/elles avaient dérangé
Passé Simple		*Past Anterior*	
je dérangeai	nous dérangeâmes	j'eus dérangé	nous eûmes dérangé
tu dérangeas	vous dérangeâtes	tu eus dérangé	vous eûtes dérangé
il/elle dérangea	ils/elles dérangèrent	il/elle eut dérangé	ils/elles eurent dérangé
Future		*Future Anterior*	
je dérangerai	nous dérangerons	j'aurai dérangé	nous aurons dérangé
tu dérangeras	vous dérangerez	tu auras dérangé	vous aurez dérangé
il/elle dérangera	ils/elles dérangeront	il/elle aura dérangé	ils/elles auront dérangé
Conditional		*Past Conditional*	
je dérangerais	nous dérangerions	j'aurais dérangé	nous aurions dérangé
tu dérangerais	vous dérangeriez	tu aurais dérangé	vous auriez dérangé
il/elle dérangerait	ils/elles dérangeraient	il/elle aurait dérangé	ils/elles auraient dérangé

Present Subjunctive		*Past Subjunctive*	
que je dérange	que nous dérangions	que j'aie dérangé	que nous ayons dérangé
que tu déranges	que vous dérangiez	que tu aies dérangé	que vous ayez dérangé
qu'il/elle dérange	qu'ils/elles dérangent	qu'il/elle ait dérangé	qu'ils/elles aient dérangé
Imperfect Subjunctive		*Pluperfect Subjunctive*	
que je dérangeasse	que nous dérangeassions	que j'eusse dérangé	que nous eussions dérangé
que tu dérangeasses	que vous dérangeassiez	que tu eusses dérangé	que vous eussiez dérangé
qu'il/elle dérangeât	qu'ils/elles dérangeassent	qu'il/elle eût dérangé	qu'ils/elles eussent dérangé

Commands

	(nous) dérangeons
(tu) dérange	(vous) dérangez

USAGE

Ne vous dérangez pas.	*Don't bother.*
Tu peux baisser la radio? Le bruit me dérange.	*Can you turn down the radio? The noise is bothering me.*
Ne pas déranger, s'il vous plaît. / Prière de ne pas déranger.	*Please do not disturb.* (sign)
Vous travaillez. Je ne vous dérangerai pas.	*You're working. I won't disturb you.*
J'ai trop bien mangé et maintenant je suis un peu dérangé.	*I ate too much and now I've got an upset stomach.*

RELATED WORDS AND EXPRESSIONS

le dérangement	*bothering; malfunction*
Ce téléphone est en dérangement.	*This phone is out of order.*
Cette ligne téléphonique est en dérangement.	*This phone line is having problems.*
Désolé pour le dérangement.	*Sorry for the bother.*

177 désamorcer *to defuse*

je désamorce · je désamorçai · désamorcé · désamorçant

regular *-er* verb;
spelling change: c > ç/*a, o*

Present		*Passé Composé*	
je désamorce	nous désamorçons	j'ai désamorcé	nous avons désamorcé
tu désamorces	vous désamorcez	tu as désamorcé	vous avez désamorcé
il/elle désamorce	ils/elles désamorcent	il/elle a désamorcé	ils/elles ont désamorcé
Imperfect		*Pluperfect*	
je désamorçais	nous désamorcions	j'avais désamorcé	nous avions désamorcé
tu désamorçais	vous désamorciez	tu avais désamorcé	vous aviez désamorcé
il/elle désamorçait	ils/elles désamorçaient	il/elle avait désamorcé	ils/elles avaient désamorcé
Passé Simple		*Past Anterior*	
je désamorçai	nous désamorçâmes	j'eus désamorcé	nous eûmes désamorcé
tu désamorças	vous désamorçâtes	tu eus désamorcé	vous eûtes désamorcé
il/elle désamorça	ils/elles désamorcèrent	il/elle eut désamorcé	ils/elles eurent désamorcé
Future		*Future Anterior*	
je désamorcerai	nous désamorcerons	j'aurai désamorcé	nous aurons désamorcé
tu désamorceras	vous désamorcerez	tu auras désamorcé	vous aurez désamorcé
il/elle désamorcera	ils/elles désamorceront	il/elle aura désamorcé	ils/elles auront désamorcé
Conditional		*Past Conditional*	
je désamorcerais	nous désamorcerions	j'aurais désamorcé	nous aurions désamorcé
tu désamorcerais	vous désamorceriez	tu aurais désamorcé	vous auriez désamorcé
il/elle désamorcerait	ils/elles désamorceraient	il/elle aurait désamorcé	ils/elles auraient désamorcé

Present Subjunctive		*Past Subjunctive*	
que je désamorce	que nous désamorcions	que j'aie désamorcé	que nous ayons désamorcé
que tu désamorces	que vous désamorciez	que tu aies désamorcé	que vous ayez désamorcé
qu'il/elle désamorce	qu'ils/elles désamorcent	qu'il/elle ait désamorcé	qu'ils/elles aient désamorcé
Imperfect Subjunctive		*Pluperfect Subjunctive*	
que je désamorçasse	que nous désamorçassions	que j'eusse désamorcé	que nous eussions désamorcé
que tu désamorçasses	que vous désamorçassiez	que tu eusses désamorcé	que vous eussiez désamorcé
qu'il/elle désamorçât	qu'ils/elles désamorçassent	qu'il/elle eût désamorcé	qu'ils/elles eussent désamorcé

Commands

	(nous) désamorçons
(tu) désamorce	(vous) désamorcez

USAGE

désamorcer une grenade	*to defuse a grenade*
désamorcer une situation	*to defuse a situation*
désamorcer une grève	*to defuse a strike*
désamorcer les conflits en situation professionnelle	*to defuse conflicts in the workplace*
désamorcer une pile	*to let a battery run down*
Le gouvernement essaie de désamorcer la grève des professeurs.	*The government is trying to avoid the teachers' strike.*

RELATED WORDS AND EXPRESSIONS

le désamorçage	*defusing*
le désamorçage d'une situation dangereuse	*the defusing of a dangerous situation*

descendre

to go down, descend

regular -*re* verb; compound tenses with *être*, with *avoir* when verb is transitive

je descends · je descendis · descendu · descendant

Present		*Passé Composé*	
je descends	nous descendons	je suis descendu(e)	nous sommes descendu(e)s
tu descends	vous descendez	tu es descendu(e)	vous êtes descendu(e)(s)
il/elle descend	ils/elles descendent	il/elle est descendu(e)	ils/elles sont descendu(e)s
Imperfect		*Pluperfect*	
je descendais	nous descendions	j'étais descendu(e)	nous étions descendu(e)s
tu descendais	vous descendiez	tu étais descendu(e)	vous étiez descendu(e)(s)
il/elle descendait	ils/elles descendaient	il/elle était descendu(e)	ils/elles étaient descendu(e)s
Passé Simple		*Past Anterior*	
je descendis	nous descendîmes	je fus descendu(e)	nous fûmes descendu(e)s
tu descendis	vous descendîtes	tu fus descendu(e)	vous fûtes descendu(e)(s)
il/elle descendit	ils/elles descendirent	il/elle fut descendu(e)	ils/elles furent descendu(e)s
Future		*Future Anterior*	
je descendrai	nous descendrons	je serai descendu(e)	nous serons descendu(e)s
tu descendras	vous descendrez	tu seras descendu(e)	vous serez descendu(e)(s)
il/elle descendra	ils/elles descendront	il/elle sera descendu(e)	ils/elles seront descendu(e)s
Conditional		*Past Conditional*	
je descendrais	nous descendrions	je serais descendu(e)	nous serions descendu(e)s
tu descendrais	vous descendriez	tu serais descendu(e)	vous seriez descendu(e)(s)
il/elle descendrait	ils/elles descendraient	il/elle serait descendu(e)	ils/elles seraient descendu(e)s

Present Subjunctive		*Past Subjunctive*	
que je descende	que nous descendions	que je sois descendu(e)	que nous soyons descendu(e)s
que tu descendes	que vous descendiez	que tu sois descendu(e)	que vous soyez descendu(e)(s)
qu'il/elle descende	qu'ils/elles descendent	qu'il/elle soit descendu(e)	qu'ils/elles soient descendu(e)s
Imperfect Subjunctive		*Pluperfect Subjunctive*	
que je descendisse	que nous descendissions	que je fusse descendu(e)	que nous fussions descendu(e)s
que tu descendisses	que vous descendissiez	que tu fusses descendu(e)	que vous fussiez descendu(e)(s)
qu'il/elle descendît	qu'ils/elles descendissent	qu'il/elle fût descendu(e)	qu'ils/elles fussent descendu(e)s

Commands

(nous) descendons
(tu) descends (vous) descendez

USAGE

Maman est descendue acheter du pain.	*Mother went down to get bread.*
descendre l'escalier	*to go down the stairs*
L'ascenseur est en panne. Nous avons descendu l'escalier.	*The elevator is out of order. We took the stairs down.*
descendre faire les courses	*to go out to do the shopping*
descendre qqch	*to take/bring something down*
—Est-ce le chasseur a descendu les valises?	*Has the bellboy brought the suitcases down?*
—Non, il ne les a pas encore descendues.	*No, he hasn't brought them down yet.*
descendre qqn	*to shoot someone (down)*
Le policier a descendu le cambrioleur.	*The policeman shot the burglar dead.*

RELATED WORDS AND EXPRESSIONS

la descente	*descent*
J'attends la descente de l'ascenseur.	*I'm waiting for the elevator to come down.*

179 désespérer *to lose hope, despair*

je désespère · je désespérai · désespéré · désespérant

-*er* verb; spelling change: *é* > *è*/mute *e* except in the future and conditional

Present		*Passé Composé*	
je désespère	nous désespérons	j'ai désespéré	nous avons désespéré
tu désespères	vous désespérez	tu as désespéré	vous avez désespéré
il/elle désespère	ils/elles désespèrent	il/elle a désespéré	ils/elles ont désespéré
Imperfect		*Pluperfect*	
je désespérais	nous désespérions	j'avais désespéré	nous avions désespéré
tu désespérais	vous désespériez	tu avais désespéré	vous aviez désespéré
il/elle désespérait	ils/elles désespéraient	il/elle avait désespéré	ils/elles avaient désespéré
Passé Simple		*Past Anterior*	
je désespérai	nous désespérâmes	j'eus désespéré	nous eûmes désespéré
tu désespéras	vous désespérâtes	tu eus désespéré	vous eûtes désespéré
il/elle désespéra	ils/elles désespérèrent	il/elle eut désespéré	ils/elles eurent désespéré
Future		*Future Anterior*	
je désespérerai	nous désespérerons	j'aurai désespéré	nous aurons désespéré
tu désespéreras	vous désespérerez	tu auras désespéré	vous aurez désespéré
il/elle désespérera	ils/elles désespéreront	il/elle aura désespéré	ils/elles auront désespéré
Conditional		*Past Conditional*	
je désespérerais	nous désespérerions	j'aurais désespéré	nous aurions désespéré
tu désespérerais	vous désespéreriez	tu aurais désespéré	vous auriez désespéré
il/elle désespérerait	ils/elles désespéreraient	il/elle aurait désespéré	ils/elles auraient désespéré

Present Subjunctive		*Past Subjunctive*	
que je désespère	que nous désespérions	que j'aie désespéré	que nous ayons désespéré
que tu désespères	que vous désespériez	que tu aies désespéré	que vous ayez désespéré
qu'il/elle désespère	qu'ils/elles désespèrent	qu'il/elle ait désespéré	qu'ils/elles aient désespéré
Imperfect Subjunctive		*Pluperfect Subjunctive*	
que je désespérasse	que nous désespérassions	que j'eusse désespéré	que nous eussions désespéré
que tu désespérasses	que vous désespérassiez	que tu eusses désespéré	que vous eussiez désespéré
qu'il/elle désespérât	qu'ils/elles désespérassent	qu'il/elle eût désespéré	qu'ils/elles eussent désespéré

Commands

	(nous) désespérons
(tu) désespère	(vous) désespérez

USAGE

—Je désespère de réussir à cet examen.	*I have given up on passing this exam.*
—Il ne faut jamais désespérer.	*You must never give up. / Never say die.*
Cet enfant me désespère!	*What am I going to do with that child?*
Elle ne désespère pas de retrouver son père.	*She still hopes to find her father.*

RELATED WORDS AND EXPRESSIONS

le désespoir	*despair*
être au désespoir	*to be desperate / have lost all hope*
désespéré(e)	*desperate*
Le malade est dans un état désespéré.	*The patient is in critical condition.*
désespérant(e)	*hopeless*
Il est d'une lenteur désespérante.	*He's hopelessly slow.*
L'hôpital recherche désespérément des infirmières.	*The hospital is desperately seeking nurses.*

regular *-er* reflexive verb;
compound tenses with *être*

je me déshabille · je me déshabillai · s'étant déshabillé · se déshabillant

Present		*Passé Composé*	
je me déshabille	nous nous déshabillons	je me suis déshabillé(e)	nous nous sommes déshabillé(e)s
tu te déshabilles	vous vous déshabillez	tu t'es déshabillé(e)	vous vous êtes déshabillé(e)(s)
il/elle se déshabille	ils/elles se déshabillent	il/elle s'est déshabillé(e)	ils/elles se sont déshabillé(e)s
Imperfect		*Pluperfect*	
je me déshabillais	nous nous déshabillions	je m'étais déshabillé(e)	nous nous étions déshabillé(e)s
tu te déshabillais	vous vous déshabilliez	tu t'étais déshabillé(e)	vous vous étiez déshabillé(e)(s)
il/elle se déshabillait	ils/elles se déshabillaient	il/elle s'était déshabillé(e)	ils/elles s'étaient déshabillé(e)s
Passé Simple		*Past Anterior*	
je me déshabillai	nous nous déshabillâmes	je me fus déshabillé(e)	nous nous fûmes déshabillé(e)s
tu te déshabillas	vous vous déshabillâtes	tu te fus déshabillé(e)	vous vous fûtes déshabillé(e)(s)
il/elle se déshabilla	ils/elles se déshabillèrent	il/elle se fut déshabillé(e)	ils/elles se furent déshabillé(e)s
Future		*Future Anterior*	
je me déshabillerai	nous nous déshabillerons	je me serai déshabillé(e)	nous nous serons déshabillé(e)s
tu te déshabilleras	vous vous déshabillerez	tu te seras déshabillé(e)	vous vous serez déshabillé(e)(s)
il/elle se déshabillera	ils/elles se déshabilleront	il/elle se sera déshabillé(e)	ils/elles se seront déshabillé(e)s
Conditional		*Past Conditional*	
je me déshabillerais	nous nous déshabillerions	je me serais déshabillé(e)	nous nous serions déshabillé(e)s
tu te déshabillerais	vous vous déshabilleriez	tu te serais déshabillé(e)	vous vous seriez déshabillé(e)(s)
il/elle se déshabillerait	ils/elles se déshabilleraient	il/elle se serait déshabillé(e)	ils/elles se seraient déshabillé(e)s

Present Subjunctive		*Past Subjunctive*	
que je me déshabille	que nous nous déshabillions	que je me sois déshabillé(e)	que nous nous soyons déshabillé(e)s
que tu te déshabilles	que vous vous déshabilliez	que tu te sois déshabillé(e)	que vous vous soyez déshabillé(e)(s)
qu'il/elle se déshabille	qu'ils/elles se déshabillent	qu'il/elle se soit déshabillé(e)	qu'ils/elles se soient déshabillé(e)s
Imperfect Subjunctive		*Pluperfect Subjunctive*	
que je me déshabillasse	que nous nous déshabillassions	que je me fusse déshabillé(e)	que nous nous fussions déshabillé(e)s
que tu te déshabillasses	que vous vous déshabillassiez	que tu te fusses déshabillé(e)	que vous vous fussiez déshabillé(e)(s)
qu'il/elle se déshabillât	qu'ils/elles se déshabillassent	qu'il/elle se fût déshabillé(e)	qu'ils/elles se fussent déshabillé(e)s

Commands

	(nous) déshabillons-nous
(tu) déshabille-toi	(vous) déshabillez-vous

USAGE

—Le petit Jacquot ne peut pas encore se déshabiller.	*Little Jacquot can't get undressed by himself.*
—Allez le déshabiller. Je vous attends.	*Go undress him. I'll wait for you.*
Les enfants se déshabillent pour se coucher.	*The children are getting undressed to go to bed.*
Les invités peuvent se déshabiller dans l'entrée.	*The guests can leave their things in the entryway.*

RELATED WORDS AND EXPRESSIONS

être en déshabillé	*to be in a negligee*
déshabiller Pierre pour habiller Paul	*to rob Peter to pay Paul* (lit., *to undress Peter in order to dress/clothe Paul*)

désirer *to desire, want*

je désire · je désirai · désiré · désirant regular *-er* verb

Present		*Passé Composé*	
je désire	nous désirons	j'ai désiré	nous avons désiré
tu désires	vous désirez	tu as désiré	vous avez désiré
il/elle désire	ils/elles désirent	il/elle a désiré	ils/elles ont désiré
Imperfect		*Pluperfect*	
je désirais	nous désirions	j'avais désiré	nous avions désiré
tu désirais	vous désiriez	tu avais désiré	vous aviez désiré
il/elle désirait	ils/elles désiraient	il/elle avait désiré	ils/elles avaient désiré
Passé Simple		*Past Anterior*	
je désirai	nous désirâmes	j'eus désiré	nous eûmes désiré
tu désiras	vous désirâtes	tu eus désiré	vous eûtes désiré
il/elle désira	ils/elles désirèrent	il/elle eut désiré	ils/elles eurent désiré
Future		*Future Anterior*	
je désirerai	nous désirerons	j'aurai désiré	nous aurons désiré
tu désireras	vous désirerez	tu auras désiré	vous aurez désiré
il/elle désirera	ils/elles désireront	il/elle aura désiré	ils/elles auront désiré
Conditional		*Past Conditional*	
je désirerais	nous désirerions	j'aurais désiré	nous aurions désiré
tu désirerais	vous désireriez	tu aurais désiré	vous auriez désiré
il/elle désirerait	ils/elles désireraient	il/elle aurait désiré	ils/elles auraient désiré

Present Subjunctive		*Past Subjunctive*	
que je désire	que nous désirions	que j'aie désiré	que nous ayons désiré
que tu désires	que vous désiriez	que tu aies désiré	que vous ayez désiré
qu'il/elle désire	qu'ils/elles désirent	qu'il/elle ait désiré	qu'ils/elles aient désiré
Imperfect Subjunctive		*Pluperfect Subjunctive*	
que je désirasse	que nous désirassions	que j'eusse désiré	que nous eussions désiré
que tu désirasses	que vous désirassiez	que tu eusses désiré	que vous eussiez désiré
qu'il/elle désirât	qu'ils/elles désirassent	qu'il/elle eût désiré	qu'ils/elles eussent désiré

Commands

	(nous) désirons
(tu) désire	(vous) désirez

USAGE

Votre rapport laisse beaucoup à désirer.	*Your report leaves a lot to be desired.*
Je désirais voir M. Durocher.	*I wanted to see Mr. Durocher.*
Cette famille a tout ce qu'elle peut désirer.	*That family has everything they could possibly want.*
Cette maison est formidable! Je ne pourrais désirer mieux.	*This house is terrific! I couldn't ask for anything better.*
Vous désirez?	*How can I help you?* (in stores, etc.)
Madame désire?	*How can I help you, Madam?* (in stores, etc.)

RELATED WORDS AND EXPRESSIONS

le désir	*desire*
Je n'ai jamais eu le désir de vivre à l'étranger.	*I never had the desire to live abroad.*
Il faut susciter le désir d'apprendre chez les enfants.	*You must awaken in children the desire to learn.*
prendre ses désirs pour la réalité	*to engage in wishful thinking*

regular *-er* verb **je dessine · je dessinai · dessiné · dessinant**

Present		*Passé Composé*	
je dessine	nous dessinons	j'ai dessiné	nous avons dessiné
tu dessines	vous dessinez	tu as dessiné	vous avez dessiné
il/elle dessine	ils/elles dessinent	il/elle a dessiné	ils/elles ont dessiné
Imperfect		*Pluperfect*	
je dessinais	nous dessinions	j'avais dessiné	nous avions dessiné
tu dessinais	vous dessiniez	tu avais dessiné	vous aviez dessiné
il/elle dessinait	ils/elles dessinaient	il/elle avait dessiné	ils/elles avaient dessiné
Passé Simple		*Past Anterior*	
je dessinai	nous dessinâmes	j'eus dessiné	nous eûmes dessiné
tu dessinas	vous dessinâtes	tu eus dessiné	vous eûtes dessiné
il/elle dessina	ils/elles dessinèrent	il/elle eut dessiné	ils/elles eurent dessiné
Future		*Future Anterior*	
je dessinerai	nous dessinerons	j'aurai dessiné	nous aurons dessiné
tu dessineras	vous dessinerez	tu auras dessiné	vous aurez dessiné
il/elle dessinera	ils/elles dessineront	il/elle aura dessiné	ils/elles auront dessiné
Conditional		*Past Conditional*	
je dessinerais	nous dessinerions	j'aurais dessiné	nous aurions dessiné
tu dessinerais	vous dessineriez	tu aurais dessiné	vous auriez dessiné
il/elle dessinerait	ils/elles dessineraient	il/elle aurait dessiné	ils/elles auraient dessiné

Present Subjunctive		*Past Subjunctive*	
que je dessine	que nous dessinions	que j'aie dessiné	que nous ayons dessiné
que tu dessines	que vous dessiniez	que tu aies dessiné	que vous ayez dessiné
qu'il/elle dessine	qu'ils/elles dessinent	qu'il/elle ait dessiné	qu'ils/elles aient dessiné
Imperfect Subjunctive		*Pluperfect Subjunctive*	
que je dessinasse	que nous dessinassions	que j'eusse dessiné	que nous eussions dessiné
que tu dessinasses	que vous dessinassiez	que tu eusses dessiné	que vous eussiez dessiné
qu'il/elle dessinât	qu'ils/elles dessinassent	qu'il/elle eût dessiné	qu'ils/elles eussent dessiné

Commands

	(nous) dessinons
(tu) dessine	(vous) dessinez

USAGE

—Tu dessines bien?	*Are you good at drawing?*
—Non, je suis nul en dessin.	*No, I'm very bad at drawing.*
dessiner à grands traits	*to make a rough sketch of*
—J'ai dessiné son visage à grands traits.	*I sketched his/her face.*
—Vous l'avez dessiné au crayon?	*Did you draw in pencil?*
—Non, à l'encre.	*No, in ink.*

RELATED WORDS AND EXPRESSIONS

le dessin	*drawing*
faire un dessin	*to make a drawing*
Tu n'as pas besoin de faire un dessin. Je comprends très bien.	*You don't have to go to any great lengths to explain. I understand very well.*
le dessin assisté par ordinateur (DAO)	*computer-aided design (CAD)*
bien dessiné(e)	*well-defined*
Il a des traits bien dessinés.	*He has well-defined features.*

se détendre *to relax*

je me détends · je me détendis · s'étant détendu · se détendant

regular *-re* reflexive verb; compound tenses with *être*

Present		*Passé Composé*	
je me détends	nous nous détendons	je me suis détendu(e)	nous nous sommes détendu(e)s
tu te détends	vous vous détendez	tu t'es détendu(e)	vous vous êtes détendu(e)(s)
il/elle se détend	ils/elles se détendent	il/elle s'est détendu(e)	ils/elles se sont détendu(e)s
Imperfect		*Pluperfect*	
je me détendais	nous nous détendions	je m'étais détendu(e)	nous nous étions détendu(e)s
tu te détendais	vous vous détendiez	tu t'étais détendu(e)	vous vous étiez détendu(e)(s)
il/elle se détendait	ils/elles se détendaient	il/elle s'était détendu(e)	ils/elles s'étaient détendu(e)s
Passé Simple		*Past Anterior*	
je me détendis	nous nous détendîmes	je me fus détendu(e)	nous nous fûmes détendu(e)s
tu te détendis	vous vous détendîtes	tu te fus détendu(e)	vous vous fûtes détendu(e)(s)
il/elle se détendit	ils/elles se détendirent	il/elle se fut détendu(e)	ils/elles se furent détendu(e)s
Future		*Future Anterior*	
je me détendrai	nous nous détendrons	je me serai détendu(e)	nous nous serons détendu(e)s
tu te détendras	vous vous détendrez	tu te seras détendu(e)	vous vous serez détendu(e)(s)
il/elle se détendra	ils/elles se détendront	il/elle se sera détendu(e)	ils/elles se seront détendu(e)s
Conditional		*Past Conditional*	
je me détendrais	nous nous détendrions	je me serais détendu(e)	nous nous serions détendu(e)s
tu te détendrais	vous vous détendriez	tu te serais détendu(e)	vous vous seriez détendu(e)(s)
il/elle se détendrait	ils/elles se détendraient	il/elle se serait détendu(e)	ils/elles se seraient détendu(e)s

Present Subjunctive		*Past Subjunctive*	
que je me détende	que nous nous détendions	que je me sois détendu(e)	que nous nous soyons détendu(e)s
que tu te détendes	que vous vous détendiez	que tu te sois détendu(e)	que vous vous soyez détendu(e)(s)
qu'il/elle se détende	qu'ils/elles se détendent	qu'il/elle se soit détendu(e)	qu'ils/elles se soient détendu(e)s
Imperfect Subjunctive		*Pluperfect Subjunctive*	
que je me détendisse	que nous nous détendissions	que je me fusse détendu(e)	que nous nous fussions détendu(e)s
que tu te détendisses	que vous vous détendissiez	que tu te fusses détendu(e)	que vous vous fussiez détendu(e)(s)
qu'il/elle se détendît	qu'ils/elles se détendissent	qu'il/elle se fût détendu(e)	qu'ils/elles se fussent détendu(e)s

Commands

	(nous) détendons-nous
(tu) détends-toi	(vous) détendez-vous

USAGE

Détendez-vous un peu!	*Relax a little!*
—Je me suis assis à côté du fleuve pour me détendre.	*I sat down next to the river to relax.*
—C'est bien. Il faut que vous vous détendiez.	*Good. You have to relax.*
Il faut bien se détendre après une journée de travail.	*You have to relax after a day of work.*

RELATED WORDS AND EXPRESSIONS

la détente	*relaxation; spring/trigger*
J'ai besoin d'une demi-heure de détente.	*I need a half hour of relaxation.*
Les employés n'ont pas une minute de détente.	*The employees don't have a minute to relax.*
appuyer sur la détente	*to pull the trigger*
Cet homme est dur à la détente. *(familiar)*	*That man is tightfisted.* (with money)

regular -*er* verb **je déteste · je détestai · détesté · détestant**

Present		*Passé Composé*	
je déteste	nous détestons	j'ai détesté	nous avons détesté
tu détestes	vous détestez	tu as détesté	vous avez détesté
il/elle déteste	ils/elles détestent	il/elle a détesté	ils/elles ont détesté
Imperfect		*Pluperfect*	
je détestais	nous détestions	j'avais détesté	nous avions détesté
tu détestais	vous détestiez	tu avais détesté	vous aviez détesté
il/elle détestait	ils/elles détestaient	il/elle avait détesté	ils/elles avaient détesté
Passé Simple		*Past Anterior*	
je détestai	nous détestâmes	j'eus détesté	nous eûmes détesté
tu détestas	vous détestâtes	tu eus détesté	vous eûtes détesté
il/elle détesta	ils/elles détestèrent	il/elle eut détesté	ils/elles eurent détesté
Future		*Future Anterior*	
je détesterai	nous détesterons	j'aurai détesté	nous aurons détesté
tu détesteras	vous détesterez	tu auras détesté	vous aurez détesté
il/elle détestera	ils/elles détesteront	il/elle aura détesté	ils/elles auront détesté
Conditional		*Past Conditional*	
je détesterais	nous détesterions	j'aurais détesté	nous aurions détesté
tu détesterais	vous détesteriez	tu aurais détesté	vous auriez détesté
il/elle détesterait	ils/elles détesteraient	il/elle aurait détesté	ils/elles auraient détesté

Present Subjunctive		*Past Subjunctive*	
que je déteste	que nous détestions	que j'aie détesté	que nous ayons détesté
que tu détestes	que vous détestiez	que tu aies détesté	que vous ayez détesté
qu'il/elle déteste	qu'ils/elles détestent	qu'il/elle ait détesté	qu'ils/elles aient détesté
Imperfect Subjunctive		*Pluperfect Subjunctive*	
que je détestasse	que nous détestassions	que j'eusse détesté	que nous eussions détesté
que tu détestasses	que vous détestassiez	que tu eusses détesté	que vous eussiez détesté
qu'il/elle détestât	qu'ils/elles détestassent	qu'il/elle eût détesté	qu'ils/elles eussent détesté

Commands

	(nous) détestons
(tu) déteste	(vous) détestez

USAGE

détester qqn/qqch	*to hate someone/something*
Je déteste ce fonctionnaire.	*I hate that government official/worker.*
—Elle ne l'aime plus. Elle dit qu'elle le déteste.	*She doesn't like him anymore. She says she hates him.*
—Lui, il dit la même chose. Ils se détestent donc.	*He says the same thing. So they hate each other.*
Je déteste la chaleur.	*I hate the heat.*
Je déteste les légumes surgelés.	*I hate frozen vegetables.*
détester faire qqch	*to hate doing something*
Je déteste apporter mon déjeuner.	*I hate bringing my lunch.*

RELATED WORDS AND EXPRESSIONS

détestable	*detestable*

détourner

to divert, reroute, hijack; to distort

je détourne · je détournai · détourné · détournant

regular -*er* verb

Present		*Passé Composé*	
je détourne	nous détournons	j'ai détourné	nous avons détourné
tu détournes	vous détournez	tu as détourné	vous avez détourné
il/elle détourne	ils/elles détournent	il/elle a détourné	ils/elles ont détourné
Imperfect		*Pluperfect*	
je détournais	nous détournions	j'avais détourné	nous avions détourné
tu détournais	vous détourniez	tu avais détourné	vous aviez détourné
il/elle détournait	ils/elles détournaient	il/elle avait détourné	ils/elles avaient détourné
Passé Simple		*Past Anterior*	
je détournai	nous détournâmes	j'eus détourné	nous eûmes détourné
tu détournas	vous détournâtes	tu eus détourné	vous eûtes détourné
il/elle détourna	ils/elles détournèrent	il/elle eut détourné	ils/elles eurent détourné
Future		*Future Anterior*	
je détournerai	nous détournerons	j'aurai détourné	nous aurons détourné
tu détourneras	vous détournerez	tu auras détourné	vous aurez détourné
il/elle détournera	ils/elles détourneront	il/elle aura détourné	ils/elles auront détourné
Conditional		*Past Conditional*	
je détournerais	nous détournerions	j'aurais détourné	nous aurions détourné
tu détournerais	vous détourneriez	tu aurais détourné	vous auriez détourné
il/elle détournerait	ils/elles détourneraient	il/elle aurait détourné	ils/elles auraient détourné

Present Subjunctive		*Past Subjunctive*	
que je détourne	que nous détournions	que j'aie détourné	que nous ayons détourné
que tu détournes	que vous détourniez	que tu aies détourné	que vous ayez détourné
qu'il/elle détourne	qu'ils/elles détournent	qu'il/elle ait détourné	qu'ils/elles aient détourné
Imperfect Subjunctive		*Pluperfect Subjunctive*	
que je détournasse	que nous détournassions	que j'eusse détourné	que nous eussions détourné
que tu détournasses	que vous détournassiez	que tu eusses détourné	que vous eussiez détourné
qu'il/elle détournât	qu'ils/elles détournassent	qu'il/elle eût détourné	qu'ils/elles eussent détourné

Commands

	(nous) détournons
(tu) détourne	(vous) détournez

USAGE

On a détourné notre train par Lyon.	*Our train was rerouted through Lyons.*
Ses amies l'ont détournée du droit chemin.	*Her friends caused her to go astray.*
Les terroristes ont détourné un avion.	*The terrorists hijacked a plane.*
détourner les yeux	*to avert one's glance*
détourner l'attention de qqn	*to divert someone's attention*
détourner des fonds	*to embezzle money*
Ne détournez pas le sens de mes mots.	*Don't twist the meaning of my words.*

RELATED WORDS AND EXPRESSIONS

le détournement d'un avion	*the hijacking of a plane*
le détournement des fonds	*embezzlement*

irregular verb **je détruis · je détruisis · détruit · détruisant**

Present		*Passé Composé*	
je détruis	nous détruisons	j'ai détruit	nous avons détruit
tu détruis	vous détruisez	tu as détruit	vous avez détruit
il/elle détruit	ils/elles détruisent	il/elle a détruit	ils/elles ont détruit
Imperfect		*Pluperfect*	
je détruisais	nous détruisions	j'avais détruit	nous avions détruit
tu détruisais	vous détruisiez	tu avais détruit	vous aviez détruit
il/elle détruisait	ils/elles détruisaient	il/elle avait détruit	ils/elles avaient détruit
Passé Simple		*Past Anterior*	
je détruisis	nous détruisîmes	j'eus détruit	nous eûmes détruit
tu détruisis	vous détruisîtes	tu eus détruit	vous eûtes détruit
il/elle détruisit	ils/elles détruisirent	il/elle eut détruit	ils/elles eurent détruit
Future		*Future Anterior*	
je détruirai	nous détruirons	j'aurai détruit	nous aurons détruit
tu détruiras	vous détruirez	tu auras détruit	vous aurez détruit
il/elle détruira	ils/elles détruiront	il/elle aura détruit	ils/elles auront détruit
Conditional		*Past Conditional*	
je détruirais	nous détruirions	j'aurais détruit	nous aurions détruit
tu détruirais	vous détruiriez	tu aurais détruit	vous auriez détruit
il/elle détruirait	ils/elles détruiraient	il/elle aurait détruit	ils/elles auraient détruit

Present Subjunctive		*Past Subjunctive*	
que je détruise	que nous détruisions	que j'aie détruit	que nous ayons détruit
que tu détruises	que vous détruisiez	que tu aies détruit	que vous ayez détruit
qu'il/elle détruise	qu'ils/elles détruisent	qu'il/elle ait détruit	qu'ils/elles aient détruit
Imperfect Subjunctive		*Pluperfect Subjunctive*	
que je détruisisse	que nous détruisissions	que j'eusse détruit	que nous eussions détruit
que tu détruisisses	que vous détruisissiez	que tu eusses détruit	que vous eussiez détruit
qu'il/elle détruisît	qu'ils/elles détruisissent	qu'il/elle eût détruit	qu'ils/elles eussent détruit

Commands

	(nous) détruisons
(tu) détruis	(vous) détruisez

USAGE

—Le bombardement a détruit le port.	*The bombing destroyed the port.*
—Les alentours du port ont aussi été détruits.	*The area around the port was also destroyed.*
Le feu a détruit la maison.	*Fire destroyed the house.*
La grêle a détruit la récolte.	*The hail destroyed the harvest.*
La mort de leur enfant a détruit leur vie.	*The death of their child destroyed their lives.*

RELATED WORDS AND EXPRESSIONS

la destruction	*destruction*
Ils craignaient la destruction de leur pays.	*They feared the destruction of their country.*
destructeur/destructrice	*destructive*
une guerre destructrice	*a destructive/devastating war*

187 développer *to develop*

je développe · je développai · développé · développant regular *-er* verb

Present		*Passé Composé*	
je développe	nous développons	j'ai développé	nous avons développé
tu développes	vous développez	tu as développé	vous avez développé
il/elle développe	ils/elles développent	il/elle a développé	ils/elles ont développé
Imperfect		***Pluperfect***	
je développais	nous développions	j'avais développé	nous avions développé
tu développais	vous développiez	tu avais développé	vous aviez développé
il/elle développait	ils/elles développaient	il/elle avait développé	ils/elles avaient développé
Passé Simple		***Past Anterior***	
je développai	nous développâmes	j'eus développé	nous eûmes développé
tu développas	vous développâtes	tu eus développé	vous eûtes développé
il/elle développa	ils/elles développèrent	il/elle eut développé	ils/elles eurent développé
Future		***Future Anterior***	
je développerai	nous développerons	j'aurai développé	nous aurons développé
tu développeras	vous développerez	tu auras développé	vous aurez développé
il/elle développera	ils/elles développeront	il/elle aura développé	ils/elles auront développé
Conditional		***Past Conditional***	
je développerais	nous développerions	j'aurais développé	nous aurions développé
tu développerais	vous développeriez	tu aurais développé	vous auriez développé
il/elle développerait	ils/elles développeraient	il/elle aurait développé	ils/elles auraient développé

Present Subjunctive		*Past Subjunctive*	
que je développe	que nous développions	que j'aie développé	que nous ayons développé
que tu développes	que vous développiez	que tu aies développé	que vous ayez développé
qu'il/elle développe	qu'ils/elles développent	qu'il/elle ait développé	qu'ils/elles aient développé
Imperfect Subjunctive		***Pluperfect Subjunctive***	
que je développasse	que nous développassions	que j'eusse développé	que nous eussions développé
que tu développasses	que vous développassiez	que tu eusses développé	que vous eussiez développé
qu'il/elle développât	qu'ils/elles développassent	qu'il/elle eût développé	qu'ils/elles eussent développé

Commands

(nous) développons
(tu) développe (vous) développez

USAGE

Ils ont développé mes photos. — *They developed my photos.*
Ce pays a besoin d'un soutien international pour développer son économie. — *This country needs international support to develop its economy.*
Il fait des exercices pour développer ses muscles. — *He exercises to develop his muscles.*
Elle a développé une application multi plate-forme. — *She developed a cross-platform application.*
Développer une entreprise, c'est innover. — *To develop a business is to innovate.*

RELATED WORDS AND EXPRESSIONS

le développement — *development*
le développement de la civilisation humaine — *the development of human civilization*
le développement de l'intelligence chez l'enfant — *the development of intelligence in the child*
pays en voie de développement — *developing country*
Ces outils facilitent le développement d'un site Web. — *These tools make the development of a website easier.*

to become **devenir** 188

irregular verb;
compound tenses with *être*

je deviens · je devins · devenu · devenant

Present		*Passé Composé*	
je deviens	nous devenons	je suis devenu(e)	nous sommes devenu(e)s
tu deviens	vous devenez	tu es devenu(e)	vous êtes devenu(e)(s)
il/elle devient	ils/elles deviennent	il/elle est devenu(e)	ils/elles sont devenu(e)s
Imperfect		***Pluperfect***	
je devenais	nous devenions	j'étais devenu(e)	nous étions devenu(e)s
tu devenais	vous deveniez	tu étais devenu(e)	vous étiez devenu(e)(s)
il/elle devenait	ils/elles devenaient	il/elle était devenu(e)	ils/elles étaient devenu(e)s
Passé Simple		***Past Anterior***	
je devins	nous devînmes	je fus devenu(e)	nous fûmes devenu(e)s
tu devins	vous devîntes	tu fus devenu(e)	vous fûtes devenu(e)(s)
il/elle devint	ils/elles devinrent	il/elle fut devenu(e)	ils/elles furent devenu(e)s
Future		***Future Anterior***	
je deviendrai	nous deviendrons	je serai devenu(e)	nous serons devenu(e)s
tu deviendras	vous deviendrez	tu seras devenu(e)	vous serez devenu(e)(s)
il/elle deviendra	ils/elles deviendront	il/elle sera devenu(e)	ils/elles seront devenu(e)s
Conditional		***Past Conditional***	
je deviendrais	nous deviendrions	je serais devenu(e)	nous serions devenu(e)s
tu deviendrais	vous deviendriez	tu serais devenu(e)	vous seriez devenu(e)(s)
il/elle deviendrait	ils/elles deviendraient	il/elle serait devenu(e)	ils/elles seraient devenu(e)s

Present Subjunctive		*Past Subjunctive*	
que je devienne	que nous devenions	que je sois devenu(e)	que nous soyons devenu(e)s
que tu deviennes	que vous deveniez	que tu sois devenu(e)	que vous soyez devenu(e)(s)
qu'il/elle devienne	qu'ils/elles deviennent	qu'il/elle soit devenu(e)	qu'ils/elles soient devenu(e)s
Imperfect Subjunctive		***Pluperfect Subjunctive***	
que je devinsse	que nous devinssions	que je fusse devenu(e)	que nous fussions devenu(e)s
que tu devinsses	que vous devinssiez	que tu fusses devenu(e)	que vous fussiez devenu(e)(s)
qu'il/elle devînt	qu'ils/elles devinssent	qu'il/elle fût devenu(e)	qu'ils/elles fussent devenu(e)s

Commands

	(nous) devenons
(tu) deviens	(vous) devenez

USAGE

devenir + *adjective*	*to get/become* + adjective
Il devient inquiet.	*He's getting upset/nervous.*
Les élèves deviennent paresseux.	*The pupils are getting lazy.*
La situation devenait grave.	*The situation was becoming serious.*
Ce film devient ennuyeux.	*The film is getting boring.*
devenir + *noun*	*to become* + noun
Après de longues études il est devenu chirurgien.	*After many years of study he became a surgeon.*
Notre candidat a gagné aux élections et est devenu président.	*Our candidate won the elections and became president.*
La grenouille devint un prince.	*The frog turned into a prince.*

RELATED WORDS AND EXPRESSIONS

le devenir	*becoming/evolution/transformation*
La vie est un constant devenir.	*Life is constant change.*

top 50 verb

je deviens · je devins · devenu · devenant

irregular verb;
compound tenses with *être*

● —On le cherchait partout sans pouvoir le trouver.	*We were looking for him for a long time without being able to find him.*
—Qu'est-ce qu'il était devenu?	*Where in heaven had he gone? / What had become of him?*
Ça fait longtemps que je n'ai pas vu ton cousin. Qu'est-ce qu'il devient?	*It's been a long time since I've seen your cousin. How are things with him?*
Tiens! C'est toi! Qu'est-ce que tu deviens?	*Well! It's you! How have you been?*
Que sont devenues mes clés?	*What happened to my keys?*
Je ne réussis pas à trouver mon stylo. Je ne sais pas ce qu'il est devenu.	*I can't find my pen. I don't know what happened to it.*
Que deviendrait ce vieillard sans ses enfants?	*What would become of that old man without his children?*
● —Cette conversation devient désagréable.	*This conversation is getting unpleasant.*
—C'est parce que toi, tu deviens grossier.	*That's because you are getting rude.*
● —Notre situation devient de plus en plus difficile.	*Our situation is getting more and more difficult.*
—Je ne sais pas si on va pouvoir tenir. C'est à devenir fou.	*I don't know if we'll make it. It's enough to drive you mad.*
● —Nos efforts deviennent inutiles.	*Our efforts are becoming useless.*
—Oui, le travail devient impossible.	*Yes, the work is getting impossible.*
Quand on lui a demandé si elle était amoureuse, elle est devenue toute rouge.	*When they asked her if she was in love, she got all red.*
Ces jeunes gens deviennent de plus en plus hostiles à la société.	*Those young people are getting more and more hostile to society.*
À l'armée il était devenu capitaine.	*He had become a captain in the army.*
Mon fils veut devenir professeur.	*My son wants to become a teacher.*
Le petit garçon que tu connaissais est devenu un homme maintenant.	*The little boy you used to know has become a man.*
Il devient utile de savoir plusieurs langues.	*It's become useful to know several languages.*
Il devient de plus en plus facile d'obtenir un prêt pour acheter une voiture.	*It's becoming easier and easier to get a loan to buy a car.*
Il devient impossible de trouver une chambre d'hôtel dans notre ville.	*It's becoming impossible to find a hotel room in our town.*
Lorsqu'on emploie trop de temps à voyager, on devient enfin étranger en son pays. *(René Descartes)*	*When you spend too much time traveling, you wind up becoming a stranger in your own country.*
N'imitez rien ni personne. Un lion qui copie un lion devient un singe. *(Victor Hugo)*	*Don't imitate anything or anyone. A lion who imitates a lion becomes a monkey.*

to owe; should, ought, must **devoir** 189

irregular verb; feminine form of past participle *dû* is *due*

je dois · je dus · dû · devant

Present		*Passé Composé*	
je dois	nous devons	j'ai dû	nous avons dû
tu dois	vous devez	tu as dû	vous avez dû
il/elle doit	ils/elles doivent	il/elle a dû	ils/elles ont dû
Imperfect		*Pluperfect*	
je devais	nous devions	j'avais dû	nous avions dû
tu devais	vous deviez	tu avais dû	vous aviez dû
il/elle devait	ils/elles devaient	il/elle avait dû	ils/elles avaient dû
Passé Simple		*Past Anterior*	
je dus	nous dûmes	j'eus dû	nous eûmes dû
tu dus	vous dûtes	tu eus dû	vous eûtes dû
il/elle dut	ils/elles durent	il/elle eut dû	ils/elles eurent dû
Future		*Future Anterior*	
je devrai	nous devrons	j'aurai dû	nous aurons dû
tu devras	vous devrez	tu auras dû	vous aurez dû
il/elle devra	ils/elles devront	il/elle aura dû	ils/elles auront dû
Conditional		*Past Conditional*	
je devrais	nous devrions	j'aurais dû	nous aurions dû
tu devrais	vous devriez	tu aurais dû	vous auriez dû
il/elle devrait	ils/elles devraient	il/elle aurait dû	ils/elles auraient dû

Present Subjunctive		*Past Subjunctive*	
que je doive	que nous devions	que j'aie dû	que nous ayons dû
que tu doives	que vous deviez	que tu aies dû	que vous ayez dû
qu'il/elle doive	qu'ils/elles doivent	qu'il/elle ait dû	qu'ils/elles aient dû
Imperfect Subjunctive		*Pluperfect Subjunctive*	
que je dusse	que nous dussions	que j'eusse dû	que nous eussions du
que tu dusses	que vous dussiez	que tu eusses dû	que vous eussiez dû
qu'il/elle dût	qu'ils/elles dussent	qu'il/elle eût dû	qu'ils/elles eussent dû

Commands

	(nous) devons
(tu) dois	(vous) devez

USAGE

Ce type me doit mille euros.	*That guy owes me one thousand euros.*
Il doit de grosses sommes d'argent à ses amis.	*He owes his friends large sums of money.*
Je ne demande que ce qui m'est dû.	*I ask for only what is due me / what I am owed.*
devoir + *infinitive*	*to have to, ought to do something*
Qu'est-ce qu'on doit faire?	*What should we do?*
Tu dois lui téléphoner de temps en temps.	*You ought to call him/her from time to time.*

RELATED WORDS AND EXPRESSIONS

le devoir	*duty*
C'est un homme de devoir.	*He's a man who does his duty.*
les devoirs *(mpl)*	*homework*
faire ses devoirs	*to do one's homework*
—Ces enfants doivent aller dormir.	*These children ought to go to sleep.*
—Il leur faut faire leurs devoirs avant de se coucher.	*They have to do their homework before going to bed.*

189 devoir *to owe; should, ought, must*

je dois · je dus · dû · devant

irregular verb; feminine form of past participle *dû* is *due*

devoir = avoir une dette

● —Quand est-ce que tu me paieras ce que tu me dois?	*When will you pay me what you owe me?*
—Comment? Je t'ai déjà remboursé. Je ne te dois plus rien.	*What? I already paid you back. I don't owe you anything more.*
● —Tu dois ta réussite à ce professeur?	*Do you owe your success to that professor?*
—Oui, je lui dois tout.	*Yes, I owe everything to him.*
Nous devons notre liberté aux soldats qui ont défendu le pays.	*We owe our freedom to the soldiers who defended the country.*

devoir (present tense) + infinitive

● —Vous devez travailler un peu plus.	*You should work harder.*
—Et vous, vous devez vous taire.	*And you should keep quiet.*
● —Il n'est pas encore arrivé?	*He hasn't arrived yet?*
—Pas encore. Son train doit avoir du retard.	*Not yet. His train must be delayed.*
Tu ne dois pas lui parler sur ce ton.	*You shouldn't speak to him in that tone of voice.*
Je ne dois pas faire du jogging par cette chaleur.	*I shouldn't jog in this heat.*

devoir (passé composé tense) + infinitive

J'avais oublié mon portefeuille. J'ai dû rentrer.	*I had forgotten my wallet. I had to go back home.*
La montre qu'ils m'ont vendue ne marchait pas. Ils ont dû me rendre mon argent.	*The watch they sold me didn't work. They had to give me my money back.*

devoir (future tense) + infinitive

● —Regarde! Quelqu'un a essayé de crocheter la serrure!	*Look! Someone tried to pick the lock!*
—La police devra être mise au courant.	*The police will have to be informed.*

devoir (imperfect tense) + infinitive

En rentrant de l'école, je devais toujours aider ma mère.	*When I would come home from school, I always had to help my mother.*
Il est toujours là? Je croyais qu'il devait partir.	*He's still here? I thought he was supposed to leave.*
Cet hôtel ne devait pas être très bon.	*I don't think the hotel was very good. / The hotel must not have been very good.*

devoir (conditional) + infinitive

● —Il m'agace. Je devrais lui en parler.	*He's irritating me. I should talk to him about it.*
—Tu devrais être plus gentil avec lui, tu sais?	*You should be kinder to him, you know.*

devoir (past conditional) + infinitive

● —Tu n'aurais jamais dû venir sans prévenir.	*You should never have come without warning.*
—Oui, j'aurais dû leur téléphoner de la gare.	*Yes, I should have called them from the train station.*

se devoir de + infinitive *to owe it to oneself to*

Il se doit d'avouer ce qu'il sait.	*He owes it to himself to admit what he knows.*

top 50 verb

regular -*er* verb **je dîne · je dînai · dîné · dînant**

Present		***Passé Composé***	
je dîne	nous dînons	j'ai dîné	nous avons dîné
tu dînes	vous dînez	tu as dîné	vous avez dîné
il/elle dîne	ils/elles dînent	il/elle a dîné	ils/elles ont dîné
Imperfect		***Pluperfect***	
je dînais	nous dînions	j'avais dîné	nous avions dîné
tu dînais	vous dîniez	tu avais dîné	vous aviez dîné
il/elle dînait	ils/elles dînaient	il/elle avait dîné	ils/elles avaient dîné
Passé Simple		***Past Anterior***	
je dînai	nous dînâmes	j'eus dîné	nous eûmes dîné
tu dînas	vous dînâtes	tu eus dîné	vous eûtes dîné
il/elle dîna	ils/elles dînèrent	il/elle eut dîné	ils/elles eurent dîné
Future		***Future Anterior***	
je dînerai	nous dînerons	j'aurai dîné	nous aurons dîné
tu dîneras	vous dînerez	tu auras dîné	vous aurez dîné
il/elle dînera	ils/elles dîneront	il/elle aura dîné	ils/elles auront dîné
Conditional		***Past Conditional***	
je dînerais	nous dînerions	j'aurais dîné	nous aurions dîné
tu dînerais	vous dîneriez	tu aurais dîné	vous auriez dîné
il/elle dînerait	ils/elles dîneraient	il/elle aurait dîné	ils/elles auraient dîné
Present Subjunctive		***Past Subjunctive***	
que je dîne	que nous dînions	que j'aie dîné	que nous ayons dîné
que tu dînes	que vous dîniez	que tu aies dîné	que vous ayez dîné
qu'il/elle dîne	qu'ils/elles dînent	qu'il/elle ait dîné	qu'ils/elles aient dîné
Imperfect Subjunctive		***Pluperfect Subjunctive***	
que je dînasse	que nous dînassions	que j'eusse dîné	que nous eussions dîné
que tu dînasses	que vous dînassiez	que tu eusses dîné	que vous eussiez dîné
qu'il/elle dînât	qu'ils/elles dînassent	qu'il/elle eût dîné	qu'ils/elles eussent dîné

Commands

	(nous) dînons
(tu) dîne	(vous) dînez

USAGE

—Vous dînez chez vous ce soir?	*Are you having dinner at home this evening?*
—Non, nous dînons en ville.	*No, we're eating out.*
—Tous les restaurants sont fermés!	*All the restaurants are closed!*
Ce soir j'ai du monde à dîner.	*This evening I have guests for dinner.*

RELATED WORDS AND EXPRESSIONS

le dîner	*dinner*
C'est l'heure du dîner.	*It's time for dinner.*
Un dîner dans un restaurant de luxe coûte cher.	*Dinner in a fancy restaurant is expensive.*
Ce cabaret offre un dîner-spectacle samedi.	*This nightclub is offering a dinner and show this Saturday.*

191 dire to say, tell

je dis · je dis · dit · disant irregular verb

dire + noun

ce qu'on peut dire	*what one can say*
dire la vérité	*to tell the truth*
Je vous dirai mes projets.	*I'll tell you my plans.*
Dites-moi la nouvelle.	*Tell me the news.*

dire reporting information

Elle m'a dit que les enfants étaient fatigués.	*She told me that the children were tired.*
Il faut que tu me dises ce qui t'intéresse.	*You must tell me what interests you.*
Vous pouvez me dire où se trouve l'hôpital?	*Can you tell me where the hospital is?*
Dites-moi combien ça coûte.	*Tell me how much it is.*
Il m'a dit comment faire pour arriver chez lui.	*He told me how to get to his house.*
—Vous pouvez me dire qui il est?	*Can you tell me who he is?*
—Je ne peux même pas vous dire comment il s'appelle.	*I can't even tell you what his name is.*
—Je veux un de ces bonbons.	*I want one of these candies.*
—Dis-moi lequel tu veux.	*Tell me which one you want.*

dire à qqn de faire qqch or *dire à qqn qu'il* + subjunctive to tell someone to do something

Dis-lui de faire la lessive.	*Tell him to do the laundry.*
Dis-lui qu'il fasse la lessive.	*Tell him to do the laundry.*

dire = penser

On dirait un médecin.	*You'd think he/she was a doctor.*
On dirait qu'il avait travaillé à l'étranger.	*You'd think he had worked abroad.*
Dans ce restaurant, on se dirait en France.	*In this restaurant you'd think you were in France.*

dire = plaire, intéresser

—Ça vous dit d'assister au concert?	*Do you feel like going to the concert?*
—Non, merci, ça ne me dit rien.	*No, I don't feel like it.*
Si le cœur vous en dit.	*If you really feel like it.*

RELATED WORDS AND EXPRESSIONS

À qui le dis-tu!	*You're telling me!*
À ce qu'il dit, la situation à l'entreprise est mauvaise.	*According to what he says, the situation at the firm is bad.*
Je ne te le fais pas dire.	*I'm not putting words in your mouth.*
Je ne me le fais pas dire deux fois.	*You don't have to tell me twice.*
dire la bonne aventure	*to tell fortunes*
la diseuse de bonne aventure	*the fortune-teller*
Je lui ai dit son fait.	*I told him off.*
C'est tout dire.	*There's nothing more to be said.*
—Que veut dire ce mot?	*What does this word mean?*
—Je ne sais pas ce qu'il veut dire.	*I don't know what it means.*
Dis donc! Qu'est-ce que tu fais là?	*Well, now. What are you doing there?*
Ça en dit long.	*That tells you a lot about it.*

top 50 verb

irregular verb — **je dis · je dis · dit · disant**

Present		*Passé Composé*	
je dis	nous disons	j'ai dit	nous avons dit
tu dis	vous dites	tu as dit	vous avez dit
il/elle dit	ils/elles disent	il/elle a dit	ils/elles ont dit
Imperfect		*Pluperfect*	
je disais	nous disions	j'avais dit	nous avions dit
tu disais	vous disiez	tu avais dit	vous aviez dit
il/elle disait	ils/elles disaient	il/elle avait dit	ils/elles avaient dit
Passé Simple		*Past Anterior*	
je dis	nous dîmes	j'eus dit	nous eûmes dit
tu dis	vous dîtes	tu eus dit	vous eûtes dit
il/elle dit	ils/elles dirent	il/elle eut dit	ils/elles eurent dit
Future		*Future Anterior*	
je dirai	nous dirons	j'aurai dit	nous aurons dit
tu diras	vous direz	tu auras dit	vous aurez dit
il/elle dira	ils/elles diront	il/elle aura dit	ils/elles auront dit
Conditional		*Past Conditional*	
je dirais	nous dirions	j'aurais dit	nous aurions dit
tu dirais	vous diriez	tu aurais dit	vous auriez dit
il/elle dirait	ils/elles diraient	il/elle aurait dit	ils/elles auraient dit

Present Subjunctive		*Past Subjunctive*	
que je dise	que nous disions	que j'aie dit	que nous ayons dit
que tu dises	que vous disiez	que tu aies dit	que vous ayez dit
qu'il/elle dise	qu'ils/elles disent	qu'il/elle ait dit	qu'ils/elles aient dit
Imperfect Subjunctive		*Pluperfect Subjunctive*	
que je disse	que nous dissions	que j'eusse dit	que nous eussions dit
que tu disses	que vous dissiez	que tu eusses dit	que vous eussiez dit
qu'il/elle dît	qu'ils/elles dissent	qu'il/elle eût dit	qu'ils/elles eussent dit

Commands

	(nous) disons
(tu) dis	(vous) dites

USAGE

dire qqch	*to say something*
—Qu'est-ce qu'il en pense?	*What does he think of it?*
—Je ne sais pas. Il n'a rien dit.	*I don't know. He didn't say anything.*
dire que	*to say that*
Je t'ai dit que c'était lui le coupable!	*I told you that he was the guilty one.*
dire + *interrogative word*	*to tell* + interrogative word
Il ne m'a pas encore dit quand il arrivera.	*He still hasn't told me when he will arrive.*
Je lui ai dit pourquoi j'étais fâché.	*I told him why I was angry.*
dire + ce qui *or* ce que	*to tell what*
Dis-moi ce qui t'a plu.	*Tell me what you liked.*
Ils vont nous dire ce qu'ils veulent.	*They're going to tell us what they want.*
dire à qqn de faire qqch	*to tell someone to do something*
Je leur ai dit de sortir.	*I told them to go out.*
Je vous ai dit de ne pas me déranger.	*I told you not to bother me.*
Qu'est-ce qu'il t'a dit de faire?	*What did he tell you to do?*

top 50 verb

discuter *to discuss, argue*

je discute · je discutai · discuté · discutant regular *-er* verb

Present		*Passé Composé*	
je discute	nous discutons	j'ai discuté	nous avons discuté
tu discutes	vous discutez	tu as discuté	vous avez discuté
il/elle discute	ils/elles discutent	il/elle a discuté	ils/elles ont discuté
Imperfect		*Pluperfect*	
je discutais	nous discutions	j'avais discuté	nous avions discuté
tu discutais	vous discutiez	tu avais discuté	vous aviez discuté
il/elle discutait	ils/elles discutaient	il/elle avait discuté	ils/elles avaient discuté
Passé Simple		*Past Anterior*	
je discutai	nous discutâmes	j'eus discuté	nous eûmes discuté
tu discutas	vous discutâtes	tu eus discuté	vous eûtes discuté
il/elle discuta	ils/elles discutèrent	il/elle eut discuté	ils/elles eurent discuté
Future		*Future Anterior*	
je discuterai	nous discuterons	j'aurai discuté	nous aurons discuté
tu discuteras	vous discuterez	tu auras discuté	vous aurez discuté
il/elle discutera	ils/elles discuteront	il/elle aura discuté	ils/elles auront discuté
Conditional		*Past Conditional*	
je discuterais	nous discuterions	j'aurais discuté	nous aurions discuté
tu discuterais	vous discuteriez	tu aurais discuté	vous auriez discuté
il/elle discuterait	ils/elles discuteraient	il/elle aurait discuté	ils/elles auraient discuté

Present Subjunctive		*Past Subjunctive*	
que je discute	que nous discutions	que j'aie discuté	que nous ayons discuté
que tu discutes	que vous discutiez	que tu aies discuté	que vous ayez discuté
qu'il/elle discute	qu'ils/elles discutent	qu'il/elle ait discuté	qu'ils/elles aient discuté
Imperfect Subjunctive		*Pluperfect Subjunctive*	
que je discutasse	que nous discutassions	que j'eusse discuté	que nous eussions discuté
que tu discutasses	que vous discutassiez	que tu eusses discuté	que vous eussiez discuté
qu'il/elle discutât	qu'ils/elles discutassent	qu'il/elle eût discuté	qu'ils/elles eussent discuté

Commands

	(nous) discutons
(tu) discute	(vous) discutez

USAGE

discuter de qqch	*to discuss something*
Ces projets? Ils en discuteront longuement.	*These plans? They'll be talking about them for a long time.*
Viens au café. On va discuter le coup.	*Come to the café. We'll talk things over.*
Qui est-il pour discuter mes ordres?	*Who is he to question my orders?*
Il est inutile de discuter.	*There's no use arguing.*
C'est une idée qui se discute.	*It's an idea people are discussing.*
Il est difficile de discuter de politique sans parti-pris.	*It is difficult to discuss politics without bias.*

RELATED WORDS AND EXPRESSIONS

la discussion	*discussion/argument*
Aucune discussion n'est possible avec eux.	*There's no discussing things with them.*
Pourquoi tant de discussion?	*Why so much arguing?*
être en pleine discussion	*to be in the middle of a discussion/debate*

irregular verb **je disparais · je disparus · disparu · disparaissant**

Present		*Passé Composé*	
je disparais	nous disparaissons	j'ai disparu	nous avons disparu
tu disparais	vous disparaissez	tu as disparu	vous avez disparu
il/elle disparaît	ils/elles disparaissent	il/elle a disparu	ils/elles ont disparu
Imperfect		*Pluperfect*	
je disparaissais	nous disparaissions	j'avais disparu	nous avions disparu
tu disparaissais	vous disparaissiez	tu avais disparu	vous aviez disparu
il/elle disparaissait	ils/elles disparaissaient	il/elle avait disparu	ils/elles avaient disparu
Passé Simple		*Past Anterior*	
je disparus	nous disparûmes	j'eus disparu	nous eûmes disparu
tu disparus	vous disparûtes	tu eus disparu	vous eûtes disparu
il/elle disparut	ils/elles disparurent	il/elle eut disparu	ils/elles eurent disparu
Future		*Future Anterior*	
je disparaîtrai	nous disparaîtrons	j'aurai disparu	nous aurons disparu
tu disparaîtras	vous disparaîtrez	tu auras disparu	vous aurez disparu
il/elle disparaîtra	ils/elles disparaîtront	il/elle aura disparu	ils/elles auront disparu
Conditional		*Past Conditional*	
je disparaîtrais	nous disparaîtrions	j'aurais disparu	nous aurions disparu
tu disparaîtrais	vous disparaîtriez	tu aurais disparu	vous auriez disparu
il/elle disparaîtrait	ils/elles disparaîtraient	il/elle aurait disparu	ils/elles auraient disparu

Present Subjunctive		*Past Subjunctive*	
que je disparaisse	que nous disparaissions	que j'aie disparu	que nous ayons disparu
que tu disparaisses	que vous disparaissiez	que tu aies disparu	que vous ayez disparu
qu'il/elle disparaisse	qu'ils/elles disparaissent	qu'il/elle ait disparu	qu'ils/elles aient disparu
Imperfect Subjunctive		*Pluperfect Subjunctive*	
que je disparusse	que nous disparussions	que j'eusse disparu	que nous eussions disparu
que tu disparusses	que vous disparussiez	que tu eusses disparu	que vous eussiez disparu
qu'il/elle disparût	qu'ils/elles disparussent	qu'il/elle eût disparu	qu'ils/elles eussent disparu

Commands

	(nous) disparaissons
(tu) disparais	(vous) disparaissez

USAGE

Le train a disparu dans le tunnel.	*The train disappeared into the tunnel.*
Tous les documents ont disparu.	*All the documents have disappeared.*
C'est une coutume en voie de disparaître.	*It's a custom that is disappearing.*
Les ennemis du dictateur ont commencé à disparaître.	*The dictator's enemies have begun to disappear.*
Ma serviette a disparu.	*My briefcase has disappeared. / I've lost my briefcase.*
Votre message a fait disparaître mes soucis.	*Your message relieved my anxiety.*

RELATED WORDS AND EXPRESSIONS

la disparition	*disappearance*
La disparition de la stagiaire fait l'objet d'une enquête policière.	*The intern's disappearance is the subject of a police investigation.*
disparu(e)	*disappeared*
une civilisation disparue	*a vanished civilization*
un soldat porté disparu	*a missing soldier*

diviser *to divide*

je divise · je divisai · divisé · divisant regular -*er* verb

Present		*Passé Composé*	
je divise	nous divisons	j'ai divisé	nous avons divisé
tu divises	vous divisez	tu as divisé	vous avez divisé
il/elle divise	ils/elles divisent	il/elle a divisé	ils/elles ont divisé
Imperfect		*Pluperfect*	
je divisais	nous divisions	j'avais divisé	nous avions divisé
tu divisais	vous divisiez	tu avais divisé	vous aviez divisé
il/elle divisait	ils/elles divisaient	il/elle avait divisé	ils/elles avaient divisé
Passé Simple		*Past Anterior*	
je divisai	nous divisâmes	j'eus divisé	nous eûmes divisé
tu divisas	vous divisâtes	tu eus divisé	vous eûtes divisé
il/elle divisa	ils/elles divisèrent	il/elle eut divisé	ils/elles eurent divisé
Future		*Future Anterior*	
je diviserai	nous diviserons	j'aurai divisé	nous aurons divisé
tu diviseras	vous diviserez	tu auras divisé	vous aurez divisé
il/elle divisera	ils/elles diviseront	il/elle aura divisé	ils/elles auront divisé
Conditional		*Past Conditional*	
je diviserais	nous diviserions	j'aurais divisé	nous aurions divisé
tu diviserais	vous diviseriez	tu aurais divisé	vous auriez divisé
il/elle diviserait	ils/elles diviseraient	il/elle aurait divisé	ils/elles auraient divisé
Present Subjunctive		*Past Subjunctive*	
que je divise	que nous divisions	que j'aie divisé	que nous ayons divisé
que tu divises	que vous divisiez	que tu aies divisé	que vous ayez divisé
qu'il/elle divise	qu'ils/elles divisent	qu'il/elle ait divisé	qu'ils/elles aient divisé
Imperfect Subjunctive		*Pluperfect Subjunctive*	
que je divisasse	que nous divisassions	que j'eusse divisé	que nous eussions divisé
que tu divisasses	que vous divisassiez	que tu eusses divisé	que vous eussiez divisé
qu'il/elle divisât	qu'ils/elles divisassent	qu'il/elle eût divisé	qu'ils/elles eussent divisé

Commands

	(nous) divisons
(tu) divise	(vous) divisez

USAGE

Douze divisé par quatre font trois.	*Twelve divided by four equals three.*
Divisez la pâtisserie en deux.	*Divide the pastry in two.*
Notre pays est divisé en cinquante états.	*Our country is divided into fifty states.*
Il savait diviser pour régner.	*He knew how to divide and conquer.*
un pays divisé	*a divided country*
Les chercheurs sont divisés sur ce sujet.	*Researchers are in disagreement about this subject.*

RELATED WORDS AND EXPRESSIONS

la division	*division*
faire une division	*to do a division problem* (math)
semer la division	*to sow discord*

to give **donner** 195

regular -*er* verb **je donne · je donnai · donné · donnant**

Present		*Passé Composé*	
je donne	nous donnons	j'ai donné	nous avons donné
tu donnes	vous donnez	tu as donné	vous avez donné
il/elle donne	ils/elles donnent	il/elle a donné	ils/elles ont donné
Imperfect		***Pluperfect***	
je donnais	nous donnions	j'avais donné	nous avions donné
tu donnais	vous donniez	tu avais donné	vous aviez donné
il/elle donnait	ils/elles donnaient	il/elle avait donné	ils/elles avaient donné
Passé Simple		***Past Anterior***	
je donnai	nous donnâmes	j'eus donné	nous eûmes donné
tu donnas	vous donnâtes	tu eus donné	vous eûtes donné
il/elle donna	ils/elles donnèrent	il/elle eut donné	ils/elles eurent donné
Future		***Future Anterior***	
je donnerai	nous donnerons	j'aurai donné	nous aurons donné
tu donneras	vous donnerez	tu auras donné	vous aurez donné
il/elle donnera	ils/elles donneront	il/elle aura donné	ils/elles auront donné
Conditional		***Past Conditional***	
je donnerais	nous donnerions	j'aurais donné	nous aurions donné
tu donnerais	vous donneriez	tu aurais donné	vous auriez donné
il/elle donnerait	ils/elles donneraient	il/elle aurait donné	ils/elles auraient donné

Present Subjunctive		*Past Subjunctive*	
que je donne	que nous donnions	que j'aie donné	que nous ayons donné
que tu donnes	que vous donniez	que tu aies donné	que vous ayez donné
qu'il/elle donne	qu'ils/elles donnent	qu'il/elle ait donné	qu'ils/elles aient donné
Imperfect Subjunctive		***Pluperfect Subjunctive***	
que je donnasse	que nous donnassions	que j'eusse donné	que nous eussions donné
que tu donnasses	que vous donnassiez	que tu eusses donné	que vous eussiez donné
qu'il/elle donnât	qu'ils/elles donnassent	qu'il/elle eût donné	qu'ils/elles eussent donné

Commands

	(nous) donnons
(tu) donne	(vous) donnez

USAGE

donner qqch à qqn	*to give something to someone*
Elle nous a donné de très beaux cadeaux.	*She gave us very lovely gifts.*
Elle a donné un baiser à son fiancé.	*She gave her fiancé a kiss.*
Elle a donné un coup de pied au chat.	*She kicked the cat.*
Donné c'est donné.	*You can't take back a gift.*
C'est à qui de donner?	*Whose turn is it to deal?* (cards)

RELATED WORDS AND EXPRESSIONS

le don	*gift*
avoir un don pour le dessin	*to have a gift for drawing*
doué(e)	*gifted*
Il est doué pour les langues.	*He has a gift for languages.*
C'est un enfant super doué.	*He's an extremely gifted child.*
se donner	*to give oneself to*
Le pays s'est donné un nouveau président.	*The country chose a new president.*

top 50 verb

195 donner *to give*

je donne · je donnai · donné · donnant regular *-er* verb

donner, donner qqch

- —Tu vends ces meubles? / *Are you selling this furniture?*
  —Non, je les donne. / *No, I'm giving it away.*

Les pommiers ont beaucoup donné cette année. — *The apple trees bore a lot of fruit this year.*
Ils ont donné une belle réception. — *They gave a beautiful reception.*
Je donnerais beaucoup pour savoir ce qu'il va faire. — *I'd give anything to know what he is going to do.*

donner qqch à qqn

- —Qui t'a donné cette bicyclette? / *Who gave you that bicycle?*
  —Personne ne me l'a donnée. Je l'ai achetée. / *No one gave it to me. I bought it.*

Le capitaine a donné l'ordre de partir. — *The captain gave the order to leave.*
Ils n'ont pas encore donné un nom à leur enfant. — *They haven't yet named their child.*
Cette pluie me donne envie de dormir. — *This rain makes me want to sleep.*
Il n'est pas donné à tout le monde de chanter comme ça. — *Not everyone can sing like that.*
donner un pourboire au serveur — *to give the waiter a tip*
donner libre cours à son imagination — *to let one's imagination roam freely*

donner à + infinitive

- —L'enfant a faim et soif. / *The child is hungry and thirsty.*
  —Il faut lui donner à manger et à boire. / *We have to feed him and give him something to drink.*

Son message m'a donné à entendre qu'il n'allait pas venir. — *His message led me to believe that he wasn't going to come.*
Ses réponses donnent à rire. — *His answers make people laugh.*
Son refus nous a donné à penser qu'il n'était pas sincère. — *His refusal made us think he was not sincere.*
Cette situation donne à réfléchir. — *This situation has given me food for thought.*
Il faut que je donne mon costume à nettoyer. — *I have to give my suit to be cleaned.*

RELATED WORDS AND EXPRESSIONS

On lui donnerait le bon Dieu sans confession. — *He looks as if butter wouldn't melt in his mouth.*
Je vous le donne en mille. — *You'll never guess.*
Je donne ma langue au chat. — *I give up.* (guessing games)
Ils ne se donnent pas la peine de nous contacter. — *They don't take the trouble to get in touch with us.*
Le lapin a donné dans le piège. — *The rabbit fell into the trap.*
Son arrivée a donné naissance à des bruits ridicules. — *His arrival gave rise to ridiculous rumors.*

PROVERB

Qui donne aux pauvres prête à Dieu. — *He who gives to the poor lays up a treasure in heaven.*

top 50 verb

irregular verb

je dors · je dormis · dormi · dormant

Present		*Passé Composé*	
je dors	nous dormons	j'ai dormi	nous avons dormi
tu dors	vous dormez	tu as dormi	vous avez dormi
il/elle dort	ils/elles dorment	il/elle a dormi	ils/elles ont dormi
Imperfect		*Pluperfect*	
je dormais	nous dormions	j'avais dormi	nous avions dormi
tu dormais	vous dormiez	tu avais dormi	vous aviez dormi
il/elle dormait	ils/elles dormaient	il/elle avait dormi	ils/elles avaient dormi
Passé Simple		*Past Anterior*	
je dormis	nous dormîmes	j'eus dormi	nous eûmes dormi
tu dormis	vous dormîtes	tu eus dormi	vous eûtes dormi
il/elle dormit	ils/elles dormirent	il/elle eut dormi	ils/elles eurent dormi
Future		*Future Anterior*	
je dormirai	nous dormirons	j'aurai dormi	nous aurons dormi
tu dormiras	vous dormirez	tu auras dormi	vous aurez dormi
il/elle dormira	ils/elles dormiront	il/elle aura dormi	ils/elles auront dormi
Conditional		*Past Conditional*	
je dormirais	nous dormirions	j'aurais dormi	nous aurions dormi
tu dormirais	vous dormiriez	tu aurais dormi	vous auriez dormi
il/elle dormirait	ils/elles dormiraient	il/elle aurait dormi	ils/elles auraient dormi

Present Subjunctive		*Past Subjunctive*	
que je dorme	que nous dormions	que j'aie dormi	que nous ayons dormi
que tu dormes	que vous dormiez	que tu aies dormi	que vous ayez dormi
qu'il/elle dorme	qu'ils/elles dorment	qu'il/elle ait dormi	qu'ils/elles aient dormi
Imperfect Subjunctive		*Pluperfect Subjunctive*	
que je dormisse	que nous dormissions	que j'eusse dormi	que nous eussions dormi
que tu dormisses	que vous dormissiez	que tu eusses dormi	que vous eussiez dormi
qu'il/elle dormît	qu'ils/elles dormissent	qu'il/elle eût dormi	qu'ils/elles eussent dormi

Commands

	(nous) dormons
(tu) dors	(vous) dormez

USAGE

Dors bien!	*Sleep well!*
Il dort comme un loir.	*He sleeps like a log* (lit., *dormouse*).
J'ai mal/bien dormi.	*I slept badly/well.*
C'est une histoire à dormir debout.	*It's a cock and bull story.*
—Il dort encore?	*He's still sleeping?*
—Oui, il dort très tard.	*Yes, he sleeps late.*
—Tu as sommeil?	*Are you sleepy?*
—Oui, très. Je dors debout.	*Yes, very. I can hardly stand up.*
—Les problèmes de ton fils t'inquiètent?	*Do your son's problems worry you?*
—Oui, je n'en dors pas.	*Yes, I can't sleep because of them.*

PROVERB

Méfiez-vous de l'eau qui dort.	*Still waters run deep.*

197 douter *to doubt*

je doute · je doutai · douté · doutant regular -*er* verb

Present		*Passé Composé*	
je doute	nous doutons	j'ai douté	nous avons douté
tu doutes	vous doutez	tu as douté	vous avez douté
il/elle doute	ils/elles doutent	il/elle a douté	ils/elles ont douté
Imperfect		*Pluperfect*	
je doutais	nous doutions	j'avais douté	nous avions douté
tu doutais	vous doutiez	tu avais douté	vous aviez douté
il/elle doutait	ils/elles doutaient	il/elle avait douté	ils/elles avaient douté
Passé Simple		*Past Anterior*	
je doutai	nous doutâmes	j'eus douté	nous eûmes douté
tu doutas	vous doutâtes	tu eus douté	vous eûtes douté
il/elle douta	ils/elles doutèrent	il/elle eut douté	ils/elles eurent douté
Future		*Future Anterior*	
je douterai	nous douterons	j'aurai douté	nous aurons douté
tu douteras	vous douterez	tu auras douté	vous aurez douté
il/elle doutera	ils/elles douteront	il/elle aura douté	ils/elles auront douté
Conditional		*Past Conditional*	
je douterais	nous douterions	j'aurais douté	nous aurions douté
tu douterais	vous douteriez	tu aurais douté	vous auriez douté
il/elle douterait	ils/elles douteraient	il/elle aurait douté	ils/elles auraient douté

Present Subjunctive		*Past Subjunctive*	
que je doute	que nous doutions	que j'aie douté	que nous ayons douté
que tu doutes	que vous doutiez	que tu aies douté	que vous ayez douté
qu'il/elle doute	qu'ils/elles doutent	qu'il/elle ait douté	qu'ils/elles aient douté
Imperfect Subjunctive		*Pluperfect Subjunctive*	
que je doutasse	que nous doutassions	que j'eusse douté	que nous eussions douté
que tu doutasses	que vous doutassiez	que tu eusses douté	que vous eussiez douté
qu'il/elle doutât	qu'ils/elles doutassent	qu'il/elle eût douté	qu'ils/elles eussent douté

Commands

	(nous) doutons
(tu) doute	(vous) doutez

USAGE

douter de + *noun*	*to doubt something*
—Vous doutez de sa sincérité?	*Do you doubt his sincerity?*
—Oui, j'en doute.	*Yes, I have doubts about it.*
douter que + *subjunctive*	*to doubt that*
Je doute qu'elle puisse venir.	*I doubt that she can come.*
ne pas douter que + *indicative*	*not to doubt that*
Elle ne doute pas que nous l'appuyons.	*She doesn't doubt that we support her.*

RELATED WORDS AND EXPRESSIONS

le doute	*doubt*
avoir des doutes sur qqn	*to have doubts about someone*
sans aucun doute	*beyond the shadow of a doubt*
se douter de	*to suspect*
Je me doute de leurs intentions.	*I'm suspicious of their intentions.*

regular -*er* verb **j'échappe · j'échappai · échappé · échappant**

Present		*Passé Composé*	
j'échappe	nous échappons	j'ai échappé	nous avons échappé
tu échappes	vous échappez	tu as échappé	vous avez échappé
il/elle échappe	ils/elles échappent	il/elle a échappé	ils/elles ont échappé
Imperfect		***Pluperfect***	
j'échappais	nous échappions	j'avais échappé	nous avions échappé
tu échappais	vous échappiez	tu avais échappé	vous aviez échappé
il/elle échappait	ils/elles échappaient	il/elle avait échappé	ils/elles avaient échappé
Passé Simple		***Past Anterior***	
j'échappai	nous échappâmes	j'eus échappé	nous eûmes échappé
tu échappas	vous échappâtes	tu eus échappé	vous eûtes échappé
il/elle échappa	ils/elles échappèrent	il/elle eut échappé	ils/elles eurent échappé
Future		***Future Anterior***	
j'échapperai	nous échapperons	j'aurai échappé	nous aurons échappé
tu échapperas	vous échapperez	tu auras échappé	vous aurez échappé
il/elle échappera	ils/elles échapperont	il/elle aura échappé	ils/elles auront échappé
Conditional		***Past Conditional***	
j'échapperais	nous échapperions	j'aurais échappé	nous aurions échappé
tu échapperais	vous échapperiez	tu aurais échappé	vous auriez échappé
il/elle échapperait	ils/elles échapperaient	il/elle aurait échappé	ils/elles auraient échappé

Present Subjunctive		*Past Subjunctive*	
que j'échappe	que nous échappions	que j'aie échappé	que nous ayons échappé
que tu échappes	que vous échappiez	que tu aies échappé	que vous ayez échappé
qu'il/elle échappe	qu'ils/elles échappent	qu'il/elle ait échappé	qu'ils/elles aient échappé
Imperfect Subjunctive		***Pluperfect Subjunctive***	
que j'échappasse	que nous échappassions	que j'eusse échappé	que nous eussions échappé
que tu échappasses	que vous échappassiez	que tu eusses échappé	que vous eussiez échappé
qu'il/elle échappât	qu'ils/elles échappassent	qu'il/elle eût échappé	qu'ils/elles eussent échappé

Commands

	(nous) échappons
(tu) échappe	(vous) échappez

USAGE

Ils ont échappé à la mort.	*They escaped death.*
Je m'excuse, mais votre nom m'échappe.	*I'm sorry, but your name escapes me.*
Le chien a échappé à son maître.	*The dog got away from his master.*
Cette épidémie est terrible. Personne n'y échappe.	*This epidemic is terrible. No one is untouched by it.*
Il sera difficile d'échapper à ce danger.	*It will be difficult to avoid this danger.*
Ce pays a échappé à la crise économique internationale.	*This country has avoided the international economic crisis.*
Les paysans ont essayé d'échapper aux soldats.	*The peasants tried to get away from the soldiers.*
Le malfaiteur a échappé aux recherches de la police.	*The criminal was undetected by the police search.*
laisser échapper l'occasion	*to let the opportunity slip by*

RELATED WORDS AND EXPRESSIONS

l'échappatoire *(f)*	*escape / way out*
l'échappement *(m)*	*exhaust* (motor vehicle)
une échappée	*a brief moment*
faire les choses par échappées	*to do things by fits and starts*

IDIOM

l'échapper belle	*to have a narrow escape*

199 s'échapper *to escape, flee*

je m'échappe · je m'échappai · s'étant échappé · s'échappant

regular *-er* reflexive verb; compound tenses with *être*

Present		*Passé Composé*	
je m'échappe	nous nous échappons	je me suis échappé(e)	nous nous sommes échappé(e)s
tu t'échappes	vous vous échappez	tu t'es échappé(e)	vous vous êtes échappé(e)(s)
il/elle s'échappe	ils/elles s'échappent	il/elle s'est échappé(e)	ils/elles se sont échappé(e)s
Imperfect		*Pluperfect*	
je m'échappais	nous nous échappions	je m'étais échappé(e)	nous nous étions échappé(e)s
tu t'échappais	vous vous échappiez	tu t'étais échappé(e)	vous vous étiez échappé(e)(s)
il/elle s'échappait	ils/elles s'échappaient	il/elle s'était échappé(e)	ils/elles s'étaient échappé(e)s
Passé Simple		*Past Anterior*	
je m'échappai	nous nous échappâmes	je me fus échappé(e)	nous nous fûmes échappé(e)s
tu t'échappas	vous vous échappâtes	tu te fus échappé(e)	vous vous fûtes échappé(e)(s)
il/elle s'échappa	ils/elles s'échappèrent	il/elle se fut échappé(e)	ils/elles se furent échappé(e)s
Future		*Future Anterior*	
je m'échapperai	nous nous échapperons	je me serai échappé(e)	nous nous serons échappé(e)s
tu t'échapperas	vous vous échapperez	tu te seras échappé(e)	vous vous serez échappé(e)(s)
il/elle s'échappera	ils/elles s'échapperont	il/elle se sera échappé(e)	ils/elles se seront échappé(e)s
Conditional		*Past Conditional*	
je m'échapperais	nous nous échapperions	je me serais échappé(e)	nous nous serions échappé(e)s
tu t'échapperais	vous vous échapperiez	tu te serais échappé(e)	vous vous seriez échappé(e)(s)
il/elle s'échapperait	ils/elles s'échapperaient	il/elle se serait échappé(e)	ils/elles se seraient échappé(e)s

Present Subjunctive		*Past Subjunctive*	
que je m'échappe	que nous nous échappions	que je me sois échappé(e)	que nous nous soyons échappé(e)s
que tu t'échappes	que vous vous échappiez	que tu te sois échappé(e)	que vous vous soyez échappé(e)(s)
qu'il/elle s'échappe	qu'ils/elles s'échappent	qu'il/elle se soit échappé(e)	qu'ils/elles se soient échappé(e)s
Imperfect Subjunctive		*Pluperfect Subjunctive*	
que je m'échappasse	que nous nous échappassions	que je me fusse échappé(e)	que nous nous fussions échappé(e)s
que tu t'échappasses	que vous vous échappassiez	que tu te fusses échappé(e)	que vous vous fussiez échappé(e)(s)
qu'il/elle s'échappât	qu'ils/elles s'échappassent	qu'il/elle se fût échappé(e)	qu'ils/elles se fussent échappé(e)s

Commands

	(nous) échappons-nous
(tu) échappe-toi	(vous) échappez-vous

USAGE

Ça sent mauvais. J'ai l'impression que le gaz s'échappe.	*It smells bad. I think gas is escaping.*
Un prisonnier s'est échappé de la prison.	*A prisoner escaped from jail.*
—Tu es déjà là? Quel plaisir!	*Already here? How delightful!*
—Oui, j'ai réussi à m'échapper de bonne heure de l'usine.	*Yes, I managed to slip away early from the factory.*
—Maman! Où est notre perruche?	*Mom! Where's our parakeet?*
—Tu as laissé la cage ouverte. Elle s'est échappée.	*You left the cage open. It flew away.*
Je m'excuse. Je m'échappe un petit moment.	*Excuse me. I'm going to leave the room for a moment.*
S'il y a une attaque nucléaire, personne ne s'échappera vivant.	*If there is a nuclear attack, no one will survive.*

regular -*er* verb **j'échoue · j'échouai · échoué · échouant**

Present		*Passé Composé*	
j'échoue	nous échouons	j'ai échoué	nous avons échoué
tu échoues	vous échouez	tu as échoué	vous avez échoué
il/elle échoue	ils/elles échouent	il/elle a échoué	ils/elles ont échoué
Imperfect		***Pluperfect***	
j'échouais	nous échouions	j'avais échoué	nous avions échoué
tu échouais	vous échouiez	tu avais échoué	vous aviez échoué
il/elle échouait	ils/elles échouaient	il/elle avait échoué	ils/elles avaient échoué
Passé Simple		***Past Anterior***	
j'échouai	nous échouâmes	j'eus échoué	nous eûmes échoué
tu échouas	vous échouâtes	tu eus échoué	vous eûtes échoué
il/elle échoua	ils/elles échouèrent	il/elle eut échoué	ils/elles eurent échoué
Future		***Future Anterior***	
j'échouerai	nous échouerons	j'aurai échoué	nous aurons échoué
tu échoueras	vous échouerez	tu auras échoué	vous aurez échoué
il/elle échouera	ils/elles échoueront	il/elle aura échoué	ils/elles auront échoué
Conditional		***Past Conditional***	
j'échouerais	nous échouerions	j'aurais échoué	nous aurions échoué
tu échouerais	vous échoueriez	tu aurais échoué	vous auriez échoué
il/elle échouerait	ils/elles échoueraient	il/elle aurait échoué	ils/elles auraient échoué

Present Subjunctive		*Past Subjunctive*	
que j'échoue	que nous échouions	que j'aie échoué	que nous ayons échoué
que tu échoues	que vous échouiez	que tu aies échoué	que vous ayez échoué
qu'il/elle échoue	qu'ils/elles échouent	qu'il/elle ait échoué	qu'ils/elles aient échoué
Imperfect Subjunctive		***Pluperfect Subjunctive***	
que j'échouasse	que nous échouassions	que j'eusse échoué	que nous eussions échoué
que tu échouasses	que vous échouassiez	que tu eusses échoué	que vous eussiez échoué
qu'il/elle échouât	qu'ils/elles échouassent	qu'il/elle eût échoué	qu'ils/elles eussent échoué

Commands

	(nous) échouons
(tu) échoue	(vous) échouez

USAGE

échouer aux examens	*to fail one's tests*
échouer dans ses projets	*to fail in one's plans*
Les enfants qui ont des problèmes de comportement risquent d'échouer à l'école.	*Children with conduct problems run the risk of failing in school.*
On l'a mis à la porte parce qu'il a échoué dans son travail.	*He was fired because he fell down on the job.*
faire échouer	*to thwart / frustrate / cause to fail*
Nos concurrents ont fait échouer nos projets.	*Our competitors thwarted our plans.*
Vers deux heures du matin ils avaient échoué dans une petite boîte de nuit.	*At about two in the morning they wound up in a small nightclub.*

RELATED WORDS AND EXPRESSIONS

l'échec *(m)*	*failure*
subir un échec	*to meet with failure*

écouter to listen to

j'écoute · j'écoutai · écouté · écoutant regular *-er* verb

Present		*Passé Composé*	
j'écoute	nous écoutons	j'ai écouté	nous avons écouté
tu écoutes	vous écoutez	tu as écouté	vous avez écouté
il/elle écoute	ils/elles écoutent	il/elle a écouté	ils/elles ont écouté
Imperfect		*Pluperfect*	
j'écoutais	nous écoutions	j'avais écouté	nous avions écouté
tu écoutais	vous écoutiez	tu avais écouté	vous aviez écouté
il/elle écoutait	ils/elles écoutaient	il/elle avait écouté	ils/elles avaient écouté
Passé Simple		*Past Anterior*	
j'écoutai	nous écoutâmes	j'eus écouté	nous eûmes écouté
tu écoutas	vous écoutâtes	tu eus écouté	vous eûtes écouté
il/elle écouta	ils/elles écoutèrent	il/elle eut écouté	ils/elles eurent écouté
Future		*Future Anterior*	
j'écouterai	nous écouterons	j'aurai écouté	nous aurons écouté
tu écouteras	vous écouterez	tu auras écouté	vous aurez écouté
il/elle écoutera	ils/elles écouteront	il/elle aura écouté	ils/elles auront écouté
Conditional		*Past Conditional*	
j'écouterais	nous écouterions	j'aurais écouté	nous aurions écouté
tu écouterais	vous écouteriez	tu aurais écouté	vous auriez écouté
il/elle écouterait	ils/elles écouteraient	il/elle aurait écouté	ils/elles auraient écouté

Present Subjunctive		*Past Subjunctive*	
que j'écoute	que nous écoutions	que j'aie écouté	que nous ayons écouté
que tu écoutes	que vous écoutiez	que tu aies écouté	que vous ayez écouté
qu'il/elle écoute	qu'ils/elles écoutent	qu'il/elle ait écouté	qu'ils/elles aient écouté
Imperfect Subjunctive		*Pluperfect Subjunctive*	
que j'écoutasse	que nous écoutassions	que j'eusse écouté	que nous eussions écouté
que tu écoutasses	que vous écoutassiez	que tu eusses écouté	que vous eussiez écouté
qu'il/elle écoutât	qu'ils/elles écoutassent	qu'il/elle eût écouté	qu'ils/elles eussent écouté

Commands

	(nous) écoutons
(tu) écoute	(vous) écoutez

USAGE

écouter qqch/qqn	*to listen to something/someone*
écouter des cédés/chansons	*to listen to CDs/songs*
écouter le discours du Président	*to listen to the president's speech*
écouter le professeur	*to listen to the teacher*
Écoute(z)!	*Listen!*
C'est une personne qui ne sait pas écouter.	*She's not a good listener.*
Il m'a écouté jusqu'au bout.	*He heard me out.*
Fais attention. Ici il y a toujours quelqu'un qui écoute aux portes.	*Be careful. There's always someone eavesdropping.*
Écoute(z) ça un peu!	*Can you believe what you're hearing?*
faire écouter	*to play* (music, etc.)
Je vais te faire écouter la nouvelle chanson.	*I'm going to play the new song for you.*

RELATED WORDS AND EXPRESSIONS

s'écouter	*to listen to oneself*
Tu t'écoutes trop.	*You're becoming a real hypochondriac.*
Il aime s'écouter parler.	*He likes to hear himself talk.*

to write **écrire** 202

irregular verb **j'écris · j'écrivis · écrit · écrivant**

Present		*Passé Composé*	
j'écris	nous écrivons	j'ai écrit	nous avons écrit
tu écris	vous écrivez	tu as écrit	vous avez écrit
il/elle écrit	ils/elles écrivent	il/elle a écrit	ils/elles ont écrit
Imperfect		***Pluperfect***	
j'écrivais	nous écrivions	j'avais écrit	nous avions écrit
tu écrivais	vous écriviez	tu avais écrit	vous aviez écrit
il/elle écrivait	ils/elles écrivaient	il/elle avait écrit	ils/elles avaient écrit
Passé Simple		***Past Anterior***	
j'écrivis	nous écrivîmes	j'eus écrit	nous eûmes écrit
tu écrivis	vous écrivîtes	tu eus écrit	vous eûtes écrit
il/elle écrivit	ils/elles écrivirent	il/elle eut écrit	ils/elles eurent écrit
Future		***Future Anterior***	
j'écrirai	nous écrirons	j'aurai écrit	nous aurons écrit
tu écriras	vous écrirez	tu auras écrit	vous aurez écrit
il/elle écrira	ils/elles écriront	il/elle aura écrit	ils/elles auront écrit
Conditional		***Past Conditional***	
j'écrirais	nous écririons	j'aurais écrit	nous aurions écrit
tu écrirais	vous écririez	tu aurais écrit	vous auriez écrit
il/elle écrirait	ils/elles écriraient	il/elle aurait écrit	ils/elles auraient écrit

Present Subjunctive		*Past Subjunctive*	
que j'écrive	que nous écrivions	que j'aie écrit	que nous ayons écrit
que tu écrives	que vous écriviez	que tu aies écrit	que vous ayez écrit
qu'il/elle écrive	qu'ils/elles écrivent	qu'il/elle ait écrit	qu'ils/elles aient écrit
Imperfect Subjunctive		***Pluperfect Subjunctive***	
que j'écrivisse	que nous écrivissions	que j'eusse écrit	que nous eussions écrit
que tu écrivisses	que vous écrivissiez	que tu eusses écrit	que vous eussiez écrit
qu'il/elle écrivît	qu'ils/elles écrivissent	qu'il/elle eût écrit	qu'ils/elles eussent écrit

Commands

	(nous) écrivons
(tu) écris	(vous) écrivez

USAGE

écrire une lettre	*to write a letter*
écrire au crayon / à l'encre	*to write in pencil/ink*
écrire au tableau	*to write on the board*
écrire à la machine	*to type*
écrire un mot	*to write a word*
écrire ses coordonnées	*to write down one's name and address*
écrire dans la marge	*to write in the margin*
écrire qqch à qqn	*to write something to someone*
Écris-moi un petit mot.	*Drop me a line.*
Je lui ai écrit deux lettres, mais il ne m'a pas répondu.	*I wrote two letters to him but he hasn't answered me.*
Comment (est-ce que) ça s'écrit?	*How do you spell that?*
Le mot *ville* s'écrit avec deux *l*.	*The word* ville *is spelled with two* l*s.*
À l'âge de cinq ans elle savait déjà écrire.	*She already knew how to write at the age of five.*
Il m'a écrit qu'il arriverait jeudi prochain.	*He wrote me that he would arrive next Thursday.*

top 50 verb

202 écrire *to write*

j'écris · j'écrivis · écrit · écrivant irregular verb

écrire des notes/commentaires	*to write notes/comments*
écrire une dissertation	*to write a term paper*
écrire sa thèse	*to write one's thesis*
Cet élève écrit mal.	*This pupil writes poorly.*
Ce stylo écrit mal.	*This pen writes badly.*
—Je ne réussis pas à ouvrir ce site Web.	*I can't open this website.*
—C'est que tu as écrit *a* au lieu de *e*.	*That's because you wrote* a *instead of* e.
Au bord de la mer les enfants écrivent leur nom dans le sable.	*At the seashore the children write their names in the sand.*
—Méfiez-vous si ce n'est pas écrit dans le contrat.	*Be careful if it is not written in the contract.*
—Ne vous en faites pas. C'est écrit noir sur blanc.	*Don't worry. It's written in black and white.*
—Tu as réservé une chambre?	*Did you reserve a room?*
—Oui. J'ai écrit à l'hôtel pour en réserver une.	*Yes. I wrote to the hotel to reserve one.*
—C'est ça que le chef a dit?	*Is that what the boss said?*
—Oui, je l'ai écrit sous la dictée.	*Yes, I took it down in dictation.*
—Ils s'écrivent?	*Do they write to each other?*
—Oui, ils s'écrivent par courrier électronique.	*Yes. They e-mail (each other).*

RELATED WORDS AND EXPRESSIONS

l'écriteau *(m)* (*pl.* les écriteaux)	*sign/placard*
l'écriture *(f)*	*handwriting*
Tu as une belle écriture.	*You have nice handwriting.*
—Tu as reconnu mon écriture?	*Did you recognize my handwriting?*
—Oui, ton écriture illisible est facile à reconnaître.	*Yes, your illegible handwriting is easy to recognize.*
les écritures *(fpl)*	*bookkeeping entries*
Qui tient les écritures ici?	*Who keeps the books here?*
—L'écriture arabe est compliquée.	*Arabic writing is complicated.*
—L'écriture russe est plus rapprochée à la notre.	*Russian writing is closer to ours.*
L'Écriture *(f)*	*Scripture / the Bible*
l'écrit *(m)*	*written part of an exam*
Il a eu 16 à l'écrit.	*He got 16 on the written exam.*
écrit(e)	*written*
Je vous donnerai vos ordres par écrit.	*I'll give you your orders in writing.*
la langue écrite	*the written language*
écrire comme un chat	*to have terrible handwriting*
Rien n'est écrit.	*Nothing is set in stone.*

regular -*er* verb; spelling change: c > ç/*a, o* **j'efface · j'effaçai · effacé · effaçant**

Present		*Passé Composé*	
j'efface	nous effaçons	j'ai effacé	nous avons effacé
tu effaces	vous effacez	tu as effacé	vous avez effacé
il/elle efface	ils/elles effacent	il/elle a effacé	ils/elles ont effacé
Imperfect		*Pluperfect*	
j'effaçais	nous effacions	j'avais effacé	nous avions effacé
tu effaçais	vous effaciez	tu avais effacé	vous aviez effacé
il/elle effaçait	ils/elles effaçaient	il/elle avait effacé	ils/elles avaient effacé
Passé Simple		*Past Anterior*	
j'effaçai	nous effaçâmes	j'eus effacé	nous eûmes effacé
tu effaças	vous effaçâtes	tu eus effacé	vous eûtes effacé
il/elle effaça	ils/elles effacèrent	il/elle eut effacé	ils/elles eurent effacé
Future		*Future Anterior*	
j'effacerai	nous effacerons	j'aurai effacé	nous aurons effacé
tu effaceras	vous effacerez	tu auras effacé	vous aurez effacé
il/elle effacera	ils/elles effaceront	il/elle aura effacé	ils/elles auront effacé
Conditional		*Past Conditional*	
j'effacerais	nous effacerions	j'aurais effacé	nous aurions effacé
tu effacerais	vous effaceriez	tu aurais effacé	vous auriez effacé
il/elle effacerait	ils/elles effaceraient	il/elle aurait effacé	ils/elles auraient effacé

Present Subjunctive		*Past Subjunctive*	
que j'efface	que nous effacions	que j'aie effacé	que nous ayons effacé
que tu effaces	que vous effaciez	que tu aies effacé	que vous ayez effacé
qu'il/elle efface	qu'ils/elles effacent	qu'il/elle ait effacé	qu'ils/elles aient effacé
Imperfect Subjunctive		*Pluperfect Subjunctive*	
que j'effaçasse	que nous effaçassions	que j'eusse effacé	que nous eussions effacé
que tu effaçasses	que vous effaçassiez	que tu eusses effacé	que vous eussiez effacé
qu'il/elle effaçât	qu'ils/elles effaçassent	qu'il/elle eût effacé	qu'ils/elles eussent effacé

Commands

	(nous) effaçons
(tu) efface	(vous) effacez

USAGE

Effacez ce que vous avez écrit.	*Erase what you have written.*
Effacez le tableau.	*Erase the board.*
J'espère que le temps effacera mes peines.	*I hope that time will erase my sorrow.*
Le bouton "Effacer l'historique" permet de vider instantanément l'historique du navigateur.	*The "delete history" button allows you to instantly empty the browser history.*
La secrétaire efface les données sensibles sur le disque dur.	*The secretary deletes sensitive data on the hard drive.*

RELATED WORDS AND EXPRESSIONS

s'effacer	*to step aside*
Je me suis effacé pour la laisser passer.	*I stepped aside to let her pass.*
Le candidat perdant s'est effacé devant l'autre.	*The losing candidate conceded to the other one.*

effrayer *to frighten*

j'effraie · j'effrayai · effrayé · effrayant

regular *-er* verb; spelling change: y > i/mute *e*

Present		*Passé Composé*	
j'effraie	nous effrayons	j'ai effrayé	nous avons effrayé
tu effraies	vous effrayez	tu as effrayé	vous avez effrayé
il/elle effraie	ils/elles effraient	il/elle a effrayé	ils/elles ont effrayé
Imperfect		*Pluperfect*	
j'effrayais	nous effrayions	j'avais effrayé	nous avions effrayé
tu effrayais	vous effrayiez	tu avais effrayé	vous aviez effrayé
il/elle effrayait	ils/elles effrayaient	il/elle avait effrayé	ils/elles avaient effrayé
Passé Simple		*Past Anterior*	
j'effrayai	nous effrayâmes	j'eus effrayé	nous eûmes effrayé
tu effrayas	vous effrayâtes	tu eus effrayé	vous eûtes effrayé
il/elle effraya	ils/elles effrayèrent	il/elle eut effrayé	ils/elles eurent effrayé
Future		*Future Anterior*	
j'effraierai	nous effraierons	j'aurai effrayé	nous aurons effrayé
tu effraieras	vous effraierez	tu auras effrayé	vous aurez effrayé
il/elle effraiera	ils/elles effraieront	il/elle aura effrayé	ils/elles auront effrayé
Conditional		*Past Conditional*	
j'effraierais	nous effraierions	j'aurais effrayé	nous aurions effrayé
tu effraierais	vous effraieriez	tu aurais effrayé	vous auriez effrayé
il/elle effraierait	ils/elles effraieraient	il/elle aurait effrayé	ils/elles auraient effrayé

Present Subjunctive		*Past Subjunctive*	
que j'effraie	que nous effrayions	que j'aie effrayé	que nous ayons effrayé
que tu effraies	que vous effrayiez	que tu aies effrayé	que vous ayez effrayé
qu'il/elle effraie	qu'ils/elles effraient	qu'il/elle ait effrayé	qu'ils/elles aient effrayé
Imperfect Subjunctive		*Pluperfect Subjunctive*	
que j'effrayasse	que nous effrayassions	que j'eusse effrayé	que nous eussions effrayé
que tu effrayasses	que vous effrayassiez	que tu eusses effrayé	que vous eussiez effrayé
qu'il/elle effrayât	qu'ils/elles effrayassent	qu'il/elle eût effrayé	qu'ils/elles eussent effrayé

Commands

	(nous) effrayons
(tu) effraie	(vous) effrayez

USAGE

NOTE: This verb is sometimes seen without the *y* > *i* change, such as *j'effraye.*

Ne te laisse pas effrayer par les rumeurs.	*Don't let yourself be frightened by the rumors.*
La tempête a effrayé les animaux.	*The storm scared the animals.*
La difficulté de cette tâche m'effraie un peu.	*I find the difficulty of this task a bit off-putting.*

RELATED WORDS AND EXPRESSIONS

effrayant(e)	*frightening/terrible*
Cette chaleur est effrayante!	*This heat is terrible!*
C'est effrayant la quantité qu'il boit.	*He drinks so much it's scary.*
s'effrayer	*to get frightened*
Il s'effraie de tout.	*He gets frightened at everything.*

-*er* verb; spelling change: *e* > *è*/mute *e*

j'élève · j'élevai · élevé · élevant

Present		*Passé Composé*	
j'élève	nous élevons	j'ai élevé	nous avons élevé
tu élèves	vous élevez	tu as élevé	vous avez élevé
il/elle élève	ils/elles élèvent	il/elle a élevé	ils/elles ont élevé
Imperfect		*Pluperfect*	
j'élevais	nous élevions	j'avais élevé	nous avions élevé
tu élevais	vous éleviez	tu avais élevé	vous aviez élevé
il/elle élevait	ils/elles élevaient	il/elle avait élevé	ils/elles avaient élevé
Passé Simple		*Past Anterior*	
j'élevai	nous élevâmes	j'eus élevé	nous eûmes élevé
tu élevas	vous élevâtes	tu eus élevé	vous eûtes élevé
il/elle éleva	ils/elles élevèrent	il/elle eut élevé	ils/elles eurent élevé
Future		*Future Anterior*	
j'élèverai	nous élèverons	j'aurai élevé	nous aurons élevé
tu élèveras	vous élèverez	tu auras élevé	vous aurez élevé
il/elle élèvera	ils/elles élèveront	il/elle aura élevé	ils/elles auront élevé
Conditional		*Past Conditional*	
j'élèverais	nous élèverions	j'aurais élevé	nous aurions élevé
tu élèverais	vous élèveriez	tu aurais élevé	vous auriez élevé
il/elle élèverait	ils/elles élèveraient	il/elle aurait élevé	ils/elles auraient élevé
Present Subjunctive		*Past Subjunctive*	
que j'élève	que nous élevions	que j'aie élevé	que nous ayons élevé
que tu élèves	que vous éleviez	que tu aies élevé	que vous ayez élevé
qu'il/elle élève	qu'ils/elles élèvent	qu'il/elle ait élevé	qu'ils/elles aient élevé
Imperfect Subjunctive		*Pluperfect Subjunctive*	
que j'élevasse	que nous élevassions	que j'eusse élevé	que nous eussions élevé
que tu élevasses	que vous élevassiez	que tu eusses élevé	que vous eussiez élevé
qu'il/elle élevât	qu'ils/elles élevassent	qu'il/elle eût élevé	qu'ils/elles eussent élevé

Commands

	(nous) élevons
(tu) élève	(vous) élevez

USAGE

C'est un enfant facile à élever.	*He's a child who is easy to raise.*
élever des vaches/chèvres	*to raise cows/goats*
élever la voix	*to raise one's voice*
élever un monument aux soldats tombés à la guerre	*to erect a monument to the soldiers fallen in war*
Vous ne devez pas élever votre fils dans le coton.	*You mustn't overprotect your son.*

RELATED WORDS AND EXPRESSIONS

l'élevage *(m)*	*raising/breeding*
l'élevage des vaches/chèvres	*raising cows/goats*
bien élevé(e)	*well brought up / polite*
mal élevé(e)	*poorly brought up / impolite*

élire *to elect*

j'élis · j'élus · élu · élisant irregular verb

Present		***Passé Composé***	
j'élis	nous élisons	j'ai élu	nous avons élu
tu élis	vous élisez	tu as élu	vous avez élu
il/elle élit	ils/elles élisent	il/elle a élu	ils/elles ont élu
Imperfect		***Pluperfect***	
j'élisais	nous élisions	j'avais élu	nous avions élu
tu élisais	vous élisiez	tu avais élu	vous aviez élu
il/elle élisait	ils/elles élisaient	il/elle avait élu	ils/elles avaient élu
Passé Simple		***Past Anterior***	
j'élus	nous élûmes	j'eus élu	nous eûmes élu
tu élus	vous élûtes	tu eus élu	vous eûtes élu
il/elle élut	ils/elles élurent	il/elle eut élu	ils/elles eurent élu
Future		***Future Anterior***	
j'élirai	nous élirons	j'aurai élu	nous aurons élu
tu éliras	vous élirez	tu auras élu	vous aurez élu
il/elle élira	ils/elles éliront	il/elle aura élu	ils/elles auront élu
Conditional		***Past Conditional***	
j'élirais	nous élirions	j'aurais élu	nous aurions élu
tu élirais	vous éliriez	tu aurais élu	vous auriez élu
il/elle élirait	ils/elles éliraient	il/elle aurait élu	ils/elles auraient élu
Present Subjunctive		***Past Subjunctive***	
que j'élise	que nous élisions	que j'aie élu	que nous ayons élu
que tu élises	que vous élisiez	que tu aies élu	que vous ayez élu
qu'il/elle élise	qu'ils/elles élisent	qu'il/elle ait élu	qu'ils/elles aient élu
Imperfect Subjunctive		***Pluperfect Subjunctive***	
que j'élusse	que nous élussions	que j'eusse élu	que nous eussions élu
que tu élusses	que vous élussiez	que tu eusses élu	que vous eussiez élu
qu'il/elle élût	qu'ils/elles élussent	qu'il/elle eût élu	qu'ils/elles eussent élu

Commands

	(nous) élisons
(tu) élis	(vous) élisez

USAGE

On élit le président français pour cinq ans.	*The French president is elected for five years.*
Il a été élu à l'unanimité.	*He was elected unanimously.*
Les citoyens se sont rendus aux urnes pour élire 78 sénateurs.	*The citizens went to the polls to elect 78 senators.*

RELATED WORDS AND EXPRESSIONS

les élections *(fpl)*	*election(s)*
Aux États-Unis les élections sont en novembre.	*In the United States, elections are in November.*
réélire	*to reelect*
Il a été réélu président.	*He was reelected president.*

regular -*er* reflexive verb;
compound tenses with *être*

je m'éloigne · je m'éloignai · s'étant éloigné · s'éloignant

Present		*Passé Composé*	
je m'éloigne	nous nous éloignons	je me suis éloigné(e)	nous nous sommes éloigné(e)s
tu t'éloignes	vous vous éloignez	tu t'es éloigné(e)	vous vous êtes éloigné(e)(s)
il/elle s'éloigne	ils/elles s'éloignent	il/elle s'est éloigné(e)	ils/elles se sont éloigné(e)s
Imperfect		*Pluperfect*	
je m'éloignais	nous nous éloignions	je m'étais éloigné(e)	nous nous étions éloigné(e)s
tu t'éloignais	vous vous éloigniez	tu t'étais éloigné(e)	vous vous étiez éloigné(e)(s)
il/elle s'éloignait	ils/elles s'éloignaient	il/elle s'était éloigné(e)	ils/elles s'étaient éloigné(e)s
Passé Simple		*Past Anterior*	
je m'éloignai	nous nous éloignâmes	je me fus éloigné(e)	nous nous fûmes éloigné(e)s
tu t'éloignas	vous vous éloignâtes	tu te fus éloigné(e)	vous vous fûtes éloigné(e)(s)
il/elle s'éloigna	ils/elles s'éloignèrent	il/elle se fut éloigné(e)	ils/elles se furent éloigné(e)s
Future		*Future Anterior*	
je m'éloignerai	nous nous éloignerons	je me serai éloigné(e)	nous nous serons éloigné(e)s
tu t'éloigneras	vous vous éloignerez	tu te seras éloigné(e)	vous vous serez éloigné(e)(s)
il/elle s'éloignera	ils/elles s'éloigneront	il/elle se sera éloigné(e)	ils/elles se seront éloigné(e)s
Conditional		*Past Conditional*	
je m'éloignerais	nous nous éloignerions	je me serais éloigné(e)	nous nous serions éloigné(e)s
tu t'éloignerais	vous vous éloigneriez	tu te serais éloigné(e)	vous vous seriez éloigné(e)(s)
il/elle s'éloignerait	ils/elles s'éloigneraient	il/elle se serait éloigné(e)	ils/elles se seraient éloigné(e)s

Present Subjunctive		*Past Subjunctive*	
que je m'éloigne	que nous nous éloignions	que je me sois éloigné(e)	que nous nous soyons éloigné(e)s
que tu t'éloignes	que vous vous éloigniez	que tu te sois éloigné(e)	que vous vous soyez éloigné(e)(s)
qu'il/elle s'éloigne	qu'ils/elles s'éloignent	qu'il/elle se soit éloigné(e)	qu'ils/elles se soient éloigné(e)s
Imperfect Subjunctive		*Pluperfect Subjunctive*	
que je m'éloignasse	que nous nous éloignassions	que je me fusse éloigné(e)	que nous nous fussions éloigné(e)s
que tu t'éloignasses	que vous vous éloignassiez	que tu te fusses éloigné(e)	que vous vous fussiez éloigné(e)(s)
qu'il/elle s'éloignât	qu'ils/elles s'éloignassent	qu'il/elle se fût éloigné(e)	qu'ils/elles se fussent éloigné(e)s

Commands

	(nous) éloignons-nous
(tu) éloigne-toi	(vous) éloignez-vous

USAGE

Éloignez-vous! L'arbre va tomber!	*Move back! The tree is going to fall!*
L'autobus s'éloigne de la ville.	*The bus rides away from the city.*
L'avion s'éloigne vers l'horizon.	*The plane flies off toward the horizon.*
Il s'est éloigné de ses amis.	*He drifted away from his friends.*

RELATED WORDS AND EXPRESSIONS

éloigner qqch	*to move something away*
Éloignez la pensée!	*Don't even think about it!*
Éloignez un peu cette chaise.	*Move that chair away a little.*
éloigné(e)	*far removed*
La ferme est assez éloignée du village.	*The farm is rather far from the village.*
Ce qu'il dit est très éloigné de la réalité.	*What he says is very far removed from reality.*

embarrasser *to clutter; to put into a predicament*

j'embarrasse · j'embarrassai · embarrassé · embarrassant regular *-er* verb

Present		*Passé Composé*	
j'embarrasse	nous embarrassons	j'ai embarrassé	nous avons embarrassé
tu embarrasses	vous embarrassez	tu as embarrassé	vous avez embarrassé
il/elle embarrasse	ils/elles embarrassent	il/elle a embarrassé	ils/elles ont embarrassé
Imperfect		*Pluperfect*	
j'embarrassais	nous embarrassions	j'avais embarrassé	nous avions embarrassé
tu embarrassais	vous embarrassiez	tu avais embarrassé	vous aviez embarrassé
il/elle embarrassait	ils/elles embarrassaient	il/elle avait embarrassé	ils/elles avaient embarrassé
Passé Simple		*Past Anterior*	
j'embarrassai	nous embarrassâmes	j'eus embarrassé	nous eûmes embarrassé
tu embarrassas	vous embarrassâtes	tu eus embarrassé	vous eûtes embarrassé
il/elle embarrassa	ils/elles embarrassèrent	il/elle eut embarrassé	ils/elles eurent embarrassé
Future		*Future Anterior*	
j'embarrasserai	nous embarrasserons	j'aurai embarrassé	nous aurons embarrassé
tu embarrasseras	vous embarrasserez	tu auras embarrassé	vous aurez embarrassé
il/elle embarrassera	ils/elles embarrasseront	il/elle aura embarrassé	ils/elles auront embarrassé
Conditional		*Past Conditional*	
j'embarrasserais	nous embarrasserions	j'aurais embarrassé	nous aurions embarrassé
tu embarrasserais	vous embarrasseriez	tu aurais embarrassé	vous auriez embarrassé
il/elle embarrasserait	ils/elles embarrasseraient	il/elle aurait embarrassé	ils/elles auraient embarrassé

Present Subjunctive		*Past Subjunctive*	
que j'embarrasse	que nous embarrassions	que j'aie embarrassé	que nous ayons embarrassé
que tu embarrasses	que vous embarrassiez	que tu aies embarrassé	que vous ayez embarrassé
qu'il/elle embarrasse	qu'ils/elles embarrassent	qu'il/elle ait embarrassé	qu'ils/elles aient embarrassé
Imperfect Subjunctive		*Pluperfect Subjunctive*	
que j'embarrassasse	que nous embarrassassions	que j'eusse embarrassé	que nous eussions embarrassé
que tu embarrassasses	que vous embarrassassiez	que tu eusses embarrassé	que vous eussiez embarrassé
qu'il/elle embarrassât	qu'ils/elles embarrassassent	qu'il/elle eût embarrassé	qu'ils/elles eussent embarrassé

Commands

	(nous) embarrassons
(tu) embarrasse	(vous) embarrassez

USAGE

Nous ne t'embarrasserons plus!	*We will not darken your door again!*
Ça m'embarrasse de te dire que tu ne peux plus rester ici.	*It's unpleasant for me to tell you that you can't stay here anymore.*

RELATED WORDS AND EXPRESSIONS

l'embarras *(m)*	*embarrassment/burden*
l'embarras du choix	*too much to choose from*
l'embarras de richesse	*an overabundance of good things*
Cette famille est dans l'embarras.	*That family is in dire straits.*
les embarras des grandes villes	*the traffic congestion of big cities*
s'embarrasser de	*to load oneself down with / be troubled by*
Je me suis embarrassé de paquets.	*I loaded myself down with packages.*
Il ne s'embarrasse pas de questions morales.	*He is not bothered by moral questions.*

regular -*er* verb **j'embête · j'embêtai · embêté · embêtant**

Present		*Passé Composé*	
j'embête	nous embêtons	j'ai embêté	nous avons embêté
tu embêtes	vous embêtez	tu as embêté	vous avez embêté
il/elle embête	ils/elles embêtent	il/elle a embêté	ils/elles ont embêté
Imperfect		*Pluperfect*	
j'embêtais	nous embêtions	j'avais embêté	nous avions embêté
tu embêtais	vous embêtiez	tu avais embêté	vous aviez embêté
il/elle embêtait	ils/elles embêtaient	il/elle avait embêté	ils/elles avaient embêté
Passé Simple		*Past Anterior*	
j'embêtai	nous embêtâmes	j'eus embêté	nous eûmes embêté
tu embêtas	vous embêtâtes	tu eus embêté	vous eûtes embêté
il/elle embêta	ils/elles embêtèrent	il/elle eut embêté	ils/elles eurent embêté
Future		*Future Anterior*	
j'embêterai	nous embêterons	j'aurai embêté	nous aurons embêté
tu embêteras	vous embêterez	tu auras embêté	vous aurez embêté
il/elle embêtera	ils/elles embêteront	il/elle aura embêté	ils/elles auront embêté
Conditional		*Past Conditional*	
j'embêterais	nous embêterions	j'aurais embêté	nous aurions embêté
tu embêterais	vous embêteriez	tu aurais embêté	vous auriez embêté
il/elle embêterait	ils/elles embêteraient	il/elle aurait embêté	ils/elles auraient embêté

Present Subjunctive		*Past Subjunctive*	
que j'embête	que nous embêtions	que j'aie embêté	que nous ayons embêté
que tu embêtes	que vous embêtiez	que tu aies embêté	que vous ayez embêté
qu'il/elle embête	qu'ils/elles embêtent	qu'il/elle ait embêté	qu'ils/elles aient embêté
Imperfect Subjunctive		*Pluperfect Subjunctive*	
que j'embêtasse	que nous embêtassions	que j'eusse embêté	que nous eussions embêté
que tu embêtasses	que vous embêtassiez	que tu eusses embêté	que vous eussiez embêté
qu'il/elle embêtât	qu'ils/elles embêtassent	qu'il/elle eût embêté	qu'ils/elles eussent embêté

Commands

	(nous) embêtons
(tu) embête	(vous) embêtez

USAGE

Arrête! Tu m'embêtes!	*Cut it out! You're annoying me!*
Ça t'embête de descendre faire les courses?	*Do you mind going out to do the shopping?*
Ça m'embête de l'écouter toute la journée.	*I find it annoying to listen to him/her all day long.*

RELATED WORDS AND EXPRESSIONS

l'embêtement *(m)*	*annoyance/trouble*
Ce type m'a causé des embêtements.	*That guy made trouble for me.*
Tu te prépares des embêtements, je vois.	*I see you're looking for trouble.*
embêtant(e)	*annoying/boring*
Les voisins sont embêtants.	*The neighbors are annoying.*
Le film est embêtant.	*The film is boring.*
s'embêter	*to be bored*
Ce qu'on s'embête dans ce bled!	*It's such a drag in this little town!*

embrasser *to kiss*

j'embrasse · j'embrassai · embrassé · embrassant — regular *-er* verb

Present		***Passé Composé***	
j'embrasse	nous embrassons	j'ai embrassé	nous avons embrassé
tu embrasses	vous embrassez	tu as embrassé	vous avez embrassé
il/elle embrasse	ils/elles embrassent	il/elle a embrassé	ils/elles ont embrassé
Imperfect		***Pluperfect***	
j'embrassais	nous embrassions	j'avais embrassé	nous avions embrassé
tu embrassais	vous embrassiez	tu avais embrassé	vous aviez embrassé
il/elle embrassait	ils/elles embrassaient	il/elle avait embrassé	ils/elles avaient embrassé
Passé Simple		***Past Anterior***	
j'embrassai	nous embrassâmes	j'eus embrassé	nous eûmes embrassé
tu embrassas	vous embrassâtes	tu eus embrassé	vous eûtes embrassé
il/elle embrassa	ils/elles embrassèrent	il/elle eut embrassé	ils/elles eurent embrassé
Future		***Future Anterior***	
j'embrasserai	nous embrasserons	j'aurai embrassé	nous aurons embrassé
tu embrasseras	vous embrasserez	tu auras embrassé	vous aurez embrassé
il/elle embrassera	ils/elles embrasseront	il/elle aura embrassé	ils/elles auront embrassé
Conditional		***Past Conditional***	
j'embrasserais	nous embrasserions	j'aurais embrassé	nous aurions embrassé
tu embrasserais	vous embrasseriez	tu aurais embrassé	vous auriez embrassé
il/elle embrasserait	ils/elles embrasseraient	il/elle aurait embrassé	ils/elles auraient embrassé
Present Subjunctive		***Past Subjunctive***	
que j'embrasse	que nous embrassions	que j'aie embrassé	que nous ayons embrassé
que tu embrasses	que vous embrassiez	que tu aies embrassé	que vous ayez embrassé
qu'il/elle embrasse	qu'ils/elles embrassent	qu'il/elle ait embrassé	qu'ils/elles aient embrassé
Imperfect Subjunctive		***Pluperfect Subjunctive***	
que j'embrassasse	que nous embrassassions	que j'eusse embrassé	que nous eussions embrassé
que tu embrassasses	que vous embrassassiez	que tu eusses embrassé	que vous eussiez embrassé
qu'il/elle embrassât	qu'ils/elles embrassassent	qu'il/elle eût embrassé	qu'ils/elles eussent embrassé

Commands

	(nous) embrassons
(tu) embrasse	(vous) embrassez

USAGE

Embrasse ta mère pour moi.	*Give your mother a kiss for me.*
Jean et Marie s'embrassent.	*Jean and Marie kiss (each other).*
Je t'embrasse.	*Love,* (at the closing of a letter)
embrasser une cause	*to embrace a cause*
embrasser une carrière de journaliste	*to go into journalism*
Cet empire embrassait une grande partie du continent.	*This empire covered a large part of the continent.*
Ses connaissances embrassent tous les arts.	*His knowledge encompasses all the arts.*

-*er* verb; spelling change: *e* > *è*/mute *e* **j'emmène · j'emmenai · emmené · emmenant**

Present		***Passé Composé***	
j'emmène	nous emmenons	j'ai emmené	nous avons emmené
tu emmènes	vous emmenez	tu as emmené	vous avez emmené
il/elle emmène	ils/elles emmènent	il/elle a emmené	ils/elles ont emmené
Imperfect		***Pluperfect***	
j'emmenais	nous emmenions	j'avais emmené	nous avions emmené
tu emmenais	vous emmeniez	tu avais emmené	vous aviez emmené
il/elle emmenait	ils/elles emmenaient	il/elle avait emmené	ils/elles avaient emmené
Passé Simple		***Past Anterior***	
j'emmenai	nous emmenâmes	j'eus emmené	nous eûmes emmené
tu emmenas	vous emmenâtes	tu eus emmené	vous eûtes emmené
il/elle emmena	ils/elles emmenèrent	il/elle eut emmené	ils/elles eurent emmené
Future		***Future Anterior***	
j'emmènerai	nous emmènerons	j'aurai emmené	nous aurons emmené
tu emmèneras	vous emmènerez	tu auras emmené	vous aurez emmené
il/elle emmènera	ils/elles emmèneront	il/elle aura emmené	ils/elles auront emmené
Conditional		***Past Conditional***	
j'emmènerais	nous emmènerions	j'aurais emmené	nous aurions emmené
tu emmènerais	vous emmèneriez	tu aurais emmené	vous auriez emmené
il/elle emmènerait	ils/elles emmèneraient	il/elle aurait emmené	ils/elles auraient emmené
Present Subjunctive		***Past Subjunctive***	
que j'emmène	que nous emmenions	que j'aie emmené	que nous ayons emmené
que tu emmènes	que vous emmeniez	que tu aies emmené	que vous ayez emmené
qu'il/elle emmène	qu'ils/elles emmènent	qu'il/elle ait emmené	qu'ils/elles aient emmené
Imperfect Subjunctive		***Pluperfect Subjunctive***	
que j'emmenasse	que nous emmenassions	que j'eusse emmené	que nous eussions emmené
que tu emmenasses	que vous emmenassiez	que tu eusses emmené	que vous eussiez emmené
qu'il/elle emmenât	qu'ils/elles emmenassent	qu'il/elle eût emmené	qu'ils/elles eussent emmené

Commands

	(nous) emmenons
(tu) emmène	(vous) emmenez

USAGE

Tu vas en ville? Viens, je t'emmène.	*You're going downtown? Come on, I'll take you.*
Il m'a emmené dîner dans son restaurant préféré.	*He took me to dinner at his favorite restaurant.*
Cet endroit me déplaît. Emmenez-moi ailleurs.	*I don't like this place. Take me somewhere else.*
Le train emmenait les voyageurs à la frontière.	*The train was taking the travelers to the border.*
Tu ne te rends pas compte qu'on t'emmène en bateau.	*You don't realize you're being taken for a ride.*
Il l'emmenait en bateau avec ses promesses de mariage.	*He strung her along with his promises of marriage.*

s'émouvoir *to be stirred/moved/upset/worried*

je m'émeus · je m'émus · s'étant ému · s'émouvant

irregular reflexive verb; compound tenses with *être*

Present	
je m'émeus	nous nous émouvons
tu t'émeus	vous vous émouvez
il/elle s'émeut	ils/elles s'émeuvent
Imperfect	
je m'émouvais	nous nous émouvions
tu t'émouvais	vous vous émouviez
il/elle s'émouvait	ils/elles s'émouvaient
Passé Simple	
je m'émus	nous nous émûmes
tu t'émus	vous vous émûtes
il/elle s'émut	ils/elles s'émurent
Future	
je m'émouvrai	nous nous émouvrons
tu t'émouvras	vous vous émouvrez
il/elle s'émouvra	ils/elles s'émouvront
Conditional	
je m'émouvrais	nous nous émouvrions
tu t'émouvrais	vous vous émouvriez
il/elle s'émouvrait	ils/elles s'émouvraient

Passé Composé	
je me suis ému(e)	nous nous sommes ému(e)s
tu t'es ému(e)	vous vous êtes ému(e)(s)
il/elle s'est ému(e)	ils/elles se sont ému(e)s
Pluperfect	
je m'étais ému(e)	nous nous étions ému(e)s
tu t'étais ému(e)	vous vous étiez ému(e)(s)
il/elle s'était ému(e)	ils/elles s'étaient ému(e)s
Past Anterior	
je me fus ému(e)	nous nous fûmes ému(e)s
tu te fus ému(e)	vous vous fûtes ému(e)(s)
il/elle se fut ému(e)	ils/elles se furent ému(e)s
Future Anterior	
je me serai ému(e)	nous nous serons ému(e)s
tu te seras ému(e)	vous vous serez ému(e)(s)
il/elle se sera ému(e)	ils/elles se seront ému(e)s
Past Conditional	
je me serais ému(e)	nous nous serions ému(e)s
tu te serais ému(e)	vous vous seriez ému(e)(s)
il/elle se serait ému(e)	ils/elles se seraient ému(e)s

Present Subjunctive	
que je m'émeuve	que nous nous émouvions
que tu t'émeuves	que vous vous émouviez
qu'il/elle s'émeuve	qu'ils/elles s'émeuvent
Imperfect Subjunctive	
que je m'émusse	que nous nous émussions
que tu t'émusses	que vous vous émussiez
qu'il/elle s'émût	qu'ils/elles s'émussent

Past Subjunctive	
que je me sois ému(e)	que nous nous soyons ému(e)s
que tu te sois ému(e)	que vous vous soyez ému(e)(s)
qu'il/elle se soit ému(e)	qu'ils/elles se soient ému(e)s
Pluperfect Subjunctive	
que je me fusse ému(e)	que nous nous fussions ému(e)s
que tu te fusses ému(e)	que vous vous fussiez ému(e)(s)
qu'il/elle se fût ému(e)	qu'ils/elles se fussent ému(e)s

Commands

	(nous) émouvons-nous
(tu) émeus-toi	(vous) émouvez-vous

USAGE

Nous nous sommes émus en écoutant le discours.	*We were stirred as we listened to the speech.*
Il me l'a dit sans s'émouvoir.	*He told it to me calmly / without getting ruffled.*
Elle ne s'émeut de rien.	*Nothing upsets her.*

RELATED WORDS AND EXPRESSIONS

l'émotion *(f)*	*emotion; fright*
Leur émotion était grande pendant le bombardement de la ville.	*They had a terrible fright during the bombing of the city.*
L'émotion est mauvaise conseillère.	*Don't let yourself be guided by your emotions.*
émouvoir qqn	*to move/disturb someone*
Les cris des blessés l'ont ému profondément.	*The screams of the wounded troubled him deeply.*
Le discours du président a ému la nation entière.	*The president's speech moved the entire nation.*

regular -*er* verb **j'empêche · j'empêchai · empêché · empêchant**

Present		***Passé Composé***	
j'empêche	nous empêchons	j'ai empêché	nous avons empêché
tu empêches	vous empêchez	tu as empêché	vous avez empêché
il/elle empêche	ils/elles empêchent	il/elle a empêché	ils/elles ont empêché
Imperfect		***Pluperfect***	
j'empêchais	nous empêchions	j'avais empêché	nous avions empêché
tu empêchais	vous empêchiez	tu avais empêché	vous aviez empêché
il/elle empêchait	ils/elles empêchaient	il/elle avait empêché	ils/elles avaient empêché
Passé Simple		***Past Anterior***	
j'empêchai	nous empêchâmes	j'eus empêché	nous eûmes empêché
tu empêchas	vous empêchâtes	tu eus empêché	vous eûtes empêché
il/elle empêcha	ils/elles empêchèrent	il/elle eut empêché	ils/elles eurent empêché
Future		***Future Anterior***	
j'empêcherai	nous empêcherons	j'aurai empêché	nous aurons empêché
tu empêcheras	vous empêcherez	tu auras empêché	vous aurez empêché
il/elle empêchera	ils/elles empêcheront	il/elle aura empêché	ils/elles auront empêché
Conditional		***Past Conditional***	
j'empêcherais	nous empêcherions	j'aurais empêché	nous aurions empêché
tu empêcherais	vous empêcheriez	tu aurais empêché	vous auriez empêché
il/elle empêcherait	ils/elles empêcheraient	il/elle aurait empêché	ils/elles auraient empêché
Present Subjunctive		***Past Subjunctive***	
que j'empêche	que nous empêchions	que j'aie empêché	que nous ayons empêché
que tu empêches	que vous empêchiez	que tu aies empêché	que vous ayez empêché
qu'il/elle empêche	qu'ils/elles empêchent	qu'il/elle ait empêché	qu'ils/elles aient empêché
Imperfect Subjunctive		***Pluperfect Subjunctive***	
que j'empêchasse	que nous empêchassions	que j'eusse empêché	que nous eussions empêché
que tu empêchasses	que vous empêchassiez	que tu eusses empêché	que vous eussiez empêché
qu'il/elle empêchât	qu'ils/elles empêchassent	qu'il/elle eût empêché	qu'ils/elles eussent empêché

Commands

	(nous) empêchons
(tu) empêche	(vous) empêchez

USAGE

empêcher qqn de faire qqch	*to prevent someone from doing something*
Le bruit m'empêche de travailler.	*The noise is keeping me from studying.*
Le mauvais temps nous a empêchés de partir.	*The bad weather prevented us from leaving.*
Ça ne m'empêche pas de dormir.	*I'm not losing any sleep over it.*
Nos soldats ont empêché l'ennemi de franchir la frontière.	*Our soldiers prevented the enemy from crossing the border.*
Il a empêché qu'une mauvaise situation se produise.	*He kept a bad situation from happening.*
Elle ne pouvait pas s'empêcher de pleurer.	*She couldn't keep from crying.*
—Il a parlé très sincèrement.	*He spoke very sincerely.*
—N'empêche qu'il a tort en tout.	*All the same, he's wrong about everything.*

RELATED WORDS AND EXPRESSIONS

l'empêchement *(m)*	*hindrance/hitch*
en cas d'empêchement	*in case something goes wrong*

employer *to use, employ*

j'emploie · j'employai · employé · employant

regular -*er* verb; spelling change: y > i/mute *e*

Present		***Passé Composé***	
j'emploie	nous employons	j'ai employé	nous avons employé
tu emploies	vous employez	tu as employé	vous avez employé
il/elle emploie	ils/elles emploient	il/elle a employé	ils/elles ont employé
Imperfect		***Pluperfect***	
j'employais	nous employions	j'avais employé	nous avions employé
tu employais	vous employiez	tu avais employé	vous aviez employé
il/elle employait	ils/elles employaient	il/elle avait employé	ils/elles avaient employé
Passé Simple		***Past Anterior***	
j'employai	nous employâmes	j'eus employé	nous eûmes employé
tu employas	vous employâtes	tu eus employé	vous eûtes employé
il/elle employa	ils/elles employèrent	il/elle eut employé	ils/elles eurent employé
Future		***Future Anterior***	
j'emploierai	nous emploierons	j'aurai employé	nous aurons employé
tu emploieras	vous emploierez	tu auras employé	vous aurez employé
il/elle emploiera	ils/elles emploieront	il/elle aura employé	ils/elles auront employé
Conditional		***Past Conditional***	
j'emploierais	nous emploierions	j'aurais employé	nous aurions employé
tu emploierais	vous emploieriez	tu aurais employé	vous auriez employé
il/elle emploierait	ils/elles emploieraient	il/elle aurait employé	ils/elles auraient employé

Present Subjunctive		***Past Subjunctive***	
que j'emploie	que nous employions	que j'aie employé	que nous ayons employé
que tu emploies	que vous employiez	que tu aies employé	que vous ayez employé
qu'il/elle emploie	qu'ils/elles emploient	qu'il/elle ait employé	qu'ils/elles aient employé
Imperfect Subjunctive		***Pluperfect Subjunctive***	
que j'employasse	que nous employassions	que j'eusse employé	que nous eussions employé
que tu employasses	que vous employassiez	que tu eusses employé	que vous eussiez employé
qu'il/elle employât	qu'ils/elles employassent	qu'il/elle eût employé	qu'ils/elles eussent employé

Commands

	(nous) employons
(tu) emploie	(vous) employez

USAGE

employer un stylo pour écrire	*to use a pen to write*
Il emploie son temps à se préparer pour les examens.	*He's using his time to prepare himself for his exams.*
Il emploie bien son temps.	*He uses his time wisely.*
—Est-ce que j'ai bien employé ce mot?	*Did I use that word correctly?*
—Non, tu l'emploies toujours mal.	*No, you always use it incorrectly.*

RELATED WORDS AND EXPRESSIONS

l'emploi *(m)*	*use; job*
mon emploi du temps	*my schedule*
chercher un nouvel emploi	*to look for a new job*
s'employer pour	*to devote oneself to*
Il s'est beaucoup employé pour la construction d'une nouvelle école.	*He really went to great lengths to have a new school built.*

regular -*er* verb **j'emprunte · j'empruntai · emprunté · empruntant**

Present		*Passé Composé*	
j'emprunte	nous empruntons	j'ai emprunté	nous avons emprunté
tu empruntes	vous empruntez	tu as emprunté	vous avez emprunté
il/elle emprunte	ils/elles empruntent	il/elle a emprunté	ils/elles ont emprunté
Imperfect		*Pluperfect*	
j'empruntais	nous empruntions	j'avais emprunté	nous avions emprunté
tu empruntais	vous empruntiez	tu avais emprunté	vous aviez emprunté
il/elle empruntait	ils/elles empruntaient	il/elle avait emprunté	ils/elles avaient emprunté
Passé Simple		*Past Anterior*	
j'empruntai	nous empruntâmes	j'eus emprunté	nous eûmes emprunté
tu empruntas	vous empruntâtes	tu eus emprunté	vous eûtes emprunté
il/elle emprunta	ils/elles empruntèrent	il/elle eut emprunté	ils/elles eurent emprunté
Future		*Future Anterior*	
j'emprunterai	nous emprunterons	j'aurai emprunté	nous aurons emprunté
tu emprunteras	vous emprunterez	tu auras emprunté	vous aurez emprunté
il/elle empruntera	ils/elles emprunteront	il/elle aura emprunté	ils/elles auront emprunté
Conditional		*Past Conditional*	
j'emprunterais	nous emprunterions	j'aurais emprunté	nous aurions emprunté
tu emprunterais	vous emprunteriez	tu aurais emprunté	vous auriez emprunté
il/elle emprunterait	ils/elles emprunteraient	il/elle aurait emprunté	ils/elles auraient emprunté

Present Subjunctive		*Past Subjunctive*	
que j'emprunte	que nous empruntions	que j'aie emprunté	que nous ayons emprunté
que tu empruntes	que vous empruntiez	que tu aies emprunté	que vous ayez emprunté
qu'il/elle emprunte	qu'ils/elles empruntent	qu'il/elle ait emprunté	qu'ils/elles aient emprunté
Imperfect Subjunctive		*Pluperfect Subjunctive*	
que j'empruntasse	que nous empruntassions	que j'eusse emprunté	que nous eussions emprunté
que tu empruntasses	que vous empruntassiez	que tu eusses emprunté	que vous eussiez emprunté
qu'il/elle empruntât	qu'ils/elles empruntassent	qu'il/elle eût emprunté	qu'ils/elles eussent emprunté

Commands

	(nous) empruntons
(tu) emprunte	(vous) empruntez

USAGE

emprunter une grosse somme d'argent	*to borrow a large sum of money*
emprunter qqch à qqn	*to borrow something from someone*
—Je peux t'emprunter ton vélo?	*Can I borrow your bicycle?*
—Tu as oublié? Tu me l'as emprunté hier et tu ne me l'as pas rendu.	*You don't remember? You borrowed it from me yesterday and you haven't returned it.*

RELATED WORDS AND EXPRESSIONS

l'emprunt *(m)*	*borrowing/loan*
J'ai fait un emprunt à 9 pour cent.	*I got a 9 percent loan.*
Le mot *croissant* en anglais est un emprunt au français.	*The word* croissant *in English is a borrowing from French.*

encaisser *to cash, collect money*

j'encaisse · j'encaissai · encaissé · encaissant regular -*er* verb

Present		*Passé Composé*	
j'encaisse	nous encaissons	j'ai encaissé	nous avons encaissé
tu encaisses	vous encaissez	tu as encaissé	vous avez encaissé
il/elle encaisse	ils/elles encaissent	il/elle a encaissé	ils/elles ont encaissé
Imperfect		*Pluperfect*	
j'encaissais	nous encaissions	j'avais encaissé	nous avions encaissé
tu encaissais	vous encaissiez	tu avais encaissé	vous aviez encaissé
il/elle encaissait	ils/elles encaissaient	il/elle avait encaissé	ils/elles avaient encaissé
Passé Simple		*Past Anterior*	
j'encaissai	nous encaissâmes	j'eus encaissé	nous eûmes encaissé
tu encaissas	vous encaissâtes	tu eus encaissé	vous eûtes encaissé
il/elle encaissa	ils/elles encaissèrent	il/elle eut encaissé	ils/elles eurent encaissé
Future		*Future Anterior*	
j'encaisserai	nous encaisserons	j'aurai encaissé	nous aurons encaissé
tu encaisseras	vous encaisserez	tu auras encaissé	vous aurez encaissé
il/elle encaissera	ils/elles encaisseront	il/elle aura encaissé	ils/elles auront encaissé
Conditional		*Past Conditional*	
j'encaisserais	nous encaisserions	j'aurais encaissé	nous aurions encaissé
tu encaisserais	vous encaisseriez	tu aurais encaissé	vous auriez encaissé
il/elle encaisserait	ils/elles encaisseraient	il/elle aurait encaissé	ils/elles auraient encaissé
Present Subjunctive		*Past Subjunctive*	
que j'encaisse	que nous encaissions	que j'aie encaissé	que nous ayons encaissé
que tu encaisses	que vous encaissiez	que tu aies encaissé	que vous ayez encaissé
qu'il/elle encaisse	qu'ils/elles encaissent	qu'il/elle ait encaissé	qu'ils/elles aient encaissé
Imperfect Subjunctive		*Pluperfect Subjunctive*	
que j'encaissasse	que nous encaissassions	que j'eusse encaissé	que nous eussions encaissé
que tu encaissasses	que vous encaissassiez	que tu eusses encaissé	que vous eussiez encaissé
qu'il/elle encaissât	qu'ils/elles encaissassent	qu'il/elle eût encaissé	qu'ils/elles eussent encaissé

Commands

	(nous) encaissons
(tu) encaisse	(vous) encaissez

USAGE

encaisser un chèque	*to cash a check*
encaisser une somme d'argent	*to get a sum of money*
Les consultants ont encaissé de grosses sommes d'argent.	*The consultants collected major amounts of money.*
Vous permettez que j'encaisse?	*Can you please pay now?* (said by waiters in café)
encaisser des coups	*to take hits/blows*
Dans la bagarre il a encaissé pas mal de coups.	*In the brawl he got hit a lot.*
Notre équipe a encaissé sa cinquième défaite consécutive.	*Our team has taken its fifth consecutive defeat.*
Dans la vie il faut savoir encaisser.	*In life you have to know how to take your lumps.*
Ce type-là, je ne peux pas l'encaisser.	*I can't stand that guy.*
Je ne peux plus encaisser ses mensonges.	*I can't stomach his lies anymore.*

regular -*er* verb;
spelling change: *g > ge/a, o*

j'encourage · j'encourageai · encouragé · encourageant

Present		Passé Composé	
j'encourage	nous encourageons	j'ai encouragé	nous avons encouragé
tu encourages	vous encouragez	tu as encouragé	vous avez encouragé
il/elle encourage	ils/elles encouragent	il/elle a encouragé	ils/elles ont encouragé
Imperfect		**Pluperfect**	
j'encourageais	nous encouragions	j'avais encouragé	nous avions encouragé
tu encourageais	vous encouragiez	tu avais encouragé	vous aviez encouragé
il/elle encourageait	ils/elles encourageaient	il/elle avait encouragé	ils/elles avaient encouragé
Passé Simple		**Past Anterior**	
j'encourageai	nous encourageâmes	j'eus encouragé	nous eûmes encouragé
tu encourageas	vous encourageâtes	tu eus encouragé	vous eûtes encouragé
il/elle encouragea	ils/elles encouragèrent	il/elle eut encouragé	ils/elles eurent encouragé
Future		**Future Anterior**	
j'encouragerai	nous encouragerons	j'aurai encouragé	nous aurons encouragé
tu encourageras	vous encouragerez	tu auras encouragé	vous aurez encouragé
il/elle encouragera	ils/elles encourageront	il/elle aura encouragé	ils/elles auront encouragé
Conditional		**Past Conditional**	
j'encouragerais	nous encouragerions	j'aurais encouragé	nous aurions encouragé
tu encouragerais	vous encourageriez	tu aurais encouragé	vous auriez encouragé
il/elle encouragerait	ils/elles encourageraient	il/elle aurait encouragé	ils/elles auraient encouragé
Present Subjunctive		**Past Subjunctive**	
que j'encourage	que nous encouragions	que j'aie encouragé	que nous ayons encouragé
que tu encourages	que vous encouragiez	que tu aies encouragé	que vous ayez encouragé
qu'il/elle encourage	qu'ils/elles encouragent	qu'il/elle ait encouragé	qu'ils/elles aient encouragé
Imperfect Subjunctive		**Pluperfect Subjunctive**	
que j'encourageasse	que nous encourageassions	que j'eusse encouragé	que nous eussions encouragé
que tu encourageasses	que vous encourageassiez	que tu eusses encouragé	que vous eussiez encouragé
qu'il/elle encourageât	qu'ils/elles encourageassent	qu'il/elle eût encouragé	qu'ils/elles eussent encouragé

Commands

	(nous) encourageons
(tu) encourage	(vous) encouragez

USAGE

C'est un professeur qui encourage ses étudiants.	*He's a teacher who encourages his students.*
Les fanas encourageaient leur équipe.	*The fans cheered on their team.*
encourager qqn à faire qqch	*to encourage someone to do something*
Il m'a encouragé à poursuivre mes études.	*He encouraged me to continue my studies.*
Le professeur encourage les étudiants à s'exprimer.	*The teacher encourages the students to express themselves.*
Le gouvernement encourage la recherche scientifique.	*The government is encouraging scientific research.*

RELATED WORDS AND EXPRESSIONS

encourageant(e)	*encouraging*
Son attitude n'est pas très encourageante.	*His attitude is not very encouraging.*
Ces revers sont fort peu encourageants.	*These setbacks are not very encouraging.*

s'endormir *to fall asleep*

je m'endors · je m'endormis · s'étant endormi · s'endormant

irregular reflexive verb; compound tenses with *être*

Present		*Passé Composé*	
je m'endors	nous nous endormons	je me suis endormi(e)	nous nous sommes endormi(e)s
tu t'endors	vous vous endormez	tu t'es endormi(e)	vous vous êtes endormi(e)(s)
il/elle s'endort	ils/elles s'endorment	il/elle s'est endormi(e)	ils/elles se sont endormi(e)s
Imperfect		*Pluperfect*	
je m'endormais	nous nous endormions	je m'étais endormi(e)	nous nous étions endormi(e)s
tu t'endormais	vous vous endormiez	tu t'étais endormi(e)	vous vous étiez endormi(e)(s)
il/elle s'endormait	ils/elles s'endormaient	il/elle s'était endormi(e)	ils/elles s'étaient endormi(e)s
Passé Simple		*Past Anterior*	
je m'endormis	nous nous endormîmes	je me fus endormi(e)	nous nous fûmes endormi(e)s
tu t'endormis	vous vous endormîtes	tu te fus endormi(e)	vous vous fûtes endormi(e)(s)
il/elle s'endormit	ils/elles s'endormirent	il/elle se fut endormi(e)	ils/elles se furent endormi(e)s
Future		*Future Anterior*	
je m'endormirai	nous nous endormirons	je me serai endormi(e)	nous nous serons endormi(e)s
tu t'endormiras	vous vous endormirez	tu te seras endormi(e)	vous vous serez endormi(e)(s)
il/elle s'endormira	ils/elles s'endormiront	il/elle se sera endormi(e)	ils/elles se seront endormi(e)s
Conditional		*Past Conditional*	
je m'endormirais	nous nous endormirions	je me serais endormi(e)	nous nous serions endormi(e)s
tu t'endormirais	vous vous endormiriez	tu te serais endormi(e)	vous vous seriez endormi(e)(s)
il/elle s'endormirait	ils/elles s'endormiraient	il/elle se serait endormi(e)	ils/elles se seraient endormi(e)s
Present Subjunctive		*Past Subjunctive*	
que je m'endorme	que nous nous endormions	que je me sois endormi(e)	que nous nous soyons endormi(e)s
que tu t'endormes	que vous vous endormiez	que tu te sois endormi(e)	que vous vous soyez endormi(e)(s)
qu'il/elle s'endorme	qu'ils/elles s'endorment	qu'il/elle se soit endormi(e)	qu'ils/elles se soient endormi(e)s
Imperfect Subjunctive		*Pluperfect Subjunctive*	
que je m'endormisse	que nous nous endormissions	que je me fusse endormi(e)	que nous nous fussions endormi(e)s
que tu t'endormisses	que vous vous endormissiez	que tu te fusses endormi(e)	que vous vous fussiez endormi(e)(s)
qu'il/elle s'endormît	qu'ils/elles s'endormissent	qu'il/elle se fût endormi(e)	qu'ils/elles se fussent endormi(e)s

Commands

	(nous) endormons-nous
(tu) endors-toi	(vous) endormez-vous

USAGE

—Tu as l'air fatigué, Claudette.	*You look tired, Claudette.*
—Ça ne m'étonne pas. Je me suis endormie à trois heures du matin.	*That doesn't surprise me. I fell asleep at three in the morning.*
Le prof s'est fâché parce que Daniel s'est endormi en classe.	*The teacher got angry because Daniel fell asleep in class.*
Le film était tellement ennuyeux que j'ai failli m'endormir.	*The film was so boring that I almost fell asleep.*

RELATED WORDS AND EXPRESSIONS

endormir	*to put to sleep / put to rest*
Je vais endormir les enfants.	*I'm going to put the children to sleep.*
Ce film endormira les spectateurs.	*This film will put the audience to sleep.*
J'ai besoin d'une pilule pour endormir la douleur.	*I need a pill to stop the pain.*

regular -*er* verb; spelling change: c > ç/*a, o* **j'enfonce · j'enfonçai · enfoncé · enfonçant**

Present		***Passé Composé***	
j'enfonce	nous enfonçons	j'ai enfoncé	nous avons enfoncé
tu enfonces	vous enfoncez	tu as enfoncé	vous avez enfoncé
il/elle enfonce	ils/elles enfoncent	il/elle a enfoncé	ils/elles ont enfoncé
Imperfect		***Pluperfect***	
j'enfonçais	nous enfoncions	j'avais enfoncé	nous avions enfoncé
tu enfonçais	vous enfonciez	tu avais enfoncé	vous aviez enfoncé
il/elle enfonçait	ils/elles enfonçaient	il/elle avait enfoncé	ils/elles avaient enfoncé
Passé Simple		***Past Anterior***	
j'enfonçai	nous enfonçâmes	j'eus enfoncé	nous eûmes enfoncé
tu enfonças	vous enfonçâtes	tu eus enfoncé	vous eûtes enfoncé
il/elle enfonça	ils/elles enfoncèrent	il/elle eut enfoncé	ils/elles eurent enfoncé
Future		***Future Anterior***	
j'enfoncerai	nous enfoncerons	j'aurai enfoncé	nous aurons enfoncé
tu enfonceras	vous enfoncerez	tu auras enfoncé	vous aurez enfoncé
il/elle enfoncera	ils/elles enfonceront	il/elle aura enfoncé	ils/elles auront enfoncé
Conditional		***Past Conditional***	
j'enfoncerais	nous enfoncerions	j'aurais enfoncé	nous aurions enfoncé
tu enfoncerais	vous enfonceriez	tu aurais enfoncé	vous auriez enfoncé
il/elle enfoncerait	ils/elles enfonceraient	il/elle aurait enfoncé	ils/elles auraient enfoncé

Present Subjunctive		***Past Subjunctive***	
que j'enfonce	que nous enfoncions	que j'aie enfoncé	que nous ayons enfoncé
que tu enfonces	que vous enfonciez	que tu aies enfoncé	que vous ayez enfoncé
qu'il/elle enfonce	qu'ils/elles enfoncent	qu'il/elle ait enfoncé	qu'ils/elles aient enfoncé
Imperfect Subjunctive		***Pluperfect Subjunctive***	
que j'enfonçasse	que nous enfonçassions	que j'eusse enfoncé	que nous eussions enfoncé
que tu enfonçasses	que vous enfonçassiez	que tu eusses enfoncé	que vous eussiez enfoncé
qu'il/elle enfonçât	qu'ils/elles enfonçassent	qu'il/elle eût enfoncé	qu'ils/elles eussent enfoncé

Commands

	(nous) enfonçons
(tu) enfonce	(vous) enfoncez

USAGE

L'assassin lui a enfoncé un couteau dans le dos.	*The murderer stuck a knife in his back.*
enfoncer des clous	*to hammer in nails*
La police a enfoncé la porte.	*The police broke the door down.*
Il faut enfoncer le clou. (*figurative*)	*You have to drive the point home.*
Tu ne fais qu'enfoncer des portes ouvertes.	*All you're doing is belaboring the point.*
Nos troupes ont enfoncé les lignes ennemies.	*Our troops broke through enemy lines.*

RELATED WORDS AND EXPRESSIONS

s'enfoncer	*to sink (into) / penetrate*
Le bateau s'enfonçait dans le lac.	*The boat sank into the lake.*
On s'est enfoncés dans la boue jusqu'aux chevilles.	*We sunk into the mud up to our ankles.*
Je te conseille de ne plus rien dire. Tu t'enfonces avec chaque phrase.	*I advise you not to say anything else. You're making things worse with each sentence.*

s'enfuir *to flee, run away, escape*

je m'enfuis · je m'enfuis · s'étant enfui · s'enfuyant

irregular reflexive verb; compound tenses with *être*

Present		***Passé Composé***	
je m'enfuis	nous nous enfuyons	je me suis enfui(e)	nous nous sommes enfui(e)s
tu t'enfuis	vous vous enfuyez	tu t'es enfui(e)	vous vous êtes enfui(e)(s)
il/elle s'enfuit	ils/elles s'enfuient	il/elle s'est enfui(e)	ils/elles se sont enfui(e)s
Imperfect		***Pluperfect***	
je m'enfuyais	nous nous enfuyions	je m'étais enfui(e)	nous nous étions enfui(e)s
tu t'enfuyais	vous vous enfuyiez	tu t'étais enfui(e)	vous vous étiez enfui(e)(s)
il/elle s'enfuyait	ils/elles s'enfuyaient	il/elle s'était enfui(e)	ils/elles s'étaient enfui(e)s
Passé Simple		***Past Anterior***	
je m'enfuis	nous nous enfuîmes	je me fus enfui(e)	nous nous fûmes enfui(e)s
tu t'enfuis	vous vous enfuîtes	tu te fus enfui(e)	vous vous fûtes enfui(e)(s)
il/elle s'enfuit	ils/elles s'enfuirent	il/elle se fut enfui(e)	ils/elles se furent enfui(e)s
Future		***Future Anterior***	
je m'enfuirai	nous nous enfuirons	je me serai enfui(e)	nous nous serons enfui(e)s
tu t'enfuiras	vous vous enfuirez	tu te seras enfui(e)	vous vous serez enfui(e)(s)
il/elle s'enfuira	ils/elles s'enfuiront	il/elle se sera enfui(e)	ils/elles se seront enfui(e)s
Conditional		***Past Conditional***	
je m'enfuirais	nous nous enfuirions	je me serais enfui(e)	nous nous serions enfui(e)s
tu t'enfuirais	vous vous enfuiriez	tu te serais enfui(e)	vous vous seriez enfui(e)(s)
il/elle s'enfuirait	ils/elles s'enfuiraient	il/elle se serait enfui(e)	ils/elles se seraient enfui(e)s
Present Subjunctive		***Past Subjunctive***	
que je m'enfuie	que nous nous enfuyions	que je me sois enfui(e)	que nous nous soyons enfui(e)s
que tu t'enfuies	que vous vous enfuyiez	que tu te sois enfui(e)	que vous vous soyez enfui(e)(s)
qu'il/elle s'enfuie	qu'ils/elles s'enfuient	qu'il/elle se soit enfui(e)	qu'ils/elles se soient enfui(e)s
Imperfect Subjunctive		***Pluperfect Subjunctive***	
que je m'enfuisse	que nous nous enfuissions	que je me fusse enfui(e)	que nous nous fussions enfui(e)s
que tu t'enfuisses	que vous vous enfuissiez	que tu te fusses enfui(e)	que vous vous fussiez enfui(e)(s)
qu'il/elle s'enfuît	qu'ils/elles s'enfuissent	qu'il/elle se fût enfui(e)	qu'ils/elles se fussent enfui(e)s

Commands

	(nous) enfuyons-nous
(tu) enfuis-toi	(vous) enfuyez-vous

USAGE

Les prisonniers se sont enfuis.	*The prisoners fled.*
Pour éviter une peine de prison il s'est enfui au Brésil.	*To avoid a prison sentence he ran away to Brazil.*
Un criminel dangereux s'est enfui de la prison.	*A dangerous criminal escaped from jail.*
Tous les habitants ont réussi à s'enfuir à temps de l'immeuble en feu.	*All the residents were able to escape from the burning apartment building.*
Leurs parents s'opposaient à leur mariage. Ils se sont donc enfuis.	*Their parents were against their marriage. So they eloped.*

regular -*er* verb; spelling change: *e* > *è*/mute *e* **j'enlève · j'enlevai · enlevé · enlevant**

Present		*Passé Composé*	
j'enlève	nous enlevons	j'ai enlevé	nous avons enlevé
tu enlèves	vous enlevez	tu as enlevé	vous avez enlevé
il/elle enlève	ils/elles enlèvent	il/elle a enlevé	ils/elles ont enlevé
Imperfect		*Pluperfect*	
j'enlevais	nous enlevions	j'avais enlevé	nous avions enlevé
tu enlevais	vous enleviez	tu avais enlevé	vous aviez enlevé
il/elle enlevait	ils/elles enlevaient	il/elle avait enlevé	ils/elles avaient enlevé
Passé Simple		*Past Anterior*	
j'enlevai	nous enlevâmes	j'eus enlevé	nous eûmes enlevé
tu enlevas	vous enlevâtes	tu eus enlevé	vous eûtes enlevé
il/elle enleva	ils/elles enlevèrent	il/elle eut enlevé	ils/elles eurent enlevé
Future		*Future Anterior*	
j'enlèverai	nous enlèverons	j'aurai enlevé	nous aurons enlevé
tu enlèveras	vous enlèverez	tu auras enlevé	vous aurez enlevé
il/elle enlèvera	ils/elles enlèveront	il/elle aura enlevé	ils/elles auront enlevé
Conditional		*Past Conditional*	
j'enlèverais	nous enlèverions	j'aurais enlevé	nous aurions enlevé
tu enlèverais	vous enlèveriez	tu aurais enlevé	vous auriez enlevé
il/elle enlèverait	ils/elles enlèveraient	il/elle aurait enlevé	ils/elles auraient enlevé

Present Subjunctive		*Past Subjunctive*	
que j'enlève	que nous enlevions	que j'aie enlevé	que nous ayons enlevé
que tu enlèves	que vous enleviez	que tu aies enlevé	que vous ayez enlevé
qu'il/elle enlève	qu'ils/elles enlèvent	qu'il/elle ait enlevé	qu'ils/elles aient enlevé
Imperfect Subjunctive		*Pluperfect Subjunctive*	
que j'enlevasse	que nous enlevassions	que j'eusse enlevé	que nous eussions enlevé
que tu enlevasses	que vous enlevassiez	que tu eusses enlevé	que vous eussiez enlevé
qu'il/elle enlevât	qu'ils/elles enlevassent	qu'il/elle eût enlevé	qu'ils/elles eussent enlevé

Commands

	(nous) enlevons
(tu) enlève	(vous) enlevez

USAGE

Il fait chaud ici. Je vais enlever ma veste.	*It's warm here. I'm going to take my jacket off.*
Enlevez cette chaise. Personne ne peut passer.	*Take away that chair. No one can get by.*
Enlevez ce mot de la phrase.	*Take this word out of the sentence.*
Enlève tes mains de ta poche quand je te parle!	*Take your hands out of your pockets when I talk to you!*
Enlève tes coudes de la table!	*Get your elbows off the table!*
enlever des taches	*to get out stains*
L'enfant a été enlevé.	*The child was kidnapped.*

RELATED WORDS AND EXPRESSIONS

l'enlèvement *(m)*	*kidnapping*

ennuyer *to bore; to annoy*

j'ennuie · j'ennuyai · ennuyé · ennuyant regular -*er* verb; spelling change: y > i/mute *e*

Present		*Passé Composé*	
j'ennuie	nous ennuyons	j'ai ennuyé	nous avons ennuyé
tu ennuies	vous ennuyez	tu as ennuyé	vous avez ennuyé
il/elle ennuie	ils/elles ennuient	il/elle a ennuyé	ils/elles ont ennuyé
Imperfect		*Pluperfect*	
j'ennuyais	nous ennuyions	j'avais ennuyé	nous avions ennuyé
tu ennuyais	vous ennuyiez	tu avais ennuyé	vous aviez ennuyé
il/elle ennuyait	ils/elles ennuyaient	il/elle avait ennuyé	ils/elles avaient ennuyé
Passé Simple		*Past Anterior*	
j'ennuyai	nous ennuyâmes	j'eus ennuyé	nous eûmes ennuyé
tu ennuyas	vous ennuyâtes	tu eus ennuyé	vous eûtes ennuyé
il/elle ennuya	ils/elles ennuyèrent	il/elle eut ennuyé	ils/elles eurent ennuyé
Future		*Future Anterior*	
j'ennuierai	nous ennuierons	j'aurai ennuyé	nous aurons ennuyé
tu ennuieras	vous ennuierez	tu auras ennuyé	vous aurez ennuyé
il/elle ennuiera	ils/elles ennuieront	il/elle aura ennuyé	ils/elles auront ennuyé
Conditional		*Past Conditional*	
j'ennuierais	nous ennuierions	j'aurais ennuyé	nous aurions ennuyé
tu ennuierais	vous ennuieriez	tu aurais ennuyé	vous auriez ennuyé
il/elle ennuierait	ils/elles ennuieraient	il/elle aurait ennuyé	ils/elles auraient ennuyé
Present Subjunctive		*Past Subjunctive*	
que j'ennuie	que nous ennuyions	que j'aie ennuyé	que nous ayons ennuyé
que tu ennuies	que vous ennuyiez	que tu aies ennuyé	que vous ayez ennuyé
qu'il/elle ennuie	qu'ils/elles ennuient	qu'il/elle ait ennuyé	qu'ils/elles aient ennuyé
Imperfect Subjunctive		*Pluperfect Subjunctive*	
que j'ennuyasse	que nous ennuyassions	que j'eusse ennuyé	que nous eussions ennuyé
que tu ennuyasses	que vous ennuyassiez	que tu eusses ennuyé	que vous eussiez ennuyé
qu'il/elle ennuyât	qu'ils/elles ennuyassent	qu'il/elle eût ennuyé	qu'ils/elles eussent ennuyé

Commands

	(nous) ennuyons
(tu) ennuie	(vous) ennuyez

USAGE

Ce nouveau film m'a tellement ennuyé.	*This new film bored me so much.*
Il m'ennuie avec ses accès de colère.	*He's annoying me with his fits of anger.*
Ça m'ennuie de te voir si triste.	*It bothers me to see you so sad.*
Ça t'ennuierait de m'accompagner?	*Would you mind going with me?*
Nous ne voudrions pas vous ennuyer.	*We would not want to cause you any trouble.*

RELATED WORDS AND EXPRESSIONS

l'ennui *(m)*	*boredom; trouble*
Ce roman est à mourir d'ennui.	*That novel can bore you to death.*
C'est un type qui vous cause toujours des ennuis.	*He's a guy who always gives you trouble.*
Elle a des ennuis avec sa fille.	*She's having trouble with her daughter.*
Si tu ne paies pas tes amendes, tu auras des ennuis avec la police.	*If you don't pay your fines, you'll have trouble with the police.*

regular *-er* reflexive verb; spelling change: i > y/mute *e*; compound tenses with *être*

je m'ennuie · je m'ennuyai · s'étant ennuyé · s'ennuyant

Present		*Passé Composé*	
je m'ennuie	nous nous ennuyons	je me suis ennuyé(e)	nous nous sommes ennuyé(e)s
tu t'ennuies	vous vous ennuyez	tu t'es ennuyé(e)	vous vous êtes ennuyé(e)(s)
il/elle s'ennuie	ils/elles s'ennuient	il/elle s'est ennuyé(e)	ils/elles se sont ennuyé(e)s
Imperfect		*Pluperfect*	
je m'ennuyais	nous nous ennuyions	je m'étais ennuyé(e)	nous nous étions ennuyé(e)s
tu t'ennuyais	vous vous ennuyiez	tu t'étais ennuyé(e)	vous vous étiez ennuyé(e)(s)
il/elle s'ennuyait	ils/elles s'ennuyaient	il/elle s'était ennuyé(e)	ils/elles s'étaient ennuyé(e)s
Passé Simple		*Past Anterior*	
je m'ennuyai	nous nous ennuyâmes	je me fus ennuyé(e)	nous nous fûmes ennuyé(e)s
tu t'ennuyas	vous vous ennuyâtes	tu te fus ennuyé(e)	vous vous fûtes ennuyé(e)(s)
il/elle s'ennuya	ils/elles s'ennuyèrent	il/elle se fut ennuyé(e)	ils/elles se furent ennuyé(e)s
Future		*Future Anterior*	
je m'ennuierai	nous nous ennuierons	je me serai ennuyé(e)	nous nous serons ennuyé(e)s
tu t'ennuieras	vous vous ennuierez	tu te seras ennuyé(e)	vous vous serez ennuyé(e)(s)
il/elle s'ennuiera	ils/elles s'ennuieront	il/elle se sera ennuyé(e)	ils/elles se seront ennuyé(e)s
Conditional		*Past Conditional*	
je m'ennuierais	nous nous ennuierions	je me serais ennuyé(e)	nous nous serions ennuyé(e)s
tu t'ennuierais	vous vous ennuieriez	tu te serais ennuyé(e)	vous vous seriez ennuyé(e)(s)
il/elle s'ennuierait	ils/elles s'ennuieraient	il/elle se serait ennuyé(e)	ils/elles se seraient ennuyé(e)s

Present Subjunctive		*Past Subjunctive*	
que je m'ennuie	que nous nous ennuyions	que je me sois ennuyé(e)	que nous nous soyons ennuyé(e)s
que tu t'ennuies	que vous vous ennuyiez	que tu te sois ennuyé(e)	que vous vous soyez ennuyé(e)(s)
qu'il/elle s'ennuie	qu'ils/elles s'ennuient	qu'il/elle se soit ennuyé(e)	qu'ils/elles se soient ennuyé(e)s
Imperfect Subjunctive		*Pluperfect Subjunctive*	
que je m'ennuyasse	que nous nous ennuyassions	que je me fusse ennuyé(e)	que nous nous fussions ennuyé(e)s
que tu t'ennuyasses	que vous vous ennuyassiez	que tu te fusses ennuyé(e)	que vous vous fussiez ennuyé(e)(s)
qu'il/elle s'ennuyât	qu'ils/elles s'ennuyassent	qu'il/elle se fût ennuyé(e)	qu'ils/elles se fussent ennuyé(e)s

Commands

	(nous) ennuyons-nous
(tu) ennuie-toi	(vous) ennuyez-vous

USAGE

Mon fils ne suit pas bien à l'école. Il dit qu'il s'y ennuie.	*My son isn't keeping up at school. He says he's bored there.*
Il s'ennuie à faire ses devoirs.	*He gets bored doing his homework.*
Ce film était vraiment horrible. Je m'ennuyais à mourir.	*That film was really horrible. I was bored to death.*
Je n'aime pas les vacances au village. Je m'y ennuie.	*I don't like vacationing in a village. I get bored there.*
J'aime sortir avec mes amis. Je ne m'ennuie jamais avec eux.	*I like to go out with my friends. I never get bored with them.*
Je ne savais pas que tu t'y ennuyais tellement.	*I didn't know you were so bored there.*
On ne s'ennuiera pas du tout avec eux.	*We won't be bored at all with them.*

enseigner *to teach*

j'enseigne · j'enseignai · enseigné · enseignant regular *-er* verb

Present		*Passé Composé*	
j'enseigne	nous enseignons	j'ai enseigné	nous avons enseigné
tu enseignes	vous enseignez	tu as enseigné	vous avez enseigné
il/elle enseigne	ils/elles enseignent	il/elle a enseigné	ils/elles ont enseigné
Imperfect		*Pluperfect*	
j'enseignais	nous enseignions	j'avais enseigné	nous avions enseigné
tu enseignais	vous enseigniez	tu avais enseigné	vous aviez enseigné
il/elle enseignait	ils/elles enseignaient	il/elle avait enseigné	ils/elles avaient enseigné
Passé Simple		*Past Anterior*	
j'enseignai	nous enseignâmes	j'eus enseigné	nous eûmes enseigné
tu enseignas	vous enseignâtes	tu eus enseigné	vous eûtes enseigné
il/elle enseigna	ils/elles enseignèrent	il/elle eut enseigné	ils/elles eurent enseigné
Future		*Future Anterior*	
j'enseignerai	nous enseignerons	j'aurai enseigné	nous aurons enseigné
tu enseigneras	vous enseignerez	tu auras enseigné	vous aurez enseigné
il/elle enseignera	ils/elles enseigneront	il/elle aura enseigné	ils/elles auront enseigné
Conditional		*Past Conditional*	
j'enseignerais	nous enseignerions	j'aurais enseigné	nous aurions enseigné
tu enseignerais	vous enseigneriez	tu aurais enseigné	vous auriez enseigné
il/elle enseignerait	ils/elles enseigneraient	il/elle aurait enseigné	ils/elles auraient enseigné

Present Subjunctive		*Past Subjunctive*	
que j'enseigne	que nous enseignions	que j'aie enseigné	que nous ayons enseigné
que tu enseignes	que vous enseigniez	que tu aies enseigné	que vous ayez enseigné
qu'il/elle enseigne	qu'ils/elles enseignent	qu'il/elle ait enseigné	qu'ils/elles aient enseigné
Imperfect Subjunctive		*Pluperfect Subjunctive*	
que j'enseignasse	que nous enseignassions	que j'eusse enseigné	que nous eussions enseigné
que tu enseignasses	que vous enseignassiez	que tu eusses enseigné	que vous eussiez enseigné
qu'il/elle enseignât	qu'ils/elles enseignassent	qu'il/elle eût enseigné	qu'ils/elles eussent enseigné

Commands

	(nous) enseignons
(tu) enseigne	(vous) enseignez

USAGE

Elle enseigne les maths dans un lycée.	*She teaches math in a secondary school.*
enseigner à qqn une qualité	*to teach someone a quality*
Il faut enseigner la patience aux enfants.	*Children have to be taught patience.*
enseigner à qqn à faire qqch	*to teach someone to do something*
—Qui lui a enseigné à jouer du violon?	*Who taught him to play the violin?*
—Son grand-père lui a enseigné.	*His grandfather taught him.*

RELATED WORDS AND EXPRESSIONS

l'enseignement *(m)*	*teaching/instruction*
Il travaille dans l'enseignement.	*He is a teacher.*
l'enseignement publique	*public education*
l'enseignement primaire/secondaire	*primary/secondary education*
Elle a consacré sa vie à l'enseignement des enfants handicapés.	*She devoted her life to teaching children with handicaps.*

regular -*re* verb **j'entends · j'entendis · entendu · entendant**

Present		*Passé Composé*	
j'entends	nous entendons	j'ai entendu	nous avons entendu
tu entends	vous entendez	tu as entendu	vous avez entendu
il/elle entend	ils/elles entendent	il/elle a entendu	ils/elles ont entendu
Imperfect		*Pluperfect*	
j'entendais	nous entendions	j'avais entendu	nous avions entendu
tu entendais	vous entendiez	tu avais entendu	vous aviez entendu
il/elle entendait	ils/elles entendaient	il/elle avait entendu	ils/elles avaient entendu
Passé Simple		*Past Anterior*	
j'entendis	nous entendîmes	j'eus entendu	nous eûmes entendu
tu entendis	vous entendîtes	tu eus entendu	vous eûtes entendu
il/elle entendit	ils/elles entendirent	il/elle eut entendu	ils/elles eurent entendu
Future		*Future Anterior*	
j'entendrai	nous entendrons	j'aurai entendu	nous aurons entendu
tu entendras	vous entendrez	tu auras entendu	vous aurez entendu
il/elle entendra	ils/elles entendront	il/elle aura entendu	ils/elles auront entendu
Conditional		*Past Conditional*	
j'entendrais	nous entendrions	j'aurais entendu	nous aurions entendu
tu entendrais	vous entendriez	tu aurais entendu	vous auriez entendu
il/elle entendrait	ils/elles entendraient	il/elle aurait entendu	ils/elles auraient entendu

Present Subjunctive		*Past Subjunctive*	
que j'entende	que nous entendions	que j'aie entendu	que nous ayons entendu
que tu entendes	que vous entendiez	que tu aies entendu	que vous ayez entendu
qu'il/elle entende	qu'ils/elles entendent	qu'il/elle ait entendu	qu'ils/elles aient entendu
Imperfect Subjunctive		*Pluperfect Subjunctive*	
que j'entendisse	que nous entendissions	que j'eusse entendu	que nous eussions entendu
que tu entendisses	que vous entendissiez	que tu eusses entendu	que vous eussiez entendu
qu'il/elle entendît	qu'ils/elles entendissent	qu'il/elle eût entendu	qu'ils/elles eussent entendu

Commands

	(nous) entendons
(tu) entends	(vous) entendez

USAGE

J'entends de la musique.	*I hear music.*
Maintenant ils vont m'entendre!	*Now they're going to catch it from me!*
Je n'entends pas qu'il me parle sur ce ton.	*I won't stand for his speaking to me that way.*
—Tu y entends quelque chose?	*Do you understand this at all?*
—Non, je n'y entends rien.	*No, I don't understand anything about it.*
—Il sait que tu veux qu'il te rende l'argent?	*Does he know that you want him to return the money to you?*
—Je l'ai laissé entendre.	*I hinted at it.*

RELATED WORDS AND EXPRESSIONS

Entendu!	*Agreed!*
mal entendant(e)	*hard of hearing*

s'entendre *to get along; to hear oneself*

je m'entends · je m'entendis · s'étant entendu · s'entendant

regular *-re* reflexive verb; compound tenses with *être*

Present		***Passé Composé***	
je m'entends	nous nous entendons	je me suis entendu(e)	nous nous sommes entendu(e)s
tu t'entends	vous vous entendez	tu t'es entendu(e)	vous vous êtes entendu(e)(s)
il/elle s'entend	ils/elles s'entendent	il/elle s'est entendu(e)	ils/elles se sont entendu(e)s
Imperfect		***Pluperfect***	
je m'entendais	nous nous entendions	je m'étais entendu(e)	nous nous étions entendu(e)s
tu t'entendais	vous vous entendiez	tu t'étais entendu(e)	vous vous étiez entendu(e)(s)
il/elle s'entendait	ils/elles s'entendaient	il/elle s'était entendu(e)	ils/elles s'étaient entendu(e)s
Passé Simple		***Past Anterior***	
je m'entendis	nous nous entendîmes	je me fus entendu(e)	nous nous fûmes entendu(e)s
tu t'entendis	vous vous entendîtes	tu te fus entendu(e)	vous vous fûtes entendu(e)(s)
il/elle s'entendit	ils/elles s'entendirent	il/elle se fut entendu(e)	ils/elles se furent entendu(e)s
Future		***Future Anterior***	
je m'entendrai	nous nous entendrons	je me serai entendu(e)	nous nous serons entendu(e)s
tu t'entendras	vous vous entendrez	tu te seras entendu(e)	vous vous serez entendu(e)(s)
il/elle s'entendra	ils/elles s'entendront	il/elle se sera entendu(e)	ils/elles se seront entendu(e)s
Conditional		***Past Conditional***	
je m'entendrais	nous nous entendrions	je me serais entendu(e)	nous nous serions entendu(e)s
tu t'entendrais	vous vous entendriez	tu te serais entendu(e)	vous vous seriez entendu(e)(s)
il/elle s'entendrait	ils/elles s'entendraient	il/elle se serait entendu(e)	ils/elles se seraient entendu(e)s
Present Subjunctive		***Past Subjunctive***	
que je m'entende	que nous nous entendions	que je me sois entendu(e)	que nous nous soyons entendu(e)s
que tu t'entendes	que vous vous entendiez	que tu te sois entendu(e)	que vous vous soyez entendu(e)(s)
qu'il/elle s'entende	qu'ils/elles s'entendent	qu'il/elle se soit entendu(e)	qu'ils/elles se soient entendu(e)s
Imperfect Subjunctive		***Pluperfect Subjunctive***	
que je m'entendisse	que nous nous entendissions	que je me fusse entendu(e)	que nous nous fussions entendu(e)s
que tu t'entendisses	que vous vous entendissiez	que tu te fusses entendu(e)	que vous vous fussiez entendu(e)(s)
qu'il/elle s'entendît	qu'ils/elles s'entendissent	qu'il/elle se fût entendu(e)	qu'ils/elles se fussent entendu(e)s

Commands

	(nous) entendons-nous
(tu) entends-toi	(vous) entendez-vous

USAGE

s'entendre avec qqn	*to get along with someone*
Il ne s'entend pas avec les voisins.	*He doesn't get along with his neighbors.*
Est-ce que vous vous entendez bien avec votre belle-famille?	*Do you get along with your in-laws?*
s'entendre comme chien et chat	*to not get along at all*
s'entendre sur qqch	*to agree upon something*
Ils se sont entendus sur le plan à suivre.	*They agreed upon the plan they would follow.*
Il faut que nous nous entendions là-dessus.	*We must come to an agreement about that.*
Les deux entreprises s'entendent pour une fusion.	*The two companies are in agreement about a merger.*
On ne s'entend pas du tout avec tout ce bruit.	*You can't hear yourself think with all this noise.*

regular *-er* verb **j'enterre · j'enterrai · enterré · enterrant**

Present		*Passé Composé*	
j'enterre	nous enterrons	j'ai enterré	nous avons enterré
tu enterres	vous enterrez	tu as enterré	vous avez enterré
il/elle enterre	ils/elles enterrent	il/elle a enterré	ils/elles ont enterré
Imperfect		*Pluperfect*	
j'enterrais	nous enterrions	j'avais enterré	nous avions enterré
tu enterrais	vous enterriez	tu avais enterré	vous aviez enterré
il/elle enterrait	ils/elles enterraient	il/elle avait enterré	ils/elles avaient enterré
Passé Simple		*Past Anterior*	
j'enterrai	nous enterrâmes	j'eus enterré	nous eûmes enterré
tu enterras	vous enterrâtes	tu eus enterré	vous eûtes enterré
il/elle enterra	ils/elles enterrèrent	il/elle eut enterré	ils/elles eurent enterré
Future		*Future Anterior*	
j'enterrerai	nous enterrerons	j'aurai enterré	nous aurons enterré
tu enterreras	vous enterrerez	tu auras enterré	vous aurez enterré
il/elle enterrera	ils/elles enterreront	il/elle aura enterré	ils/elles auront enterré
Conditional		*Past Conditional*	
j'enterrerais	nous enterrerions	j'aurais enterré	nous aurions enterré
tu enterrerais	vous enterreriez	tu aurais enterré	vous auriez enterré
il/elle enterrerait	ils/elles enterreraient	il/elle aurait enterré	ils/elles auraient enterré

Present Subjunctive		*Past Subjunctive*	
que j'enterre	que nous enterrions	que j'aie enterré	que nous ayons enterré
que tu enterres	que vous enterriez	que tu aies enterré	que vous ayez enterré
qu'il/elle enterre	qu'ils/elles enterrent	qu'il/elle ait enterré	qu'ils/elles aient enterré
Imperfect Subjunctive		*Pluperfect Subjunctive*	
que j'enterrasse	que nous enterrassions	que j'eusse enterré	que nous eussions enterré
que tu enterrasses	que vous enterrassiez	que tu eusses enterré	que vous eussiez enterré
qu'il/elle enterrât	qu'ils/elles enterrassent	qu'il/elle eût enterré	qu'ils/elles eussent enterré

Commands

	(nous) enterrons
(tu) enterre	(vous) enterrez

USAGE

Hier nous avons enterré notre oncle.	*We buried our uncle yesterday.*
Il faut enterrer la hache de guerre.	*We have to bury the hatchet.*
Il faut enterrer cette querelle.	*We must forget this quarrel.*
Il va enterrer sa vie de garçon lundi prochain.	*Next Monday he's throwing a bachelor party for himself.*
Cette vieille dame nous enterrera tous.	*That old woman will outlive us all.*

RELATED WORDS AND EXPRESSIONS

l'enterrement *(m)*	*funeral*
On a réservé un enterrement de première classe pour mon idée.	*They voted thumbs down on my idea.*
Pourquoi cette tête d'enterrement?	*Why do you look so depressed?*

entreprendre *to undertake*

j'entreprends · j'entrepris · entrepris · entreprenant irregular verb

Present		*Passé Composé*	
j'entreprends	nous entreprenons	j'ai entrepris	nous avons entrepris
tu entreprends	vous entreprenez	tu as entrepris	vous avez entrepris
il/elle entreprend	ils/elles entreprennent	il/elle a entrepris	ils/elles ont entrepris

Imperfect		*Pluperfect*	
j'entreprenais	nous entreprenions	j'avais entrepris	nous avions entrepris
tu entreprenais	vous entrepreniez	tu avais entrepris	vous aviez entrepris
il/elle entreprenait	ils/elles entreprenaient	il/elle avait entrepris	ils/elles avaient entrepris

Passé Simple		*Past Anterior*	
j'entrepris	nous entreprîmes	j'eus entrepris	nous eûmes entrepris
tu entrepris	vous entreprîtes	tu eus entrepris	vous eûtes entrepris
il/elle entreprit	ils/elles entreprirent	il/elle eut entrepris	ils/elles eurent entrepris

Future		*Future Anterior*	
j'entreprendrai	nous entreprendrons	j'aurai entrepris	nous aurons entrepris
tu entreprendras	vous entreprendrez	tu auras entrepris	vous aurez entrepris
il/elle entreprendra	ils/elles entreprendront	il/elle aura entrepris	ils/elles auront entrepris

Conditional		*Past Conditional*	
j'entreprendrais	nous entreprendrions	j'aurais entrepris	nous aurions entrepris
tu entreprendrais	vous entreprendriez	tu aurais entrepris	vous auriez entrepris
il/elle entreprendrait	ils/elles entreprendraient	il/elle aurait entrepris	ils/elles auraient entrepris

Present Subjunctive		*Past Subjunctive*	
que j'entreprenne	que nous entreprenions	que j'aie entrepris	que nous ayons entrepris
que tu entreprennes	que vous entrepreniez	que tu aies entrepris	que vous ayez entrepris
qu'il/elle entreprenne	qu'ils/elles entreprennent	qu'il/elle ait entrepris	qu'ils/elles aient entrepris

Imperfect Subjunctive		*Pluperfect Subjunctive*	
que j'entreprisse	que nous entreprissions	que j'eusse entrepris	que nous eussions entrepris
que tu entreprisses	que vous entreprissiez	que tu eusses entrepris	que vous eussiez entrepris
qu'il/elle entreprît	qu'ils/elles entreprissent	qu'il/elle eût entrepris	qu'ils/elles eussent entrepris

Commands

	(nous) entreprenons
(tu) entreprends	(vous) entreprenez

USAGE

entreprendre un nouveau travail	*to undertake a new job*
entreprendre de faire qqch	*to undertake to do something*
La police entreprit de ratisser la ville.	*The police undertook to comb the city.*
entreprendre un voyage	*to begin a trip*

RELATED WORDS AND EXPRESSIONS

un entrepreneur / une entrepreneuse	*an entrepreneur; a contractor*
l'entrepreneur de construction	*building contractor*
l'entrepreneur de pompes funèbres	*undertaker*
l'entreprise *(f)*	*company/firm*
L'entreprise a fait faillite.	*The company went bankrupt.*
Il travaille pour une grosse entreprise internationale.	*He works for a big international company.*

regular -*er* verb; compound tenses with *être* **j'entre · j'entrai · entré · entrant**

Present		*Passé Composé*	
j'entre	nous entrons	je suis entré(e)	nous sommes entré(e)s
tu entres	vous entrez	tu es entré(e)	vous êtes entré(e)(s)
il/elle entre	ils/elles entrent	il/elle est entré(e)	ils/elles sont entré(e)s
Imperfect		*Pluperfect*	
j'entrais	nous entrions	j'étais entré(e)	nous étions entré(e)s
tu entrais	vous entriez	tu étais entré(e)	vous étiez entré(e)(s)
il/elle entrait	ils/elles entraient	il/elle était entré(e)	ils/elles étaient entré(e)s
Passé Simple		*Past Anterior*	
j'entrai	nous entrâmes	je fus entré(e)	nous fûmes entré(e)s
tu entras	vous entrâtes	tu fus entré(e)	vous fûtes entré(e)(s)
il/elle entra	ils/elles entrèrent	il/elle fut entré(e)	ils/elles furent entré(e)s
Future		*Future Anterior*	
j'entrerai	nous entrerons	je serai entré(e)	nous serons entré(e)s
tu entreras	vous entrerez	tu seras entré(e)	vous serez entré(e)(s)
il/elle entrera	ils/elles entreront	il/elle sera entré(e)	ils/elles seront entré(e)s
Conditional		*Past Conditional*	
j'entrerais	nous entrerions	je serais entré(e)	nous serions entré(e)s
tu entrerais	vous entreriez	tu serais entré(e)	vous seriez entré(e)(s)
il/elle entrerait	ils/elles entreraient	il/elle serait entré(e)	ils/elles seraient entré(e)s

Present Subjunctive		*Past Subjunctive*	
que j'entre	que nous entrions	que je sois entré(e)	que nous soyons entré(e)s
que tu entres	que vous entriez	que tu sois entré(e)	que vous soyez entré(e)(s)
qu'il/elle entre	qu'ils/elles entrent	qu'il/elle soit entré(e)	qu'ils/elles soient entré(e)s
Imperfect Subjunctive		*Pluperfect Subjunctive*	
que j'entrasse	que nous entrassions	que je fusse entré(e)	que nous fussions entré(e)s
que tu entrasses	que vous entrassiez	que tu fusses entré(e)	que vous fussiez entré(e)(s)
qu'il/elle entrât	qu'ils/elles entrassent	qu'il/elle fût entré(e)	qu'ils/elles fussent entré(e)s

Commands

(nous) entrons
(tu) entre (vous) entrez

USAGE

NOTE: When *entrer* is transitive as in *entrer des données*, it forms its compound tenses with *avoir*, not *être*.

Nous avons entré toutes les données.	*We entered all the data.*
entrer dans	*to enter / go in / come in*
Entrez sans frapper.	*Enter without knocking.* (sign)
Elle est entrée dans l'enseignement.	*She entered the teaching profession.*
Il est entré dans son bureau.	*He went into his office.*
On y entre comme dans un moulin.	*Anyone can walk in.*
Ça n'entre pas! Qu'est-ce qu'on va faire?	*It doesn't fit! What are we going to do?*

RELATED WORDS AND EXPRESSIONS

l'entrée *(f)*	*entrance*

s'envoler *to fly away*

je m'envole · je m'envolai · s'étant envolé · s'envolant

regular *-er* reflexive verb; compound tenses with *être*

Present

je m'envole	nous nous envolons
tu t'envoles	vous vous envolez
il/elle s'envole	ils/elles s'envolent

Imperfect

je m'envolais	nous nous envolions
tu t'envolais	vous vous envoliez
il/elle s'envolait	ils/elles s'envolaient

Passé Simple

je m'envolai	nous nous envolâmes
tu t'envolas	vous vous envolâtes
il/elle s'envola	ils/elles s'envolèrent

Future

je m'envolerai	nous nous envolerons
tu t'envoleras	vous vous envolerez
il/elle s'envolera	ils/elles s'envoleront

Conditional

je m'envolerais	nous nous envolerions
tu t'envolerais	vous vous envoleriez
il/elle s'envolerait	ils/elles s'envoleraient

Passé Composé

je me suis envolé(e)	nous nous sommes envolé(e)s
tu t'es envolé(e)	vous vous êtes envolé(e)(s)
il/elle s'est envolé(e)	ils/elles se sont envolé(e)s

Pluperfect

je m'étais envolé(e)	nous nous étions envolé(e)s
tu t'étais envolé(e)	vous vous étiez envolé(e)(s)
il/elle s'était envolé(e)	ils/elles s'étaient envolé(e)s

Past Anterior

je me fus envolé(e)	nous nous fûmes envolé(e)s
tu te fus envolé(e)	vous vous fûtes envolé(e)(s)
il/elle se fut envolé(e)	ils/elles se furent envolé(e)s

Future Anterior

je me serai envolé(e)	nous nous serons envolé(e)s
tu te seras envolé(e)	vous vous serez envolé(e)(s)
il/elle se sera envolé(e)	ils/elles se seront envolé(e)s

Past Conditional

je me serais envolé(e)	nous nous serions envolé(e)s
tu te serais envolé(e)	vous vous seriez envolé(e)(s)
il/elle se serait envolé(e)	ils/elles se seraient envolé(e)s

Present Subjunctive

que je m'envole	que nous nous envolions
que tu t'envoles	que vous vous envoliez
qu'il/elle s'envole	qu'ils/elles s'envolent

Imperfect Subjunctive

que je m'envolasse	que nous nous envolassions
que tu t'envolasses	que vous vous envolassiez
qu'il/elle s'envolât	qu'ils/elles s'envolassent

Past Subjunctive

que je me sois envolé(e)	que nous nous soyons envolé(e)s
que tu te sois envolé(e)	que vous vous soyez envolé(e)(s)
qu'il/elle se soit envolé(e)	qu'ils/elles se soient envolé(e)s

Pluperfect Subjunctive

que je me fusse envolé(e)	que nous nous fussions envolé(e)s
que tu te fusses envolé(e)	que vous vous fussiez envolé(e)(s)
qu'il/elle se fût envolé(e)	qu'ils/elles se fussent envolé(e)s

Commands

	(nous) envolons-nous
(tu) envole-toi	(vous) envolez-vous

USAGE

L'oiseau s'est envolé.	*The bird flew away.*
L'avion de Paris vient de s'envoler.	*The plane for Paris has just taken off.*
Avec le vent, son chapeau s'est envolé.	*With the wind, his hat blew off.*
Son désir de voyager s'est envolé.	*His desire to travel disappeared.*
La compagnie a vu ses bénéfices s'envoler.	*The company's profits soared.*

RELATED WORDS AND EXPRESSIONS

l'envol *(m)*	*taking off / taking flight*
L'oiseau a pris son envol.	*The bird took flight.*
l'envol de l'avion	*the plane's takeoff*

irregular verb; spelling change: y > i/mute *e*

j'envoie · j'envoyai · envoyé · envoyant

	Present		*Passé Composé*
j'envoie	nous envoyons	j'ai envoyé	nous avons envoyé
tu envoies	vous envoyez	tu as envoyé	vous avez envoyé
il/elle envoie	ils/elles envoient	il/elle a envoyé	ils/elles ont envoyé
	Imperfect		*Pluperfect*
j'envoyais	nous envoyions	j'avais envoyé	nous avions envoyé
tu envoyais	vous envoyiez	tu avais envoyé	vous aviez envoyé
il/elle envoyait	ils/elles envoyaient	il/elle avait envoyé	ils/elles avaient envoyé
	Passé Simple		*Past Anterior*
j'envoyai	nous envoyâmes	j'eus envoyé	nous eûmes envoyé
tu envoyas	vous envoyâtes	tu eus envoyé	vous eûtes envoyé
il/elle envoya	ils/elles envoyèrent	il/elle eut envoyé	ils/elles eurent envoyé
	Future		*Future Anterior*
j'enverrai	nous enverrons	j'aurai envoyé	nous aurons envoyé
tu enverras	vous enverrez	tu auras envoyé	vous aurez envoyé
il/elle enverra	ils/elles enverront	il/elle aura envoyé	ils/elles auront envoyé
	Conditional		*Past Conditional*
j'enverrais	nous enverrions	j'aurais envoyé	nous aurions envoyé
tu enverrais	vous enverriez	tu aurais envoyé	vous auriez envoyé
il/elle enverrait	ils/elles enverraient	il/elle aurait envoyé	ils/elles auraient envoyé
	Present Subjunctive		*Past Subjunctive*
que j'envoie	que nous envoyions	que j'aie envoyé	que nous ayons envoyé
que tu envoies	que vous envoyiez	que tu aies envoyé	que vous ayez envoyé
qu'il/elle envoie	qu'ils/elles envoient	qu'il/elle ait envoyé	qu'ils/elles aient envoyé
	Imperfect Subjunctive		*Pluperfect Subjunctive*
que j'envoyasse	que nous envoyassions	que j'eusse envoyé	que nous eussions envoyé
que tu envoyasses	que vous envoyassiez	que tu eusses envoyé	que vous eussiez envoyé
qu'il/elle envoyât	qu'ils/elles envoyassent	qu'il/elle eût envoyé	qu'ils/elles eussent envoyé

Commands

	(nous) envoyons
(tu) envoie	(vous) envoyez

USAGE

envoyer une lettre / un paquet / un courriel	*to send a letter / a package / an e-mail*
envoyer qqch à qqn	*to send something to someone*
—Qu'est-ce que ta petite amie t'a envoyé pour ton anniversaire?	*What did your girlfriend send you for your birthday?*
—Elle m'a envoyé un appareil numérique.	*She sent me a digital camera.*
envoyer qqn quelque part	*to send someone somewhere*
Son entreprise l'a envoyée en Asie.	*Her firm sent her to Asia.*
envoyer chercher qqn pour qqch	*to send someone for something*
Je l'ai envoyé chercher une pizza.	*I sent him to get a pizza.*
Elle l'a envoyé promener.	*She sent him packing. / She told him where to get off.*

RELATED WORDS AND EXPRESSIONS

l'envoi *(m)*	*shipment*
l'envoi de devises	*sending of currency*

232 **épouser** *to marry*

j'épouse · j'épousai · épousé · épousant regular *-er* verb

Present		*Passé Composé*	
j'épouse	nous épousons	j'ai épousé	nous avons épousé
tu épouses	vous épousez	tu as épousé	vous avez épousé
il/elle épouse	ils/elles épousent	il/elle a épousé	ils/elles ont épousé
Imperfect		***Pluperfect***	
j'épousais	nous épousions	j'avais épousé	nous avions épousé
tu épousais	vous épousiez	tu avais épousé	vous aviez épousé
il/elle épousait	ils/elles épousaient	il/elle avait épousé	ils/elles avaient épousé
Passé Simple		***Past Anterior***	
j'épousai	nous épousâmes	j'eus épousé	nous eûmes épousé
tu épousas	vous épousâtes	tu eus épousé	vous eûtes épousé
il/elle épousa	ils/elles épousèrent	il/elle eut épousé	ils/elles eurent épousé
Future		***Future Anterior***	
j'épouserai	nous épouserons	j'aurai épousé	nous aurons épousé
tu épouseras	vous épouserez	tu auras épousé	vous aurez épousé
il/elle épousera	ils/elles épouseront	il/elle aura épousé	ils/elles auront épousé
Conditional		***Past Conditional***	
j'épouserais	nous épouserions	j'aurais épousé	nous aurions épousé
tu épouserais	vous épouseriez	tu aurais épousé	vous auriez épousé
il/elle épouserait	ils/elles épouseraient	il/elle aurait épousé	ils/elles auraient épousé

Present Subjunctive		*Past Subjunctive*	
que j'épouse	que nous épousions	que j'aie épousé	que nous ayons épousé
que tu épouses	que vous épousiez	que tu aies épousé	que vous ayez épousé
qu'il/elle épouse	qu'ils/elles épousent	qu'il/elle ait épousé	qu'ils/elles aient épousé
Imperfect Subjunctive		***Pluperfect Subjunctive***	
que j'épousasse	que nous épousassions	que j'eusse épousé	que nous eussions épousé
que tu épousasses	que vous épousassiez	que tu eusses épousé	que vous eussiez épousé
qu'il/elle épousât	qu'ils/elles épousassent	qu'il/elle eût épousé	qu'ils/elles eussent épousé

Commands

	(nous) épousons
(tu) épouse	(vous) épousez

USAGE

—Il a épousé sa voisine.	*He married his neighbor.*
—Quand est-ce qu'ils se sont épousés?	*When did they get married?*
—Il y a trois mois.	*Three months ago.*
—Elle l'a épousé par amour?	*Did she marry him for love?*
—Non, elle l'a épousé par intérêt.	*No, she married him out of self-interest.*
—Elle l'a donc épousé pour son argent?	*So she married him for his money?*
—Je crois. Elle a toujours voulu épouser une grosse somme d'argent.	*I think so. She always wanted to marry into money.*

RELATED WORDS AND EXPRESSIONS

l'époux *(m)*	*spouse/husband*
l'épouse *(f)*	*spouse/wife*
les époux *(mpl)*	*married couple*
s'épouser	*to get married*

s'éprendre

to fall in love

irregular verb;
compound tenses with *être*

je m'éprends · je m'épris · s'étant épris · s'éprenant

Present		*Passé Composé*	
je m'éprends	nous nous éprenons	je me suis épris(e)	nous nous sommes épris(es)
tu t'éprends	vous vous éprenez	tu t'es épris(e)	vous vous êtes épris(e)(s)
il/elle s'éprend	ils/elles s'éprennent	il/elle s'est épris(e)	ils/elles se sont épris(es)
Imperfect		*Pluperfect*	
je m'éprenais	nous nous éprenions	je m'étais épris(e)	nous nous étions épris(es)
tu t'éprenais	vous vous épreniez	tu t'étais épris(e)	vous vous étiez épris(e)(s)
il/elle s'éprenait	ils/elles s'éprenaient	il/elle s'était épris(e)	ils/elles s'étaient épris(es)
Passé Simple		*Past Anterior*	
je m'épris	nous nous éprîmes	je me fus épris(e)	nous nous fûmes épris(es)
tu t'épris	vous vous éprîtes	tu te fus épris(e)	vous vous fûtes épris(e)(s)
il/elle s'éprit	ils/elles s'éprirent	il/elle se fut épris(e)	ils/elles se furent épris(es)
Future		*Future Anterior*	
je m'éprendrai	nous nous éprendrons	je me serai épris(e)	nous nous serons épris(es)
tu t'éprendras	vous vous éprendrez	tu te seras épris(e)	vous vous serez épris(e)(s)
il/elle s'éprendra	ils/elles s'éprendront	il/elle se sera épris(e)	ils/elles se seront épris(es)
Conditional		*Past Conditional*	
je m'éprendrais	nous nous éprendrions	je me serais épris(e)	nous nous serions épris(es)
tu t'éprendrais	vous vous éprendriez	tu te serais épris(e)	vous vous seriez épris(e)(s)
il/elle s'éprendrait	ils/elles s'éprendraient	il/elle se serait épris(e)	ils/elles se seraient épris(es)

Present Subjunctive		*Past Subjunctive*	
que je m'éprenne	que nous nous éprenions	que je me sois épris(e)	que nous nous soyons épris(es)
que tu t'éprennes	que vous vous épreniez	que tu te sois épris(e)	que vous vous soyez épris(e)(s)
qu'il/elle s'éprenne	qu'ils/elles s'éprennent	qu'il/elle se soit épris(e)	qu'ils/elles se soient épris(es)
Imperfect Subjunctive		*Pluperfect Subjunctive*	
que je m'éprisse	que nous nous éprissions	que je me fusse épris(e)	que nous nous fussions épris(es)
que tu t'éprisses	que vous vous éprissiez	que tu te fusses épris(e)	que vous vous fussiez épris(e)(s)
qu'il/elle s'éprît	qu'ils/elles s'éprissent	qu'il/elle se fût épris(e)	qu'ils/elles se fussent épris(es)

Commands

	(nous) éprenons-nous
(tu) éprends-toi	(vous) éprenez-vous

USAGE

s'éprendre de qqn	*to fall in love with someone* (literary)
Elle s'est éprise de son professeur.	*She fell in love with her teacher.*
Ces touristes se sont épris de la beauté de l'Ouest américain.	*These tourists fell in love with the beauty of the American West.*
On voyait qu'il s'éprenait de son travail.	*They saw he was becoming enamored of his work.*
Il s'est épris de cette théorie.	*He became impassioned with this theory.*
C'est une femme éprise de sa profession.	*She's a woman enamored of her profession.*
Je te vois épris de ton métier.	*I see you love your work.*

éprouver *to experience, feel*

j'éprouve · j'éprouvai · éprouvé · éprouvant regular *-er* verb

Present		*Passé Composé*	
j'éprouve	nous éprouvons	j'ai éprouvé	nous avons éprouvé
tu éprouves	vous éprouvez	tu as éprouvé	vous avez éprouvé
il/elle éprouve	ils/elles éprouvent	il/elle a éprouvé	ils/elles ont éprouvé
Imperfect		*Pluperfect*	
j'éprouvais	nous éprouvions	j'avais éprouvé	nous avions éprouvé
tu éprouvais	vous éprouviez	tu avais éprouvé	vous aviez éprouvé
il/elle éprouvait	ils/elles éprouvaient	il/elle avait éprouvé	ils/elles avaient éprouvé
Passé Simple		*Past Anterior*	
j'éprouvai	nous éprouvâmes	j'eus éprouvé	nous eûmes éprouvé
tu éprouvas	vous éprouvâtes	tu eus éprouvé	vous eûtes éprouvé
il/elle éprouva	ils/elles éprouvèrent	il/elle eut éprouvé	ils/elles eurent éprouvé
Future		*Future Anterior*	
j'éprouverai	nous éprouverons	j'aurai éprouvé	nous aurons éprouvé
tu éprouveras	vous éprouverez	tu auras éprouvé	vous aurez éprouvé
il/elle éprouvera	ils/elles éprouveront	il/elle aura éprouvé	ils/elles auront éprouvé
Conditional		*Past Conditional*	
j'éprouverais	nous éprouverions	j'aurais éprouvé	nous aurions éprouvé
tu éprouverais	vous éprouveriez	tu aurais éprouvé	vous auriez éprouvé
il/elle éprouverait	ils/elles éprouveraient	il/elle aurait éprouvé	ils/elles auraient éprouvé

Present Subjunctive		*Past Subjunctive*	
que j'éprouve	que nous éprouvions	que j'aie éprouvé	que nous ayons éprouvé
que tu éprouves	que vous éprouviez	que tu aies éprouvé	que vous ayez éprouvé
qu'il/elle éprouve	qu'ils/elles éprouvent	qu'il/elle ait éprouvé	qu'ils/elles aient éprouvé
Imperfect Subjunctive		*Pluperfect Subjunctive*	
que j'éprouvasse	que nous éprouvassions	que j'eusse éprouvé	que nous eussions éprouvé
que tu éprouvasses	que vous éprouvassiez	que tu eusses éprouvé	que vous eussiez éprouvé
qu'il/elle éprouvât	qu'ils/elles éprouvassent	qu'il/elle eût éprouvé	qu'ils/elles eussent éprouvé

Commands

	(nous) éprouvons
(tu) éprouve	(vous) éprouvez

USAGE

éprouver un sentiment de détresse	*to experience a feeling of distress*
éprouver des difficultés à la faculté	*to have difficulties at college*
Il faut qu'on éprouve sa compétence.	*We must test his competence.*
Cette mission a éprouvé son courage.	*That mission tested his courage.*

RELATED WORDS AND EXPRESSIONS

l'épreuve *(f)*	*test/difficulty*
une épreuve de résistance	*an endurance/resistance test*
à l'épreuve de balles	*bulletproof*
Cette année a été pleine d'épreuves pour moi.	*This year was full of problems for me.*
mettre qqn/qqch à l'épreuve	*to put someone/something to the test*
Cette théorie n'a pas encore été mise à l'épreuve.	*This theory has not yet been put to the test.*
les épreuves d'un livre	*the galleys/proofs of a book*
corriger les épreuves	*to proofread*
éprouvé(e)	*tested*
une valeur éprouvée	*a tested value*

-er verb; spelling change: *é* > *è*/mute *e* except in the future and conditional

j'espère · j'espérai · espéré · espérant

Present		*Passé Composé*	
j'espère	nous espérons	j'ai espéré	nous avons espéré
tu espères	vous espérez	tu as espéré	vous avez espéré
il/elle espère	ils/elles espèrent	il/elle a espéré	ils/elles ont espéré
Imperfect		*Pluperfect*	
j'espérais	nous espérions	j'avais espéré	nous avions espéré
tu espérais	vous espériez	tu avais espéré	vous aviez espéré
il/elle espérait	ils/elles espéraient	il/elle avait espéré	ils/elles avaient espéré
Passé Simple		*Past Anterior*	
j'espérai	nous espérâmes	j'eus espéré	nous eûmes espéré
tu espéras	vous espérâtes	tu eus espéré	vous eûtes espéré
il/elle espéra	ils/elles espérèrent	il/elle eut espéré	ils/elles eurent espéré
Future		*Future Anterior*	
j'espérerai	nous espérerons	j'aurai espéré	nous aurons espéré
tu espéreras	vous espérerez	tu auras espéré	vous aurez espéré
il/elle espérera	ils/elles espéreront	il/elle aura espéré	ils/elles auront espéré
Conditional		*Past Conditional*	
j'espérerais	nous espérerions	j'aurais espéré	nous aurions espéré
tu espérerais	vous espéreriez	tu aurais espéré	vous auriez espéré
il/elle espérerait	ils/elles espéreraient	il/elle aurait espéré	ils/elles auraient espéré

Present Subjunctive		*Past Subjunctive*	
que j'espère	que nous espérions	que j'aie espéré	que nous ayons espéré
que tu espères	que vous espériez	que tu aies espéré	que vous ayez espéré
qu'il/elle espère	qu'ils/elles espèrent	qu'il/elle ait espéré	qu'ils/elles aient espéré
Imperfect Subjunctive		*Pluperfect Subjunctive*	
que j'espérasse	que nous espérassions	que j'eusse espéré	que nous eussions espéré
que tu espérasses	que vous espérassiez	que tu eusses espéré	que vous eussiez espéré
qu'il/elle espérât	qu'ils/elles espérassent	qu'il/elle eût espéré	qu'ils/elles eussent espéré

Commands

(nous) espérons
(tu) espère (vous) espérez

USAGE

J'espère que tu pourras venir à la fête.	*I hope you'll be able to come to the party.*
Il espère trouver un emploi.	*He hopes he'll find a job.*
J'espère quand même qu'on retrouvera mon chat.	*I'm hoping against hope that my cat will be found.*
Il espère en l'avenir.	*He has hope for the future.*
Je l'espère bien.	*I hope so.*

RELATED WORDS AND EXPRESSIONS

l'espérance *(f)*	*hope/expectations*
Il a guéri contre toute espérance.	*He got better contrary to all expectations.*
Le succès de mon fils est toute mon espérance.	*My son's success is my only hope.*
l'espoir *(m)*	*hope*
Il n'y plus d'espoir de récupérer les biens perdus.	*There's no hope of getting back our lost property.*

essayer to try

j'essaie · j'essayai · essayé · essayant

regular -*er* verb; spelling change: y > i/mute *e*

Present		***Passé Composé***	
j'essaie	nous essayons	j'ai essayé	nous avons essayé
tu essaies	vous essayez	tu as essayé	vous avez essayé
il/elle essaie	ils/elles essaient	il/elle a essayé	ils/elles ont essayé
Imperfect		***Pluperfect***	
j'essayais	nous essayions	j'avais essayé	nous avions essayé
tu essayais	vous essayiez	tu avais essayé	vous aviez essayé
il/elle essayait	ils/elles essayaient	il/elle avait essayé	ils/elles avaient essayé
Passé Simple		***Past Anterior***	
j'essayai	nous essayâmes	j'eus essayé	nous eûmes essayé
tu essayas	vous essayâtes	tu eus essayé	vous eûtes essayé
il/elle essaya	ils/elles essayèrent	il/elle eut essayé	ils/elles eurent essayé
Future		***Future Anterior***	
j'essaierai	nous essaierons	j'aurai essayé	nous aurons essayé
tu essaieras	vous essaierez	tu auras essayé	vous aurez essayé
il/elle essaiera	ils/elles essaieront	il/elle aura essayé	ils/elles auront essayé
Conditional		***Past Conditional***	
j'essaierais	nous essaierions	j'aurais essayé	nous aurions essayé
tu essaierais	vous essaieriez	tu aurais essayé	vous auriez essayé
il/elle essaierait	ils/elles essaieraient	il/elle aurait essayé	ils/elles auraient essayé
Present Subjunctive		***Past Subjunctive***	
que j'essaie	que nous essayions	que j'aie essayé	que nous ayons essayé
que tu essaies	que vous essayiez	que tu aies essayé	que vous ayez essayé
qu'il/elle essaie	qu'ils/elles essaient	qu'il/elle ait essayé	qu'ils/elles aient essayé
Imperfect Subjunctive		***Pluperfect Subjunctive***	
que j'essayasse	que nous essayassions	que j'eusse essayé	que nous eussions essayé
que tu essayasses	que vous essayassiez	que tu eusses essayé	que vous eussiez essayé
qu'il/elle essayât	qu'ils/elles essayassent	qu'il/elle eût essayé	qu'ils/elles eussent essayé

Commands

	(nous) essayons
(tu) essaie	(vous) essayez

USAGE

NOTE: This verb is sometimes seen without the *y > i* change, such as *j'essaye.*

essayer qqch	*to try something / try something on / taste something*
Je vais essayer cette robe.	*I'm going to try this dress on.*
Essaie cette soupe! Elle est vraiment bonne.	*Taste this soup! It's really good.*
essayer de faire qqch	*to try to do something*
J'essaierai d'arriver avant neuf heures.	*I'll try to get there before nine o'clock.*
Essayez de me comprendre.	*Try to understand me.*
Le prisonnier a essayé de s'enfuir.	*The prisoner tried to escape.*

RELATED WORDS AND EXPRESSIONS

l'essai *(m)*	*testing/trying/try; essay*
mettre qqch à l'essai	*to try something out*
faire deux essais	*to have two tries*
On m'a pris à l'essai.	*I've been taken on for a trial period.*
Nous avons lu des essais.	*We read essays.*

regular -*er* verb; spelling change: y > i/mute *e*

j'essuie · j'essuyai · essuyé · essuyant

Present		*Passé Composé*	
j'essuie	nous essuyons	j'ai essuyé	nous avons essuyé
tu essuies	vous essuyez	tu as essuyé	vous avez essuyé
il/elle essuie	ils/elles essuient	il/elle a essuyé	ils/elles ont essuyé
Imperfect		*Pluperfect*	
j'essuyais	nous essuyions	j'avais essuyé	nous avions essuyé
tu essuyais	vous essuyiez	tu avais essuyé	vous aviez essuyé
il/elle essuyait	ils/elles essuyaient	il/elle avait essuyé	ils/elles avaient essuyé
Passé Simple		*Past Anterior*	
j'essuyai	nous essuyâmes	j'eus essuyé	nous eûmes essuyé
tu essuyas	vous essuyâtes	tu eus essuyé	vous eûtes essuyé
il/elle essuya	ils/elles essuyèrent	il/elle eut essuyé	ils/elles eurent essuyé
Future		*Future Anterior*	
j'essuierai	nous essuierons	j'aurai essuyé	nous aurons essuyé
tu essuieras	vous essuierez	tu auras essuyé	vous aurez essuyé
il/elle essuiera	ils/elles essuieront	il/elle aura essuyé	ils/elles auront essuyé
Conditional		*Past Conditional*	
j'essuierais	nous essuierions	j'aurais essuyé	nous aurions essuyé
tu essuierais	vous essuieriez	tu aurais essuyé	vous auriez essuyé
il/elle essuierait	ils/elles essuieraient	il/elle aurait essuyé	ils/elles auraient essuyé

Present Subjunctive		*Past Subjunctive*	
que j'essuie	que nous essuyions	que j'aie essuyé	que nous ayons essuyé
que tu essuies	que vous essuyiez	que tu aies essuyé	que vous ayez essuyé
qu'il/elle essuie	qu'ils/elles essuient	qu'il/elle ait essuyé	qu'ils/elles aient essuyé
Imperfect Subjunctive		*Pluperfect Subjunctive*	
que j'essuyasse	que nous essuyassions	que j'eusse essuyé	que nous eussions essuyé
que tu essuyasses	que vous essuyassiez	que tu eusses essuyé	que vous eussiez essuyé
qu'il/elle essuyât	qu'ils/elles essuyassent	qu'il/elle eût essuyé	qu'ils/elles eussent essuyé

Commands

	(nous) essuyons
(tu) essuie	(vous) essuyez

USAGE

Dis aux enfants de s'essuyer les pieds avant d'entrer. — *Tell the children to wipe their feet before coming in.*

Est-ce qu'il y a une serviette? Je veux m'essuyer les mains. — *Is there a towel? I want to wipe my hands.*

Viens m'aider. Essuie la vaisselle. — *Come help me. Dry the dishes.*

C'est à qui d'essuyer le tableau aujourd'hui? — *Whose turn is it to erase the board today?*

RELATED WORDS AND EXPRESSIONS

l'essuie-glace *(m)* — *windshield wiper*

l'essuie-mains *(m)* — *hand towel*

l'essuyage *(m)* — *wiping*

238 établir *to establish*

j'établis · j'établis · établi · établissant regular -ir verb

Present		*Passé Composé*	
j'établis	nous établissons	j'ai établi	nous avons établi
tu établis	vous établissez	tu as établi	vous avez établi
il/elle établit	ils/elles établissent	il/elle a établi	ils/elles ont établi
Imperfect		***Pluperfect***	
j'établissais	nous établissions	j'avais établi	nous avions établi
tu établissais	vous établissiez	tu avais établi	vous aviez établi
il/elle établissait	ils/elles établissaient	il/elle avait établi	ils/elles avaient établi
Passé Simple		***Past Anterior***	
j'établis	nous établîmes	j'eus établi	nous eûmes établi
tu établis	vous établîtes	tu eus établi	vous eûtes établi
il/elle établit	ils/elles établirent	il/elle eut établi	ils/elles eurent établi
Future		***Future Anterior***	
j'établirai	nous établirons	j'aurai établi	nous aurons établi
tu établiras	vous établirez	tu auras établi	vous aurez établi
il/elle établira	ils/elles établiront	il/elle aura établi	ils/elles auront établi
Conditional		***Past Conditional***	
j'établirais	nous établirions	j'aurais établi	nous aurions établi
tu établirais	vous établiriez	tu aurais établi	vous auriez établi
il/elle établirait	ils/elles établiraient	il/elle aurait établi	ils/elles auraient établi

Present Subjunctive		*Past Subjunctive*	
que j'établisse	que nous établissions	que j'aie établi	que nous ayons établi
que tu établisses	que vous établissiez	que tu aies établi	que vous ayez établi
qu'il/elle établisse	qu'ils/elles établissent	qu'il/elle ait établi	qu'ils/elles aient établi
Imperfect Subjunctive		***Pluperfect Subjunctive***	
que j'établisse	que nous établissions	que j'eusse établi	que nous eussions établi
que tu établisses	que vous établissiez	que tu eusses établi	que vous eussiez établi
qu'il/elle établît	qu'ils/elles établissent	qu'il/elle eût établi	qu'ils/elles eussent établi

Commands

	(nous) établissons
(tu) établis	(vous) établissez

USAGE

Sa culpabilité est bien établie.	*His guilt has been established.*
Vous n'avez pas encore établi l'innocence de votre client.	*You have not yet established your client's innocence.*
Ils ont établi leur domicile dans le Xe.	*They set up their home in the tenth arrondissement.*
J'ai aidé mon fils à s'établir.	*I helped my son get his start in life.*
Renault a établi une usine au Mexique.	*Renault has set up a factory in Mexico.*
Les colonisateurs ont établi un gouvernement.	*The colonizers set up a government.*
Lui et moi, nous avons établi une amitié solide.	*He and I have become true friends.*
Il est impossible d'établir une comparaison entre ces deux situations.	*It is impossible to draw a comparison between these two situations.*

RELATED WORDS AND EXPRESSIONS

l'établissement *(m)*	*establishment/establishing*
Notre établissement vous remercie.	*Our firm thanks you.*
un établissement scolaire	*a school*
l'établissement d'une usine	*the setting up of a factory*

regular -*er* verb; spelling change: y > i/mute *e*

j'étaie · j'étayai · étayé · étayant

Present		***Passé Composé***	
j'étaie	nous étayons	j'ai étayé	nous avons étayé
tu étaies	vous étayez	tu as étayé	vous avez étayé
il/elle étaie	ils/elles étaient	il/elle a étayé	ils/elles ont étayé
Imperfect		***Pluperfect***	
j'étayais	nous étayions	j'avais étayé	nous avions étayé
tu étayais	vous étayiez	tu avais étayé	vous aviez étayé
il/elle étayait	ils/elles étayaient	il/elle avait étayé	ils/elles avaient étayé
Passé Simple		***Past Anterior***	
j'étayai	nous étayâmes	j'eus étayé	nous eûmes étayé
tu étayas	vous étayâtes	tu eus étayé	vous eûtes étayé
il/elle étaya	ils/elles étayèrent	il/elle eut étayé	ils/elles eurent étayé
Future		***Future Anterior***	
j'étaierai	nous étaierons	j'aurai étayé	nous aurons étayé
tu étaieras	vous étaierez	tu auras étayé	vous aurez étayé
il/elle étaiera	ils/elles étaieront	il/elle aura étayé	ils/elles auront étayé
Conditional		***Past Conditional***	
j'étaierais	nous étaierions	j'aurais étayé	nous aurions étayé
tu étaierais	vous étaieriez	tu aurais étayé	vous auriez étayé
il/elle étaierait	ils/elles étaieraient	il/elle aurait étayé	ils/elles auraient étayé
Present Subjunctive		***Past Subjunctive***	
que j'étaie	que nous étayions	que j'aie étayé	que nous ayons étayé
que tu étaies	que vous étayiez	que tu aies étayé	que vous ayez étayé
qu'il/elle étaie	qu'ils/elles étaient	qu'il/elle ait étayé	qu'ils/elles aient étayé
Imperfect Subjunctive		***Pluperfect Subjunctive***	
que j'étayasse	que nous étayassions	que j'eusse étayé	que nous eussions étayé
que tu étayasses	que vous étayassiez	que tu eusses étayé	que vous eussiez étayé
qu'il/elle étayât	qu'ils/elles étayassent	qu'il/elle eût étayé	qu'ils/elles eussent étayé

Commands

	(nous) étayons
(tu) étaie	(vous) étayez

USAGE

NOTE: This verb is sometimes seen without the *y* > *i* change, such as *j'étaye.*

On a apporté des poutres pour étayer le mur.	*Beams were brought to prop up the wall.*
Les terroristes étayaient ce régime haï.	*Terrorists were propping up this hated regime.*
Rien n'étaie cette idée.	*Nothing supports that idea.*
Les données n'étayaient pas votre hypothèse.	*The data didn't support your hypothesis.*
La société doit étayer la relation mère-enfant.	*Society should support the mother-child relationship.*
Quels signes cliniques étaient ce diagnostic?	*What clinical signs support this diagnosis?*

RELATED WORDS AND EXPRESSIONS

l'étai *(m)*	*prop; stay*
des travaux d'étayage	*work done to prevent the collapse of a wall, etc.*

éteindre *to extinguish, put out*

j'éteins · j'éteignis · éteint · éteignant irregular verb

Present		*Passé Composé*	
j'éteins	nous éteignons	j'ai éteint	nous avons éteint
tu éteins	vous éteignez	tu as éteint	vous avez éteint
il/elle éteint	ils/elles éteignent	il/elle a éteint	ils/elles ont éteint
Imperfect		*Pluperfect*	
j'éteignais	nous éteignions	j'avais éteint	nous avions éteint
tu éteignais	vous éteigniez	tu avais éteint	vous aviez éteint
il/elle éteignait	ils/elles éteignaient	il/elle avait éteint	ils/elles avaient éteint
Passé Simple		*Past Anterior*	
j'éteignis	nous éteignîmes	j'eus éteint	nous eûmes éteint
tu éteignis	vous éteignîtes	tu eus éteint	vous eûtes éteint
il/elle éteignit	ils/elles éteignirent	il/elle eut éteint	ils/elles eurent éteint
Future		*Future Anterior*	
j'éteindrai	nous éteindrons	j'aurai éteint	nous aurons éteint
tu éteindras	vous éteindrez	tu auras éteint	vous aurez éteint
il/elle éteindra	ils/elles éteindront	il/elle aura éteint	ils/elles auront éteint
Conditional		*Past Conditional*	
j'éteindrais	nous éteindrions	j'aurais éteint	nous aurions éteint
tu éteindrais	vous éteindriez	tu aurais éteint	vous auriez éteint
il/elle éteindrait	ils/elles éteindraient	il/elle aurait éteint	ils/elles auraient éteint

Present Subjunctive		*Past Subjunctive*	
que j'éteigne	que nous éteignions	que j'aie éteint	que nous ayons éteint
que tu éteignes	que vous éteigniez	que tu aies éteint	que vous ayez éteint
qu'il/elle éteigne	qu'ils/elles éteignent	qu'il/elle ait éteint	qu'ils/elles aient éteint
Imperfect Subjunctive		*Pluperfect Subjunctive*	
que j'éteignisse	que nous éteignissions	que j'eusse éteint	que nous eussions éteint
que tu éteignisses	que vous éteignissiez	que tu eusses éteint	que vous eussiez éteint
qu'il/elle éteignît	qu'ils/elles éteignissent	qu'il/elle eût éteint	qu'ils/elles eussent éteint

Commands

	(nous) éteignons
(tu) éteins	(vous) éteignez

USAGE

éteindre le feu	*to put out the fire*
éteindre la lumière	*to turn out the light*
J'éteins.	*I'll turn out the lights.*
N'éteignez pas les phares. Il fait encore noir.	*Don't turn off the headlights. It's still dark.*
Rien ne pourra éteindre son souvenir.	*Nothing can erase his memory.*
C'est en tombant dans le fleuve qu'il a éteint sa bougie.	*It was lights out for him when he fell into the river.*

RELATED WORDS AND EXPRESSIONS

éteint(e)	*off/out*
Le feu est éteint.	*The fire is out.*
La radio est éteinte.	*The radio is off.*

regular *-re* reflexive verb;
compound tenses with *être*

je m'étends · je m'étendis · s'étant étendu · s'étendant

Present		*Passé Composé*	
je m'étends	nous nous étendons	je me suis étendu(e)	nous nous sommes étendu(e)s
tu t'étends	vous vous étendez	tu t'es étendu(e)	vous vous êtes étendu(e)(s)
il/elle s'étend	ils/elles s'étendent	il/elle s'est étendu(e)	ils/elles se sont étendu(e)s
Imperfect		*Pluperfect*	
je m'étendais	nous nous étendions	je m'étais étendu(e)	nous nous étions étendu(e)s
tu t'étendais	vous vous étendiez	tu t'étais étendu(e)	vous vous étiez étendu(e)(s)
il/elle s'étendait	ils/elles s'étendaient	il/elle s'était étendu(e)	ils/elles s'étaient étendu(e)s
Passé Simple		*Past Anterior*	
je m'étendis	nous nous étendîmes	je me fus étendu(e)	nous nous fûmes étendu(e)s
tu t'étendis	vous vous étendîtes	tu te fus étendu(e)	vous vous fûtes étendu(e)(s)
il/elle s'étendit	ils/elles s'étendirent	il/elle se fut étendu(e)	ils/elles se furent étendu(e)s
Future		*Future Anterior*	
je m'étendrai	nous nous étendrons	je me serai étendu(e)	nous nous serons étendu(e)s
tu t'étendras	vous vous étendrez	tu te seras étendu(e)	vous vous serez étendu(e)(s)
il/elle s'étendra	ils/elles s'étendront	il/elle se sera étendu(e)	ils/elles se seront étendu(e)s
Conditional		*Past Conditional*	
je m'étendrais	nous nous étendrions	je me serais étendu(e)	nous nous serions étendu(e)s
tu t'étendrais	vous vous étendriez	tu te serais étendu(e)	vous vous seriez étendu(e)(s)
il/elle s'étendrait	ils/elles s'étendraient	il/elle se serait étendu(e)	ils/elles se seraient étendu(e)s

Present Subjunctive		*Past Subjunctive*	
que je m'étende	que nous nous étendions	que je me sois étendu(e)	que nous nous soyons étendu(e)s
que tu t'étendes	que vous vous étendiez	que tu te sois étendu(e)	que vous vous soyez étendu(e)(s)
qu'il/elle s'étende	qu'ils/elles s'étendent	qu'il/elle se soit étendu(e)	qu'ils/elles se soient étendu(e)s
Imperfect Subjunctive		*Pluperfect Subjunctive*	
que je m'étendisse	que nous nous étendissions	que je me fusse étendu(e)	que nous nous fussions étendu(e)s
que tu t'étendisses	que vous vous étendissiez	que tu te fusses étendu(e)	que vous vous fussiez étendu(e)(s)
qu'il/elle s'étendît	qu'ils/elles s'étendissent	qu'il/elle se fût étendu(e)	qu'ils/elles se fussent étendu(e)s

Commands

	(nous) étendons-nous
(tu) étends-toi	(vous) étendez-vous

USAGE

Le lac s'étend jusqu'à l'horizon.	*The lake stretches to the horizon.*
s'étendre sur l'herbe	*to lie down on the grass*
Il s'est étendu sur l'herbe.	*He lay down on the grass.*
Je me suis étendu sur mon lit et je me suis endormi.	*I lay down on my bed and fell asleep.*
L'effort du chef s'étend à tous ses employés.	*The boss's efforts extend to all his employees.*

RELATED WORDS AND EXPRESSIONS

l'étendue *(f)*	*area / expanse / surface area*
sur une étendue de trois kilomètres carrés	*over an area of three square kilometers*
Il y aura de la neige sur toute l'étendue du pays.	*There will be snow over the entire country.*
Le projet s'est prolongé sur une étendue de cinq mois.	*The project stretched over a span of five months.*
étendre qqch	*to stretch something*
étendre la main	*to reach out one's hand*
étendre le linge	*to hang the laundry*

éternuer *to sneeze*

j'éternue · j'éternuai · éternué · éternuant regular -*er* verb

Present		***Passé Composé***	
j'éternue	nous éternuons	j'ai éternué	nous avons éternué
tu éternues	vous éternuez	tu as éternué	vous avez éternué
il/elle éternue	ils/elles éternuent	il/elle a éternué	ils/elles ont éternué
Imperfect		***Pluperfect***	
j'éternuais	nous éternuions	j'avais éternué	nous avions éternué
tu éternuais	vous éternuiez	tu avais éternué	vous aviez éternué
il/elle éternuait	ils/elles éternuaient	il/elle avait éternué	ils/elles avaient éternué
Passé Simple		***Past Anterior***	
j'éternuai	nous éternuâmes	j'eus éternué	nous eûmes éternué
tu éternuas	vous éternuâtes	tu eus éternué	vous eûtes éternué
il/elle éternua	ils/elles éternuèrent	il/elle eut éternué	ils/elles eurent éternué
Future		***Future Anterior***	
j'éternuerai	nous éternuerons	j'aurai éternué	nous aurons éternué
tu éternueras	vous éternuerez	tu auras éternué	vous aurez éternué
il/elle éternuera	ils/elles éternueront	il/elle aura éternué	ils/elles auront éternué
Conditional		***Past Conditional***	
j'éternuerais	nous éternuerions	j'aurais éternué	nous aurions éternué
tu éternuerais	vous éternueriez	tu aurais éternué	vous auriez éternué
il/elle éternuerait	ils/elles éternueraient	il/elle aurait éternué	ils/elles auraient éternué

Present Subjunctive		***Past Subjunctive***	
que j'éternue	que nous éternuions	que j'aie éternué	que nous ayons éternué
que tu éternues	que vous éternuiez	que tu aies éternué	que vous ayez éternué
qu'il/elle éternue	qu'ils/elles éternuent	qu'il/elle ait éternué	qu'ils/elles aient éternué
Imperfect Subjunctive		***Pluperfect Subjunctive***	
que j'éternuasse	que nous éternuassions	que j'eusse éternué	que nous eussions éternué
que tu éternuasses	que vous éternuassiez	que tu eusses éternué	que vous eussiez éternué
qu'il/elle éternuât	qu'ils/elles éternuassent	qu'il/elle eût éternué	qu'ils/elles eussent éternué

Commands

	(nous) éternuons
(tu) éternue	(vous) éternuez

USAGE

—J'éternue et je tousse.	*I'm sneezing and coughing.*
—Tu dois être enrhumé.	*You must have caught a cold.*

RELATED WORDS AND EXPRESSIONS

l'éternuement *(m)*	*sneeze*
On écrit *atchoum* en français pour imiter le bruit de l'éternuement.	*You write* atchoum *in French to imitate the sound of a sneeze.*
—Tu pardonneras tous ces éternuements.	*Please excuse all this sneezing of mine.*
—Tout le monde éternue quand il est enrhumé.	*Everyone sneezes when he is sick / has a cold.*

regular *-er* reflexive verb;
compound tenses with *être*

je m'étonne · je m'étonnai · s'étant étonné · s'étonnant

Present		*Passé Composé*	
je m'étonne	nous nous étonnons	je me suis étonné(e)	nous nous sommes étonné(e)s
tu t'étonnes	vous vous étonnez	tu t'es étonné(e)	vous vous êtes étonné(e)(s)
il/elle s'étonne	ils/elles s'étonnent	il/elle s'est étonné(e)	ils/elles se sont étonné(e)s
Imperfect		*Pluperfect*	
je m'étonnais	nous nous étonnions	je m'étais étonné(e)	nous nous étions étonné(e)s
tu t'étonnais	vous vous étonniez	tu t'étais étonné(e)	vous vous étiez étonné(e)(s)
il/elle s'étonnait	ils/elles s'étonnaient	il/elle s'était étonné(e)	ils/elles s'étaient étonné(e)s
Passé Simple		*Past Anterior*	
je m'étonnai	nous nous étonnâmes	je me fus étonné(e)	nous nous fûmes étonné(e)s
tu t'étonnas	vous vous étonnâtes	tu te fus étonné(e)	vous vous fûtes étonné(e)(s)
il/elle s'étonna	ils/elles s'étonnèrent	il/elle se fut étonné(e)	ils/elles se furent étonné(e)s
Future		*Future Anterior*	
je m'étonnerai	nous nous étonnerons	je me serai étonné(e)	nous nous serons étonné(e)s
tu t'étonneras	vous vous étonnerez	tu te seras étonné(e)	vous vous serez étonné(e)(s)
il/elle s'étonnera	ils/elles s'étonneront	il/elle se sera étonné(e)	ils/elles se seront étonné(e)s
Conditional		*Past Conditional*	
je m'étonnerais	nous nous étonnerions	je me serais étonné(e)	nous nous serions étonné(e)s
tu t'étonnerais	vous vous étonneriez	tu te serais étonné(e)	vous vous seriez étonné(e)(s)
il/elle s'étonnerait	ils/elles s'étonneraient	il/elle se serait étonné(e)	ils/elles se seraient étonné(e)s

Present Subjunctive		*Past Subjunctive*	
que je m'étonne	que nous nous étonnions	que je me sois étonné(e)	que nous nous soyons étonné(e)s
que tu t'étonnes	que vous vous étonniez	que tu te sois étonné(e)	que vous vous soyez étonné(e)(s)
qu'il/elle s'étonne	qu'ils/elles s'étonnent	qu'il/elle se soit étonné(e)	qu'ils/elles se soient étonné(e)s
Imperfect Subjunctive		*Pluperfect Subjunctive*	
que je m'étonnasse	que nous nous étonnassions	que je me fusse étonné(e)	que nous nous fussions étonné(e)s
que tu t'étonnasses	que vous vous étonnassiez	que tu te fusses étonné(e)	que vous vous fussiez étonné(e)(s)
qu'il/elle s'étonnât	qu'ils/elles s'étonnassent	qu'il/elle se fût étonné(e)	qu'ils/elles se fussent étonné(e)s

Commands

	(nous) étonnons-nous
(tu) étonne-toi	(vous) étonnez-vous

USAGE

s'étonner de	*to be surprised at*
Il est très naïf. Il s'étonne de tout.	*He's very naive. He is surprised at everything.*
On s'est étonnés à l'annonce de sa démission.	*We were surprised at the announcement of his resignation.*
s'étonner que + *subjunctive*	*to be surprised that*
Je m'étonne qu'il soit encore là.	*I'm surprised he's still here.*
Ça m'étonnerait qu'il soit déjà parti.	*I'd be surprised if he had already left.*

RELATED WORDS AND EXPRESSIONS

l'étonnement *(m)*	*astonishment*
Ses mots ont causé de l'étonnement.	*His words caused astonishment.*
étonnant	*surprising*
—Je m'étonne qu'il ne comprenne pas.	*I'm surprised he doesn't understand.*
—Ça n'a rien d'étonnant.	*There's nothing surprising about that.*

étourdir to stun, daze, make dizzy

j'étourdis · j'étourdis · étourdi · étourdissant regular -ir verb

Present		*Passé Composé*	
j'étourdis	nous étourdissons	j'ai étourdi	nous avons étourdi
tu étourdis	vous étourdissez	tu as étourdi	vous avez étourdi
il/elle étourdit	ils/elles étourdissent	il/elle a étourdi	ils/elles ont étourdi
Imperfect		*Pluperfect*	
j'étourdissais	nous étourdissions	j'avais étourdi	nous avions étourdi
tu étourdissais	vous étourdissiez	tu avais étourdi	vous aviez étourdi
il/elle étourdissait	ils/elles étourdissaient	il/elle avait étourdi	ils/elles avaient étourdi
Passé Simple		*Past Anterior*	
j'étourdis	nous étourdîmes	j'eus étourdi	nous eûmes étourdi
tu étourdis	vous étourdîtes	tu eus étourdi	vous eûtes étourdi
il/elle étourdit	ils/elles étourdirent	il/elle eut étourdi	ils/elles eurent étourdi
Future		*Future Anterior*	
j'étourdirai	nous étourdirons	j'aurai étourdi	nous aurons étourdi
tu étourdiras	vous étourdirez	tu auras étourdi	vous aurez étourdi
il/elle étourdira	ils/elles étourdiront	il/elle aura étourdi	ils/elles auront étourdi
Conditional		*Past Conditional*	
j'étourdirais	nous étourdirions	j'aurais étourdi	nous aurions étourdi
tu étourdirais	vous étourdiriez	tu aurais étourdi	vous auriez étourdi
il/elle étourdirait	ils/elles étourdiraient	il/elle aurait étourdi	ils/elles auraient étourdi

Present Subjunctive		*Past Subjunctive*	
que j'étourdisse	que nous étourdissions	que j'aie étourdi	que nous ayons étourdi
que tu étourdisses	que vous étourdissiez	que tu aies étourdi	que vous ayez étourdi
qu'il/elle étourdisse	qu'ils/elles étourdissent	qu'il/elle ait étourdi	qu'ils/elles aient étourdi
Imperfect Subjunctive		*Pluperfect Subjunctive*	
que j'étourdisse	que nous étourdissions	que j'eusse étourdi	que nous eussions étourdi
que tu étourdisses	que vous étourdissiez	que tu eusses étourdi	que vous eussiez étourdi
qu'il/elle étourdît	qu'ils/elles étourdissent	qu'il/elle eût étourdi	qu'ils/elles eussent étourdi

Commands

	(nous) étourdissons
(tu) étourdis	(vous) étourdissez

USAGE

Il est tombé, étourdi par le coup.	*He fell, dazed by the blow.*
Le vin m'a étourdi.	*The wine made me dizzy.*
Du calme, les enfants! Vous m'étourdissez!	*Quiet, children! You're making me dizzy!*
Cette possibilité m'étourdit.	*I find this possibility exhilarating.*

RELATED WORDS AND EXPRESSIONS

l'étourderie *(f)*	*carelessness / careless mistake*
Il l'a fait par étourderie.	*He did it without thinking.*
étourdi(e)	*scatterbrained*
Elle donne l'impression d'être complètement étourdie.	*She gives the impression of being completely scatterbrained.*
—Je me sens étourdi.	*I feel dizzy.*
—Ça doit être le vin. Le vin t'étourdit toujours.	*It must be the wine. Wine always make you dizzy.*
étourdissant(e)	*dizzying/deafening/stunning*
Sa présentation était étourdissante.	*He was terrific (on stage).*

to be **être** 245

irregular verb **je suis · je fus · été · étant**

Present		*Passé Composé*	
je suis	nous sommes	j'ai été	nous avons été
tu es	vous êtes	tu as été	vous avez été
il/elle est	ils/elles sont	il/elle a été	ils/elles ont été
Imperfect		***Pluperfect***	
j'étais	nous étions	j'avais été	nous avions été
tu étais	vous étiez	tu avais été	vous aviez été
il/elle était	ils/elles étaient	il/elle avait été	ils/elles avaient été
Passé Simple		***Past Anterior***	
je fus	nous fûmes	j'eus été	nous eûmes été
tu fus	vous fûtes	tu eus été	vous eûtes été
il/elle fut	ils/elles furent	il/elle eut été	ils/elles eurent été
Future		***Future Anterior***	
je serai	nous serons	j'aurai été	nous aurons été
tu seras	vous serez	tu auras été	vous aurez été
il/elle sera	ils/elles seront	il/elle aura été	ils/elles auront été
Conditional		***Past Conditional***	
je serais	nous serions	j'aurais été	nous aurions été
tu serais	vous seriez	tu aurais été	vous auriez été
il/elle serait	ils/elles seraient	il/elle aurait été	ils/elles auraient été

Present Subjunctive		*Past Subjunctive*	
que je sois	que nous soyons	que j'aie été	que nous ayons été
que tu sois	que vous soyez	que tu aies été	que vous ayez été
qu'il/elle soit	qu'ils/elles soient	qu'il/elle ait été	qu'ils/elles aient été
Imperfect Subjunctive		***Pluperfect Subjunctive***	
que je fusse	que nous fussions	que j'eusse été	que nous eussions été
que tu fusses	que vous fussiez	que tu eusses été	que vous eussiez été
qu'il/elle fût	qu'ils/elles fussent	qu'il/elle eût été	qu'ils/elles eussent été

Commands

	(nous) soyons
(tu) sois	(vous) soyez

USAGE

Il est médecin.	*He's a doctor.*
C'est un médecin connu.	*He's a famous doctor.*
—Quelle heure est-il?	*What time is it?*
—Il est huit heures et demie.	*It's eight thirty.*
Ma fille est grande, belle et intelligente.	*My daughter is tall, beautiful, and intelligent.*
—Où est l'arrêt d'autobus?	*Where is the bus stop?*
—Il est devant le cinéma.	*It's in front of the movie theater.*
—Qui est cet homme?	*Who's that man?*
—C'est notre boucher. Tu ne le reconnais pas?	*He's our butcher. Don't you recognize him?*
—C'est pour quand, la conférence?	*When is the lecture?*
—La conférence est demain, à quatre heures.	*The lecture is tomorrow at four o'clock.*

top 50 verb

245 être *to be*

je suis · je fus · été · étant irregular verb

être pour exprimer l'existence

être ou ne pas être	*to be or not to be*
Il est ce qu'il est, et c'est tout.	*He is what he is and that's all.*
le logiciel le plus efficace qu'il soit	*the most efficient software there is*

être pour exprimer le temps et l'heure

être en retard / en avance / à l'heure	*to be late / early / on time*
être prêt(e)	*to be ready*

Où est-ce qu'on est?

Son père est à l'hôpital.	*His/Her father is in the hospital.*
Le chat est sous le lit.	*The cat is under the bed.*
J'ai été à la bibliothèque.	*I went to the library.*
Elle avait été au marché.	*She had gone to the market.*

être à

—C'est à qui le tour?	*Whose turn is it?*
—C'est à vous de parler.	*It's your turn to speak.*
—Il t'embête?	*Does he annoy you?*
—Oui, il est toujours à me gronder.	*Yes, he's always scolding me.*

être de

—Vous êtes d'où?	*Where are you from?*
—Je suis de Guadeloupe.	*I'm from Guadeloupe.*

être en

Je vois que ta montre est en or.	*I see your watch is gold.*
La maison est en briques.	*The house is made of brick.*
Il est en nage.	*He is bathed in sweat.*

en être and *y être pour*

—Où en êtes-vous dans le manuel?	*Where are you up to in the textbook?*
—On en est à la page 15.	*We're up to page 15.*
J'en suis là!	*Look what's happened to me! / I've come to this!*
—Je m'excuse. C'est de ma faute.	*I'm sorry. It's my fault.*
—Non, vous n'y êtes pour rien.	*No, it's not your fault at all.*

y être

Ça y est!	*There you go! / That's it!*
—J'y suis!	*I've got it! / I've solved it!*
—Vous n'y êtes pas du tout.	*You're way off base.*

RELATED WORDS AND EXPRESSIONS

être en vacances	*to be on vacation*
être de retour	*to be back*

top 50 verb

irregular verb **j'étreins · j'étreignis · étreint · étreignant**

Present		*Passé Composé*	
j'étreins	nous étreignons	j'ai étreint	nous avons étreint
tu étreins	vous étreignez	tu as étreint	vous avez étreint
il/elle étreint	ils/elles étreignent	il/elle a étreint	ils/elles ont étreint
Imperfect		*Pluperfect*	
j'étreignais	nous étreignions	j'avais étreint	nous avions étreint
tu étreignais	vous étreigniez	tu avais étreint	vous aviez étreint
il/elle étreignait	ils/elles étreignaient	il/elle avait étreint	ils/elles avaient étreint
Passé Simple		*Past Anterior*	
j'étreignis	nous étreignîmes	j'eus étreint	nous eûmes étreint
tu étreignis	vous étreignîtes	tu eus étreint	vous eûtes étreint
il/elle étreignit	ils/elles étreignirent	il/elle eut étreint	ils/elles eurent étreint
Future		*Future Anterior*	
j'étreindrai	nous étreindrons	j'aurai étreint	nous aurons étreint
tu étreindras	vous étreindrez	tu auras étreint	vous aurez étreint
il/elle étreindra	ils/elles étreindront	il/elle aura étreint	ils/elles auront étreint
Conditional		*Past Conditional*	
j'étreindrais	nous étreindrions	j'aurais étreint	nous aurions étreint
tu étreindrais	vous étreindriez	tu aurais étreint	vous auriez étreint
il/elle étreindrait	ils/elles étreindraient	il/elle aurait étreint	ils/elles auraient étreint
Present Subjunctive		*Past Subjunctive*	
que j'étreigne	que nous étreignions	que j'aie étreint	que nous ayons étreint
que tu étreignes	que vous étreigniez	que tu aies étreint	que vous ayez étreint
qu'il/elle étreigne	qu'ils/elles étreignent	qu'il/elle ait étreint	qu'ils/elles aient étreint
Imperfect Subjunctive		*Pluperfect Subjunctive*	
que j'étreignisse	que nous étreignissions	que j'eusse étreint	que nous eussions étreint
que tu étreignisses	que vous étreignissiez	que tu eusses étreint	que vous eussiez étreint
qu'il/elle étreignît	qu'ils/elles étreignissent	qu'il/elle eût étreint	qu'ils/elles eussent étreint

Commands

	(nous) étreignons
(tu) étreins	(vous) étreignez

USAGE

étreindre qqn	*to embrace someone*
Il a étreint ses amis avant de partir.	*He embraced his friends before leaving.*
De sa main droite il a étreint mon bras.	*With his right hand he gripped my arm.*

RELATED WORDS AND EXPRESSIONS

l'étreinte *(f)*	*embrace/hug/grip*
Elle sentit un grand calme prise dans l'étreinte de son père.	*She felt a tremendous calm while held in her father's embrace.*
s'étreindre	*to hug each other*
Les fiancés se sont étreints.	*The engaged couple embraced.*
Les lutteurs se sont étreints.	*The wrestlers had each other in a tight grip.*

PROVERB

Qui trop embrasse, mal étreint.	*Don't spread yourself too thin. / Don't bite off more than you can chew.*

247 étudier *to study*

j'étudie · j'étudiai · étudié · étudiant — regular -*er* verb

Present		*Passé Composé*	
j'étudie	nous étudions	j'ai étudié	nous avons étudié
tu étudies	vous étudiez	tu as étudié	vous avez étudié
il/elle étudie	ils/elles étudient	il/elle a étudié	ils/elles ont étudié
Imperfect		*Pluperfect*	
j'étudiais	nous étudiions	j'avais étudié	nous avions étudié
tu étudiais	vous étudiiez	tu avais étudié	vous aviez étudié
il/elle étudiait	ils/elles étudiaient	il/elle avait étudié	ils/elles avaient étudié
Passé Simple		*Past Anterior*	
j'étudiai	nous étudiâmes	j'eus étudié	nous eûmes étudié
tu étudias	vous étudiâtes	tu eus étudié	vous eûtes étudié
il/elle étudia	ils/elles étudièrent	il/elle eut étudié	ils/elles eurent étudié
Future		*Future Anterior*	
j'étudierai	nous étudierons	j'aurai étudié	nous aurons étudié
tu étudieras	vous étudierez	tu auras étudié	vous aurez étudié
il/elle étudiera	ils/elles étudieront	il/elle aura étudié	ils/elles auront étudié
Conditional		*Past Conditional*	
j'étudierais	nous étudierions	j'aurais étudié	nous aurions étudié
tu étudierais	vous étudieriez	tu aurais étudié	vous auriez étudié
il/elle étudierait	ils/elles étudieraient	il/elle aurait étudié	ils/elles auraient étudié

Present Subjunctive		*Past Subjunctive*	
que j'étudie	que nous étudiions	que j'aie étudié	que nous ayons étudié
que tu étudies	que vous étudiiez	que tu aies étudié	que vous ayez étudié
qu'il/elle étudie	qu'ils/elles étudient	qu'il/elle ait étudié	qu'ils/elles aient étudié
Imperfect Subjunctive		*Pluperfect Subjunctive*	
que j'étudiasse	que nous étudiassions	que j'eusse étudié	que nous eussions étudié
que tu étudiasses	que vous étudiassiez	que tu eusses étudié	que vous eussiez étudié
qu'il/elle étudiât	qu'ils/elles étudiassent	qu'il/elle eût étudié	qu'ils/elles eussent étudié

Commands

	(nous) étudions
(tu) étudie	(vous) étudiez

USAGE

étudier qqch	*to study something*
Il étudie ses verbes latins.	*He's studying his Latin verbs.*
étudier à la faculté de droit	*to study at the law school*
Nous allons étudier ces idées de près.	*We're going to study these ideas closely.*

RELATED WORDS AND EXPRESSIONS

l'étude *(f)*	*study*
les études *(fpl)*	*course of study / university program / education*
faire ses études	*to be studying at the university*
faire ses études d'administration	*to be studying business administration*
Je travaille pour payer mes études.	*I'm working to pay for my education.*
Elle fait ses études à Paris.	*She's going to college in Paris.*
les étudiants en droit/médecine	*law/medical students*
—Ta proposition est à l'étude?	*Is your proposal under study?*
—Oui. Ils ont mis ma proposition à l'étude.	*Yes. They have begun to study my proposal.*

regular -*er* reflexive verb;
compound tenses with *être*

je m'évade · je m'évadai · s'étant évadé · s'évadant

Present		*Passé Composé*	
je m'évade	nous nous évadons	je me suis évadé(e)	nous nous sommes évadé(e)s
tu t'évades	vous vous évadez	tu t'es évadé(e)	vous vous êtes évadé(e)(s)
il/elle s'évade	ils/elles s'évadent	il/elle s'est évadé(e)	ils/elles se sont évadé(e)s
Imperfect		*Pluperfect*	
je m'évadais	nous nous évadions	je m'étais évadé(e)	nous nous étions évadé(e)s
tu t'évadais	vous vous évadiez	tu t'étais évadé(e)	vous vous étiez évadé(e)(s)
il/elle s'évadait	ils/elles s'évadaient	il/elle s'était évadé(e)	ils/elles s'étaient évadé(e)s
Passé Simple		*Past Anterior*	
je m'évadai	nous nous évadâmes	je me fus évadé(e)	nous nous fûmes évadé(e)s
tu t'évadas	vous vous évadâtes	tu te fus évadé(e)	vous vous fûtes évadé(e)(s)
il/elle s'évada	ils/elles s'évadèrent	il/elle se fut évadé(e)	ils/elles se furent évadé(e)s
Future		*Future Anterior*	
je m'évaderai	nous nous évaderons	je me serai évadé(e)	nous nous serons évadé(e)s
tu t'évaderas	vous vous évaderez	tu te seras évadé(e)	vous vous serez évadé(e)(s)
il/elle s'évadera	ils/elles s'évaderont	il/elle se sera évadé(e)	ils/elles se seront évadé(e)s
Conditional		*Past Conditional*	
je m'évaderais	nous nous évaderions	je me serais évadé(e)	nous nous serions évadé(e)s
tu t'évaderais	vous vous évaderiez	tu te serais évadé(e)	vous vous seriez évadé(e)(s)
il/elle s'évaderait	ils/elles s'évaderaient	il/elle se serait évadé(e)	ils/elles se seraient évadé(e)s

Present Subjunctive		*Past Subjunctive*	
que je m'évade	que nous nous évadions	que je me sois évadé(e)	que nous nous soyons évadé(e)s
que tu t'évades	que vous vous évadiez	que tu te sois évadé(e)	que vous vous soyez évadé(e)(s)
qu'il/elle s'évade	qu'ils/elles s'évadent	qu'il/elle se soit évadé(e)	qu'ils/elles se soient évadé(e)s
Imperfect Subjunctive		*Pluperfect Subjunctive*	
que je m'évadasse	que nous nous évadassions	que je me fusse évadé(e)	que nous nous fussions évadé(e)s
que tu t'évadasses	que vous vous évadassiez	que tu te fusses évadé(e)	que vous vous fussiez évadé(e)(s)
qu'il/elle s'évadât	qu'ils/elles s'évadassent	qu'il/elle se fût évadé(e)	qu'ils/elles se fussent évadé(e)s

Commands

	(nous) évadons-nous
(tu) évade-toi	(vous) évadez-vous

USAGE

Le meurtrier s'est évadé de prison.	*The murderer escaped from prison.*
Je me suis évadé au bord de la mer.	*I got away from things at the seashore.*
De temps en temps il faut s'évader.	*From time to time you have to get away from it all.*
Si tu t'ennuies autant que moi, on peut essayer de s'évader.	*If you're as bored as I am, we can try to get out of here.*

RELATED WORDS AND EXPRESSIONS

l'évasion *(f)*	*escape / getting away from it all; escapism*
On a besoin d'évasion.	*We need to get away from it all.*
l'évasion de capitaux	*flight of capital*
La police a déjoué une tentative d'évasion des terroristes présumés.	*The police thwarted an attempted escape by the suspected terrorists.*
un évadé / une évadée	*a person who has escaped; an escaped prisoner*
La police a capturé les évadés.	*The police captured the escaped convicts.*

s'évanouir *to faint*

je m'évanouis · je m'évanouis · s'étant évanoui · s'évanouissant

regular -*ir* reflexive verb; compound tenses with *être*

Present		*Passé Composé*	
je m'évanouis	nous nous évanouissons	je me suis évanoui(e)	nous nous sommes évanoui(e)s
tu t'évanouis	vous vous évanouissez	tu t'es évanoui(e)	vous vous êtes évanoui(e)(s)
il/elle s'évanouit	ils/elles s'évanouissent	il/elle s'est évanoui(e)	ils/elles se sont évanoui(e)s
Imperfect		*Pluperfect*	
je m'évanouissais	nous nous évanouissions	je m'étais évanoui(e)	nous nous étions évanoui(e)s
tu t'évanouissais	vous vous évanouissiez	tu t'étais évanoui(e)	vous vous étiez évanoui(e)(s)
il/elle s'évanouissait	ils/elles s'évanouissaient	il/elle s'était évanoui(e)	ils/elles s'étaient évanoui(e)s
Passé Simple		*Past Anterior*	
je m'évanouis	nous nous évanouîmes	je me fus évanoui(e)	nous nous fûmes évanoui(e)s
tu t'évanouis	vous vous évanouîtes	tu te fus évanoui(e)	vous vous fûtes évanoui(e)(s)
il/elle s'évanouit	ils/elles s'évanouirent	il/elle se fut évanoui(e)	ils/elles se furent évanoui(e)s
Future		*Future Anterior*	
je m'évanouirai	nous nous évanouirons	je me serai évanoui(e)	nous nous serons évanoui(e)s
tu t'évanouiras	vous vous évanouirez	tu te seras évanoui(e)	vous vous serez évanoui(e)(s)
il/elle s'évanouira	ils/elles s'évanouiront	il/elle se sera évanoui(e)	ils/elles se seront évanoui(e)s
Conditional		*Past Conditional*	
je m'évanouirais	nous nous évanouirions	je me serais évanoui(e)	nous nous serions évanoui(e)s
tu t'évanouirais	vous vous évanouiriez	tu te serais évanoui(e)	vous vous seriez évanoui(e)(s)
il/elle s'évanouirait	ils/elles s'évanouiraient	il/elle se serait évanoui(e)	ils/elles se seraient évanoui(e)s

Present Subjunctive		*Past Subjunctive*	
que je m'évanouisse	que nous nous évanouissions	que je me sois évanoui(e)	que nous nous soyons évanoui(e)s
que tu t'évanouisses	que vous vous évanouissiez	que tu te sois évanoui(e)	que vous vous soyez évanoui(e)(s)
qu'il/elle s'évanouisse	qu'ils/elles s'évanouissent	qu'il/elle se soit évanoui(e)	qu'ils/elles se soient évanoui(e)s
Imperfect Subjunctive		*Pluperfect Subjunctive*	
que je m'évanouisse	que nous nous évanouissions	que je me fusse évanoui(e)	que nous nous fussions évanoui(e)s
que tu t'évanouisses	que vous vous évanouissiez	que tu te fusses évanoui(e)	que vous vous fussiez évanoui(e)(s)
qu'il/elle s'évanouît	qu'ils/elles s'évanouissent	qu'il/elle se fût évanoui(e)	qu'ils/elles se fussent évanoui(e)s

Commands

	(nous) évanouissons-nous
(tu) évanouis-toi	(vous) évanouissez-vous

USAGE

Elle s'est évanouie dans ses bras.	*She fainted in his arms.*
Il était tellement faible qu'on croyait qu'il allait s'évanouir.	*He was so weak we thought he was going to faint.*
En écoutant la mauvaise nouvelle, elle s'est évanouie d'émotion.	*When she heard the bad news, she fainted from the emotion.*
Va chercher le médecin! Grand-père s'est évanoui!	*Go get the doctor! Grandfather has fainted!*
Il s'est évanoui à la suite d'une malaise.	*He fainted after feeling sick for a bit.*
Elle s'est évanouie à cause de la chaleur.	*She fainted because of the heat.*
Notre espoir s'est évanoui avec ce revers.	*Our hope has disappeared with this setback.*
Toutes nos craintes se sont évanouies.	*All our fears vanished.*

regular -*er* verb

j'évite · j'évitai · évité · évitant

Present		*Passé Composé*	
j'évite	nous évitons	j'ai évité	nous avons évité
tu évites	vous évitez	tu as évité	vous avez évité
il/elle évite	ils/elles évitent	il/elle a évité	ils/elles ont évité
Imperfect		*Pluperfect*	
j'évitais	nous évitions	j'avais évité	nous avions évité
tu évitais	vous évitiez	tu avais évité	vous aviez évité
il/elle évitait	ils/elles évitaient	il/elle avait évité	ils/elles avaient évité
Passé Simple		*Past Anterior*	
j'évitai	nous évitâmes	j'eus évité	nous eûmes évité
tu évitas	vous évitâtes	tu eus évité	vous eûtes évité
il/elle évita	ils/elles évitèrent	il/elle eut évité	ils/elles eurent évité
Future		*Future Anterior*	
j'éviterai	nous éviterons	j'aurai évité	nous aurons évité
tu éviteras	vous éviterez	tu auras évité	vous aurez évité
il/elle évitera	ils/elles éviteront	il/elle aura évité	ils/elles auront évité
Conditional		*Past Conditional*	
j'éviterais	nous éviterions	j'aurais évité	nous aurions évité
tu éviterais	vous éviteriez	tu aurais évité	vous auriez évité
il/elle éviterait	ils/elles éviteraient	il/elle aurait évité	ils/elles auraient évité

Present Subjunctive		*Past Subjunctive*	
que j'évite	que nous évitions	que j'aie évité	que nous ayons évité
que tu évites	que vous évitiez	que tu aies évité	que vous ayez évité
qu'il/elle évite	qu'ils/elles évitent	qu'il/elle ait évité	qu'ils/elles aient évité
Imperfect Subjunctive		*Pluperfect Subjunctive*	
que j'évitasse	que nous évitassions	que j'eusse évité	que nous eussions évité
que tu évitasses	que vous évitassiez	que tu eusses évité	que vous eussiez évité
qu'il/elle évitât	qu'ils/elles évitassent	qu'il/elle eût évité	qu'ils/elles eussent évité

Commands

	(nous) évitons
(tu) évite	(vous) évitez

USAGE

J'essaie d'éviter les désagréments.	*I try to avoid unpleasant situations.*
Il vaut mieux éviter les discussions politiques au travail.	*It's best to avoid political arguments at work.*
Il essaie d'éviter ses créanciers.	*He is trying to avoid his creditors.*
Je suis sûr qu'il est coupable. Tu as vu comme il évitait mon regard?	*I'm sure he's guilty. Did you see how he avoided my glance?*
C'est un risque à éviter.	*It's a risk that should be avoided.*
—Sors si tu veux éviter Stéphane.	*Leave if you want to avoid Stéphane.*
—Lui et moi, on s'évite depuis un an.	*He and I have been avoiding each other for a year.*
—Qu'est-ce qu'il doit faire pour éviter une maladie de cœur?	*What is he supposed to do to avoid heart disease?*
—Le médecin lui a conseillé d'éviter les boissons alcoolisées.	*The doctor took him off alcoholic beverages.*
Je voudrais que quelqu'un m'évite ce voyage.	*I wish someone would save me the trouble of making this trip.*
Répondez! Vous évitez la question!	*Answer! You're begging the question!*

excuser *to excuse, forgive*

j'excuse · j'excusai · excusé · excusant regular -*er* verb

Present		*Passé Composé*	
j'excuse	nous excusons	j'ai excusé	nous avons excusé
tu excuses	vous excusez	tu as excusé	vous avez excusé
il/elle excuse	ils/elles excusent	il/elle a excusé	ils/elles ont excusé
Imperfect		*Pluperfect*	
j'excusais	nous excusions	j'avais excusé	nous avions excusé
tu excusais	vous excusiez	tu avais excusé	vous aviez excusé
il/elle excusait	ils/elles excusaient	il/elle avait excusé	ils/elles avaient excusé
Passé Simple		*Past Anterior*	
j'excusai	nous excusâmes	j'eus excusé	nous eûmes excusé
tu excusas	vous excusâtes	tu eus excusé	vous eûtes excusé
il/elle excusa	ils/elles excusèrent	il/elle eut excusé	ils/elles eurent excusé
Future		*Future Anterior*	
j'excuserai	nous excuserons	j'aurai excusé	nous aurons excusé
tu excuseras	vous excuserez	tu auras excusé	vous aurez excusé
il/elle excusera	ils/elles excuseront	il/elle aura excusé	ils/elles auront excusé
Conditional		*Past Conditional*	
j'excuserais	nous excuserions	j'aurais excusé	nous aurions excusé
tu excuserais	vous excuseriez	tu aurais excusé	vous auriez excusé
il/elle excuserait	ils/elles excuseraient	il/elle aurait excusé	ils/elles auraient excusé

Present Subjunctive		*Past Subjunctive*	
que j'excuse	que nous excusions	que j'aie excusé	que nous ayons excusé
que tu excuses	que vous excusiez	que tu aies excusé	que vous ayez excusé
qu'il/elle excuse	qu'ils/elles excusent	qu'il/elle ait excusé	qu'ils/elles aient excusé
Imperfect Subjunctive		*Pluperfect Subjunctive*	
que j'excusasse	que nous excusassions	que j'eusse excusé	que nous eussions excusé
que tu excusasses	que vous excusassiez	que tu eusses excusé	que vous eussiez excusé
qu'il/elle excusât	qu'ils/elles excusassent	qu'il/elle eût excusé	qu'ils/elles eussent excusé

Commands

	(nous) excusons
(tu) excuse	(vous) excusez

USAGE

Je ne peux pas vous excuser de cette responsabilité.	*I can't excuse you from this responsibility.*
Excusez mon impatience, mais...	*Forgive my impatience, but . . .*
Il peut faire n'importe quoi, ses parents l'excuseront.	*He can do anything, and his parents will forgive him.*
—Nous devons mettre cet employé à la porte.	*We should fire that employee.*
—Excusez-moi, mais je ne suis pas de votre avis.	*I'm sorry, but I don't agree with you.*

RELATED WORDS AND EXPRESSIONS

les excuses *(fpl)*	*apology*
Je voulais vous présenter mes excuses.	*I wanted to present my apologies to you.*
Il a fait ses excuses.	*He apologized.*
Il a balbutié des excuses et il est sorti.	*He muttered an apology and left.*

regular *-er* reflexive verb;
compound tenses with *être*

je m'excuse · je m'excusai · s'étant excusé · s'excusant

Present		*Passé Composé*	
je m'excuse	nous nous excusons	je me suis excusé(e)	nous nous sommes excusé(e)s
tu t'excuses	vous vous excusez	tu t'es excusé(e)	vous vous êtes excusé(e)(s)
il/elle s'excuse	ils/elles s'excusent	il/elle s'est excusé(e)	ils/elles se sont excusé(e)s
Imperfect		*Pluperfect*	
je m'excusais	nous nous excusions	je m'étais excusé(e)	nous nous étions excusé(e)s
tu t'excusais	vous vous excusiez	tu t'étais excusé(e)	vous vous étiez excusé(e)(s)
il/elle s'excusait	ils/elles s'excusaient	il/elle s'était excusé(e)	ils/elles s'étaient excusé(e)s
Passé Simple		*Past Anterior*	
je m'excusai	nous nous excusâmes	je me fus excusé(e)	nous nous fûmes excusé(e)s
tu t'excusas	vous vous excusâtes	tu te fus excusé(e)	vous vous fûtes excusé(e)(s)
il/elle s'excusa	ils/elles s'excusèrent	il/elle se fut excusé(e)	ils/elles se furent excusé(e)s
Future		*Future Anterior*	
je m'excuserai	nous nous excuserons	je me serai excusé(e)	nous nous serons excusé(e)s
tu t'excuseras	vous vous excuserez	tu te seras excusé(e)	vous vous serez excusé(e)(s)
il/elle s'excusera	ils/elles s'excuseront	il/elle se sera excusé(e)	ils/elles se seront excusé(e)s
Conditional		*Past Conditional*	
je m'excuserais	nous nous excuserions	je me serais excusé(e)	nous nous serions excusé(e)s
tu t'excuserais	vous vous excuseriez	tu te serais excusé(e)	vous vous seriez excusé(e)(s)
il/elle s'excuserait	ils/elles s'excuseraient	il/elle se serait excusé(e)	ils/elles se seraient excusé(e)s

Present Subjunctive		*Past Subjunctive*	
que je m'excuse	que nous nous excusions	que je me sois excusé(e)	que nous nous soyons excusé(e)s
que tu t'excuses	que vous vous excusiez	que tu te sois excusé(e)	que vous vous soyez excusé(e)(s)
qu'il/elle s'excuse	qu'ils/elles s'excusent	qu'il/elle se soit excusé(e)	qu'ils/elles se soient excusé(e)s
Imperfect Subjunctive		*Pluperfect Subjunctive*	
que je m'excusasse	que nous nous excusassions	que je me fusse excusé(e)	que nous nous fussions excusé(e)s
que tu t'excusasses	que vous vous excusassiez	que tu te fusses excusé(e)	que vous vous fussiez excusé(e)(s)
qu'il/elle s'excusât	qu'ils/elles s'excusassent	qu'il/elle se fût excusé(e)	qu'ils/elles se fussent excusé(e)s

Commands

	(nous) excusons-nous
(tu) excuse-toi	(vous) excusez-vous

USAGE

s'excuser auprès de qqn	*to apologize to someone*
Les étudiants se sont excusés auprès du directeur.	*The students apologized to the principal.*
Ils se sont excusés d'être arrivés en retard.	*They apologized for being late.*
Je m'excuse de vous déranger.	*I apologize for bothering you.*
Je tiens à m'excuser de mon comportement.	*I insist on apologizing for my behavior.*
Le ministre s'est excusé pour certains de ses propos.	*The minister apologized for some of his remarks.*

RELATED WORDS AND EXPRESSIONS

excusable	*forgivable*
Ces bêtises sont excusables à son âge.	*Such foolishness is forgivable at his age.*
C'est une erreur excusable.	*It's an understandable mistake.*

exiger *to demand*

j'exige · j'exigeai · exigé · exigeant

regular *-er* verb; spelling change: *g* > *ge/a, o*

Present		*Passé Composé*	
j'exige	nous exigeons	j'ai exigé	nous avons exigé
tu exiges	vous exigez	tu as exigé	vous avez exigé
il/elle exige	ils/elles exigent	il/elle a exigé	ils/elles ont exigé
Imperfect		*Pluperfect*	
j'exigeais	nous exigions	j'avais exigé	nous avions exigé
tu exigeais	vous exigiez	tu avais exigé	vous aviez exigé
il/elle exigeait	ils/elles exigeaient	il/elle avait exigé	ils/elles avaient exigé
Passé Simple		*Past Anterior*	
j'exigeai	nous exigeâmes	j'eus exigé	nous eûmes exigé
tu exigeas	vous exigeâtes	tu eus exigé	vous eûtes exigé
il/elle exigea	ils/elles exigèrent	il/elle eut exigé	ils/elles eurent exigé
Future		*Future Anterior*	
j'exigerai	nous exigerons	j'aurai exigé	nous aurons exigé
tu exigeras	vous exigerez	tu auras exigé	vous aurez exigé
il/elle exigera	ils/elles exigeront	il/elle aura exigé	ils/elles auront exigé
Conditional		*Past Conditional*	
j'exigerais	nous exigerions	j'aurais exigé	nous aurions exigé
tu exigerais	vous exigeriez	tu aurais exigé	vous auriez exigé
il/elle exigerait	ils/elles exigeraient	il/elle aurait exigé	ils/elles auraient exigé

Present Subjunctive		*Past Subjunctive*	
que j'exige	que nous exigions	que j'aie exigé	que nous ayons exigé
que tu exiges	que vous exigiez	que tu aies exigé	que vous ayez exigé
qu'il/elle exige	qu'ils/elles exigent	qu'il/elle ait exigé	qu'ils/elles aient exigé
Imperfect Subjunctive		*Pluperfect Subjunctive*	
que j'exigeasse	que nous exigeassions	que j'eusse exigé	que nous eussions exigé
que tu exigeasses	que vous exigeassiez	que tu eusses exigé	que vous eussiez exigé
qu'il/elle exigeât	qu'ils/elles exigeassent	qu'il/elle eût exigé	qu'ils/elles eussent exigé

Commands

	(nous) exigeons
(tu) exige	(vous) exigez

USAGE

Il a exigé son argent.	*He demanded his money.*
J'exige de vous des excuses.	*I demand an apology from you.*
Le chef exige que tu finisses ce projet.	*The boss demands that you finish this project.*
Ce travail exige beaucoup de patience.	*This work requires a lot of patience.*
La connaissance de la programmation n'est pas exigée.	*Knowledge of programming is not required.*
Un titre universitaire est exigé.	*A college degree is required.*
Aucun passeport n'est exigé.	*A passport is not required.*
Mon nouveau poste exige trop de déplacements.	*My new job requires too much traveling.*

RELATED WORDS AND EXPRESSIONS

exigeant(e)	*demanding*
Ces études sont très exigeantes.	*This major is very demanding.* (school)
C'est un patron très exigeant.	*He's a very demanding boss.*

regular -er verb **j'explique · j'expliquai · expliqué · expliquant**

Present		*Passé Composé*	
j'explique	nous expliquons	j'ai expliqué	nous avons expliqué
tu expliques	vous expliquez	tu as expliqué	vous avez expliqué
il/elle explique	ils/elles expliquent	il/elle a expliqué	ils/elles ont expliqué
Imperfect		*Pluperfect*	
j'expliquais	nous expliquions	j'avais expliqué	nous avions expliqué
tu expliquais	vous expliquiez	tu avais expliqué	vous aviez expliqué
il/elle expliquait	ils/elles expliquaient	il/elle avait expliqué	ils/elles avaient expliqué
Passé Simple		*Past Anterior*	
j'expliquai	nous expliquâmes	j'eus expliqué	nous eûmes expliqué
tu expliquas	vous expliquâtes	tu eus expliqué	vous eûtes expliqué
il/elle expliqua	ils/elles expliquèrent	il/elle eut expliqué	ils/elles eurent expliqué
Future		*Future Anterior*	
j'expliquerai	nous expliquerons	j'aurai expliqué	nous aurons expliqué
tu expliqueras	vous expliquerez	tu auras expliqué	vous aurez expliqué
il/elle expliquera	ils/elles expliqueront	il/elle aura expliqué	ils/elles auront expliqué
Conditional		*Past Conditional*	
j'expliquerais	nous expliquerions	j'aurais expliqué	nous aurions expliqué
tu expliquerais	vous expliqueriez	tu aurais expliqué	vous auriez expliqué
il/elle expliquerait	ils/elles expliqueraient	il/elle aurait expliqué	ils/elles auraient expliqué

Present Subjunctive		*Past Subjunctive*	
que j'explique	que nous expliquions	que j'aie expliqué	que nous ayons expliqué
que tu expliques	que vous expliquiez	que tu aies expliqué	que vous ayez expliqué
qu'il/elle explique	qu'ils/elles expliquent	qu'il/elle ait expliqué	qu'ils/elles aient expliqué
Imperfect Subjunctive		*Pluperfect Subjunctive*	
que j'expliquasse	que nous expliquassions	que j'eusse expliqué	que nous eussions expliqué
que tu expliquasses	que vous expliquassiez	que tu eusses expliqué	que vous eussiez expliqué
qu'il/elle expliquât	qu'ils/elles expliquassent	qu'il/elle eût expliqué	qu'ils/elles eussent expliqué

Commands

	(nous) expliquons
(tu) explique	(vous) expliquez

USAGE

Expliquez-moi ce que vous voulez.	*Explain to me what you want.*
Il n'a pas expliqué pourquoi.	*He didn't explain why.*
expliquer qqch à qqn	*to explain something to someone*
Le directeur nous a expliqué le projet en détail.	*The director explained the project to us in detail.*
Ça explique tout!	*That figures!*
expliquer un texte	*to analyze a text critically*
Pour demain il nous faut expliquer ce poème.	*Tomorrow we have to give a critical analysis of this poem.*

RELATED WORDS AND EXPRESSIONS

l'explication *(f)*	*explanation*
l'explication de texte	*critical textual explanation/analysis*
s'expliquer	*to explain oneself*
Permettez-moi de m'expliquer.	*Allow me to explain myself.*
Ça s'explique.	*That's perfectly understandable.*

s'exprimer *to express oneself*

je m'exprime · je m'exprimai · s'étant exprimé · s'exprimant

regular *-er* reflexive verb; compound tenses with *être*

Present		*Passé Composé*	
je m'exprime	nous nous exprimons	je me suis exprimé(e)	nous nous sommes exprimé(e)s
tu t'exprimes	vous vous exprimez	tu t'es exprimé(e)	vous vous êtes exprimé(e)(s)
il/elle s'exprime	ils/elles s'expriment	il/elle s'est exprimé(e)	ils/elles se sont exprimé(e)s
Imperfect		*Pluperfect*	
je m'exprimais	nous nous exprimions	je m'étais exprimé(e)	nous nous étions exprimé(e)s
tu t'exprimais	vous vous exprimiez	tu t'étais exprimé(e)	vous vous étiez exprimé(e)(s)
il/elle s'exprimait	ils/elles s'exprimaient	il/elle s'était exprimé(e)	ils/elles s'étaient exprimé(e)s
Passé Simple		*Past Anterior*	
je m'exprimai	nous nous exprimâmes	je me fus exprimé(e)	nous nous fûmes exprimé(e)s
tu t'exprimas	vous vous exprimâtes	tu te fus exprimé(e)	vous vous fûtes exprimé(e)(s)
il/elle s'exprima	ils/elles s'exprimèrent	il/elle se fut exprimé(e)	ils/elles se furent exprimé(e)s
Future		*Future Anterior*	
je m'exprimerai	nous nous exprimerons	je me serai exprimé(e)	nous nous serons exprimé(e)s
tu t'exprimeras	vous vous exprimerez	tu te seras exprimé(e)	vous vous serez exprimé(e)(s)
il/elle s'exprimera	ils/elles s'exprimeront	il/elle se sera exprimé(e)	ils/elles se seront exprimé(e)s
Conditional		*Past Conditional*	
je m'exprimerais	nous nous exprimerions	je me serais exprimé(e)	nous nous serions exprimé(e)s
tu t'exprimerais	vous vous exprimeriez	tu te serais exprimé(e)	vous vous seriez exprimé(e)(s)
il/elle s'exprimerait	ils/elles s'exprimeraient	il/elle se serait exprimé(e)	ils/elles se seraient exprimé(e)s

Present Subjunctive		*Past Subjunctive*	
que je m'exprime	que nous nous exprimions	que je me sois exprimé(e)	que nous nous soyons exprimé(e)s
que tu t'exprimes	que vous vous exprimiez	que tu te sois exprimé(e)	que vous vous soyez exprimé(e)(s)
qu'il/elle s'exprime	qu'ils/elles s'expriment	qu'il/elle se soit exprimé(e)	qu'ils/elles se soient exprimé(e)s
Imperfect Subjunctive		*Pluperfect Subjunctive*	
que je m'exprimasse	que nous nous exprimassions	que je me fusse exprimé(e)	que nous nous fussions exprimé(e)s
que tu t'exprimasses	que vous vous exprimassiez	que tu te fusses exprimé(e)	que vous vous fussiez exprimé(e)(s)
qu'il/elle s'exprimât	qu'ils/elles s'exprimassent	qu'il/elle se fût exprimé(e)	qu'ils/elles se fussent exprimé(e)s

Commands

	(nous) exprimons-nous
(tu) exprime-toi	(vous) exprimez-vous

USAGE

Vous vous exprimez très bien en français.	*You express yourself very well in French.*
On n'avait pas de langue en commun. On s'exprimait donc par gestes.	*We had no common language. So we expressed ourselves with gestures.*
Le professeur exige que nous nous exprimions correctement.	*The teacher demands that we express ourselves correctly.*
Il s'exprime difficilement en allemand.	*He has trouble expressing himself in German.*
—Je n'ai pas compris.	*I didn't understand.*
—Je me suis donc mal exprimé.	*Then I didn't express myself correctly.*
Elle s'exprime avec élégance.	*She speaks elegantly.*
Il a peur de s'exprimer en public.	*He's afraid to speak publicly.*
Elle s'exprime sans entrave sur les sujets controversés.	*She speaks without hesitation or reluctance about controversial subjects.*

regular *-er* reflexive verb;
compound tenses with *être*

je me fâche · je me fâchai · s'étant fâché · se fâchant

Present		*Passé Composé*	
je me fâche	nous nous fâchons	je me suis fâché(e)	nous nous sommes fâché(e)s
tu te fâches	vous vous fâchez	tu t'es fâché(e)	vous vous êtes fâché(e)(s)
il/elle se fâche	ils/elles se fâchent	il/elle s'est fâché(e)	ils/elles se sont fâché(e)s
Imperfect		*Pluperfect*	
je me fâchais	nous nous fâchions	je m'étais fâché(e)	nous nous étions fâché(e)s
tu te fâchais	vous vous fâchiez	tu t'étais fâché(e)	vous vous étiez fâché(e)(s)
il/elle se fâchait	ils/elles se fâchaient	il/elle s'était fâché(e)	ils/elles s'étaient fâché(e)s
Passé Simple		*Past Anterior*	
je me fâchai	nous nous fâchâmes	je me fus fâché(e)	nous nous fûmes fâché(e)s
tu te fâchas	vous vous fâchâtes	tu te fus fâché(e)	vous vous fûtes fâché(e)(s)
il/elle se fâcha	ils/elles se fâchèrent	il/elle se fut fâché(e)	ils/elles se furent fâché(e)s
Future		*Future Anterior*	
je me fâcherai	nous nous fâcherons	je me serai fâché(e)	nous nous serons fâché(e)s
tu te fâcheras	vous vous fâcherez	tu te seras fâché(e)	vous vous serez fâché(e)(s)
il/elle se fâchera	ils/elles se fâcheront	il/elle se sera fâché(e)	ils/elles se seront fâché(e)s
Conditional		*Past Conditional*	
je me fâcherais	nous nous fâcherions	je me serais fâché(e)	nous nous serions fâché(e)s
tu te fâcherais	vous vous fâcheriez	tu te serais fâché(e)	vous vous seriez fâché(e)(s)
il/elle se fâcherait	ils/elles se fâcheraient	il/elle se serait fâché(e)	ils/elles se seraient fâché(e)s

Present Subjunctive		*Past Subjunctive*	
que je me fâche	que nous nous fâchions	que je me sois fâché(e)	que nous nous soyons fâché(e)s
que tu te fâches	que vous vous fâchiez	que tu te sois fâché(e)	que vous vous soyez fâché(e)(s)
qu'il/elle se fâche	qu'ils/elles se fâchent	qu'il/elle se soit fâché(e)	qu'ils/elles se soient fâché(e)s
Imperfect Subjunctive		*Pluperfect Subjunctive*	
que je me fâchasse	que nous nous fâchassions	que je me fusse fâché(e)	que nous nous fussions fâché(e)s
que tu te fâchasses	que vous vous fâchassiez	que tu te fusses fâché(e)	que vous vous fussiez fâché(e)(s)
qu'il/elle se fâchât	qu'ils/elles se fâchassent	qu'il/elle se fût fâché(e)	qu'ils/elles se fussent fâché(e)s

Commands

	(nous) fâchons-nous
(tu) fâche-toi	(vous) fâchez-vous

USAGE

se fâcher contre qqn	*to get angry at someone*
Le prof s'est fâché tout rouge contre moi.	*The teacher got furious with me.*
se fâcher avec qqn	*to get angry with / break off with someone*
Elle s'est fâchée avec Pierre.	*She got angry with Pierre.*
Moi, je ne me fâcherais pas pour si peu.	*I wouldn't get angry over something so insignificant.*
Si ça arrive, je vais me fâcher.	*If that happens, I'm going to put my foot down.*

RELATED WORDS AND EXPRESSIONS

fâché(e)	*angry*
Il est toujours fâché.	*He's always angry.*
fâcheux/fâcheuse	*annoying/irritating*
Ils ont de fâcheuses habitudes.	*They have annoying habits.*
Il est fâcheux que cette analyse n'ait pas été complétée.	*It's unfortunate that this analysis hasn't been completed.*

257 faire *to do, make*

je fais · je fis · fait · faisant — irregular verb

faire des études

faire sa médecine	*to study medicine*
faire son droit	*to study law*
faire du français / des langues	*to study French/languages*
faire des maths	*to study math*
faire du violon / du piano / de la flûte	*to study violin/piano/flute*

faire du sport

faire du vélo / de la voile	*to go bike riding / sailing*
faire de la varappe / du jogging	*to go rock climbing / jogging*

faire à la maison

faire le linge / la lessive	*to do the wash/laundry*
faire le ménage	*to do the housework*
faire la vaisselle / les carreaux / le parquet	*to do the dishes/windows/floor*

faire dans le domaine personnel

—Pourquoi est-ce que tu fais la moue?	*Why are you pouting?*
—Parce que tu m'as fait de la peine.	*Because you hurt my feelings.*
—Lui, il fait un beau gâchis de tout.	*He makes a mess of everything.*
—Oui, il fait toujours le singe.	*Yes, he's always acting the fool.*
—Tu as vu la tête qu'il a faite?	*Did you see the face he made?*
—Laisse tomber. On ne va pas en faire toute une histoire.	*Forget about it. We're not going to make a federal case out of it.*
en faire à sa tête	*to act impulsively*
faire un clin d'œil à qqn	*to wink at someone*
faire l'enfant/l'idiot	*to act like a child / an idiot*
Qu'est-ce que ça peut bien te faire?	*What can that possibly matter to you?*
C'est bien fait pour toi!	*Serves you right!*

faire pour les voyages et les déplacements

—Vous avez fait un voyage?	*Did you take a trip?*
—Oui, nous avons fait l'Europe cet été.	*Yes, we traveled through Europe this summer.*
faire une promenade / une promenade en voiture	*to go for a walk / car ride*
faire une fugue	*to run away from home*
faire la queue au guichet de la gare	*to stand in line at the station ticket window*

OTHER USES

—Qu'est-ce que j'ai fait de mes gants?	*What did I do with my gloves?*
—Il n'y a rien à faire. Tu les as laissés dans le train.	*There's nothing you can do. You left them in the train.*
faire acte de présence	*to put in an appearance*
faire une gaffe	*to make a blunder*
faire semblant de faire qqch	*to pretend to do something*
—Cet élève ne fait plus l'école buissonnière.	*This child doesn't play hookey anymore.*
—Non, il a fait peau neuve.	*No, he has turned over a new leaf.*

top 50 verb

irregular verb **je fais · je fis · fait · faisant**

Present		*Passé Composé*	
je fais	nous faisons	j'ai fait	nous avons fait
tu fais	vous faites	tu as fait	vous avez fait
il/elle fait	ils/elles font	il/elle a fait	ils/elles ont fait
Imperfect		*Pluperfect*	
je faisais	nous faisions	j'avais fait	nous avions fait
tu faisais	vous faisiez	tu avais fait	vous aviez fait
il/elle faisait	ils/elles faisaient	il/elle avait fait	ils/elles avaient fait
Passé Simple		*Past Anterior*	
je fis	nous fîmes	j'eus fait	nous eûmes fait
tu fis	vous fîtes	tu eus fait	vous eûtes fait
il/elle fit	ils/elles firent	il/elle eut fait	ils/elles eurent fait
Future		*Future Anterior*	
je ferai	nous ferons	j'aurai fait	nous aurons fait
tu feras	vous ferez	tu auras fait	vous aurez fait
il/elle fera	ils/elles feront	il/elle aura fait	ils/elles auront fait
Conditional		*Past Conditional*	
je ferais	nous ferions	j'aurais fait	nous aurions fait
tu ferais	vous feriez	tu aurais fait	vous auriez fait
il/elle ferait	ils/elles feraient	il/elle aurait fait	ils/elles auraient fait

Present Subjunctive		*Past Subjunctive*	
que je fasse	que nous fassions	que j'aie fait	que nous ayons fait
que tu fasses	que vous fassiez	que tu aies fait	que vous ayez fait
qu'il/elle fasse	qu'ils/elles fassent	qu'il/elle ait fait	qu'ils/elles aient fait
Imperfect Subjunctive		*Pluperfect Subjunctive*	
que je fisse	que nous fissions	que j'eusse fait	que nous eussions fait
que tu fisses	que vous fissiez	que tu eusses fait	que vous eussiez fait
qu'il/elle fît	qu'ils/elles fissent	qu'il/elle eût fait	qu'ils/elles eussent fait

Commands

	(nous) faisons
(tu) fais	(vous) faites

USAGE

faire qqch	*to make something*
faire une quiche	*to make a quiche*
faire qqch pour qqn	*to make/do something for someone*
Tu peux faire les courses pour moi?	*Can you do the shopping for me?*
faire qqch à qqn	*to make/do something to/for someone*
Je vais te faire un thé.	*I'm going to make you a cup of tea.*
Pourquoi tu pleures? Qu'est-ce que ton frère t'a fait?	*Why are you crying? What did your brother do to you?*
Qu'est-ce que vous faites dans la vie?	*What do you do for a living?*
Que feriez-vous dans ce cas?	*What would you do in this case?*
Quel temps fait-il?	*What's the weather like?*
Il fait beau/mauvais.	*The weather's nice/bad.*
Il fait chaud/froid.	*The weather's warm/cold.*
Il fait soleil.	*The sun's out.*
Il fait du vent.	*It's windy.*
Il faisait nuit quand je suis rentré.	*It was dark when I got back.*

top 50 verb

se faire *to get something done to oneself*

je me fais · je me fis · s'étant fait · se faisant

irregular reflexive verb; compound tenses with *être*

Present		*Passé Composé*	
je me fais	nous nous faisons	je me suis fait(e)	nous nous sommes fait(e)s
tu te fais	vous vous faites	tu t'es fait(e)	vous vous êtes fait(e)(s)
il/elle se fait	ils/elles se font	il/elle s'est fait(e)	ils/elles se sont fait(e)s
Imperfect		*Pluperfect*	
je me faisais	nous nous faisions	je m'étais fait(e)	nous nous étions fait(e)s
tu te faisais	vous vous faisiez	tu t'étais fait(e)	vous vous étiez fait(e)(s)
il/elle se faisait	ils/elles se faisaient	il/elle s'était fait(e)	ils/elles s'étaient fait(e)s
Passé Simple		*Past Anterior*	
je me fis	nous nous fîmes	je me fus fait(e)	nous nous fûmes fait(e)s
tu te fis	vous vous fîtes	tu te fus fait(e)	vous vous fûtes fait(e)(s)
il/elle se fit	ils/elles se firent	il/elle se fut fait(e)	ils/elles se furent fait(e)s
Future		*Future Anterior*	
je me ferai	nous nous ferons	je me serai fait(e)	nous nous serons fait(e)s
tu te feras	vous vous ferez	tu te seras fait(e)	vous vous serez fait(e)(s)
il/elle se fera	ils/elles se feront	il/elle se sera fait(e)	ils/elles se seront fait(e)s
Conditional		*Past Conditional*	
je me ferais	nous nous ferions	je me serais fait(e)	nous nous serions fait(e)s
tu te ferais	vous vous feriez	tu te serais fait(e)	vous vous seriez fait(e)(s)
il/elle se ferait	ils/elles se feraient	il/elle se serait fait(e)	ils/elles se seraient fait(e)s

Present Subjunctive		*Past Subjunctive*	
que je me fasse	que nous nous fassions	que je me sois fait(e)	que nous nous soyons fait(e)s
que tu te fasses	que vous vous fassiez	que tu te sois fait(e)	que vous vous soyez fait(e)(s)
qu'il/elle se fasse	qu'ils/elles se fassent	qu'il/elle se soit fait(e)	qu'ils/elles se soient fait(e)s
Imperfect Subjunctive		*Pluperfect Subjunctive*	
que je me fisse	que nous nous fissions	que je me fusse fait(e)	que nous nous fussions fait(e)s
que tu te fisses	que vous vous fissiez	que tu te fusses fait(e)	que vous vous fussiez fait(e)(s)
qu'il/elle se fît	qu'ils/elles se fissent	qu'il/elle se fût fait(e)	qu'ils/elles se fussent fait(e)s

Commands

	(nous) faisons-nous
(tu) fais-toi	(vous) faites-vous

USAGE

se faire seul/seule	*to be a self-made man/woman*
se faire mal	*to hurt oneself*
Il s'est fait mal à la jambe.	*He hurt his leg.*
Son chien s'est fait écraser.	*Her dog got run over.*
Il s'est fait payer.	*He got paid.*
se faire du mauvais sang / s'en faire	*to worry*
Ne t'en fais pas!	*Don't worry!*
Il s'est fait tuer dans une bagarre.	*He got killed in a brawl.*
Elle aime se faire attendre.	*She likes to keep people waiting.*
Il aime se faire prier.	*He likes to be begged to do things.*
Je me suis fait couper les cheveux.	*I got a haircut.*
Il faut savoir se faire respecter.	*You should know how to make people respect you.*
Comment (est-ce que) ça se fait?	*How come it's like that / things are like that?*
Ça ne se fait pas.	*That's not done. / You don't do that.*

irregular verb

je feins · je feignis · feint · feignant

Present		*Passé Composé*	
je feins	nous feignons	j'ai feint	nous avons feint
tu feins	vous feignez	tu as feint	vous avez feint
il/elle feint	ils/elles feignent	il/elle a feint	ils/elles ont feint
Imperfect		*Pluperfect*	
je feignais	nous feignions	j'avais feint	nous avions feint
tu feignais	vous feigniez	tu avais feint	vous aviez feint
il/elle feignait	ils/elles feignaient	il/elle avait feint	ils/elles avaient feint
Passé Simple		*Past Anterior*	
je feignis	nous feignîmes	j'eus feint	nous eûmes feint
tu feignis	vous feignîtes	tu eus feint	vous eûtes feint
il/elle feignit	ils/elles feignirent	il/elle eut feint	ils/elles eurent feint
Future		*Future Anterior*	
je feindrai	nous feindrons	j'aurai feint	nous aurons feint
tu feindras	vous feindrez	tu auras feint	vous aurez feint
il/elle feindra	ils/elles feindront	il/elle aura feint	ils/elles auront feint
Conditional		*Past Conditional*	
je feindrais	nous feindrions	j'aurais feint	nous aurions feint
tu feindrais	vous feindriez	tu aurais feint	vous auriez feint
il/elle feindrait	ils/elles feindraient	il/elle aurait feint	ils/elles auraient feint

Present Subjunctive		*Past Subjunctive*	
que je feigne	que nous feignions	que j'aie feint	que nous ayons feint
que tu feignes	que vous feigniez	que tu aies feint	que vous ayez feint
qu'il/elle feigne	qu'ils/elles feignent	qu'il/elle ait feint	qu'ils/elles aient feint
Imperfect Subjunctive		*Pluperfect Subjunctive*	
que je feignisse	que nous feignissions	que j'eusse feint	que nous eussions feint
que tu feignisses	que vous feignissiez	que tu eusses feint	que vous eussiez feint
qu'il/elle feignît	qu'ils/elles feignissent	qu'il/elle eût feint	qu'ils/elles eussent feint

Commands

	(nous) feignons
(tu) feins	(vous) feignez

USAGE

Il me sera très difficile de feindre de la satisfaction. — *It will be very difficult for me to pretend to be satisfied.*
Sa joie est feinte. — *Her joy is mere pretense.*
feindre de faire qqch — *to pretend to do something*
Il feint de se soucier de nous. — *He pretends to be concerned about us.*

RELATED WORDS AND EXPRESSIONS

la feinte — *faking/ruse/feint* (sports)
feinter — *to feint* (sports)
feinter qqn — *to fool someone*
Il m'a feinté. — *He tricked me.*

260 féliciter *to congratulate*

je félicite · je félicitai · félicité · félicitant regular -*er* verb

Present		*Passé Composé*	
je félicite	nous félicitons	j'ai félicité	nous avons félicité
tu félicites	vous félicitez	tu as félicité	vous avez félicité
il/elle félicite	ils/elles félicitent	il/elle a félicité	ils/elles ont félicité
Imperfect		***Pluperfect***	
je félicitais	nous félicitions	j'avais félicité	nous avions félicité
tu félicitais	vous félicitiez	tu avais félicité	vous aviez félicité
il/elle félicitait	ils/elles félicitaient	il/elle avait félicité	ils/elles avaient félicité
Passé Simple		***Past Anterior***	
je félicitai	nous félicitâmes	j'eus félicité	nous eûmes félicité
tu félicitas	vous félicitâtes	tu eus félicité	vous eûtes félicité
il/elle félicita	ils/elles félicitèrent	il/elle eut félicité	ils/elles eurent félicité
Future		***Future Anterior***	
je féliciterai	nous féliciterons	j'aurai félicité	nous aurons félicité
tu féliciteras	vous féliciterez	tu auras félicité	vous aurez félicité
il/elle félicitera	ils/elles féliciteront	il/elle aura félicité	ils/elles auront félicité
Conditional		***Past Conditional***	
je féliciterais	nous féliciterions	j'aurais félicité	nous aurions félicité
tu féliciterais	vous féliciteriez	tu aurais félicité	vous auriez félicité
il/elle féliciterait	ils/elles féliciteraient	il/elle aurait félicité	ils/elles auraient félicité

Present Subjunctive		*Past Subjunctive*	
que je félicite	que nous félicitions	que j'aie félicité	que nous ayons félicité
que tu félicites	que vous félicitiez	que tu aies félicité	que vous ayez félicité
qu'il/elle félicite	qu'ils/elles félicitent	qu'il/elle ait félicité	qu'ils/elles aient félicité
Imperfect Subjunctive		***Pluperfect Subjunctive***	
que je félicitasse	que nous félicitassions	que j'eusse félicité	que nous eussions félicité
que tu félicitasses	que vous félicitassiez	que tu eusses félicité	que vous eussiez félicité
qu'il/elle félicitât	qu'ils/elles félicitassent	qu'il/elle eût félicité	qu'ils/elles eussent félicité

Commands

	(nous) félicitons
(tu) félicite	(vous) félicitez

USAGE

Je vous félicite! — *I congratulate you!*
Le patron m'a félicité de mon succès. — *The boss congratulated me on my success.*
Je vous félicite de votre réussite à l'examen. — *I congratulate you on your success on the exam.*
Je ne te félicite pas! — *You'll get no thanks from me!*

RELATED WORDS AND EXPRESSIONS

la félicitation — *congratulations*
Toutes mes félicitations! — *My heartiest congratulations.*
se féliciter de — *to be happy about*
se féliciter d'avoir fait qqch — *to pat oneself on the back for having done something*
Il se félicite d'avoir fait ces investissements. — *He's pleased with himself for having made those investments.*

regular -*re* verb **je fends · je fendis · fendu · fendant**

Present		*Passé Composé*	
je fends	nous fendons	j'ai fendu	nous avons fendu
tu fends	vous fendez	tu as fendu	vous avez fendu
il/elle fend	ils/elles fendent	il/elle a fendu	ils/elles ont fendu
Imperfect		*Pluperfect*	
je fendais	nous fendions	j'avais fendu	nous avions fendu
tu fendais	vous fendiez	tu avais fendu	vous aviez fendu
il/elle fendait	ils/elles fendaient	il/elle avait fendu	ils/elles avaient fendu
Passé Simple		*Past Anterior*	
je fendis	nous fendîmes	j'eus fendu	nous eûmes fendu
tu fendis	vous fendîtes	tu eus fendu	vous eûtes fendu
il/elle fendit	ils/elles fendirent	il/elle eut fendu	ils/elles eurent fendu
Future		*Future Anterior*	
je fendrai	nous fendrons	j'aurai fendu	nous aurons fendu
tu fendras	vous fendrez	tu auras fendu	vous aurez fendu
il/elle fendra	ils/elles fendront	il/elle aura fendu	ils/elles auront fendu
Conditional		*Past Conditional*	
je fendrais	nous fendrions	j'aurais fendu	nous aurions fendu
tu fendrais	vous fendriez	tu aurais fendu	vous auriez fendu
il/elle fendrait	ils/elles fendraient	il/elle aurait fendu	ils/elles auraient fendu

Present Subjunctive		*Past Subjunctive*	
que je fende	que nous fendions	que j'aie fendu	que nous ayons fendu
que tu fendes	que vous fendiez	que tu aies fendu	que vous ayez fendu
qu'il/elle fende	qu'ils/elles fendent	qu'il/elle ait fendu	qu'ils/elles aient fendu
Imperfect Subjunctive		*Pluperfect Subjunctive*	
que je fendisse	que nous fendissions	que j'eusse fendu	que nous eussions fendu
que tu fendisses	que vous fendissiez	que tu eusses fendu	que vous eussiez fendu
qu'il/elle fendît	qu'ils/elles fendissent	qu'il/elle eût fendu	qu'ils/elles eussent fendu

Commands

	(nous) fendons
(tu) fends	(vous) fendez

USAGE

Le bûcheron fend du bois.	*The woodsman splits wood.*
C'est une histoire qui me fend le cœur.	*It's a story that breaks my heart.*
Le président a dû fendre la foule.	*The president had to push his way through the crowd.*
Il s'est fendu le crâne en tombant.	*He broke his skull when he fell.*
Il a poussé un cri à fendre le cœur.	*He uttered a heart-rending scream.*
J'ai fendu la noix de coco en deux.	*I split the coconut in two.*

RELATED WORDS AND EXPRESSIONS

la fente	*crack/fissure*
Il y a des fentes dangereuses dans la terre.	*There are dangerous fissures in the earth.*
se fendre la gueule	*to laugh oneself sick*
Je me suis fendu la gueule.	*I nearly died laughing.*

fermer to close

je ferme · je fermai · fermé · fermant regular -*er* verb

Present		*Passé Composé*	
je ferme	nous fermons	j'ai fermé	nous avons fermé
tu fermes	vous fermez	tu as fermé	vous avez fermé
il/elle ferme	ils/elles ferment	il/elle a fermé	ils/elles ont fermé
Imperfect		*Pluperfect*	
je fermais	nous fermions	j'avais fermé	nous avions fermé
tu fermais	vous fermiez	tu avais fermé	vous aviez fermé
il/elle fermait	ils/elles fermaient	il/elle avait fermé	ils/elles avaient fermé
Passé Simple		*Past Anterior*	
je fermai	nous fermâmes	j'eus fermé	nous eûmes fermé
tu fermas	vous fermâtes	tu eus fermé	vous eûtes fermé
il/elle ferma	ils/elles fermèrent	il/elle eut fermé	ils/elles eurent fermé
Future		*Future Anterior*	
je fermerai	nous fermerons	j'aurai fermé	nous aurons fermé
tu fermeras	vous fermerez	tu auras fermé	vous aurez fermé
il/elle fermera	ils/elles fermeront	il/elle aura fermé	ils/elles auront fermé
Conditional		*Past Conditional*	
je fermerais	nous fermerions	j'aurais fermé	nous aurions fermé
tu fermerais	vous fermeriez	tu aurais fermé	vous auriez fermé
il/elle fermerait	ils/elles fermeraient	il/elle aurait fermé	ils/elles auraient fermé

Present Subjunctive		*Past Subjunctive*	
que je ferme	que nous fermions	que j'aie fermé	que nous ayons fermé
que tu fermes	que vous fermiez	que tu aies fermé	que vous ayez fermé
qu'il/elle ferme	qu'ils/elles ferment	qu'il/elle ait fermé	qu'ils/elles aient fermé
Imperfect Subjunctive		*Pluperfect Subjunctive*	
que je fermasse	que nous fermassions	que j'eusse fermé	que nous eussions fermé
que tu fermasses	que vous fermassiez	que tu eusses fermé	que vous eussiez fermé
qu'il/elle fermât	qu'ils/elles fermassent	qu'il/elle eût fermé	qu'ils/elles eussent fermé

Commands

	(nous) fermons
(tu) ferme	(vous) fermez

USAGE

Ça ferme à sept heures.	*The store closes at seven o'clock.*
On ferme en août.	*We close in August.*
fermer la porte / les fenêtres / son livre	*to close the door / the windows / one's book*
fermer la porte à clé	*to lock the door*
fermer la porte à verrou	*to bolt the door*
fermer la porte à double tour	*to double-lock the door*
Ils m'ont fermé la porte au nez.	*They shut the door in my face.*
fermer les yeux sur les abus	*to turn a blind eye to the abuses*
la fermer *(colloquial)*	*to keep one's mouth shut*
Ferme-la!	*Shut up!*
Tu aurais dû la fermer.	*You should have kept your mouth shut.*

RELATED WORDS AND EXPRESSIONS

la fermeture	*closing*
Fermeture annuelle du 1er au 15 août.	*Closing for vacation from August 1 to 15.* (sign on store)

regular -*er* reflexive verb;
compound tenses with *être*

je me fie · je me fiai · s'étant fié · se fiant

Present		*Passé Composé*	
je me fie	nous nous fions	je me suis fié(e)	nous nous sommes fié(e)s
tu te fies	vous vous fiez	tu t'es fié(e)	vous vous êtes fié(e)(s)
il/elle se fie	ils/elles se fient	il/elle s'est fié(e)	ils/elles se sont fié(e)s
Imperfect		*Pluperfect*	
je me fiais	nous nous fiions	je m'étais fié(e)	nous nous étions fié(e)s
tu te fiais	vous vous fiiez	tu t'étais fié(e)	vous vous étiez fié(e)(s)
il/elle se fiait	ils/elles se fiaient	il/elle s'était fié(e)	ils/elles s'étaient fié(e)s
Passé Simple		*Past Anterior*	
je me fiai	nous nous fiâmes	je me fus fié(e)	nous nous fûmes fié(e)s
tu te fias	vous vous fiâtes	tu te fus fié(e)	vous vous fûtes fié(e)(s)
il/elle se fia	ils/elles se fièrent	il/elle se fut fié(e)	ils/elles se furent fié(e)s
Future		*Future Anterior*	
je me fierai	nous nous fierons	je me serai fié(e)	nous nous serons fié(e)s
tu te fieras	vous vous fierez	tu te seras fié(e)	vous vous serez fié(e)(s)
il/elle se fiera	ils/elles se fieront	il/elle se sera fié(e)	ils/elles se seront fié(e)s
Conditional		*Past Conditional*	
je me fierais	nous nous fierions	je me serais fié(e)	nous nous serions fié(e)s
tu te fierais	vous vous fieriez	tu te serais fié(e)	vous vous seriez fié(e)(s)
il/elle se fierait	ils/elles se fieraient	il/elle se serait fié(e)	ils/elles se seraient fié(e)s
Present Subjunctive		*Past Subjunctive*	
que je me fie	que nous nous fiions	que je me sois fié(e)	que nous nous soyons fié(e)s
que tu te fies	que vous vous fiiez	que tu te sois fié(e)	que vous vous soyez fié(e)(s)
qu'il/elle se fie	qu'ils/elles se fient	qu'il/elle se soit fié(e)	qu'ils/elles se soient fié(e)s
Imperfect Subjunctive		*Pluperfect Subjunctive*	
que je me fiasse	que nous nous fiassions	que je me fusse fié(e)	que nous nous fussions fié(e)s
que tu te fiasses	que vous vous fiassiez	que tu te fusses fié(e)	que vous vous fussiez fié(e)(s)
qu'il/elle se fiât	qu'ils/elles se fiassent	qu'il/elle se fût fié(e)	qu'ils/elles se fussent fié(e)s

Commands

	(nous) fions-nous
(tu) fie-toi	(vous) fiez-vous

USAGE

Personne ne se fie à lui.	*No one trusts him.*
Tous les employés se fient au chef de rayon.	*All the employees trust the department head.*
Il ne faut pas se fier aux apparences.	*One must not judge by appearances.*
Je ne me fie jamais à ce qu'il dit.	*I never go by what he says.*
Nous nous fions à votre discrétion.	*We're relying on your discretion.*
—Tu ne prends pas de notes?	*You're not writing anything down?*
—Non, je me fie à ma mémoire.	*No, I'm relying on my memory.*

RELATED WORDS AND EXPRESSIONS

la fiabilité	*trustworthiness*
Tout dépend de la fiabilité de nos fournisseurs.	*Everything depends on the reliability of our suppliers.*
fiable	*trustworthy*
Ces logiciels sont tout à fait fiables.	*These software packages are completely reliable.*

finir *to finish*

je finis · je finis · fini · finissant regular -ir verb

Present		*Passé Composé*	
je finis	nous finissons	j'ai fini	nous avons fini
tu finis	vous finissez	tu as fini	vous avez fini
il/elle finit	ils/elles finissent	il/elle a fini	ils/elles ont fini
Imperfect		*Pluperfect*	
je finissais	nous finissions	j'avais fini	nous avions fini
tu finissais	vous finissiez	tu avais fini	vous aviez fini
il/elle finissait	ils/elles finissaient	il/elle avait fini	ils/elles avaient fini
Passé Simple		*Past Anterior*	
je finis	nous finîmes	j'eus fini	nous eûmes fini
tu finis	vous finîtes	tu eus fini	vous eûtes fini
il/elle finit	ils/elles finirent	il/elle eut fini	ils/elles eurent fini
Future		*Future Anterior*	
je finirai	nous finirons	j'aurai fini	nous aurons fini
tu finiras	vous finirez	tu auras fini	vous aurez fini
il/elle finira	ils/elles finiront	il/elle aura fini	ils/elles auront fini
Conditional		*Past Conditional*	
je finirais	nous finirions	j'aurais fini	nous aurions fini
tu finirais	vous finiriez	tu aurais fini	vous auriez fini
il/elle finirait	ils/elles finiraient	il/elle aurait fini	ils/elles auraient fini
Present Subjunctive		*Past Subjunctive*	
que je finisse	que nous finissions	que j'aie fini	que nous ayons fini
que tu finisses	que vous finissiez	que tu aies fini	que vous ayez fini
qu'il/elle finisse	qu'ils/elles finissent	qu'il/elle ait fini	qu'ils/elles aient fini
Imperfect Subjunctive		*Pluperfect Subjunctive*	
que je finisse	que nous finissions	que j'eusse fini	que nous eussions fini
que tu finisses	que vous finissiez	que tu eusses fini	que vous eussiez fini
qu'il/elle finît	qu'ils/elles finissent	qu'il/elle eût fini	qu'ils/elles eussent fini

Commands

	(nous) finissons
(tu) finis	(vous) finissez

USAGE

—Maman! J'ai fini. Je veux sortir jouer.	*Mom! I finished. I want to go out to play.*
—Tu n'as pas fini tes légumes. Finis-les.	*You haven't finished your vegetables. Finish them.*
finir son travail / un livre / un article	*to finish one's work / a book / an article*
Le prisonnier a fini son temps.	*The prisoner finished serving his sentence.*
Tu vas finir sans travail si tu continues comme ça!	*You'll wind up without a job if you keep on like that!*
Il a fini chef de rayon.	*He wound up as department supervisor.*
Quand est-ce que tu finiras de m'embêter?	*When will you stop annoying me?*
Cet amour va mal finir.	*That love (affair) will have an unhappy ending.*
en finir avec qqch/qqn	*to be done with something/someone*
Je veux qu'on en finisse.	*I want us to be done with it.*
Il faut en finir avec ces discussions.	*We have to stop these discussions.*
C'est un roman à n'en plus finir.	*It's an endless novel.*

regular -*er* verb **je fonde · je fondai · fondé · fondant**

Present		*Passé Composé*	
je fonde	nous fondons	j'ai fondé	nous avons fondé
tu fondes	vous fondez	tu as fondé	vous avez fondé
il/elle fonde	ils/elles fondent	il/elle a fondé	ils/elles ont fondé
Imperfect		***Pluperfect***	
je fondais	nous fondions	j'avais fondé	nous avions fondé
tu fondais	vous fondiez	tu avais fondé	vous aviez fondé
il/elle fondait	ils/elles fondaient	il/elle avait fondé	ils/elles avaient fondé
Passé Simple		***Past Anterior***	
je fondai	nous fondâmes	j'eus fondé	nous eûmes fondé
tu fondas	vous fondâtes	tu eus fondé	vous eûtes fondé
il/elle fonda	ils/elles fondèrent	il/elle eut fondé	ils/elles eurent fondé
Future		***Future Anterior***	
je fonderai	nous fonderons	j'aurai fondé	nous aurons fondé
tu fonderas	vous fonderez	tu auras fondé	vous aurez fondé
il/elle fondera	ils/elles fonderont	il/elle aura fondé	ils/elles auront fondé
Conditional		***Past Conditional***	
je fonderais	nous fonderions	j'aurais fondé	nous aurions fondé
tu fonderais	vous fonderiez	tu aurais fondé	vous auriez fondé
il/elle fonderait	ils/elles fonderaient	il/elle aurait fondé	ils/elles auraient fondé

Present Subjunctive		*Past Subjunctive*	
que je fonde	que nous fondions	que j'aie fondé	que nous ayons fondé
que tu fondes	que vous fondiez	que tu aies fondé	que vous ayez fondé
qu'il/elle fonde	qu'ils/elles fondent	qu'il/elle ait fondé	qu'ils/elles aient fondé
Imperfect Subjunctive		***Pluperfect Subjunctive***	
que je fondasse	que nous fondassions	que j'eusse fondé	que nous eussions fondé
que tu fondasses	que vous fondassiez	que tu eusses fondé	que vous eussiez fondé
qu'il/elle fondât	qu'ils/elles fondassent	qu'il/elle eût fondé	qu'ils/elles eussent fondé

Commands

	(nous) fondons
(tu) fonde	(vous) fondez

USAGE

fonder une entreprise	*to found a firm*
fonder un parti politique	*to found a political party*
Maison fondée en 1963	*Business established in 1963*
Il a fondé ses espoirs sur ce mariage.	*He is pinning all his hopes on this marriage.*
fonder ses arguments sur des raisonnements solides	*to base one's arguments on solid reasoning*
Ce qu'il prétend n'est pas du tout fondé.	*What he claims is groundless.*

RELATED WORDS AND EXPRESSIONS

la fondation	*founding/foundation*
un fondateur / une fondatrice	*a founder*
le fondement	*solid ground / base*
Ton argumentation n'a pas le moindre fondement.	*You haven't a leg to stand on.*

fondre *to melt*

je fonds · je fondis · fondu · fondant

regular *-re* verb

Present		*Passé Composé*	
je fonds	nous fondons	j'ai fondu	nous avons fondu
tu fonds	vous fondez	tu as fondu	vous avez fondu
il/elle fond	ils/elles fondent	il/elle a fondu	ils/elles ont fondu
Imperfect		*Pluperfect*	
je fondais	nous fondions	j'avais fondu	nous avions fondu
tu fondais	vous fondiez	tu avais fondu	vous aviez fondu
il/elle fondait	ils/elles fondaient	il/elle avait fondu	ils/elles avaient fondu
Passé Simple		*Past Anterior*	
je fondis	nous fondîmes	j'eus fondu	nous eûmes fondu
tu fondis	vous fondîtes	tu eus fondu	vous eûtes fondu
il/elle fondit	ils/elles fondirent	il/elle eut fondu	ils/elles eurent fondu
Future		*Future Anterior*	
je fondrai	nous fondrons	j'aurai fondu	nous aurons fondu
tu fondras	vous fondrez	tu auras fondu	vous aurez fondu
il/elle fondra	ils/elles fondront	il/elle aura fondu	ils/elles auront fondu
Conditional		*Past Conditional*	
je fondrais	nous fondrions	j'aurais fondu	nous aurions fondu
tu fondrais	vous fondriez	tu aurais fondu	vous auriez fondu
il/elle fondrait	ils/elles fondraient	il/elle aurait fondu	ils/elles auraient fondu
Present Subjunctive		*Past Subjunctive*	
que je fonde	que nous fondions	que j'aie fondu	que nous ayons fondu
que tu fondes	que vous fondiez	que tu aies fondu	que vous ayez fondu
qu'il/elle fonde	qu'ils/elles fondent	qu'il/elle ait fondu	qu'ils/elles aient fondu
Imperfect Subjunctive		*Pluperfect Subjunctive*	
que je fondisse	que nous fondissions	que j'eusse fondu	que nous eussions fondu
que tu fondisses	que vous fondissiez	que tu eusses fondu	que vous eussiez fondu
qu'il/elle fondît	qu'ils/elles fondissent	qu'il/elle eût fondu	qu'ils/elles eussent fondu

Commands

	(nous) fondons
(tu) fonds	(vous) fondez

USAGE

La neige fond sous le soleil.	*The snow melts in the sun.*
La glace commence à fondre à 0°.	*Ice begins to melt at zero degrees.*
Cette viande fond dans la bouche.	*This meat melts in your mouth.*
faire fondre	*to melt* (transitive)
Selon cette recette il faut faire fondre 100 grammes de beurre.	*For this recipe you have to melt 100 grams of butter.*
fondre en larmes	*to burst into tears*
En entendant la nouvelle, elle a fondu en larmes.	*Upon hearing the news, she burst into tears.*
Mon Dieu! Tu as fondu! Combien de kilos as-tu perdus?	*My gosh! You've lost weight! How many kilos have you lost?*

regular -*er* verb; spelling change: c > ç/*a, o* **je force · je forçai · forcé · forçant**

Present		*Passé Composé*	
je force	nous forçons	j'ai forcé	nous avons forcé
tu forces	vous forcez	tu as forcé	vous avez forcé
il/elle force	ils/elles forcent	il/elle a forcé	ils/elles ont forcé
Imperfect		*Pluperfect*	
je forçais	nous forcions	j'avais forcé	nous avions forcé
tu forçais	vous forciez	tu avais forcé	vous aviez forcé
il/elle forçait	ils/elles forçaient	il/elle avait forcé	ils/elles avaient forcé
Passé Simple		*Past Anterior*	
je forçai	nous forçâmes	j'eus forcé	nous eûmes forcé
tu forças	vous forçâtes	tu eus forcé	vous eûtes forcé
il/elle força	ils/elles forcèrent	il/elle eut forcé	ils/elles eurent forcé
Future		*Future Anterior*	
je forcerai	nous forcerons	j'aurai forcé	nous aurons forcé
tu forceras	vous forcerez	tu auras forcé	vous aurez forcé
il/elle forcera	ils/elles forceront	il/elle aura forcé	ils/elles auront forcé
Conditional		*Past Conditional*	
je forcerais	nous forcerions	j'aurais forcé	nous aurions forcé
tu forcerais	vous forceriez	tu aurais forcé	vous auriez forcé
il/elle forcerait	ils/elles forceraient	il/elle aurait forcé	ils/elles auraient forcé

Present Subjunctive		*Past Subjunctive*	
que je force	que nous forcions	que j'aie forcé	que nous ayons forcé
que tu forces	que vous forciez	que tu aies forcé	que vous ayez forcé
qu'il/elle force	qu'ils/elles forcent	qu'il/elle ait forcé	qu'ils/elles aient forcé
Imperfect Subjunctive		*Pluperfect Subjunctive*	
que je forçasse	que nous forçassions	que j'eusse forcé	que nous eussions forcé
que tu forçasses	que vous forçassiez	que tu eusses forcé	que vous eussiez forcé
qu'il/elle forçât	qu'ils/elles forçassent	qu'il/elle eût forcé	qu'ils/elles eussent forcé

Commands

	(nous) forçons
(tu) force	(vous) forcez

USAGE

forcer la porte	*to force open the door*
Il a essayé de forcer la porte de la cuisine.	*He tried to force open the kitchen door.*
forcer la serrure	*to break the lock*
Le président a forcé la main du Parlement pour qu'ils approuvent sa proposition de loi.	*The president rammed his bill through Parliament.*
Écoute. Ne me force pas la main.	*Listen. Don't twist my arm.*
forcer qqn à faire qqch	*to force someone to do something*
L'agent l'a forcé à répondre.	*The policeman forced him to answer.*
Tu forces un peu la dose/note, je trouve.	*You're overdoing it / dramatizing, I think.*
Les motos ont forcé le passage à travers l'embouteillage.	*The motorcycles forced their way through the traffic jam.*
Je peux le faire sans forcer.	*I can do it easily.*

RELATED WORDS AND EXPRESSIONS

se forcer à faire qqch	*to force oneself to do something*
Je me force à prendre les médicaments.	*I force myself to take the medication.*

268 fouiller *to search, rummage (around)*

je fouille · je fouillai · fouillé · fouillant regular -*er* verb

Present		*Passé Composé*	
je fouille	nous fouillons	j'ai fouillé	nous avons fouillé
tu fouilles	vous fouillez	tu as fouillé	vous avez fouillé
il/elle fouille	ils/elles fouillent	il/elle a fouillé	ils/elles ont fouillé
Imperfect		*Pluperfect*	
je fouillais	nous fouillions	j'avais fouillé	nous avions fouillé
tu fouillais	vous fouilliez	tu avais fouillé	vous aviez fouillé
il/elle fouillait	ils/elles fouillaient	il/elle avait fouillé	ils/elles avaient fouillé
Passé Simple		*Past Anterior*	
je fouillai	nous fouillâmes	j'eus fouillé	nous eûmes fouillé
tu fouillas	vous fouillâtes	tu eus fouillé	vous eûtes fouillé
il/elle fouilla	ils/elles fouillèrent	il/elle eut fouillé	ils/elles eurent fouillé
Future		*Future Anterior*	
je fouillerai	nous fouillerons	j'aurai fouillé	nous aurons fouillé
tu fouilleras	vous fouillerez	tu auras fouillé	vous aurez fouillé
il/elle fouillera	ils/elles fouilleront	il/elle aura fouillé	ils/elles auront fouillé
Conditional		*Past Conditional*	
je fouillerais	nous fouillerions	j'aurais fouillé	nous aurions fouillé
tu fouillerais	vous fouilleriez	tu aurais fouillé	vous auriez fouillé
il/elle fouillerait	ils/elles fouilleraient	il/elle aurait fouillé	ils/elles auraient fouillé

Present Subjunctive		*Past Subjunctive*	
que je fouille	que nous fouillions	que j'aie fouillé	que nous ayons fouillé
que tu fouilles	que vous fouilliez	que tu aies fouillé	que vous ayez fouillé
qu'il/elle fouille	qu'ils/elles fouillent	qu'il/elle ait fouillé	qu'ils/elles aient fouillé
Imperfect Subjunctive		*Pluperfect Subjunctive*	
que je fouillasse	que nous fouillassions	que j'eusse fouillé	que nous eussions fouillé
que tu fouillasses	que vous fouillassiez	que tu eusses fouillé	que vous eussiez fouillé
qu'il/elle fouillât	qu'ils/elles fouillassent	qu'il/elle eût fouillé	qu'ils/elles eussent fouillé

Commands

	(nous) fouillons
(tu) fouille	(vous) fouillez

USAGE

J'ai fouillé dans le tiroir.	*I searched in the drawer.*
J'ai fouillé le sous-sol de fond en comble.	*I searched the basement top to bottom.*
Il m'a fouillé du regard.	*He gave me a searching look.*
L'agent de police m'a fouillé.	*The policeman frisked me.*
Qui a fouillé dans ma serviette?	*Who was rummaging in my briefcase?*
Nous nous sommes rendu compte que quelqu'un avait fouillé notre appartement.	*We realized that someone had ransacked our apartment.*

RELATED WORDS AND EXPRESSIONS

la fouille	*search*
la fouille corporelle	*body search*
les fouilles archéologiques	*archaeological dig(s)*

regular -*er* verb **je foule · je foulai · foulé · foulant**

Present		*Passé Composé*	
je foule	nous foulons	j'ai foulé	nous avons foulé
tu foules	vous foulez	tu as foulé	vous avez foulé
il/elle foule	ils/elles foulent	il/elle a foulé	ils/elles ont foulé
Imperfect		***Pluperfect***	
je foulais	nous foulions	j'avais foulé	nous avions foulé
tu foulais	vous fouliez	tu avais foulé	vous aviez foulé
il/elle foulait	ils/elles foulaient	il/elle avait foulé	ils/elles avaient foulé
Passé Simple		***Past Anterior***	
je foulai	nous foulâmes	j'eus foulé	nous eûmes foulé
tu foulas	vous foulâtes	tu eus foulé	vous eûtes foulé
il/elle foula	ils/elles foulèrent	il/elle eut foulé	ils/elles eurent foulé
Future		***Future Anterior***	
je foulerai	nous foulerons	j'aurai foulé	nous aurons foulé
tu fouleras	vous foulerez	tu auras foulé	vous aurez foulé
il/elle foulera	ils/elles fouleront	il/elle aura foulé	ils/elles auront foulé
Conditional		***Past Conditional***	
je foulerais	nous foulerions	j'aurais foulé	nous aurions foulé
tu foulerais	vous fouleriez	tu aurais foulé	vous auriez foulé
il/elle foulerait	ils/elles fouleraient	il/elle aurait foulé	ils/elles auraient foulé

Present Subjunctive		*Past Subjunctive*	
que je foule	que nous foulions	que j'aie foulé	que nous ayons foulé
que tu foules	que vous fouliez	que tu aies foulé	que vous ayez foulé
qu'il/elle foule	qu'ils/elles foulent	qu'il/elle ait foulé	qu'ils/elles aient foulé
Imperfect Subjunctive		***Pluperfect Subjunctive***	
que je foulasse	que nous foulassions	que j'eusse foulé	que nous eussions foulé
que tu foulasses	que vous foulassiez	que tu eusses foulé	que vous eussiez foulé
qu'il/elle foulât	qu'ils/elles foulassent	qu'il/elle eût foulé	qu'ils/elles eussent foulé

Commands

	(nous) foulons
(tu) foule	(vous) foulez

USAGE

fouler qqch aux pieds — *to trample something*
Il a foulé mes espoirs aux pieds. — *He trampled on my hopes.*

RELATED WORDS AND EXPRESSIONS

foulant(e) — *back-breaking*
—Ce travail est vraiment foulant! — *This work is killing!*
—Ne t'en fais pas. Ce n'est pas trop foulant! — *Don't worry. It won't kill you!*
se fouler — *to sprain*
Je me suis foulé le poignet. — *I sprained my wrist.*
Comment est-ce que tu t'es foulé la cheville? — *How did you sprain your ankle?*
Tu ne te foules pas! — *You certainly don't overwork!*

fournir to furnish, supply

je fournis · je fournis · fourni · fournissant regular -ir verb

Present		*Passé Composé*	
je fournis	nous fournissons	j'ai fourni	nous avons fourni
tu fournis	vous fournissez	tu as fourni	vous avez fourni
il/elle fournit	ils/elles fournissent	il/elle a fourni	ils/elles ont fourni
Imperfect		*Pluperfect*	
je fournissais	nous fournissions	j'avais fourni	nous avions fourni
tu fournissais	vous fournissiez	tu avais fourni	vous aviez fourni
il/elle fournissait	ils/elles fournissaient	il/elle avait fourni	ils/elles avaient fourni
Passé Simple		*Past Anterior*	
je fournis	nous fournîmes	j'eus fourni	nous eûmes fourni
tu fournis	vous fournîtes	tu eus fourni	vous eûtes fourni
il/elle fournit	ils/elles fournirent	il/elle eut fourni	ils/elles eurent fourni
Future		*Future Anterior*	
je fournirai	nous fournirons	j'aurai fourni	nous aurons fourni
tu fourniras	vous fournirez	tu auras fourni	vous aurez fourni
il/elle fournira	ils/elles fourniront	il/elle aura fourni	ils/elles auront fourni
Conditional		*Past Conditional*	
je fournirais	nous fournirions	j'aurais fourni	nous aurions fourni
tu fournirais	vous fourniriez	tu aurais fourni	vous auriez fourni
il/elle fournirait	ils/elles fourniraient	il/elle aurait fourni	ils/elles auraient fourni

Present Subjunctive		*Past Subjunctive*	
que je fournisse	que nous fournissions	que j'aie fourni	que nous ayons fourni
que tu fournisses	que vous fournissiez	que tu aies fourni	que vous ayez fourni
qu'il/elle fournisse	qu'ils/elles fournissent	qu'il/elle ait fourni	qu'ils/elles aient fourni
Imperfect Subjunctive		*Pluperfect Subjunctive*	
que je fournisse	que nous fournissions	que j'eusse fourni	que nous eussions fourni
que tu fournisses	que vous fournissiez	que tu eusses fourni	que vous eussiez fourni
qu'il/elle fournît	qu'ils/elles fournissent	qu'il/elle eût fourni	qu'ils/elles eussent fourni

Commands

	(nous) fournissons
(tu) fournis	(vous) fournissez

USAGE

fournir qqch à qqn	*to supply someone with something*
fournir des livres aux étudiants	*to supply the students with books*
fournir du travail aux jeunes	*to get work for young people*
Il m'a fourni les moyens de réussir.	*He gave me the means to succeed.*
fournir un gros effort	*to put forth a great effort*
fournir à l'entretien de qqn	*to support someone (financially)*
Ses parents fournissent à son entretien.	*His parents support him.*
Je me fournis chez le traiteur au coin.	*I shop (for food) at the caterer's/deli on the corner.*

RELATED WORDS AND EXPRESSIONS

le fournisseur	*supplier/purveyor*
Cette viande n'est pas bonne. Il faut changer de fournisseur.	*This meat isn't good. We have to shop elsewhere.*

regular -er verb

je frappe · je frappai · frappé · frappant

Present		***Passé Composé***	
je frappe	nous frappons	j'ai frappé	nous avons frappé
tu frappes	vous frappez	tu as frappé	vous avez frappé
il/elle frappe	ils/elles frappent	il/elle a frappé	ils/elles ont frappé
Imperfect		***Pluperfect***	
je frappais	nous frappions	j'avais frappé	nous avions frappé
tu frappais	vous frappiez	tu avais frappé	vous aviez frappé
il/elle frappait	ils/elles frappaient	il/elle avait frappé	ils/elles avaient frappé
Passé Simple		***Past Anterior***	
je frappai	nous frappâmes	j'eus frappé	nous eûmes frappé
tu frappas	vous frappâtes	tu eus frappé	vous eûtes frappé
il/elle frappa	ils/elles frappèrent	il/elle eut frappé	ils/elles eurent frappé
Future		***Future Anterior***	
je frapperai	nous frapperons	j'aurai frappé	nous aurons frappé
tu frapperas	vous frapperez	tu auras frappé	vous aurez frappé
il/elle frappera	ils/elles frapperont	il/elle aura frappé	ils/elles auront frappé
Conditional		***Past Conditional***	
je frapperais	nous frapperions	j'aurais frappé	nous aurions frappé
tu frapperais	vous frapperiez	tu aurais frappé	vous auriez frappé
il/elle frapperait	ils/elles frapperaient	il/elle aurait frappé	ils/elles auraient frappé

Present Subjunctive		***Past Subjunctive***	
que je frappe	que nous frappions	que j'aie frappé	que nous ayons frappé
que tu frappes	que vous frappiez	que tu aies frappé	que vous ayez frappé
qu'il/elle frappe	qu'ils/elles frappent	qu'il/elle ait frappé	qu'ils/elles aient frappé
Imperfect Subjunctive		***Pluperfect Subjunctive***	
que je frappasse	que nous frappassions	que j'eusse frappé	que nous eussions frappé
que tu frappasses	que vous frappassiez	que tu eusses frappé	que vous eussiez frappé
qu'il/elle frappât	qu'ils/elles frappassent	qu'il/elle eût frappé	qu'ils/elles eussent frappé

Commands

	(nous) frappons
(tu) frappe	(vous) frappez

USAGE

frapper à la porte	*to knock at the door*
Excusez-moi. J'ai frappé à la mauvaise porte.	*Excuse me. I knocked at the wrong door.*
Entrez sans frapper. *(sign)*	*Enter without knocking.*
Frappez avant d'entrer. *(sign)*	*Knock before entering.*
Cette tragédie l'a frappé cruellement.	*That tragedy was a cruel blow to him.*
Tes observations ont frappé juste.	*Your observations hit home.*
Ce contrat est frappé de nullité.	*That contract is declared null and void.*
être frappé(e) d'horreur	*to be horror-stricken*

RELATED WORDS AND EXPRESSIONS

la force de frappe	*nuclear strike force*
frappé(e)	*chilled with ice*
frappant(e)	*impressive/striking*
Elle est d'une beauté frappante.	*She's strikingly beautiful.*

frémir *to tremble, shudder*

je frémis · je frémis · frémi · frémissant regular -ir verb

Present		*Passé Composé*	
je frémis	nous frémissons	j'ai frémi	nous avons frémi
tu frémis	vous frémissez	tu as frémi	vous avez frémi
il/elle frémit	ils/elles frémissent	il/elle a frémi	ils/elles ont frémi
Imperfect		*Pluperfect*	
je frémissais	nous frémissions	j'avais frémi	nous avions frémi
tu frémissais	vous frémissiez	tu avais frémi	vous aviez frémi
il/elle frémissait	ils/elles frémissaient	il/elle avait frémi	ils/elles avaient frémi
Passé Simple		*Past Anterior*	
je frémis	nous frémîmes	j'eus frémi	nous eûmes frémi
tu frémis	vous frémîtes	tu eus frémi	vous eûtes frémi
il/elle frémit	ils/elles frémirent	il/elle eut frémi	ils/elles eurent frémi
Future		*Future Anterior*	
je frémirai	nous frémirons	j'aurai frémi	nous aurons frémi
tu frémiras	vous frémirez	tu auras frémi	vous aurez frémi
il/elle frémira	ils/elles frémiront	il/elle aura frémi	ils/elles auront frémi
Conditional		*Past Conditional*	
je frémirais	nous frémirions	j'aurais frémi	nous aurions frémi
tu frémirais	vous frémiriez	tu aurais frémi	vous auriez frémi
il/elle frémirait	ils/elles frémiraient	il/elle aurait frémi	ils/elles auraient frémi

Present Subjunctive		*Past Subjunctive*	
que je frémisse	que nous frémissions	que j'aie frémi	que nous ayons frémi
que tu frémisses	que vous frémissiez	que tu aies frémi	que vous ayez frémi
qu'il/elle frémisse	qu'ils/elles frémissent	qu'il/elle ait frémi	qu'ils/elles aient frémi
Imperfect Subjunctive		*Pluperfect Subjunctive*	
que je frémisse	que nous frémissions	que j'eusse frémi	que nous eussions frémi
que tu frémisses	que vous frémissiez	que tu eusses frémi	que vous eussiez frémi
qu'il/elle frémît	qu'ils/elles frémissent	qu'il/elle eût frémi	qu'ils/elles eussent frémi

Commands

	(nous) frémissons
(tu) frémis	(vous) frémissez

USAGE

C'est un événement à te faire frémir.	*It's an event that will make you tremble.*
En voyant les soldats morts, j'ai frémi d'horreur.	*When I saw the dead soldiers, I shuddered with horror.*
Le visage du malade m'a fait frémir.	*The sick man's face made me shudder.*
frémir de peur	*to quake with fear*
Le petit chat frémissait de peur.	*The little cat was quaking with fear.*
L'eau frémit; elle va bientôt bouillir.	*The water is simmering; it is going to boil soon.*

RELATED WORDS AND EXPRESSIONS

le frémissement	*shudder/quiver*
J'ai éprouvé un frémissement d'horreur.	*I experienced a shudder of horror.*
Un frémissement d'anticipation a parcouru la foule.	*A thrill of anticipation ran through the crowd.*

irregular verb

je fuis · je fuis · fui · fuyant

Present		*Passé Composé*	
je fuis	nous fuyons	j'ai fui	nous avons fui
tu fuis	vous fuyez	tu as fui	vous avez fui
il/elle fuit	ils/elles fuient	il/elle a fui	ils/elles ont fui
Imperfect		*Pluperfect*	
je fuyais	nous fuyions	j'avais fui	nous avions fui
tu fuyais	vous fuyiez	tu avais fui	vous aviez fui
il/elle fuyait	ils/elles fuyaient	il/elle avait fui	ils/elles avaient fui
Passé Simple		*Past Anterior*	
je fuis	nous fuîmes	j'eus fui	nous eûmes fui
tu fuis	vous fuîtes	tu eus fui	vous eûtes fui
il/elle fuit	ils/elles fuirent	il/elle eut fui	ils/elles eurent fui
Future		*Future Anterior*	
je fuirai	nous fuirons	j'aurai fui	nous aurons fui
tu fuiras	vous fuirez	tu auras fui	vous aurez fui
il/elle fuira	ils/elles fuiront	il/elle aura fui	ils/elles auront fui
Conditional		*Past Conditional*	
je fuirais	nous fuirions	j'aurais fui	nous aurions fui
tu fuirais	vous fuiriez	tu aurais fui	vous auriez fui
il/elle fuirait	ils/elles fuiraient	il/elle aurait fui	ils/elles auraient fui

Present Subjunctive		*Past Subjunctive*	
que je fuie	que nous fuyions	que j'aie fui	que nous ayons fui
que tu fuies	que vous fuyiez	que tu aies fui	que vous ayez fui
qu'il/elle fuie	qu'ils/elles fuient	qu'il/elle ait fui	qu'ils/elles aient fui
Imperfect Subjunctive		*Pluperfect Subjunctive*	
que je fuisse	que nous fuissions	que j'eusse fui	que nous eussions fui
que tu fuisses	que vous fuissiez	que tu eusses fui	que vous eussiez fui
qu'il/elle fuît	qu'ils/elles fuissent	qu'il/elle eût fui	qu'ils/elles eussent fui

Commands

	(nous) fuyons
(tu) fuis	(vous) fuyez

USAGE

L'ennemi a fui devant nos troupes.	*The enemy fled from our troops.*
Le voleur a fui à toutes jambes.	*The thief fled in haste.*
L'homme courageux ne fuit pas devant le danger.	*The courageous man does not run away from danger.*
Il n'est pas fiable. Il fuit toujours devant ses responsabilités.	*He's not reliable. He runs away from his responsibilities.*
Le temps fuit.	*Time flies.*
Ses années de jeunesse ont fui.	*The years of his youth passed rapidly.*
Il faut fuir ces gens-là. Ils sont vraiment casse-pieds.	*You have to avoid those people. They are crashing bores.*

RELATED WORDS AND EXPRESSIONS

la fuite	*flight*
Je n'approuve pas ta fuite devant tes responsabilités.	*I don't approve of your running away from responsibilities.*
prendre la fuite	*to take to one's heels*

fumer *to smoke*

je fume · je fumai · fumé · fumant regular *-er* verb

Present		*Passé Composé*	
je fume	nous fumons	j'ai fumé	nous avons fumé
tu fumes	vous fumez	tu as fumé	vous avez fumé
il/elle fume	ils/elles fument	il/elle a fumé	ils/elles ont fumé
Imperfect		*Pluperfect*	
je fumais	nous fumions	j'avais fumé	nous avions fumé
tu fumais	vous fumiez	tu avais fumé	vous aviez fumé
il/elle fumait	ils/elles fumaient	il/elle avait fumé	ils/elles avaient fumé
Passé Simple		*Past Anterior*	
je fumai	nous fumâmes	j'eus fumé	nous eûmes fumé
tu fumas	vous fumâtes	tu eus fumé	vous eûtes fumé
il/elle fuma	ils/elles fumèrent	il/elle eut fumé	ils/elles eurent fumé
Future		*Future Anterior*	
je fumerai	nous fumerons	j'aurai fumé	nous aurons fumé
tu fumeras	vous fumerez	tu auras fumé	vous aurez fumé
il/elle fumera	ils/elles fumeront	il/elle aura fumé	ils/elles auront fumé
Conditional		*Past Conditional*	
je fumerais	nous fumerions	j'aurais fumé	nous aurions fumé
tu fumerais	vous fumeriez	tu aurais fumé	vous auriez fumé
il/elle fumerait	ils/elles fumeraient	il/elle aurait fumé	ils/elles auraient fumé

Present Subjunctive		*Past Subjunctive*	
que je fume	que nous fumions	que j'aie fumé	que nous ayons fumé
que tu fumes	que vous fumiez	que tu aies fumé	que vous ayez fumé
qu'il/elle fume	qu'ils/elles fument	qu'il/elle ait fumé	qu'ils/elles aient fumé
Imperfect Subjunctive		*Pluperfect Subjunctive*	
que je fumasse	que nous fumassions	que j'eusse fumé	que nous eussions fumé
que tu fumasses	que vous fumassiez	que tu eusses fumé	que vous eussiez fumé
qu'il/elle fumât	qu'ils/elles fumassent	qu'il/elle eût fumé	qu'ils/elles eussent fumé

Commands

	(nous) fumons
(tu) fume	(vous) fumez

USAGE

Il fume deux paquets de cigarettes par jour.	*He smokes two packs a day.*
Défense de fumer.	*No smoking.*
Tu fumes?	*Would you like a cigarette?* (said offering cigarettes)
Il fume comme un pompier / une cheminée.	*He smokes like a chimney.* (pompier = *fireman*)
Je fumais de colère.	*I was fuming with anger.*

RELATED WORDS AND EXPRESSIONS

la fumée	*smoke*
Il n'y a pas de fumée sans feu.	*There's no smoke without fire.*
Tous nos projets sont partis en fumée.	*All our plans went up in smoke.*
un fumeur / une fumeuse	*a smoker*
un wagon non-fumeurs	*a nonsmoking railway car*

regular -*er* verb **je gâche · je gâchai · gâché · gâchant**

Present		*Passé Composé*	
je gâche	nous gâchons	j'ai gâché	nous avons gâché
tu gâches	vous gâchez	tu as gâché	vous avez gâché
il/elle gâche	ils/elles gâchent	il/elle a gâché	ils/elles ont gâché
Imperfect		*Pluperfect*	
je gâchais	nous gâchions	j'avais gâché	nous avions gâché
tu gâchais	vous gâchiez	tu avais gâché	vous aviez gâché
il/elle gâchait	ils/elles gâchaient	il/elle avait gâché	ils/elles avaient gâché
Passé Simple		*Past Anterior*	
je gâchai	nous gâchâmes	j'eus gâché	nous eûmes gâché
tu gâchas	vous gâchâtes	tu eus gâché	vous eûtes gâché
il/elle gâcha	ils/elles gâchèrent	il/elle eut gâché	ils/elles eurent gâché
Future		*Future Anterior*	
je gâcherai	nous gâcherons	j'aurai gâché	nous aurons gâché
tu gâcheras	vous gâcherez	tu auras gâché	vous aurez gâché
il/elle gâchera	ils/elles gâcheront	il/elle aura gâché	ils/elles auront gâché
Conditional		*Past Conditional*	
je gâcherais	nous gâcherions	j'aurais gâché	nous aurions gâché
tu gâcherais	vous gâcheriez	tu aurais gâché	vous auriez gâché
il/elle gâcherait	ils/elles gâcheraient	il/elle aurait gâché	ils/elles auraient gâché

Present Subjunctive		*Past Subjunctive*	
que je gâche	que nous gâchions	que j'aie gâché	que nous ayons gâché
que tu gâches	que vous gâchiez	que tu aies gâché	que vous ayez gâché
qu'il/elle gâche	qu'ils/elles gâchent	qu'il/elle ait gâché	qu'ils/elles aient gâché
Imperfect Subjunctive		*Pluperfect Subjunctive*	
que je gâchasse	que nous gâchassions	que j'eusse gâché	que nous eussions gâché
que tu gâchasses	que vous gâchassiez	que tu eusses gâché	que vous eussiez gâché
qu'il/elle gâchât	qu'ils/elles gâchassent	qu'il/elle eût gâché	qu'ils/elles eussent gâché

Commands

	(nous) gâchons
(tu) gâche	(vous) gâchez

USAGE

tout gâcher	*to make a mess of everything*
Le nouvel employé a tout gâché.	*The new employee made a mess of everything.*
Mon cousin a gâché mes vacances.	*My cousin ruined my vacation.*
Qu'elle ne vienne pas gâcher notre journée!	*I hope she doesn't come over and ruin our day!*
Tu as gâché ta vie.	*You've wasted your life.*
Tais-toi! Je regarde la télé. Tu gâches mon plaisir.	*Be quiet! I'm watching TV. You're spoiling my fun.*
gâcher le métier	*to ruin things for others by accepting too low a salary*
gâcher la besogne	*to botch the job / do a sloppy job*

RELATED WORDS AND EXPRESSIONS

le gâchis	*mess*
Quel gâchis!	*What a mess!*

gagner *to earn, win*

je gagne · je gagnai · gagné · gagnant regular -*er* verb

Present		*Passé Composé*	
je gagne	nous gagnons	j'ai gagné	nous avons gagné
tu gagnes	vous gagnez	tu as gagné	vous avez gagné
il/elle gagne	ils/elles gagnent	il/elle a gagné	ils/elles ont gagné
Imperfect		*Pluperfect*	
je gagnais	nous gagnions	j'avais gagné	nous avions gagné
tu gagnais	vous gagniez	tu avais gagné	vous aviez gagné
il/elle gagnait	ils/elles gagnaient	il/elle avait gagné	ils/elles avaient gagné
Passé Simple		*Past Anterior*	
je gagnai	nous gagnâmes	j'eus gagné	nous eûmes gagné
tu gagnas	vous gagnâtes	tu eus gagné	vous eûtes gagné
il/elle gagna	ils/elles gagnèrent	il/elle eut gagné	ils/elles eurent gagné
Future		*Future Anterior*	
je gagnerai	nous gagnerons	j'aurai gagné	nous aurons gagné
tu gagneras	vous gagnerez	tu auras gagné	vous aurez gagné
il/elle gagnera	ils/elles gagneront	il/elle aura gagné	ils/elles auront gagné
Conditional		*Past Conditional*	
je gagnerais	nous gagnerions	j'aurais gagné	nous aurions gagné
tu gagnerais	vous gagneriez	tu aurais gagné	vous auriez gagné
il/elle gagnerait	ils/elles gagneraient	il/elle aurait gagné	ils/elles auraient gagné

Present Subjunctive		*Past Subjunctive*	
que je gagne	que nous gagnions	que j'aie gagné	que nous ayons gagné
que tu gagnes	que vous gagniez	que tu aies gagné	que vous ayez gagné
qu'il/elle gagne	qu'ils/elles gagnent	qu'il/elle ait gagné	qu'ils/elles aient gagné
Imperfect Subjunctive		*Pluperfect Subjunctive*	
que je gagnasse	que nous gagnassions	que j'eusse gagné	que nous eussions gagné
que tu gagnasses	que vous gagnassiez	que tu eusses gagné	que vous eussiez gagné
qu'il/elle gagnât	qu'ils/elles gagnassent	qu'il/elle eût gagné	qu'ils/elles eussent gagné

Commands

	(nous) gagnons
(tu) gagne	(vous) gagnez

USAGE

Il gagne bien.	*He earns a good salary.*
Ils gagnent trois fois rien.	*They earn next to nothing.*
J'ai bien gagné cette semaine au bord de la mer.	*I have really earned this week at the seashore.*
gagner de l'argent / une grosse somme d'argent	*to make money / a lot of money*
Il est difficile de gagner sa vie dans ce pays.	*It's difficult to make a living in that country.*
On va voir si on gagne au change.	*We'll see if we'll make anything on the deal.*
Il gagne de l'argent sur Internet.	*He makes money on the Web.*
Mon travail est dur, mais je gagne ma croûte.	*My work is hard, but I eke out a living.*
gagner au casino	*to win at the casino*
On ne peut pas toujours gagner, tu sais.	*Win a few, lose a few, you know.*
Ce qu'il nous faut maintenant, c'est gagner du temps.	*What we have to do now is play for time.*
Quand il joue aux cartes, il joue pour gagner.	*When he plays cards, he plays for keeps.*
Qu'est-ce que tu y gagnes?	*What do you get out of it?*

regular -*er* verb **je garde · je gardai · gardé · gardant**

Present		*Passé Composé*	
je garde	nous gardons	j'ai gardé	nous avons gardé
tu gardes	vous gardez	tu as gardé	vous avez gardé
il/elle garde	ils/elles gardent	il/elle a gardé	ils/elles ont gardé
Imperfect		*Pluperfect*	
je gardais	nous gardions	j'avais gardé	nous avions gardé
tu gardais	vous gardiez	tu avais gardé	vous aviez gardé
il/elle gardait	ils/elles gardaient	il/elle avait gardé	ils/elles avaient gardé
Passé Simple		*Past Anterior*	
je gardai	nous gardâmes	j'eus gardé	nous eûmes gardé
tu gardas	vous gardâtes	tu eus gardé	vous eûtes gardé
il/elle garda	ils/elles gardèrent	il/elle eut gardé	ils/elles eurent gardé
Future		*Future Anterior*	
je garderai	nous garderons	j'aurai gardé	nous aurons gardé
tu garderas	vous garderez	tu auras gardé	vous aurez gardé
il/elle gardera	ils/elles garderont	il/elle aura gardé	ils/elles auront gardé
Conditional		*Past Conditional*	
je garderais	nous garderions	j'aurais gardé	nous aurions gardé
tu garderais	vous garderiez	tu aurais gardé	vous auriez gardé
il/elle garderait	ils/elles garderaient	il/elle aurait gardé	ils/elles auraient gardé
Present Subjunctive		*Past Subjunctive*	
que je garde	que nous gardions	que j'aie gardé	que nous ayons gardé
que tu gardes	que vous gardiez	que tu aies gardé	que vous ayez gardé
qu'il/elle garde	qu'ils/elles gardent	qu'il/elle ait gardé	qu'ils/elles aient gardé
Imperfect Subjunctive		*Pluperfect Subjunctive*	
que je gardasse	que nous gardassions	que j'eusse gardé	que nous eussions gardé
que tu gardasses	que vous gardassiez	que tu eusses gardé	que vous eussiez gardé
qu'il/elle gardât	qu'ils/elles gardassent	qu'il/elle eût gardé	qu'ils/elles eussent gardé

Commands

	(nous) gardons
(tu) garde	(vous) gardez

USAGE

Je garde mes livres dans mon cabinet d'étude.	*I keep my books in my study.*
Ma petite amie a gardé toutes mes lettres.	*My girlfriend kept all my letters.*
J'ai eu du mal à garder mon sérieux.	*I could hardly keep a straight face.*
Il faut toujours garder sa présence d'esprit.	*You must always keep your wits about you.*
Tu vas garder cela pour toi.	*You'll keep this under your hat.*
garder un enfant	*to take care of / baby-sit a child*
Tu peux garder ma valise un instant?	*Can you keep an eye on my suitcase for a minute?*
Si tu veux, je garderai ton courrier pendant ton absence.	*If you want, I'll take care of your mail while you're away.*
garder un chien de sa chienne à qqn	*to hold a grudge against someone*
Je leur garde un chien de ma chienne.	*I have a grudge against them.*

RELATED WORDS AND EXPRESSIONS

se garder de faire qqch	*to be careful not to do something*
Gardez-vous de glisser! La pente est raide.	*Be careful not to slip! The slope is steep.*
Tu dois te garder du temps pour te détendre.	*You should take time out to relax.*

278 gâter *to spoil*

je gâte · je gâtai · gâté · gâtant regular -*er* verb

Present		*Passé Composé*	
je gâte	nous gâtons	j'ai gâté	nous avons gâté
tu gâtes	vous gâtez	tu as gâté	vous avez gâté
il/elle gâte	ils/elles gâtent	il/elle a gâté	ils/elles ont gâté
Imperfect		*Pluperfect*	
je gâtais	nous gâtions	j'avais gâté	nous avions gâté
tu gâtais	vous gâtiez	tu avais gâté	vous aviez gâté
il/elle gâtait	ils/elles gâtaient	il/elle avait gâté	ils/elles avaient gâté
Passé Simple		*Past Anterior*	
je gâtai	nous gâtâmes	j'eus gâté	nous eûmes gâté
tu gâtas	vous gâtâtes	tu eus gâté	vous eûtes gâté
il/elle gâta	ils/elles gâtèrent	il/elle eut gâté	ils/elles eurent gâté
Future		*Future Anterior*	
je gâterai	nous gâterons	j'aurai gâté	nous aurons gâté
tu gâteras	vous gâterez	tu auras gâté	vous aurez gâté
il/elle gâtera	ils/elles gâteront	il/elle aura gâté	ils/elles auront gâté
Conditional		*Past Conditional*	
je gâterais	nous gâterions	j'aurais gâté	nous aurions gâté
tu gâterais	vous gâteriez	tu aurais gâté	vous auriez gâté
il/elle gâterait	ils/elles gâteraient	il/elle aurait gâté	ils/elles auraient gâté
Present Subjunctive		*Past Subjunctive*	
que je gâte	que nous gâtions	que j'aie gâté	que nous ayons gâté
que tu gâtes	que vous gâtiez	que tu aies gâté	que vous ayez gâté
qu'il/elle gâte	qu'ils/elles gâtent	qu'il/elle ait gâté	qu'ils/elles aient gâté
Imperfect Subjunctive		*Pluperfect Subjunctive*	
que je gâtasse	que nous gâtassions	que j'eusse gâté	que nous eussions gâté
que tu gâtasses	que vous gâtassiez	que tu eusses gâté	que vous eussiez gâté
qu'il/elle gâtât	qu'ils/elles gâtassent	qu'il/elle eût gâté	qu'ils/elles eussent gâté

Commands

	(nous) gâtons
(tu) gâte	(vous) gâtez

USAGE

gâter un enfant	*to spoil a child*
un enfant gâté / une enfant gâtée	*a spoiled child*
La grêle a gâté tous les fruits du verger.	*The hail ruined all the fruit in the orchard.*
On n'a pas été gâtés aujourd'hui.	*Today was not our lucky day.*
Elle est très intelligente, ce qui ne gâte rien.	*She's very smart, which does her no harm.*
L'âge a gâté la main à cet artiste.	*Age has slowed this artist's hand.*

RELATED WORDS AND EXPRESSIONS

se gâter	*to spoil*
Regarde. Les bananes se sont gâtées.	*Look. The bananas spoiled.*
Le temps se gâte.	*The weather is getting nasty.*
Quand il arrive, tout se gâte.	*When he arrives, things get unpleasant.*
Les rapports entre les deux familles se sont gâtés.	*The relationship between the two families soured.*
On a peur que la récolte se gâte cette année.	*People are afraid that the harvest will be ruined this year.*

-er verb; spelling change: *e* > è/mute *e*

je gèle · je gelai · gelé · gelant

Present		*Passé Composé*	
je gèle	nous gelons	j'ai gelé	nous avons gelé
tu gèles	vous gelez	tu as gelé	vous avez gelé
il/elle gèle	ils/elles gèlent	il/elle a gelé	ils/elles ont gelé
Imperfect		*Pluperfect*	
je gelais	nous gelions	j'avais gelé	nous avions gelé
tu gelais	vous geliez	tu avais gelé	vous aviez gelé
il/elle gelait	ils/elles gelaient	il/elle avait gelé	ils/elles avaient gelé
Passé Simple		*Past Anterior*	
je gelai	nous gelâmes	j'eus gelé	nous eûmes gelé
tu gelas	vous gelâtes	tu eus gelé	vous eûtes gelé
il/elle gela	ils/elles gelèrent	il/elle eut gelé	ils/elles eurent gelé
Future		*Future Anterior*	
je gèlerai	nous gèlerons	j'aurai gelé	nous aurons gelé
tu gèleras	vous gèlerez	tu auras gelé	vous aurez gelé
il/elle gèlera	ils/elles gèleront	il/elle aura gelé	ils/elles auront gelé
Conditional		*Past Conditional*	
je gèlerais	nous gèlerions	j'aurais gelé	nous aurions gelé
tu gèlerais	vous gèleriez	tu aurais gelé	vous auriez gelé
il/elle gèlerait	ils/elles gèleraient	il/elle aurait gelé	ils/elles auraient gelé

Present Subjunctive		*Past Subjunctive*	
que je gèle	que nous gelions	que j'aie gelé	que nous ayons gelé
que tu gèles	que vous geliez	que tu aies gelé	que vous ayez gelé
qu'il/elle gèle	qu'ils/elles gèlent	qu'il/elle ait gelé	qu'ils/elles aient gelé
Imperfect Subjunctive		*Pluperfect Subjunctive*	
que je gelasse	que nous gelassions	que j'eusse gelé	que nous eussions gelé
que tu gelasses	que vous gelassiez	que tu eusses gelé	que vous eussiez gelé
qu'il/elle gelât	qu'ils/elles gelassent	qu'il/elle eût gelé	qu'ils/elles eussent gelé

Commands

	(nous) gelons
(tu) gèle	(vous) gelez

USAGE

Quel froid! Je gèle!	*It's so cold! I'm freezing!*
Le moteur a gelé.	*The motor froze up.*
Cette nuit il va geler.	*There's going to be frost this evening.*
geler les salaires et les prix	*to freeze salaries and prices*
geler les négociations	*to halt negotiations*
geler les entretiens	*to halt talks*
geler les transferts bancaires pour éviter les escroqueries	*to freeze wire transfers to avoid fraud*

RELATED WORDS AND EXPRESSIONS

la gelure	*frostbite*
la gelée / le gel	*frost*
le gel des salaires	*freezing of salaries*
Toute notre récolte a été gâchée par le gel.	*The frost ruined our entire crop.*
être gelé(e) jusqu'aux os	*to be frozen stiff*

280 gémir *to moan, groan*

je gémis · je gémis · gémi · gémissant regular -*ir* verb

Present		*Passé Composé*	
je gémis	nous gémissons	j'ai gémi	nous avons gémi
tu gémis	vous gémissez	tu as gémi	vous avez gémi
il/elle gémit	ils/elles gémissent	il/elle a gémi	ils/elles ont gémi
Imperfect		*Pluperfect*	
je gémissais	nous gémissions	j'avais gémi	nous avions gémi
tu gémissais	vous gémissiez	tu avais gémi	vous aviez gémi
il/elle gémissait	ils/elles gémissaient	il/elle avait gémi	ils/elles avaient gémi
Passé Simple		*Past Anterior*	
je gémis	nous gémîmes	j'eus gémi	nous eûmes gémi
tu gémis	vous gémîtes	tu eus gémi	vous eûtes gémi
il/elle gémit	ils/elles gémirent	il/elle eut gémi	ils/elles eurent gémi
Future		*Future Anterior*	
je gémirai	nous gémirons	j'aurai gémi	nous aurons gémi
tu gémiras	vous gémirez	tu auras gémi	vous aurez gémi
il/elle gémira	ils/elles gémiront	il/elle aura gémi	ils/elles auront gémi
Conditional		*Past Conditional*	
je gémirais	nous gémirions	j'aurais gémi	nous aurions gémi
tu gémirais	vous gémiriez	tu aurais gémi	vous auriez gémi
il/elle gémirait	ils/elles gémiraient	il/elle aurait gémi	ils/elles auraient gémi

Present Subjunctive		*Past Subjunctive*	
que je gémisse	que nous gémissions	que j'aie gémi	que nous ayons gémi
que tu gémisses	que vous gémissiez	que tu aies gémi	que vous ayez gémi
qu'il/elle gémisse	qu'ils/elles gémissent	qu'il/elle ait gémi	qu'ils/elles aient gémi
Imperfect Subjunctive		*Pluperfect Subjunctive*	
que je gémisse	que nous gémissions	que j'eusse gémi	que nous eussions gémi
que tu gémisses	que vous gémissiez	que tu eusses gémi	que vous eussiez gémi
qu'il/elle gémît	qu'ils/elles gémissent	qu'il/elle eût gémi	qu'ils/elles eussent gémi

Commands

	(nous) gémissons
(tu) gémis	(vous) gémissez

USAGE

Il s'était cassé le bras et gémissait de douleur.	*He had broken his arm and was moaning in pain.*
Le vent gémissait horriblement sur la plaine.	*The wind moaned horribly over the plain.*
gémir sous le joug de l'oppression	*to groan under the yoke of oppression*
Le malade gémissait sans retenue.	*The patient groaned uncontrollably.*
Les ressorts du vieux lit gémissaient d'une façon affreuse.	*The springs of the old bed creaked horribly.*
gémir sur son sort	*to lament over one's fate*

RELATED WORDS AND EXPRESSIONS

le gémissement	*moan/groan*
pousser un gémissement	*to let out a moan*
un gémissement de douleur	*a moan of pain*

regular -*er* verb **je gêne · je gênai · gêné · gênant**

Present		*Passé Composé*	
je gêne	nous gênons	j'ai gêné	nous avons gêné
tu gênes	vous gênez	tu as gêné	vous avez gêné
il/elle gêne	ils/elles gênent	il/elle a gêné	ils/elles ont gêné
Imperfect		***Pluperfect***	
je gênais	nous gênions	j'avais gêné	nous avions gêné
tu gênais	vous gêniez	tu avais gêné	vous aviez gêné
il/elle gênait	ils/elles gênaient	il/elle avait gêné	ils/elles avaient gêné
Passé Simple		***Past Anterior***	
je gênai	nous gênâmes	j'eus gêné	nous eûmes gêné
tu gênas	vous gênâtes	tu eus gêné	vous eûtes gêné
il/elle gêna	ils/elles gênèrent	il/elle eut gêné	ils/elles eurent gêné
Future		***Future Anterior***	
je gênerai	nous gênerons	j'aurai gêné	nous aurons gêné
tu gêneras	vous gênerez	tu auras gêné	vous aurez gêné
il/elle gênera	ils/elles gêneront	il/elle aura gêné	ils/elles auront gêné
Conditional		***Past Conditional***	
je gênerais	nous gênerions	j'aurais gêné	nous aurions gêné
tu gênerais	vous gêneriez	tu aurais gêné	vous auriez gêné
il/elle gênerait	ils/elles gêneraient	il/elle aurait gêné	ils/elles auraient gêné

Present Subjunctive		*Past Subjunctive*	
que je gêne	que nous gênions	que j'aie gêné	que nous ayons gêné
que tu gênes	que vous gêniez	que tu aies gêné	que vous ayez gêné
qu'il/elle gêne	qu'ils/elles gênent	qu'il/elle ait gêné	qu'ils/elles aient gêné
Imperfect Subjunctive		***Pluperfect Subjunctive***	
que je gênasse	que nous gênassions	que j'eusse gêné	que nous eussions gêné
que tu gênasses	que vous gênassiez	que tu eusses gêné	que vous eussiez gêné
qu'il/elle gênât	qu'ils/elles gênassent	qu'il/elle eût gêné	qu'ils/elles eussent gêné

Commands

	(nous) gênons
(tu) gêne	(vous) gênez

USAGE

Je vous gêne?	*Am I in your way? / Am I blocking your view?*
Je crains de vous gêner.	*I hope I'm not bothering you.*
Ce bruit me gêne pour écouter mes CD.	*That noise is bothering me when I listen to my CDs.*
Ça vous gênerait d'aller à la poste pour moi?	*Would it be too much trouble to go to the post office for me?*
Je suis gêné de m'adresser à lui.	*I feel funny approaching him (about it).*

RELATED WORDS AND EXPRESSIONS

la gêne	*annoyance/difficulty/bother*
Il m'a causé de la gêne.	*He was a bother to me.*
Il a de la gêne à marcher.	*He has difficulty walking.*
vivre dans la gêne	*to live in dire straits*
se gêner	*to put oneself out; to stand on ceremony*
Je ne veux pas qu'elle se gêne pour moi.	*I don't want her to go to any trouble for me.*
Tu n'as pas pourquoi te gêner avec moi.	*You have no reason to stand on ceremony with me.*
Ne vous gênez pas!	*Go right ahead!*

goûter *to taste, eat*

je goûte · je goûtai · goûté · goûtant regular -*er* verb

Present		*Passé Composé*	
je goûte	nous goûtons	j'ai goûté	nous avons goûté
tu goûtes	vous goûtez	tu as goûté	vous avez goûté
il/elle goûte	ils/elles goûtent	il/elle a goûté	ils/elles ont goûté
Imperfect		*Pluperfect*	
je goûtais	nous goûtions	j'avais goûté	nous avions goûté
tu goûtais	vous goûtiez	tu avais goûté	vous aviez goûté
il/elle goûtait	ils/elles goûtaient	il/elle avait goûté	ils/elles avaient goûté
Passé Simple		*Past Anterior*	
je goûtai	nous goûtâmes	j'eus goûté	nous eûmes goûté
tu goûtas	vous goûtâtes	tu eus goûté	vous eûtes goûté
il/elle goûta	ils/elles goûtèrent	il/elle eut goûté	ils/elles eurent goûté
Future		*Future Anterior*	
je goûterai	nous goûterons	j'aurai goûté	nous aurons goûté
tu goûteras	vous goûterez	tu auras goûté	vous aurez goûté
il/elle goûtera	ils/elles goûteront	il/elle aura goûté	ils/elles auront goûté
Conditional		*Past Conditional*	
je goûterais	nous goûterions	j'aurais goûté	nous aurions goûté
tu goûterais	vous goûteriez	tu aurais goûté	vous auriez goûté
il/elle goûterait	ils/elles goûteraient	il/elle aurait goûté	ils/elles auraient goûté

Present Subjunctive		*Past Subjunctive*	
que je goûte	que nous goûtions	que j'aie goûté	que nous ayons goûté
que tu goûtes	que vous goûtiez	que tu aies goûté	que vous ayez goûté
qu'il/elle goûte	qu'ils/elles goûtent	qu'il/elle ait goûté	qu'ils/elles aient goûté
Imperfect Subjunctive		*Pluperfect Subjunctive*	
que je goûtasse	que nous goûtassions	que j'eusse goûté	que nous eussions goûté
que tu goûtasses	que vous goûtassiez	que tu eusses goûté	que vous eussiez goûté
qu'il/elle goûtât	qu'ils/elles goûtassent	qu'il/elle eût goûté	qu'ils/elles eussent goûté

Commands

	(nous) goûtons
(tu) goûte	(vous) goûtez

USAGE

Goûte. C'est bon.	*Taste (it). It's good.*
Goûte la soupe et dis-moi s'il y a assez de poivre.	*Taste the soup and tell me if there's enough pepper.*
goûter à	*to have a taste / have some of*
Tu veux goûter à ma quiche?	*Would you like to have some of my quiche?*
goûter de	*to have a taste of*
J'ai goûté de la misère.	*I had a taste of poverty.*

RELATED WORDS AND EXPRESSIONS

le goût	*taste*
Ça n'a pas de goût.	*It has no taste.*
de bon/mauvais goût	*in good/bad taste*
Ce n'est pas à notre goût.	*It's not to our taste.*
Elle n'a pas de goût.	*She has no taste.*
le goûter	*afternoon snack*

PROVERB

Tous les goûts sont dans la nature.	*It takes all kinds to make a world.*

regular -ir verb

je grandis · je grandis · grandi · grandissant

Present		*Passé Composé*	
je grandis	nous grandissons	j'ai grandi	nous avons grandi
tu grandis	vous grandissez	tu as grandi	vous avez grandi
il/elle grandit	ils/elles grandissent	il/elle a grandi	ils/elles ont grandi
Imperfect		*Pluperfect*	
je grandissais	nous grandissions	j'avais grandi	nous avions grandi
tu grandissais	vous grandissiez	tu avais grandi	vous aviez grandi
il/elle grandissait	ils/elles grandissaient	il/elle avait grandi	ils/elles avaient grandi
Passé Simple		*Past Anterior*	
je grandis	nous grandîmes	j'eus grandi	nous eûmes grandi
tu grandis	vous grandîtes	tu eus grandi	vous eûtes grandi
il/elle grandit	ils/elles grandirent	il/elle eut grandi	ils/elles eurent grandi
Future		*Future Anterior*	
je grandirai	nous grandirons	j'aurai grandi	nous aurons grandi
tu grandiras	vous grandirez	tu auras grandi	vous aurez grandi
il/elle grandira	ils/elles grandiront	il/elle aura grandi	ils/elles auront grandi
Conditional		*Past Conditional*	
je grandirais	nous grandirions	j'aurais grandi	nous aurions grandi
tu grandirais	vous grandiriez	tu aurais grandi	vous auriez grandi
il/elle grandirait	ils/elles grandiraient	il/elle aurait grandi	ils/elles auraient grandi

Present Subjunctive		*Past Subjunctive*	
que je grandisse	que nous grandissions	que j'aie grandi	que nous ayons grandi
que tu grandisses	que vous grandissiez	que tu aies grandi	que vous ayez grandi
qu'il/elle grandisse	qu'ils/elles grandissent	qu'il/elle ait grandi	qu'ils/elles aient grandi
Imperfect Subjunctive		*Pluperfect Subjunctive*	
que je grandisse	que nous grandissions	que j'eusse grandi	que nous eussions grandi
que tu grandisses	que vous grandissiez	que tu eusses grandi	que vous eussiez grandi
qu'il/elle grandît	qu'ils/elles grandissent	qu'il/elle eût grandi	qu'ils/elles eussent grandi

Commands

	(nous) grandissons
(tu) grandis	(vous) grandissez

USAGE

J'ai l'impression que votre fils grandit d'un jour à l'autre.	*I have the impression that your son is growing before my eyes.*
Je ne veux pas grandir les dangers et vous faire peur.	*I don't want to exaggerate the dangers and frighten you.*
Ma fille a grandi de huit centimètres cette année.	*My daughter grew eight centimeters this year.*
Cette expérience te grandira.	*That experience will make you grow.*
Tu vas grandir en sagesse.	*You will grow in wisdom.*
Le petit garçon essayait de se grandir en bombant sa poitrine.	*The little boy tried to make himself look bigger by puffing out his chest.*
Le pouvoir de l'armée allait grandissant.	*The power of the army was growing.*
La crainte de l'inflation grandit.	*Fear of inflation is growing.*
La menace d'un conflit armé grandit de jour en jour.	*The threat of armed conflict is growing by the day.*
On voit grandir le mécontentement populaire.	*We see popular discontent growing.*

284 gratter *to scratch*

je gratte · je grattai · gratté · grattant regular *-er* verb

Present		*Passé Composé*	
je gratte	nous grattons	j'ai gratté	nous avons gratté
tu grattes	vous grattez	tu as gratté	vous avez gratté
il/elle gratte	ils/elles grattent	il/elle a gratté	ils/elles ont gratté
Imperfect		*Pluperfect*	
je grattais	nous grattions	j'avais gratté	nous avions gratté
tu grattais	vous grattiez	tu avais gratté	vous aviez gratté
il/elle grattait	ils/elles grattaient	il/elle avait gratté	ils/elles avaient gratté
Passé Simple		*Past Anterior*	
je grattai	nous grattâmes	j'eus gratté	nous eûmes gratté
tu grattas	vous grattâtes	tu eus gratté	vous eûtes gratté
il/elle gratta	ils/elles grattèrent	il/elle eut gratté	ils/elles eurent gratté
Future		*Future Anterior*	
je gratterai	nous gratterons	j'aurai gratté	nous aurons gratté
tu gratteras	vous gratterez	tu auras gratté	vous aurez gratté
il/elle grattera	ils/elles gratteront	il/elle aura gratté	ils/elles auront gratté
Conditional		*Past Conditional*	
je gratterais	nous gratterions	j'aurais gratté	nous aurions gratté
tu gratterais	vous gratteriez	tu aurais gratté	vous auriez gratté
il/elle gratterait	ils/elles gratteraient	il/elle aurait gratté	ils/elles auraient gratté

Present Subjunctive		*Past Subjunctive*	
que je gratte	que nous grattions	que j'aie gratté	que nous ayons gratté
que tu grattes	que vous grattiez	que tu aies gratté	que vous ayez gratté
qu'il/elle gratte	qu'ils/elles grattent	qu'il/elle ait gratté	qu'ils/elles aient gratté
Imperfect Subjunctive		*Pluperfect Subjunctive*	
que je grattasse	que nous grattassions	que j'eusse gratté	que nous eussions gratté
que tu grattasses	que vous grattassiez	que tu eusses gratté	que vous eussiez gratté
qu'il/elle grattât	qu'ils/elles grattassent	qu'il/elle eût gratté	qu'ils/elles eussent gratté

Commands

	(nous) grattons
(tu) gratte	(vous) grattez

USAGE

Il se grattait la tête en réfléchissant.	*He scratched his head while thinking things over.*
gratter	*to work hard*
Il a dû gratter pour gagner sa vie.	*He had to sweat to earn his living.*
Je gratte sur tout pour joindre les deux bouts.	*I scrimp to make ends meet.*
gratter quelques euros	*to pocket a few euros*
Ce serveur grattait sur les additions.	*This waiter used to pocket some of the money from the bills.*

RELATED WORDS AND EXPRESSIONS

le gratte-ciel	*skyscraper*

regular -*er* verb

je grimpe · je grimpai · grimpé · grimpant

Present		*Passé Composé*	
je grimpe	nous grimpons	j'ai grimpé	nous avons grimpé
tu grimpes	vous grimpez	tu as grimpé	vous avez grimpé
il/elle grimpe	ils/elles grimpent	il/elle a grimpé	ils/elles ont grimpé
Imperfect		*Pluperfect*	
je grimpais	nous grimpions	j'avais grimpé	nous avions grimpé
tu grimpais	vous grimpiez	tu avais grimpé	vous aviez grimpé
il/elle grimpait	ils/elles grimpaient	il/elle avait grimpé	ils/elles avaient grimpé
Passé Simple		*Past Anterior*	
je grimpai	nous grimpâmes	j'eus grimpé	nous eûmes grimpé
tu grimpas	vous grimpâtes	tu eus grimpé	vous eûtes grimpé
il/elle grimpa	ils/elles grimpèrent	il/elle eut grimpé	ils/elles eurent grimpé
Future		*Future Anterior*	
je grimperai	nous grimperons	j'aurai grimpé	nous aurons grimpé
tu grimperas	vous grimperez	tu auras grimpé	vous aurez grimpé
il/elle grimpera	ils/elles grimperont	il/elle aura grimpé	ils/elles auront grimpé
Conditional		*Past Conditional*	
je grimperais	nous grimperions	j'aurais grimpé	nous aurions grimpé
tu grimperais	vous grimperiez	tu aurais grimpé	vous auriez grimpé
il/elle grimperait	ils/elles grimperaient	il/elle aurait grimpé	ils/elles auraient grimpé

Present Subjunctive		*Past Subjunctive*	
que je grimpe	que nous grimpions	que j'aie grimpé	que nous ayons grimpé
que tu grimpes	que vous grimpiez	que tu aies grimpé	que vous ayez grimpé
qu'il/elle grimpe	qu'ils/elles grimpent	qu'il/elle ait grimpé	qu'ils/elles aient grimpé
Imperfect Subjunctive		*Pluperfect Subjunctive*	
que je grimpasse	que nous grimpassions	que j'eusse grimpé	que nous eussions grimpé
que tu grimpasses	que vous grimpassiez	que tu eusses grimpé	que vous eussiez grimpé
qu'il/elle grimpât	qu'ils/elles grimpassent	qu'il/elle eût grimpé	qu'ils/elles eussent grimpé

Commands

	(nous) grimpons
(tu) grimpe	(vous) grimpez

USAGE

Le lierre est une plante qui grimpe.	*Ivy is a climbing plant.*
Les enfants grimpaient aux arbres.	*The children were climbing trees.*
Mon Dieu! L'enfant a grimpé sur l'évier.	*My goodness! The child climbed up on the sink.*
grimper l'escalier	*to climb the stairs*
Les loyers continuent à grimper.	*Rents continue to climb.*
Tu crois que tu grimpes l'échelle, je vois.	*You think you're going places, I see.*
C'est une route qui grimpe.	*It's a road that goes uphill.*
Tu me fais grimper dans les rideaux, toi!	*You're driving me up a wall!*
Avec le froid qui s'installe, on va voir grimper la demande pour le combustible de chauffage.	*With the cold setting in, you are going to see the demand for heating fuel rise.*

gronder *to scold; to growl, rumble*

je gronde · je grondai · grondé · grondant regular -*er* verb

Present		*Passé Composé*	
je gronde	nous grondons	j'ai grondé	nous avons grondé
tu grondes	vous grondez	tu as grondé	vous avez grondé
il/elle gronde	ils/elles grondent	il/elle a grondé	ils/elles ont grondé
Imperfect		*Pluperfect*	
je grondais	nous grondions	j'avais grondé	nous avions grondé
tu grondais	vous grondiez	tu avais grondé	vous aviez grondé
il/elle grondait	ils/elles grondaient	il/elle avait grondé	ils/elles avaient grondé
Passé Simple		*Past Anterior*	
je grondai	nous grondâmes	j'eus grondé	nous eûmes grondé
tu grondas	vous grondâtes	tu eus grondé	vous eûtes grondé
il/elle gronda	ils/elles grondèrent	il/elle eut grondé	ils/elles eurent grondé
Future		*Future Anterior*	
je gronderai	nous gronderons	j'aurai grondé	nous aurons grondé
tu gronderas	vous gronderez	tu auras grondé	vous aurez grondé
il/elle grondera	ils/elles gronderont	il/elle aura grondé	ils/elles auront grondé
Conditional		*Past Conditional*	
je gronderais	nous gronderions	j'aurais grondé	nous aurions grondé
tu gronderais	vous gronderiez	tu aurais grondé	vous auriez grondé
il/elle gronderait	ils/elles gronderaient	il/elle aurait grondé	ils/elles auraient grondé
Present Subjunctive		*Past Subjunctive*	
que je gronde	que nous grondions	que j'aie grondé	que nous ayons grondé
que tu grondes	que vous grondiez	que tu aies grondé	que vous ayez grondé
qu'il/elle gronde	qu'ils/elles grondent	qu'il/elle ait grondé	qu'ils/elles aient grondé
Imperfect Subjunctive		*Pluperfect Subjunctive*	
que je grondasse	que nous grondassions	que j'eusse grondé	que nous eussions grondé
que tu grondasses	que vous grondassiez	que tu eusses grondé	que vous eussiez grondé
qu'il/elle grondât	qu'ils/elles grondassent	qu'il/elle eût grondé	qu'ils/elles eussent grondé

Commands

	(nous) grondons
(tu) gronde	(vous) grondez

USAGE

Le professeur a grondé les étudiants paresseux.	*The teacher scolded the lazy students.*
Si tu continues à te conduire comme ça tu vas te faire gronder par ton père.	*If you keep on behaving like that, you are going to get scolded by your father.*
On entendait gronder un loup dans le bois.	*We heard a wolf growling in the woods.*
Le tonnerre gronde.	*The thunder is rumbling.*
Sa colère grondait.	*His anger was stirring.*
Une émeute grondait.	*A riot was brewing.*

RELATED WORDS AND EXPRESSIONS

le grondement	*rumbling*
J'entends le grondement du tonnerre.	*I hear the rumbling of thunder.*
le grondement de l'insurrection	*the approaching uprising*

regular -ir verb **je grossis · je grossis · grossi · grossissant**

Present		*Passé Composé*	
je grossis	nous grossissons	j'ai grossi	nous avons grossi
tu grossis	vous grossissez	tu as grossi	vous avez grossi
il/elle grossit	ils/elles grossissent	il/elle a grossi	ils/elles ont grossi
Imperfect		*Pluperfect*	
je grossissais	nous grossissions	j'avais grossi	nous avions grossi
tu grossissais	vous grossissiez	tu avais grossi	vous aviez grossi
il/elle grossissait	ils/elles grossissaient	il/elle avait grossi	ils/elles avaient grossi
Passé Simple		*Past Anterior*	
je grossis	nous grossîmes	j'eus grossi	nous eûmes grossi
tu grossis	vous grossîtes	tu eus grossi	vous eûtes grossi
il/elle grossit	ils/elles grossirent	il/elle eut grossi	ils/elles eurent grossi
Future		*Future Anterior*	
je grossirai	nous grossirons	j'aurai grossi	nous aurons grossi
tu grossiras	vous grossirez	tu auras grossi	vous aurez grossi
il/elle grossira	ils/elles grossiront	il/elle aura grossi	ils/elles auront grossi
Conditional		*Past Conditional*	
je grossirais	nous grossirions	j'aurais grossi	nous aurions grossi
tu grossirais	vous grossiriez	tu aurais grossi	vous auriez grossi
il/elle grossirait	ils/elles grossiraient	il/elle aurait grossi	ils/elles auraient grossi

Present Subjunctive		*Past Subjunctive*	
que je grossisse	que nous grossissions	que j'aie grossi	que nous ayons grossi
que tu grossisses	que vous grossissiez	que tu aies grossi	que vous ayez grossi
qu'il/elle grossisse	qu'ils/elles grossissent	qu'il/elle ait grossi	qu'ils/elles aient grossi
Imperfect Subjunctive		*Pluperfect Subjunctive*	
que je grossisse	que nous grossissions	que j'eusse grossi	que nous eussions grossi
que tu grossisses	que vous grossissiez	que tu eusses grossi	que vous eussiez grossi
qu'il/elle grossît	qu'ils/elles grossissent	qu'il/elle eût grossi	qu'ils/elles eussent grossi

Commands

	(nous) grossissons
(tu) grossis	(vous) grossissez

USAGE

Mon Dieu, j'ai grossi!	*My gosh, I've gained weight!*
La pâtisserie fait grossir.	*Pastry is fattening.*
Ce manteau te grossit, je trouve.	*I think that coat makes you look fatter.*
La foule devant le palais grossissait.	*The crowd in front of the palace was getting larger.*
Le bruit grossissait.	*The noise was getting louder.*
Elle grossit le problème.	*She's exaggerating the problem.*
Les journaux ont grossi l'affaire.	*The newspapers have exaggerated the importance of the matter.*
Sous une loupe les objets grossissent.	*Objects look larger under a magnifying glass.*
Les étudiants ont grossi les rangs des manifestants.	*Students joined the ranks of the demonstrators.*

RELATED WORDS AND EXPRESSIONS

le grossissement	*weight gain*

guérir *to heal, cure; to get better*

je guéris · je guéris · guéri · guérissant regular -ir verb

Present		*Passé Composé*	
je guéris	nous guérissons	j'ai guéri	nous avons guéri
tu guéris	vous guérissez	tu as guéri	vous avez guéri
il/elle guérit	ils/elles guérissent	il/elle a guéri	ils/elles ont guéri
Imperfect		*Pluperfect*	
je guérissais	nous guérissions	j'avais guéri	nous avions guéri
tu guérissais	vous guérissiez	tu avais guéri	vous aviez guéri
il/elle guérissait	ils/elles guérissaient	il/elle avait guéri	ils/elles avaient guéri
Passé Simple		*Past Anterior*	
je guéris	nous guérîmes	j'eus guéri	nous eûmes guéri
tu guéris	vous guérîtes	tu eus guéri	vous eûtes guéri
il/elle guérit	ils/elles guérirent	il/elle eut guéri	ils/elles eurent guéri
Future		*Future Anterior*	
je guérirai	nous guérirons	j'aurai guéri	nous aurons guéri
tu guériras	vous guérirez	tu auras guéri	vous aurez guéri
il/elle guérira	ils/elles guériront	il/elle aura guéri	ils/elles auront guéri
Conditional		*Past Conditional*	
je guérirais	nous guéririons	j'aurais guéri	nous aurions guéri
tu guérirais	vous guéririez	tu aurais guéri	vous auriez guéri
il/elle guérirait	ils/elles guériraient	il/elle aurait guéri	ils/elles auraient guéri

Present Subjunctive		*Past Subjunctive*	
que je guérisse	que nous guérissions	que j'aie guéri	que nous ayons guéri
que tu guérisses	que vous guérissiez	que tu aies guéri	que vous ayez guéri
qu'il/elle guérisse	qu'ils/elles guérissent	qu'il/elle ait guéri	qu'ils/elles aient guéri
Imperfect Subjunctive		*Pluperfect Subjunctive*	
que je guérisse	que nous guérissions	que j'eusse guéri	que nous eussions guéri
que tu guérisses	que vous guérissiez	que tu eusses guéri	que vous eussiez guéri
qu'il/elle guérît	qu'ils/elles guérissent	qu'il/elle eût guéri	qu'ils/elles eussent guéri

Commands

(nous) guérissons
(tu) guéris (vous) guérissez

USAGE

Ma blessure a guéri.	*My wound healed.*
Elle est guérie de sa grippe.	*She has recovered from the flu.*
Jouer au casino, il en est guéri.	*He is through gambling at the casino.*

RELATED WORDS AND EXPRESSIONS

la guérison	*healing / getting better*
Bonne guérison!	*Get well!*
se guérir d'une mauvaise habitude	*to break a bad habit*
Quand se guérira-t-il de cet amour?	*When will he get over that love?*

PROVERB

Mieux vaut prévenir que guérir.	*An ounce of prevention is worth a pound of cure.*

regular -*er* reflexive verb;
compound tenses with *être*

je m'habille · je m'habillai · s'étant habillé · s'habillant

Present		*Passé Composé*	
je m'habille	nous nous habillons	je me suis habillé(e)	nous nous sommes habillé(e)s
tu t'habilles	vous vous habillez	tu t'es habillé(e)	vous vous êtes habillé(e)(s)
il/elle s'habille	ils/elles s'habillent	il/elle s'est habillé(e)	ils/elles se sont habillé(e)s
Imperfect		*Pluperfect*	
je m'habillais	nous nous habillions	je m'étais habillé(e)	nous nous étions habillé(e)s
tu t'habillais	vous vous habilliez	tu t'étais habillé(e)	vous vous étiez habillé(e)(s)
il/elle s'habillait	ils/elles s'habillaient	il/elle s'était habillé(e)	ils/elles s'étaient habillé(e)s
Passé Simple		*Past Anterior*	
je m'habillai	nous nous habillâmes	je me fus habillé(e)	nous nous fûmes habillé(e)s
tu t'habillas	vous vous habillâtes	tu te fus habillé(e)	vous vous fûtes habillé(e)(s)
il/elle s'habilla	ils/elles s'habillèrent	il/elle se fut habillé(e)	ils/elles se furent habillé(e)s
Future		*Future Anterior*	
je m'habillerai	nous nous habillerons	je me serai habillé(e)	nous nous serons habillé(e)s
tu t'habilleras	vous vous habillerez	tu te seras habillé(e)	vous vous serez habillé(e)(s)
il/elle s'habillera	ils/elles s'habilleront	il/elle se sera habillé(e)	ils/elles se seront habillé(e)s
Conditional		*Past Conditional*	
je m'habillerais	nous nous habillerions	je me serais habillé(e)	nous nous serions habillé(e)s
tu t'habillerais	vous vous habilleriez	tu te serais habillé(e)	vous vous seriez habillé(e)(s)
il/elle s'habillerait	ils/elles s'habilleraient	il/elle se serait habillé(e)	ils/elles se seraient habillé(e)s

Present Subjunctive		*Past Subjunctive*	
que je m'habille	que nous nous habillions	que je me sois habillé(e)	que nous nous soyons habillé(e)s
que tu t'habilles	que vous vous habilliez	que tu te sois habillé(e)	que vous vous soyez habillé(e)(s)
qu'il/elle s'habille	qu'ils/elles s'habillent	qu'il/elle se soit habillé(e)	qu'ils/elles se soient habillé(e)s
Imperfect Subjunctive		*Pluperfect Subjunctive*	
que je m'habillasse	que nous nous habillassions	que je me fusse habillé(e)	que nous nous fussions habillé(e)s
que tu t'habillasses	que vous vous habillassiez	que tu te fusses habillé(e)	que vous vous fussiez habillé(e)(s)
qu'il/elle s'habillât	qu'ils/elles s'habillassent	qu'il/elle se fût habillé(e)	qu'ils/elles se fussent habillé(e)s

Commands

(nous) habillons-nous
(tu) habille-toi (vous) habillez-vous

USAGE

L'enfant s'habille déjà tout seul.	*The child dresses himself already.*
—Qu'est-ce que tu fais?	*What are you doing?*
—Je m'habille pour sortir.	*I'm getting dressed to go out.*
—Je ne t'avais pas reconnue.	*I didn't recognize you.*
—Je m'étais habillée en bohème.	*I had dressed up as a Bohemian.*
—Elle s'habille à la dernière mode.	*She dresses according to the latest fashion.*
—C'est surprenant, parce que sa sœur ne sait pas s'habiller du tout.	*That's surprising, because her sister doesn't know how to dress at all.*
Il s'habille bien/mal.	*He dresses well/badly.*
Ces enfants sont mal habillés.	*These children are poorly dressed.*

290 habiter *to live, reside*

j'habite · j'habitai · habité · habitant regular *-er* verb

Present		*Passé Composé*	
j'habite	nous habitons	j'ai habité	nous avons habité
tu habites	vous habitez	tu as habité	vous avez habité
il/elle habite	ils/elles habitent	il/elle a habité	ils/elles ont habité
Imperfect		***Pluperfect***	
j'habitais	nous habitions	j'avais habité	nous avions habité
tu habitais	vous habitiez	tu avais habité	vous aviez habité
il/elle habitait	ils/elles habitaient	il/elle avait habité	ils/elles avaient habité
Passé Simple		***Past Anterior***	
j'habitai	nous habitâmes	j'eus habité	nous eûmes habité
tu habitas	vous habitâtes	tu eus habité	vous eûtes habité
il/elle habita	ils/elles habitèrent	il/elle eut habité	ils/elles eurent habité
Future		***Future Anterior***	
j'habiterai	nous habiterons	j'aurai habité	nous aurons habité
tu habiteras	vous habiterez	tu auras habité	vous aurez habité
il/elle habitera	ils/elles habiteront	il/elle aura habité	ils/elles auront habité
Conditional		***Past Conditional***	
j'habiterais	nous habiterions	j'aurais habité	nous aurions habité
tu habiterais	vous habiteriez	tu aurais habité	vous auriez habité
il/elle habiterait	ils/elles habiteraient	il/elle aurait habité	ils/elles auraient habité

Present Subjunctive		*Past Subjunctive*	
que j'habite	que nous habitions	que j'aie habité	que nous ayons habité
que tu habites	que vous habitiez	que tu aies habité	que vous ayez habité
qu'il/elle habite	qu'ils/elles habitent	qu'il/elle ait habité	qu'ils/elles aient habité
Imperfect Subjunctive		***Pluperfect Subjunctive***	
que j'habitasse	que nous habitassions	que j'eusse habité	que nous eussions habité
que tu habitasses	que vous habitassiez	que tu eusses habité	que vous eussiez habité
qu'il/elle habitât	qu'ils/elles habitassent	qu'il/elle eût habité	qu'ils/elles eussent habité

Commands

	(nous) habitons
(tu) habite	(vous) habitez

USAGE

Il habite Paris. / Il habite à Paris.	*He lives in Paris.* (The form without *à* is now more common.)
Vous habitez où?	*Where do you live?*
J'habite dans le XVIIe.	*I live in the 17th arrondissement of Paris.*
J'habite 9, rue Guy Patin.	*I live at 9, Guy Patin Street.*
Pendant qu'il faisait ses études à Toulouse, il habitait chez sa tante.	*While he was studying in Toulouse, he lived at his aunt's.*
—Tu n'habites plus la ville?	*You don't live in town anymore?*
—Non. J'habite (à) la campagne.	*No, I live in the country.*
Ils habitent sous le même toit.	*They live together.*

RELATED WORDS AND EXPRESSIONS

un habitant / une habitante	*an inhabitant*

irregular verb **je hais · je haïs · haï · haïssant**

Present		*Passé Composé*	
je hais	nous haïssons	j'ai haï	nous avons haï
tu hais	vous haïssez	tu as haï	vous avez haï
il/elle hait	ils/elles haïssent	il/elle a haï	ils/elles ont haï
Imperfect		*Pluperfect*	
je haïssais	nous haïssions	j'avais haï	nous avions haï
tu haïssais	vous haïssiez	tu avais haï	vous aviez haï
il/elle haïssait	ils/elles haïssaient	il/elle avait haï	ils/elles avaient haï
Passé Simple		*Past Anterior*	
je haïs	nous haïmes	j'eus haï	nous eûmes haï
tu haïs	vous haïtes	tu eus haï	vous eûtes haï
il/elle haït	ils/elles haïrent	il/elle eut haï	ils/elles eurent haï
Future		*Future Anterior*	
je haïrai	nous haïrons	j'aurai haï	nous aurons haï
tu haïras	vous haïrez	tu auras haï	vous aurez haï
il/elle haïra	ils/elles haïront	il/elle aura haï	ils/elles auront haï
Conditional		*Past Conditional*	
je haïrais	nous haïrions	j'aurais haï	nous aurions haï
tu haïrais	vous haïriez	tu aurais haï	vous auriez haï
il/elle haïrait	ils/elles haïraient	il/elle aurait haï	ils/elles auraient haï

Present Subjunctive		*Past Subjunctive*	
que je haïsse	que nous haïssions	que j'aie haï	que nous ayons haï
que tu haïsses	que vous haïssiez	que tu aies haï	que vous ayez haï
qu'il/elle haïsse	qu'ils/elles haïssent	qu'il/elle ait haï	qu'ils/elles aient haï
Imperfect Subjunctive		*Pluperfect Subjunctive*	
que je haïsse	que nous haïssions	que j'eusse haï	que nous eussions haï
que tu haïsses	que vous haïssiez	que tu eusses haï	que vous eussiez haï
qu'il/elle haït	qu'ils/elles haïssent	qu'il/elle eût haï	qu'ils/elles eussent haï

Commands

	(nous) haïssons
(tu) hais	(vous) haïssez

USAGE

haïr qqn	*to hate someone*
Notre pays hait les traîtres.	*Our country hates traitors.*
Avant, il nous haïssait.	*Previously he hated us.*
haïr qqn d'avoir fait qqch	*to hate someone for having done something*
Il me hait de l'avoir dénoncé.	*He hates me for having turned him in.*
haïr qqch	*to hate something*
Je hais la cruauté.	*I hate cruelty.*
Il haïssait les injustices du régime.	*He hated the injustices of the regime.*

RELATED WORDS AND EXPRESSIONS

la haine	*hatred*
Il éprouve de la haine envers ses ennemis.	*He feels hatred toward his enemies.*
La haine du vice n'est pas forcément la vertu.	*Hatred of vice is not necessarily virtue.*

hésiter *to hesitate*

j'hésite · j'hésitai · hésité · hésitant — regular *-er* verb

Present		*Passé Composé*	
j'hésite	nous hésitons	j'ai hésité	nous avons hésité
tu hésites	vous hésitez	tu as hésité	vous avez hésité
il/elle hésite	ils/elles hésitent	il/elle a hésité	ils/elles ont hésité
Imperfect		*Pluperfect*	
j'hésitais	nous hésitions	j'avais hésité	nous avions hésité
tu hésitais	vous hésitiez	tu avais hésité	vous aviez hésité
il/elle hésitait	ils/elles hésitaient	il/elle avait hésité	ils/elles avaient hésité
Passé Simple		*Past Anterior*	
j'hésitai	nous hésitâmes	j'eus hésité	nous eûmes hésité
tu hésitas	vous hésitâtes	tu eus hésité	vous eûtes hésité
il/elle hésita	ils/elles hésitèrent	il/elle eut hésité	ils/elles eurent hésité
Future		*Future Anterior*	
j'hésiterai	nous hésiterons	j'aurai hésité	nous aurons hésité
tu hésiteras	vous hésiterez	tu auras hésité	vous aurez hésité
il/elle hésitera	ils/elles hésiteront	il/elle aura hésité	ils/elles auront hésité
Conditional		*Past Conditional*	
j'hésiterais	nous hésiterions	j'aurais hésité	nous aurions hésité
tu hésiterais	vous hésiteriez	tu aurais hésité	vous auriez hésité
il/elle hésiterait	ils/elles hésiteraient	il/elle aurait hésité	ils/elles auraient hésité

Present Subjunctive		*Past Subjunctive*	
que j'hésite	que nous hésitions	que j'aie hésité	que nous ayons hésité
que tu hésites	que vous hésitiez	que tu aies hésité	que vous ayez hésité
qu'il/elle hésite	qu'ils/elles hésitent	qu'il/elle ait hésité	qu'ils/elles aient hésité
Imperfect Subjunctive		*Pluperfect Subjunctive*	
que j'hésitasse	que nous hésitassions	que j'eusse hésité	que nous eussions hésité
que tu hésitasses	que vous hésitassiez	que tu eusses hésité	que vous eussiez hésité
qu'il/elle hésitât	qu'ils/elles hésitassent	qu'il/elle eût hésité	qu'ils/elles eussent hésité

Commands

	(nous) hésitons
(tu) hésite	(vous) hésitez

USAGE

Si tu hésites trop, tu vas manquer cette occasion.	*If you hesitate too much, you're going to miss this opportunity.*
—Tu as hésité devant son offre?	*Did you hesitate when he made that offer?*
—Pas du tout. J'ai répondu « oui » sans hésiter.	*Not at all. I answered "yes" without hesitating.*
Ils hésitaient sur l'achat d'une maison.	*They were hesitating over the purchase of a house.*
Nous avons hésité entre ces deux possibilités.	*We hesitated between these two possibilities.*
Nous avons agi sans hésiter.	*We acted without hesitating.*
hésiter à faire qqch	*to hesitate to do something*
J'hésite à vous le dire.	*I hesitate telling it to you.*
Il hésitait à demander une augmentation.	*He was reluctant to ask for a raise.*
J'hésitais à vous déranger.	*I was reluctant to bother you.*

regular -*er* verb **j'impose · j'imposai · imposé · imposant**

Present		***Passé Composé***	
j'impose	nous imposons	j'ai imposé	nous avons imposé
tu imposes	vous imposez	tu as imposé	vous avez imposé
il/elle impose	ils/elles imposent	il/elle a imposé	ils/elles ont imposé
Imperfect		***Pluperfect***	
j'imposais	nous imposions	j'avais imposé	nous avions imposé
tu imposais	vous imposiez	tu avais imposé	vous aviez imposé
il/elle imposait	ils/elles imposaient	il/elle avait imposé	ils/elles avaient imposé
Passé Simple		***Past Anterior***	
j'imposai	nous imposâmes	j'eus imposé	nous eûmes imposé
tu imposas	vous imposâtes	tu eus imposé	vous eûtes imposé
il/elle imposa	ils/elles imposèrent	il/elle eut imposé	ils/elles eurent imposé
Future		***Future Anterior***	
j'imposerai	nous imposerons	j'aurai imposé	nous aurons imposé
tu imposeras	vous imposerez	tu auras imposé	vous aurez imposé
il/elle imposera	ils/elles imposeront	il/elle aura imposé	ils/elles auront imposé
Conditional		***Past Conditional***	
j'imposerais	nous imposerions	j'aurais imposé	nous aurions imposé
tu imposerais	vous imposeriez	tu aurais imposé	vous auriez imposé
il/elle imposerait	ils/elles imposeraient	il/elle aurait imposé	ils/elles auraient imposé
Present Subjunctive		***Past Subjunctive***	
que j'impose	que nous imposions	que j'aie imposé	que nous ayons imposé
que tu imposes	que vous imposiez	que tu aies imposé	que vous ayez imposé
qu'il/elle impose	qu'ils/elles imposent	qu'il/elle ait imposé	qu'ils/elles aient imposé
Imperfect Subjunctive		***Pluperfect Subjunctive***	
que j'imposasse	que nous imposassions	que j'eusse imposé	que nous eussions imposé
que tu imposasses	que vous imposassiez	que tu eusses imposé	que vous eussiez imposé
qu'il/elle imposât	qu'ils/elles imposassent	qu'il/elle eût imposé	qu'ils/elles eussent imposé

Commands

	(nous) imposons
(tu) impose	(vous) imposez

USAGE

Ils nous imposent des contributions.	*They exact contributions from us.*
Il sait imposer sa façon de penser.	*He knows how to impose his way of thinking.*
Pas moyen d'imposer ma volonté.	*There's no way I can impose my will.*
Le chef nous a imposé une tâche difficile.	*The boss imposed a difficult task on us.*
Je me suis imposé cette tâche.	*I took this task upon myself.*
Le père imposa ses mains sur la tête de son fils pour le bénir.	*The father lay his hands on his son's head to bless him.*
un peuple lourdement imposé	*a heavily taxed people*
en imposer	*to be impressive*
Sa réussite en impose.	*His success is impressive.*

RELATED WORDS AND EXPRESSIONS

l'impôt *(m)*	*tax*
imposant(e)	*impressive/imposing*

inclure *to include*

j'inclus · j'inclus · inclus · incluant irregular verb

Present		*Passé Composé*	
j'inclus	nous incluons	j'ai inclus	nous avons inclus
tu inclus	vous incluez	tu as inclus	vous avez inclus
il/elle inclut	ils/elles incluent	il/elle a inclus	ils/elles ont inclus
Imperfect		*Pluperfect*	
j'incluais	nous incluions	j'avais inclus	nous avions inclus
tu incluais	vous incluiez	tu avais inclus	vous aviez inclus
il/elle incluait	ils/elles incluaient	il/elle avait inclus	ils/elles avaient inclus
Passé Simple		*Past Anterior*	
j'inclus	nous inclûmes	j'eus inclus	nous eûmes inclus
tu inclus	vous inclûtes	tu eus inclus	vous eûtes inclus
il/elle inclut	ils/elles inclurent	il/elle eut inclus	ils/elles eurent inclus
Future		*Future Anterior*	
j'inclurai	nous inclurons	j'aurai inclus	nous aurons inclus
tu incluras	vous inclurez	tu auras inclus	vous aurez inclus
il/elle inclura	ils/elles incluront	il/elle aura inclus	ils/elles auront inclus
Conditional		*Past Conditional*	
j'inclurais	nous inclurions	j'aurais inclus	nous aurions inclus
tu inclurais	vous incluriez	tu aurais inclus	vous auriez inclus
il/elle inclurait	ils/elles incluraient	il/elle aurait inclus	ils/elles auraient inclus

Present Subjunctive		*Past Subjunctive*	
que j'inclue	que nous incluions	que j'aie inclus	que nous ayons inclus
que tu inclues	que vous incluiez	que tu aies inclus	que vous ayez inclus
qu'il/elle inclue	qu'ils/elles incluent	qu'il/elle ait inclus	qu'ils/elles aient inclus
Imperfect Subjunctive		*Pluperfect Subjunctive*	
que j'inclusse	que nous inclussions	que j'eusse inclus	que nous eussions inclus
que tu inclusses	que vous inclussiez	que tu eusses inclus	que vous eussiez inclus
qu'il/elle inclût	qu'ils/elles inclussent	qu'il/elle eût inclus	qu'ils/elles eussent inclus

Commands

	(nous) incluons
(tu) inclus	(vous) incluez

USAGE

Il faut inclure ce conte dans le recueil.	*We have to include this story in the anthology.*
J'ai inclus ces observations dans mon article.	*I included those observations in my article.*
Les impôts sont inclus dans le prix.	*Taxes are included in the price.*
Pour demain, lisez le manuel jusqu'au quatrième chapitre inclus.	*For tomorrow, read the manual through chapter 4.*
Ne m'inclus pas. Je n'irai pas.	*Count me out. I won't go.*
Les FAI (fournisseurs d'accès à Internet) incluront dans tous les kits de connexion un logiciel de contrôle parental.	*Internet service providers will include parental control software in their start-up kits.*

RELATED WORDS AND EXPRESSIONS

l'inclusion *(f)*	*inclusion*
L'inclusion de ce paragraphe ne peut pas se justifier.	*You can't justify including this paragraph.*
ci-inclus(e)	*enclosed*
Vous trouverez ci-incluse notre facture.	*You will find our bill enclosed.*

regular -*er* verb **j'indique · j'indiquai · indiqué · indiquant**

Present		*Passé Composé*	
j'indique	nous indiquons	j'ai indiqué	nous avons indiqué
tu indiques	vous indiquez	tu as indiqué	vous avez indiqué
il/elle indique	ils/elles indiquent	il/elle a indiqué	ils/elles ont indiqué
Imperfect		*Pluperfect*	
j'indiquais	nous indiquions	j'avais indiqué	nous avions indiqué
tu indiquais	vous indiquiez	tu avais indiqué	vous aviez indiqué
il/elle indiquait	ils/elles indiquaient	il/elle avait indiqué	ils/elles avaient indiqué
Passé Simple		*Past Anterior*	
j'indiquai	nous indiquâmes	j'eus indiqué	nous eûmes indiqué
tu indiquas	vous indiquâtes	tu eus indiqué	vous eûtes indiqué
il/elle indiqua	ils/elles indiquèrent	il/elle eut indiqué	ils/elles eurent indiqué
Future		*Future Anterior*	
j'indiquerai	nous indiquerons	j'aurai indiqué	nous aurons indiqué
tu indiqueras	vous indiquerez	tu auras indiqué	vous aurez indiqué
il/elle indiquera	ils/elles indiqueront	il/elle aura indiqué	ils/elles auront indiqué
Conditional		*Past Conditional*	
j'indiquerais	nous indiquerions	j'aurais indiqué	nous aurions indiqué
tu indiquerais	vous indiqueriez	tu aurais indiqué	vous auriez indiqué
il/elle indiquerait	ils/elles indiqueraient	il/elle aurait indiqué	ils/elles auraient indiqué

Present Subjunctive		*Past Subjunctive*	
que j'indique	que nous indiquions	que j'aie indiqué	que nous ayons indiqué
que tu indiques	que vous indiquiez	que tu aies indiqué	que vous ayez indiqué
qu'il/elle indique	qu'ils/elles indiquent	qu'il/elle ait indiqué	qu'ils/elles aient indiqué
Imperfect Subjunctive		*Pluperfect Subjunctive*	
que j'indiquasse	que nous indiquassions	que j'eusse indiqué	que nous eussions indiqué
que tu indiquasses	que vous indiquassiez	que tu eusses indiqué	que vous eussiez indiqué
qu'il/elle indiquât	qu'ils/elles indiquassent	qu'il/elle eût indiqué	qu'ils/elles eussent indiqué

Commands

	(nous) indiquons
(tu) indique	(vous) indiquez

USAGE

Le manuel indique des façons de nettoyer la machine.	*The manual indicates ways to clean the machine.*
Pourriez-vous m'indiquer le cabinet du docteur?	*Can you point the doctor's office out to me?*
Il m'a indiqué le chemin.	*He pointed out the road to me.*
Tu peux m'indiquer une agence de voyages?	*Can you point out a travel agency to me?*
Le départ du train est indiqué sur le tableau.	*The departure of the train is listed on the board.*
Qui peut nous indiquer la sortie?	*Who can show us the exit?*
Je vous indiquerai le lieu et l'heure de la réunion par courrier électronique.	*I'll notify you of the place and time of the meeting by e-mail.*
La route est mal indiquée.	*The road is poorly marked.*

RELATED WORDS AND EXPRESSIONS

les indications *(fpl)*	*information*
Tu m'a donné de fausses indications.	*You misinformed me.*

SLANG

l'indic	*stool pigeon / rat / informer*

s'inquiéter

to worry, be nervous, be upset

je m'inquiète · je m'inquiétai · s'étant inquiété · s'inquiétant

regular *-er* reflexive verb; spelling change: *é* > *è*/mute *e* except in the future and conditional; compound tenses with *être*

Present		*Passé Composé*	
je m'inquiète	nous nous inquiétons	je me suis inquiété(e)	nous nous sommes inquiété(e)s
tu t'inquiètes	vous vous inquiétez	tu t'es inquiété(e)	vous vous êtes inquiété(e)(s)
il/elle s'inquiète	ils/elles s'inquiètent	il/elle s'est inquiété(e)	ils/elles se sont inquiété(e)s
Imperfect		*Pluperfect*	
je m'inquiétais	nous nous inquiétions	je m'étais inquiété(e)	nous nous étions inquiété(e)s
tu t'inquiétais	vous vous inquiétiez	tu t'étais inquiété(e)	vous vous étiez inquiété(e)(s)
il/elle s'inquiétait	ils/elles s'inquiétaient	il/elle s'était inquiété(e)	ils/elles s'étaient inquiété(e)s
Passé Simple		*Past Anterior*	
je m'inquiétai	nous nous inquiétâmes	je me fus inquiété(e)	nous nous fûmes inquiété(e)s
tu t'inquiétas	vous vous inquiétâtes	tu te fus inquiété(e)	vous vous fûtes inquiété(e)(s)
il/elle s'inquiéta	ils/elles s'inquiétèrent	il/elle se fut inquiété(e)	ils/elles se furent inquiété(e)s
Future		*Future Anterior*	
je m'inquiéterai	nous nous inquiéterons	je me serai inquiété(e)	nous nous serons inquiété(e)s
tu t'inquiéteras	vous vous inquiéterez	tu te seras inquiété(e)	vous vous serez inquiété(e)(s)
il/elle s'inquiétera	ils/elles s'inquiéteront	il/elle se sera inquiété(e)	ils/elles se seront inquiété(e)s
Conditional		*Past Conditional*	
je m'inquiéterais	nous nous inquiéterions	je me serais inquiété(e)	nous nous serions inquiété(e)s
tu t'inquiéterais	vous vous inquiéteriez	tu te serais inquiété(e)	vous vous seriez inquiété(e)(s)
il/elle s'inquiéterait	ils/elles s'inquiéteraient	il/elle se serait inquiété(e)	ils/elles se seraient inquiété(e)s

Present Subjunctive		*Past Subjunctive*	
que je m'inquiète	que nous nous inquiétions	que je me sois inquiété(e)	que nous nous soyons inquiété(e)s
que tu t'inquiètes	que vous vous inquiétiez	que tu te sois inquiété(e)	que vous vous soyez inquiété(e)(s)
qu'il/elle s'inquiète	qu'ils/elles s'inquiètent	qu'il/elle se soit inquiété(e)	qu'ils/elles se soient inquiété(e)s
Imperfect Subjunctive		*Pluperfect Subjunctive*	
que je m'inquiétasse	que nous nous inquiétassions	que je me fusse inquiété(e)	que nous nous fussions inquiété(e)s
que tu t'inquiétasses	que vous vous inquiétassiez	que tu te fusses inquiété(e)	que vous vous fussiez inquiété(e)(s)
qu'il/elle s'inquiétât	qu'ils/elles s'inquiétassent	qu'il/elle se fût inquiété(e)	qu'ils/elles se fussent inquiété(e)s

Commands

	(nous) inquiétons-nous
(tu) inquiète-toi	(vous) inquiétez-vous

USAGE

Elle s'inquiète pour ses enfants.	*She worries about her children.*
Personne ici ne s'inquiète pour moi.	*No one here worries about me.*
—De quoi est-ce que vous vous inquiétiez?	*What were you upset about?*
—Je m'inquiétais de votre santé.	*I was concerned about your health.*
s'inquiéter de faire qqch	*to take the trouble to do something*
Vous ne vous êtes pas inquiété de me mettre au courant.	*You didn't bother to inform me.*

RELATED WORDS AND EXPRESSIONS

l'inquiétude *(f)*	*worry/concern/upset*
On ne le voit jamais sans inquiétude.	*You never see him not upset.*
inquiétant/inquiétante	*worrisome/upsetting*
Les nouvelles sont inquiétantes.	*The news is upsetting.*
inquiéter qqn	*to upset/worry someone*
Dites-moi ce qui vous inquiète.	*Tell me what's upsetting you.*

irregular reflexive verb;
compound tenses with *être*

je m'inscris · je m'inscrivis · s'étant inscrit · s'inscrivant

Present		***Passé Composé***	
je m'inscris	nous nous inscrivons	je me suis inscrit(e)	nous nous sommes inscrit(e)s
tu t'inscris	vous vous inscrivez	tu t'es inscrit(e)	vous vous êtes inscrit(e)(s)
il/elle s'inscrit	ils/elles s'inscrivent	il/elle s'est inscrit(e)	ils/elles se sont inscrit(e)s
Imperfect		***Pluperfect***	
je m'inscrivais	nous nous inscrivions	je m'étais inscrit(e)	nous nous étions inscrit(e)s
tu t'inscrivais	vous vous inscriviez	tu t'étais inscrit(e)	vous vous étiez inscrit(e)(s)
il/elle s'inscrivait	ils/elles s'inscrivaient	il/elle s'était inscrit(e)	ils/elles s'étaient inscrit(e)s
Passé Simple		***Past Anterior***	
je m'inscrivis	nous nous inscrivîmes	je me fus inscrit(e)	nous nous fûmes inscrit(e)s
tu t'inscrivis	vous vous inscrivîtes	tu te fus inscrit(e)	vous vous fûtes inscrit(e)(s)
il/elle s'inscrivit	ils/elles s'inscrivirent	il/elle se fut inscrit(e)	ils/elles se furent inscrit(e)s
Future		***Future Anterior***	
je m'inscrirai	nous nous inscrirons	je me serai inscrit(e)	nous nous serons inscrit(e)s
tu t'inscriras	vous vous inscrirez	tu te seras inscrit(e)	vous vous serez inscrit(e)(s)
il/elle s'inscrira	ils/elles s'inscriront	il/elle se sera inscrit(e)	ils/elles se seront inscrit(e)s
Conditional		***Past Conditional***	
je m'inscrirais	nous nous inscririons	je me serais inscrit(e)	nous nous serions inscrit(e)s
tu t'inscrirais	vous vous inscririez	tu te serais inscrit(e)	vous vous seriez inscrit(e)(s)
il/elle s'inscrirait	ils/elles s'inscriraient	il/elle se serait inscrit(e)	ils/elles se seraient inscrit(e)s
Present Subjunctive		***Past Subjunctive***	
que je m'inscrive	que nous nous inscrivions	que je me sois inscrit(e)	que nous nous soyons inscrit(e)s
que tu t'inscrives	que vous vous inscriviez	que tu te sois inscrit(e)	que vous vous soyez inscrit(e)(s)
qu'il/elle s'inscrive	qu'ils/elles s'inscrivent	qu'il/elle se soit inscrit(e)	qu'ils/elles se soient inscrit(e)s
Imperfect Subjunctive		***Pluperfect Subjunctive***	
que je m'inscrivisse	que nous nous inscrivissions	que je me fusse inscrit(e)	que nous nous fussions inscrit(e)s
que tu t'inscrivisses	que vous vous inscrivissiez	que tu te fusses inscrit(e)	que vous vous fussiez inscrit(e)(s)
qu'il/elle s'inscrivît	qu'ils/elles s'inscrivissent	qu'il/elle se fût inscrit(e)	qu'ils/elles se fussent inscrit(e)s

Commands

	(nous) inscrivons-nous
(tu) inscris-toi	(vous) inscrivez-vous

USAGE

s'inscrire à la faculté	*to register at the university*
s'inscrire au club	*to sign up at the club*
Ne vous y inscrivez pas.	*Don't sign up for it.*
Cette proposition s'inscrit dans notre plan d'expansion.	*This proposal comes under (the heading of) our expansion plan.*
Ce compositeur s'inscrit dans la nouvelle vague de la chanson française.	*This composer belongs to the new wave of French song.*
Je m'inscris en faux contre ce que vous avez dit.	*I challenge the validity of what you said.*

RELATED WORDS AND EXPRESSIONS

l'inscription *(f)*	*registration*
les frais d'inscription	*registration fees*
lors de votre inscription	*when you register*

insister *to insist*

j'insiste · j'insistai · insisté · insistant regular -*er* verb

Present		*Passé Composé*	
j'insiste	nous insistons	j'ai insisté	nous avons insisté
tu insistes	vous insistez	tu as insisté	vous avez insisté
il/elle insiste	ils/elles insistent	il/elle a insisté	ils/elles ont insisté
Imperfect		*Pluperfect*	
j'insistais	nous insistions	j'avais insisté	nous avions insisté
tu insistais	vous insistiez	tu avais insisté	vous aviez insisté
il/elle insistait	ils/elles insistaient	il/elle avait insisté	ils/elles avaient insisté
Passé Simple		*Past Anterior*	
j'insistai	nous insistâmes	j'eus insisté	nous eûmes insisté
tu insistas	vous insistâtes	tu eus insisté	vous eûtes insisté
il/elle insista	ils/elles insistèrent	il/elle eut insisté	ils/elles eurent insisté
Future		*Future Anterior*	
j'insisterai	nous insisterons	j'aurai insisté	nous aurons insisté
tu insisteras	vous insisterez	tu auras insisté	vous aurez insisté
il/elle insistera	ils/elles insisteront	il/elle aura insisté	ils/elles auront insisté
Conditional		*Past Conditional*	
j'insisterais	nous insisterions	j'aurais insisté	nous aurions insisté
tu insisterais	vous insisteriez	tu aurais insisté	vous auriez insisté
il/elle insisterait	ils/elles insisteraient	il/elle aurait insisté	ils/elles auraient insisté

Present Subjunctive		*Past Subjunctive*	
que j'insiste	que nous insistions	que j'aie insisté	que nous ayons insisté
que tu insistes	que vous insistiez	que tu aies insisté	que vous ayez insisté
qu'il/elle insiste	qu'ils/elles insistent	qu'il/elle ait insisté	qu'ils/elles aient insisté
Imperfect Subjunctive		*Pluperfect Subjunctive*	
que j'insistasse	que nous insistassions	que j'eusse insisté	que nous eussions insisté
que tu insistasses	que vous insistassiez	que tu eusses insisté	que vous eussiez insisté
qu'il/elle insistât	qu'ils/elles insistassent	qu'il/elle eût insisté	qu'ils/elles eussent insisté

Commands

	(nous) insistons
(tu) insiste	(vous) insistez

USAGE

Il insiste sur un départ immédiat.	*He insists on an immediate departure.*
Avec lui, il faut insister.	*With him you have to insist.*
Elle ne changera jamais d'avis. Inutile d'insister.	*There's no use insisting. She'll never change her mind.*
Ça suffit! N'insiste pas!	*That's enough! Don't rub it in!*
insister pour faire qqch	*to insist on doing something*
Il insiste pour nous accompagner.	*He insists on accompanying us.*
insister pour que + *subjunctive*	*to insist that someone do something*
J'insiste pour qu'il vienne.	*I insist that he come.*
insister que + *indicative*	*to insist that someone is doing something*
J'insiste qu'il vient.	*I insist that he's coming.*
—Comment ça se fait que tes enfants se tiennent tellement bien à table?	*How is it that your children behave so well at the table?*
—J'insiste là-dessus.	*I insist on it.*
—Il refuse toujours de le faire.	*He still refuses to do it.*
—Bon, je n'insisterai plus.	*All right, I won't insist anymore.*

irregular verb **j'instruis · j'instruisis · instruit · instruisant**

Present		*Passé Composé*	
j'instruis	nous instruisons	j'ai instruit	nous avons instruit
tu instruis	vous instruisez	tu as instruit	vous avez instruit
il/elle instruit	ils/elles instruisent	il/elle a instruit	ils/elles ont instruit
Imperfect		*Pluperfect*	
j'instruisais	nous instruisions	j'avais instruit	nous avions instruit
tu instruisais	vous instruisiez	tu avais instruit	vous aviez instruit
il/elle instruisait	ils/elles instruisaient	il/elle avait instruit	ils/elles avaient instruit
Passé Simple		*Past Anterior*	
j'instruisis	nous instruisîmes	j'eus instruit	nous eûmes instruit
tu instruisis	vous instruisîtes	tu eus instruit	vous eûtes instruit
il/elle instruisit	ils/elles instruisirent	il/elle eut instruit	ils/elles eurent instruit
Future		*Future Anterior*	
j'instruirai	nous instruirons	j'aurai instruit	nous aurons instruit
tu instruiras	vous instruirez	tu auras instruit	vous aurez instruit
il/elle instruira	ils/elles instruiront	il/elle aura instruit	ils/elles auront instruit
Conditional		*Past Conditional*	
j'instruirais	nous instruirions	j'aurais instruit	nous aurions instruit
tu instruirais	vous instruiriez	tu aurais instruit	vous auriez instruit
il/elle instruirait	ils/elles instruiraient	il/elle aurait instruit	ils/elles auraient instruit
Present Subjunctive		*Past Subjunctive*	
que j'instruise	que nous instruisions	que j'aie instruit	que nous ayons instruit
que tu instruises	que vous instruisiez	que tu aies instruit	que vous ayez instruit
qu'il/elle instruise	qu'ils/elles instruisent	qu'il/elle ait instruit	qu'ils/elles aient instruit
Imperfect Subjunctive		*Pluperfect Subjunctive*	
que j'instruisisse	que nous instruisissions	que j'eusse instruit	que nous eussions instruit
que tu instruisisses	que vous instruisissiez	que tu eusses instruit	que vous eussiez instruit
qu'il/elle instruisît	qu'ils/elles instruisissent	qu'il/elle eût instruit	qu'ils/elles eussent instruit

Commands

	(nous) instruisons
(tu) instruis	(vous) instruisez

USAGE

Ce professeur a instruit ses élèves en sciences.	*This teacher instructed his students in science.*
Il est instruit par les dures expériences de sa vie.	*He has been taught a lesson by the difficult experiences of his life.*
Beaucoup de parents instruisent leurs enfants à la maison.	*Many parents are educating their children at home.*
instruire une plainte	*to lodge a complaint*

RELATED WORDS AND EXPRESSIONS

l'instruction *(f)*	*instruction/education*
l'instruction publique	*public education*
C'est un jeune homme sans instruction.	*He's an uneducated young man.*
Lisez les instructions avant de commencer.	*Read the instructions before beginning.*
le juge d'instruction	*examining magistrate* (in the French legal system, the judge responsible for conducting the investigative hearings before a criminal trial)
s'instruire	*to educate oneself*
C'est un homme qui s'est instruit tout seul.	*He's a man who taught himself.*

interdire *to forbid, prohibit*

j'interdis · j'interdis · interdit · interdisant irregular verb

Present		*Passé Composé*	
j'interdis	nous interdisons	j'ai interdit	nous avons interdit
tu interdis	vous interdisez	tu as interdit	vous avez interdit
il/elle interdit	ils/elles interdisent	il/elle a interdit	ils/elles ont interdit
Imperfect		*Pluperfect*	
j'interdisais	nous interdisions	j'avais interdit	nous avions interdit
tu interdisais	vous interdisiez	tu avais interdit	vous aviez interdit
il/elle interdisait	ils/elles interdisaient	il/elle avait interdit	ils/elles avaient interdit
Passé Simple		*Past Anterior*	
j'interdis	nous interdîmes	j'eus interdit	nous eûmes interdit
tu interdis	vous interdîtes	tu eus interdit	vous eûtes interdit
il/elle interdit	ils/elles interdirent	il/elle eut interdit	ils/elles eurent interdit
Future		*Future Anterior*	
j'interdirai	nous interdirons	j'aurai interdit	nous aurons interdit
tu interdiras	vous interdirez	tu auras interdit	vous aurez interdit
il/elle interdira	ils/elles interdiront	il/elle aura interdit	ils/elles auront interdit
Conditional		*Past Conditional*	
j'interdirais	nous interdirions	j'aurais interdit	nous aurions interdit
tu interdirais	vous interdiriez	tu aurais interdit	vous auriez interdit
il/elle interdirait	ils/elles interdiraient	il/elle aurait interdit	ils/elles auraient interdit

Present Subjunctive		*Past Subjunctive*	
que j'interdise	que nous interdisions	que j'aie interdit	que nous ayons interdit
que tu interdises	que vous interdisiez	que tu aies interdit	que vous ayez interdit
qu'il/elle interdise	qu'ils/elles interdisent	qu'il/elle ait interdit	qu'ils/elles aient interdit
Imperfect Subjunctive		*Pluperfect Subjunctive*	
que j'interdisse	que nous interdissions	que j'eusse interdit	que nous eussions interdit
que tu interdisses	que vous interdissiez	que tu eusses interdit	que vous eussiez interdit
qu'il/elle interdît	qu'ils/elles interdissent	qu'il/elle eût interdit	qu'ils/elles eussent interdit

Commands

	(nous) interdisons
(tu) interdis	(vous) interdisez

USAGE

interdire à qqn de faire qqch	*to forbid someone to do something*
On nous a interdit d'intervenir.	*We have been forbidden to intervene.*
On leur a interdit la faculté.	*They have been forbidden to come to the university.*
Entrée interdite	*No entrance* (sign)
C'est interdit.	*It's not allowed.*
Ce n'est pas interdit par la loi.	*It's legal. / There's no law against it.*
interdire le tabac à qqn	*to take someone off tobacco / forbid someone to smoke*
La police a interdit la manifestation.	*The police did not allow the demonstration.*
Mon bras cassé m'interdit le travail.	*My broken arm doesn't allow me to work.*
L'entrée est interdite aux voitures.	*Cars cannot enter.*
Interdit aux moins de treize ans	*Children under thirteen not admitted* (sign)
J'en suis resté interdit.	*It left me speechless.*

regular *-er* reflexive verb;
compound tenses with *être*

je m'intéresse · je m'intéressai · s'étant intéressé · s'intéressant

Present		*Passé Composé*	
je m'intéresse	nous nous intéressons	je me suis intéressé(e)	nous nous sommes intéressé(e)s
tu t'intéresses	vous vous intéressez	tu t'es intéressé(e)	vous vous êtes intéressé(e)(s)
il/elle s'intéresse	ils/elles s'intéressent	il/elle s'est intéressé(e)	ils/elles se sont intéressé(e)s
Imperfect		*Pluperfect*	
je m'intéressais	nous nous intéressions	je m'étais intéressé(e)	nous nous étions intéressé(e)s
tu t'intéressais	vous vous intéressiez	tu t'étais intéressé(e)	vous vous étiez intéressé(e)(s)
il/elle s'intéressait	ils/elles s'intéressaient	il/elle s'était intéressé(e)	ils/elles s'étaient intéressé(e)s
Passé Simple		*Past Anterior*	
je m'intéressai	nous nous intéressâmes	je me fus intéressé(e)	nous nous fûmes intéressé(e)s
tu t'intéressas	vous vous intéressâtes	tu te fus intéressé(e)	vous vous fûtes intéressé(e)(s)
il/elle s'intéressa	ils/elles s'intéressèrent	il/elle se fut intéressé(e)	ils/elles se furent intéressé(e)s
Future		*Future Anterior*	
je m'intéresserai	nous nous intéresserons	je me serai intéressé(e)	nous nous serons intéressé(e)s
tu t'intéresseras	vous vous intéresserez	tu te seras intéressé(e)	vous vous serez intéressé(e)(s)
il/elle s'intéressera	ils/elles s'intéresseront	il/elle se sera intéressé(e)	ils/elles se seront intéressé(e)s
Conditional		*Past Conditional*	
je m'intéresserais	nous nous intéresserions	je me serais intéressé(e)	nous nous serions intéressé(e)s
tu t'intéresserais	vous vous intéresseriez	tu te serais intéressé(e)	vous vous seriez intéressé(e)(s)
il/elle s'intéresserait	ils/elles s'intéresseraient	il/elle se serait intéressé(e)	ils/elles se seraient intéressé(e)s
Present Subjunctive		*Past Subjunctive*	
que je m'intéresse	que nous nous intéressions	que je me sois intéressé(e)	que nous nous soyons intéressé(e)s
que tu t'intéresses	que vous vous intéressiez	que tu te sois intéressé(e)	que vous vous soyez intéressé(e)(s)
qu'il/elle s'intéresse	qu'ils/elles s'intéressent	qu'il/elle se soit intéressé(e)	qu'ils/elles se soient intéressé(e)s
Imperfect Subjunctive		*Pluperfect Subjunctive*	
que je m'intéressasse	que nous nous intéressassions	que je me fusse intéressé(e)	que nous nous fussions intéressé(e)s
que tu t'intéressasses	que vous vous intéressassiez	que tu te fusses intéressé(e)	que vous vous fussiez intéressé(e)(s)
qu'il/elle s'intéressât	qu'ils/elles s'intéressassent	qu'il/elle se fût intéressé(e)	qu'ils/elles se fussent intéressé(e)s

Commands

(nous) intéressons-nous
(tu) intéresse-toi (vous) intéressez-vous

USAGE

s'intéresser à qqch/qqn — *to be interested in something/someone*
Elle s'intéresse à l'histoire de l'Angleterre. — *She's interested in English history.*
Personne ne s'intéresse à nous. — *No one is interested in us.*
Je m'intéresse à tout ce que tu fais. — *I'm interested in everything you do.*
Il ne s'intéresse qu'à une seule chose. — *He has a one-track mind.*

RELATED WORDS AND EXPRESSIONS

l'intérêt *(m)* — *interest*
Je n'ai aucun intérêt à rester ici. — *There is no benefit for me to stay here.*
J'ai un intérêt à l'affaire. — *I have a stake in the business.*
Il faut savoir où se trouve son intérêt. — *You have to know which side your bread is buttered on.*

intéressant(e) — *interesting*
intéresser qqn — *to interest someone*
Ces conférences ne m'intéressent pas. — *These lectures don't interest me.*

interroger *to interrogate, question*

j'interroge · j'interrogeai · interrogé · interrogeant

regular *-er* verb; spelling change: *g* > *ge/a, o*

Present		*Passé Composé*	
j'interroge	nous interrogeons	j'ai interrogé	nous avons interrogé
tu interroges	vous interrogez	tu as interrogé	vous avez interrogé
il/elle interroge	ils/elles interrogent	il/elle a interrogé	ils/elles ont interrogé
Imperfect		*Pluperfect*	
j'interrogeais	nous interrogions	j'avais interrogé	nous avions interrogé
tu interrogeais	vous interrogiez	tu avais interrogé	vous aviez interrogé
il/elle interrogeait	ils/elles interrogeaient	il/elle avait interrogé	ils/elles avaient interrogé
Passé Simple		*Past Anterior*	
j'interrogeai	nous interrogeâmes	j'eus interrogé	nous eûmes interrogé
tu interrogeas	vous interrogeâtes	tu eus interrogé	vous eûtes interrogé
il/elle interrogea	ils/elles interrogèrent	il/elle eut interrogé	ils/elles eurent interrogé
Future		*Future Anterior*	
j'interrogerai	nous interrogerons	j'aurai interrogé	nous aurons interrogé
tu interrogeras	vous interrogerez	tu auras interrogé	vous aurez interrogé
il/elle interrogera	ils/elles interrogeront	il/elle aura interrogé	ils/elles auront interrogé
Conditional		*Past Conditional*	
j'interrogerais	nous interrogerions	j'aurais interrogé	nous aurions interrogé
tu interrogerais	vous interrogeriez	tu aurais interrogé	vous auriez interrogé
il/elle interrogerait	ils/elles interrogeraient	il/elle aurait interrogé	ils/elles auraient interrogé

Present Subjunctive		*Past Subjunctive*	
que j'interroge	que nous interrogions	que j'aie interrogé	que nous ayons interrogé
que tu interroges	que vous interrogiez	que tu aies interrogé	que vous ayez interrogé
qu'il/elle interroge	qu'ils/elles interrogent	qu'il/elle ait interrogé	qu'ils/elles aient interrogé
Imperfect Subjunctive		*Pluperfect Subjunctive*	
que j'interrogeasse	que nous interrogeassions	que j'eusse interrogé	que nous eussions interrogé
que tu interrogeasses	que vous interrogeassiez	que tu eusses interrogé	que vous eussiez interrogé
qu'il/elle interrogeât	qu'ils/elles interrogeassent	qu'il/elle eût interrogé	qu'ils/elles eussent interrogé

Commands

	(nous) interrogeons
(tu) interroge	(vous) interrogez

USAGE

La police a interrogé le suspect. — *The police questioned the suspect.*
L'examinateur interroge les candidats. — *The examiner questions the people taking the test.*
interroger un étudiant — *to examine a student orally*
C'est un grand scientifique qui interroge les faits. — *He's a great scientist who questions the facts.*

RELATED WORDS AND EXPRESSIONS

l'interrogation *(f)* — *questioning*
l'interrogatoire *(m)* — *questioning* (in legal proceedings)
On a soumis le voyou à un interrogatoire serré. — *They grilled the hoodlum / gave the hoodlum the third degree.*
interrogatif/interrogative — *interrogative*
les adjectifs interrogatifs — *interrogative adjectives*
s'interroger sur qqch — *to have doubts about something / wonder about something*
Je m'interroge sur les possibilités de succès. — *I have my doubts about the possibilities for success.*

regular -*re* verb **j'interromps · j'interrompis · interrompu · interrompant**

Present		*Passé Composé*	
j'interromps	nous interrompons	j'ai interrompu	nous avons interrompu
tu interromps	vous interrompez	tu as interrompu	vous avez interrompu
il/elle interrompt	ils/elles interrompent	il/elle a interrompu	ils/elles ont interrompu
Imperfect		*Pluperfect*	
j'interrompais	nous interrompions	j'avais interrompu	nous avions interrompu
tu interrompais	vous interrompiez	tu avais interrompu	vous aviez interrompu
il/elle interrompait	ils/elles interrompaient	il/elle avait interrompu	ils/elles avaient interrompu
Passé Simple		*Past Anterior*	
j'interrompis	nous interrompîmes	j'eus interrompu	nous eûmes interrompu
tu interrompis	vous interrompîtes	tu eus interrompu	vous eûtes interrompu
il/elle interrompit	ils/elles interrompirent	il/elle eut interrompu	ils/elles eurent interrompu
Future		*Future Anterior*	
j'interromprai	nous interromprons	j'aurai interrompu	nous aurons interrompu
tu interrompras	vous interromprez	tu auras interrompu	vous aurez interrompu
il/elle interrompra	ils/elles interrompront	il/elle aura interrompu	ils/elles auront interrompu
Conditional		*Past Conditional*	
j'interromprais	nous interromprions	j'aurais interrompu	nous aurions interrompu
tu interromprais	vous interrompriez	tu aurais interrompu	vous auriez interrompu
il/elle interromprait	ils/elles interrompraient	il/elle aurait interrompu	ils/elles auraient interrompu

Present Subjunctive		*Past Subjunctive*	
que j'interrompe	que nous interrompions	que j'aie interrompu	que nous ayons interrompu
que tu interrompes	que vous interrompiez	que tu aies interrompu	que vous ayez interrompu
qu'il/elle interrompe	qu'ils/elles interrompent	qu'il/elle ait interrompu	qu'ils/elles aient interrompu
Imperfect Subjunctive		*Pluperfect Subjunctive*	
que j'interrompisse	que nous interrompissions	que j'eusse interrompu	que nous eussions interrompu
que tu interrompisses	que vous interrompissiez	que tu eusses interrompu	que vous eussiez interrompu
qu'il/elle interrompît	qu'ils/elles interrompissent	qu'il/elle eût interrompu	qu'ils/elles eussent interrompu

Commands

	(nous) interrompons
(tu) interromps	(vous) interrompez

USAGE

Tu ne dois pas interrompre les gens tout le temps.	*You shouldn't keep interrupting people.*
Il a dû interrompre ses études à l'étranger.	*He had to interrupt his studies abroad.*
Ils ont interrompu le concert.	*They interrupted the concert.*
Pardonnez-moi de vous avoir interrompu dans votre travail.	*Forgive me for interrupting your work.*
Je déteste la circulation sans cesse interrompue.	*I hate stop-and-go traffic.*

RELATED WORDS AND EXPRESSIONS

l'interruption *(f)*	*interruption*
l'interruption de courant	*power failure*
une interruption d'un mois	*a month's break*
Ils ont dansé deux heures sans interruption.	*They danced for two hours straight.*
l'interrupteur *(m)*	*electric switch*

introduire *to introduce, insert*

j'introduis · j'introduisis · introduit · introduisant irregular verb

Present		*Passé Composé*	
j'introduis	nous introduisons	j'ai introduit	nous avons introduit
tu introduis	vous introduisez	tu as introduit	vous avez introduit
il/elle introduit	ils/elles introduisent	il/elle a introduit	ils/elles ont introduit
Imperfect		*Pluperfect*	
j'introduisais	nous introduisions	j'avais introduit	nous avions introduit
tu introduisais	vous introduisiez	tu avais introduit	vous aviez introduit
il/elle introduisait	ils/elles introduisaient	il/elle avait introduit	ils/elles avaient introduit
Passé Simple		*Past Anterior*	
j'introduisis	nous introduisîmes	j'eus introduit	nous eûmes introduit
tu introduisis	vous introduisîtes	tu eus introduit	vous eûtes introduit
il/elle introduisit	ils/elles introduisirent	il/elle eut introduit	ils/elles eurent introduit
Future		*Future Anterior*	
j'introduirai	nous introduirons	j'aurai introduit	nous aurons introduit
tu introduiras	vous introduirez	tu auras introduit	vous aurez introduit
il/elle introduira	ils/elles introduiront	il/elle aura introduit	ils/elles auront introduit
Conditional		*Past Conditional*	
j'introduirais	nous introduirions	j'aurais introduit	nous aurions introduit
tu introduirais	vous introduiriez	tu aurais introduit	vous auriez introduit
il/elle introduirait	ils/elles introduiraient	il/elle aurait introduit	ils/elles auraient introduit

Present Subjunctive		*Past Subjunctive*	
que j'introduise	que nous introduisions	que j'aie introduit	que nous ayons introduit
que tu introduises	que vous introduisiez	que tu aies introduit	que vous ayez introduit
qu'il/elle introduise	qu'ils/elles introduisent	qu'il/elle ait introduit	qu'ils/elles aient introduit
Imperfect Subjunctive		*Pluperfect Subjunctive*	
que j'introduisisse	que nous introduisissions	que j'eusse introduit	que nous eussions introduit
que tu introduisisses	que vous introduisissiez	que tu eusses introduit	que vous eussiez introduit
qu'il/elle introduisît	qu'ils/elles introduisissent	qu'il/elle eût introduit	qu'ils/elles eussent introduit

Commands

	(nous) introduisons
(tu) introduis	(vous) introduisez

USAGE

introduire de nouvelles idées	*to introduce new ideas*
Il faut introduire un jeton.	*You have to insert a token.*
On m'a introduit dans le bureau du chef.	*I was ushered into the boss's office.*

RELATED WORDS AND EXPRESSIONS

l'introduction *(f)*	*inserting/introduction*
L'introduction au livre est très utile.	*The introduction to the book is very useful.*
Il y a deux chapitres d'introduction.	*There are two introductory chapters.*
s'introduire	*to work one's way into*
Il s'est introduit dans la réception.	*He crashed the party.*
Je n'aime pas ta façon de t'introduire dans mes conversations.	*I don't like the way you horn in on my conversations.*
s'introduire dans un endroit par effraction	*to break into a place*

regular -*er* verb **j'invite · j'invitai · invité · invitant**

Present		*Passé Composé*	
j'invite	nous invitons	j'ai invité	nous avons invité
tu invites	vous invitez	tu as invité	vous avez invité
il/elle invite	ils/elles invitent	il/elle a invité	ils/elles ont invité
Imperfect		*Pluperfect*	
j'invitais	nous invitions	j'avais invité	nous avions invité
tu invitais	vous invitiez	tu avais invité	vous aviez invité
il/elle invitait	ils/elles invitaient	il/elle avait invité	ils/elles avaient invité
Passé Simple		*Past Anterior*	
j'invitai	nous invitâmes	j'eus invité	nous eûmes invité
tu invitas	vous invitâtes	tu eus invité	vous eûtes invité
il/elle invita	ils/elles invitèrent	il/elle eut invité	ils/elles eurent invité
Future		*Future Anterior*	
j'inviterai	nous inviterons	j'aurai invité	nous aurons invité
tu inviteras	vous inviterez	tu auras invité	vous aurez invité
il/elle invitera	ils/elles inviteront	il/elle aura invité	ils/elles auront invité
Conditional		*Past Conditional*	
j'inviterais	nous inviterions	j'aurais invité	nous aurions invité
tu inviterais	vous inviteriez	tu aurais invité	vous auriez invité
il/elle inviterait	ils/elles inviteraient	il/elle aurait invité	ils/elles auraient invité

Present Subjunctive		*Past Subjunctive*	
que j'invite	que nous invitions	que j'aie invité	que nous ayons invité
que tu invites	que vous invitiez	que tu aies invité	que vous ayez invité
qu'il/elle invite	qu'ils/elles invitent	qu'il/elle ait invité	qu'ils/elles aient invité
Imperfect Subjunctive		*Pluperfect Subjunctive*	
que j'invitasse	que nous invitassions	que j'eusse invité	que nous eussions invité
que tu invitasses	que vous invitassiez	que tu eusses invité	que vous eussiez invité
qu'il/elle invitât	qu'ils/elles invitassent	qu'il/elle eût invité	qu'ils/elles eussent invité

Commands

(nous) invitons
(tu) invite (vous) invitez

USAGE

Je t'invite chez moi.	*I'm inviting you over (to my house, apartment, etc.).*
inviter qqn à faire qqch	*to invite someone to do something*
Il a invité ma cousine à sortir.	*He asked my cousin out.*
Elle ne m'a pas invité à entrer.	*She didn't ask me in.*
Viens, on va prendre un verre. Je t'invite.	*Come, let's have a drink. My treat.*
Mes parents invitent souvent.	*My parents have a lot of company.*
Il est venu au dîner sans y être invité.	*He crashed the dinner.*

RELATED WORDS AND EXPRESSIONS

l'invitation *(f)*	*invitation*
accepter/décliner une invitation	*to accept / turn down an invitation*
sur invitation	*by invitation only*
Il a reçu une invitation.	*He received an invitation.*

306 jeter *to throw*

je jette · je jetai · jeté · jetant regular *-er* verb; spelling change: t > tt/mute *e*

jeter qqch à qqn

J'ai jeté la balle à l'enfant.	*I threw the ball to the child.*
Elle m'a jeté les fleurs au nez.	*She threw the flowers in my face.*
Je leur ai jeté au nez leurs quatre vérités.	*I told them off.*
jeter la poudre aux yeux de qqn	*to pull the wool over someone's eyes*
Il a essayé de nous jeter la poudre aux yeux.	*He tried to pull the wool over our eyes.*
Le président a jeté une remarque mystérieuse aux journalistes.	*The president tossed out a mysterious remark to the press.*
jeter l'argent par les fenêtres	*to waste money*
jeter un coup d'œil sur qqch	*to glance at something / have a look at something*
—Tu as vu le compte-rendu?	*Did you see the report?*
—Oui, j'y ai jeté un coup d'œil.	*Yes, I glanced at it.*
jeter un œil sur	*to keep an eye on*
Tu peux descendre. Je jetterai un œil sur les enfants.	*You can go out. I'll keep an eye on the children.*
jeter un voile sur	*to gloss over*
Ces fautes sont graves. Vous ne pourrez pas y jeter un voile.	*Those mistakes are serious. You won't be able to gloss over them.*

jeter pour les rapports humains

jeter feu et flamme	*to be raging mad*
Après l'avoir écouté, elle jetait feu et flamme.	*After listening to him, she was fuming.*
jeter feu et flamme contre qqn	*to rake someone over the coals*
Il a jeté feu et flamme contre ses adversaires.	*He raked his opponents over the coals.*
jeter de l'huile sur le feu	*to fan the flames / exacerbate tensions/anger*
Dans ce cas il ne faut pas jeter de l'huile sur le feu.	*In this case one mustn't fan the flames.*
Son fils passe l'année à jeter sa gourme.	*Her son is spending the year sowing his wild oats.*

se jeter

Il s'est jeté à corps perdu dans notre effort.	*He jumped wholeheartedly into our effort.*
Elle se jette tête baissée dans les conversations des autres.	*She dives into other people's conversations without thinking.*
Il s'est jeté du toit du bâtiment.	*He jumped off the roof of the building.*
Elle s'est jetée dans la foule et a disparu.	*She plunged into the crowd and disappeared.*

RELATED WORDS AND EXPRESSIONS

N'en jette plus!	*Cool it! / Cut it out! / Can it!*
jeter un pont au-dessus de la rivière	*to build a bridge over the river*

IDIOMS

jeter le bébé avec l'eau du bain	*to throw the baby out with the bathwater*
jeter l'éponge	*to throw in the towel*

top 50 verb

regular *-er* verb; spelling change: t > tt/mute *e*

je jette · je jetai · jeté · jetant

Present		*Passé Composé*	
je jette	nous jetons	j'ai jeté	nous avons jeté
tu jettes	vous jetez	tu as jeté	vous avez jeté
il/elle jette	ils/elles jettent	il/elle a jeté	ils/elles ont jeté
Imperfect		*Pluperfect*	
je jetais	nous jetions	j'avais jeté	nous avions jeté
tu jetais	vous jetiez	tu avais jeté	vous aviez jeté
il/elle jetait	ils/elles jetaient	il/elle avait jeté	ils/elles avaient jeté
Passé Simple		*Past Anterior*	
je jetai	nous jetâmes	j'eus jeté	nous eûmes jeté
tu jetas	vous jetâtes	tu eus jeté	vous eûtes jeté
il/elle jeta	ils/elles jetèrent	il/elle eut jeté	ils/elles eurent jeté
Future		*Future Anterior*	
je jetterai	nous jetterons	j'aurai jeté	nous aurons jeté
tu jetteras	vous jetterez	tu auras jeté	vous aurez jeté
il/elle jettera	ils/elles jetteront	il/elle aura jeté	ils/elles auront jeté
Conditional		*Past Conditional*	
je jetterais	nous jetterions	j'aurais jeté	nous aurions jeté
tu jetterais	vous jetteriez	tu aurais jeté	vous auriez jeté
il/elle jetterait	ils/elles jetteraient	il/elle aurait jeté	ils/elles auraient jeté

Present Subjunctive		*Past Subjunctive*	
que je jette	que nous jetions	que j'aie jeté	que nous ayons jeté
que tu jettes	que vous jetiez	que tu aies jeté	que vous ayez jeté
qu'il/elle jette	qu'ils/elles jettent	qu'il/elle ait jeté	qu'ils/elles aient jeté
Imperfect Subjunctive		*Pluperfect Subjunctive*	
que je jetasse	que nous jetassions	que j'eusse jeté	que nous eussions jeté
que tu jetasses	que vous jetassiez	que tu eusses jeté	que vous eussiez jeté
qu'il/elle jetât	qu'ils/elles jetassent	qu'il/elle eût jeté	qu'ils/elles eussent jeté

Commands

	(nous) jetons
(tu) jette	(vous) jetez

USAGE

jeter une balle	*to throw a ball*
jeter une balle par-dessus le filet	*to throw the ball over the net*
jeter les papiers en l'air	*to throw the papers up in the air*
Le bébé a jeté sa cuillère par terre.	*The baby threw his spoon on the ground.*
jeter qqn en prison	*to throw someone in jail*
Les agents l'ont jeté en prison.	*The policemen threw him into jail.*
jeter les papiers	*to throw out the papers*
jeter qqch au panier / à la corbeille	*to throw something into the wastebasket*
jeter qqn à l'eau	*to throw someone into the water*
jeter qqn à la mer	*to throw someone overboard*
Ne jetez rien par terre.	*Don't litter. / Don't throw anything on the ground.*
jeter qqn à la porte	*to fire someone*
Le patron a jeté tous les employés à la porte.	*The boss fired all the employees.*

top 50 verb

307 joindre *to join*

je joins · je joignis · joint · joignant irregular verb

Present		*Passé Composé*	
je joins	nous joignons	j'ai joint	nous avons joint
tu joins	vous joignez	tu as joint	vous avez joint
il/elle joint	ils/elles joignent	il/elle a joint	ils/elles ont joint
Imperfect		***Pluperfect***	
je joignais	nous joignions	j'avais joint	nous avions joint
tu joignais	vous joigniez	tu avais joint	vous aviez joint
il/elle joignait	ils/elles joignaient	il/elle avait joint	ils/elles avaient joint
Passé Simple		***Past Anterior***	
je joignis	nous joignîmes	j'eus joint	nous eûmes joint
tu joignis	vous joignîtes	tu eus joint	vous eûtes joint
il/elle joignit	ils/elles joignirent	il/elle eut joint	ils/elles eurent joint
Future		***Future Anterior***	
je joindrai	nous joindrons	j'aurai joint	nous aurons joint
tu joindras	vous joindrez	tu auras joint	vous aurez joint
il/elle joindra	ils/elles joindront	il/elle aura joint	ils/elles auront joint
Conditional		***Past Conditional***	
je joindrais	nous joindrions	j'aurais joint	nous aurions joint
tu joindrais	vous joindriez	tu aurais joint	vous auriez joint
il/elle joindrait	ils/elles joindraient	il/elle aurait joint	ils/elles auraient joint

Present Subjunctive		*Past Subjunctive*	
que je joigne	que nous joignions	que j'aie joint	que nous ayons joint
que tu joignes	que vous joigniez	que tu aies joint	que vous ayez joint
qu'il/elle joigne	qu'ils/elles joignent	qu'il/elle ait joint	qu'ils/elles aient joint
Imperfect Subjunctive		***Pluperfect Subjunctive***	
que je joignisse	que nous joignissions	que j'eusse joint	que nous eussions joint
que tu joignisses	que vous joignissiez	que tu eusses joint	que vous eussiez joint
qu'il/elle joignît	qu'ils/elles joignissent	qu'il/elle eût joint	qu'ils/elles eussent joint

Commands

	(nous) joignons
(tu) joins	(vous) joignez

USAGE

Je vais joindre ces deux ficelles.	*I'm going to tie these two strings together.*
joindre les deux bouts	*to make ends meet*
Je ne gagne pas assez. Je n'arrive pas à joindre les deux bouts.	*I don't earn enough. I can't make ends meet.*
J'ai joint une liste de mes articles à mon dossier.	*I added a list of my articles to my file.*
—Je pourrai vous joindre par téléphone au bureau?	*Will I be able to get in touch with you by phone at the office?*
—Non, je ne serai pas là. Essayez de me joindre par courrier électronique.	*No. I won't be there. Try to get in touch with me by e-mail.*

RELATED WORDS AND EXPRESSIONS

se joindre à	*to join in*
Il s'est joint à la discussion.	*He joined in the discussion.*
Je peux me joindre à vous?	*May I come along with you?*
Il veut se joindre à nous pour l'achat du vin.	*He wants to chip in with us for the purchase of the wine.*

regular -*er* verb

je joue · je jouai · joué · jouant

Present		*Passé Composé*	
je joue	nous jouons	j'ai joué	nous avons joué
tu joues	vous jouez	tu as joué	vous avez joué
il/elle joue	ils/elles jouent	il/elle a joué	ils/elles ont joué
Imperfect		***Pluperfect***	
je jouais	nous jouions	j'avais joué	nous avions joué
tu jouais	vous jouiez	tu avais joué	vous aviez joué
il/elle jouait	ils/elles jouaient	il/elle avait joué	ils/elles avaient joué
Passé Simple		***Past Anterior***	
je jouai	nous jouâmes	j'eus joué	nous eûmes joué
tu jouas	vous jouâtes	tu eus joué	vous eûtes joué
il/elle joua	ils/elles jouèrent	il/elle eut joué	ils/elles eurent joué
Future		***Future Anterior***	
je jouerai	nous jouerons	j'aurai joué	nous aurons joué
tu joueras	vous jouerez	tu auras joué	vous aurez joué
il/elle jouera	ils/elles joueront	il/elle aura joué	ils/elles auront joué
Conditional		***Past Conditional***	
je jouerais	nous jouerions	j'aurais joué	nous aurions joué
tu jouerais	vous joueriez	tu aurais joué	vous auriez joué
il/elle jouerait	ils/elles joueraient	il/elle aurait joué	ils/elles auraient joué

Present Subjunctive		*Past Subjunctive*	
que je joue	que nous jouions	que j'aie joué	que nous ayons joué
que tu joues	que vous jouiez	que tu aies joué	que vous ayez joué
qu'il/elle joue	qu'ils/elles jouent	qu'il/elle ait joué	qu'ils/elles aient joué
Imperfect Subjunctive		***Pluperfect Subjunctive***	
que je jouasse	que nous jouassions	que j'eusse joué	que nous eussions joué
que tu jouasses	que vous jouassiez	que tu eusses joué	que vous eussiez joué
qu'il/elle jouât	qu'ils/elles jouassent	qu'il/elle eût joué	qu'ils/elles eussent joué

Commands

	(nous) jouons
(tu) joue	(vous) jouez

USAGE

Tu ne joues plus?	*Aren't you playing anymore?*
Elle joue avec moi comme un chat joue avec une souris.	*She's playing cat and mouse with me.*
Il ne faut pas jouer avec sa santé.	*People shouldn't fool around with their health.*
Je joue dans une pièce.	*I'm acting in a play.*
—Les enfants jouent ensemble?	*Are the children playing together?*
—Oui, ils jouent dans le jardin.	*Yes, they're playing in the garden.*
—Elle dit qu'elle est malade.	*She say's she's sick.*
—Elle joue.	*She's acting.*

RELATED WORDS AND EXPRESSIONS

le jeu (*pl.* les jeux)	*game/gambling*
le jeu vidéo (*pl.* les jeux vidéo)	*video game*
un joueur / une joueuse	*a player; a gambler*

top 50 verb

308 jouer *to play*

je joue · je jouai · joué · jouant — regular *-er* verb

Les enfants jouent (*jouer à*)

jouer au ballon / à la balle	*to play ball*
jouer aux (petits) soldats	*to play toy soldiers*
jouer à la guerre	*to play war*
jouer à la poupée	*to play with dolls*
jouer au marchand	*to play shopkeeper/store*
jouer au docteur	*to play doctor*
jouer aux billes	*to play marbles*

Les jeux et les sports (*jouer à*)

jouer au football	*to play soccer*
jouer au basket-ball/rugby	*to play basketball/rugby*
jouer au base-ball/volley-ball	*to play baseball/volleyball*
jouer aux dames	*to play checkers*
jouer aux échecs	*to play chess*
jouer aux boules	*to play French bowling*
jouer aux cartes	*to play cards*

La musique (*jouer [de]*)

jouer d'un instrument	*to play an instrument*
jouer du piano / du violon / de la flûte	*to play the piano/violin/flute*
jouer de l'alto / du tambour / de la clarinette	*to play the viola/drum/clarinet*
● —Le violoniste a bien joué hier soir?	*Did the violinist play well last night?*
—Non, il a mal joué. Il a joué faux.	*No, he played badly. He played out of tune.*

jouer = jouer un rôle

● —Qu'est-ce qui a joué dans ta décision?	*What played a role in your decision?*
—Les prix ont joué un très grand rôle.	*Prices played a very big role.*
Dans ce concours, la nationalité joue peu.	*Nationality plays a small role in this competition.*
Il a fait jouer l'influence de ses amis pour obtenir ce poste.	*He made use of the influence of his friends to get that position.*

RELATED WORDS AND EXPRESSIONS

jouer un coup difficile	*to make a hard play* (sports)
jouer un mauvais tour à qqn	*to play a dirty trick on someone*
ne pas jouer franc jeu	*to not play fair*
● —À quel jeu jouez-vous?	*What game are you playing?*
—Je ne joue pas.	*I'm not playing.*
jouer au casino	*to gamble*
Je ne joue pas d'argent.	*I don't play for money.*
Il a joué de grosses sommes d'argent.	*He gambled huge sums of money.*
● —Qu'est-ce qu'on joue au théâtre en ce moment?	*What's playing at the theater now?*
—On joue Shakespeare en anglais.	*They're putting on Shakespeare in English.*
se jouer de	*to ignore/disregard*
Tu te joues de mes sentiments.	*You're toying with my feelings.*

top 50 verb

regular -*er* verb; spelling change: *g* > *ge/a, o*

je juge · je jugeai · jugé · jugeant

Present		*Passé Composé*	
je juge	nous jugeons	j'ai jugé	nous avons jugé
tu juges	vous jugez	tu as jugé	vous avez jugé
il/elle juge	ils/elles jugent	il/elle a jugé	ils/elles ont jugé
Imperfect		*Pluperfect*	
je jugeais	nous jugions	j'avais jugé	nous avions jugé
tu jugeais	vous jugiez	tu avais jugé	vous aviez jugé
il/elle jugeait	ils/elles jugeaient	il/elle avait jugé	ils/elles avaient jugé
Passé Simple		*Past Anterior*	
je jugeai	nous jugeâmes	j'eus jugé	nous eûmes jugé
tu jugeas	vous jugeâtes	tu eus jugé	vous eûtes jugé
il/elle jugea	ils/elles jugèrent	il/elle eut jugé	ils/elles eurent jugé
Future		*Future Anterior*	
je jugerai	nous jugerons	j'aurai jugé	nous aurons jugé
tu jugeras	vous jugerez	tu auras jugé	vous aurez jugé
il/elle jugera	ils/elles jugeront	il/elle aura jugé	ils/elles auront jugé
Conditional		*Past Conditional*	
je jugerais	nous jugerions	j'aurais jugé	nous aurions jugé
tu jugerais	vous jugeriez	tu aurais jugé	vous auriez jugé
il/elle jugerait	ils/elles jugeraient	il/elle aurait jugé	ils/elles auraient jugé

Present Subjunctive		*Past Subjunctive*	
que je juge	que nous jugions	que j'aie jugé	que nous ayons jugé
que tu juges	que vous jugiez	que tu aies jugé	que vous ayez jugé
qu'il/elle juge	qu'ils/elles jugent	qu'il/elle ait jugé	qu'ils/elles aient jugé
Imperfect Subjunctive		*Pluperfect Subjunctive*	
que je jugeasse	que nous jugeassions	que j'eusse jugé	que nous eussions jugé
que tu jugeasses	que vous jugeassiez	que tu eusses jugé	que vous eussiez jugé
qu'il/elle jugeât	qu'ils/elles jugeassent	qu'il/elle eût jugé	qu'ils/elles eussent jugé

Commands

	(nous) jugeons
(tu) juge	(vous) jugez

USAGE

Le public va juger ce film.	*The public will judge this film.*
Le jury jugera ce malfaiteur.	*The jury will judge this evildoer.*
À juger par ces hors-d'œuvre, on ne va pas bien manger.	*Judging by these hors d'œuvres, we're not going to eat very well.*
Si j'en juge par ce rapport, tout est perdu.	*If I judge things by this report, all is lost.*
—Qu'est-ce qu'on doit faire?	*What should we do?*
—C'est à vous de juger.	*You should decide.*

RELATED WORDS AND EXPRESSIONS

le juge	*judge*
le juge d'instruction	*examining magistrate*
les juges du concours	*the judges of the competition*
le jugement	*judgment*
Le tribunal a rendu un jugement.	*The court handed down its judgment.*
avoir du jugement	*to have good judgment*
C'est une erreur de jugement.	*It's an error in judgment.*

310 jurer to swear

je jure · je jurai · juré · jurant

regular -*er* verb

Present		*Passé Composé*	
je jure	nous jurons	j'ai juré	nous avons juré
tu jures	vous jurez	tu as juré	vous avez juré
il/elle jure	ils/elles jurent	il/elle a juré	ils/elles ont juré
Imperfect		***Pluperfect***	
je jurais	nous jurions	j'avais juré	nous avions juré
tu jurais	vous juriez	tu avais juré	vous aviez juré
il/elle jurait	ils/elles juraient	il/elle avait juré	ils/elles avaient juré
Passé Simple		***Past Anterior***	
je jurai	nous jurâmes	j'eus juré	nous eûmes juré
tu juras	vous jurâtes	tu eus juré	vous eûtes juré
il/elle jura	ils/elles jurèrent	il/elle eut juré	ils/elles eurent juré
Future		***Future Anterior***	
je jurerai	nous jurerons	j'aurai juré	nous aurons juré
tu jureras	vous jurerez	tu auras juré	vous aurez juré
il/elle jurera	ils/elles jureront	il/elle aura juré	ils/elles auront juré
Conditional		***Past Conditional***	
je jurerais	nous jurerions	j'aurais juré	nous aurions juré
tu jurerais	vous jureriez	tu aurais juré	vous auriez juré
il/elle jurerait	ils/elles jureraient	il/elle aurait juré	ils/elles auraient juré

Present Subjunctive		*Past Subjunctive*	
que je jure	que nous jurions	que j'aie juré	que nous ayons juré
que tu jures	que vous juriez	que tu aies juré	que vous ayez juré
qu'il/elle jure	qu'ils/elles jurent	qu'il/elle ait juré	qu'ils/elles aient juré
Imperfect Subjunctive		***Pluperfect Subjunctive***	
que je jurasse	que nous jurassions	que j'eusse juré	que nous eussions juré
que tu jurasses	que vous jurassiez	que tu eusses juré	que vous eussiez juré
qu'il/elle jurât	qu'ils/elles jurassent	qu'il/elle eût juré	qu'ils/elles eussent juré

Commands

	(nous) jurons
(tu) jure	(vous) jurez

USAGE

jurer à qqn de faire qqch	*to swear to someone that you'll do something*
Il nous a juré de ne rien en savoir.	*He swore to us that he knew nothing about it.*
Son mari lui a juré de ne plus jouer au casino.	*Her husband swore to her that he wouldn't gamble anymore.*
jurer comme un charretier	*to swear like a trooper*
—Dites « je le jure ».	*Do you swear?*
—Je le jure.	*I swear.*
jurer sa fidélité	*to pledge one's loyalty*
Ces deux couleurs jurent.	*These two colors clash.*
Il est culotté, je vous jure!	*My gosh, he's got a lot of nerve!*

RELATED WORDS AND EXPRESSIONS

le juron	*oath / swear word*
Ses jurons font rougir.	*His swear words make you blush.*

regular -*er* verb **je lâche · je lâchai · lâché · lâchant**

Present		*Passé Composé*	
je lâche	nous lâchons	j'ai lâché	nous avons lâché
tu lâches	vous lâchez	tu as lâché	vous avez lâché
il/elle lâche	ils/elles lâchent	il/elle a lâché	ils/elles ont lâché
Imperfect		***Pluperfect***	
je lâchais	nous lâchions	j'avais lâché	nous avions lâché
tu lâchais	vous lâchiez	tu avais lâché	vous aviez lâché
il/elle lâchait	ils/elles lâchaient	il/elle avait lâché	ils/elles avaient lâché
Passé Simple		***Past Anterior***	
je lâchai	nous lâchâmes	j'eus lâché	nous eûmes lâché
tu lâchas	vous lâchâtes	tu eus lâché	vous eûtes lâché
il/elle lâcha	ils/elles lâchèrent	il/elle eut lâché	ils/elles eurent lâché
Future		***Future Anterior***	
je lâcherai	nous lâcherons	j'aurai lâché	nous aurons lâché
tu lâcheras	vous lâcherez	tu auras lâché	vous aurez lâché
il/elle lâchera	ils/elles lâcheront	il/elle aura lâché	ils/elles auront lâché
Conditional		***Past Conditional***	
je lâcherais	nous lâcherions	j'aurais lâché	nous aurions lâché
tu lâcherais	vous lâcheriez	tu aurais lâché	vous auriez lâché
il/elle lâcherait	ils/elles lâcheraient	il/elle aurait lâché	ils/elles auraient lâché

Present Subjunctive		*Past Subjunctive*	
que je lâche	que nous lâchions	que j'aie lâché	que nous ayons lâché
que tu lâches	que vous lâchiez	que tu aies lâché	que vous ayez lâché
qu'il/elle lâche	qu'ils/elles lâchent	qu'il/elle ait lâché	qu'ils/elles aient lâché
Imperfect Subjunctive		***Pluperfect Subjunctive***	
que je lâchasse	que nous lâchassions	que j'eusse lâché	que nous eussions lâché
que tu lâchasses	que vous lâchassiez	que tu eusses lâché	que vous eussiez lâché
qu'il/elle lâchât	qu'ils/elles lâchassent	qu'il/elle eût lâché	qu'ils/elles eussent lâché

Commands

	(nous) lâchons
(tu) lâche	(vous) lâchez

USAGE

Elle lâcha sa serviette.	*She let go of her briefcase.*
Il a lâché sa main.	*He let go of her hand.*
Lâchez-moi!	*Let go of me!*
Le chat a lâché sa proie.	*The cat let go of its prey.*
Il est interdit de lâcher les chiens dans ce parc.	*It's not allowed to let dogs off their leash in this park.*
lâcher le morceau/paquet	*to spill the beans*
Lâche le morceau! Nous savons que tu sais tout.	*Out with it! We know you know everything.*
Tu crois qu'il finira par lâcher le paquet?	*Do you think he'll wind up spilling the beans?*
Nos amis commencent à nous lâcher.	*Our friends are growing distant.*
Il ne la lâche pas d'une semelle.	*He is hounding her.*
Il ne la lâche pas des yeux.	*He keeps staring at her.*

312 laisser *to let, allow*

je laisse · je laissai · laissé · laissant — regular -er verb

laisser + infinitive

Elle a laissé voir son émotion.	*She let her emotion be seen.*
Elle a trébuché et a laissé tomber ses paquets.	*She stumbled and dropped her packages.*
—Il faut que je lui dise son fait.	*I've got to tell him off.*
—Laisse tomber.	*Forget about it.*

laisser qqn faire qqch

J'ai laissé les enfants manger dehors.	*I let the children eat outside.*
Vous me laisserez parler?	*Will you let me speak?*
Laissez venir à moi les petits enfants.	*Suffer the little children to come unto me.* (Bible)
Il sait ce qu'il fait. Laissez-le agir.	*He knows what he is doing. Let him act.*
Laisse-moi t'aider.	*Let me help you.*
Lâche le papillon! Laisse-le s'envoler.	*Let go of the butterfly! Let it fly away.*
Laisse-moi t'accompagner, papa!	*Let me go with you, Daddy!*
Laisse-moi dormir. Je suis crevé.	*Let me sleep. I'm exhausted.*
Ne faites pas tant de bruit! Laissez-moi travailler!	*Don't make so much noise! Let me study!*

laisser qqch

Tu as laissé des fautes dans ta copie.	*You left mistakes in your composition.*
La mère a laissé le plus beau morceau à son enfant.	*The mother left the best piece for her child.*
Beaucoup de soldats ont laissé la vie dans cette bataille.	*Many soldiers lost their lives in that battle.*
On peut laisser nos valises à la consigne.	*We can leave our suitcases at the baggage check.*
Je vous laisse ce vélo à cent euros.	*I'll let you have this bicycle for 100 euros.*
J'ai laissé ma clé à la réception.	*I left my key at the hotel desk.*

se laisser

Je me suis laissé convaincre.	*I let myself be convinced.*
Il ne se laisse pas faire, ce type-là.	*That guy sure doesn't let himself get pushed around.*

RELATED WORDS AND EXPRESSIONS

Ça se laisse manger!	*This doesn't taste half bad!*
Ce plan laisse à désirer.	*This plan leaves something to be desired.*
Ils essaient de vous laisser à l'écart.	*They're trying to exclude you.*
Ce ministre se laissait acheter.	*That government minister was on the take.*
Laissez-moi tranquille!	*Leave me alone!*
Les nouvelles données laissent beaucoup à penser.	*The new data give us a lot to think about.*
Laissez-moi vous faire une douce violence.	*Let me twist your arm a little.*
Le cambrioleur a disparu sans laisser de traces.	*The burglar disappeared without a trace.*
—Il l'a laissée en plan, n'est-ce pas?	*He left her in the lurch, didn't he?*
—Oui. Elle en a été assez bouleversée, mais ne l'a pas laissé voir.	*Yes. She was quite upset by it, but she didn't let on.*
C'était à prendre ou à laisser.	*It was a case of take it or leave it.*
Ce groupe de rock laisse tout le monde derrière lui par son talent.	*This rock group outshines everyone in talent.*

top 50 verb

regular -*er* verb

je laisse · je laissai · laissé · laissant

	Present		***Passé Composé***
je laisse	nous laissons	j'ai laissé	nous avons laissé
tu laisses	vous laissez	tu as laissé	vous avez laissé
il/elle laisse	ils/elles laissent	il/elle a laissé	ils/elles ont laissé
	Imperfect		***Pluperfect***
je laissais	nous laissions	j'avais laissé	nous avions laissé
tu laissais	vous laissiez	tu avais laissé	vous aviez laissé
il/elle laissait	ils/elles laissaient	il/elle avait laissé	ils/elles avaient laissé
	Passé Simple		***Past Anterior***
je laissai	nous laissâmes	j'eus laissé	nous eûmes laissé
tu laissas	vous laissâtes	tu eus laissé	vous eûtes laissé
il/elle laissa	ils/elles laissèrent	il/elle eut laissé	ils/elles eurent laissé
	Future		***Future Anterior***
je laisserai	nous laisserons	j'aurai laissé	nous aurons laissé
tu laisseras	vous laisserez	tu auras laissé	vous aurez laissé
il/elle laissera	ils/elles laisseront	il/elle aura laissé	ils/elles auront laissé
	Conditional		***Past Conditional***
je laisserais	nous laisserions	j'aurais laissé	nous aurions laissé
tu laisserais	vous laisseriez	tu aurais laissé	vous auriez laissé
il/elle laisserait	ils/elles laisseraient	il/elle aurait laissé	ils/elles auraient laissé
	Present Subjunctive		***Past Subjunctive***
que je laisse	que nous laissions	que j'aie laissé	que nous ayons laissé
que tu laisses	que vous laissiez	que tu aies laissé	que vous ayez laissé
qu'il/elle laisse	qu'ils/elles laissent	qu'il/elle ait laissé	qu'ils/elles aient laissé
	Imperfect Subjunctive		***Pluperfect Subjunctive***
que je laissasse	que nous laissassions	que j'eusse laissé	que nous eussions laissé
que tu laissasses	que vous laissassiez	que tu eusses laissé	que vous eussiez laissé
qu'il/elle laissât	qu'ils/elles laissassent	qu'il/elle eût laissé	qu'ils/elles eussent laissé

Commands

	(nous) laissons
(tu) laisse	(vous) laissez

USAGE

Je vous laisse ma place.	*You can have my seat.*
Vous ne nous avez pas laissé assez de temps pour le faire.	*You didn't leave us enough time to do it.*
laisser qqch	*to leave something (behind)*
Ne laisse pas tes légumes, Robert!	*Don't leave your vegetables, Robert!*
J'ai laissé mon ordinateur dans le train.	*I left my computer on the train.*
Laisse ton journal et viens manger.	*Put down your newspaper and come eat.*
Il a laissé beaucoup d'argent dans cette affaire.	*He lost a lot of money in this venture.*
laisser qqn	*to leave someone (behind)*
Tu peux laisser le bébé avec moi.	*You can leave the baby with me.*
Je te laisse ici.	*I'm going to leave you here.*
Il m'a laissé dans le café.	*He left me in the café.*
laisser qqch à qqn	*to leave something to/for someone*
Elle nous a laissé tous les documents.	*She left us all the documents.*
Vous m'avez laissé trop de travail.	*You left too much work for me.*
Il a laissé sa fortune à ses enfants.	*He left his fortune to his children.*

top 50 verb

313 lancer *to launch, throw*

je lance · je lançai · lancé · lançant

regular *-er* verb; spelling change: c > ç/a, o

L'archer a lancé des flèches avec son arc.	*The archer shot arrows from his bow.*
Les deux armées se sont lancé des projectiles.	*The two armies shot missiles at each other.*
Les torpilles lancées par l'ennemi ont coulé le cuirassé.	*The torpedoes shot by the enemy sank the battleship.*
Le pêcheur a lancé sa ligne.	*The fisherman cast his line.*
Je lui ai lancé ses méfaits à la figure.	*I threw his misdeeds up to him.*
Le cambrioleur a lancé les détectives sur une fausse piste.	*The burglar led the detectives on a wild goose chase.*
Si tu l'embêtes, il va lancer son chien contre toi.	*If you annoy him he'll set his dog on you.*
Le chef a lancé une idée en l'air.	*The boss threw out an idea.*
Elle m'a lancé un regard furieux.	*She directed a furious glance at me.*
—Ils se sont battus?	*Did they fight?*
—Oui, ton copain lui a lancé un coup de poing.	*Yes, your friend punched him.*
Ils ont lancé le pays dans une crise économique.	*They pushed the country into an economic crisis.*
Cette chanson l'a lancée.	*This song launched her career.*
Après ce roman, cet écrivain est lancé.	*After that novel, this writer is famous / on his way.*

lancer par la voix et par écrit

lancer un cri	*to utter a shout*
lancer un appel	*to call out*
lancer un mandat d'arrêt	*to issue a warrant for someone's arrest*
lancer un emprunt	*to float a loan*
« Allez-vous-en! » lança-t-elle.	*"Go away!" she called out.*
Ne le lancez pas sur la politique.	*Don't get him started talking about politics.*

se lancer

se lancer des injures	*to hurl insults at each other*
Se lancer sur l'autoroute vendredi soir est une folie.	*It's madness to take the superhighway on a Friday night.*
Il a décidé de se lancer dans le théâtre.	*He decided to make his career in the theater.*
L'athlète recula d'un pas pour se lancer.	*The athlete stepped back in order to get a running start.*
Il s'est lancé dans le fleuve pour s'enfuir.	*He threw himself into the river to get away.*
Ne te lance pas dans cette bagarre.	*Don't get into that fight.*
Il cherche à se lancer dans le cinéma.	*He's trying to make a name for himself in the movies.*
Ils se sont lancés dans une affaire louche.	*They got involved in a shady business deal.*
Elle s'est lancée dans des accusations.	*She embarked on (a series of) accusations.*

313 lancer — *to launch, throw*

regular *-er* verb; spelling change: *c > ç/a, o*

je lance · je lançai · lancé · lançant

Present		*Passé Composé*	
je lance	nous lançons	j'ai lancé	nous avons lancé
tu lances	vous lancez	tu as lancé	vous avez lancé
il/elle lance	ils/elles lancent	il/elle a lancé	ils/elles ont lancé
Imperfect		***Pluperfect***	
je lançais	nous lancions	j'avais lancé	nous avions lancé
tu lançais	vous lanciez	tu avais lancé	vous aviez lancé
il/elle lançait	ils/elles lançaient	il/elle avait lancé	ils/elles avaient lancé
Passé Simple		***Past Anterior***	
je lançai	nous lançâmes	j'eus lancé	nous eûmes lancé
tu lanças	vous lançâtes	tu eus lancé	vous eûtes lancé
il/elle lança	ils/elles lancèrent	il/elle eut lancé	ils/elles eurent lancé
Future		***Future Anterior***	
je lancerai	nous lancerons	j'aurai lancé	nous aurons lancé
tu lanceras	vous lancerez	tu auras lancé	vous aurez lancé
il/elle lancera	ils/elles lanceront	il/elle aura lancé	ils/elles auront lancé
Conditional		***Past Conditional***	
je lancerais	nous lancerions	j'aurais lancé	nous aurions lancé
tu lancerais	vous lanceriez	tu aurais lancé	vous auriez lancé
il/elle lancerait	ils/elles lanceraient	il/elle aurait lancé	ils/elles auraient lancé

Present Subjunctive		*Past Subjunctive*	
que je lance	que nous lancions	que j'aie lancé	que nous ayons lancé
que tu lances	que vous lanciez	que tu aies lancé	que vous ayez lancé
qu'il/elle lance	qu'ils/elles lancent	qu'il/elle ait lancé	qu'ils/elles aient lancé
Imperfect Subjunctive		***Pluperfect Subjunctive***	
que je lançasse	que nous lançassions	que j'eusse lancé	que nous eussions lancé
que tu lançasses	que vous lançassiez	que tu eusses lancé	que vous eussiez lancé
qu'il/elle lançât	qu'ils/elles lançassent	qu'il/elle eût lancé	qu'ils/elles eussent lancé

Commands

	(nous) lançons
(tu) lance	(vous) lancez

USAGE

L'ennemi a lancé des bombes sur notre ville.	*The enemy dropped bombs on our city.*
Dans ce jeu on lance la balle avec un bâton.	*In this game you hit the ball with a stick.*
lancer une balle à qqn	*to throw a ball to someone*
lancer le disque	*to throw the discus*
lancer le javelot	*to throw the javelin*
Il est défendu de lancer des pierres.	*It is forbidden to throw stones.*

RELATED WORDS AND EXPRESSIONS

le lancement	*throwing/launching*
la rampe de lancement	*launching pad*
le lancement du javelot	*javelin throwing*
le lance-flammes	*flamethrower*
le lance-fusées	*rocket launcher*
le lance-missiles	*missile launcher*
le lance-roquettes	*handheld rocket launcher*
le lance-satellites	*satellite launcher*
relancer	*to restart* (such as computers)

top 50 verb

laver *to wash*

je lave · je lavai · lavé · lavant regular -*er* verb

Present		*Passé Composé*	
je lave	nous lavons	j'ai lavé	nous avons lavé
tu laves	vous lavez	tu as lavé	vous avez lavé
il/elle lave	ils/elles lavent	il/elle a lavé	ils/elles ont lavé
Imperfect		*Pluperfect*	
je lavais	nous lavions	j'avais lavé	nous avions lavé
tu lavais	vous laviez	tu avais lavé	vous aviez lavé
il/elle lavait	ils/elles lavaient	il/elle avait lavé	ils/elles avaient lavé
Passé Simple		*Past Anterior*	
je lavai	nous lavâmes	j'eus lavé	nous eûmes lavé
tu lavas	vous lavâtes	tu eus lavé	vous eûtes lavé
il/elle lava	ils/elles lavèrent	il/elle eut lavé	ils/elles eurent lavé
Future		*Future Anterior*	
je laverai	nous laverons	j'aurai lavé	nous aurons lavé
tu laveras	vous laverez	tu auras lavé	vous aurez lavé
il/elle lavera	ils/elles laveront	il/elle aura lavé	ils/elles auront lavé
Conditional		*Past Conditional*	
je laverais	nous laverions	j'aurais lavé	nous aurions lavé
tu laverais	vous laveriez	tu aurais lavé	vous auriez lavé
il/elle laverait	ils/elles laveraient	il/elle aurait lavé	ils/elles auraient lavé

Present Subjunctive		*Past Subjunctive*	
que je lave	que nous lavions	que j'aie lavé	que nous ayons lavé
que tu laves	que vous laviez	que tu aies lavé	que vous ayez lavé
qu'il/elle lave	qu'ils/elles lavent	qu'il/elle ait lavé	qu'ils/elles aient lavé
Imperfect Subjunctive		*Pluperfect Subjunctive*	
que je lavasse	que nous lavassions	que j'eusse lavé	que nous eussions lavé
que tu lavasses	que vous lavassiez	que tu eusses lavé	que vous eussiez lavé
qu'il/elle lavât	qu'ils/elles lavassent	qu'il/elle eût lavé	qu'ils/elles eussent lavé

Commands

	(nous) lavons
(tu) lave	(vous) lavez

USAGE

laver la voiture	*to wash the car*
laver le plancher	*to wash the floor*
laver la vaisselle	*to wash the dishes*
laver une tache	*to wash out a stain*
Ces savonnettes lavent très bien.	*These bars of soap really clean.*
Il faut laver son linge sale en famille.	*Don't wash your dirty linen in public.*

RELATED WORDS AND EXPRESSIONS

le lavage	*washing*
On leur a fait un lavage de cerveau.	*They were brainwashed.*
la machine à laver	*washing machine*
le lave-glace (*pl.* les lave-glaces)	*windshield washer*
le lave-vaisselle	*dishwasher*

regular *-er* reflexive verb;
compound tenses with *être*

je me lave · je me lavai · s'étant lavé · se lavant

Present		*Passé Composé*	
je me lave	nous nous lavons	je me suis lavé(e)	nous nous sommes lavé(e)s
tu te laves	vous vous lavez	tu t'es lavé(e)	vous vous êtes lavé(e)(s)
il/elle se lave	ils/elles se lavent	il/elle s'est lavé(e)	ils/elles se sont lavé(e)s
Imperfect		*Pluperfect*	
je me lavais	nous nous lavions	je m'étais lavé(e)	nous nous étions lavé(e)s
tu te lavais	vous vous laviez	tu t'étais lavé(e)	vous vous étiez lavé(e)(s)
il/elle se lavait	ils/elles se lavaient	il/elle s'était lavé(e)	ils/elles s'étaient lavé(e)s
Passé Simple		*Past Anterior*	
je me lavai	nous nous lavâmes	je me fus lavé(e)	nous nous fûmes lavé(e)s
tu te lavas	vous vous lavâtes	tu te fus lavé(e)	vous vous fûtes lavé(e)(s)
il/elle se lava	ils/elles se lavèrent	il/elle se fut lavé(e)	ils/elles se furent lavé(e)s
Future		*Future Anterior*	
je me laverai	nous nous laverons	je me serai lavé(e)	nous nous serons lavé(e)s
tu te laveras	vous vous laverez	tu te seras lavé(e)	vous vous serez lavé(e)(s)
il/elle se lavera	ils/elles se laveront	il/elle se sera lavé(e)	ils/elles se seront lavé(e)s
Conditional		*Past Conditional*	
je me laverais	nous nous laverions	je me serais lavé(e)	nous nous serions lavé(e)s
tu te laverais	vous vous laveriez	tu te serais lavé(e)	vous vous seriez lavé(e)(s)
il/elle se laverait	ils/elles se laveraient	il/elle se serait lavé(e)	ils/elles se seraient lavé(e)s

Present Subjunctive		*Past Subjunctive*	
que je me lave	que nous nous lavions	que je me sois lavé(e)	que nous nous soyons lavé(e)s
que tu te laves	que vous vous laviez	que tu te sois lavé(e)	que vous vous soyez lavé(e)(s)
qu'il/elle se lave	qu'ils/elles se lavent	qu'il/elle se soit lavé(e)	qu'ils/elles se soient lavé(e)s
Imperfect Subjunctive		*Pluperfect Subjunctive*	
que je me lavasse	que nous nous lavassions	que je me fusse lavé(e)	que nous nous fussions lavé(e)s
que tu te lavasses	que vous vous lavassiez	que tu te fusses lavé(e)	que vous vous fussiez lavé(e)(s)
qu'il/elle se lavât	qu'ils/elles se lavassent	qu'il/elle se fût lavé(e)	qu'ils/elles se fussent lavé(e)s

Commands

	(nous) lavons-nous
(tu) lave-toi	(vous) lavez-vous

USAGE

Je me lave la tête tous les jours.	*I wash my hair every day.*
Lavez-vous les mains avant de manger.	*Wash your hands before eating.*
Après avoir mangé, elle s'est lavé les dents.	*After eating, she cleaned her teeth.*
Je vois que tu as joué dans la boue. Lave-toi les mains et la figure.	*I see you played in the mud. Wash your hands and face.*
Elle s'est lavée dans le lavabo.	*She washed up at the bathroom sink.*
C'est un tissu qui ne se lave pas bien.	*It's a fabric that is hard to wash.*
Ce pantalon se lave à l'eau froide.	*You wash that pair of pants in cold water.*
Regarde comme tu t'es sali! Va te laver.	*Look how dirty you've gotten! Go wash up.*
Le gouvernement s'en est lavé les mains.	*The government washed its hands of it.*

lever *to raise, lift*

je lève · je levai · levé · levant regular *-er* verb; spelling change: *e* > *è*/mute *e*

Present		*Passé Composé*	
je lève	nous levons	j'ai levé	nous avons levé
tu lèves	vous levez	tu as levé	vous avez levé
il/elle lève	ils/elles lèvent	il/elle a levé	ils/elles ont levé
Imperfect		*Pluperfect*	
je levais	nous levions	j'avais levé	nous avions levé
tu levais	vous leviez	tu avais levé	vous aviez levé
il/elle levait	ils/elles levaient	il/elle avait levé	ils/elles avaient levé
Passé Simple		*Past Anterior*	
je levai	nous levâmes	j'eus levé	nous eûmes levé
tu levas	vous levâtes	tu eus levé	vous eûtes levé
il/elle leva	ils/elles levèrent	il/elle eut levé	ils/elles eurent levé
Future		*Future Anterior*	
je lèverai	nous lèverons	j'aurai levé	nous aurons levé
tu lèveras	vous lèverez	tu auras levé	vous aurez levé
il/elle lèvera	ils/elles lèveront	il/elle aura levé	ils/elles auront levé
Conditional		*Past Conditional*	
je lèverais	nous lèverions	j'aurais levé	nous aurions levé
tu lèverais	vous lèveriez	tu aurais levé	vous auriez levé
il/elle lèverait	ils/elles lèveraient	il/elle aurait levé	ils/elles auraient levé
Present Subjunctive		*Past Subjunctive*	
que je lève	que nous levions	que j'aie levé	que nous ayons levé
que tu lèves	que vous leviez	que tu aies levé	que vous ayez levé
qu'il/elle lève	qu'ils/elles lèvent	qu'il/elle ait levé	qu'ils/elles aient levé
Imperfect Subjunctive		*Pluperfect Subjunctive*	
que je levasse	que nous levassions	que j'eusse levé	que nous eussions levé
que tu levasses	que vous levassiez	que tu eusses levé	que vous eussiez levé
qu'il/elle levât	qu'ils/elles levassent	qu'il/elle eût levé	qu'ils/elles eussent levé

Commands

	(nous) levons
(tu) lève	(vous) levez

USAGE

Si vous savez la réponse, levez le doigt.	*If you know the answer, raise your hand* (lit., *finger*).
lever les yeux	*to raise one's eyes*
Il a levé le poing pour m'effrayer.	*He raised his fist to frighten me.*
Impossible de le lever avant neuf heures.	*You just can't get him out of bed before nine o'clock.*
Elle ne lèvera pas le petit doigt pour t'aider.	*She won't lift a finger to help you.*
La police a levé le masque à l'escroc.	*The police unmasked the con man.*
Ne lève pas le nez là-dessus!	*Don't turn your nose up at it!*
Nous avons levé la séance à sept heures.	*We called it a day at seven o'clock.*

RELATED WORDS AND EXPRESSIONS

être levé(e)	*to be up*
—Je peux voir Philippe?	*May I see Philippe?*
—Je regrette, mais il n'est pas encore levé.	*I'm sorry, but he's not up yet.*

regular *-er* reflexive verb; spelling change: *e* > *è*/mute *e*; compound tenses with *être*

je me lève · je me levai · s'étant levé · se levant

Present		*Passé Composé*	
je me lève	nous nous levons	je me suis levé(e)	nous nous sommes levé(e)s
tu te lèves	vous vous levez	tu t'es levé(e)	vous vous êtes levé(e)(s)
il/elle se lève	ils/elles se lèvent	il/elle s'est levé(e)	ils/elles se sont levé(e)s
Imperfect		*Pluperfect*	
je me levais	nous nous levions	je m'étais levé(e)	nous nous étions levé(e)s
tu te levais	vous vous leviez	tu t'étais levé(e)	vous vous étiez levé(e)(s)
il/elle se levait	ils/elles se levaient	il/elle s'était levé(e)	ils/elles s'étaient levé(e)s
Passé Simple		*Past Anterior*	
je me levai	nous nous levâmes	je me fus levé(e)	nous nous fûmes levé(e)s
tu te levas	vous vous levâtes	tu te fus levé(e)	vous vous fûtes levé(e)(s)
il/elle se leva	ils/elles se levèrent	il/elle se fut levé(e)	ils/elles se furent levé(e)s
Future		*Future Anterior*	
je me lèverai	nous nous lèverons	je me serai levé(e)	nous nous serons levé(e)s
tu te lèveras	vous vous lèverez	tu te seras levé(e)	vous vous serez levé(e)(s)
il/elle se lèvera	ils/elles se lèveront	il/elle se sera levé(e)	ils/elles se seront levé(e)s
Conditional		*Past Conditional*	
je me lèverais	nous nous lèverions	je me serais levé(e)	nous nous serions levé(e)s
tu te lèverais	vous vous lèveriez	tu te serais levé(e)	vous vous seriez levé(e)(s)
il/elle se lèverait	ils/elles se lèveraient	il/elle se serait levé(e)	ils/elles se seraient levé(e)s

Present Subjunctive		*Past Subjunctive*	
que je me lève	que nous nous levions	que je me sois levé(e)	que nous nous soyons levé(e)s
que tu te lèves	que vous vous leviez	que tu te sois levé(e)	que vous vous soyez levé(e)(s)
qu'il/elle se lève	qu'ils/elles se lèvent	qu'il/elle se soit levé(e)	qu'ils/elles se soient levé(e)s
Imperfect Subjunctive		*Pluperfect Subjunctive*	
que je me levasse	que nous nous levassions	que je me fusse levé(e)	que nous nous fussions levé(e)s
que tu te levasses	que vous vous levassiez	que tu te fusses levé(e)	que vous vous fussiez levé(e)(s)
qu'il/elle se levât	qu'ils/elles se levassent	qu'il/elle se fût levé(e)	qu'ils/elles se fussent levé(e)s

Commands

(nous) levons-nous
(tu) lève-toi (vous) levez-vous

USAGE

Ne restez plus assis. Levez-vous!	*Don't remain seated any longer. Get up!*
Je me lève tôt pour aller au travail.	*I get up early to go to work.*
Ils se sont levés de table pour passer au salon.	*They got up from the table to go to the living room.*
Je vois que tu t'es levé du pied gauche ce matin.	*I see you got up on the wrong side of the bed this morning.*
Le malade ne peut pas se lever sur son séant.	*The patient cannot sit up.*
Le soleil se lève.	*The sun is coming up.*
Le jour se lève.	*Day is breaking.*
Le brouillard s'est levé.	*The fog lifted.*
Tout d'un coup, le vent s'est levé.	*Suddenly, the wind came up.*

318 lire *to read*

je lis · je lus · lu · lisant — irregular verb

Des lectures

J'ai lu tout le théâtre classique.	*I read all of classical theater.*
Cet auteur est beaucoup lu.	*This author is widely read.*
Ce sont des livres que se lisent partout.	*They're books that are read everywhere.*
lire en diagonale	*to skim through / scan*
J'ai lu le rapport en diagonale.	*I skimmed the report.*
Tu peux me lire les résultats au téléphone?	*Can you read the results to me over the phone?*
Ces contes se laissent lire.	*These stories are easy to read.*
C'est un poème qui se lit peu.	*It's a poem which is not often read.*
Cet enfant savait lire à l'âge de quatre ans.	*This child could read at the age of four.*
C'est un livre à lire.	*It's a book worth reading.*
Ses opinions méritent d'être lues.	*His opinions deserve to be read.*
Le délégué a lu son discours devant l'Assemblée Générale de l'ONU.	*The delegate read his speech before the General Assembly at the UN.*

Des lectures figurées

—Cette lettre ne m'a pas bouleversé.	*This letter didn't upset me.*
—Il faut lire entre les lignes.	*You have to read between the lines.*
lire la haine dans le visage de qqn	*to read the hatred in someone's face*
lire dans le cœur de qqn	*to know what is in someone's heart*
lire l'avenir dans les lignes de la main	*to read the future in the lines of the hand*
La diseuse de bonne aventure lit les lignes de la main.	*The fortune-teller reads palms.*
lire l'avenir dans le marc de café	*to read the future in coffee grounds* (equivalent of tea leaves)
Je lis tes sentiments dans ton expression.	*I read your feelings in your expression.*
lire sur les lèvres	*to read lips*
Les sourds lisent sur les lèvres de ceux qui entendent bien.	*Deaf people read the lips of hearing people.*
Il se croit très fin, mais j'ai lu dans son jeu.	*He thinks he's very clever, but I saw through his little game.*

lire dans l'informatique

L'ordinateur lit une disquette.	*The computer reads a diskette.*
Le scanner lit les images.	*The scanner scans the pictures.*

RELATED WORDS AND EXPRESSIONS

la lecture	*reading/text*
Les lectures pour ce cours sont difficiles.	*The readings for this course are difficult.*
le lecteur / la lectrice	*reader*
le lecteur de cassettes	*cassette player*
le lecteur de disques compacts	*compact disc player*
le lecteur de disquettes	*disk drive*

top 50 verb

irregular verb **je lis · je lus · lu · lisant**

Present		***Passé Composé***	
je lis	nous lisons	j'ai lu	nous avons lu
tu lis	vous lisez	tu as lu	vous avez lu
il/elle lit	ils/elles lisent	il/elle a lu	ils/elles ont lu
Imperfect		***Pluperfect***	
je lisais	nous lisions	j'avais lu	nous avions lu
tu lisais	vous lisiez	tu avais lu	vous aviez lu
il/elle lisait	ils/elles lisaient	il/elle avait lu	ils/elles avaient lu
Passé Simple		***Past Anterior***	
je lus	nous lûmes	j'eus lu	nous eûmes lu
tu lus	vous lûtes	tu eus lu	vous eûtes lu
il/elle lut	ils/elles lurent	il/elle eut lu	ils/elles eurent lu
Future		***Future Anterior***	
je lirai	nous lirons	j'aurai lu	nous aurons lu
tu liras	vous lirez	tu auras lu	vous aurez lu
il/elle lira	ils/elles liront	il/elle aura lu	ils/elles auront lu
Conditional		***Past Conditional***	
je lirais	nous lirions	j'aurais lu	nous aurions lu
tu lirais	vous liriez	tu aurais lu	vous auriez lu
il/elle lirait	ils/elles liraient	il/elle aurait lu	ils/elles auraient lu

Present Subjunctive		***Past Subjunctive***	
que je lise	que nous lisions	que j'aie lu	que nous ayons lu
que tu lises	que vous lisiez	que tu aies lu	que vous ayez lu
qu'il/elle lise	qu'ils/elles lisent	qu'il/elle ait lu	qu'ils/elles aient lu
Imperfect Subjunctive		***Pluperfect Subjunctive***	
que je lusse	que nous lussions	que j'eusse lu	que nous eussions lu
que tu lusses	que vous lussiez	que tu eusses lu	que vous eussiez lu
qu'il/elle lût	qu'ils/elles lussent	qu'il/elle eût lu	qu'ils/elles eussent lu

Commands

(nous) lisons
(tu) lis (vous) lisez

USAGE

lire un livre/roman/poème/article	*to read a book/novel/poem/article*
lire la nouvelle dans/sur le journal	*to read the news in the newspaper*
lire les messages qu'on a laissés	*to read the messages that were left*
lire l'écriteau	*to read the sign*
lire en français	*to read in French*
lire couramment l'hébreu	*to read Hebrew fluently*
savoir lire les partitions de musique	*to be able to read musical scores*
mettre ses lunettes pour lire	*to put on one's glasses to read*
Dans l'attente de vous lire,	*Waiting for your reply,* (at the closing of a formal letter)
En espérant vous lire bientôt,	*Hoping to hear from you soon,*
Tu as acheté quelque chose à lire pour le voyage?	*Have you bought anything to read for the trip?*

319 louer *to rent; to praise*

je loue · je louai · loué · louant regular -*er* verb

Present		***Passé Composé***	
je loue	nous louons	j'ai loué	nous avons loué
tu loues	vous louez	tu as loué	vous avez loué
il/elle loue	ils/elles louent	il/elle a loué	ils/elles ont loué
Imperfect		***Pluperfect***	
je louais	nous louions	j'avais loué	nous avions loué
tu louais	vous louiez	tu avais loué	vous aviez loué
il/elle louait	ils/elles louaient	il/elle avait loué	ils/elles avaient loué
Passé Simple		***Past Anterior***	
je louai	nous louâmes	j'eus loué	nous eûmes loué
tu louas	vous louâtes	tu eus loué	vous eûtes loué
il/elle loua	ils/elles louèrent	il/elle eut loué	ils/elles eurent loué
Future		***Future Anterior***	
je louerai	nous louerons	j'aurai loué	nous aurons loué
tu loueras	vous louerez	tu auras loué	vous aurez loué
il/elle louera	ils/elles loueront	il/elle aura loué	ils/elles auront loué
Conditional		***Past Conditional***	
je louerais	nous louerions	j'aurais loué	nous aurions loué
tu louerais	vous loueriez	tu aurais loué	vous auriez loué
il/elle louerait	ils/elles loueraient	il/elle aurait loué	ils/elles auraient loué
Present Subjunctive		***Past Subjunctive***	
que je loue	que nous louions	que j'aie loué	que nous ayons loué
que tu loues	que vous louiez	que tu aies loué	que vous ayez loué
qu'il/elle loue	qu'ils/elles louent	qu'il/elle ait loué	qu'ils/elles aient loué
Imperfect Subjunctive		***Pluperfect Subjunctive***	
que je louasse	que nous louassions	que j'eusse loué	que nous eussions loué
que tu louasses	que vous louassiez	que tu eusses loué	que vous eussiez loué
qu'il/elle louât	qu'ils/elles louassent	qu'il/elle eût loué	qu'ils/elles eussent loué

Commands

	(nous) louons
(tu) loue	(vous) louez

USAGE

—Tu vas louer un appartement à Paris?	*Are you going to rent an apartment in Paris?*
—Non, je vais louer une maison au bord d'un lac.	*No, I'm going to rent a lakeside house.*
louer une voiture pour faire un tour en Normandie	*to rent a car to travel around Normandy*
louer un film	*to rent a film*
Il faut louer Dieu.	*We must thank God.*

RELATED WORDS AND EXPRESSIONS

la location	*renting*
l'agence de location	*rental agency*
la location immobilière	*property rental / real estate rental*
la location de voitures	*car rental*
un/une locataire	*a tenant*
un/une colocataire	*an apartment mate; a roommate*

regular -ir verb

je maigris · je maigris · maigri · maigrissant

Present		***Passé Composé***	
je maigris	nous maigrissons	j'ai maigri	nous avons maigri
tu maigris	vous maigrissez	tu as maigri	vous avez maigri
il/elle maigrit	ils/elles maigrissent	il/elle a maigri	ils/elles ont maigri
Imperfect		***Pluperfect***	
je maigrissais	nous maigrissions	j'avais maigri	nous avions maigri
tu maigrissais	vous maigrissiez	tu avais maigri	vous aviez maigri
il/elle maigrissait	ils/elles maigrissaient	il/elle avait maigri	ils/elles avaient maigri
Passé Simple		***Past Anterior***	
je maigris	nous maigrîmes	j'eus maigri	nous eûmes maigri
tu maigris	vous maigrîtes	tu eus maigri	vous eûtes maigri
il/elle maigrit	ils/elles maigrirent	il/elle eut maigri	ils/elles eurent maigri
Future		***Future Anterior***	
je maigrirai	nous maigrirons	j'aurai maigri	nous aurons maigri
tu maigriras	vous maigrirez	tu auras maigri	vous aurez maigri
il/elle maigrira	ils/elles maigriront	il/elle aura maigri	ils/elles auront maigri
Conditional		***Past Conditional***	
je maigrirais	nous maigririons	j'aurais maigri	nous aurions maigri
tu maigrirais	vous maigririez	tu aurais maigri	vous auriez maigri
il/elle maigrirait	ils/elles maigriraient	il/elle aurait maigri	ils/elles auraient maigri

Present Subjunctive		***Past Subjunctive***	
que je maigrisse	que nous maigrissions	que j'aie maigri	que nous ayons maigri
que tu maigrisses	que vous maigrissiez	que tu aies maigri	que vous ayez maigri
qu'il/elle maigrisse	qu'ils/elles maigrissent	qu'il/elle ait maigri	qu'ils/elles aient maigri
Imperfect Subjunctive		***Pluperfect Subjunctive***	
que je maigrisse	que nous maigrissions	que j'eusse maigri	que nous eussions maigri
que tu maigrisses	que vous maigrissiez	que tu eusses maigri	que vous eussiez maigri
qu'il/elle maigrît	qu'ils/elles maigrissent	qu'il/elle eût maigri	qu'ils/elles eussent maigri

Commands

	(nous) maigrissons
(tu) maigris	(vous) maigrissez

USAGE

J'ai maigri de trois kilos.	*I've lost three kilos.*
Il avait tellement maigri que je ne l'ai pas reconnu.	*He had lost so much weight that I didn't recognize him.*
J'ai grossi. Il me faut un régime pour maigrir.	*I've gotten heavy. I need a diet to lose weight.*
Le sport fait maigrir.	*Playing sports makes you lose weight.*
Elle cherche une robe qui maigrisse.	*She's looking for a dress that makes her look thinner.*

RELATED WORDS AND EXPRESSIONS

maigre	*thin/meager*
Il est maigre comme un clou.	*He's thin as a rail* (lit., *a nail*).
Avant les catholiques faisaient maigre le vendredi.	*Previously, Catholics didn't eat meat on Friday.*

manger *to eat*

je mange · je mangeai · mangé · mangeant regular -*er* verb; spelling change: *g* > *ge/a, o*

Present		*Passé Composé*	
je mange	nous mangeons	j'ai mangé	nous avons mangé
tu manges	vous mangez	tu as mangé	vous avez mangé
il/elle mange	ils/elles mangent	il/elle a mangé	ils/elles ont mangé
Imperfect		*Pluperfect*	
je mangeais	nous mangions	j'avais mangé	nous avions mangé
tu mangeais	vous mangiez	tu avais mangé	vous aviez mangé
il/elle mangeait	ils/elles mangeaient	il/elle avait mangé	ils/elles avaient mangé
Passé Simple		*Past Anterior*	
je mangeai	nous mangeâmes	j'eus mangé	nous eûmes mangé
tu mangeas	vous mangeâtes	tu eus mangé	vous eûtes mangé
il/elle mangea	ils/elles mangèrent	il/elle eut mangé	ils/elles eurent mangé
Future		*Future Anterior*	
je mangerai	nous mangerons	j'aurai mangé	nous aurons mangé
tu mangeras	vous mangerez	tu auras mangé	vous aurez mangé
il/elle mangera	ils/elles mangeront	il/elle aura mangé	ils/elles auront mangé
Conditional		*Past Conditional*	
je mangerais	nous mangerions	j'aurais mangé	nous aurions mangé
tu mangerais	vous mangeriez	tu aurais mangé	vous auriez mangé
il/elle mangerait	ils/elles mangeraient	il/elle aurait mangé	ils/elles auraient mangé

Present Subjunctive		*Past Subjunctive*	
que je mange	que nous mangions	que j'aie mangé	que nous ayons mangé
que tu manges	que vous mangiez	que tu aies mangé	que vous ayez mangé
qu'il/elle mange	qu'ils/elles mangent	qu'il/elle ait mangé	qu'ils/elles aient mangé
Imperfect Subjunctive		*Pluperfect Subjunctive*	
que je mangeasse	que nous mangeassions	que j'eusse mangé	que nous eussions mangé
que tu mangeasses	que vous mangeassiez	que tu eusses mangé	que vous eussiez mangé
qu'il/elle mangeât	qu'ils/elles mangeassent	qu'il/elle eût mangé	qu'ils/elles eussent mangé

Commands

	(nous) mangeons
(tu) mange	(vous) mangez

USAGE

Nous mangeons dans un restaurant ce soir.	*We're eating out this evening.*
On mange la soupe dans une assiette creuse.	*We eat soup from a bowl.*
Cette soupe se mange froide.	*That soup is eaten cold.*
Viens manger un morceau chez nous.	*Come over and have a bite with us.*
Je n'ai pas eu le temps de déjeuner. J'ai mangé sur le pouce.	*I didn't have time to have lunch. I had a quick snack.*
Qu'est-ce que tu aimes boire en mangeant?	*What do you like to drink with a meal?*
Tu as donné à manger aux enfants?	*Did you feed the children?*
Cette classe mange tout mon temps.	*That class is taking all my time.*
Le prof l'a mangé tout cru.	*The teacher made mincemeat of him.*
Il a mangé la belle fille des yeux.	*He stared intently at the beautiful girl.*
Il a mangé la consigne.	*He forgot what he was supposed to do.*
Il a mangé la commission.	*He forgot to do his errand.*
Il mange toujours son blé en herbe.	*Money burns a hole in his pocket.*
Elle est bête à manger du foin.	*She is really stupid.* (le foin = *hay*)

regular -*er* verb **je manque · je manquai · manqué · manquant**

Present		*Passé Composé*	
je manque	nous manquons	j'ai manqué	nous avons manqué
tu manques	vous manquez	tu as manqué	vous avez manqué
il/elle manque	ils/elles manquent	il/elle a manqué	ils/elles ont manqué
Imperfect		*Pluperfect*	
je manquais	nous manquions	j'avais manqué	nous avions manqué
tu manquais	vous manquiez	tu avais manqué	vous aviez manqué
il/elle manquait	ils/elles manquaient	il/elle avait manqué	ils/elles avaient manqué
Passé Simple		*Past Anterior*	
je manquai	nous manquâmes	j'eus manqué	nous eûmes manqué
tu manquas	vous manquâtes	tu eus manqué	vous eûtes manqué
il/elle manqua	ils/elles manquèrent	il/elle eut manqué	ils/elles eurent manqué
Future		*Future Anterior*	
je manquerai	nous manquerons	j'aurai manqué	nous aurons manqué
tu manqueras	vous manquerez	tu auras manqué	vous aurez manqué
il/elle manquera	ils/elles manqueront	il/elle aura manqué	ils/elles auront manqué
Conditional		*Past Conditional*	
je manquerais	nous manquerions	j'aurais manqué	nous aurions manqué
tu manquerais	vous manqueriez	tu aurais manqué	vous auriez manqué
il/elle manquerait	ils/elles manqueraient	il/elle aurait manqué	ils/elles auraient manqué

Present Subjunctive		*Past Subjunctive*	
que je manque	que nous manquions	que j'aie manqué	que nous ayons manqué
que tu manques	que vous manquiez	que tu aies manqué	que vous ayez manqué
qu'il/elle manque	qu'ils/elles manquent	qu'il/elle ait manqué	qu'ils/elles aient manqué
Imperfect Subjunctive		*Pluperfect Subjunctive*	
que je manquasse	que nous manquassions	que j'eusse manqué	que nous eussions manqué
que tu manquasses	que vous manquassiez	que tu eusses manqué	que vous eussiez manqué
qu'il/elle manquât	qu'ils/elles manquassent	qu'il/elle eût manqué	qu'ils/elles eussent manqué

Commands

	(nous) manquons
(tu) manque	(vous) manquez

USAGE

Il manque encore des étudiants.	*There are still some students missing.*
Il manque une dent à cette fourchette.	*This fork is missing a prong.*
—Est-ce que je te manque?	*Do you miss me?*
—Tu me manques beaucoup.	*I miss you a lot.*
—J'ai manqué la conférence.	*I missed the lecture.*
—Ne t'en fais pas. Tu n'as rien manqué.	*Don't worry. You didn't miss anything.*
Il a manqué son bus.	*He missed his bus.*
Cet homme manque de bon sens.	*That man has no common sense.*
Rien ne me manque ici.	*I want for nothing here.*
Les mots me manquent pour vous remercier.	*I don't have the words to thank you.*
C'est tout ce qui manquait.	*That's just what we needed.*
Il ne manquait plus que ça!	*That's the last straw!*
manquer de faire qqch	*to fail to do something*
Ne manquez pas de m'aviser.	*Don't fail to let me know.*
Elle n'a pas manqué de me le dire.	*She made sure to tell me.*

323 **marcher** *to walk*

je marche · je marchai · marché · marchant regular *-er* verb

Present		*Passé Composé*	
je marche	nous marchons	j'ai marché	nous avons marché
tu marches	vous marchez	tu as marché	vous avez marché
il/elle marche	ils/elles marchent	il/elle a marché	ils/elles ont marché
Imperfect		*Pluperfect*	
je marchais	nous marchions	j'avais marché	nous avions marché
tu marchais	vous marchiez	tu avais marché	vous aviez marché
il/elle marchait	ils/elles marchaient	il/elle avait marché	ils/elles avaient marché
Passé Simple		*Past Anterior*	
je marchai	nous marchâmes	j'eus marché	nous eûmes marché
tu marchas	vous marchâtes	tu eus marché	vous eûtes marché
il/elle marcha	ils/elles marchèrent	il/elle eut marché	ils/elles eurent marché
Future		*Future Anterior*	
je marcherai	nous marcherons	j'aurai marché	nous aurons marché
tu marcheras	vous marcherez	tu auras marché	vous aurez marché
il/elle marchera	ils/elles marcheront	il/elle aura marché	ils/elles auront marché
Conditional		*Past Conditional*	
je marcherais	nous marcherions	j'aurais marché	nous aurions marché
tu marcherais	vous marcheriez	tu aurais marché	vous auriez marché
il/elle marcherait	ils/elles marcheraient	il/elle aurait marché	ils/elles auraient marché

Present Subjunctive		*Past Subjunctive*	
que je marche	que nous marchions	que j'aie marché	que nous ayons marché
que tu marches	que vous marchiez	que tu aies marché	que vous ayez marché
qu'il/elle marche	qu'ils/elles marchent	qu'il/elle ait marché	qu'ils/elles aient marché
Imperfect Subjunctive		*Pluperfect Subjunctive*	
que je marchasse	que nous marchassions	que j'eusse marché	que nous eussions marché
que tu marchasses	que vous marchassiez	que tu eusses marché	que vous eussiez marché
qu'il/elle marchât	qu'ils/elles marchassent	qu'il/elle eût marché	qu'ils/elles eussent marché

Commands

	(nous) marchons
(tu) marche	(vous) marchez

USAGE

Il marche trop vite. Je ne peux pas le rattraper.	*He walks too quickly. I can't catch up with him.*
Il est défendu de marcher sur le gazon.	*It's forbidden to walk on the lawn.*
Son fils a marché sur ses pas.	*His son followed in his footsteps.*
Si Louis marche avec eux, je ne marche plus.	*If Louis joins up with them, I'm out.*
C'est marche ou crève.	*It's sink or swim.*
Il va falloir que tu marches au pas.	*You'll have to toe the mark.*
Il te fait marcher.	*He's stringing you along.*
Cela marche comme sur des roulettes.	*Everything is going like clockwork.*
Il est content. Ses affaires marchent bien.	*He's happy. His business is going well.*
Ses actions ont fait marcher les langues.	*What he did started tongues wagging.*
marcher à quatre pattes	*to crawl*
Ce téléphone ne marche pas.	*This phone isn't working.*

irregular verb **je maudis · je maudis · maudit · maudissant**

Present		*Passé Composé*	
je maudis	nous maudissons	j'ai maudit	nous avons maudit
tu maudis	vous maudissez	tu as maudit	vous avez maudit
il/elle maudit	ils/elles maudissent	il/elle a maudit	ils/elles ont maudit
Imperfect		*Pluperfect*	
je maudissais	nous maudissions	j'avais maudit	nous avions maudit
tu maudissais	vous maudissiez	tu avais maudit	vous aviez maudit
il/elle maudissait	ils/elles maudissaient	il/elle avait maudit	ils/elles avaient maudit
Passé Simple		*Past Anterior*	
je maudis	nous maudîmes	j'eus maudit	nous eûmes maudit
tu maudis	vous maudîtes	tu eus maudit	vous eûtes maudit
il/elle maudit	ils/elles maudirent	il/elle eut maudit	ils/elles eurent maudit
Future		*Future Anterior*	
je maudirai	nous maudirons	j'aurai maudit	nous aurons maudit
tu maudiras	vous maudirez	tu auras maudit	vous aurez maudit
il/elle maudira	ils/elles maudiront	il/elle aura maudit	ils/elles auront maudit
Conditional		*Past Conditional*	
je maudirais	nous maudirions	j'aurais maudit	nous aurions maudit
tu maudirais	vous maudiriez	tu aurais maudit	vous auriez maudit
il/elle maudirait	ils/elles maudiraient	il/elle aurait maudit	ils/elles auraient maudit

Present Subjunctive		*Past Subjunctive*	
que je maudisse	que nous maudissions	que j'aie maudit	que nous ayons maudit
que tu maudisses	que vous maudissiez	que tu aies maudit	que vous ayez maudit
qu'il/elle maudisse	qu'ils/elles maudissent	qu'il/elle ait maudit	qu'ils/elles aient maudit
Imperfect Subjunctive		*Pluperfect Subjunctive*	
que je maudisse	que nous maudissions	que j'eusse maudit	que nous eussions maudit
que tu maudisses	que vous maudissiez	que tu eusses maudit	que vous eussiez maudit
qu'il/elle maudît	qu'ils/elles maudissent	qu'il/elle eût maudit	qu'ils/elles eussent maudit

Commands

	(nous) maudissons
(tu) maudis	(vous) maudissez

USAGE

Le peuple maudit la guerre.	*The people curse war.*
Elle a maudit son fiancé.	*She cursed her fiancé.*
Maudit soit le jour où je l'ai connu.	*Cursed be the day I met him.*
Je te maudis!	*Damn you!*
Maudit soit-il!	*Damn him!*

RELATED WORDS AND EXPRESSIONS

la malédiction	*curse*

325 méconnaître *to not know, be unfamiliar with; to misjudge, underestimate*

je méconnais · je méconnus · méconnu · méconnaissant irregular verb

Present		*Passé Composé*	
je méconnais	nous méconnaissons	j'ai méconnu	nous avons méconnu
tu méconnais	vous méconnaissez	tu as méconnu	vous avez méconnu
il/elle méconnaît	ils/elles méconnaissent	il/elle a méconnu	ils/elles ont méconnu
Imperfect		*Pluperfect*	
je méconnaissais	nous méconnaissions	j'avais méconnu	nous avions méconnu
tu méconnaissais	vous méconnaissiez	tu avais méconnu	vous aviez méconnu
il/elle méconnaissait	ils/elles méconnaissaient	il/elle avait méconnu	ils/elles avaient méconnu
Passé Simple		*Past Anterior*	
je méconnus	nous méconnûmes	j'eus méconnu	nous eûmes méconnu
tu méconnus	vous méconnûtes	tu eus méconnu	vous eûtes méconnu
il/elle méconnut	ils/elles méconnurent	il/elle eut méconnu	ils/elles eurent méconnu
Future		*Future Anterior*	
je méconnaîtrai	nous méconnaîtrons	j'aurai méconnu	nous aurons méconnu
tu méconnaîtras	vous méconnaîtrez	tu auras méconnu	vous aurez méconnu
il/elle méconnaîtra	ils/elles méconnaîtront	il/elle aura méconnu	ils/elles auront méconnu
Conditional		*Past Conditional*	
je méconnaîtrais	nous méconnaîtrions	j'aurais méconnu	nous aurions méconnu
tu méconnaîtrais	vous méconnaîtriez	tu aurais méconnu	vous auriez méconnu
il/elle méconnaîtrait	ils/elles méconnaîtraient	il/elle aurait méconnu	ils/elles auraient méconnu

Present Subjunctive		*Past Subjunctive*	
que je méconnaisse	que nous méconnaissions	que j'aie méconnu	que nous ayons méconnu
que tu méconnaisses	que vous méconnaissiez	que tu aies méconnu	que vous ayez méconnu
qu'il/elle méconnaisse	qu'ils/elles méconnaissent	qu'il/elle ait méconnu	qu'ils/elles aient méconnu
Imperfect Subjunctive		*Pluperfect Subjunctive*	
que je méconnusse	que nous méconnussions	que j'eusse méconnu	que nous eussions méconnu
que tu méconnusses	que vous méconnussiez	que tu eusses méconnu	que vous eussiez méconnu
qu'il/elle méconnût	qu'ils/elles méconnussent	qu'il/elle eût méconnu	qu'ils/elles eussent méconnu

Commands

	(nous) méconnaissons
(tu) méconnais	(vous) méconnaissez

USAGE

méconnaître le règlement	*to be ignorant of the regulations*
Il ne méconnaît pas que vous soyez en difficulté.	*He is fully aware that you are having trouble.*
C'est méconnaître le monde des affaires.	*That's misjudging the business world.*
Les critiques ont méconnu la qualité de son œuvre.	*The critics underestimated the quality of his work.*
On méconnaît la valeur de ses idées.	*People underestimate the value of his ideas.*

RELATED WORDS AND EXPRESSIONS

la méconnaissance	*deliberate ignorance*
Sa méconnaissance des lois a mené à sa perte.	*His disregard of the laws led to his destruction.*
Sa méconnaissance de son sujet est choquante pour un professeur.	*His ignorance of his subject is shocking for a teacher.*
C'est un méconnu.	*He's an underrated person.*

regular *-er* reflexive verb;
compound tenses with *être*

je me méfie · je me méfiai · s'étant méfié · se méfiant

Present		*Passé Composé*	
je me méfie	nous nous méfions	je me suis méfié(e)	nous nous sommes méfié(e)s
tu te méfies	vous vous méfiez	tu t'es méfié(e)	vous vous êtes méfié(e)(s)
il/elle se méfie	ils/elles se méfient	il/elle s'est méfié(e)	ils/elles se sont méfié(e)s
Imperfect		*Pluperfect*	
je me méfiais	nous nous méfiions	je m'étais méfié(e)	nous nous étions méfié(e)s
tu te méfiais	vous vous méfiiez	tu t'étais méfié(e)	vous vous étiez méfié(e)(s)
il/elle se méfiait	ils/elles se méfiaient	il/elle s'était méfié(e)	ils/elles s'étaient méfié(e)s
Passé Simple		*Past Anterior*	
je me méfiai	nous nous méfiâmes	je me fus méfié(e)	nous nous fûmes méfié(e)s
tu te méfias	vous vous méfiâtes	tu te fus méfié(e)	vous vous fûtes méfié(e)(s)
il/elle se méfia	ils/elles se méfièrent	il/elle se fut méfié(e)	ils/elles se furent méfié(e)s
Future		*Future Anterior*	
je me méfierai	nous nous méfierons	je me serai méfié(e)	nous nous serons méfié(e)s
tu te méfieras	vous vous méfierez	tu te seras méfié(e)	vous vous serez méfié(e)(s)
il/elle se méfiera	ils/elles se méfieront	il/elle se sera méfié(e)	ils/elles se seront méfié(e)s
Conditional		*Past Conditional*	
je me méfierais	nous nous méfierions	je me serais méfié(e)	nous nous serions méfié(e)s
tu te méfierais	vous vous méfieriez	tu te serais méfié(e)	vous vous seriez méfié(e)(s)
il/elle se méfierait	ils/elles se méfieraient	il/elle se serait méfié(e)	ils/elles se seraient méfié(e)s

Present Subjunctive		*Past Subjunctive*	
que je me méfie	que nous nous méfiions	que je me sois méfié(e)	que nous nous soyons méfié(e)s
que tu te méfies	que vous vous méfiiez	que tu te sois méfié(e)	que vous vous soyez méfié(e)(s)
qu'il/elle se méfie	qu'ils/elles se méfient	qu'il/elle se soit méfié(e)	qu'ils/elles se soient méfié(e)s
Imperfect Subjunctive		*Pluperfect Subjunctive*	
que je me méfiasse	que nous nous méfiassions	que je me fusse méfié(e)	que nous nous fussions méfié(e)s
que tu te méfiasses	que vous vous méfiassiez	que tu te fusses méfié(e)	que vous vous fussiez méfié(e)(s)
qu'il/elle se méfiât	qu'ils/elles se méfiassent	qu'il/elle se fût méfié(e)	qu'ils/elles se fussent méfié(e)s

Commands

	(nous) méfions-nous
(tu) méfie-toi	(vous) méfiez-vous

USAGE

se méfier de qqn/qqch	*to be wary of someone/something*
Je me méfie de ces gens-là.	*I don't trust those people.*
Méfiez-vous du chien.	*Beware of the dog.* (sign)
Je me méfie de ses promesses.	*I don't trust his promises.*
—Ce quartier est dangereux. Méfie-toi.	*This neighborhood is dangerous. Be careful.*
—Ne t'en fais pas. Je me méfie toujours.	*Don't worry. I'm always on my guard.*
Il faut se méfier des faux billets de banque.	*Beware of counterfeit banknotes.*
—Il faut se méfier de la nourriture dans cette ville.	*You have to be careful about food in that city.*
—Nous nous méfions aussi de l'eau.	*We're leery of the water too.*
Il faut se méfier des apparences.	*One shouldn't trust appearances.*

327 mener *to lead*

je mène · je menai · mené · menant

-er verb; spelling change: *e* > è/mute *e*

Present		*Passé Composé*	
je mène	nous menons	j'ai mené	nous avons mené
tu mènes	vous menez	tu as mené	vous avez mené
il/elle mène	ils/elles mènent	il/elle a mené	ils/elles ont mené
Imperfect		***Pluperfect***	
je menais	nous menions	j'avais mené	nous avions mené
tu menais	vous meniez	tu avais mené	vous aviez mené
il/elle menait	ils/elles menaient	il/elle avait mené	ils/elles avaient mené
Passé Simple		***Past Anterior***	
je menai	nous menâmes	j'eus mené	nous eûmes mené
tu menas	vous menâtes	tu eus mené	vous eûtes mené
il/elle mena	ils/elles menèrent	il/elle eut mené	ils/elles eurent mené
Future		***Future Anterior***	
je mènerai	nous mènerons	j'aurai mené	nous aurons mené
tu mèneras	vous mènerez	tu auras mené	vous aurez mené
il/elle mènera	ils/elles mèneront	il/elle aura mené	ils/elles auront mené
Conditional		***Past Conditional***	
je mènerais	nous mènerions	j'aurais mené	nous aurions mené
tu mènerais	vous mèneriez	tu aurais mené	vous auriez mené
il/elle mènerait	ils/elles mèneraient	il/elle aurait mené	ils/elles auraient mené
Present Subjunctive		***Past Subjunctive***	
que je mène	que nous menions	que j'aie mené	que nous ayons mené
que tu mènes	que vous meniez	que tu aies mené	que vous ayez mené
qu'il/elle mène	qu'ils/elles mènent	qu'il/elle ait mené	qu'ils/elles aient mené
Imperfect Subjunctive		***Pluperfect Subjunctive***	
que je menasse	que nous menassions	que j'eusse mené	que nous eussions mené
que tu menasses	que vous menassiez	que tu eusses mené	que vous eussiez mené
qu'il/elle menât	qu'ils/elles menassent	qu'il/elle eût mené	qu'ils/elles eussent mené

Commands

	(nous) menons
(tu) mène	(vous) menez

USAGE

Notre équipe mène 5 à 4.	*Our team is leading 5 to 4.*
Où mène cette rue?	*Where does this street lead to?*
Est-ce que cet autobus me mènera au musée d'art?	*Will this bus take me to the art museum?*
Cet enfant a de la fièvre. Il faut le mener chez le médecin.	*This child has a fever. We have to take him to the doctor.*
Il se laisse mener par ses passions.	*He is the slave of his passions.*
Elle a mené cette affaire à bien.	*She saw this matter through.*
L'informaticien a mené le projet à bon fin/terme.	*The computer specialist brought the project to a successful conclusion.*
Votre rapport avec lui peut mener loin.	*Your relationship with him may get you into hot water.*
L'argent mène le monde.	*Money makes the world go round.*

irregular verb **je mens · je mentis · menti · mentant**

Present		Passé Composé	
je mens	nous mentons	j'ai menti	nous avons menti
tu mens	vous mentez	tu as menti	vous avez menti
il/elle ment	ils/elles mentent	il/elle a menti	ils/elles ont menti
Imperfect		**Pluperfect**	
je mentais	nous mentions	j'avais menti	nous avions menti
tu mentais	vous mentiez	tu avais menti	vous aviez menti
il/elle mentait	ils/elles mentaient	il/elle avait menti	ils/elles avaient menti
Passé Simple		**Past Anterior**	
je mentis	nous mentîmes	j'eus menti	nous eûmes menti
tu mentis	vous mentîtes	tu eus menti	vous eûtes menti
il/elle mentit	ils/elles mentirent	il/elle eut menti	ils/elles eurent menti
Future		**Future Anterior**	
je mentirai	nous mentirons	j'aurai menti	nous aurons menti
tu mentiras	vous mentirez	tu auras menti	vous aurez menti
il/elle mentira	ils/elles mentiront	il/elle aura menti	ils/elles auront menti
Conditional		**Past Conditional**	
je mentirais	nous mentirions	j'aurais menti	nous aurions menti
tu mentirais	vous mentiriez	tu aurais menti	vous auriez menti
il/elle mentirait	ils/elles mentiraient	il/elle aurait menti	ils/elles auraient menti

Present Subjunctive		Past Subjunctive	
que je mente	que nous mentions	que j'aie menti	que nous ayons menti
que tu mentes	que vous mentiez	que tu aies menti	que vous ayez menti
qu'il/elle mente	qu'ils/elles mentent	qu'il/elle ait menti	qu'ils/elles aient menti
Imperfect Subjunctive		**Pluperfect Subjunctive**	
que je mentisse	que nous mentissions	que j'eusse menti	que nous eussions menti
que tu mentisses	que vous mentissiez	que tu eusses menti	que vous eussiez menti
qu'il/elle mentît	qu'ils/elles mentissent	qu'il/elle eût menti	qu'ils/elles eussent menti

Commands

	(nous) mentons
(tu) mens	(vous) mentez

USAGE

Vous mentez!	*You're lying!*
Il ment effrontément.	*He lies shamelessly.*
Il ment comme il respire.	*He's a compulsive liar.*
Il ment comme un arracheur de dents.	*He lies through his teeth.*
Il va te faire mentir.	*He'll prove you wrong.*
Ce politicien ment à sa réputation.	*This politician doesn't live up to his reputation.*
Tu te mens à toi-même.	*You're fooling yourself.*
Il fait mentir le proverbe.	*He gives the lie to the proverb.*

RELATED WORDS AND EXPRESSIONS

le mensonge	*lie*
un pieux mensonge	*a white lie*
vivre dans le mensonge	*to live a lie*
un menteur / une menteuse	*a liar*

se méprendre *to be mistaken*

je me méprends · je me mépris · s'étant mépris · se méprenant

irregular verb; compound tenses with *être*

Present		***Passé Composé***	
je me méprends	nous nous méprenons	je me suis mépris(e)	nous nous sommes mépris(es)
tu te méprends	vous vous méprenez	tu t'es mépris(e)	vous vous êtes mépris(e)(s)
il/elle se méprend	ils/elles se méprennent	il/elle s'est mépris(e)	ils/elles se sont mépris(es)
Imperfect		***Pluperfect***	
je me méprenais	nous nous méprenions	je m'étais mépris(e)	nous nous étions mépris(es)
tu te méprenais	vous vous mépreniez	tu t'étais mépris(e)	vous vous étiez mépris(e)(s)
il/elle se méprenait	ils/elles se méprenaient	il/elle s'était mépris(e)	ils/elles s'étaient mépris(es)
Passé Simple		***Past Anterior***	
je me mépris	nous nous méprîmes	je me fus mépris(e)	nous nous fûmes mépris(es)
tu te mépris	vous vous méprîtes	tu te fus mépris(e)	vous vous fûtes mépris(e)(s)
il/elle se méprit	ils/elles se méprirent	il/elle se fut mépris(e)	ils/elles se furent mépris(es)
Future		***Future Anterior***	
je me méprendrai	nous nous méprendrons	je me serai mépris(e)	nous nous serons mépris(es)
tu te méprendras	vous vous méprendrez	tu te seras mépris(e)	vous vous serez mépris(e)(s)
il/elle se méprendra	ils/elles se méprendront	il/elle se sera mépris(e)	ils/elles se seront mépris(es)
Conditional		***Past Conditional***	
je me méprendrais	nous nous méprendrions	je me serais mépris(e)	nous nous serions mépris(es)
tu te méprendrais	vous vous méprendriez	tu te serais mépris(e)	vous vous seriez mépris(e)(s)
il/elle se méprendrait	ils/elles se méprendraient	il/elle se serait mépris(e)	ils/elles se seraient mépris(es)

Present Subjunctive		***Past Subjunctive***	
que je me méprenne	que nous nous méprenions	que je me sois mépris(e)	que nous nous soyons mépris(es)
que tu te méprennes	que vous vous mépreniez	que tu te sois mépris(e)	que vous vous soyez mépris(e)(s)
qu'il/elle se méprenne	qu'ils/elles se méprennent	qu'il/elle se soit mépris(e)	qu'ils/elles se soient mépris(es)
Imperfect Subjunctive		***Pluperfect Subjunctive***	
que je me méprisse	que nous nous méprissions	que je me fusse mépris(e)	que nous nous fussions mépris(es)
que tu te méprisses	que vous vous méprissiez	que tu te fusses mépris(e)	que vous vous fussiez mépris(e)(s)
qu'il/elle se méprît	qu'ils/elles se méprissent	qu'il/elle se fût mépris(e)	qu'ils/elles se fussent mépris(es)

Commands

	(nous) méprenons-nous
(tu) méprends-toi	(vous) méprenez-vous

USAGE

Je me suis mépris sur le sens du courriel.	*I was mistaken about the meaning of the e-mail.*
Désolé si je me suis mépris.	*So sorry if I was mistaken.*
Je vois que je me suis mépris sur ses intentions.	*I see I was mistaken about his intentions.*
Ne vous méprenez pas sur ses mobiles.	*Don't be mistaken about his motives.*
Je vois que je me suis mépris sur vous.	*I see I was mistaken about you.*
Ils se ressemblent à s'y méprendre.	*They look so much alike you can't tell them apart.*
Ne vous méprenez pas à son accent.	*Don't be misled by his accent.*
J'espère qu'on ne se méprendra pas sur mes sentiments.	*I hope people won't get the wrong idea about my feelings.*

RELATED WORDS AND EXPRESSIONS

la méprise	*mistake/error*
On l'a choisie par méprise.	*She was chosen by mistake.*

regular -*er* verb **je méprise · je méprisai · méprisé · méprisant**

Present		***Passé Composé***	
je méprise	nous méprisons	j'ai méprisé	nous avons méprisé
tu méprises	vous méprisez	tu as méprisé	vous avez méprisé
il/elle méprise	ils/elles méprisent	il/elle a méprisé	ils/elles ont méprisé
Imperfect		***Pluperfect***	
je méprisais	nous méprisions	j'avais méprisé	nous avions méprisé
tu méprisais	vous méprisiez	tu avais méprisé	vous aviez méprisé
il/elle méprisait	ils/elles méprisaient	il/elle avait méprisé	ils/elles avaient méprisé
Passé Simple		***Past Anterior***	
je méprisai	nous méprisâmes	j'eus méprisé	nous eûmes méprisé
tu méprisas	vous méprisâtes	tu eus méprisé	vous eûtes méprisé
il/elle méprisa	ils/elles méprisèrent	il/elle eut méprisé	ils/elles eurent méprisé
Future		***Future Anterior***	
je mépriserai	nous mépriserons	j'aurai méprisé	nous aurons méprisé
tu mépriseras	vous mépriserez	tu auras méprisé	vous aurez méprisé
il/elle méprisera	ils/elles mépriseront	il/elle aura méprisé	ils/elles auront méprisé
Conditional		***Past Conditional***	
je mépriserais	nous mépriserions	j'aurais méprisé	nous aurions méprisé
tu mépriserais	vous mépriseriez	tu aurais méprisé	vous auriez méprisé
il/elle mépriserait	ils/elles mépriseraient	il/elle aurait méprisé	ils/elles auraient méprisé

Present Subjunctive		***Past Subjunctive***	
que je méprise	que nous méprisions	que j'aie méprisé	que nous ayons méprisé
que tu méprises	que vous méprisiez	que tu aies méprisé	que vous ayez méprisé
qu'il/elle méprise	qu'ils/elles méprisent	qu'il/elle ait méprisé	qu'ils/elles aient méprisé
Imperfect Subjunctive		***Pluperfect Subjunctive***	
que je méprisasse	que nous méprisassions	que j'eusse méprisé	que nous eussions méprisé
que tu méprisasses	que vous méprisassiez	que tu eusses méprisé	que vous eussiez méprisé
qu'il/elle méprisât	qu'ils/elles méprisassent	qu'il/elle eût méprisé	qu'ils/elles eussent méprisé

Commands

	(nous) méprisons
(tu) méprise	(vous) méprisez

USAGE

Ce gouvernement méprise la volonté du peuple.	*This government despises the will of the people.*
Pourquoi avez-vous méprisé mon offre?	*Why did you scorn my offer?*
C'est une personne que je méprise.	*He's a person I have contempt for.*
Il a méprisé le danger.	*He did not take the danger seriously.*
Elle méprise les conventions.	*She has no regard for convention.*

RELATED WORDS AND EXPRESSIONS

le mépris	*scorn/contempt*
Je n'éprouve que du mépris pour vous.	*I feel only contempt for you.*
un regard de mépris	*a scornful look*
le mépris des lois	*contempt for the law*

331 mettre *to put*

je mets · je mis · mis · mettant

irregular verb; only one t in the singular of the present tense

mettre ce problème sur l'ordre du jour	*to put this problem on the agenda*
mettre le criminel en prison	*to put the criminal in jail*
Ils ont mis leurs enfants dans le privé.	*They are sending their children to private school.*
Les torpilles ont mis le navire de l'ennemi hors d'état.	*The torpedoes put the enemy ship out of commission.*

Mettre à table

mettre la table	*to set the table*
—Tu as déjà mis la soupe à cuire?	*Have you already put on the soup to cook?*
—Oui, et j'ai mis la sauce à réchauffer.	*Yes, and I'm reheating the sauce.*
On peut se mettre à table.	*We can sit down at the table.*
On a mis les petits plats dans les grands pour lui.	*We gave him the red carpet treatment.*
Il aime encore mettre la main à la pâte.	*He still likes to have a hand in things.*
Il ne faut pas mettre tous ses œufs dans le même panier.	*You mustn't put all your eggs in one basket.*
L'odeur du poulet me mettait l'eau à la bouche.	*The smell of the chicken made my mouth water.*

mettre pour les rapports humains et la personnalité

Je n'ai répondu que quand ils m'avaient mis au pied du mur.	*I answered only when they had nailed me down.*
Je ne savais plus où me mettre.	*I didn't know where to hide.* (out of embarrassment)
se mettre en colère/fureur	*to get angry/furious*
On peut facilement mettre ce ministre dans sa poche.	*This official is easy to buy off.*
Quelle idée est-ce que tu t'es mise dans la tête?	*What strange idea has gotten into your head?*
Ils se sont mis dans tous leurs états.	*They flew into a panic.*
Je n'aime pas la situation dans laquelle il nous a mis.	*I don't like the situation he's put us in.*
mettre qqn à la porte	*to fire someone / throw someone out*

Mettre de l'effort

Il s'est mis en quatre pour nous aider.	*He went all out to help us.*
Tu n'y mets pas du tien, je vois.	*I see you're not pulling your weight.*
Il faut que je me mette au boulot.	*I've got to buckle down to my work.*
Mettons-nous à la besogne pour la dépanner.	*Let's all pitch in to help her out.*
Elle a mis en œuvre tout son talent.	*She brought all her talent into play.*
Il a mis les étudiants au travail.	*He made the students work.*

Mettre des vêtements

mettre sa veste	*to put on one's jacket*
Il a mis son chapeau.	*He put on his hat.*
Je n'ai rien à me mettre.	*I have nothing to wear.*
Elle s'est mise en robe de soirée.	*She wore a gown.*
Le prof se met toujours en costume.	*The teacher always wears a suit.*
Je me mets toujours de l'après-rasage.	*I always put on aftershave.*

RELATED WORDS AND EXPRESSIONS

se mettre sur les rangs	*to declare one's candidacy*

top 50 verb

mettre — to put

irregular verb; only one t in the singular of the present tense

je mets · je mis · mis · mettant

Present		*Passé Composé*	
je mets	nous mettons	j'ai mis	nous avons mis
tu mets	vous mettez	tu as mis	vous avez mis
il/elle met	ils/elles mettent	il/elle a mis	ils/elles ont mis
Imperfect		*Pluperfect*	
je mettais	nous mettions	j'avais mis	nous avions mis
tu mettais	vous mettiez	tu avais mis	vous aviez mis
il/elle mettait	ils/elles mettaient	il/elle avait mis	ils/elles avaient mis
Passé Simple		*Past Anterior*	
je mis	nous mîmes	j'eus mis	nous eûmes mis
tu mis	vous mîtes	tu eus mis	vous eûtes mis
il/elle mit	ils/elles mirent	il/elle eut mis	ils/elles eurent mis
Future		*Future Anterior*	
je mettrai	nous mettrons	j'aurai mis	nous aurons mis
tu mettras	vous mettrez	tu auras mis	vous aurez mis
il/elle mettra	ils/elles mettront	il/elle aura mis	ils/elles auront mis
Conditional		*Past Conditional*	
je mettrais	nous mettrions	j'aurais mis	nous aurions mis
tu mettrais	vous mettriez	tu aurais mis	vous auriez mis
il/elle mettrait	ils/elles mettraient	il/elle aurait mis	ils/elles auraient mis

Present Subjunctive		*Past Subjunctive*	
que je mette	que nous mettions	que j'aie mis	que nous ayons mis
que tu mettes	que vous mettiez	que tu aies mis	que vous ayez mis
qu'il/elle mette	qu'ils/elles mettent	qu'il/elle ait mis	qu'ils/elles aient mis
Imperfect Subjunctive		*Pluperfect Subjunctive*	
que je misse	que nous missions	que j'eusse mis	que nous eussions mis
que tu misses	que vous missiez	que tu eusses mis	que vous eussiez mis
qu'il/elle mît	qu'ils/elles missent	qu'il/elle eût mis	qu'ils/elles eussent mis

Commands

	(nous) mettons
(tu) mets	(vous) mettez

USAGE

mettre qqch sur la table	*to put something on the table*
mettre qqch dans sa poche	*to put something in one's pocket*
—Est-ce que tu a mis la monnaie sur la table?	*Did you put the change on the table?*
—Non, je l'ai mise dans ma poche.	*No, I put it in my pocket.*
mettre les assiettes dans le placard	*to put the plates in the cupboard*
mettre la famille avant tout	*to put family ahead of everything*
mettre de l'argent à côté	*to put money aside*
J'ai mis 100 euros sur mon équipe.	*I bet 100 euros on my team.*
mettre qqn dans son train	*to put someone on his train*
J'ai mis ma montre à dix heures.	*I set my watch to ten o'clock.*
—Tu a mis la télé?	*Did you turn on the TV?*
—Oui, j'ai mis les informations.	*Yes, I put on the news.*
—Tu a mis de la moquette dans le salon?	*Did you carpet the living room?*
—Non, j'ai mis un tapis.	*No, I put down a rug.*

top 50 verb

mincir *to lose weight*

je mincis · je mincis · minci · mincissant regular -ir verb

Present		*Passé Composé*	
je mincis	nous mincissons	j'ai minci	nous avons minci
tu mincis	vous mincissez	tu as minci	vous avez minci
il/elle mincit	ils/elles mincissent	il/elle a minci	ils/elles ont minci
Imperfect		*Pluperfect*	
je mincissais	nous mincissions	j'avais minci	nous avions minci
tu mincissais	vous mincissiez	tu avais minci	vous aviez minci
il/elle mincissait	ils/elles mincissaient	il/elle avait minci	ils/elles avaient minci
Passé Simple		*Past Anterior*	
je mincis	nous mincîmes	j'eus minci	nous eûmes minci
tu mincis	vous mincîtes	tu eus minci	vous eûtes minci
il/elle mincit	ils/elles mincirent	il/elle eut minci	ils/elles eurent minci
Future		*Future Anterior*	
je mincirai	nous mincirons	j'aurai minci	nous aurons minci
tu minciras	vous mincirez	tu auras minci	vous aurez minci
il/elle mincira	ils/elles minciront	il/elle aura minci	ils/elles auront minci
Conditional		*Past Conditional*	
je mincirais	nous mincirions	j'aurais minci	nous aurions minci
tu mincirais	vous minciriez	tu aurais minci	vous auriez minci
il/elle mincirait	ils/elles minciraient	il/elle aurait minci	ils/elles auraient minci

Present Subjunctive		*Past Subjunctive*	
que je mincisse	que nous mincissions	que j'aie minci	que nous ayons minci
que tu mincisses	que vous mincissiez	que tu aies minci	que vous ayez minci
qu'il/elle mincisse	qu'ils/elles mincissent	qu'il/elle ait minci	qu'ils/elles aient minci
Imperfect Subjunctive		*Pluperfect Subjunctive*	
que je mincisse	que nous mincissions	que j'eusse minci	que nous eussions minci
que tu mincisses	que vous mincissiez	que tu eusses minci	que vous eussiez minci
qu'il/elle mincît	qu'ils/elles mincissent	qu'il/elle eût minci	qu'ils/elles eussent minci

Commands

	(nous) mincissons
(tu) mincis	(vous) mincissez

USAGE

Le médecin m'a conseillé de mincir.	*The doctor advised me to lose weight.*
Les fruits et les légumes mincissent.	*Fruits and vegetables help you lose weight.*
Ce style vous mincit.	*That style makes you look slimmer.*
J'essaie de mincir. Je suis au régime.	*I'm trying to get thinner. I'm on a diet.*

RELATED WORDS AND EXPRESSIONS

la minceur	*slenderness/slimness*
la cuisine minceur	*diet cooking*
mince	*skinny/slim*
Il est mince comme un fil.	*He's as skinny as a rail* (lit., *a thread*).
Un compte-rendu de trois pages, c'est un peu mince.	*A three-page report is a bit skimpy.*
Un seul gâteau pour douze invités, c'est un peu mince.	*Just one cake for twelve guests, that may not be enough.*

regular *-er* verb; compound tenses with *être* **je monte · je montai · monté · montant**

Present		*Passé Composé*	
je monte	nous montons	je suis monté(e)	nous sommes monté(e)s
tu montes	vous montez	tu es monté(e)	vous êtes monté(e)(s)
il/elle monte	ils/elles montent	il/elle est monté(e)	ils/elles sont monté(e)s
Imperfect		***Pluperfect***	
je montais	nous montions	j'étais monté(e)	nous étions monté(e)s
tu montais	vous montiez	tu étais monté(e)	vous étiez monté(e)(s)
il/elle montait	ils/elles montaient	il/elle était monté(e)	ils/elles étaient monté(e)s
Passé Simple		***Past Anterior***	
je montai	nous montâmes	je fus monté(e)	nous fûmes monté(e)s
tu montas	vous montâtes	tu fus monté(e)	vous fûtes monté(e)(s)
il/elle monta	ils/elles montèrent	il/elle fut monté(e)	ils/elles furent monté(e)s
Future		***Future Anterior***	
je monterai	nous monterons	je serai monté(e)	nous serons monté(e)s
tu monteras	vous monterez	tu seras monté(e)	vous serez monté(e)(s)
il/elle montera	ils/elles monteront	il/elle sera monté(e)	ils/elles seront monté(e)s
Conditional		***Past Conditional***	
je monterais	nous monterions	je serais monté(e)	nous serions monté(e)s
tu monterais	vous monteriez	tu serais monté(e)	vous seriez monté(e)(s)
il/elle monterait	ils/elles monteraient	il/elle serait monté(e)	ils/elles seraient monté(e)s

Present Subjunctive		*Past Subjunctive*	
que je monte	que nous montions	que je sois monté(e)	que nous soyons monté(e)s
que tu montes	que vous montiez	que tu sois monté(e)	que vous soyez monté(e)(s)
qu'il/elle monte	qu'ils/elles montent	qu'il/elle soit monté(e)	qu'ils/elles soient monté(e)s
Imperfect Subjunctive		***Pluperfect Subjunctive***	
que je montasse	que nous montassions	que je fusse monté(e)	que nous fussions monté(e)s
que tu montasses	que vous montassiez	que tu fusses monté(e)	que vous fussiez monté(e)(s)
qu'il/elle montât	qu'ils/elles montassent	qu'il/elle fût monté(e)	qu'ils/elles fussent monté(e)s

Commands

	(nous) montons
(tu) monte	(vous) montez

USAGE

L'ascenseur monte?	*Is the elevator going up?*
C'est une rue qui monte.	*It's a street that goes up (on an incline).*
Le vin m'est monté à la tête.	*The wine went to my head.*
Le chat est monté sur le sofa.	*The cat got up on the sofa.*
Il faut monter l'escalier. L'ascenseur est en panne.	*You have to go up the stairs. The escalator is out of order.*
Les prix montent.	*Prices are going up.*
Le gouvernement essaie d'empêcher les prix de monter.	*The government is trying to hold prices down.*
Tu sais monter sur un cheval?	*Do you know how to get on a horse?*
Nous sommes montés dans le train.	*We got on the train.*
Le chasseur a monté mes bagages.	*The bellhop took my luggage up.*
Monte les livres un peu.	*Put the books up a little higher.*
On a monté le prix de l'essence.	*They have raised the price of gasoline.*

montrer *to show*

je montre · je montrai · montré · montrant regular *-er* verb

Present		*Passé Composé*	
je montre	nous montrons	j'ai montré	nous avons montré
tu montres	vous montrez	tu as montré	vous avez montré
il/elle montre	ils/elles montrent	il/elle a montré	ils/elles ont montré
Imperfect		*Pluperfect*	
je montrais	nous montrions	j'avais montré	nous avions montré
tu montrais	vous montriez	tu avais montré	vous aviez montré
il/elle montrait	ils/elles montraient	il/elle avait montré	ils/elles avaient montré
Passé Simple		*Past Anterior*	
je montrai	nous montrâmes	j'eus montré	nous eûmes montré
tu montras	vous montrâtes	tu eus montré	vous eûtes montré
il/elle montra	ils/elles montrèrent	il/elle eut montré	ils/elles eurent montré
Future		*Future Anterior*	
je montrerai	nous montrerons	j'aurai montré	nous aurons montré
tu montreras	vous montrerez	tu auras montré	vous aurez montré
il/elle montrera	ils/elles montreront	il/elle aura montré	ils/elles auront montré
Conditional		*Past Conditional*	
je montrerais	nous montrerions	j'aurais montré	nous aurions montré
tu montrerais	vous montreriez	tu aurais montré	vous auriez montré
il/elle montrerait	ils/elles montreraient	il/elle aurait montré	ils/elles auraient montré

Present Subjunctive		*Past Subjunctive*	
que je montre	que nous montrions	que j'aie montré	que nous ayons montré
que tu montres	que vous montriez	que tu aies montré	que vous ayez montré
qu'il/elle montre	qu'ils/elles montrent	qu'il/elle ait montré	qu'ils/elles aient montré
Imperfect Subjunctive		*Pluperfect Subjunctive*	
que je montrasse	que nous montrassions	que j'eusse montré	que nous eussions montré
que tu montrasses	que vous montrassiez	que tu eusses montré	que vous eussiez montré
qu'il/elle montrât	qu'ils/elles montrassent	qu'il/elle eût montré	qu'ils/elles eussent montré

Commands

	(nous) montrons
(tu) montre	(vous) montrez

USAGE

montrer qqch à qqn	*to show something to someone*
Il nous a montré les cadeaux qu'il a reçus.	*He showed us the gifts he got.*
Montrez-moi ce foulard en soie, s'il vous plaît.	*Show me that silk scarf, please.*
Ne montre pas encore tes cartes.	*Don't show your hand yet.*
Je vais te montrer de quel bois je me chauffe!	*I'll show you what sort of person I am!*
Elle m'a montré la porte.	*She showed me the door.*
Montre-moi comment m'en servir.	*Show me how to use it.*
Ne montre pas les gens du doigt!	*Don't point at people!*
Pourriez-vous me montrer le chemin?	*Could you show me the way?*
Tu t'es montré à la hauteur de la mission.	*You showed yourself to be up to the mission.*
Il nous montrera ce dont il est capable.	*He'll show us what he's capable of.*
Il faut montrer patte blanche pour entrer.	*You have to show credentials to get in.*
Elle n'a pas montré le bout de son nez.	*We haven't seen hide nor hair of her.*

to make fun (of) **se moquer (de)**

regular *-er* reflexive verb;
compound tenses with *être*

je me moque · je me moquai · s'étant moqué · se moquant

Present		*Passé Composé*	
je me moque	nous nous moquons	je me suis moqué(e)	nous nous sommes moqué(e)s
tu te moques	vous vous moquez	tu t'es moqué(e)	vous vous êtes moqué(e)(s)
il/elle se moque	ils/elles se moquent	il/elle s'est moqué(e)	ils/elles se sont moqué(e)s
Imperfect		*Pluperfect*	
je me moquais	nous nous moquions	je m'étais moqué(e)	nous nous étions moqué(e)s
tu te moquais	vous vous moquiez	tu t'étais moqué(e)	vous vous étiez moqué(e)(s)
il/elle se moquait	ils/elles se moquaient	il/elle s'était moqué(e)	ils/elles s'étaient moqué(e)s
Passé Simple		*Past Anterior*	
je me moquai	nous nous moquâmes	je me fus moqué(e)	nous nous fûmes moqué(e)s
tu te moquas	vous vous moquâtes	tu te fus moqué(e)	vous vous fûtes moqué(e)(s)
il/elle se moqua	ils/elles se moquèrent	il/elle se fut moqué(e)	ils/elles se furent moqué(e)s
Future		*Future Anterior*	
je me moquerai	nous nous moquerons	je me serai moqué(e)	nous nous serons moqué(e)s
tu te moqueras	vous vous moquerez	tu te seras moqué(e)	vous vous serez moqué(e)(s)
il/elle se moquera	ils/elles se moqueront	il/elle se sera moqué(e)	ils/elles se seront moqué(e)s
Conditional		*Past Conditional*	
je me moquerais	nous nous moquerions	je me serais moqué(e)	nous nous serions moqué(e)s
tu te moquerais	vous vous moqueriez	tu te serais moqué(e)	vous vous seriez moqué(e)(s)
il/elle se moquerait	ils/elles se moqueraient	il/elle se serait moqué(e)	ils/elles se seraient moqué(e)s
Present Subjunctive		*Past Subjunctive*	
que je me moque	que nous nous moquions	que je me sois moqué(e)	que nous nous soyons moqué(e)s
que tu te moques	que vous vous moquiez	que tu te sois moqué(e)	que vous vous soyez moqué(e)(s)
qu'il/elle se moque	qu'ils/elles se moquent	qu'il/elle se soit moqué(e)	qu'ils/elles se soient moqué(e)s
Imperfect Subjunctive		*Pluperfect Subjunctive*	
que je me moquasse	que nous nous moquassions	que je me fusse moqué(e)	que nous nous fussions moqué(e)s
que tu te moquasses	que vous vous moquassiez	que tu te fusses moqué(e)	que vous vous fussiez moqué(e)(s)
qu'il/elle se moquât	qu'ils/elles se moquassent	qu'il/elle se fût moqué(e)	qu'ils/elles se fussent moqué(e)s

Commands

	(nous) moquons-nous
(tu) moque-toi	(vous) moquez-vous

USAGE

se moquer de qqn/qqch	*to make fun of someone/something*
Ils se moquent de sa tête.	*They're making fun of him.*
Ils se moquent de ma tenue.	*They're making fun of my outfit.*
Il se moquait du monde.	*He made fun of everything.*
se moquer de qqn/qqch	*not to care about someone/something*
Je me moque du qu'en-dira-t-on.	*I don't care what people think.*
Je me moque que tu aies raison.	*I don't care whether you're right or not.*
Je m'en moque comme de l'an quarante.	*I don't give a hoot about it.*
Il s'en moque pas mal.	*He couldn't care less.*
Je m'en moque éperdument.	*I don't give a darn.*
Je m'en moque comme de ma première chemise.	*I don't care at all about it.*

mordre *to bite*

je mords · je mordis · mordu · mordant regular *-re* verb

Present		*Passé Composé*	
je mords	nous mordons	j'ai mordu	nous avons mordu
tu mords	vous mordez	tu as mordu	vous avez mordu
il/elle mord	ils/elles mordent	il/elle a mordu	ils/elles ont mordu
Imperfect		*Pluperfect*	
je mordais	nous mordions	j'avais mordu	nous avions mordu
tu mordais	vous mordiez	tu avais mordu	vous aviez mordu
il/elle mordait	ils/elles mordaient	il/elle avait mordu	ils/elles avaient mordu
Passé Simple		*Past Anterior*	
je mordis	nous mordîmes	j'eus mordu	nous eûmes mordu
tu mordis	vous mordîtes	tu eus mordu	vous eûtes mordu
il/elle mordit	ils/elles mordirent	il/elle eut mordu	ils/elles eurent mordu
Future		*Future Anterior*	
je mordrai	nous mordrons	j'aurai mordu	nous aurons mordu
tu mordras	vous mordrez	tu auras mordu	vous aurez mordu
il/elle mordra	ils/elles mordront	il/elle aura mordu	ils/elles auront mordu
Conditional		*Past Conditional*	
je mordrais	nous mordrions	j'aurais mordu	nous aurions mordu
tu mordrais	vous mordriez	tu aurais mordu	vous auriez mordu
il/elle mordrait	ils/elles mordraient	il/elle aurait mordu	ils/elles auraient mordu

Present Subjunctive		*Past Subjunctive*	
que je morde	que nous mordions	que j'aie mordu	que nous ayons mordu
que tu mordes	que vous mordiez	que tu aies mordu	que vous ayez mordu
qu'il/elle morde	qu'ils/elles mordent	qu'il/elle ait mordu	qu'ils/elles aient mordu
Imperfect Subjunctive		*Pluperfect Subjunctive*	
que je mordisse	que nous mordissions	que j'eusse mordu	que nous eussions mordu
que tu mordisses	que vous mordissiez	que tu eusses mordu	que vous eussiez mordu
qu'il/elle mordît	qu'ils/elles mordissent	qu'il/elle eût mordu	qu'ils/elles eussent mordu

Commands

	(nous) mordons
(tu) mords	(vous) mordez

USAGE

Un chien lui a mordu la cheville.	*A dog bit him on the ankle.*
Approche-toi. Je ne mords pas.	*Come closer. I don't bite.*
mordre dans un fruit	*to bite into a fruit*
Il a mordu un petit bout de fromage.	*He bit off a small piece of cheese.*
Il a mordu dans le chocolat à belles dents.	*He bit heartily into the chocolate.*
Je m'en mords les doigts.	*I regret it.*
Tu vas t'en mordre les doigts!	*You'll live to regret it.*
Il ne pense qu'à elle. Il est mordu.	*She's all he thinks about. He's hooked.*
Cet étudiant ne mord pas au latin.	*This student doesn't take to Latin.*
Il a mordu (à l'hameçon).	*He fell for it.*
C'est un mordu du rock.	*He's a real rock music devotee.*

PROVERB

Chien qui aboie ne mord pas.	*His bark is worse than his bite.*

irregular verb

je mouds · je moulus · moulu · moulant

Present		*Passé Composé*	
je mouds	nous moulons	j'ai moulu	nous avons moulu
tu mouds	vous moulez	tu as moulu	vous avez moulu
il/elle moud	ils/elles moulent	il/elle a moulu	ils/elles ont moulu
Imperfect		*Pluperfect*	
je moulais	nous moulions	j'avais moulu	nous avions moulu
tu moulais	vous mouliez	tu avais moulu	vous aviez moulu
il/elle moulait	ils/elles moulaient	il/elle avait moulu	ils/elles avaient moulu
Passé Simple		*Past Anterior*	
je moulus	nous moulûmes	j'eus moulu	nous eûmes moulu
tu moulus	vous moulûtes	tu eus moulu	vous eûtes moulu
il/elle moulut	ils/elles moulurent	il/elle eut moulu	ils/elles eurent moulu
Future		*Future Anterior*	
je moudrai	nous moudrons	j'aurai moulu	nous aurons moulu
tu moudras	vous moudrez	tu auras moulu	vous aurez moulu
il/elle moudra	ils/elles moudront	il/elle aura moulu	ils/elles auront moulu
Conditional		*Past Conditional*	
je moudrais	nous moudrions	j'aurais moulu	nous aurions moulu
tu moudrais	vous moudriez	tu aurais moulu	vous auriez moulu
il/elle moudrait	ils/elles moudraient	il/elle aurait moulu	ils/elles auraient moulu

Present Subjunctive		*Past Subjunctive*	
que je moule	que nous moulions	que j'aie moulu	que nous ayons moulu
que tu moules	que vous mouliez	que tu aies moulu	que vous ayez moulu
qu'il/elle moule	qu'ils/elles moulent	qu'il/elle ait moulu	qu'ils/elles aient moulu
Imperfect Subjunctive		*Pluperfect Subjunctive*	
que je moulusse	que nous moulussions	que j'eusse moulu	que nous eussions moulu
que tu moulusses	que vous moulussiez	que tu eusses moulu	que vous eussiez moulu
qu'il/elle moulût	qu'ils/elles moulussent	qu'il/elle eût moulu	qu'ils/elles eussent moulu

Commands

	(nous) moulons
(tu) mouds	(vous) moulez

USAGE

moudre du poivre	*to grind pepper*
moudre du blé	*to grind/mill wheat*
moudre du café	*to grind coffee*
donner du grain à moudre à qqn	*to give someone food for thought*
Ce moulin à café moud trop gros.	*This coffee grinder doesn't grind the beans fine enough.*

RELATED WORDS AND EXPRESSIONS

le moulin	*mill*
le moulin à vent	*windmill*
le moulin à eau	*water mill*
On y entre comme dans un moulin.	*Anyone and everyone walks in and out of there.*

mourir *to die*

je meurs · je mourus · mort · mourant irregular verb; compound tenses with *être*

Present		Passé Composé	
je meurs	nous mourons	je suis mort(e)	nous sommes mort(e)s
tu meurs	vous mourez	tu es mort(e)	vous êtes mort(e)(s)
il/elle meurt	ils/elles meurent	il/elle est mort(e)	ils/elles sont mort(e)s
Imperfect		**Pluperfect**	
je mourais	nous mourions	j'étais mort(e)	nous étions mort(e)s
tu mourais	vous mouriez	tu étais mort(e)	vous étiez mort(e)(s)
il/elle mourait	ils/elles mouraient	il/elle était mort(e)	ils/elles étaient mort(e)s
Passé Simple		**Past Anterior**	
je mourus	nous mourûmes	je fus mort(e)	nous fûmes mort(e)s
tu mourus	vous mourûtes	tu fus mort(e)	vous fûtes mort(e)(s)
il/elle mourut	ils/elles moururent	il/elle fut mort(e)	ils/elles furent mort(e)s
Future		**Future Anterior**	
je mourrai	nous mourrons	je serai mort(e)	nous serons mort(e)s
tu mourras	vous mourrez	tu seras mort(e)	vous serez mort(e)(s)
il/elle mourra	ils/elles mourront	il/elle sera mort(e)	ils/elles seront mort(e)s
Conditional		**Past Conditional**	
je mourrais	nous mourrions	je serais mort(e)	nous serions mort(e)s
tu mourrais	vous mourriez	tu serais mort(e)	vous seriez mort(e)(s)
il/elle mourrait	ils/elles mourraient	il/elle serait mort(e)	ils/elles seraient mort(e)s
Present Subjunctive		**Past Subjunctive**	
que je meure	que nous mourions	que je sois mort(e)	que nous soyons mort(e)s
que tu meures	que vous mouriez	que tu sois mort(e)	que vous soyez mort(e)(s)
qu'il/elle meure	qu'ils/elles meurent	qu'il/elle soit mort(e)	qu'ils/elles soient mort(e)s
Imperfect Subjunctive		**Pluperfect Subjunctive**	
que je mourusse	que nous mourussions	que je fusse mort(e)	que nous fussions mort(e)s
que tu mourusses	que vous mourussiez	que tu fusses mort(e)	que vous fussiez mort(e)(s)
qu'il/elle mourût	qu'ils/elles mourussent	qu'il/elle fût mort(e)	qu'ils/elles fussent mort(e)s

Commands

	(nous) mourons
(tu) meurs	(vous) mourez

USAGE

Elle est morte il y a un an.	*She died a year ago.*
La vieille dame est morte d'un cancer.	*The elderly lady died of cancer.*
Je meurs de faim.	*I'm dying of hunger.*
Montre-moi la lettre! Je meurs d'impatience.	*Show me the letter! I'm dying to read it.*
Il est mort avant l'âge.	*He died young. / He met an untimely death.*
C'est un film à mourir de rire.	*You can die laughing with that film.*
—Je mourais d'envie de me présenter à elle.	*I was dying to introduce myself to her.*
—Vas-y! Tu n'en mourras pas!	*Go ahead! It won't kill you!*
Je m'ennuyais à mourir.	*I was bored to death.*
Je meurs de froid.	*I'm absolutely freezing.*

RELATED WORDS AND EXPRESSIONS

la mort	*death*
un mort / une morte	*a dead man/woman*
mortel(le)	*fatal/mortal*
un coup mortel	*a fatal blow*
une blessure mortelle	*a mortal wound*

regular -ir verb

je munis · je munis · muni · munissant

Present		*Passé Composé*	
je munis	nous munissons	j'ai muni	nous avons muni
tu munis	vous munissez	tu as muni	vous avez muni
il/elle munit	ils/elles munissent	il/elle a muni	ils/elles ont muni
Imperfect		*Pluperfect*	
je munissais	nous munissions	j'avais muni	nous avions muni
tu munissais	vous munissiez	tu avais muni	vous aviez muni
il/elle munissait	ils/elles munissaient	il/elle avait muni	ils/elles avaient muni
Passé Simple		*Past Anterior*	
je munis	nous munîmes	j'eus muni	nous eûmes muni
tu munis	vous munîtes	tu eus muni	vous eûtes muni
il/elle munit	ils/elles munirent	il/elle eut muni	ils/elles eurent muni
Future		*Future Anterior*	
je munirai	nous munirons	j'aurai muni	nous aurons muni
tu muniras	vous munirez	tu auras muni	vous aurez muni
il/elle munira	ils/elles muniront	il/elle aura muni	ils/elles auront muni
Conditional		*Past Conditional*	
je munirais	nous munirions	j'aurais muni	nous aurions muni
tu munirais	vous muniriez	tu aurais muni	vous auriez muni
il/elle munirait	ils/elles muniraient	il/elle aurait muni	ils/elles auraient muni
Present Subjunctive		*Past Subjunctive*	
que je munisse	que nous munissions	que j'aie muni	que nous ayons muni
que tu munisses	que vous munissiez	que tu aies muni	que vous ayez muni
qu'il/elle munisse	qu'ils/elles munissent	qu'il/elle ait muni	qu'ils/elles aient muni
Imperfect Subjunctive		*Pluperfect Subjunctive*	
que je munisse	que nous munissions	que j'eusse muni	que nous eussions muni
que tu munisses	que vous munissiez	que tu eusses muni	que vous eussiez muni
qu'il/elle munît	qu'ils/elles munissent	qu'il/elle eût muni	qu'ils/elles eussent muni

Commands

	(nous) munissons
(tu) munis	(vous) munissez

USAGE

munir qqn de qqch	*to supply someone with something*
Il a muni son fils d'un peu d'argent.	*He supplied his son with a little money.*
Je me suis mis en route muni d'une carte de la région.	*I set out equipped with a map of the region.*
Si tu vas travailler avec eux, munis-toi de patience.	*If you're going to work with them, you'll need plenty of patience.*
Je munissais toujours mes enfants d'un peu d'argent de poche.	*I always make sure my children have some pocket money.*
La médiathèque est munie d'une bonne collection de films.	*The media resource center is stocked with a good collection of films.*

RELATED WORDS AND EXPRESSIONS

les munitions *(fpl)*	*ammunition*
démunir	*to deprive*
prémunir qqn contre qqch	*to protect someone from something*

nager to swim

je nage · je nageai · nagé · nageant

regular *-er* verb; spelling change: *g* > *ge/a, o*

Present		***Passé Composé***	
je nage	nous nageons	j'ai nagé	nous avons nagé
tu nages	vous nagez	tu as nagé	vous avez nagé
il/elle nage	ils/elles nagent	il/elle a nagé	ils/elles ont nagé
Imperfect		***Pluperfect***	
je nageais	nous nagions	j'avais nagé	nous avions nagé
tu nageais	vous nagiez	tu avais nagé	vous aviez nagé
il/elle nageait	ils/elles nageaient	il/elle avait nagé	ils/elles avaient nagé
Passé Simple		***Past Anterior***	
je nageai	nous nageâmes	j'eus nagé	nous eûmes nagé
tu nageas	vous nageâtes	tu eus nagé	vous eûtes nagé
il/elle nagea	ils/elles nagèrent	il/elle eut nagé	ils/elles eurent nagé
Future		***Future Anterior***	
je nagerai	nous nagerons	j'aurai nagé	nous aurons nagé
tu nageras	vous nagerez	tu auras nagé	vous aurez nagé
il/elle nagera	ils/elles nageront	il/elle aura nagé	ils/elles auront nagé
Conditional		***Past Conditional***	
je nagerais	nous nagerions	j'aurais nagé	nous aurions nagé
tu nagerais	vous nageriez	tu aurais nagé	vous auriez nagé
il/elle nagerait	ils/elles nageraient	il/elle aurait nagé	ils/elles auraient nagé
Present Subjunctive		***Past Subjunctive***	
que je nage	que nous nagions	que j'aie nagé	que nous ayons nagé
que tu nages	que vous nagiez	que tu aies nagé	que vous ayez nagé
qu'il/elle nage	qu'ils/elles nagent	qu'il/elle ait nagé	qu'ils/elles aient nagé
Imperfect Subjunctive		***Pluperfect Subjunctive***	
que je nageasse	que nous nageassions	que j'eusse nagé	que nous eussions nagé
que tu nageasses	que vous nageassiez	que tu eusses nagé	que vous eussiez nagé
qu'il/elle nageât	qu'ils/elles nageassent	qu'il/elle eût nagé	qu'ils/elles eussent nagé

Commands

	(nous) nageons
(tu) nage	(vous) nagez

USAGE

Tu sais nager?	*Do you know how to swim?*
Cet enfant nage déjà comme un poisson!	*This child already swims so well / like a fish!*
nager le 100 mètres	*to swim the 100 meters*
nager à contre-courant	*to swim against the current* (also figuratively)
nager la brasse / le crawl	*to do the breaststroke/crawl*
Elle nage dans la tristesse.	*She is overcome with sadness.*
Il nage dans le mystère.	*He is totally bewildered.*
—Il a compris?	*Did he understand?*
—Non, il nage complètement.	*No, he is completely in the dark.*

RELATED WORDS AND EXPRESSIONS

la nage	*swimming*
être en nage	*to be sweaty*
un nageur / une nageuse	*a swimmer*

irregular verb; compound tenses with *être*

je nais · je naquis · né · naissant

Present		*Passé Composé*	
je nais	nous naissons	je suis né(e)	nous sommes né(e)s
tu nais	vous naissez	tu es né(e)	vous êtes né(e)(s)
il/elle naît	ils/elles naissent	il/elle est né(e)	ils/elles sont né(e)s
Imperfect		***Pluperfect***	
je naissais	nous naissions	j'étais né(e)	nous étions né(e)s
tu naissais	vous naissiez	tu étais né(e)	vous étiez né(e)(s)
il/elle naissait	ils/elles naissaient	il/elle était né(e)	ils/elles étaient né(e)s
Passé Simple		***Past Anterior***	
je naquis	nous naquîmes	je fus né(e)	nous fûmes né(e)s
tu naquis	vous naquîtes	tu fus né(e)	vous fûtes né(e)(s)
il/elle naquit	ils/elles naquirent	il/elle fut né(e)	ils/elles furent né(e)s
Future		***Future Anterior***	
je naîtrai	nous naîtrons	je serai né(e)	nous serons né(e)s
tu naîtras	vous naîtrez	tu seras né(e)	vous serez né(e)(s)
il/elle naîtra	ils/elles naîtront	il/elle sera né(e)	ils/elles seront né(e)s
Conditional		***Past Conditional***	
je naîtrais	nous naîtrions	je serais né(e)	nous serions né(e)s
tu naîtrais	vous naîtriez	tu serais né(e)	vous seriez né(e)(s)
il/elle naîtrait	ils/elles naîtraient	il/elle serait né(e)	ils/elles seraient né(e)s

Present Subjunctive		*Past Subjunctive*	
que je naisse	que nous naissions	que je sois né(e)	que nous soyons né(e)s
que tu naisses	que vous naissiez	que tu sois né(e)	que vous soyez né(e)(s)
qu'il/elle naisse	qu'ils/elles naissent	qu'il/elle soit né(e)	qu'ils/elles soient né(e)s
Imperfect Subjunctive		***Pluperfect Subjunctive***	
que je naquisse	que nous naquissions	que je fusse né(e)	que nous fussions né(e)s
que tu naquisses	que vous naquissiez	que tu fusses né(e)	que vous fussiez né(e)(s)
qu'il/elle naquît	qu'ils/elles naquissent	qu'il/elle fût né(e)	qu'ils/elles fussent né(e)s

Commands

	(nous) naissons
(tu) nais	(vous) naissez

USAGE

—Où es-tu né?	*Where were you born?*
—Je suis né à Bordeaux.	*I was born in Bordeaux.*
Sa sœur est née aveugle.	*His sister was born blind.*
Ils sont nés l'un pour l'autre.	*They were meant for each other.*
Elle est née coiffée.	*She was born with a silver spoon in her mouth.*
On est amis depuis très longtemps. Je l'ai vu naître.	*We've been friends for a very long time. We've known each other since we were children.*
Lui, il a réussi dans la vie, mais son frère était né sous une mauvaise étoile.	*He was successful in life but his brother was a born loser.*
Je ne suis pas né d'hier.	*I wasn't born yesterday.*

RELATED WORDS AND EXPRESSIONS

la naissance	*birth*
Votre date et lieu de naissance?	*Your date and place of birth?*

négliger *to neglect*

je néglige · je négligeai · négligé · négligeant

regular -*er* verb;
spelling change: *g* > *ge/a, o*

Present		*Passé Composé*	
je néglige	nous négligeons	j'ai négligé	nous avons négligé
tu négliges	vous négligez	tu as négligé	vous avez négligé
il/elle néglige	ils/elles négligent	il/elle a négligé	ils/elles ont négligé
Imperfect		*Pluperfect*	
je négligeais	nous négligions	j'avais négligé	nous avions négligé
tu négligeais	vous négligiez	tu avais négligé	vous aviez négligé
il/elle négligeait	ils/elles négligeaient	il/elle avait négligé	ils/elles avaient négligé
Passé Simple		*Past Anterior*	
je négligeai	nous négligeâmes	j'eus négligé	nous eûmes négligé
tu négligeas	vous négligeâtes	tu eus négligé	vous eûtes négligé
il/elle négligea	ils/elles négligèrent	il/elle eut négligé	ils/elles eurent négligé
Future		*Future Anterior*	
je négligerai	nous négligerons	j'aurai négligé	nous aurons négligé
tu négligeras	vous négligerez	tu auras négligé	vous aurez négligé
il/elle négligera	ils/elles négligeront	il/elle aura négligé	ils/elles auront négligé
Conditional		*Past Conditional*	
je négligerais	nous négligerions	j'aurais négligé	nous aurions négligé
tu négligerais	vous négligeriez	tu aurais négligé	vous auriez négligé
il/elle négligerait	ils/elles négligeraient	il/elle aurait négligé	ils/elles auraient négligé
Present Subjunctive		*Past Subjunctive*	
que je néglige	que nous négligions	que j'aie négligé	que nous ayons négligé
que tu négliges	que vous négligiez	que tu aies négligé	que vous ayez négligé
qu'il/elle néglige	qu'ils/elles négligent	qu'il/elle ait négligé	qu'ils/elles aient négligé
Imperfect Subjunctive		*Pluperfect Subjunctive*	
que je négligeasse	que nous négligeassions	que j'eusse négligé	que nous eussions négligé
que tu négligeasses	que vous négligeassiez	que tu eusses négligé	que vous eussiez négligé
qu'il/elle négligeât	qu'ils/elles négligeassent	qu'il/elle eût négligé	qu'ils/elles eussent négligé

Commands

	(nous) négligeons
(tu) néglige	(vous) négligez

USAGE

Il néglige ses études.	*He's neglecting his studies.*
Il ne faut pas négliger sa santé.	*You mustn't neglect your health.*
négliger de faire qqch	*to neglect to do something*
Ne négligez pas de m'avertir.	*Don't fail to notify me.*
Il a négligé de retirer les billets.	*He forgot to pick up the tickets.*
Elle néglige son talent musical.	*She doesn't develop her musical ability.*
Regarde comme tu es habillé! Tu te négliges!	*Look how you're dressed! You're letting yourself go!*
Elle est très négligée.	*She's careless about her looks.*
Cette offre n'est pas à négliger.	*This is not an offer to disregard.*
Elle ne néglige rien pour nous être utile.	*She leaves no stone unturned to be helpful to us.*

RELATED WORDS AND EXPRESSIONS

négligé(e)	*sloppy*
Ton écriture est assez négligée.	*Your writing is rather sloppy.*

regular -*er* verb;
spelling change: y > i/mute *e*

je nettoie · je nettoyai · nettoyé · nettoyant

Present		*Passé Composé*	
je nettoie	nous nettoyons	j'ai nettoyé	nous avons nettoyé
tu nettoies	vous nettoyez	tu as nettoyé	vous avez nettoyé
il/elle nettoie	ils/elles nettoient	il/elle a nettoyé	ils/elles ont nettoyé
Imperfect		*Pluperfect*	
je nettoyais	nous nettoyions	j'avais nettoyé	nous avions nettoyé
tu nettoyais	vous nettoyiez	tu avais nettoyé	vous aviez nettoyé
il/elle nettoyait	ils/elles nettoyaient	il/elle avait nettoyé	ils/elles avaient nettoyé
Passé Simple		*Past Anterior*	
je nettoyai	nous nettoyâmes	j'eus nettoyé	nous eûmes nettoyé
tu nettoyas	vous nettoyâtes	tu eus nettoyé	vous eûtes nettoyé
il/elle nettoya	ils/elles nettoyèrent	il/elle eut nettoyé	ils/elles eurent nettoyé
Future		*Future Anterior*	
je nettoierai	nous nettoierons	j'aurai nettoyé	nous aurons nettoyé
tu nettoieras	vous nettoierez	tu auras nettoyé	vous aurez nettoyé
il/elle nettoiera	ils/elles nettoieront	il/elle aura nettoyé	ils/elles auront nettoyé
Conditional		*Past Conditional*	
je nettoierais	nous nettoierions	j'aurais nettoyé	nous aurions nettoyé
tu nettoierais	vous nettoieriez	tu aurais nettoyé	vous auriez nettoyé
il/elle nettoierait	ils/elles nettoieraient	il/elle aurait nettoyé	ils/elles auraient nettoyé

Present Subjunctive		*Past Subjunctive*	
que je nettoie	que nous nettoyions	que j'aie nettoyé	que nous ayons nettoyé
que tu nettoies	que vous nettoyiez	que tu aies nettoyé	que vous ayez nettoyé
qu'il/elle nettoie	qu'ils/elles nettoient	qu'il/elle ait nettoyé	qu'ils/elles aient nettoyé
Imperfect Subjunctive		*Pluperfect Subjunctive*	
que je nettoyasse	que nous nettoyassions	que j'eusse nettoyé	que nous eussions nettoyé
que tu nettoyasses	que vous nettoyassiez	que tu eusses nettoyé	que vous eussiez nettoyé
qu'il/elle nettoyât	qu'ils/elles nettoyassent	qu'il/elle eût nettoyé	qu'ils/elles eussent nettoyé

Commands

	(nous) nettoyons
(tu) nettoie	(vous) nettoyez

USAGE

nettoyer la cuisine/maison	*to clean the kitchen/house*
nettoyer avec une éponge	*to clean with a sponge*
Les voleurs ont nettoyé l'appartement.	*The thieves cleaned out the apartment.*
L'armée a nettoyé la campagne.	*The army cleaned the enemy out of the countryside.*
faire nettoyer un vêtement à sec	*to have a garment dry-cleaned*
Quelqu'un m'a nettoyé les poches.	*Someone went through my pockets.*

RELATED WORDS AND EXPRESSIONS

le nettoyage	*cleaning*
le nettoyage de la maison	*cleaning the house*
le nettoyage des vitres	*cleaning the windows*
Pourquoi ne pas entreprendre un grand nettoyage de votre ordinateur en supprimant les fichiers temporaires?	*Why not begin a major cleaning of your computer by erasing temporary files?*

nier *to deny*

je nie · je niai · nié · niant

regular *-er* verb

Present		*Passé Composé*	
je nie	nous nions	j'ai nié	nous avons nié
tu nies	vous niez	tu as nié	vous avez nié
il/elle nie	ils/elles nient	il/elle a nié	ils/elles ont nié
Imperfect		*Pluperfect*	
je niais	nous niions	j'avais nié	nous avions nié
tu niais	vous niiez	tu avais nié	vous aviez nié
il/elle niait	ils/elles niaient	il/elle avait nié	ils/elles avaient nié
Passé Simple		*Past Anterior*	
je niai	nous niâmes	j'eus nié	nous eûmes nié
tu nias	vous niâtes	tu eus nié	vous eûtes nié
il/elle nia	ils/elles nièrent	il/elle eut nié	ils/elles eurent nié
Future		*Future Anterior*	
je nierai	nous nierons	j'aurai nié	nous aurons nié
tu nieras	vous nierez	tu auras nié	vous aurez nié
il/elle niera	ils/elles nieront	il/elle aura nié	ils/elles auront nié
Conditional		*Past Conditional*	
je nierais	nous nierions	j'aurais nié	nous aurions nié
tu nierais	vous nieriez	tu aurais nié	vous auriez nié
il/elle nierait	ils/elles nieraient	il/elle aurait nié	ils/elles auraient nié

Present Subjunctive		*Past Subjunctive*	
que je nie	que nous niions	que j'aie nié	que nous ayons nié
que tu nies	que vous niiez	que tu aies nié	que vous ayez nié
qu'il/elle nie	qu'ils/elles nient	qu'il/elle ait nié	qu'ils/elles aient nié
Imperfect Subjunctive		*Pluperfect Subjunctive*	
que je niasse	que nous niassions	que j'eusse nié	que nous eussions nié
que tu niasses	que vous niassiez	que tu eusses nié	que vous eussiez nié
qu'il/elle niât	qu'ils/elles niassent	qu'il/elle eût nié	qu'ils/elles eussent nié

Commands

	(nous) nions
(tu) nie	(vous) niez

USAGE

L'inculpé ne peut pas nier ces faits.	*The accused cannot deny these facts.*
L'accusé a tout nié.	*The accused denied everything.*
Il nie l'avoir battue.	*He denies having hit her.*
Il nie que nous soyons ses collègues.	*He denies that we are his coworkers.*
Il nie que vous ayez participé aux entretiens.	*He denies that you have participated in the talks.*
Je ne nie pas qu'il est intelligent.	*I don't deny that he is intelligent.*
Nous ne nions pas qu'elle veut partir.	*We don't deny that she wants to leave.*
Dire qu'il est innocent, c'est nier l'évidence.	*Saying that he's innocent is to deny what is obvious.*
Les hommes de sciences les plus importants nient la justesse de cette théorie.	*The most important scientists deny the validity of this theory.*
On ne peut pas nier la réalité.	*You can't deny reality.*

regular -ir verb **je nourris · je nourris · nourri · nourrissant**

Present		***Passé Composé***	
je nourris	nous nourrissons	j'ai nourri	nous avons nourri
tu nourris	vous nourrissez	tu as nourri	vous avez nourri
il/elle nourrit	ils/elles nourrissent	il/elle a nourri	ils/elles ont nourri
Imperfect		***Pluperfect***	
je nourrissais	nous nourrissions	j'avais nourri	nous avions nourri
tu nourrissais	vous nourrissiez	tu avais nourri	vous aviez nourri
il/elle nourrissait	ils/elles nourrissaient	il/elle avait nourri	ils/elles avaient nourri
Passé Simple		***Past Anterior***	
je nourris	nous nourrîmes	j'eus nourri	nous eûmes nourri
tu nourris	vous nourrîtes	tu eus nourri	vous eûtes nourri
il/elle nourrit	ils/elles nourrirent	il/elle eut nourri	ils/elles eurent nourri
Future		***Future Anterior***	
je nourrirai	nous nourrirons	j'aurai nourri	nous aurons nourri
tu nourriras	vous nourrirez	tu auras nourri	vous aurez nourri
il/elle nourrira	ils/elles nourriront	il/elle aura nourri	ils/elles auront nourri
Conditional		***Past Conditional***	
je nourrirais	nous nourririons	j'aurais nourri	nous aurions nourri
tu nourrirais	vous nourririez	tu aurais nourri	vous auriez nourri
il/elle nourrirait	ils/elles nourriraient	il/elle aurait nourri	ils/elles auraient nourri
Present Subjunctive		***Past Subjunctive***	
que je nourrisse	que nous nourrissions	que j'aie nourri	que nous ayons nourri
que tu nourrisses	que vous nourrissiez	que tu aies nourri	que vous ayez nourri
qu'il/elle nourrisse	qu'ils/elles nourrissent	qu'il/elle ait nourri	qu'ils/elles aient nourri
Imperfect Subjunctive		***Pluperfect Subjunctive***	
que je nourrisse	que nous nourrissions	que j'eusse nourri	que nous eussions nourri
que tu nourrisses	que vous nourrissiez	que tu eusses nourri	que vous eussiez nourri
qu'il/elle nourrît	qu'ils/elles nourrissent	qu'il/elle eût nourri	qu'ils/elles eussent nourri

Commands

	(nous) nourrissons
(tu) nourris	(vous) nourrissez

USAGE

Le fromage nourrit.	*Cheese is nourishing.*
Ce malade ne peut pas se nourrir.	*This patient can't feed himself.*
—Tu nourris ton bébé au biberon?	*Do your feed your baby with a bottle?*
—Non, je le nourris à la cuillère.	*No, I feed him with a spoon.*
Ils se nourrissaient de baies et de noix.	*They lived on berries and nuts.*
Les skieurs se nourrissent bien.	*Skiers eat well.*
La campagne nourrit les villes.	*The countryside feeds the cities.*
Il y a des gens mal nourris dans la ville.	*There are people who don't have enough to eat in the city.*
Il cherche un métier qui nourrisse l'esprit.	*He's looking for a line of work that satisfies the mind.*
C'est un métier qui ne nourrit pas son homme.	*You can't make a living in that line of work.*

RELATED WORDS AND EXPRESSIONS

la nourriture	*food*
La nourriture ici est très bonne.	*The food here is very good.*

nuire *to harm*

je nuis · je nuisis · nui · nuisant irregular verb

Present		*Passé Composé*	
je nuis	nous nuisons	j'ai nui	nous avons nui
tu nuis	vous nuisez	tu as nui	vous avez nui
il/elle nuit	ils/elles nuisent	il/elle a nui	ils/elles ont nui
Imperfect		*Pluperfect*	
je nuisais	nous nuisions	j'avais nui	nous avions nui
tu nuisais	vous nuisiez	tu avais nui	vous aviez nui
il/elle nuisait	ils/elles nuisaient	il/elle avait nui	ils/elles avaient nui
Passé Simple		*Past Anterior*	
je nuisis	nous nuisîmes	j'eus nui	nous eûmes nui
tu nuisis	vous nuisîtes	tu eus nui	vous eûtes nui
il/elle nuisit	ils/elles nuisirent	il/elle eut nui	ils/elles eurent nui
Future		*Future Anterior*	
je nuirai	nous nuirons	j'aurai nui	nous aurons nui
tu nuiras	vous nuirez	tu auras nui	vous aurez nui
il/elle nuira	ils/elles nuiront	il/elle aura nui	ils/elles auront nui
Conditional		*Past Conditional*	
je nuirais	nous nuirions	j'aurais nui	nous aurions nui
tu nuirais	vous nuiriez	tu aurais nui	vous auriez nui
il/elle nuirait	ils/elles nuiraient	il/elle aurait nui	ils/elles auraient nui

Present Subjunctive		*Past Subjunctive*	
que je nuise	que nous nuisions	que j'aie nui	que nous ayons nui
que tu nuises	que vous nuisiez	que tu aies nui	que vous ayez nui
qu'il/elle nuise	qu'ils/elles nuisent	qu'il/elle ait nui	qu'ils/elles aient nui
Imperfect Subjunctive		*Pluperfect Subjunctive*	
que je nuisisse	que nous nuisissions	que j'eusse nui	que nous eussions nui
que tu nuisisses	que vous nuisissiez	que tu eusses nui	que vous eussiez nui
qu'il/elle nuisît	qu'ils/elles nuisissent	qu'il/elle eût nui	qu'ils/elles eussent nui

Commands

	(nous) nuisons
(tu) nuis	(vous) nuisez

USAGE

nuire à qqn	*to harm someone*
Il cherche à nuire à ses collègues.	*He tries to do his coworkers harm.*
nuire à qqch	*to damage something*
Cette affaire a nui à sa réputation.	*This business deal harmed his reputation.*
Ce travail a nui à sa santé.	*That work harmed his health.*
La crise économique a nui aux projets d'expansion de notre entreprise.	*The economic downturn harmed our company's plans for expansion.*
Les preuves lui ont beaucoup nui.	*The evidence hurt him a lot.*
Sa froideur lui nuit.	*His coldness is a big disadvantage for him.*

RELATED WORDS AND EXPRESSIONS

nuisible	*harmful*
L'excès d'alcool est nuisible à la santé.	*Excessive use of alcohol is harmful to your health.*
se nuire	*to harm each other / work against each other*
Ils se sont nui.	*They did each other harm.*

regular -*ir* verb **j'obéis · j'obéis · obéi · obéissant**

Present		*Passé Composé*	
j'obéis	nous obéissons	j'ai obéi	nous avons obéi
tu obéis	vous obéissez	tu as obéi	vous avez obéi
il/elle obéit	ils/elles obéissent	il/elle a obéi	ils/elles ont obéi
Imperfect		*Pluperfect*	
j'obéissais	nous obéissions	j'avais obéi	nous avions obéi
tu obéissais	vous obéissiez	tu avais obéi	vous aviez obéi
il/elle obéissait	ils/elles obéissaient	il/elle avait obéi	ils/elles avaient obéi
Passé Simple		*Past Anterior*	
j'obéis	nous obéîmes	j'eus obéi	nous eûmes obéi
tu obéis	vous obéîtes	tu eus obéi	vous eûtes obéi
il/elle obéit	ils/elles obéirent	il/elle eut obéi	ils/elles eurent obéi
Future		*Future Anterior*	
j'obéirai	nous obéirons	j'aurai obéi	nous aurons obéi
tu obéiras	vous obéirez	tu auras obéi	vous aurez obéi
il/elle obéira	ils/elles obéiront	il/elle aura obéi	ils/elles auront obéi
Conditional		*Past Conditional*	
j'obéirais	nous obéirions	j'aurais obéi	nous aurions obéi
tu obéirais	vous obéiriez	tu aurais obéi	vous auriez obéi
il/elle obéirait	ils/elles obéiraient	il/elle aurait obéi	ils/elles auraient obéi
Present Subjunctive		*Past Subjunctive*	
que j'obéisse	que nous obéissions	que j'aie obéi	que nous ayons obéi
que tu obéisses	que vous obéissiez	que tu aies obéi	que vous ayez obéi
qu'il/elle obéisse	qu'ils/elles obéissent	qu'il/elle ait obéi	qu'ils/elles aient obéi
Imperfect Subjunctive		*Pluperfect Subjunctive*	
que j'obéisse	que nous obéissions	que j'eusse obéi	que nous eussions obéi
que tu obéisses	que vous obéissiez	que tu eusses obéi	que vous eussiez obéi
qu'il/elle obéît	qu'ils/elles obéissent	qu'il/elle eût obéi	qu'ils/elles eussent obéi

Commands

	(nous) obéissons
(tu) obéis	(vous) obéissez

USAGE

obéir à qqn	*to obey someone*
Il obéit à ses parents.	*He obeys his parents.*
Il obéit au patron au doigt et à l'œil.	*He does the boss's bidding.*
obéir à qqch	*to obey something*
Un bon soldat obéit aux ordres.	*A good soldier obeys orders.*
Tu n'as qu'à obéir.	*All you have to do is obey.*
Le chef sait se faire obéir.	*The boss knows how to get people to obey him.*
Il n'obéit qu'à sa conscience.	*He listens only to his conscience.*
Je leur ai dit de venir mais ils n'ont pas obéi.	*I told them to come but they didn't listen to me.*

RELATED WORDS AND EXPRESSIONS

l'obéissance *(f)*	*obedience*
Ils ont juré obéissance au chef de bande.	*They swore to obey the gang leader.*

obliger *to oblige*

j'oblige · j'obligeai · obligé · obligeant

regular *-er* verb; spelling change: *g* > *ge/a, o*

Present		*Passé Composé*	
j'oblige	nous obligeons	j'ai obligé	nous avons obligé
tu obliges	vous obligez	tu as obligé	vous avez obligé
il/elle oblige	ils/elles obligent	il/elle a obligé	ils/elles ont obligé
Imperfect		*Pluperfect*	
j'obligeais	nous obligions	j'avais obligé	nous avions obligé
tu obligeais	vous obligiez	tu avais obligé	vous aviez obligé
il/elle obligeait	ils/elles obligeaient	il/elle avait obligé	ils/elles avaient obligé
Passé Simple		*Past Anterior*	
j'obligeai	nous obligeâmes	j'eus obligé	nous eûmes obligé
tu obligeas	vous obligeâtes	tu eus obligé	vous eûtes obligé
il/elle obligea	ils/elles obligèrent	il/elle eut obligé	ils/elles eurent obligé
Future		*Future Anterior*	
j'obligerai	nous obligerons	j'aurai obligé	nous aurons obligé
tu obligeras	vous obligerez	tu auras obligé	vous aurez obligé
il/elle obligera	ils/elles obligeront	il/elle aura obligé	ils/elles auront obligé
Conditional		*Past Conditional*	
j'obligerais	nous obligerions	j'aurais obligé	nous aurions obligé
tu obligerais	vous obligeriez	tu aurais obligé	vous auriez obligé
il/elle obligerait	ils/elles obligeraient	il/elle aurait obligé	ils/elles auraient obligé

Present Subjunctive		*Past Subjunctive*	
que j'oblige	que nous obligions	que j'aie obligé	que nous ayons obligé
que tu obliges	que vous obligiez	que tu aies obligé	que vous ayez obligé
qu'il/elle oblige	qu'ils/elles obligent	qu'il/elle ait obligé	qu'ils/elles aient obligé
Imperfect Subjunctive		*Pluperfect Subjunctive*	
que j'obligeasse	que nous obligeassions	que j'eusse obligé	que nous eussions obligé
que tu obligeasses	que vous obligeassiez	que tu eusses obligé	que vous eussiez obligé
qu'il/elle obligeât	qu'ils/elles obligeassent	qu'il/elle eût obligé	qu'ils/elles eussent obligé

Commands

	(nous) obligeons
(tu) oblige	(vous) obligez

USAGE

La loi nous oblige à respecter les droits des autres.	*The law obliges us to respect other people's rights.*
obliger qqn à faire qqch	*to force someone to do something*
Tu ne peux pas les obliger à revenir?	*Can't you make them come back?*
Il faut l'obliger à tenir sa promesse.	*You have to make him keep his promise.*
Sa conduite m'a obligé à me fâcher contre lui.	*His behavior forced me to get angry with him.*

RELATED WORDS AND EXPRESSIONS

l'obligation *(f)*	*obligation*
J'ai des obligations envers eux.	*I am obliged to them.*
sans obligation de votre part	*with no obligation to you*
C'est obligé. *(colloquial)*	*It's inevitable.*
C'est obligé qu'il revienne demain.	*It's inevitable that he'll return tomorrow.*
s'obliger à faire qqch	*to commit oneself to do something*
Je m'oblige à vous aider.	*I promise to help you.*
Nous vous serions obligés de bien vouloir nous répondre dans les plus brefs délais.	*We would be grateful to you for your prompt reply.* (formal letter)

irregular verb **j'obtiens · j'obtins · obtenu · obtenant**

Present		*Passé Composé*	
j'obtiens	nous obtenons	j'ai obtenu	nous avons obtenu
tu obtiens	vous obtenez	tu as obtenu	vous avez obtenu
il/elle obtient	ils/elles obtiennent	il/elle a obtenu	ils/elles ont obtenu
Imperfect		*Pluperfect*	
j'obtenais	nous obtenions	j'avais obtenu	nous avions obtenu
tu obtenais	vous obteniez	tu avais obtenu	vous aviez obtenu
il/elle obtenait	ils/elles obtenaient	il/elle avait obtenu	ils/elles avaient obtenu
Passé Simple		*Past Anterior*	
j'obtins	nous obtînmes	j'eus obtenu	nous eûmes obtenu
tu obtins	vous obtîntes	tu eus obtenu	vous eûtes obtenu
il/elle obtint	ils/elles obtinrent	il/elle eut obtenu	ils/elles eurent obtenu
Future		*Future Anterior*	
j'obtiendrai	nous obtiendrons	j'aurai obtenu	nous aurons obtenu
tu obtiendras	vous obtiendrez	tu auras obtenu	vous aurez obtenu
il/elle obtiendra	ils/elles obtiendront	il/elle aura obtenu	ils/elles auront obtenu
Conditional		*Past Conditional*	
j'obtiendrais	nous obtiendrions	j'aurais obtenu	nous aurions obtenu
tu obtiendrais	vous obtiendriez	tu aurais obtenu	vous auriez obtenu
il/elle obtiendrait	ils/elles obtiendraient	il/elle aurait obtenu	ils/elles auraient obtenu

Present Subjunctive		*Past Subjunctive*	
que j'obtienne	que nous obtenions	que j'aie obtenu	que nous ayons obtenu
que tu obtiennes	que vous obteniez	que tu aies obtenu	que vous ayez obtenu
qu'il/elle obtienne	qu'ils/elles obtiennent	qu'il/elle ait obtenu	qu'ils/elles aient obtenu
Imperfect Subjunctive		*Pluperfect Subjunctive*	
que j'obtinsse	que nous obtinssions	que j'eusse obtenu	que nous eussions obtenu
que tu obtinsses	que vous obtinssiez	que tu eusses obtenu	que vous eussiez obtenu
qu'il/elle obtînt	qu'ils/elles obtinssent	qu'il/elle eût obtenu	qu'ils/elles eussent obtenu

Commands

	(nous) obtenons
(tu) obtiens	(vous) obtenez

USAGE

Est-ce que tu peux m'obtenir cet article sur Internet?	*Can you get that article for me on the Web?*
Je n'ai pas obtenu de réponse.	*No one answered.*
Je n'ai pas obtenu qu'on me réponde.	*I could not get anyone to answer me.*
Nous avons obtenu de bons résultats.	*We got good results.*
En mettant ces sommes ensemble, on obtient 3.000 euros.	*Putting these amounts together, you get 3,000 euros.*
Il n'a pas encore obtenu leur autorisation pour partir.	*He has not yet gotten their authorization to leave.*
J'ai obtenu la permission de mes parents.	*I got my parents' permission.*
Nous avons obtenu de lui qu'il nous rende l'argent.	*We got him to agree to return the money.*
Elle m'a obtenu un travail de programmeur.	*She got me a job as a programmer.*
Il faut que j'obtienne un nom de domaine pour mon site Web.	*I must get a domain name for my website.*

s'occuper *to take care of*

je m'occupe · je m'occupai · s'étant occupé · s'occupant

regular *-er* reflexive verb; compound tenses with *être*

Present		***Passé Composé***	
je m'occupe	nous nous occupons	je me suis occupé(e)	nous nous sommes occupé(e)s
tu t'occupes	vous vous occupez	tu t'es occupé(e)	vous vous êtes occupé(e)(s)
il/elle s'occupe	ils/elles s'occupent	il/elle s'est occupé(e)	ils/elles se sont occupé(e)s
Imperfect		***Pluperfect***	
je m'occupais	nous nous occupions	je m'étais occupé(e)	nous nous étions occupé(e)s
tu t'occupais	vous vous occupiez	tu t'étais occupé(e)	vous vous étiez occupé(e)(s)
il/elle s'occupait	ils/elles s'occupaient	il/elle s'était occupé(e)	ils/elles s'étaient occupé(e)s
Passé Simple		***Past Anterior***	
je m'occupai	nous nous occupâmes	je me fus occupé(e)	nous nous fûmes occupé(e)s
tu t'occupas	vous vous occupâtes	tu te fus occupé(e)	vous vous fûtes occupé(e)(s)
il/elle s'occupa	ils/elles s'occupèrent	il/elle se fut occupé(e)	ils/elles se furent occupé(e)s
Future		***Future Anterior***	
je m'occuperai	nous nous occuperons	je me serai occupé(e)	nous nous serons occupé(e)s
tu t'occuperas	vous vous occuperez	tu te seras occupé(e)	vous vous serez occupé(e)(s)
il/elle s'occupera	ils/elles s'occuperont	il/elle se sera occupé(e)	ils/elles se seront occupé(e)s
Conditional		***Past Conditional***	
je m'occuperais	nous nous occuperions	je me serais occupé(e)	nous nous serions occupé(e)s
tu t'occuperais	vous vous occuperiez	tu te serais occupé(e)	vous vous seriez occupé(e)(s)
il/elle s'occuperait	ils/elles s'occuperaient	il/elle se serait occupé(e)	ils/elles se seraient occupé(e)s
Present Subjunctive		***Past Subjunctive***	
que je m'occupe	que nous nous occupions	que je me sois occupé(e)	que nous nous soyons occupé(e)s
que tu t'occupes	que vous vous occupiez	que tu te sois occupé(e)	que vous vous soyez occupé(e)(s)
qu'il/elle s'occupe	qu'ils/elles s'occupent	qu'il/elle se soit occupé(e)	qu'ils/elles se soient occupé(e)s
Imperfect Subjunctive		***Pluperfect Subjunctive***	
que je m'occupasse	que nous nous occupassions	que je me fusse occupé(e)	que nous nous fussions occupé(e)s
que tu t'occupasses	que vous vous occupassiez	que tu te fusses occupé(e)	que vous vous fussiez occupé(e)(s)
qu'il/elle s'occupât	qu'ils/elles s'occupassent	qu'il/elle se fût occupé(e)	qu'ils/elles se fussent occupé(e)s

Commands

	(nous) occupons-nous
(tu) occupe-toi	(vous) occupez-vous

USAGE

s'occuper de qqch	*to take care of / be in charge of something*
Mon grand-père s'occupe du jardin.	*My grandfather takes care of the garden.*
Occupe-toi de tes affaires.	*Mind your own business.*
s'occuper de qqn	*to take care of someone*
On s'occupe de vous?	*Are you being served?* (in a store, etc.)
Qui s'occupe des enfants?	*Who's watching the children?*
Il y a trois infirmières qui s'occupent des malades.	*There are three nurses taking care of the patients.*
Je vais m'occuper de la voiture.	*I'll see to the car.*
Tu peux t'occuper de cette besogne?	*Can you take care of this task?*
Elle ne s'occupe que des affaires des autres.	*She's always meddling in other people's affairs.*
Un technicien s'occupe du site Web de notre entreprise.	*A technician takes care of our company's website.*
Je m'occupais de la sécurité et de l'exploitation du réseau.	*I took care of the security and the use of the network.*

irregular verb **j'offre · j'offris · offert · offrant**

Present		*Passé Composé*	
j'offre	nous offrons	j'ai offert	nous avons offert
tu offres	vous offrez	tu as offert	vous avez offert
il/elle offre	ils/elles offrent	il/elle a offert	ils/elles ont offert
Imperfect		*Pluperfect*	
j'offrais	nous offrions	j'avais offert	nous avions offert
tu offrais	vous offriez	tu avais offert	vous aviez offert
il/elle offrait	ils/elles offraient	il/elle avait offert	ils/elles avaient offert
Passé Simple		*Past Anterior*	
j'offris	nous offrîmes	j'eus offert	nous eûmes offert
tu offris	vous offrîtes	tu eus offert	vous eûtes offert
il/elle offrit	ils/elles offrirent	il/elle eut offert	ils/elles eurent offert
Future		*Future Anterior*	
j'offrirai	nous offrirons	j'aurai offert	nous aurons offert
tu offriras	vous offrirez	tu auras offert	vous aurez offert
il/elle offrira	ils/elles offriront	il/elle aura offert	ils/elles auront offert
Conditional		*Past Conditional*	
j'offrirais	nous offririons	j'aurais offert	nous aurions offert
tu offrirais	vous offririez	tu aurais offert	vous auriez offert
il/elle offrirait	ils/elles offriraient	il/elle aurait offert	ils/elles auraient offert

Present Subjunctive		*Past Subjunctive*	
que j'offre	que nous offrions	que j'aie offert	que nous ayons offert
que tu offres	que vous offriez	que tu aies offert	que vous ayez offert
qu'il/elle offre	qu'ils/elles offrent	qu'il/elle ait offert	qu'ils/elles aient offert
Imperfect Subjunctive		*Pluperfect Subjunctive*	
que j'offrisse	que nous offrissions	que j'eusse offert	que nous eussions offert
que tu offrisses	que vous offrissiez	que tu eusses offert	que vous eussiez offert
qu'il/elle offrît	qu'ils/elles offrissent	qu'il/elle eût offert	qu'ils/elles eussent offert

Commands

	(nous) offrons
(tu) offre	(vous) offrez

USAGE

Il m'a offert dix mille euros.	*He offered me ten thousand euros.*
Ces cours offrent beaucoup d'avantages.	*These courses offer many advantages.*
Ils nous offriront l'hospitalité.	*They will offer us their hospitality.*
offrir qqch à qqn	*to give something to someone as a gift*
On m'a offert un nouveau téléphone portable pour mon anniversaire.	*They gave me a new cell phone for my birthday.*
Qu'est-ce qu'on va offrir aux enfants pour Noël?	*What are we going to give the children for Christmas?*
Je vous offre mes meilleurs vœux de succès.	*Please accept my best wishes for success.*
Ils se sont offert une semaine à Avignon.	*They treated themselves to a week in Avignon.*
Il nous a offert un verre.	*He treated us to a drink.*

RELATED WORDS AND EXPRESSIONS

l'offre *(f)*	*offer*
faire une offre de service	*to bid on a job*
lire les offres d'emploi	*to read the job ads*
l'offre et la demande	*supply and demand*

omettre *to omit*

j'omets · j'omis · omis · omettant

irregular verb; only one t in the singular of the present tense

Present		*Passé Composé*	
j'omets	nous omettons	j'ai omis	nous avons omis
tu omets	vous omettez	tu as omis	vous avez omis
il/elle omet	ils/elles omettent	il/elle a omis	ils/elles ont omis
Imperfect		*Pluperfect*	
j'omettais	nous omettions	j'avais omis	nous avions omis
tu omettais	vous omettiez	tu avais omis	vous aviez omis
il/elle omettait	ils/elles omettaient	il/elle avait omis	ils/elles avaient omis
Passé Simple		*Past Anterior*	
j'omis	nous omîmes	j'eus omis	nous eûmes omis
tu omis	vous omîtes	tu eus omis	vous eûtes omis
il/elle omit	ils/elles omirent	il/elle eut omis	ils/elles eurent omis
Future		*Future Anterior*	
j'omettrai	nous omettrons	j'aurai omis	nous aurons omis
tu omettras	vous omettrez	tu auras omis	vous aurez omis
il/elle omettra	ils/elles omettront	il/elle aura omis	ils/elles auront omis
Conditional		*Past Conditional*	
j'omettrais	nous omettrions	j'aurais omis	nous aurions omis
tu omettrais	vous omettriez	tu aurais omis	vous auriez omis
il/elle omettrait	ils/elles omettraient	il/elle aurait omis	ils/elles auraient omis
Present Subjunctive		*Past Subjunctive*	
que j'omette	que nous omettions	que j'aie omis	que nous ayons omis
que tu omettes	que vous omettiez	que tu aies omis	que vous ayez omis
qu'il/elle omette	qu'ils/elles omettent	qu'il/elle ait omis	qu'ils/elles aient omis
Imperfect Subjunctive		*Pluperfect Subjunctive*	
que j'omisse	que nous omissions	que j'eusse omis	que nous eussions omis
que tu omisses	que vous omissiez	que tu eusses omis	que vous eussiez omis
qu'il/elle omît	qu'ils/elles omissent	qu'il/elle eût omis	qu'ils/elles eussent omis

Commands

	(nous) omettons
(tu) omets	(vous) omettez

USAGE

Vous avez omis quelques détails importants.	*You have omitted some important details.*
Il a omis de me mettre au courant.	*He failed to keep me informed.*
Ce document n'omet rien.	*This document leaves nothing out.*
Vous avez omis l'accent aigu du participe passé.	*You left the acute accent off the past participle.*
Vous avez omis quelqu'un sur cette liste.	*You left someone off this list.*

RELATED WORDS AND EXPRESSIONS

l'omission *(f)*	*omission*
Sa déclaration a trop d'omissions.	*His statement has too many omissions.*
Vous pardonnerez, j'espère, cette omission involontaire.	*You will, I hope, forgive this accidental omission.*
L'omission de *ne* est fréquente dans la langue parlée.	*The omission of* ne *is common in the spoken language.*
un péché d'omission	*a sin of omission*

regular -*er* verb

j'ose · j'osai · osé · osant

Present		*Passé Composé*	
j'ose	nous osons	j'ai osé	nous avons osé
tu oses	vous osez	tu as osé	vous avez osé
il/elle ose	ils/elles osent	il/elle a osé	ils/elles ont osé
Imperfect		*Pluperfect*	
j'osais	nous osions	j'avais osé	nous avions osé
tu osais	vous osiez	tu avais osé	vous aviez osé
il/elle osait	ils/elles osaient	il/elle avait osé	ils/elles avaient osé
Passé Simple		*Past Anterior*	
j'osai	nous osâmes	j'eus osé	nous eûmes osé
tu osas	vous osâtes	tu eus osé	vous eûtes osé
il/elle osa	ils/elles osèrent	il/elle eut osé	ils/elles eurent osé
Future		*Future Anterior*	
j'oserai	nous oserons	j'aurai osé	nous aurons osé
tu oseras	vous oserez	tu auras osé	vous aurez osé
il/elle osera	ils/elles oseront	il/elle aura osé	ils/elles auront osé
Conditional		*Past Conditional*	
j'oserais	nous oserions	j'aurais osé	nous aurions osé
tu oserais	vous oseriez	tu aurais osé	vous auriez osé
il/elle oserait	ils/elles oseraient	il/elle aurait osé	ils/elles auraient osé

Present Subjunctive		*Past Subjunctive*	
que j'ose	que nous osions	que j'aie osé	que nous ayons osé
que tu oses	que vous osiez	que tu aies osé	que vous ayez osé
qu'il/elle ose	qu'ils/elles osent	qu'il/elle ait osé	qu'ils/elles aient osé
Imperfect Subjunctive		*Pluperfect Subjunctive*	
que j'osasse	que nous osassions	que j'eusse osé	que nous eussions osé
que tu osasses	que vous osassiez	que tu eusses osé	que vous eussiez osé
qu'il/elle osât	qu'ils/elles osassent	qu'il/elle eût osé	qu'ils/elles eussent osé

Commands

	(nous) osons
(tu) ose	(vous) osez

USAGE

oser faire qqch	*to dare (to) do something*
Vous osez me parler sur ce ton!	*You dare speak to me in that tone of voice?*
Je n'ai pas osé le lui demander.	*I didn't dare ask him for it.*
Les enfants n'osaient pas se lever de table.	*The children didn't dare leave the table.*
Hésiter ne sert à rien. Il faut oser.	*Hesitating is useless. You have to dare to act.*
Je n'ose pas vous le dire.	*I don't dare tell you.*
Qui oserait faire cela?	*Who would dare do that?*

RELATED WORDS AND EXPRESSIONS

osé(e)	*daring*
Il a fait des remarques très osées.	*He made some very daring remarks.*
C'est un article très osé.	*It's a very daring article.*
Je trouve ses propos très osés.	*I find his comments very daring.*

oublier *to forget*

j'oublie · j'oubliai · oublié · oubliant — regular -*er* verb

Present		*Passé Composé*	
j'oublie	nous oublions	j'ai oublié	nous avons oublié
tu oublies	vous oubliez	tu as oublié	vous avez oublié
il/elle oublie	ils/elles oublient	il/elle a oublié	ils/elles ont oublié
Imperfect		*Pluperfect*	
j'oubliais	nous oubliions	j'avais oublié	nous avions oublié
tu oubliais	vous oubliiez	tu avais oublié	vous aviez oublié
il/elle oubliait	ils/elles oubliaient	il/elle avait oublié	ils/elles avaient oublié
Passé Simple		*Past Anterior*	
j'oubliai	nous oubliâmes	j'eus oublié	nous eûmes oublié
tu oublias	vous oubliâtes	tu eus oublié	vous eûtes oublié
il/elle oublia	ils/elles oublièrent	il/elle eut oublié	ils/elles eurent oublié
Future		*Future Anterior*	
j'oublierai	nous oublierons	j'aurai oublié	nous aurons oublié
tu oublieras	vous oublierez	tu auras oublié	vous aurez oublié
il/elle oubliera	ils/elles oublieront	il/elle aura oublié	ils/elles auront oublié
Conditional		*Past Conditional*	
j'oublierais	nous oublierions	j'aurais oublié	nous aurions oublié
tu oublierais	vous oublieriez	tu aurais oublié	vous auriez oublié
il/elle oublierait	ils/elles oublieraient	il/elle aurait oublié	ils/elles auraient oublié

Present Subjunctive		*Past Subjunctive*	
que j'oublie	que nous oubliions	que j'aie oublié	que nous ayons oublié
que tu oublies	que vous oubliiez	que tu aies oublié	que vous ayez oublié
qu'il/elle oublie	qu'ils/elles oublient	qu'il/elle ait oublié	qu'ils/elles aient oublié
Imperfect Subjunctive		*Pluperfect Subjunctive*	
que j'oubliasse	que nous oubliassions	que j'eusse oublié	que nous eussions oublié
que tu oubliasses	que vous oubliassiez	que tu eusses oublié	que vous eussiez oublié
qu'il/elle oubliât	qu'ils/elles oubliassent	qu'il/elle eût oublié	qu'ils/elles eussent oublié

Commands

	(nous) oublions
(tu) oublie	(vous) oubliez

USAGE

J'ai oublié son nom.	*I forgot his name.*
J'ai oublié ce que vous vouliez.	*I forgot what you wanted.*
—Ne m'oubliez pas.	*Don't forget me.*
—Je ne t'oublierai jamais.	*I will never forget you.*
Il a oublié son allemand.	*He forgot his German.*
Il ne réussira pas à faire oublier ses actions.	*He will never be able to live down what he did.*
Tout ça, c'est oublié.	*All that is over with, gone and forgotten.*
Oublions le passé et recommençons.	*Let's forget the past and start over.*

RELATED WORDS AND EXPRESSIONS

inoubliable	*unforgettable*
Elle a chanté des chansons inoubliables.	*She sang unforgettable songs.*
Je garderai de votre visite un souvenir inoubliable.	*I will never forget your visit.*
tomber dans les oubliettes *(fpl)*	*to be forgotten about*

to open **ouvrir**

irregular verb **j'ouvre · j'ouvris · ouvert · ouvrant**

Present		*Passé Composé*	
j'ouvre	nous ouvrons	j'ai ouvert	nous avons ouvert
tu ouvres	vous ouvrez	tu as ouvert	vous avez ouvert
il/elle ouvre	ils/elles ouvrent	il/elle a ouvert	ils/elles ont ouvert
Imperfect		*Pluperfect*	
j'ouvrais	nous ouvrions	j'avais ouvert	nous avions ouvert
tu ouvrais	vous ouvriez	tu avais ouvert	vous aviez ouvert
il/elle ouvrait	ils/elles ouvraient	il/elle avait ouvert	ils/elles avaient ouvert
Passé Simple		*Past Anterior*	
j'ouvris	nous ouvrîmes	j'eus ouvert	nous eûmes ouvert
tu ouvris	vous ouvrîtes	tu eus ouvert	vous eûtes ouvert
il/elle ouvrit	ils/elles ouvrirent	il/elle eut ouvert	ils/elles eurent ouvert
Future		*Future Anterior*	
j'ouvrirai	nous ouvrirons	j'aurai ouvert	nous aurons ouvert
tu ouvriras	vous ouvrirez	tu auras ouvert	vous aurez ouvert
il/elle ouvrira	ils/elles ouvriront	il/elle aura ouvert	ils/elles auront ouvert
Conditional		*Past Conditional*	
j'ouvrirais	nous ouvririons	j'aurais ouvert	nous aurions ouvert
tu ouvrirais	vous ouvririez	tu aurais ouvert	vous auriez ouvert
il/elle ouvrirait	ils/elles ouvriraient	il/elle aurait ouvert	ils/elles auraient ouvert

Present Subjunctive		*Past Subjunctive*	
que j'ouvre	que nous ouvrions	que j'aie ouvert	que nous ayons ouvert
que tu ouvres	que vous ouvriez	que tu aies ouvert	que vous ayez ouvert
qu'il/elle ouvre	qu'ils/elles ouvrent	qu'il/elle ait ouvert	qu'ils/elles aient ouvert
Imperfect Subjunctive		*Pluperfect Subjunctive*	
que j'ouvrisse	que nous ouvrissions	que j'eusse ouvert	que nous eussions ouvert
que tu ouvrisses	que vous ouvrissiez	que tu eusses ouvert	que vous eussiez ouvert
qu'il/elle ouvrît	qu'ils/elles ouvrissent	qu'il/elle eût ouvert	qu'ils/elles eussent ouvert

Commands

	(nous) ouvrons
(tu) ouvre	(vous) ouvrez

USAGE

ouvrir la porte / les fenêtres	*to open the door/windows*
ouvrir la portière du wagon	*to open the door of the train*
ouvrir une séance	*to open a meeting*
Ouvrez vos livres à la page dix.	*Open your books to page ten.*
Cette clé n'ouvre pas la porte.	*This key doesn't open the door.*
Les soldats ont ouvert le feu.	*The soldiers opened fire.*
Les hors-d'œuvre ouvrent l'appétit.	*Hors d'oeuvres stimulate the appetite.*
Voilà son train. Ouvrez l'œil.	*There's his train. Keep your eyes peeled for him.*

RELATED WORDS AND EXPRESSIONS

l'ouverture *(f)*	*opening*
Le dimanche n'est pas un jour d'ouverture.	*We're not open on Sundays.*
Ouverture des portes à sept heures.	*Doors open at seven o'clock.*
L'ouverture du congrès a eu lieu hier.	*The opening of the convention took place yesterday.*
s'ouvrir	*to open up*
Elle s'est ouverte à sa sœur.	*She opened up to her sister.*

355 **ouvrir** *to open*

j'ouvre · j'ouvris · ouvert · ouvrant — irregular verb

Des choses à ouvrir

Ouvrons les boîtes de conserves.	*Let's open the cans.*
Vous pouvez m'ouvrir cette bouteille?	*Can you open this bottle for me?*
Ouvrez la penderie et accrochez votre manteau.	*Open the closet and hang up your coat.*
Ouvrez au nom de la loi!	*Open in the name of the law!*
C'est moi, Daniel. Ouvre-moi!	*It's me, Daniel. Let me in!*
Ils nous ont ouvert leur maison.	*They opened their home to us.*
Il a ouvert sa bourse pour les aider.	*He chipped in to help them.*
On va ouvrir une autoroute à travers la région.	*They're going to build a highway through the region.*
Cette porte ouvre sur la cour.	*This door opens onto the courtyard.*
Le cambrioleur a ouvert la porte par effraction.	*The burglar forced the door.*
Le couvercle s'ouvre en dévissant.	*You open the lid by unscrewing it.*
Ne laissez pas la porte ouverte.	*Don't leave the door open.*
—On sonne.	*Someone's at the door.*
—Je vais ouvrir.	*I'll go let him in.*
—J'ai laissé mes clés au bureau.	*I left my keys at the office.*
—Tu peux te faire ouvrir par la concierge.	*You can have the concierge open your apartment for you.*

ouvrir dans le commerce et le monde du travail

—À quelle heure est-ce qu'on ouvre ce magasin?	*What time does this store open?*
—Il est ouvert à partir de dix heures.	*It's open from ten o'clock on.*
—Le boucher ouvre à quelle heure?	*What time does the butcher open?*
—Il ouvre de huit heures à six heures.	*He's open from eight to six.*
J'ai ouvert un compte dans cette banque.	*I opened an account at this bank.*
Notre bureau n'ouvre pas cet après-midi.	*Our office is not open this afternoon.*
Ce pays refuse d'ouvrir son marché à nos exportations.	*This country refuses to open its market to our exports.*
Cliquer pour ouvrir ou cacher le sous-menu.	*Click to open or hide the submenu.*

RELATED WORDS AND EXPRESSIONS

Votre courriel m'a ouvert les yeux.	*Your e-mail opened my eyes.*
Quel pays a ouvert les hostilités?	*Which country began the fighting?*
Je n'ai pas osé ouvrir la bouche.	*I didn't dare open my mouth.*
Une année à l'étranger lui ouvrira l'esprit.	*A year abroad will broaden her horizons.*
J'espère que le médecin ne voudra pas ouvrir.	*I hope the doctor won't want to operate.*
L'enfant a ouvert de grands yeux.	*The child was wide-eyed.*
Notre pays a ouvert ses frontières aux réfugiés.	*Our country opened its borders to refugees.*
Cette famille m'a ouvert ses bras.	*That family received me warmly.*

top 50 verb

regular -ir verb **je pâlis · je pâlis · pâli · pâlissant**

Present		*Passé Composé*	
je pâlis	nous pâlissons	j'ai pâli	nous avons pâli
tu pâlis	vous pâlissez	tu as pâli	vous avez pâli
il/elle pâlit	ils/elles pâlissent	il/elle a pâli	ils/elles ont pâli
Imperfect		*Pluperfect*	
je pâlissais	nous pâlissions	j'avais pâli	nous avions pâli
tu pâlissais	vous pâlissiez	tu avais pâli	vous aviez pâli
il/elle pâlissait	ils/elles pâlissaient	il/elle avait pâli	ils/elles avaient pâli
Passé Simple		*Past Anterior*	
je pâlis	nous pâlîmes	j'eus pâli	nous eûmes pâli
tu pâlis	vous pâlîtes	tu eus pâli	vous eûtes pâli
il/elle pâlit	ils/elles pâlirent	il/elle eut pâli	ils/elles eurent pâli
Future		*Future Anterior*	
je pâlirai	nous pâlirons	j'aurai pâli	nous aurons pâli
tu pâliras	vous pâlirez	tu auras pâli	vous aurez pâli
il/elle pâlira	ils/elles pâliront	il/elle aura pâli	ils/elles auront pâli
Conditional		*Past Conditional*	
je pâlirais	nous pâlirions	j'aurais pâli	nous aurions pâli
tu pâlirais	vous pâliriez	tu aurais pâli	vous auriez pâli
il/elle pâlirait	ils/elles pâliraient	il/elle aurait pâli	ils/elles auraient pâli
Present Subjunctive		*Past Subjunctive*	
que je pâlisse	que nous pâlissions	que j'aie pâli	que nous ayons pâli
que tu pâlisses	que vous pâlissiez	que tu aies pâli	que vous ayez pâli
qu'il/elle pâlisse	qu'ils/elles pâlissent	qu'il/elle ait pâli	qu'ils/elles aient pâli
Imperfect Subjunctive		*Pluperfect Subjunctive*	
que je pâlisse	que nous pâlissions	que j'eusse pâli	que nous eussions pâli
que tu pâlisses	que vous pâlissiez	que tu eusses pâli	que vous eussiez pâli
qu'il/elle pâlît	qu'ils/elles pâlissent	qu'il/elle eût pâli	qu'ils/elles eussent pâli

Commands

	(nous) pâlissons
(tu) pâlis	(vous) pâlissez

USAGE

J'ai pâli de peur.	*I went pale with fear.*
Elle a pâli en le voyant.	*She turned pale when she saw him.*
Les enfants pâlissaient de froid.	*The children were turning pale with the cold.*
Son visage était pâli par sa maladie.	*His illness had made his face pale.*
Sa réponse m'a fait pâlir.	*His answer made me turn pale.*
Leur étoile pâlit.	*Their fame is waning.*
Le soleil fait pâlir les meubles.	*The sun is making the furniture fade.*
Le souvenir pâlissait avec le passage du temps.	*The memory of it grew dim as time went by.*
La couleur de la maison a pâli.	*The color of the house faded.*
En voyant notre nouvelle voiture, il a pâli d'envie.	*When he saw our new car, he turned green with envy.*

357 paraître *to appear, seem*

je parais · je parus · paru · paraissant irregular verb

Present		*Passé Composé*	
je parais	nous paraissons	j'ai paru	nous avons paru
tu parais	vous paraissez	tu as paru	vous avez paru
il/elle paraît	ils/elles paraissent	il/elle a paru	ils/elles ont paru
Imperfect		*Pluperfect*	
je paraissais	nous paraissions	j'avais paru	nous avions paru
tu paraissais	vous paraissiez	tu avais paru	vous aviez paru
il/elle paraissait	ils/elles paraissaient	il/elle avait paru	ils/elles avaient paru
Passé Simple		*Past Anterior*	
je parus	nous parûmes	j'eus paru	nous eûmes paru
tu parus	vous parûtes	tu eus paru	vous eûtes paru
il/elle parut	ils/elles parurent	il/elle eut paru	ils/elles eurent paru
Future		*Future Anterior*	
je paraîtrai	nous paraîtrons	j'aurai paru	nous aurons paru
tu paraîtras	vous paraîtrez	tu auras paru	vous aurez paru
il/elle paraîtra	ils/elles paraîtront	il/elle aura paru	ils/elles auront paru
Conditional		*Past Conditional*	
je paraîtrais	nous paraîtrions	j'aurais paru	nous aurions paru
tu paraîtrais	vous paraîtriez	tu aurais paru	vous auriez paru
il/elle paraîtrait	ils/elles paraîtraient	il/elle aurait paru	ils/elles auraient paru

Present Subjunctive		*Past Subjunctive*	
que je paraisse	que nous paraissions	que j'aie paru	que nous ayons paru
que tu paraisses	que vous paraissiez	que tu aies paru	que vous ayez paru
qu'il/elle paraisse	qu'ils/elles paraissent	qu'il/elle ait paru	qu'ils/elles aient paru
Imperfect Subjunctive		*Pluperfect Subjunctive*	
que je parusse	que nous parussions	que j'eusse paru	que nous eussions paru
que tu parusses	que vous parussiez	que tu eusses paru	que vous eussiez paru
qu'il/elle parût	qu'ils/elles parussent	qu'il/elle eût paru	qu'ils/elles eussent paru

Commands

	(nous) paraissons
(tu) parais	(vous) paraissez

USAGE

Il faudra qu'il paraisse en justice.	*He'll have to appear in court.*
Il paraît qu'on lui a offert le poste.	*It seems they offered him the job.*
À ce qu'il paraît, il a fait faillite.	*Apparently, he went bankrupt.*
Je l'attendais mais il n'a pas paru.	*I was waiting for him but he didn't show up.*
Dans ce discours il a laissé paraître ses vrais sentiments.	*In that speech he let his real feelings show through.*
Il me paraît nécessaire que vous partiez.	*I think it necessary for you to leave.*
Son livre vient de paraître.	*His book has just been published.*
Ce livre a paru l'année dernière.	*This book was published last year.*
Elle paraît plus âgée qu'elle ne l'est.	*She looks older than she is.*
Il leur a donné de l'argent sans qu'il y paraisse.	*He gave them money without making a show of it.*
Cet article est plus intéressant qu'il ne paraît.	*This article is more interesting than it seems.*
Elle ne paraît pas très bouleversée.	*She doesn't seem very upset.*

regular -*er* verb **je pardonne · je pardonnai · pardonné · pardonnant**

Present		*Passé Composé*	
je pardonne	nous pardonnons	j'ai pardonné	nous avons pardonné
tu pardonnes	vous pardonnez	tu as pardonné	vous avez pardonné
il/elle pardonne	ils/elles pardonnent	il/elle a pardonné	ils/elles ont pardonné
Imperfect		*Pluperfect*	
je pardonnais	nous pardonnions	j'avais pardonné	nous avions pardonné
tu pardonnais	vous pardonniez	tu avais pardonné	vous aviez pardonné
il/elle pardonnait	ils/elles pardonnaient	il/elle avait pardonné	ils/elles avaient pardonné
Passé Simple		*Past Anterior*	
je pardonnai	nous pardonnâmes	j'eus pardonné	nous eûmes pardonné
tu pardonnas	vous pardonnâtes	tu eus pardonné	vous eûtes pardonné
il/elle pardonna	ils/elles pardonnèrent	il/elle eut pardonné	ils/elles eurent pardonné
Future		*Future Anterior*	
je pardonnerai	nous pardonnerons	j'aurai pardonné	nous aurons pardonné
tu pardonneras	vous pardonnerez	tu auras pardonné	vous aurez pardonné
il/elle pardonnera	ils/elles pardonneront	il/elle aura pardonné	ils/elles auront pardonné
Conditional		*Past Conditional*	
je pardonnerais	nous pardonnerions	j'aurais pardonné	nous aurions pardonné
tu pardonnerais	vous pardonneriez	tu aurais pardonné	vous auriez pardonné
il/elle pardonnerait	ils/elles pardonneraient	il/elle aurait pardonné	ils/elles auraient pardonné

Present Subjunctive		*Past Subjunctive*	
que je pardonne	que nous pardonnions	que j'aie pardonné	que nous ayons pardonné
que tu pardonnes	que vous pardonniez	que tu aies pardonné	que vous ayez pardonné
qu'il/elle pardonne	qu'ils/elles pardonnent	qu'il/elle ait pardonné	qu'ils/elles aient pardonné
Imperfect Subjunctive		*Pluperfect Subjunctive*	
que je pardonnasse	que nous pardonnassions	que j'eusse pardonné	que nous eussions pardonné
que tu pardonnasses	que vous pardonnassiez	que tu eusses pardonné	que vous eussiez pardonné
qu'il/elle pardonnât	qu'ils/elles pardonnassent	qu'il/elle eût pardonné	qu'ils/elles eussent pardonné

Commands

	(nous) pardonnons
(tu) pardonne	(vous) pardonnez

USAGE

Il voudra se faire pardonner.	*He would like to be pardoned.*
pardonner à qqn	*to forgive someone*
pardonner qqch à qqn	*to forgive someone for something*
On ne lui pardonnera jamais cette trahison.	*We will never forgive him for that betrayal.*
Pardonnez-moi. Je cherche le musée d'art.	*Excuse me. I'm looking for the art museum.*
Pardonnez-moi de vous poser cette question.	*Forgive me for asking you this question.*
Il a une maladie qui ne pardonne pas.	*He has a terminal illness.*
Je ne vous pardonnerai jamais d'avoir fait cela.	*I can never forgive you for having done that.*
Dieu pardonnera ces péchés.	*God will forgive these sins.*
Je ne pourrai pas me le pardonner.	*I won't be able to forgive myself for it.*
Il me pardonne tout.	*He forgives me for everything.*
Il ne vous pardonnera jamais cette remarque.	*He'll never forgive you for that remark.*
Il ne se fera jamais pardonner ça.	*He'll never live that down.*
Que Dieu vous pardonne.	*May God forgive you.*

359 parler *to speak, talk*

je parle · je parlai · parlé · parlant regular *-er* verb

C'est un homme qui parle peu.	*He's a man who doesn't say much.*
Je lui ai parlé au téléphone.	*I spoke to him on the phone.*
Nous avons parlé avec nos voisins.	*We spoke with our neighbors.*
Nous avons parlé pendant longtemps.	*We talked for a long time.*
Tu peux parler librement devant lui.	*You can speak freely in his presence.*
Parle-moi! Ça te fera du bien de parler.	*Talk to me! You'll feel better if you talk.*
Le président a parlé à la télé.	*The president spoke on TV.*
Quels gros mots! Comme tu parles!	*What dirty words! How improperly you speak!*
Vous osez me parler sur ce ton!	*You dare to talk to me in that tone of voice!*
Il parle sans savoir.	*He speaks of things he doesn't know anything about.*
Le professeur a parlé de la Révolution Française.	*The teacher spoke about the French Revolution.*
Voilà qui est parler!	*That's telling them!*
Elle ne voulait même pas me parler.	*She wouldn't even talk to me.*
Ils ne se parlent plus.	*They are no longer on speaking terms.*
N'en parlons plus!	*That's enough!*
Je te prie de n'en parler à personne.	*I beg you to keep this quiet.*
C'est une façon de parler.	*It's a manner of speaking / an expression.*
Ne parlons pas pour ne rien dire.	*Let's not just talk for the sake of talking.*
—Ce livre se lit beaucoup?	*Is this book widely read?*
—Oui, tout le monde en parle.	*Yes, everybody is talking about it.*
parler français comme une vache espagnole	*to speak fractured French*
parler à tort et à travers	*to run off at the mouth*
la langue parlée	*the spoken language*
Elle sait ce que parler veut dire.	*She's no dope.*
Tu as parlé d'or!	*You said a mouthful!*
Nous avons parlé de la pluie et du beau temps.	*We made small talk.*
Elles ont parlé à cœur ouvert.	*They spoke openly / let their hair down.*
C'est un type qui ne fera jamais parler de lui.	*He's a guy who will never set the world on fire.*
Si je suis fâché? Tu parles!	*Am I angry? You bet your life!*
Tu parles si je lui ai dit son fait!	*You bet I told him off!*
Sa stupidité est effrayante, sans parler de sa méchanceté.	*His/Her stupidity is frightening, in addition to his/her nastiness.*
Son intelligence? Parlons-en!	*His/Her intelligence? You must be joking!*
Un nouveau bureau, n'en parlons pas.	*Let's forget about a new office.*
Tu parles d'une trahison!	*It was such a betrayal!*
Ses poèmes ne me parlent pas.	*His poems don't do much for me.*
Qu'on ne vienne plus nous parler d'amitié.	*We don't want to hear about friendship anymore.*
Tu parles d'une aubaine!	*Talk about a windfall!*

to speak, talk **parler**

regular -er verb

je parle · je parlai · parlé · parlant

Present		*Passé Composé*	
je parle	nous parlons	j'ai parlé	nous avons parlé
tu parles	vous parlez	tu as parlé	vous avez parlé
il/elle parle	ils/elles parlent	il/elle a parlé	ils/elles ont parlé
Imperfect		*Pluperfect*	
je parlais	nous parlions	j'avais parlé	nous avions parlé
tu parlais	vous parliez	tu avais parlé	vous aviez parlé
il/elle parlait	ils/elles parlaient	il/elle avait parlé	ils/elles avaient parlé
Passé Simple		*Past Anterior*	
je parlai	nous parlâmes	j'eus parlé	nous eûmes parlé
tu parlas	vous parlâtes	tu eus parlé	vous eûtes parlé
il/elle parla	ils/elles parlèrent	il/elle eut parlé	ils/elles eurent parlé
Future		*Future Anterior*	
je parlerai	nous parlerons	j'aurai parlé	nous aurons parlé
tu parleras	vous parlerez	tu auras parlé	vous aurez parlé
il/elle parlera	ils/elles parleront	il/elle aura parlé	ils/elles auront parlé
Conditional		*Past Conditional*	
je parlerais	nous parlerions	j'aurais parlé	nous aurions parlé
tu parlerais	vous parleriez	tu aurais parlé	vous auriez parlé
il/elle parlerait	ils/elles parleraient	il/elle aurait parlé	ils/elles auraient parlé

Present Subjunctive		*Past Subjunctive*	
que je parle	que nous parlions	que j'aie parlé	que nous ayons parlé
que tu parles	que vous parliez	que tu aies parlé	que vous ayez parlé
qu'il/elle parle	qu'ils/elles parlent	qu'il/elle ait parlé	qu'ils/elles aient parlé
Imperfect Subjunctive		*Pluperfect Subjunctive*	
que je parlasse	que nous parlassions	que j'eusse parlé	que nous eussions parlé
que tu parlasses	que vous parlassiez	que tu eusses parlé	que vous eussiez parlé
qu'il/elle parlât	qu'ils/elles parlassent	qu'il/elle eût parlé	qu'ils/elles eussent parlé

Commands

	(nous) parlons
(tu) parle	(vous) parlez

USAGE

parler français	*to speak French*
Ici on parle français.	*French spoken here.*
parler un beau français	*to speak beautiful French*
parler plusieurs langues	*to speak several languages*
—Vous parlez trop vite.	*You're speaking too quickly.*
—Je vais essayer de parler lentement.	*I'll try to speak slowly.*
—Vous parlez trop bas. Je ne vous entends pas.	*You're speaking too softly. I can't hear you.*
—Je vais parler plus haut/fort.	*I'll speak louder.*
parler par signes	*to use sign language*

RELATED WORDS AND EXPRESSIONS

le parler	*local dialect*
Je ne comprends pas le parler de ce village.	*I can't understand the dialect of this village.*
parlant	*talking*
un film parlant	*a talking film*

top 50 verb

partir *to leave, depart*

je pars · je partis · parti · partant irregular verb; compound tenses with *être*

Present		*Passé Composé*	
je pars	nous partons	je suis parti(e)	nous sommes parti(e)s
tu pars	vous partez	tu es parti(e)	vous êtes parti(e)(s)
il/elle part	ils/elles partent	il/elle est parti(e)	ils/elles sont parti(e)s
Imperfect		*Pluperfect*	
je partais	nous partions	j'étais parti(e)	nous étions parti(e)s
tu partais	vous partiez	tu étais parti(e)	vous étiez parti(e)(s)
il/elle partait	ils/elles partaient	il/elle était parti(e)	ils/elles étaient parti(e)s
Passé Simple		*Past Anterior*	
je partis	nous partîmes	je fus parti(e)	nous fûmes parti(e)s
tu partis	vous partîtes	tu fus parti(e)	vous fûtes parti(e)(s)
il/elle partit	ils/elles partirent	il/elle fut parti(e)	ils/elles furent parti(e)s
Future		*Future Anterior*	
je partirai	nous partirons	je serai parti(e)	nous serons parti(e)s
tu partiras	vous partirez	tu seras parti(e)	vous serez parti(e)(s)
il/elle partira	ils/elles partiront	il/elle sera parti(e)	ils/elles seront parti(e)s
Conditional		*Past Conditional*	
je partirais	nous partirions	je serais parti(e)	nous serions parti(e)s
tu partirais	vous partiriez	tu serais parti(e)	vous seriez parti(e)(s)
il/elle partirait	ils/elles partiraient	il/elle serait parti(e)	ils/elles seraient parti(e)s

Present Subjunctive		*Past Subjunctive*	
que je parte	que nous partions	que je sois parti(e)	que nous soyons parti(e)s
que tu partes	que vous partiez	que tu sois parti(e)	que vous soyez parti(e)(s)
qu'il/elle parte	qu'ils/elles partent	qu'il/elle soit parti(e)	qu'ils/elles soient parti(e)s
Imperfect Subjunctive		*Pluperfect Subjunctive*	
que je partisse	que nous partissions	que je fusse parti(e)	que nous fussions parti(e)s
que tu partisses	que vous partissiez	que tu fusses parti(e)	que vous fussiez parti(e)(s)
qu'il/elle partît	qu'ils/elles partissent	qu'il/elle fût parti(e)	qu'ils/elles fussent parti(e)s

Commands

	(nous) partons
(tu) pars	(vous) partez

USAGE

—Tu pars?	*Are you leaving?*
—Non, je reste.	*No, I'm staying.*
—Le train pour Londres part à quelle heure?	*What time does the train to London leave?*
—Il part dans cinq minutes du quai numéro 5.	*It's leaving in five minutes from platform 5.*
—Vous partez en vacances?	*Are you leaving on vacation?*
—Oui, nous partirons pour la Côte.	*Yes, we'll be going to the Riviera.*
Il est parti à pied.	*He walked off / left on foot.*
Tous les jeunes gens sont partis à la guerre.	*All the young men have gone off to war.*
La tache partira avec ce produit.	*The stain will disappear if you use this.*
Son attitude part d'un bon naturel.	*His attitude is the sign of a kindly nature.*
Nous sommes partis de zéro.	*We started from scratch.*
J'ai maille à partir avec eux.	*I have a bone to pick with them.*
Il est mal parti.	*Things don't look good for him.*
À vos marques! Prêts! Partez!	*On your mark! Get set! Go!*

to pass **passer**

regular -*er* verb; compound tenses with *être* when there is no direct object

je passe · je passai · passé · passant

Present		*Passé Composé*	
je passe	nous passons	je suis passé(e)	nous sommes passé(e)s
tu passes	vous passez	tu es passé(e)	vous êtes passé(e)(s)
il/elle passe	ils/elles passent	il/elle est passé(e)	ils/elles sont passé(e)s
Imperfect		*Pluperfect*	
je passais	nous passions	j'étais passé(e)	nous étions passé(e)s
tu passais	vous passiez	tu étais passé(e)	vous étiez passé(e)(s)
il/elle passait	ils/elles passaient	il/elle était passé(e)	ils/elles étaient passé(e)s
Passé Simple		*Past Anterior*	
je passai	nous passâmes	je fus passé(e)	nous fûmes passé(e)s
tu passas	vous passâtes	tu fus passé(e)	vous fûtes passé(e)(s)
il/elle passa	ils/elles passèrent	il/elle fut passé(e)	ils/elles furent passé(e)s
Future		*Future Anterior*	
je passerai	nous passerons	je serai passé(e)	nous serons passé(e)s
tu passeras	vous passerez	tu seras passé(e)	vous serez passé(e)(s)
il/elle passera	ils/elles passeront	il/elle sera passé(e)	ils/elles seront passé(e)s
Conditional		*Past Conditional*	
je passerais	nous passerions	je serais passé(e)	nous serions passé(e)s
tu passerais	vous passeriez	tu serais passé(e)	vous seriez passé(e)(s)
il/elle passerait	ils/elles passeraient	il/elle serait passé(e)	ils/elles seraient passé(e)s
Present Subjunctive		*Past Subjunctive*	
que je passe	que nous passions	que je sois passé(e)	que nous soyons passé(e)s
que tu passes	que vous passiez	que tu sois passé(e)	que vous soyez passé(e)(s)
qu'il/elle passe	qu'ils/elles passent	qu'il/elle soit passé(e)	qu'ils/elles soient passé(e)s
Imperfect Subjunctive		*Pluperfect Subjunctive*	
que je passasse	que nous passassions	que je fusse passé(e)	que nous fussions passé(e)s
que tu passasses	que vous passassiez	que tu fusses passé(e)	que vous fussiez passé(e)(s)
qu'il/elle passât	qu'ils/elles passassent	qu'il/elle fût passé(e)	qu'ils/elles fussent passé(e)s

Commands

	(nous) passons
(tu) passe	(vous) passez

USAGE

passer voir qqn	*to stop by to see someone*
Je ne fais que passer.	*I'm just stopping by.*
passer en première/quatrième	*to shift into first/high gear*
Le train est déjà passé.	*The train has already left / gone by.*
passer une éponge sur la table	*to clean the table with a sponge*
Où sont passées mes clés?	*Where have my keys gone?*
Quel embouteillage! On ne passera pas.	*What a traffic jam! We won't get through.*
Le facteur est déjà passé?	*Has the mailman been here yet?*
Fais attention! Tu viens de passer au rouge!	*Pay attention! You just went through a red light!*
Le dîner est servi. Passez à table.	*Dinner is served. Come to the table.*
C'est un traître! Il est passé à l'ennemi.	*He's a traitor! He's gone over to the enemy.*
Pour arriver au centre, il faut passer sur le pont.	*To get downtown, you have to go over the bridge.*
J'aime regarder passer les gens.	*I like to people-watch.*

top 50 verb

361 passer *to pass*

je passe · je passai · passé · passant

regular *-er* verb; compound tenses with *être* when there is no direct object

Ça passe ou ça casse.	*It's make or break time.*
Tout le monde y passe.	*It's something everyone goes through.*
Quelle idée t'est passée par la tête?	*What has gotten into you?*
Ça passe mes forces.	*I can't bear to do it.*
On a passé le condamné par les armes.	*The condemned man was shot.*
Le patron m'a passé un savon.	*The boss called me onto the carpet.*
Il faut qu'on passe nos problèmes en revue.	*We have to examine our problems.*
Vous ne pourrez pas passer sous silence cette faute.	*You won't be able to ignore this mistake.*
Il s'est fait passer pour un étranger.	*He passed himself off as a foreigner.*
Nous avons dû nous passer de tout confort.	*We had to do without all modern conveniences.*
Je ne te suis pas. Tu passes du coq à l'âne.	*I can't follow you. You're jumping from one subject to another.*

passer = se déplacer, changer d'état, évoluer

La Seine passe à Paris.	*The Seine goes through Paris.*
Il faut que tu passes au bureau du directeur.	*You have to report to the principal's office.*
Passe la chercher, veux-tu?	*Go by to look for her / pick her up, will you?*
Où est-elle passée? Je l'ai vue il y a une minute.	*Where did she go off to? I saw her just a minute ago.*
La dictature ne passera pas!	*No to dictatorship!*
Le mot « café » est passé du français en anglais.	*The word "café" came from French into English.*
Il y a des gros mots qui sont passés dans le langage courant.	*There are dirty words that have become part of everyday speech.*
Le vin est passé.	*The wine has soured.*
Le temps passe vite quand on s'amuse.	*Time flies when you're having fun.*
L'orage sera passé avant notre départ.	*The storm will have passed before we leave.*
Ces blousons-là sont passés de mode.	*Those jackets have gone out of fashion.*

passer (compound tenses with *avoir* when transitive)

Passez-moi le sucre, s'il vous plaît.	*Pass me the sugar, please.*
Il ne m'a pas passé de coup de fil.	*He didn't phone me.*
J'ai passé l'été en Europe.	*I spent the summer in Europe.*
Nous avons passé une soirée agréable.	*We spent a pleasant evening.*
Il a passé son bras autour de sa taille.	*He slipped his arm around her waist.*
—Mon fils a passé l'écrit.	*My son has passed the written exam.*
—J'espère qu'il passera aussi l'oral.	*I hope he'll pass the oral exam too.*
Je t'ai passé les détails.	*I spared you the details.*
On a déjà passé deux couches de peinture.	*We've already applied two coats of paint.*
Il faut passer les fruits sous l'eau.	*We have to rinse the fruit.*
—Nicole est là?	*Is Nicole there?*
—Oui. Attends. Je te la passe.	*Yes. Wait. I'll put her on.*
On a passé de bons films dans ce cinéma.	*They showed good movies at that theater.*
J'ai passé mon pull et je suis sorti.	*I put on my sweater and went out.*
Mon colocataire passe toujours le même cédé.	*My roommate plays the same CD over and over again.*

IDIOM

Il a passé l'arme à gauche.	*He kicked the bucket.*

top 50 verb

regular -*er* verb; spelling change: y > i/mute *e*

je paie · je payai · payé · payant

Present		*Passé Composé*	
je paie	nous payons	j'ai payé	nous avons payé
tu paies	vous payez	tu as payé	vous avez payé
il/elle paie	ils/elles paient	il/elle a payé	ils/elles ont payé
Imperfect		*Pluperfect*	
je payais	nous payions	j'avais payé	nous avions payé
tu payais	vous payiez	tu avais payé	vous aviez payé
il/elle payait	ils/elles payaient	il/elle avait payé	ils/elles avaient payé
Passé Simple		*Past Anterior*	
je payai	nous payâmes	j'eus payé	nous eûmes payé
tu payas	vous payâtes	tu eus payé	vous eûtes payé
il/elle paya	ils/elles payèrent	il/elle eut payé	ils/elles eurent payé
Future		*Future Anterior*	
je paierai	nous paierons	j'aurai payé	nous aurons payé
tu paieras	vous paierez	tu auras payé	vous aurez payé
il/elle paiera	ils/elles paieront	il/elle aura payé	ils/elles auront payé
Conditional		*Past Conditional*	
je paierais	nous paierions	j'aurais payé	nous aurions payé
tu paierais	vous paieriez	tu aurais payé	vous auriez payé
il/elle paierait	ils/elles paieraient	il/elle aurait payé	ils/elles auraient payé
Present Subjunctive		*Past Subjunctive*	
que je paie	que nous payions	que j'aie payé	que nous ayons payé
que tu paies	que vous payiez	que tu aies payé	que vous ayez payé
qu'il/elle paie	qu'ils/elles paient	qu'il/elle ait payé	qu'ils/elles aient payé
Imperfect Subjunctive		*Pluperfect Subjunctive*	
que je payasse	que nous payassions	que j'eusse payé	que nous eussions payé
que tu payasses	que vous payassiez	que tu eusses payé	que vous eussiez payé
qu'il/elle payât	qu'ils/elles payassent	qu'il/elle eût payé	qu'ils/elles eussent payé

Commands

	(nous) payons
(tu) paie	(vous) payez

USAGE

NOTE: This verb is sometimes seen without the *y > i* change, such as *paye.*

J'ai payé mille euros.	*I paid one thousand euros.*
payer qqch	*to pay for something*
—Qui a payé les repas et l'hôtel?	*Who paid for the meals and the hotel?*
—Mon oncle a tout payé.	*My uncle paid for everything.*
—Combien est-ce que tu as payé ton vélo?	*How much did you pay for your bike?*
—Je l'ai payé 180 euros.	*I paid 180 euros for it.*
—Comment est-ce qu'on paie les ouvriers?	*How are the workers paid?*
—Ils sont payés à l'heure.	*They are paid by the hour.*
payer ses dettes	*to pay one's debts*
payer ses impôts	*to pay one's taxes*
payer la facture	*to pay the bill*
payer l'amende	*to pay the fine*

top 50 verb

362 payer *to pay*

je paie · je payai · payé · payant

regular *-er* verb; spelling change: y > i/mute *e*

payer = rembourser, rémunérer

payer en liquide / payer comptant	*to pay cash*
payer en espèces	*to pay with money / pay cash*
payer à crédit	*to pay by credit*
payer avec une carte de crédit	*to pay with a credit card*
payer par chèque	*to pay by check*
un travail bien payé	*a job with a good salary*
un travail mal payé	*a poorly paid job*
C'est un travail qui ne paie pas.	*It's a job that doesn't pay.*
C'est moi qui paie.	*It's my treat.*
Lui, il se fait toujours payer un verre.	*He always gets someone to buy him a drink.*
s'en payer	*to have a ball*
Ils sont allés à Rome et ils s'en sont payé.	*They went to Rome and had a ball.*
Ça c'est un luxe que je ne peux pas me payer.	*That's a luxury I can't afford.*
—On dit qu'elle a payé son succès de sa santé.	*They said her success was at the cost of her health.*
—Ça s'appelle payer cher le succès.	*That's what I call too high a price for success.*
Le vin paie un droit de douane.	*Wine is subject to duty at customs.*
payer un témoin	*to pay off a witness*
—Il t'a bien payé?	*Did he pay you well?*
—Penses-tu? Il m'a payé de belles paroles.	*Are you kidding? He paid me off with sweet talk.*

RELATED WORDS AND EXPRESSIONS

Je suis payé pour le savoir.	*I know that from bitter experience.*
Elle a toujours payé de sa personne.	*She never spared herself.*
payer les pots cassés	*to pay the piper / be the fall guy*
Ce type m'a laissé payer les pots cassés.	*That guy left me holding the bag.*
Tu vas me le payer cher, tu m'entends?	*You'll pay for doing that, you hear me?*
ne pas payer de mine	*not to look so great*
Cette vieille voiture ne paie pas de mine.	*This old car doesn't look so hot.*
se payer d'audace	*to work up one's courage*
Il s'est payé d'audace et l'a invitée à sortir.	*He got up his courage and asked her out.*
se payer de culot	*to get up one's nerve*
Je me suis payé de culot et j'ai demandé une augmentation.	*I got up my nerve and asked for a raise.*

SLANG

se payer qqn	*to put up with / bear someone*
On s'est payé cette famille tout l'après-midi.	*We had to put up with that family all afternoon.*
se payer la tête de qqn	*to make fun of someone*
Tu te paies ma tête!	*You're making fun of me!*
se payer qqch	*to bang into something*
Le gosse s'est payé la table en courant.	*The kid banged into the table while running.*

PROVERBS

Le crime ne paie pas.	*Crime doesn't pay.*
Qui paie ses dettes, s'enrichit.	*He who pays off his debts gets richer.*

top 50 verb

to sin **pécher**

-er verb; spelling change: *é* > *è*/mute *e* except in the future and conditional

je pèche · je péchai · péché · péchant

Present		*Passé Composé*	
je pèche	nous péchons	j'ai péché	nous avons péché
tu pèches	vous péchez	tu as péché	vous avez péché
il/elle pèche	ils/elles pèchent	il/elle a péché	ils/elles ont péché
Imperfect		*Pluperfect*	
je péchais	nous péchions	j'avais péché	nous avions péché
tu péchais	vous péchiez	tu avais péché	vous aviez péché
il/elle péchait	ils/elles péchaient	il/elle avait péché	ils/elles avaient péché
Passé Simple		*Past Anterior*	
je péchai	nous péchâmes	j'eus péché	nous eûmes péché
tu péchas	vous péchâtes	tu eus péché	vous eûtes péché
il/elle pécha	ils/elles péchèrent	il/elle eut péché	ils/elles eurent péché
Future		*Future Anterior*	
je pécherai	nous pécherons	j'aurai péché	nous aurons péché
tu pécheras	vous pécherez	tu auras péché	vous aurez péché
il/elle péchera	ils/elles pécheront	il/elle aura péché	ils/elles auront péché
Conditional		*Past Conditional*	
je pécherais	nous pécherions	j'aurais péché	nous aurions péché
tu pécherais	vous pécheriez	tu aurais péché	vous auriez péché
il/elle pécherait	ils/elles pécheraient	il/elle aurait péché	ils/elles auraient péché

Present Subjunctive		*Past Subjunctive*	
que je pèche	que nous péchions	que j'aie péché	que nous ayons péché
que tu pèches	que vous péchiez	que tu aies péché	que vous ayez péché
qu'il/elle pèche	qu'ils/elles pèchent	qu'il/elle ait péché	qu'ils/elles aient péché
Imperfect Subjunctive		*Pluperfect Subjunctive*	
que je péchasse	que nous péchassions	que j'eusse péché	que nous eussions péché
que tu péchasses	que vous péchassiez	que tu eusses péché	que vous eussiez péché
qu'il/elle péchât	qu'ils/elles péchassent	qu'il/elle eût péché	qu'ils/elles eussent péché

Commands

	(nous) péchons
(tu) pèche	(vous) péchez

USAGE

Ce geste pèche contre la bienséance.	*That gesture violates the rules of proper conduct.*
Il n'a péché que par excès de confiance.	*The only thing he did wrong was to be overly confident.*
C'est par là que son raisonnement pèche.	*There's the weak part of his argument.*
Votre remarque pèche contre le bon goût.	*Your remark goes against good taste.*

RELATED WORDS AND EXPRESSIONS

le péché	*sin*
un péché de jeunesse	*a youthful indiscretion*
Les bonbons, c'est mon péché mignon.	*Candy is my weakness.*
commettre un péché	*to commit a sin*
un pécheur / une pécheresse	*a sinner*

PROVERB

Que celui qui n'a jamais péché jette la première pierre.	*Let he who is without sin cast the first stone.* (Bible)

pêcher *to fish*

je pêche · je pêchai · pêché · pêchant regular *-er* verb

Present		*Passé Composé*	
je pêche	nous pêchons	j'ai pêché	nous avons pêché
tu pêches	vous pêchez	tu as pêché	vous avez pêché
il/elle pêche	ils/elles pêchent	il/elle a pêché	ils/elles ont pêché
Imperfect		*Pluperfect*	
je pêchais	nous pêchions	j'avais pêché	nous avions pêché
tu pêchais	vous pêchiez	tu avais pêché	vous aviez pêché
il/elle pêchait	ils/elles pêchaient	il/elle avait pêché	ils/elles avaient pêché
Passé Simple		*Past Anterior*	
je pêchai	nous pêchâmes	j'eus pêché	nous eûmes pêché
tu pêchas	vous pêchâtes	tu eus pêché	vous eûtes pêché
il/elle pêcha	ils/elles pêchèrent	il/elle eut pêché	ils/elles eurent pêché
Future		*Future Anterior*	
je pêcherai	nous pêcherons	j'aurai pêché	nous aurons pêché
tu pêcheras	vous pêcherez	tu auras pêché	vous aurez pêché
il/elle pêchera	ils/elles pêcheront	il/elle aura pêché	ils/elles auront pêché
Conditional		*Past Conditional*	
je pêcherais	nous pêcherions	j'aurais pêché	nous aurions pêché
tu pêcherais	vous pêcheriez	tu aurais pêché	vous auriez pêché
il/elle pêcherait	ils/elles pêcheraient	il/elle aurait pêché	ils/elles auraient pêché

Present Subjunctive		*Past Subjunctive*	
que je pêche	que nous pêchions	que j'aie pêché	que nous ayons pêché
que tu pêches	que vous pêchiez	que tu aies pêché	que vous ayez pêché
qu'il/elle pêche	qu'ils/elles pêchent	qu'il/elle ait pêché	qu'ils/elles aient pêché
Imperfect Subjunctive		*Pluperfect Subjunctive*	
que je pêchasse	que nous pêchassions	que j'eusse pêché	que nous eussions pêché
que tu pêchasses	que vous pêchassiez	que tu eusses pêché	que vous eussiez pêché
qu'il/elle pêchât	qu'ils/elles pêchassent	qu'il/elle eût pêché	qu'ils/elles eussent pêché

Commands

	(nous) pêchons
(tu) pêche	(vous) pêchez

USAGE

Ici on pêche la truite.	*Here you can fish for trout.*
Où est-ce qu'on peut pêcher la morue?	*Where can we fish for cod?*
Fais voir le poisson que tu as pêché.	*Let's see the fish you caught.*
Arrêtez votre enquête. Vous pêchez en eau trouble.	*Stop your investigation. You're fishing in troubled waters.*
Où est-ce que tu as pêché cette histoire?	*Where did you get that story?*
Où avez-vous été pêcher cette idée?	*Where did you get that idea from?*

RELATED WORDS AND EXPRESSIONS

la pêche	*fishing*
aller à la pêche	*to go fishing*
la grande pêche au large	*deep-sea fishing*
la pêche aux coquillages	*gathering shellfish*
la pêche au thon	*fishing for tuna*
le pêcheur	*fisherman*

regular -*er* reflexive verb;
compound tenses with *être*

je me peigne · je me peignai · s'étant peigné · se peignant

Present		*Passé Composé*	
je me peigne	nous nous peignons	je me suis peigné(e)	nous nous sommes peigné(e)s
tu te peignes	vous vous peignez	tu t'es peigné(e)	vous vous êtes peigné(e)(s)
il/elle se peigne	ils/elles se peignent	il/elle s'est peigné(e)	ils/elles se sont peigné(e)s
Imperfect		*Pluperfect*	
je me peignais	nous nous peignions	je m'étais peigné(e)	nous nous étions peigné(e)s
tu te peignais	vous vous peigniez	tu t'étais peigné(e)	vous vous étiez peigné(e)(s)
il/elle se peignait	ils/elles se peignaient	il/elle s'était peigné(e)	ils/elles s'étaient peigné(e)s
Passé Simple		*Past Anterior*	
je me peignai	nous nous peignâmes	je me fus peigné(e)	nous nous fûmes peigné(e)s
tu te peignas	vous vous peignâtes	tu te fus peigné(e)	vous vous fûtes peigné(e)(s)
il/elle se peigna	ils/elles se peignèrent	il/elle se fut peigné(e)	ils/elles se furent peigné(e)s
Future		*Future Anterior*	
je me peignerai	nous nous peignerons	je me serai peigné(e)	nous nous serons peigné(e)s
tu te peigneras	vous vous peignerez	tu te seras peigné(e)	vous vous serez peigné(e)(s)
il/elle se peignera	ils/elles se peigneront	il/elle se sera peigné(e)	ils/elles se seront peigné(e)s
Conditional		*Past Conditional*	
je me peignerais	nous nous peignerions	je me serais peigné(e)	nous nous serions peigné(e)s
tu te peignerais	vous vous peigneriez	tu te serais peigné(e)	vous vous seriez peigné(e)(s)
il/elle se peignerait	ils/elles se peigneraient	il/elle se serait peigné(e)	ils/elles se seraient peigné(e)s

Present Subjunctive		*Past Subjunctive*	
que je me peigne	que nous nous peignions	que je me sois peigné(e)	que nous nous soyons peigné(e)s
que tu te peignes	que vous vous peigniez	que tu te sois peigné(e)	que vous vous soyez peigné(e)(s)
qu'il/elle se peigne	qu'ils/elles se peignent	qu'il/elle se soit peigné(e)	qu'ils/elles se soient peigné(e)s
Imperfect Subjunctive		*Pluperfect Subjunctive*	
que je me peignasse	que nous nous peignassions	que je me fusse peigné(e)	que nous nous fussions peigné(e)s
que tu te peignasses	que vous vous peignassiez	que tu te fusses peigné(e)	que vous vous fussiez peigné(e)(s)
qu'il/elle se peignât	qu'ils/elles se peignassent	qu'il/elle se fût peigné(e)	qu'ils/elles se fussent peigné(e)s

Commands

	(nous) peignons-nous
(tu) peigne-toi	(vous) peignez-vous

USAGE

Elle s'est peignée devant la glace.	*She combed her hair at the mirror.*
Peigne-toi! Tu es tout échevelé.	*Comb your hair! It's all messy.*

RELATED WORDS AND EXPRESSIONS

le peigne	*comb*
se donner un coup de peigne	*to run a comb through one's hair*
passer au peigne fin	*to comb* (figurative)
La police a passé au peigne fin le quartier.	*The police combed the neighborhood.*
peigner qqn	*to comb someone's hair*
La mère peigne son enfant.	*The mother combs her child's hair.*
Elle est toujours mal peignée.	*Her hair is always a mess.*
peigner la girafe	*to waste time / sit around doing nothing*

366 peindre *to paint*

je peins · je peignis · peint · peignant irregular verb

Present		*Passé Composé*	
je peins	nous peignons	j'ai peint	nous avons peint
tu peins	vous peignez	tu as peint	vous avez peint
il/elle peint	ils/elles peignent	il/elle a peint	ils/elles ont peint
Imperfect		*Pluperfect*	
je peignais	nous peignions	j'avais peint	nous avions peint
tu peignais	vous peigniez	tu avais peint	vous aviez peint
il/elle peignait	ils/elles peignaient	il/elle avait peint	ils/elles avaient peint
Passé Simple		*Past Anterior*	
je peignis	nous peignîmes	j'eus peint	nous eûmes peint
tu peignis	vous peignîtes	tu eus peint	vous eûtes peint
il/elle peignit	ils/elles peignirent	il/elle eut peint	ils/elles eurent peint
Future		*Future Anterior*	
je peindrai	nous peindrons	j'aurai peint	nous aurons peint
tu peindras	vous peindrez	tu auras peint	vous aurez peint
il/elle peindra	ils/elles peindront	il/elle aura peint	ils/elles auront peint
Conditional		*Past Conditional*	
je peindrais	nous peindrions	j'aurais peint	nous aurions peint
tu peindrais	vous peindriez	tu aurais peint	vous auriez peint
il/elle peindrait	ils/elles peindraient	il/elle aurait peint	ils/elles auraient peint

Present Subjunctive		*Past Subjunctive*	
que je peigne	que nous peignions	que j'aie peint	que nous ayons peint
que tu peignes	que vous peigniez	que tu aies peint	que vous ayez peint
qu'il/elle peigne	qu'ils/elles peignent	qu'il/elle ait peint	qu'ils/elles aient peint
Imperfect Subjunctive		*Pluperfect Subjunctive*	
que je peignisse	que nous peignissions	que j'eusse peint	que nous eussions peint
que tu peignisses	que vous peignissiez	que tu eusses peint	que vous eussiez peint
qu'il/elle peignît	qu'ils/elles peignissent	qu'il/elle eût peint	qu'ils/elles eussent peint

Commands

	(nous) peignons
(tu) peins	(vous) peignez

USAGE

peindre son appartement / sa maison	*to paint one's apartment/house*
J'ai peint ma chambre en bleu.	*I painted my room blue.*
peindre à l'huile	*to paint with oils*
peindre un portrait	*to paint a portrait*

RELATED WORDS AND EXPRESSIONS

le peintre	*painter*
David est mon peintre préféré.	*David is my favorite painter.*
le peintre en bâtiment	*house painter*
la peinture	*paint/painting*
la peinture au pistolet	*spray painting*
J'aime la peinture impressionniste/néoclassique.	*I like impressionist/neoclassical painting.*
Je suis un cours de peinture en ligne.	*I'm taking an online painting course.*

regular -*re* verb **je pends · je pendis · pendu · pendant**

Present		*Passé Composé*	
je pends	nous pendons	j'ai pendu	nous avons pendu
tu pends	vous pendez	tu as pendu	vous avez pendu
il/elle pend	ils/elles pendent	il/elle a pendu	ils/elles ont pendu
Imperfect		*Pluperfect*	
je pendais	nous pendions	j'avais pendu	nous avions pendu
tu pendais	vous pendiez	tu avais pendu	vous aviez pendu
il/elle pendait	ils/elles pendaient	il/elle avait pendu	ils/elles avaient pendu
Passé Simple		*Past Anterior*	
je pendis	nous pendîmes	j'eus pendu	nous eûmes pendu
tu pendis	vous pendîtes	tu eus pendu	vous eûtes pendu
il/elle pendit	ils/elles pendirent	il/elle eut pendu	ils/elles eurent pendu
Future		*Future Anterior*	
je pendrai	nous pendrons	j'aurai pendu	nous aurons pendu
tu pendras	vous pendrez	tu auras pendu	vous aurez pendu
il/elle pendra	ils/elles pendront	il/elle aura pendu	ils/elles auront pendu
Conditional		*Past Conditional*	
je pendrais	nous pendrions	j'aurais pendu	nous aurions pendu
tu pendrais	vous pendriez	tu aurais pendu	vous auriez pendu
il/elle pendrait	ils/elles pendraient	il/elle aurait pendu	ils/elles auraient pendu

Present Subjunctive		*Past Subjunctive*	
que je pende	que nous pendions	que j'aie pendu	que nous ayons pendu
que tu pendes	que vous pendiez	que tu aies pendu	que vous ayez pendu
qu'il/elle pende	qu'ils/elles pendent	qu'il/elle ait pendu	qu'ils/elles aient pendu
Imperfect Subjunctive		*Pluperfect Subjunctive*	
que je pendisse	que nous pendissions	que j'eusse pendu	que nous eussions pendu
que tu pendisses	que vous pendissiez	que tu eusses pendu	que vous eussiez pendu
qu'il/elle pendît	qu'ils/elles pendissent	qu'il/elle eût pendu	qu'ils/elles eussent pendu

Commands

	(nous) pendons
(tu) pends	(vous) pendez

USAGE

J'ai lavé le linge et je l'ai pendu.	*I washed the laundry and hung it up.*
pendre un condamné	*to hang a condemned man*
Nous étions pendus à ses lèvres.	*We hung on every word he said.*
Il est pendu au téléphone.	*He spends hours on the phone.*
Viens chez nous demain. On va pendre la crémaillère.	*Come over tomorrow. We're going to have a housewarming party.*
Qu'il aille se faire pendre!	*The heck with him!*
Va te faire pendre ailleurs!	*Get lost!*

RELATED WORDS AND EXPRESSIONS

la pendaison	*hanging*
la pendaison de la crémaillère	*housewarming party*
le pendu	*the hanged man*

penser to think

je pense · je pensai · pensé · pensant regular -er verb

Il faut penser d'une façon logique.	*You must think in a logical way.*
Je ne comprends pas votre façon de penser.	*I don't understand your way of thinking.*
Il m'a dit ce qu'il pensait.	*He told me off.*
Est-ce que vous pensez en français?	*Do you think in French?*
Il faut penser avant d'agir.	*You have to think before you act.*
J'ai souvent l'impression que mon chien pense.	*I often have the impression that my dog can think.*
Ça me fait penser qu'il n'est pas sincère.	*That makes me think he's not sincere.*
Elle n'est pas si honnête qu'on le pense.	*She's not as honest as people think.*
C'est un message qui laisse à penser.	*It's a message that gives you food for thought.*
Cette solution est très bien pensée.	*This solution is very well thought out.*
Je te laisse à penser si le prof s'est fâché.	*I'll leave it to your imagination whether the teacher got angry or not.*
Il n'a jamais pensé comme vous.	*He never agreed much with you.*

penser à

◉ —Penses-y.	*Think about it. / Keep it in mind.*
—J'essaierai d'y penser.	*I'll try to think about it.*
Tu ne penses qu'à toi.	*You only think about yourself.*
Il faut penser aux autres.	*You have to think about other people.*
Fais-m'y penser, je t'en prie.	*Remind me, please.*
N'y pensons plus!	*Let's forget about it!*
Ce tableau me fait penser à Monet.	*That painting makes me think of Monet.*

penser de

Je ne veux pas que tu penses du mal de moi.	*I don't want you to think ill of me.*
Il pense du bien de vous deux.	*He thinks well of you two.*
Que pensez-vous de cette idée?	*What do you think of this idea?*
Que penserais-tu d'un dîner en ville?	*What would you think of dinner out?*

penser + infinitive

◉ —Qu'est-ce que tu penses faire?	*What do you intend to do?*
—Je pense démissionner.	*I intend to resign.*
Il pense avoir gagné.	*He thinks he's won.*

penser que

Je pense que oui.	*I think so.*
Je pense que non.	*I don't think so.*
Je pense qu'elle peut venir avec nous.	*I think she can come with us.*
Je ne pense pas qu'elle puisse venir avec nous.	*I don't think she can come with us.*

RELATED WORDS AND EXPRESSIONS

◉ —Tu es allé en France?	*Did you go to France?*
—Tu penses! J'y ai passé l'été.	*You bet! I spent the summer there.*
◉ —Ils t'ont remercié?	*Did they thank you?*
—Penses-tu!	*Are you kidding?*

top 50 verb

regular *-er* verb **je pense · je pensai · pensé · pensant**

Present		*Passé Composé*	
je pense	nous pensons	j'ai pensé	nous avons pensé
tu penses	vous pensez	tu as pensé	vous avez pensé
il/elle pense	ils/elles pensent	il/elle a pensé	ils/elles ont pensé
Imperfect		***Pluperfect***	
je pensais	nous pensions	j'avais pensé	nous avions pensé
tu pensais	vous pensiez	tu avais pensé	vous aviez pensé
il/elle pensait	ils/elles pensaient	il/elle avait pensé	ils/elles avaient pensé
Passé Simple		***Past Anterior***	
je pensai	nous pensâmes	j'eus pensé	nous eûmes pensé
tu pensas	vous pensâtes	tu eus pensé	vous eûtes pensé
il/elle pensa	ils/elles pensèrent	il/elle eut pensé	ils/elles eurent pensé
Future		***Future Anterior***	
je penserai	nous penserons	j'aurai pensé	nous aurons pensé
tu penseras	vous penserez	tu auras pensé	vous aurez pensé
il/elle pensera	ils/elles penseront	il/elle aura pensé	ils/elles auront pensé
Conditional		***Past Conditional***	
je penserais	nous penserions	j'aurais pensé	nous aurions pensé
tu penserais	vous penseriez	tu aurais pensé	vous auriez pensé
il/elle penserait	ils/elles penseraient	il/elle aurait pensé	ils/elles auraient pensé

Present Subjunctive		*Past Subjunctive*	
que je pense	que nous pensions	que j'aie pensé	que nous ayons pensé
que tu penses	que vous pensiez	que tu aies pensé	que vous ayez pensé
qu'il/elle pense	qu'ils/elles pensent	qu'il/elle ait pensé	qu'ils/elles aient pensé
Imperfect Subjunctive		***Pluperfect Subjunctive***	
que je pensasse	que nous pensassions	que j'eusse pensé	que nous eussions pensé
que tu pensasses	que vous pensassiez	que tu eusses pensé	que vous eussiez pensé
qu'il/elle pensât	qu'ils/elles pensassent	qu'il/elle eût pensé	qu'ils/elles eussent pensé

Commands

	(nous) pensons
(tu) pense	(vous) pensez

USAGE

penser à qqch	*to think about something / have something in mind*
Je pense à mes vacances.	*I'm thinking about my vacation.*
Tu penses souvent à moi?	*Do you often think about me?*
—Pensez-vous aux problèmes à résoudre?	*Are you thinking of the problems to be solved?*
—Oui, nous y pensons.	*Yes, we're thinking about them.*
penser de qqch	*to think about something / have an opinion about something*
Qu'est-ce que vous pensez de ce roman?	*What do you think about this novel?*
—J'ai vu le nouveau film canadien.	*I saw the new Canadian film.*
—Qu'est-ce que tu en penses?	*What do you think about it?*

RELATED WORDS AND EXPRESSIONS

la pensée	*thought*
la pensée de Pascal	*Pascal's thought / philosophical system*
Éloignez la pensée.	*Perish the thought.*
le penseur	*thinker*
les grands penseurs de notre époque	*the great thinkers of our time*

top 50 verb

369

perdre *to lose*

je perds · je perdis · perdu · perdant regular -re verb

perdre qqch

perdre la partie	*to lose the game*
perdre l'avantage qu'on avait	*to lose the advantage one had*
perdre au change	*to lose out*
perdre la parole	*to lose one's voice*
perdre la connaissance	*to faint / pass out*
perdre le goût	*to lose one's sense of taste*
Ne perds pas la tête.	*Don't lose your head.*
perdre qqch de vue	*to lose sight of something*
Ne perdez pas de vue que la bourse est à la hausse.	*Don't lose sight of the fact that the stock market is showing an upward trend.*
Il a osé le faire parce qu'il n'avait rien à perdre.	*He dared to do it because he had nothing to lose.*
perdre le nord	*to become disoriented*
Elle ne perd pas le nord, celle-là!	*She's got her head screwed on right!*
Ça te fera perdre le boire et le manger.	*It's so sickening it will make you lose your appetite.*
J'en ai perdu le boire et le manger.	*It made me so sick I lost my appetite.*
Tu as perdu ta langue?	*Cat's got your tongue?*
Il y perd son latin.	*He's really mixed up / confused.*
Si tu sors, tu vas perdre ta place.	*If you go out, you will lose your seat.*
J'ai perdu l'espoir de retrouver mon chat.	*I've given up hope of finding my cat.*
Il craint perdre la face.	*He is afraid of losing face.*
Il a perdu l'habitude d'aller à la bibliothèque.	*He got out of the habit of going to the library.*
De quoi tu te plains? Tu n'y as pas perdu au change.	*What are you complaining about? You came out all right.*
L'entreprise a perdu des millions sur ce projet.	*The firm lost millions on this project.*
Le chauffeur a perdu le contrôle du véhicule.	*The driver lost control of the vehicle.*
Il a perdu tous ses amis.	*He lost all his friends.*
Il n'y a pas de temps à perdre!	*There's no time to waste!*
Tu perds ton temps avec un type comme lui.	*You're wasting your time with a guy like him.*
J'ai perdu ma journée.	*I wasted my whole day. / My whole day was ruined.*
jouer à qui perd gagne	*to play "loser takes all"*
Un de perdu, dix de retrouvés!	*There are plenty more fish in the sea!*
Tu ne perds rien pour attendre!	*You'll get yours, don't worry!*
Je viendrai te voir ou j'y perdrai mon nom!	*I'll come to see you or my name isn't ______!*
Tu es perdu si le chef s'en rend compte!	*You're a dead duck if the boss realizes!*
Je ne peux plus dessiner. J'ai perdu la main.	*I can't draw anymore. I've lost my touch.*

se perdre

Il est facile de se perdre dans la vieille ville.	*It's easy to get lost in the old part of the city.*
—Tu es en retard.	*You're late.*
—Je me suis perdu.	*I got lost.*
Ils se sont perdus de vue.	*They lost touch with each other.*
C'est une façon de faire les choses qui se perd.	*It's a way of doing things that is disappearing.*
—Elle ne finit jamais rien.	*She never finishes anything.*
—Elle se perd dans les détails.	*She gets bogged down in detail.*
Il y a un bon coup de pied qui se perd!	*Someone needs a swift kick!*

top 50 verb

to lose **perdre**

regular -*re* verb | **je perds · je perdis · perdu · perdant**

Present		*Passé Composé*	
je perds	nous perdons	j'ai perdu	nous avons perdu
tu perds	vous perdez	tu as perdu	vous avez perdu
il/elle perd	ils/elles perdent	il/elle a perdu	ils/elles ont perdu
Imperfect		***Pluperfect***	
je perdais	nous perdions	j'avais perdu	nous avions perdu
tu perdais	vous perdiez	tu avais perdu	vous aviez perdu
il/elle perdait	ils/elles perdaient	il/elle avait perdu	ils/elles avaient perdu
Passé Simple		***Past Anterior***	
je perdis	nous perdîmes	j'eus perdu	nous eûmes perdu
tu perdis	vous perdîtes	tu eus perdu	vous eûtes perdu
il/elle perdit	ils/elles perdirent	il/elle eut perdu	ils/elles eurent perdu
Future		***Future Anterior***	
je perdrai	nous perdrons	j'aurai perdu	nous aurons perdu
tu perdras	vous perdrez	tu auras perdu	vous aurez perdu
il/elle perdra	ils/elles perdront	il/elle aura perdu	ils/elles auront perdu
Conditional		***Past Conditional***	
je perdrais	nous perdrions	j'aurais perdu	nous aurions perdu
tu perdrais	vous perdriez	tu aurais perdu	vous auriez perdu
il/elle perdrait	ils/elles perdraient	il/elle aurait perdu	ils/elles auraient perdu

Present Subjunctive		*Past Subjunctive*	
que je perde	que nous perdions	que j'aie perdu	que nous ayons perdu
que tu perdes	que vous perdiez	que tu aies perdu	que vous ayez perdu
qu'il/elle perde	qu'ils/elles perdent	qu'il/elle ait perdu	qu'ils/elles aient perdu
Imperfect Subjunctive		***Pluperfect Subjunctive***	
que je perdisse	que nous perdissions	que j'eusse perdu	que nous eussions perdu
que tu perdisses	que vous perdissiez	que tu eusses perdu	que vous eussiez perdu
qu'il/elle perdît	qu'ils/elles perdissent	qu'il/elle eût perdu	qu'ils/elles eussent perdu

Commands

	(nous) perdons
(tu) perds	(vous) perdez

USAGE

perdre qqch	*to lose something*
J'ai perdu mes clés.	*I lost my keys.*
—Où sont tes lunettes?	*Where are your glasses?*
—Je les ai perdues.	*I lost them.*
—Tu as gagné à la loterie?	*Did you win the lottery?*
—Non, malheureusement. J'y ai perdu.	*No, unfortunately. I lost.*
Notre équipe a perdu le match.	*Our team lost the game.*
Notre candidat a perdu aux élections.	*Our candidate lost the elections.*
Ce terrain a perdu dix pour cent de sa valeur.	*This piece of land has lost ten percent of its value.*
Il a perdu son emploi.	*He lost his job.*
Tu perds ton pantalon!	*Your pants are falling down!*
La voiture perd de l'huile.	*The car is leaking oil.*
Pardon. Vous perdez vos papiers.	*Excuse me. You've dropped your papers.*

top 50 verb

permettre *to permit, allow*

je permets · je permis · permis · permettant

irregular verb; only one *t* in the singular of the present tense

Present		*Passé Composé*	
je permets	nous permettons	j'ai permis	nous avons permis
tu permets	vous permettez	tu as permis	vous avez permis
il/elle permet	ils/elles permettent	il/elle a permis	ils/elles ont permis
Imperfect		*Pluperfect*	
je permettais	nous permettions	j'avais permis	nous avions permis
tu permettais	vous permettiez	tu avais permis	vous aviez permis
il/elle permettait	ils/elles permettaient	il/elle avait permis	ils/elles avaient permis
Passé Simple		*Past Anterior*	
je permis	nous permîmes	j'eus permis	nous eûmes permis
tu permis	vous permîtes	tu eus permis	vous eûtes permis
il/elle permit	ils/elles permirent	il/elle eut permis	ils/elles eurent permis
Future		*Future Anterior*	
je permettrai	nous permettrons	j'aurai permis	nous aurons permis
tu permettras	vous permettrez	tu auras permis	vous aurez permis
il/elle permettra	ils/elles permettront	il/elle aura permis	ils/elles auront permis
Conditional		*Past Conditional*	
je permettrais	nous permettrions	j'aurais permis	nous aurions permis
tu permettrais	vous permettriez	tu aurais permis	vous auriez permis
il/elle permettrait	ils/elles permettraient	il/elle aurait permis	ils/elles auraient permis

Present Subjunctive		*Past Subjunctive*	
que je permette	que nous permettions	que j'aie permis	que nous ayons permis
que tu permettes	que vous permettiez	que tu aies permis	que vous ayez permis
qu'il/elle permette	qu'ils/elles permettent	qu'il/elle ait permis	qu'ils/elles aient permis
Imperfect Subjunctive		*Pluperfect Subjunctive*	
que je permisse	que nous permissions	que j'eusse permis	que nous eussions permis
que tu permisses	que vous permissiez	que tu eusses permis	que vous eussiez permis
qu'il/elle permît	qu'ils/elles permissent	qu'il/elle eût permis	qu'ils/elles eussent permis

Commands

	(nous) permettons
(tu) permets	(vous) permettez

USAGE

permettre qqch à qqn	*to allow someone (to have/say/do) something*
Le médecin ne lui permet pas de boissons alcoolisées.	*The doctor doesn't allow him to have any alcoholic drinks.*
permettre à qqn de faire qqch	*to allow someone to do something*
Je lui ai permis d'entrer.	*I allowed him to come in.*
Permettez-moi de vous présenter mon fils.	*Allow me to introduce my son to you.*
Qui vous a permis d'entrer?	*Who allowed you to come in?*
Rien ne permet de penser qu'il va réussir.	*Nothing allows us to think he is going to succeed.*
Il se croit tout permis.	*He thinks he can do whatever he wants.*
Vous permettez?	*May I?*

RELATED WORDS AND EXPRESSIONS

se permettre qqch	*to allow oneself something / afford something*
se permettre de faire qqch	*to allow oneself to do something*
Je me suis permis un dîner en ville.	*I treated myself to a dinner out.*
Il s'est permis de venir me voir.	*He took the liberty of coming to see me.*
Il se permet le luxe de voyager en première.	*He indulges himself in the luxury of traveling first class.*

regular -*er* verb

je persuade · je persuadai · persuadé · persuadant

Present		*Passé Composé*	
je persuade	nous persuadons	j'ai persuadé	nous avons persuadé
tu persuades	vous persuadez	tu as persuadé	vous avez persuadé
il/elle persuade	ils/elles persuadent	il/elle a persuadé	ils/elles ont persuadé
Imperfect		*Pluperfect*	
je persuadais	nous persuadions	j'avais persuadé	nous avions persuadé
tu persuadais	vous persuadiez	tu avais persuadé	vous aviez persuadé
il/elle persuadait	ils/elles persuadaient	il/elle avait persuadé	ils/elles avaient persuadé
Passé Simple		*Past Anterior*	
je persuadai	nous persuadâmes	j'eus persuadé	nous eûmes persuadé
tu persuadas	vous persuadâtes	tu eus persuadé	vous eûtes persuadé
il/elle persuada	ils/elles persuadèrent	il/elle eut persuadé	ils/elles eurent persuadé
Future		*Future Anterior*	
je persuaderai	nous persuaderons	j'aurai persuadé	nous aurons persuadé
tu persuaderas	vous persuaderez	tu auras persuadé	vous aurez persuadé
il/elle persuadera	ils/elles persuaderont	il/elle aura persuadé	ils/elles auront persuadé
Conditional		*Past Conditional*	
je persuaderais	nous persuaderions	j'aurais persuadé	nous aurions persuadé
tu persuaderais	vous persuaderiez	tu aurais persuadé	vous auriez persuadé
il/elle persuaderait	ils/elles persuaderaient	il/elle aurait persuadé	ils/elles auraient persuadé
Present Subjunctive		*Past Subjunctive*	
que je persuade	que nous persuadions	que j'aie persuadé	que nous ayons persuadé
que tu persuades	que vous persuadiez	que tu aies persuadé	que vous ayez persuadé
qu'il/elle persuade	qu'ils/elles persuadent	qu'il/elle ait persuadé	qu'ils/elles aient persuadé
Imperfect Subjunctive		*Pluperfect Subjunctive*	
que je persuadasse	que nous persuadassions	que j'eusse persuadé	que nous eussions persuadé
que tu persuadasses	que vous persuadassiez	que tu eusses persuadé	que vous eussiez persuadé
qu'il/elle persuadât	qu'ils/elles persuadassent	qu'il/elle eût persuadé	qu'ils/elles eussent persuadé

Commands

	(nous) persuadons
(tu) persuade	(vous) persuadez

USAGE

persuader qqn de qqch	*to persuade someone of something*
Je l'ai persuadé de l'urgence de l'affaire.	*I convinced him of the urgency of the matter.*
Je n'en suis pas complètement persuadé.	*I'm not totally convinced.*
Il n'est pas persuadé de notre bonne volonté.	*He's not convinced of our goodwill.*
persuader qqn de faire qqch	*to persuade someone to do something*
Je ne peux pas vous persuader de rester?	*Can't I persuade you to stay?*
Il nous a persuadé de l'aider.	*He persuaded us to help him.*

RELATED WORDS AND EXPRESSIONS

la persuasion	*persuasion*
J'admire son pouvoir de persuasion.	*I admire his power of persuasion.*
dissuader	*to dissuade*
Personne ne pourra l'en dissuader.	*No one will be able to dissuade him (from doing it).*

peser *to weigh*

je pèse · je pesai · pesé · pesant *-er verb; spelling change: e > è/mute e*

Present		*Passé Composé*	
je pèse	nous pesons	j'ai pesé	nous avons pesé
tu pèses	vous pesez	tu as pesé	vous avez pesé
il/elle pèse	ils/elles pèsent	il/elle a pesé	ils/elles ont pesé
Imperfect		*Pluperfect*	
je pesais	nous pesions	j'avais pesé	nous avions pesé
tu pesais	vous pesiez	tu avais pesé	vous aviez pesé
il/elle pesait	ils/elles pesaient	il/elle avait pesé	ils/elles avaient pesé
Passé Simple		*Past Anterior*	
je pesai	nous pesâmes	j'eus pesé	nous eûmes pesé
tu pesas	vous pesâtes	tu eus pesé	vous eûtes pesé
il/elle pesa	ils/elles pesèrent	il/elle eut pesé	ils/elles eurent pesé
Future		*Future Anterior*	
je pèserai	nous pèserons	j'aurai pesé	nous aurons pesé
tu pèseras	vous pèserez	tu auras pesé	vous aurez pesé
il/elle pèsera	ils/elles pèseront	il/elle aura pesé	ils/elles auront pesé
Conditional		*Past Conditional*	
je pèserais	nous pèserions	j'aurais pesé	nous aurions pesé
tu pèserais	vous pèseriez	tu aurais pesé	vous auriez pesé
il/elle pèserait	ils/elles pèseraient	il/elle aurait pesé	ils/elles auraient pesé

Present Subjunctive		*Past Subjunctive*	
que je pèse	que nous pesions	que j'aie pesé	que nous ayons pesé
que tu pèses	que vous pesiez	que tu aies pesé	que vous ayez pesé
qu'il/elle pèse	qu'ils/elles pèsent	qu'il/elle ait pesé	qu'ils/elles aient pesé
Imperfect Subjunctive		*Pluperfect Subjunctive*	
que je pesasse	que nous pesassions	que j'eusse pesé	que nous eussions pesé
que tu pesasses	que vous pesassiez	que tu eusses pesé	que vous eussiez pesé
qu'il/elle pesât	qu'ils/elles pesassent	qu'il/elle eût pesé	qu'ils/elles eussent pesé

Commands

	(nous) pesons
(tu) pèse	(vous) pesez

USAGE

Combien est-ce que tu pèses?	*How much do you weigh?*
Il faut faire peser ce colis.	*You have to have this package weighed.*
Avant de décider, il faut peser le pour et le contre.	*Before deciding you have to weigh the pros and cons.*
Cette valise pèse trop.	*This suitcase weighs too much.*
Ce que je lui ai dit pèse sur ma conscience.	*What I told her weighs on my conscience.*
—Il dit toujours des bêtises.	*He always says silly things.*
—Il ne pèse pas ses mots.	*He doesn't think about what he is going to say.*
Tout bien pesé, je refuse.	*After due consideration, I refuse.*
Ses idées là-dessus ne pèsent pas lourd.	*His ideas about it don't count for much.*
Leur opinion a pesé lourd.	*Their opinion counted for a great deal.*
Des soupçons pèsent sur ces hommes.	*Those men are under suspicion.*
Mon Dieu, que ça pèse!	*My gosh, that's heavy!*

RELATED WORDS AND EXPRESSIONS

se peser	*to weigh oneself*
Je me pèse tous les jours.	*I weigh myself every day.*

regular *-er* verb; spelling change: *c* > *ç/a, o* **je place · je plaçai · placé · plaçant**

Present		*Passé Composé*	
je place	nous plaçons	j'ai placé	nous avons placé
tu places	vous placez	tu as placé	vous avez placé
il/elle place	ils/elles placent	il/elle a placé	ils/elles ont placé
Imperfect		*Pluperfect*	
je plaçais	nous placions	j'avais placé	nous avions placé
tu plaçais	vous placiez	tu avais placé	vous aviez placé
il/elle plaçait	ils/elles plaçaient	il/elle avait placé	ils/elles avaient placé
Passé Simple		*Past Anterior*	
je plaçai	nous plaçâmes	j'eus placé	nous eûmes placé
tu plaças	vous plaçâtes	tu eus placé	vous eûtes placé
il/elle plaça	ils/elles placèrent	il/elle eut placé	ils/elles eurent placé
Future		*Future Anterior*	
je placerai	nous placerons	j'aurai placé	nous aurons placé
tu placeras	vous placerez	tu auras placé	vous aurez placé
il/elle placera	ils/elles placeront	il/elle aura placé	ils/elles auront placé
Conditional		*Past Conditional*	
je placerais	nous placerions	j'aurais placé	nous aurions placé
tu placerais	vous placeriez	tu aurais placé	vous auriez placé
il/elle placerait	ils/elles placeraient	il/elle aurait placé	ils/elles auraient placé

Present Subjunctive		*Past Subjunctive*	
que je place	que nous placions	que j'aie placé	que nous ayons placé
que tu places	que vous placiez	que tu aies placé	que vous ayez placé
qu'il/elle place	qu'ils/elles placent	qu'il/elle ait placé	qu'ils/elles aient placé
Imperfect Subjunctive		*Pluperfect Subjunctive*	
que je plaçasse	que nous plaçassions	que j'eusse placé	que nous eussions placé
que tu plaçasses	que vous plaçassiez	que tu eusses placé	que vous eussiez placé
qu'il/elle plaçât	qu'ils/elles plaçassent	qu'il/elle eût placé	qu'ils/elles eussent placé

Commands

	(nous) plaçons
(tu) place	(vous) placez

USAGE

J'ai placé ma main sur son épaule.	*I placed my hand on his shoulder.*
Tu es bien placé pour savoir ce qui se passe.	*You're well placed to find out what's happening.*
L'ouvreuse nous a placés.	*The usher seated us.*
Ne me place pas à côté de Christine.	*Don't seat me next to Christine.*
Je la place parmi les grandes chanteuses.	*I rank her among the great singers.*
Mes élèves n'arrivent pas à placer la Suisse sur une carte d'Europe.	*My students can't locate Switzerland on a map of Europe.*
On l'a placée comme réceptionniste.	*They gave her a job as a receptionist.*
Avec elle tu ne vas pas pouvoir placer un mot.	*With her you won't be able to get a word in edgewise.*
Le romancier a placé l'histoire au Brésil.	*The novelist set the story in Brazil.*
J'ai de l'argent à placer.	*I have some money to invest.*
Votre confiance est mal placée.	*Your trust is misplaced.*
Il m'a placé dans un beau pétrin.	*He's gotten me in a fine fix.*

RELATED WORDS AND EXPRESSIONS

se placer	*to seat oneself / find oneself a place/position*
Nous nous sommes placés autour de la table.	*We took seats around the table.*
Je voudrais me placer comme professeur.	*I'd like to find a job as a teacher.*

plaindre *to pity*

je plains · je plaignis · plaint · plaignant irregular verb

Present		*Passé Composé*	
je plains	nous plaignons	j'ai plaint	nous avons plaint
tu plains	vous plaignez	tu as plaint	vous avez plaint
il/elle plaint	ils/elles plaignent	il/elle a plaint	ils/elles ont plaint
Imperfect		*Pluperfect*	
je plaignais	nous plaignions	j'avais plaint	nous avions plaint
tu plaignais	vous plaigniez	tu avais plaint	vous aviez plaint
il/elle plaignait	ils/elles plaignaient	il/elle avait plaint	ils/elles avaient plaint
Passé Simple		*Past Anterior*	
je plaignis	nous plaignîmes	j'eus plaint	nous eûmes plaint
tu plaignis	vous plaignîtes	tu eus plaint	vous eûtes plaint
il/elle plaignit	ils/elles plaignirent	il/elle eut plaint	ils/elles eurent plaint
Future		*Future Anterior*	
je plaindrai	nous plaindrons	j'aurai plaint	nous aurons plaint
tu plaindras	vous plaindrez	tu auras plaint	vous aurez plaint
il/elle plaindra	ils/elles plaindront	il/elle aura plaint	ils/elles auront plaint
Conditional		*Past Conditional*	
je plaindrais	nous plaindrions	j'aurais plaint	nous aurions plaint
tu plaindrais	vous plaindriez	tu aurais plaint	vous auriez plaint
il/elle plaindrait	ils/elles plaindraient	il/elle aurait plaint	ils/elles auraient plaint

Present Subjunctive		*Past Subjunctive*	
que je plaigne	que nous plaignions	que j'aie plaint	que nous ayons plaint
que tu plaignes	que vous plaigniez	que tu aies plaint	que vous ayez plaint
qu'il/elle plaigne	qu'ils/elles plaignent	qu'il/elle ait plaint	qu'ils/elles aient plaint
Imperfect Subjunctive		*Pluperfect Subjunctive*	
que je plaignisse	que nous plaignissions	que j'eusse plaint	que nous eussions plaint
que tu plaignisses	que vous plaignissiez	que tu eusses plaint	que vous eussiez plaint
qu'il/elle plaignît	qu'ils/elles plaignissent	qu'il/elle eût plaint	qu'ils/elles eussent plaint

Commands

	(nous) plaignons
(tu) plains	(vous) plaignez

USAGE

Cet enfant est à plaindre.	*This child is to be pitied.*
Je vous plains.	*I pity you.*
Je vous plains d'avoir un prof comme lui.	*I feel sorry for you having a teacher like him.*
Pour se faire plaindre, il est champion.	*He's really good at getting people to pity him.*
Elle est à plaindre avec un chef pareil.	*You can feel sorry for her with a boss like that.*
ne pas plaindre sa peine	*to work zealously*
—C'est un grand travailleur, lui.	*He's a really good worker.*
—Oui, il ne plaint pas sa peine.	*Yes, he is unstinting in his efforts.*
Je n'ai jamais plaint mon temps, tu sais.	*I never begrudged my time, you know.*

irregular reflexive verb;
compound tenses with *être*

je me plains · je me plaignis · s'étant plaint · se plaignant

Present		*Passé Composé*	
je me plains	nous nous plaignons	je me suis plaint(e)	nous nous sommes plaint(e)s
tu te plains	vous vous plaignez	tu t'es plaint(e)	vous vous êtes plaint(e)(s)
il/elle se plaint	ils/elles se plaignent	il/elle s'est plaint(e)	ils/elles se sont plaint(e)s
Imperfect		*Pluperfect*	
je me plaignais	nous nous plaignions	je m'étais plaint(e)	nous nous étions plaint(e)s
tu te plaignais	vous vous plaigniez	tu t'étais plaint(e)	vous vous étiez plaint(e)(s)
il/elle se plaignait	ils/elles se plaignaient	il/elle s'était plaint(e)	ils/elles s'étaient plaint(e)s
Passé Simple		*Past Anterior*	
je me plaignis	nous nous plaignîmes	je me fus plaint(e)	nous nous fûmes plaint(e)s
tu te plaignis	vous vous plaignîtes	tu te fus plaint(e)	vous vous fûtes plaint(e)(s)
il/elle se plaignit	ils/elles se plaignirent	il/elle se fut plaint(e)	ils/elles se furent plaint(e)s
Future		*Future Anterior*	
je me plaindrai	nous nous plaindrons	je me serai plaint(e)	nous nous serons plaint(e)s
tu te plaindras	vous vous plaindrez	tu te seras plaint(e)	vous vous serez plaint(e)(s)
il/elle se plaindra	ils/elles se plaindront	il/elle se sera plaint(e)	ils/elles se seront plaint(e)s
Conditional		*Past Conditional*	
je me plaindrais	nous nous plaindrions	je me serais plaint(e)	nous nous serions plaint(e)s
tu te plaindrais	vous vous plaindriez	tu te serais plaint(e)	vous vous seriez plaint(e)(s)
il/elle se plaindrait	ils/elles se plaindraient	il/elle se serait plaint(e)	ils/elles se seraient plaint(e)s

Present Subjunctive		*Past Subjunctive*	
que je me plaigne	que nous nous plaignions	que je me sois plaint(e)	que nous nous soyons plaint(e)s
que tu te plaignes	que vous vous plaigniez	que tu te sois plaint(e)	que vous vous soyez plaint(e)(s)
qu'il/elle se plaigne	qu'ils/elles se plaignent	qu'il/elle se soit plaint(e)	qu'ils/elles se soient plaint(e)s
Imperfect Subjunctive		*Pluperfect Subjunctive*	
que je me plaignisse	que nous nous plaignissions	que je me fusse plaint(e)	que nous nous fussions plaint(e)s
que tu te plaignisses	que vous vous plaignissiez	que tu te fusses plaint(e)	que vous vous fussiez plaint(e)(s)
qu'il/elle se plaignît	qu'ils/elles se plaignissent	qu'il/elle se fût plaint(e)	qu'ils/elles se fussent plaint(e)s

Commands

(nous) plaignons-nous
(tu) plains-toi (vous) plaignez-vous

USAGE

Tu te plains constamment. — *You complain constantly.*
se plaindre de qqch — *to complain about something*
Il se plaint de tout. — *He complains about everything.*
Ils se plaignent de leur sort. — *They complain about their fate.*
Plains-toi, mon pote! — *Go ahead and complain, buddy! / You'll get no pity from me!*

Le malade se plaint d'une douleur au genou. — *The patient is complaining of a pain in the knee.*
Les ouvriers se sont plaints au contremaître. — *The workers complained to the foreman.*
De quoi se plaignent-ils? — *What are they complaining about?*
Ne viens pas te plaindre si tu ne réussis pas. — *Don't come complaining if you don't pass.*

RELATED WORDS AND EXPRESSIONS

la plainte — *complaint*
J'en ai marre de tes plaintes! *(familiar)* — *I've had enough of your complaints!*
Je vais porter plainte contre ce commerçant. — *I'm going to lodge a complaint against that merchant.*

376 plaire *to please*

je plais · je plus · plu · plaisant — irregular verb

plaire = aimer

Rien ne lui plaît. — *He doesn't like anything.*
Il ne plaît à personne. — *No one likes him.*
Ce restaurant ne plaît pas à nos associés. — *Our associates don't like this restaurant.*
Les blondes lui plaisent. — *He goes for blond girls.*
S'il s'habille comme ça, c'est qu'il n'a aucun désir de plaire. — *If he dresses like that, he has no desire to please people.*
Elle dit exactement ce qui lui plaît. — *She says just what she pleases.*
Et s'il lui plaît de nous accompagner? — *And what if he wants to accompany us?*
Faites comme il vous plaira. — *Do as you please.*
C'est un livre qui me plairait beaucoup à lire. — *It's a book I'd really like to read.*
Il lui plaît de croire que tout le monde le respecte. — *He likes to think that he is respected by everyone.*
Tu ne peux pas faire tout ce qui te plaît. — *You can't do whatever you like.*

● —Tu vas y aller? — *Are you going to go there?*
—Si ça me plaît. — *If I feel like it.*

● —Qu'est-ce que je dois servir? — *What should I serve?*
—Fais ton gigot. Ça plaît toujours. — *Make your leg of lamb. It's always a hit.*

plaire pour exprimer des vœux

Plaise à Dieu qu'ils soient là! — *I hope to God that they are there!*
À Dieu ne plaise que vos parents le sachent. — *God forbid that your parents should find out.*
Plût au ciel qu'ils ne puissent venir! — *Would to God that they won't be able to come!*

se *plaire*

Il se plaît aux États-Unis. — *He likes it in the United States.*

● —Tu te plais ici? — *Do you like it here?*
—Avant je me plaisais dans ce quartier, mais je ne m'y plais plus. — *Previously I was happy in this neighborhood, but I don't like it here anymore.*

Elle se plaît avec sa nouvelle robe. — *She likes the way she looks in her new dress.*
Je me plais toujours avec eux. — *I always enjoy their company.*
se plaire à faire qqch — *to take delight in doing something*
Il se plaît à me taquiner. — *He takes delight in teasing me.*
Elles se plaisent à tout critiquer. — *They like to criticize everything.*
Deux personnes comme ça vont sûrement se plaire. — *Two people like that will hit it off.*

RELATED WORDS AND EXPRESSIONS

le plaisir — *pleasure*

● —Je peux t'accompagner? — *Can I go with you?*
—Ça me ferait plaisir. — *I'd like that.*

déplaire — *to be disliked*
Il déplait à tout le monde. — *No one likes him.*
Elle a rompu avec lui parce qu'il lui a déplu. — *She broke off with him because she stopped liking him.*
Ils se sont déplu dès le premier moment. — *They disliked each other from the start.*

top 50 verb

irregular verb — **je plais · je plus · plu · plaisant**

Present		*Passé Composé*	
je plais	nous plaisons	j'ai plu	nous avons plu
tu plais	vous plaisez	tu as plu	vous avez plu
il/elle plaît	ils/elles plaisent	il/elle a plu	ils/elles ont plu
Imperfect		*Pluperfect*	
je plaisais	nous plaisions	j'avais plu	nous avions plu
tu plaisais	vous plaisiez	tu avais plu	vous aviez plu
il/elle plaisait	ils/elles plaisaient	il/elle avait plu	ils/elles avaient plu
Passé Simple		*Past Anterior*	
je plus	nous plûmes	j'eus plu	nous eûmes plu
tu plus	vous plûtes	tu eus plu	vous eûtes plu
il/elle plut	ils/elles plurent	il/elle eut plu	ils/elles eurent plu
Future		*Future Anterior*	
je plairai	nous plairons	j'aurai plu	nous aurons plu
tu plairas	vous plairez	tu auras plu	vous aurez plu
il/elle plaira	ils/elles plairont	il/elle aura plu	ils/elles auront plu
Conditional		*Past Conditional*	
je plairais	nous plairions	j'aurais plu	nous aurions plu
tu plairais	vous plairiez	tu aurais plu	vous auriez plu
il/elle plairait	ils/elles plairaient	il/elle aurait plu	ils/elles auraient plu

Present Subjunctive		*Past Subjunctive*	
que je plaise	que nous plaisions	que j'aie plu	que nous ayons plu
que tu plaises	que vous plaisiez	que tu aies plu	que vous ayez plu
qu'il/elle plaise	qu'ils/elles plaisent	qu'il/elle ait plu	qu'ils/elles aient plu
Imperfect Subjunctive		*Pluperfect Subjunctive*	
que je plusse	que nous plussions	que j'eusse plu	que nous eussions plu
que tu plusses	que vous plussiez	que tu eusses plu	que vous eussiez plu
qu'il/elle plût	qu'ils/elles plussent	qu'il/elle eût plu	qu'ils/elles eussent plu

Commands

	(nous) plaisons
(tu) plais	(vous) plaisez

USAGE

plaire à qqn	*to be pleasing to someone*
C'est le genre de garçon qui plaît aux filles.	*He's the type of guy girls like.*
Il cherche à plaire à ses supérieurs.	*He tries to get in the good graces of his superiors.*
s'il te plaît / s'il vous plaît	*please*
—Cette chanson me plaît. Qu'en penses-tu?	*I like this song. What do you think about it?*
—Elle ne me plaît pas du tout.	*I don't like it at all.*
—J'ai l'impression que Serge te plaît.	*I think you like Serge.*
—Tu as tort. Il ne me plaît pas.	*You're wrong. He's not my cup of tea.*
Mon nouvel emploi me plaît beaucoup.	*I like my new job a lot.*
Cette situation leur plaît.	*They like this situation.*
C'est un roman qui a beaucoup plu.	*This novel was very popular.*
Faites ce qui vous plaît.	*Do as you wish.*
Plaît-il?	*What did you say?* (very formal)

top 50 verb

plier *to bend, fold*

je plie · je pliai · plié · pliant regular -*er* verb

Present		*Passé Composé*	
je plie	nous plions	j'ai plié	nous avons plié
tu plies	vous pliez	tu as plié	vous avez plié
il/elle plie	ils/elles plient	il/elle a plié	ils/elles ont plié
Imperfect		*Pluperfect*	
je pliais	nous pliions	j'avais plié	nous avions plié
tu pliais	vous pliiez	tu avais plié	vous aviez plié
il/elle pliait	ils/elles pliaient	il/elle avait plié	ils/elles avaient plié
Passé Simple		*Past Anterior*	
je pliai	nous pliâmes	j'eus plié	nous eûmes plié
tu plias	vous pliâtes	tu eus plié	vous eûtes plié
il/elle plia	ils/elles plièrent	il/elle eut plié	ils/elles eurent plié
Future		*Future Anterior*	
je plierai	nous plierons	j'aurai plié	nous aurons plié
tu plieras	vous plierez	tu auras plié	vous aurez plié
il/elle pliera	ils/elles plieront	il/elle aura plié	ils/elles auront plié
Conditional		*Past Conditional*	
je plierais	nous plierions	j'aurais plié	nous aurions plié
tu plierais	vous plieriez	tu aurais plié	vous auriez plié
il/elle plierait	ils/elles plieraient	il/elle aurait plié	ils/elles auraient plié

Present Subjunctive		*Past Subjunctive*	
que je plie	que nous pliions	que j'aie plié	que nous ayons plié
que tu plies	que vous pliiez	que tu aies plié	que vous ayez plié
qu'il/elle plie	qu'ils/elles plient	qu'il/elle ait plié	qu'ils/elles aient plié
Imperfect Subjunctive		*Pluperfect Subjunctive*	
que je pliasse	que nous pliassions	que j'eusse plié	que nous eussions plié
que tu pliasses	que vous pliassiez	que tu eusses plié	que vous eussiez plié
qu'il/elle pliât	qu'ils/elles pliassent	qu'il/elle eût plié	qu'ils/elles eussent plié

Commands

	(nous) plions
(tu) plie	(vous) pliez

USAGE

Ne pas plier.	*Please do not bend.* (on envelopes)
Ne plie pas le coin de la page. Voici un signet.	*Don't bend the corner of the page. Here's a bookmark.*
plier sous le poids de	*to bend under the weight of*
Vous me voyez plié sous le poids de ces responsabilités.	*You see me bending under the weight of these responsibilities.*
plier les vêtements	*to fold the clothing*
plier bagage	*to pack up and leave*
Quand j'ai entendu ça, j'ai plié bagage.	*When I heard that, I packed up and left.*
J'étais plié en deux par le rire.	*I was doubled over in laughter.*
Ils ne me feront jamais plier.	*They'll never make me knuckle under.*
Je me suis effrayé en le voyant plié de douleur.	*I got scared when I saw him doubled over in pain.*

RELATED WORDS AND EXPRESSIONS

le pli	*fold/crease*
un vêtement plein de plis	*a creased garment*

porter
to carry, wear

regular -er verb

je porte · je portai · porté · portant

Present

je porte	nous portons
tu portes	vous portez
il/elle porte	ils/elles portent

Imperfect

je portais	nous portions
tu portais	vous portiez
il/elle portait	ils/elles portaient

Passé Simple

je portai	nous portâmes
tu portas	vous portâtes
il/elle porta	ils/elles portèrent

Future

je porterai	nous porterons
tu porteras	vous porterez
il/elle portera	ils/elles porteront

Conditional

je porterais	nous porterions
tu porterais	vous porteriez
il/elle porterait	ils/elles porteraient

Passé Composé

j'ai porté	nous avons porté
tu as porté	vous avez porté
il/elle a porté	ils/elles ont porté

Pluperfect

j'avais porté	nous avions porté
tu avais porté	vous aviez porté
il/elle avait porté	ils/elles avaient porté

Past Anterior

j'eus porté	nous eûmes porté
tu eus porté	vous eûtes porté
il/elle eut porté	ils/elles eurent porté

Future Anterior

j'aurai porté	nous aurons porté
tu auras porté	vous aurez porté
il/elle aura porté	ils/elles auront porté

Past Conditional

j'aurais porté	nous aurions porté
tu aurais porté	vous auriez porté
il/elle aurait porté	ils/elles auraient porté

Present Subjunctive

que je porte	que nous portions
que tu portes	que vous portiez
qu'il/elle porte	qu'ils/elles portent

Imperfect Subjunctive

que je portasse	que nous portassions
que tu portasses	que vous portassiez
qu'il/elle portât	qu'ils/elles portassent

Past Subjunctive

que j'aie porté	que nous ayons porté
que tu aies porté	que vous ayez porté
qu'il/elle ait porté	qu'ils/elles aient porté

Pluperfect Subjunctive

que j'eusse porté	que nous eussions porté
que tu eusses porté	que vous eussiez porté
qu'il/elle eût porté	qu'ils/elles eussent porté

Commands

	(nous) portons
(tu) porte	(vous) portez

USAGE

porter un sac sur le dos	*to carry a bag on one's back*
Je porte votre serviette?	*Shall I carry your briefcase?*
La mère portait son bébé dans ses bras.	*The mother was carrying her child in her arms.*
L'enfant a porté la cuillère à sa bouche.	*The child lifted the spoon to his mouth.*
Je vais porter ces chèques à la banque.	*I'll take these checks to the bank.*
Elle nous portera des nouvelles.	*She will bring us news.*
Le facteur nous a porté des colis.	*The mailman brought us some parcels.*
Ce compte-rendu porte la date de hier.	*This report has yesterday's date on it.*
—Cette lettre ne porte pas de date.	*This letter is not dated.*
—Elle ne porte pas de signature non plus.	*It has no signature either.*
Il vous faut porter cette affaire sur la place publique.	*You must make this matter public.*
Il porte toujours une veste.	*He always wears a sport jacket.*

top 50 verb

378 **porter** *to carry, wear*

je porte · je portai · porté · portant regular *-er* verb

Il porte bien son nom.	*His name suits him.*
Accablé de soucis, il a porté sa main à son front.	*Overcome with worry, he put his hand on his forehead.*
Après le tremblement de terre, une centaine de personnes étaient portées manquantes.	*After the earthquake, about a hundred people were reported missing.*
Cela porte le nombre de maisons détruites à soixante-dix.	*That brings the number of destroyed houses to seventy.*
On a porté son roman à l'écran.	*They made a movie of his/her novel.*
On a porté son roman à la scène.	*They made a play of his/her novel.*
Je ne porte pas ce type dans mon cœur.	*That guy is not one of my favorite people.*
Il a porté son attention sur cette idée.	*He concentrated on this idea.*
La question portait sur les faits historiques.	*The question had to do with historical facts.*
Son genou a porté sur le rocher.	*He hit his knee against the rock.*
Les foules l'ont porté au pouvoir.	*The mobs brought him to a position of power.*
Il s'est fait porter malade.	*He reported sick / called in sick.*
On va se faire porter à manger.	*We'll send out for food.*
La lettre porte quelle date?	*What date is on the letter?*
Ça porte bonheur/malheur.	*That brings good/bad luck.*
Lui, il porte la poisse.	*He's a jinx.*
Lui offrir un livre, c'est porter de l'eau à la rivière.	*Giving him a book as a gift is like carrying coals to Newcastle.*
Il se porte comme le Pont Neuf.	*He's healthy as a horse.*
Chez eux c'est elle qui porte la culotte.	*At their house, she wears the pants.*
Nos collègues nous ont laissés porter le chapeau.	*Our coworkers left us holding the bag.*
Ton chef te porte aux nues.	*Your boss praises you to the skies.*
Ce mur porte à faux.	*This wall is not straight.*
Vos remarques portent à faux.	*Your remarks are out of place.*

se porter

—Il est toujours crevé. Ses jambes ne le portent plus.	*He's always exhausted. He's about to fall over.*
—Il ne se porte pas bien.	*He's not in good health.*
À quatre-vingt-dix ans elle se porte comme un charme.	*At ninety she's in great health.*
Il s'est porté candidat aux élections municipales.	*He ran in the municipal elections.*
—Les soupçons se sont portés sur lui.	*Suspicion fell on him.*
—Oui, mais il ne s'en est pas plus mal porté.	*Yes, but he was no worse off for it.*

RELATED WORDS AND EXPRESSIONS

le port	*wearing/carrying*
Le port du short est défendu à l'école.	*Wearing shorts is not allowed at school.*
Le port de la barbe n'est plus à la mode.	*Wearing a beard is no longer fashionable.*
un porte-bonheur	*a good-luck charm*
le porte-avions	*aircraft carrier*
en porte-à-faux	*slanting / out of balance*
un porteur / une porteuse	*a bearer*
des clandestins porteurs de faux papiers	*illegal immigrants carrying false papers*

top 50 verb

regular *-er* verb **je pose · je posai · posé · posant**

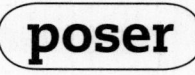

Present		*Passé Composé*	
je pose	nous posons	j'ai posé	nous avons posé
tu poses	vous posez	tu as posé	vous avez posé
il/elle pose	ils/elles posent	il/elle a posé	ils/elles ont posé
Imperfect		*Pluperfect*	
je posais	nous posions	j'avais posé	nous avions posé
tu posais	vous posiez	tu avais posé	vous aviez posé
il/elle posait	ils/elles posaient	il/elle avait posé	ils/elles avaient posé
Passé Simple		*Past Anterior*	
je posai	nous posâmes	j'eus posé	nous eûmes posé
tu posas	vous posâtes	tu eus posé	vous eûtes posé
il/elle posa	ils/elles posèrent	il/elle eut posé	ils/elles eurent posé
Future		*Future Anterior*	
je poserai	nous poserons	j'aurai posé	nous aurons posé
tu poseras	vous poserez	tu auras posé	vous aurez posé
il/elle posera	ils/elles poseront	il/elle aura posé	ils/elles auront posé
Conditional		*Past Conditional*	
je poserais	nous poserions	j'aurais posé	nous aurions posé
tu poserais	vous poseriez	tu aurais posé	vous auriez posé
il/elle poserait	ils/elles poseraient	il/elle aurait posé	ils/elles auraient posé

Present Subjunctive		*Past Subjunctive*	
que je pose	que nous posions	que j'aie posé	que nous ayons posé
que tu poses	que vous posiez	que tu aies posé	que vous ayez posé
qu'il/elle pose	qu'ils/elles posent	qu'il/elle ait posé	qu'ils/elles aient posé
Imperfect Subjunctive		*Pluperfect Subjunctive*	
que je posasse	que nous posassions	que j'eusse posé	que nous eussions posé
que tu posasses	que vous posassiez	que tu eusses posé	que vous eussiez posé
qu'il/elle posât	qu'ils/elles posassent	qu'il/elle eût posé	qu'ils/elles eussent posé

Commands

	(nous) posons
(tu) pose	(vous) posez

USAGE

poser qqch sur la table	*to put something on the table*
poser ses affaires à l'abri de la pluie	*to put one's things out of the way of the rain*
poser la moquette	*to lay carpet*
J'ai posé ma candidature au poste.	*I applied for the job.*
Il pose à l'intellectuel.	*He pretends to be an intellectual.*
Il n'a pas le droit de se poser en capitaine.	*He has no right to pretend to be the captain.*
poser une question à qqn	*to ask someone a question*
Il m'a posé des questions difficiles.	*He asked me hard questions.*
Il se pose la question des documents.	*The question of official papers comes up.*
Je me posais la même question.	*I was asking myself the same question.*
Je vous expliquerai le problème qui se pose.	*I'll explain to you the problem that has come up.*
Un smoking pose un homme.	*A tuxedo makes a man look his best.*
Voici le problème qui se pose.	*Here is the problem before us.*

posséder *to possess*

je possède · je possédai · possédé · possédant

-er verb; spelling change: *é* > *è*/mute *e* except in the future and conditional

Present		*Passé Composé*	
je possède	nous possédons	j'ai possédé	nous avons possédé
tu possèdes	vous possédez	tu as possédé	vous avez possédé
il/elle possède	ils/elles possèdent	il/elle a possédé	ils/elles ont possédé
Imperfect		*Pluperfect*	
je possédais	nous possédions	j'avais possédé	nous avions possédé
tu possédais	vous possédiez	tu avais possédé	vous aviez possédé
il/elle possédait	ils/elles possédaient	il/elle avait possédé	ils/elles avaient possédé
Passé Simple		*Past Anterior*	
je possédai	nous possédâmes	j'eus possédé	nous eûmes possédé
tu possédas	vous possédâtes	tu eus possédé	vous eûtes possédé
il/elle posséda	ils/elles possédèrent	il/elle eut possédé	ils/elles eurent possédé
Future		*Future Anterior*	
je posséderai	nous posséderons	j'aurai possédé	nous aurons possédé
tu posséderas	vous posséderez	tu auras possédé	vous aurez possédé
il/elle possédera	ils/elles posséderont	il/elle aura possédé	ils/elles auront possédé
Conditional		*Past Conditional*	
je posséderais	nous posséderions	j'aurais possédé	nous aurions possédé
tu posséderais	vous posséderiez	tu aurais possédé	vous auriez possédé
il/elle posséderait	ils/elles posséderaient	il/elle aurait possédé	ils/elles auraient possédé

Present Subjunctive		*Past Subjunctive*	
que je possède	que nous possédions	que j'aie possédé	que nous ayons possédé
que tu possèdes	que vous possédiez	que tu aies possédé	que vous ayez possédé
qu'il/elle possède	qu'ils/elles possèdent	qu'il/elle ait possédé	qu'ils/elles aient possédé
Imperfect Subjunctive		*Pluperfect Subjunctive*	
que je possédasse	que nous possédassions	que j'eusse possédé	que nous eussions possédé
que tu possédasses	que vous possédassiez	que tu eusses possédé	que vous eussiez possédé
qu'il/elle possédât	qu'ils/elles possédassent	qu'il/elle eût possédé	qu'ils/elles eussent possédé

Commands

	(nous) possédons
(tu) possède	(vous) possédez

USAGE

Cette famille ne possède plus rien.	*That family no longer has anything.*
Tu possèdes mon cœur.	*You have captured my heart.*
Cette chambre possède une belle vue.	*This room has a beautiful view.*
Nous possédions des propriétés dans le Midi.	*We used to own properties in the south of France.*
Il a donné tout ce qu'il possédait à ses enfants.	*He gave everything he had to his children.*
Il possède une licence de pilote.	*He has a pilot's license.*
Il s'est fait posséder.	*He was had. / He was taken in.*
Qu'est-ce qui t'arrive? Tu ne te possèdes plus.	*What's gotten into you? You have lost all self-control.*

RELATED WORDS AND EXPRESSIONS

la possession	*possession*
La possession de ce document sera très importante pour le juge.	*Having that document in your possession will be very important for the judge.*

irregular verb

je poursuis · je poursuivis · poursuivi · poursuivant

Present		*Passé Composé*	
je poursuis	nous poursuivons	j'ai poursuivi	nous avons poursuivi
tu poursuis	vous poursuivez	tu as poursuivi	vous avez poursuivi
il/elle poursuit	ils/elles poursuivent	il/elle a poursuivi	ils/elles ont poursuivi
Imperfect		*Pluperfect*	
je poursuivais	nous poursuivions	j'avais poursuivi	nous avions poursuivi
tu poursuivais	vous poursuiviez	tu avais poursuivi	vous aviez poursuivi
il/elle poursuivait	ils/elles poursuivaient	il/elle avait poursuivi	ils/elles avaient poursuivi
Passé Simple		*Past Anterior*	
je poursuivis	nous poursuivîmes	j'eus poursuivi	nous eûmes poursuivi
tu poursuivis	vous poursuivîtes	tu eus poursuivi	vous eûtes poursuivi
il/elle poursuivit	ils/elles poursuivirent	il/elle eut poursuivi	ils/elles eurent poursuivi
Future		*Future Anterior*	
je poursuivrai	nous poursuivrons	j'aurai poursuivi	nous aurons poursuivi
tu poursuivras	vous poursuivrez	tu auras poursuivi	vous aurez poursuivi
il/elle poursuivra	ils/elles poursuivront	il/elle aura poursuivi	ils/elles auront poursuivi
Conditional		*Past Conditional*	
je poursuivrais	nous poursuivrions	j'aurais poursuivi	nous aurions poursuivi
tu poursuivrais	vous poursuivriez	tu aurais poursuivi	vous auriez poursuivi
il/elle poursuivrait	ils/elles poursuivraient	il/elle aurait poursuivi	ils/elles auraient poursuivi

Present Subjunctive		*Past Subjunctive*	
que je poursuive	que nous poursuivions	que j'aie poursuivi	que nous ayons poursuivi
que tu poursuives	que vous poursuiviez	que tu aies poursuivi	que vous ayez poursuivi
qu'il/elle poursuive	qu'ils/elles poursuivent	qu'il/elle ait poursuivi	qu'ils/elles aient poursuivi
Imperfect Subjunctive		*Pluperfect Subjunctive*	
que je poursuivisse	que nous poursuivissions	que j'eusse poursuivi	que nous eussions poursuivi
que tu poursuivisses	que vous poursuivissiez	que tu eusses poursuivi	que vous eussiez poursuivi
qu'il/elle poursuivît	qu'ils/elles poursuivissent	qu'il/elle eût poursuivi	qu'ils/elles eussent poursuivi

Commands

	(nous) poursuivons
(tu) poursuis	(vous) poursuivez

USAGE

La police a poursuivi les terroristes.	*The police pursued the terrorists.*
Un philosophe poursuit la vérité.	*A philosopher pursues truth.*
Le chien poursuivait l'enfant.	*The dog was running after the child.*
Nous sommes poursuivis par nos créanciers.	*Our creditors are after us.*
Il poursuit la gloire.	*He's seeking fame.*
Ça me plait qu'il poursuive des buts nobles.	*I like that he's striving for worthy goals.*
poursuivre qqn en justice	*to prosecute/sue someone*
On l'a poursuivi pour ce crime.	*He was prosecuted for this crime.*

RELATED WORDS AND EXPRESSIONS

la poursuite	*pursuit*
la poursuite du bonheur / d'un rêve	*the pursuit of happiness / a dream*
La police s'est lancée à la poursuite des émeutiers.	*The police ran in pursuit of rioters.*
Ne vous exposez pas à des poursuites judiciaires.	*Don't open yourself up to legal action.*

pousser *to push, grow*

je pousse · je poussai · poussé · poussant regular *-er* verb

Present		***Passé Composé***	
je pousse	nous poussons	j'ai poussé	nous avons poussé
tu pousses	vous poussez	tu as poussé	vous avez poussé
il/elle pousse	ils/elles poussent	il/elle a poussé	ils/elles ont poussé
Imperfect		***Pluperfect***	
je poussais	nous poussions	j'avais poussé	nous avions poussé
tu poussais	vous poussiez	tu avais poussé	vous aviez poussé
il/elle poussait	ils/elles poussaient	il/elle avait poussé	ils/elles avaient poussé
Passé Simple		***Past Anterior***	
je poussai	nous poussâmes	j'eus poussé	nous eûmes poussé
tu poussas	vous poussâtes	tu eus poussé	vous eûtes poussé
il/elle poussa	ils/elles poussèrent	il/elle eut poussé	ils/elles eurent poussé
Future		***Future Anterior***	
je pousserai	nous pousserons	j'aurai poussé	nous aurons poussé
tu pousseras	vous pousserez	tu auras poussé	vous aurez poussé
il/elle poussera	ils/elles pousseront	il/elle aura poussé	ils/elles auront poussé
Conditional		***Past Conditional***	
je pousserais	nous pousserions	j'aurais poussé	nous aurions poussé
tu pousserais	vous pousseriez	tu aurais poussé	vous auriez poussé
il/elle pousserait	ils/elles pousseraient	il/elle aurait poussé	ils/elles auraient poussé

Present Subjunctive		***Past Subjunctive***	
que je pousse	que nous poussions	que j'aie poussé	que nous ayons poussé
que tu pousses	que vous poussiez	que tu aies poussé	que vous ayez poussé
qu'il/elle pousse	qu'ils/elles poussent	qu'il/elle ait poussé	qu'ils/elles aient poussé
Imperfect Subjunctive		***Pluperfect Subjunctive***	
que je poussasse	que nous poussassions	que j'eusse poussé	que nous eussions poussé
que tu poussasses	que vous poussassiez	que tu eusses poussé	que vous eussiez poussé
qu'il/elle poussât	qu'ils/elles poussassent	qu'il/elle eût poussé	qu'ils/elles eussent poussé

Commands

	(nous) poussons
(tu) pousse	(vous) poussez

USAGE

Ne me poussez pas!	*Don't push me!*
Qui t'a poussé à faire ça?	*Who pushed you to do that?*
Pousse la porte pour l'ouvrir.	*Push the door to open it.*
Tu pousses la blague un peu trop loin.	*You're pushing the joke a bit too far.*
Les élèves ont poussé le prof à bout.	*The students pushed the teacher to the limit.*
L'herbe pousse vite quand il pleut beaucoup.	*The grass grows quickly when it rains a lot.*
C'est l'intérêt qui le pousse.	*He's motivated by self-interest.*
Il a poussé les enchères.	*He upped the ante.*
Ne pousse pas, tu m'entends?	*Don't press your luck, you hear?*
pousser un cri	*to utter a cry/shout / let out a yell*
pousser un soupir	*to utter a sigh*

PROVERB

Mauvaise herbe pousse toujours.	*Weeds always grow quickly.*

pouvoir

to be able to, can

irregular verb

je peux · je pus · pu · pouvant

Present		*Passé Composé*	
je peux	nous pouvons	j'ai pu	nous avons pu
tu peux	vous pouvez	tu as pu	vous avez pu
il/elle peut	ils/elles peuvent	il/elle a pu	ils/elles ont pu
Imperfect		***Pluperfect***	
je pouvais	nous pouvions	j'avais pu	nous avions pu
tu pouvais	vous pouviez	tu avais pu	vous aviez pu
il/elle pouvait	ils/elles pouvaient	il/elle avait pu	ils/elles avaient pu
Passé Simple		***Past Anterior***	
je pus	nous pûmes	j'eus pu	nous eûmes pu
tu pus	vous pûtes	tu eus pu	vous eûtes pu
il/elle put	ils/elles purent	il/elle eut pu	ils/elles eurent pu
Future		***Future Anterior***	
je pourrai	nous pourrons	j'aurai pu	nous aurons pu
tu pourras	vous pourrez	tu auras pu	vous aurez pu
il/elle pourra	ils/elles pourront	il/elle aura pu	ils/elles auront pu
Conditional		***Past Conditional***	
je pourrais	nous pourrions	j'aurais pu	nous aurions pu
tu pourrais	vous pourriez	tu aurais pu	vous auriez pu
il/elle pourrait	ils/elles pourraient	il/elle aurait pu	ils/elles auraient pu

Present Subjunctive		*Past Subjunctive*	
que je puisse	que nous puissions	que j'aie pu	que nous ayons pu
que tu puisses	que vous puissiez	que tu aies pu	que vous ayez pu
qu'il/elle puisse	qu'ils/elles puissent	qu'il/elle ait pu	qu'ils/elles aient pu
Imperfect Subjunctive		***Pluperfect Subjunctive***	
que je pusse	que nous pussions	que j'eusse pu	que nous eussions pu
que tu pusses	que vous pussiez	que tu eusses pu	que vous eussiez pu
qu'il/elle pût	qu'ils/elles pussent	qu'il/elle eût pu	qu'ils/elles eussent pu

Commands not used

USAGE

NOTE: *Je puis* is an archaic alternate form for *je peux*. *Je puis* is used in very formal style.

pouvoir faire qqch	*to be able to do something*
Tu peux me donner un coup de main?	*Can you help me out?*
J'ai mal au pied. Je ne peux pas marcher.	*My foot hurts. I can't walk.*
Il ne peut pas comprendre votre inquiétude.	*He can't understand your uneasiness.*
Je peux vous aider?	*May I help you?*
Elle ne pourra plus voyager.	*She won't be able to travel anymore.*
—Voulez-vous que je vous accompagne?	*Do you want me to go with you?*
—Si vous pouvez.	*If you can.*
Pourriez-vous me dire où se trouve le musée d'art?	*Can you tell me where the art museum is?*
Il pourrait être en difficulté.	*He might be in trouble.*
Elle est, si on peut le dire, un peu bornée.	*She is, to put it bluntly, a bit slow.*
—On dit que la guerre peut éclater cette semaine.	*People are saying war might break out this week.*
—Qui sait ce qui peut arriver?	*Who knows what might happen?*
On peut voir l'écran du fond de la salle?	*Can you see the screen from the back of the theater?*

top 50 verb

383 **pouvoir** *to be able to, can*

je peux · je pus · pu · pouvant irregular verb

Je n'y peux rien.	*There's nothing I can do about it.*
Les étudiants peuvent sortir le samedi.	*The students have permission to go out on Saturday.*
Je peux aller jouer, maman?	*May I go out to play, Mom?*
On ne peut pas entrer dans son bureau.	*Nobody is allowed to go into his office.*
Téléphone-moi dès que tu pourras.	*Call me as soon as you can.*
Je ne peux pas le voir/sentir.	*I can't stand him.*
Je ne peux pas le voir en peinture.	*I can't stand him.*
Je n'ai pas pu m'empêcher de lui poser cette question.	*I couldn't help but ask him that question.*
ne pas pouvoir ne pas faire qqch	*to really have to do something*
Vous ne pouvez pas ne pas lire ce roman.	*You absolutely must read that novel.*
Tu ne peux (pas) ne pas venir.	*You really have to come.*
Nous pouvons toujours nous arranger.	*We can always work things out / come to an agreement.*
Appelle le médecin! Je ne peux pas respirer.	*Call the doctor! I can't breathe.*
Je n'en peux plus!	*I can't take it anymore!*

pouvoir (possibilité)

Il ne pouvait pas le savoir.	*He couldn't know it.*
Ça ne pourrait pas être vrai.	*That couldn't be true.*
Ça se peut.	*That's possible.*
Il se peut qu'elle veuille venir avec nous.	*It's possible she may want to come with us.*
Je n'ai pas pu le repérer.	*I wasn't able to locate it.*
Il a bien pu le faire.	*He could very well have done it.*
Avec cet accent, je ne crois pas qu'il puisse être anglais.	*With that accent, I don't think he can be English.*
Attention! Ce chien peut être méchant.	*Careful! That dog can be nasty.*
Notre candidat pourrait perdre aux élections.	*Our candidate could lose the election.*
Fais attention. Tu peux tomber.	*Be careful. You might fall.*

pouvoir pour suggérer

Tu pourrais nous aider!	*You could help us!*
Il peut bien te prêter les cent euros.	*He can certainly lend you the one hundred euros.*
Tu pourrais au moins dire que tu le regrettes.	*You could at least say you're sorry.*

RELATED WORDS AND EXPRESSIONS

le pouvoir	*power*
le pouvoir politique	*political power*
le pouvoir d'achat	*purchasing power*
le pouvoir des médias	*the power of the media*
les hommes au pouvoir	*the men in power*
le pouvoir central	*the central government*

PROVERBS

Vouloir, c'est pouvoir.	*Where there's a will, there's a way.*
Si la jeunesse savait, si la vieillesse pouvait.	*If youth knew, if old age could.*

regular -er verb **je pratique · je pratiquai · pratiqué · pratiquant**

Present		*Passé Composé*	
je pratique	nous pratiquons	j'ai pratiqué	nous avons pratiqué
tu pratiques	vous pratiquez	tu as pratiqué	vous avez pratiqué
il/elle pratique	ils/elles pratiquent	il/elle a pratiqué	ils/elles ont pratiqué
Imperfect		*Pluperfect*	
je pratiquais	nous pratiquions	j'avais pratiqué	nous avions pratiqué
tu pratiquais	vous pratiquiez	tu avais pratiqué	vous aviez pratiqué
il/elle pratiquait	ils/elles pratiquaient	il/elle avait pratiqué	ils/elles avaient pratiqué
Passé Simple		*Past Anterior*	
je pratiquai	nous pratiquâmes	j'eus pratiqué	nous eûmes pratiqué
tu pratiquas	vous pratiquâtes	tu eus pratiqué	vous eûtes pratiqué
il/elle pratiqua	ils/elles pratiquèrent	il/elle eut pratiqué	ils/elles eurent pratiqué
Future		*Future Anterior*	
je pratiquerai	nous pratiquerons	j'aurai pratiqué	nous aurons pratiqué
tu pratiqueras	vous pratiquerez	tu auras pratiqué	vous aurez pratiqué
il/elle pratiquera	ils/elles pratiqueront	il/elle aura pratiqué	ils/elles auront pratiqué
Conditional		*Past Conditional*	
je pratiquerais	nous pratiquerions	j'aurais pratiqué	nous aurions pratiqué
tu pratiquerais	vous pratiqueriez	tu aurais pratiqué	vous auriez pratiqué
il/elle pratiquerait	ils/elles pratiqueraient	il/elle aurait pratiqué	ils/elles auraient pratiqué
Present Subjunctive		*Past Subjunctive*	
que je pratique	que nous pratiquions	que j'aie pratiqué	que nous ayons pratiqué
que tu pratiques	que vous pratiquiez	que tu aies pratiqué	que vous ayez pratiqué
qu'il/elle pratique	qu'ils/elles pratiquent	qu'il/elle ait pratiqué	qu'ils/elles aient pratiqué
Imperfect Subjunctive		*Pluperfect Subjunctive*	
que je pratiquasse	que nous pratiquassions	que j'eusse pratiqué	que nous eussions pratiqué
que tu pratiquasses	que vous pratiquassiez	que tu eusses pratiqué	que vous eussiez pratiqué
qu'il/elle pratiquât	qu'ils/elles pratiquassent	qu'il/elle eût pratiqué	qu'ils/elles eussent pratiqué

Commands

	(nous) pratiquons
(tu) pratique	(vous) pratiquez

USAGE

Ce peuple pratique ses coutumes anciennes.	*This people practices its ancient customs.*
Ce gouvernement pratique la censure.	*This government practices censorship.*
Il est musulman, mais il ne pratique pas.	*He's a Muslim, but he doesn't practice.*
C'est un catholique pratiquant.	*He's an observant Catholic.*
C'est un type qui pratique le chantage.	*He's a guy who resorts to blackmail.*
C'est bien de pratiquer un sport.	*It's good to participate in a sport.*
Nous pratiquons la natation.	*We participate in swimming.*
pratiquer une langue	*to use a language*
Le quart des salariés de cette entreprise pratiquent une langue étrangère au travail.	*A fourth of the salaried workers of this firm use a foreign language at work.*
pratiquer une recherche	*to conduct research*
Ces magasins pratiquent les prix qu'ils veulent.	*These stores charge whatever prices they want.*

NOTE: To practice French, especially in the sense of doing written exercises, is *travailler* or *réviser son français*. To practice speaking (as opposed to using the language for personal or professional reasons) is *s'exercer à parler français*.

se précipiter *to rush (into), throw oneself*

je me précipite · je me précipitai · s'étant précipité · se précipitant

regular *-er* reflexive verb; compound tenses with *être*

Present		***Passé Composé***	
je me précipite	nous nous précipitons	je me suis précipité(e)	nous nous sommes précipité(e)s
tu te précipites	vous vous précipitez	tu t'es précipité(e)	vous vous êtes précipité(e)(s)
il/elle se précipite	ils/elles se précipitent	il/elle s'est précipité(e)	ils/elles se sont précipité(e)s
Imperfect		***Pluperfect***	
je me précipitais	nous nous précipitions	je m'étais précipité(e)	nous nous étions précipité(e)s
tu te précipitais	vous vous précipitiez	tu t'étais précipité(e)	vous vous étiez précipité(e)(s)
il/elle se précipitait	ils/elles se précipitaient	il/elle s'était précipité(e)	ils/elles s'étaient précipité(e)s
Passé Simple		***Past Anterior***	
je me précipitai	nous nous précipitâmes	je me fus précipité(e)	nous nous fûmes précipité(e)s
tu te précipitas	vous vous précipitâtes	tu te fus précipité(e)	vous vous fûtes précipité(e)(s)
il/elle se précipita	ils/elles se précipitèrent	il/elle se fut précipité(e)	ils/elles se furent précipité(e)s
Future		***Future Anterior***	
je me précipiterai	nous nous précipiterons	je me serai précipité(e)	nous nous serons précipité(e)s
tu te précipiteras	vous vous précipiterez	tu te seras précipité(e)	vous vous serez précipité(e)(s)
il/elle se précipitera	ils/elles se précipiteront	il/elle se sera précipité(e)	ils/elles se seront précipité(e)s
Conditional		***Past Conditional***	
je me précipiterais	nous nous précipiterions	je me serais précipité(e)	nous nous serions précipité(e)s
tu te précipiterais	vous vous précipiteriez	tu te serais précipité(e)	vous vous seriez précipité(e)(s)
il/elle se précipiterait	ils/elles se précipiteraient	il/elle se serait précipité(e)	ils/elles se seraient précipité(e)s
Present Subjunctive		***Past Subjunctive***	
que je me précipite	que nous nous précipitions	que je me sois précipité(e)	que nous nous soyons précipité(e)s
que tu te précipites	que vous vous précipitiez	que tu te sois précipité(e)	que vous vous soyez précipité(e)(s)
qu'il/elle se précipite	qu'ils/elles se précipitent	qu'il/elle se soit précipité(e)	qu'ils/elles se soient précipité(e)s
Imperfect Subjunctive		***Pluperfect Subjunctive***	
que je me précipitasse	que nous nous précipitassions	que je me fusse précipité(e)	que nous nous fussions précipité(e)s
que tu te précipitasses	que vous vous précipitassiez	que tu te fusses précipité(e)	que vous vous fussiez précipité(e)(s)
qu'il/elle se précipitât	qu'ils/elles se précipitassent	qu'il/elle se fût précipité(e)	qu'ils/elles se fussent précipité(e)s

Commands

	(nous) précipitons-nous
(tu) précipite-toi	(vous) précipitez-vous

USAGE

Sa fiancée s'est précipitée dans ses bras.	*His fiancée rushed into his arms.*
Après l'orage, l'eau se précipitait du toit.	*After the storm, the water rushed down off the roof.*
Les gosses se sont précipités dans le jardin.	*The kids rushed into the garden.*
La foule s'est précipitée vers le palais.	*The crowd rushed toward the palace.*
Quand l'alerte aérienne a sonné, nous nous sommes précipités vers les abris.	*When the air raid warning sounded, we rushed to the shelters.*
Ayant peur de marcher seule la nuit, elle a précipité ses pas pour arriver plus vite chez elle.	*Being afraid to walk alone at night, she quickened her pace to get home faster.*
Les choses se précipitent.	*Things are moving quickly.*
Cette crise risque de précipiter le pays en récession.	*This crisis may push the country into a recession.*
La voiture s'est précipitée contre le mur.	*The car smashed into the wall.*

irregular verb **je prédis · je prédis · prédit · prédisant**

Present		*Passé Composé*	
je prédis	nous prédisons	j'ai prédit	nous avons prédit
tu prédis	vous prédisez	tu as prédit	vous avez prédit
il/elle prédit	ils/elles prédisent	il/elle a prédit	ils/elles ont prédit
Imperfect		*Pluperfect*	
je prédisais	nous prédisions	j'avais prédit	nous avions prédit
tu prédisais	vous prédisiez	tu avais prédit	vous aviez prédit
il/elle prédisait	ils/elles prédisaient	il/elle avait prédit	ils/elles avaient prédit
Passé Simple		*Past Anterior*	
je prédis	nous prédîmes	j'eus prédit	nous eûmes prédit
tu prédis	vous prédîtes	tu eus prédit	vous eûtes prédit
il/elle prédit	ils/elles prédirent	il/elle eut prédit	ils/elles eurent prédit
Future		*Future Anterior*	
je prédirai	nous prédirons	j'aurai prédit	nous aurons prédit
tu prédiras	vous prédirez	tu auras prédit	vous aurez prédit
il/elle prédira	ils/elles prédiront	il/elle aura prédit	ils/elles auront prédit
Conditional		*Past Conditional*	
je prédirais	nous prédirions	j'aurais prédit	nous aurions prédit
tu prédirais	vous prédiriez	tu aurais prédit	vous auriez prédit
il/elle prédirait	ils/elles prédiraient	il/elle aurait prédit	ils/elles auraient prédit

Present Subjunctive		*Past Subjunctive*	
que je prédise	que nous prédisions	que j'aie prédit	que nous ayons prédit
que tu prédises	que vous prédisiez	que tu aies prédit	que vous ayez prédit
qu'il/elle prédise	qu'ils/elles prédisent	qu'il/elle ait prédit	qu'ils/elles aient prédit
Imperfect Subjunctive		*Pluperfect Subjunctive*	
que je prédisse	que nous prédissions	que j'eusse prédit	que nous eussions prédit
que tu prédisses	que vous prédissiez	que tu eusses prédit	que vous eussiez prédit
qu'il/elle prédît	qu'ils/elles prédissent	qu'il/elle eût prédit	qu'ils/elles eussent prédit

Commands

	(nous) prédisons
(tu) prédis	(vous) prédisez

USAGE

prédire l'avenir	*to predict the future*
La diseuse de bonne aventure prédit l'avenir.	*The fortune-teller predicts the future.*
On lui prédit un grand succès.	*They predict he/she will be very successful.*
Ils nous ont prédit une année difficile.	*They predicted a difficult year for us.*
C'est une guerre que personne n'avait prédite.	*It's a war that no one had predicted.*
Personne ne peut prédire les résultants.	*No one can predict the results.*
La science ne peut pas encore prédire les tremblements de terre.	*Science cannot yet predict earthquakes.*
Qui l'aurait prédit?	*Who would have predicted it?*
C'était à prédire.	*It could have been predicted.*
Je te l'avais prédit!	*I told you it was going to happen!*

387 préférer *to prefer*

je préfère · je préférai · préféré · préférant

-*er* verb; spelling change: *é* > è/mute *e* except in the future and conditional

Present		*Passé Composé*	
je préfère	nous préférons	j'ai préféré	nous avons préféré
tu préfères	vous préférez	tu as préféré	vous avez préféré
il/elle préfère	ils/elles préfèrent	il/elle a préféré	ils/elles ont préféré
Imperfect		***Pluperfect***	
je préférais	nous préférions	j'avais préféré	nous avions préféré
tu préférais	vous préfériez	tu avais préféré	vous aviez préféré
il/elle préférait	ils/elles préféraient	il/elle avait préféré	ils/elles avaient préféré
Passé Simple		***Past Anterior***	
je préférai	nous préférâmes	j'eus préféré	nous eûmes préféré
tu préféras	vous préférâtes	tu eus préféré	vous eûtes préféré
il/elle préféra	ils/elles préférèrent	il/elle eut préféré	ils/elles eurent préféré
Future		***Future Anterior***	
je préférerai	nous préférerons	j'aurai préféré	nous aurons préféré
tu préféreras	vous préférerez	tu auras préféré	vous aurez préféré
il/elle préférera	ils/elles préféreront	il/elle aura préféré	ils/elles auront préféré
Conditional		***Past Conditional***	
je préférerais	nous préférerions	j'aurais préféré	nous aurions préféré
tu préférerais	vous préféreriez	tu aurais préféré	vous auriez préféré
il/elle préférerait	ils/elles préféreraient	il/elle aurait préféré	ils/elles auraient préféré
Present Subjunctive		***Past Subjunctive***	
que je préfère	que nous préférions	que j'aie préféré	que nous ayons préféré
que tu préfères	que vous préfériez	que tu aies préféré	que vous ayez préféré
qu'il/elle préfère	qu'ils/elles préfèrent	qu'il/elle ait préféré	qu'ils/elles aient préféré
Imperfect Subjunctive		***Pluperfect Subjunctive***	
que je préférasse	que nous préférassions	que j'eusse préféré	que nous eussions préféré
que tu préférasses	que vous préférassiez	que tu eusses préféré	que vous eussiez préféré
qu'il/elle préférât	qu'ils/elles préférassent	qu'il/elle eût préféré	qu'ils/elles eussent préféré

Commands

	(nous) préférons
(tu) préfère	(vous) préférez

USAGE

Je préfère le cinéma au théâtre.	*I prefer the movies to the theater.*
On passe deux films. Lequel préfères-tu?	*They're showing two movies. Which do you prefer?*
Voilà la solution que je préfère.	*That's the solution I prefer.*
Je préfère que vous me disiez la vérité.	*I prefer that you tell me the truth.*
—Quand est-ce que vous préféreriez régler la note?	*When would you prefer to pay the bill?*
—Je préférerais vous payer maintenant.	*I'd just as soon pay you now.*
Si tu préfères, on peut dîner en ville.	*If you'd rather, we can eat out.*
Se marier avec lui? Je préfère mourir.	*Marry him? I'd rather die.*
—Tu veux nous accompagner?	*Do you want to go with us?*
—Merci, je préfère rester seule.	*No, thanks, I'd rather stay here by myself.*
Tu préfères de l'eau minérale ou un jus?	*Would you rather have mineral water or juice?*
Je te préfère en jupe.	*I think you look better in a skirt.*

to take **prendre** 388

irregular verb

je prends · je pris · pris · prenant

Present		***Passé Composé***	
je prends	nous prenons	j'ai pris	nous avons pris
tu prends	vous prenez	tu as pris	vous avez pris
il/elle prend	ils/elles prennent	il/elle a pris	ils/elles ont pris
Imperfect		***Pluperfect***	
je prenais	nous prenions	j'avais pris	nous avions pris
tu prenais	vous preniez	tu avais pris	vous aviez pris
il/elle prenait	ils/elles prenaient	il/elle avait pris	ils/elles avaient pris
Passé Simple		***Past Anterior***	
je pris	nous prîmes	j'eus pris	nous eûmes pris
tu pris	vous prîtes	tu eus pris	vous eûtes pris
il/elle prit	ils/elles prirent	il/elle eut pris	ils/elles eurent pris
Future		***Future Anterior***	
je prendrai	nous prendrons	j'aurai pris	nous aurons pris
tu prendras	vous prendrez	tu auras pris	vous aurez pris
il/elle prendra	ils/elles prendront	il/elle aura pris	ils/elles auront pris
Conditional		***Past Conditional***	
je prendrais	nous prendrions	j'aurais pris	nous aurions pris
tu prendrais	vous prendriez	tu aurais pris	vous auriez pris
il/elle prendrait	ils/elles prendraient	il/elle aurait pris	ils/elles auraient pris

Present Subjunctive		***Past Subjunctive***	
que je prenne	que nous prenions	que j'aie pris	que nous ayons pris
que tu prennes	que vous preniez	que tu aies pris	que vous ayez pris
qu'il/elle prenne	qu'ils/elles prennent	qu'il/elle ait pris	qu'ils/elles aient pris
Imperfect Subjunctive		***Pluperfect Subjunctive***	
que je prisse	que nous prissions	que j'eusse pris	que nous eussions pris
que tu prisses	que vous prissiez	que tu eusses pris	que vous eussiez pris
qu'il/elle prît	qu'ils/elles prissent	qu'il/elle eût pris	qu'ils/elles eussent pris

Commands

	(nous) prenons
(tu) prends	(vous) prenez

USAGE

Prenez votre sac à dos.	*Take your backpack.*
Il a pris ses affaires et il est parti.	*He took his things and left.*
● —Pour y aller, on peut prendre l'autobus.	*We can take the bus to go there.*
—Je préfère prendre le métro, moi.	*I prefer to take the subway.*
Quand j'ai mal à la tête, je prends de l'aspirine.	*When I have a headache, I take aspirin.*
La mère a pris son enfant dans ses bras.	*The mother hugged her child.*
● —Qu'est-ce que vous prenez, Madame?	*What will you have, Madam?* (waiter)
—Je prendrai un café et deux croissants.	*I'll have coffee and two croissants.*
● —Vous prenez toujours du vin avec les repas?	*Do you always have wine with meals?*
—Non, je n'ai pas le droit. Je prends de l'eau minérale.	*No, the doctor forbade me to have it. I drink mineral water.*
● —Tu peux sortir prendre une glace avec nous?	*Can you go out to have some ice cream with us?*
—Non, je regrette, mais je suis pris.	*No, I'm sorry. I'm tied up.*

top 50 verb

388 prendre *to take*

je prends · je pris · pris · prenant irregular verb

Je descends prendre du pain.	*I'm going out to buy some bread.*
Il a pris sa fiancée par la taille.	*He put his arm around his fiancée.*
N'oublie pas de prendre ta serviette.	*Don't forget your briefcase.*
J'ai pris sur moi d'aller voir les malades.	*I took it upon myself to go see the patients.*
Je prends beaucoup de notes dans ce cours.	*I take a lot of notes in this course.*
Quand je voyage, je prends des tas de photos.	*When I travel I take loads of photos.*
Je vous invite à prendre un verre avec moi.	*I'd like to invite you to have a drink with me.*
Ça te prendra combien de temps?	*How long will that take you?*
Il prend son temps, lui.	*He sure takes his time.*
Prenez le temps d'y réfléchir.	*Take the time to think it over.*
C'est lui qui prend toutes les décisions.	*He's the one who makes all the decisions.*
J'ai pris un rhume.	*I've caught a cold.*
Tu vas prendre froid.	*You'll catch cold.*
J'ai pris du poids. Je me mettrai au régime.	*I've put on weight. I'll go on a diet.*
C'est à qui veut prendre.	*It's up for grabs.*
Je veux que tu prennes tout ton temps.	*I want you to take your time.*

prendre pour les déplacements

J'ai pris le mauvais bus.	*I took the wrong bus.*
Nous avons pris un auto-stoppeur.	*We picked up a hitchhiker.*
Il faut prendre l'autoroute.	*We have to take the highway.*
On prend la voiture ou un taxi?	*Shall we take our car or a cab?*
Prenez la troisième rue à gauche.	*Go three blocks and turn left.*
Prenez à droite au carrefour.	*Turn right at the intersection.*
La voiture a pris de la vitesse.	*The car picked up speed.*
Tu peux passer me prendre?	*Can you come by for me?*
Je connais un raccourci qu'on peut prendre.	*I know a shortcut we can take.*

prendre au sens figuré

Pour qui te prends-tu?	*Who do you think you are?*
Il se prend au sérieux.	*He takes himself seriously.*
Il t'a prise pour ta sœur.	*He thought you were your sister.*
Il faudra prendre des mesures.	*We'll have to take steps.*
Je t'y ai pris!	*I've caught you!*
On l'a pris la main dans le sac.	*He was caught red-handed.*
On ne m'y prendra plus!	*That's the last time they'll fool me!*
Le train a pris du retard.	*The train is late.*
Ça ne prend pas avec nous.	*We don't buy that.*
Je ne sais pas comment m'y prendre.	*I don't know how to go about it.*
Vous vous y prenez mal.	*You're going about it all wrong.*
Qu'est-ce qui te prend?	*What's gotten into you?*
Le fou rire m'a pris.	*I got the giggles.*
Ils ont pris leurs cliques et leurs claques et sont partis à la Martinique.	*They packed up everything and moved to Martinique.*

top 50 verb

regular -*er* verb **je prépare · je préparai · préparé · préparant**

Present		Passé Composé	
je prépare	nous préparons	j'ai préparé	nous avons préparé
tu prépares	vous préparez	tu as préparé	vous avez préparé
il/elle prépare	ils/elles préparent	il/elle a préparé	ils/elles ont préparé
Imperfect		**Pluperfect**	
je préparais	nous préparions	j'avais préparé	nous avions préparé
tu préparais	vous prépariez	tu avais préparé	vous aviez préparé
il/elle préparait	ils/elles préparaient	il/elle avait préparé	ils/elles avaient préparé
Passé Simple		**Past Anterior**	
je préparai	nous préparâmes	j'eus préparé	nous eûmes préparé
tu préparas	vous préparâtes	tu eus préparé	vous eûtes préparé
il/elle prépara	ils/elles préparèrent	il/elle eut préparé	ils/elles eurent préparé
Future		**Future Anterior**	
je préparerai	nous préparerons	j'aurai préparé	nous aurons préparé
tu prépareras	vous préparerez	tu auras préparé	vous aurez préparé
il/elle préparera	ils/elles prépareront	il/elle aura préparé	ils/elles auront préparé
Conditional		**Past Conditional**	
je préparerais	nous préparerions	j'aurais préparé	nous aurions préparé
tu préparerais	vous prépareriez	tu aurais préparé	vous auriez préparé
il/elle préparerait	ils/elles prépareraient	il/elle aurait préparé	ils/elles auraient préparé

Present Subjunctive		Past Subjunctive	
que je prépare	que nous préparions	que j'aie préparé	que nous ayons préparé
que tu prépares	que vous prépariez	que tu aies préparé	que vous ayez préparé
qu'il/elle prépare	qu'ils/elles préparent	qu'il/elle ait préparé	qu'ils/elles aient préparé
Imperfect Subjunctive		**Pluperfect Subjunctive**	
que je préparasse	que nous préparassions	que j'eusse préparé	que nous eussions préparé
que tu préparasses	que vous préparassiez	que tu eusses préparé	que vous eussiez préparé
qu'il/elle préparât	qu'ils/elles préparassent	qu'il/elle eût préparé	qu'ils/elles eussent préparé

Commands

	(nous) préparons
(tu) prépare	(vous) préparez

USAGE

Qui prépare les repas chez toi?	*Who prepares the meals at your house?*
Le professeur prépare ses leçons.	*The teacher is preparing his/her lessons.*
Elle prépare son bac maintenant.	*She is preparing for the baccalaureate exams now.*
Chacun doit préparer son avenir.	*Each of us has to prepare for his future.*
Ils m'ont préparé une belle surprise.	*They prepared a nice surprise for me.*
Le gérant a préparé le terrain.	*The manager got things ready / laid the groundwork.*
La femme de chambre a préparé votre chambre.	*The cleaning woman has gotten your room ready.*
Son chef le prépare pour une mission importante.	*His boss is grooming him for an important assignment.*
Il nous a préparé un beau dîner.	*He made a lovely dinner.*

RELATED WORDS AND EXPRESSIONS

les préparatifs *(mpl)*	*preparations*
les préparatifs du voyage	*preparations for the trip*
se préparer	*to get ready*
On essaie de se préparer une retraite aisée.	*We're trying to prepare a comfortable retirement.*
Ces deux pays se préparent à la guerre.	*These two countries are preparing for war.*

390 présenter *to present, introduce*

je présente · je présentai · présenté · présentant regular *-er* verb

Present		***Passé Composé***	
je présente	nous présentons	j'ai présenté	nous avons présenté
tu présentes	vous présentez	tu as présenté	vous avez présenté
il/elle présente	ils/elles présentent	il/elle a présenté	ils/elles ont présenté
Imperfect		***Pluperfect***	
je présentais	nous présentions	j'avais présenté	nous avions présenté
tu présentais	vous présentiez	tu avais présenté	vous aviez présenté
il/elle présentait	ils/elles présentaient	il/elle avait présenté	ils/elles avaient présenté
Passé Simple		***Past Anterior***	
je présentai	nous présentâmes	j'eus présenté	nous eûmes présenté
tu présentas	vous présentâtes	tu eus présenté	vous eûtes présenté
il/elle présenta	ils/elles présentèrent	il/elle eut présenté	ils/elles eurent présenté
Future		***Future Anterior***	
je présenterai	nous présenterons	j'aurai présenté	nous aurons présenté
tu présenteras	vous présenterez	tu auras présenté	vous aurez présenté
il/elle présentera	ils/elles présenteront	il/elle aura présenté	ils/elles auront présenté
Conditional		***Past Conditional***	
je présenterais	nous présenterions	j'aurais présenté	nous aurions présenté
tu présenterais	vous présenteriez	tu aurais présenté	vous auriez présenté
il/elle présenterait	ils/elles présenteraient	il/elle aurait présenté	ils/elles auraient présenté
Present Subjunctive		***Past Subjunctive***	
que je présente	que nous présentions	que j'aie présenté	que nous ayons présenté
que tu présentes	que vous présentiez	que tu aies présenté	que vous ayez présenté
qu'il/elle présente	qu'ils/elles présentent	qu'il/elle ait présenté	qu'ils/elles aient présenté
Imperfect Subjunctive		***Pluperfect Subjunctive***	
que je présentasse	que nous présentassions	que j'eusse présenté	que nous eussions présenté
que tu présentasses	que vous présentassiez	que tu eusses présenté	que vous eussiez présenté
qu'il/elle présentât	qu'ils/elles présentassent	qu'il/elle eût présenté	qu'ils/elles eussent présenté

Commands

	(nous) présentons
(tu) présente	(vous) présentez

USAGE

J'ai présenté l'affaire telle que je la comprenais.	*I presented the situation as I understood it.*
présenter ses condoléances à qqn	*to present one's condolences to someone*
Monsieur Durand, permettez-moi de vous présenter ma femme.	*Mr. Durand, allow me to introduce my wife to you.*
Je l'ai présentée à lui.	*I introduced her to him.*
—Je vous présente Hélène.	*This is Hélène.*
—Enchanté, Hélène.	*Pleased to meet you, Hélène.*
Je vous présente mes meilleurs vœux.	*My best wishes to you.*
Voilà le contrôleur. Il faut lui présenter les billets.	*There's the conductor. We have to show him our tickets.*
J'ai présenté ma candidature à ce poste.	*I have applied for that job.*
On présente une émission intéressante à la télé ce soir.	*They're showing an interesting program on TV this evening.*
Comment se présente la situation?	*How does the situation look?*
Pourquoi ne s'est-il pas présenté?	*Why didn't he show up?*
Mlle Richard se présentera aux élections.	*Miss Richard will be a candidate in the next election.*
Ça se présentait mal pour nous.	*Thing weren't looking good for us.*
Qu'est-ce qui se présentera?	*What will happen?*

se presser

to rush, hurry; to hug, crowd

regular *-er* reflexive verb;
compound tenses with *être*

je me presse · je me pressai · s'étant pressé · se pressant

Present		*Passé Composé*	
je me presse	nous nous pressons	je me suis pressé(e)	nous nous sommes pressé(e)s
tu te presses	vous vous pressez	tu t'es pressé(e)	vous vous êtes pressé(e)(s)
il/elle se presse	ils/elles se pressent	il/elle s'est pressé(e)	ils/elles se sont pressé(e)s
Imperfect		*Pluperfect*	
je me pressais	nous nous pressions	je m'étais pressé(e)	nous nous étions pressé(e)s
tu te pressais	vous vous pressiez	tu t'étais pressé(e)	vous vous étiez pressé(e)(s)
il/elle se pressait	ils/elles se pressaient	il/elle s'était pressé(e)	ils/elles s'étaient pressé(e)s
Passé Simple		*Past Anterior*	
je me pressai	nous nous pressâmes	je me fus pressé(e)	nous nous fûmes pressé(e)s
tu te pressas	vous vous pressâtes	tu te fus pressé(e)	vous vous fûtes pressé(e)(s)
il/elle se pressa	ils/elles se pressèrent	il/elle se fut pressé(e)	ils/elles se furent pressé(e)s
Future		*Future Anterior*	
je me presserai	nous nous presserons	je me serai pressé(e)	nous nous serons pressé(e)s
tu te presseras	vous vous presserez	tu te seras pressé(e)	vous vous serez pressé(e)(s)
il/elle se pressera	ils/elles se presseront	il/elle se sera pressé(e)	ils/elles se seront pressé(e)s
Conditional		*Past Conditional*	
je me presserais	nous nous presserions	je me serais pressé(e)	nous nous serions pressé(e)s
tu te presserais	vous vous presseriez	tu te serais pressé(e)	vous vous seriez pressé(e)(s)
il/elle se presserait	ils/elles se presseraient	il/elle se serait pressé(e)	ils/elles se seraient pressé(e)s

Present Subjunctive		*Past Subjunctive*	
que je me presse	que nous nous pressions	que je me sois pressé(e)	que nous nous soyons pressé(e)s
que tu te presses	que vous vous pressiez	que tu te sois pressé(e)	que vous vous soyez pressé(e)(s)
qu'il/elle se presse	qu'ils/elles se pressent	qu'il/elle se soit pressé(e)	qu'ils/elles se soient pressé(e)s
Imperfect Subjunctive		*Pluperfect Subjunctive*	
que je me pressasse	que nous nous pressassions	que je me fusse pressé(e)	que nous nous fussions pressé(e)s
que tu te pressasses	que vous vous pressassiez	que tu te fusses pressé(e)	que vous vous fussiez pressé(e)(s)
qu'il/elle se pressât	qu'ils/elles se pressassent	qu'il/elle se fût pressé(e)	qu'ils/elles se fussent pressé(e)s

Commands

	(nous) pressons-nous
(tu) presse-toi	(vous) pressez-vous

USAGE

La foule se pressaient vers les portes.	*The crowd was rushing toward the doors.*
Je me presse de finir ce projet.	*I'm rushing to finish this project.*
Pressons-nous, on va manquer le train.	*Let's hurry or we'll miss the train.*
Il faut se presser.	*We'd better hurry.*
Les enfants se pressaient contre leurs parents.	*Children were hugging their parents tightly.*
Les jeunes se pressaient autour de la chanteuse.	*Young people were crowding around the singer.*
Dans le métro, les usagers se pressent les uns contre les autres.	*In the subway, the passengers crowd together.*
Il ne se presse pas, lui.	*He sure takes his time.*
Cette affaire presse.	*This is an urgent matter.*
Le temps presse.	*Time is running out.*
Calme-toi. Rien ne presse.	*Relax. Nothing is urgent.*

prétendre *to claim*

je prétends · je prétendis · prétendu · prétendant

regular -*re* verb

Present		*Passé Composé*	
je prétends	nous prétendons	j'ai prétendu	nous avons prétendu
tu prétends	vous prétendez	tu as prétendu	vous avez prétendu
il/elle prétend	ils/elles prétendent	il/elle a prétendu	ils/elles ont prétendu
Imperfect		*Pluperfect*	
je prétendais	nous prétendions	j'avais prétendu	nous avions prétendu
tu prétendais	vous prétendiez	tu avais prétendu	vous aviez prétendu
il/elle prétendait	ils/elles prétendaient	il/elle avait prétendu	ils/elles avaient prétendu
Passé Simple		*Past Anterior*	
je prétendis	nous prétendîmes	j'eus prétendu	nous eûmes prétendu
tu prétendis	vous prétendîtes	tu eus prétendu	vous eûtes prétendu
il/elle prétendit	ils/elles prétendirent	il/elle eut prétendu	ils/elles eurent prétendu
Future		*Future Anterior*	
je prétendrai	nous prétendrons	j'aurai prétendu	nous aurons prétendu
tu prétendras	vous prétendrez	tu auras prétendu	vous aurez prétendu
il/elle prétendra	ils/elles prétendront	il/elle aura prétendu	ils/elles auront prétendu
Conditional		*Past Conditional*	
je prétendrais	nous prétendrions	j'aurais prétendu	nous aurions prétendu
tu prétendrais	vous prétendriez	tu aurais prétendu	vous auriez prétendu
il/elle prétendrait	ils/elles prétendraient	il/elle aurait prétendu	ils/elles auraient prétendu

Present Subjunctive		*Past Subjunctive*	
que je prétende	que nous prétendions	que j'aie prétendu	que nous ayons prétendu
que tu prétendes	que vous prétendiez	que tu aies prétendu	que vous ayez prétendu
qu'il/elle prétende	qu'ils/elles prétendent	qu'il/elle ait prétendu	qu'ils/elles aient prétendu
Imperfect Subjunctive		*Pluperfect Subjunctive*	
que je prétendisse	que nous prétendissions	que j'eusse prétendu	que nous eussions prétendu
que tu prétendisses	que vous prétendissiez	que tu eusses prétendu	que vous eussiez prétendu
qu'il/elle prétendît	qu'ils/elles prétendissent	qu'il/elle eût prétendu	qu'ils/elles eussent prétendu

Commands

	(nous) prétendons
(tu) prétends	(vous) prétendez

USAGE

Il prétend être millionnaire.	*He claims to be a millionaire.*
Il prétend être innocent.	*He claims he's innocent.*
Il avait prétendu savoir nager.	*He had claimed he knew how to swim.*
Qu'est-ce que tu prétends faire ici?	*What do you intend to do here?*
Il n'osait pas prétendre à la main de la fille de l'homme d'affaires.	*He didn't dare ask for the hand of the businessman's daughter.*

RELATED WORDS AND EXPRESSIONS

prétendu(e)	*alleged/so-called/would-be/self-styled*
Ce prétendu médecin n'était qu'un charlatan.	*That self-styled doctor was nothing but a quack.*
la prétendue égalité de ce pays	*the so-called equality of that country*

regular -*er* verb **je prête · je prêtai · prêté · prêtant**

Present		*Passé Composé*	
je prête	nous prêtons	j'ai prêté	nous avons prêté
tu prêtes	vous prêtez	tu as prêté	vous avez prêté
il/elle prête	ils/elles prêtent	il/elle a prêté	ils/elles ont prêté
Imperfect		*Pluperfect*	
je prêtais	nous prêtions	j'avais prêté	nous avions prêté
tu prêtais	vous prêtiez	tu avais prêté	vous aviez prêté
il/elle prêtait	ils/elles prêtaient	il/elle avait prêté	ils/elles avaient prêté
Passé Simple		*Past Anterior*	
je prêtai	nous prêtâmes	j'eus prêté	nous eûmes prêté
tu prêtas	vous prêtâtes	tu eus prêté	vous eûtes prêté
il/elle prêta	ils/elles prêtèrent	il/elle eut prêté	ils/elles eurent prêté
Future		*Future Anterior*	
je prêterai	nous prêterons	j'aurai prêté	nous aurons prêté
tu prêteras	vous prêterez	tu auras prêté	vous aurez prêté
il/elle prêtera	ils/elles prêteront	il/elle aura prêté	ils/elles auront prêté
Conditional		*Past Conditional*	
je prêterais	nous prêterions	j'aurais prêté	nous aurions prêté
tu prêterais	vous prêteriez	tu aurais prêté	vous auriez prêté
il/elle prêterait	ils/elles prêteraient	il/elle aurait prêté	ils/elles auraient prêté

Present Subjunctive		*Past Subjunctive*	
que je prête	que nous prêtions	que j'aie prêté	que nous ayons prêté
que tu prêtes	que vous prêtiez	que tu aies prêté	que vous ayez prêté
qu'il/elle prête	qu'ils/elles prêtent	qu'il/elle ait prêté	qu'ils/elles aient prêté
Imperfect Subjunctive		*Pluperfect Subjunctive*	
que je prêtasse	que nous prêtassions	que j'eusse prêté	que nous eussions prêté
que tu prêtasses	que vous prêtassiez	que tu eusses prêté	que vous eussiez prêté
qu'il/elle prêtât	qu'ils/elles prêtassent	qu'il/elle eût prêté	qu'ils/elles eussent prêté

Commands

	(nous) prêtons
(tu) prête	(vous) prêtez

USAGE

prêter qqch à qqn	*to lend something to someone*
—Tu peux me prêter ton stylo?	*Can you lend me your pen?*
—Je ne peux pas te le prêter. Je n'en ai qu'un.	*I can't lend it to you. I only have one.*
Je lui ai prêté deux cents euros.	*I lent her two hundred euros.*
La banque prête à 8 pour cent.	*The bank is lending at 8 percent interest.*
Ils prêtent à gages.	*They lend against collateral.*
Elle a prêté sa voix à cette cause.	*She lent her support to that cause.*
Tu me prêtes des dons que je n'ai pas.	*You are attributing gifts to me that I don't have.*
Le SAMU a prêté secours aux blessés.	*The emergency medics helped the wounded.*

RELATED WORDS AND EXPRESSIONS

le prêt	*loan*
le prêt bancaire	*bank loan*
Cette bibliothèque n'a pas de service de prêt.	*This library doesn't lend out books.*
le prêteur d'argent	*moneylender*
le prêteur sur gages	*pawnbroker*
Cet enfant est peu prêteur.	*This child doesn't share his toys.*

prévenir *to notify, warn*

je préviens · je prévins · prévenu · prévenant — irregular verb

Present	
je préviens	nous prévenons
tu préviens	vous prévenez
il/elle prévient	ils/elles préviennent
Imperfect	
je prévenais	nous prévenions
tu prévenais	vous préveniez
il/elle prévenait	ils/elles prévenaient
Passé Simple	
je prévins	nous prévînmes
tu prévins	vous prévîntes
il/elle prévint	ils/elles prévinrent
Future	
je préviendrai	nous préviendrons
tu préviendras	vous préviendrez
il/elle préviendra	ils/elles préviendront
Conditional	
je préviendrais	nous préviendrions
tu préviendrais	vous préviendriez
il/elle préviendrait	ils/elles préviendraient

Passé Composé	
j'ai prévenu	nous avons prévenu
tu as prévenu	vous avez prévenu
il/elle a prévenu	ils/elles ont prévenu
Pluperfect	
j'avais prévenu	nous avions prévenu
tu avais prévenu	vous aviez prévenu
il/elle avait prévenu	ils/elles avaient prévenu
Past Anterior	
j'eus prévenu	nous eûmes prévenu
tu eus prévenu	vous eûtes prévenu
il/elle eut prévenu	ils/elles eurent prévenu
Future Anterior	
j'aurai prévenu	nous aurons prévenu
tu auras prévenu	vous aurez prévenu
il/elle aura prévenu	ils/elles auront prévenu
Past Conditional	
j'aurais prévenu	nous aurions prévenu
tu aurais prévenu	vous auriez prévenu
il/elle aurait prévenu	ils/elles auraient prévenu

Present Subjunctive	
que je prévienne	que nous prévenions
que tu préviennes	que vous préveniez
qu'il/elle prévienne	qu'ils/elles préviennent
Imperfect Subjunctive	
que je prévinsse	que nous prévinssions
que tu prévinsses	que vous prévinssiez
qu'il/elle prévînt	qu'ils/elles prévinssent

Past Subjunctive	
que j'aie prévenu	que nous ayons prévenu
que tu aies prévenu	que vous ayez prévenu
qu'il/elle ait prévenu	qu'ils/elles aient prévenu
Pluperfect Subjunctive	
que j'eusse prévenu	que nous eussions prévenu
que tu eusses prévenu	que vous eussiez prévenu
qu'il/elle eût prévenu	qu'ils/elles eussent prévenu

Commands

	(nous) prévenons
(tu) préviens	(vous) prévenez

USAGE

Vous avez été prévenu.	*Consider yourself on notice.*
Il faut prévenir la police.	*The police should be notified.*
Nous avons prévenu le médecin.	*We notified the doctor.*
N'allez pas chez lui sans prévenir.	*Don't go to his house without notifying him.*
Je vous préviens que je n'assisterai pas à la réunion.	*I want to let you know that I won't be at the meeting.*
Je ne vais rien faire sans vous prévenir.	*I won't do anything without informing you.*
Essayons de prévenir ce malheur.	*Let's try to prevent that misfortune.*
Je vous aurai prévenu!	*Mark my words!*

PROVERB

Mieux vaut prévenir que guérir.	*An ounce of prevention is worth a pound of cure.*

irregular verb

je prévois · je prévis · prévu · prévoyant

Present		*Passé Composé*	
je prévois	nous prévoyons	j'ai prévu	nous avons prévu
tu prévois	vous prévoyez	tu as prévu	vous avez prévu
il/elle prévoit	ils/elles prévoient	il/elle a prévu	ils/elles ont prévu
Imperfect		*Pluperfect*	
je prévoyais	nous prévoyions	j'avais prévu	nous avions prévu
tu prévoyais	vous prévoyiez	tu avais prévu	vous aviez prévu
il/elle prévoyait	ils/elles prévoyaient	il/elle avait prévu	ils/elles avaient prévu
Passé Simple		*Past Anterior*	
je prévis	nous prévîmes	j'eus prévu	nous eûmes prévu
tu prévis	vous prévîtes	tu eus prévu	vous eûtes prévu
il/elle prévit	ils/elles prévirent	il/elle eut prévu	ils/elles eurent prévu
Future		*Future Anterior*	
je prévoirai	nous prévoirons	j'aurai prévu	nous aurons prévu
tu prévoiras	vous prévoirez	tu auras prévu	vous aurez prévu
il/elle prévoira	ils/elles prévoiront	il/elle aura prévu	ils/elles auront prévu
Conditional		*Past Conditional*	
je prévoirais	nous prévoirions	j'aurais prévu	nous aurions prévu
tu prévoirais	vous prévoiriez	tu aurais prévu	vous auriez prévu
il/elle prévoirait	ils/elles prévoiraient	il/elle aurait prévu	ils/elles auraient prévu

Present Subjunctive		*Past Subjunctive*	
que je prévoie	que nous prévoyions	que j'aie prévu	que nous ayons prévu
que tu prévoies	que vous prévoyiez	que tu aies prévu	que vous ayez prévu
qu'il/elle prévoie	qu'ils/elles prévoient	qu'il/elle ait prévu	qu'ils/elles aient prévu
Imperfect Subjunctive		*Pluperfect Subjunctive*	
que je prévisse	que nous prévissions	que j'eusse prévu	que nous eussions prévu
que tu prévisses	que vous prévissiez	que tu eusses prévu	que vous eussiez prévu
qu'il/elle prévît	qu'ils/elles prévissent	qu'il/elle eût prévu	qu'ils/elles eussent prévu

Commands

	(nous) prévoyons
(tu) prévois	(vous) prévoyez

USAGE

Nous n'avons pas pu prévoir ce contretemps.	*We couldn't foresee this hitch.*
Qui peut tout prévoir?	*Who can think of everything?*
Il faut prévoir le pire.	*We have to anticipate the worst.*
Je n'avais pas prévu qu'il viendrait.	*I didn't count on his coming.*
Essayons de prévoir toutes les éventualités.	*Let's try to allow for all possibilities.*
Tout est prévu pour la réunion d'affaires.	*Everything has been organized for the business meeting.*
Leur départ est prévu pour demain.	*Their departure is set for tomorrow.*
Rangez vos papiers dans les classeurs prévus à cet effet.	*Organize your papers in the binders provided.*
Tout s'est passé comme prévu.	*Everything happened as expected.*

RELATED WORDS AND EXPRESSIONS

les prévisions *(fpl)*	*forecasting*
les prévisions du temps	*weather forecasts*
l'imprévu *(m)*	*the unforeseen*

prier *to request, ask, pray*

je prie · je priai · prié · priant

regular -er verb

Present		*Passé Composé*	
je prie	nous prions	j'ai prié	nous avons prié
tu pries	vous priez	tu as prié	vous avez prié
il/elle prie	ils/elles prient	il/elle a prié	ils/elles ont prié
Imperfect		***Pluperfect***	
je priais	nous priions	j'avais prié	nous avions prié
tu priais	vous priiez	tu avais prié	vous aviez prié
il/elle priait	ils/elles priaient	il/elle avait prié	ils/elles avaient prié
Passé Simple		***Past Anterior***	
je priai	nous priâmes	j'eus prié	nous eûmes prié
tu prias	vous priâtes	tu eus prié	vous eûtes prié
il/elle pria	ils/elles prièrent	il/elle eut prié	ils/elles eurent prié
Future		***Future Anterior***	
je prierai	nous prierons	j'aurai prié	nous aurons prié
tu prieras	vous prierez	tu auras prié	vous aurez prié
il/elle priera	ils/elles prieront	il/elle aura prié	ils/elles auront prié
Conditional		***Past Conditional***	
je prierais	nous prierions	j'aurais prié	nous aurions prié
tu prierais	vous prieriez	tu aurais prié	vous auriez prié
il/elle prierait	ils/elles prieraient	il/elle aurait prié	ils/elles auraient prié

Present Subjunctive		*Past Subjunctive*	
que je prie	que nous priions	que j'aie prié	que nous ayons prié
que tu pries	que vous priiez	que tu aies prié	que vous ayez prié
qu'il/elle prie	qu'ils/elles prient	qu'il/elle ait prié	qu'ils/elles aient prié
Imperfect Subjunctive		***Pluperfect Subjunctive***	
que je priasse	que nous priassions	que j'eusse prié	que nous eussions prié
que tu priasses	que vous priassiez	que tu eusses prié	que vous eussiez prié
qu'il/elle priât	qu'ils/elles priassent	qu'il/elle eût prié	qu'ils/elles eussent prié

Commands

	(nous) prions
(tu) prie	(vous) priez

USAGE

prier qqn de faire qqch	*to beg someone to do something*
Vous êtes prié de venir à huit heures.	*You are requested to come at eight o'clock.*
Il m'a prié de passer le prendre.	*He asked me to come by for him.*
Elle priait devant l'autel.	*She prayed at the altar.*
Je t'en prie.	*Please. / You're welcome.*
se faire prier	*to be coaxed*
Elle aime se faire prier.	*She likes to be coaxed/begged.*
Je ne me suis pas fait prier.	*I did it readily. / I didn't have to be asked.*
—Je peux me servir?	*May I help myself?*
—Je vous en prie.	*By all means.*

RELATED WORDS AND EXPRESSIONS

la prière	*prayer*

se priver

to deprive oneself

regular *-er* reflexive verb;
compound tenses with *être*

je me prive · je me privai · s'étant privé · se privant

Present		***Passé Composé***	
je me prive	nous nous privons	je me suis privé(e)	nous nous sommes privé(e)s
tu te prives	vous vous privez	tu t'es privé(e)	vous vous êtes privé(e)(s)
il/elle se prive	ils/elles se privent	il/elle s'est privé(e)	ils/elles se sont privé(e)s
Imperfect		***Pluperfect***	
je me privais	nous nous privions	je m'étais privé(e)	nous nous étions privé(e)s
tu te privais	vous vous priviez	tu t'étais privé(e)	vous vous étiez privé(e)(s)
il/elle se privait	ils/elles se privaient	il/elle s'était privé(e)	ils/elles s'étaient privé(e)s
Passé Simple		***Past Anterior***	
je me privai	nous nous privâmes	je me fus privé(e)	nous nous fûmes privé(e)s
tu te privas	vous vous privâtes	tu te fus privé(e)	vous vous fûtes privé(e)(s)
il/elle se priva	ils/elles se privèrent	il/elle se fut privé(e)	ils/elles se furent privé(e)s
Future		***Future Anterior***	
je me priverai	nous nous priverons	je me serai privé(e)	nous nous serons privé(e)s
tu te priveras	vous vous priverez	tu te seras privé(e)	vous vous serez privé(e)(s)
il/elle se privera	ils/elles se priveront	il/elle se sera privé(e)	ils/elles se seront privé(e)s
Conditional		***Past Conditional***	
je me priverais	nous nous priverions	je me serais privé(e)	nous nous serions privé(e)s
tu te priverais	vous vous priveriez	tu te serais privé(e)	vous vous seriez privé(e)(s)
il/elle se priverait	ils/elles se priveraient	il/elle se serait privé(e)	ils/elles se seraient privé(e)s

Present Subjunctive		***Past Subjunctive***	
que je me prive	que nous nous privions	que je me sois privé(e)	que nous nous soyons privé(e)s
que tu te prives	que vous vous priviez	que tu te sois privé(e)	que vous vous soyez privé(e)(s)
que il/elle se prive	que ils/elles se privent	que il/elle se soit privé(e)	que ils/elles se soient privé(e)s
Imperfect Subjunctive		***Pluperfect Subjunctive***	
que je me privasse	que nous nous privassions	que je me fusse privé(e)	que nous nous fussions privé(e)s
que tu te privasses	que vous vous privassiez	que tu te fusses privé(e)	que vous vous fussiez privé(e)(s)
que il/elle se privât	que ils/elles se privassent	que il/elle se fût privé(e)	que ils/elles se fussent privé(e)s

Commands

	(nous) privons-nous
(tu) prive-toi	(vous) privez-vous

USAGE

se priver de qqch	*to deprive oneself of something*
Nous n'avons pas l'intention de nous priver.	*We do not intend to do without.*
Il se prive de boissons alcoolisées.	*He avoids alcoholic drinks.*
Je ne vais pas me priver du plaisir de la voir.	*I won't deny myself the pleasure of seeing her.*
C'est un type qui ne se prive de rien.	*He's a guy who denies himself nothing.*

RELATED WORDS AND EXPRESSIONS

la privation	*deprivation*
la privation des droits	*taking away someone's rights*
priver qqn de qqch	*to deprive someone of something*
Si tu n'es pas sage on te privera de dessert.	*If you're not good you won't have dessert.*
La ville est privée d'eau.	*The city is without water.*
J'ai été privé de sommeil.	*I got no sleep.*

procéder to proceed, behave, act

je procède · je procédai · procédé · procédant

-*er* verb; spelling change: *é* > *è*/mute *e* except in the future and conditional

Present		*Passé Composé*	
je procède	nous procédons	j'ai procédé	nous avons procédé
tu procèdes	vous procédez	tu as procédé	vous avez procédé
il/elle procède	ils/elles procèdent	il/elle a procédé	ils/elles ont procédé
Imperfect		*Pluperfect*	
je procédais	nous procédions	j'avais procédé	nous avions procédé
tu procédais	vous procédiez	tu avais procédé	vous aviez procédé
il/elle procédait	ils/elles procédaient	il/elle avait procédé	ils/elles avaient procédé
Passé Simple		*Past Anterior*	
je procédai	nous procédâmes	j'eus procédé	nous eûmes procédé
tu procédas	vous procédâtes	tu eus procédé	vous eûtes procédé
il/elle procéda	ils/elles procédèrent	il/elle eut procédé	ils/elles eurent procédé
Future		*Future Anterior*	
je procéderai	nous procéderons	j'aurai procédé	nous aurons procédé
tu procéderas	vous procéderez	tu auras procédé	vous aurez procédé
il/elle procédera	ils/elles procéderont	il/elle aura procédé	ils/elles auront procédé
Conditional		*Past Conditional*	
je procéderais	nous procéderions	j'aurais procédé	nous aurions procédé
tu procéderais	vous procéderiez	tu aurais procédé	vous auriez procédé
il/elle procéderait	ils/elles procéderaient	il/elle aurait procédé	ils/elles auraient procédé

Present Subjunctive		*Past Subjunctive*	
que je procède	que nous procédions	que j'aie procédé	que nous ayons procédé
que tu procèdes	que vous procédiez	que tu aies procédé	que vous ayez procédé
qu'il/elle procède	qu'ils/elles procèdent	qu'il/elle ait procédé	qu'ils/elles aient procédé
Imperfect Subjunctive		*Pluperfect Subjunctive*	
que je procédasse	que nous procédassions	que j'eusse procédé	que nous eussions procédé
que tu procédasses	que vous procédassiez	que tu eusses procédé	que vous eussiez procédé
qu'il/elle procédât	qu'ils/elles procédassent	qu'il/elle eût procédé	qu'ils/elles eussent procédé

Commands

	(nous) procédons
(tu) procède	(vous) procédez

USAGE

Je ne vois pas comment procéder.	*I don't see how to proceed.*
—Est-ce qu'il faut procéder par ordre?	*Shall we do things one at a time?*
—Oui, et surtout procédons par prudence.	*Yes, and above all, let's act carefully.*
Sa façon de procéder me déplaît.	*I don't like his way of doing things.*
L'entreprise a procédé à une enquête.	*The company undertook a survey.*
Le conseil procédera au vote.	*The council will take a vote.*
Ces problèmes procèdent de l'indifférence.	*These problems stem from indifference.*

RELATED WORDS AND EXPRESSIONS

le procédé	*process; behavior/conduct/action*
Il comprend tous les procédés techniques.	*He understands all the technical processes.*
Ces procédés sont malhonnêtes.	*That behavior is dishonest.*

to produce **produire** 399

irregular verb **je produis · je produisis · produit · produisant**

Present		Passé Composé	
je produis	nous produisons	j'ai produit	nous avons produit
tu produis	vous produisez	tu as produit	vous avez produit
il/elle produit	ils/elles produisent	il/elle a produit	ils/elles ont produit
Imperfect		***Pluperfect***	
je produisais	nous produisions	j'avais produit	nous avions produit
tu produisais	vous produisiez	tu avais produit	vous aviez produit
il/elle produisait	ils/elles produisaient	il/elle avait produit	ils/elles avaient produit
Passé Simple		***Past Anterior***	
je produisis	nous produisîmes	j'eus produit	nous eûmes produit
tu produisis	vous produisîtes	tu eus produit	vous eûtes produit
il/elle produisit	ils/elles produisirent	il/elle eut produit	ils/elles eurent produit
Future		***Future Anterior***	
je produirai	nous produirons	j'aurai produit	nous aurons produit
tu produiras	vous produirez	tu auras produit	vous aurez produit
il/elle produira	ils/elles produiront	il/elle aura produit	ils/elles auront produit
Conditional		***Past Conditional***	
je produirais	nous produirions	j'aurais produit	nous aurions produit
tu produirais	vous produiriez	tu aurais produit	vous auriez produit
il/elle produirait	ils/elles produiraient	il/elle aurait produit	ils/elles auraient produit

Present Subjunctive		Past Subjunctive	
que je produise	que nous produisions	que j'aie produit	que nous ayons produit
que tu produises	que vous produisiez	que tu aies produit	que vous ayez produit
qu'il/elle produise	qu'ils/elles produisent	qu'il/elle ait produit	qu'ils/elles aient produit
Imperfect Subjunctive		***Pluperfect Subjunctive***	
que je produisisse	que nous produisissions	que j'eusse produit	que nous eussions produit
que tu produisisses	que vous produisissiez	que tu eusses produit	que vous eussiez produit
qu'il/elle produisît	qu'ils/elles produisissent	qu'il/elle eût produit	qu'ils/elles eussent produit

Commands

	(nous) produisons
(tu) produis	(vous) produisez

USAGE

Ce pays produit du fer et du charbon.	*This country produces iron and coal.*
Cette province produit des vins très connus.	*This province produces very famous wines.*
—Est-ce que cette région produit du blé?	*Does this region produce wheat?*
—Elle en produit peu. La terre est mauvaise.	*It produces very little. The soil is not good.*
Cette région produit du pétrole.	*This region produces oil.*
Combien de tonnes d'acier ce pays produit-il par an?	*How many tons of steel does this country produce each year?*
L'électricité est produite par l'énergie atomique.	*Electricity is produced by atomic energy.*
Cet arbre produit de belles pommes.	*This tree yields beautiful apples.*
Ce poète produit beaucoup de poèmes.	*This poet turns out a lot of poems.*
L'humidité produit la rouille.	*Humidity makes (things) rust.*

top 50 verb

399 produire *to produce*

je produis · je produisis · produit · produisant — irregular verb

produire pour l'économie

produire du maïs	*to produce corn*
produire de la viande pour l'exportation	*to produce meat for export*
produire une grande variété de fromages	*to produce a great variety of cheeses*
des investissements qui produisent	*profitable investments*
Ce musicien produit beaucoup.	*This musician composes a lot.*
—Combien de pièces a-t-il produites?	*How many plays has he produced?*
—Il a produit une vingtaine de pièces tordantes.	*He has produced about twenty riotously funny plays.*

produire = causer, provoquer

produire une impression	*to make an impression / impress*
Ses mots ont produit sur moi une impression profonde.	*His words made a deep impression on me.*
Sa conduite a produit une très mauvaise impression sur ses professeurs.	*His conduct gave his teachers a very bad impression.*
Les rumeurs ont produit de l'effroi.	*The rumors caused fright.*
Cette nouvelle a produit une sensation d'angoisse.	*The news caused a feeling of anguish.*
L'effet produit par cette démarche a été désastreux.	*The effect caused by this measure was disastrous.*

produire = former

Cette école militaire produit tous les grands officiers du pays.	*This military school produces all of the country's great officers.*
Cette faculté a produit pas mal de professeurs.	*This department has produced a lot of teachers.*
Cette université a produit beaucoup de savants.	*This university has produced a lot of scholars/scientists.*

se produire

Il peut se produire un incident désagréable.	*An unpleasant incident may occur.*
Je ne comprends pas le changement qui s'est produit en toi.	*I don't understand the change that has come over you.*
À cause de la neige il s'est produit un accident affreux.	*Because of the snow a terrible accident happened.*
Ce politicien n'ose plus se produire en public.	*That politician doesn't dare show his face in public anymore.*

RELATED WORDS AND EXPRESSIONS

la production	*production*
La production de blé a augmenté cette année.	*Wheat output has risen this year.*
le produit	*product*
les produits chimiques	*chemicals*
les produits de luxe	*luxury goods*
le produit pour la peau	*skin cream/powder, etc.*
le produit d'une semaine de travail	*the result of a week of work*
un producteur / une productrice	*a producer* (theater, film)
producteur/productrice	*producer/producing*
les pays producteurs de pétrole	*oil-producing countries*

top 50 verb

projeter
to plan, project

-er verb; spelling change: *t* > *tt*/mute *e*

je projette · je projetai · projeté · projetant

Present		Passé Composé	
je projette	nous projetons	j'ai projeté	nous avons projeté
tu projettes	vous projetez	tu as projeté	vous avez projeté
il/elle projette	ils/elles projettent	il/elle a projeté	ils/elles ont projeté
Imperfect		**Pluperfect**	
je projetais	nous projetions	j'avais projeté	nous avions projeté
tu projetais	vous projetiez	tu avais projeté	vous aviez projeté
il/elle projetait	ils/elles projetaient	il/elle avait projeté	ils/elles avaient projeté
Passé Simple		**Past Anterior**	
je projetai	nous projetâmes	j'eus projeté	nous eûmes projeté
tu projetas	vous projetâtes	tu eus projeté	vous eûtes projeté
il/elle projeta	ils/elles projetèrent	il/elle eut projeté	ils/elles eurent projeté
Future		**Future Anterior**	
je projetterai	nous projetterons	j'aurai projeté	nous aurons projeté
tu projetteras	vous projetterez	tu auras projeté	vous aurez projeté
il/elle projettera	ils/elles projetteront	il/elle aura projeté	ils/elles auront projeté
Conditional		**Past Conditional**	
je projetterais	nous projetterions	j'aurais projeté	nous aurions projeté
tu projetterais	vous projetteriez	tu aurais projeté	vous auriez projeté
il/elle projetterait	ils/elles projetteraient	il/elle aurait projeté	ils/elles auraient projeté

Present Subjunctive		Past Subjunctive	
que je projette	que nous projetions	que j'aie projeté	que nous ayons projeté
que tu projettes	que vous projetiez	que tu aies projeté	que vous ayez projeté
qu'il/elle projette	qu'ils/elles projettent	qu'il/elle ait projeté	qu'ils/elles aient projeté
Imperfect Subjunctive		**Pluperfect Subjunctive**	
que je projetasse	que nous projetassions	que j'eusse projeté	que nous eussions projeté
que tu projetasses	que vous projetassiez	que tu eusses projeté	que vous eussiez projeté
qu'il/elle projetât	qu'ils/elles projetassent	qu'il/elle eût projeté	qu'ils/elles eussent projeté

Commands

	(nous) projetons
(tu) projette	(vous) projetez

USAGE

Il projette un voyage d'affaires au Canada.	*He's planning a business trip to Canada.*
Nous avons projeté une collaboration.	*We planned to work together.*
J'ai abandonné la sortie projetée.	*I gave up my plans to go out.*
Il a été projeté du bateau.	*He was thrown out of the boat.*
J'ai besoin d'un écran pour projeter mon film.	*I need a screen to show my film.*

RELATED WORDS AND EXPRESSIONS

le projet	*plan*
Quels sont vos projets?	*What are your plans?*
Cet étudiant fait ses projets d'avenir.	*This student is planning for his future.*
établir un projet de loi	*to draw up a bill* (legislation)
le projet de contrat	*draft of a contract*

401 prolonger *to prolong, extend*

je prolonge · je prolongeai · prolongé · prolongeant

regular -*er* verb;
spelling change: *g > ge/a, o*

Present		*Passé Composé*	
je prolonge	nous prolongeons	j'ai prolongé	nous avons prolongé
tu prolonges	vous prolongez	tu as prolongé	vous avez prolongé
il/elle prolonge	ils/elles prolongent	il/elle a prolongé	ils/elles ont prolongé
Imperfect		*Pluperfect*	
je prolongeais	nous prolongions	j'avais prolongé	nous avions prolongé
tu prolongeais	vous prolongiez	tu avais prolongé	vous aviez prolongé
il/elle prolongeait	ils/elles prolongeaient	il/elle avait prolongé	ils/elles avaient prolongé
Passé Simple		*Past Anterior*	
je prolongeai	nous prolongeâmes	j'eus prolongé	nous eûmes prolongé
tu prolongeas	vous prolongeâtes	tu eus prolongé	vous eûtes prolongé
il/elle prolongea	ils/elles prolongèrent	il/elle eut prolongé	ils/elles eurent prolongé
Future		*Future Anterior*	
je prolongerai	nous prolongerons	j'aurai prolongé	nous aurons prolongé
tu prolongeras	vous prolongerez	tu auras prolongé	vous aurez prolongé
il/elle prolongera	ils/elles prolongeront	il/elle aura prolongé	ils/elles auront prolongé
Conditional		*Past Conditional*	
je prolongerais	nous prolongerions	j'aurais prolongé	nous aurions prolongé
tu prolongerais	vous prolongeriez	tu aurais prolongé	vous auriez prolongé
il/elle prolongerait	ils/elles prolongeraient	il/elle aurait prolongé	ils/elles auraient prolongé

Present Subjunctive		*Past Subjunctive*	
que je prolonge	que nous prolongions	que j'aie prolongé	que nous ayons prolongé
que tu prolonges	que vous prolongiez	que tu aies prolongé	que vous ayez prolongé
qu'il/elle prolonge	qu'ils/elles prolongent	qu'il/elle ait prolongé	qu'ils/elles aient prolongé
Imperfect Subjunctive		*Pluperfect Subjunctive*	
que je prolongeasse	que nous prolongeassions	que j'eusse prolongé	que nous eussions prolongé
que tu prolongeasses	que vous prolongeassiez	que tu eusses prolongé	que vous eussiez prolongé
qu'il/elle prolongeât	qu'ils/elles prolongeassent	qu'il/elle eût prolongé	qu'ils/elles eussent prolongé

Commands

	(nous) prolongeons
(tu) prolonge	(vous) prolongez

USAGE

Est-il possible de prolonger la réunion?	*Can we extend the meeting?*
prolonger un mur	*to extend a wall*
prolonger une route	*to lengthen a road*
Cette rue se prolonge jusqu'à la banlieue.	*This street continues up to the suburbs.*

RELATED WORDS AND EXPRESSIONS

les prolongations *(fpl)*	*extra time / extra innings* (game)
le prolongement	*extension/continuation*
le prolongement d'une rue	*the continuation/extension of a street*
le prolongateur	*extension cord*
prolongé(e)	*extended/prolonged*
un arrêt prolongé	*a very long stop*
une exposition prolongée au froid	*prolonged exposure to cold*

to take a walk, go for a ride **se promener**

regular *-er* reflexive verb; spelling change: *e* > è/mute *e*; compound tenses with *être*

je me promène · je me promenai · s'étant promené · se promenant

Present		*Passé Composé*	
je me promène	nous nous promenons	je me suis promené(e)	nous nous sommes promené(e)s
tu te promènes	vous vous promenez	tu t'es promené(e)	vous vous êtes promené(e)(s)
il/elle se promène	ils/elles se promènent	il/elle s'est promené(e)	ils/elles se sont promené(e)s
Imperfect		*Pluperfect*	
je me promenais	nous nous promenions	je m'étais promené(e)	nous nous étions promené(e)s
tu te promenais	vous vous promeniez	tu t'étais promené(e)	vous vous étiez promené(e)(s)
il/elle se promenait	ils/elles se promenaient	il/elle s'était promené(e)	ils/elles s'étaient promené(e)s
Passé Simple		*Past Anterior*	
je me promenai	nous nous promenâmes	je me fus promené(e)	nous nous fûmes promené(e)s
tu te promenas	vous vous promenâtes	tu te fus promené(e)	vous vous fûtes promené(e)(s)
il/elle se promena	ils/elles se promenèrent	il/elle se fut promené(e)	ils/elles se furent promené(e)s
Future		*Future Anterior*	
je me promènerai	nous nous promènerons	je me serai promené(e)	nous nous serons promené(e)s
tu te promèneras	vous vous promènerez	tu te seras promené(e)	vous vous serez promené(e)(s)
il/elle se promènera	ils/elles se promèneront	il/elle se sera promené(e)	ils/elles se seront promené(e)s
Conditional		*Past Conditional*	
je me promènerais	nous nous promènerions	je me serais promené(e)	nous nous serions promené(e)s
tu te promènerais	vous vous promèneriez	tu te serais promené(e)	vous vous seriez promené(e)(s)
il/elle se promènerait	ils/elles se promèneraient	il/elle se serait promené(e)	ils/elles se seraient promené(e)s

Present Subjunctive		*Past Subjunctive*	
que je me promène	que nous nous promenions	que je me sois promené(e)	que nous nous soyons promené(e)s
que tu te promènes	que vous vous promeniez	que tu te sois promené(e)	que vous vous soyez promené(e)(s)
qu'il/elle se promène	qu'ils/elles se promènent	qu'il/elle se soit promené(e)	qu'ils/elles se soient promené(e)s
Imperfect Subjunctive		*Pluperfect Subjunctive*	
que je me promenasse	que nous nous promenassions	que je me fusse promené(e)	que nous nous fussions promené(e)s
que tu te promenasses	que vous vous promenassiez	que tu te fusses promené(e)	que vous vous fussiez promené(e)(s)
qu'il/elle se promenât	qu'ils/elles se promenassent	qu'il/elle se fût promené(e)	qu'ils/elles se fussent promené(e)s

Commands

(nous) promenons-nous
(tu) promène-toi (vous) promenez-vous

USAGE

Mes parents se promènent dans le jardin. — *My parents are taking a walk in the garden.*
On s'est promenés en ville. — *We walked around town.*
se promener sans but — *to walk around aimlessly*
Son regard se promenait sur les vitrines. — *His gaze wandered over the store windows.*

RELATED WORDS AND EXPRESSIONS

promener qqn — *to take someone for a walk*
promener son chien — *to walk one's dog*
promener ses amis — *to take one's friends for a walk/ride*
promener ses amis étrangers dans la ville — *to show one's foreign friends the city*
Je l'ai envoyé promener. — *I told him off.*
Il a envoyé promener ses soucis. — *He shrugged off his concerns.*

promettre *to promise*

je promets · je promis · promis · promettant

irregular verb; only one *t* in the singular of the present tense

Present		*Passé Composé*	
je promets	nous promettons	j'ai promis	nous avons promis
tu promets	vous promettez	tu as promis	vous avez promis
il/elle promet	ils/elles promettent	il/elle a promis	ils/elles ont promis
Imperfect		*Pluperfect*	
je promettais	nous promettions	j'avais promis	nous avions promis
tu promettais	vous promettiez	tu avais promis	vous aviez promis
il/elle promettait	ils/elles promettaient	il/elle avait promis	ils/elles avaient promis
Passé Simple		*Past Anterior*	
je promis	nous promîmes	j'eus promis	nous eûmes promis
tu promis	vous promîtes	tu eus promis	vous eûtes promis
il/elle promit	ils/elles promirent	il/elle eut promis	ils/elles eurent promis
Future		*Future Anterior*	
je promettrai	nous promettrons	j'aurai promis	nous aurons promis
tu promettras	vous promettrez	tu auras promis	vous aurez promis
il/elle promettra	ils/elles promettront	il/elle aura promis	ils/elles auront promis
Conditional		*Past Conditional*	
je promettrais	nous promettrions	j'aurais promis	nous aurions promis
tu promettrais	vous promettriez	tu aurais promis	vous auriez promis
il/elle promettrait	ils/elles promettraient	il/elle aurait promis	ils/elles auraient promis

Present Subjunctive		*Past Subjunctive*	
que je promette	que nous promettions	que j'aie promis	que nous ayons promis
que tu promettes	que vous promettiez	que tu aies promis	que vous ayez promis
qu'il/elle promette	qu'ils/elles promettent	qu'il/elle ait promis	qu'ils/elles aient promis
Imperfect Subjunctive		*Pluperfect Subjunctive*	
que je promisse	que nous promissions	que j'eusse promis	que nous eussions promis
que tu promisses	que vous promissiez	que tu eusses promis	que vous eussiez promis
qu'il/elle promît	qu'ils/elles promissent	qu'il/elle eût promis	qu'ils/elles eussent promis

Commands

	(nous) promettons
(tu) promets	(vous) promettez

USAGE

promettre qqch à qqn	*to promise someone something*
—Qu'est-ce que tu as promis aux enfants?	*What did you promise the children?*
—Je leur ai promis un nouvel ordinateur.	*I promised them a new computer.*
Il va te promettre la lune.	*He'll promise you the moon.*
Notre soirée promet d'être une réussite.	*Our evening party promises to be a success.*
promettre à qqn de faire qqch	*to promise someone to do something*
Elle lui a promis de partir.	*She promised him that she would leave.*
Ce ciel gris nous promet de la pluie.	*This gray sky means rain.*
promettre son amour	*to pledge one's love*
Ça promet!	*Things are looking up!* (often sarcastic)
Ça ne te promet rien de bon.	*This doesn't look good for you.*

RELATED WORDS AND EXPRESSIONS

la promesse	*promise*
Il faut que tu tiennes tes promesses.	*You must keep your promises.*
Ne te laisse pas endormir pas ses promesses.	*Don't let him talk you into anything.*

regular *-er* verb;
spelling change: *c > ç/a, o*

je prononce · je prononçai · prononcé · prononçant

Present		*Passé Composé*	
je prononce	nous prononçons	j'ai prononcé	nous avons prononcé
tu prononces	vous prononcez	tu as prononcé	vous avez prononcé
il/elle prononce	ils/elles prononcent	il/elle a prononcé	ils/elles ont prononcé
Imperfect		***Pluperfect***	
je prononçais	nous prononcions	j'avais prononcé	nous avions prononcé
tu prononçais	vous prononciez	tu avais prononcé	vous aviez prononcé
il/elle prononçait	ils/elles prononçaient	il/elle avait prononcé	ils/elles avaient prononcé
Passé Simple		***Past Anterior***	
je prononçai	nous prononçâmes	j'eus prononcé	nous eûmes prononcé
tu prononças	vous prononçâtes	tu eus prononcé	vous eûtes prononcé
il/elle prononça	ils/elles prononcèrent	il/elle eut prononcé	ils/elles eurent prononcé
Future		***Future Anterior***	
je prononcerai	nous prononcerons	j'aurai prononcé	nous aurons prononcé
tu prononceras	vous prononcerez	tu auras prononcé	vous aurez prononcé
il/elle prononcera	ils/elles prononceront	il/elle aura prononcé	ils/elles auront prononcé
Conditional		***Past Conditional***	
je prononcerais	nous prononcerions	j'aurais prononcé	nous aurions prononcé
tu prononcerais	vous prononceriez	tu aurais prononcé	vous auriez prononcé
il/elle prononcerait	ils/elles prononceraient	il/elle aurait prononcé	ils/elles auraient prononcé

Present Subjunctive		*Past Subjunctive*	
que je prononce	que nous prononcions	que j'aie prononcé	que nous ayons prononcé
que tu prononces	que vous prononciez	que tu aies prononcé	que vous ayez prononcé
qu'il/elle prononce	qu'ils/elles prononcent	qu'il/elle ait prononcé	qu'ils/elles aient prononcé
Imperfect Subjunctive		***Pluperfect Subjunctive***	
que je prononçasse	que nous prononçassions	que j'eusse prononcé	que nous eussions prononcé
que tu prononçasses	que vous prononçassiez	que tu eusses prononcé	que vous eussiez prononcé
qu'il/elle prononçât	qu'ils/elles prononçassent	qu'il/elle eût prononcé	qu'ils/elles eussent prononcé

Commands

	(nous) prononçons
(tu) prononce	(vous) prononcez

USAGE

prononcer correctement	*to pronounce correctly*
Ce mot est difficile à prononcer.	*This word is hard to pronounce.*
Ce nom se prononce comment?	*How do you pronounce this name?*
Elle est sortie sans prononcer un mot.	*She left without saying a word.*
Ne prononcez plus ce mot devant moi!	*Don't say that word in my presence again!*
Le président a prononcé un discours.	*The president gave a speech.*

RELATED WORDS AND EXPRESSIONS

se prononcer	*to reach a decision or verdict*
Le juge ne s'est pas encore prononcé.	*The judge hasn't issued his decision yet.*
Le gouvernement s'est prononcé pour la paix.	*The government has pronounced itself in favor of peace.*

405 proposer *to propose, suggest*

je propose · je proposai · proposé · proposant regular *-er* verb

Present		*Passé Composé*	
je propose	nous proposons	j'ai proposé	nous avons proposé
tu proposes	vous proposez	tu as proposé	vous avez proposé
il/elle propose	ils/elles proposent	il/elle a proposé	ils/elles ont proposé
Imperfect		*Pluperfect*	
je proposais	nous proposions	j'avais proposé	nous avions proposé
tu proposais	vous proposiez	tu avais proposé	vous aviez proposé
il/elle proposait	ils/elles proposaient	il/elle avait proposé	ils/elles avaient proposé
Passé Simple		*Past Anterior*	
je proposai	nous proposâmes	j'eus proposé	nous eûmes proposé
tu proposas	vous proposâtes	tu eus proposé	vous eûtes proposé
il/elle proposa	ils/elles proposèrent	il/elle eut proposé	ils/elles eurent proposé
Future		*Future Anterior*	
je proposerai	nous proposerons	j'aurai proposé	nous aurons proposé
tu proposeras	vous proposerez	tu auras proposé	vous aurez proposé
il/elle proposera	ils/elles proposeront	il/elle aura proposé	ils/elles auront proposé
Conditional		*Past Conditional*	
je proposerais	nous proposerions	j'aurais proposé	nous aurions proposé
tu proposerais	vous proposeriez	tu aurais proposé	vous auriez proposé
il/elle proposerait	ils/elles proposeraient	il/elle aurait proposé	ils/elles auraient proposé

Present Subjunctive		*Past Subjunctive*	
que je propose	que nous proposions	que j'aie proposé	que nous ayons proposé
que tu proposes	que vous proposiez	que tu aies proposé	que vous ayez proposé
qu'il/elle propose	qu'ils/elles proposent	qu'il/elle ait proposé	qu'ils/elles aient proposé
Imperfect Subjunctive		*Pluperfect Subjunctive*	
que je proposasse	que nous proposassions	que j'eusse proposé	que nous eussions proposé
que tu proposasses	que vous proposassiez	que tu eusses proposé	que vous eussiez proposé
qu'il/elle proposât	qu'ils/elles proposassent	qu'il/elle eût proposé	qu'ils/elles eussent proposé

Commands

	(nous) proposons
(tu) propose	(vous) proposez

USAGE

proposer qqch à qqn	*to suggest something to someone*
Je vous propose une promenade en voiture.	*I suggest that we go for a ride.*
On m'a proposé un nouveau poste.	*I was offered a new job.*
proposer de faire qqch	*to suggest doing something*
Elle propose de faire la visite de la ville.	*She suggests touring the city.*
proposer à qqn de faire qqch	*to suggest that someone do something*
Il m'a proposé de dîner avec lui.	*He suggested I have dinner with him.*
Je leur ai proposé de rentrer.	*I suggested to them that we go home.*
proposer + *subjunctive*	*to suggest that something be done, etc.*
Nous proposons que ce projet soit abandonné.	*We suggest that this project be given up.*

PROVERB

L'homme propose et Dieu dispose.	*Man proposes, God disposes.*

prospérer

to prosper, thrive

-*er* verb; spelling change: *é* > *è*/mute *e* except in the future and conditional

je prospère · je prospérai · prospéré · prospérant

Present		***Passé Composé***	
je prospère	nous prospérons	j'ai prospéré	nous avons prospéré
tu prospères	vous prospérez	tu as prospéré	vous avez prospéré
il/elle prospère	ils/elles prospèrent	il/elle a prospéré	ils/elles ont prospéré
Imperfect		***Pluperfect***	
je prospérais	nous prospérions	j'avais prospéré	nous avions prospéré
tu prospérais	vous prospériez	tu avais prospéré	vous aviez prospéré
il/elle prospérait	ils/elles prospéraient	il/elle avait prospéré	ils/elles avaient prospéré
Passé Simple		***Past Anterior***	
je prospérai	nous prospérâmes	j'eus prospéré	nous eûmes prospéré
tu prospéras	vous prospérâtes	tu eus prospéré	vous eûtes prospéré
il/elle prospéra	ils/elles prospérèrent	il/elle eut prospéré	ils/elles eurent prospéré
Future		***Future Anterior***	
je prospérerai	nous prospérerons	j'aurai prospéré	nous aurons prospéré
tu prospéreras	vous prospérerez	tu auras prospéré	vous aurez prospéré
il/elle prospérera	ils/elles prospéreront	il/elle aura prospéré	ils/elles auront prospéré
Conditional		***Past Conditional***	
je prospérerais	nous prospérerions	j'aurais prospéré	nous aurions prospéré
tu prospérerais	vous prospéreriez	tu aurais prospéré	vous auriez prospéré
il/elle prospérerait	ils/elles prospéreraient	il/elle aurait prospéré	ils/elles auraient prospéré
Present Subjunctive		***Past Subjunctive***	
que je prospère	que nous prospérions	que j'aie prospéré	que nous ayons prospéré
que tu prospères	que vous prospériez	que tu aies prospéré	que vous ayez prospéré
qu'il/elle prospère	qu'ils/elles prospèrent	qu'il/elle ait prospéré	qu'ils/elles aient prospéré
Imperfect Subjunctive		***Pluperfect Subjunctive***	
que je prospérasse	que nous prospérassions	que j'eusse prospéré	que nous eussions prospéré
que tu prospérasses	que vous prospérassiez	que tu eusses prospéré	que vous eussiez prospéré
qu'il/elle prospérât	qu'ils/elles prospérassent	qu'il/elle eût prospéré	qu'ils/elles eussent prospéré

Commands

	(nous) prospérons
(tu) prospère	(vous) prospérez

USAGE

Avec le commerce, la ville prospéra.	*With trade, the city prospered.*
Dans cette terre fertile, le blé prospérera.	*In this fertile earth, wheat will thrive.*
Son entreprise a prospéré.	*His business flourished.*
Il n'a pas su faire prospérer son activité en ligne.	*He wasn't able to make a go of his online business.*

RELATED WORDS AND EXPRESSIONS

la prospérité	*prosperity*
Je vous souhaite de la prospérité.	*I wish you prosperity.*
Notre affaire est en pleine prospérité.	*Our business is thriving.*
prospère	*prosperous/successful*
Il est propriétaire d'un magasin prospère.	*He's the owner of a prosperous store.*
Cette région est très prospère.	*This region is very prosperous.*

407 protéger *to protect*

je protège · je protégeai · protégé · protégeant

-er verb; spelling change: *é* > *è*/mute *e* except in the future and conditional; *g* > *ge*/*a, o*

Present		*Passé Composé*	
je protège	nous protégeons	j'ai protégé	nous avons protégé
tu protèges	vous protégez	tu as protégé	vous avez protégé
il/elle protège	ils/elles protègent	il/elle a protégé	ils/elles ont protégé
Imperfect		*Pluperfect*	
je protégeais	nous protégions	j'avais protégé	nous avions protégé
tu protégeais	vous protégiez	tu avais protégé	vous aviez protégé
il/elle protégeait	ils/elles protégeaient	il/elle avait protégé	ils/elles avaient protégé
Passé Simple		*Past Anterior*	
je protégeai	nous protégeâmes	j'eus protégé	nous eûmes protégé
tu protégeas	vous protégeâtes	tu eus protégé	vous eûtes protégé
il/elle protégea	ils/elles protégèrent	il/elle eut protégé	ils/elles eurent protégé
Future		*Future Anterior*	
je protégerai	nous protégerons	j'aurai protégé	nous aurons protégé
tu protégeras	vous protégerez	tu auras protégé	vous aurez protégé
il/elle protégera	ils/elles protégeront	il/elle aura protégé	ils/elles auront protégé
Conditional		*Past Conditional*	
je protégerais	nous protégerions	j'aurais protégé	nous aurions protégé
tu protégerais	vous protégeriez	tu aurais protégé	vous auriez protégé
il/elle protégerait	ils/elles protégeraient	il/elle aurait protégé	ils/elles auraient protégé
Present Subjunctive		*Past Subjunctive*	
que je protège	que nous protégions	que j'aie protégé	que nous ayons protégé
que tu protèges	que vous protégiez	que tu aies protégé	que vous ayez protégé
qu'il/elle protège	qu'ils/elles protègent	qu'il/elle ait protégé	qu'ils/elles aient protégé
Imperfect Subjunctive		*Pluperfect Subjunctive*	
que je protégeasse	que nous protégeassions	que j'eusse protégé	que nous eussions protégé
que tu protégeasses	que vous protégeassiez	que tu eusses protégé	que vous eussiez protégé
qu'il/elle protégeât	qu'ils/elles protégeassent	qu'il/elle eût protégé	qu'ils/elles eussent protégé

Commands

	(nous) protégeons
(tu) protège	(vous) protégez

USAGE

protéger qqn/qqch	*to protect someone/something*
La police nous protège.	*The police protect us.*
Ce mur nous protège.	*That wall protects us.*
La loi protège les droits des citoyens.	*The law protects the rights of citizens.*
protéger qqn de qqch	*to protect someone from something*
L'antivirus est un élément essentiel pour protéger votre ordinateur des programmes nocifs.	*An antivirus program is an essential element to protect your computer from harmful programs.*
Ce manteau vous protégera du froid.	*This coat will protect you from the cold.*
Que Dieu vous protège!	*God keep you!*

RELATED WORDS AND EXPRESSIONS

se protéger de qqch	*to protect oneself from something*
Il faut se protéger contre les moustiques.	*We have to protect ourselves from mosquitoes.*
Tu ne te protèges pas assez du froid.	*You're not protecting yourself enough from the cold.*

regular -er verb

je prouve · je prouvai · prouvé · prouvant

Present		*Passé Composé*	
je prouve	nous prouvons	j'ai prouvé	nous avons prouvé
tu prouves	vous prouvez	tu as prouvé	vous avez prouvé
il/elle prouve	ils/elles prouvent	il/elle a prouvé	ils/elles ont prouvé
Imperfect		*Pluperfect*	
je prouvais	nous prouvions	j'avais prouvé	nous avions prouvé
tu prouvais	vous prouviez	tu avais prouvé	vous aviez prouvé
il/elle prouvait	ils/elles prouvaient	il/elle avait prouvé	ils/elles avaient prouvé
Passé Simple		*Past Anterior*	
je prouvai	nous prouvâmes	j'eus prouvé	nous eûmes prouvé
tu prouvas	vous prouvâtes	tu eus prouvé	vous eûtes prouvé
il/elle prouva	ils/elles prouvèrent	il/elle eut prouvé	ils/elles eurent prouvé
Future		*Future Anterior*	
je prouverai	nous prouverons	j'aurai prouvé	nous aurons prouvé
tu prouveras	vous prouverez	tu auras prouvé	vous aurez prouvé
il/elle prouvera	ils/elles prouveront	il/elle aura prouvé	ils/elles auront prouvé
Conditional		*Past Conditional*	
je prouverais	nous prouverions	j'aurais prouvé	nous aurions prouvé
tu prouverais	vous prouveriez	tu aurais prouvé	vous auriez prouvé
il/elle prouverait	ils/elles prouveraient	il/elle aurait prouvé	ils/elles auraient prouvé

Present Subjunctive		*Past Subjunctive*	
que je prouve	que nous prouvions	que j'aie prouvé	que nous ayons prouvé
que tu prouves	que vous prouviez	que tu aies prouvé	que vous ayez prouvé
qu'il/elle prouve	qu'ils/elles prouvent	qu'il/elle ait prouvé	qu'ils/elles aient prouvé
Imperfect Subjunctive		*Pluperfect Subjunctive*	
que je prouvasse	que nous prouvassions	que j'eusse prouvé	que nous eussions prouvé
que tu prouvasses	que vous prouvassiez	que tu eusses prouvé	que vous eussiez prouvé
qu'il/elle prouvât	qu'ils/elles prouvassent	qu'il/elle eût prouvé	qu'ils/elles eussent prouvé

Commands

	(nous) prouvons
(tu) prouve	(vous) prouvez

USAGE

Cela ne prouve rien.	*That doesn't prove anything.*
Il a prouvé son innocence par les faits.	*He proved his innocence with the facts.*
Il est prouvé qu'il est coupable.	*It's proved that he is guilty.*
L'utilité de cette machine reste à prouver.	*The usefulness of this machine has not yet been demonstrated.*

RELATED WORDS AND EXPRESSIONS

la preuve	*piece of evidence / proof*
les preuves	*proof/evidence*
Il croyait à leur innocence malgré les preuves.	*He believed in their innocence in spite of the evidence.*
faire preuve de	*to show/demonstrate*
Elle a fait preuve de patience.	*She showed that she had patience.*
se prouver	*to prove oneself*

punir *to punish*

je punis · je punis · puni · punissant regular -ir verb

Present		*Passé Composé*	
je punis	nous punissons	j'ai puni	nous avons puni
tu punis	vous punissez	tu as puni	vous avez puni
il/elle punit	ils/elles punissent	il/elle a puni	ils/elles ont puni
Imperfect		*Pluperfect*	
je punissais	nous punissions	j'avais puni	nous avions puni
tu punissais	vous punissiez	tu avais puni	vous aviez puni
il/elle punissait	ils/elles punissaient	il/elle avait puni	ils/elles avaient puni
Passé Simple		*Past Anterior*	
je punis	nous punîmes	j'eus puni	nous eûmes puni
tu punis	vous punîtes	tu eus puni	vous eûtes puni
il/elle punit	ils/elles punirent	il/elle eut puni	ils/elles eurent puni
Future		*Future Anterior*	
je punirai	nous punirons	j'aurai puni	nous aurons puni
tu puniras	vous punirez	tu auras puni	vous aurez puni
il/elle punira	ils/elles puniront	il/elle aura puni	ils/elles auront puni
Conditional		*Past Conditional*	
je punirais	nous punirions	j'aurais puni	nous aurions puni
tu punirais	vous puniriez	tu aurais puni	vous auriez puni
il/elle punirait	ils/elles puniraient	il/elle aurait puni	ils/elles auraient puni
Present Subjunctive		*Past Subjunctive*	
que je punisse	que nous punissions	que j'aie puni	que nous ayons puni
que tu punisses	que vous punissiez	que tu aies puni	que vous ayez puni
qu'il/elle punisse	qu'ils/elles punissent	qu'il/elle ait puni	qu'ils/elles aient puni
Imperfect Subjunctive		*Pluperfect Subjunctive*	
que je punisse	que nous punissions	que j'eusse puni	que nous eussions puni
que tu punisses	que vous punissiez	que tu eusses puni	que vous eussiez puni
qu'il/elle punît	qu'ils/elles punissent	qu'il/elle eût puni	qu'ils/elles eussent puni

Commands

	(nous) punissons
(tu) punis	(vous) punissez

USAGE

punir un enfant/élève	*to punish a child/pupil*
Le juge l'a puni de prison.	*The judge punished him with a prison sentence.*
punir ces mauvaises actions	*to punish these bad acts*
Cet abus doit être puni par la loi.	*This abuse should be punishable by law.*
On a puni le meurtrier de mort.	*The murderer was sentenced to death.*

RELATED WORDS AND EXPRESSIONS

la punition	*punishment*
avoir une punition	*to be punished* (school, etc.)
Ton mal d'estomac est la punition de ta gourmandise.	*Your stomachache is your punishment for overeating.*
punissable	*punishable*
un crime punissable	*a punishable crime*

to leave **quitter** 410

regular -*er* verb **je quitte · je quittai · quitté · quittant**

Present		*Passé Composé*	
je quitte	nous quittons	j'ai quitté	nous avons quitté
tu quittes	vous quittez	tu as quitté	vous avez quitté
il/elle quitte	ils/elles quittent	il/elle a quitté	ils/elles ont quitté
Imperfect		*Pluperfect*	
je quittais	nous quittions	j'avais quitté	nous avions quitté
tu quittais	vous quittiez	tu avais quitté	vous aviez quitté
il/elle quittait	ils/elles quittaient	il/elle avait quitté	ils/elles avaient quitté
Passé Simple		*Past Anterior*	
je quittai	nous quittâmes	j'eus quitté	nous eûmes quitté
tu quittas	vous quittâtes	tu eus quitté	vous eûtes quitté
il/elle quitta	ils/elles quittèrent	il/elle eut quitté	ils/elles eurent quitté
Future		*Future Anterior*	
je quitterai	nous quitterons	j'aurai quitté	nous aurons quitté
tu quitteras	vous quitterez	tu auras quitté	vous aurez quitté
il/elle quittera	ils/elles quitteront	il/elle aura quitté	ils/elles auront quitté
Conditional		*Past Conditional*	
je quitterais	nous quitterions	j'aurais quitté	nous aurions quitté
tu quitterais	vous quitteriez	tu aurais quitté	vous auriez quitté
il/elle quitterait	ils/elles quitteraient	il/elle aurait quitté	ils/elles auraient quitté

Present Subjunctive		*Past Subjunctive*	
que je quitte	que nous quittions	que j'aie quitté	que nous ayons quitté
que tu quittes	que vous quittiez	que tu aies quitté	que vous ayez quitté
qu'il/elle quitte	qu'ils/elles quittent	qu'il/elle ait quitté	qu'ils/elles aient quitté
Imperfect Subjunctive		*Pluperfect Subjunctive*	
que je quittasse	que nous quittassions	que j'eusse quitté	que nous eussions quitté
que tu quittasses	que vous quittassiez	que tu eusses quitté	que vous eussiez quitté
qu'il/elle quittât	qu'ils/elles quittassent	qu'il/elle eût quitté	qu'ils/elles eussent quitté

Commands

	(nous) quittons
(tu) quitte	(vous) quittez

USAGE

quitter un endroit	*to leave a place*
Il ne quitte pas sa chambre.	*He never leaves his room.*
La police l'a défendu de quitter la ville.	*The police have forbidden him to leave the city.*
Dans cet hôtel les clients doivent quitter leur chambre avant midi.	*In this hotel, guests must check out of their rooms by noon.*
Ça fait une semaine que je n'ai pas quitté l'appartement.	*I haven't been out of my apartment in a week.*
quitter qqn	*to leave someone*
Il a quitté sa femme.	*He left his wife.*
Il a quitté sa famille.	*He abandoned his family.*
J'ai quitté mes amis à deux heures.	*I left my friends at two o'clock.*
Il nous a quittés sans dire un mot.	*He left us without saying a word.*

top 50 verb

410 quitter *to leave*

je quitte · je quittai · quitté · quittant regular *-er* verb

quitter = laisser un endroit

À cause du verglas, la voiture a quitté la route.	*Because of the ice, the car went off the road.*
Ils ont quitté Calais pour le Midi.	*They moved from Calais to the south of France.*
L'avion n'a pas pu quitter la piste.	*The plane couldn't take off.*
Il a quitté l'école à seize ans.	*He left school at sixteen.*
La police nous a demandé de quitter ces lieux.	*The police asked us to leave the premises.*
quitter le monde	*to enter a convent/monastery*
quitter la vie	*to die*
Le témoin a quitté la barre.	*The witness stepped down.*
Je vous quitte ma place.	*You can have my seat.*
Elle a quitté le théâtre.	*She left the theater / is no longer an actress.*
Le serpent quitte sa peau.	*The snake sheds its skin.*

quitter = laisser qqn

—Bon, il est tard. Je vous quitte.	*Well, it's late. I have to go.*
—C'est comme ça que vous me quittez?	*You mean you're leaving just like that?*
Je vous quitte pour dix minutes pour téléphoner.	*I'm going to leave you for ten minutes to make a call.*
Ne quittez pas!	*Hold on!* (telephone)
Je ne savais pas que sa femme l'avait quitté.	*I didn't know his wife had left him.*
Ses maux de tête ne la quittent pas.	*She always has headaches.*
Cette grippe ne me quitte pas!	*I can't get over this flu!*
Le détective ne le quitte pas d'un pas.	*The detective doesn't leave him for a second.*
—Le voleur présumé a quitté le bâtiment.	*The suspected thief has left the building.*
—Mais je vous ai dit de ne pas le quitter des yeux.	*But I told you not to let him out of your sight.*
C'est une pensée qui ne me quitte pas.	*It's a thought that is always in my mind.*

se quitter

se quitter	*to leave each other*
Ces deux amis ne se quittent pas.	*Those two friends are always together.*

RELATED WORDS AND EXPRESSIONS

quitte	*even/square*
être quitte envers qqn	*to be even with / no longer in debt to someone*
Ils sont quittes envers nous.	*They're square with us now.*
Nous sommes quittes!	*We're even!*
tenir qqn quitte de	*to release someone from*
Je vous tiens quitte de cette dette.	*I release you from that debt.*
C'est jouer à quitte ou double.	*It's double or nothing.*
J'en suis quitte à bon compte.	*I got off lightly.*
On en est quittes pour la peur.	*We got away with a fright. / All that happened was that we got scared.*

top 50 verb

irregular verb; only one t in the singular of the present tense

je rabats · je rabattis · rabattu · rabattant

Present		*Passé Composé*	
je rabats	nous rabattons	j'ai rabattu	nous avons rabattu
tu rabats	vous rabattez	tu as rabattu	vous avez rabattu
il/elle rabat	ils/elles rabattent	il/elle a rabattu	ils/elles ont rabattu
Imperfect		*Pluperfect*	
je rabattais	nous rabattions	j'avais rabattu	nous avions rabattu
tu rabattais	vous rabattiez	tu avais rabattu	vous aviez rabattu
il/elle rabattait	ils/elles rabattaient	il/elle avait rabattu	ils/elles avaient rabattu
Passé Simple		*Past Anterior*	
je rabattis	nous rabattîmes	j'eus rabattu	nous eûmes rabattu
tu rabattis	vous rabattîtes	tu eus rabattu	vous eûtes rabattu
il/elle rabattit	ils/elles rabattirent	il/elle eut rabattu	ils/elles eurent rabattu
Future		*Future Anterior*	
je rabattrai	nous rabattrons	j'aurai rabattu	nous aurons rabattu
tu rabattras	vous rabattrez	tu auras rabattu	vous aurez rabattu
il/elle rabattra	ils/elles rabattront	il/elle aura rabattu	ils/elles auront rabattu
Conditional		*Past Conditional*	
je rabattrais	nous rabattrions	j'aurais rabattu	nous aurions rabattu
tu rabattrais	vous rabattriez	tu aurais rabattu	vous auriez rabattu
il/elle rabattrait	ils/elles rabattraient	il/elle aurait rabattu	ils/elles auraient rabattu

Present Subjunctive		*Past Subjunctive*	
que je rabatte	que nous rabattions	que j'aie rabattu	que nous ayons rabattu
que tu rabattes	que vous rabattiez	que tu aies rabattu	que vous ayez rabattu
qu'il/elle rabatte	qu'ils/elles rabattent	qu'il/elle ait rabattu	qu'ils/elles aient rabattu
Imperfect Subjunctive		*Pluperfect Subjunctive*	
que je rabattisse	que nous rabattissions	que j'eusse rabattu	que nous eussions rabattu
que tu rabattisses	que vous rabattissiez	que tu eusses rabattu	que vous eussiez rabattu
qu'il/elle rabattît	qu'ils/elles rabattissent	qu'il/elle eût rabattu	qu'ils/elles eussent rabattu

Commands

	(nous) rabattons
(tu) rabats	(vous) rabattez

USAGE

—Essaie de lui faire rabattre le prix.	*Try to get him to lower the price.*
—Je suis sûr qu'il ne rabattra pas un centime de la somme demandée.	*I'm sure he won't take a penny off his price.*
Je suis prêt à rabattre 15 pour cent du prix.	*I'm ready to come down 15 percent on the price.*
rabattre le caquet à qqn	*to take someone down a peg or two*
Il t'a certainement rabattu le caquet.	*He sure fixed you.*
La remarque du prof a rabattu son orgueil.	*The teacher's remark humbled him.*
À cause du froid j'ai rabattu ma casquette sur mes oreilles.	*Because of the cold I pulled my cap over my ears.*
rabattre un strapontin	*to pull down / open a folding seat*
Tout compté, tout rabattu.	*All things considered.*

raccrocher *to hang up, hang back up*

je raccroche · je raccrochai · raccroché · raccrochant regular *-er* verb

Present		*Passé Composé*	
je raccroche	nous raccrochons	j'ai raccroché	nous avons raccroché
tu raccroches	vous raccrochez	tu as raccroché	vous avez raccroché
il/elle raccroche	ils/elles raccrochent	il/elle a raccroché	ils/elles ont raccroché
Imperfect		*Pluperfect*	
je raccrochais	nous raccrochions	j'avais raccroché	nous avions raccroché
tu raccrochais	vous raccrochiez	tu avais raccroché	vous aviez raccroché
il/elle raccrochait	ils/elles raccrochaient	il/elle avait raccroché	ils/elles avaient raccroché
Passé Simple		*Past Anterior*	
je raccrochai	nous raccrochâmes	j'eus raccroché	nous eûmes raccroché
tu raccrochas	vous raccrochâtes	tu eus raccroché	vous eûtes raccroché
il/elle raccrocha	ils/elles raccrochèrent	il/elle eut raccroché	ils/elles eurent raccroché
Future		*Future Anterior*	
je raccrocherai	nous raccrocherons	j'aurai raccroché	nous aurons raccroché
tu raccrocheras	vous raccrocherez	tu auras raccroché	vous aurez raccroché
il/elle raccrochera	ils/elles raccrocheront	il/elle aura raccroché	ils/elles auront raccroché
Conditional		*Past Conditional*	
je raccrocherais	nous raccrocherions	j'aurais raccroché	nous aurions raccroché
tu raccrocherais	vous raccrocheriez	tu aurais raccroché	vous auriez raccroché
il/elle raccrocherait	ils/elles raccrocheraient	il/elle aurait raccroché	ils/elles auraient raccroché

Present Subjunctive		*Past Subjunctive*	
que je raccroche	que nous raccrochions	que j'aie raccroché	que nous ayons raccroché
que tu raccroches	que vous raccrochiez	que tu aies raccroché	que vous ayez raccroché
qu'il/elle raccroche	qu'ils/elles raccrochent	qu'il/elle ait raccroché	qu'ils/elles aient raccroché
Imperfect Subjunctive		*Pluperfect Subjunctive*	
que je raccrochasse	que nous raccrochassions	que j'eusse raccroché	que nous eussions raccroché
que tu raccrochasses	que vous raccrochassiez	que tu eusses raccroché	que vous eussiez raccroché
qu'il/elle raccrochât	qu'ils/elles raccrochassent	qu'il/elle eût raccroché	qu'ils/elles eussent raccroché

Commands

	(nous) raccrochons
(tu) raccroche	(vous) raccrochez

USAGE

Ne raccrochez pas!	*Don't hang up!*
Quand elle a entendu sa voix au téléphone, elle a raccroché le combiné.	*When she heard his voice on the phone, she hung up.*
Il a dit quelque chose de grossier en raccrochant.	*He said something gross as he hung up.*
On ne sort pas? Bon, je vais raccrocher mon manteau.	*We're not going out? OK, I'll hang my coat back up.*
Le boxeur a raccroché ses gants.	*The boxer gave up boxing.*

RELATED WORDS AND EXPRESSIONS

se raccrocher à	*to cling to / hang on to*
Il s'est raccroché à la branche pour ne pas tomber.	*He grabbed onto the branch to keep from falling.*
Tu te raccroches à des idées farfelues.	*You cling to crazy ideas.*
Elle se raccroche à la doctrine de sa foi.	*She clings to the doctrine of her faith.*
Ce paragraphe se raccroche mal au texte qui le précède.	*This paragraph doesn't follow from the text before it.*

regular *-er* verb **je raconte · je racontai · raconté · racontant**

Present		*Passé Composé*	
je raconte	nous racontons	j'ai raconté	nous avons raconté
tu racontes	vous racontez	tu as raconté	vous avez raconté
il/elle raconte	ils/elles racontent	il/elle a raconté	ils/elles ont raconté
Imperfect		*Pluperfect*	
je racontais	nous racontions	j'avais raconté	nous avions raconté
tu racontais	vous racontiez	tu avais raconté	vous aviez raconté
il/elle racontait	ils/elles racontaient	il/elle avait raconté	ils/elles avaient raconté
Passé Simple		*Past Anterior*	
je racontai	nous racontâmes	j'eus raconté	nous eûmes raconté
tu racontas	vous racontâtes	tu eus raconté	vous eûtes raconté
il/elle raconta	ils/elles racontèrent	il/elle eut raconté	ils/elles eurent raconté
Future		*Future Anterior*	
je raconterai	nous raconterons	j'aurai raconté	nous aurons raconté
tu raconteras	vous raconterez	tu auras raconté	vous aurez raconté
il/elle racontera	ils/elles raconteront	il/elle aura raconté	ils/elles auront raconté
Conditional		*Past Conditional*	
je raconterais	nous raconterions	j'aurais raconté	nous aurions raconté
tu raconterais	vous raconteriez	tu aurais raconté	vous auriez raconté
il/elle raconterait	ils/elles raconteraient	il/elle aurait raconté	ils/elles auraient raconté

Present Subjunctive		*Past Subjunctive*	
que je raconte	que nous racontions	que j'aie raconté	que nous ayons raconté
que tu racontes	que vous racontiez	que tu aies raconté	que vous ayez raconté
qu'il/elle raconte	qu'ils/elles racontent	qu'il/elle ait raconté	qu'ils/elles aient raconté
Imperfect Subjunctive		*Pluperfect Subjunctive*	
que je racontasse	que nous racontassions	que j'eusse raconté	que nous eussions raconté
que tu racontasses	que vous racontassiez	que tu eusses raconté	que vous eussiez raconté
qu'il/elle racontât	qu'ils/elles racontassent	qu'il/elle eût raconté	qu'ils/elles eussent raconté

Commands

	(nous) racontons
(tu) raconte	(vous) racontez

USAGE

Il nous a raconté l'histoire de sa vie.	*He told us the story of his life.*
—On raconte qu'on l'a mis à la porte.	*People say he's been fired.*
—Il m'a raconté ce qui s'est passé.	*He told me what happened.*
Tu racontes n'importe quoi, toi.	*You're talking nonsense.*
Qu'est-ce que tu racontes?	*Whatever are you talking about?*
Elle raconte des histoires.	*She's telling a tall story.*
Raconte-moi tout ce qui s'est passé.	*Tell me all that happened.*
C'est un incident qui ne se raconte pas devant les enfants.	*It's an incident you don't talk about in front of children.*

RELATED WORDS AND EXPRESSIONS

le racontar	*false piece of news*
Ce journal n'a que des racontars.	*This newspaper contains only lies.*
un raconteur / une raconteuse	*a storyteller*
racontable	*able to be told*
Cette blague n'est pas racontable.	*That joke can't be told in public.*

raffoler *to be crazy about*

je raffole · je raffolai · raffolé · raffolant regular -*er* verb

Present		*Passé Composé*	
je raffole	nous raffolons	j'ai raffolé	nous avons raffolé
tu raffoles	vous raffolez	tu as raffolé	vous avez raffolé
il/elle raffole	ils/elles raffolent	il/elle a raffolé	ils/elles ont raffolé
Imperfect		***Pluperfect***	
je raffolais	nous raffolions	j'avais raffolé	nous avions raffolé
tu raffolais	vous raffoliez	tu avais raffolé	vous aviez raffolé
il/elle raffolait	ils/elles raffolaient	il/elle avait raffolé	ils/elles avaient raffolé
Passé Simple		***Past Anterior***	
je raffolai	nous raffolâmes	j'eus raffolé	nous eûmes raffolé
tu raffolas	vous raffolâtes	tu eus raffolé	vous eûtes raffolé
il/elle raffola	ils/elles raffolèrent	il/elle eut raffolé	ils/elles eurent raffolé
Future		***Future Anterior***	
je raffolerai	nous raffolerons	j'aurai raffolé	nous aurons raffolé
tu raffoleras	vous raffolerez	tu auras raffolé	vous aurez raffolé
il/elle raffolera	ils/elles raffoleront	il/elle aura raffolé	ils/elles auront raffolé
Conditional		***Past Conditional***	
je raffolerais	nous raffolerions	j'aurais raffolé	nous aurions raffolé
tu raffolerais	vous raffoleriez	tu aurais raffolé	vous auriez raffolé
il/elle raffolerait	ils/elles raffoleraient	il/elle aurait raffolé	ils/elles auraient raffolé

Present Subjunctive		*Past Subjunctive*	
que je raffole	que nous raffolions	que j'aie raffolé	que nous ayons raffolé
que tu raffoles	que vous raffoliez	que tu aies raffolé	que vous ayez raffolé
qu'il/elle raffole	qu'ils/elles raffolent	qu'il/elle ait raffolé	qu'ils/elles aient raffolé
Imperfect Subjunctive		***Pluperfect Subjunctive***	
que je raffolasse	que nous raffolassions	que j'eusse raffolé	que nous eussions raffolé
que tu raffolasses	que vous raffolassiez	que tu eusses raffolé	que vous eussiez raffolé
qu'il/elle raffolât	qu'ils/elles raffolassent	qu'il/elle eût raffolé	qu'ils/elles eussent raffolé

Commands

	(nous) raffolons
(tu) raffole	(vous) raffolez

USAGE

Elle raffole des tartes au citron.	*She is crazy about lemon tarts.*
—Tu aimes le chocolat?	*Do you like chocolate?*
—J'en raffole.	*I'm crazy about it.*
Cet enfant raffole des jeux vidéo.	*This child goes wild over video games.*
Le public raffole de ce pianiste.	*The audience is crazy about this pianist.*
Les bricoleurs vont raffoler de ce nouvel outil.	*Do-it-yourselfers will go wild over this new tool.*

regular -ir verb **je rafraîchis · je rafraîchis · rafraîchi · rafraîchissant**

Present		*Passé Composé*	
je rafraîchis	nous rafraîchissons	j'ai rafraîchi	nous avons rafraîchi
tu rafraîchis	vous rafraîchissez	tu as rafraîchi	vous avez rafraîchi
il/elle rafraîchit	ils/elles rafraîchissent	il/elle a rafraîchi	ils/elles ont rafraîchi
Imperfect		*Pluperfect*	
je rafraîchissais	nous rafraîchissions	j'avais rafraîchi	nous avions rafraîchi
tu rafraîchissais	vous rafraîchissiez	tu avais rafraîchi	vous aviez rafraîchi
il/elle rafraîchissait	ils/elles rafraîchissaient	il/elle avait rafraîchi	ils/elles avaient rafraîchi
Passé Simple		*Past Anterior*	
je rafraîchis	nous rafraîchîmes	j'eus rafraîchi	nous eûmes rafraîchi
tu rafraîchis	vous rafraîchîtes	tu eus rafraîchi	vous eûtes rafraîchi
il/elle rafraîchit	ils/elles rafraîchirent	il/elle eut rafraîchi	ils/elles eurent rafraîchi
Future		*Future Anterior*	
je rafraîchirai	nous rafraîchirons	j'aurai rafraîchi	nous aurons rafraîchi
tu rafraîchiras	vous rafraîchirez	tu auras rafraîchi	vous aurez rafraîchi
il/elle rafraîchira	ils/elles rafraîchiront	il/elle aura rafraîchi	ils/elles auront rafraîchi
Conditional		*Past Conditional*	
je rafraîchirais	nous rafraîchirions	j'aurais rafraîchi	nous aurions rafraîchi
tu rafraîchirais	vous rafraîchiriez	tu aurais rafraîchi	vous auriez rafraîchi
il/elle rafraîchirait	ils/elles rafraîchiraient	il/elle aurait rafraîchi	ils/elles auraient rafraîchi

Present Subjunctive		*Past Subjunctive*	
que je rafraîchisse	que nous rafraîchissions	que j'aie rafraîchi	que nous ayons rafraîchi
que tu rafraîchisses	que vous rafraîchissiez	que tu aies rafraîchi	que vous ayez rafraîchi
qu'il/elle rafraîchisse	qu'ils/elles rafraîchissent	qu'il/elle ait rafraîchi	qu'ils/elles aient rafraîchi
Imperfect Subjunctive		*Pluperfect Subjunctive*	
que je rafraîchisse	que nous rafraîchissions	que j'eusse rafraîchi	que nous eussions rafraîchi
que tu rafraîchisses	que vous rafraîchissiez	que tu eusses rafraîchi	que vous eussiez rafraîchi
qu'il/elle rafraîchît	qu'ils/elles rafraîchissent	qu'il/elle eût rafraîchi	qu'ils/elles eussent rafraîchi

Commands

	(nous) rafraîchissons
(tu) rafraîchis	(vous) rafraîchissez

USAGE

rafraîchir la mémoire à qqn	*to refresh someone's memory*
Ce message m'a rafraîchi la mémoire.	*That message refreshed my memory.*
La brise rafraîchit.	*The breeze is cooling things off.*
Le vent a rafraîchi la température.	*The wind brought down the temperature.*
Mets le vin à rafraîchir.	*Put the wine in to chill.*
Ce cours a rafraîchi mes connaissances en latin.	*This course helped me brush up my knowledge of Latin.*
Il faut rafraîchir cette chambre.	*We have to brighten up this room.*

RELATED WORDS AND EXPRESSIONS

rafraîchissant(e)	*refreshing*
Cette boisson est rafraîchissante.	*This drink is refreshing.*

ralentir *to slow down*

je ralentis · je ralentis · ralenti · ralentissant regular -ir verb

Present		*Passé Composé*	
je ralentis	nous ralentissons	j'ai ralenti	nous avons ralenti
tu ralentis	vous ralentissez	tu as ralenti	vous avez ralenti
il/elle ralentit	ils/elles ralentissent	il/elle a ralenti	ils/elles ont ralenti
Imperfect		*Pluperfect*	
je ralentissais	nous ralentissions	j'avais ralenti	nous avions ralenti
tu ralentissais	vous ralentissiez	tu avais ralenti	vous aviez ralenti
il/elle ralentissait	ils/elles ralentissaient	il/elle avait ralenti	ils/elles avaient ralenti
Passé Simple		*Past Anterior*	
je ralentis	nous ralentîmes	j'eus ralenti	nous eûmes ralenti
tu ralentis	vous ralentîtes	tu eus ralenti	vous eûtes ralenti
il/elle ralentit	ils/elles ralentirent	il/elle eut ralenti	ils/elles eurent ralenti
Future		*Future Anterior*	
je ralentirai	nous ralentirons	j'aurai ralenti	nous aurons ralenti
tu ralentiras	vous ralentirez	tu auras ralenti	vous aurez ralenti
il/elle ralentira	ils/elles ralentiront	il/elle aura ralenti	ils/elles auront ralenti
Conditional		*Past Conditional*	
je ralentirais	nous ralentirions	j'aurais ralenti	nous aurions ralenti
tu ralentirais	vous ralentiriez	tu aurais ralenti	vous auriez ralenti
il/elle ralentirait	ils/elles ralentiraient	il/elle aurait ralenti	ils/elles auraient ralenti

Present Subjunctive		*Past Subjunctive*	
que je ralentisse	que nous ralentissions	que j'aie ralenti	que nous ayons ralenti
que tu ralentisses	que vous ralentissiez	que tu aies ralenti	que vous ayez ralenti
qu'il/elle ralentisse	qu'ils/elles ralentissent	qu'il/elle ait ralenti	qu'ils/elles aient ralenti
Imperfect Subjunctive		*Pluperfect Subjunctive*	
que je ralentisse	que nous ralentissions	que j'eusse ralenti	que nous eussions ralenti
que tu ralentisses	que vous ralentissiez	que tu eusses ralenti	que vous eussiez ralenti
qu'il/elle ralentît	qu'ils/elles ralentissent	qu'il/elle eût ralenti	qu'ils/elles eussent ralenti

Commands

	(nous) ralentissons
(tu) ralentis	(vous) ralentissez

USAGE

La voiture a ralenti.	*The car slowed down.*
Le train a ralenti en s'approchant de la gare.	*The train slowed down as it approached the station.*
Ralentissez! Vous conduisez trop vite!	*Slow down! You're driving too fast!*
Notre armée a ralenti l'avance de l'ennemi.	*Our army slowed the enemy's advance.*
J'ai ralenti ma marche.	*I began to walk slower.*

RELATED WORDS AND EXPRESSIONS

le ralenti	*slow motion*
une scène au ralenti	*a scene in slow motion*
Les affaires marchent au ralenti.	*Business is in a slump.*
se ralentir	*to slow up / slacken*
L'économie s'est ralentie.	*The economy slowed.*

rallonger

to lengthen, extend

regular -*er* verb;
spelling change: *g* > *ge*/*a*, *o*

je rallonge · je rallongeai · rallongé · rallongeant

Present		*Passé Composé*	
je rallonge	nous rallongeons	j'ai rallongé	nous avons rallongé
tu rallonges	vous rallongez	tu as rallongé	vous avez rallongé
il/elle rallonge	ils/elles rallongent	il/elle a rallongé	ils/elles ont rallongé
Imperfect		*Pluperfect*	
je rallongeais	nous rallongions	j'avais rallongé	nous avions rallongé
tu rallongeais	vous rallongiez	tu avais rallongé	vous aviez rallongé
il/elle rallongeait	ils/elles rallongeaient	il/elle avait rallongé	ils/elles avaient rallongé
Passé Simple		*Past Anterior*	
je rallongeai	nous rallongeâmes	j'eus rallongé	nous eûmes rallongé
tu rallongeas	vous rallongeâtes	tu eus rallongé	vous eûtes rallongé
il/elle rallongea	ils/elles rallongèrent	il/elle eut rallongé	ils/elles eurent rallongé
Future		*Future Anterior*	
je rallongerai	nous rallongerons	j'aurai rallongé	nous aurons rallongé
tu rallongeras	vous rallongerez	tu auras rallongé	vous aurez rallongé
il/elle rallongera	ils/elles rallongeront	il/elle aura rallongé	ils/elles auront rallongé
Conditional		*Past Conditional*	
je rallongerais	nous rallongerions	j'aurais rallongé	nous aurions rallongé
tu rallongerais	vous rallongeriez	tu aurais rallongé	vous auriez rallongé
il/elle rallongerait	ils/elles rallongeraient	il/elle aurait rallongé	ils/elles auraient rallongé

Present Subjunctive		*Past Subjunctive*	
que je rallonge	que nous rallongions	que j'aie rallongé	que nous ayons rallongé
que tu rallonges	que vous rallongiez	que tu aies rallongé	que vous ayez rallongé
qu'il/elle rallonge	qu'ils/elles rallongent	qu'il/elle ait rallongé	qu'ils/elles aient rallongé
Imperfect Subjunctive		*Pluperfect Subjunctive*	
que je rallongeasse	que nous rallongeassions	que j'eusse rallongé	que nous eussions rallongé
que tu rallongeasses	que vous rallongeassiez	que tu eusses rallongé	que vous eussiez rallongé
qu'il/elle rallongeât	qu'ils/elles rallongeassent	qu'il/elle eût rallongé	qu'ils/elles eussent rallongé

Commands

	(nous) rallongeons
(tu) rallonge	(vous) rallongez

USAGE

Il faut rallonger les manches de cette robe.	*We have to lengthen the sleeves on that dress.*
Je voudrais bien rallonger mon séjour.	*I'd like to extend my time here.*
Nous avons pu rallonger nos vacances.	*We were able to extend our vacation.*
Elle a rallongé sa robe.	*She let down the hem of her dress.*

RELATED WORDS AND EXPRESSIONS

la rallonge	*leaf of a table / extension cord / extension of time*
On sera douze pour dîner. Il faut mettre la rallonge.	*We're twelve for dinner. We'd better put a leaf in the table.*
Le prof m'a donné une rallonge d'une semaine.	*The teacher gave me a week's extension.*
La prise est trop loin de la lampe. Il faut ajouter une rallonge.	*The outlet is too far from the lamp. We have to add an extension cord.*

ramasser *to pick up*

je ramasse · je ramassai · ramassé · ramassant regular *-er* verb

Present		*Passé Composé*	
je ramasse	nous ramassons	j'ai ramassé	nous avons ramassé
tu ramasses	vous ramassez	tu as ramassé	vous avez ramassé
il/elle ramasse	ils/elles ramassent	il/elle a ramassé	ils/elles ont ramassé
Imperfect		*Pluperfect*	
je ramassais	nous ramassions	j'avais ramassé	nous avions ramassé
tu ramassais	vous ramassiez	tu avais ramassé	vous aviez ramassé
il/elle ramassait	ils/elles ramassaient	il/elle avait ramassé	ils/elles avaient ramassé
Passé Simple		*Past Anterior*	
je ramassai	nous ramassâmes	j'eus ramassé	nous eûmes ramassé
tu ramassas	vous ramassâtes	tu eus ramassé	vous eûtes ramassé
il/elle ramassa	ils/elles ramassèrent	il/elle eut ramassé	ils/elles eurent ramassé
Future		*Future Anterior*	
je ramasserai	nous ramasserons	j'aurai ramassé	nous aurons ramassé
tu ramasseras	vous ramasserez	tu auras ramassé	vous aurez ramassé
il/elle ramassera	ils/elles ramasseront	il/elle aura ramassé	ils/elles auront ramassé
Conditional		*Past Conditional*	
je ramasserais	nous ramasserions	j'aurais ramassé	nous aurions ramassé
tu ramasserais	vous ramasseriez	tu aurais ramassé	vous auriez ramassé
il/elle ramasserait	ils/elles ramasseraient	il/elle aurait ramassé	ils/elles auraient ramassé

Present Subjunctive		*Past Subjunctive*	
que je ramasse	que nous ramassions	que j'aie ramassé	que nous ayons ramassé
que tu ramasses	que vous ramassiez	que tu aies ramassé	que vous ayez ramassé
qu'il/elle ramasse	qu'ils/elles ramassent	qu'il/elle ait ramassé	qu'ils/elles aient ramassé
Imperfect Subjunctive		*Pluperfect Subjunctive*	
que je ramassasse	que nous ramassassions	que j'eusse ramassé	que nous eussions ramassé
que tu ramassasses	que vous ramassassiez	que tu eusses ramassé	que vous eussiez ramassé
qu'il/elle ramassât	qu'ils/elles ramassassent	qu'il/elle eût ramassé	qu'ils/elles eussent ramassé

Commands

	(nous) ramassons
(tu) ramasse	(vous) ramassez

USAGE

ramasser les papiers par terre	*to pick up the papers on the floor*
Il l'a ramassée dans le ruisseau.	*He picked her up from the gutter.*
La police l'a ramassé.	*The police picked him up.*
ramasser les ordures	*to collect the garbage*
ramasser du bois pour le feu	*to collect wood for the fire*
On a ramassé mille euros d'amende.	*We got a thousand-euro fine.*
ramasser une bûche/pelle	*to fall flat on one's face*

RELATED WORDS AND EXPRESSIONS

le ramassage	*collection*
le ramassage scolaire	*school bus service*
le point de ramassage	*pick-up location*
se ramasser	*to pick oneself up*
L'enfant est tombé et a pu se ramasser.	*The child fell and was able to pick himself up.*

-er verb; spelling change: e > è/mute e **je ramène · je ramenai · ramené· ramenant**

Present		*Passé Composé*	
je ramène	nous ramenons	j'ai ramené	nous avons ramené
tu ramènes	vous ramenez	tu as ramené	vous avez ramené
il/elle ramène	ils/elles ramènent	il/elle a ramené	ils/elles ont ramené
Imperfect		*Pluperfect*	
je ramenais	nous ramenions	j'avais ramené	nous avions ramené
tu ramenais	vous rameniez	tu avais ramené	vous aviez ramené
il/elle ramenait	ils/elles ramenaient	il/elle avait ramené	ils/elles avaient ramené
Passé Simple		*Past Anterior*	
je ramenai	nous ramenâmes	j'eus ramené	nous eûmes ramené
tu ramenas	vous ramenâtes	tu eus ramené	vous eûtes ramené
il/elle ramena	ils/elles ramenèrent	il/elle eut ramené	ils/elles eurent ramené
Future		*Future Anterior*	
je ramènerai	nous ramènerons	j'aurai ramené	nous aurons ramené
tu ramèneras	vous ramènerez	tu auras ramené	vous aurez ramené
il/elle ramènera	ils/elles ramèneront	il/elle aura ramené	ils/elles auront ramené
Conditional		*Past Conditional*	
je ramènerais	nous ramènerions	j'aurais ramené	nous aurions ramené
tu ramènerais	vous ramèneriez	tu aurais ramené	vous auriez ramené
il/elle ramènerait	ils/elles ramèneraient	il/elle aurait ramené	ils/elles auraient ramené

Present Subjunctive		*Past Subjunctive*	
que je ramène	que nous ramenions	que j'aie ramené	que nous ayons ramené
que tu ramènes	que vous rameniez	que tu aies ramené	que vous ayez ramené
qu'il/elle ramène	qu'ils/elles ramènent	qu'il/elle ait ramené	qu'ils/elles aient ramené
Imperfect Subjunctive		*Pluperfect Subjunctive*	
que je ramenasse	que nous ramenassions	que j'eusse ramené	que nous eussions ramené
que tu ramenasses	que vous ramenassiez	que tu eusses ramené	que vous eussiez ramené
qu'il/elle ramenât	qu'ils/elles ramenassent	qu'il/elle eût ramené	qu'ils/elles eussent ramené

Commands

	(nous) ramenons
(tu) ramène	(vous) ramenez

USAGE

Il faudra ramener tous les candidats la semaine prochaine.	*We'll have to bring back all the candidates next week.*
Il faut que je ramène l'enfant chez le médecin.	*I have to take the child back to the doctor.*
Comment le ramener à la raison?	*How can we bring him back to his senses?*
J'ai ramené la conversation sur ce sujet.	*I brought the conversation back to this subject.*
Quand est-ce que tu vas ramener mon vélo?	*When are you going to bring back my bicycle?*
La Banque Centrale fera tout pour ramener l'inflation sous les deux pour cent.	*The Central Bank will do everything to bring inflation back down below two percent.*
Sa paie se ramène à peu de chose.	*His salary doesn't amount to much.*
On peut ramener toutes ces idées à une seule.	*We can reduce all these ideas to a single one.*
Tu peux me ramener en voiture?	*Can you drive me home?*

ranger to straighten up, put away

je range · je rangeai · rangé · rangeant regular -*er* verb; spelling change: *g* > *ge/a, o*

Present		*Passé Composé*	
je range	nous rangeons	j'ai rangé	nous avons rangé
tu ranges	vous rangez	tu as rangé	vous avez rangé
il/elle range	ils/elles rangent	il/elle a rangé	ils/elles ont rangé
Imperfect		*Pluperfect*	
je rangeais	nous rangions	j'avais rangé	nous avions rangé
tu rangeais	vous rangiez	tu avais rangé	vous aviez rangé
il/elle rangeait	ils/elles rangeaient	il/elle avait rangé	ils/elles avaient rangé
Passé Simple		*Past Anterior*	
je rangeai	nous rangeâmes	j'eus rangé	nous eûmes rangé
tu rangeas	vous rangeâtes	tu eus rangé	vous eûtes rangé
il/elle rangea	ils/elles rangèrent	il/elle eut rangé	ils/elles eurent rangé
Future		*Future Anterior*	
je rangerai	nous rangerons	j'aurai rangé	nous aurons rangé
tu rangeras	vous rangerez	tu auras rangé	vous aurez rangé
il/elle rangera	ils/elles rangeront	il/elle aura rangé	ils/elles auront rangé
Conditional		*Past Conditional*	
je rangerais	nous rangerions	j'aurais rangé	nous aurions rangé
tu rangerais	vous rangeriez	tu aurais rangé	vous auriez rangé
il/elle rangerait	ils/elles rangeraient	il/elle aurait rangé	ils/elles auraient rangé

Present Subjunctive		*Past Subjunctive*	
que je range	que nous rangions	que j'aie rangé	que nous ayons rangé
que tu ranges	que vous rangiez	que tu aies rangé	que vous ayez rangé
qu'il/elle range	qu'ils/elles rangent	qu'il/elle ait rangé	qu'ils/elles aient rangé
Imperfect Subjunctive		*Pluperfect Subjunctive*	
que je rangeasse	que nous rangeassions	que j'eusse rangé	que nous eussions rangé
que tu rangeasses	que vous rangeassiez	que tu eusses rangé	que vous eussiez rangé
qu'il/elle rangeât	qu'ils/elles rangeassent	qu'il/elle eût rangé	qu'ils/elles eussent rangé

Commands

	(nous) rangeons
(tu) range	(vous) rangez

USAGE

Il faut que tu ranges ta chambre.	*You must straighten up your room.*
J'ai acheté des étagères pour ranger mes livres.	*I bought some bookshelves to organize my books.*
Range tes affaires avant de sortir.	*Put your things away before going out.*
Elle est bien rangée, ta maison.	*Your house is really neat and tidy.*
Rangez ces dossiers par ordre alphabétique.	*Put these files in alphabetical order.*
Je voudrais trouver le moyen de ranger tous les câbles et les fils qui traînent sur mon bureau.	*I'd like to find a way to organize all the cables and wires lying around on my desk.*

RELATED WORDS AND EXPRESSIONS

le rangement	*storage*
Nous avons acheté des housses de rangement pour ranger le linge.	*We bought plastic storage covers to keep our linens in.*
se ranger	*to settle down / straighten out / agree with*
Il s'est rangé après son mariage.	*He settled down after he got married.*
Tout le monde s'est rangé de mon côté.	*Everyone sided with me.*

-er verb; spelling change: *l* > *ll*/mute *e* **je rappelle · je rappelai · rappelé · rappelant**

Present		*Passé Composé*	
je rappelle	nous rappelons	j'ai rappelé	nous avons rappelé
tu rappelles	vous rappelez	tu as rappelé	vous avez rappelé
il/elle rappelle	ils/elles rappellent	il/elle a rappelé	ils/elles ont rappelé
Imperfect		*Pluperfect*	
je rappelais	nous rappelions	j'avais rappelé	nous avions rappelé
tu rappelais	vous rappeliez	tu avais rappelé	vous aviez rappelé
il/elle rappelait	ils/elles rappelaient	il/elle avait rappelé	ils/elles avaient rappelé
Passé Simple		*Past Anterior*	
je rappelai	nous rappelâmes	j'eus rappelé	nous eûmes rappelé
tu rappelas	vous rappelâtes	tu eus rappelé	vous eûtes rappelé
il/elle rappela	ils/elles rappelèrent	il/elle eut rappelé	ils/elles eurent rappelé
Future		*Future Anterior*	
je rappellerai	nous rappellerons	j'aurai rappelé	nous aurons rappelé
tu rappelleras	vous rappellerez	tu auras rappelé	vous aurez rappelé
il/elle rappellera	ils/elles rappelleront	il/elle aura rappelé	ils/elles auront rappelé
Conditional		*Past Conditional*	
je rappellerais	nous rappellerions	j'aurais rappelé	nous aurions rappelé
tu rappellerais	vous rappelleriez	tu aurais rappelé	vous auriez rappelé
il/elle rappellerait	ils/elles rappelleraient	il/elle aurait rappelé	ils/elles auraient rappelé

Present Subjunctive		*Past Subjunctive*	
que je rappelle	que nous rappelions	que j'aie rappelé	que nous ayons rappelé
que tu rappelles	que vous rappeliez	que tu aies rappelé	que vous ayez rappelé
qu'il/elle rappelle	qu'ils/elles rappellent	qu'il/elle ait rappelé	qu'ils/elles aient rappelé
Imperfect Subjunctive		*Pluperfect Subjunctive*	
que je rappelasse	que nous rappelassions	que j'eusse rappelé	que nous eussions rappelé
que tu rappelasses	que vous rappelassiez	que tu eusses rappelé	que vous eussiez rappelé
qu'il/elle rappelât	qu'ils/elles rappelassent	qu'il/elle eût rappelé	qu'ils/elles eussent rappelé

Commands

	(nous) rappelons
(tu) rappelle	(vous) rappelez

USAGE

On m'a rappelé pendant que je descendais l'escalier.	*I was called back as I was going down the stairs.*
Je te rappellerai demain matin.	*I'll call you back tomorrow morning.*
Je lui ai laissé plusieurs messages, mais il ne m'a pas rappelé.	*I left him several messages, but he hasn't called me back.*
Dieu l'a rappelée.	*She departed this life. / God called her back.* (formal euphemism)
On a rappelé plusieurs fois la chanteuse.	*The singer had several curtain calls.*
Rappelez-moi au bon souvenir de vos parents.	*Remember me to your parents.*
La France a rappelé son ambassadeur.	*France recalled her ambassador.*
Ce bâtiment me rappelle mon lycée.	*This building reminds me of my high school.*
Ça ne me rappelle rien.	*This doesn't remind me of anything.*

RELATED WORDS AND EXPRESSIONS

le rappel	*recall / calling back*
le rappel de l'ambassadeur	*the recalling of the ambassador*

se rappeler *to remember*

je me rappelle · je me rappelai · s'étant rappelé · se rappelant

-er reflexive verb; spelling change: l > ll/mute *e*; compound tenses with *être*

Present		*Passé Composé*	
je me rappelle	nous nous rappelons	je me suis rappelé(e)	nous nous sommes rappelé(e)s
tu te rappelles	vous vous rappelez	tu t'es rappelé(e)	vous vous êtes rappelé(e)(s)
il/elle se rappelle	ils/elles se rappellent	il/elle s'est rappelé(e)	ils/elles se sont rappelé(e)s
Imperfect		*Pluperfect*	
je me rappelais	nous nous rappelions	je m'étais rappelé(e)	nous nous étions rappelé(e)s
tu te rappelais	vous vous rappeliez	tu t'étais rappelé(e)	vous vous étiez rappelé(e)(s)
il/elle se rappelait	ils/elles se rappelaient	il/elle s'était rappelé(e)	ils/elles s'étaient rappelé(e)s
Passé Simple		*Past Anterior*	
je me rappelai	nous nous rappelâmes	je me fus rappelé(e)	nous nous fûmes rappelé(e)s
tu te rappelas	vous vous rappelâtes	tu te fus rappelé(e)	vous vous fûtes rappelé(e)(s)
il/elle se rappela	ils/elles se rappelèrent	il/elle se fut rappelé(e)	ils/elles se furent rappelé(e)s
Future		*Future Anterior*	
je me rappellerai	nous nous rappellerons	je me serai rappelé(e)	nous nous serons rappelé(e)s
tu te rappelleras	vous vous rappellerez	tu te seras rappelé(e)	vous vous serez rappelé(e)(s)
il/elle se rappellera	ils/elles se rappelleront	il/elle se sera rappelé(e)	ils/elles se seront rappelé(e)s
Conditional		*Past Conditional*	
je me rappellerais	nous nous rappellerions	je me serais rappelé(e)	nous nous serions rappelé(e)s
tu te rappellerais	vous vous rappelleriez	tu te serais rappelé(e)	vous vous seriez rappelé(e)(s)
il/elle se rappellerait	ils/elles se rappelleraient	il/elle se serait rappelé(e)	ils/elles se seraient rappelé(e)s

Present Subjunctive		*Past Subjunctive*	
que je me rappelle	que nous nous rappelions	que je me sois rappelé(e)	que nous nous soyons rappelé(e)s
que tu te rappelles	que vous vous rappeliez	que tu te sois rappelé(e)	que vous vous soyez rappelé(e)(s)
qu'il/elle se rappelle	qu'ils/elles se rappellent	qu'il/elle se soit rappelé(e)	qu'ils/elles se soient rappelé(e)s
Imperfect Subjunctive		*Pluperfect Subjunctive*	
que je me rappelasse	que nous nous rappelassions	que je me fusse rappelé(e)	que nous nous fussions rappelé(e)s
que tu te rappelasses	que vous vous rappelassiez	que tu te fusses rappelé(e)	que vous vous fussiez rappelé(e)(s)
qu'il/elle se rappelât	qu'ils/elles se rappelassent	qu'il/elle se fût rappelé(e)	qu'ils/elles se fussent rappelé(e)s

Commands

	(nous) rappelons-nous
(tu) rappelle-toi	(vous) rappelez-vous

USAGE

Excusez-moi, mais je ne me rappelle pas votre nom.	*Forgive me, but I don't remember your name.*
Rappelez-vous que vous avez rendez-vous.	*Remember that you have an appointment.*
Je ne me rappelle plus rien.	*I can't remember anything anymore.*
Je ne me rappelle pas cette histoire.	*I don't remember that story.*
Je me rappelle vous avoir parlé.	*I remember having spoken with you.*
Il s'est rappelé que c'est aujourd'hui votre anniversaire.	*He remembered today is your birthday.*
Tu te rappelles notre première conversation?	*Do you remember our first conversation?*
Permettez-moi de me rappeler à votre bon souvenir.	*My best regards to you.* (formal)

irregular verb; spelling change: c > ç/o, u

je reçois · je reçus · reçu · recevant

Present		*Passé Composé*	
je reçois	nous recevons	j'ai reçu	nous avons reçu
tu reçois	vous recevez	tu as reçu	vous avez reçu
il/elle reçoit	ils/elles reçoivent	il/elle a reçu	ils/elles ont reçu
Imperfect		*Pluperfect*	
je recevais	nous recevions	j'avais reçu	nous avions reçu
tu recevais	vous receviez	tu avais reçu	vous aviez reçu
il/elle recevait	ils/elles recevaient	il/elle avait reçu	ils/elles avaient reçu
Passé Simple		*Past Anterior*	
je reçus	nous reçûmes	j'eus reçu	nous eûmes reçu
tu reçus	vous reçûtes	tu eus reçu	vous eûtes reçu
il/elle reçut	ils/elles reçurent	il/elle eut reçu	ils/elles eurent reçu
Future		*Future Anterior*	
je recevrai	nous recevrons	j'aurai reçu	nous aurons reçu
tu recevras	vous recevrez	tu auras reçu	vous aurez reçu
il/elle recevra	ils/elles recevront	il/elle aura reçu	ils/elles auront reçu
Conditional		*Past Conditional*	
je recevrais	nous recevrions	j'aurais reçu	nous aurions reçu
tu recevrais	vous recevriez	tu aurais reçu	vous auriez reçu
il/elle recevrait	ils/elles recevraient	il/elle aurait reçu	ils/elles auraient reçu

Present Subjunctive		*Past Subjunctive*	
que je reçoive	que nous recevions	que j'aie reçu	que nous ayons reçu
que tu reçoives	que vous receviez	que tu aies reçu	que vous ayez reçu
qu'il/elle reçoive	qu'ils/elles reçoivent	qu'il/elle ait reçu	qu'ils/elles aient reçu
Imperfect Subjunctive		*Pluperfect Subjunctive*	
que je reçusse	que nous reçussions	que j'eusse reçu	que nous eussions reçu
que tu reçusses	que vous reçussiez	que tu eusses reçu	que vous eussiez reçu
qu'il/elle reçût	qu'ils/elles reçussent	qu'il/elle eût reçu	qu'ils/elles eussent reçu

Commands

	(nous) recevons
(tu) reçois	(vous) recevez

USAGE

Cet auteur a reçu un prix pour son livre.	*This author received a prize for his book.*
J'ai reçu une lettre aujourd'hui.	*I got a letter today.*
Qu'est-ce que tu as reçu pour ton anniversaire?	*What did you get for your birthday?*
Le PDG reçoit aujourd'hui.	*The CEO is in his office today.*
—Nous recevons du monde dimanche.	*We're having people over on Sunday.*
—Vous recevez beaucoup?	*Do you often have company?*
On est toujours bien reçu chez lui.	*He's a wonderful host.*
Il a reçu des coups dans la bagarre.	*He got hit in the brawl.*
Qu'est-ce qu'il a reçu!	*Did he get beaten up!*
Ce médecin ne reçoit que sur rendez-vous.	*This doctor sees patients only by appointment.*
Je veux que ma fille reçoive de très bonnes notes au lycée.	*I want my daughter to get very good grades in (high) school.*

reconnaître *to recognize*

je reconnais · je reconnus · reconnu · reconnaissant irregular verb

Present		*Passé Composé*	
je reconnais	nous reconnaissons	j'ai reconnu	nous avons reconnu
tu reconnais	vous reconnaissez	tu as reconnu	vous avez reconnu
il/elle reconnaît	ils/elles reconnaissent	il/elle a reconnu	ils/elles ont reconnu
Imperfect		*Pluperfect*	
je reconnaissais	nous reconnaissions	j'avais reconnu	nous avions reconnu
tu reconnaissais	vous reconnaissiez	tu avais reconnu	vous aviez reconnu
il/elle reconnaissait	ils/elles reconnaissaient	il/elle avait reconnu	ils/elles avaient reconnu
Passé Simple		*Past Anterior*	
je reconnus	nous reconnûmes	j'eus reconnu	nous eûmes reconnu
tu reconnus	vous reconnûtes	tu eus reconnu	vous eûtes reconnu
il/elle reconnut	ils/elles reconnurent	il/elle eut reconnu	ils/elles eurent reconnu
Future		*Future Anterior*	
je reconnaîtrai	nous reconnaîtrons	j'aurai reconnu	nous aurons reconnu
tu reconnaîtras	vous reconnaîtrez	tu auras reconnu	vous aurez reconnu
il/elle reconnaîtra	ils/elles reconnaîtront	il/elle aura reconnu	ils/elles auront reconnu
Conditional		*Past Conditional*	
je reconnaîtrais	nous reconnaîtrions	j'aurais reconnu	nous aurions reconnu
tu reconnaîtrais	vous reconnaîtriez	tu aurais reconnu	vous auriez reconnu
il/elle reconnaîtrait	ils/elles reconnaîtraient	il/elle aurait reconnu	ils/elles auraient reconnu
Present Subjunctive		*Past Subjunctive*	
que je reconnaisse	que nous reconnaissions	que j'aie reconnu	que nous ayons reconnu
que tu reconnaisses	que vous reconnaissiez	que tu aies reconnu	que vous ayez reconnu
qu'il/elle reconnaisse	qu'ils/elles reconnaissent	qu'il/elle ait reconnu	qu'ils/elles aient reconnu
Imperfect Subjunctive		*Pluperfect Subjunctive*	
que je reconnusse	que nous reconnussions	que j'eusse reconnu	que nous eussions reconnu
que tu reconnusses	que vous reconnussiez	que tu eusses reconnu	que vous eussiez reconnu
qu'il/elle reconnût	qu'ils/elles reconnussent	qu'il/elle eût reconnu	qu'ils/elles eussent reconnu

Commands

	(nous) reconnaissons
(tu) reconnais	(vous) reconnaissez

USAGE

Je reconnais sa voix.	*I recognize his/her voice.*
Je te reconnaîtrais entre mille.	*I'd recognize you anywhere.*
Je ne les aurais jamais reconnus.	*I would never have recognized them.*
Je ne le reconnais plus.	*I don't know him anymore.*
On la reconnaît bien là.	*That's just like her.*
Le cambrioleur est venu reconnaître les lieux.	*The burglar came to case the place.*
Il faut reconnaître qu'elle avait raison.	*You must admit she was right.*

RELATED WORDS AND EXPRESSIONS

la reconnaissance	*gratitude*

PROVERB

On reconnaît l'arbre à ses fruits.	*By their fruits you shall know them.*

irregular verb

je recueille · je recueillis · recueilli · recueillant

Present		*Passé Composé*	
je recueille	nous recueillons	j'ai recueilli	nous avons recueilli
tu recueilles	vous recueillez	tu as recueilli	vous avez recueilli
il/elle recueille	ils/elles recueillent	il/elle a recueilli	ils/elles ont recueilli
Imperfect		*Pluperfect*	
je recueillais	nous recueillions	j'avais recueilli	nous avions recueilli
tu recueillais	vous recueilliez	tu avais recueilli	vous aviez recueilli
il/elle recueillait	ils/elles recueillaient	il/elle avait recueilli	ils/elles avaient recueilli
Passé Simple		*Past Anterior*	
je recueillis	nous recueillîmes	j'eus recueilli	nous eûmes recueilli
tu recueillis	vous recueillîtes	tu eus recueilli	vous eûtes recueilli
il/elle recueillit	ils/elles recueillirent	il/elle eut recueilli	ils/elles eurent recueilli
Future		*Future Anterior*	
je recueillerai	nous recueillerons	j'aurai recueilli	nous aurons recueilli
tu recueilleras	vous recueillerez	tu auras recueilli	vous aurez recueilli
il/elle recueillera	ils/elles recueilleront	il/elle aura recueilli	ils/elles auront recueilli
Conditional		*Past Conditional*	
je recueillerais	nous recueillerions	j'aurais recueilli	nous aurions recueilli
tu recueillerais	vous recueilleriez	tu aurais recueilli	vous auriez recueilli
il/elle recueillerait	ils/elles recueilleraient	il/elle aurait recueilli	ils/elles auraient recueilli

Present Subjunctive		*Past Subjunctive*	
que je recueille	que nous recueillions	que j'aie recueilli	que nous ayons recueilli
que tu recueilles	que vous recueilliez	que tu aies recueilli	que vous ayez recueilli
qu'il/elle recueille	qu'ils/elles recueillent	qu'il/elle ait recueilli	qu'ils/elles aient recueilli
Imperfect Subjunctive		*Pluperfect Subjunctive*	
que je recueillisse	que nous recueillissions	que j'eusse recueilli	que nous eussions recueilli
que tu recueillisses	que vous recueillissiez	que tu eusses recueilli	que vous eussiez recueilli
qu'il/elle recueillît	qu'ils/elles recueillissent	qu'il/elle eût recueilli	qu'ils/elles eussent recueilli

Commands

	(nous) recueillons
(tu) recueille	(vous) recueillez

USAGE

Nous avons besoin de recueillir certaines informations relatives aux demandes que nous traitons.	*We need to gather certain pieces of information about the requests that we deal with.*
Il me faut un moment pour me recueillir.	*I need a moment to gather my thoughts.*
Ils ont recueilli mille euros pour les sinistrés.	*They collected a thousand euros for the disaster victims.*
recueillir les suffrages	*to collect the ballots / get the votes*
L'avocat a recueilli tous les documents.	*The lawyer assembled all the documents.*
Notre candidat n'a pas recueilli assez de voix.	*Our candidate did not receive enough votes.*
Quand recueillerons-nous le fruit de nos efforts?	*When will we receive the fruits of our labors?*
Ce projet de loi n'a recueilli aucune voix.	*This bill didn't get a single vote.*

RELATED WORDS AND EXPRESSIONS

le recueil	*anthology/collection*
un recueil d'essais	*a collection of essays*

reculer *to move/step backwards*

je recule · je reculai · reculé · reculant regular -*er* verb

Present		*Passé Composé*	
je recule	nous reculons	j'ai reculé	nous avons reculé
tu recules	vous reculez	tu as reculé	vous avez reculé
il/elle recule	ils/elles reculent	il/elle a reculé	ils/elles ont reculé
Imperfect		***Pluperfect***	
je reculais	nous reculions	j'avais reculé	nous avions reculé
tu reculais	vous reculiez	tu avais reculé	vous aviez reculé
il/elle reculait	ils/elles reculaient	il/elle avait reculé	ils/elles avaient reculé
Passé Simple		***Past Anterior***	
je reculai	nous reculâmes	j'eus reculé	nous eûmes reculé
tu reculas	vous reculâtes	tu eus reculé	vous eûtes reculé
il/elle recula	ils/elles reculèrent	il/elle eut reculé	ils/elles eurent reculé
Future		***Future Anterior***	
je reculerai	nous reculerons	j'aurai reculé	nous aurons reculé
tu reculeras	vous reculerez	tu auras reculé	vous aurez reculé
il/elle reculera	ils/elles reculeront	il/elle aura reculé	ils/elles auront reculé
Conditional		***Past Conditional***	
je reculerais	nous reculerions	j'aurais reculé	nous aurions reculé
tu reculerais	vous reculeriez	tu aurais reculé	vous auriez reculé
il/elle reculerait	ils/elles reculeraient	il/elle aurait reculé	ils/elles auraient reculé

Present Subjunctive		*Past Subjunctive*	
que je recule	que nous reculions	que j'aie reculé	que nous ayons reculé
que tu recules	que vous reculiez	que tu aies reculé	que vous ayez reculé
qu'il/elle recule	qu'ils/elles reculent	qu'il/elle ait reculé	qu'ils/elles aient reculé
Imperfect Subjunctive		***Pluperfect Subjunctive***	
que je reculasse	que nous reculassions	que j'eusse reculé	que nous eussions reculé
que tu reculasses	que vous reculassiez	que tu eusses reculé	que vous eussiez reculé
qu'il/elle reculât	qu'ils/elles reculassent	qu'il/elle eût reculé	qu'ils/elles eussent reculé

Commands

	(nous) reculons
(tu) recule	(vous) reculez

USAGE

J'ai reculé d'un pas.	*I took a step backwards.*
L'ennemi a reculé devant notre armée.	*The enemy withdrew before our army.*
Il a reculé d'horreur en voyant le cadavre.	*He drew back in horror when he saw the corpse.*
Le chômage recule.	*Unemployment is dropping.*
La voiture a reculé.	*The car backed up.*
Rien ne nous fera reculer.	*Nothing will stop us.*
Nous ne reculerons pas même devant le danger.	*We will not go back even in the face of danger.*

RELATED WORDS AND EXPRESSIONS

aller à reculons	*to go backwards*
en recul	*losing / losing ground*
Ces idées politiques sont en recul.	*Those political ideas are less popular now.*
L'enseignement du grec ancien est en recul.	*The teaching of classical Greek is in decline.*

regular -*er* verb **je recycle · je recyclai · recyclé · recyclant**

Present		***Passé Composé***	
je recycle	nous recyclons	j'ai recyclé	nous avons recyclé
tu recycles	vous recyclez	tu as recyclé	vous avez recyclé
il/elle recycle	ils/elles recyclent	il/elle a recyclé	ils/elles ont recyclé
Imperfect		***Pluperfect***	
je recyclais	nous recyclions	j'avais recyclé	nous avions recyclé
tu recyclais	vous recycliez	tu avais recyclé	vous aviez recyclé
il/elle recyclait	ils/elles recyclaient	il/elle avait recyclé	ils/elles avaient recyclé
Passé Simple		***Past Anterior***	
je recyclai	nous recyclâmes	j'eus recyclé	nous eûmes recyclé
tu recyclas	vous recyclâtes	tu eus recyclé	vous eûtes recyclé
il/elle recycla	ils/elles recyclèrent	il/elle eut recyclé	ils/elles eurent recyclé
Future		***Future Anterior***	
je recyclerai	nous recyclerons	j'aurai recyclé	nous aurons recyclé
tu recycleras	vous recyclerez	tu auras recyclé	vous aurez recyclé
il/elle recyclera	ils/elles recycleront	il/elle aura recyclé	ils/elles auront recyclé
Conditional		***Past Conditional***	
je recyclerais	nous recyclerions	j'aurais recyclé	nous aurions recyclé
tu recyclerais	vous recycleriez	tu aurais recyclé	vous auriez recyclé
il/elle recyclerait	ils/elles recycleraient	il/elle aurait recyclé	ils/elles auraient recyclé
Present Subjunctive		***Past Subjunctive***	
que je recycle	que nous recyclions	que j'aie recyclé	que nous ayons recyclé
que tu recycles	que vous recycliez	que tu aies recyclé	que vous ayez recyclé
qu'il/elle recycle	qu'ils/elles recyclent	qu'il/elle ait recyclé	qu'ils/elles aient recyclé
Imperfect Subjunctive		***Pluperfect Subjunctive***	
que je recyclasse	que nous recyclassions	que j'eusse recyclé	que nous eussions recyclé
que tu recyclasses	que vous recyclassiez	que tu eusses recyclé	que vous eussiez recyclé
qu'il/elle recyclât	qu'ils/elles recyclassent	qu'il/elle eût recyclé	qu'ils/elles eussent recyclé

Commands

	(nous) recyclons
(tu) recycle	(vous) recyclez

USAGE

Nous recyclons le papier et le verre.	*We recycle paper and glass.*
recycler les déchets	*to recycle waste/refuse*
Cette entreprise recycle ses professionnels.	*This firm gives its professionals refresher courses.*

RELATED WORDS AND EXPRESSIONS

le recyclage	*recycling*
le recyclage des matériaux	*the recycling of materials*
le recyclage des ingénieurs	*the retraining of engineers*
se recycler	*to change professions/directions*
Apres avoir perdu son poste, il a essayé de se recycler.	*After losing his job, he tried to retrain.*

réduire *to reduce*

je réduis · je réduisis · réduit · réduisant irregular verb

Present		*Passé Composé*	
je réduis	nous réduisons	j'ai réduit	nous avons réduit
tu réduis	vous réduisez	tu as réduit	vous avez réduit
il/elle réduit	ils/elles réduisent	il/elle a réduit	ils/elles ont réduit
Imperfect		*Pluperfect*	
je réduisais	nous réduisions	j'avais réduit	nous avions réduit
tu réduisais	vous réduisiez	tu avais réduit	vous aviez réduit
il/elle réduisait	ils/elles réduisaient	il/elle avait réduit	ils/elles avaient réduit
Passé Simple		*Past Anterior*	
je réduisis	nous réduisîmes	j'eus réduit	nous eûmes réduit
tu réduisis	vous réduisîtes	tu eus réduit	vous eûtes réduit
il/elle réduisit	ils/elles réduisirent	il/elle eut réduit	ils/elles eurent réduit
Future		*Future Anterior*	
je réduirai	nous réduirons	j'aurai réduit	nous aurons réduit
tu réduiras	vous réduirez	tu auras réduit	vous aurez réduit
il/elle réduira	ils/elles réduiront	il/elle aura réduit	ils/elles auront réduit
Conditional		*Past Conditional*	
je réduirais	nous réduirions	j'aurais réduit	nous aurions réduit
tu réduirais	vous réduiriez	tu aurais réduit	vous auriez réduit
il/elle réduirait	ils/elles réduiraient	il/elle aurait réduit	ils/elles auraient réduit

Present Subjunctive		*Past Subjunctive*	
que je réduise	que nous réduisions	que j'aie réduit	que nous ayons réduit
que tu réduises	que vous réduisiez	que tu aies réduit	que vous ayez réduit
qu'il/elle réduise	qu'ils/elles réduisent	qu'il/elle ait réduit	qu'ils/elles aient réduit
Imperfect Subjunctive		*Pluperfect Subjunctive*	
que je réduisisse	que nous réduisissions	que j'eusse réduit	que nous eussions réduit
que tu réduisisses	que vous réduisissiez	que tu eusses réduit	que vous eussiez réduit
qu'il/elle réduisît	qu'ils/elles réduisissent	qu'il/elle eût réduit	qu'ils/elles eussent réduit

Commands

	(nous) réduisons
(tu) réduis	(vous) réduisez

USAGE

Il faut réduire la consommation de l'eau.	*We have to reduce our use of water.*
La misère l'a réduit à vendre sa ferme.	*Poverty reduced him to selling his farm.*
J'ai fait réduire les photos.	*I had the photos reduced.*
Pourriez-vous réduire cette photo?	*Could you make this photo smaller?*
L'usine a réduit sa production.	*The factory cut back its production.*
L'État a réduit le budget de l'instruction publique.	*The State cut the budget for public education.*
Nous devons réduire nos frais.	*We have to cut back on our expenses.*
Il a réduit le texte du roman.	*He abridged the text of the novel.*
Voilà son argument, réduit à sa plus simple expression.	*There is his argument, expressed as simply as I know how.*
Tu vas trop vite. Réduis la vitesse.	*You're going too fast. Slow down.*

RELATED WORDS AND EXPRESSIONS

la réduction	*reduction*
Il faut profiter de cette réduction de prix.	*We must take advantage of this price cut.*

regular -ir verb **je réfléchis · je réfléchis · réfléchi · réfléchissant**

Present		*Passé Composé*	
je réfléchis	nous réfléchissons	j'ai réfléchi	nous avons réfléchi
tu réfléchis	vous réfléchissez	tu as réfléchi	vous avez réfléchi
il/elle réfléchit	ils/elles réfléchissent	il/elle a réfléchi	ils/elles ont réfléchi
Imperfect		*Pluperfect*	
je réfléchissais	nous réfléchissions	j'avais réfléchi	nous avions réfléchi
tu réfléchissais	vous réfléchissiez	tu avais réfléchi	vous aviez réfléchi
il/elle réfléchissait	ils/elles réfléchissaient	il/elle avait réfléchi	ils/elles avaient réfléchi
Passé Simple		*Past Anterior*	
je réfléchis	nous réfléchîmes	j'eus réfléchi	nous eûmes réfléchi
tu réfléchis	vous réfléchîtes	tu eus réfléchi	vous eûtes réfléchi
il/elle réfléchit	ils/elles réfléchirent	il/elle eut réfléchi	ils/elles eurent réfléchi
Future		*Future Anterior*	
je réfléchirai	nous réfléchirons	j'aurai réfléchi	nous aurons réfléchi
tu réfléchiras	vous réfléchirez	tu auras réfléchi	vous aurez réfléchi
il/elle réfléchira	ils/elles réfléchiront	il/elle aura réfléchi	ils/elles auront réfléchi
Conditional		*Past Conditional*	
je réfléchirais	nous réfléchirions	j'aurais réfléchi	nous aurions réfléchi
tu réfléchirais	vous réfléchiriez	tu aurais réfléchi	vous auriez réfléchi
il/elle réfléchirait	ils/elles réfléchiraient	il/elle aurait réfléchi	ils/elles auraient réfléchi

Present Subjunctive		*Past Subjunctive*	
que je réfléchisse	que nous réfléchissions	que j'aie réfléchi	que nous ayons réfléchi
que tu réfléchisses	que vous réfléchissiez	que tu aies réfléchi	que vous ayez réfléchi
qu'il/elle réfléchisse	qu'ils/elles réfléchissent	qu'il/elle ait réfléchi	qu'ils/elles aient réfléchi
Imperfect Subjunctive		*Pluperfect Subjunctive*	
que je réfléchisse	que nous réfléchissions	que j'eusse réfléchi	que nous eussions réfléchi
que tu réfléchisses	que vous réfléchissiez	que tu eusses réfléchi	que vous eussiez réfléchi
qu'il/elle réfléchît	qu'ils/elles réfléchissent	qu'il/elle eût réfléchi	qu'ils/elles eussent réfléchi

Commands

	(nous) réfléchissons
(tu) réfléchis	(vous) réfléchissez

USAGE

Le chien regarde son image réfléchie dans la glace.	*The dog looks at his image reflected in the mirror.*
Réfléchissez bien avant d'agir.	*Think it over carefully before taking action.*
Il ne faut pas parler sans réfléchir.	*One mustn't speak without thinking.*
réfléchir sur un sujet	*to think about a subject*
Ils ont réfléchi là-dessus.	*They thought about it.*
Il faut réfléchir sur les conséquences.	*You have to think about the consequences.*
Réfléchissez à ma demande.	*Think over my request.*
Réfléchissez un peu!	*Use your head!*
Il a pris une décision réfléchie.	*He made a considered decision.*
Tout bien réfléchi, je ne partirai pas.	*All things considered, I'm not going away.*

RELATED WORDS AND EXPRESSIONS

la réflexion	*thinking/reflection*
À la réflexion, je ne partirai pas.	*On second thought, I won't leave.*
Il a pris sa décision après dix minutes de réflexion.	*He made his decision after thinking it over for ten minutes.*

430 refouler *to drive back, repress*

je refoule · je refoulai · refoulé · refoulant regular *-er* verb

Present		*Passé Composé*	
je refoule	nous refoulons	j'ai refoulé	nous avons refoulé
tu refoules	vous refoulez	tu as refoulé	vous avez refoulé
il/elle refoule	ils/elles refoulent	il/elle a refoulé	ils/elles ont refoulé
Imperfect		***Pluperfect***	
je refoulais	nous refoulions	j'avais refoulé	nous avions refoulé
tu refoulais	vous refouliez	tu avais refoulé	vous aviez refoulé
il/elle refoulait	ils/elles refoulaient	il/elle avait refoulé	ils/elles avaient refoulé
Passé Simple		***Past Anterior***	
je refoulai	nous refoulâmes	j'eus refoulé	nous eûmes refoulé
tu refoulas	vous refoulâtes	tu eus refoulé	vous eûtes refoulé
il/elle refoula	ils/elles refoulèrent	il/elle eut refoulé	ils/elles eurent refoulé
Future		***Future Anterior***	
je refoulerai	nous refoulerons	j'aurai refoulé	nous aurons refoulé
tu refouleras	vous refoulerez	tu auras refoulé	vous aurez refoulé
il/elle refoulera	ils/elles refouleront	il/elle aura refoulé	ils/elles auront refoulé
Conditional		***Past Conditional***	
je refoulerais	nous refoulerions	j'aurais refoulé	nous aurions refoulé
tu refoulerais	vous refouleriez	tu aurais refoulé	vous auriez refoulé
il/elle refoulerait	ils/elles refouleraient	il/elle aurait refoulé	ils/elles auraient refoulé

Present Subjunctive		*Past Subjunctive*	
que je refoule	que nous refoulions	que j'aie refoulé	que nous ayons refoulé
que tu refoules	que vous refouliez	que tu aies refoulé	que vous ayez refoulé
qu'il/elle refoule	qu'ils/elles refoulent	qu'il/elle ait refoulé	qu'ils/elles aient refoulé
Imperfect Subjunctive		***Pluperfect Subjunctive***	
que je refoulasse	que nous refoulassions	que j'eusse refoulé	que nous eussions refoulé
que tu refoulasses	que vous refoulassiez	que tu eusses refoulé	que vous eussiez refoulé
qu'il/elle refoulât	qu'ils/elles refoulassent	qu'il/elle eût refoulé	qu'ils/elles eussent refoulé

Commands

	(nous) refoulons
(tu) refoule	(vous) refoulez

USAGE

Le régiment a refoulé l'attaque de l'ennemi.	*The regiment repulsed the enemy attack.*
On refoule tous les immigrés à la frontière.	*They are turning back all immigrants at the border.*
Elle a essayé de refouler ses larmes.	*She tried to hold back her tears.*
Le gosse a refoulé un sanglot.	*The kid stifled a sob.*
Comment refouler ma colère?	*How do you expect me to hold back my anger?*
Il est illégal de refouler les demandeurs d'asile politique.	*It is illegal to turn away people who request political asylum.*
S'il s'habille comme ça il va se faire refouler à l'entrée du cabaret.	*If he's dressed like that, he will get turned away at the night club door.*
Il n'a pas pu refouler ce désir.	*He was unable to repress this desire.*

RELATED WORDS AND EXPRESSIONS

le refoulement	*repression*
le refoulement de la personnalité	*the repression of one's personality*
le refoulement d'un désir	*the repression of a desire*

regular *-er* verb

je refuse · je refusai · refusé · refusant

Present		*Passé Composé*	
je refuse	nous refusons	j'ai refusé	nous avons refusé
tu refuses	vous refusez	tu as refusé	vous avez refusé
il/elle refuse	ils/elles refusent	il/elle a refusé	ils/elles ont refusé
Imperfect		***Pluperfect***	
je refusais	nous refusions	j'avais refusé	nous avions refusé
tu refusais	vous refusiez	tu avais refusé	vous aviez refusé
il/elle refusait	ils/elles refusaient	il/elle avait refusé	ils/elles avaient refusé
Passé Simple		***Past Anterior***	
je refusai	nous refusâmes	j'eus refusé	nous eûmes refusé
tu refusas	vous refusâtes	tu eus refusé	vous eûtes refusé
il/elle refusa	ils/elles refusèrent	il/elle eut refusé	ils/elles eurent refusé
Future		***Future Anterior***	
je refuserai	nous refuserons	j'aurai refusé	nous aurons refusé
tu refuseras	vous refuserez	tu auras refusé	vous aurez refusé
il/elle refusera	ils/elles refuseront	il/elle aura refusé	ils/elles auront refusé
Conditional		***Past Conditional***	
je refuserais	nous refuserions	j'aurais refusé	nous aurions refusé
tu refuserais	vous refuseriez	tu aurais refusé	vous auriez refusé
il/elle refuserait	ils/elles refuseraient	il/elle aurait refusé	ils/elles auraient refusé

Present Subjunctive		*Past Subjunctive*	
que je refuse	que nous refusions	que j'aie refusé	que nous ayons refusé
que tu refuses	que vous refusiez	que tu aies refusé	que vous ayez refusé
qu'il/elle refuse	qu'ils/elles refusent	qu'il/elle ait refusé	qu'ils/elles aient refusé
Imperfect Subjunctive		***Pluperfect Subjunctive***	
que je refusasse	que nous refusassions	que j'eusse refusé	que nous eussions refusé
que tu refusasses	que vous refusassiez	que tu eusses refusé	que vous eussiez refusé
qu'il/elle refusât	qu'ils/elles refusassent	qu'il/elle eût refusé	qu'ils/elles eussent refusé

Commands

	(nous) refusons
(tu) refuse	(vous) refusez

USAGE

Il a refusé de me recevoir.	*He refused to see me.*
Je refuse de le croire.	*I refuse to believe it.*
Il refuse le risque.	*He refuses to take risks.*
On a refusé une augmentation aux employés.	*They refused to give the employees a raise.*
L'accusé a refusé de répondre aux questions.	*The accused (man) refused to answer questions.*
Mon chien refuse d'obéir.	*My dog refuses to obey.*
Ils refusent l'exploitation des étrangers.	*They are against the exploitation of foreigners.*
On a refusé mon manuscrit.	*My manuscript was rejected.*
Cette université refuse du monde.	*This university turns people away.*
Ne refusez pas son invitation.	*Don't turn down his invitation.*

RELATED WORDS AND EXPRESSIONS

le refus	*refusal*
Son refus était catégorique.	*His refusal was categorical.*

regarder to look at

je regarde · je regardai · regardé · regardant regular -*er* verb

Present		Passé Composé	
je regarde	nous regardons	j'ai regardé	nous avons regardé
tu regardes	vous regardez	tu as regardé	vous avez regardé
il/elle regarde	ils/elles regardent	il/elle a regardé	ils/elles ont regardé
Imperfect		*Pluperfect*	
je regardais	nous regardions	j'avais regardé	nous avions regardé
tu regardais	vous regardiez	tu avais regardé	vous aviez regardé
il/elle regardait	ils/elles regardaient	il/elle avait regardé	ils/elles avaient regardé
Passé Simple		*Past Anterior*	
je regardai	nous regardâmes	j'eus regardé	nous eûmes regardé
tu regardas	vous regardâtes	tu eus regardé	vous eûtes regardé
il/elle regarda	ils/elles regardèrent	il/elle eut regardé	ils/elles eurent regardé
Future		*Future Anterior*	
je regarderai	nous regarderons	j'aurai regardé	nous aurons regardé
tu regarderas	vous regarderez	tu auras regardé	vous aurez regardé
il/elle regardera	ils/elles regarderont	il/elle aura regardé	ils/elles auront regardé
Conditional		*Past Conditional*	
je regarderais	nous regarderions	j'aurais regardé	nous aurions regardé
tu regarderais	vous regarderiez	tu aurais regardé	vous auriez regardé
il/elle regarderait	ils/elles regarderaient	il/elle aurait regardé	ils/elles auraient regardé

Present Subjunctive		Past Subjunctive	
que je regarde	que nous regardions	que j'aie regardé	que nous ayons regardé
que tu regardes	que vous regardiez	que tu aies regardé	que vous ayez regardé
qu'il/elle regarde	qu'ils/elles regardent	qu'il/elle ait regardé	qu'ils/elles aient regardé
Imperfect Subjunctive		*Pluperfect Subjunctive*	
que je regardasse	que nous regardassions	que j'eusse regardé	que nous eussions regardé
que tu regardasses	que vous regardassiez	que tu eusses regardé	que vous eussiez regardé
qu'il/elle regardât	qu'ils/elles regardassent	qu'il/elle eût regardé	qu'ils/elles eussent regardé

Commands

	(nous) regardons
(tu) regarde	(vous) regardez

USAGE

regarder qqch/qqn	*to look at something/someone*
J'aime regarder les vitrines.	*I like to look at the store windows.*
Elle nous regardait par la fenêtre.	*She looked at us out the window.*
Elle regardait tout le monde avec dédain.	*She would look at everyone with contempt/disdain.*
Assis au café, je regarde les gens qui passent.	*Sitting at the café, I watch the people going by.*
Je regarde l'actualité à la télé.	*I watch the news on TV.*
Mes enfants regardent la télé tous les soirs.	*My children watch TV every evening.*
Regarde voir s'il a fini le projet.	*Go see if he has finished the project.*
Je l'ai regardée à la dérobée.	*I stole a glance at her.*
Ça ne vous regarde pas.	*It's none of your business.*
Je les regarde comme des ennemis.	*I consider them to be enemies.*
Regardons les choses en face.	*Let's face things.*
Tu ne regardes pas à la dépense, toi!	*You spend money like water!*

regular -*er* verb **je regrette · je regrettai · regretté · regrettant**

Present		*Passé Composé*	
je regrette	nous regrettons	j'ai regretté	nous avons regretté
tu regrettes	vous regrettez	tu as regretté	vous avez regretté
il/elle regrette	ils/elles regrettent	il/elle a regretté	ils/elles ont regretté
Imperfect		*Pluperfect*	
je regrettais	nous regrettions	j'avais regretté	nous avions regretté
tu regrettais	vous regrettiez	tu avais regretté	vous aviez regretté
il/elle regrettait	ils/elles regrettaient	il/elle avait regretté	ils/elles avaient regretté
Passé Simple		*Past Anterior*	
je regrettai	nous regrettâmes	j'eus regretté	nous eûmes regretté
tu regrettas	vous regrettâtes	tu eus regretté	vous eûtes regretté
il/elle regretta	ils/elles regrettèrent	il/elle eut regretté	ils/elles eurent regretté
Future		*Future Anterior*	
je regretterai	nous regretterons	j'aurai regretté	nous aurons regretté
tu regretteras	vous regretterez	tu auras regretté	vous aurez regretté
il/elle regrettera	ils/elles regretteront	il/elle aura regretté	ils/elles auront regretté
Conditional		*Past Conditional*	
je regretterais	nous regretterions	j'aurais regretté	nous aurions regretté
tu regretterais	vous regretteriez	tu aurais regretté	vous auriez regretté
il/elle regretterait	ils/elles regretteraient	il/elle aurait regretté	ils/elles auraient regretté

Present Subjunctive		*Past Subjunctive*	
que je regrette	que nous regrettions	que j'aie regretté	que nous ayons regretté
que tu regrettes	que vous regrettiez	que tu aies regretté	que vous ayez regretté
qu'il/elle regrette	qu'ils/elles regrettent	qu'il/elle ait regretté	qu'ils/elles aient regretté
Imperfect Subjunctive		*Pluperfect Subjunctive*	
que je regrettasse	que nous regrettassions	que j'eusse regretté	que nous eussions regretté
que tu regrettasses	que vous regrettassiez	que tu eusses regretté	que vous eussiez regretté
qu'il/elle regrettât	qu'ils/elles regrettassent	qu'il/elle eût regretté	qu'ils/elles eussent regretté

Commands

	(nous) regrettons
(tu) regrette	(vous) regrettez

USAGE

Je le regrette.	*I'm sorry.*
Je regrette de vous l'avoir dit.	*I'm sorry I told you.*
Je regrette de vous avoir fait attendre.	*I'm sorry to have kept you waiting.*
Je regrette qu'il ne puisse pas venir.	*I regret that he can't come.*
Il regrettera ce qu'il a dit.	*He'll eat his words.*
Je la regretterai longtemps.	*I'll miss her for a long time to come.*
Je regrette ma décision.	*I regret my decision.*

RELATED WORDS AND EXPRESSIONS

le regret	*regret*
J'ai un seul regret et c'est de lui avoir prêté de l'argent.	*I have only one regret and that's having lent him/her money.*
Il l'a fait à regret.	*He did it with regret.*
C'est regrettable.	*That's really too bad.*

434 rejeter *to reject, throw back*

je rejette · je rejetai · rejeté · rejetant

-*er* verb; spelling change: t > tt/mute *e*

Present		*Passé Composé*	
je rejette	nous rejetons	j'ai rejeté	nous avons rejeté
tu rejettes	vous rejetez	tu as rejeté	vous avez rejeté
il/elle rejette	ils/elles rejettent	il/elle a rejeté	ils/elles ont rejeté
Imperfect		*Pluperfect*	
je rejetais	nous rejetions	j'avais rejeté	nous avions rejeté
tu rejetais	vous rejetiez	tu avais rejeté	vous aviez rejeté
il/elle rejetait	ils/elles rejetaient	il/elle avait rejeté	ils/elles avaient rejeté
Passé Simple		*Past Anterior*	
je rejetai	nous rejetâmes	j'eus rejeté	nous eûmes rejeté
tu rejetas	vous rejetâtes	tu eus rejeté	vous eûtes rejeté
il/elle rejeta	ils/elles rejetèrent	il/elle eut rejeté	ils/elles eurent rejeté
Future		*Future Anterior*	
je rejetterai	nous rejetterons	j'aurai rejeté	nous aurons rejeté
tu rejetteras	vous rejetterez	tu auras rejeté	vous aurez rejeté
il/elle rejettera	ils/elles rejetteront	il/elle aura rejeté	ils/elles auront rejeté
Conditional		*Past Conditional*	
je rejetterais	nous rejetterions	j'aurais rejeté	nous aurions rejeté
tu rejetterais	vous rejetteriez	tu aurais rejeté	vous auriez rejeté
il/elle rejetterait	ils/elles rejetteraient	il/elle aurait rejeté	ils/elles auraient rejeté

Present Subjunctive		*Past Subjunctive*	
que je rejette	que nous rejetions	que j'aie rejeté	que nous ayons rejeté
que tu rejettes	que vous rejetiez	que tu aies rejeté	que vous ayez rejeté
qu'il/elle rejette	qu'ils/elles rejettent	qu'il/elle ait rejeté	qu'ils/elles aient rejeté
Imperfect Subjunctive		*Pluperfect Subjunctive*	
que je rejetasse	que nous rejetassions	que j'eusse rejeté	que nous eussions rejeté
que tu rejetasses	que vous rejetassiez	que tu eusses rejeté	que vous eussiez rejeté
qu'il/elle rejetât	qu'ils/elles rejetassent	qu'il/elle eût rejeté	qu'ils/elles eussent rejeté

Commands

	(nous) rejetons
(tu) rejette	(vous) rejetez

USAGE

Il a rejeté notre offre.	*He rejected our offer.*
L'université a rejeté ma demande.	*The university rejected my request.*
Le Congrès a rejeté ce projet de loi.	*Congress rejected this bill.*
Il se sent rejeté par sa famille.	*He feels rejected by his family.*
Ce poisson est trop petit. Rejette-le!	*That fish is too small. Throw it back!*
Rejette-moi la balle!	*Throw the ball back to me!*
J'ai rejeté ma tête en arrière.	*I threw my head back.*
J'ai rejeté les notes à la fin de mon essai.	*I put the notes at the end of my essay.*
Il a essayé de rejeter le blâme sur nous.	*He tried to put the blame on us.*
Notre armée a rejeté le forces armées de l'ennemi.	*Our army pushed back the forces of the enemy.*
Je rejette les appels anonymes sur mon mobile.	*I block anonymous callers on my cell phone.*

irregular verb **je rejoins · je rejoignis · rejoint · rejoignant**

Present		*Passé Composé*	
je rejoins	nous rejoignons	j'ai rejoint	nous avons rejoint
tu rejoins	vous rejoignez	tu as rejoint	vous avez rejoint
il/elle rejoint	ils/elles rejoignent	il/elle a rejoint	ils/elles ont rejoint
Imperfect		*Pluperfect*	
je rejoignais	nous rejoignions	j'avais rejoint	nous avions rejoint
tu rejoignais	vous rejoigniez	tu avais rejoint	vous aviez rejoint
il/elle rejoignait	ils/elles rejoignaient	il/elle avait rejoint	ils/elles avaient rejoint
Passé Simple		*Past Anterior*	
je rejoignis	nous rejoignîmes	j'eus rejoint	nous eûmes rejoint
tu rejoignis	vous rejoignîtes	tu eus rejoint	vous eûtes rejoint
il/elle rejoignit	ils/elles rejoignirent	il/elle eut rejoint	ils/elles eurent rejoint
Future		*Future Anterior*	
je rejoindrai	nous rejoindrons	j'aurai rejoint	nous aurons rejoint
tu rejoindras	vous rejoindrez	tu auras rejoint	vous aurez rejoint
il/elle rejoindra	ils/elles rejoindront	il/elle aura rejoint	ils/elles auront rejoint
Conditional		*Past Conditional*	
je rejoindrais	nous rejoindrions	j'aurais rejoint	nous aurions rejoint
tu rejoindrais	vous rejoindriez	tu aurais rejoint	vous auriez rejoint
il/elle rejoindrait	ils/elles rejoindraient	il/elle aurait rejoint	ils/elles auraient rejoint

Present Subjunctive		*Past Subjunctive*	
que je rejoigne	que nous rejoignions	que j'aie rejoint	que nous ayons rejoint
que tu rejoignes	que vous rejoigniez	que tu aies rejoint	que vous ayez rejoint
qu'il/elle rejoigne	qu'ils/elles rejoignent	qu'il/elle ait rejoint	qu'ils/elles aient rejoint
Imperfect Subjunctive		*Pluperfect Subjunctive*	
que je rejoignisse	que nous rejoignissions	que j'eusse rejoint	que nous eussions rejoint
que tu rejoignisses	que vous rejoignissiez	que tu eusses rejoint	que vous eussiez rejoint
qu'il/elle rejoignît	qu'ils/elles rejoignissent	qu'il/elle eût rejoint	qu'ils/elles eussent rejoint

Commands

	(nous) rejoignons
(tu) rejoins	(vous) rejoignez

USAGE

Elle a rejoint son mari à l'étranger.	*She joined her husband abroad.*
Le sentier rejoint le chemin au bout de la forêt.	*The path meets up with the road at the edge of the forest.*
Il me faut rejoindre mon bureau.	*I've got to get back to my office.*
On se rejoindra en ville.	*We'll get together in town.*
Son argument rejoint le tien.	*His argument has things in common with yours.*
Cette lettre rejoindra les autres à la corbeille.	*This letter will follow the others into the wastebasket.*
Je vous donne nos coordonnées pour vous puissiez nous rejoindre.	*I'll give you our contact details so that you can get in touch with us.*
Le prof essaie d'utiliser l'argot des jeunes pour rejoindre ses étudiants.	*The teacher tries to use young people's slang to connect with his students.*

remarquer *to notice*

je remarque · je remarquai · remarqué · remarquant regular *-er* verb

Present		*Passé Composé*	
je remarque	nous remarquons	j'ai remarqué	nous avons remarqué
tu remarques	vous remarquez	tu as remarqué	vous avez remarqué
il/elle remarque	ils/elles remarquent	il/elle a remarqué	ils/elles ont remarqué
Imperfect		*Pluperfect*	
je remarquais	nous remarquions	j'avais remarqué	nous avions remarqué
tu remarquais	vous remarquiez	tu avais remarqué	vous aviez remarqué
il/elle remarquait	ils/elles remarquaient	il/elle avait remarqué	ils/elles avaient remarqué
Passé Simple		*Past Anterior*	
je remarquai	nous remarquâmes	j'eus remarqué	nous eûmes remarqué
tu remarquas	vous remarquâtes	tu eus remarqué	vous eûtes remarqué
il/elle remarqua	ils/elles remarquèrent	il/elle eut remarqué	ils/elles eurent remarqué
Future		*Future Anterior*	
je remarquerai	nous remarquerons	j'aurai remarqué	nous aurons remarqué
tu remarqueras	vous remarquerez	tu auras remarqué	vous aurez remarqué
il/elle remarquera	ils/elles remarqueront	il/elle aura remarqué	ils/elles auront remarqué
Conditional		*Past Conditional*	
je remarquerais	nous remarquerions	j'aurais remarqué	nous aurions remarqué
tu remarquerais	vous remarqueriez	tu aurais remarqué	vous auriez remarqué
il/elle remarquerait	ils/elles remarqueraient	il/elle aurait remarqué	ils/elles auraient remarqué

Present Subjunctive		*Past Subjunctive*	
que je remarque	que nous remarquions	que j'aie remarqué	que nous ayons remarqué
que tu remarques	que vous remarquiez	que tu aies remarqué	que vous ayez remarqué
qu'il/elle remarque	qu'ils/elles remarquent	qu'il/elle ait remarqué	qu'ils/elles aient remarqué
Imperfect Subjunctive		*Pluperfect Subjunctive*	
que je remarquasse	que nous remarquassions	que j'eusse remarqué	que nous eussions remarqué
que tu remarquasses	que vous remarquassiez	que tu eusses remarqué	que vous eussiez remarqué
qu'il/elle remarquât	qu'ils/elles remarquassent	qu'il/elle eût remarqué	qu'ils/elles eussent remarqué

Commands

	(nous) remarquons
(tu) remarque	(vous) remarquez

USAGE

Je n'ai rien remarqué d'étrange.	*I didn't notice anything strange.*
Personne n'a remarqué ma présence.	*No one noticed that I was there.*
Tu as remarqué sa façon de parler?	*Did you notice her way of talking?*
Le prof a remarqué que nous n'étions pas contents.	*The teacher noticed we weren't happy.*
Tu t'es vraiment fait remarquer, toi!	*You really got noticed!*
Il m'a fait remarquer qu'il voulait s'en aller.	*He called it to my attention that he wanted to leave.*
Elle cherche toujours à se faire remarquer.	*She always tries to attract attention.*

RELATED WORDS AND EXPRESSIONS

la remarque	*remark*
passer des remarques	*to make remarks*
Il passe toujours des remarques désobligeantes!	*He's always making wisecracks.*
remarquable	*remarkable*

regular -*er* verb **je remercie · je remerciai · remercié · remerciant**

Present		*Passé Composé*	
je remercie	nous remercions	j'ai remercié	nous avons remercié
tu remercies	vous remerciez	tu as remercié	vous avez remercié
il/elle remercie	ils/elles remercient	il/elle a remercié	ils/elles ont remercié
Imperfect		*Pluperfect*	
je remerciais	nous remerciions	j'avais remercié	nous avions remercié
tu remerciais	vous remerciiez	tu avais remercié	vous aviez remercié
il/elle remerciait	ils/elles remerciaient	il/elle avait remercié	ils/elles avaient remercié
Passé Simple		*Past Anterior*	
je remerciai	nous remerciâmes	j'eus remercié	nous eûmes remercié
tu remercias	vous remerciâtes	tu eus remercié	vous eûtes remercié
il/elle remercia	ils/elles remercièrent	il/elle eut remercié	ils/elles eurent remercié
Future		*Future Anterior*	
je remercierai	nous remercierons	j'aurai remercié	nous aurons remercié
tu remercieras	vous remercierez	tu auras remercié	vous aurez remercié
il/elle remerciera	ils/elles remercieront	il/elle aura remercié	ils/elles auront remercié
Conditional		*Past Conditional*	
je remercierais	nous remercierions	j'aurais remercié	nous aurions remercié
tu remercierais	vous remercieriez	tu aurais remercié	vous auriez remercié
il/elle remercierait	ils/elles remercieraient	il/elle aurait remercié	ils/elles auraient remercié

Present Subjunctive		*Past Subjunctive*	
que je remercie	que nous remerciions	que j'aie remercié	que nous ayons remercié
que tu remercies	que vous remerciiez	que tu aies remercié	que vous ayez remercié
qu'il/elle remercie	qu'ils/elles remercient	qu'il/elle ait remercié	qu'ils/elles aient remercié
Imperfect Subjunctive		*Pluperfect Subjunctive*	
que je remerciasse	que nous remerciassions	que j'eusse remercié	que nous eussions remercié
que tu remerciasses	que vous remerciassiez	que tu eusses remercié	que vous eussiez remercié
qu'il/elle remerciât	qu'ils/elles remerciassent	qu'il/elle eût remercié	qu'ils/elles eussent remercié

Commands

	(nous) remercions
(tu) remercie	(vous) remerciez

USAGE

Je vous remercie!	*I thank you!*
Vous les remercierez de notre part.	*You'll thank them for us.*
Tu dois remercier ta bonne étoile de ta réussite.	*You should thank your lucky stars for your success.*
Elle ne m'a pas remercié.	*She didn't thank me.*
Je vous remercie de votre attention.	*I thank you for your attention.*
Je remercie le bon Dieu d'être sauvé.	*I thank heaven I was saved.*
Elle m'a remercié du bout des lèvres.	*She thanked me halfheartedly.*
Ils m'ont remercié des services que je leur avais rendus.	*They thanked me for the services I had rendered them.*

RELATED WORDS AND EXPRESSIONS

le remerciement	*thanking*

remettre *to put back; to submit*

je remets · je remis · remis · remettant

irregular verb; only one *t* in the singular of the present tense

Present		*Passé Composé*	
je remets	nous remettons	j'ai remis	nous avons remis
tu remets	vous remettez	tu as remis	vous avez remis
il/elle remet	ils/elles remettent	il/elle a remis	ils/elles ont remis
Imperfect		*Pluperfect*	
je remettais	nous remettions	j'avais remis	nous avions remis
tu remettais	vous remettiez	tu avais remis	vous aviez remis
il/elle remettait	ils/elles remettaient	il/elle avait remis	ils/elles avaient remis
Passé Simple		*Past Anterior*	
je remis	nous remîmes	j'eus remis	nous eûmes remis
tu remis	vous remîtes	tu eus remis	vous eûtes remis
il/elle remit	ils/elles remirent	il/elle eut remis	ils/elles eurent remis
Future		*Future Anterior*	
je remettrai	nous remettrons	j'aurai remis	nous aurons remis
tu remettras	vous remettrez	tu auras remis	vous aurez remis
il/elle remettra	ils/elles remettront	il/elle aura remis	ils/elles auront remis
Conditional		*Past Conditional*	
je remettrais	nous remettrions	j'aurais remis	nous aurions remis
tu remettrais	vous remettriez	tu aurais remis	vous auriez remis
il/elle remettrait	ils/elles remettraient	il/elle aurait remis	ils/elles auraient remis

Present Subjunctive		*Past Subjunctive*	
que je remette	que nous remettions	que j'aie remis	que nous ayons remis
que tu remettes	que vous remettiez	que tu aies remis	que vous ayez remis
qu'il/elle remette	qu'ils/elles remettent	qu'il/elle ait remis	qu'ils/elles aient remis
Imperfect Subjunctive		*Pluperfect Subjunctive*	
que je remisse	que nous remissions	que j'eusse remis	que nous eussions remis
que tu remisses	que vous remissiez	que tu eusses remis	que vous eussiez remis
qu'il/elle remît	qu'ils/elles remissent	qu'il/elle eût remis	qu'ils/elles eussent remis

Commands

	(nous) remettons
(tu) remets	(vous) remettez

USAGE

Remettez ces dossiers dans le tiroir.	*Put these files back in the drawer.*
J'ai remis mon passeport dans ma poche.	*I put my passport back in my pocket.*
remettre qqn sur la bonne route	*to put someone (back) on the right track*
Le patron l'a remise à sa place.	*The boss put her in her place.*
J'ai remis la voiture en marche.	*I started the car again.*
Elle a remis ses gants.	*She put her gloves back on.*
Tout est remis en question à cause de sa démission.	*His resignation throws everything into question again.*
J'ai remis l'ordinateur en état.	*I fixed the computer.*
Je n'y ai jamais remis les pieds.	*I never went back there.*
Quand remettrez-vous votre rapport?	*When will you hand in your report?*

RELATED WORDS AND EXPRESSIONS

se remettre	*to entrust oneself / recover*
Je m'en remets à vous.	*I'll leave it in your hands.*
Elle s'est remise de sa grippe.	*She has recovered from the flu.*
Les enfants se sont remis à leur jeu.	*The children went back to their game.*

remplacer

to replace, put back

regular *-er* verb;
spelling change: c > ç/*a, o*

je remplace · je remplaçai · remplacé · remplaçant

Present		*Passé Composé*	
je remplace	nous remplaçons	j'ai remplacé	nous avons remplacé
tu remplaces	vous remplacez	tu as remplacé	vous avez remplacé
il/elle remplace	ils/elles remplacent	il/elle a remplacé	ils/elles ont remplacé
Imperfect		*Pluperfect*	
je remplaçais	nous remplacions	j'avais remplacé	nous avions remplacé
tu remplaçais	vous remplaciez	tu avais remplacé	vous aviez remplacé
il/elle remplaçait	ils/elles remplaçaient	il/elle avait remplacé	ils/elles avaient remplacé
Passé Simple		*Past Anterior*	
je remplaçai	nous remplaçâmes	j'eus remplacé	nous eûmes remplacé
tu remplaças	vous remplaçâtes	tu eus remplacé	vous eûtes remplacé
il/elle remplaça	ils/elles remplacèrent	il/elle eut remplacé	ils/elles eurent remplacé
Future		*Future Anterior*	
je remplacerai	nous remplacerons	j'aurai remplacé	nous aurons remplacé
tu remplaceras	vous remplacerez	tu auras remplacé	vous aurez remplacé
il/elle remplacera	ils/elles remplaceront	il/elle aura remplacé	ils/elles auront remplacé
Conditional		*Past Conditional*	
je remplacerais	nous remplacerions	j'aurais remplacé	nous aurions remplacé
tu remplacerais	vous remplaceriez	tu aurais remplacé	vous auriez remplacé
il/elle remplacerait	ils/elles remplaceraient	il/elle aurait remplacé	ils/elles auraient remplacé

Present Subjunctive		*Past Subjunctive*	
que je remplace	que nous remplacions	que j'aie remplacé	que nous ayons remplacé
que tu remplaces	que vous remplaciez	que tu aies remplacé	que vous ayez remplacé
qu'il/elle remplace	qu'ils/elles remplacent	qu'il/elle ait remplacé	qu'ils/elles aient remplacé
Imperfect Subjunctive		*Pluperfect Subjunctive*	
que je remplaçasse	que nous remplaçassions	que j'eusse remplacé	que nous eussions remplacé
que tu remplaçasses	que vous remplaçassiez	que tu eusses remplacé	que vous eussiez remplacé
qu'il/elle remplaçât	qu'ils/elles remplaçassent	qu'il/elle eût remplacé	qu'ils/elles eussent remplacé

Commands

	(nous) remplaçons
(tu) remplace	(vous) remplacez

USAGE

—Qui t'a remplacé au bureau?	*Who took your place at the office?*
—Je n'ai pas pu me faire remplacer.	*I couldn't find a replacement.*
Il faut que je remplace ce canapé.	*I've got to replace this couch.*
Ma voiture a une vitre cassée. Je vais la remplacer.	*My car has a broken window. I'm going to replace it.*
Il faut remplacer ce pneu.	*We'll have to replace this tire.*
Il sera difficile de vous remplacer.	*It will be hard to replace you.*
rechercher et remplacer	*search and replace*
La machine va-t-elle remplacer l'homme?	*Will machines replace people?*
Les ONG ne pourront jamais remplacer les états.	*NGOs will never be able to replace governments.*
Le fils ne pourra pas remplacer son père.	*The son will never be able to fill his father's shoes.*
C'est à vous de remplacer la sentinelle.	*It's your turn to relieve the sentry.*

remplir *to fill*

je remplis · je remplis · rempli · remplissant regular -ir verb

Present		*Passé Composé*	
je remplis	nous remplissons	j'ai rempli	nous avons rempli
tu remplis	vous remplissez	tu as rempli	vous avez rempli
il/elle remplit	ils/elles remplissent	il/elle a rempli	ils/elles ont rempli
Imperfect		*Pluperfect*	
je remplissais	nous remplissions	j'avais rempli	nous avions rempli
tu remplissais	vous remplissiez	tu avais rempli	vous aviez rempli
il/elle remplissait	ils/elles remplissaient	il/elle avait rempli	ils/elles avaient rempli
Passé Simple		*Past Anterior*	
je remplis	nous remplîmes	j'eus rempli	nous eûmes rempli
tu remplis	vous remplîtes	tu eus rempli	vous eûtes rempli
il/elle remplit	ils/elles remplirent	il/elle eut rempli	ils/elles eurent rempli
Future		*Future Anterior*	
je remplirai	nous remplirons	j'aurai rempli	nous aurons rempli
tu rempliras	vous remplirez	tu auras rempli	vous aurez rempli
il/elle remplira	ils/elles rempliront	il/elle aura rempli	ils/elles auront rempli
Conditional		*Past Conditional*	
je remplirais	nous remplirions	j'aurais rempli	nous aurions rempli
tu remplirais	vous rempliriez	tu aurais rempli	vous auriez rempli
il/elle remplirait	ils/elles rempliraient	il/elle aurait rempli	ils/elles auraient rempli

Present Subjunctive		*Past Subjunctive*	
que je remplisse	que nous remplissions	que j'aie rempli	que nous ayons rempli
que tu remplisses	que vous remplissiez	que tu aies rempli	que vous ayez rempli
qu'il/elle remplisse	qu'ils/elles remplissent	qu'il/elle ait rempli	qu'ils/elles aient rempli
Imperfect Subjunctive		*Pluperfect Subjunctive*	
que je remplisse	que nous remplissions	que j'eusse rempli	que nous eussions rempli
que tu remplisses	que vous remplissiez	que tu eusses rempli	que vous eussiez rempli
qu'il/elle remplît	qu'ils/elles remplissent	qu'il/elle eût rempli	qu'ils/elles eussent rempli

Commands

	(nous) remplissons
(tu) remplis	(vous) remplissez

USAGE

Le serveur a rempli nos verres.	*The waiter filled our glasses.*
Ce chanteur remplit les salles.	*This singer fills the concert halls.*
L'accident l'a rempli de peur.	*The accident left him full of fear.*
Cette nouvelle m'a rempli de joie.	*That piece of news filled me with joy.*
Il a rempli sa lettre de belles phrases.	*He filled his letter with beautiful phrases.*
La foule remplissait les rues.	*The crowd filled the streets.*
Ses observations remplissaient des cahiers entiers.	*His observations filled whole notebooks.*
La bouteille est remplie d'eau minérale.	*The bottle is filled with mineral water.*
Remplissez ce questionnaire.	*Fill out this questionnaire.*
L'éducation de ses enfants remplit sa vie.	*Raising his children fills his life.*
Il te reste des devoirs à remplir.	*You have some duties left to fulfill.*
Elle remplit une fonction importante.	*She performs an important function.*
Nous cherchons un gérant qui remplisse toutes ses conditions.	*We're looking for a manager who meets all of the requirements.*

regular -*er* verb **je rencontre · je rencontrai · rencontré · rencontrant**

Present		*Passé Composé*	
je rencontre	nous rencontrons	j'ai rencontré	nous avons rencontré
tu rencontres	vous rencontrez	tu as rencontré	vous avez rencontré
il/elle rencontre	ils/elles rencontrent	il/elle a rencontré	ils/elles ont rencontré
Imperfect		*Pluperfect*	
je rencontrais	nous rencontrions	j'avais rencontré	nous avions rencontré
tu rencontrais	vous rencontriez	tu avais rencontré	vous aviez rencontré
il/elle rencontrait	ils/elles rencontraient	il/elle avait rencontré	ils/elles avaient rencontré
Passé Simple		*Past Anterior*	
je rencontrai	nous rencontrâmes	j'eus rencontré	nous eûmes rencontré
tu rencontras	vous rencontrâtes	tu eus rencontré	vous eûtes rencontré
il/elle rencontra	ils/elles rencontrèrent	il/elle eut rencontré	ils/elles eurent rencontré
Future		*Future Anterior*	
je rencontrerai	nous rencontrerons	j'aurai rencontré	nous aurons rencontré
tu rencontreras	vous rencontrerez	tu auras rencontré	vous aurez rencontré
il/elle rencontrera	ils/elles rencontreront	il/elle aura rencontré	ils/elles auront rencontré
Conditional		*Past Conditional*	
je rencontrerais	nous rencontrerions	j'aurais rencontré	nous aurions rencontré
tu rencontrerais	vous rencontreriez	tu aurais rencontré	vous auriez rencontré
il/elle rencontrerait	ils/elles rencontreraient	il/elle aurait rencontré	ils/elles auraient rencontré

Present Subjunctive		*Past Subjunctive*	
que je rencontre	que nous rencontrions	que j'aie rencontré	que nous ayons rencontré
que tu rencontres	que vous rencontriez	que tu aies rencontré	que vous ayez rencontré
qu'il/elle rencontre	qu'ils/elles rencontrent	qu'il/elle ait rencontré	qu'ils/elles aient rencontré
Imperfect Subjunctive		*Pluperfect Subjunctive*	
que je rencontrasse	que nous rencontrassions	que j'eusse rencontré	que nous eussions rencontré
que tu rencontrasses	que vous rencontrassiez	que tu eusses rencontré	que vous eussiez rencontré
qu'il/elle rencontrât	qu'ils/elles rencontrassent	qu'il/elle eût rencontré	qu'ils/elles eussent rencontré

Commands

	(nous) rencontrons
(tu) rencontre	(vous) rencontrez

USAGE

Où est-ce que tu as rencontré les Duval?	*Where did you meet the Duvals?*
Ce projet de loi a rencontré de l'opposition.	*This bill met with opposition.*
Je le rencontre toujours au parc.	*I always run into him in the park.*
C'est un appartement comme on n'en rencontre plus.	*You just don't find apartments like this anymore.*

RELATED WORDS AND EXPRESSIONS

la rencontre	*meeting*
le site de rencontre	*online dating site*
Elle a rencontré son mari sur un site de rencontre.	*She met her husband on an online dating site.*
se rencontrer	*to meet (each other)*
Si l'on se rencontrait au restaurant?	*How about meeting at the restaurant?*
Les chefs d'état se rencontrent.	*The heads of state are meeting.*
Les grands esprits se rencontrent.	*Great minds think alike.*
Nos yeux se sont rencontrés.	*Our eyes met.*

rendre *to return, give back*

je rends · je rendis · rendu · rendant regular *-re* verb

Present		*Passé Composé*	
je rends	nous rendons	j'ai rendu	nous avons rendu
tu rends	vous rendez	tu as rendu	vous avez rendu
il/elle rend	ils/elles rendent	il/elle a rendu	ils/elles ont rendu
Imperfect		*Pluperfect*	
je rendais	nous rendions	j'avais rendu	nous avions rendu
tu rendais	vous rendiez	tu avais rendu	vous aviez rendu
il/elle rendait	ils/elles rendaient	il/elle avait rendu	ils/elles avaient rendu
Passé Simple		*Past Anterior*	
je rendis	nous rendîmes	j'eus rendu	nous eûmes rendu
tu rendis	vous rendîtes	tu eus rendu	vous eûtes rendu
il/elle rendit	ils/elles rendirent	il/elle eut rendu	ils/elles eurent rendu
Future		*Future Anterior*	
je rendrai	nous rendrons	j'aurai rendu	nous aurons rendu
tu rendras	vous rendrez	tu auras rendu	vous aurez rendu
il/elle rendra	ils/elles rendront	il/elle aura rendu	ils/elles auront rendu
Conditional		*Past Conditional*	
je rendrais	nous rendrions	j'aurais rendu	nous aurions rendu
tu rendrais	vous rendriez	tu aurais rendu	vous auriez rendu
il/elle rendrait	ils/elles rendraient	il/elle aurait rendu	ils/elles auraient rendu

Present Subjunctive		*Past Subjunctive*	
que je rende	que nous rendions	que j'aie rendu	que nous ayons rendu
que tu rendes	que vous rendiez	que tu aies rendu	que vous ayez rendu
qu'il/elle rende	qu'ils/elles rendent	qu'il/elle ait rendu	qu'ils/elles aient rendu
Imperfect Subjunctive		*Pluperfect Subjunctive*	
que je rendisse	que nous rendissions	que j'eusse rendu	que nous eussions rendu
que tu rendisses	que vous rendissiez	que tu eusses rendu	que vous eussiez rendu
qu'il/elle rendît	qu'ils/elles rendissent	qu'il/elle eût rendu	qu'ils/elles eussent rendu

Commands

	(nous) rendons
(tu) rends	(vous) rendez

USAGE

rendre qqch à qqn	*to give something back to someone*
Quand vas-tu me rendre ma bicyclette?	*When are you going to give my bicycle back to me?*
J'ai rendu mon devoir en retard.	*I submitted my homework late.*
Ces vacances m'ont rendu mes forces.	*This vacation made me strong again.*
Je te rendrai la monnaie de ta pièce!	*I'll get even with you!*
Le médecin lui a rendu la vue.	*The doctor restored her sight.*
Tu peux me rendre un service?	*Can you do me a favor?*
Sa réponse m'a rendu malade.	*His answer sickened me.*
Je suis allé rendre mes derniers devoirs au défunt.	*I went to pay my last respects to the deceased.*

RELATED WORDS AND EXPRESSIONS

le rendez-vous	*appointment*
prendre rendez-vous avec qqn	*to make an appointment with someone*
J'ai rendez-vous à trois heures.	*I have an appointment at three o'clock.*
se rendre compte de	*to realize*

PROVERB

Rendre à César ce qui est à César.	*Render unto Caesar that which is Caesar's.*

regular *-er* verb; compound tenses with *être*

je rentre · je rentrai · rentré · rentrant

Present		*Passé Composé*	
je rentre	nous rentrons	je suis rentré(e)	nous sommes rentré(e)s
tu rentres	vous rentrez	tu es rentré(e)	vous êtes rentré(e)(s)
il/elle rentre	ils/elles rentrent	il/elle est rentré(e)	ils/elles sont rentré(e)s
Imperfect		*Pluperfect*	
je rentrais	nous rentrions	j'étais rentré(e)	nous étions rentré(e)s
tu rentrais	vous rentriez	tu étais rentré(e)	vous étiez rentré(e)(s)
il/elle rentrait	ils/elles rentraient	il/elle était rentré(e)	ils/elles étaient rentré(e)s
Passé Simple		*Past Anterior*	
je rentrai	nous rentrâmes	je fus rentré(e)	nous fûmes rentré(e)s
tu rentras	vous rentrâtes	tu fus rentré(e)	vous fûtes rentré(e)(s)
il/elle rentra	ils/elles rentrèrent	il/elle fut rentré(e)	ils/elles furent rentré(e)s
Future		*Future Anterior*	
je rentrerai	nous rentrerons	je serai rentré(e)	nous serons rentré(e)s
tu rentreras	vous rentrerez	tu seras rentré(e)	vous serez rentré(e)(s)
il/elle rentrera	ils/elles rentreront	il/elle sera rentré(e)	ils/elles seront rentré(e)s
Conditional		*Past Conditional*	
je rentrerais	nous rentrerions	je serais rentré(e)	nous serions rentré(e)s
tu rentrerais	vous rentreriez	tu serais rentré(e)	vous seriez rentré(e)(s)
il/elle rentrerait	ils/elles rentreraient	il/elle serait rentré(e)	ils/elles seraient rentré(e)s

Present Subjunctive		*Past Subjunctive*	
que je rentre	que nous rentrions	que je sois rentré(e)	que nous soyons rentré(e)s
que tu rentres	que vous rentriez	que tu sois rentré(e)	que vous soyez rentré(e)(s)
qu'il/elle rentre	qu'ils/elles rentrent	qu'il/elle soit rentré(e)	qu'ils/elles soient rentré(e)s
Imperfect Subjunctive		*Pluperfect Subjunctive*	
que je rentrasse	que nous rentrassions	que je fusse rentré(e)	que nous fussions rentré(e)s
que tu rentrasses	que vous rentrassiez	que tu fusses rentré(e)	que vous fussiez rentré(e)(s)
qu'il/elle rentrât	qu'ils/elles rentrassent	qu'il/elle fût rentré(e)	qu'ils/elles fussent rentré(e)s

Commands

	(nous) rentrons
(tu) rentre	(vous) rentrez

USAGE

NOTE: *Rentrer* is conjugated with *avoir* in the compound tenses when it means "to take/bring in."

Tu rentres à quelle heure?	*What time are you coming home?*
Je rentre en métro.	*I take the subway home.*
Une averse! Il faut rentrer un moment.	*A shower! We should go indoors for a minute.*
Tous ces meubles ne vont pas rentrer dans l'appartement.	*All this furniture is not going to fit in the apartment.*
Le camion est rentré dans un immeuble.	*The truck crashed into an apartment house.*
Ça ne me rentre pas dans la tête.	*I just can't understand that.*
Elle aurait voulu rentrer sous terre.	*She could have died (of embarrassment).*
On espère rentrer dans notre argent.	*We hope to break even.*
Il veut rentrer dans la banque.	*He wants to get a bank job.*
rentrer	*to take/bring in*
Tu n'as pas rentré le chien?	*Didn't you bring the dog in?*
Il a rentré la voiture dans le garage.	*He put the car in the garage.*

RELATED WORDS AND EXPRESSIONS

la rentrée (scolaire)	*back-to-school time*

renvoyer *to send back, send away, fire*

je renvoie · je renvoyai · renvoyé · renvoyant

irregular verb; spelling change: y > i/mute *e*

Present		*Passé Composé*	
je renvoie	nous renvoyons	j'ai renvoyé	nous avons renvoyé
tu renvoies	vous renvoyez	tu as renvoyé	vous avez renvoyé
il/elle renvoie	ils/elles renvoient	il/elle a renvoyé	ils/elles ont renvoyé
Imperfect		*Pluperfect*	
je renvoyais	nous renvoyions	j'avais renvoyé	nous avions renvoyé
tu renvoyais	vous renvoyiez	tu avais renvoyé	vous aviez renvoyé
il/elle renvoyait	ils/elles renvoyaient	il/elle avait renvoyé	ils/elles avaient renvoyé
Passé Simple		*Past Anterior*	
je renvoyai	nous renvoyâmes	j'eus renvoyé	nous eûmes renvoyé
tu renvoyas	vous renvoyâtes	tu eus renvoyé	vous eûtes renvoyé
il/elle renvoya	ils/elles renvoyèrent	il/elle eut renvoyé	ils/elles eurent renvoyé
Future		*Future Anterior*	
je renverrai	nous renverrons	j'aurai renvoyé	nous aurons renvoyé
tu renverras	vous renverrez	tu auras renvoyé	vous aurez renvoyé
il/elle renverra	ils/elles renverront	il/elle aura renvoyé	ils/elles auront renvoyé
Conditional		*Past Conditional*	
je renverrais	nous renverrions	j'aurais renvoyé	nous aurions renvoyé
tu renverrais	vous renverriez	tu aurais renvoyé	vous auriez renvoyé
il/elle renverrait	ils/elles renverraient	il/elle aurait renvoyé	ils/elles auraient renvoyé
Present Subjunctive		*Past Subjunctive*	
que je renvoie	que nous renvoyions	que j'aie renvoyé	que nous ayons renvoyé
que tu renvoies	que vous renvoyiez	que tu aies renvoyé	que vous ayez renvoyé
qu'il/elle renvoie	qu'ils/elles renvoient	qu'il/elle ait renvoyé	qu'ils/elles aient renvoyé
Imperfect Subjunctive		*Pluperfect Subjunctive*	
que je renvoyasse	que nous renvoyassions	que j'eusse renvoyé	que nous eussions renvoyé
que tu renvoyasses	que vous renvoyassiez	que tu eusses renvoyé	que vous eussiez renvoyé
qu'il/elle renvoyât	qu'ils/elles renvoyassent	qu'il/elle eût renvoyé	qu'ils/elles eussent renvoyé

Commands

	(nous) renvoyons
(tu) renvoie	(vous) renvoyez

USAGE

L'avocat m'a renvoyé tous les documents.	*The lawyer sent back all the documents to me.*
Renvoie l'ascenseur.	*Send the elevator back down.*
Quand ma fille s'est remise de son rhume, je l'ai renvoyée en classe.	*When my daughter got over her cold, I sent her back to school.*
Le joueur a renvoyé la balle.	*The player kicked the ball back.*
Avec cela je vous renvoie la balle.	*With that, the ball is now in your court.*
Le patron a renvoyé la secrétaire.	*The boss fired the secretary.*
Fais attention ou tu vas te faire renvoyer.	*Be careful or you're going to get fired.*
Cet étudiant a été renvoyé du lycée.	*This student was expelled from high school.*
Le dossier est renvoyé à la cour d'appel.	*The case is referred to the appeals court.*
Prière de nous fournir votre nom d'utilisateur afin que nous puissions vous renvoyer votre mot de passe par courriel.	*Please furnish us with your user name so that we can send you your password by e-mail.*

regular -*re* verb **je répands · je répandis · répandu · répandant**

Present		*Passé Composé*	
je répands	nous répandons	j'ai répandu	nous avons répandu
tu répands	vous répandez	tu as répandu	vous avez répandu
il/elle répand	ils/elles répandent	il/elle a répandu	ils/elles ont répandu
Imperfect		*Pluperfect*	
je répandais	nous répandions	j'avais répandu	nous avions répandu
tu répandais	vous répandiez	tu avais répandu	vous aviez répandu
il/elle répandait	ils/elles répandaient	il/elle avait répandu	ils/elles avaient répandu
Passé Simple		*Past Anterior*	
je répandis	nous répandîmes	j'eus répandu	nous eûmes répandu
tu répandis	vous répandîtes	tu eus répandu	vous eûtes répandu
il/elle répandit	ils/elles répandirent	il/elle eut répandu	ils/elles eurent répandu
Future		*Future Anterior*	
je répandrai	nous répandrons	j'aurai répandu	nous aurons répandu
tu répandras	vous répandrez	tu auras répandu	vous aurez répandu
il/elle répandra	ils/elles répandront	il/elle aura répandu	ils/elles auront répandu
Conditional		*Past Conditional*	
je répandrais	nous répandrions	j'aurais répandu	nous aurions répandu
tu répandrais	vous répandriez	tu aurais répandu	vous auriez répandu
il/elle répandrait	ils/elles répandraient	il/elle aurait répandu	ils/elles auraient répandu

Present Subjunctive		*Past Subjunctive*	
que je répande	que nous répandions	que j'aie répandu	que nous ayons répandu
que tu répandes	que vous répandiez	que tu aies répandu	que vous ayez répandu
qu'il/elle répande	qu'ils/elles répandent	qu'il/elle ait répandu	qu'ils/elles aient répandu
Imperfect Subjunctive		*Pluperfect Subjunctive*	
que je répandisse	que nous répandissions	que j'eusse répandu	que nous eussions répandu
que tu répandisses	que vous répandissiez	que tu eusses répandu	que vous eussiez répandu
qu'il/elle répandît	qu'ils/elles répandissent	qu'il/elle eût répandu	qu'ils/elles eussent répandu

Commands

	(nous) répandons
(tu) répands	(vous) répandez

USAGE

Le fermier a répandu de la paille sur le sol de l'étable.	*The farmer scattered straw over the floor of the stable.*
J'ai répandu mes lettres sur la table.	*I spread my letters out on the table.*
Les envahisseurs répandaient la terreur.	*The invaders spread terror.*
un style répandu par la télé	*a style spread by television*
Les journaux ont répandu la nouvelle.	*The newspapers spread the news.*
Il répand des bêtises.	*He goes around saying stupid things.*

RELATED WORDS AND EXPRESSIONS

se répandre	*to be spilled/spread/scattered*
Après le cours, les élèves se sont répandus dans la rue.	*After class the students spilled out into the street.*
La peur s'est répandue dans le pays.	*Fear spread throughout the country.*
Il s'est répandu en invectives.	*He let out a torrent of abuse.*
Elle s'est répandue en larmes.	*She burst into tears.*
L'épidémie s'est répandue dans la ville.	*The epidemic spread throughout the city.*

reparaître *to reappear*

je reparais · je reparus · reparu · reparaissant irregular verb

Present		*Passé Composé*	
je reparais	nous reparaissons	j'ai reparu	nous avons reparu
tu reparais	vous reparaissez	tu as reparu	vous avez reparu
il/elle reparaît	ils/elles reparaissent	il/elle a reparu	ils/elles ont reparu
Imperfect		*Pluperfect*	
je reparaissais	nous reparaissions	j'avais reparu	nous avions reparu
tu reparaissais	vous reparaissiez	tu avais reparu	vous aviez reparu
il/elle reparaissait	ils/elles reparaissaient	il/elle avait reparu	ils/elles avaient reparu
Passé Simple		*Past Anterior*	
je reparus	nous reparûmes	j'eus reparu	nous eûmes reparu
tu reparus	vous reparûtes	tu eus reparu	vous eûtes reparu
il/elle reparut	ils/elles reparurent	il/elle eut reparu	ils/elles eurent reparu
Future		*Future Anterior*	
je reparaîtrai	nous reparaîtrons	j'aurai reparu	nous aurons reparu
tu reparaîtras	vous reparaîtrez	tu auras reparu	vous aurez reparu
il/elle reparaîtra	ils/elles reparaîtront	il/elle aura reparu	ils/elles auront reparu
Conditional		*Past Conditional*	
je reparaîtrais	nous reparaîtrions	j'aurais reparu	nous aurions reparu
tu reparaîtrais	vous reparaîtriez	tu aurais reparu	vous auriez reparu
il/elle reparaîtrait	ils/elles reparaîtraient	il/elle aurait reparu	ils/elles auraient reparu

Present Subjunctive		*Past Subjunctive*	
que je reparaisse	que nous reparaissions	que j'aie reparu	que nous ayons reparu
que tu reparaisses	que vous reparaissiez	que tu aies reparu	que vous ayez reparu
qu'il/elle reparaisse	qu'ils/elles reparaissent	qu'il/elle ait reparu	qu'ils/elles aient reparu
Imperfect Subjunctive		*Pluperfect Subjunctive*	
que je reparusse	que nous reparussions	que j'eusse reparu	que nous eussions reparu
que tu reparusses	que vous reparussiez	que tu eusses reparu	que vous eussiez reparu
qu'il/elle reparût	qu'ils/elles reparussent	qu'il/elle eût reparu	qu'ils/elles eussent reparu

Commands

	(nous) reparaissons
(tu) reparais	(vous) reparaissez

USAGE

NOTE: *Reparaître* is sometimes conjugated with *être* in the compound tenses.

Regarde. Le soleil a reparu.	*Look. The sun is out again.*
Il n'osera pas reparaître devant moi.	*He won't dare to show his face to me again.*
Et il n'a jamais reparu.	*And he never showed up again.*
Ce trait reparaît chez eux dans toutes les générations.	*This trait recurs in their family in every generation.*
Ne reparais pas avant le dîner.	*Don't show up again before dinner.*
Le quotidien a reparu après six jours de grève.	*The daily newspaper resumed publishing after a six-day strike.*
Après ce traitement, ses douleurs n'ont pas reparu.	*After this treatment, his pains did not recur.*

regular -*er* verb **je répare · je réparai · réparé · réparant**

Present		*Passé Composé*	
je répare	nous réparons	j'ai réparé	nous avons réparé
tu répares	vous réparez	tu as réparé	vous avez réparé
il/elle répare	ils/elles réparent	il/elle a réparé	ils/elles ont réparé
Imperfect		*Pluperfect*	
je réparais	nous réparions	j'avais réparé	nous avions réparé
tu réparais	vous répariez	tu avais réparé	vous aviez réparé
il/elle réparait	ils/elles réparaient	il/elle avait réparé	ils/elles avaient réparé
Passé Simple		*Past Anterior*	
je réparai	nous réparâmes	j'eus réparé	nous eûmes réparé
tu réparas	vous réparâtes	tu eus réparé	vous eûtes réparé
il/elle répara	ils/elles réparèrent	il/elle eut réparé	ils/elles eurent réparé
Future		*Future Anterior*	
je réparerai	nous réparerons	j'aurai réparé	nous aurons réparé
tu répareras	vous réparerez	tu auras réparé	vous aurez réparé
il/elle réparera	ils/elles répareront	il/elle aura réparé	ils/elles auront réparé
Conditional		*Past Conditional*	
je réparerais	nous réparerions	j'aurais réparé	nous aurions réparé
tu réparerais	vous répareriez	tu aurais réparé	vous auriez réparé
il/elle réparerait	ils/elles répareraient	il/elle aurait réparé	ils/elles auraient réparé

Present Subjunctive		*Past Subjunctive*	
que je répare	que nous réparions	que j'aie réparé	que nous ayons réparé
que tu répares	que vous répariez	que tu aies réparé	que vous ayez réparé
qu'il/elle répare	qu'ils/elles réparent	qu'il/elle ait réparé	qu'ils/elles aient réparé
Imperfect Subjunctive		*Pluperfect Subjunctive*	
que je réparasse	que nous réparassions	que j'eusse réparé	que nous eussions réparé
que tu réparasses	que vous réparassiez	que tu eusses réparé	que vous eussiez réparé
qu'il/elle réparât	qu'ils/elles réparassent	qu'il/elle eût réparé	qu'ils/elles eussent réparé

Commands

	(nous) réparons
(tu) répare	(vous) réparez

USAGE

—Je ne sais pas réparer le moteur.	*I don't know how to fix the motor.*
—Ça ne fait rien. On le fera réparer.	*That's OK. We'll have it repaired.*
—Ma montre ne marche plus.	*My watch isn't working anymore.*
—Je sais où tu peux la faire réparer.	*I know where you can get it fixed.*
J'ai donné mon pantalon à réparer.	*I'm having my pants mended.*
Tu ne pourras jamais réparer.	*You'll never be able to make up for it.*
Comment va-t-il réparer le mal qu'il a fait?	*How will he be able to make up for the harm he has done?*

RELATED WORDS AND EXPRESSIONS

la réparation	*repair*
La moto est en réparation.	*The motorcycle is being repaired.*
Il y a des réparations à faire chez nous.	*Our place needs repair.*

repartir *to leave again*

je repars · je repartis · reparti · repartant irregular verb; compound tenses with *être*

Present		*Passé Composé*	
je repars	nous repartons	je suis reparti(e)	nous sommes reparti(e)s
tu repars	vous repartez	tu es reparti(e)	vous êtes reparti(e)(s)
il/elle repart	ils/elles repartent	il/elle est reparti(e)	ils/elles sont reparti(e)s
Imperfect		*Pluperfect*	
je repartais	nous repartions	j'étais reparti(e)	nous étions reparti(e)s
tu repartais	vous repartiez	tu étais reparti(e)	vous étiez reparti(e)(s)
il/elle repartait	ils/elles repartaient	il/elle était reparti(e)	ils/elles étaient reparti(e)s
Passé Simple		*Past Anterior*	
je repartis	nous repartîmes	je fus reparti(e)	nous fûmes reparti(e)s
tu repartis	vous repartîtes	tu fus reparti(e)	vous fûtes reparti(e)(s)
il/elle repartit	ils/elles repartirent	il/elle fut reparti(e)	ils/elles furent reparti(e)s
Future		*Future Anterior*	
je repartirai	nous repartirons	je serai reparti(e)	nous serons reparti(e)s
tu repartiras	vous repartirez	tu seras reparti(e)	vous serez reparti(e)(s)
il/elle repartira	ils/elles repartiront	il/elle sera reparti(e)	ils/elles seront reparti(e)s
Conditional		*Past Conditional*	
je repartirais	nous repartirions	je serais reparti(e)	nous serions reparti(e)s
tu repartirais	vous repartiriez	tu serais reparti(e)	vous seriez reparti(e)(s)
il/elle repartirait	ils/elles repartiraient	il/elle serait reparti(e)	ils/elles seraient reparti(e)s

Present Subjunctive		*Past Subjunctive*	
que je reparte	que nous repartions	que je sois reparti(e)	que nous soyons reparti(e)s
que tu repartes	que vous repartiez	que tu sois reparti(e)	que vous soyez reparti(e)(s)
qu'il/elle reparte	qu'ils/elles repartent	qu'il/elle soit reparti(e)	qu'ils/elles soient reparti(e)s
Imperfect Subjunctive		*Pluperfect Subjunctive*	
que je repartisse	que nous repartissions	que je fusse reparti(e)	que nous fussions reparti(e)s
que tu repartisses	que vous repartissiez	que tu fusses reparti(e)	que vous fussiez reparti(e)(s)
qu'il/elle repartît	qu'ils/elles repartissent	qu'il/elle fût reparti(e)	qu'ils/elles fussent reparti(e)s

Commands

	(nous) repartons
(tu) repars	(vous) repartez

USAGE

Le train est reparti après les réparations.	*The train left again after repairs.*
Ils sont arrivés lundi et repartis mardi matin.	*They arrived on Monday and left on Tuesday morning.*
Après un bref séjour je suis reparti chez moi.	*After a brief stay, I left for home again.*
La conversation est repartie.	*The conversation has started up again.*
repartir à zéro	*to start over / from scratch*
Après sa faillite il est reparti à zéro.	*After his bankruptcy he started over from scratch.*
Tu dois repartir du bon pied.	*You must make a fresh start.*
L'action des banques centrales a fait repartir les marchés boursiers.	*The action taken by the central banks has jump-started the stock markets.*
L'immobilier de bureaux devrait repartir l'année prochaine.	*Commercial real estate is supposed to take off again next year.*

regular -ir verb

je répartis · je répartis · réparti · répartissant

Present		*Passé Composé*	
je répartis	nous répartissons	j'ai réparti	nous avons réparti
tu répartis	vous répartissez	tu as réparti	vous avez réparti
il/elle répartit	ils/elles répartissent	il/elle a réparti	ils/elles ont réparti
Imperfect		*Pluperfect*	
je répartissais	nous répartissions	j'avais réparti	nous avions réparti
tu répartissais	vous répartissiez	tu avais réparti	vous aviez réparti
il/elle répartissait	ils/elles répartissaient	il/elle avait réparti	ils/elles avaient réparti
Passé Simple		*Past Anterior*	
je répartis	nous répartîmes	j'eus réparti	nous eûmes réparti
tu répartis	vous répartîtes	tu eus réparti	vous eûtes réparti
il/elle répartit	ils/elles répartirent	il/elle eut réparti	ils/elles eurent réparti
Future		*Future Anterior*	
je répartirai	nous répartirons	j'aurai réparti	nous aurons réparti
tu répartiras	vous répartirez	tu auras réparti	vous aurez réparti
il/elle répartira	ils/elles répartiront	il/elle aura réparti	ils/elles auront réparti
Conditional		*Past Conditional*	
je répartirais	nous répartirions	j'aurais réparti	nous aurions réparti
tu répartirais	vous répartiriez	tu aurais réparti	vous auriez réparti
il/elle répartirait	ils/elles répartiraient	il/elle aurait réparti	ils/elles auraient réparti
Present Subjunctive		*Past Subjunctive*	
que je répartisse	que nous répartissions	que j'aie réparti	que nous ayons réparti
que tu répartisses	que vous répartissiez	que tu aies réparti	que vous ayez réparti
qu'il/elle répartisse	qu'ils/elles répartissent	qu'il/elle ait réparti	qu'ils/elles aient réparti
Imperfect Subjunctive		*Pluperfect Subjunctive*	
que je répartisse	que nous répartissions	que j'eusse réparti	que nous eussions réparti
que tu répartisses	que vous répartissiez	que tu eusses réparti	que vous eussiez réparti
qu'il/elle répartît	qu'ils/elles répartissent	qu'il/elle eût réparti	qu'ils/elles eussent réparti

Commands

	(nous) répartissons
(tu) répartis	(vous) répartissez

USAGE

On répartira le travail entre les ouvriers.	*We'll divide the work up among the workers.*
J'ai réparti les étudiants en deux équipes.	*I divided the students into two teams.*
Ce cours est réparti sur trois semestres.	*This course is divided up over three semesters.*
Elle a réparti son argent entre ses enfants.	*She divided her money among her children.*
Comment répartir les dépenses?	*How can we divide the expenses?*
Vous devez répartir vos actifs entre le risque et le rendement.	*You should divide your assets between risk and return.*
Le prof a réparti les examens sur l'année entière.	*The teacher scheduled exams over the whole year.*

RELATED WORDS AND EXPRESSIONS

se répartir	*to divide up*
Il faut se répartir en trois groupes.	*We have to divide into three groups.*
C'est comme ça que le travail s'est réparti.	*That's how the work was divided up.*
Les frais se sont répartis entre tous.	*The expenses were divided among all concerned.*
Les gendarmes se sont répartis dans le quartier.	*The police spread out over the neighborhood.*

450 repasser *to cross again; to take an exam again; to iron clothing*

je repasse · je repassai · repassé · repassant regular -*er* verb

Present		*Passé Composé*	
je repasse	nous repassons	j'ai repassé	nous avons repassé
tu repasses	vous repassez	tu as repassé	vous avez repassé
il/elle repasse	ils/elles repassent	il/elle a repassé	ils/elles ont repassé
Imperfect		*Pluperfect*	
je repassais	nous repassions	j'avais repassé	nous avions repassé
tu repassais	vous repassiez	tu avais repassé	vous aviez repassé
il/elle repassait	ils/elles repassaient	il/elle avait repassé	ils/elles avaient repassé
Passé Simple		*Past Anterior*	
je repassai	nous repassâmes	j'eus repassé	nous eûmes repassé
tu repassas	vous repassâtes	tu eus repassé	vous eûtes repassé
il/elle repassa	ils/elles repassèrent	il/elle eut repassé	ils/elles eurent repassé
Future		*Future Anterior*	
je repasserai	nous repasserons	j'aurai repassé	nous aurons repassé
tu repasseras	vous repasserez	tu auras repassé	vous aurez repassé
il/elle repassera	ils/elles repasseront	il/elle aura repassé	ils/elles auront repassé
Conditional		*Past Conditional*	
je repasserais	nous repasserions	j'aurais repassé	nous aurions repassé
tu repasserais	vous repasseriez	tu aurais repassé	vous auriez repassé
il/elle repasserait	ils/elles repasseraient	il/elle aurait repassé	ils/elles auraient repassé

Present Subjunctive		*Past Subjunctive*	
que je repasse	que nous repassions	que j'aie repassé	que nous ayons repassé
que tu repasses	que vous repassiez	que tu aies repassé	que vous ayez repassé
qu'il/elle repasse	qu'ils/elles repassent	qu'il/elle ait repassé	qu'ils/elles aient repassé
Imperfect Subjunctive		*Pluperfect Subjunctive*	
que je repassasse	que nous repassassions	que j'eusse repassé	que nous eussions repassé
que tu repassasses	que vous repassassiez	que tu eusses repassé	que vous eussiez repassé
qu'il/elle repassât	qu'ils/elles repassassent	qu'il/elle eût repassé	qu'ils/elles eussent repassé

Commands

	(nous) repassons
(tu) repasse	(vous) repassez

USAGE

Nous avons repassé le fleuve.	*We crossed back over the river.*
Les étudiants ont repassé l'examen.	*The students took the test again.*
Je viens de repasser mon permis de conduire.	*I've just taken my driver's exam again.*
Elle repasse ses robes.	*She's ironing her dresses.*
un fer à repasser	*a clothes iron*
Je repasserai te voir.	*I'll come by to see you again.*
La semaine prochaine on repasse ce film.	*That film will be shown again next week.*
Je lui ai repassé le journal.	*I handed the newspaper back to him.*
Je vous repasse le patron.	*I'll put the boss on again.* (telephone)

RELATED WORDS AND EXPRESSIONS

la table à repassage	*ironing board*

repérer

to spot, locate, pinpoint

-*er* verb; spelling change: *é* > *è*/mute *e* except in the future and conditional

je repère · je repérai · repéré · repérant

Present		Passé Composé	
je repère	nous repérons	j'ai repéré	nous avons repéré
tu repères	vous repérez	tu as repéré	vous avez repéré
il/elle repère	ils/elles repèrent	il/elle a repéré	ils/elles ont repéré
Imperfect		***Pluperfect***	
je repérais	nous repérions	j'avais repéré	nous avions repéré
tu repérais	vous repériez	tu avais repéré	vous aviez repéré
il/elle repérait	ils/elles repéraient	il/elle avait repéré	ils/elles avaient repéré
Passé Simple		***Past Anterior***	
je repérai	nous repérâmes	j'eus repéré	nous eûmes repéré
tu repéras	vous repérâtes	tu eus repéré	vous eûtes repéré
il/elle repéra	ils/elles repérèrent	il/elle eut repéré	ils/elles eurent repéré
Future		***Future Anterior***	
je repérerai	nous repérerons	j'aurai repéré	nous aurons repéré
tu repéreras	vous repérerez	tu auras repéré	vous aurez repéré
il/elle repérera	ils/elles repéreront	il/elle aura repéré	ils/elles auront repéré
Conditional		***Past Conditional***	
je repérerais	nous repérerions	j'aurais repéré	nous aurions repéré
tu repérerais	vous repéreriez	tu aurais repéré	vous auriez repéré
il/elle repérerait	ils/elles repéreraient	il/elle aurait repéré	ils/elles auraient repéré
Present Subjunctive		***Past Subjunctive***	
que je repère	que nous repérions	que j'aie repéré	que nous ayons repéré
que tu repères	que vous repériez	que tu aies repéré	que vous ayez repéré
qu'il/elle repère	qu'ils/elles repèrent	qu'il/elle ait repéré	qu'ils/elles aient repéré
Imperfect Subjunctive		***Pluperfect Subjunctive***	
que je repérasse	que nous repérassions	que j'eusse repéré	que nous eussions repéré
que tu repérasses	que vous repérassiez	que tu eusses repéré	que vous eussiez repéré
qu'il/elle repérât	qu'ils/elles repérassent	qu'il/elle eût repéré	qu'ils/elles eussent repéré

Commands

	(nous) repérons
(tu) repère	(vous) repérez

USAGE

Je l'ai repérée dans la foule.	*I spotted her in the crowd.*
Avec tout ce bruit tu vas nous faire repérer.	*With all that noise you're going to get us spotted.*
On utilise des micropuces pour repérer des cellules cancéreuses.	*They use microchips to locate cancer cells.*
Ma mère a repéré un bon traiteur.	*My mother discovered a good caterer/deli.*
Les voleurs se sont fait repérer.	*The thieves got themselves caught.*
Je me repère facilement dans cette ville.	*I find my way around easily in this city.*

RELATED WORDS AND EXPRESSIONS

le repère	*marker/landmark*
Le menuisier a tracé des repères sur le bois.	*The carpenter made marks on the wood.*
le point de repère	*landmark / point of reference*
Ce parc nous servira de point de repère.	*This park will serve as a reminder of how to get back.*

répéter *to repeat*

je répète · je répétai · répété · répétant

regular *-er* verb; spelling change: *é* > *è*/mute *e* except in the future and conditional

Present		*Passé Composé*	
je répète	nous répétons	j'ai répété	nous avons répété
tu répètes	vous répétez	tu as répété	vous avez répété
il/elle répète	ils/elles répètent	il/elle a répété	ils/elles ont répété
Imperfect		*Pluperfect*	
je répétais	nous répétions	j'avais répété	nous avions répété
tu répétais	vous répétiez	tu avais répété	vous aviez répété
il/elle répétait	ils/elles répétaient	il/elle avait répété	ils/elles avaient répété
Passé Simple		*Past Anterior*	
je répétai	nous répétâmes	j'eus répété	nous eûmes répété
tu répétas	vous répétâtes	tu eus répété	vous eûtes répété
il/elle répéta	ils/elles répétèrent	il/elle eut répété	ils/elles eurent répété
Future		*Future Anterior*	
je répéterai	nous répéterons	j'aurai répété	nous aurons répété
tu répéteras	vous répéterez	tu auras répété	vous aurez répété
il/elle répétera	ils/elles répéteront	il/elle aura répété	ils/elles auront répété
Conditional		*Past Conditional*	
je répéterais	nous répéterions	j'aurais répété	nous aurions répété
tu répéterais	vous répéteriez	tu aurais répété	vous auriez répété
il/elle répéterait	ils/elles répéteraient	il/elle aurait répété	ils/elles auraient répété

Present Subjunctive		*Past Subjunctive*	
que je répète	que nous répétions	que j'aie répété	que nous ayons répété
que tu répètes	que vous répétiez	que tu aies répété	que vous ayez répété
qu'il/elle répète	qu'ils/elles répètent	qu'il/elle ait répété	qu'ils/elles aient répété
Imperfect Subjunctive		*Pluperfect Subjunctive*	
que je répétasse	que nous répétassions	que j'eusse répété	que nous eussions répété
que tu répétasses	que vous répétassiez	que tu eusses répété	que vous eussiez répété
qu'il/elle répétât	qu'ils/elles répétassent	qu'il/elle eût répété	qu'ils/elles eussent répété

Commands

	(nous) répétons
(tu) répète	(vous) répétez

USAGE

Répétez après moi.	*Repeat after me.*
Combien de fois est-ce qu'il faut te répéter la même chose?	*How many times do I have to repeat the same thing to you?*
C'est un secret à ne pas répéter.	*It's a secret that should not be repeated.*
Le prisonnier a répété sa tentative d'évasion.	*The prisoner repeated his escape attempt.*
Je ne me le suis pas fait répéter.	*I didn't have to be told twice.*
Les musiciens répètent avant le concert.	*The musicians rehearse before the concert.*

RELATED WORDS AND EXPRESSIONS

la répétition	*rehearsal*
se répéter	*to repeat oneself*
Tu te répètes, tu sais?	*Do you know you're repeating yourself?*
L'histoire se répète.	*History repeats itself.*
Le même style de maison se répétait rue après rue.	*The same style of house was found on street after street.*

to answer **répondre** 453

regular -*re* verb

je réponds · je répondis · répondu · répondant

Present		*Passé Composé*	
je réponds	nous répondons	j'ai répondu	nous avons répondu
tu réponds	vous répondez	tu as répondu	vous avez répondu
il/elle répond	ils/elles répondent	il/elle a répondu	ils/elles ont répondu
Imperfect		***Pluperfect***	
je répondais	nous répondions	j'avais répondu	nous avions répondu
tu répondais	vous répondiez	tu avais répondu	vous aviez répondu
il/elle répondait	ils/elles répondaient	il/elle avait répondu	ils/elles avaient répondu
Passé Simple		***Past Anterior***	
je répondis	nous répondîmes	j'eus répondu	nous eûmes répondu
tu répondis	vous répondîtes	tu eus répondu	vous eûtes répondu
il/elle répondit	ils/elles répondirent	il/elle eut répondu	ils/elles eurent répondu
Future		***Future Anterior***	
je répondrai	nous répondrons	j'aurai répondu	nous aurons répondu
tu répondras	vous répondrez	tu auras répondu	vous aurez répondu
il/elle répondra	ils/elles répondront	il/elle aura répondu	ils/elles auront répondu
Conditional		***Past Conditional***	
je répondrais	nous répondrions	j'aurais répondu	nous aurions répondu
tu répondrais	vous répondriez	tu aurais répondu	vous auriez répondu
il/elle répondrait	ils/elles répondraient	il/elle aurait répondu	ils/elles auraient répondu

Present Subjunctive		*Past Subjunctive*	
que je réponde	que nous répondions	que j'aie répondu	que nous ayons répondu
que tu répondes	que vous répondiez	que tu aies répondu	que vous ayez répondu
qu'il/elle réponde	qu'ils/elles répondent	qu'il/elle ait répondu	qu'ils/elles aient répondu
Imperfect Subjunctive		***Pluperfect Subjunctive***	
que je répondisse	que nous répondissions	que j'eusse répondu	que nous eussions répondu
que tu répondisses	que vous répondissiez	que tu eusses répondu	que vous eussiez répondu
qu'il/elle répondît	qu'ils/elles répondissent	qu'il/elle eût répondu	qu'ils/elles eussent répondu

Commands

	(nous) répondons
(tu) réponds	(vous) répondez

USAGE

répondre que	*to answer that*
J'ai répondu qu'il était tard.	*I answered that it was late.*
Il a répondu qu'il voulait partir.	*He answered that he wanted to leave.*
Nous avons répondu que oui/non.	*We answered yes/no.*
répondre qqch	*to answer (with) something*
Il a répondu une bêtise.	*He answered (with) something stupid.*
Elle a répondu « présente » à l'appel.	*She answered "present" when they called the roll.*
répondre à qqch	*to answer something*
J'ai répondu à son message	*I answered his message.*
répondre à qqn	*to answer someone*
Je leur répondrai.	*I'll answer them.*

top 50 verb

453 **répondre** *to answer*

je réponds · je répondis · répondu · répondant regular -*re* verb

***répondre* + la réponse**

Il a répondu quelque chose, mais je n'ai rien compris.	*He answered something, but I didn't understand any of it.*

répondre par qqch *to answer by/using*

J'ai répondu par des balbutiements.	*I answered with stammers.*
Je n'ai rien à répondre.	*I have nothing to answer.*
J'ai répondu par écrit.	*I answered in writing.*
Vous me répondrez par oui ou par non.	*You'll answer yes or no.*
L'enfant m'a répondu par un sourire.	*The child answered me with a smile.*

répondre à qqch

répondre au téléphone	*to answer the phone*
répondre au courrier électronique	*to answer the e-mail*
répondre à la porte	*to answer the door*
répondre à la sonnette	*to answer the bell*
répondre à une question	*to answer a question*
Les étudiants ont répondu à toutes les questions.	*The students answered all of the questions.*
Tu n'as pas répondu à son salut.	*You didn't answer when she said "hello."*
Il a répondu à toutes les objections du chef.	*He answered all the boss's objections.*
Son cœur ne répond plus aux excitations.	*His heart no longer responds to stimuli.*
—Est-ce qu'elle a répondu à cette annonce?	*Did she answer that ad?*
—Oui, mais elle a découvert que le poste ne répond pas à ses espérances.	*Yes, but she discovered that the job falls short of her expectations.*
Tu as entendu la question? Réponds-y.	*Did you hear the question? Answer it.*

répondre à qqn

—Elle m'a répondu en criant des mots grossiers.	*She answered me by shouting coarse words.*
—Vous ne devez pas lui permettre de vous répondre sur ce ton.	*You shouldn't allow her to answer you in that tone of voice.*
Il a une question. Réponds-lui.	*He has a question. Answer him.*

***répondre* (emploi absolu)**

Ça ne répond pas.	*There's no answer.* (telephone)
Les freins ne répondent plus!	*The brakes are failing!*

RELATED WORDS AND EXPRESSIONS

la réponse	*answer*
le bulletin de réponse	*reply slip*
en réponse à votre demande	*in response to your application*
J'attends toujours sa réponse.	*I'm still waiting for his reply.*
le répondeur	*answering machine*

top 50 verb

regular *-er* reflexive verb;
compound tenses with *être*

je me repose · je me reposai · s'étant reposé · se reposant

Present		*Passé Composé*	
je me repose	nous nous reposons	je me suis reposé(e)	nous nous sommes reposé(e)s
tu te reposes	vous vous reposez	tu t'es reposé(e)	vous vous êtes reposé(e)(s)
il/elle se repose	ils/elles se reposent	il/elle s'est reposé(e)	ils/elles se sont reposé(e)s
Imperfect		*Pluperfect*	
je me reposais	nous nous reposions	je m'étais reposé(e)	nous nous étions reposé(e)s
tu te reposais	vous vous reposiez	tu t'étais reposé(e)	vous vous étiez reposé(e)(s)
il/elle se reposait	ils/elles se reposaient	il/elle s'était reposé(e)	ils/elles s'étaient reposé(e)s
Passé Simple		*Past Anterior*	
je me reposai	nous nous reposâmes	je me fus reposé(e)	nous nous fûmes reposé(e)s
tu te reposas	vous vous reposâtes	tu te fus reposé(e)	vous vous fûtes reposé(e)(s)
il/elle se reposa	ils/elles se reposèrent	il/elle se fut reposé(e)	ils/elles se furent reposé(e)s
Future		*Future Anterior*	
je me reposerai	nous nous reposerons	je me serai reposé(e)	nous nous serons reposé(e)s
tu te reposeras	vous vous reposerez	tu te seras reposé(e)	vous vous serez reposé(e)(s)
il/elle se reposera	ils/elles se reposeront	il/elle se sera reposé(e)	ils/elles se seront reposé(e)s
Conditional		*Past Conditional*	
je me reposerais	nous nous reposerions	je me serais reposé(e)	nous nous serions reposé(e)s
tu te reposerais	vous vous reposeriez	tu te serais reposé(e)	vous vous seriez reposé(e)(s)
il/elle se reposerait	ils/elles se reposeraient	il/elle se serait reposé(e)	ils/elles se seraient reposé(e)s

Present Subjunctive		*Past Subjunctive*	
que je me repose	que nous nous reposions	que je me sois reposé(e)	que nous nous soyons reposé(e)s
que tu te reposes	que vous vous reposiez	que tu te sois reposé(e)	que vous vous soyez reposé(e)(s)
qu'il/elle se repose	qu'ils/elles se reposent	qu'il/elle se soit reposé(e)	qu'ils/elles se soient reposé(e)s
Imperfect Subjunctive		*Pluperfect Subjunctive*	
que je me reposasse	que nous nous reposassions	que je me fusse reposé(e)	que nous nous fussions reposé(e)s
que tu te reposasses	que vous vous reposassiez	que tu te fusses reposé(e)	que vous vous fussiez reposé(e)(s)
qu'il/elle se reposât	qu'ils/elles se reposassent	qu'il/elle se fût reposé(e)	qu'ils/elles se fussent reposé(e)s

Commands

	(nous) reposons-nous
(tu) repose-toi	(vous) reposez-vous

USAGE

Je me repose après le travail.	*I rest after work.*
Avec ce bruit on ne peut pas se reposer.	*We can't rest with this noise.*
Laisse-moi me reposer.	*Let me rest.*
Ils se reposent sur leurs lauriers.	*They're resting on their laurels.*
Il se repose sur nous pour tout.	*He relies on us for everything.*
Je me repose sur vous.	*I'm counting on you.*

RELATED WORDS AND EXPRESSIONS

le repos	*rest*
Il faut que tu prennes un peu de repos.	*You should take some time off.*
J'ai un mois de repos.	*I have a month off.*

455 reprendre *to take up again, start again*

je reprends · je repris · repris · reprenant — irregular verb

Present		*Passé Composé*	
je reprends	nous reprenons	j'ai repris	nous avons repris
tu reprends	vous reprenez	tu as repris	vous avez repris
il/elle reprend	ils/elles reprennent	il/elle a repris	ils/elles ont repris
Imperfect		***Pluperfect***	
je reprenais	nous reprenions	j'avais repris	nous avions repris
tu reprenais	vous repreniez	tu avais repris	vous aviez repris
il/elle reprenait	ils/elles reprenaient	il/elle avait repris	ils/elles avaient repris
Passé Simple		***Past Anterior***	
je repris	nous reprîmes	j'eus repris	nous eûmes repris
tu repris	vous reprîtes	tu eus repris	vous eûtes repris
il/elle reprit	ils/elles reprirent	il/elle eut repris	ils/elles eurent repris
Future		***Future Anterior***	
je reprendrai	nous reprendrons	j'aurai repris	nous aurons repris
tu reprendras	vous reprendrez	tu auras repris	vous aurez repris
il/elle reprendra	ils/elles reprendront	il/elle aura repris	ils/elles auront repris
Conditional		***Past Conditional***	
je reprendrais	nous reprendrions	j'aurais repris	nous aurions repris
tu reprendrais	vous reprendriez	tu aurais repris	vous auriez repris
il/elle reprendrait	ils/elles reprendraient	il/elle aurait repris	ils/elles auraient repris

Present Subjunctive		*Past Subjunctive*	
que je reprenne	que nous reprenions	que j'aie repris	que nous ayons repris
que tu reprennes	que vous repreniez	que tu aies repris	que vous ayez repris
qu'il/elle reprenne	qu'ils/elles reprennent	qu'il/elle ait repris	qu'ils/elles aient repris
Imperfect Subjunctive		***Pluperfect Subjunctive***	
que je reprisse	que nous reprissions	que j'eusse repris	que nous eussions repris
que tu reprisses	que vous reprissiez	que tu eusses repris	que vous eussiez repris
qu'il/elle reprît	qu'ils/elles reprissent	qu'il/elle eût repris	qu'ils/elles eussent repris

Commands

	(nous) reprenons
(tu) reprends	(vous) reprenez

USAGE

Il a repris sa place.	*He took his seat again.*
Je vais reprendre l'histoire dès le début.	*I'll start the story all over again.*
La neige a repris de plus belle.	*It started snowing again, harder than before.*
Tu as repris ta parole.	*You went back on your word.*
Le malade a repris le dessus.	*The sick man recovered.*
Vous reprenez de la salade?	*Will you have some more salad?*
Que je ne t'y reprenne pas!	*Don't let me catch you doing it again!*
Tu as repris tes mauvaises habitudes.	*You've fallen back into your bad habits.*
La police a repris le prisonnier évadé.	*The police caught the escaped prisoner.*
Les doutes m'ont repris.	*I was beset by doubt again.*
Il n'y a rien à reprendre dans votre thème.	*There is nothing to correct in your composition.*
Mais tu reprends toujours les mêmes idées!	*But you just keep repeating the same ideas!*

irregular verb

je résous · je résolus · résolu · résolvant

Present		*Passé Composé*	
je résous	nous résolvons	j'ai résolu	nous avons résolu
tu résous	vous résolvez	tu as résolu	vous avez résolu
il/elle résout	ils/elles résolvent	il/elle a résolu	ils/elles ont résolu
Imperfect		*Pluperfect*	
je résolvais	nous résolvions	j'avais résolu	nous avions résolu
tu résolvais	vous résolviez	tu avais résolu	vous aviez résolu
il/elle résolvait	ils/elles résolvaient	il/elle avait résolu	ils/elles avaient résolu
Passé Simple		*Past Anterior*	
je résolus	nous résolûmes	j'eus résolu	nous eûmes résolu
tu résolus	vous résolûtes	tu eus résolu	vous eûtes résolu
il/elle résolut	ils/elles résolurent	il/elle eut résolu	ils/elles eurent résolu
Future		*Future Anterior*	
je résoudrai	nous résoudrons	j'aurai résolu	nous aurons résolu
tu résoudras	vous résoudrez	tu auras résolu	vous aurez résolu
il/elle résoudra	ils/elles résoudront	il/elle aura résolu	ils/elles auront résolu
Conditional		*Past Conditional*	
je résoudrais	nous résoudrions	j'aurais résolu	nous aurions résolu
tu résoudrais	vous résoudriez	tu aurais résolu	vous auriez résolu
il/elle résoudrait	ils/elles résoudraient	il/elle aurait résolu	ils/elles auraient résolu
Present Subjunctive		*Past Subjunctive*	
que je résolve	que nous résolvions	que j'aie résolu	que nous ayons résolu
que tu résolves	que vous résolviez	que tu aies résolu	que vous ayez résolu
qu'il/elle résolve	qu'ils/elles résolvent	qu'il/elle ait résolu	qu'ils/elles aient résolu
Imperfect Subjunctive		*Pluperfect Subjunctive*	
que je résolusse	que nous résolussions	que j'eusse résolu	que nous eussions résolu
que tu résolusses	que vous résolussiez	que tu eusses résolu	que vous eussiez résolu
qu'il/elle résolût	qu'ils/elles résolussent	qu'il/elle eût résolu	qu'ils/elles eussent résolu

Commands

	(nous) résolvons
(tu) résous	(vous) résolvez

USAGE

résoudre un problème	*to solve a problem*
résoudre une équation	*to solve an equation*
Je ne sais pas comment résoudre ce conflit.	*I don't know how to settle this conflict.*
Il reste des difficultés à résoudre.	*There are still some difficulties to be worked through.*
Il faut résoudre ce contrat.	*This contract must be canceled.*
résoudre de faire qqch	*to decide to do something*
Il faut que je résolve ce problème.	*I have to solve this problem.*
Nous avons résolu de partir.	*We decided to leave.*
résoudre qqn de faire qqch	*to convince someone to do something*
Ils m'ont résolu de leur venir en aide.	*They prevailed upon me to come to their assistance.*
Il est résolu à le faire.	*He is determined to do it.*

RELATED WORDS AND EXPRESSIONS

la résolution	*resolution/solution*
la résolution d'un problème	*the resolution of a problem*

457 ressembler *to resemble*

je ressemble · je ressemblai · ressemblé · ressemblant regular -*er* verb

Present		*Passé Composé*	
je ressemble	nous ressemblons	j'ai ressemblé	nous avons ressemblé
tu ressembles	vous ressemblez	tu as ressemblé	vous avez ressemblé
il/elle ressemble	ils/elles ressemblent	il/elle a ressemblé	ils/elles ont ressemblé
Imperfect		***Pluperfect***	
je ressemblais	nous ressemblions	j'avais ressemblé	nous avions ressemblé
tu ressemblais	vous ressembliez	tu avais ressemblé	vous aviez ressemblé
il/elle ressemblait	ils/elles ressemblaient	il/elle avait ressemblé	ils/elles avaient ressemblé
Passé Simple		***Past Anterior***	
je ressemblai	nous ressemblâmes	j'eus ressemblé	nous eûmes ressemblé
tu ressemblas	vous ressemblâtes	tu eus ressemblé	vous eûtes ressemblé
il/elle ressembla	ils/elles ressemblèrent	il/elle eut ressemblé	ils/elles eurent ressemblé
Future		***Future Anterior***	
je ressemblerai	nous ressemblerons	j'aurai ressemblé	nous aurons ressemblé
tu ressembleras	vous ressemblerez	tu auras ressemblé	vous aurez ressemblé
il/elle ressemblera	ils/elles ressembleront	il/elle aura ressemblé	ils/elles auront ressemblé
Conditional		***Past Conditional***	
je ressemblerais	nous ressemblerions	j'aurais ressemblé	nous aurions ressemblé
tu ressemblerais	vous ressembleriez	tu aurais ressemblé	vous auriez ressemblé
il/elle ressemblerait	ils/elles ressembleraient	il/elle aurait ressemblé	ils/elles auraient ressemblé

Present Subjunctive		*Past Subjunctive*	
que je ressemble	que nous ressemblions	que j'aie ressemblé	que nous ayons ressemblé
que tu ressembles	que vous ressembliez	que tu aies ressemblé	que vous ayez ressemblé
qu'il/elle ressemble	qu'ils/elles ressemblent	qu'il/elle ait ressemblé	qu'ils/elles aient ressemblé
Imperfect Subjunctive		***Pluperfect Subjunctive***	
que je ressemblasse	que nous ressemblassions	que j'eusse ressemblé	que nous eussions ressemblé
que tu ressemblasses	que vous ressemblassiez	que tu eusses ressemblé	que vous eussiez ressemblé
qu'il/elle ressemblât	qu'ils/elles ressemblassent	qu'il/elle eût ressemblé	qu'ils/elles eussent ressemblé

Commands

	(nous) ressemblons
(tu) ressemble	(vous) ressemblez

USAGE

ressembler à qqn	*to look like somebody*
Il ressemble à sa mère.	*He looks like his mother.*
Votre fille vous ressemble.	*Your daughter looks like you.*
Ça ne lui ressemble pas.	*That's not like him.*

RELATED WORDS AND EXPRESSIONS

ressemblant(e)	*true to life*
Je ne suis pas très ressemblant sur cette photo.	*This picture doesn't look like me.*
se ressembler	*to look like each other*
Les jumeaux se ressemblent comme deux gouttes d'eau.	*The twins are as alike as two peas in a pod.*
Tous les centres commerciaux se ressemblent.	*All shopping centers are alike.*

ressentir

to feel, experience

irregular verb

je ressens · je ressentis · ressenti · ressentant

Present		*Passé Composé*	
je ressens	nous ressentons	j'ai ressenti	nous avons ressenti
tu ressens	vous ressentez	tu as ressenti	vous avez ressenti
il/elle ressent	ils/elles ressentent	il/elle a ressenti	ils/elles ont ressenti

Imperfect		*Pluperfect*	
je ressentais	nous ressentions	j'avais ressenti	nous avions ressenti
tu ressentais	vous ressentiez	tu avais ressenti	vous aviez ressenti
il/elle ressentait	ils/elles ressentaient	il/elle avait ressenti	ils/elles avaient ressenti

Passé Simple		*Past Anterior*	
je ressentis	nous ressentîmes	j'eus ressenti	nous eûmes ressenti
tu ressentis	vous ressentîtes	tu eus ressenti	vous eûtes ressenti
il/elle ressentit	ils/elles ressentirent	il/elle eut ressenti	ils/elles eurent ressenti

Future		*Future Anterior*	
je ressentirai	nous ressentirons	j'aurai ressenti	nous aurons ressenti
tu ressentiras	vous ressentirez	tu auras ressenti	vous aurez ressenti
il/elle ressentira	ils/elles ressentiront	il/elle aura ressenti	ils/elles auront ressenti

Conditional		*Past Conditional*	
je ressentirais	nous ressentirions	j'aurais ressenti	nous aurions ressenti
tu ressentirais	vous ressentiriez	tu aurais ressenti	vous auriez ressenti
il/elle ressentirait	ils/elles ressentiraient	il/elle aurait ressenti	ils/elles auraient ressenti

Present Subjunctive		*Past Subjunctive*	
que je ressente	que nous ressentions	que j'aie ressenti	que nous ayons ressenti
que tu ressentes	que vous ressentiez	que tu aies ressenti	que vous ayez ressenti
qu'il/elle ressente	qu'ils/elles ressentent	qu'il/elle ait ressenti	qu'ils/elles aient ressenti

Imperfect Subjunctive		*Pluperfect Subjunctive*	
que je ressentisse	que nous ressentissions	que j'eusse ressenti	que nous eussions ressenti
que tu ressentisses	que vous ressentissiez	que tu eusses ressenti	que vous eussiez ressenti
qu'il/elle ressentît	qu'ils/elles ressentissent	qu'il/elle eût ressenti	qu'ils/elles eussent ressenti

Commands

	(nous) ressentons
(tu) ressens	(vous) ressentez

USAGE

Elle ressentait profondément la perte de ses parents.	*She felt the loss of her parents deeply.*
Nous ressentons une grande fierté.	*We feel tremendous pride.*
Je ressens un fourmillement aux doigts.	*I feel tingling in my fingers.*
Je ne ressens pas beaucoup de sympathie pour lui.	*I don't have much of a liking for him.*
Sa prose se ressent de sa colère.	*His writing is showing the effects of his anger.*
Je ne m'en ressens pas pour recommencer.	*I don't have the strength to start over.*

RELATED WORDS AND EXPRESSIONS

le ressentiment	*resentment*
éprouver du ressentiment	*to feel resentment*

459 rester *to remain, stay*

je reste · je restai · resté · restant regular *-er* verb; compound tenses with *être*

Present		*Passé Composé*	
je reste	nous restons	je suis resté(e)	nous sommes resté(e)s
tu restes	vous restez	tu es resté(e)	vous êtes resté(e)(s)
il/elle reste	ils/elles restent	il/elle est resté(e)	ils/elles sont resté(e)s
Imperfect		*Pluperfect*	
je restais	nous restions	j'étais resté(e)	nous étions resté(e)s
tu restais	vous restiez	tu étais resté(e)	vous étiez resté(e)(s)
il/elle restait	ils/elles restaient	il/elle était resté(e)	ils/elles étaient resté(e)s
Passé Simple		*Past Anterior*	
je restai	nous restâmes	je fus resté(e)	nous fûmes resté(e)s
tu restas	vous restâtes	tu fus resté(e)	vous fûtes resté(e)(s)
il/elle resta	ils/elles restèrent	il/elle fut resté(e)	ils/elles furent resté(e)s
Future		*Future Anterior*	
je resterai	nous resterons	je serai resté(e)	nous serons resté(e)s
tu resteras	vous resterez	tu seras resté(e)	vous serez resté(e)(s)
il/elle restera	ils/elles resteront	il/elle sera resté(e)	ils/elles seront resté(e)s
Conditional		*Past Conditional*	
je resterais	nous resterions	je serais resté(e)	nous serions resté(e)s
tu resterais	vous resteriez	tu serais resté(e)	vous seriez resté(e)(s)
il/elle resterait	ils/elles resteraient	il/elle serait resté(e)	ils/elles seraient resté(e)s

Present Subjunctive		*Past Subjunctive*	
que je reste	que nous restions	que je sois resté(e)	que nous soyons resté(e)s
que tu restes	que vous restiez	que tu sois resté(e)	que vous soyez resté(e)s
qu'il/elle reste	qu'ils/elles restent	qu'il/elle soit resté(e)	qu'ils/elles soient resté(e)s
Imperfect Subjunctive		*Pluperfect Subjunctive*	
que je restasse	que nous restassions	que je fusse resté(e)	que nous fussions resté(e)s
que tu restasses	que vous restassiez	que tu fusses resté(e)	que vous fussiez resté(e)(s)
qu'il/elle restât	qu'ils/elles restassent	qu'il/elle fût resté(e)	qu'ils/elles fussent resté(e)s

Commands

	(nous) restons
(tu) reste	(vous) restez

USAGE

Ne restez pas debout! Asseyez-vous!	*Don't remain standing! Sit down!*
Ça reste à voir.	*That remains to be seen.*
Il n'en reste pas moins qu'il a mal agi.	*The fact remains that he acted badly.*
On est restés trop longtemps au café.	*We stayed too long at the café.*
Je suis resté à Paris.	*I stayed in Paris.*
Vos insultes lui sont restées sur le cœur.	*Your insults cut him to the quick.*
Avance! Ne reste pas à la traîne!	*Come forward! Don't hang back!*
Avec les problèmes qu'on a, il faut rester unis.	*With all the problems we have, we should stick together.*
Mes conseils sont restés sans effet.	*My advice had no effect.*
On en est restés aux conversations.	*We got no further than conversation.*
Il reste un peu de poulet?	*Is there any chicken left?*
Il reste à savoir s'il est arrivé.	*We still have to find out if he got here.*

irregular verb

je retiens · je retins · retenu · retenant

Present		*Passé Composé*	
je retiens	nous retenons	j'ai retenu	nous avons retenu
tu retiens	vous retenez	tu as retenu	vous avez retenu
il/elle retient	ils/elles retiennent	il/elle a retenu	ils/elles ont retenu
Imperfect		*Pluperfect*	
je retenais	nous retenions	j'avais retenu	nous avions retenu
tu retenais	vous reteniez	tu avais retenu	vous aviez retenu
il/elle retenait	ils/elles retenaient	il/elle avait retenu	ils/elles avaient retenu
Passé Simple		*Past Anterior*	
je retins	nous retînmes	j'eus retenu	nous eûmes retenu
tu retins	vous retîntes	tu eus retenu	vous eûtes retenu
il/elle retint	ils/elles retinrent	il/elle eut retenu	ils/elles eurent retenu
Future		*Future Anterior*	
je retiendrai	nous retiendrons	j'aurai retenu	nous aurons retenu
tu retiendras	vous retiendrez	tu auras retenu	vous aurez retenu
il/elle retiendra	ils/elles retiendront	il/elle aura retenu	ils/elles auront retenu
Conditional		*Past Conditional*	
je retiendrais	nous retiendrions	j'aurais retenu	nous aurions retenu
tu retiendrais	vous retiendriez	tu aurais retenu	vous auriez retenu
il/elle retiendrait	ils/elles retiendraient	il/elle aurait retenu	ils/elles auraient retenu

Present Subjunctive		*Past Subjunctive*	
que je retienne	que nous retenions	que j'aie retenu	que nous ayons retenu
que tu retiennes	que vous reteniez	que tu aies retenu	que vous ayez retenu
qu'il/elle retienne	qu'ils/elles retiennent	qu'il/elle ait retenu	qu'ils/elles aient retenu
Imperfect Subjunctive		*Pluperfect Subjunctive*	
que je retinsse	que nous retinssions	que j'eusse retenu	que nous eussions retenu
que tu retinsses	que vous retinssiez	que tu eusses retenu	que vous eussiez retenu
qu'il/elle retînt	qu'ils/elles retinssent	qu'il/elle eût retenu	qu'ils/elles eussent retenu

Commands

	(nous) retenons
(tu) retiens	(vous) retenez

USAGE

Je l'ai retenu par le bras.	*I held him back by his arm.*
L'entreprise retient 7 pour cent de mon salaire pour le fisc.	*The firm withholds 7 percent of my salary for the IRS.*
La police a retenu la foule.	*The police held back the crowd.*
Sa jambe cassée l'a retenue à la maison.	*Her broken leg kept her at home.*
On m'a retenu plus d'une demi-heure.	*They kept me there for over half an hour.*
Mon travail m'a retenu à l'étranger.	*My work kept me abroad.*
Moi, on me retiendra!	*They'll remember me, boy!*
Il faut retenir nos places.	*We have to reserve our seats.*
En le voyant, je retins mon haleine.	*When I saw him I held my breath.*
Je ne retiens pas grand-chose de ce qu'on m'a dit.	*I don't remember much of what they told me.*

461 retirer *to remove, withdraw*

je retire · je retirai · retiré · retirant regular *-er* verb

Present		*Passé Composé*	
je retire	nous retirons	j'ai retiré	nous avons retiré
tu retires	vous retirez	tu as retiré	vous avez retiré
il/elle retire	ils/elles retirent	il/elle a retiré	ils/elles ont retiré
Imperfect		*Pluperfect*	
je retirais	nous retirions	j'avais retiré	nous avions retiré
tu retirais	vous retiriez	tu avais retiré	vous aviez retiré
il/elle retirait	ils/elles retiraient	il/elle avait retiré	ils/elles avaient retiré
Passé Simple		*Past Anterior*	
je retirai	nous retirâmes	j'eus retiré	nous eûmes retiré
tu retiras	vous retirâtes	tu eus retiré	vous eûtes retiré
il/elle retira	ils/elles retirèrent	il/elle eut retiré	ils/elles eurent retiré
Future		*Future Anterior*	
je retirerai	nous retirerons	j'aurai retiré	nous aurons retiré
tu retireras	vous retirerez	tu auras retiré	vous aurez retiré
il/elle retirera	ils/elles retireront	il/elle aura retiré	ils/elles auront retiré
Conditional		*Past Conditional*	
je retirerais	nous retirerions	j'aurais retiré	nous aurions retiré
tu retirerais	vous retireriez	tu aurais retiré	vous auriez retiré
il/elle retirerait	ils/elles retireraient	il/elle aurait retiré	ils/elles auraient retiré
Present Subjunctive		*Past Subjunctive*	
que je retire	que nous retirions	que j'aie retiré	que nous ayons retiré
que tu retires	que vous retiriez	que tu aies retiré	que vous ayez retiré
qu'il/elle retire	qu'ils/elles retirent	qu'il/elle ait retiré	qu'ils/elles aient retiré
Imperfect Subjunctive		*Pluperfect Subjunctive*	
que je retirasse	que nous retirassions	que j'eusse retiré	que nous eussions retiré
que tu retirasses	que vous retirassiez	que tu eusses retiré	que vous eussiez retiré
qu'il/elle retirât	qu'ils/elles retirassent	qu'il/elle eût retiré	qu'ils/elles eussent retiré

Commands

(nous) retirons
(tu) retire (vous) retirez

USAGE

Nos troupes se sont retirés du territoire ennemi.	*Our troops withdrew from enemy territory.*
Combien d'argent est-ce que tu as retiré de la banque?	*How much money did you withdraw from the bank?*
Retire ton manteau. Il ne fait pas si froid.	*Take off your coat. It's not so cold.*
La police lui a retiré son permis de conduire.	*The police took his driver's license away.*
Retirez le bouchon et on va boire.	*Uncork the bottle and we'll have a drink.*
Il faut retirer le poulet du four maintenant.	*We have to take the chicken out of the oven now.*
Je passerai au guichet pour retirer les billets.	*I'll stop by the box office to pick up the tickets.*
Il retire des avantages de son amitié avec le chef.	*He draws advantages from his friendship with the boss.*
Il retire un profit énorme de cette affaire.	*He gets a huge profit from this business.*
J'ai retiré ma promesse.	*I took back my promise.*
Je retire ce que j'ai dit.	*I take back what I said.*

to return **retourner**

regular *-er* verb;
compound tenses with *être*

je retourne · je retournai · retourné · retournant

Present		*Passé Composé*	
je retourne	nous retournons	je suis retourné(e)	nous sommes retourné(e)s
tu retournes	vous retournez	tu es retourné(e)	vous êtes retourné(e)(s)
il/elle retourne	ils/elles retournent	il/elle est retourné(e)	ils/elles sont retourné(e)s
Imperfect		*Pluperfect*	
je retournais	nous retournions	j'étais retourné(e)	nous étions retourné(e)s
tu retournais	vous retourniez	tu étais retourné(e)	vous étiez retourné(e)(s)
il/elle retournait	ils/elles retournaient	il/elle était retourné(e)	ils/elles étaient retourné(e)s
Passé Simple		*Past Anterior*	
je retournai	nous retournâmes	je fus retourné(e)	nous fûmes retourné(e)s
tu retournas	vous retournâtes	tu fus retourné(e)	vous fûtes retourné(e)(s)
il/elle retourna	ils/elles retournèrent	il/elle fut retourné(e)	ils/elles furent retourné(e)s
Future		*Future Anterior*	
je retournerai	nous retournerons	je serai retourné(e)	nous serons retourné(e)s
tu retourneras	vous retournerez	tu seras retourné(e)	vous serez retourné(e)(s)
il/elle retournera	ils/elles retourneront	il/elle sera retourné(e)	ils/elles seront retourné(e)s
Conditional		*Past Conditional*	
je retournerais	nous retournerions	je serais retourné(e)	nous serions retourné(e)s
tu retournerais	vous retourneriez	tu serais retourné(e)	vous seriez retourné(e)(s)
il/elle retournerait	ils/elles retourneraient	il/elle serait retourné(e)	ils/elles seraient retourné(e)s
Present Subjunctive		*Past Subjunctive*	
que je retourne	que nous retournions	que je sois retourné(e)	que nous soyons retourné(e)s
que tu retournes	que vous retourniez	que tu sois retourné(e)	que vous soyez retourné(e)(s)
qu'il/elle retourne	qu'ils/elles retournent	qu'il/elle soit retourné(e)	qu'ils/elles soient retourné(e)s
Imperfect Subjunctive		*Pluperfect Subjunctive*	
que je retournasse	que nous retournassions	que je fusse retourné(e)	que nous fussions retourné(e)s
que tu retournasses	que vous retournassiez	que tu fusses retourné(e)	que vous fussiez retourné(e)(s)
qu'il/elle retournât	qu'ils/elles retournassent	qu'il/elle fût retourné(e)	qu'ils/elles fussent retourné(e)s

Commands

	(nous) retournons
(tu) retourne	(vous) retournez

USAGE

Les étudiants étrangers sont retournés dans leurs pays.	*The foreign students returned to their countries.*
Elle est retournée à sa place.	*She went back to her seat.*
retourner qqch	*to turn something over* (compound tenses conjugated with *avoir*)
Tu as retourné l'omelette?	*Did you flip the omelet?*
J'ai retourné ma chambre pour chercher la disquette.	*I turned my room upside down to find the diskette.*
Il a retourné ses poches pour nous montrer qu'il n'avait pas d'argent.	*He turned his pockets inside out to show us that he had no money.*
Je suis tout retourné.	*I'm all shook up.*
Je ne sais pas à qui me retourner.	*I don't know who to turn to.*

RELATED WORDS AND EXPRESSIONS

le retour	*return*
être de retour	*to be back*
se retourner	*to turn around*
Je me suis retourné en entendant sa voix.	*I turned around when I heard his/her voice.*

463 retrouver *to find, find again; to meet*

je retrouve · je retrouvai · retrouvé · retrouvant regular *-er* verb

Present		*Passé Composé*	
je retrouve	nous retrouvons	j'ai retrouvé	nous avons retrouvé
tu retrouves	vous retrouvez	tu as retrouvé	vous avez retrouvé
il/elle retrouve	ils/elles retrouvent	il/elle a retrouvé	ils/elles ont retrouvé
Imperfect		*Pluperfect*	
je retrouvais	nous retrouvions	j'avais retrouvé	nous avions retrouvé
tu retrouvais	vous retrouviez	tu avais retrouvé	vous aviez retrouvé
il/elle retrouvait	ils/elles retrouvaient	il/elle avait retrouvé	ils/elles avaient retrouvé
Passé Simple		*Past Anterior*	
je retrouvai	nous retrouvâmes	j'eus retrouvé	nous eûmes retrouvé
tu retrouvas	vous retrouvâtes	tu eus retrouvé	vous eûtes retrouvé
il/elle retrouva	ils/elles retrouvèrent	il/elle eut retrouvé	ils/elles eurent retrouvé
Future		*Future Anterior*	
je retrouverai	nous retrouverons	j'aurai retrouvé	nous aurons retrouvé
tu retrouveras	vous retrouverez	tu auras retrouvé	vous aurez retrouvé
il/elle retrouvera	ils/elles retrouveront	il/elle aura retrouvé	ils/elles auront retrouvé
Conditional		*Past Conditional*	
je retrouverais	nous retrouverions	j'aurais retrouvé	nous aurions retrouvé
tu retrouverais	vous retrouveriez	tu aurais retrouvé	vous auriez retrouvé
il/elle retrouverait	ils/elles retrouveraient	il/elle aurait retrouvé	ils/elles auraient retrouvé

Present Subjunctive		*Past Subjunctive*	
que je retrouve	que nous retrouvions	que j'aie retrouvé	que nous ayons retrouvé
que tu retrouves	que vous retrouviez	que tu aies retrouvé	que vous ayez retrouvé
qu'il/elle retrouve	qu'ils/elles retrouvent	qu'il/elle ait retrouvé	qu'ils/elles aient retrouvé
Imperfect Subjunctive		*Pluperfect Subjunctive*	
que je retrouvasse	que nous retrouvassions	que j'eusse retrouvé	que nous eussions retrouvé
que tu retrouvasses	que vous retrouvassiez	que tu eusses retrouvé	que vous eussiez retrouvé
qu'il/elle retrouvât	qu'ils/elles retrouvassent	qu'il/elle eût retrouvé	qu'ils/elles eussent retrouvé

Commands

	(nous) retrouvons
(tu) retrouve	(vous) retrouvez

USAGE

On l'a retrouvé plus mort que vivant.	*They found him more dead than alive.*
J'ai retrouvé plusieurs fois la même faute dans l'article.	*I found the same mistake several times in the article.*
Il faut retrouver notre chemin.	*We have to find our way again.*
Elle ne retrouve pas son sac.	*She can't find her handbag.*
Quand est-ce qu'elle retrouvera la santé?	*When will she be healthy again?*
Je les ai retrouvés en ville.	*I ran across them downtown.*
Je ne retrouve plus leur adresse.	*I can't recall their address for the moment.*
Je retrouve bien là mon cousin!	*That's my cousin all right!*

RELATED WORDS AND EXPRESSIONS

se retrouver	*to meet up with each other*
On se retrouve à huit heures ce soir?	*Shall we meet at eight o'clock this evening?*
Il se retrouve sans emploi.	*He finds himself unemployed again.*
Ce type-là va se retrouver en prison.	*That guy is going to wind up in prison.*

regular -*ir* verb **je réussis · je réussis · réussi · réussissant**

Present		*Passé Composé*	
je réussis	nous réussissons	j'ai réussi	nous avons réussi
tu réussis	vous réussissez	tu as réussi	vous avez réussi
il/elle réussit	ils/elles réussissent	il/elle a réussi	ils/elles ont réussi
Imperfect		*Pluperfect*	
je réussissais	nous réussissions	j'avais réussi	nous avions réussi
tu réussissais	vous réussissiez	tu avais réussi	vous aviez réussi
il/elle réussissait	ils/elles réussissaient	il/elle avait réussi	ils/elles avaient réussi
Passé Simple		*Past Anterior*	
je réussis	nous réussîmes	j'eus réussi	nous eûmes réussi
tu réussis	vous réussîtes	tu eus réussi	vous eûtes réussi
il/elle réussit	ils/elles réussirent	il/elle eut réussi	ils/elles eurent réussi
Future		*Future Anterior*	
je réussirai	nous réussirons	j'aurai réussi	nous aurons réussi
tu réussiras	vous réussirez	tu auras réussi	vous aurez réussi
il/elle réussira	ils/elles réussiront	il/elle aura réussi	ils/elles auront réussi
Conditional		*Past Conditional*	
je réussirais	nous réussirions	j'aurais réussi	nous aurions réussi
tu réussirais	vous réussiriez	tu aurais réussi	vous auriez réussi
il/elle réussirait	ils/elles réussiraient	il/elle aurait réussi	ils/elles auraient réussi

Present Subjunctive		*Past Subjunctive*	
que je réussisse	que nous réussissions	que j'aie réussi	que nous ayons réussi
que tu réussisses	que vous réussissiez	que tu aies réussi	que vous ayez réussi
qu'il/elle réussisse	qu'ils/elles réussissent	qu'il/elle ait réussi	qu'ils/elles aient réussi
Imperfect Subjunctive		*Pluperfect Subjunctive*	
que je réussisse	que nous réussissions	que j'eusse réussi	que nous eussions réussi
que tu réussisses	que vous réussissiez	que tu eusses réussi	que vous eussiez réussi
qu'il/elle réussît	qu'ils/elles réussissent	qu'il/elle eût réussi	qu'ils/elles eussent réussi

Commands

	(nous) réussissons
(tu) réussis	(vous) réussissez

USAGE

Elle va réussir dans la vie.	*She's going to succeed in life.*
Les pourparlers ont réussi.	*The talks were successful.*
réussir à faire qqch	*to succeed in doing something*
Vous ne réussirez jamais à le persuader.	*You will never succeed in persuading him.*
Je n'ai pas encore réussi à trouver du travail.	*I haven't succeeded in finding work yet.*
La politesse réussit toujours.	*Politeness will always get you what you want.*
Cette ruse lui a mal réussi.	*That trick didn't do him any good.*
Cet élève réussit en allemand.	*This student does well in German.*
J'ai réussi à tous mes examens.	*I passed all my exams.*
Il a réussi dans cette affaire.	*He made a go of this business.*

RELATED WORDS AND EXPRESSIONS

la réussite	*success*
Il a eu une réussite bien méritée.	*He had some well-deserved success.*

se réveiller *to wake up*

je me réveille · je me réveillai · s'étant réveillé · se réveillant

regular *-er* reflexive verb; compound tenses with *être*

Present		*Passé Composé*	
je me réveille	nous nous réveillons	je me suis réveillé(e)	nous nous sommes réveillé(e)s
tu te réveilles	vous vous réveillez	tu t'es réveillé(e)	vous vous êtes réveillé(e)(s)
il/elle se réveille	ils/elles se réveillent	il/elle s'est réveillé(e)	ils/elles se sont réveillé(e)s
Imperfect		*Pluperfect*	
je me réveillais	nous nous réveillions	je m'étais réveillé(e)	nous nous étions réveillé(e)s
tu te réveillais	vous vous réveilliez	tu t'étais réveillé(e)	vous vous étiez réveillé(e)(s)
il/elle se réveillait	ils/elles se réveillaient	il/elle s'était réveillé(e)	ils/elles s'étaient réveillé(e)s
Passé Simple		*Past Anterior*	
je me réveillai	nous nous réveillâmes	je me fus réveillé(e)	nous nous fûmes réveillé(e)s
tu te réveillas	vous vous réveillâtes	tu te fus réveillé(e)	vous vous fûtes réveillé(e)(s)
il/elle se réveilla	ils/elles se réveillèrent	il/elle se fut réveillé(e)	ils/elles se furent réveillé(e)s
Future		*Future Anterior*	
je me réveillerai	nous nous réveillerons	je me serai réveillé(e)	nous nous serons réveillé(e)s
tu te réveilleras	vous vous réveillerez	tu te seras réveillé(e)	vous vous serez réveillé(e)(s)
il/elle se réveillera	ils/elles se réveilleront	il/elle se sera réveillé(e)	ils/elles se seront réveillé(e)s
Conditional		*Past Conditional*	
je me réveillerais	nous nous réveillerions	je me serais réveillé(e)	nous nous serions réveillé(e)s
tu te réveillerais	vous vous réveilleriez	tu te serais réveillé(e)	vous vous seriez réveillé(e)(s)
il/elle se réveillerait	ils/elles se réveilleraient	il/elle se serait réveillé(e)	ils/elles se seraient réveillé(e)s

Present Subjunctive		*Past Subjunctive*	
que je me réveille	que nous nous réveillions	que je me sois réveillé(e)	que nous nous soyons réveillé(e)s
que tu te réveilles	que vous vous réveilliez	que tu te sois réveillé(e)	que vous vous soyez réveillé(e)(s)
qu'il/elle se réveille	qu'ils/elles se réveillent	qu'il/elle se soit réveillé(e)	qu'ils/elles se soient réveillé(e)s
Imperfect Subjunctive		*Pluperfect Subjunctive*	
que je me réveillasse	que nous nous réveillassions	que je me fusse réveillé(e)	que nous nous fussions réveillé(e)s
que tu te réveillasses	que vous vous réveillassiez	que tu te fusses réveillé(e)	que vous vous fussiez réveillé(e)(s)
qu'il/elle se réveillât	qu'ils/elles se réveillassent	qu'il/elle se fût réveillé(e)	qu'ils/elles se fussent réveillé(e)s

Commands

	(nous) réveillons-nous
(tu) réveille-toi	(vous) réveillez-vous

USAGE

Réveille-toi! Il est tard!	*Wake up! It's late!*
Je me suis réveillé en sursaut avec ce bruit.	*I woke up with a start at that noise.*
Avec le bruit qu'ils font ils pourraient réveiller les morts.	*With the noise they make they could wake up the dead.*
Sa haine s'était réveillée.	*His hatred had been rekindled.*

RELATED WORDS AND EXPRESSIONS

le réveil	*awakening; alarm clock*
Mon réveil n'a pas sonné.	*My alarm clock didn't go off.*
J'ai le réveil difficile.	*I find it hard to wake up.*
Je travaille dès le réveil.	*I've been working since I woke up.*
réveiller qqn	*to wake someone up*
Il ne s'est pas encore réveillé? Réveille-le!	*He hasn't woken up yet? Wake him up!*

-*er* verb; spelling change: *é* > *è*/mute *e* except in the future and conditional

je révèle · je révélai · révélé · révélant

Present		*Passé Composé*	
je révèle	nous révélons	j'ai révélé	nous avons révélé
tu révèles	vous révélez	tu as révélé	vous avez révélé
il/elle révèle	ils/elles révèlent	il/elle a révélé	ils/elles ont révélé
Imperfect		*Pluperfect*	
je révélais	nous révélions	j'avais révélé	nous avions révélé
tu révélais	vous révéliez	tu avais révélé	vous aviez révélé
il/elle révélait	ils/elles révélaient	il/elle avait révélé	ils/elles avaient révélé
Passé Simple		*Past Anterior*	
je révélai	nous révélâmes	j'eus révélé	nous eûmes révélé
tu révélas	vous révélâtes	tu eus révélé	vous eûtes révélé
il/elle révéla	ils/elles révélèrent	il/elle eut révélé	ils/elles eurent révélé
Future		*Future Anterior*	
je révélerai	nous révélerons	j'aurai révélé	nous aurons révélé
tu révéleras	vous révélerez	tu auras révélé	vous aurez révélé
il/elle révélera	ils/elles révéleront	il/elle aura révélé	ils/elles auront révélé
Conditional		*Past Conditional*	
je révélerais	nous révélerions	j'aurais révélé	nous aurions révélé
tu révélerais	vous révéleriez	tu aurais révélé	vous auriez révélé
il/elle révélerait	ils/elles révéleraient	il/elle aurait révélé	ils/elles auraient révélé

Present Subjunctive		*Past Subjunctive*	
que je révèle	que nous révélions	que j'aie révélé	que nous ayons révélé
que tu révèles	que vous révéliez	que tu aies révélé	que vous ayez révélé
qu'il/elle révèle	qu'ils/elles révèlent	qu'il/elle ait révélé	qu'ils/elles aient révélé
Imperfect Subjunctive		*Pluperfect Subjunctive*	
que je révélasse	que nous révélassions	que j'eusse révélé	que nous eussions révélé
que tu révélasses	que vous révélassiez	que tu eusses révélé	que vous eussiez révélé
qu'il/elle révélât	qu'ils/elles révélassent	qu'il/elle eût révélé	qu'ils/elles eussent révélé

Commands

	(nous) révélons
(tu) révèle	(vous) révélez

USAGE

Cette épreuve révèle son caractère.	*This difficult situation reveals his character.*
Ses mots révèlent une grande sensibilité.	*Her words reveal a tremendous sensitivity.*
Ses idées révèlent un esprit borné.	*His ideas reveal a small mind.*
Son visage révèle sa générosité.	*Her face reveals her generosity.*
La police ne veut rien révéler.	*The police don't want to disclose anything.*
Les fouilles archéologiques ont révélé des trésors.	*The archaeological dig turned up treasures.*
Cette expérience m'a révélé à moi-même.	*This experience helped me understand myself.*
Le dictateur s'est révélé cruel et injuste.	*The dictator showed himself to be cruel and unjust.*

RELATED WORDS AND EXPRESSIONS

la révélation	*revelation*
Cet article est une véritable révélation.	*This article is a real revelation.*
révélateur/révélatrice	*revealing*
Sa remarque est révélatrice de son état d'âme.	*His remark tells you a lot about his mental state.*

467 revenir *to come back*

je reviens · je revins · revenu · revenant irregular verb

Present		*Passé Composé*	
je reviens	nous revenons	je suis revenu(e)	nous sommes revenu(e)s
tu reviens	vous revenez	tu es revenu(e)	vous êtes revenu(e)(s)
il/elle revient	ils/elles reviennent	il/elle est revenu(e)	ils/elles sont revenu(e)s
Imperfect		*Pluperfect*	
je revenais	nous revenions	j'étais revenu(e)	nous étions revenu(e)s
tu revenais	vous reveniez	tu étais revenu(e)	vous étiez revenu(e)(s)
il/elle revenait	ils/elles revenaient	il/elle était revenu(e)	ils/elles étaient revenu(e)s
Passé Simple		*Past Anterior*	
je revins	nous revînmes	je fus revenu(e)	nous fûmes revenu(e)s
tu revins	vous revîntes	tu fus revenu(e)	vous fûtes revenu(e)(s)
il/elle revint	ils/elles revinrent	il/elle fut revenu(e)	ils/elles furent revenu(e)s
Future		*Future Anterior*	
je reviendrai	nous reviendrons	je serai revenu(e)	nous serons revenu(e)s
tu reviendras	vous reviendrez	tu seras revenu(e)	vous serez revenu(e)(s)
il/elle reviendra	ils/elles reviendront	il/elle sera revenu(e)	ils/elles seront revenu(e)s
Conditional		*Past Conditional*	
je reviendrais	nous reviendrions	je serais revenu(e)	nous serions revenu(e)s
tu reviendrais	vous reviendriez	tu serais revenu(e)	vous seriez revenu(e)(s)
il/elle reviendrait	ils/elles reviendraient	il/elle serait revenu(e)	ils/elles seraient revenu(e)s

Present Subjunctive		*Past Subjunctive*	
que je revienne	que nous revenions	que je sois revenu(e)	que nous soyons revenu(e)s
que tu reviennes	que vous reveniez	que tu sois revenu(e)	que vous soyez revenu(e)(s)
qu'il/elle revienne	qu'ils/elles reviennent	qu'il/elle soit revenu(e)	qu'ils/elles soient revenu(e)s
Imperfect Subjunctive		*Pluperfect Subjunctive*	
que je revinsse	que nous revinssions	que je fusse revenu(e)	que nous fussions revenu(e)s
que tu revinsses	que vous revinssiez	que tu fusses revenu(e)	que vous fussiez revenu(e)(s)
qu'il/elle revînt	qu'ils/elles revinssent	qu'il/elle fût revenu(e)	qu'ils/elles fussent revenu(e)s

Commands

	(nous) revenons
(tu) reviens	(vous) revenez

USAGE

Nous reviendrons demain à midi.	*We'll come back tomorrow at noon.*
Attends-moi. Je reviens tout de suite.	*Wait for me. I'll be right back.*
Je suis revenu sur mes pas.	*I went back the way I had come.*
Il n'est pas encore revenu de ces idées.	*He has not yet put aside those ideas.*
Ça revient à la même chose.	*It amounts to the same thing.*
Ça revient à une question de salaire.	*It comes down to a question of salary.*
Le logement revient à cent euros la nuit.	*Lodging comes to one hundred euros a night.*
Revenons à nos moutons.	*Let's get back to what we were talking about.*
Je suis revenu à la hâte.	*I rushed back.*
Cette idée revient souvent dans ses articles.	*This idea comes up over and over again in his articles.*

RELATED WORDS AND EXPRESSIONS

le revenu	*income*
l'impôt sur le revenu	*income tax*
le revenant	*ghost*

irregular verb

je revois · je revis · revu · revoyant

Present		***Passé Composé***	
je revois	nous revoyons	j'ai revu	nous avons revu
tu revois	vous revoyez	tu as revu	vous avez revu
il/elle revoit	ils/elles revoient	il/elle a revu	ils/elles ont revu
Imperfect		***Pluperfect***	
je revoyais	nous revoyions	j'avais revu	nous avions revu
tu revoyais	vous revoyiez	tu avais revu	vous aviez revu
il/elle revoyait	ils/elles revoyaient	il/elle avait revu	ils/elles avaient revu
Passé Simple		***Past Anterior***	
je revis	nous revîmes	j'eus revu	nous eûmes revu
tu revis	vous revîtes	tu eus revu	vous eûtes revu
il/elle revit	ils/elles revirent	il/elle eut revu	ils/elles eurent revu
Future		***Future Anterior***	
je reverrai	nous reverrons	j'aurai revu	nous aurons revu
tu reverras	vous reverrez	tu auras revu	vous aurez revu
il/elle reverra	ils/elles reverront	il/elle aura revu	ils/elles auront revu
Conditional		***Past Conditional***	
je reverrais	nous reverrions	j'aurais revu	nous aurions revu
tu reverrais	vous reverriez	tu aurais revu	vous auriez revu
il/elle reverrait	ils/elles reverraient	il/elle aurait revu	ils/elles auraient revu

Present Subjunctive		***Past Subjunctive***	
que je revoie	que nous revoyions	que j'aie revu	que nous ayons revu
que tu revoies	que vous revoyiez	que tu aies revu	que vous ayez revu
qu'il/elle revoie	qu'ils/elles revoient	qu'il/elle ait revu	qu'ils/elles aient revu
Imperfect Subjunctive		***Pluperfect Subjunctive***	
que je revisse	que nous revissions	que j'eusse revu	que nous eussions revu
que tu revisses	que vous revissiez	que tu eusses revu	que vous eussiez revu
qu'il/elle revît	qu'ils/elles revissent	qu'il/elle eût revu	qu'ils/elles eussent revu

Commands

	(nous) revoyons
(tu) revois	(vous) revoyez

USAGE

—Vous allez vous revoir?	*Are you going to see each other again?*
—Oui, je la reverrai en été.	*Yes, I'll see her again in the summer.*
Depuis cet été, je ne l'ai plus revue.	*Since that summer, I haven't seen her again.*
Je ne l'ai pas encore revu.	*I have yet to see him again.*
Si la guerre éclate, on reverra une augmentation des impôts.	*If war breaks out, we will see a tax hike again.*
Au revoir!	*So long!*
Dis « au revoir » à ta tante, mon chou.	*Say good-bye to your aunt, dear.*
Avant de monter dans l'avion, elle m'a fait un au revoir de la main.	*Before boarding the plane, she waved good-bye to me.*
Je te revois encore devant ta classe.	*I can still visualize you in front of your class.*
édition revue	*revised edition*

469 rincer *to rinse*

je rince · je rinçai · rincé · rinçant regular -*er* verb; spelling change: c > ç/*a, o*

Present		***Passé Composé***	
je rince	nous rinçons	j'ai rincé	nous avons rincé
tu rinces	vous rincez	tu as rincé	vous avez rincé
il/elle rince	ils/elles rincent	il/elle a rincé	ils/elles ont rincé
Imperfect		***Pluperfect***	
je rinçais	nous rincions	j'avais rincé	nous avions rincé
tu rinçais	vous rinciez	tu avais rincé	vous aviez rincé
il/elle rinçait	ils/elles rinçaient	il/elle avait rincé	ils/elles avaient rincé
Passé Simple		***Past Anterior***	
je rinçai	nous rinçâmes	j'eus rincé	nous eûmes rincé
tu rinças	vous rinçâtes	tu eus rincé	vous eûtes rincé
il/elle rinça	ils/elles rincèrent	il/elle eut rincé	ils/elles eurent rincé
Future		***Future Anterior***	
je rincerai	nous rincerons	j'aurai rincé	nous aurons rincé
tu rinceras	vous rincerez	tu auras rincé	vous aurez rincé
il/elle rincera	ils/elles rinceront	il/elle aura rincé	ils/elles auront rincé
Conditional		***Past Conditional***	
je rincerais	nous rincerions	j'aurais rincé	nous aurions rincé
tu rincerais	vous rinceriez	tu aurais rincé	vous auriez rincé
il/elle rincerait	ils/elles rinceraient	il/elle aurait rincé	ils/elles auraient rincé
Present Subjunctive		***Past Subjunctive***	
que je rince	que nous rincions	que j'aie rincé	que nous ayons rincé
que tu rinces	que vous rinciez	que tu aies rincé	que vous ayez rincé
qu'il/elle rince	qu'ils/elles rincent	qu'il/elle ait rincé	qu'ils/elles aient rincé
Imperfect Subjunctive		***Pluperfect Subjunctive***	
que je rinçasse	que nous rinçassions	que j'eusse rincé	que nous eussions rincé
que tu rinçasses	que vous rinçassiez	que tu eusses rincé	que vous eussiez rincé
qu'il/elle rinçât	qu'ils/elles rinçassent	qu'il/elle eût rincé	qu'ils/elles eussent rincé

Commands

	(nous) rinçons
(tu) rince	(vous) rincez

USAGE

On va rincer la vaisselle.	*We'll rinse the dishes.*
Il faut que je rince le linge.	*I have to rinse the wash.*

RELATED WORDS AND EXPRESSIONS

le rinçage	*rinsing*
le rinçage des assiettes dans le lave-vaisselle	*the rinsing of the plates in the dishwasher*
se rincer la bouche	*to rinse one's mouth*
Il s'est rincé l'œil en regardant les filles qui passaient.	*He loved looking at the girls walking by.*
Je me suis rincé dans cette affaire.	*I lost everything in that business deal.*
Viens, on va se rincer le gosier.	*Come, let's go have a drink.*

irregular verb **je ris · je ris · ri · riant**

Present		*Passé Composé*	
je ris	nous rions	j'ai ri	nous avons ri
tu ris	vous riez	tu as ri	vous avez ri
il/elle rit	ils/elles rient	il/elle a ri	ils/elles ont ri
Imperfect		***Pluperfect***	
je riais	nous riions	j'avais ri	nous avions ri
tu riais	vous riiez	tu avais ri	vous aviez ri
il/elle riait	ils/elles riaient	il/elle avait ri	ils/elles avaient ri
Passé Simple		***Past Anterior***	
je ris	nous rîmes	j'eus ri	nous eûmes ri
tu ris	vous rîtes	tu eus ri	vous eûtes ri
il/elle rit	ils/elles rirent	il/elle eut ri	ils/elles eurent ri
Future		***Future Anterior***	
je rirai	nous rirons	j'aurai ri	nous aurons ri
tu riras	vous rirez	tu auras ri	vous aurez ri
il/elle rira	ils/elles riront	il/elle aura ri	ils/elles auront ri
Conditional		***Past Conditional***	
je rirais	nous ririons	j'aurais ri	nous aurions ri
tu rirais	vous ririez	tu aurais ri	vous auriez ri
il/elle rirait	ils/elles riraient	il/elle aurait ri	ils/elles auraient ri

Present Subjunctive		*Past Subjunctive*	
que je rie	que nous riions	que j'aie ri	que nous ayons ri
que tu ries	que vous riiez	que tu aies ri	que vous ayez ri
qu'il/elle rie	qu'ils/elles rient	qu'il/elle ait ri	qu'ils/elles aient ri
Imperfect Subjunctive		***Pluperfect Subjunctive***	
que je risse	que nous rissions	que j'eusse ri	que nous eussions ri
que tu risses	que vous rissiez	que tu eusses ri	que vous eussiez ri
qu'il/elle rît	qu'ils/elles rissent	qu'il/elle eût ri	qu'ils/elles eussent ri

Commands

	(nous) rions
(tu) ris	(vous) riez

USAGE

Ils riaient à gorge déployée!	*They were laughing so hard!*
Je n'aime pas sa façon de rire dans sa barbe.	*I don't like the way he laughs up his sleeve.*
Elle a éclaté de rire.	*She burst out laughing.*
Il rit de bon cœur.	*He laughs heartily.*
Ne me fais pas rire!	*Don't make me laugh!*
Il m'a ri au nez.	*He laughed in my face.*
J'ai ri comme un fou.	*I was hysterical with laughter.*
C'est à mourir de rire.	*It's hysterically funny.*
Ses blagues nous ont faire rire aux éclats.	*His jokes had us roaring with laughter.*
Il n'y a pas de quoi rire.	*It's not a laughing matter.*

RELATED WORDS AND EXPRESSIONS

le rire	*laugh/laughter*
J'ai le fou rire.	*I've got the giggles.*
sourire	*to smile*
Elle a souri de bonheur.	*She smiled with happiness.*
Je lui ai souri.	*I smiled at her.*

rompre *to break*

je romps · je rompis · rompu · rompant regular -re verb

Present		*Passé Composé*	
je romps	nous rompons	j'ai rompu	nous avons rompu
tu romps	vous rompez	tu as rompu	vous avez rompu
il/elle rompt	ils/elles rompent	il/elle a rompu	ils/elles ont rompu
Imperfect		*Pluperfect*	
je rompais	nous rompions	j'avais rompu	nous avions rompu
tu rompais	vous rompiez	tu avais rompu	vous aviez rompu
il/elle rompait	ils/elles rompaient	il/elle avait rompu	ils/elles avaient rompu
Passé Simple		*Past Anterior*	
je rompis	nous rompîmes	j'eus rompu	nous eûmes rompu
tu rompis	vous rompîtes	tu eus rompu	vous eûtes rompu
il/elle rompit	ils/elles rompirent	il/elle eut rompu	ils/elles eurent rompu
Future		*Future Anterior*	
je romprai	nous romprons	j'aurai rompu	nous aurons rompu
tu rompras	vous romprez	tu auras rompu	vous aurez rompu
il/elle rompra	ils/elles rompront	il/elle aura rompu	ils/elles auront rompu
Conditional		*Past Conditional*	
je romprais	nous romprions	j'aurais rompu	nous aurions rompu
tu romprais	vous rompriez	tu aurais rompu	vous auriez rompu
il/elle romprait	ils/elles rompraient	il/elle aurait rompu	ils/elles auraient rompu

Present Subjunctive		*Past Subjunctive*	
que je rompe	que nous rompions	que j'aie rompu	que nous ayons rompu
que tu rompes	que vous rompiez	que tu aies rompu	que vous ayez rompu
qu'il/elle rompe	qu'ils/elles rompent	qu'il/elle ait rompu	qu'ils/elles aient rompu
Imperfect Subjunctive		*Pluperfect Subjunctive*	
que je rompisse	que nous rompissions	que j'eusse rompu	que nous eussions rompu
que tu rompisses	que vous rompissiez	que tu eusses rompu	que vous eussiez rompu
qu'il/elle rompît	qu'ils/elles rompissent	qu'il/elle eût rompu	qu'ils/elles eussent rompu

Commands

	(nous) rompons
(tu) romps	(vous) rompez

USAGE

J'ai rompu le pain.	*I took / broke off a piece of bread.*
Ce pays a rompu les relations diplomatiques avec le nôtre.	*That country broke off diplomatic relations with ours.*
Nous avons rompu les pourparlers.	*We broke off talks.*
Il a rompu avec sa petite amie.	*He broke off with his girlfriend.*
Ils ont rompu tout contact avec nous.	*They've broken off all contact with us.*
Il faut savoir rompre la glace.	*You have to know how to break the ice.*
La corde s'est rompue.	*The rope broke.*
Ils ont parlé à bâtons rompus.	*They jumped from topic to topic.*
Le public a applaudi à tout rompre.	*The audience's applause was thunderous.*
rompre des lances pour qqn	*to come to someone's defense*
Il a rompu des lances pour son copain.	*He came to his friend's defense.*

RELATED WORDS AND EXPRESSIONS

corrompre	*to corrupt*

regular *-er* verb; spelling change: *g* > *ge/a, o*

je ronge · je rongeai · rongé · rongeant

Present		*Passé Composé*	
je ronge	nous rongeons	j'ai rongé	nous avons rongé
tu ronges	vous rongez	tu as rongé	vous avez rongé
il/elle ronge	ils/elles rongent	il/elle a rongé	ils/elles ont rongé
Imperfect		*Pluperfect*	
je rongeais	nous rongions	j'avais rongé	nous avions rongé
tu rongeais	vous rongiez	tu avais rongé	vous aviez rongé
il/elle rongeait	ils/elles rongeaient	il/elle avait rongé	ils/elles avaient rongé
Passé Simple		*Past Anterior*	
je rongeai	nous rongeâmes	j'eus rongé	nous eûmes rongé
tu rongeas	vous rongeâtes	tu eus rongé	vous eûtes rongé
il/elle rongea	ils/elles rongèrent	il/elle eut rongé	ils/elles eurent rongé
Future		*Future Anterior*	
je rongerai	nous rongerons	j'aurai rongé	nous aurons rongé
tu rongeras	vous rongerez	tu auras rongé	vous aurez rongé
il/elle rongera	ils/elles rongeront	il/elle aura rongé	ils/elles auront rongé
Conditional		*Past Conditional*	
je rongerais	nous rongerions	j'aurais rongé	nous aurions rongé
tu rongerais	vous rongeriez	tu aurais rongé	vous auriez rongé
il/elle rongerait	ils/elles rongeraient	il/elle aurait rongé	ils/elles auraient rongé

Present Subjunctive		*Past Subjunctive*	
que je ronge	que nous rongions	que j'aie rongé	que nous ayons rongé
que tu ronges	que vous rongiez	que tu aies rongé	que vous ayez rongé
qu'il/elle ronge	qu'ils/elles rongent	qu'il/elle ait rongé	qu'ils/elles aient rongé
Imperfect Subjunctive		*Pluperfect Subjunctive*	
que je rongeasse	que nous rongeassions	que j'eusse rongé	que nous eussions rongé
que tu rongeasses	que vous rongeassiez	que tu eusses rongé	que vous eussiez rongé
qu'il/elle rongeât	qu'ils/elles rongeassent	qu'il/elle eût rongé	qu'ils/elles eussent rongé

Commands

	(nous) rongeons
(tu) ronge	(vous) rongez

USAGE

Les souris ont rongé le fromage.	*The mice gnawed at the cheese.*
Quand personne ne me regarde, j'aime ronger les os du poulet.	*When no one is looking, I like to eat the meat off / gnaw on the chicken bones.*
Ce bois est rongé par les insectes.	*The insects have eaten holes in this wood.*
Son vélo est rongé par la rouille.	*His bike is eaten away by rust.*
—Qu'est-ce qui le ronge?	*What's gotten into him?*
—C'est le chagrin qui le ronge.	*Sorrow is eating away at him.*

RELATED WORDS AND EXPRESSIONS

le rongeur	*rodent*
se ronger les ongles	*to bite one's nails*
Quand je suis nerveux, je me ronge les ongles.	*When I'm nervous, I bite my nails.*

473 rôtir *to roast*

je rôtis · je rôtis · rôti · rôtissant regular -ir verb

Present		*Passé Composé*	
je rôtis	nous rôtissons	j'ai rôti	nous avons rôti
tu rôtis	vous rôtissez	tu as rôti	vous avez rôti
il/elle rôtit	ils/elles rôtissent	il/elle a rôti	ils/elles ont rôti
Imperfect		***Pluperfect***	
je rôtissais	nous rôtissions	j'avais rôti	nous avions rôti
tu rôtissais	vous rôtissiez	tu avais rôti	vous aviez rôti
il/elle rôtissait	ils/elles rôtissaient	il/elle avait rôti	ils/elles avaient rôti
Passé Simple		***Past Anterior***	
je rôtis	nous rôtîmes	j'eus rôti	nous eûmes rôti
tu rôtis	vous rôtîtes	tu eus rôti	vous eûtes rôti
il/elle rôtit	ils/elles rôtirent	il/elle eut rôti	ils/elles eurent rôti
Future		***Future Anterior***	
je rôtirai	nous rôtirons	j'aurai rôti	nous aurons rôti
tu rôtiras	vous rôtirez	tu auras rôti	vous aurez rôti
il/elle rôtira	ils/elles rôtiront	il/elle aura rôti	ils/elles auront rôti
Conditional		***Past Conditional***	
je rôtirais	nous rôtirions	j'aurais rôti	nous aurions rôti
tu rôtirais	vous rôtiriez	tu aurais rôti	vous auriez rôti
il/elle rôtirait	ils/elles rôtiraient	il/elle aurait rôti	ils/elles auraient rôti

Present Subjunctive		*Past Subjunctive*	
que je rôtisse	que nous rôtissions	que j'aie rôti	que nous ayons rôti
que tu rôtisses	que vous rôtissiez	que tu aies rôti	que vous ayez rôti
qu'il/elle rôtisse	qu'ils/elles rôtissent	qu'il/elle ait rôti	qu'ils/elles aient rôti
Imperfect Subjunctive		***Pluperfect Subjunctive***	
que je rôtisse	que nous rôtissions	que j'eusse rôti	que nous eussions rôti
que tu rôtisses	que vous rôtissiez	que tu eusses rôti	que vous eussiez rôti
qu'il/elle rôtît	qu'ils/elles rôtissent	qu'il/elle eût rôti	qu'ils/elles eussent rôti

Commands

	(nous) rôtissons
(tu) rôtis	(vous) rôtissez

USAGE

du poulet rôti	*roast chicken*
On rôtit un dindon pour le réveillon.	*We're roasting a turkey for the New Year's Eve party.*
Le veau rôtit.	*The veal is roasting.*
Il fait chaud ici. On rôtit.	*It's warm in here. We're roasting.*
On rôtissait sous le soleil de Martinique.	*We were roasting under the Martinique sun.*
Je mettrai la viande à rôtir à cinq heures.	*I'll begin roasting the meat at five o'clock.*

RELATED WORDS AND EXPRESSIONS

le rôti	*roast*
le rôti de porc	*pork roast*
le rôti de veau	*veal roast*

regular -ir verb

je rougis · je rougis · rougi · rougissant

Present		*Passé Composé*	
je rougis	nous rougissons	j'ai rougi	nous avons rougi
tu rougis	vous rougissez	tu as rougi	vous avez rougi
il/elle rougit	ils/elles rougissent	il/elle a rougi	ils/elles ont rougi
Imperfect		*Pluperfect*	
je rougissais	nous rougissions	j'avais rougi	nous avions rougi
tu rougissais	vous rougissiez	tu avais rougi	vous aviez rougi
il/elle rougissait	ils/elles rougissaient	il/elle avait rougi	ils/elles avaient rougi
Passé Simple		*Past Anterior*	
je rougis	nous rougîmes	j'eus rougi	nous eûmes rougi
tu rougis	vous rougîtes	tu eus rougi	vous eûtes rougi
il/elle rougit	ils/elles rougirent	il/elle eut rougi	ils/elles eurent rougi
Future		*Future Anterior*	
je rougirai	nous rougirons	j'aurai rougi	nous aurons rougi
tu rougiras	vous rougirez	tu auras rougi	vous aurez rougi
il/elle rougira	ils/elles rougiront	il/elle aura rougi	ils/elles auront rougi
Conditional		*Past Conditional*	
je rougirais	nous rougirions	j'aurais rougi	nous aurions rougi
tu rougirais	vous rougiriez	tu aurais rougi	vous auriez rougi
il/elle rougirait	ils/elles rougiraient	il/elle aurait rougi	ils/elles auraient rougi

Present Subjunctive		*Past Subjunctive*	
que je rougisse	que nous rougissions	que j'aie rougi	que nous ayons rougi
que tu rougisses	que vous rougissiez	que tu aies rougi	que vous ayez rougi
qu'il/elle rougisse	qu'ils/elles rougissent	qu'il/elle ait rougi	qu'ils/elles aient rougi
Imperfect Subjunctive		*Pluperfect Subjunctive*	
que je rougisse	que nous rougissions	que j'eusse rougi	que nous eussions rougi
que tu rougisses	que vous rougissiez	que tu eusses rougi	que vous eussiez rougi
qu'il/elle rougît	qu'ils/elles rougissent	qu'il/elle eût rougi	qu'ils/elles eussent rougi

Commands

	(nous) rougissons
(tu) rougis	(vous) rougissez

USAGE

Tant de compliments! J'en rougis.	*So many compliments! They're making me blush.*
Tes mots l'ont fait rougir.	*Your words made him/her blush.*
Je rougis pour un rien.	*I blush at every little thing.*
L'enfant a rougi jusqu'aux oreilles.	*The child got red as a beet* (lit., *to his ears*).
L'enfant a rougi jusqu'au blanc des yeux.	*The child got red as a beet* (lit., *to the whites of his eyes*).
Il a rougi de colère.	*He turned red with rage.*
Ce type ne rougit pour rien.	*That guy isn't ashamed of anything.*
Tu dois rougir de tes remarques.	*You should be ashamed of what you said.*
Il ne fait que rougir son eau.	*He drinks his wine mixed with a lot of water.*

475 rouler *to roll*

je roule · je roulai · roulé · roulant

regular *-er* verb

Present		*Passé Composé*	
je roule	nous roulons	j'ai roulé	nous avons roulé
tu roules	vous roulez	tu as roulé	vous avez roulé
il/elle roule	ils/elles roulent	il/elle a roulé	ils/elles ont roulé
Imperfect		*Pluperfect*	
je roulais	nous roulions	j'avais roulé	nous avions roulé
tu roulais	vous rouliez	tu avais roulé	vous aviez roulé
il/elle roulait	ils/elles roulaient	il/elle avait roulé	ils/elles avaient roulé
Passé Simple		*Past Anterior*	
je roulai	nous roulâmes	j'eus roulé	nous eûmes roulé
tu roulas	vous roulâtes	tu eus roulé	vous eûtes roulé
il/elle roula	ils/elles roulèrent	il/elle eut roulé	ils/elles eurent roulé
Future		*Future Anterior*	
je roulerai	nous roulerons	j'aurai roulé	nous aurons roulé
tu rouleras	vous roulerez	tu auras roulé	vous aurez roulé
il/elle roulera	ils/elles rouleront	il/elle aura roulé	ils/elles auront roulé
Conditional		*Past Conditional*	
je roulerais	nous roulerions	j'aurais roulé	nous aurions roulé
tu roulerais	vous rouleriez	tu aurais roulé	vous auriez roulé
il/elle roulerait	ils/elles rouleraient	il/elle aurait roulé	ils/elles auraient roulé

Present Subjunctive		*Past Subjunctive*	
que je roule	que nous roulions	que j'aie roulé	que nous ayons roulé
que tu roules	que vous rouliez	que tu aies roulé	que vous ayez roulé
qu'il/elle roule	qu'ils/elles roulent	qu'il/elle ait roulé	qu'ils/elles aient roulé
Imperfect Subjunctive		*Pluperfect Subjunctive*	
que je roulasse	que nous roulassions	que j'eusse roulé	que nous eussions roulé
que tu roulasses	que vous roulassiez	que tu eusses roulé	que vous eussiez roulé
qu'il/elle roulât	qu'ils/elles roulassent	qu'il/elle eût roulé	qu'ils/elles eussent roulé

Commands

	(nous) roulons
(tu) roule	(vous) roulez

USAGE

Ses affaires ont roulé en bas de la côte.	*His things rolled down the hill.*
Pierre qui roule n'amasse pas mousse.	*A rolling stone gathers no moss.*
Nous avons roulé jusqu'à dix heures.	*We drove until ten o'clock.*
Nous roulons à quatre-vingt-dix par heure.	*We're riding at ninety kilometers per hour.*
Mon vélo ne roule pas bien dans la boue.	*My bike doesn't ride well in the mud.*
Ça roule!	*OK!*
Il a roulé sa bosse un peu partout, lui.	*He's really been around / all over the world.*
Ils roulent sur l'or.	*They're very rich.*
On nous a roulés dans ce restaurant!	*We were cheated at that restaurant!*
Tu vas te faire rouler par cet escroc.	*You're going to get taken by that con man.*

RELATED WORDS AND EXPRESSIONS

la roulette	*small wheel*
une table à roulettes	*a table on wheels*
une valise à roulettes	*a suitcase on wheels*
un fauteuil roulant	*wheelchair*

regular -ir verb

je saisis · je saisis · saisi · saisissant

Present		*Passé Composé*	
je saisis	nous saisissons	j'ai saisi	nous avons saisi
tu saisis	vous saisissez	tu as saisi	vous avez saisi
il/elle saisit	ils/elles saisissent	il/elle a saisi	ils/elles ont saisi
Imperfect		*Pluperfect*	
je saisissais	nous saisissions	j'avais saisi	nous avions saisi
tu saisissais	vous saisissiez	tu avais saisi	vous aviez saisi
il/elle saisissait	ils/elles saisissaient	il/elle avait saisi	ils/elles avaient saisi
Passé Simple		*Past Anterior*	
je saisis	nous saisîmes	j'eus saisi	nous eûmes saisi
tu saisis	vous saisîtes	tu eus saisi	vous eûtes saisi
il/elle saisit	ils/elles saisirent	il/elle eut saisi	ils/elles eurent saisi
Future		*Future Anterior*	
je saisirai	nous saisirons	j'aurai saisi	nous aurons saisi
tu saisiras	vous saisirez	tu auras saisi	vous aurez saisi
il/elle saisira	ils/elles saisiront	il/elle aura saisi	ils/elles auront saisi
Conditional		*Past Conditional*	
je saisirais	nous saisirions	j'aurais saisi	nous aurions saisi
tu saisirais	vous saisiriez	tu aurais saisi	vous auriez saisi
il/elle saisirait	ils/elles saisiraient	il/elle aurait saisi	ils/elles auraient saisi

Present Subjunctive		*Past Subjunctive*	
que je saisisse	que nous saisissions	que j'aie saisi	que nous ayons saisi
que tu saisisses	que vous saisissiez	que tu aies saisi	que vous ayez saisi
qu'il/elle saisisse	qu'ils/elles saisissent	qu'il/elle ait saisi	qu'ils/elles aient saisi
Imperfect Subjunctive		*Pluperfect Subjunctive*	
que je saisisse	que nous saisissions	que j'eusse saisi	que nous eussions saisi
que tu saisisses	que vous saisissiez	que tu eusses saisi	que vous eussiez saisi
qu'il/elle saisît	qu'ils/elles saisissent	qu'il/elle eût saisi	qu'ils/elles eussent saisi

Commands

	(nous) saisissons
(tu) saisis	(vous) saisissez

USAGE

On doit saisir la chance par les cheveux.	*One must seize the opportunity when it arises.*
Il m'a saisi le bras.	*He grabbed my arm.*
—As-tu saisi ça?	*Did you understand that?*
—Non, je n'ai pas saisi ce qu'elle voulait dire.	*No, I couldn't grasp what she meant.*
Cet élève saisit vite.	*This pupil learns quickly.*
Je commence à saisir le truc.	*I'm beginning to get the hang of it.*
J'ai saisi la chance au vol.	*I jumped at the opportunity.*
Il faut saisir la balle au bond.	*You have to take advantage of a good opportunity.*
Son air d'indifférence m'a saisi.	*I was startled by his/her air of indifference.*
J'ai été saisi de pitié.	*I was overcome by pity.*
Elle a été saisie par la peur.	*She was overcome by fear.*

477 se salir *to get dirty*

je me salis · je me salis · s'étant sali · se salissant

regular -*ir* reflexive verb; compound tenses with *être*

Present		*Passé Composé*	
je me salis	nous nous salissons	je me suis sali(e)	nous nous sommes sali(e)s
tu te salis	vous vous salissez	tu t'es sali(e)	vous vous êtes sali(e)(s)
il/elle se salit	ils/elles se salissent	il/elle s'est sali(e)	ils/elles se sont sali(e)s
Imperfect		*Pluperfect*	
je me salissais	nous nous salissions	je m'étais sali(e)	nous nous étions sali(e)s
tu te salissais	vous vous salissiez	tu t'étais sali(e)	vous vous étiez sali(e)(s)
il/elle se salissait	ils/elles se salissaient	il/elle s'était sali(e)	ils/elles s'étaient sali(e)s
Passé Simple		*Past Anterior*	
je me salis	nous nous salîmes	je me fus sali(e)	nous nous fûmes sali(e)s
tu te salis	vous vous salîtes	tu te fus sali(e)	vous vous fûtes sali(e)(s)
il/elle se salit	ils/elles se salirent	il/elle se fut sali(e)	ils/elles se furent sali(e)s
Future		*Future Anterior*	
je me salirai	nous nous salirons	je me serai sali(e)	nous nous serons sali(e)s
tu te saliras	vous vous salirez	tu te seras sali(e)	vous vous serez sali(e)(s)
il/elle se salira	ils/elles se saliront	il/elle se sera sali(e)	ils/elles se seront sali(e)s
Conditional		*Past Conditional*	
je me salirais	nous nous salirions	je me serais sali(e)	nous nous serions sali(e)s
tu te salirais	vous vous saliriez	tu te serais sali(e)	vous vous seriez sali(e)(s)
il/elle se salirait	ils/elles se saliraient	il/elle se serait sali(e)	ils/elles se seraient sali(e)s

Present Subjunctive		*Past Subjunctive*	
que je me salisse	que nous nous salissions	que je me sois sali(e)	que nous nous soyons sali(e)s
que tu te salisses	que vous vous salissiez	que tu te sois sali(e)	que vous vous soyez sali(e)(s)
qu'il/elle se salisse	qu'ils/elles se salissent	qu'il/elle se soit sali(e)	qu'ils/elles se soient sali(e)s
Imperfect Subjunctive		*Pluperfect Subjunctive*	
que je me salisse	que nous nous salissions	que je me fusse sali(e)	que nous nous fussions sali(e)s
que tu te salisses	que vous vous salissiez	que tu te fusses sali(e)	que vous vous fussiez sali(e)(s)
qu'il/elle se salît	qu'ils/elles se salissent	qu'il/elle se fût sali(e)	qu'ils/elles se fussent sali(e)s

Commands

	(nous) salissons-nous
(tu) salis-toi	(vous) salissez-vous

USAGE

Ne joue pas dans la boue! Tu vas te salir!	*Don't play in the mud! You'll get dirty!*
Fais attention! Ta chemise blanche se salit facilement.	*Be careful! Your white shirt gets dirty easily.*
Je me suis sali les mains en creusant dans le jardin.	*I got my hands dirty digging in the garden.*
Il ne se salirait pas les mains dans une escroquerie comme ça.	*He wouldn't dirty his hands in a swindle like that.*
Ce délit a sali sa réputation.	*This crime sullied his reputation.*

RELATED WORDS AND EXPRESSIONS

la saleté	*filth*
sale	*dirty*

irregular verb

je satisfais · je satisfis · satisfait · satisfaisant

Present		*Passé Composé*	
je satisfais	nous satisfaisons	j'ai satisfait	nous avons satisfait
tu satisfais	vous satisfaites	tu as satisfait	vous avez satisfait
il/elle satisfait	ils/elles satisfont	il/elle a satisfait	ils/elles ont satisfait
Imperfect		*Pluperfect*	
je satisfaisais	nous satisfaisions	j'avais satisfait	nous avions satisfait
tu satisfaisais	vous satisfaisiez	tu avais satisfait	vous aviez satisfait
il/elle satisfaisait	ils/elles satisfaisaient	il/elle avait satisfait	ils/elles avaient satisfait
Passé Simple		*Past Anterior*	
je satisfis	nous satisfîmes	j'eus satisfait	nous eûmes satisfait
tu satisfis	vous satisfîtes	tu eus satisfait	vous eûtes satisfait
il/elle satisfit	ils/elles satisfirent	il/elle eut satisfait	ils/elles eurent satisfait
Future		*Future Anterior*	
je satisferai	nous satisferons	j'aurai satisfait	nous aurons satisfait
tu satisferas	vous satisferez	tu auras satisfait	vous aurez satisfait
il/elle satisfera	ils/elles satisferont	il/elle aura satisfait	ils/elles auront satisfait
Conditional		*Past Conditional*	
je satisferais	nous satisferions	j'aurais satisfait	nous aurions satisfait
tu satisferais	vous satisferiez	tu aurais satisfait	vous auriez satisfait
il/elle satisferait	ils/elles satisferaient	il/elle aurait satisfait	ils/elles auraient satisfait

Present Subjunctive		*Past Subjunctive*	
que je satisfasse	que nous satisfassions	que j'aie satisfait	que nous ayons satisfait
que tu satisfasses	que vous satisfassiez	que tu aies satisfait	que vous ayez satisfait
qu'il/elle satisfasse	qu'ils/elles satisfassent	qu'il/elle ait satisfait	qu'ils/elles aient satisfait
Imperfect Subjunctive		*Pluperfect Subjunctive*	
que je satisfisse	que nous satisfissions	que j'eusse satisfait	que nous eussions satisfait
que tu satisfisses	que vous satisfissiez	que tu eusses satisfait	que vous eussiez satisfait
qu'il/elle satisfît	qu'ils/elles satisfissent	qu'il/elle eût satisfait	qu'ils/elles eussent satisfait

Commands

	(nous) satisfaisons
(tu) satisfais	(vous) satisfaites

USAGE

Cette réponse ne me satisfait point.	*That answer does not satisfy me at all.*
—Cette solution satisfera tout le monde.	*This solution will satisfy everyone.*
—Nous, on n'en est pas satisfaits.	*We are not happy with it.*
J'espère pouvoir satisfaire votre curiosité.	*I hope I can satisfy your curiosity.*
Cette petite usine ne peut pas satisfaire la demande.	*This small factory cannot keep up with demand.*
satisfaire à qqch	*to meet the requirements of something*
Il a satisfait à ses obligations.	*He fulfilled his obligations.*

RELATED WORDS AND EXPRESSIONS

la satisfaction	*satisfaction*
à la satisfaction générale	*to everyone's satisfaction*
satisfait	*satisfied*
Je suis satisfait de ta réponse.	*I'm satisfied with your answer.*
se satisfaire de	*to be happy with*
Le vieillard se satisfait de très peu.	*The old man is happy with very little.*

479 sauter *to jump*

je saute · je sautai · sauté · sautant regular *-er* verb

Present		*Passé Composé*	
je saute	nous sautons	j'ai sauté	nous avons sauté
tu sautes	vous sautez	tu as sauté	vous avez sauté
il/elle saute	ils/elles sautent	il/elle a sauté	ils/elles ont sauté
Imperfect		*Pluperfect*	
je sautais	nous sautions	j'avais sauté	nous avions sauté
tu sautais	vous sautiez	tu avais sauté	vous aviez sauté
il/elle sautait	ils/elles sautaient	il/elle avait sauté	ils/elles avaient sauté
Passé Simple		*Past Anterior*	
je sautai	nous sautâmes	j'eus sauté	nous eûmes sauté
tu sautas	vous sautâtes	tu eus sauté	vous eûtes sauté
il/elle sauta	ils/elles sautèrent	il/elle eut sauté	ils/elles eurent sauté
Future		*Future Anterior*	
je sauterai	nous sauterons	j'aurai sauté	nous aurons sauté
tu sauteras	vous sauterez	tu auras sauté	vous aurez sauté
il/elle sautera	ils/elles sauteront	il/elle aura sauté	ils/elles auront sauté
Conditional		*Past Conditional*	
je sauterais	nous sauterions	j'aurais sauté	nous aurions sauté
tu sauterais	vous sauteriez	tu aurais sauté	vous auriez sauté
il/elle sauterait	ils/elles sauteraient	il/elle aurait sauté	ils/elles auraient sauté

Present Subjunctive		*Past Subjunctive*	
que je saute	que nous sautions	que j'aie sauté	que nous ayons sauté
que tu sautes	que vous sautiez	que tu aies sauté	que vous ayez sauté
qu'il/elle saute	qu'ils/elles sautent	qu'il/elle ait sauté	qu'ils/elles aient sauté
Imperfect Subjunctive		*Pluperfect Subjunctive*	
que je sautasse	que nous sautassions	que j'eusse sauté	que nous eussions sauté
que tu sautasses	que vous sautassiez	que tu eusses sauté	que vous eussiez sauté
qu'il/elle sautât	qu'ils/elles sautassent	qu'il/elle eût sauté	qu'ils/elles eussent sauté

Commands

	(nous) sautons
(tu) saute	(vous) sautez

USAGE

Il a sauté par la fenêtre.	*He jumped out the window.*
Il s'est fait mal en sautant d'une voiture en marche.	*He hurt himself jumping out of a moving car.*
Quand l'enfant a vu ses cadeaux, il a sauté de joie.	*When the child saw his gifts, he jumped for joy.*
sauter à la corde	*to jump rope*
Le cavalier a sauté en selle.	*The rider jumped into the saddle.*
Ça saute aux yeux.	*It's as plain as the nose on your face.*
Son refus m'a fait sauter au plafond.	*His refusal made me hit the ceiling.*
Les militaires ont sauté en parachute.	*The soldiers parachuted out.*
Il s'est fait sauter la cervelle.	*He blew his brains out.*
Tout le monde au travail! Et que ça saute!	*Everyone get to work! And I mean on the double!*
Il a sauté le niveau moyen.	*He skipped the intermediate level.*

regular -*er* verb **je sauvegarde · je sauvegardai · sauvegardé · sauvegardant**

Present		*Passé Composé*	
je sauvegarde	nous sauvegardons	j'ai sauvegardé	nous avons sauvegardé
tu sauvegardes	vous sauvegardez	tu as sauvegardé	vous avez sauvegardé
il/elle sauvegarde	ils/elles sauvegardent	il/elle a sauvegardé	ils/elles ont sauvegardé
Imperfect		*Pluperfect*	
je sauvegardais	nous sauvegardions	j'avais sauvegardé	nous avions sauvegardé
tu sauvegardais	vous sauvegardiez	tu avais sauvegardé	vous aviez sauvegardé
il/elle sauvegardait	ils/elles sauvegardaient	il/elle avait sauvegardé	ils/elles avaient sauvegardé
Passé Simple		*Past Anterior*	
je sauvegardai	nous sauvegardâmes	j'eus sauvegardé	nous eûmes sauvegardé
tu sauvegardas	vous sauvegardâtes	tu eus sauvegardé	vous eûtes sauvegardé
il/elle sauvegarda	ils/elles sauvegardèrent	il/elle eut sauvegardé	ils/elles eurent sauvegardé
Future		*Future Anterior*	
je sauvegarderai	nous sauvegarderons	j'aurai sauvegardé	nous aurons sauvegardé
tu sauvegarderas	vous sauvegarderez	tu auras sauvegardé	vous aurez sauvegardé
il/elle sauvegardera	ils/elles sauvegarderont	il/elle aura sauvegardé	ils/elles auront sauvegardé
Conditional		*Past Conditional*	
je sauvegarderais	nous sauvegarderions	j'aurais sauvegardé	nous aurions sauvegardé
tu sauvegarderais	vous sauvegarderiez	tu aurais sauvegardé	vous auriez sauvegardé
il/elle sauvegarderait	ils/elles sauvegarderaient	il/elle aurait sauvegardé	ils/elles auraient sauvegardé

Present Subjunctive		*Past Subjunctive*	
que je sauvegarde	que nous sauvegardions	que j'aie sauvegardé	que nous ayons sauvegardé
que tu sauvegardes	que vous sauvegardiez	que tu aies sauvegardé	que vous ayez sauvegardé
qu'il/elle sauvegarde	qu'ils/elles sauvegardent	qu'il/elle ait sauvegardé	qu'ils/elles aient sauvegardé
Imperfect Subjunctive		*Pluperfect Subjunctive*	
que je sauvegardasse	que nous sauvegardassions	que j'eusse sauvegardé	que nous eussions sauvegardé
que tu sauvegardasses	que vous sauvegardassiez	que tu eusses sauvegardé	que vous eussiez sauvegardé
qu'il/elle sauvegardât	qu'ils/elles sauvegardassent	qu'il/elle eût sauvegardé	qu'ils/elles eussent sauvegardé

Commands

	(nous) sauvegardons
(tu) sauvegarde	(vous) sauvegardez

USAGE

sauvegarder un fichier	*to save a (computer) file*
sauvegarder un programme	*to make a backup of a program*
Il n'a pas su sauvegarder son honneur.	*He couldn't preserve his honor.*

RELATED WORDS AND EXPRESSIONS

la sauvegarde	*saving*
la sauvegarde d'un fichier	*backing up a file*
Les alliés travaillent pour la sauvegarde de la paix.	*The allies are working to keep the peace.*

sauver *to save, rescue*

je sauve · je sauvai · sauvé · sauvant regular -*er* verb

Present		***Passé Composé***	
je sauve	nous sauvons	j'ai sauvé	nous avons sauvé
tu sauves	vous sauvez	tu as sauvé	vous avez sauvé
il/elle sauve	ils/elles sauvent	il/elle a sauvé	ils/elles ont sauvé
Imperfect		***Pluperfect***	
je sauvais	nous sauvions	j'avais sauvé	nous avions sauvé
tu sauvais	vous sauviez	tu avais sauvé	vous aviez sauvé
il/elle sauvait	ils/elles sauvaient	il/elle avait sauvé	ils/elles avaient sauvé
Passé Simple		***Past Anterior***	
je sauvai	nous sauvâmes	j'eus sauvé	nous eûmes sauvé
tu sauvas	vous sauvâtes	tu eus sauvé	vous eûtes sauvé
il/elle sauva	ils/elles sauvèrent	il/elle eut sauvé	ils/elles eurent sauvé
Future		***Future Anterior***	
je sauverai	nous sauverons	j'aurai sauvé	nous aurons sauvé
tu sauveras	vous sauverez	tu auras sauvé	vous aurez sauvé
il/elle sauvera	ils/elles sauveront	il/elle aura sauvé	ils/elles auront sauvé
Conditional		***Past Conditional***	
je sauverais	nous sauverions	j'aurais sauvé	nous aurions sauvé
tu sauverais	vous sauveriez	tu aurais sauvé	vous auriez sauvé
il/elle sauverait	ils/elles sauveraient	il/elle aurait sauvé	ils/elles auraient sauvé

Present Subjunctive		***Past Subjunctive***	
que je sauve	que nous sauvions	que j'aie sauvé	que nous ayons sauvé
que tu sauves	que vous sauviez	que tu aies sauvé	que vous ayez sauvé
qu'il/elle sauve	qu'ils/elles sauvent	qu'il/elle ait sauvé	qu'ils/elles aient sauvé
Imperfect Subjunctive		***Pluperfect Subjunctive***	
que je sauvasse	que nous sauvassions	que j'eusse sauvé	que nous eussions sauvé
que tu sauvasses	que vous sauvassiez	que tu eusses sauvé	que vous eussiez sauvé
qu'il/elle sauvât	qu'ils/elles sauvassent	qu'il/elle eût sauvé	qu'ils/elles eussent sauvé

Commands

	(nous) sauvons
(tu) sauve	(vous) sauvez

USAGE

Il a sauvé son magasin de la faillite.	*He saved his store from bankruptcy.*
Ton coup de fil peut tout sauver.	*A call from you could save everything.*
Tu m'as sauvé la vie!	*You saved my life!* (literally or figuratively)
Les chirurgiens ont pu le sauver.	*The surgeons were able to save him.*
Des célébrités ont organisé un concert pour sauver la planète.	*Some celebrities organized a concert to save the planet.*
Il faut sauver la face.	*We must save face.*
On a sauvé les sinistrés.	*They rescued the disaster victims.*
Il faut sauver les apparences.	*We must keep up appearances.*
Comment sauver la situation?	*How can we make the best of the situation?*
Sauve qui peut!	*Every man for himself.*
J'ai sauvé la mise à mon copain.	*I got my buddy out of a scrape/jam.*

regular -*er* reflexive verb;
compound tenses with *être*

je me sauve · je me sauvai · s'étant sauvé · se sauvant

Present		*Passé Composé*	
je me sauve	nous nous sauvons	je me suis sauvé(e)	nous nous sommes sauvé(e)s
tu te sauves	vous vous sauvez	tu t'es sauvé(e)	vous vous êtes sauvé(e)(s)
il/elle se sauve	ils/elles se sauvent	il/elle s'est sauvé(e)	ils/elles se sont sauvé(e)s
Imperfect		*Pluperfect*	
je me sauvais	nous nous sauvions	je m'étais sauvé(e)	nous nous étions sauvé(e)s
tu te sauvais	vous vous sauviez	tu t'étais sauvé(e)	vous vous étiez sauvé(e)(s)
il/elle se sauvait	ils/elles se sauvaient	il/elle s'était sauvé(e)	ils/elles s'étaient sauvé(e)s
Passé Simple		*Past Anterior*	
je me sauvai	nous nous sauvâmes	je me fus sauvé(e)	nous nous fûmes sauvé(e)s
tu te sauvas	vous vous sauvâtes	tu te fus sauvé(e)	vous vous fûtes sauvé(e)(s)
il/elle se sauva	ils/elles se sauvèrent	il/elle se fut sauvé(e)	ils/elles se furent sauvé(e)s
Future		*Future Anterior*	
je me sauverai	nous nous sauverons	je me serai sauvé(e)	nous nous serons sauvé(e)s
tu te sauveras	vous vous sauverez	tu te seras sauvé(e)	vous vous serez sauvé(e)(s)
il/elle se sauvera	ils/elles se sauveront	il/elle se sera sauvé(e)	ils/elles se seront sauvé(e)s
Conditional		*Past Conditional*	
je me sauverais	nous nous sauverions	je me serais sauvé(e)	nous nous serions sauvé(e)s
tu te sauverais	vous vous sauveriez	tu te serais sauvé(e)	vous vous seriez sauvé(e)(s)
il/elle se sauverait	ils/elles se sauveraient	il/elle se serait sauvé(e)	ils/elles se seraient sauvé(e)s

Present Subjunctive		*Past Subjunctive*	
que je me sauve	que nous nous sauvions	que je me sois sauvé(e)	que nous nous soyons sauvé(e)s
que tu te sauves	que vous vous sauviez	que tu te sois sauvé(e)	que vous vous soyez sauvé(e)(s)
que il/elle se sauve	que ils/elles se sauvent	que il/elle se soit sauvé(e)	que ils/elles se soient sauvé(e)s
Imperfect Subjunctive		*Pluperfect Subjunctive*	
que je me sauvasse	que nous nous sauvassions	que je me fusse sauvé(e)	que nous nous fussions sauvé(e)s
que tu te sauvasses	que vous vous sauvassiez	que tu te fusses sauvé(e)	que vous vous fussiez sauvé(e)(s)
que il/elle se sauvât	que ils/elles se sauvassent	que il/elle se fût sauvé(e)	que ils/elles se fussent sauvé(e)s

Commands

	(nous) sauvons-nous
(tu) sauve-toi	(vous) sauvez-vous

USAGE

Bon, il est tard. Je me sauve.	*Well, it's late. I've got to run.*
Sauvez-vous. Le dernier train part dans dix minutes.	*You'd better run. The last train leaves in ten minutes.*
Personne ne s'est sauvé du désastre.	*No one escaped from the disaster.*
Ils n'ont pas trouvé d'issue pour se sauver.	*They didn't find a way out by which to escape.*
Il s'est sauvé à toutes jambes.	*He fled.*
Fais attention! La soupe se sauve.	*Be careful! The soup is boiling over.*
Comment se sauver de ce danger?	*How can we save ourselves from this danger?*

483 **savoir** *to know*

je sais · je sus · su · sachant — irregular verb

savoir = s'en rendre compte

Je ne savais pas qu'il chômait.	*I didn't know he was unemployed.*
Tu sais qu'il ment, n'est-ce pas?	*You know he's lying, don't you?*
Il lui a fait mal sans le savoir.	*He hurt her without realizing it.*
J'ai su qu'elle était malade.	*I found out that she was sick.*

savoir = savoir qqch, avoir des notions de qqch

Il sait beaucoup d'espagnol.	*He knows a lot of Spanish.*
Je ne savais pas qu'elle était là.	*I didn't know she was there.*
Je ne sais pas quoi faire.	*I don't know what to do.*
Il m'a fait savoir l'heure de son arrivée.	*He informed me when he would be arriving.*
autant que je sache	*as far as I know*
pas que je sache	*not to my knowledge*
Elle, c'est madame je-sais-tout.	*She's a real know-it-all.*
Il n'est pas sans savoir que nous ne sommes pas contents de son travail.	*He is certainly aware that we are not happy with his work.*
Il ne sait rien de rien.	*He knows nothing at all.*

savoir + infinitive

Cet enfant ne sait pas attendre.	*This child is very impatient.*
Eux, ils savent vivre.	*They have real style and manners.*
Il sait plaire aux gens.	*He knows how to ingratiate himself with people.*
Je ne saurais pas vous le dire.	*I couldn't tell you.*
Je ne saurais pas vous renseigner.	*I wouldn't know how to direct you.*

savoir dans les expressions indéfinies

Il est allé habiter je ne sais où.	*He went off to live somewhere or other.*
Il l'a fait je ne sais comment.	*He did it somehow or other.*
Il a parlé pendant je ne sais pas combien de temps.	*He talked for I don't know how long.*
Elle reviendra je ne sais quand.	*She'll be back at sometime or other.*
Il sort avec je ne sais quelle voisine.	*He's going out with some neighbor or other.*
Elle a servi je ne sais quoi.	*She served something or other.*
On a reçu un coup de fil de je ne sais qui.	*We got a call from somebody or other.*

RELATED WORDS AND EXPRESSIONS

Il a du savoir-faire.	*He has social skills.*
Tu n'as aucun savoir-vivre, toi!	*You don't know how to behave with people!*
Il faut savoir s'y prendre.	*You have to know how to go about things.*
—Elle se sait en difficulté mais elle ne sait pas quoi faire.	*She knows she is having problems, but she doesn't know what to do.*
—Oui, j'avais l'impression qu'elle ne savait pas où donner de la tête.	*Yes, I had the impression that she didn't know where to turn.*
On ne sait pas par quel bout le prendre.	*We don't know how to approach him.*
Il ne savait pas où se mettre.	*He didn't know where to hide.*
On mettra quelqu'un à la porte, à savoir, lui.	*They're going to fire someone, namely him.*

PROVERBS

Qui rien ne sait, rien ne doute.	*Ignorance is bliss.*
Si jeunesse savait, si vieillesse pouvait.	*If youth only knew, if old age only could.*

top 50 verb

to know **savoir** 483

irregular verb

je sais · je sus · su · sachant

Present		*Passé Composé*	
je sais	nous savons	j'ai su	nous avons su
tu sais	vous savez	tu as su	vous avez su
il/elle sait	ils/elles savent	il/elle a su	ils/elles ont su
Imperfect		***Pluperfect***	
je savais	nous savions	j'avais su	nous avions su
tu savais	vous saviez	tu avais su	vous aviez su
il/elle savait	ils/elles savaient	il/elle avait su	ils/elles avaient su
Passé Simple		***Past Anterior***	
je sus	nous sûmes	j'eus su	nous eûmes su
tu sus	vous sûtes	tu eus su	vous eûtes su
il/elle sut	ils/elles surent	il/elle eut su	ils/elles eurent su
Future		***Future Anterior***	
je saurai	nous saurons	j'aurai su	nous aurons su
tu sauras	vous saurez	tu auras su	vous aurez su
il/elle saura	ils/elles sauront	il/elle aura su	ils/elles auront su
Conditional		***Past Conditional***	
je saurais	nous saurions	j'aurais su	nous aurions su
tu saurais	vous sauriez	tu aurais su	vous auriez su
il/elle saurait	ils/elles sauraient	il/elle aurait su	ils/elles auraient su

Present Subjunctive		*Past Subjunctive*	
que je sache	que nous sachions	que j'aie su	que nous ayons su
que tu saches	que vous sachiez	que tu aies su	que vous ayez su
qu'il/elle sache	qu'ils/elles sachent	qu'il/elle ait su	qu'ils/elles aient su
Imperfect Subjunctive		***Pluperfect Subjunctive***	
que je susse	que nous sussions	que j'eusse su	que nous eussions su
que tu susses	que vous sussiez	que tu eusses su	que vous eussiez su
qu'il/elle sût	qu'ils/elles sussent	qu'il/elle eût su	qu'ils/elles eussent su

Commands

	(nous) sachons
(tu) sache	(vous) sachez

USAGE

—Je ne sais pas son nom.	*I don't know his name.*
—Moi, je le sais. Et je sais son adresse aussi.	*I know it. And I know his address too.*
Tu sais la réponse?	*Do you know the answer?*
Je sais ce que tu veux.	*I know what you want.*
Elle ne sait pas ce qu'elle dit.	*She doesn't know what she is saying.*
—Tu en sais quelque chose?	*Do you know anything about it?*
—Oui, mais je veux en savoir davantage.	*Yes, but I want to know more about it.*
—Vous saviez la nouvelle?	*Did you know the news?*
—Oui, je la savais par mon voisin.	*Yes, I learned about it from my neighbor.*
Cet enfant savait nager à l'âge de deux ans!	*This child knew how to swim at the age of two.*
—Tu as pu savoir de quoi il s'agit?	*Were you able to find out what this is about?*
—Non, je n'ai rien su.	*No, I didn't find out anything.*

top 50 verb

sécher *to dry*

je sèche · je séchai · séché · séchant

-*er* verb; spelling change: *é* > *è*/mute *e* except in the future and conditional

Present		*Passé Composé*	
je sèche	nous séchons	j'ai séché	nous avons séché
tu sèches	vous séchez	tu as séché	vous avez séché
il/elle sèche	ils/elles sèchent	il/elle a séché	ils/elles ont séché
Imperfect		*Pluperfect*	
je séchais	nous séchions	j'avais séché	nous avions séché
tu séchais	vous séchiez	tu avais séché	vous aviez séché
il/elle séchait	ils/elles séchaient	il/elle avait séché	ils/elles avaient séché
Passé Simple		*Past Anterior*	
je séchai	nous séchâmes	j'eus séché	nous eûmes séché
tu séchas	vous séchâtes	tu eus séché	vous eûtes séché
il/elle sécha	ils/elles séchèrent	il/elle eut séché	ils/elles eurent séché
Future		*Future Anterior*	
je sécherai	nous sécherons	j'aurai séché	nous aurons séché
tu sécheras	vous sécherez	tu auras séché	vous aurez séché
il/elle séchera	ils/elles sécheront	il/elle aura séché	ils/elles auront séché
Conditional		*Past Conditional*	
je sécherais	nous sécherions	j'aurais séché	nous aurions séché
tu sécherais	vous sécheriez	tu aurais séché	vous auriez séché
il/elle sécherait	ils/elles sécheraient	il/elle aurait séché	ils/elles auraient séché

Present Subjunctive		*Past Subjunctive*	
que je sèche	que nous séchions	que j'aie séché	que nous ayons séché
que tu sèches	que vous séchiez	que tu aies séché	que vous ayez séché
qu'il/elle sèche	qu'ils/elles sèchent	qu'il/elle ait séché	qu'ils/elles aient séché
Imperfect Subjunctive		*Pluperfect Subjunctive*	
que je séchasse	que nous séchassions	que j'eusse séché	que nous eussions séché
que tu séchasses	que vous séchassiez	que tu eusses séché	que vous eussiez séché
qu'il/elle séchât	qu'ils/elles séchassent	qu'il/elle eût séché	qu'ils/elles eussent séché

Commands

	(nous) séchons
(tu) sèche	(vous) séchez

USAGE

sécher le linge	*to dry the laundry*
Je vais mettre le linge à sécher.	*I'll hang the laundry up to dry.*
sécher des fruits	*to dry fruit*
Sèche tes larmes.	*Dry your tears.*
sécher un cours	*to cut class*
Tu as séché tous tes cours hier.	*You cut all your classes yesterday.*
Cette question est vraiment difficile. Je sèche complètement.	*That question is really difficult. I am completely stumped.*

RELATED WORDS AND EXPRESSIONS

se sécher les cheveux	*to dry one's hair*
Je me suis séché les cheveux.	*I dried my hair.*
Tu es tout mouillé! Sèche-toi!	*You're all wet! Dry yourself off!*
Après m'être baigné dans la mer, j'aime me sécher au soleil.	*After taking a dip in the ocean, I like to dry off in the sun.*

regular -*er* verb **je secoue · je secouai · secoué · secouant**

Present		*Passé Composé*	
je secoue	nous secouons	j'ai secoué	nous avons secoué
tu secoues	vous secouez	tu as secoué	vous avez secoué
il/elle secoue	ils/elles secouent	il/elle a secoué	ils/elles ont secoué
Imperfect		*Pluperfect*	
je secouais	nous secouions	j'avais secoué	nous avions secoué
tu secouais	vous secouiez	tu avais secoué	vous aviez secoué
il/elle secouait	ils/elles secouaient	il/elle avait secoué	ils/elles avaient secoué
Passé Simple		*Past Anterior*	
je secouai	nous secouâmes	j'eus secoué	nous eûmes secoué
tu secouas	vous secouâtes	tu eus secoué	vous eûtes secoué
il/elle secoua	ils/elles secouèrent	il/elle eut secoué	ils/elles eurent secoué
Future		*Future Anterior*	
je secouerai	nous secouerons	j'aurai secoué	nous aurons secoué
tu secoueras	vous secouerez	tu auras secoué	vous aurez secoué
il/elle secouera	ils/elles secoueront	il/elle aura secoué	ils/elles auront secoué
Conditional		*Past Conditional*	
je secouerais	nous secouerions	j'aurais secoué	nous aurions secoué
tu secouerais	vous secoueriez	tu aurais secoué	vous auriez secoué
il/elle secouerait	ils/elles secoueraient	il/elle aurait secoué	ils/elles auraient secoué

Present Subjunctive		*Past Subjunctive*	
que je secoue	que nous secouions	que j'aie secoué	que nous ayons secoué
que tu secoues	que vous secouiez	que tu aies secoué	que vous ayez secoué
qu'il/elle secoue	qu'ils/elles secouent	qu'il/elle ait secoué	qu'ils/elles aient secoué
Imperfect Subjunctive		*Pluperfect Subjunctive*	
que je secouasse	que nous secouassions	que j'eusse secoué	que nous eussions secoué
que tu secouasses	que vous secouassiez	que tu eusses secoué	que vous eussiez secoué
qu'il/elle secouât	qu'ils/elles secouassent	qu'il/elle eût secoué	qu'ils/elles eussent secoué

Commands

	(nous) secouons
(tu) secoue	(vous) secouez

USAGE

Le tremblement de terre a secoué notre maison.	*The earthquake shook our house.*
J'ai secoué l'arbre pour faire tomber les pommes.	*I shook the tree to make the apples drop.*
Ce tapis est sale. Il faut le secouer.	*This rug is dirty. We have to shake it out.*
Il a secoué la tête.	*He shook/nodded his head.*
Le vent secouait les arbres.	*The wind was shaking the trees.*
—Pour qu'il travaille, il faut qu'on le secoue.	*You have to shake him up if you want him to study.*
—Oui, il faut lui secouer les puces.	*Yes, you have to read him the riot act.*
Cette mauvaise nouvelle nous a secoués.	*That bad news shook us up.*

RELATED WORDS AND EXPRESSIONS

la secousse	*shake/shaking*
Le train avança par secousses.	*The train moved by fits and starts.*
une secousse politique	*a political shakeup*

séduire *to seduce, charm*

je séduis · je séduisis · séduit · séduisant irregular verb

Present		*Passé Composé*	
je séduis	nous séduisons	j'ai séduit	nous avons séduit
tu séduis	vous séduisez	tu as séduit	vous avez séduit
il/elle séduit	ils/elles séduisent	il/elle a séduit	ils/elles ont séduit
Imperfect		*Pluperfect*	
je séduisais	nous séduisions	j'avais séduit	nous avions séduit
tu séduisais	vous séduisiez	tu avais séduit	vous aviez séduit
il/elle séduisait	ils/elles séduisaient	il/elle avait séduit	ils/elles avaient séduit
Passé Simple		*Past Anterior*	
je séduisis	nous séduisîmes	j'eus séduit	nous eûmes séduit
tu séduisis	vous séduisîtes	tu eus séduit	vous eûtes séduit
il/elle séduisit	ils/elles séduisirent	il/elle eut séduit	ils/elles eurent séduit
Future		*Future Anterior*	
je séduirai	nous séduirons	j'aurai séduit	nous aurons séduit
tu séduiras	vous séduirez	tu auras séduit	vous aurez séduit
il/elle séduira	ils/elles séduiront	il/elle aura séduit	ils/elles auront séduit
Conditional		*Past Conditional*	
je séduirais	nous séduirions	j'aurais séduit	nous aurions séduit
tu séduirais	vous séduiriez	tu aurais séduit	vous auriez séduit
il/elle séduirait	ils/elles séduiraient	il/elle aurait séduit	ils/elles auraient séduit

Present Subjunctive		*Past Subjunctive*	
que je séduise	que nous séduisions	que j'aie séduit	que nous ayons séduit
que tu séduises	que vous séduisiez	que tu aies séduit	que vous ayez séduit
qu'il/elle séduise	qu'ils/elles séduisent	qu'il/elle ait séduit	qu'ils/elles aient séduit
Imperfect Subjunctive		*Pluperfect Subjunctive*	
que je séduisisse	que nous séduisissions	que j'eusse séduit	que nous eussions séduit
que tu séduisisses	que vous séduisissiez	que tu eusses séduit	que vous eussiez séduit
qu'il/elle séduisît	qu'ils/elles séduisissent	qu'il/elle eût séduit	qu'ils/elles eussent séduit

Commands

	(nous) séduisons
(tu) séduis	(vous) séduisez

USAGE

Il séduit tout le monde avec sa conversation.	*He charms everyone with his conversation.*
Tu ne séduiras personne avec tes idées farfelues.	*You won't charm anyone with your crazy ideas.*
Elle séduit les hommes avec sa tenue élégante.	*She charms men with her elegant outfits.*
Elle a été séduite par sa prestance.	*She was captivated by his bearing.*
Leur offre me séduit.	*Their offer is tempting me.*
Ce pays africain veut séduire les entreprises françaises et américaines.	*This African country wants to attract French and American firms.*

RELATED WORDS AND EXPRESSIONS

la séduction	*seduction/charm*
Ce genre de vie a ses séductions.	*That type of life has its charms.*
séduisant	*seductive/appealing/attractive*
Le paysage est séduisant.	*The scenery is lovely.*
Son offre est très séduisante.	*His offer is very appealing.*

regular -*er* verb

je séjourne · je séjournai · séjourné · séjournant

Present		*Passé Composé*	
je séjourne	nous séjournons	j'ai séjourné	nous avons séjourné
tu séjournes	vous séjournez	tu as séjourné	vous avez séjourné
il/elle séjourne	ils/elles séjournent	il/elle a séjourné	ils/elles ont séjourné
Imperfect		*Pluperfect*	
je séjournais	nous séjournions	j'avais séjourné	nous avions séjourné
tu séjournais	vous séjourniez	tu avais séjourné	vous aviez séjourné
il/elle séjournait	ils/elles séjournaient	il/elle avait séjourné	ils/elles avaient séjourné
Passé Simple		*Past Anterior*	
je séjournai	nous séjournâmes	j'eus séjourné	nous eûmes séjourné
tu séjournas	vous séjournâtes	tu eus séjourné	vous eûtes séjourné
il/elle séjourna	ils/elles séjournèrent	il/elle eut séjourné	ils/elles eurent séjourné
Future		*Future Anterior*	
je séjournerai	nous séjournerons	j'aurai séjourné	nous aurons séjourné
tu séjourneras	vous séjournerez	tu auras séjourné	vous aurez séjourné
il/elle séjournera	ils/elles séjourneront	il/elle aura séjourné	ils/elles auront séjourné
Conditional		*Past Conditional*	
je séjournerais	nous séjournerions	j'aurais séjourné	nous aurions séjourné
tu séjournerais	vous séjourneriez	tu aurais séjourné	vous auriez séjourné
il/elle séjournerait	ils/elles séjourneraient	il/elle aurait séjourné	ils/elles auraient séjourné

Present Subjunctive		*Past Subjunctive*	
que je séjourne	que nous séjournions	que j'aie séjourné	que nous ayons séjourné
que tu séjournes	que vous séjourniez	que tu aies séjourné	que vous ayez séjourné
qu'il/elle séjourne	qu'ils/elles séjournent	qu'il/elle ait séjourné	qu'ils/elles aient séjourné
Imperfect Subjunctive		*Pluperfect Subjunctive*	
que je séjournasse	que nous séjournassions	que j'eusse séjourné	que nous eussions séjourné
que tu séjournasses	que vous séjournassiez	que tu eusses séjourné	que vous eussiez séjourné
qu'il/elle séjournât	qu'ils/elles séjournassent	qu'il/elle eût séjourné	qu'ils/elles eussent séjourné

Commands

	(nous) séjournons
(tu) séjourne	(vous) séjournez

USAGE

À Londres on séjourne chez des amis.	*In London we stay with friends.*
Je refuse de séjourner dans ce taudis.	*I refuse to stay in this hovel.*
Elle séjourne dans un hôtel de luxe.	*She is staying at a luxury hotel.*
Beaucoup d'artistes séjournent dans le Midi.	*Many artists spend time in the South of France.*
L'eau séjourne autour de cet arbre.	*Water collects around this tree.*

RELATED WORDS AND EXPRESSIONS

le séjour	*stay; living room*
un séjour de trois semaines en Suisse	*a three-week stay in Switzerland*
Il a fait un petit séjour en prison.	*He did time in jail.*
Notre séjour donne sur la rue.	*Our living room faces the street.*

semer *to sow*

je sème · je semai · semé · semant -*er* verb; spelling change: *e* > *è*/mute *e*

Present		*Passé Composé*	
je sème	nous semons	j'ai semé	nous avons semé
tu sèmes	vous semez	tu as semé	vous avez semé
il/elle sème	ils/elles sèment	il/elle a semé	ils/elles ont semé
Imperfect		***Pluperfect***	
je semais	nous semions	j'avais semé	nous avions semé
tu semais	vous semiez	tu avais semé	vous aviez semé
il/elle semait	ils/elles semaient	il/elle avait semé	ils/elles avaient semé
Passé Simple		***Past Anterior***	
je semai	nous semâmes	j'eus semé	nous eûmes semé
tu semas	vous semâtes	tu eus semé	vous eûtes semé
il/elle sema	ils/elles semèrent	il/elle eut semé	ils/elles eurent semé
Future		***Future Anterior***	
je sèmerai	nous sèmerons	j'aurai semé	nous aurons semé
tu sèmeras	vous sèmerez	tu auras semé	vous aurez semé
il/elle sèmera	ils/elles sèmeront	il/elle aura semé	ils/elles auront semé
Conditional		***Past Conditional***	
je sèmerais	nous sèmerions	j'aurais semé	nous aurions semé
tu sèmerais	vous sèmeriez	tu aurais semé	vous auriez semé
il/elle sèmerait	ils/elles sèmeraient	il/elle aurait semé	ils/elles auraient semé

Present Subjunctive		*Past Subjunctive*	
que je sème	que nous semions	que j'aie semé	que nous ayons semé
que tu sèmes	que vous semiez	que tu aies semé	que vous ayez semé
qu'il/elle sème	qu'ils/elles sèment	qu'il/elle ait semé	qu'ils/elles aient semé
Imperfect Subjunctive		***Pluperfect Subjunctive***	
que je semasse	que nous semassions	que j'eusse semé	que nous eussions semé
que tu semasses	que vous semassiez	que tu eusses semé	que vous eussiez semé
qu'il/elle semât	qu'ils/elles semassent	qu'il/elle eût semé	qu'ils/elles eussent semé

Commands

	(nous) semons
(tu) sème	(vous) semez

USAGE

Dans cette région on sème du blé.	*They sow/plant wheat in this region.*
Le chef a semé le doute dans mon esprit.	*The boss sowed the seeds of doubt in my mind.*
Il ne faut pas semer la discorde.	*It's wrong to sow dissension.*
On sème ces fleurs au printemps.	*You plant these flowers in the spring.*
Elle sème des faux bruits.	*She spreads rumors.*
Il sema son discours de citations.	*He loaded his speech with quotes.*
J'ai pu le semer.	*I was able to give him the slip.*
Paris offre au touriste beaucoup d'occasions de semer son argent.	*Paris offers the tourist many opportunities to spend his money.*
L'envahisseur semait la terreur dans le pays.	*The invader spread terror across the land.*

PROVERB

Qui sème le vent, récolte la tempête.	*He who sows the wind shall reap the whirlwind.*

irregular verb **je sens · je sentis · senti · sentant**

Present		*Passé Composé*	
je sens	nous sentons	j'ai senti	nous avons senti
tu sens	vous sentez	tu as senti	vous avez senti
il/elle sent	ils/elles sentent	il/elle a senti	ils/elles ont senti
Imperfect		*Pluperfect*	
je sentais	nous sentions	j'avais senti	nous avions senti
tu sentais	vous sentiez	tu avais senti	vous aviez senti
il/elle sentait	ils/elles sentaient	il/elle avait senti	ils/elles avaient senti
Passé Simple		*Past Anterior*	
je sentis	nous sentîmes	j'eus senti	nous eûmes senti
tu sentis	vous sentîtes	tu eus senti	vous eûtes senti
il/elle sentit	ils/elles sentirent	il/elle eut senti	ils/elles eurent senti
Future		*Future Anterior*	
je sentirai	nous sentirons	j'aurai senti	nous aurons senti
tu sentiras	vous sentirez	tu auras senti	vous aurez senti
il/elle sentira	ils/elles sentiront	il/elle aura senti	ils/elles auront senti
Conditional		*Past Conditional*	
je sentirais	nous sentirions	j'aurais senti	nous aurions senti
tu sentirais	vous sentiriez	tu aurais senti	vous auriez senti
il/elle sentirait	ils/elles sentiraient	il/elle aurait senti	ils/elles auraient senti

Present Subjunctive		*Past Subjunctive*	
que je sente	que nous sentions	que j'aie senti	que nous ayons senti
que tu sentes	que vous sentiez	que tu aies senti	que vous ayez senti
qu'il/elle sente	qu'ils/elles sentent	qu'il/elle ait senti	qu'ils/elles aient senti
Imperfect Subjunctive		*Pluperfect Subjunctive*	
que je sentisse	que nous sentissions	que j'eusse senti	que nous eussions senti
que tu sentisses	que vous sentissiez	que tu eusses senti	que vous eussiez senti
qu'il/elle sentît	qu'ils/elles sentissent	qu'il/elle eût senti	qu'ils/elles eussent senti

Commands

	(nous) sentons
(tu) sens	(vous) sentez

USAGE

Je sens un courant d'air.	*I feel a draft.*
Je ne me sens pas dans mon assiette.	*I'm not feeling well.*
Il se sent en forme.	*He feels great.*
Je ne me sens pas bien.	*I don't feel well.*
Elle a senti que quelqu'un la suivait.	*She felt that someone was following her.*
Ils nous ont fait sentir leur chagrin.	*They made us feel their sorrow.*
Je sens qu'il ne m'aime pas.	*I sense that he doesn't like me.*
Avec le rhume que j'ai, je ne sens plus rien.	*With the cold I have, I can't smell anything anymore.*
Ça sent bon!	*It smells good!*
Ça sent le brûlé.	*It smells like something's burning.*
Le chien sent mes chaussures.	*The dog is smelling my shoes.*
Cette chambre sent le moisi.	*This room smells musty.*
Je ne me sens pas d'attaque.	*I'm a bit out of sorts.*
Je ne peux pas la sentir.	*I can't stand her.*

séparer *to separate*

je sépare · je séparai · séparé · séparant regular *-er* verb

Present		*Passé Composé*	
je sépare	nous séparons	j'ai séparé	nous avons séparé
tu sépares	vous séparez	tu as séparé	vous avez séparé
il/elle sépare	ils/elles séparent	il/elle a séparé	ils/elles ont séparé
Imperfect		*Pluperfect*	
je séparais	nous séparions	j'avais séparé	nous avions séparé
tu séparais	vous sépariez	tu avais séparé	vous aviez séparé
il/elle séparait	ils/elles séparaient	il/elle avait séparé	ils/elles avaient séparé
Passé Simple		*Past Anterior*	
je séparai	nous séparâmes	j'eus séparé	nous eûmes séparé
tu séparas	vous séparâtes	tu eus séparé	vous eûtes séparé
il/elle sépara	ils/elles séparèrent	il/elle eut séparé	ils/elles eurent séparé
Future		*Future Anterior*	
je séparerai	nous séparerons	j'aurai séparé	nous aurons séparé
tu sépareras	vous séparerez	tu auras séparé	vous aurez séparé
il/elle séparera	ils/elles sépareront	il/elle aura séparé	ils/elles auront séparé
Conditional		*Past Conditional*	
je séparerais	nous séparerions	j'aurais séparé	nous aurions séparé
tu séparerais	vous sépareriez	tu aurais séparé	vous auriez séparé
il/elle séparerait	ils/elles sépareraient	il/elle aurait séparé	ils/elles auraient séparé

Present Subjunctive		*Past Subjunctive*	
que je sépare	que nous séparions	que j'aie séparé	que nous ayons séparé
que tu sépares	que vous sépariez	que tu aies séparé	que vous ayez séparé
qu'il/elle sépare	qu'ils/elles séparent	qu'il/elle ait séparé	qu'ils/elles aient séparé
Imperfect Subjunctive		*Pluperfect Subjunctive*	
que je séparasse	que nous séparassions	que j'eusse séparé	que nous eussions séparé
que tu séparasses	que vous séparassiez	que tu eusses séparé	que vous eussiez séparé
qu'il/elle séparât	qu'ils/elles séparassent	qu'il/elle eût séparé	qu'ils/elles eussent séparé

Commands

	(nous) séparons
(tu) sépare	(vous) séparez

USAGE

Le Rhin sépare la France de l'Allemagne.	*The Rhine separates France from Germany.*
séparer le bon grain de l'ivraie	*to separate the wheat from the chaff*
Dans ce foyer d'étudiants on sépare les hommes et les femmes.	*In this dorm men and women are separated.*
Il faut séparer ces deux problèmes.	*You have to keep these two problems separate.*
Je croyais que rien ne pourrait séparer ces deux amis.	*I thought that nothing would be able to separate those two friends.*
Les envahisseurs ont séparé le pays en deux.	*The invaders cut the country in two.*
On s'est rendu compte que tout nous séparait.	*We realized that we had nothing in common.*
Ils se sont séparés sur le quai.	*They parted on the platform.*
Ne vous séparez pas de votre permis de conduire.	*Keep your driver's license with you at all times.*

regular -*er* verb **je serre · je serrai · serré · serrant**

Present		*Passé Composé*	
je serre	nous serrons	j'ai serré	nous avons serré
tu serres	vous serrez	tu as serré	vous avez serré
il/elle serre	ils/elles serrent	il/elle a serré	ils/elles ont serré
Imperfect		*Pluperfect*	
je serrais	nous serrions	j'avais serré	nous avions serré
tu serrais	vous serriez	tu avais serré	vous aviez serré
il/elle serrait	ils/elles serraient	il/elle avait serré	ils/elles avaient serré
Passé Simple		*Past Anterior*	
je serrai	nous serrâmes	j'eus serré	nous eûmes serré
tu serras	vous serrâtes	tu eus serré	vous eûtes serré
il/elle serra	ils/elles serrèrent	il/elle eut serré	ils/elles eurent serré
Future		*Future Anterior*	
je serrerai	nous serrerons	j'aurai serré	nous aurons serré
tu serreras	vous serrerez	tu auras serré	vous aurez serré
il/elle serrera	ils/elles serreront	il/elle aura serré	ils/elles auront serré
Conditional		*Past Conditional*	
je serrerais	nous serrerions	j'aurais serré	nous aurions serré
tu serrerais	vous serreriez	tu aurais serré	vous auriez serré
il/elle serrerait	ils/elles serreraient	il/elle aurait serré	ils/elles auraient serré
Present Subjunctive		*Past Subjunctive*	
que je serre	que nous serrions	que j'aie serré	que nous ayons serré
que tu serres	que vous serriez	que tu aies serré	que vous ayez serré
qu'il/elle serre	qu'ils/elles serrent	qu'il/elle ait serré	qu'ils/elles aient serré
Imperfect Subjunctive		*Pluperfect Subjunctive*	
que je serrasse	que nous serrassions	que j'eusse serré	que nous eussions serré
que tu serrasses	que vous serrassiez	que tu eusses serré	que vous eussiez serré
qu'il/elle serrât	qu'ils/elles serrassent	qu'il/elle eût serré	qu'ils/elles eussent serré

Commands

(nous) serrons
(tu) serre (vous) serrez

USAGE

Il a serré le nœud de sa cravate.	*He tightened the knot of his tie.*
La mère a serré son enfant dans ses bras.	*The mother clasped the child in her arms.*
J'ai serré la main à mon professeur.	*I shook my teacher's hand.*
Il avait le cœur serré par la peur.	*His heart was tense with fear.*
Le voleur était serré de près par les policiers.	*The police were in hot pursuit of the thief.*
une lutte serrée	*a close fight*
une discussion serrée	*a closely fought argument*
Cet élève est paresseux. Il faudra lui serrer la vis.	*This pupil is lazy. We'll have to whip him into shape.*
Où est-ce que tu as serré mon calepin?	*Where did you stash my notepad?*
Ils se sont serré la main.	*They shook hands.*
Ils doivent se serrer les coudes.	*They must stick together.*

servir *to serve*

je sers · je servis · servi · servant — irregular verb

servir un client, etc.

Ce restaurant sert des centaines de clients par semaine.	*This restaurant serves hundreds of customers a week.*
Elle sert dans un bistrot.	*She's a waitress in a bistro.*
Que vais-je vous servir?	*What would you like to have?*
En fait de problèmes, nous sommes bien servis.	*As far as problems go, we have loads of them.*
Le cognac se sert après le repas.	*Brandy is served after the meal.*
Ce libraire sert tous les médecins.	*All the doctors go to this bookseller.*
Tu voulais qu'il fasse chaud! Te voilà servi.	*You wanted it to be warm! You got what you wished for.*
C'est à qui de servir?	*Whose turn is it to serve?* (tennis)

servir (à) = être utile

À quoi (est-ce que) ça sert?	*What is that good for? / What is the use of that?*
Ça ne sert à rien.	*That is useless / good for nothing.*
Cet outil sert à beaucoup de choses.	*This tool has a lot of uses.*
Ça ne sert à rien de se plaindre.	*There's no use complaining.*
Ça ne se sert à rien de discuter avec eux.	*It doesn't pay to argue with them.*
Ça ne sert qu'à l'agacer.	*That only serves to irritate him/her.*
Vos conseils m'ont bien servi.	*Your advice was very useful.*
Cette veste peut encore servir.	*You can still get some use out of this jacket.*

servir de

Elle nous a servi de guide.	*She was our guide.*
Un indigène nous a servi d'interprète.	*A native served as our interpreter.*
Cette table me sert de bureau.	*This table serves as my desk.*
Que ça te serve de leçon!	*Let that be a lesson to you!*
Son courage nous a servi d'exemple.	*His courage was an example for us.*

se servir de

Je peux me servir de ton dictionnaire?	*May I use your dictionary?*
—Tu as eu tort de lui demander de faire le travail. Il ne sait pas se servir de l'ordinateur.	*You were wrong to ask him to do the job. He doesn't know how to use the computer.*
—Oui, je vois qu'on n'est jamais si bien servi que par soi-même.	*Yes, I see that if you want something done right, do it yourself.*
C'est un type qui se sert de ses amis.	*He's a guy who uses his friends.*

RELATED WORDS AND EXPRESSIONS

le service	*service / favor / service charge*
Service compris?	*Is the tip included?*
être de service	*to be on duty*
Où est le gardien de service?	*Where is the guard who's on duty?*
Tu peux me rendre un service?	*Can you do me a favor?*
Le service dans ce magasin est très soigneux.	*Service in that store is very attentive.*
desservir	*to stop at*
Ce car dessert tous les villages.	*This bus stops at all the villages.*

top 50 verb

irregular verb **je sers · je servis · servi · servant**

Present		Passé Composé	
je sers	nous servons	j'ai servi	nous avons servi
tu sers	vous servez	tu as servi	vous avez servi
il/elle sert	ils/elles servent	il/elle a servi	ils/elles ont servi
Imperfect		***Pluperfect***	
je servais	nous servions	j'avais servi	nous avions servi
tu servais	vous serviez	tu avais servi	vous aviez servi
il/elle servait	ils/elles servaient	il/elle avait servi	ils/elles avaient servi
Passé Simple		***Past Anterior***	
je servis	nous servîmes	j'eus servi	nous eûmes servi
tu servis	vous servîtes	tu eus servi	vous eûtes servi
il/elle servit	ils/elles servirent	il/elle eut servi	ils/elles eurent servi
Future		***Future Anterior***	
je servirai	nous servirons	j'aurai servi	nous aurons servi
tu serviras	vous servirez	tu auras servi	vous aurez servi
il/elle servira	ils/elles serviront	il/elle aura servi	ils/elles auront servi
Conditional		***Past Conditional***	
je servirais	nous servirions	j'aurais servi	nous aurions servi
tu servirais	vous serviriez	tu aurais servi	vous auriez servi
il/elle servirait	ils/elles serviraient	il/elle aurait servi	ils/elles auraient servi

Present Subjunctive		Past Subjunctive	
que je serve	que nous servions	que j'aie servi	que nous ayons servi
que tu serves	que vous serviez	que tu aies servi	que vous ayez servi
qu'il/elle serve	qu'ils/elles servent	qu'il/elle ait servi	qu'ils/elles aient servi
Imperfect Subjunctive		***Pluperfect Subjunctive***	
que je servisse	que nous servissions	que j'eusse servi	que nous eussions servi
que tu servisses	que vous servissiez	que tu eusses servi	que vous eussiez servi
qu'il/elle servît	qu'ils/elles servissent	qu'il/elle eût servi	qu'ils/elles eussent servi

Commands

	(nous) servons
(tu) sers	(vous) servez

USAGE

Elle a servi un bon repas.	*She served a good meal.*
À quelle heure est-ce qu'on sert le dîner?	*What time is dinner served?*
Ces serveurs ne savent pas servir.	*These waiters don't know how to serve.*
servir son pays	*to do military service*
La mère sert ses enfants à table.	*The mother serves her children (meals).*
Elle aime se faire servir.	*She likes to be served.*
Nous avons servi une salade de tomates comme entrée.	*We served sliced tomatoes as a first course.*
Madame est servie!	*Dinner is served!* (cook addressing family)
Il a été bien servi par sa prudence.	*His caution served him well.*
Ces articles servent nos intérêts.	*These articles serve our interests.*
—Vous avez servi une choucroute alsacienne. Mais j'adore ça!	*You've served Alsatian sauerkraut. I just love that!*
—Servez-vous-en alors.	*Well, then, help yourself.*
Je vais te servir à manger.	*I'll get you something to eat.*
Je vais te servir à boire.	*I'll get you something to drink.*

top 50 verb

493 siffler *to whistle*

je siffle · je sifflai · sifflé · sifflant regular *-er* verb

Present		*Passé Composé*	
je siffle	nous sifflons	j'ai sifflé	nous avons sifflé
tu siffles	vous sifflez	tu as sifflé	vous avez sifflé
il/elle siffle	ils/elles sifflent	il/elle a sifflé	ils/elles ont sifflé
Imperfect		*Pluperfect*	
je sifflais	nous sifflions	j'avais sifflé	nous avions sifflé
tu sifflais	vous siffliez	tu avais sifflé	vous aviez sifflé
il/elle sifflait	ils/elles sifflaient	il/elle avait sifflé	ils/elles avaient sifflé
Passé Simple		*Past Anterior*	
je sifflai	nous sifflâmes	j'eus sifflé	nous eûmes sifflé
tu sifflas	vous sifflâtes	tu eus sifflé	vous eûtes sifflé
il/elle siffla	ils/elles sifflèrent	il/elle eut sifflé	ils/elles eurent sifflé
Future		*Future Anterior*	
je sifflerai	nous sifflerons	j'aurai sifflé	nous aurons sifflé
tu siffleras	vous sifflerez	tu auras sifflé	vous aurez sifflé
il/elle sifflera	ils/elles siffleront	il/elle aura sifflé	ils/elles auront sifflé
Conditional		*Past Conditional*	
je sifflerais	nous sifflerions	j'aurais sifflé	nous aurions sifflé
tu sifflerais	vous siffleriez	tu aurais sifflé	vous auriez sifflé
il/elle sifflerait	ils/elles siffleraient	il/elle aurait sifflé	ils/elles auraient sifflé

Present Subjunctive		*Past Subjunctive*	
que je siffle	que nous sifflions	que j'aie sifflé	que nous ayons sifflé
que tu siffles	que vous siffliez	que tu aies sifflé	que vous ayez sifflé
qu'il/elle siffle	qu'ils/elles sifflent	qu'il/elle ait sifflé	qu'ils/elles aient sifflé
Imperfect Subjunctive		*Pluperfect Subjunctive*	
que je sifflasse	que nous sifflassions	que j'eusse sifflé	que nous eussions sifflé
que tu sifflasses	que vous sifflassiez	que tu eusses sifflé	que vous eussiez sifflé
qu'il/elle sifflât	qu'ils/elles sifflassent	qu'il/elle eût sifflé	qu'ils/elles eussent sifflé

Commands

	(nous) sifflons
(tu) siffle	(vous) sifflez

USAGE

Le garçon sifflait en marchant.	*The boy whistled as he walked.*
Il sifflait un air que je ne reconnaissais pas.	*He was whistling a tune I didn't recognize.*
Le vent siffle dans les arbres.	*The wind is whistling in the trees.*
Siffle ton chien.	*Whistle for your dog.*
Tu dois aller voir le médecin si tu siffles en respirant.	*You should see the doctor if you're wheezing.*
Le serpent sifflait.	*The snake hissed.*
Le public a sifflé la pièce.	*The audience booed the play.*

RELATED WORDS AND EXPRESSIONS

le sifflet	*whistle*
le sifflet d'alarme	*alarm whistle*
L'acteur n'a pas pu supporter les sifflets.	*The actor couldn't take the booing.*
le sifflement	*whistling / whistling sound*
avoir des sifflements d'oreille	*to have a ringing in one's ears*

regular -*er* verb **je signale · je signalai · signalé · signalant**

Present		*Passé Composé*	
je signale	nous signalons	j'ai signalé	nous avons signalé
tu signales	vous signalez	tu as signalé	vous avez signalé
il/elle signale	ils/elles signalent	il/elle a signalé	ils/elles ont signalé
Imperfect		*Pluperfect*	
je signalais	nous signalions	j'avais signalé	nous avions signalé
tu signalais	vous signaliez	tu avais signalé	vous aviez signalé
il/elle signalait	ils/elles signalaient	il/elle avait signalé	ils/elles avaient signalé
Passé Simple		*Past Anterior*	
je signalai	nous signalâmes	j'eus signalé	nous eûmes signalé
tu signalas	vous signalâtes	tu eus signalé	vous eûtes signalé
il/elle signala	ils/elles signalèrent	il/elle eut signalé	ils/elles eurent signalé
Future		*Future Anterior*	
je signalerai	nous signalerons	j'aurai signalé	nous aurons signalé
tu signaleras	vous signalerez	tu auras signalé	vous aurez signalé
il/elle signalera	ils/elles signaleront	il/elle aura signalé	ils/elles auront signalé
Conditional		*Past Conditional*	
je signalerais	nous signalerions	j'aurais signalé	nous aurions signalé
tu signalerais	vous signaleriez	tu aurais signalé	vous auriez signalé
il/elle signalerait	ils/elles signaleraient	il/elle aurait signalé	ils/elles auraient signalé

Present Subjunctive		*Past Subjunctive*	
que je signale	que nous signalions	que j'aie signalé	que nous ayons signalé
que tu signales	que vous signaliez	que tu aies signalé	que vous ayez signalé
qu'il/elle signale	qu'ils/elles signalent	qu'il/elle ait signalé	qu'ils/elles aient signalé
Imperfect Subjunctive		*Pluperfect Subjunctive*	
que je signalasse	que nous signalassions	que j'eusse signalé	que nous eussions signalé
que tu signalasses	que vous signalassiez	que tu eusses signalé	que vous eussiez signalé
qu'il/elle signalât	qu'ils/elles signalassent	qu'il/elle eût signalé	qu'ils/elles eussent signalé

Commands

	(nous) signalons
(tu) signale	(vous) signalez

USAGE

Un coup de sifflet signale le départ du car.	*A blast of the whistle indicates that the bus is leaving.*
Ce message signale qu'il est en difficulté.	*This message tells me he's in trouble.*
Je n'ai rien à signaler.	*I have nothing to report.*
Le stade n'est pas signalé sur le plan.	*The stadium isn't marked on the street map.*
J'ai signalé cette activité à la police.	*I let the police know about that activity.*
Permettez-moi de vous signaler que...	*Please allow me to point out to you that . . .*

RELATED WORDS AND EXPRESSIONS

le signalement	*report/description*
La police a le signalement de la voiture.	*The police have a description of the car.*
la signalisation	*putting up a system of signals and signs*
la signalisation des autoroutes	*putting a system of signals and signs on the highway*

signer to sign

je signe · je signai · signé · signant regular -*er* verb

Present		*Passé Composé*	
je signe	nous signons	j'ai signé	nous avons signé
tu signes	vous signez	tu as signé	vous avez signé
il/elle signe	ils/elles signent	il/elle a signé	ils/elles ont signé
Imperfect		***Pluperfect***	
je signais	nous signions	j'avais signé	nous avions signé
tu signais	vous signiez	tu avais signé	vous aviez signé
il/elle signait	ils/elles signaient	il/elle avait signé	ils/elles avaient signé
Passé Simple		***Past Anterior***	
je signai	nous signâmes	j'eus signé	nous eûmes signé
tu signas	vous signâtes	tu eus signé	vous eûtes signé
il/elle signa	ils/elles signèrent	il/elle eut signé	ils/elles eurent signé
Future		***Future Anterior***	
je signerai	nous signerons	j'aurai signé	nous aurons signé
tu signeras	vous signerez	tu auras signé	vous aurez signé
il/elle signera	ils/elles signeront	il/elle aura signé	ils/elles auront signé
Conditional		***Past Conditional***	
je signerais	nous signerions	j'aurais signé	nous aurions signé
tu signerais	vous signeriez	tu aurais signé	vous auriez signé
il/elle signerait	ils/elles signeraient	il/elle aurait signé	ils/elles auraient signé
Present Subjunctive		***Past Subjunctive***	
que je signe	que nous signions	que j'aie signé	que nous ayons signé
que tu signes	que vous signiez	que tu aies signé	que vous ayez signé
qu'il/elle signe	qu'ils/elles signent	qu'il/elle ait signé	qu'ils/elles aient signé
Imperfect Subjunctive		***Pluperfect Subjunctive***	
que je signasse	que nous signassions	que j'eusse signé	que nous eussions signé
que tu signasses	que vous signassiez	que tu eusses signé	que vous eussiez signé
qu'il/elle signât	qu'ils/elles signassent	qu'il/elle eût signé	qu'ils/elles eussent signé

Commands

	(nous) signons
(tu) signe	(vous) signez

USAGE

—Avez-vous déjà signé le contrat?	*Have you already signed the contract?*
—Oui, j'ai signé au bas de la dernière page.	*Yes, I signed at the bottom of the last page.*
Tu dois signer le chèque avant de le toucher.	*You have to sign the check before cashing it.*
Signe ton nom.	*Sign your name.*
Les deux pays ont signé l'armistice.	*The two countries signed the armistice.*
Cet article était signé.	*This article carried his byline.*
C'est signé ton frère!	*This has your brother written all over it!*

RELATED WORDS AND EXPRESSIONS

la signature	*signature*
Tu arrives à lire cette signature?	*Can you read this signature?*
Cette peinture est sans signature.	*This painting is unsigned.*

regular *-er* verb; spelling change: *g > ge/a, o* **je songe · je songeai · songé · songeant**

Present		*Passé Composé*	
je songe	nous songeons	j'ai songé	nous avons songé
tu songes	vous songez	tu as songé	vous avez songé
il/elle songe	ils/elles songent	il/elle a songé	ils/elles ont songé
Imperfect		*Pluperfect*	
je songeais	nous songions	j'avais songé	nous avions songé
tu songeais	vous songiez	tu avais songé	vous aviez songé
il/elle songeait	ils/elles songeaient	il/elle avait songé	ils/elles avaient songé
Passé Simple		*Past Anterior*	
je songeai	nous songeâmes	j'eus songé	nous eûmes songé
tu songeas	vous songeâtes	tu eus songé	vous eûtes songé
il/elle songea	ils/elles songèrent	il/elle eut songé	ils/elles eurent songé
Future		*Future Anterior*	
je songerai	nous songerons	j'aurai songé	nous aurons songé
tu songeras	vous songerez	tu auras songé	vous aurez songé
il/elle songera	ils/elles songeront	il/elle aura songé	ils/elles auront songé
Conditional		*Past Conditional*	
je songerais	nous songerions	j'aurais songé	nous aurions songé
tu songerais	vous songeriez	tu aurais songé	vous auriez songé
il/elle songerait	ils/elles songeraient	il/elle aurait songé	ils/elles auraient songé

Present Subjunctive		*Past Subjunctive*	
que je songe	que nous songions	que j'aie songé	que nous ayons songé
que tu songes	que vous songiez	que tu aies songé	que vous ayez songé
qu'il/elle songe	qu'ils/elles songent	qu'il/elle ait songé	qu'ils/elles aient songé
Imperfect Subjunctive		*Pluperfect Subjunctive*	
que je songeasse	que nous songeassions	que j'eusse songé	que nous eussions songé
que tu songeasses	que vous songeassiez	que tu eusses songé	que vous eussiez songé
qu'il/elle songeât	qu'ils/elles songeassent	qu'il/elle eût songé	qu'ils/elles eussent songé

Commands

	(nous) songeons
(tu) songe	(vous) songez

USAGE

Je songeais qu'ils n'y parviendraient pas.	*I thought they wouldn't manage to do it.*
songer à	*to think of / reflect on*
Elle ne songe qu'à sa position sociale.	*She thinks only of her position in society.*
Songe à cette quantité d'argent!	*Think of that amount of money!*
Il ne songe qu'à lui-même.	*He thinks only of himself.*
Je n'ai jamais songé à faire cela.	*It never occurred to me to do that.*
Songez qu'il était au courant de l'affaire.	*Consider that he was aware of the matter.*

RELATED WORDS AND EXPRESSIONS

le songe	*dream*
interpréter les songes	*to interpret dreams*
un songeur / une songeuse	*a dreamer*
songeur/songeuse	*pensive*
Elle est songeuse aujourd'hui.	*She's lost in thought today.*

497 sonner *to ring*

je sonne · je sonnai · sonné · sonnant regular -*er* verb

Present		*Passé Composé*	
je sonne	nous sonnons	j'ai sonné	nous avons sonné
tu sonnes	vous sonnez	tu as sonné	vous avez sonné
il/elle sonne	ils/elles sonnent	il/elle a sonné	ils/elles ont sonné
Imperfect		*Pluperfect*	
je sonnais	nous sonnions	j'avais sonné	nous avions sonné
tu sonnais	vous sonniez	tu avais sonné	vous aviez sonné
il/elle sonnait	ils/elles sonnaient	il/elle avait sonné	ils/elles avaient sonné
Passé Simple		*Past Anterior*	
je sonnai	nous sonnâmes	j'eus sonné	nous eûmes sonné
tu sonnas	vous sonnâtes	tu eus sonné	vous eûtes sonné
il/elle sonna	ils/elles sonnèrent	il/elle eut sonné	ils/elles eurent sonné
Future		*Future Anterior*	
je sonnerai	nous sonnerons	j'aurai sonné	nous aurons sonné
tu sonneras	vous sonnerez	tu auras sonné	vous aurez sonné
il/elle sonnera	ils/elles sonneront	il/elle aura sonné	ils/elles auront sonné
Conditional		*Past Conditional*	
je sonnerais	nous sonnerions	j'aurais sonné	nous aurions sonné
tu sonnerais	vous sonneriez	tu aurais sonné	vous auriez sonné
il/elle sonnerait	ils/elles sonneraient	il/elle aurait sonné	ils/elles auraient sonné

Present Subjunctive		*Past Subjunctive*	
que je sonne	que nous sonnions	que j'aie sonné	que nous ayons sonné
que tu sonnes	que vous sonniez	que tu aies sonné	que vous ayez sonné
qu'il/elle sonne	qu'ils/elles sonnent	qu'il/elle ait sonné	qu'ils/elles aient sonné
Imperfect Subjunctive		*Pluperfect Subjunctive*	
que je sonnasse	que nous sonnassions	que j'eusse sonné	que nous eussions sonné
que tu sonnasses	que vous sonnassiez	que tu eusses sonné	que vous eussiez sonné
qu'il/elle sonnât	qu'ils/elles sonnassent	qu'il/elle eût sonné	qu'ils/elles eussent sonné

Commands

	(nous) sonnons
(tu) sonne	(vous) sonnez

USAGE

Je lisais quand le téléphone a sonné.	*I was reading when the phone rang.*
Les cloches sonnent. Il est trois heures.	*The bells are ringing. It's three o'clock.*
On sonne! Va, ouvre.	*Someone's ringing (the doorbell)! Go open the door.*
On a sonné l'alarme.	*They sounded the alarm.*
Son entrée dans la salle nous a sonnés.	*His entrance into the room knocked us for a loop.*
Je vois que ton rhume t'a vraiment sonné.	*I see your cold has really knocked you out.*

RELATED WORDS AND EXPRESSIONS

la sonnette	*doorbell*
la sonnerie	*ringing*
La sonnerie du téléphone m'a réveillé.	*The ringing of the phone woke me up.*
le son	*sound*

SLANG

sonné	*crazy/nuts*
Il est complètement sonné, celui-là.	*That guy is completely nuts.*

irregular verb; compound tenses with *être*; when there is a direct object, the passé composé is conjugated with *avoir*

je sors · je sortis · sorti · sortant

Present		*Passé Composé*	
je sors	nous sortons	je suis sorti(e)	nous sommes sorti(e)s
tu sors	vous sortez	tu es sorti(e)	vous êtes sorti(e)(s)
il/elle sort	ils/elles sortent	il/elle est sorti(e)	ils/elles sont sorti(e)s
Imperfect		*Pluperfect*	
je sortais	nous sortions	j'étais sorti(e)	nous étions sorti(e)s
tu sortais	vous sortiez	tu étais sorti(e)	vous étiez sorti(e)(s)
il/elle sortait	ils/elles sortaient	il/elle était sorti(e)	ils/elles étaient sorti(e)s
Passé Simple		*Past Anterior*	
je sortis	nous sortîmes	je fus sorti(e)	nous fûmes sorti(e)s
tu sortis	vous sortîtes	tu fus sorti(e)	vous fûtes sorti(e)(s)
il/elle sortit	ils/elles sortirent	il/elle fut sorti(e)	ils/elles furent sorti(e)s
Future		*Future Anterior*	
je sortirai	nous sortirons	je serai sorti(e)	nous serons sorti(e)s
tu sortiras	vous sortirez	tu seras sorti(e)	vous serez sorti(e)(s)
il/elle sortira	ils/elles sortiront	il/elle sera sorti(e)	ils/elles seront sorti(e)s
Conditional		*Past Conditional*	
je sortirais	nous sortirions	je serais sorti(e)	nous serions sorti(e)s
tu sortirais	vous sortiriez	tu serais sorti(e)	vous seriez sorti(e)(s)
il/elle sortirait	ils/elles sortiraient	il/elle serait sorti(e)	ils/elles seraient sorti(e)s

Present Subjunctive		*Past Subjunctive*	
que je sorte	que nous sortions	que je sois sorti(e)	que nous soyons sorti(e)s
que tu sortes	que vous sortiez	que tu sois sorti(e)	que vous soyez sorti(e)(s)
qu'il/elle sorte	qu'ils/elles sortent	qu'il/elle soit sorti(e)	qu'ils/elles soient sorti(e)s
Imperfect Subjunctive		*Pluperfect Subjunctive*	
que je sortisse	que nous sortissions	que je fusse sorti(e)	que nous fussions sorti(e)s
que tu sortisses	que vous sortissiez	que tu fusses sorti(e)	que vous fussiez sorti(e)(s)
qu'il/elle sortît	qu'ils/elles sortissent	qu'il/elle fût sorti(e)	qu'ils/elles fussent sorti(e)s

Commands

	(nous) sortons
(tu) sors	(vous) sortez

USAGE

—Tu sors ce soir?	*Are you going out this evening?*
—Oui, je sors danser avec Vincent.	*Yes, I'm going out dancing with Vincent.*
Je sors en bicyclette, maman.	*I'm going out for a ride on my bike, Mom.*
Elle n'est jamais sortie de son pays.	*She's never been out of her country.*
Il vient de sortir de l'hôpital.	*He's just gotten out of the hospital.*
Sortez de l'eau, les gosses!	*Come out of the water, kids!*
—Sors la voiture du garage.	*Take the car out of the garage.*
—Je l'ai déjà sortie.	*I already took it out.*
Ce rapport est tellement compliqué. Je n'en sors pas.	*This report is so complicated. There's no end to it.*
Il est sorti de ses gonds.	*He flew off the handle.*
Ils sortent de partout.	*They're coming out of the woodwork.*
Je ne sais pas si je pourrai m'en sortir.	*I don't know if I can get through this.*
Il s'en est bien sorti.	*He got away with it.*

499 souffler *to blow*

je souffle · je soufflai · soufflé · soufflant regular -*er* verb

Present		*Passé Composé*	
je souffle	nous soufflons	j'ai soufflé	nous avons soufflé
tu souffles	vous soufflez	tu as soufflé	vous avez soufflé
il/elle souffle	ils/elles soufflent	il/elle a soufflé	ils/elles ont soufflé
Imperfect		*Pluperfect*	
je soufflais	nous soufflions	j'avais soufflé	nous avions soufflé
tu soufflais	vous souffliez	tu avais soufflé	vous aviez soufflé
il/elle soufflait	ils/elles soufflaient	il/elle avait soufflé	ils/elles avaient soufflé
Passé Simple		*Past Anterior*	
je soufflai	nous soufflâmes	j'eus soufflé	nous eûmes soufflé
tu soufflas	vous soufflâtes	tu eus soufflé	vous eûtes soufflé
il/elle souffla	ils/elles soufflèrent	il/elle eut soufflé	ils/elles eurent soufflé
Future		*Future Anterior*	
je soufflerai	nous soufflerons	j'aurai soufflé	nous aurons soufflé
tu souffleras	vous soufflerez	tu auras soufflé	vous aurez soufflé
il/elle soufflera	ils/elles souffleront	il/elle aura soufflé	ils/elles auront soufflé
Conditional		*Past Conditional*	
je soufflerais	nous soufflerions	j'aurais soufflé	nous aurions soufflé
tu soufflerais	vous souffleriez	tu aurais soufflé	vous auriez soufflé
il/elle soufflerait	ils/elles souffleraient	il/elle aurait soufflé	ils/elles auraient soufflé
Present Subjunctive		*Past Subjunctive*	
que je souffle	que nous soufflions	que j'aie soufflé	que nous ayons soufflé
que tu souffles	que vous souffliez	que tu aies soufflé	que vous ayez soufflé
qu'il/elle souffle	qu'ils/elles soufflent	qu'il/elle ait soufflé	qu'ils/elles aient soufflé
Imperfect Subjunctive		*Pluperfect Subjunctive*	
que je soufflasse	que nous soufflassions	que j'eusse soufflé	que nous eussions soufflé
que tu soufflasses	que vous soufflassiez	que tu eusses soufflé	que vous eussiez soufflé
qu'il/elle soufflât	qu'ils/elles soufflassent	qu'il/elle eût soufflé	qu'ils/elles eussent soufflé

Commands

	(nous) soufflons
(tu) souffle	(vous) soufflez

USAGE

Il souffle sur son café.	*He blows on his coffee.*
Le vent souffle fort aujourd'hui.	*The wind is blowing hard today.*
Elle a soufflé dans sa flûte.	*She blew into her flute.*
—Je ne peux plus monter l'escalier sans souffler.	*I can't walk up the stairs anymore without huffing and puffing.*
—Moi aussi, je souffle comme un bœuf.	*Me, too, I huff and puff like an ox.*
Quand on le lui a dit, il en est resté soufflé.	*When they told him that, he was openmouthed.*

RELATED WORDS AND EXPRESSIONS

le souffle	*breath*
à bout de souffle	*out of breath*
Ca m'a coupé le souffle.	*That took my breath away.*
Il a retenu son souffle.	*He held his breath.*
un souffleur / une souffleuse	*a prompter*

irregular verb **je souffre · je souffris · souffert · souffrant**

Present		*Passé Composé*	
je souffre	nous souffrons	j'ai souffert	nous avons souffert
tu souffres	vous souffrez	tu as souffert	vous avez souffert
il/elle souffre	ils/elles souffrent	il/elle a souffert	ils/elles ont souffert
Imperfect		*Pluperfect*	
je souffrais	nous souffrions	j'avais souffert	nous avions souffert
tu souffrais	vous souffriez	tu avais souffert	vous aviez souffert
il/elle souffrait	ils/elles souffraient	il/elle avait souffert	ils/elles avaient souffert
Passé Simple		*Past Anterior*	
je souffris	nous souffrîmes	j'eus souffert	nous eûmes souffert
tu souffris	vous souffrîtes	tu eus souffert	vous eûtes souffert
il/elle souffrit	ils/elles souffrirent	il/elle eut souffert	ils/elles eurent souffert
Future		*Future Anterior*	
je souffrirai	nous souffrirons	j'aurai souffert	nous aurons souffert
tu souffriras	vous souffrirez	tu auras souffert	vous aurez souffert
il/elle souffrira	ils/elles souffriront	il/elle aura souffert	ils/elles auront souffert
Conditional		*Past Conditional*	
je souffrirais	nous souffririons	j'aurais souffert	nous aurions souffert
tu souffrirais	vous souffririez	tu aurais souffert	vous auriez souffert
il/elle souffrirait	ils/elles souffriraient	il/elle aurait souffert	ils/elles auraient souffert

Present Subjunctive		*Past Subjunctive*	
que je souffre	que nous souffrions	que j'aie souffert	que nous ayons souffert
que tu souffres	que vous souffriez	que tu aies souffert	que vous ayez souffert
qu'il/elle souffre	qu'ils/elles souffrent	qu'il/elle ait souffert	qu'ils/elles aient souffert
Imperfect Subjunctive		*Pluperfect Subjunctive*	
que je souffrisse	que nous souffrissions	que j'eusse souffert	que nous eussions souffert
que tu souffrisses	que vous souffrissiez	que tu eusses souffert	que vous eussiez souffert
qu'il/elle souffrît	qu'ils/elles souffrissent	qu'il/elle eût souffert	qu'ils/elles eussent souffert

Commands

	(nous) souffrons
(tu) souffre	(vous) souffrez

USAGE

Elle souffrait de maux de tête.	*She suffered from headaches.*
L'enfant a fait souffrir ses parents.	*The child made his parents suffer.*
La qualité du produit a souffert.	*The quality of the product has suffered.*
Ta réputation va en souffrir.	*Your reputation will suffer for it.*
Je souffre de l'estomac.	*I've got stomach problems.*
Ce prof te fera souffrir.	*That teacher will give you trouble.*
Je souffre de la chaleur.	*I really don't like heat.*
Tu vas souffrir pour lui faire entendre raison.	*You'll have a hard time getting him to listen to reason.*
Ils ont souffert de la faim.	*They have known hunger.*
Cette règle souffre de beaucoup d'exceptions.	*This rule has many exceptions.*
Je ne peux pas souffrir mon patron.	*I can't bear my boss.*
Il souffrait la douleur sans broncher.	*He bore the pain without flinching.*

501 **souhaiter** *to wish*

je souhaite · je souhaitai · souhaité · souhaitant regular *-er* verb

Present		***Passé Composé***	
je souhaite	nous souhaitons	j'ai souhaité	nous avons souhaité
tu souhaites	vous souhaitez	tu as souhaité	vous avez souhaité
il/elle souhaite	ils/elles souhaitent	il/elle a souhaité	ils/elles ont souhaité
Imperfect		***Pluperfect***	
je souhaitais	nous souhaitions	j'avais souhaité	nous avions souhaité
tu souhaitais	vous souhaitiez	tu avais souhaité	vous aviez souhaité
il/elle souhaitait	ils/elles souhaitaient	il/elle avait souhaité	ils/elles avaient souhaité
Passé Simple		***Past Anterior***	
je souhaitai	nous souhaitâmes	j'eus souhaité	nous eûmes souhaité
tu souhaitas	vous souhaitâtes	tu eus souhaité	vous eûtes souhaité
il/elle souhaita	ils/elles souhaitèrent	il/elle eut souhaité	ils/elles eurent souhaité
Future		***Future Anterior***	
je souhaiterai	nous souhaiterons	j'aurai souhaité	nous aurons souhaité
tu souhaiteras	vous souhaiterez	tu auras souhaité	vous aurez souhaité
il/elle souhaitera	ils/elles souhaiteront	il/elle aura souhaité	ils/elles auront souhaité
Conditional		***Past Conditional***	
je souhaiterais	nous souhaiterions	j'aurais souhaité	nous aurions souhaité
tu souhaiterais	vous souhaiteriez	tu aurais souhaité	vous auriez souhaité
il/elle souhaiterait	ils/elles souhaiteraient	il/elle aurait souhaité	ils/elles auraient souhaité
Present Subjunctive		***Past Subjunctive***	
que je souhaite	que nous souhaitions	que j'aie souhaité	que nous ayons souhaité
que tu souhaites	que vous souhaitiez	que tu aies souhaité	que vous ayez souhaité
qu'il/elle souhaite	qu'ils/elles souhaitent	qu'il/elle ait souhaité	qu'ils/elles aient souhaité
Imperfect Subjunctive		***Pluperfect Subjunctive***	
que je souhaitasse	que nous souhaitassions	que j'eusse souhaité	que nous eussions souhaité
que tu souhaitasses	que vous souhaitassiez	que tu eusses souhaité	que vous eussiez souhaité
qu'il/elle souhaitât	qu'ils/elles souhaitassent	qu'il/elle eût souhaité	qu'ils/elles eussent souhaité

Commands

	(nous) souhaitons
(tu) souhaite	(vous) souhaitez

USAGE

Je vous souhaite une bonne année!	*I wish you a happy new year!*
On te souhaite le bonheur dans ton nouvel appartement.	*We wish you happiness in your new apartment.*
On lui a souhaité la bonne chance.	*We wished him luck.*
Il souhaitait travailler à son compte.	*He hoped to open his own business.*

RELATED WORDS AND EXPRESSIONS

le souhait	*wish*
les souhaits de bonne année	*New Year's wishes*
Il est intelligent à souhait.	*He's as intelligent as you could wish.*
Les enfants ont reçu des jouets à souhait.	*The children got as many toys as they could want.*
À tes souhaits!	*God bless you!* (after someone sneezes)
souhaitable	*desirable*
une qualité souhaitable	*a desirable quality*

regular -*er* verb **je souille · je souillai · souillé · souillant**

Present		*Passé Composé*	
je souille	nous souillons	j'ai souillé	nous avons souillé
tu souilles	vous souillez	tu as souillé	vous avez souillé
il/elle souille	ils/elles souillent	il/elle a souillé	ils/elles ont souillé
Imperfect		*Pluperfect*	
je souillais	nous souillions	j'avais souillé	nous avions souillé
tu souillais	vous souilliez	tu avais souillé	vous aviez souillé
il/elle souillait	ils/elles souillaient	il/elle avait souillé	ils/elles avaient souillé
Passé Simple		*Past Anterior*	
je souillai	nous souillâmes	j'eus souillé	nous eûmes souillé
tu souillas	vous souillâtes	tu eus souillé	vous eûtes souillé
il/elle souilla	ils/elles souillèrent	il/elle eut souillé	ils/elles eurent souillé
Future		*Future Anterior*	
je souillerai	nous souillerons	j'aurai souillé	nous aurons souillé
tu souilleras	vous souillerez	tu auras souillé	vous aurez souillé
il/elle souillera	ils/elles souilleront	il/elle aura souillé	ils/elles auront souillé
Conditional		*Past Conditional*	
je souillerais	nous souillerions	j'aurais souillé	nous aurions souillé
tu souillerais	vous souilleriez	tu aurais souillé	vous auriez souillé
il/elle souillerait	ils/elles souilleraient	il/elle aurait souillé	ils/elles auraient souillé

Present Subjunctive		*Past Subjunctive*	
que je souille	que nous souillions	que j'aie souillé	que nous ayons souillé
que tu souilles	que vous souilliez	que tu aies souillé	que vous ayez souillé
qu'il/elle souille	qu'ils/elles souillent	qu'il/elle ait souillé	qu'ils/elles aient souillé
Imperfect Subjunctive		*Pluperfect Subjunctive*	
que je souillasse	que nous souillassions	que j'eusse souillé	que nous eussions souillé
que tu souillasses	que vous souillassiez	que tu eusses souillé	que vous eussiez souillé
qu'il/elle souillât	qu'ils/elles souillassent	qu'il/elle eût souillé	qu'ils/elles eussent souillé

Commands

	(nous) souillons
(tu) souille	(vous) souillez

USAGE

Le gazon est souillé de détritus.	*The lawn is soiled with garbage.*
La voiture qui passait nous a souillés de boue.	*The passing car dirtied us with mud.*
Les automobiles ont souillé l'air.	*Cars have dirtied the air.*
Cet article a souillé sa réputation.	*This article tarnished his reputation.*
Un écrivain qui souille les rapports humains.	*A writer who defiles human relations.*
On a voulu souiller la mémoire de ce général.	*They wanted to tarnish the memory of this general.*

RELATED WORDS AND EXPRESSIONS

la souillure	*stain/blemish*
la souillure du crime	*the black mark of crime*
une souillure à son honneur	*a blot on his honor*

503 soumettre *to submit*

je soumets · je soumis · soumis · soumettant

irregular verb; only one *t* in the singular of the present tense

Present		*Passé Composé*	
je soumets	nous soumettons	j'ai soumis	nous avons soumis
tu soumets	vous soumettez	tu as soumis	vous avez soumis
il/elle soumet	ils/elles soumettent	il/elle a soumis	ils/elles ont soumis
Imperfect		*Pluperfect*	
je soumettais	nous soumettions	j'avais soumis	nous avions soumis
tu soumettais	vous soumettiez	tu avais soumis	vous aviez soumis
il/elle soumettait	ils/elles soumettaient	il/elle avait soumis	ils/elles avaient soumis
Passé Simple		*Past Anterior*	
je soumis	nous soumîmes	j'eus soumis	nous eûmes soumis
tu soumis	vous soumîtes	tu eus soumis	vous eûtes soumis
il/elle soumit	ils/elles soumirent	il/elle eut soumis	ils/elles eurent soumis
Future		*Future Anterior*	
je soumettrai	nous soumettrons	j'aurai soumis	nous aurons soumis
tu soumettras	vous soumettrez	tu auras soumis	vous aurez soumis
il/elle soumettra	ils/elles soumettront	il/elle aura soumis	ils/elles auront soumis
Conditional		*Past Conditional*	
je soumettrais	nous soumettrions	j'aurais soumis	nous aurions soumis
tu soumettrais	vous soumettriez	tu aurais soumis	vous auriez soumis
il/elle soumettrait	ils/elles soumettraient	il/elle aurait soumis	ils/elles auraient soumis

Present Subjunctive		*Past Subjunctive*	
que je soumette	que nous soumettions	que j'aie soumis	que nous ayons soumis
que tu soumettes	que vous soumettiez	que tu aies soumis	que vous ayez soumis
qu'il/elle soumette	qu'ils/elles soumettent	qu'il/elle ait soumis	qu'ils/elles aient soumis
Imperfect Subjunctive		*Pluperfect Subjunctive*	
que je soumisse	que nous soumissions	que j'eusse soumis	que nous eussions soumis
que tu soumisses	que vous soumissiez	que tu eusses soumis	que vous eussiez soumis
qu'il/elle soumît	qu'ils/elles soumissent	qu'il/elle eût soumis	qu'ils/elles eussent soumis

Commands

	(nous) soumettons
(tu) soumets	(vous) soumettez

USAGE

On ne se soumettra pas à sa volonté.	*We won't submit to his will.*
soumettre un article à une revue	*to submit an article to a magazine*
J'ai soumis mon projet au conseil.	*I submitted my project to the board.*
La police a soumis les insurgés.	*The police put down the rebels.*
La vente d'une propriété est soumise à l'impôt.	*The sale of property is subject to tax.*
L'ennemi a soumis le pays voisin.	*The enemy subjugated the neighboring country.*
Tout ce que vous gagnez est soumis à l'impôt.	*Everything you earn is taxable.*

RELATED WORDS AND EXPRESSIONS

la soumission	*submission*
Les rebelles ont fait acte de soumission.	*The rebels capitulated.*
soumis(e)	*docile*
Tu es trop soumis.	*You're too docile.*

irregular reflexive verb **je me souviens · je me souvins · s'étant souvenu · se souvenant**

Present		*Passé Composé*	
je me souviens	nous nous souvenons	je me suis souvenu(e)	nous nous sommes souvenu(e)s
tu te souviens	vous vous souvenez	tu t'es souvenu(e)	vous vous êtes souvenu(e)(s)
il/elle se souvient	ils/elles se souviennent	il/elle s'est souvenu(e)	ils/elles se sont souvenu(e)s
Imperfect		*Pluperfect*	
je me souvenais	nous nous souvenions	je m'étais souvenu(e)	nous nous étions souvenu(e)s
tu te souvenais	vous vous souveniez	tu t'étais souvenu(e)	vous vous étiez souvenu(e)(s)
il/elle se souvenait	ils/elles se souvenaient	il/elle s'était souvenu(e)	ils/elles s'étaient souvenu(e)s
Passé Simple		*Past Anterior*	
je me souvins	nous nous souvînmes	je me fus souvenu(e)	nous nous fûmes souvenu(e)s
tu te souvins	vous vous souvîntes	tu te fus souvenu(e)	vous vous fûtes souvenu(e)(s)
il/elle se souvint	ils/elles se souvinrent	il/elle se fut souvenu(e)	ils/elles se furent souvenu(e)s
Future		*Future Anterior*	
je me souviendrai	nous nous souviendrons	je me serai souvenu(e)	nous nous serons souvenu(e)s
tu te souviendras	vous vous souviendrez	tu te seras souvenu(e)	vous vous serez souvenu(e)(s)
il/elle se souviendra	ils/elles se souviendront	il/elle se sera souvenu(e)	ils/elles se seront souvenu(e)s
Conditional		*Past Conditional*	
je me souviendrais	nous nous souviendrions	je me serais souvenu(e)	nous nous serions souvenu(e)s
tu te souviendrais	vous vous souviendriez	tu te serais souvenu(e)	vous vous seriez souvenu(e)(s)
il/elle se souviendrait	ils/elles se souviendraient	il/elle se serait souvenu(e)	ils/elles se seraient souvenu(e)s

Present Subjunctive		*Past Subjunctive*	
que je me souvienne	que nous nous souvenions	que je me sois souvenu(e)	que nous nous soyons souvenu(e)s
que tu te souviennes	que vous vous souveniez	que tu te sois souvenu(e)	que vous vous soyez souvenu(e)(s)
qu'il/elle se souvienne	qu'ils/elles se souviennent	qu'il/elle se soit souvenu(e)	qu'ils/elles se soient souvenu(e)s
Imperfect Subjunctive		*Pluperfect Subjunctive*	
que je me souvinsse	que nous nous souvinssions	que je me fusse souvenu(e)	que nous nous fussions souvenu(e)s
que tu te souvinsses	que vous vous souvinssiez	que tu te fusses souvenu(e)	que vous vous fussiez souvenu(e)(s)
qu'il/elle se souvînt	qu'ils/elles se souvinssent	qu'il/elle se fût souvenu(e)	qu'ils/elles se fussent souvenu(e)s

Commands

	(nous) souvenons-nous
(tu) souviens-toi	(vous) souvenez-vous

USAGE

Je me souviens de tout ce qu'il a dit.	*I remember everything he said.*
Tu te souviens de moi?	*Do you remember me?*
Il ne se souvient pas d'être entré dans le café.	*He doesn't remember having gone into the café.*
Je ne me souviens pas d'avoir lu cet article.	*I don't remember having read that article.*
Souvenez-vous qu'elle est souffrante.	*Bear in mind that she is not feeling well.*
On s'en souviendra!	*We won't forget this!*
Elle lui a flanqué une gifle dont il se souviendra.	*She gave him a slap he won't forget.*

RELATED WORDS AND EXPRESSIONS

le souvenir	*memory; souvenir*
des souvenirs d'enfance	*childhood memories*
Il faut que nous achetions des souvenirs.	*We must buy some souvenirs.*

sucer *to suck*

je suce · je suçai · sucé · suçant regular *-er* verb; spelling change: c > ç/*a*, *o*

Present		*Passé Composé*	
je suce	nous suçons	j'ai sucé	nous avons sucé
tu suces	vous sucez	tu as sucé	vous avez sucé
il/elle suce	ils/elles sucent	il/elle a sucé	ils/elles ont sucé
Imperfect		*Pluperfect*	
je suçais	nous sucions	j'avais sucé	nous avions sucé
tu suçais	vous suciez	tu avais sucé	vous aviez sucé
il/elle suçait	ils/elles suçaient	il/elle avait sucé	ils/elles avaient sucé
Passé Simple		*Past Anterior*	
je suçai	nous suçâmes	j'eus sucé	nous eûmes sucé
tu suças	vous suçâtes	tu eus sucé	vous eûtes sucé
il/elle suça	ils/elles sucèrent	il/elle eut sucé	ils/elles eurent sucé
Future		*Future Anterior*	
je sucerai	nous sucerons	j'aurai sucé	nous aurons sucé
tu suceras	vous sucerez	tu auras sucé	vous aurez sucé
il/elle sucera	ils/elles suceront	il/elle aura sucé	ils/elles auront sucé
Conditional		*Past Conditional*	
je sucerais	nous sucerions	j'aurais sucé	nous aurions sucé
tu sucerais	vous suceriez	tu aurais sucé	vous auriez sucé
il/elle sucerait	ils/elles suceraient	il/elle aurait sucé	ils/elles auraient sucé

Present Subjunctive		*Past Subjunctive*	
que je suce	que nous sucions	que j'aie sucé	que nous ayons sucé
que tu suces	que vous suciez	que tu aies sucé	que vous ayez sucé
qu'il/elle suce	qu'ils/elles sucent	qu'il/elle ait sucé	qu'ils/elles aient sucé
Imperfect Subjunctive		*Pluperfect Subjunctive*	
que je suçasse	que nous suçassions	que j'eusse sucé	que nous eussions sucé
que tu suçasses	que vous suçassiez	que tu eusses sucé	que vous eussiez sucé
qu'il/elle suçât	qu'ils/elles suçassent	qu'il/elle eût sucé	qu'ils/elles eussent sucé

Commands

(nous) suçons
(tu) suce (vous) sucez

USAGE

Si tu as soif, suce cette orange. *If you're thirsty, suck on this orange.*
Ces pastilles sont à sucer. *These tablets are to be sucked.*
Je suce un bonbon. *I'm sucking a candy.*
Ton bébé suce son pouce. *Your baby is sucking his thumb.*
Elle suçait un bonbon. *She had a sucking candy in her mouth.*
Il a sucé cette doctrine avec le lait de sa mère. *He absorbed that doctrine with his mother's milk.*

RELATED WORDS AND EXPRESSIONS

la sucette *pacifier* (for babies)

irregular verb **je suis · je suivis · suivi · suivant**

Present		*Passé Composé*	
je suis	nous suivons	j'ai suivi	nous avons suivi
tu suis	vous suivez	tu as suivi	vous avez suivi
il/elle suit	ils/elles suivent	il/elle a suivi	ils/elles ont suivi
Imperfect		*Pluperfect*	
je suivais	nous suivions	j'avais suivi	nous avions suivi
tu suivais	vous suiviez	tu avais suivi	vous aviez suivi
il/elle suivait	ils/elles suivaient	il/elle avait suivi	ils/elles avaient suivi
Passé Simple		*Past Anterior*	
je suivis	nous suivîmes	j'eus suivi	nous eûmes suivi
tu suivis	vous suivîtes	tu eus suivi	vous eûtes suivi
il/elle suivit	ils/elles suivirent	il/elle eut suivi	ils/elles eurent suivi
Future		*Future Anterior*	
je suivrai	nous suivrons	j'aurai suivi	nous aurons suivi
tu suivras	vous suivrez	tu auras suivi	vous aurez suivi
il/elle suivra	ils/elles suivront	il/elle aura suivi	ils/elles auront suivi
Conditional		*Past Conditional*	
je suivrais	nous suivrions	j'aurais suivi	nous aurions suivi
tu suivrais	vous suivriez	tu aurais suivi	vous auriez suivi
il/elle suivrait	ils/elles suivraient	il/elle aurait suivi	ils/elles auraient suivi

Present Subjunctive		*Past Subjunctive*	
que je suive	que nous suivions	que j'aie suivi	que nous ayons suivi
que tu suives	que vous suiviez	que tu aies suivi	que vous ayez suivi
qu'il/elle suive	qu'ils/elles suivent	qu'il/elle ait suivi	qu'ils/elles aient suivi
Imperfect Subjunctive		*Pluperfect Subjunctive*	
que je suivisse	que nous suivissions	que j'eusse suivi	que nous eussions suivi
que tu suivisses	que vous suivissiez	que tu eusses suivi	que vous eussiez suivi
qu'il/elle suivît	qu'ils/elles suivissent	qu'il/elle eût suivi	qu'ils/elles eussent suivi

Commands

	(nous) suivons
(tu) suis	(vous) suivez

USAGE

Suivez-moi, s'il vous plaît.	*Follow me, please.*
On les suivait de près.	*We were following them closely.*
Je vous suivrai à bicyclette.	*I'll follow you on my bike.*
Je le suivais comme une ombre.	*I was following him like his shadow.*
J'ai suivi du regard le train qui partait.	*I followed the departing train with my eyes.*
Voilà la ligne d'action à suivre.	*There's the path of action to follow.*
—Vous me suivez ou pas?	*Do you get what I mean or not?*
—Je ne vous suis pas.	*I can't follow what you're saying.*
Le beau temps suivra la pluie.	*After the rain, the weather will be nice.*
Quels cours suivez-vous?	*What courses are you taking?*
Il suit bien à l'école.	*He's a good student at school.*
On a fait suivre tout mon courrier.	*They forwarded all my mail.*
Descendez à l'arrêt qui suit le mien.	*Get off at the stop after mine.*
Ce souvenir me suit partout.	*That memory haunts me.*

507 supporter *to bear, stand*

je supporte · je supportai · supporté · supportant regular -*er* verb

Present		*Passé Composé*	
je supporte	nous supportons	j'ai supporté	nous avons supporté
tu supportes	vous supportez	tu as supporté	vous avez supporté
il/elle supporte	ils/elles supportent	il/elle a supporté	ils/elles ont supporté
Imperfect		*Pluperfect*	
je supportais	nous supportions	j'avais supporté	nous avions supporté
tu supportais	vous supportiez	tu avais supporté	vous aviez supporté
il/elle supportait	ils/elles supportaient	il/elle avait supporté	ils/elles avaient supporté
Passé Simple		*Past Anterior*	
je supportai	nous supportâmes	j'eus supporté	nous eûmes supporté
tu supportas	vous supportâtes	tu eus supporté	vous eûtes supporté
il/elle supporta	ils/elles supportèrent	il/elle eut supporté	ils/elles eurent supporté
Future		*Future Anterior*	
je supporterai	nous supporterons	j'aurai supporté	nous aurons supporté
tu supporteras	vous supporterez	tu auras supporté	vous aurez supporté
il/elle supportera	ils/elles supporteront	il/elle aura supporté	ils/elles auront supporté
Conditional		*Past Conditional*	
je supporterais	nous supporterions	j'aurais supporté	nous aurions supporté
tu supporterais	vous supporteriez	tu aurais supporté	vous auriez supporté
il/elle supporterait	ils/elles supporteraient	il/elle aurait supporté	ils/elles auraient supporté

Present Subjunctive		*Past Subjunctive*	
que je supporte	que nous supportions	que j'aie supporté	que nous ayons supporté
que tu supportes	que vous supportiez	que tu aies supporté	que vous ayez supporté
qu'il/elle supporte	qu'ils/elles supportent	qu'il/elle ait supporté	qu'ils/elles aient supporté
Imperfect Subjunctive		*Pluperfect Subjunctive*	
que je supportasse	que nous supportassions	que j'eusse supporté	que nous eussions supporté
que tu supportasses	que vous supportassiez	que tu eusses supporté	que vous eussiez supporté
qu'il/elle supportât	qu'ils/elles supportassent	qu'il/elle eût supporté	qu'ils/elles eussent supporté

Commands

	(nous) supportons
(tu) supporte	(vous) supportez

USAGE

Cette tragédie est dure à supporter.	*This tragedy is hard to bear.*
Je ne supporte pas qu'elle dise des bêtises comme ça.	*I can't bear her saying stupid things like that.*
Elle ne supporte pas les escargots.	*She can't bear (to eat) snails.*
Je l'ai supporté toute la semaine.	*I put up with him all week.*
Je ne supporte pas ce froid.	*I can't stand this cold.*
supporter les frais de	*to foot the bill for*
Qui va supporter les frais de cette réception?	*Who's going to foot the bill for this reception?*

RELATED WORDS AND EXPRESSIONS

le supporter	*fan* (sports)
insupportable	*unbearable*
C'est un type insupportable.	*He's an unbearable man.*

irregular verb **je surprends · je surpris · surpris · surprenant**

Present		*Passé Composé*	
je surprends	nous surprenons	j'ai surpris	nous avons surpris
tu surprends	vous surprenez	tu as surpris	vous avez surpris
il/elle surprend	ils/elles surprennent	il/elle a surpris	ils/elles ont surpris
Imperfect		*Pluperfect*	
je surprenais	nous surprenions	j'avais surpris	nous avions surpris
tu surprenais	vous surpreniez	tu avais surpris	vous aviez surpris
il/elle surprenait	ils/elles surprenaient	il/elle avait surpris	ils/elles avaient surpris
Passé Simple		*Past Anterior*	
je surpris	nous surprîmes	j'eus surpris	nous eûmes surpris
tu surpris	vous surprîtes	tu eus surpris	vous eûtes surpris
il/elle surprit	ils/elles surprirent	il/elle eut surpris	ils/elles eurent surpris
Future		*Future Anterior*	
je surprendrai	nous surprendrons	j'aurai surpris	nous aurons surpris
tu surprendras	vous surprendrez	tu auras surpris	vous aurez surpris
il/elle surprendra	ils/elles surprendront	il/elle aura surpris	ils/elles auront surpris
Conditional		*Past Conditional*	
je surprendrais	nous surprendrions	j'aurais surpris	nous aurions surpris
tu surprendrais	vous surprendriez	tu aurais surpris	vous auriez surpris
il/elle surprendrait	ils/elles surprendraient	il/elle aurait surpris	ils/elles auraient surpris

Present Subjunctive		*Past Subjunctive*	
que je surprenne	que nous surprenions	que j'aie surpris	que nous ayons surpris
que tu surprennes	que vous surpreniez	que tu aies surpris	que vous ayez surpris
qu'il/elle surprenne	qu'ils/elles surprennent	qu'il/elle ait surpris	qu'ils/elles aient surpris
Imperfect Subjunctive		*Pluperfect Subjunctive*	
que je surprisse	que nous surprissions	que j'eusse surpris	que nous eussions surpris
que tu surprisses	que vous surprissiez	que tu eusses surpris	que vous eussiez surpris
qu'il/elle surprît	qu'ils/elles surprissent	qu'il/elle eût surpris	qu'ils/elles eussent surpris

Commands

	(nous) surprenons
(tu) surprends	(vous) surprenez

USAGE

Sa réponse l'a surprise.	*His/Her answer surprised her.*
L'orage nous a surpris en pleine campagne.	*The storm took us by surprise in open country.*
Ne te laisse pas surprendre par la pluie.	*Don't let the rain catch you by surprise.*
Ils l'ont surpris dans une situation gênante.	*He was caught by surprise in an embarrassing moment.*
Je ne me laisse pas surprendre.	*No one catches me off guard.*
La police a surpris le cambrioleur.	*The police caught the burglar in the act.*
Mes cousins nous ont surpris hier soir.	*My cousins dropped in on us unexpectedly last night.*
J'ai surpris leur conversation.	*I overheard their conversation.*

RELATED WORDS AND EXPRESSIONS

la surprise	*surprise*
une surprise-partie	*party*
surprenant(e)	*surprising*

survivre *to survive*

je survis · je survécus · survécu · survivant irregular verb

Present		***Passé Composé***	
je survis	nous survivons	j'ai survécu	nous avons survécu
tu survis	vous survivez	tu as survécu	vous avez survécu
il/elle survit	ils/elles survivent	il/elle a survécu	ils/elles ont survécu
Imperfect		***Pluperfect***	
je survivais	nous survivions	j'avais survécu	nous avions survécu
tu survivais	vous surviviez	tu avais survécu	vous aviez survécu
il/elle survivait	ils/elles survivaient	il/elle avait survécu	ils/elles avaient survécu
Passé Simple		***Past Anterior***	
je survécus	nous survécûmes	j'eus survécu	nous eûmes survécu
tu survécus	vous survécûtes	tu eus survécu	vous eûtes survécu
il/elle survécut	ils/elles survécurent	il/elle eut survécu	ils/elles eurent survécu
Future		***Future Anterior***	
je survivrai	nous survivrons	j'aurai survécu	nous aurons survécu
tu survivras	vous survivrez	tu auras survécu	vous aurez survécu
il/elle survivra	ils/elles survivront	il/elle aura survécu	ils/elles auront survécu
Conditional		***Past Conditional***	
je survivrais	nous survivrions	j'aurais survécu	nous aurions survécu
tu survivrais	vous survivriez	tu aurais survécu	vous auriez survécu
il/elle survivrait	ils/elles survivraient	il/elle aurait survécu	ils/elles auraient survécu
Present Subjunctive		***Past Subjunctive***	
que je survive	que nous survivions	que j'aie survécu	que nous ayons survécu
que tu survives	que vous surviviez	que tu aies survécu	que vous ayez survécu
qu'il/elle survive	qu'ils/elles survivent	qu'il/elle ait survécu	qu'ils/elles aient survécu
Imperfect Subjunctive		***Pluperfect Subjunctive***	
que je survécusse	que nous survécussions	que j'eusse survécu	que nous eussions survécu
que tu survécusses	que vous survécussiez	que tu eusses survécu	que vous eussiez survécu
qu'il/elle survécût	qu'ils/elles survécussent	qu'il/elle eût survécu	qu'ils/elles eussent survécu

Commands

	(nous) survivons
(tu) survis	(vous) survivez

USAGE

Rien ne survit de cette culture ancienne.	*Nothing survives of this ancient culture.*
Je ne sais pas si je pourrais survivre dans la nature.	*I don't know if I could survive in nature.*
Il a survécu à toutes les batailles.	*He survived all the battles.*
Il n'a pas survécu à l'opération.	*He didn't survive the operation.*
Heureusement qu'il a survécu à l'accident.	*Fortunately, he survived the accident.*
Je ne survivrai jamais à cette humiliation.	*I will never live through this humiliation.*
Il a survécu à ses parents.	*He outlived his parents.*

RELATED WORDS AND EXPRESSIONS

la survie	*survival*
Ce médicament lui a donné deux ans de survie.	*This medicine kept him alive for two years.*

regular -*er* verb **je survole · je survolai · survolé · survolant**

Present		*Passé Composé*	
je survole	nous survolons	j'ai survolé	nous avons survolé
tu survoles	vous survolez	tu as survolé	vous avez survolé
il/elle survole	ils/elles survolent	il/elle a survolé	ils/elles ont survolé
Imperfect		*Pluperfect*	
je survolais	nous survolions	j'avais survolé	nous avions survolé
tu survolais	vous survoliez	tu avais survolé	vous aviez survolé
il/elle survolait	ils/elles survolaient	il/elle avait survolé	ils/elles avaient survolé
Passé Simple		*Past Anterior*	
je survolai	nous survolâmes	j'eus survolé	nous eûmes survolé
tu survolas	vous survolâtes	tu eus survolé	vous eûtes survolé
il/elle survola	ils/elles survolèrent	il/elle eut survolé	ils/elles eurent survolé
Future		*Future Anterior*	
je survolerai	nous survolerons	j'aurai survolé	nous aurons survolé
tu survoleras	vous survolerez	tu auras survolé	vous aurez survolé
il/elle survolera	ils/elles survoleront	il/elle aura survolé	ils/elles auront survolé
Conditional		*Past Conditional*	
je survolerais	nous survolerions	j'aurais survolé	nous aurions survolé
tu survolerais	vous survoleriez	tu aurais survolé	vous auriez survolé
il/elle survolerait	ils/elles survoleraient	il/elle aurait survolé	ils/elles auraient survolé

Present Subjunctive		*Past Subjunctive*	
que je survole	que nous survolions	que j'aie survolé	que nous ayons survolé
que tu survoles	que vous survoliez	que tu aies survolé	que vous ayez survolé
qu'il/elle survole	qu'ils/elles survolent	qu'il/elle ait survolé	qu'ils/elles aient survolé
Imperfect Subjunctive		*Pluperfect Subjunctive*	
que je survolasse	que nous survolassions	que j'eusse survolé	que nous eussions survolé
que tu survolasses	que vous survolassiez	que tu eusses survolé	que vous eussiez survolé
qu'il/elle survolât	qu'ils/elles survolassent	qu'il/elle eût survolé	qu'ils/elles eussent survolé

Commands

	(nous) survolons
(tu) survole	(vous) survolez

USAGE

Les oiseaux ont survolé le lac.	*The birds flew over the lake.*
Nous avons survolé la Manche.	*We flew over the English Channel.*
J'ai survolé les deux derniers chapitres.	*I skimmed the last two chapters.*
Nous avons survolé cette question.	*We dealt with this matter superficially.*

RELATED WORDS AND EXPRESSIONS

le survol	*flying over*
le survol de l'Atlantique	*transatlantic flying*
le survol d'un manuscrit	*skimming a manuscript*

511 se taire *to keep quiet*

je me tais · je me tus · s'étant tu · se taisant

irregular reflexive verb;
compound tenses with *être*

Present		*Passé Composé*	
je me tais	nous nous taisons	je me suis tu(e)	nous nous sommes tu(e)s
tu te tais	vous vous taisez	tu t'es tu(e)	vous vous êtes tu(e)(s)
il/elle se tait	ils/elles se taisent	il/elle s'est tu(e)	ils/elles se sont tu(e)s
Imperfect		*Pluperfect*	
je me taisais	nous nous taisions	je m'étais tu(e)	nous nous étions tu(e)s
tu te taisais	vous vous taisiez	tu t'étais tu(e)	vous vous étiez tu(e)(s)
il/elle se taisait	ils/elles se taisaient	il/elle s'était tu(e)	ils/elles s'étaient tu(e)s
Passé Simple		*Past Anterior*	
je me tus	nous nous tûmes	je me fus tu(e)	nous nous fûmes tu(e)s
tu te tus	vous vous tûtes	tu te fus tu(e)	vous vous fûtes tu(e)(s)
il/elle se tut	ils/elles se turent	il/elle se fut tu(e)	ils/elles se furent tu(e)s
Future		*Future Anterior*	
je me tairai	nous nous tairons	je me serai tu(e)	nous nous serons tu(e)s
tu te tairas	vous vous tairez	tu te seras tu(e)	vous vous serez tu(e)(s)
il/elle se taira	ils/elles se tairont	il/elle se sera tu(e)	ils/elles se seront tu(e)s
Conditional		*Past Conditional*	
je me tairais	nous nous tairions	je me serais tu(e)	nous nous serions tu(e)s
tu te tairais	vous vous tairiez	tu te serais tu(e)	vous vous seriez tu(e)(s)
il/elle se tairait	ils/elles se tairaient	il/elle se serait tu(e)	ils/elles se seraient tu(e)s

Present Subjunctive		*Past Subjunctive*	
que je me taise	que nous nous taisions	que je me sois tu(e)	que nous nous soyons tu(e)s
que tu te taises	que vous vous taisiez	que tu te sois tu(e)	que vous vous soyez tu(e)(s)
que il/elle se taise	que ils/elles se taisent	que il/elle se soit tu(e)	que ils/elles se soient tu(e)s
Imperfect Subjunctive		*Pluperfect Subjunctive*	
que je me tusse	que nous nous tussions	que je me fusse tu(e)	que nous nous fussions tu(e)s
que tu te tusses	que vous vous tussiez	que tu te fusses tu(e)	que vous vous fussiez tu(e)(s)
que il/elle se tût	que ils/elles se tussent	que il/elle se fût tu(e)	que ils/elles se fussent tu(e)s

Commands

	(nous) taisons-nous
(tu) tais-toi	(vous) taisez-vous

USAGE

Tais-toi! Tu n'arrêtes pas de parler!	*Keep quiet! You don't stop talking!*
—Tu aurais dû te taire.	*You should have kept quiet.*
—Personne ne me fera taire!	*No one will silence me!*
J'ai perdu une belle occasion pour me taire.	*I should have kept my mouth closed.*
Pour réussir, il faut savoir se taire.	*To succeed, you must learn discretion.*
Je me tairai là-dessus.	*I won't say anything about that.*
Dans ces cas, il vaut mieux se taire.	*In these cases, it's better not to say anything.*
Quand il est entré, tout le monde s'est tu.	*When he walked in, everyone fell silent.*

RELATED WORDS AND EXPRESSIONS

taire qqch	*to keep something quiet*
Ils ont tu ces rapports commerciaux.	*They kept these business relations quiet.*

irregular verb **je teins · je teignis · teint · teignant**

Present		*Passé Composé*	
je teins	nous teignons	j'ai teint	nous avons teint
tu teins	vous teignez	tu as teint	vous avez teint
il/elle teint	ils/elles teignent	il/elle a teint	ils/elles ont teint
Imperfect		*Pluperfect*	
je teignais	nous teignions	j'avais teint	nous avions teint
tu teignais	vous teigniez	tu avais teint	vous aviez teint
il/elle teignait	ils/elles teignaient	il/elle avait teint	ils/elles avaient teint
Passé Simple		*Past Anterior*	
je teignis	nous teignîmes	j'eus teint	nous eûmes teint
tu teignis	vous teignîtes	tu eus teint	vous eûtes teint
il/elle teignit	ils/elles teignirent	il/elle eut teint	ils/elles eurent teint
Future		*Future Anterior*	
je teindrai	nous teindrons	j'aurai teint	nous aurons teint
tu teindras	vous teindrez	tu auras teint	vous aurez teint
il/elle teindra	ils/elles teindront	il/elle aura teint	ils/elles auront teint
Conditional		*Past Conditional*	
je teindrais	nous teindrions	j'aurais teint	nous aurions teint
tu teindrais	vous teindriez	tu aurais teint	vous auriez teint
il/elle teindrait	ils/elles teindraient	il/elle aurait teint	ils/elles auraient teint

Present Subjunctive		*Past Subjunctive*	
que je teigne	que nous teignions	que j'aie teint	que nous ayons teint
que tu teignes	que vous teigniez	que tu aies teint	que vous ayez teint
qu'il/elle teigne	qu'ils/elles teignent	qu'il/elle ait teint	qu'ils/elles aient teint
Imperfect Subjunctive		*Pluperfect Subjunctive*	
que je teignisse	que nous teignissions	que j'eusse teint	que nous eussions teint
que tu teignisses	que vous teignissiez	que tu eusses teint	que vous eussiez teint
qu'il/elle teignît	qu'ils/elles teignissent	qu'il/elle eût teint	qu'ils/elles eussent teint

Commands

	(nous) teignons
(tu) teins	(vous) teignez

USAGE

Elle a les cheveux teints.	*She has dyed hair.*
Je vais faire teindre ce chemisier.	*I'm going to have this blouse dyed.*
Je crois que cette étoffe est teinte.	*I think this material is dyed.*
Les cerises teignent les doigts.	*Cherries stain your fingers.*

RELATED WORDS AND EXPRESSIONS

la teinture	*dye*
Elle a une teinture de grammaire.	*She has a smattering of grammar.*
le teinturier	*dry cleaner*
le teinturier du coin	*the neighborhood dry cleaner*
se teindre	*to dye one's hair*
Elle se teint les cheveux.	*She dyes her hair.*
Il se teint la barbe.	*He dyes his beard.*

513 téléphoner *to phone*

je téléphone · je téléphonai · téléphoné · téléphonant regular -*er* verb

Present		*Passé Composé*	
je téléphone	nous téléphonons	j'ai téléphoné	nous avons téléphoné
tu téléphones	vous téléphonez	tu as téléphoné	vous avez téléphoné
il/elle téléphone	ils/elles téléphonent	il/elle a téléphoné	ils/elles ont téléphoné
Imperfect		*Pluperfect*	
je téléphonais	nous téléphonions	j'avais téléphoné	nous avions téléphoné
tu téléphonais	vous téléphoniez	tu avais téléphoné	vous aviez téléphoné
il/elle téléphonait	ils/elles téléphonaient	il/elle avait téléphoné	ils/elles avaient téléphoné
Passé Simple		*Past Anterior*	
je téléphonai	nous téléphonâmes	j'eus téléphoné	nous eûmes téléphoné
tu téléphonas	vous téléphonâtes	tu eus téléphoné	vous eûtes téléphoné
il/elle téléphona	ils/elles téléphonèrent	il/elle eut téléphoné	ils/elles eurent téléphoné
Future		*Future Anterior*	
je téléphonerai	nous téléphonerons	j'aurai téléphoné	nous aurons téléphoné
tu téléphoneras	vous téléphonerez	tu auras téléphoné	vous aurez téléphoné
il/elle téléphonera	ils/elles téléphoneront	il/elle aura téléphoné	ils/elles auront téléphoné
Conditional		*Past Conditional*	
je téléphonerais	nous téléphonerions	j'aurais téléphoné	nous aurions téléphoné
tu téléphonerais	vous téléphoneriez	tu aurais téléphoné	vous auriez téléphoné
il/elle téléphonerait	ils/elles téléphoneraient	il/elle aurait téléphoné	ils/elles auraient téléphoné

Present Subjunctive		*Past Subjunctive*	
que je téléphone	que nous téléphonions	que j'aie téléphoné	que nous ayons téléphoné
que tu téléphones	que vous téléphoniez	que tu aies téléphoné	que vous ayez téléphoné
qu'il/elle téléphone	qu'ils/elles téléphonent	qu'il/elle ait téléphoné	qu'ils/elles aient téléphoné
Imperfect Subjunctive		*Pluperfect Subjunctive*	
que je téléphonasse	que nous téléphonassions	que j'eusse téléphoné	que nous eussions téléphoné
que tu téléphonasses	que vous téléphonassiez	que tu eusses téléphoné	que vous eussiez téléphoné
qu'il/elle téléphonât	qu'ils/elles téléphonassent	qu'il/elle eût téléphoné	qu'ils/elles eussent téléphoné

Commands

	(nous) téléphonons
(tu) téléphone	(vous) téléphonez

USAGE

téléphoner à qqn	*to phone someone*
Il nous a téléphoné les résultats.	*He told us the results by phone.*
Téléphonez-moi.	*Phone me.*
—Tu lui as téléphoné quand?	*When did you call him?*
—Hier. J'ai téléphoné à tout le monde hier.	*Yesterday. I called everyone yesterday.*

RELATED WORDS AND EXPRESSIONS

le téléphone	*telephone*
un coup de téléphone	*a phone call*
le téléphone mobile	*cell phone*
téléphonique	*having to do with the phone*
une cabine téléphonique	*a phone booth*
téléphoné *(colloquial)*	*obvious/predictable*
Sa réaction était téléphonée.	*His reaction was predictable.*

regular -*re* verb **je tends · je tendis · tendu · tendant**

Present		*Passé Composé*	
je tends	nous tendons	j'ai tendu	nous avons tendu
tu tends	vous tendez	tu as tendu	vous avez tendu
il/elle tend	ils/elles tendent	il/elle a tendu	ils/elles ont tendu
Imperfect		*Pluperfect*	
je tendais	nous tendions	j'avais tendu	nous avions tendu
tu tendais	vous tendiez	tu avais tendu	vous aviez tendu
il/elle tendait	ils/elles tendaient	il/elle avait tendu	ils/elles avaient tendu
Passé Simple		*Past Anterior*	
je tendis	nous tendîmes	j'eus tendu	nous eûmes tendu
tu tendis	vous tendîtes	tu eus tendu	vous eûtes tendu
il/elle tendit	ils/elles tendirent	il/elle eut tendu	ils/elles eurent tendu
Future		*Future Anterior*	
je tendrai	nous tendrons	j'aurai tendu	nous aurons tendu
tu tendras	vous tendrez	tu auras tendu	vous aurez tendu
il/elle tendra	ils/elles tendront	il/elle aura tendu	ils/elles auront tendu
Conditional		*Past Conditional*	
je tendrais	nous tendrions	j'aurais tendu	nous aurions tendu
tu tendrais	vous tendriez	tu aurais tendu	vous auriez tendu
il/elle tendrait	ils/elles tendraient	il/elle aurait tendu	ils/elles auraient tendu
Present Subjunctive		*Past Subjunctive*	
que je tende	que nous tendions	que j'aie tendu	que nous ayons tendu
que tu tendes	que vous tendiez	que tu aies tendu	que vous ayez tendu
qu'il/elle tende	qu'ils/elles tendent	qu'il/elle ait tendu	qu'ils/elles aient tendu
Imperfect Subjunctive		*Pluperfect Subjunctive*	
que je tendisse	que nous tendissions	que j'eusse tendu	que nous eussions tendu
que tu tendisses	que vous tendissiez	que tu eusses tendu	que vous eussiez tendu
qu'il/elle tendît	qu'ils/elles tendissent	qu'il/elle eût tendu	qu'ils/elles eussent tendu

Commands

	(nous) tendons
(tu) tends	(vous) tendez

USAGE

Elle m'a tendu les bras.	*She stretched out her arms to me.*
Je lui ai tendu la main.	*I offered my hand to him.*
Ils ont tendu un piège à l'ennemi.	*They set a trap for the enemy.*
J'ai tendu des serviettes aux enfants quand ils sont sortis de la piscine.	*I held out towels for the children when they came out of the pool.*
Le chien a tendu l'oreille.	*The dog pricked up his ears.*
tendre le poing à qqn	*to raise one's fist to someone*
tendre à faire qqch	*to tend to do something*
Il tend à irriter les gens.	*He tends to irritate people.*
Les prix tendent à augmenter.	*Prices tend to rise.*

RELATED WORDS AND EXPRESSIONS

se tendre	*to grow tense*
Les rapports entre les deux collègues se sont tendus.	*The relationship between the two coworkers grew tense.*

515 tenir *to hold*

je tiens · je tins · tenu · tenant — irregular verb

tenir = être solide; rentrer

Ce mur ne va pas tenir.	*This wall is not going to hold.*
Ces livres ne tiennent pas dans la serviette.	*These books can't fit into the briefcase.*
Mon analyse tiendra en quelques pages.	*My analysis will take a few pages.*
Cette voiture tient bien la route.	*This car drives well / holds the road well.*
L'autocar tient toute la route.	*The bus takes up the whole road.*

tenir à qqn, tenir à qqch

Cet enfant tient beaucoup à son père.	*This child is very attached to his father.*
Le malade tenait à la vie.	*The sick man clung to life.*
Les conditions de vie tiennent au climat.	*The living conditions are related to the climate.*
Sa sagesse tient à son âge.	*His wisdom derives from his age.*

tenir à + infinitive

Je tiens à le voir.	*I'd really like to see him.*
Il tenait à me rappeler ma dette envers lui.	*He was insistent about reminding me of my debt to him.*
—Si tu tiens à dîner en ville, vas-y sans moi. Je suis sans le sou.	*If you insist on eating out, go without me. I'm broke.*
—Qu'à cela ne tienne. Je t'invite.	*That's not a problem. I'll treat.*

tenir à ce que + subjunctive

Je tiens à ce que tu reviennes avant dix heures.	*I insist you be back before ten o'clock.*
Je tiens à ce que vous sachiez que...	*I want you to know that . . .*

RELATED WORDS AND EXPRESSIONS

Vous osez me tenir pareil langage!	*How dare you speak to me like that!*
Tout le monde le tient pour un escroc.	*Everyone has him pegged as a swindler.*
On tient sa réussite pour assurée.	*People consider his success assured.*
Qu'à cela ne tienne.	*That doesn't matter.*
Ils tiennent la ferme de leurs grands-parents.	*They inherited the farm from their grandparents.*
Il ne tient qu'à vous de me tirer d'affaire.	*You're the only one who can help me out.*
—Les étudiants sont tenus de respecter le règlement du lycée.	*Students are expected to respect school rules.*
—Mais je vois qu'il y en a beaucoup qui ne savent pas se tenir en classe.	*But I see that many of them don't know how to behave in class.*
Il faut tenir compte de tout cela.	*You have to take all that into account.*
Il a pu tenir son rang dans cette discussion.	*He was able to hold his own in that discussion.*
Il a démissionné. Il n'a pas pu tenir le coup.	*He resigned. He couldn't take it.*
Tenez-vous-en là!	*Stop right there!*
Tu crois qu'on pourra tenir jusqu'au bout?	*Think we'll be able to stick it out?*
—Il ne tient jamais parole, lui.	*He never keeps his word.*
—Ça m'étonne que tu dises ça. Il a tenu tous ses engagements envers moi	*I'm surprised that you say that. He fulfilled all his obligations to me.*
Qui tient la tête?	*Who's in the lead?*
Ton raisonnement ne tient pas debout.	*Your argument doesn't hold water.*
Tiens-moi au courant.	*Keep me informed.*

PROVERB

Un tiens vaut mieux que deux tu l'auras.	*A bird in hand is worth two in the bush.*

to hold **tenir**

irregular verb — **je tiens · je tins · tenu · tenant**

Present		*Passé Composé*	
je tiens	nous tenons	j'ai tenu	nous avons tenu
tu tiens	vous tenez	tu as tenu	vous avez tenu
il/elle tient	ils/elles tiennent	il/elle a tenu	ils/elles ont tenu
Imperfect		***Pluperfect***	
je tenais	nous tenions	j'avais tenu	nous avions tenu
tu tenais	vous teniez	tu avais tenu	vous aviez tenu
il/elle tenait	ils/elles tenaient	il/elle avait tenu	ils/elles avaient tenu
Passé Simple		***Past Anterior***	
je tins	nous tînmes	j'eus tenu	nous eûmes tenu
tu tins	vous tîntes	tu eus tenu	vous eûtes tenu
il/elle tint	ils/elles tinrent	il/elle eut tenu	ils/elles eurent tenu
Future		***Future Anterior***	
je tiendrai	nous tiendrons	j'aurai tenu	nous aurons tenu
tu tiendras	vous tiendrez	tu auras tenu	vous aurez tenu
il/elle tiendra	ils/elles tiendront	il/elle aura tenu	ils/elles auront tenu
Conditional		***Past Conditional***	
je tiendrais	nous tiendrions	j'aurais tenu	nous aurions tenu
tu tiendrais	vous tiendriez	tu aurais tenu	vous auriez tenu
il/elle tiendrait	ils/elles tiendraient	il/elle aurait tenu	ils/elles auraient tenu

Present Subjunctive		*Past Subjunctive*	
que je tienne	que nous tenions	que j'aie tenu	que nous ayons tenu
que tu tiennes	que vous teniez	que tu aies tenu	que vous ayez tenu
qu'il/elle tienne	qu'ils/elles tiennent	qu'il/elle ait tenu	qu'ils/elles aient tenu
Imperfect Subjunctive		***Pluperfect Subjunctive***	
que je tinsse	que nous tinssions	que j'eusse tenu	que nous eussions tenu
que tu tinsses	que vous tinssiez	que tu eusses tenu	que vous eussiez tenu
qu'il/elle tînt	qu'ils/elles tinssent	qu'il/elle eût tenu	qu'ils/elles eussent tenu

Commands

	(nous) tenons
(tu) tiens	(vous) tenez

USAGE

tenir qqch dans la main	*to hold something in one's hand*
L'étudiant tient son livre dans la main.	*The student is holding his book in his hand.*
La mère tenait son enfant par la main.	*The mother was holding her child by the hand.*
Il tenait sa fiancée dans ses bras.	*He was holding his fiancée in his arms.*
C'est elle qui tient tout.	*She's the one who holds it all together.*
Cet amphithéâtre tient 300 étudiants.	*This lecture hall holds 300 students.*
tenir	*to resist*
Le filet n'a pas tenu.	*The net didn't hold. / The net broke.*
Notre armée a tenu bon.	*Our army held the line.*
Nos soldats ont tenu contre l'ennemi.	*Our soldiers held out against the enemy.*
Tiens mon dîner au chaud. J'arrive dans une demi-heure.	*Keep my dinner warm. I'll be there in half an hour.*
Ce prof ne sait pas tenir sa classe.	*This teacher can't control his class.*
Les Dupont tiennent un café près de la place.	*The Duponts run a café near the square.*
Sa maladie l'a tenu enfermé chez lui un mois.	*His illness kept him shut in at home for a month.*

top 50 verb

terminer *to finish*

je termine · je terminai · terminé · terminant regular -*er* verb

Present		*Passé Composé*	
je termine	nous terminons	j'ai terminé	nous avons terminé
tu termines	vous terminez	tu as terminé	vous avez terminé
il/elle termine	ils/elles terminent	il/elle a terminé	ils/elles ont terminé
Imperfect		*Pluperfect*	
je terminais	nous terminions	j'avais terminé	nous avions terminé
tu terminais	vous terminiez	tu avais terminé	vous aviez terminé
il/elle terminait	ils/elles terminaient	il/elle avait terminé	ils/elles avaient terminé
Passé Simple		*Past Anterior*	
je terminai	nous terminâmes	j'eus terminé	nous eûmes terminé
tu terminas	vous terminâtes	tu eus terminé	vous eûtes terminé
il/elle termina	ils/elles terminèrent	il/elle eut terminé	ils/elles eurent terminé
Future		*Future Anterior*	
je terminerai	nous terminerons	j'aurai terminé	nous aurons terminé
tu termineras	vous terminerez	tu auras terminé	vous aurez terminé
il/elle terminera	ils/elles termineront	il/elle aura terminé	ils/elles auront terminé
Conditional		*Past Conditional*	
je terminerais	nous terminerions	j'aurais terminé	nous aurions terminé
tu terminerais	vous termineriez	tu aurais terminé	vous auriez terminé
il/elle terminerait	ils/elles termineraient	il/elle aurait terminé	ils/elles auraient terminé
Present Subjunctive		*Past Subjunctive*	
que je termine	que nous terminions	que j'aie terminé	que nous ayons terminé
que tu termines	que vous terminiez	que tu aies terminé	que vous ayez terminé
qu'il/elle termine	qu'ils/elles terminent	qu'il/elle ait terminé	qu'ils/elles aient terminé
Imperfect Subjunctive		*Pluperfect Subjunctive*	
que je terminasse	que nous terminassions	que j'eusse terminé	que nous eussions terminé
que tu terminasses	que vous terminassiez	que tu eusses terminé	que vous eussiez terminé
qu'il/elle terminât	qu'ils/elles terminassent	qu'il/elle eût terminé	qu'ils/elles eussent terminé

Commands

	(nous) terminons
(tu) termine	(vous) terminez

USAGE

On en a terminé avec les Dupont.	*We're finished with the Duponts.*
Termine ça. Il faut partir.	*Finish up. We have to leave.*
Ce mot termine en « s ».	*This word ends in "s."*
J'en ai terminé avec ces voyages d'affaires.	*I'm not going on any more business trips.*
S'il continue comme ça, il terminera sa vie en prison.	*If he keeps up like that, he'll spend the rest of his life in prison.*
Nous avons terminé la journée au musée.	*We ended the day at the museum.*
La fête de l'indépendance a terminé avec des feux d'artifice.	*The Independence Day celebration ended with fireworks.*
Cette autoroute se termine aux alentours de Lille.	*This highway ends outside of Lille.*
La réunion d'affaires s'est mal terminée.	*The business meeting ended badly.*

RELATED WORDS AND EXPRESSIONS

le terminus	*last stop*
Terminus! Tout le monde descend!	*Last stop! Everyone off!*

regular *-er* verb **je tire · je tirai · tiré · tirant**

Present		*Passé Composé*	
je tire	nous tirons	j'ai tiré	nous avons tiré
tu tires	vous tirez	tu as tiré	vous avez tiré
il/elle tire	ils/elles tirent	il/elle a tiré	ils/elles ont tiré
Imperfect		***Pluperfect***	
je tirais	nous tirions	j'avais tiré	nous avions tiré
tu tirais	vous tiriez	tu avais tiré	vous aviez tiré
il/elle tirait	ils/elles tiraient	il/elle avait tiré	ils/elles avaient tiré
Passé Simple		***Past Anterior***	
je tirai	nous tirâmes	j'eus tiré	nous eûmes tiré
tu tiras	vous tirâtes	tu eus tiré	vous eûtes tiré
il/elle tira	ils/elles tirèrent	il/elle eut tiré	ils/elles eurent tiré
Future		***Future Anterior***	
je tirerai	nous tirerons	j'aurai tiré	nous aurons tiré
tu tireras	vous tirerez	tu auras tiré	vous aurez tiré
il/elle tirera	ils/elles tireront	il/elle aura tiré	ils/elles auront tiré
Conditional		***Past Conditional***	
je tirerais	nous tirerions	j'aurais tiré	nous aurions tiré
tu tirerais	vous tireriez	tu aurais tiré	vous auriez tiré
il/elle tirerait	ils/elles tireraient	il/elle aurait tiré	ils/elles auraient tiré

Present Subjunctive		*Past Subjunctive*	
que je tire	que nous tirions	que j'aie tiré	que nous ayons tiré
que tu tires	que vous tiriez	que tu aies tiré	que vous ayez tiré
qu'il/elle tire	qu'ils/elles tirent	qu'il/elle ait tiré	qu'ils/elles aient tiré
Imperfect Subjunctive		***Pluperfect Subjunctive***	
que je tirasse	que nous tirassions	que j'eusse tiré	que nous eussions tiré
que tu tirasses	que vous tirassiez	que tu eusses tiré	que vous eussiez tiré
qu'il/elle tirât	qu'ils/elles tirassent	qu'il/elle eût tiré	qu'ils/elles eussent tiré

Commands

	(nous) tirons
(tu) tire	(vous) tirez

USAGE

Mon fils me tirait par la manche.	*My son was pulling me by the sleeve.*
Tire fort pour ouvrir ce placard.	*Pull hard to open that cupboard.*
Il a tiré son portefeuille de sa poche.	*He pulled his wallet out of his pocket.*
Le magicien a tiré un lapin de son chapeau.	*The magician pulled a rabbit out of his hat.*
Tirez les rideaux. Il fait déjà nuit.	*Pull the curtains. It's dark already.*
Il a sorti son pistolet, mais il n'a pas tiré.	*He took out his gun but didn't shoot.*
Le voleur a tiré deux coups de feu.	*The thief shot twice.*
Cet enfant m'a tiré la langue!	*That child stuck his tongue out at me!*
Les soldats ont tiré contre l'ennemi.	*The soldiers shot at the enemy.*
Il a fallu me tirer du lit ce matin.	*I had to be dragged out of bed this morning.*
Bien fait! Je vous tire mon chapeau!	*Well done! I take my hat off to you!*
C'est une vitrine qui tire l'œil.	*It's an eye-catching store window.*
tirer la chasse	*to flush the toilet*
Merci! Nous m'avez tiré du doute.	*Thanks! You've removed my doubts.*
Tirez dix copies du rapport.	*Make ten copies of the report.*

top 50 verb

517 tirer *to pull; to draw; to shoot*

je tire · je tirai · tiré · tirant regular *-er* verb

J'ai déjà tiré mes conclusions.	*I have already drawn my conclusions.*
—Tu crois que notre collègue va nous tirer d'affaire?	*Do you think that our colleague will get us out of this?*
—Lui? Non, pas du tout. Il va tirer profit de notre mauvais pas.	*Him? Not at all. He'll manage to profit from our difficulty.*
—Qui va sortir le premier?	*Who's going out first?*
—On va tirer au sort.	*Let's draw lots.*
Je ne vais pas tirer mes marrons du feu pour toi.	*I'm not going to be the fall guy for you.*
Le joueur a tiré au but.	*The player shot for the goal.*
Il s'est fait tirer l'oreille pour le faire.	*We had to twist his arm to get him to do it.*
Qu'est-ce qui lui est arrivé? Il tire la jambe.	*What happened to him? He's limping.*
J'ai tiré ma carte du jeu.	*I've stopped playing.*
La sonnerie du réveil m'a tiré de mon rêve.	*The ringing of the alarm woke me up from my dream.*
En médecine on emploie beaucoup de mots tirés du grec.	*In medicine many words taken from Greek are used.*
tirer les rois	*to cut the Twelfth Night cake*
Il sait quand il faut tirer son épingle du jeu.	*He knows how to play the game well.*
Il faut tout tirer au clair.	*We have to clear up / shed light on all this.*
Essaie d'en tirer le meilleur parti.	*Try to make the best of it.*
Il tire le texte à lui.	*He interprets the text for his own purposes.*
Ça ne tire pas à conséquence.	*That's trivial.*
Il faudra leur tirer les vers du nez.	*You'll have to worm it out of them.*
Elle était tirée à quatre épingles.	*She was dressed to kill.*
Les enfants me tirent dans les jambes.	*The children make it impossible for me to get anything done.*
Ce journal tire à quatre cent mille.	*This newspaper has a circulation of 400,000.*
C'est la femme du PDG qui tire les ficelles.	*It's the CEO's wife who calls the shots.*
Tu tires trop sur la ficelle!	*You're pushing your luck!*

se tirer, s'en tirer

J'ai du mal à m'en tirer.	*It's hard for me to manage.*
Je me tire d'affaire.	*I'm getting along.*
On s'en est tirés de justesse.	*We had a narrow escape.*
On ne savait pas s'il allait s'en tirer.	*We didn't know if he'd pull through.*
—C'est remarquable. Il s'en est tiré avec une engueulade.	*It's remarkable. He got away with a scolding.*
—Lui, il s'en tire toujours à bon compte.	*He always gets away with everything.*

RELATED WORDS AND EXPRESSIONS

le tir	*shot/shooting*
faire des exercices de tir	*to practice shooting*
le tirage	*circulation* (of a newspaper); *developing* (pictures); *drawing* (lottery)
le tirage des photos	*development of pictures*
Ce roman a eu un gros tirage.	*This book sold a lot of copies.*
Demain il y des tirages.	*Tomorrow there are drawings.*

PROVERB

Le vin est tiré, il faut le boire.	*You have to pay the piper.*

top 50 verb

-*er* verb; spelling change: *é* > *è*/mute *e* except in the future and conditional

je tolère · je tolérai · toléré · tolérant

Present		*Passé Composé*	
je tolère	nous tolérons	j'ai toléré	nous avons toléré
tu tolères	vous tolérez	tu as toléré	vous avez toléré
il/elle tolère	ils/elles tolèrent	il/elle a toléré	ils/elles ont toléré
Imperfect		*Pluperfect*	
je tolérais	nous tolérions	j'avais toléré	nous avions toléré
tu tolérais	vous tolériez	tu avais toléré	vous aviez toléré
il/elle tolérait	ils/elles toléraient	il/elle avait toléré	ils/elles avaient toléré
Passé Simple		*Past Anterior*	
je tolérai	nous tolérâmes	j'eus toléré	nous eûmes toléré
tu toléras	vous tolérâtes	tu eus toléré	vous eûtes toléré
il/elle toléra	ils/elles tolérèrent	il/elle eut toléré	ils/elles eurent toléré
Future		*Future Anterior*	
je tolérerai	nous tolérerons	j'aurai toléré	nous aurons toléré
tu toléreras	vous tolérerez	tu auras toléré	vous aurez toléré
il/elle tolérera	ils/elles toléreront	il/elle aura toléré	ils/elles auront toléré
Conditional		*Past Conditional*	
je tolérerais	nous tolérerions	j'aurais toléré	nous aurions toléré
tu tolérerais	vous toléreriez	tu aurais toléré	vous auriez toléré
il/elle tolérerait	ils/elles toléreraient	il/elle aurait toléré	ils/elles auraient toléré

Present Subjunctive		*Past Subjunctive*	
que je tolère	que nous tolérions	que j'aie toléré	que nous ayons toléré
que tu tolères	que vous tolériez	que tu aies toléré	que vous ayez toléré
qu'il/elle tolère	qu'ils/elles tolèrent	qu'il/elle ait toléré	qu'ils/elles aient toléré
Imperfect Subjunctive		*Pluperfect Subjunctive*	
que je tolérasse	que nous tolérassions	que j'eusse toléré	que nous eussions toléré
que tu tolérasses	que vous tolérassiez	que tu eusses toléré	que vous eussiez toléré
qu'il/elle tolérât	qu'ils/elles tolérassent	qu'il/elle eût toléré	qu'ils/elles eussent toléré

Commands

	(nous) tolérons
(tu) tolère	(vous) tolérez

USAGE

Le prof ne tolère pas l'impolitesse.	*The teacher doesn't allow impolite behavior.*
On tolère les marchands des quatre-saisons dans cette rue.	*Pushcart vendors are allowed in this street.*
Je ne tolère ça que de toi.	*You're the only person I'd take that from.*
Se tolérer n'est pas l'amour.	*Putting up with each other is not love.*
Je ne tolère plus les boissons alcoolisées.	*I can't drink alcohol anymore.*
Ça je ne tolérerai jamais.	*I will never allow that.*
Il ne tolérera pas que tu lui répondes sur ce ton.	*He won't allow you to answer him in that tone of voice.*

RELATED WORDS AND EXPRESSIONS

la tolérance	*tolerance*
la tolérance religieuse	*religious tolerance*
tolérable	*bearable*
une indifférence qui n'est pas tolérable	*an indifference that we cannot accept*

519 tomber *to fall*

je tombe · je tombai · tombé · tombant regular -*er* verb; compound tenses with *être*

Le joueur de football est tombé en courant.	*The soccer player fell while running.*
Ne me pousse pas. Tu vas me faire tomber.	*Don't push me. You'll make me fall.*
Il est tombé raide mort.	*He dropped dead.*
Il s'est fait mal en tombant de la bicyclette.	*He got hurt falling off the bicycle.*
Il tombe de la pluie.	*It's raining.*
Ça tombe dru.	*It's raining hard.*
Elle est tombée dans ses bras.	*She fell into his arms.*
Les fruits tombent des arbres.	*The fruit is falling off the trees.*
—Regarde! Il tombe des briques de ce bâtiment!	*Look! Bricks are falling from that building!*
—Oui, cette vieille usine tombe en ruines.	*Yes, that old factory is falling apart.*
Je suis tombé de tout mon long.	*I fell headlong.*
Il est tombé sur la tête.	*He's off his rocker.*
Cette famille est tombée dans la mouise.	*That family has lost everything.*
Laisse tomber. Ce n'est pas la peine d'en parler.	*Forget it. It doesn't pay to talk about it.*
Il a laissé tomber la photographie.	*He's given up photography.*
L'euro tombe.	*The euro is falling (in value).*
Les prix tombent.	*Prices are falling.*
Je tombe de sommeil.	*I'm falling over with fatigue.*
Il est tombé sur le champ de bataille.	*He fell on the battlefield.*
Le pauvre vieillard est tombé bien bas.	*The poor old man is at death's door.*
Ça tombe à pic!	*Perfect timing!*
La conversation est tombée sur le terrorisme.	*The conversation moved to the subject of terrorism.*

tomber = arriver par hasard

Tu tombes bien.	*You've come at the right moment.*
Tu tombes mal.	*You've come at a bad time.*
Ça tombe bien.	*That's lucky.*
Ça tombe à point / à pointe nommé.	*What perfect timing.*
Il tombe toujours au mauvais moment.	*His timing is always off.*
Les deux réunions tombent le même jour.	*The two meetings fall on the same day.*

RELATED WORDS AND EXPRESSIONS

Nous sommes tombés d'accord.	*We came to an agreement.*
—Tous leurs projets sont tombés à l'eau.	*All their plans fell through.*
—Oui, et ils sont tombés dans la dèche.	*Yes, and they lost everything.*
Ils sont tombés sur nous à bras raccourcis.	*They started to beat us up.*
Elle n'est pas tombée de la dernière pluie.	*She wasn't born yesterday.*
Je tombe des nues.	*I'm stunned.*
Il vend tout ce qui lui tombe sous la main.	*He sells everything he gets his hands on.*
Ma voiture est tombée en panne.	*My car broke down.*
Ta robe tombe bien.	*Your dress fits/hangs well.*
J'espère qu'il ne tombera pas malade.	*I hope he doesn't fall ill.*
L'ennemi est tombé dans un piège.	*The enemy fell into a trap.*
Le pays est tombé dans le désespoir.	*The country fell into despair.*
Ce vêtement tombe en loques.	*That garment is falling apart.*
La pièce est tombée.	*The play flopped.*
Vous êtes tombé juste! C'est moi!	*You guessed right! I'm the one!*

regular *-er* verb; compound tenses with *être* **je tombe · je tombai · tombé · tombant**

Present		*Passé Composé*	
je tombe	nous tombons	je suis tombé(e)	nous sommes tombé(e)s
tu tombes	vous tombez	tu es tombé(e)	vous êtes tombé(e)(s)
il/elle tombe	ils/elles tombent	il/elle est tombé(e)	ils/elles sont tombé(e)s
Imperfect		***Pluperfect***	
je tombais	nous tombions	j'étais tombé(e)	nous étions tombé(e)s
tu tombais	vous tombiez	tu étais tombé(e)	vous étiez tombé(e)(s)
il/elle tombait	ils/elles tombaient	il/elle était tombé(e)	ils/elles étaient tombé(e)s
Passé Simple		***Past Anterior***	
je tombai	nous tombâmes	je fus tombé(e)	nous fûmes tombé(e)s
tu tombas	vous tombâtes	tu fus tombé(e)	vous fûtes tombé(e)(s)
il/elle tomba	ils/elles tombèrent	il/elle fut tombé(e)	ils/elles furent tombé(e)s
Future		***Future Anterior***	
je tomberai	nous tomberons	je serai tombé(e)	nous serons tombé(e)s
tu tomberas	vous tomberez	tu seras tombé(e)	vous serez tombé(e)(s)
il/elle tombera	ils/elles tomberont	il/elle sera tombé(e)	ils/elles seront tombé(e)s
Conditional		***Past Conditional***	
je tomberais	nous tomberions	je serais tombé(e)	nous serions tombé(e)s
tu tomberais	vous tomberiez	tu serais tombé(e)	vous seriez tombé(e)(s)
il/elle tomberait	ils/elles tomberaient	il/elle serait tombé(e)	ils/elles seraient tombé(e)s

Present Subjunctive		*Past Subjunctive*	
que je tombe	que nous tombions	que je sois tombé(e)	que nous soyons tombé(e)s
que tu tombes	que vous tombiez	que tu sois tombé(e)	que vous soyez tombé(e)(s)
qu'il/elle tombe	qu'ils/elles tombent	qu'il/elle soit tombé(e)	qu'ils/elles soient tombé(e)s
Imperfect Subjunctive		***Pluperfect Subjunctive***	
que je tombasse	que nous tombassions	que je fusse tombé(e)	que nous fussions tombé(e)s
que tu tombasses	que vous tombassiez	que tu fusses tombé(e)	que vous fussiez tombé(e)(s)
qu'il/elle tombât	qu'ils/elles tombassent	qu'il/elle fût tombé(e)	qu'ils/elles fussent tombé(e)s

Commands

	(nous) tombons
(tu) tombe	(vous) tombez

USAGE

Fais attention! Tu vas tomber!	*Be careful! You'll fall!*
Elle est tombée en traversant la rue.	*She fell while crossing the street.*
La nuit tombe.	*Night is falling.*
Les feuilles tombent des arbres en automne.	*The leaves fall from the trees in the autumn.*
tomber amoureux/amoureuse	*to fall in love*
Il est tombé amoureux de sa collègue.	*He fell in love with his coworker.*
L'enfant est tombé de son lit.	*The child fell out of his bed.*
Le jour de l'an tombe un vendredi.	*New Year's Day falls on a Friday.*
—Regarde. Il tombe de la pluie. Et ça tombe dru.	*Look. It's raining. And it's raining hard.*
—Et la météo a dit que plus tard une averse de grêle tombera sur la ville.	*And the weather report said that later a hailstorm will fall on the city.*
Je suis tombée sur une vieille lettre.	*I came across an old letter.*
Les bras m'en tombent.	*I'm shocked. / I'm pleasantly surprised.*
On ne laisse pas tomber ses amis.	*You don't let down your friends.*
Il me tombe sur les nerfs.	*He gets on my nerves.*

top 50 verb

tondre *to shear*

je tonds · je tondis · tondu · tondant

regular *-re* verb

Present		*Passé Composé*	
je tonds	nous tondons	j'ai tondu	nous avons tondu
tu tonds	vous tondez	tu as tondu	vous avez tondu
il/elle tond	ils/elles tondent	il/elle a tondu	ils/elles ont tondu
Imperfect		***Pluperfect***	
je tondais	nous tondions	j'avais tondu	nous avions tondu
tu tondais	vous tondiez	tu avais tondu	vous aviez tondu
il/elle tondait	ils/elles tondaient	il/elle avait tondu	ils/elles avaient tondu
Passé Simple		***Past Anterior***	
je tondis	nous tondîmes	j'eus tondu	nous eûmes tondu
tu tondis	vous tondîtes	tu eus tondu	vous eûtes tondu
il/elle tondit	ils/elles tondirent	il/elle eut tondu	ils/elles eurent tondu
Future		***Future Anterior***	
je tondrai	nous tondrons	j'aurai tondu	nous aurons tondu
tu tondras	vous tondrez	tu auras tondu	vous aurez tondu
il/elle tondra	ils/elles tondront	il/elle aura tondu	ils/elles auront tondu
Conditional		***Past Conditional***	
je tondrais	nous tondrions	j'aurais tondu	nous aurions tondu
tu tondrais	vous tondriez	tu aurais tondu	vous auriez tondu
il/elle tondrait	ils/elles tondraient	il/elle aurait tondu	ils/elles auraient tondu
Present Subjunctive		***Past Subjunctive***	
que je tonde	que nous tondions	que j'aie tondu	que nous ayons tondu
que tu tondes	que vous tondiez	que tu aies tondu	que vous ayez tondu
qu'il/elle tonde	qu'ils/elles tondent	qu'il/elle ait tondu	qu'ils/elles aient tondu
Imperfect Subjunctive		***Pluperfect Subjunctive***	
que je tondisse	que nous tondissions	que j'eusse tondu	que nous eussions tondu
que tu tondisses	que vous tondissiez	que tu eusses tondu	que vous eussiez tondu
qu'il/elle tondît	qu'ils/elles tondissent	qu'il/elle eût tondu	qu'ils/elles eussent tondu

Commands

	(nous) tondons
(tu) tonds	(vous) tondez

USAGE

tondre les moutons	*to shear the sheep*
—Je vais tondre le gazon.	*I'm going to mow the lawn.*
—N'oublie pas de tondre aussi la haie.	*Don't forget to trim the hedge too.*
Je vais me faire tondre.	*I'm going to get my hair cut short.*
Te voilà tondu!	*Boy, have you gotten a short haircut!*
On ne peut pas tondre un œuf.	*You can't get blood out of a stone.*
Il tond ses clients.	*He fleeces his clients.*

RELATED WORDS AND EXPRESSIONS

la tondeuse (à gazon)	*lawn mower*
la tondeuse à cheveux	*hair clipper*

regular -*re* verb

je tords · je tordis · tordu · tordant

Present		*Passé Composé*	
je tords	nous tordons	j'ai tordu	nous avons tordu
tu tords	vous tordez	tu as tordu	vous avez tordu
il/elle tord	ils/elles tordent	il/elle a tordu	ils/elles ont tordu
Imperfect		*Pluperfect*	
je tordais	nous tordions	j'avais tordu	nous avions tordu
tu tordais	vous tordiez	tu avais tordu	vous aviez tordu
il/elle tordait	ils/elles tordaient	il/elle avait tordu	ils/elles avaient tordu
Passé Simple		*Past Anterior*	
je tordis	nous tordîmes	j'eus tordu	nous eûmes tordu
tu tordis	vous tordîtes	tu eus tordu	vous eûtes tordu
il/elle tordit	ils/elles tordirent	il/elle eut tordu	ils/elles eurent tordu
Future		*Future Anterior*	
je tordrai	nous tordrons	j'aurai tordu	nous aurons tordu
tu tordras	vous tordrez	tu auras tordu	vous aurez tordu
il/elle tordra	ils/elles tordront	il/elle aura tordu	ils/elles auront tordu
Conditional		*Past Conditional*	
je tordrais	nous tordrions	j'aurais tordu	nous aurions tordu
tu tordrais	vous tordriez	tu aurais tordu	vous auriez tordu
il/elle tordrait	ils/elles tordraient	il/elle aurait tordu	ils/elles auraient tordu

Present Subjunctive		*Past Subjunctive*	
que je torde	que nous tordions	que j'aie tordu	que nous ayons tordu
que tu tordes	que vous tordiez	que tu aies tordu	que vous ayez tordu
qu'il/elle torde	qu'ils/elles tordent	qu'il/elle ait tordu	qu'ils/elles aient tordu
Imperfect Subjunctive		*Pluperfect Subjunctive*	
que je tordisse	que nous tordissions	que j'eusse tordu	que nous eussions tordu
que tu tordisses	que vous tordissiez	que tu eusses tordu	que vous eussiez tordu
qu'il/elle tordît	qu'ils/elles tordissent	qu'il/elle eût tordu	qu'ils/elles eussent tordu

Commands

	(nous) tordons
(tu) tords	(vous) tordez

USAGE

Son visage était tordu par la douleur.	*His face was twisted with pain.*
Fais attention! Tu me tords le bras!	*Be careful! You're twisting my arm!*
Il ne faut pas tordre cette chemise.	*Don't wring this shirt.*
On se tordait de rire.	*We were rolling on the floor laughing.*
Il raconte des histoires à se tordre de rire.	*He tells hysterically funny stories.*

RELATED WORDS AND EXPRESSIONS

tordant(e)	*hilarious*
Il nous a raconté des histoires tordantes.	*He told us very funny stories.*
Tu es tordant, toi.	*You're a riot.*
tordu(e)	*twisted*
le tronc tordu d'un vieil arbre	*the twisted trunk of an old tree*
retordre	*to twist again*
Il me donne du fil à retordre, ce gosse!	*This kid gives me a lot of trouble!*

toucher *to touch*

je touche · je touchai · touché · touchant regular *-er* verb

Present		*Passé Composé*	
je touche	nous touchons	j'ai touché	nous avons touché
tu touches	vous touchez	tu as touché	vous avez touché
il/elle touche	ils/elles touchent	il/elle a touché	ils/elles ont touché
Imperfect		***Pluperfect***	
je touchais	nous touchions	j'avais touché	nous avions touché
tu touchais	vous touchiez	tu avais touché	vous aviez touché
il/elle touchait	ils/elles touchaient	il/elle avait touché	ils/elles avaient touché
Passé Simple		***Past Anterior***	
je touchai	nous touchâmes	j'eus touché	nous eûmes touché
tu touchas	vous touchâtes	tu eus touché	vous eûtes touché
il/elle toucha	ils/elles touchèrent	il/elle eut touché	ils/elles eurent touché
Future		***Future Anterior***	
je toucherai	nous toucherons	j'aurai touché	nous aurons touché
tu toucheras	vous toucherez	tu auras touché	vous aurez touché
il/elle touchera	ils/elles toucheront	il/elle aura touché	ils/elles auront touché
Conditional		***Past Conditional***	
je toucherais	nous toucherions	j'aurais touché	nous aurions touché
tu toucherais	vous toucheriez	tu aurais touché	vous auriez touché
il/elle toucherait	ils/elles toucheraient	il/elle aurait touché	ils/elles auraient touché

Present Subjunctive		*Past Subjunctive*	
que je touche	que nous touchions	que j'aie touché	que nous ayons touché
que tu touches	que vous touchiez	que tu aies touché	que vous ayez touché
qu'il/elle touche	qu'ils/elles touchent	qu'il/elle ait touché	qu'ils/elles aient touché
Imperfect Subjunctive		***Pluperfect Subjunctive***	
que je touchasse	que nous touchassions	que j'eusse touché	que nous eussions touché
que tu touchasses	que vous touchassiez	que tu eusses touché	que vous eussiez touché
qu'il/elle touchât	qu'ils/elles touchassent	qu'il/elle eût touché	qu'ils/elles eussent touché

Commands

	(nous) touchons
(tu) touche	(vous) touchez

USAGE

Elle m'a touché la joue.	*She touched my cheek.*
Ne touchez pas les fruits, s.v.p.	*Please don't touch the fruit.*
Ne touchez pas à mes affaires.	*Don't touch my things.*
Je vais toucher ce chèque.	*I'm going to cash this check.*
Il touche 1500 dollars par semaine.	*He gets (paid) 1500 dollars a week.*
Je n'ai pas touché d'alcool depuis mon infarctus.	*I haven't had any alcohol since my heart attack.*
Sa lettre m'a profondément touché.	*His letter moved me deeply.*
Son refus m'a touché au vif.	*His refusal really hurt me.*
Il en a touché un mot avec moi.	*He mentioned it to me.*

RELATED WORDS AND EXPRESSIONS

touchant(e)	*touching*
Cette chanson est tellement touchante.	*This song is so moving.*
touche-à-tout	*meddling with everything / touching everything*
Quel enfant touche-à-tout.	*That child is into everything.*

regular -*er* verb **je tourne · je tournai · tourné · tournant**

Present		*Passé Composé*	
je tourne	nous tournons	j'ai tourné	nous avons tourné
tu tournes	vous tournez	tu as tourné	vous avez tourné
il/elle tourne	ils/elles tournent	il/elle a tourné	ils/elles ont tourné
Imperfect		*Pluperfect*	
je tournais	nous tournions	j'avais tourné	nous avions tourné
tu tournais	vous tourniez	tu avais tourné	vous aviez tourné
il/elle tournait	ils/elles tournaient	il/elle avait tourné	ils/elles avaient tourné
Passé Simple		*Past Anterior*	
je tournai	nous tournâmes	j'eus tourné	nous eûmes tourné
tu tournas	vous tournâtes	tu eus tourné	vous eûtes tourné
il/elle tourna	ils/elles tournèrent	il/elle eut tourné	ils/elles eurent tourné
Future		*Future Anterior*	
je tournerai	nous tournerons	j'aurai tourné	nous aurons tourné
tu tourneras	vous tournerez	tu auras tourné	vous aurez tourné
il/elle tournera	ils/elles tourneront	il/elle aura tourné	ils/elles auront tourné
Conditional		*Past Conditional*	
je tournerais	nous tournerions	j'aurais tourné	nous aurions tourné
tu tournerais	vous tourneriez	tu aurais tourné	vous auriez tourné
il/elle tournerait	ils/elles tourneraient	il/elle aurait tourné	ils/elles auraient tourné

Present Subjunctive		*Past Subjunctive*	
que je tourne	que nous tournions	que j'aie tourné	que nous ayons tourné
que tu tournes	que vous tourniez	que tu aies tourné	que vous ayez tourné
qu'il/elle tourne	qu'ils/elles tournent	qu'il/elle ait tourné	qu'ils/elles aient tourné
Imperfect Subjunctive		*Pluperfect Subjunctive*	
que je tournasse	que nous tournassions	que j'eusse tourné	que nous eussions tourné
que tu tournasses	que vous tournassiez	que tu eusses tourné	que vous eussiez tourné
qu'il/elle tournât	qu'ils/elles tournassent	qu'il/elle eût tourné	qu'ils/elles eussent tourné

Commands

	(nous) tournons
(tu) tourne	(vous) tournez

USAGE

Les roues tournaient vite.	*The wheels were turning quickly.*
Tournez la page.	*Turn the page.*
Elle a tourné ses yeux vers la porte qui s'ouvrait.	*She turned her eyes to the door that was opening.*
Tournez au coin.	*Turn at the corner.*
Il sait tout tourner à son avantage.	*He can turn everything to his advantage.*
La situation a mal tourné.	*The situation was turning out badly.*
Elle tourne tout en plaisanterie.	*She turns everything into a joke.*
Tournez à gauche au coin.	*Turn left at the corner.*
Il lui a tourné la tête.	*He turned her head.*
Le lait a tourné.	*The milk soured.*
Tu tournes en rond ici. Ce n'est pas bien.	*You're just marking time here. That's not good.*
J'ai la tête qui tourne.	*I feel dizzy.*
Il tourne autour du pot.	*He's beating around the bush.*
Ça m'a tourné le cœur.	*It made me sick/nauseated.*
Ne tourne pas le fer dans la plaie.	*Don't rub it in.*

tousser *to cough*

je tousse · je toussai · toussé · toussant regular *-er* verb

Present		*Passé Composé*	
je tousse	nous toussons	j'ai toussé	nous avons toussé
tu tousses	vous toussez	tu as toussé	vous avez toussé
il/elle tousse	ils/elles toussent	il/elle a toussé	ils/elles ont toussé
Imperfect		*Pluperfect*	
je toussais	nous toussions	j'avais toussé	nous avions toussé
tu toussais	vous toussiez	tu avais toussé	vous aviez toussé
il/elle toussait	ils/elles toussaient	il/elle avait toussé	ils/elles avaient toussé
Passé Simple		*Past Anterior*	
je toussai	nous toussâmes	j'eus toussé	nous eûmes toussé
tu toussas	vous toussâtes	tu eus toussé	vous eûtes toussé
il/elle toussa	ils/elles toussèrent	il/elle eut toussé	ils/elles eurent toussé
Future		*Future Anterior*	
je tousserai	nous tousserons	j'aurai toussé	nous aurons toussé
tu tousseras	vous tousserez	tu auras toussé	vous aurez toussé
il/elle toussera	ils/elles tousseront	il/elle aura toussé	ils/elles auront toussé
Conditional		*Past Conditional*	
je tousserais	nous tousserions	j'aurais toussé	nous aurions toussé
tu tousserais	vous tousseriez	tu aurais toussé	vous auriez toussé
il/elle tousserait	ils/elles tousseraient	il/elle aurait toussé	ils/elles auraient toussé

Present Subjunctive		*Past Subjunctive*	
que je tousse	que nous toussions	que j'aie toussé	que nous ayons toussé
que tu tousses	que vous toussiez	que tu aies toussé	que vous ayez toussé
qu'il/elle tousse	qu'ils/elles toussent	qu'il/elle ait toussé	qu'ils/elles aient toussé
Imperfect Subjunctive		*Pluperfect Subjunctive*	
que je toussasse	que nous toussassions	que j'eusse toussé	que nous eussions toussé
que tu toussasses	que vous toussassiez	que tu eusses toussé	que vous eussiez toussé
qu'il/elle toussât	qu'ils/elles toussassent	qu'il/elle eût toussé	qu'ils/elles eussent toussé

Commands

	(nous) toussons
(tu) tousse	(vous) toussez

USAGE

Les fumeurs toussent souvent.	*Smokers often cough.*
Comme tu tousses! Tu dois être enrhumé.	*How you're coughing! You must have a cold.*
Quel rhume! Je tousse et j'éternue.	*What a cold! I'm coughing and sneezing.*
Le malade tousse par quintes.	*The patient has fits of coughing.*
Il a toussé pour attirer l'attention de la vendeuse.	*He coughed to get the salesclerk's attention.*
Elle a toussé avant de parler.	*She cleared her throat before speaking.*
La moto tousse.	*The motorcycle is sputtering.*

RELATED WORDS AND EXPRESSIONS

la toux	*cough*
un accès de toux	*a coughing fit*
une quinte de toux	*a coughing fit*
toussailler	*to cough lightly and habitually*

irregular verb

je traduis · je traduisis · traduit · traduisant

Present		*Passé Composé*	
je traduis	nous traduisons	j'ai traduit	nous avons traduit
tu traduis	vous traduisez	tu as traduit	vous avez traduit
il/elle traduit	ils/elles traduisent	il/elle a traduit	ils/elles ont traduit
Imperfect		*Pluperfect*	
je traduisais	nous traduisions	j'avais traduit	nous avions traduit
tu traduisais	vous traduisiez	tu avais traduit	vous aviez traduit
il/elle traduisait	ils/elles traduisaient	il/elle avait traduit	ils/elles avaient traduit
Passé Simple		*Past Anterior*	
je traduisis	nous traduisîmes	j'eus traduit	nous eûmes traduit
tu traduisis	vous traduisîtes	tu eus traduit	vous eûtes traduit
il/elle traduisit	ils/elles traduisirent	il/elle eut traduit	ils/elles eurent traduit
Future		*Future Anterior*	
je traduirai	nous traduirons	j'aurai traduit	nous aurons traduit
tu traduiras	vous traduirez	tu auras traduit	vous aurez traduit
il/elle traduira	ils/elles traduiront	il/elle aura traduit	ils/elles auront traduit
Conditional		*Past Conditional*	
je traduirais	nous traduirions	j'aurais traduit	nous aurions traduit
tu traduirais	vous traduiriez	tu aurais traduit	vous auriez traduit
il/elle traduirait	ils/elles traduiraient	il/elle aurait traduit	ils/elles auraient traduit
Present Subjunctive		*Past Subjunctive*	
que je traduise	que nous traduisions	que j'aie traduit	que nous ayons traduit
que tu traduises	que vous traduisiez	que tu aies traduit	que vous ayez traduit
qu'il/elle traduise	qu'ils/elles traduisent	qu'il/elle ait traduit	qu'ils/elles aient traduit
Imperfect Subjunctive		*Pluperfect Subjunctive*	
que je traduisisse	que nous traduisissions	que j'eusse traduit	que nous eussions traduit
que tu traduisisses	que vous traduisissiez	que tu eusses traduit	que vous eussiez traduit
qu'il/elle traduisît	qu'ils/elles traduisissent	qu'il/elle eût traduit	qu'ils/elles eussent traduit

Commands

	(nous) traduisons
(tu) traduis	(vous) traduisez

USAGE

Il m'a traduit le document.	*He translated the document for me.*
Elle a traduit le roman du français en anglais.	*She translated the novel from French into English.*
Cette expression est mal traduite.	*This expression is badly translated.*
C'est une idée difficile à traduire en images.	*It's an idea that's difficult to express in pictures.*

RELATED WORDS AND EXPRESSIONS

la traduction	*translation*
la traduction automatique	*machine translation*
J'ai les œuvres de Racine en traduction.	*I have Racine's work in translation.*
un traducteur / une traductrice	*a translator*
Elle travaille comme traductrice.	*She works as a translator.*
intraduisible	*untranslatable*
Cette langue a des expressions intraduisibles.	*This language has expressions you can't translate.*

trahir *to betray*

je trahis · je trahis · trahi · trahissant regular *-ir* verb

Present		*Passé Composé*	
je trahis	nous trahissons	j'ai trahi	nous avons trahi
tu trahis	vous trahissez	tu as trahi	vous avez trahi
il/elle trahit	ils/elles trahissent	il/elle a trahi	ils/elles ont trahi
Imperfect		***Pluperfect***	
je trahissais	nous trahissions	j'avais trahi	nous avions trahi
tu trahissais	vous trahissiez	tu avais trahi	vous aviez trahi
il/elle trahissait	ils/elles trahissaient	il/elle avait trahi	ils/elles avaient trahi
Passé Simple		***Past Anterior***	
je trahis	nous trahîmes	j'eus trahi	nous eûmes trahi
tu trahis	vous trahîtes	tu eus trahi	vous eûtes trahi
il/elle trahit	ils/elles trahirent	il/elle eut trahi	ils/elles eurent trahi
Future		***Future Anterior***	
je trahirai	nous trahirons	j'aurai trahi	nous aurons trahi
tu trahiras	vous trahirez	tu auras trahi	vous aurez trahi
il/elle trahira	ils/elles trahiront	il/elle aura trahi	ils/elles auront trahi
Conditional		***Past Conditional***	
je trahirais	nous trahirions	j'aurais trahi	nous aurions trahi
tu trahirais	vous trahiriez	tu aurais trahi	vous auriez trahi
il/elle trahirait	ils/elles trahiraient	il/elle aurait trahi	ils/elles auraient trahi

Present Subjunctive		*Past Subjunctive*	
que je trahisse	que nous trahissions	que j'aie trahi	que nous ayons trahi
que tu trahisses	que vous trahissiez	que tu aies trahi	que vous ayez trahi
qu'il/elle trahisse	qu'ils/elles trahissent	qu'il/elle ait trahi	qu'ils/elles aient trahi
Imperfect Subjunctive		***Pluperfect Subjunctive***	
que je trahisse	que nous trahissions	que j'eusse trahi	que nous eussions trahi
que tu trahisses	que vous trahissiez	que tu eusses trahi	que vous eussiez trahi
qu'il/elle trahît	qu'ils/elles trahissent	qu'il/elle eût trahi	qu'ils/elles eussent trahi

Commands

	(nous) trahissons
(tu) trahis	(vous) trahissez

USAGE

Il a trahi ses amis.	*He betrayed his friends.*
Il a trahi son pays.	*He betrayed his country.*
Il a trahi ma confiance.	*He betrayed my confidence.*
En choisissant ce mot, tu as trahi ta pensée.	*By choosing that word, you showed what you were really thinking.*
Il a trahi les intérêts de son entreprise.	*He acted against the interests of the company.*
En t'aidant j'ai trahi mes propres intérêts.	*By helping you, I went against my own interests.*
Son accent trahit son origine.	*His accent gives his background away.*
Son visage a trahi son émotion.	*His face gave away his emotion.*
Ne te trahis pas.	*Don't give yourself away.*

RELATED WORDS AND EXPRESSIONS

la trahison	*betrayal/treachery*
la haute trahison	*high treason*
commettre une trahison	*to commit treason*

regular -*er* verb **je traite · je traitai · traité · traitant**

Present		*Passé Composé*	
je traite	nous traitons	j'ai traité	nous avons traité
tu traites	vous traitez	tu as traité	vous avez traité
il/elle traite	ils/elles traitent	il/elle a traité	ils/elles ont traité
Imperfect		*Pluperfect*	
je traitais	nous traitions	j'avais traité	nous avions traité
tu traitais	vous traitiez	tu avais traité	vous aviez traité
il/elle traitait	ils/elles traitaient	il/elle avait traité	ils/elles avaient traité
Passé Simple		*Past Anterior*	
je traitai	nous traitâmes	j'eus traité	nous eûmes traité
tu traitas	vous traitâtes	tu eus traité	vous eûtes traité
il/elle traita	ils/elles traitèrent	il/elle eut traité	ils/elles eurent traité
Future		*Future Anterior*	
je traiterai	nous traiterons	j'aurai traité	nous aurons traité
tu traiteras	vous traiterez	tu auras traité	vous aurez traité
il/elle traitera	ils/elles traiteront	il/elle aura traité	ils/elles auront traité
Conditional		*Past Conditional*	
je traiterais	nous traiterions	j'aurais traité	nous aurions traité
tu traiterais	vous traiteriez	tu aurais traité	vous auriez traité
il/elle traiterait	ils/elles traiteraient	il/elle aurait traité	ils/elles auraient traité
Present Subjunctive		*Past Subjunctive*	
que je traite	que nous traitions	que j'aie traité	que nous ayons traité
que tu traites	que vous traitiez	que tu aies traité	que vous ayez traité
qu'il/elle traite	qu'ils/elles traitent	qu'il/elle ait traité	qu'ils/elles aient traité
Imperfect Subjunctive		*Pluperfect Subjunctive*	
que je traitasse	que nous traitassions	que j'eusse traité	que nous eussions traité
que tu traitasses	que vous traitassiez	que tu eusses traité	que vous eussiez traité
qu'il/elle traitât	qu'ils/elles traitassent	qu'il/elle eût traité	qu'ils/elles eussent traité

Commands

	(nous) traitons
(tu) traite	(vous) traitez

USAGE

Ses parents m'ont très bien traité.	*His parents treated me very well.*
Il traite sa fiancée comme une petite fille.	*He treats his fiancée like a little girl.*
Cette infection se traite avec des antibiotiques.	*This infection can be treated with antibiotics.*
Il m'a traité de tous les noms.	*He cussed me out.*
Je l'ai traité d'idiot.	*I called him an idiot.*
Il faut absolument traiter cette question.	*We must positively deal with this matter.*
J'aime votre façon de traiter ce sujet.	*I like your way of examining this subject.*
L'auteur traite des problèmes sociaux.	*The author deals with social problems.*
Tu es malade. Il faut que tu te fasses traiter.	*You're sick. You've got to get some medical attention.*
Je ne mange que des légumes non traités.	*I only eat unsprayed vegetables.*

RELATED WORDS AND EXPRESSIONS

le traitement	*treatment*
Quel mauvais traitement!	*What poor treatment!*
Le malade est sous traitement.	*The patient is being treated.*
le traitement de texte	*word processing*
le traitement de données	*data processing*
le traitement par lots	*batch processing*

travailler *to work*

je travaille · je travaillai · travaillé · travaillant regular -*er* verb

Present		*Passé Composé*	
je travaille	nous travaillons	j'ai travaillé	nous avons travaillé
tu travailles	vous travaillez	tu as travaillé	vous avez travaillé
il/elle travaille	ils/elles travaillent	il/elle a travaillé	ils/elles ont travaillé
Imperfect		*Pluperfect*	
je travaillais	nous travaillions	j'avais travaillé	nous avions travaillé
tu travaillais	vous travailliez	tu avais travaillé	vous aviez travaillé
il/elle travaillait	ils/elles travaillaient	il/elle avait travaillé	ils/elles avaient travaillé
Passé Simple		*Past Anterior*	
je travaillai	nous travaillâmes	j'eus travaillé	nous eûmes travaillé
tu travaillas	vous travaillâtes	tu eus travaillé	vous eûtes travaillé
il/elle travailla	ils/elles travaillèrent	il/elle eut travaillé	ils/elles eurent travaillé
Future		*Future Anterior*	
je travaillerai	nous travaillerons	j'aurai travaillé	nous aurons travaillé
tu travailleras	vous travaillerez	tu auras travaillé	vous aurez travaillé
il/elle travaillera	ils/elles travailleront	il/elle aura travaillé	ils/elles auront travaillé
Conditional		*Past Conditional*	
je travaillerais	nous travaillerions	j'aurais travaillé	nous aurions travaillé
tu travaillerais	vous travailleriez	tu aurais travaillé	vous auriez travaillé
il/elle travaillerait	ils/elles travailleraient	il/elle aurait travaillé	ils/elles auraient travaillé

Present Subjunctive		*Past Subjunctive*	
que je travaille	que nous travaillions	que j'aie travaillé	que nous ayons travaillé
que tu travailles	que vous travailliez	que tu aies travaillé	que vous ayez travaillé
qu'il/elle travaille	qu'ils/elles travaillent	qu'il/elle ait travaillé	qu'ils/elles aient travaillé
Imperfect Subjunctive		*Pluperfect Subjunctive*	
que je travaillasse	que nous travaillassions	que j'eusse travaillé	que nous eussions travaillé
que tu travaillasses	que vous travaillassiez	que tu eusses travaillé	que vous eussiez travaillé
qu'il/elle travaillât	qu'ils/elles travaillassent	qu'il/elle eût travaillé	qu'ils/elles eussent travaillé

Commands

	(nous) travaillons
(tu) travaille	(vous) travaillez

USAGE

Je ne travaille pas le dimanche.	*I don't work on Sundays.*
Il travaille avec son père.	*He works with his father.*
Les paysans travaillent la terre.	*The peasants work the land.*
Il fait travailler toute sa parenté dans son restaurant.	*He put all his relatives to work in his restaurant.*
Ma femme travaille dans les assurances.	*My wife works in insurance.*
Il faut que tu travailles un peu ta prose.	*You've got to work on your writing a bit.*
Cet élève ne fait pas travailler sa tête.	*This student doesn't use his head.*
Il travaille du chapeau.	*He's nuts.*
C'est une étudiante qui travaille bien en classe.	*She's a student who does well in class.*
Il y a quelque chose qui le travaille.	*Something is bothering him.*

RELATED WORDS AND EXPRESSIONS

le travail	*work/job*
Vous avez fait un travail excellent.	*You've done an excellent job.*
Elle n'aime pas son travail.	*She doesn't like her job.*
travaillé par	*tormented by*
Il est travaillé par la jalousie.	*He's tormented by jealousy.*
travailleur/travailleuse	*hardworking*

regular -*er* verb **je traverse · je traversai · traversé · traversant**

Present		*Passé Composé*	
je traverse	nous traversons	j'ai traversé	nous avons traversé
tu traverses	vous traversez	tu as traversé	vous avez traversé
il/elle traverse	ils/elles traversent	il/elle a traversé	ils/elles ont traversé
Imperfect		*Pluperfect*	
je traversais	nous traversions	j'avais traversé	nous avions traversé
tu traversais	vous traversiez	tu avais traversé	vous aviez traversé
il/elle traversait	ils/elles traversaient	il/elle avait traversé	ils/elles avaient traversé
Passé Simple		*Past Anterior*	
je traversai	nous traversâmes	j'eus traversé	nous eûmes traversé
tu traversas	vous traversâtes	tu eus traversé	vous eûtes traversé
il/elle traversa	ils/elles traversèrent	il/elle eut traversé	ils/elles eurent traversé
Future		*Future Anterior*	
je traverserai	nous traverserons	j'aurai traversé	nous aurons traversé
tu traverseras	vous traverserez	tu auras traversé	vous aurez traversé
il/elle traversera	ils/elles traverseront	il/elle aura traversé	ils/elles auront traversé
Conditional		*Past Conditional*	
je traverserais	nous traverserions	j'aurais traversé	nous aurions traversé
tu traverserais	vous traverseriez	tu aurais traversé	vous auriez traversé
il/elle traverserait	ils/elles traverseraient	il/elle aurait traversé	ils/elles auraient traversé

Present Subjunctive		*Past Subjunctive*	
que je traverse	que nous traversions	que j'aie traversé	que nous ayons traversé
que tu traverses	que vous traversiez	que tu aies traversé	que vous ayez traversé
qu'il/elle traverse	qu'ils/elles traversent	qu'il/elle ait traversé	qu'ils/elles aient traversé
Imperfect Subjunctive		*Pluperfect Subjunctive*	
que je traversasse	que nous traversassions	que j'eusse traversé	que nous eussions traversé
que tu traversasses	que vous traversassiez	que tu eusses traversé	que vous eussiez traversé
qu'il/elle traversât	qu'ils/elles traversassent	qu'il/elle eût traversé	qu'ils/elles eussent traversé

Commands

	(nous) traversons
(tu) traverse	(vous) traversez

USAGE

—On peut traverser la rue ici.	*We can cross the street here.*
—Non, il faut traverser entre les clous.	*No, we have to cross in the crosswalk.*
—Ce navire traversait l'Atlantique.	*This ship used to cross the Atlantic.*
—Oui, il mettait une semaine à faire la traversée.	*Yes, it took a week to make the crossing.*
Le train traverse la Seine près de Rouen.	*The train crosses the Seine near Rouen.*
—Ils ont traversé le lac en bateau?	*Did they cross the lake in a boat?*
—Non, ils l'ont traversé à la nage.	*No, they swam across it.*
Une pensée m'a traversé l'esprit.	*A thought crossed my mind.*
Il va être difficile de traverser la foule.	*It's going to be hard to get through the crowd.*
Ce grand boulevard traverse la ville.	*This wide boulevard goes through the whole city.*
Notre région traverse un moment difficile.	*Our region is going through a difficult time.*
La torpille a traversé le flanc du cuirassé.	*The torpedo went through the side of the battleship.*

RELATED WORDS AND EXPRESSIONS

la traversée	*crossing*
Aux XVIIe siècle la traversée de l'Atlantique durait trois mois.	*In the seventeenth century it took three months to cross the Atlantic.*

trembler *to tremble*

je tremble · je tremblai · tremblé · tremblant regular -*er* verb

Present		*Passé Composé*	
je tremble	nous tremblons	j'ai tremblé	nous avons tremblé
tu trembles	vous tremblez	tu as tremblé	vous avez tremblé
il/elle tremble	ils/elles tremblent	il/elle a tremblé	ils/elles ont tremblé
Imperfect		*Pluperfect*	
je tremblais	nous tremblions	j'avais tremblé	nous avions tremblé
tu tremblais	vous trembliez	tu avais tremblé	vous aviez tremblé
il/elle tremblait	ils/elles tremblaient	il/elle avait tremblé	ils/elles avaient tremblé
Passé Simple		*Past Anterior*	
je tremblai	nous tremblâmes	j'eus tremblé	nous eûmes tremblé
tu tremblas	vous tremblâtes	tu eus tremblé	vous eûtes tremblé
il/elle trembla	ils/elles tremblèrent	il/elle eut tremblé	ils/elles eurent tremblé
Future		*Future Anterior*	
je tremblerai	nous tremblerons	j'aurai tremblé	nous aurons tremblé
tu trembleras	vous tremblerez	tu auras tremblé	vous aurez tremblé
il/elle tremblera	ils/elles trembleront	il/elle aura tremblé	ils/elles auront tremblé
Conditional		*Past Conditional*	
je tremblerais	nous tremblerions	j'aurais tremblé	nous aurions tremblé
tu tremblerais	vous trembleriez	tu aurais tremblé	vous auriez tremblé
il/elle tremblerait	ils/elles trembleraient	il/elle aurait tremblé	ils/elles auraient tremblé

Present Subjunctive		*Past Subjunctive*	
que je tremble	que nous tremblions	que j'aie tremblé	que nous ayons tremblé
que tu trembles	que vous trembliez	que tu aies tremblé	que vous ayez tremblé
qu'il/elle tremble	qu'ils/elles tremblent	qu'il/elle ait tremblé	qu'ils/elles aient tremblé
Imperfect Subjunctive		*Pluperfect Subjunctive*	
que je tremblasse	que nous tremblassions	que j'eusse tremblé	que nous eussions tremblé
que tu tremblasses	que vous tremblassiez	que tu eusses tremblé	que vous eussiez tremblé
qu'il/elle tremblât	qu'ils/elles tremblassent	qu'il/elle eût tremblé	qu'ils/elles eussent tremblé

Commands

	(nous) tremblons
(tu) tremble	(vous) tremblez

USAGE

Sa voix tremblait d'émotion.	*Her voice trembled with emotion.*
L'enfant tremblait de froid.	*The child was shivering with cold.*
Je tremblais de peur.	*I was quaking with fear.*
La terre a tremblé.	*There was an earthquake.*
Les camions qui passent font trembler les lampes.	*The trucks going by make our lamps shake.*
Ça me fait trembler.	*That makes me shudder.*
Le pays entier tremblait devant le tyran.	*The whole country was quaking before the tyrant.*
Je tremblais de tout mon corps.	*I was shaking all over.*

RELATED WORDS AND EXPRESSIONS

le tremblement	*shaking*
le tremblement de terre	*earthquake*
tremblant	*trembling/shaking*
ses doigts tremblants	*his trembling fingers*

regular -*er* verb **je triche · je trichai · triché · trichant**

Present		*Passé Composé*	
je triche	nous trichons	j'ai triché	nous avons triché
tu triches	vous trichez	tu as triché	vous avez triché
il/elle triche	ils/elles trichent	il/elle a triché	ils/elles ont triché
Imperfect		*Pluperfect*	
je trichais	nous trichions	j'avais triché	nous avions triché
tu trichais	vous trichiez	tu avais triché	vous aviez triché
il/elle trichait	ils/elles trichaient	il/elle avait triché	ils/elles avaient triché
Passé Simple		*Past Anterior*	
je trichai	nous trichâmes	j'eus triché	nous eûmes triché
tu trichas	vous trichâtes	tu eus triché	vous eûtes triché
il/elle tricha	ils/elles trichèrent	il/elle eut triché	ils/elles eurent triché
Future		*Future Anterior*	
je tricherai	nous tricherons	j'aurai triché	nous aurons triché
tu tricheras	vous tricherez	tu auras triché	vous aurez triché
il/elle trichera	ils/elles tricheront	il/elle aura triché	ils/elles auront triché
Conditional		*Past Conditional*	
je tricherais	nous tricherions	j'aurais triché	nous aurions triché
tu tricherais	vous tricheriez	tu aurais triché	vous auriez triché
il/elle tricherait	ils/elles tricheraient	il/elle aurait triché	ils/elles auraient triché
Present Subjunctive		*Past Subjunctive*	
que je triche	que nous trichions	que j'aie triché	que nous ayons triché
que tu triches	que vous trichiez	que tu aies triché	que vous ayez triché
qu'il/elle triche	qu'ils/elles trichent	qu'il/elle ait triché	qu'ils/elles aient triché
Imperfect Subjunctive		*Pluperfect Subjunctive*	
que je trichasse	que nous trichassions	que j'eusse triché	que nous eussions triché
que tu trichasses	que vous trichassiez	que tu eusses triché	que vous eussiez triché
qu'il/elle trichât	qu'ils/elles trichassent	qu'il/elle eût triché	qu'ils/elles eussent triché

Commands

	(nous) trichons
(tu) triche	(vous) trichez

USAGE

Ne joue pas aux cartes avec lui. Il triche.	*Don't play cards with him. He cheats.*
Il triche aux jeux de société.	*He cheats at board games.*
On dit qu'elle a triché à l'examen.	*They say she cheated on the test.*
Ce commerçant triche sur le poids de la marchandise.	*This storekeeper cheats on the weight of his products.*
Cette usine trichait sur la qualité.	*This factory skimped on quality.*

RELATED WORDS AND EXPRESSIONS

la tricherie	*cheating/trickery*
Tout ça, c'est de la tricherie.	*That's all phony/trickery.*
la triche	*cheating*
Il existe des sites Web qui facilitent la triche et le plagiat pour les étudiants.	*There are websites that make cheating and plagiarism easy for students.*
un tricheur / une tricheuse	*a cheater*
Elle est menteuse et tricheuse.	*She's a liar and a cheater.*

se tromper *to make a mistake*

je me trompe · je me trompai · s'étant trompé · se trompant

regular *-er* reflexive verb; compound tenses with *être*

Present		*Passé Composé*	
je me trompe	nous nous trompons	je me suis trompé(e)	nous nous sommes trompé(e)s
tu te trompes	vous vous trompez	tu t'es trompé(e)	vous vous êtes trompé(e)(s)
il/elle se trompe	ils/elles se trompent	il/elle s'est trompé(e)	ils/elles se sont trompé(e)s
Imperfect		*Pluperfect*	
je me trompais	nous nous trompions	je m'étais trompé(e)	nous nous étions trompé(e)s
tu te trompais	vous vous trompiez	tu t'étais trompé(e)	vous vous étiez trompé(e)(s)
il/elle se trompait	ils/elles se trompaient	il/elle s'était trompé(e)	ils/elles s'étaient trompé(e)s
Passé Simple		*Past Anterior*	
je me trompai	nous nous trompâmes	je me fus trompé(e)	nous nous fûmes trompé(e)s
tu te trompas	vous vous trompâtes	tu te fus trompé(e)	vous vous fûtes trompé(e)(s)
il/elle se trompa	ils/elles se trompèrent	il/elle se fut trompé(e)	ils/elles se furent trompé(e)s
Future		*Future Anterior*	
je me tromperai	nous nous tromperons	je me serai trompé(e)	nous nous serons trompé(e)s
tu te tromperas	vous vous tromperez	tu te seras trompé(e)	vous vous serez trompé(e)(s)
il/elle se trompera	ils/elles se tromperont	il/elle se sera trompé(e)	ils/elles se seront trompé(e)s
Conditional		*Past Conditional*	
je me tromperais	nous nous tromperions	je me serais trompé(e)	nous nous serions trompé(e)s
tu te tromperais	vous vous tromperiez	tu te serais trompé(e)	vous vous seriez trompé(e)(s)
il/elle se tromperait	ils/elles se tromperaient	il/elle se serait trompé(e)	ils/elles se seraient trompé(e)s

Present Subjunctive		*Past Subjunctive*	
que je me trompe	que nous nous trompions	que je me sois trompé(e)	que nous nous soyons trompé(e)s
que tu te trompes	que vous vous trompiez	que tu te sois trompé(e)	que vous vous soyez trompé(e)(s)
que il/elle se trompe	que ils/elles se trompent	que il/elle se soit trompé(e)	que ils/elles se soient trompé(e)s
Imperfect Subjunctive		*Pluperfect Subjunctive*	
que je me trompasse	que nous nous trompassions	que je me fusse trompé(e)	que nous nous fussions trompé(e)s
que tu te trompasses	que vous vous trompassiez	que tu te fusses trompé(e)	que vous vous fussiez trompé(e)(s)
que il/elle se trompât	que ils/elles se trompassent	que il/elle se fût trompé(e)	que ils/elles se fussent trompé(e)s

Commands

	(nous) trompons-nous
(tu) trompe-toi	(vous) trompez-vous

USAGE

Tout le monde peut se tromper.	*Anyone can make a mistake.*
Ne vous trompez pas sur ses intentions.	*Make no mistake about his intentions.*
Ne vous trompez pas à son égard.	*Make no mistake about him.*
Si je ne me trompe pas,...	*If I'm not mistaken, . . .*
Nous nous sommes trompés de rue.	*We've taken the wrong street.*
Nous nous sommes trompés de porte.	*We've gone to the wrong door.*
Nous nous sommes trompés de train.	*We've gotten on the wrong train.*
Vous vous êtes trompé de numéro.	*You've got the wrong number.*
Vous vous êtes trompé de cent euros.	*You're off by a hundred euros.*

RELATED WORDS AND EXPRESSIONS

la tromperie	*cheating/deceit*
Tout ce qu'il nous a dit, ce n'est que de la tromperie.	*Everything he told us is just smoke and mirrors.*
tromper	*to fool/trick/cheat*
Il trompe sa femme.	*He cheats on his wife.*
Je me suis fait tromper.	*I got cheated.*
On nous a trompé sur la qualité de ce restaurant.	*They fooled us about the quality of this restaurant.*

regular *-er* verb **je trouve · je trouvai · trouvé · trouvant**

Present		*Passé Composé*	
je trouve	nous trouvons	j'ai trouvé	nous avons trouvé
tu trouves	vous trouvez	tu as trouvé	vous avez trouvé
il/elle trouve	ils/elles trouvent	il/elle a trouvé	ils/elles ont trouvé
Imperfect		***Pluperfect***	
je trouvais	nous trouvions	j'avais trouvé	nous avions trouvé
tu trouvais	vous trouviez	tu avais trouvé	vous aviez trouvé
il/elle trouvait	ils/elles trouvaient	il/elle avait trouvé	ils/elles avaient trouvé
Passé Simple		***Past Anterior***	
je trouvai	nous trouvâmes	j'eus trouvé	nous eûmes trouvé
tu trouvas	vous trouvâtes	tu eus trouvé	vous eûtes trouvé
il/elle trouva	ils/elles trouvèrent	il/elle eut trouvé	ils/elles eurent trouvé
Future		***Future Anterior***	
je trouverai	nous trouverons	j'aurai trouvé	nous aurons trouvé
tu trouveras	vous trouverez	tu auras trouvé	vous aurez trouvé
il/elle trouvera	ils/elles trouveront	il/elle aura trouvé	ils/elles auront trouvé
Conditional		***Past Conditional***	
je trouverais	nous trouverions	j'aurais trouvé	nous aurions trouvé
tu trouverais	vous trouveriez	tu aurais trouvé	vous auriez trouvé
il/elle trouverait	ils/elles trouveraient	il/elle aurait trouvé	ils/elles auraient trouvé

Present Subjunctive		*Past Subjunctive*	
que je trouve	que nous trouvions	que j'aie trouvé	que nous ayons trouvé
que tu trouves	que vous trouviez	que tu aies trouvé	que vous ayez trouvé
qu'il/elle trouve	qu'ils/elles trouvent	qu'il/elle ait trouvé	qu'ils/elles aient trouvé
Imperfect Subjunctive		***Pluperfect Subjunctive***	
que je trouvasse	que nous trouvassions	que j'eusse trouvé	que nous eussions trouvé
que tu trouvasses	que vous trouvassiez	que tu eusses trouvé	que vous eussiez trouvé
qu'il/elle trouvât	qu'ils/elles trouvassent	qu'il/elle eût trouvé	qu'ils/elles eussent trouvé

Commands

	(nous) trouvons
(tu) trouve	(vous) trouvez

USAGE

Tu as trouvé ton cahier?	*Did you find your notebook?*
Elle a trouvé du travail.	*She found a job.*
Je trouve cette pièce ennuyeuse.	*I find this play boring.*
—Comment est-ce que vous trouvez la soupe?	*How do you find the soup?*
—J'en trouve le goût un peu trop relevé.	*I find the taste a bit too spicy.*
—Comment est-ce que tu as trouvé ton oncle?	*How did you find your uncle?*
—Je l'ai trouvé complètement abattu.	*I found him totally despondent.*
Il faut trouver une solution à ce problème.	*We've got to find a solution to this problem. / A solution to this problem must be found.*
Où est-ce que je peux trouver une pharmacie par ici?	*Where can I find a drugstore around here?*
Elle a trouvé un prétexte pour venir me voir.	*She found an excuse to come see me.*
Il est important de trouver de la satisfaction dans le travail.	*It's important to find satisfaction in one's work.*
Je ne trouve pas le mot.	*I can't think of the word.*
Je trouve que tu te trompes.	*I think you're mistaken.*

top 50 verb

533 trouver *to find*

je trouve · je trouvai · trouvé · trouvant — regular *-er* verb

Trouver qqch de perdu ou que l'on veut avoir

Les soldats ont trouvé refuge dans le quartier de la gare.	*The soldiers found refuge in the neighborhood around the railway station.*
J'ai trouvé tous les livres dont j'avais besoin.	*I found all the books I needed.*
La police a fini par trouver le voleur.	*The police finally found the thief.*
—Ils ont trouvé quelqu'un pour faire les travaux?	*Did they find someone to do the repairs?*
—Oui, ils ont trouvé un entrepreneur excellent.	*Yes, they found a terrific contractor.*
Je ne trouve plus le temps de lire.	*I can't find the time to read anymore.*
Il n'a pas trouvé le courage de répondre.	*He couldn't muster the courage to answer.*
Tu as trouvé le moyen de lui faire entendre raison?	*Have you found the means to make him listen to reason?*
Elle a trouvé une place assise dans le dernier wagon du train.	*She found a seat in the last car of the train.*
On trouve beaucoup de librairies dans ce quartier.	*You can find a lot of bookstores in this neighborhood.*
Il faut trouver un hôtel.	*We have to find a hotel.*
Tant de gens ont trouvé la mort pendant la guerre.	*So many people were killed during the war.*
le bureau des objets trouvés	*the lost and found*

trouver à + infinitive

Elle trouve toujours à redire.	*She's always finding fault.*
Je trouve un malin plaisir à l'embêter.	*I get a mischievous pleasure in annoying him/her.*
Je ne trouve aucun plaisir à parler avec lui.	*I get no satisfaction out of speaking with him.*
On trouve toujours à faire à la ferme.	*You always find something to do on the farm.*

se trouver

Où se trouve l'hôtel de ville, s.v.p.?	*Where is the city hall, please?*
Je me trouve dans une mauvaise situation.	*I'm in a bad situation.*
Il se trouve que j'ai l'après-midi libre.	*It just so happens I have the afternoon off.*
Je me trouvais travailler dans le même bureau qu'elle.	*It just so happened that I found myself working in the same office as she.*
Je me trouve dans l'impossibilité de venir vous voir.	*I find that I can't come to see you.*
Si ça se trouve, l'entreprise fera faillite.	*It may be that the firm will go bankrupt.*
Ton nom ne se trouve pas sur la liste des inscriptions.	*Your name isn't on the registration list.*

RELATED WORDS AND EXPRESSIONS

Je la trouve sympathique.	*I find her very nice.*
Je ne trouve aucun mérite à cet ouvrage.	*I can't find anything worthwhile in this work.*
On te trouve ridicule.	*People think you're ridiculous.*
Avec elle, il a trouvé à qui parler.	*He met his match with her.*
Comment trouver le joint?	*How can we find a way out (of this mess)?*
J'ai trouvé bon de vous contacter.	*I saw fit to contact you.*
—Elle est vraiment belle.	*She's really beautiful.*
—Vous trouvez?	*Do you really think so?*

top 50 verb

regular -*er* verb **je tue · je tuai · tué · tuant**

Present		Passé Composé	
je tue	nous tuons	j'ai tué	nous avons tué
tu tues	vous tuez	tu as tué	vous avez tué
il/elle tue	ils/elles tuent	il/elle a tué	ils/elles ont tué
Imperfect		**Pluperfect**	
je tuais	nous tuions	j'avais tué	nous avions tué
tu tuais	vous tuiez	tu avais tué	vous aviez tué
il/elle tuait	ils/elles tuaient	il/elle avait tué	ils/elles avaient tué
Passé Simple		**Past Anterior**	
je tuai	nous tuâmes	j'eus tué	nous eûmes tué
tu tuas	vous tuâtes	tu eus tué	vous eûtes tué
il/elle tua	ils/elles tuèrent	il/elle eut tué	ils/elles eurent tué
Future		**Future Anterior**	
je tuerai	nous tuerons	j'aurai tué	nous aurons tué
tu tueras	vous tuerez	tu auras tué	vous aurez tué
il/elle tuera	ils/elles tueront	il/elle aura tué	ils/elles auront tué
Conditional		**Past Conditional**	
je tuerais	nous tuerions	j'aurais tué	nous aurions tué
tu tuerais	vous tueriez	tu aurais tué	vous auriez tué
il/elle tuerait	ils/elles tueraient	il/elle aurait tué	ils/elles auraient tué

Present Subjunctive		Past Subjunctive	
que je tue	que nous tuions	que j'aie tué	que nous ayons tué
que tu tues	que vous tuiez	que tu aies tué	que vous ayez tué
qu'il/elle tue	qu'ils/elles tuent	qu'il/elle ait tué	qu'ils/elles aient tué
Imperfect Subjunctive		**Pluperfect Subjunctive**	
que je tuasse	que nous tuassions	que j'eusse tué	que nous eussions tué
que tu tuasses	que vous tuassiez	que tu eusses tué	que vous eussiez tué
qu'il/elle tuât	qu'ils/elles tuassent	qu'il/elle eût tué	qu'ils/elles eussent tué

Commands

	(nous) tuons
(tu) tue	(vous) tuez

USAGE

Ces courses me tuent.	*These errands are killing me.*
Je me tuais à finir mes devoirs.	*I was killing myself to finish my homework.*
Il s'est tué.	*He killed himself.*
Il s'est fait tuer dans un accident de route.	*He got killed in a car accident.*
Les hypermarchés ont tué le petit commerce.	*The big supermarkets killed off the small stores.*
—Qu'est-ce que tu fais?	*What are you doing?*
—Je tue le temps.	*I'm killing time.*
On l'a tué à coups de couteau.	*He was stabbed to death.*
On l'a tué d'une balle.	*He was shot to death.*
C'est un type qui est bon à tuer.	*He's an insufferable guy.*
Son travail la tue.	*Her work is exhausting.*

RELATED WORDS AND EXPRESSIONS

la tuerie	*killing/massacre*
Il a tué la poule aux œufs d'or.	*He killed the goose that lays the golden egg.*

PROVERB

Tu ne tueras point.	*Thou shalt not kill.* (Bible)

535 **tutoyer** *to use the familiar form tu to someone*

je tutoie · je tutoyai · tutoyé · tutoyant regular -*er* verb; spelling change: y > i/mute *e*

Present		*Passé Composé*	
je tutoie	nous tutoyons	j'ai tutoyé	nous avons tutoyé
tu tutoies	vous tutoyez	tu as tutoyé	vous avez tutoyé
il/elle tutoie	ils/elles tutoient	il/elle a tutoyé	ils/elles ont tutoyé
Imperfect		*Pluperfect*	
je tutoyais	nous tutoyions	j'avais tutoyé	nous avions tutoyé
tu tutoyais	vous tutoyiez	tu avais tutoyé	vous aviez tutoyé
il/elle tutoyait	ils/elles tutoyaient	il/elle avait tutoyé	ils/elles avaient tutoyé
Passé Simple		*Past Anterior*	
je tutoyai	nous tutoyâmes	j'eus tutoyé	nous eûmes tutoyé
tu tutoyas	vous tutoyâtes	tu eus tutoyé	vous eûtes tutoyé
il/elle tutoya	ils/elles tutoyèrent	il/elle eut tutoyé	ils/elles eurent tutoyé
Future		*Future Anterior*	
je tutoierai	nous tutoierons	j'aurai tutoyé	nous aurons tutoyé
tu tutoieras	vous tutoierez	tu auras tutoyé	vous aurez tutoyé
il/elle tutoiera	ils/elles tutoieront	il/elle aura tutoyé	ils/elles auront tutoyé
Conditional		*Past Conditional*	
je tutoierais	nous tutoierions	j'aurais tutoyé	nous aurions tutoyé
tu tutoierais	vous tutoieriez	tu aurais tutoyé	vous auriez tutoyé
il/elle tutoierait	ils/elles tutoieraient	il/elle aurait tutoyé	ils/elles auraient tutoyé

Present Subjunctive		*Past Subjunctive*	
que je tutoie	que nous tutoyions	que j'aie tutoyé	que nous ayons tutoyé
que tu tutoies	que vous tutoyiez	que tu aies tutoyé	que vous ayez tutoyé
qu'il/elle tutoie	qu'ils/elles tutoient	qu'il/elle ait tutoyé	qu'ils/elles aient tutoyé
Imperfect Subjunctive		*Pluperfect Subjunctive*	
que je tutoyasse	que nous tutoyassions	que j'eusse tutoyé	que nous eussions tutoyé
que tu tutoyasses	que vous tutoyassiez	que tu eusses tutoyé	que vous eussiez tutoyé
qu'il/elle tutoyât	qu'ils/elles tutoyassent	qu'il/elle eût tutoyé	qu'ils/elles eussent tutoyé

Commands

	(nous) tutoyons
(tu) tutoie	(vous) tutoyez

USAGE

Nous ne tutoyons pas le professeur.	*We don't say* tu *to the teacher.*
Est-ce qu'on peut se tutoyer?	*How about our saying* tu *to each other?*
On ne tutoie pas les serveurs.	*You don't say* tu *to waiters.*
—Ils se connaissent bien?	*Do they know each other well?*
—Je crois. Ils se tutoient.	*I think so. They say* tu *to each other.*
Si vous désirez faire carrière dans cette compagnie, ne tutoyez jamais en premier votre supérieur.	*If you want to work your way up in this company, never be the first to use* tu *to your superior.*
On tutoie les animaux.	*You use the familiar form with animals.*

RELATED WORDS AND EXPRESSIONS

le tutoiement	*use of the familiar* tu *instead of the formal* vous
Le tutoiement est de rigueur ici.	*You have to use* tu *here.*

regular -ir verb **j'unis · j'unis · uni · unissant**

Present		*Passé Composé*	
j'unis	nous unissons	j'ai uni	nous avons uni
tu unis	vous unissez	tu as uni	vous avez uni
il/elle unit	ils/elles unissent	il/elle a uni	ils/elles ont uni
Imperfect		*Pluperfect*	
j'unissais	nous unissions	j'avais uni	nous avions uni
tu unissais	vous unissiez	tu avais uni	vous aviez uni
il/elle unissait	ils/elles unissaient	il/elle avait uni	ils/elles avaient uni
Passé Simple		*Past Anterior*	
j'unis	nous unîmes	j'eus uni	nous eûmes uni
tu unis	vous unîtes	tu eus uni	vous eûtes uni
il/elle unit	ils/elles unirent	il/elle eut uni	ils/elles eurent uni
Future		*Future Anterior*	
j'unirai	nous unirons	j'aurai uni	nous aurons uni
tu uniras	vous unirez	tu auras uni	vous aurez uni
il/elle unira	ils/elles uniront	il/elle aura uni	ils/elles auront uni
Conditional		*Past Conditional*	
j'unirais	nous unirions	j'aurais uni	nous aurions uni
tu unirais	vous uniriez	tu aurais uni	vous auriez uni
il/elle unirait	ils/elles uniraient	il/elle aurait uni	ils/elles auraient uni

Present Subjunctive		*Past Subjunctive*	
que j'unisse	que nous unissions	que j'aie uni	que nous ayons uni
que tu unisses	que vous unissiez	que tu aies uni	que vous ayez uni
qu'il/elle unisse	qu'ils/elles unissent	qu'il/elle ait uni	qu'ils/elles aient uni
Imperfect Subjunctive		*Pluperfect Subjunctive*	
que j'unisse	que nous unissions	que j'eusse uni	que nous eussions uni
que tu unisses	que vous unissiez	que tu eusses uni	que vous eussiez uni
qu'il/elle unît	qu'ils/elles unissent	qu'il/elle eût uni	qu'ils/elles eussent uni

Commands

	(nous) unissons
(tu) unis	(vous) unissez

USAGE

Les ouvriers se sont unis contre les mauvaises conditions de travail.	*The workers united against poor working conditions.*
Leur mariage a uni leurs deux familles.	*Their two families were united by their marriage.*
Je voudrais unir ma voix à la vôtre.	*I would like to join my voice with yours.*
Ils se sont unis en mariage.	*They got married.*
Cette route unit notre région à la capitale.	*This road links our region to the capital.*
Un tunnel sous la Manche unit la France et l'Angleterre.	*France and England are linked by a tunnel under the English Channel.*
Les deux frères sont très unis.	*The two brothers are very close.*
une chemise de couleur unie	*a solid-colored shirt*

RELATED WORDS AND EXPRESSIONS

l'union	*union*
L'union fait la force.	*United we stand.*

537 user *to use; to wear out*

j'use · j'usai · usé · usant regular -*er* verb

Present		*Passé Composé*	
j'use	nous usons	j'ai usé	nous avons usé
tu uses	vous usez	tu as usé	vous avez usé
il/elle use	ils/elles usent	il/elle a usé	ils/elles ont usé
Imperfect		*Pluperfect*	
j'usais	nous usions	j'avais usé	nous avions usé
tu usais	vous usiez	tu avais usé	vous aviez usé
il/elle usait	ils/elles usaient	il/elle avait usé	ils/elles avaient usé
Passé Simple		*Past Anterior*	
j'usai	nous usâmes	j'eus usé	nous eûmes usé
tu usas	vous usâtes	tu eus usé	vous eûtes usé
il/elle usa	ils/elles usèrent	il/elle eut usé	ils/elles eurent usé
Future		*Future Anterior*	
j'userai	nous userons	j'aurai usé	nous aurons usé
tu useras	vous userez	tu auras usé	vous aurez usé
il/elle usera	ils/elles useront	il/elle aura usé	ils/elles auront usé
Conditional		*Past Conditional*	
j'userais	nous userions	j'aurais usé	nous aurions usé
tu userais	vous useriez	tu aurais usé	vous auriez usé
il/elle userait	ils/elles useraient	il/elle aurait usé	ils/elles auraient usé

Present Subjunctive		*Past Subjunctive*	
que j'use	que nous usions	que j'aie usé	que nous ayons usé
que tu uses	que vous usiez	que tu aies usé	que vous ayez usé
qu'il/elle use	qu'ils/elles usent	qu'il/elle ait usé	qu'ils/elles aient usé
Imperfect Subjunctive		*Pluperfect Subjunctive*	
que j'usasse	que nous usassions	que j'eusse usé	que nous eussions usé
que tu usasses	que vous usassiez	que tu eusses usé	que vous eussiez usé
qu'il/elle usât	qu'ils/elles usassent	qu'il/elle eût usé	qu'ils/elles eussent usé

Commands

	(nous) usons
(tu) use	(vous) usez

USAGE

Le président ne sait pas user de son pouvoir.	*The president doesn't know how to use his power.*
Les enfants ont usé leurs pantalons.	*The children have worn out their pants.*
Ma veste est usée.	*My jacket is worn.*
Elle use trois manteaux par an.	*She wears out three coats a year.*
Avec cette lampe tu vas t'user les yeux.	*You'll wear out your eyes with that lamp.*
Ce tissu s'use vite.	*This material wears through quickly.*
Son manteau était usé jusqu'à la corde.	*His coat was threadbare.*
Les manifestants ont usé de la violence.	*The demonstrators used violence.*
Le cognac, je n'en use jamais.	*I never drink brandy.*

RELATED WORDS AND EXPRESSIONS

l'usure *(f)*	*wear and tear; usury*
l'usage *(m)*	*usage*
C'est une expression d'usage courant.	*It's a common expression.*
d'usage	*customarily*

regular -*er* verb

j'utilise · j'utilisai · utilisé · utilisant

Present		***Passé Composé***	
j'utilise	nous utilisons	j'ai utilisé	nous avons utilisé
tu utilises	vous utilisez	tu as utilisé	vous avez utilisé
il/elle utilise	ils/elles utilisent	il/elle a utilisé	ils/elles ont utilisé
Imperfect		***Pluperfect***	
j'utilisais	nous utilisions	j'avais utilisé	nous avions utilisé
tu utilisais	vous utilisiez	tu avais utilisé	vous aviez utilisé
il/elle utilisait	ils/elles utilisaient	il/elle avait utilisé	ils/elles avaient utilisé
Passé Simple		***Past Anterior***	
j'utilisai	nous utilisâmes	j'eus utilisé	nous eûmes utilisé
tu utilisas	vous utilisâtes	tu eus utilisé	vous eûtes utilisé
il/elle utilisa	ils/elles utilisèrent	il/elle eut utilisé	ils/elles eurent utilisé
Future		***Future Anterior***	
j'utiliserai	nous utiliserons	j'aurai utilisé	nous aurons utilisé
tu utiliseras	vous utiliserez	tu auras utilisé	vous aurez utilisé
il/elle utilisera	ils/elles utiliseront	il/elle aura utilisé	ils/elles auront utilisé
Conditional		***Past Conditional***	
j'utiliserais	nous utiliserions	j'aurais utilisé	nous aurions utilisé
tu utiliserais	vous utiliseriez	tu aurais utilisé	vous auriez utilisé
il/elle utiliserait	ils/elles utiliseraient	il/elle aurait utilisé	ils/elles auraient utilisé
Present Subjunctive		***Past Subjunctive***	
que j'utilise	que nous utilisions	que j'aie utilisé	que nous ayons utilisé
que tu utilises	que vous utilisiez	que tu aies utilisé	que vous ayez utilisé
qu'il/elle utilise	qu'ils/elles utilisent	qu'il/elle ait utilisé	qu'ils/elles aient utilisé
Imperfect Subjunctive		***Pluperfect Subjunctive***	
que j'utilisasse	que nous utilisassions	que j'eusse utilisé	que nous eussions utilisé
que tu utilisasses	que vous utilisassiez	que tu eusses utilisé	que vous eussiez utilisé
qu'il/elle utilisât	qu'ils/elles utilisassent	qu'il/elle eût utilisé	qu'ils/elles eussent utilisé

Commands

	(nous) utilisons
(tu) utilise	(vous) utilisez

USAGE

Je ne sais pas utiliser cet appareil.	*I don't know how to use this device.*
Un bon administrateur sait utiliser les compétences de ses employés.	*A good manager knows how to use his employees' abilities.*
Quel produit utilises-tu pour la peau?	*What cream do you use for your skin?*
Ce soir on va utiliser les restes pour le dîner.	*This evening we'll use up leftovers for dinner.*
Il l'a utilisé comme espion.	*He used him as a spy.*
Nous avons utilisé notre argent pour lancer une affaire.	*We used our money to set up a business.*

RELATED WORDS AND EXPRESSIONS

utilisable	*usable*
Ce document n'est pas utilisable.	*This document is not usable.*
inutilisable	*unusable*
Ma bicyclette est inutilisable.	*My bicycle is unusable.*

vaincre *to conquer*

je vaincs · je vainquis · vaincu · vainquant irregular verb

Present		*Passé Composé*	
je vaincs	nous vainquons	j'ai vaincu	nous avons vaincu
tu vaincs	vous vainquez	tu as vaincu	vous avez vaincu
il/elle vainc	ils/elles vainquent	il/elle a vaincu	ils/elles ont vaincu
Imperfect		*Pluperfect*	
je vainquais	nous vainquions	j'avais vaincu	nous avions vaincu
tu vainquais	vous vainquiez	tu avais vaincu	vous aviez vaincu
il/elle vainquait	ils/elles vainquaient	il/elle avait vaincu	ils/elles avaient vaincu
Passé Simple		*Past Anterior*	
je vainquis	nous vainquîmes	j'eus vaincu	nous eûmes vaincu
tu vainquis	vous vainquîtes	tu eus vaincu	vous eûtes vaincu
il/elle vainquit	ils/elles vainquirent	il/elle eut vaincu	ils/elles eurent vaincu
Future		*Future Anterior*	
je vaincrai	nous vaincrons	j'aurai vaincu	nous aurons vaincu
tu vaincras	vous vaincrez	tu auras vaincu	vous aurez vaincu
il/elle vaincra	ils/elles vaincront	il/elle aura vaincu	ils/elles auront vaincu
Conditional		*Past Conditional*	
je vaincrais	nous vaincrions	j'aurais vaincu	nous aurions vaincu
tu vaincrais	vous vaincriez	tu aurais vaincu	vous auriez vaincu
il/elle vaincrait	ils/elles vaincraient	il/elle aurait vaincu	ils/elles auraient vaincu
Present Subjunctive		*Past Subjunctive*	
que je vainque	que nous vainquions	que j'aie vaincu	que nous ayons vaincu
que tu vainques	que vous vainquiez	que tu aies vaincu	que vous ayez vaincu
qu'il/elle vainque	qu'ils/elles vainquent	qu'il/elle ait vaincu	qu'ils/elles aient vaincu
Imperfect Subjunctive		*Pluperfect Subjunctive*	
que je vainquisse	que nous vainquissions	que j'eusse vaincu	que nous eussions vaincu
que tu vainquisses	que vous vainquissiez	que tu eusses vaincu	que vous eussiez vaincu
qu'il/elle vainquît	qu'ils/elles vainquissent	qu'il/elle eût vaincu	qu'ils/elles eussent vaincu

Commands

	(nous) vainquons
(tu) vaincs	(vous) vainquez

USAGE

Notre équipe va vaincre.	*Our team is going to win.*
Pendant la Deuxième Guerre mondiale, les Alliés ont vaincu les Nazis.	*In the Second World War, the Allies defeated the Nazis.*
Ils se sont avoués vaincus.	*They admitted defeat.*
L'armée a vaincu l'insurrection.	*The army put down the uprising.*
Il nous reste beaucoup d'obstacles à vaincre.	*We have a lot of obstacles left to overcome.*
Elle n'a pas pu vaincre sa peur.	*She couldn't overcome her fear.*

RELATED WORDS AND EXPRESSIONS

les vaincus *(mpl)*	*the conquered*
le vainqueur	*victor/conqueror*
Il est sorti vainqueur du match.	*He won the game.*
Il parle en vainqueur.	*He speaks as conqueror.*

irregular verb **je vaux · je valus · valu · valant**

Present		*Passé Composé*	
je vaux	nous valons	j'ai valu	nous avons valu
tu vaux	vous valez	tu as valu	vous avez valu
il/elle vaut	ils/elles valent	il/elle a valu	ils/elles ont valu
Imperfect		*Pluperfect*	
je valais	nous valions	j'avais valu	nous avions valu
tu valais	vous valiez	tu avais valu	vous aviez valu
il/elle valait	ils/elles valaient	il/elle avait valu	ils/elles avaient valu
Passé Simple		*Past Anterior*	
je valus	nous valûmes	j'eus valu	nous eûmes valu
tu valus	vous valûtes	tu eus valu	vous eûtes valu
il/elle valut	ils/elles valurent	il/elle eut valu	ils/elles eurent valu
Future		*Future Anterior*	
je vaudrai	nous vaudrons	j'aurai valu	nous aurons valu
tu vaudras	vous vaudrez	tu auras valu	vous aurez valu
il/elle vaudra	ils/elles vaudront	il/elle aura valu	ils/elles auront valu
Conditional		*Past Conditional*	
je vaudrais	nous vaudrions	j'aurais valu	nous aurions valu
tu vaudrais	vous vaudriez	tu aurais valu	vous auriez valu
il/elle vaudrait	ils/elles vaudraient	il/elle aurait valu	ils/elles auraient valu

Present Subjunctive		*Past Subjunctive*	
que je vaille	que nous valions	que j'aie valu	que nous ayons valu
que tu vailles	que vous valiez	que tu aies valu	que vous ayez valu
qu'il/elle vaille	qu'ils/elles vaillent	qu'il/elle ait valu	qu'ils/elles aient valu
Imperfect Subjunctive		*Pluperfect Subjunctive*	
que je valusse	que nous valussions	que j'eusse valu	que nous eussions valu
que tu valusses	que vous valussiez	que tu eusses valu	que vous eussiez valu
qu'il/elle valût	qu'ils/elles valussent	qu'il/elle eût valu	qu'ils/elles eussent valu

Commands

	(nous) valons
(tu) vaux	(vous) valez

USAGE

Cette entreprise ne vaut rien.	*This firm is worthless.*
Ses idées ne valent rien.	*His ideas are worthless.*
C'est une réponse qui en vaut une autre.	*It's as good an answer as any.*
Un service en vaut un autre.	*One good turn deserves another.*
Tu dois te faire valoir auprès du patron.	*You should get in good with the boss.*
Il a su faire valoir ses idées.	*He knew how to present his ideas.*

RELATED WORDS AND EXPRESSIONS

la valeur	*value*
Le vin prend de la valeur en vieillissant.	*Wine improves with age.*
Ce billet n'a plus de valeur.	*That banknote has no more value.*
valable	*valid*
Son passeport n'est plus valable.	*His passport isn't valid anymore.*
Mieux vaut avoir affaire au bon dieu qu'à ses saints.	*Always go to the top man.*

PROVERB

Un homme averti en vaut deux.	*Forewarned is forearmed.*

541 vendre *to sell*

je vends · je vendis · vendu · vendant regular -*re* verb

Present		*Passé Composé*	
je vends	nous vendons	j'ai vendu	nous avons vendu
tu vends	vous vendez	tu as vendu	vous avez vendu
il/elle vend	ils/elles vendent	il/elle a vendu	ils/elles ont vendu
Imperfect		*Pluperfect*	
je vendais	nous vendions	j'avais vendu	nous avions vendu
tu vendais	vous vendiez	tu avais vendu	vous aviez vendu
il/elle vendait	ils/elles vendaient	il/elle avait vendu	ils/elles avaient vendu
Passé Simple		*Past Anterior*	
je vendis	nous vendîmes	j'eus vendu	nous eûmes vendu
tu vendis	vous vendîtes	tu eus vendu	vous eûtes vendu
il/elle vendit	ils/elles vendirent	il/elle eut vendu	ils/elles eurent vendu
Future		*Future Anterior*	
je vendrai	nous vendrons	j'aurai vendu	nous aurons vendu
tu vendras	vous vendrez	tu auras vendu	vous aurez vendu
il/elle vendra	ils/elles vendront	il/elle aura vendu	ils/elles auront vendu
Conditional		*Past Conditional*	
je vendrais	nous vendrions	j'aurais vendu	nous aurions vendu
tu vendrais	vous vendriez	tu aurais vendu	vous auriez vendu
il/elle vendrait	ils/elles vendraient	il/elle aurait vendu	ils/elles auraient vendu
Present Subjunctive		*Past Subjunctive*	
que je vende	que nous vendions	que j'aie vendu	que nous ayons vendu
que tu vendes	que vous vendiez	que tu aies vendu	que vous ayez vendu
qu'il/elle vende	qu'ils/elles vendent	qu'il/elle ait vendu	qu'ils/elles aient vendu
Imperfect Subjunctive		*Pluperfect Subjunctive*	
que je vendisse	que nous vendissions	que j'eusse vendu	que nous eussions vendu
que tu vendisses	que vous vendissiez	que tu eusses vendu	que vous eussiez vendu
qu'il/elle vendît	qu'ils/elles vendissent	qu'il/elle eût vendu	qu'ils/elles eussent vendu

Commands

	(nous) vendons
(tu) vends	(vous) vendez

USAGE

Il a vendu sa maison.	*He sold his house.*
Lui, il vendrait père et mère.	*He'd sell his mother if it would help him.*
Ma voiture est à vendre.	*I'm selling my car.*
—Ils vendent à crédit?	*Do they sell on credit?*
—Oui, et leur magasin vend.	*Yes, and their store does a brisk business.*
—On y vend des livres anciens?	*Do they sell old books there?*
—Oui, mais on les vend cher.	*Yes, but their prices are high.*
Les œufs se vendent à la douzaine.	*Eggs are sold by the dozen.*
Ce roman se vend bien.	*This novel is a good seller.*
Son roman se vend comme des petits pains.	*Her novel is selling like hotcakes.*
Qu'est-ce que tu vends?	*What's your game?*
Lui, c'est un homme vendu à l'ennemi.	*He's on the enemy's payroll.*
Il a vendu la mèche.	*He let the cat out of the bag.*

PROVERB

Il ne faut pas vendre la peau de l'ours avant de le tuer.	*Don't count your chickens before they hatch.*

regular -*er* verb; spelling change: *g* > *ge/a, o*

je venge · je vengeai · vengé · vengeant

Present		Passé Composé	
je venge	nous vengeons	j'ai vengé	nous avons vengé
tu venges	vous vengez	tu as vengé	vous avez vengé
il/elle venge	ils/elles vengent	il/elle a vengé	ils/elles ont vengé
Imperfect		***Pluperfect***	
je vengeais	nous vengions	j'avais vengé	nous avions vengé
tu vengeais	vous vengiez	tu avais vengé	vous aviez vengé
il/elle vengeait	ils/elles vengeaient	il/elle avait vengé	ils/elles avaient vengé
Passé Simple		***Past Anterior***	
je vengeai	nous vengeâmes	j'eus vengé	nous eûmes vengé
tu vengeas	vous vengeâtes	tu eus vengé	vous eûtes vengé
il/elle vengea	ils/elles vengèrent	il/elle eut vengé	ils/elles eurent vengé
Future		***Future Anterior***	
je vengerai	nous vengerons	j'aurai vengé	nous aurons vengé
tu vengeras	vous vengerez	tu auras vengé	vous aurez vengé
il/elle vengera	ils/elles vengeront	il/elle aura vengé	ils/elles auront vengé
Conditional		***Past Conditional***	
je vengerais	nous vengerions	j'aurais vengé	nous aurions vengé
tu vengerais	vous vengeriez	tu aurais vengé	vous auriez vengé
il/elle vengerait	ils/elles vengeraient	il/elle aurait vengé	ils/elles auraient vengé

Present Subjunctive		Past Subjunctive	
que je venge	que nous vengions	que j'aie vengé	que nous ayons vengé
que tu venges	que vous vengiez	que tu aies vengé	que vous ayez vengé
qu'il/elle venge	qu'ils/elles vengent	qu'il/elle ait vengé	qu'ils/elles aient vengé
Imperfect Subjunctive		***Pluperfect Subjunctive***	
que je vengeasse	que nous vengeassions	que j'eusse vengé	que nous eussions vengé
que tu vengeasses	que vous vengeassiez	que tu eusses vengé	que vous eussiez vengé
qu'il/elle vengeât	qu'ils/elles vengeassent	qu'il/elle eût vengé	qu'ils/elles eussent vengé

Commands

	(nous) vengeons
(tu) venge	(vous) vengez

USAGE

Qui vengera cette injustice?	*Who will avenge this injustice?*
Rien ne pourra venger ce crime.	*Nothing will be able to avenge this crime.*
Sa femme a vengé l'honneur de son mari.	*The wife avenged her husband's honor.*
Leur échec nous venge.	*Their failure is our revenge.*

RELATED WORDS AND EXPRESSIONS

la vengeance	*vengeance/revenge*
vengeur/vengeresse	*vengeful*
se venger de	*to take revenge on*
Elle s'est vengée de lui.	*She got her revenge on him.*
On se vengera, ne t'en fais pas.	*We'll get our revenge, don't worry.*
Je vais me venger.	*I'll get even.*
Elle se venge par son succès.	*Her success is her revenge.*

543 **venir** *to come*

je viens · je vins · venu · venant — irregular verb

venir = arriver

Le facteur n'est pas encore venu.	*The mailman hasn't come yet.*
Ce mot vient du grec.	*This word comes from the Greek.*
Ce fromage vient de Suisse.	*This cheese comes from Switzerland.*
L'orage venait vite.	*The storm was approaching quickly.*
L'idée ne m'est jamais venu à l'esprit.	*The idea never occurred to me.*
Il ne m'est jamais venu à l'esprit de l'avertir.	*It never occurred to me to notify him.*
Je ne me suis pas donné la peine de venir.	*I didn't even bother to show up.*
Ce projet vient mal à propos.	*This project comes at the wrong time.*
D'où vient que tu n'es pas au courant?	*How come you're not in the know?*
D'où vient cette impatience?	*Why so impatient?*
Je ne fais qu'aller et venir.	*I'll be right back. / I'm just going out for a moment.*

faire venir

Le bébé a de la fièvre. Fais venir le médecin.	*The baby has a fever. Send for the doctor.*
J'ai fait venir ces CD de France.	*I got these CDs from France.*
Le directeur m'a fait venir dans son bureau.	*The principal called me into his office.*
Je crains vous avoir fait venir pour rien.	*I fear I have brought you here for nothing.*
Il viendra te prendre dans une demi-heure.	*He'll come pick you up in half an hour.*

venir de + infinitive

Il vient de sortir.	*He has just left.*
Te voilà! Je viens de te téléphoner.	*Here you are! I just called you.*
Tu viens d'arriver?	*Did you just get here?*
Il vient de se coucher.	*He has just gone to bed.*

RELATED WORDS AND EXPRESSIONS

Cet arbre vient bien.	*This tree is coming along nicely.*
Il veut toujours savoir d'où vient le vent.	*He always wants to know which way the wind is blowing.*
Je te vois venir.	*I know what you're up to.*
Tout le monde y viendra. Ne t'en fais pas.	*Everyone will come around. Don't worry.*
Alors, le dîner, ça vient?	*Will dinner be ready soon?* (brusque)
Viens-en aux faits!	*Get to the point!*
les générations à venir	*future generations*
Comment leurs rapports en sont-ils venus là?	*How did their relationship deteriorate to this point?*
—J'espère qu'elle en viendra au fait.	*I hope she'll get down to business.*
—Elle? Elle n'en vient jamais aux choses sérieuses.	*Her? She never gets serious.*
—Comment venir à bout de ce compte rendu?	*How can we get through this report?*
—J'en viens à me demander si on pourra.	*I'm beginning to wonder if we'll be able to.*
—Qu'est-ce que vous feriez si je venais à démissionner?	*What would you do if I were ever to resign?*
—Où voulez-vous en venir?	*What are you getting at?*

PROVERB

Un malheur ne vient jamais seul.	*It never rains but it pours.*

venir
to come

irregular verb

je viens · je vins · venu · venant

Present		*Passé Composé*	
je viens	nous venons	je suis venu(e)	nous sommes venu(e)s
tu viens	vous venez	tu es venu(e)	vous êtes venu(e)(s)
il/elle vient	ils/elles viennent	il/elle est venu(e)	ils/elles sont venu(e)s
Imperfect		***Pluperfect***	
je venais	nous venions	j'étais venu(e)	nous étions venu(e)s
tu venais	vous veniez	tu étais venu(e)	vous étiez venu(e)(s)
il/elle venait	ils/elles venaient	il/elle était venu(e)	ils/elles étaient venu(e)s
Passé Simple		***Past Anterior***	
je vins	nous vînmes	je fus venu(e)	nous fûmes venu(e)s
tu vins	vous vîntes	tu fus venu(e)	vous fûtes venu(e)(s)
il/elle vint	ils/elles vinrent	il/elle fut venu(e)	ils/elles furent venu(e)s
Future		***Future Anterior***	
je viendrai	nous viendrons	je serai venu(e)	nous serons venu(e)s
tu viendras	vous viendrez	tu seras venu(e)	vous serez venu(e)(s)
il/elle viendra	ils/elles viendront	il/elle sera venu(e)	ils/elles seront venu(e)s
Conditional		***Past Conditional***	
je viendrais	nous viendrions	je serais venu(e)	nous serions venu(e)s
tu viendrais	vous viendriez	tu serais venu(e)	vous seriez venu(e)(s)
il/elle viendrait	ils/elles viendraient	il/elle serait venu(e)	ils/elles seraient venu(e)s

Present Subjunctive		*Past Subjunctive*	
que je vienne	que nous venions	que je sois venu(e)	que nous soyons venu(e)s
que tu viennes	que vous veniez	que tu sois venu(e)	que vous soyez venu(e)(s)
qu'il/elle vienne	qu'ils/elles viennent	qu'il/elle soit venu(e)	qu'ils/elles soient venu(e)s
Imperfect Subjunctive		***Pluperfect Subjunctive***	
que je vinsse	que nous vinssions	que je fusse venu(e)	que nous fussions venu(e)s
que tu vinsses	que vous vinssiez	que tu fusses venu(e)	que vous fussiez venu(e)(s)
qu'il/elle vînt	qu'ils/elles vinssent	qu'il/elle fût venu(e)	qu'ils/elles fussent venu(e)s

Commands

	(nous) venons
(tu) viens	(vous) venez

USAGE

Tu viens avec nous?	*Are you coming with us?*
Elle est venue me voir à trois heures.	*She came to see me at three o'clock.*
Je ne sais pas s'il viendra.	*I don't know whether he'll come.*
—Tu es venu en avance.	*You've come early.*
—J'allais venir en autobus, mais je suis venu en taxi.	*I was going to come by bus, but I came by cab.*
—Elle n'est pas encore venue?	*She hasn't come yet?*
—Non. Je doute qu'elle vienne.	*No. I doubt she's coming.*
L'enfant est venu vers moi.	*The child came over to me.*
Tu ne viens pas à la bibliothèque?	*Aren't you coming along to the library?*
Elle ne vient jamais aux conférences.	*She never comes to the lectures.*
Les copains viennent ce soir.	*My friends are coming over this evening.*
Demain vous viendrez chez nous.	*You'll come to our house tomorrow.*
Il est venu me tenir compagnie.	*He came over to keep me company.*

top 50 verb

544 vérifier *to check*

je vérifie · je vérifiai · vérifié · vérifiant regular -*er* verb

Present		*Passé Composé*	
je vérifie	nous vérifions	j'ai vérifié	nous avons vérifié
tu vérifies	vous vérifiez	tu as vérifié	vous avez vérifié
il/elle vérifie	ils/elles vérifient	il/elle a vérifié	ils/elles ont vérifié
Imperfect		*Pluperfect*	
je vérifiais	nous vérifiions	j'avais vérifié	nous avions vérifié
tu vérifiais	vous vérifiiez	tu avais vérifié	vous aviez vérifié
il/elle vérifiait	ils/elles vérifiaient	il/elle avait vérifié	ils/elles avaient vérifié
Passé Simple		*Past Anterior*	
je vérifiai	nous vérifiâmes	j'eus vérifié	nous eûmes vérifié
tu vérifias	vous vérifiâtes	tu eus vérifié	vous eûtes vérifié
il/elle vérifia	ils/elles vérifièrent	il/elle eut vérifié	ils/elles eurent vérifié
Future		*Future Anterior*	
je vérifierai	nous vérifierons	j'aurai vérifié	nous aurons vérifié
tu vérifieras	vous vérifierez	tu auras vérifié	vous aurez vérifié
il/elle vérifiera	ils/elles vérifieront	il/elle aura vérifié	ils/elles auront vérifié
Conditional		*Past Conditional*	
je vérifierais	nous vérifierions	j'aurais vérifié	nous aurions vérifié
tu vérifierais	vous vérifieriez	tu aurais vérifié	vous auriez vérifié
il/elle vérifierait	ils/elles vérifieraient	il/elle aurait vérifié	ils/elles auraient vérifié

Present Subjunctive		*Past Subjunctive*	
que je vérifie	que nous vérifiions	que j'aie vérifié	que nous ayons vérifié
que tu vérifies	que vous vérifiiez	que tu aies vérifié	que vous ayez vérifié
qu'il/elle vérifie	qu'ils/elles vérifient	qu'il/elle ait vérifié	qu'ils/elles aient vérifié
Imperfect Subjunctive		*Pluperfect Subjunctive*	
que je vérifiasse	que nous vérifiassions	que j'eusse vérifié	que nous eussions vérifié
que tu vérifiasses	que vous vérifiassiez	que tu eusses vérifié	que vous eussiez vérifié
qu'il/elle vérifiât	qu'ils/elles vérifiassent	qu'il/elle eût vérifié	qu'ils/elles eussent vérifié

Commands

	(nous) vérifions
(tu) vérifie	(vous) vérifiez

USAGE

Vérifie de quel quai on part, veux-tu?	*Check what platform we're leaving from, would you?*
Il faut faire vérifier le niveau de l'huile.	*We have to check the oil.*
Le mécanicien a vérifié les freins?	*Did the mechanic check the brakes?*
Il faut vérifier si le magasin est ouvert.	*We have to check whether the store is open.*
Tu a vérifié leur adresse?	*Did you check their address?*
On a vérifié les comptes de cette entreprise.	*They audited the books of that firm.*
Sa réponse vérifia nos craintes.	*His answer confirmed our fears.*

RELATED WORDS AND EXPRESSIONS

la vérification	*checking*
la vérification du scrutin	*ballot checking*
une vérification au hasard	*a spot check*
la vérification de l'hypothèse	*the verification of the hypothesis*

regular -*er* verb **je verse · je versai · versé · versant**

Present		*Passé Composé*	
je verse	nous versons	j'ai versé	nous avons versé
tu verses	vous versez	tu as versé	vous avez versé
il/elle verse	ils/elles versent	il/elle a versé	ils/elles ont versé
Imperfect		*Pluperfect*	
je versais	nous versions	j'avais versé	nous avions versé
tu versais	vous versiez	tu avais versé	vous aviez versé
il/elle versait	ils/elles versaient	il/elle avait versé	ils/elles avaient versé
Passé Simple		*Past Anterior*	
je versai	nous versâmes	j'eus versé	nous eûmes versé
tu versas	vous versâtes	tu eus versé	vous eûtes versé
il/elle versa	ils/elles versèrent	il/elle eut versé	ils/elles eurent versé
Future		*Future Anterior*	
je verserai	nous verserons	j'aurai versé	nous aurons versé
tu verseras	vous verserez	tu auras versé	vous aurez versé
il/elle versera	ils/elles verseront	il/elle aura versé	ils/elles auront versé
Conditional		*Past Conditional*	
je verserais	nous verserions	j'aurais versé	nous aurions versé
tu verserais	vous verseriez	tu aurais versé	vous auriez versé
il/elle verserait	ils/elles verseraient	il/elle aurait versé	ils/elles auraient versé
Present Subjunctive		*Past Subjunctive*	
que je verse	que nous versions	que j'aie versé	que nous ayons versé
que tu verses	que vous versiez	que tu aies versé	que vous ayez versé
qu'il/elle verse	qu'ils/elles versent	qu'il/elle ait versé	qu'ils/elles aient versé
Imperfect Subjunctive		*Pluperfect Subjunctive*	
que je versasse	que nous versassions	que j'eusse versé	que nous eussions versé
que tu versasses	que vous versassiez	que tu eusses versé	que vous eussiez versé
qu'il/elle versât	qu'ils/elles versassent	qu'il/elle eût versé	qu'ils/elles eussent versé

Commands

	(nous) versons
(tu) verse	(vous) versez

USAGE

verser le vin dans les verres	*to pour the wine into the glasses*
Versez-moi à boire, s.v.p.	*Pour me something to drink, please.*
verser des larmes	*to shed tears*
J'ai versé cent dollars à son compte.	*I put one hundred dollars into his account.*
Il verse des intérêts à ses créanciers.	*He pays his creditors interest.*
J'ai versé des arrhes à l'entrepreneur.	*I paid a deposit to the contractor.*
J'ai versé cette lettre à votre dossier.	*I added this letter to your file.*

RELATED WORDS AND EXPRESSIONS

le versement	*payment*
Nous acceptons les versements par chèques.	*We accept payment by check.*
renverser	*to knock over*
Le chat a renversé la bouteille.	*The cat knocked over the bottle.*
Le vent a renversé la poussette.	*The wind knocked over the stroller.*

se vêtir *to get dressed*

je me vêts · je me vêtis · s'étant vêtu · se vêtant

irregular reflexive verb; compound tenses with *être*

Present		*Passé Composé*	
je me vêts	nous nous vêtons	je me suis vêtu(e)	nous nous sommes vêtu(e)s
tu te vêts	vous vous vêtez	tu t'es vêtu(e)	vous vous êtes vêtu(e)(s)
il/elle se vêt	ils/elles se vêtent	il/elle s'est vêtu(e)	ils/elles se sont vêtu(e)s
Imperfect		*Pluperfect*	
je me vêtais	nous nous vêtions	je m'étais vêtu(e)	nous nous étions vêtu(e)s
tu te vêtais	vous vous vêtiez	tu t'étais vêtu(e)	vous vous étiez vêtu(e)(s)
il/elle se vêtait	ils/elles se vêtaient	il/elle s'était vêtu(e)	ils/elles s'étaient vêtu(e)s
Passé Simple		*Past Anterior*	
je me vêtis	nous nous vêtîmes	je me fus vêtu(e)	nous nous fûmes vêtu(e)s
tu te vêtis	vous vous vêtîtes	tu te fus vêtu(e)	vous vous fûtes vêtu(e)(s)
il/elle se vêtit	ils/elles se vêtirent	il/elle se fut vêtu(e)	ils/elles se furent vêtu(e)s
Future		*Future Anterior*	
je me vêtirai	nous nous vêtirons	je me serai vêtu(e)	nous nous serons vêtu(e)s
tu te vêtiras	vous vous vêtirez	tu te seras vêtu(e)	vous vous serez vêtu(e)(s)
il/elle se vêtira	ils/elles se vêtiront	il/elle se sera vêtu(e)	ils/elles se seront vêtu(e)s
Conditional		*Past Conditional*	
je me vêtirais	nous nous vêtirions	je me serais vêtu(e)	nous nous serions vêtu(e)s
tu te vêtirais	vous vous vêtiriez	tu te serais vêtu(e)	vous vous seriez vêtu(e)(s)
il/elle se vêtirait	ils/elles se vêtiraient	il/elle se serait vêtu(e)	ils/elles se seraient vêtu(e)s

Present Subjunctive		*Past Subjunctive*	
que je me vêtisse	que nous nous vêtissions	que je me sois vêtu(e)	que nous nous soyons vêtu(e)s
que tu te vêtisses	que vous vous vêtissiez	que tu te sois vêtu(e)	que vous vous soyez vêtu(e)(s)
qu'il/elle se vêtisse	qu'ils/elles se vêtissent	qu'il/elle se soit vêtu(e)	qu'ils/elles se soient vêtu(e)s
Imperfect Subjunctive		*Pluperfect Subjunctive*	
que je me vêtisse	que nous nous vêtissions	que je me fusse vêtu(e)	que nous nous fussions vêtu(e)s
que tu te vêtisses	que vous vous vêtissiez	que tu te fusses vêtu(e)	que vous vous fussiez vêtu(e)(s)
qu'il/elle se vêtît	qu'ils/elles se vêtissent	qu'il/elle se fût vêtu(e)	qu'ils/elles se fussent vêtu(e)s

Commands

	(nous) vêtons-nous
(tu) vêts-toi	(vous) vêtez-vous

USAGE

Aidons notre tante à se vêtir.	*Let's help our aunt get dressed.*
Il est toujours mal vêtu.	*He's always poorly dressed.*
Elle vêtait une robe verte.	*She had a green dress.*

RELATED WORDS AND EXPRESSIONS

le vêtement	*article of clothing*
des vêtements usagés	*used clothing*
Il travaille dans le vêtement.	*He works in the clothing industry.*
dévêtir	*to undress*
se dévêtir	*to get undressed*

regular -ir verb

je vieillis · je vieillis · vieilli · vieillissant

Present		*Passé Composé*	
je vieillis	nous vieillissons	j'ai vieilli	nous avons vieilli
tu vieillis	vous vieillissez	tu as vieilli	vous avez vieilli
il/elle vieillit	ils/elles vieillissent	il/elle a vieilli	ils/elles ont vieilli
Imperfect		*Pluperfect*	
je vieillissais	nous vieillissions	j'avais vieilli	nous avions vieilli
tu vieillissais	vous vieillissiez	tu avais vieilli	vous aviez vieilli
il/elle vieillissait	ils/elles vieillissaient	il/elle avait vieilli	ils/elles avaient vieilli
Passé Simple		*Past Anterior*	
je vieillis	nous vieillîmes	j'eus vieilli	nous eûmes vieilli
tu vieillis	vous vieillîtes	tu eus vieilli	vous eûtes vieilli
il/elle vieillit	ils/elles vieillirent	il/elle eut vieilli	ils/elles eurent vieilli
Future		*Future Anterior*	
je vieillirai	nous vieillirons	j'aurai vieilli	nous aurons vieilli
tu vieilliras	vous vieillirez	tu auras vieilli	vous aurez vieilli
il/elle vieillira	ils/elles vieilliront	il/elle aura vieilli	ils/elles auront vieilli
Conditional		*Past Conditional*	
je vieillirais	nous vieillirions	j'aurais vieilli	nous aurions vieilli
tu vieillirais	vous vieilliriez	tu aurais vieilli	vous auriez vieilli
il/elle vieillirait	ils/elles vieilliraient	il/elle aurait vieilli	ils/elles auraient vieilli

Present Subjunctive		*Past Subjunctive*	
que je vieillisse	que nous vieillissions	que j'aie vieilli	que nous ayons vieilli
que tu vieillisses	que vous vieillissiez	que tu aies vieilli	que vous ayez vieilli
qu'il/elle vieillisse	qu'ils/elles vieillissent	qu'il/elle ait vieilli	qu'ils/elles aient vieilli
Imperfect Subjunctive		*Pluperfect Subjunctive*	
que je vieillisse	que nous vieillissions	que j'eusse vieilli	que nous eussions vieilli
que tu vieillisses	que vous vieillissiez	que tu eusses vieilli	que vous eussiez vieilli
qu'il/elle vieillît	qu'ils/elles vieillissent	qu'il/elle eût vieilli	qu'ils/elles eussent vieilli

Commands

	(nous) vieillissons
(tu) vieillis	(vous) vieillissez

USAGE

Elle a vieilli.	*She has gotten old.*
Elle vieillit bien, cette femme.	*That woman is aging well.*
Il a vieilli dans l'enseignement.	*He spent his whole life teaching.*
Ce style vous vieillit.	*That style makes you look older.*
Tu ne vieillis pas!	*You don't look any older!*
Cette méthode a vieilli.	*This method is outdated.*
—Vous avez trente ans, n'est-ce pas?	*You're thirty, aren't you?*
—Vous me vieillissez de trois ans.	*You've made me three years older than I am.*
des vins vieillis dans nos caves	*wines aged in our cellars*
Je me suis vieilli pour qu'on m'embauche.	*I said I was older than I was so they would hire me.*

viser *to aim*

je vise · je visai · visé · visant regular *-er* verb

Present		*Passé Composé*	
je vise	nous visons	j'ai visé	nous avons visé
tu vises	vous visez	tu as visé	vous avez visé
il/elle vise	ils/elles visent	il/elle a visé	ils/elles ont visé
Imperfect		*Pluperfect*	
je visais	nous visions	j'avais visé	nous avions visé
tu visais	vous visiez	tu avais visé	vous aviez visé
il/elle visait	ils/elles visaient	il/elle avait visé	ils/elles avaient visé
Passé Simple		*Past Anterior*	
je visai	nous visâmes	j'eus visé	nous eûmes visé
tu visas	vous visâtes	tu eus visé	vous eûtes visé
il/elle visa	ils/elles visèrent	il/elle eut visé	ils/elles eurent visé
Future		*Future Anterior*	
je viserai	nous viserons	j'aurai visé	nous aurons visé
tu viseras	vous viserez	tu auras visé	vous aurez visé
il/elle visera	ils/elles viseront	il/elle aura visé	ils/elles auront visé
Conditional		*Past Conditional*	
je viserais	nous viserions	j'aurais visé	nous aurions visé
tu viserais	vous viseriez	tu aurais visé	vous auriez visé
il/elle viserait	ils/elles viseraient	il/elle aurait visé	ils/elles auraient visé

Present Subjunctive		*Past Subjunctive*	
que je vise	que nous visions	que j'aie visé	que nous ayons visé
que tu vises	que vous visiez	que tu aies visé	que vous ayez visé
qu'il/elle vise	qu'ils/elles visent	qu'il/elle ait visé	qu'ils/elles aient visé
Imperfect Subjunctive		*Pluperfect Subjunctive*	
que je visasse	que nous visassions	que j'eusse visé	que nous eussions visé
que tu visasses	que vous visassiez	que tu eusses visé	que vous eussiez visé
qu'il/elle visât	qu'ils/elles visassent	qu'il/elle eût visé	qu'ils/elles eussent visé

Commands

	(nous) visons
(tu) vise	(vous) visez

USAGE

Il vise très haut.	*He aims high.*
Dans la vie, il faut viser haut.	*You have to aim high in life.*
Le malfaiteur a visé au passant innocent.	*The criminal aimed at the innocent passerby.*
Il faut viser avant de tirer.	*You must take aim before shooting.*
À quoi vise ce compte-rendu?	*What is the purpose of this report?*
Mes remarques ne visaient personne.	*My remarks were not referring to anyone in particular.*
Cette nouvelle loi vise les immigrés.	*This new law concerns immigrants.*
C'est celui-là le poste qu'il vise.	*That's the job he's after.*

RELATED WORDS AND EXPRESSIONS

les visées *(fpl)*	*aim/goal*
Elle a de hautes visées dans la vie.	*She aims high in life.*
Il a ses visées sur cette propriété.	*He's aiming to acquire that piece of land.*

regular -*er* verb

je visite · je visitai · visité · visitant

Present		*Passé Composé*	
je visite	nous visitons	j'ai visité	nous avons visité
tu visites	vous visitez	tu as visité	vous avez visité
il/elle visite	ils/elles visitent	il/elle a visité	ils/elles ont visité
Imperfect		*Pluperfect*	
je visitais	nous visitions	j'avais visité	nous avions visité
tu visitais	vous visitiez	tu avais visité	vous aviez visité
il/elle visitait	ils/elles visitaient	il/elle avait visité	ils/elles avaient visité
Passé Simple		*Past Anterior*	
je visitai	nous visitâmes	j'eus visité	nous eûmes visité
tu visitas	vous visitâtes	tu eus visité	vous eûtes visité
il/elle visita	ils/elles visitèrent	il/elle eut visité	ils/elles eurent visité
Future		*Future Anterior*	
je visiterai	nous visiterons	j'aurai visité	nous aurons visité
tu visiteras	vous visiterez	tu auras visité	vous aurez visité
il/elle visitera	ils/elles visiteront	il/elle aura visité	ils/elles auront visité
Conditional		*Past Conditional*	
je visiterais	nous visiterions	j'aurais visité	nous aurions visité
tu visiterais	vous visiteriez	tu aurais visité	vous auriez visité
il/elle visiterait	ils/elles visiteraient	il/elle aurait visité	ils/elles auraient visité

Present Subjunctive		*Past Subjunctive*	
que je visite	que nous visitions	que j'aie visité	que nous ayons visité
que tu visites	que vous visitiez	que tu aies visité	que vous ayez visité
qu'il/elle visite	qu'ils/elles visitent	qu'il/elle ait visité	qu'ils/elles aient visité
Imperfect Subjunctive		*Pluperfect Subjunctive*	
que je visitasse	que nous visitassions	que j'eusse visité	que nous eussions visité
que tu visitasses	que vous visitassiez	que tu eusses visité	que vous eussiez visité
qu'il/elle visitât	qu'ils/elles visitassent	qu'il/elle eût visité	qu'ils/elles eussent visité

Commands

	(nous) visitons
(tu) visite	(vous) visitez

USAGE

L'inspecteur visitera tous les lycées.	*The inspector will visit all the schools.*
Le curé visite les prisonniers.	*The priest visits the prisoners.*
Ces bénévoles visitent l'hôpital.	*These volunteers visit the hospital.*
Combien de pays as-tu visités?	*How many countries did you visit?*
Nous avons visité le Louvre.	*We visited the Louvre.*
Le chagrin visite tout le monde.	*Sorrow comes to everyone.*

RELATED WORDS AND EXPRESSIONS

la visite	*visit*
rendre visite à qqn	*to visit someone*
Nous avons rendu visite à notre oncle.	*We visited our uncle.*
Sa visite était interminable.	*I thought her visit would never end.*

vivre *to live*

je vis · je vécus · vécu · vivant irregular verb

Present		Passé Composé	
je vis	nous vivons	j'ai vécu	nous avons vécu
tu vis	vous vivez	tu as vécu	vous avez vécu
il/elle vit	ils/elles vivent	il/elle a vécu	ils/elles ont vécu
Imperfect		***Pluperfect***	
je vivais	nous vivions	j'avais vécu	nous avions vécu
tu vivais	vous viviez	tu avais vécu	vous aviez vécu
il/elle vivait	ils/elles vivaient	il/elle avait vécu	ils/elles avaient vécu
Passé Simple		***Past Anterior***	
je vécus	nous vécûmes	j'eus vécu	nous eûmes vécu
tu vécus	vous vécûtes	tu eus vécu	vous eûtes vécu
il/elle vécut	ils/elles vécurent	il/elle eut vécu	ils/elles eurent vécu
Future		***Future Anterior***	
je vivrai	nous vivrons	j'aurai vécu	nous aurons vécu
tu vivras	vous vivrez	tu auras vécu	vous aurez vécu
il/elle vivra	ils/elles vivront	il/elle aura vécu	ils/elles auront vécu
Conditional		***Past Conditional***	
je vivrais	nous vivrions	j'aurais vécu	nous aurions vécu
tu vivrais	vous vivriez	tu aurais vécu	vous auriez vécu
il/elle vivrait	ils/elles vivraient	il/elle aurait vécu	ils/elles auraient vécu
Present Subjunctive		***Past Subjunctive***	
que je vive	que nous vivions	que j'aie vécu	que nous ayons vécu
que tu vives	que vous viviez	que tu aies vécu	que vous ayez vécu
qu'il/elle vive	qu'ils/elles vivent	qu'il/elle ait vécu	qu'ils/elles aient vécu
Imperfect Subjunctive		***Pluperfect Subjunctive***	
que je vécusse	que nous vécussions	que j'eusse vécu	que nous eussions vécu
que tu vécusses	que vous vécussiez	que tu eusses vécu	que vous eussiez vécu
qu'il/elle vécût	qu'ils/elles vécussent	qu'il/elle eût vécu	qu'ils/elles eussent vécu

Commands

	(nous) vivons
(tu) vis	(vous) vivez

USAGE

vivre sa vie	*to live one's life*
J'ai su que sa mère vit encore.	*I found out that his mother is still living.*
Il vit de ses rentes.	*He lives off his private income.*
Cette famille n'a pas de quoi vivre.	*That family does not have enough to live on.*
Il lui reste peu de temps à vivre.	*He doesn't have much time left to live.*
Il vit aux crochets de cette femme.	*He's living off that woman.*
Il a toujours vécu d'expédients.	*He's always lived by his wits.*
—J'ai l'impression qu'ils vivent au jour le jour.	*I have the impression that they live from hand to mouth.*
—Oui, ils vivent dans la mouise.	*Yes, they live in poverty.*
On ne peut pas vivre d'amour et d'eau fraîche.	*You can't live on love.*
Son souvenir vivra à jamais.	*His memory will live on forever.*
la joie de vivre	*the joy of living*
C'est un mode qui a vécu.	*It's a style that people don't use anymore.*
Il n'est pas très facile à vivre.	*He's not very easy to get along with.*

RELATED WORDS AND EXPRESSIONS

être sur le qui-vive	*to be on one's guard*

PROVERB

Qui vivra, verra.	*Time will tell.*

to see **voir** 551

irregular verb

je vois · je vis · vu · voyant

Present		*Passé Composé*	
je vois	nous voyons	j'ai vu	nous avons vu
tu vois	vous voyez	tu as vu	vous avez vu
il/elle voit	ils/elles voient	il/elle a vu	ils/elles ont vu
Imperfect		***Pluperfect***	
je voyais	nous voyions	j'avais vu	nous avions vu
tu voyais	vous voyiez	tu avais vu	vous aviez vu
il/elle voyait	ils/elles voyaient	il/elle avait vu	ils/elles avaient vu
Passé Simple		***Past Anterior***	
je vis	nous vîmes	j'eus vu	nous eûmes vu
tu vis	vous vîtes	tu eus vu	vous eûtes vu
il/elle vit	ils/elles virent	il/elle eut vu	ils/elles eurent vu
Future		***Future Anterior***	
je verrai	nous verrons	j'aurai vu	nous aurons vu
tu verras	vous verrez	tu auras vu	vous aurez vu
il/elle verra	ils/elles verront	il/elle aura vu	ils/elles auront vu
Conditional		***Past Conditional***	
je verrais	nous verrions	j'aurais vu	nous aurions vu
tu verrais	vous verriez	tu aurais vu	vous auriez vu
il/elle verrait	ils/elles verraient	il/elle aurait vu	ils/elles auraient vu

Present Subjunctive		*Past Subjunctive*	
que je voie	que nous voyions	que j'aie vu	que nous ayons vu
que tu voies	que vous voyiez	que tu aies vu	que vous ayez vu
qu'il/elle voie	qu'ils/elles voient	qu'il/elle ait vu	qu'ils/elles aient vu
Imperfect Subjunctive		***Pluperfect Subjunctive***	
que je visse	que nous vissions	que j'eusse vu	que nous eussions vu
que tu visses	que vous vissiez	que tu eusses vu	que vous eussiez vu
qu'il/elle vît	qu'ils/elles vissent	qu'il/elle eût vu	qu'ils/elles eussent vu

Commands

	(nous) voyons
(tu) vois	(vous) voyez

USAGE

Regarde. Tu vois ce vieux bâtiment?	*Look. You see that old building?*
Je ne vois rien sans mes lunettes.	*I can't see anything without my glasses.*
—Tu as vu Thérèse en ville?	*Did you see Thérèse in town?*
—Non, je n'ai vu personne.	*No, I didn't see anyone.*
—Je passerai te voir demain soir.	*I'll come by to see you tomorrow evening.*
—Nous pouvons aller voir un film.	*We can go see a movie.*
Venez nous voir un de ces jours.	*Come see us one of these days.*
Je ne vois pas pourquoi tu l'as invité.	*I don't see why you invited him.*
Je l'ai vu de mes propres yeux.	*I saw it with my own eyes.*
C'est une pièce à voir.	*It's a play you should see.*
Toi et moi, nous voyons les choses de la même manière.	*You and I see things the same way.*
Il ne voit que d'un œil.	*He's blind in one eye.*
Notre pays a vu beaucoup de crises.	*Our country has lived through a lot of crises.*
Je n'y vois pas clair.	*I can't make head or tail of it.*

top 50 verb

551 **voir** *to see*

je vois · je vis · vu · voyant — irregular verb

voir = connaître à travers les yeux

Je ne vois absolument rien.	*I don't see anything at all.*
Je les ai vus arriver.	*I saw them arrive.*
Je n'ai jamais vu pareille cruauté.	*I never saw such cruelty.*
se voir	*to see each other*
—Quand est-ce qu'on se verra?	*When will we see each other?*
—Viens me voir au bureau demain.	*Come see me at the office tomorrow.*
faire voir	*to show*
Fais voir tes photos.	*Show me your photos.*
Après être tombé, il voyait trouble.	*After falling, he had blurred vision.*
Je n'avais jamais rien vu de semblable.	*I'd never seen anything like that.*
Je crois que j'ai laissé voir ma colère.	*I think I showed that I was angry.*
Je vois le chirurgien la semaine prochaine.	*I'm seeing the surgeon next week.*
Je voudrais te voir plus à l'aise.	*I'd like to see you more at ease.*

voir = étudier, examiner, comprendre

Je ne vois pas de solution au problème.	*I don't see any solution to the problem.*
Essayez de voir les choses de mon point de vue.	*Try to see things from my point of view.*
Voyons la question de plus près.	*Let's look at the matter more closely.*
—Je ne voyais pas clair ce qu'il voulait dire par là.	*I didn't understand what he meant by that.*
—Moi, j'ai vu clair dans son jeu.	*I saw through his game.*

RELATED WORDS AND EXPRESSIONS

Il n'y voyait que du feu.	*He was completely bamboozled.*
Je ne peux pas le voir.	*I can't stand him.*
Cet enfant m'en a fait voir!	*That child gave me a hard time!*
Cet enfant m'en a fait voir des vertes et des mûres!	*That child gave me a hard time!*
Toi et moi, on ne voit pas les choses du même œil.	*You and I don't see things the same way.*
Il faisait tellement noir qu'on n'y voyait pas à deux pas devant soi.	*It was so dark you couldn't see your hand in front of your face.*
Il ne voit que par son frère aîné.	*He thinks the world of his older brother.*
Il m'a donné un coup de poing et j'en ai vu 36 chandelles.	*He gave me a punch that made me see stars.*
Regardez voir si je t'ai acheté le bon journal.	*Have a look to see if I bought you the right paper.*
Mais tu n'as rien a y voir!	*But it's none of your business!*
Qu'est-ce que cela a à voir avec nous?	*What does that have to do with us?*
Ça n'a rien à voir avec la question.	*That has nothing to do with the matter.*
On aura tout vu!	*Wouldn't that be something?*
Tu ne vois pas plus loin que le bout de ton nez.	*You don't see any further than the tip of your nose.*
Rien qu'à le voir, je dirais qu'il est malade.	*Just by looking at him I can tell he's sick.*
Je vois la vie en rose.	*I look on the bright side.*

top 50 verb

regular -*er* verb

je vole · je volai · volé · volant

Present		*Passé Composé*	
je vole	nous volons	j'ai volé	nous avons volé
tu voles	vous volez	tu as volé	vous avez volé
il/elle vole	ils/elles volent	il/elle a volé	ils/elles ont volé
Imperfect		*Pluperfect*	
je volais	nous volions	j'avais volé	nous avions volé
tu volais	vous voliez	tu avais volé	vous aviez volé
il/elle volait	ils/elles volaient	il/elle avait volé	ils/elles avaient volé
Passé Simple		*Past Anterior*	
je volai	nous volâmes	j'eus volé	nous eûmes volé
tu volas	vous volâtes	tu eus volé	vous eûtes volé
il/elle vola	ils/elles volèrent	il/elle eut volé	ils/elles eurent volé
Future		*Future Anterior*	
je volerai	nous volerons	j'aurai volé	nous aurons volé
tu voleras	vous volerez	tu auras volé	vous aurez volé
il/elle volera	ils/elles voleront	il/elle aura volé	ils/elles auront volé
Conditional		*Past Conditional*	
je volerais	nous volerions	j'aurais volé	nous aurions volé
tu volerais	vous voleriez	tu aurais volé	vous auriez volé
il/elle volerait	ils/elles voleraient	il/elle aurait volé	ils/elles auraient volé

Present Subjunctive		*Past Subjunctive*	
que je vole	que nous volions	que j'aie volé	que nous ayons volé
que tu voles	que vous voliez	que tu aies volé	que vous ayez volé
qu'il/elle vole	qu'ils/elles volent	qu'il/elle ait volé	qu'ils/elles aient volé
Imperfect Subjunctive		*Pluperfect Subjunctive*	
que je volasse	que nous volassions	que j'eusse volé	que nous eussions volé
que tu volasses	que vous volassiez	que tu eusses volé	que vous eussiez volé
qu'il/elle volât	qu'ils/elles volassent	qu'il/elle eût volé	qu'ils/elles eussent volé

Commands

	(nous) volons
(tu) vole	(vous) volez

USAGE

Les oiseaux volent vers le sud.	*The birds are flying southwards.*
L'avion vole entre la France et les USA.	*The plane flies between France and the United States.*
voler qqch à qqn	*to steal something from someone*
On m'a volé ma bicyclette.	*My bicycle was stolen.*
Quelqu'un a volé mon idée.	*Someone stole my idea.*
Ma mère s'est fait voler son sac à main.	*My mother had her handbag stolen.*
On entendait une mouche voler.	*You could hear a pin drop.*
L'assiette a volé en éclats.	*The plate shattered.*
Il m'a volé dans les plumes.	*He let me have it.*
Ce malheur, il ne l'a pas volé.	*That misfortune was just what he deserved.*
On n'est pas volé.	*We got our money's worth.*

RELATED WORDS AND EXPRESSIONS

le vol	*flight/theft*
des vols à l'étalage	*shoplifting*
le voleur	*thief*
Au voleur!	*Stop, thief!*

553 vouloir *to want*

je veux · je voulus · voulu · voulant — irregular verb

vouloir = *désirer*

L'enfant veut de nouveaux jouets.	*The child wants new toys.*
Qu'est-ce que tu veux boire?	*What do you want to drink?*
Comment voulez-vous votre bifteck?	*How do you want your steak?*
Je veux une bouteille de lait.	*I want a bottle of milk.*
Que tu le veuilles ou non, on y va.	*Whether you want to or not, we're going.*
Il veut de moi un prêt.	*He wants a loan from me.*
Je ne veux plus de ce pantalon.	*I don't want these pants anymore.*

vouloir + infinitive

J'ai voulu partir très tôt.	*I wanted to leave very early (and did).*
Pourquoi tu ne veux pas venir?	*Why don't you want to come?*
Il voudrait nous accompagner.	*He'd like to go with us.*
Je ne veux pas voir ce film.	*I don't want to see that movie.*
Veux-tu te taire?	*Would you shut up?*
Veuillez travailler en silence.	*Please work quietly.*
Veux-tu arrêter de m'embêter?	*Will you stop annoying me?*

vouloir que + subjunctive

Je veux que vous me disiez la vérité.	*I want you to tell me the truth.*
Il ne voulait pas que tu le saches.	*He didn't want you to know.*
Je voudrais que tu sois plus gentil avec tout le monde.	*I want you to be friendlier with everyone.*
Comment vouliez-vous que je le fasse?	*How did you expect me to do it?*
Que voulez-vous? Ils sont comme ça.	*What do you expect? That's the way they are.*

RELATED WORDS AND EXPRESSIONS

Il m'en veut.	*He has a grudge against me.*
Elle m'en veut d'avoir oublié son anniversaire.	*She's mad at me for having forgotten her birthday.*
Ne m'en voulez pas, je vous en prie.	*Please don't hold it against me.*
Je voudrais bien vous y voir!	*I'd like to see you do it!*
Il nous a donné des livres en veux-tu en voilà.	*You can't imagine how many books he gave us.*
De quoi tu te plains? Tu l'as voulu.	*What are you complaining about? It's your fault.*
Je m'en veux de ne pas être parti avec eux.	*I'm kicking myself for not having gone away with them.*
Il nous fera savoir en temps voulu.	*He'll let us know in due time.*
—Je crois qu'il nous veut du mal.	*I think he's ill-disposed toward us.*
—Il ne nous veut certainement pas de bien.	*He certainly doesn't wish us well.*
Que veut dire ce mot?	*What does that word mean?*
Qu'est-ce que tu veux dire?	*What do you mean?*
Je ne savais pas ce qu'il voulait dire.	*I didn't know what he meant.*
Je veux être pendu s'il accepte.	*I'll be damned if he'll say yes.*

PROVERB

Vouloir, c'est pouvoir.	*Where there's a will there's a way.*

top 50 verb

irregular verb **je veux · je voulus · voulu · voulant**

Present		*Passé Composé*	
je veux	nous voulons	j'ai voulu	nous avons voulu
tu veux	vous voulez	tu as voulu	vous avez voulu
il/elle veut	ils/elles veulent	il/elle a voulu	ils/elles ont voulu
Imperfect		***Pluperfect***	
je voulais	nous voulions	j'avais voulu	nous avions voulu
tu voulais	vous vouliez	tu avais voulu	vous aviez voulu
il/elle voulait	ils/elles voulaient	il/elle avait voulu	ils/elles avaient voulu
Passé Simple		***Past Anterior***	
je voulus	nous voulûmes	j'eus voulu	nous eûmes voulu
tu voulus	vous voulûtes	tu eus voulu	vous eûtes voulu
il/elle voulut	ils/elles voulurent	il/elle eut voulu	ils/elles eurent voulu
Future		***Future Anterior***	
je voudrai	nous voudrons	j'aurai voulu	nous aurons voulu
tu voudras	vous voudrez	tu auras voulu	vous aurez voulu
il/elle voudra	ils/elles voudront	il/elle aura voulu	ils/elles auront voulu
Conditional		***Past Conditional***	
je voudrais	nous voudrions	j'aurais voulu	nous aurions voulu
tu voudrais	vous voudriez	tu aurais voulu	vous auriez voulu
il/elle voudrait	ils/elles voudraient	il/elle aurait voulu	ils/elles auraient voulu

Present Subjunctive		*Past Subjunctive*	
que je veuille	que nous voulions	que j'aie voulu	que nous ayons voulu
que tu veuilles	que vous vouliez	que tu aies voulu	que vous ayez voulu
qu'il/elle veuille	qu'ils/elles veuillent	qu'il/elle ait voulu	qu'ils/elles aient voulu
Imperfect Subjunctive		***Pluperfect Subjunctive***	
que je voulusse	que nous voulussions	que j'eusse voulu	que nous eussions voulu
que tu voulusses	que vous voulussiez	que tu eusses voulu	que vous eussiez voulu
qu'il/elle voulût	qu'ils/elles voulussent	qu'il/elle eût voulu	qu'ils/elles eussent voulu

Commands

	(nous) veuillons *or* voulons
(tu) veuille *or* veux	(vous) veuillez *or* voulez

USAGE

- —Qu'est-ce que tu veux? *What do you want?*
  —Je veux du jus de pommes. *I want some apple juice.*
- —Qu'est-ce qu'il veut faire? *What does he want to do?*
  —Il veut jouer au football. *He wants to play soccer.*
- —Vous ne vouliez pas me voir? *Didn't you want to see me?*
  —Non, je voulais parler avec Mlle Boisvert. *No, I wanted to speak with Ms. Boisvert.*
- —Je ne sais pas s'il voudra descendre. *I don't know if he'll want to go out.*
  —Qu'il veuille descendre ou non, il faudra qu'il aille poster ses lettres. *Whether he wants to or not, he'll have to go mail his letters.*
- —Il n'a pas voulu attendre. *He refused to wait.*
  —Mais je voulais parler avec lui. *But I wanted to speak with him.*
- —Vous ne voudriez pas rentrer? *Wouldn't you like to go back home?*
  —Merci, je voudrais rester un peu plus. *No, thank you. I'd like to stay a little longer.*
- —Que veux-tu que j'y fasse? *What do you want me to do about it?*
  —Je veux que tu cesses de nous embêter. *I want you to stop annoying us.*

top 50 verb

554 vouvoyer *to use the formal form vous to someone*

je vouvoie · je vouvoyai · vouvoyé · vouvoyant

regular -*er* verb; spelling change: y > i/mute *e*

Present		*Passé Composé*	
je vouvoie	nous vouvoyons	j'ai vouvoyé	nous avons vouvoyé
tu vouvoies	vous vouvoyez	tu as vouvoyé	vous avez vouvoyé
il/elle vouvoie	ils/elles vouvoient	il/elle a vouvoyé	ils/elles ont vouvoyé
Imperfect		*Pluperfect*	
je vouvoyais	nous vouvoyions	j'avais vouvoyé	nous avions vouvoyé
tu vouvoyais	vous vouvoyiez	tu avais vouvoyé	vous aviez vouvoyé
il/elle vouvoyait	ils/elles vouvoyaient	il/elle avait vouvoyé	ils/elles avaient vouvoyé
Passé Simple		*Past Anterior*	
je vouvoyai	nous vouvoyâmes	j'eus vouvoyé	nous eûmes vouvoyé
tu vouvoyas	vous vouvoyâtes	tu eus vouvoyé	vous eûtes vouvoyé
il/elle vouvoya	ils/elles vouvoyèrent	il/elle eut vouvoyé	ils/elles eurent vouvoyé
Future		*Future Anterior*	
je vouvoierai	nous vouvoierons	j'aurai vouvoyé	nous aurons vouvoyé
tu vouvoieras	vous vouvoierez	tu auras vouvoyé	vous aurez vouvoyé
il/elle vouvoiera	ils/elles vouvoieront	il/elle aura vouvoyé	ils/elles auront vouvoyé
Conditional		*Past Conditional*	
je vouvoierais	nous vouvoierions	j'aurais vouvoyé	nous aurions vouvoyé
tu vouvoierais	vous vouvoieriez	tu aurais vouvoyé	vous auriez vouvoyé
il/elle vouvoierait	ils/elles vouvoieraient	il/elle aurait vouvoyé	ils/elles auraient vouvoyé

Present Subjunctive		*Past Subjunctive*	
que je vouvoie	que nous vouvoyions	que j'aie vouvoyé	que nous ayons vouvoyé
que tu vouvoies	que vous vouvoyiez	que tu aies vouvoyé	que vous ayez vouvoyé
qu'il/elle vouvoie	qu'ils/elles vouvoient	qu'il/elle ait vouvoyé	qu'ils/elles aient vouvoyé
Imperfect Subjunctive		*Pluperfect Subjunctive*	
que je vouvoyasse	que nous vouvoyassions	que j'eusse vouvoyé	que nous eussions vouvoyé
que tu vouvoyasses	que vous vouvoyassiez	que tu eusses vouvoyé	que vous eussiez vouvoyé
qu'il/elle vouvoyât	qu'ils/elles vouvoyassent	qu'il/elle eût vouvoyé	qu'ils/elles eussent vouvoyé

Commands

	(nous) vouvoyons
(tu) vouvoie	(vous) vouvoyez

USAGE

Nous vouvoyons nos professeurs.	*We say* vous *to our teachers.*
On vouvoie les serveurs et les vendeurs.	*You say* vous *to waiters and salesclerks.*
—Ils se connaissent bien?	*Do they know each other well?*
—Je ne crois pas. Ils se vouvoient.	*I don't think so. They say* vous *to each other.*
Dans ce bureau tout le monde se vouvoie.	*In this office everyone uses* vous.
Si un inconnu m'interpelle dans la rue en me tutoyant, je réponds en vouvoyant pour garder mes distances.	*If a stranger calls out to me in the street using the* tu *form, I answer using* vous *in order to keep my distance.*

RELATED WORDS AND EXPRESSIONS

le vouvoiement	*use of the formal* vous *instead of the familiar* tu

to travel **voyager**

regular *-er* verb;
spelling change: *g > ge/a, o*

je voyage · je voyageai · voyagé · voyageant

Present		*Passé Composé*	
je voyage	nous voyageons	j'ai voyagé	nous avons voyagé
tu voyages	vous voyagez	tu as voyagé	vous avez voyagé
il/elle voyage	ils/elles voyagent	il/elle a voyagé	ils/elles ont voyagé
Imperfect		*Pluperfect*	
je voyageais	nous voyagions	j'avais voyagé	nous avions voyagé
tu voyageais	vous voyagiez	tu avais voyagé	vous aviez voyagé
il/elle voyageait	ils/elles voyageaient	il/elle avait voyagé	ils/elles avaient voyagé
Passé Simple		*Past Anterior*	
je voyageai	nous voyageâmes	j'eus voyagé	nous eûmes voyagé
tu voyageas	vous voyageâtes	tu eus voyagé	vous eûtes voyagé
il/elle voyagea	ils/elles voyagèrent	il/elle eut voyagé	ils/elles eurent voyagé
Future		*Future Anterior*	
je voyagerai	nous voyagerons	j'aurai voyagé	nous aurons voyagé
tu voyageras	vous voyagerez	tu auras voyagé	vous aurez voyagé
il/elle voyagera	ils/elles voyageront	il/elle aura voyagé	ils/elles auront voyagé
Conditional		*Past Conditional*	
je voyagerais	nous voyagerions	j'aurais voyagé	nous aurions voyagé
tu voyagerais	vous voyageriez	tu aurais voyagé	vous auriez voyagé
il/elle voyagerait	ils/elles voyageraient	il/elle aurait voyagé	ils/elles auraient voyagé

Present Subjunctive		*Past Subjunctive*	
que je voyage	que nous voyagions	que j'aie voyagé	que nous ayons voyagé
que tu voyages	que vous voyagiez	que tu aies voyagé	que vous ayez voyagé
qu'il/elle voyage	qu'ils/elles voyagent	qu'il/elle ait voyagé	qu'ils/elles aient voyagé
Imperfect Subjunctive		*Pluperfect Subjunctive*	
que je voyageasse	que nous voyageassions	que j'eusse voyagé	que nous eussions voyagé
que tu voyageasses	que vous voyageassiez	que tu eusses voyagé	que vous eussiez voyagé
qu'il/elle voyageât	qu'ils/elles voyageassent	qu'il/elle eût voyagé	qu'ils/elles eussent voyagé

Commands

	(nous) voyageons
(tu) voyage	(vous) voyagez

USAGE

J'ai voyagé en autocar.	*I traveled by bus.*
Ils voyagent toujours en première.	*They always travel first class.*
Elle voyage pour affaires.	*She travels on business.*
Ces vins voyagent mal. Ils s'abîment.	*It's hard to ship these wines. They spoil.*
Le colis voyage aux risques et périls de l'expéditeur.	*Any damage to the package during transit is the responsibility of the shipper.*

RELATED WORDS AND EXPRESSIONS

le voyage	*trip*
faire un voyage	*to take a trip*
Le voyage en TGV est assez commode.	*The trip by high-speed train is very comfortable.*
Ce train fait le voyage Londres-Paris.	*This train is on the London-Paris run.*
Il t'a emmené en voyage.	*He sold you a bill of goods.*

English-French Verb Index

Use the following index to look up the corresponding French verb conjugation chart by the English meaning. Some English verbs have more than one French equivalent. The usage notes in the verb charts will help you determine if you have located the appropriate French verb. Italic numbers preceded by "*p.*" refer to pages in the French Tense Profiles section at the beginning of the book.

A

abandon **abandonner** 1
able: be able **pouvoir** 383
abolish **abolir** 4
absolve **absoudre** 9
abuse **abuser** 10
accelerate **accélérer** 11
accept **accepter** 12
accompany **accompagner** 13
accomplish **accomplir** 14
accuse **accuser** 22
acquire **acquérir** 25
act **agir** 34
add **ajouter** 37
admire **admirer** 27
admit **admettre** 26
adopt **adopter** 28
advise **conseiller** 125
agree **convenir** 133
aim **viser** 548
allocate **répartir** 449
amuse **amuser** 45
annoy **agacer** 33, **déranger** 176, **embêter** 209, **ennuyer** 222
answer **répondre** 453
apologize **s'excuser** 252
appear **apparaître** 48, **paraître** 357
applaud **applaudir** 52
approach **aborder** 5, **s'approcher** 55
approve **approuver** 57
argue **discuter** 192
arrange **arranger** 60
arrive **arriver** 63
ask, ask for **demander** 164
assure **assurer** 67
attain **atteindre** 68
attend **assister** 66
attract **attirer** 71
attribute **accorder** 15
avenge **venger** 542
avoid **éviter** 250

B

bait **amorcer** 44
be **être** 245
bear **supporter** 507
become **devenir** 188
begin **amorcer** 44, **commencer** 116
believe **croire** 145
belong **appartenir** 49
betray **trahir** 526
bite **mordre** 336
blame **blâmer** 85
bless **bénir** 83
blow **souffler** 499
blush **rougir** 474
boil **bouillir** 93
boot *(computer)* **amorcer** 44
bore **ennuyer** 222
bored: be bored **s'ennuyer** 223
born: be born **naître** 341
borrow **emprunter** 215
bother **déranger** 176
break **casser** 99, **rompre** 471
bribe **corrompre** 135
bring **apporter** 53
bring (someone somewhere) **amener** 43
bring someone back **ramener** 419
bring up **élever** 205
brush **brosser** 96
build **bâtir** 79, **construire** 127
burn **brûler** 97
burst **crever** 143
bury **enterrer** 227
buy **acheter** 23

C

call **appeler** 50
call: be called **s'appeler** 51
call back **rappeler** 421
can **pouvoir** 383
carry **porter** 378
carry out **accomplir** 14
cash **encaisser** 216
catch **attraper** 72
cause **causer** 100
cease **cesser** 103
celebrate **célébrer** 102
change **changer** 104
charm **séduire** 486
chase **chasser** 107
chat **bavarder** 81
chatter **bavarder** 81
cheat **tricher** 531
check **vérifier** 544
cherish **chérir** 110
choose **choisir** 111
circulate **circuler** 113
claim **prétendre** 392
clean **nettoyer** 343
clear **débarrasser** 150
climb **grimper** 285
close **fermer** 262
clutter **embarrasser** 208
collect **recueillir** 425
collect *(money)* **encaisser** 216
comb one's hair **se peigner** 365
come **venir** 543
come back **revenir** 467
come in **entrer** 229
command **commander** 115
commit **commettre** 117
compare **comparer** 118
complain **se plaindre** 375
conclude **conclure** 121
confess **avouer** 75
congratulate **féliciter** 260
connect **brancher** 95
conquer **conquérir** 124, **vaincre** 539
consent **consentir** 126
constrain **contraindre** 130
consult **consulter** 127
contain **contenir** 128
continue **continuer** 129

contradict **contredire** 131
convince **convaincre** 132
cook **cuire** 148
correct **corriger** 134
corrupt **corrompre** 135
cough **tousser** 524
count **compter** 120
cover **couvrir** 140
cram **bourrer** 94
crazy: be crazy about **raffoler** 414
create **créer** 142
cross **traverser** 529
crouch **s'accroupir** 20
curse **maudire** 324
cut **couper** 138

D

damage **abîmer** 3
dance **danser** 149
dare **oser** 353
decide **décider** 155
declare **déclarer** 156
deduce **déduire** 160
deduct **déduire** 160
deepen **approfondir** 56
defend **défendre** 162
defuse **désamorcer** 177
demand **exiger** 253
demolish **démolir** 166
demonstrate **démontrer** 168
deny **nier** 344
depend **dépendre** 171
deprive oneself **se priver** 397
describe **décrire** 158
desire **désirer** 181
despair **désespérer** 179
despise **mépriser** 330
destroy **détruire** 186
develop **développer** 187
die **mourir** 338
dine **dîner** 190
disappear **disparaître** 193
disappoint **décevoir** 152
disassemble **démonter** 167
disconcert **démonter** 167
discover **découvrir** 157
discuss **discuter** 192
displease **déplaire** 174
distribute **répartir** 449
disturb **déranger** 176
divert **détourner** 185
divide **diviser** 194
do **faire** 257
doubt **douter** 197
draw **dessiner** 182
drink **boire** 88
drive **conduire** 122
drive back **refouler** 430
drive crazy **affoler** 31
drop off **déposer** 175
dry **sécher** 484
dye **teindre** 512

E

earn **gagner** 276
eat **manger** 321, **bouffer** 91, **goûter** 282
elect **élire** 206
embarrass **gêner** 281
employ **employer** 214
encourage **encourager** 217
enter **entrer** 229
entice **attirer** 71
erase **effacer** 203
escape *(avoid)* **échapper** 198
escape *(flee)* **s'échapper** 199, **s'enfuir** 220, **s'évader** 248
establish **établir** 238
exact payment **imposer** 293
exceed **dépasser** 169
expect **s'attendre à** 70
experience **éprouver** 234
explain **expliquer** 254
express oneself **s'exprimer** 255
extend **tendre** 514, **rallonger** 417, **prolonger** 401
extinguish **éteindre** 240

F

fail **échouer** 200
faint **s'évanouir** 249
fall **tomber** 519
fall asleep **s'endormir** 218
fall in love **s'éprendre** 233
familiar: be familiar with **connaître** 123
fear **craindre** 141
feel **sentir** 489, **ressentir** 458
fight **combattre** 114
fill **remplir** 440
find **trouver** 533, **retrouver** 463
finish **finir** 264, **achever** 24, **terminer** 516
fire **renvoyer** 444
fish **pêcher** 364
fix **réparer** 447
fix up **aménager** 42
flee **fuir** 273, **s'enfuir** 220
fly **voler** 552
fly away **s'envoler** 230
fly over **survoler** 510
fold **plier** 377
follow **suivre** 506
forbid **interdire** 300
force **contraindre** 130, **forcer** 267
foresee **prévoir** 395
forget **oublier** 354
forgive **absoudre** 9, **excuser** 251, **pardonner** 358
found **fonder** 265
free **affranchir** 32
freeze **geler** 279
frighten **effrayer** 204
fulfill **accomplir** 14
furnish **fournir** 270

G

gather **cueillir** 147, **recueillir** 425
get along **s'entendre** 226
get angry **se fâcher** 256
get better **guérir** 288
get bigger **grandir** 283, **grossir** 287
get dirty **se salir** 477
get dressed **s'habiller** 289, **se vêtir** 546
get old **vieillir** 547
get something done to oneself **se faire** 258
get thin/skinny **maigrir** 320
get undressed **se déshabiller** 180
get up **se lever** 317
give **donner** 195
give back **rendre** 442
gnaw **ronger** 472
go **aller** 39
go away **s'en aller** 40
go down, go downstairs **descendre** 178
go for a ride **se promener** 402
go home **rentrer** 443
go in **entrer** 229
go out **sortir** 498
go to bed **se coucher** 136
go up **monter** 333
gossip **bavarder** 81
grant **accorder** 15
grind **moudre** 337
groan **gémir** 280
grow **croître** 146
grow pale **pâlir** 356
grow up **grandir** 283, **pousser** 382
growl **gronder** 286

H

hang **pendre** 367
hang up **accrocher** 18, **raccrocher** 412
harm **nuire** 346
hate **détester** 184, **haïr** 291
have **avoir** 74
have a good time **s'amuser** 46
have lunch **déjeuner** 163
heal **guérir** 288
hear **entendre** 225
hear oneself **s'entendre** 226
help **aider** 35
hesitate **hésiter** 292
hide **cacher** 98
hit **battre** 80, **frapper** 271
hold **tenir** 515
hope **espérer** 235
hug **étreindre** 246
hunt **chasser** 107

hurry, hurry up **se dépêcher** 170, **se presser** 391

I

impose **imposer** 293
include **inclure** 294
increase **accroître** 19
indicate **indiquer** 295, **signaler** 494
inform **avertir** 73
insert **introduire** 304
insist **insister** 298
inspect **visiter** 549
instruct **instruire** 299
insure **assurer** 67
intend to **compter** 120
interested: be interested **s'intéresser** 301
interrogate **interroger** 302
interrupt **interrompre** 303
introduce **présenter** 390, **introduire** 304
invite **inviter** 305
iron **repasser** 450
irritate **agacer** 33

J

join **joindre** 307, **unir** 536
joke **blaguer** 84
judge **juger** 309
jump **sauter** 479

K

keep **garder** 277
keep quiet **se taire** 511
kidnap **enlever** 221
kill **tuer** 534
kindle **allumer** 41
kiss **embrasser** 210
knock **frapper** 271
knock down **abbatre** 70
launch **lancer** 313
lay hands upon **imposer** 293
lead **mener** 327
lean on **s'appuyer** 58
lean on one's elbows **s'accouder** 16
learn **apprendre** 54
leave **partir** 360, **quitter** 410, **s'en aller** 40
leave again **repartir** 448
lend **prêter** 393
lengthen **rallonger** 417
let **laisser** 312
let go **lâcher** 311
lie **mentir** 328
lie down **s'étendre** 241
lift **lever** 316
light **allumer** 41
lighten **alléger** 38
like **aimer** 36
listen (to) **écouter** 201
live **vivre** 550
live *(reside)* **habiter** 290
load **charger** 106
locate **repérer** 451
look at **regarder** 432
look for **chercher** 109
lose **perdre** 368
lose hope **désespérer** 179
lose weight **mincir** 332
love **adorer** 29, **aimer** 36
lower **baisser** 76, **rabattre** 411

M

make **faire** 257
make a mistake **se tromper** 532
make fun of **se moquer** 335
manage **se débrouiller** 151
marry **épouser** 232
meet **rencontrer** 441
melt **fondre** 266
mess up **gâcher** 275
misjudge **méconnaître** 325
miss **manquer** 322
missing: be missing **manquer** 322
mistaken: be mistaken about **se méprendre sur** 329
mistrust **se méfier** 326
misuse **abuser** 10
move **bouger** 92
move *(shift, displace)* **déplacer** 173
move along **circuler** 113
move away **s'éloigner** 207
move backwards **reculer** 426
move, move out **déménager** 165
moved: be moved **s'émouvoir** 212
must **devoir** 189, **falloir** *p. 41*

N

named: be named **s'appeler** 51
narrate **raconter** 413
necessary: be necessary **falloir** *p. 41*
neglect **négliger** 342
notice **remarquer** 436
notify **avertir** 73, **signaler** 494, **prévenir** 394
nourish **nourrir** 345

O

obey **obéir** 347
oblige **obliger** 348
obtain **obtenir** 349
offer **offrir** 351
omit **omettre** 352
open **ouvrir** 355
order **commander** 115
ought **devoir** 189
owe **devoir** 189

P

paint **peindre** 366
pardon **absoudre** 9, **pardonner** 358
pass **passer** 361, **dépasser** 169
pay **payer** 362
perceive **apercevoir** 47
permit **permettre** 370
persuade **persuader** 371
phone **téléphoner** 513
pick up **ramasser** 418
pinpoint **repérer** 451
pity **plaindre** 374
place **placer** 373
plan **projeter** 400
play **jouer** 308
please **plaire** 376
plug **boucher** 88
plug in **brancher** 95
point out **indiquer** 295
possess **posséder** 380
pour **verser** 545
practice **pratiquer** 384
pray **prier** 396
predict **prédire** 386
prefer **préférer** 387
prepare **préparer** 389
present **présenter** 390
press **serrer** 491
pretend **feindre** 259
prevent **empêcher** 213
proceed **procéder** 398
produce **produire** 399
prohibit **défendre** 162, **interdire** 300
project **projeter** 400
prolong **prolonger** 401
promise **promettre** 403
pronounce **prononcer** 404
prop up **étayer** 239
propose **proposer** 405
protect **protéger** 407
prove **prouver** 408, **démontrer** 168
pull **tirer** 517
punish **punir** 409
pursue **poursuivre** 381
push **pousser** 382
push into **enfoncer** 219
put **mettre** 331
put away **ranger** 420
put back **remettre** 438, **remplacer** 439
put down **déposer** 175, **poser** 379
put on weight **grossir** 287
put out **éteindre** 240

Q

question **interroger** 302
quicken **accélérer** 11

R

raise **lever** 316, **élever** 205
reach **atteindre** 68
read **lire** 318
reappear **reparaître** 446
receive **recevoir** 423
recognize **reconnaître** 424
recycle **recycler** 427
reduce **réduire** 428

reflect *(think)* **réfléchir** 429, **songer** 496
refresh **rafraîchir** 415
refuse **refuser** 431
register **s'inscrire** 297
regret **regretter** 433
reject **rejeter** 434
rejoin **rejoindre** 435
relax **se détendre** 183
relieve **alléger** 38
remain **rester** 459
remember **se souvenir** 504, **se rappeler** 422
remind **rappeler** 421
remove **enlever** 221, **retirer** 461
rent **louer** 319
repair **réparer** 447
repeat **répéter** 452
replace **remplacer** 439
request **prier** 396
reroute **détourner** 185
resemble **ressembler** 457
resolve **résoudre** 456
rest **se reposer** 454
retain **retenir** 460
retake an exam **repasser** 450
return **retourner** 462
return *(give back)* **rendre** 442
return *(go home)* **rentrer** 443
reveal **révéler** 466
rinse **rincer** 469
rip **déchirer** 154
roast **rôtir** 473
roll **rouler** 475
ruin **abîmer** 3
rumble **gronder** 286
run **courir** 139
run away **s'enfuir** 220, **se sauver** 482
rush **se presser** 391
rush into **se précipiter** 385
rush over to **accourir** 17

S

satisfy **satisfaire** 478
save **sauver** 481, **sauvegarder** 480
say **dire** 191
say *tu* to **tutoyer** 535
say *vous* to **vouvoyer** 554
scatter **répandre** 445
scold **gronder** 286
scratch **gratter** 284
scream **crier** 144
search **fouiller** 268
seduce **séduire** 486
see **voir** 551
see again **revoir** 468
seem **paraître** 357, **apparaître** 48
seize **saisir** 476
sell **vendre** 541
send **envoyer** 231
send away **renvoyer** 444
send back **renvoyer** 444
separate **séparer** 490
serve **servir** 492
sew **coudre** 137
shake **secouer** 485
shear **tondre** 520
should **devoir** 189
shout **crier** 144
show **montrer** 334
sign **signer** 495
signal **signaler** 494
sin **pécher** 363
sing **chanter** 105
sit down **s'asseoir** 65
sleep **dormir** 196
slow down **ralentir** 416
smell **sentir** 489
smoke **fumer** 274
snatch **arracher** 59
sneeze **éternuer** 242
soil **souiller** 502
sorry: be sorry **regretter** 433
sound **sonner** 497
sow **semer** 488
speak **parler** 359
speak to **s'adresser** 30
spend *(money)* **dépenser** 172
split **fendre** 261
spoil **abîmer** 3, **gâter** 278
spot **repérer** 451
spread **répandre** 445
squat **s'accroupir** 20
squeeze **serrer** 491
stammer **bégayer** 82
stand **supporter** 507
start **commencer** 116
start again **reprendre** 455
stay **rester** 459
stay **séjourner** 487
steal **voler** 552
step backwards **reculer** 426
step on **fouler** 269
stirred: be stirred **s'émouvoir** 212
stop **arrêter** 61, **s'arrêter** 62
straighten up **ranger** 420
stretch **tendre** 514
study **étudier** 247
stuff **boucher** 88, **bourrer** 94
stun **étourdir** 244
subscribe **s'abonner** 5
submit **soumettre** 503
succeed **réussir** 464, **aboutir** 7
suck **sucer** 505
suffer **souffrir** 500
suggest **proposer** 405
sulk **bouder** 90
supply **fournir** 270, **munir** 339
surprise **surprendre** 508
surprised: be surprised **s'étonner** 243
survive **survivre** 509
swear **jurer** 310
sweep **balayer** 78
swim **nager** 340

T

tackle *(problem)* **aborder** 6
take **prendre** 388
take a walk **se balader** 77, **se promener** 402
take advantage of **abuser** 10
take care of **s'occuper** 350
take down **rabattre** 411
take off **enlever** 221
take shelter **s'abriter** 8
take someone back **ramener** 419
take someone somewhere **emmener** 211
taste **goûter** 282
teach **enseigner** 224
tear **déchirer** 154
tell **dire** 191, **raconter** 413
thank **remercier** 437
think **penser** 368, **songer** 496
thrive **prospérer** 406
throw **jeter** 306, **lancer** 313
throw back **rejeter** 434
tighten **tendre** 514
tolerate **tolérer** 518
touch **toucher** 522
translate **traduire** 525
travel **voyager** 555
treat **traiter** 527
tremble **frémir** 272, **trembler** 530
trust **se fier** 263
try **essayer** 236
tune **accorder** 15
turn **tourner** 523
turn on **allumer** 41
turn to **s'adresser** 30
twist **tordre** 521

U

underestimate **méconnaître** 325
understand **comprendre** 119
undertake **entreprendre** 228
undo **défaire** 161
unfamiliar: be unfamiliar with **méconnaître** 325
unhook **décrocher** 159
unite **unir** 536
unload **décharger** 153
upset: be upset **s'émouvoir** 212
use **employer** 214, **user** 537, **utiliser** 538
utilize **utiliser** 538

V

visit **visiter** 549

W

wait for **attendre** 69
wake up **se réveiller** 465
walk **marcher** 323
want **vouloir** 553, **désirer** 181
warm up **se chauffer** 108
warn **avertir** 73, **prévenir** 394

wary: be wary **se méfier** 326
wash **laver** 314
wash up **se laver** 315
watch over **garder** 277
water **arroser** 64
wear **porter** 378
weigh **peser** 372
welcome **accueillir** 21
whisper **chuchoter** 112
whistle **siffler** 493
whiten **blanchir** 86
win **gagner** 276
wipe **essuyer** 237
wish **souhaiter** 501
withdraw **retirer** 461
work **travailler** 528
worried: be worried **s'émouvoir** 212
worry **s'inquiéter** 296
worship **adorer** 29
worth: be worth **valoir** 540
wound **blesser** 87
write **écrire** 202

Y

yield **céder** 101

Irregular Verb Form Index

It can sometimes be difficult to derive the infinitive of a particularly irregular verb form. The following will guide you to the infinitive and model verb number so that you can see these irregular forms as part of a complete program. Italic numbers preceded by "*p.*" refer to pages in the French Tense Profiles section at the beginning of the book.

A

a **avoir** 74
ai **avoir** 74
aie **avoir** 74
aient **avoir** 74
aies **avoir** 74
aille **aller** 39
ait **avoir** 74
as **avoir** 74
assaille **assaillir** *p. 42*
asseyais, *etc.* **s'asseoir** 65
asseye, *etc.* **s'asseoir** 65
assied **s'asseoir** 65
assieds **s'asseoir** 65
assiérai, *etc.* **asseoir** 65
assiérais, *etc.* **asseoir** 65
assis **asseoir** 65
assois **s'asseoir** 65
assoit **s'asseoir** 65
aurai, *etc.* **avoir** 74
aurais, *etc.* **avoir** 74
aviez **avoir** 74
avions **avoir** 74
ayant **avoir** 74
ayez **avoir** 74
ayons **avoir** 74

B

bois **boire** 88
boive **boire** 88
boivent **boire** 88
bu **boire** 88
bûmes **boire** 88
burent **boire** 88
bus **boire** 88
busse **boire** 88
bussent **boire** 88
bussions **boire** 88
but **boire** 88
bût **boire** 88
bûtes **boire** 88
buvant **boire** 88
buvez **boire** 88
buviez **boire** 88
buvions **boire** 88
buvons **boire** 88

C

confis **confire** *p. 43*
confise **confire** *p. 43*
confisse **confire** *p. 43*
confit **confire** *p. 43*
connu **connaître** 123
connusse, *etc.* **connaître** 123
connût **connaître** 123
craignis, *etc.* **craindre** 141
crois **croire** 145
croîs **croître** 146
croissais, *etc.* **croître** 146
croit **croire** 145
croît **croître** 146
croyais, *etc.* **croire** 145
croyez **croire** 145
croyons **croire** 145
cru **croire** 145
crû/crue **croître** 146
crûmes **croire** 145, **croître** 146
crurent **croire** 145
crûrent **croître** 146
crus **croire** 145
crûs **croître** 146
crusse **croire** 145
crûsse **croître** 146
crussent **croire** 145
crûssent **croître** 146
crusses **croire** 145
crûsses **croître** 146
crussiez **croire** 145
crûssiez **croître** 146
crussions **croire** 145
crûssions **croître** 146
crût **croire** 145, **croître** 146
crûtes **croire** 145

D

déchoie **déchoir** *p. 43*
déchoient **déchoir** *p. 43*
déchois **déchoir** *p. 43*
déchoit **déchoir** *p. 43*
déchoyez **déchoir** *p. 43*
déchoyons **déchoir** *p. 43*
déchu **déchoir** *p. 43*
déchûmes **déchoir** *p. 43*
déchurent **déchoir** *p. 43*
déchus **déchoir** *p. 43*
déchusse **déchoir** *p. 43*
déchût **déchoir** *p. 43*
déchûtes **déchoir** *p. 43*
devais, *etc.* **devoir** 189
devrai, *etc.* **devoir** 189
devrais, *etc.* **devoir** 189
dîmes **dire** 191
dirai, *etc.* **dire** 191
dirais, *etc.* **dire** 191
dis, *etc.* **dire** 191
disais, *etc.* **dire** 191
disant **dire** 191
dise, *etc.* **dire** 191
disse, *etc.* **dire** 191
dit **dire** 191
dîtes **dire** 191
dois, *etc.* **devoir** 189
doive **devoir** 189
dû/due **devoir** 189
durent **devoir** 189
dus **devoir** 189
dut **devoir** 189
dûmes **devoir** 189
dusse, *etc.* **devoir** 189
dûtes **devoir** 189

E

écrit **écrire** 202
écrivant **écrire** 202
écrive, *etc.* **écrire** 202
émeus **s'émouvoir** 212
émeut **s'émouvoir** 212
émeuve, *etc.* **s'émouvoir** 212
ému/émue **s'émouvoir** 212
émûmes **s'émouvoir** 212

émurent **s'émouvoir** 212
émus **s'émouvoir** 212
émusse **s'émouvoir** 212
émussent **s'émouvoir** 212
émut **s'émouvoir** 212
émût **s'émouvoir** 212
émûtes **s'émouvoir** 212
enverrai, *etc.* **envoyer** 231
enverrais, *etc.* **envoyer** 231
envoie **envoyer** 231
es **être** 245
est **être** 245
étaient **être** 245
étais, *etc.* **être** 245
été **être** 245
êtes **être** 245
étiez **être** 245
étions **être** 245
eu **avoir** 74
eûmes **avoir** 74
eurent **avoir** 74
eus **avoir** 74
eusse **avoir** 74
eut **avoir** 74
eût **avoir** 74
eûtes **avoir** 74

F

faille, *etc.* **falloir** *p. 41*
failli **faillir** *p. 43*
fais **faire** 257
faisais, *etc.* **faire** 257
fait **faire** 257
fallu **falloir** *p. 41*
fallut **falloir** *p. 41*
fallût **falloir** *p. 41*
fasse, *etc.* **faire** 257
ferai, *etc.* **faire** 257
ferais, *etc.* **faire** 257
fîmes **faire** 257
firent **faire** 257
fis **faire** 257
fisse **faire** 257
fit **faire** 257
fît **faire** 257
fîtes **faire** 257
font **faire** 257
fûmes **être** 245
furent **être** 245
fus **être** 245
fusse **être** 245
fut **être** 245
fût **être** 245
fûtes **être** 245
fuyais, *etc.* **fuir** 273

G

gis **gésir** *p. 43*
gisant **gésir** *p. 43*
gisent **gésir** *p. 43*
gisez **gésir** *p. 43*
gisons **gésir** *p. 43*
gît **gésir** *p. 43*

I

irai, *etc.* **aller** 39
irais, *etc.* **aller** 39

L

lis, *etc.* **lire** 318
lisant **lire** 318
lise, *etc.* **lire** 318
lu **lire** 318
lus **lire** 318
lusse **lire** 318
lut **lire** 318
lût **lire** 318

M

mets **mettre** 331
meure **mourir** 338
meurent **mourir** 338
meurs **mourir** 338
meurt **mourir** 338
mîmes **mettre** 331
mirent **mettre** 331
mis/mise **mettre** 331
misse **mettre** 331
mit **mettre** 331
mît **mettre** 331
mîtes **mettre** 331
mort/morte **mourir** 338
moulais, *etc.* **moudre** 337
moule, *etc.* **moudre** 337
moulons **moudre** 337
moulu **moudre** 337
moulûmes **moudre** 337
moulurent **moudre** 337
moulus **moudre** 337
moulusse **moudre** 337
moulût **moudre** 337
moulûtes **moudre** 337

N

nais **naître** 341
naissais, *etc.* **naître** 341
naissant **naître** 341
naisse, *etc.* **naître** 341
naquîmes **naître** 341
naquirent **naître** 341
naquis **naître** 341
naquisse **naître** 341
naquît **naître** 341
naquîtes **naître** 341
né/née **naître** 341
nuis **nuire** 346
nuit **nuire** 346
nuisais, *etc.* **nuire** 346
nuise, *etc.* **nuire** 346
nuisis **nuire** 346
nuisisse **nuire** 346

O

offert **offrir** 351
omîmes **omettre** 352
omirent **omettre** 352
omis **omettre** 352
omisse **omettre** 352
omit **omettre** 352
omît **omettre** 352
omîtes **omettre** 352
ont **avoir** 74
ouï **ouïr** *p. 43*

P

paie **payer** 362
paierai **payer** 362
paierais **payer** 362
paru **paraître** 357
peignais **peindre** 366
peigne **peindre** 366
peignez **peindre** 366
peignis, *etc.* **peindre** 366
peignisse, *etc.* **peindre** 366
peignons **peindre** 366
peint **peindre** 366
pendant **pendre** 367
pendu **pendre** 367
peut **pouvoir** 383
peuvent **pouvoir** 383
peux **pouvoir** 383
plaigne **plaindre** 374
pleut **pleuvoir** *p. 41*
plu **plaire** 376, **pleuvoir** *p. 41*
plûmes **plaire** 376
plus **plaire** 376
plut **plaire** 376, **pleuvoir** *p. 41*
plût **plaire** 376, **pleuvoir** *p. 41*
plûtes **plaire** 376
pourrai, *etc.* **pouvoir** 383
pourrais, *etc.* **pouvoir** 383
pourvus **pourvoir** *p. 44*
pu **pouvoir** 383
puis **pouvoir** 383
puisse, *etc.* **pouvoir** 383
pûmes **pouvoir** 383
purent **pouvoir** 383
pus **pouvoir** 383
pusse **pouvoir** 383
put **pouvoir** 383
pût **pouvoir** 383
pûtes **pouvoir** 383

R

reçois **recevoir** 423
reçoit **recevoir** 423
reçoive **recevoir** 423
reçoivent **recevoir** 423
reçu **recevoir** 423
reçûmes **recevoir** 423
reçurent **recevoir** 423
reçus **recevoir** 423
reçusse **recevoir** 423
reçut **recevoir** 423
reçûtes **recevoir** 423
résolu **résoudre** 456
résolus **résoudre** 456
résolusse **résoudre** 456
résolvais, *etc.* **résoudre** 456
résolve, *etc.* **résoudre** 456
résolvons **résoudre** 456
résous **résoudre** 456

résout **résoudre** 456
revenu **revenir** 467
reviendrai, *etc.* **revenir** 467
reviendrais, *etc.* **revenir** 467
revienne **revenir** 467
reviens **revenir** 467
revînmes **revenir** 467
revinrent **revenir** 467
revins **revenir** 467
revîntes **revenir** 467
ri **rire** 470
riant **rire** 470
rie **rire** 470
riiez **rire** 470
riions **rire** 470
rîmes **rire** 470
rîtes **rire** 470
ris **rire** 470
risse **rire** 470
rit **rire** 470

S

sachant **savoir** 483
sache **savoir** 483
sais **savoir** 483
sait **savoir** 483
saurai, *etc.* **savoir** 483
saurais, *etc.* **savoir** 483
serai, *etc.* **être** 245
serais **être** 245
soient **être** 245
sois **être** 245
soit **être** 245
sommes **être** 245
sont **être** 245
soyez **être** 245
soyons **être** 245
su **savoir** 483
suis **être** 245, **suivre** 506
suit **suivre** 506
sûmes **savoir** 483
surent **savoir** 483
sursis **surseoir** *p. 44*
sursisse **surseoir** *p. 44*
sursoie **surseoir** *p. 44*
sursoient **surseoir** *p. 44*
sursois **surseoir** *p. 44*
sursoit **surseoir** *p. 44*
sursoyais **surseoir** *p. 44*
sursoyant **surseoir** *p. 44*
sursoyez **surseoir** *p. 44*
sursoyons **surseoir** *p. 44*
survécu **survivre** 509
survécûmes **survivre** 509
survécurent **survivre** 509
survécus **survivre** 509
survécusse **survivre** 509
survécût **survivre** 509
survécûtes **survivre** 509
sus **savoir** 483
susse **savoir** 483
sut **savoir** 483
sût **savoir** 483
sûtes **savoir** 483

T

traie **traire** *p. 44*
trais **traire** *p. 44*
trait **traire** *p. 44*
trayons **traire** *p. 44*
tu/tue **se taire** 511
(nous) tûmes **se taire** 511
(se) turent **se taire** 511
(me, te) tus **se taire** 511
(me) tusse **se taire** 511
(se) tussent **se taire** 511
(te) tusses **se taire** 511
(vous) tussiez **se taire** 511
(nous) tussions **se taire** 511
(se) tut **se taire** 511
(se) tût **se taire** 511
(vous) tûtes **se taire** 511

V

va **aller** 39
vaille **valoir** 540
vaillent **valoir** 540
vainque, *etc.* **vaincre** 539
valu **valoir** 540
vas **aller** 39
vaudrai, *etc.* **valoir** 540
vaudrais, *etc.* **valoir** 540
vaut **valoir** 540
vaux **valoir** 540
vécu **vivre** 550
vécûmes **vivre** 550
vécurent **vivre** 550
vécusse **vivre** 550
vécût **vivre** 550
vécûtes **vivre** 550
venu **venir** 543
verrai, *etc.* **voir** 551
verrais, *etc.* **voir** 551
veuille **vouloir** 553
veut **vouloir** 553
veux **vouloir** 553
viendrai, *etc.* **venir** 543
viendrais, *etc.* **venir** 543
vienne **venir** 543
viens **venir** 543
vient **venir** 543
vînmes **venir** 543
vinrent **venir** 543
vins **venir** 543
vinsse **venir** 543
vint **venir** 543
vînt **venir** 543
vîntes **venir** 543
virent **voir** 551
vis **vivre** 550, **voir** 551
visse **voir** 551
vit **vivre** 550, **voir** 551
vît **voir** 551
vîtes **voir** 551
voie **voir** 551
vont **aller** 39
voudrai, *etc.* **vouloir** 553
voudrais, *etc.* **vouloir** 553
voulu **vouloir** 553
voyais **voir** 551
voyait **voir** 551
voyant **voir** 551
voyiez **voir** 551
voyions **voir** 551
vu **voir** 551

French Verb Index

This index contains more than 2,700 verbs that are cross-referenced to a fully conjugated verb that follows the same pattern. Verbs that are models appear in bold type. Italic numbers preceded by "*p.*" refer to pages in the French Tense Profiles section at the beginning of the book.

A

abandonner *to abandon* 1
abasourdir *to stun* 264
abattre *to knock down* 2
abdiquer *to abdicate* 359
s'abêtir *to become a moron* 264
abîmer *to spoil, damage, ruin* 3
abjurer *to abjure, renounce* 359
abolir *to abolish* 4
abominer *to loathe* 359
abonder *to be plentiful* 359
s'abonner *to subscribe* 5
aborder *to arrive at, approach, tackle* (problem) 6
aboutir *to finish, reach a head, succeed* 7
abraser *to abrade* 359
abréger *to shorten, abbreviate* 316
s'abriter *to take shelter, take cover* 8
abreuver *to take an animal to water; to soak* 359
abrutir *to deaden someone's mind, exhaust* 264
absorber *to take* (medicine)*; to occupy, absorb* 359
absoudre *to absolve, forgive, pardon* 9
s'abstenir *to refrain (from)* 515
abstraire *to abstract* see *traire, p. 44*
abuser *to abuse, misuse, take advantage of* 10
accabler *to overwhelm* 359
accaparer *to take up someone's time and energy* 359
accéder *to accede; to access* (Internet) 316
accélérer *to accelerate, quicken* 11
accentuer *to accentuate, accent* 359
accepter *to accept* 12
acclamer *to acclaim* 359
accommoder *to combine, adapt* 359
accompagner *to accompany* 13
accomplir *to accomplish, carry out, fulfill* 14
accorder *to grant, attribute, give; to tune* 15
accoster *to accost* 359
accoucher *to give birth to a baby* 359
s'accouder *to lean on one's elbows* 16
accoupler *to couple, attach, hitch* 359
accourir *to rush over to* 17
accoutrer *to equip, outfit* 359
accoutumer *to accustom* 359
accréditer *to accredit, substantiate* 359
accrocher *to hang up* 18
accroître *to increase* 19
s'accroupir *to crouch down, squat* 20
accueillir *to welcome* 21
acculturer *to acculturate* 359
accuser *to accuse* 22
s'acharner *to do something unrelentingly* 359
acheminer *to dispatch; to route* 359
acheter *to buy* 23
achever *to finish* 24
acquérir *to acquire* 25
acquitter *to acquit; to settle a debt* 359
actionner *to activate* 359
activer *to speed up, rush along* 359
actualiser *to bring up to date* 359
adapter *to adapt* 359
additionner *to add* 359
adhérer *to be a member of* 101
adjoindre *to attach* 307
adjuger *to auction, offer at an auction* 321
admettre *to admit* 26
administrer *to administer* 359
admirer *to admire* 27
admonester *to admonish* 359
adopter *to adopt* 28
adorer *to worship, adore, love* 29
adosser *to stand something against something* 359
s'adresser *to speak to, turn to, address oneself to* 30
adoucir *to sweeten, soften* 264
aduler *to adulate* 359
adultérer *to adulterate* 101
advenir *(impersonal) to happen* 543
affadir *to make tasteless* 264
affaiblir *to weaken* 264
s'affaisser *to collapse* 359
affecter *to pretend, feign, affect* 359
affermir *to strengthen* 264
afficher *to post, tack up, display* 359
affilier *to affiliate* 247
affirmer *to affirm* 359
affliger *to cause grief, sadden* 321
affoler *to cause panic; to drive crazy* 31
affranchir *to free; to put postage on* 32
affréter *to charter* 101
affubler *to deck out* 359
affûter *to sharpen, grind* 359
agacer *to irritate, annoy, pester* 33
agencer *to put together, organize* 373
s'agenouiller *to kneel* 359
agglutiner *to agglutinate* 359
aggraver *to worsen* 359
agir *to act* 34
agonir *to insult* 264
agoniser *to agonize* 359
agrafer *to staple* 359
agrandir *to make bigger* 264
agréer *to accept* 359
agresser *to attack* 359
aguerrir *to harden, make ready for war* 264

aguicher *to entice, tantalize* 359
ahurir *to dumbfound, stupefy* 264
aider *to help* 35
aigrir *to embitter, turn sour* 264
aiguiller *to orient, direct* 359
aiguillonner *to goad* 359
aimanter *to magnetize* 359
aimer *to love, like* 36
ajouter *to add* 37
ajuster *to adjust* 359
alarmer *to alarm* 359
aligner *to align, bring into line* 359
allaiter *to nurse* (a baby) 359
alléger *to lighten, soothe, relieve* 38
aller *to go* 39
s'en aller *to go away, leave* 40
allier *to unite, ally* 247
allonger *to lengthen* 321
allouer *to allocate* 359
allumer *to kindle; to light; to turn on* 41
alourdir *to make heavy* 264
altérer *to make thirsty; to falsify, distort* 316
alterner *to alternate* 359
alunir *to land on the moon* 264
amadouer *to cajole, coax* 359
amarrer *to moor* 359
amasser *to accumulate* 359
améliorer *to improve* 359
aménager *to fix up, make livable* 42
amener *to bring* (someone somewhere) 43
ameuter *to incite to riot* 359
amidonner *to starch* 359
amincir *to make someone look thinner* 359
amnistier *to grant amnesty* 247
amocher *to make ugly, make a mess of* 359
amonceler *to pile up* 50
amorcer *to bait; to begin; to boot* (computer) 44
amortir *to absorb, cushion* 264
amputer *to amputate* 359
amuser *to amuse* 45
s'amuser *to have a good time* 46
ancrer *to anchor* 359
anéantir *to annihilate* 264
angliciser *to anglicize* 359
animer *to lead, direct, cheer on* 359
annexer *to annex* 359
annoncer *to announce* 373
annuler *to invalidate, annul, cancel* 359
anoblir *to ennoble* 264
ânonner *to drone, mumble* 359
anticiper *to anticipate* 359
antidater *to backdate* 359
apaiser *to calm down, soothe, pacify* 359
apercevoir *to perceive* 47
apitoyer *to move to pity, sympathy* 343
aplanir *to smooth out, level* 264
aplatir *to flatten* 264
apostropher *to address someone brusquely* 359
apparaître *to appear, seem* 48
appartenir *to belong* 49
appauvrir *to make poor, impoverish* 264
appeler *to call* 50
s'appeler *to be called/ named* 51
appesantir *to make heavy, load down* 264
applaudir *to applaud* 52
appliquer *to apply* 359
apporter *to bring* 53
apprécier *to evaluate, assess* 247
approprier *to appropriate* 247
apprendre *to learn* 54
s'approcher *to approach* 55
approfondir *to deepen; to study thoroughly* 56
approuver *to approve* 57
approvisionner *to supply, stock* 359
s'appuyer *to lean on* 58
arabiser *to Arabize* 359
arc-bouter *to buttress* 359
archiver *to archive, file* 359
arguer *to argue, offer an argument* 129
armer *to arm* 359
arnaquer *to swindle* 359
arpenter *to survey* (land) 359
arquer *to arch* 359
arracher *to snatch* 59
arraisonner *to inspect a boat* 359
arranger *to arrange* 60
arrêter *to stop* 61
s'arrêter *to stop* 62
arrimer *to tie, secure* 359
arriver *to arrive* 63
s'arroger *to claim without basis* 321
arrondir *to make round* 264
arroser *to water* 64
articuler *to articulate* 359
asperger *to sprinkle* 321
asphyxier *to asphyxiate* 247
aspirer *to inhale; to aspire* 359
assaillir *to attack p. 42*
assainir *to purify, clean up* 264
assaisonner *to season, spice* 359
assécher *to drain* 101
assembler *to gather, bring together* 359
s'asseoir *to sit down* 65
asservir *to reduce to slavery* 264
assiéger *to lay siege to* 38
assigner *to assign* 359
assimiler *to assimilate* 359
assister *to attend; to assist* 66
associer *to associate, include* 247
assombrir *to make dark, darken* 264
assommer *to knock someone out* 359
assortir *to match; to supply* 264
s'assoupir *to grow drowsy* 264
assourdir *to deafen* 264
assurer *to assure; to insure* 67
atomiser *to atomize* 359
attacher *to tie up* 359
attaquer *to attack* 359
s'attarder *to be late, get behind schedule* 359
atteindre *to reach, attain* 68
atteler *to hitch* 50
attendre *to wait for* 70
s'attendre à *to expect* 69
attendrir *to soften, move to pity* 264
attiédir *to make lukewarm* 264
attirer *to attract; to lure, entice* 71
attraper *to catch* 72
attribuer *to attribute* 129
attrister *to sadden* 359
augmenter *to increase* 359
ausculter *to listen with a stethoscope* 359
automatiser *to make automatic* 359
autoriser *to grant permission* 359
avachir *to make sloppy* 264
avaler *to swallow* 359
avancer *to move forward* 373
avantager *to give an advantage* 321
s'avérer *to prove true* 101
avertir *to warn, inform, notify* 73
aveugler *to blind* 359
avilir *to make vile, make contemptible* 264
aviser *to inform* 359
aviver *to enliven* 359
avoir *to have* 74
avoisiner *to neighbor, be neighboring* 359
avorter *to abort* 359
avouer *to confess* 75

B

bâcher *to cover with a tarp* 359
bachoter *to cram for an exam* 359
bâcler *to botch up* 359
badauder *to stroll around* 359
badigeonner *to paint, daub, smear* 359
bâfrer *to eat gluttonously* 359
baigner *to bathe, soak* 359
bâiller *to yawn* 359
bâillonner *to gag* 359
baisser *to lower* 76
se balader *to take a walk* 77
balafrer *to slash, scar* 359
balancer *to swing* 373

balayer *to sweep* 78
balbutier *to mumble, stammer* 247
baliser *to mark a path, road* 359
ballotter *to shake about, give a rough ride to* 359
bannir *to banish* 264
baptiser *to baptize* 359
baragouiner *to murder* (a language) 359
baratiner *to give someone a sales talk* 359
barbouiller *to smear, scribble* 359
barrer *to block, bar* 359
basculer *to topple* 359
baser *to base* 359
batailler *to struggle, battle, fight* 359
bâtir *to build* 79
battre *to hit, beat* 80
bavarder *to chat, chatter, gossip* 81
baver *to dribble, drool* 359
bayer *to daydream, stare into space* 362
bêcher *to dig up the earth* 359
becqueter *to peck at* 306
bégayer *to stammer* 82
bénéficier *to benefit* 247
bénir *to bless* 83
bercer *to rock in a cradle* 373
beugler *to bellow* 359
beurrer *to butter* 359
se bidonner *to laugh a lot* 359
bifurquer *to split in two* 359
blaguer *to kid, joke* 84
blâmer *to blame* 85
blanchir *to whiten* 86
blesser *to wound* 87
blinder *to put armor plating on* 359
blondir *to become more blond* 359
se blottir *to snuggle, curl up* 264
boire *to drink* 88
boiter *to limp* 359
bombarder *to bomb* 359
bondir *to leap* 264
bonifier *to improve* 247
border *to embroider* 359
borner *to limit* 359
bosser *to work* 359
botter *to put boots on* 359
boucher *to plug, block, stuff, cork* 89
boucler *to buckle* 359
bouder *to sulk* 90
bouffer *to eat, gobble, gobble up* 91
bouger *to move* 92
bouillir *to boil* 93
bouillonner *to bubble, seethe* 359
bouler *to roll* 359
bouleverser *to upset* 359
bourdonner *to buzz* 359
bourgeonner *to bud* 359
bourrer *to cram, stuff* 94
bousculer *to jostle, push* 359
bousiller *to mess up, botch* 359
bouter *to chase away, expel* 359
boutonner *to button* 359
boxer *to box* 359
boycotter *to boycott* 359
brader *to sell off, sell cheap* 359
brancher *to plug in, connect* 95
brailler *to yell, squawk* 359
brandir *to brandish* 264
branler *to shake* 359
braquer *to aim* 359
brasser *to brew* 359
braver *to defy* 359
bredouiller *to stammer, mumble* 359
bricoler *to putter* 359
brider *to bridle* 359
briller *to shine* 359
brimer *to browbeat, bully* 359
briquer *to scrub, scrub clean* 359
briser *to shatter* 359
broder *to embroider* 359
bronzer *to tan* 359
brosser *to brush* 96
brouiller *to muddle, confuse* 359
brouter *to graze* 359
broyer *to grind* 343
bruiner *to drizzle* 359
brûler *to burn* 97
brunir *to tan, make swarthy* 264
bûcher *to cram, work hard* 359
buriner *to engrave, chisel* 359
buter *to stumble, trip* 359

C

cabosser *to dent* 359
cabrer *to rear* (horse) 359
cacher *to hide* 98
cacheter *to seal* 306
cadrer *to fit in with* 359
cafouiller *to be all messed up* (organization) 359
cahoter *to jolt, shake up* 359
calcifier *to calcify* 247
calculer *to figure, calculate* 359
caler *to stall* (motor) 359
calibrer *to calibrate* 359
calmer *to calm* 359
calomnier *to slander* 247
cambrer *to arch* 359
se camer *to take drugs* 359
camoufler *to camouflage* 359
camper *to camp* 359
canaliser *to channel* 359
canoniser *to canonize* 359
canonner *to attack with heavy artillery* 359
canoter *to go rowing* 359
cantonner *to quarter troops* 359
caoutchouter *to rubberize* 359
capoter *to overturn* 359
capituler *to capitulate* 359
captiver *to captivate* 359
caractériser *to characterize* 359
carboniser *to burn to a crisp* 359
caresser *to caress, pet* 359
caricaturer *to caricature* 359
carillonner *to ring, peal, chime* 359
carreler *to tile* 50
carrer *to square* 359
caser *to shove, stuff one's things in* 359
casser *to break* 99
catéchiser *to indoctrinate* 359
causer *to cause* 100
caviarder *to ink out, to censor* 359
céder *to yield* 101
ceindre *to encircle, gird* 259
célébrer *to celebrate* 102
celer *to hide* 316
censurer *to censor, censure* 359
centraliser *to centralize* 359
cercler *to circle* 359
cerner *to ring, circle* 359
certifier *to certify* 247
cesser *to cease, stop* 103
chagriner *to sadden, cause grief* 359
chambarder *to turn upside down, mess up* 359
chanceler *to totter* 50
changer *to change* 104
chanter *to sing* 105
chaparder *to pilfer* 359
charger *to load* 106
charmer *to charm* 359
chasser *to hunt, chase* 107
chatouiller *to tickle* 359
se chauffer *to warm up* 108
chausser *to put shoes on* 359
chavirer *to capsize* 359
chercher *to look for* 109
chérir *to cherish* 110
chevaucher *to straddle, stride over* 359
cheviller *to affix with pegs* 359
chicaner *to quibble, argue over petty things* 359
chiffonner *to crumple* 359
chiffrer *to encode* 359
chiper *to swipe, steal* 359
chiquer *to chew tobacco* 359
choir *to fall* see *déchoir, p. 43*
choisir *to choose* 111
chômer *to be unemployed* 359
choper *to swipe* 359
choquer *to shock* 359
choyer *to pamper* 359
chuchoter *to whisper* 112
cimenter *to cement* 359
cingler *to lash* 359
cintrer *to arch* 359
circonscrire *to delimit, mark off* 202
circuler *to move along, circulate* 113

cirer *to wax* 359
ciseler *to chisel* 279
citer *to quote* 359
civiliser *to civilize* 359
clamer *to proclaim* 359
clapoter *to lap* (water) 359
claquer *to snap, crack; to die* (slang) 359
classer *to file, classify* 359
cligner *to blink* 359
clignoter *to flicker, blink* (of lights) 359
clocher *to be defective, work badly* 359
cloisonner *to partition* 359
codifier *to codify* 247
cogiter *to cogitate, reflect* 359
cogner *to knock, beat, hit* 359
se coiffer *to do one's hair* 359
coincer *to jam, nail, trap, pin* 373
collationner *to compare versions, check* 359
coller *to stick* 359
colmater *to plug, fill* 359
coloniser *to colonize* 359
colporter *to peddle* 359
combattre *to fight* 114
combiner *to combine* 359
combler *to fill, fill up* 359
commander *to order, command* 115
commanditer *to finance, sponsor* 359
commencer *to begin* 116
commettre *to commit* 117
commuer *to commute* (a sentence) 129
communiquer *to communicate* 359
commuter *to commute* (math) 359
comparaître *to appear* (court) 357
comparer *to compare* 118
compatir *to sympathize* 264
compenser *to compensate* 359
complaire *to please* 376
compléter *to complete* 101
complimenter *to compliment* 359
comploter *to plot* 359
comporter *to be composed of* 359
composer *to dial* 359
comprendre *to understand* 119
compter *to count; to intend to* 120
compulser *to consult, leaf through* 359
concéder *to grant, concede* 101
concevoir *to conceive, imagine* 423
concilier *to reconcile* 247
conclure *to conclude* 122
concocter *to prepare, cook up* 359
concourir *to compete; to cooperate* 139
concurrencer *to compete* 373
condamner *to condemn* 359
condescendre *to condescend* 541
conduire *to drive* 122
conférer *to confer upon* 101
confesser *to confess* 359
confier *to entrust* 247
confirmer *to confirm* 359
confondre *to confuse* 541
confronter *to compare, face* 359
congédier *to fire* 247
congeler *to freeze* 279
congratuler *to congratulate* 359
conjuguer *to conjugate* 359
conjurer *to avert, thwart* 359
connaître *to know, be familiar with* 123
connecter *to connect* 359
conquérir *to conquer* 124
consacrer *to dedicate* 359
conseiller *to advise* 125
consentir *to consent* 126
conserver *to conserve, preserve* 359
considérer *to consider* 101
consigner *to deposit, confine* 359
consoler *to console* 359
consolider *to strengthen, consolidate* 359
consommer *to consume* 359
conspirer *to conspire* 359
conspuer *to boo, hiss* 129
constituer *to set up, form* 129
construire *to build* 127
consulter *to consult* 359
consumer *to exhaust, consume* 359
contacter *to contact, get in touch with* 359
contaminer *to contaminate* 359
contempler *to contemplate* 359
contenir *to contain* 128
contester *to contest* 359
continuer *to continue* 129
contourner *to go around, bypass* 359
contraindre *to force, constrain* 130
contrarier *to bother, annoy* 247
contraster *to contrast* 359
contredire *to contradict* 131
contrefaire *to mimic* 257
contribuer *to contribute* 129
contrôler *to inspect, check* 359
contusionner *to bruise* 359
convaincre *to convince* 132
convenir *to agree* 133
converser *to converse* 359
convertir *to convert* 264
convier *to invite* 247
convoiter *to covet* 359
convoquer *to summon* 359
convulser *to convulse* 359
coopérer *to cooperate* 101
coordonner *to coordinate* 359
copier *to copy* 247
copiner *to hang around with* 359
corder *to tie with a cord* 359
corner *to bend the corner of a page* 359
corriger *to correct* 134
corroborer *to corroborate* 359
corrompre *to corrupt, bribe* 135
corser *to spice up; to spike* (a drink) 359
costumer *to dress up as* 359
se cotiser *to chip in* 359
côtoyer *to rub shoulders with; to be alongside* 343
se coucher *to go to bed* 136
coudoyer *to rub shoulders with, associate with* 343
coudre *to sew* 137
couler *to flow; to sink* 359
couper *to cut* 138
coupler *to couple* 359
courber *to bend* 359
courir *to run* 139
couronner *to crown* 359
courroucer *to anger, irritate* 373
coûter *to cost* 359
couver *to hatch; to smolder, simmer* 359
couvrir *to cover* 140
cracher *to spit* 359
craindre *to fear* 141
se cramponner *to cling to* 359
crâner *to show off* 359
craqueler *to crack* 50
craquer *to creak, crackle* 359
crayonner *to jot down, scribble* 359
créditer *to credit* 359
créer *to create* 142
crépiter *to sizzle, crackle* 359
creuser *to dig* 359
crevasser *to cause to crack, chap* 359
crever *to burst* 143
cribler *to riddle* 359
crier *to shout, scream* 144
crisper *to tense up, flex* 359
cristalliser *to crystallize* 359
critiquer *to criticize* 359
crocheter *to pick a lock* 23
croire *to believe* 145
croiser *to pass; to run into* 359
croître *to grow* 146
croquer *to crunch, munch* 359
crouler *to collapse, give way* 359
croupir *to stagnate* 264
crucifier *to crucify* 247
cueillir *to gather* 147
cuire *to cook* 148
cuisiner *to cook* 359
culbuter *to tumble, topple* 359
culminer *to peak, culminate* 359
cultiver *to grow, cultivate* 359

curer *to clean* 359
cuver *to sleep it off* 359

D

daigner *to deign* 359
damner *to damn* 359
se dandiner *to waddle* 359
danser *to dance* 149
dater *to date* 359
déballer *to unpack* 359
débander *to take off a blindfold* 359
débarbouiller *to clean the face* 359
débarquer *to get off a ship* 359
débarrasser *to clear* 150
débattre *to debate* 80
débaucher *to fire* 359
se débiner *to run away, flee* 359
débiter *to utter; to sell; to debit* 359
déblatérer *to rant and rave about* 101
déblayer *to clear, remove obstructions* 362
débloquer *to unblock* 359
déboguer *to debug* (computer) 359
déboiser *to clear trees* 359
déborder *to overflow* 359
déboucher *to uncork, unblock* 359
déboucler *to unbuckle* 359
déboulonner *to remove the bolts; to fire* 359
déboussoler *to disorient* 359
déboutonner *to unbutton* 359
débrancher *to disconnect* 359
débrayer *to release the clutch* 362
débrider *to release the bridle, unleash* 359
se débrouiller *to manage* 151
décacheter *to unseal* 306
décaféiner *to decaffeinate* 359
décalcifier *to decalcify* 247
décaler *to move forward or backward* (time) 359
décamper *to scram* 359
décaper *to strip metal, clean* 359
décapiter *to decapitate* 359
décéder *to die, pass on* 101
déceler *to uncover, reveal* 316
décevoir *to disappoint* 152
déchaîner *to unchain, unleash* 359
décharger *to unload* 153
déchiffrer *to decode, decipher, make out* 359
déchirer *to tear, rip* 154
déchoir *to demean oneself p. 43*
décider *to decide* 155
décimer *to decimate* 359
déclarer *to declare* 156
déclencher *to launch; to release* 359
décliner *to decline* 359
déclouer *to take the nails out of* 359
décoiffer *to mess up someone's hair* 359
décoincer *to loosen, unjam* 373
décoller *to unstick* 359
décolorer *to fade, discolor* 359
décommander *to cancel* 359
décomposer *to decompose* 359
déconcerter *to disconcert* 359
décongestionner *to decongest* 359
déconnecter *to disconnect* 359
déconseiller *to advise someone not to do something* 359
déconsidérer *to discredit* 359
décontracter *to relax* 359
décorer *to decorate* 359
décorner *to smooth out a page* 359
décortiquer *to shell, husk* 359
découdre *to take the stitches out of* 137
découler *to derive, flow from* 359
décourager *to discourage* 321
découvrir *to discover* 157
décrasser *to remove dirt* 359
décrépir *to remove plaster from walls, etc.* 359
décréter *to decree, order* 101
décrire *to describe* 158
décrocher *to unhook* 159
décroiser *to uncross* 359
décroître *to decrease* (past part. **décru**) 146
décrotter *to get the mud off* 359
dédaigner *to despise, scorn* 359
dédicacer *to autograph, inscribe* 373
dédier *to dedicate* 247
dédommager *to compensate for* 321
dédouaner *to get through customs* 359
dédoubler *to split in two* 359
déduire *to deduce, deduct* 160
défaillir *to faint* see *assaillir, p. 42*
défaire *to undo* 161
défavoriser *to put at a disadvantage* 359
défendre *to defend; to prohibit* 162
déférer *to defer* 101
déferler *to stream, break through* 359
déferrer *to unshoe a horse* 359
défier *to challenge* 247
définir *to define* 264
défoncer *to knock the bottom out of* 373
se défouler *to let off steam* 359
dégager *to release, free, detach* 321
dégarnir *to empty, remove decorations* 264
dégeler *to thaw* 279
dégivrer *to defrost* 359
dégonfler *to deflate* 359
dégorger *to pour out, disgorge* 321
dégouliner *to drip down* 359
dégoupiller *to remove the pin from a grenade* 359
se dégourdir *to stretch one's legs* 264
dégoûter *to disgust* 359
dégrader *to degrade, debase* 359
dégraisser *to skim the fat off* 359
dégringoler *to tumble down* 359
dégriser *to sober someone up* 359
dégrossir *to refine, smooth out* 264
déguerpir *to run away, clear out* 359
déguster *to taste, sample* 359
se déhancher *to walk in a lopsided manner* 359
déjeuner *to have lunch* 163
délabrer *to allow to get dilapidated* 359
délaisser *to neglect* 359
délasser *to refresh, relax* 359
délayer *to mix, dilute, pad* 362
délibérer *to deliberate* 101
délier *to untie* 247
délivrer *to free, save from* 359
demander *to ask, ask for* 164
se démaquiller *to take off one's makeup* 359
démarrer *to start up, get started* 359
démêler *to disentangle, free* 359
déménager *to move, move out* 165
se démener *to exert oneself, struggle* 327
démentir *to deny* 328
démériter *to reveal oneself to be unworthy* 359
demeurer *to live, dwell* 359
démissionner *to resign* 359
démobiliser *to demobilize* 359
démolir *to demolish* 166
démonter *to disassemble, disconcert* 167
démontrer *to prove, demonstrate* 168
démordre *to give something up* 541
dénationaliser *to privatize* 359
dénicher *to uncover, unearth* 359
dénigrer *to denigrate* 359
dénombrer *to count, enumerate* 359
dénommer *to designate* 359
dénoncer *to denounce* 373
dénoter *to denote* 359
dénouer *to unknot* 359
dépanner *to help someone out of a jam* 359
déparer *to make ugly* 359
se départir de *to stray from* 360

dépasser *to pass, exceed* 169
dépayser *to make someone feel out of place* 359
se dépêcher *to hurry, hurry up* 170
dépeindre *to depict* 366
dépendre *to depend* 171
dépenser *to spend* (money) 172
dépeupler *to depopulate* 359
dépister *to track down* 359
déplacer *to move, shift, displace* 173
déplaire *to displease, cause not to like* 174
déplâtrer *to remove the cast* 359
déplorer *to deplore* 359
déployer *to deploy* 343
dépolitiser *to depoliticize* 359
déporter *to deport* 359
déposer *to put down, drop off* 175
déposséder *to dispossess* 380
dépouiller *to despoil; to strip* 359
dépraver *to deprave, corrupt* 359
déprécier *to underestimate* 247
déraciner *to uproot* 359
déranger *to bother, annoy, disturb* 176
dératiser *to get rid of rats* 359
dérégler *to upset, cause not to work properly* 101
dériver *to derive* 359
dérober *to steal* 359
se dérouler *to take place* 359
dérouter *to disconcert, throw off the track* 359
désaltérer *to quench someone's thirst* 101
désamorcer *to defuse* 177
désapprouver *to disapprove* 359
désarmer *to disarm* 359
désarticuler *to dislocate* 359
désavantager *to put at a disadvantage* 359
désaxer *to make unbalanced, unhinged* 359
descendre *to go down, go downstairs* 178
déserter *to desert* 359
désespérer *to lose hope, despair* 179
se déshabiller *to get undressed* 180
désherber *to weed* 359
déshydrater *to dehydrate* 359
désinfecter *to disinfect* 359
désintoxiquer *to detoxify* 359
désirer *to desire, want* 181
désosser *to remove the bones* 359
dessaler *to desalinate* 359
dessécher *to dry out* 484
desservir *to service, provide service for* 492
dessiner *to draw* 182
déstabiliser *to destabilize* 359
destiner *to intend, to aim at* 359
destituer *to remove from office* 129
désunir *to disunite, separate* 264
détacher *to detach* 359
détailler *to sell retail* 359
détecter *to detect* 359
déteindre *to lose color, fade* 512
se détendre *to relax* 183
détenir *to hold, have in one's possession* 515
détériorer *to deteriorate* 359
déterminer *to determine* 359
déterrer *to unearth* 359
détester *to hate* 184
détoner *to detonate* 359
détonner *to clash* (colors) 359
détourner *to divert, reroute, hijack, distort* 185
détraquer *to make malfunction; to disturb, unsettle* 359
détremper *to waterlog, dilute* 359
détruire *to destroy* 186
dévaler *to tumble down* 359
dévaliser *to rob someone of what he has on him* 359
dévaluer *to devaluate* 129
devancer *to get ahead of* 373
dévaster *to devastate* 359
développer *to develop* 187
devenir *to become* 188
déverrouiller *to unbolt* 359
déverser *to pour out, rain down* 359
se dévêtir *to undress* 546
deviner *to guess* 359
dévisager *to stare at* 321
dévisser *to unscrew* 359
dévoiler *to unveil* 359
devoir *to owe; should, ought, must* 189
dévorer *to devour* 359
se dévouer *to sacrifice oneself* 359
diagnostiquer *to diagnose* 359
dicter *to dictate* 359
diffamer *to defame* 359
différer *to differ* 101
diffuser *to spread; to broadcast* 359
digérer *to digest* 101
dilapider *to squander* 359
diminuer *to diminish, decrease* 129
dîner *to have dinner, dine* 190
dire *to say, tell* 191
diriger *to direct* 321
discerner *to discern* 359
discourir *to expatiate upon, ramble on about* 139
discréditer *to discredit* 359
disculper *to exculpate* 359
discuter *to discuss, argue* 192
disjoindre *to take apart, separate* 307
disparaître *to disappear* 193
dispenser *to dispense* 359
disperser *to scatter* 359
disposer *to arrange* 359
disputer *to fight, vie* 359
disséminer *to scatter* 359
disséquer *to dissect* 359
disserter *to discuss, deal with, speak about* 359
dissimuler *to conceal* 359
dissocier *to disassociate* 247
distancer *to get ahead of* 359
distinguer *to distinguish, make out* 359
distraire *to distract, amuse* see *traire, p. 44*
distribuer *to distribute* 129
diversifier *to diversify, vary* 247
divertir *to amuse* 264
diviser *to divide* 194
divulguer *to divulge* 359
dodeliner *to nod gently, move up and down* 359
domestiquer *to domesticate* 359
dominer *to dominate* 359
dompter *to tame, subdue* 359
donner *to give* 195
dorer *to gild* 359
dorloter *to pamper* 359
dormir *to sleep* 196
doser *to fix the dosage of* 359
doubler *to double; to dub* 359
douer *to bestow talent* 359
douter *to doubt* 197
draguer *to try to pick up girls* (slang) 359
drainer *to drain* 359
dresser *to erect; to train* 359
dribbler *to dribble* 359
droguer *to drug* 359
durcir *to harden* 264
durer *to last* 359
dynamiter *to dynamite* 359

E

ébahir *to dumbfound, leave openmouthed* 264
ébaucher *to outline, sketch* 359
éblouir *to dazzle* 264
ébouriffer *to mess up someone's hair* 359
ébranler *to shake, shake up, weaken* 359
s'ébrouer *to snort, breathe heavily* 359
ébruiter *to start a rumor* 359
écarter *to spread, separate, open* 359
échafauder *to construct* 359
échanger *to exchange* 104
échantillonner *to sample* 359
échapper *to escape, avoid* 198
s'échapper *to escape, flee* 199
écharper *to massacre* 359
échauffer *to warm up* 359

échelonner *to spread out in regular intervals* 359
écheveler *to mess up someone's hair* 50
s'échiner *to overwork* 359
échouer *to fail* 200
éclabousser *to splash* 359
éclaircir *to brighten* 264
éclairer *to light up* 359
éclater *to burst* 359
éclore *to open* (of a bud) see *clore, p. 42*
s'écouler *to pass by* (time) 359
écourter *to shorten* 359
écouter *to listen (to)* 201
écrabouiller *to squash* 359
écraser *to crush* 359
écrémer *to skim the cream off* 101
s'écrier *to cry out* 247
écrire *to write* 202
s'écrouler *to collapse* 359
édifier *to build* 247
éditer *to edit* 359
édulcorer *to sweeten* 359
éduquer *to bring up, educate* 359
effacer *to erase* 203
effarer *to alarm, frighten* 359
effaroucher *to scare off* 359
effectuer *to carry out* 129
effeuiller *to pull the leaves off* 359
effleurer *to graze* (touch lightly) 359
s'efforcer *to strive* 373
effrayer *to frighten* 204
effriter *to reduce to powder* 359
s'égarer *to lose one's way* 359
égayer *to cheer up* 362
égorger *to slit the throat of* 321
égoutter *to drain* 359
égratigner *to scratch* 359
élancer *to cause shooting pain* 373
élargir *to widen, broaden* 264
électriser *to electrify* 359
élever *to bring up, raise* 205
élimer *to wear out, make threadbare* 359
élire *to elect* 206
s'éloigner *to move away, go far away* 207
élucider *to elucidate* 359
éluder *to elude* 359
émarger *to make a marginal note* 321
émasculer *to emasculate* 359
emballer *to wrap up* 359
embarquer *to take on board* 359
embarrasser *to clutter, put into a predicament* 208
embaucher *to hire* 359
embaumer *to embalm* 359
embellir *to beautify* 264
embêter *to annoy* 209
embobiner *to wind* 359
emboîter *to fit into* 359
emboucher *to bring a wind instrument to one's lips* 359
embrasser *to kiss* 210
embuer *to mist over* 129
embusquer *to ambush* 359
émettre *to emit* 331
émigrer *to emigrate* 359
emmagasiner *to store* 359
emménager *to move in* 321
emmener *to take someone somewhere* 211
emmurer *to wall in* 359
émonder *to prune* 359
s'émouvoir *to be stirred, moved, upset, worried* 212
s'emparer *to take hold of* 359
empêcher *to prevent, hinder* 213
s'empêtrer *to get tangled up in* 359
s'empiffrer *to stuff one's face* 359
empiler *to stack, pile* 359
empirer *to worsen* 359
emplir *to fill* 264
employer *to use, employ* 214
empocher *to put in one's pocket* 359
empoisonner *to poison* 359
emporter *to take away, carry off* 359
s'empresser *to hurry, hasten* 359
emprunter *to borrow* 215
empuantir *to stink up* 264
encadrer *to frame* 359
encaisser *to cash, collect money* 216
encastrer *to embed, fix* 359
encercler *to encircle* 359
enchaîner *to chain, link* 359
enchanter *to delight* 359
enchevêtrer *to tangle* 359
enclaver *to close in* 359
encourager *to encourage* 217
encrasser *to dirty, make dirty* 359
encroûter *to stagnate* 359
endiguer *to contain, hold back* 129
endoctriner *to indoctrinate* 359
s'endormir *to fall asleep* 218
endosser *to put on, slip on* 359
enduire *to coat* 122
endurcir *to harden, toughen* 264
s'énerver *to get upset, annoyed* 359
enfermer *to lock up* 359
enfiler *to string; to thread* 359
enfoncer *to thrust into, push into, push through* 219
enfouir *to bury* 264
enfourcher *to mount, be astride* 359
enfreindre *to infringe on, violate* 259
s'enfuir *to flee, run away, escape* 220
enfumer *to make smoky* 359
s'engager *to commit oneself* 321
engendrer *to generate, engender* 359
englober *to include in* 359
engloutir *to swallow up, devour* 264
engouffrer *to devour* 359
engourdir *to make numb* 264
engraisser *to fatten, fertilize* 359
engueuler *to scold* (vulgar) 359
enhardir *to embolden* 264
s'enivrer *to get drunk* 359
enjamber *to step over* 359
enjôler *to cajole* 359
enlever *to take off, remove; to kidnap* 221
s'enliser *to get stuck* 359
ennuyer *to bore, annoy* 222
s'ennuyer *to be bored* 223
énoncer *to state, express, declare* 373
enorgueillir *to make proud* 264
s'enquérir *to inquire* 124
enquêter *to survey, poll* 359
enquiquiner *to annoy* (colloq.) 359
enraciner *to implant, entrench, make take root* 359
enrager *to be furious* 321
enrayer *to stop, stay, hold back* 362
enregistrer *to record* 359
s'enrhumer *to catch a cold* 359
enrichir *to enrich* 264
enrouler *to wind, roll* 359
ensabler *to cover with sand* 359
s'ensabler *to get stuck in the sand* 359
ensanglanter *to bloody* 359
enseigner *to teach* 224
ensevelir *to bury* 264
ensoleiller *to let in sunlight* 359
ensorceler *to bewitch* 50
s'ensuivre *to ensue* 506
entacher *to stain* (morally) 359
entamer *to start, broach, open* 359
entendre *to hear* 225
s'entendre *to get along; to hear oneself* 226
entériner *to validate, ratify* 359
enterrer *to bury* 227
entôler *to swindle, con* 359
entortiller *to twist* 359
entraîner *to drag; to train* 359
entraver *to block; to interfere with* 359
entrebâiller *to open slightly* 359
entrecouper *to pepper with, sprinkle with* 359
entremêler *to mix together* 359
s'entremettre *to meddle* 331
entrouvrir *to leave ajar* 355
entreprendre *to undertake* 228
entrer *to enter, come/go in* 229

entretenir *to speak to* 515
s'entretuer *to kill each other* 129
entrevoir *to catch a glimpse of* 551
envahir *to invade* 264
envelopper *to envelop* 359
envenimer *to inflame, irritate, infect* 359
environner *to surround, be around* 359
envisager *to consider, view* 359
s'envoler *to fly away* 230
envoyer *to send* 231
épaissir *to make thick* 264
s'épancher *to open one's heart* 359
s'épanouir *to bloom, flourish* 264
épargner *to save* 359
éparpiller *to scatter* 359
épater *to amaze, astonish, shock* 359
épauler *to support, back up* 359
épeler *to spell* 50
épiler *to remove unwanted hair* 359
épingler *to pin* 359
éplucher *to peel* 359
éponger *to sponge, wipe with a sponge, mop up* 321
s'époumoner *to shout oneself hoarse* 359
épouser *to marry* 232
épousseter *to dust* 306
épouvanter *to frighten, appall* 359
s'éprendre de *to fall in love* 233
éprouver *to experience, feel* 234
épuiser *to exhaust* 359
épurer *to purge* 359
équilibrer *to balance, counterbalance* 359
équiper *to equip* 359
équivaloir *to be the equivalent of* 540
éradiquer *to eradicate* 359
érafler *to scratch* 359
érailler *to make hoarse; to make bloodshot* 359
éreinter *to exhaust, make tired* 359
ergoter *to quibble, argue about insignificant things* 359
éroder *to erode* 359
éructer *to burp* 359
errer *to wander* 359
escamoter *to make vanish as if by magic* 359
escompter *to expect* 359
espérer *to hope* 235
esquinter *to make a mess of, ruin* 359
esquisser *to sketch* 359
esquiver *to avoid, dodge* 359
essayer *to try* 236
essorer *to wring* 359
s'essouffler *to get out of breath* 359
essuyer *to wipe* 237
estamper *to stamp* 359
estimer *to estimate, value* 359
estomaquer *to shock* 359
estomper *to blur, dim* 359
établir *to establish* 238
étaler *to spread, lay out* 359
étancher *to make watertight* 359
étayer *to prop up* 239
éteindre *to extinguish, put out* 240
s'étendre *to stretch out, lie down* 241
éternuer *to sneeze* 242
étioler *to blanch, weaken* 359
étiqueter *to label* 306
étirer *to stretch* 359
s'étonner *to be surprised* 243
étouffer *to suffocate, smother* 359
étourdir *to stun, daze, make dizzy* 244
étrangler *to strangle* 359
être *to be* 245
étreindre *to embrace, hug, grip* 246
étriper *to disembowel* 359
étudier *to study* 247
évacuer *to evacuate* 129
s'évader *to escape* 248
s'évanouir *to faint* 249
s'évaporer *to evaporate* 359
éventer *to fan; to expose publicly* 359
éviter *to avoid* 250
évoluer *to evolve* 129
évoquer *to conjure up, evoke* 359
exacerber *to exacerbate* 359
exagérer *to exaggerate; to overdo it* 101
exalter *to exalt* 359
examiner *to examine, test* 359
excéder *to exceed* 101
exceller *to excel* 359
excepter *to except* 359
exciter *to arouse* 359
s'exclamer *to cry out, exclaim* 359
exclure *to exclude* 294
excommunier *to excommunicate* 247
excuser *to excuse, forgive* 251
s'excuser *to apologize* 252
exécrer *to hate, detest* 101
exécuter *to execute, carry out* 359
exercer *to practice, exercise* 373
exhausser *to increase the height of* 359
exhiber *to exhibit* 359
exhumer *to exhume* 359
exiger *to demand* 253
exister *to exist* 359
exonérer *to exonerate* 101
expédier *to send, dispatch* 247
expérimenter *to experiment* 359
expirer *to exhale* 359
expliquer *to explain* 254
exploiter *to exploit* 359
explorer *to explore* 359
exploser *to explode* 359
exporter *to export* 359
s'exprimer *to express oneself* 255
exproprier *to expropriate* 247
exsuder *to exude, ooze* 359
extraire *to extract* see *traire, p. 44*

F

fabriquer *to manufacture* 359
se fâcher *to get angry* 256
faciliter *to make easier* 359
façonner *to shape, fashion* 359
fagoter *to dress tastelessly* 359
faiblir *to weaken, get weaker* 264
faillir *to almost do something p. 43*
faire *to do, make* 257
se faire *to get something done to oneself* 258
falloir *must p. 41*
familiariser *to familiarize* 359
faner *to wilt* 359
farcir *to stuff* (cooking) 264
se farder *to put on makeup* 359
fasciner *to fascinate* 359
fatiguer *to tire, fatigue* 359
faucher *to cut down, mow, reap; to steal, pilfer* 359
se faufiler *to sneak into* 359
fausser *to distort, counterfeit* 359
favoriser *to favor* 359
fédérer *to federate* 101
feindre *to feign, pretend* 259
féliciter *to congratulate* 260
fendiller *to crack, chap* 359
fendre *to split* 261
fermer *to close* 262
fertiliser *to fertilize* 359
fêter *to celebrate* 359
feuilleter *to leaf through* 306
se fiancer *to get engaged* 373
se fier à *to trust* 263
se figer *to congeal* 321
figurer *to represent, appear* 359
filer *to spin; to scram* 359
filmer *to film* 359
filtrer *to filter* 359
finir *to finish* 264
fixer *to arrange, set, fix* 359
flageller *to flagellate* 359
flageoler *to quake; to give way* (legs, knees) 359
flâner *to stroll* 359
flanquer *to hurl* 359
flatter *to flatter* 359
fléchir *to bend* 264
flétrir *to wither, fade* 264
fleurir *to bloom* 264
flinguer *to shoot at* (slang) 359
flotter *to float* 359
foisonner *to abound* 359
foncer *to speed ahead, speed along* 373

fonctionner *to work, function* 359
fonder *to found* 265
fondre *to melt* 266
forcer *to force* 267
forger *to forge, mould, concoct* 321
se formaliser *to be offended* 359
former *to form, shape* 359
formuler *to formulate* 359
foudroyer *to strike down* 343
fouiller *to search* 268
fouler *to step on, trample* 269
fourmiller *to swarm* 359
fournir *to furnish, supply* 270
fourrager *to turn upside down* 321
fourrer *to cram, stuff* 359
fourvoyer *to mislead, misdirect* 343
fracasser *to shatter* 359
fragmenter *to fragment* 359
franchir *to clear, jump over* 264
frapper *to knock, strike* 271
frauder *to cheat* 359
frayer *to open, clear the way* 362
freiner *to put on the brakes* 359
frémir *to tremble, shudder* 272
frétiller *to wiggle, wriggle* 359
friser *to curl* 359
froisser *to crumple; to offend* 359
frotter *to rub* 359
frustrer *to frustrate, thwart* 359
fuguer *to run away from home* 359
fuir *to flee* 273
fulminer *to fulminate* 359
fumer *to smoke* 274
fusiller *to shoot, execute by shooting* 359
fuser *to melt down, gush forth* 359

G

gâcher *to mess up* 275
gager *to wager* 321
gagner *to earn, win* 276
gainer *to sheathe* 359
galoper *to gallop* 359
galvauder *to tarnish, sully, ruin* (reputation) 359
garantir *to guarantee* 264
garder *to keep; to watch over* 277
garer *to park* 359
se gargariser *to gargle* 359
garnir *to stock, decorate, garnish* 264
gaspiller *to waste* 359
gâter *to spoil* 278
se gausser *to mock* 359
geindre *to moan* 259
geler *to freeze* 279
gémir *to moan, groan* 280
gêner *to annoy, embarrass* 281
gerber *to make into sheaves* 359
gercer *to chap* 373
gérer *to manage, administer* 101
gésir *to lie p. 43*
gesticuler *to gesticulate* 359
gicler *to spurt, squirt* 359
gifler *to smack, slap* 359
gigoter *to move about* 359
givrer *to get covered with frost, ice* 359
glacer *to freeze* 373
glaner *to glean* 359
glisser *to slip, slide* 359
glorifier *to glorify* 247
glousser *to cluck* 359
gober *to gobble down* 359
gommer *to gum, give a sticky surface to* 359
gonfler *to inflate* 359
gouailler *to joke in a nasty or vulgar way* 359
goûter *to taste* 282
gouverner *to govern* 359
grandir *to get bigger, grow up* 283
gratifier *to favor with, reward with* 247
gratter *to scratch* 284
graver *to carve* 359
gravir *to walk up* (with effort) 264
grêler *to hail* (3rd-person singular only) 359
grelotter *to shiver* 359
griffer *to scratch* 359
griffonner *to scribble, scrawl* 359
grignoter *to nibble* 359
griller *to toast* 359
grimacer *to grimace* 373
grimper *to climb* 285
grincer *to grate, creak* 373
griser *to intoxicate* 359
gronder *to scold; to growl, rumble* 286
grossir *to put on weight; to get bigger* 287
grouiller *to swarm* 359
grouper *to group* 359
guérir *to heal, cure; to get better* 288
guetter *to be on the lookout for* 359
gueuler *to yell, holler* 359
guider *to guide* 359
guillotiner *to guillotine* 359

H

habiliter *to authorize* 359
s'habiller *to get dressed* 289
habiter *to live, reside* 290
habituer *to accustom* 129
hacher *to chop* 359
hachurer *to hatch, draw hatches* 359
haïr *to hate* 291
haleter *to pant* 23
halluciner *to hallucinate* 359
handicaper *to handicap* 359
harceler *to harass, plague with, annoy* 279
harponner *to harpoon* 359
hasarder *to risk* 359
hâter *to hasten* 359
hausser *to raise* 359
héberger *to lodge* 321
hébraïser *to Hebraize* 359
héler *to hail, call* 101
hennir *to whinny* 264
hérisser *to bristle* 359
hériter *to inherit* 359
hésiter *to hesitate* 292
heurter *to collide with* 359
hiérarchiser *to hierarchize* 359
hisser *to raise, hoist* 359
hocher *to nod* 359
honorer *to honor* 359
horrifier *to horrify* 247
hospitaliser *to hospitalize* 359
houspiller *to scold* 359
housser *to put slip covers on* 359
huer *to boo* 129
huiler *to oil* 359
hululer *to hoot, screech* 359
hurler *to scream* 359
humecter *to moisten* 359
hydrater *to moisturize* 359
hypertrophier *to hypertrophy* 247
hypnotiser *to hypnotize* 359
hypothéquer *to mortgage* 101

I

identifier *to identify* 247
idolâtrer *to idolize* 359
ignorer *not to know* 359
illuminer *to light, illuminate, inspire* 359
imaginer *to imagine* 359
s'imbriquer *to intertwine* 359
imiter *to imitate* 359
immerger *to immerse* 321
immigrer *to immigrate* 359
implanter *to introduce; to settle* 359
impliquer *to imply* 359
implorer *to implore* 359
importer *to matter; to import* 359
importuner *to importune, annoy with requests* 359
imposer *to exact payment, impose, tax* 293
imprégner *to infuse, permeate* 101
imprimer *to print* 359
improviser *to improvise* 359
incarcérer *to incarcerate, jail* 101
incinérer *to burn to ashes* 101
inciser *to make a cut/incision* 359
inciter *to incite* 359
incliner *to incline* 359
inclure *to include* 294
incommoder *to make uncomfortable* 359
incorporer *to incorporate into, blend* 359
s'indigner *to get indignant* 359

indiquer *to indicate, point out* 295
induire *to lead astray* 122
industrialiser *to industrialize* 359
s'inféoder *to give one's allegiance* 359
s'infiltrer *to filter through* 359
infliger *to inflict* 321
informer *to inform* 359
infuser *to infuse* 359
s'ingénier *to use one's wits* 247
s'ingérer *to meddle in* 101
inhiber *to inhibit* 359
inhumer *to bury* 359
initier *to initiate* 359
injecter *to inject* 359
injurier *to insult* 247
inoculer *to inoculate* 359
inonder *to flood* 359
s'inquiéter *to worry, be nervous, be upset* 296
s'inscrire *to register* 297
s'insinuer *to worm one's way into* 129
insister *to insist* 298
inspecter *to inspect* 359
inspirer *to inspire* 359
installer *to install* 359
instaurer *to institute* 359
instruire *to instruct* 299
instrumenter *to draw up* 359
insuffler *to breath something into* 359
insulter *to insult* 359
s'insurger *to rise up against* 321
intégrer *to integrate* 101
intercaler *to intercalate* 359
intercéder *to intercede* 101
intercepter *to intercept* 359
interdire *to forbid, prohibit* 300
s'intéresser *to be interested* 301
interférer *to interfere* 101
interpeller *to call* 359
interpoler *to interpolate* 359
interpréter *to perform, interpret* 101
interroger *to interrogate, question* 302
interrompre *to interrupt* 303
intervenir *to intervene* 543
intimider *to intimidate* 359
intoxiquer *to poison* 359
introduire *to introduce, insert* 304
inventer *to invent* 359
inviter *to invite* 305
invoquer *to invoke* 359
irriter *to irritate* 359
isoler *to isolate* 359

J

jacter *to chatter* 359
jaillir *to spurt out* 264
jalonner *to mark out* (road) 359
jaser *to chatter, babble* 359
jauger *to size up, gauge* 321
jaunir *to turn yellow* 264
jeter *to throw* 306
jeûner *to fast* 359
joindre *to join* 307
joncher *to litter* 359
jongler *to juggle* 359
jouer *to play* 308
jouir *to have, enjoy* 264
juger *to judge* 309
jumeler *to twin, join* 50
jurer *to swear* 310
justifier *to justify* 247

L

labourer *to plow* 359
lacer *to tie, lace up* 373
lacérer *to tear up, shred* 101
lâcher *to let go* 311
laïciser *to secularize* 359
laisser *to let* 312
lambiner *to dilly-dally* (colloq.) 359
se lamenter *to lament* 359
lamper *to gulp down a drink* 359
lancer *to launch, throw* 313
langer *to change diapers* 321
languir *to languish* 264
lapider *to stone* 359
larmoyer *to whimper* 343
lasser *to tire* 359
laver *to wash* 314
se laver *to wash up* 315
lécher *to lick* 101
légiférer *to make laws, legislate* 101
léguer *to bequeath, have inherit* 101
léser *to harm, damage, wrong* 101
lésiner *to skimp* 359
leurrer *to delude, deceive, ensnare* 359
lever *to raise, lift* 316
se lever *to get up* 317
libeller *to draw up* 359
libérer *to free, liberate* 101
licencier *to fire* 247
lier *to tie* 247
lifter *to throw a curve ball* 359
ligoter *to tie up* 359
limer *to file* 359
liquider *to settle, liquidate* 359
lire *to read* 318
lister *to list* 359
livrer *to deliver* 359
loger *to give lodging to* 321
longer *to go alongside* 321
lotir *to divide up* 264
loucher *to squint* 359
louer *to praise; to rent* 319
louper *to miss, fail, mess up* (colloq.) 359
luger *to toboggan* 321
luire *to shine* 346
lustrer *to shine, make shiny* 359
lutter *to struggle, fight* 359
lyncher *to lynch* 359

M

macérer *to steep, soak* 101
mâcher *to chew* 359
machiner *to plot, concoct* 359
mâchonner *to munch, chew* 359
maçonner *to build up, build up with stone* 359
maculer *to stain* 359
magnétiser *to mesmerize, hypnotize; to magnetize* 359
magnifier *to glorify, idealize* 247
maigrir *to get thin/skinny* 320
maintenir *to maintain* 515
maîtriser *to master, control* 359
malaxer *to knead* 359
maltraiter *to mistreat* 359
mandater *to pay by money order* 359
manger *to eat* 321
manier *to handle* 247
manifester *to demonstrate, show* 359
manigancer *to plot* 373
manipuler *to handle, manipulate* 359
manœuvrer *to maneuver, operate* 359
manquer *to miss* 322
se maquiller *to put on makeup* 359
marauder *to prowl* 359
marchander *to haggle, bargain* 359
marcher *to walk* 323
marger *to set margins* 321
se marier *to get married* 247
marivauder *to banter* 359
marmonner *to mumble, mutter* 359
marquer *to mark* 359
se marrer *to have a good time, laugh it up* 359
marteler *to hammer* 279
martyriser *to torture, martyr* 359
masquer *to conceal, mask* 359
massacrer *to massacre* 359
masser *to mass; to massage* 359
mastiquer *to chew* 359
mater *to bring under control, curb* 359
matraquer *to beat, beat up, club* 359
maudire *to curse* 324
maximiser *to maximize* 359
mécaniser *to mechanize* 359
méconnaître *not to know; to misjudge* 325
se méfier *to mistrust; to be wary* 326

mégoter *to skimp* 359
mélanger *to mix* 321
mêler *to mix* 359
mémoriser *to memorize* 359
menacer *to threaten* 373
ménager *to handle with care* 321
mendier *to beg* 247
mener *to lead* 327
mentionner *to mention* 359
mentir *to lie* 328
se méprendre (sur) *to be mistaken (about)* 329
mépriser *to despise* 330
mériter *to deserve* 359
mesurer *to measure* 359
métisser *to crossbreed* 359
mettre *to put* 331
meubler *to furnish* 359
meugler *to moo* 359
meurtrir *to bruise* 264
migrer *to migrate* 359
mijoter *to simmer* 359
militer *to be a militant in* 359
minauder *to simper; to flutter about* 359
mincir *to lose weight* 332
miner *to mine; to undermine* 359
minimiser *to minimize* 359
minuter *to time* 359
mirer *to be reflected* 359
miser *to bet* 359
mitrailler *to machine gun* 359
mobiliser *to mobilize* 359
modeler *to model* 279
modérer *to curb, reduce* 101
modifier *to modify* 247
moduler *to modulate* 359
moisir *to make moldy* 264
mollir *to soften* 264
momifier *to mummify* 247
monnayer *to convert into cash* 362
monopoliser *to monopolize* 359
monter *to go up* 333
montrer *to show* 334
se moquer *to make fun of* 335
moraliser *to moralize* 359
morceler *to divide up, parcel out* 50
mordre *to bite* 336
motiver *to motivate* 359
se moucher *to blow one's nose* 359
moudre *to grind* 337
mouiller *to wet* 359
mouler *to mould* 359
mourir *to die* 338
mousser *to foam* 359
muer *to shed* (skin); *to change* (voice) 129
mugir *to roar* 264
multiplier *to multiply* 247
munir *to supply* 339
murer *to wall* 359
mûrir *to ripen* 264
murmurer *to murmur* 359
museler *to muzzle* 50
mutiler *to mutilate, disable, maim* 359
se mutiner *to mutiny* 359
mystifier *to hoodwink* 247

N

nager *to swim* 340
naître *to be born* 341
nantir *to supply* 264
narguer *to scoff at, show scorn for* 359
narrer *to relate* 359
nasiller *to speak with a whine or nasal twang* 359
natter *to braid, weave* 359
naviguer *to sail, navigate* 359
navrer *to distress, upset* 359
nécessiter *to make necessary* 359
négliger *to neglect* 342
négocier *to negotiate* 247
neiger *to snow* 321
nettoyer *to clean* 343
nier *to deny* 344
niveler *to level* 50
noircir *to blacken* 264
noliser *to charter* 359
nombrer *to number* 359
nommer *to name, nominate* 359
normaliser *to standardize, normalize* 359
notifier *to notify* 247
nourrir *to nourish* 345
nuancer *to shade, nuance* 373
nuire *to harm* 346
numéroter *to number* 359

O

obéir *to obey* 347
objecter *to put forth a reason, plead* 359
objectiver *to objectivize* 359
obliger *to oblige* 348
obliquer *to turn off, turn aside* 359
obscurcir *to darken* 264
obséder *to obsess* 101
observer *to observe* 359
s'obstiner *to act stubbornly* 359
obstruer *to block, obstruct* 129
obtenir *to obtain* 349
occasionner *to cause* 359
occidentaliser *to westernize* 359
occlure *to occlude* 294
s'occuper *to take care of* 350
octroyer *to grant* 343
offenser *to insult, offend* 359
offrir *to offer* 351
offusquer *to offend* 359
oindre *to anoint* 307
ombrager *to shade* 321
ombrer *to put on eye shadow* 359
omettre *to omit* 352
ondoyer *to undulate* 343
onduler *to undulate; to wave* (hair) 359
opérer *to operate* 101
s'opiniâtrer *to persist in* 359
opposer *to oppose* 359
oppresser *to oppress* 359
opprimer *to oppress* 359
orchestrer *to orchestrate* 359
ordonner *to prescribe* 359
organiser *to organize* 359
orienter *to adjust the position of* 359
orner *to decorate* 359
orthographier *to spell* 247
osciller *to oscillate* 359
oser *to dare* 353
ôter *to take away, remove* 359
oublier *to forget* 354
ourler *to hem* 359
outiller *to equip, outfit with tools* 359
outrer *to outrage; to exaggerate* 359
ouvrir *to open* 355

P

pactiser *to be in league with* 359
palataliser *to palatalize* 359
pâlir *to grow pale* 356
palpiter *to throb* 359
se pâmer *to be thrilled, ecstatic* 359
paner *to bread* 359
panser *to dress a wound* 359
papillonner *to flit about* 359
papoter *to gab* 359
parachuter *to parachute* 359
paraître *to appear, seem* 357
parcourir *to travel, cover distance* 139
pardonner *to pardon, forgive* 358
parer *to adorn; to ward off* 359
parfumer *to perfume* 359
parier *to bet* 247
parjurer *to break one's oath* 359
parler *to speak* 359
parodier *to parody* 247
parquer *to pen in* 359
parsemer *to strew, scatter* 279
partager *to share* 321
participer *to participate* 359
partir *to leave, depart* 360
parvenir *to arrive, come to, reach* 543
passer *to pass* 361
passionner *to thrill, excite* 359
patauger *to wade, splash* 321
patienter *to wait patiently* 359
patiner *to skate* 359
patoiser *to speak in patois* 359
patronner *to sponsor* 359
patrouiller *to patrol* 359
pâturer *to graze* 359

se paumer *to get lost* (slang) 359
paupériser *to impoverish* 359
se pavaner *to strut* 359
paver *to pave* 359
pavoiser *to deck out* 359
payer *to pay* 362
peaufiner *to put on the finishing touches* 359
pécher *to sin* 363
pêcher *to fish* 364
pédaler *to pedal* 359
se peigner *to comb one's hair* 365
peindre *to paint* 366
peiner *to toil; to distress* 359
pelleter *to shovel* 306
peloter *to pet, caress* 359
se pencher *to lean* 359
pendre *to hang* 367
pénétrer *to penetrate* 101
penser *to think* 368
percer *to pierce, perforate* 373
percher *to perch* 359
percuter *to strike, crash into* 359
perdre *to lose* 369
se perdre *to get lost* 369
perfectionner *to improve* 359
perforer *to pierce, perforate* 359
périmer *to expire* 359
périr *to perish* 264
perler *to bead, form into beads* 359
permettre *to permit* 370
permuter *to change into, permutate* 359
perpétrer *to perpetrate* 101
perquisitionner *to search* 359
persécuter *to persecute* 359
persévérer *to persevere* 101
persifler *to mock* 359
persister *to persist* 359
personnaliser *to personalize* 359
personnifier *to personify* 247
persuader *to persuade* 371
pervertir *to pervert, corrupt* 264
peser *to weigh* 372
pester *to curse, cuss* 359
pétiller *to bubble, crackle* 359
pétrifier *to petrify* 247
pétrir *to knead* 264
peupler *to populate* 359
philosopher *to philosophize* 359
photocopier *to photocopy, xerox* 247
phraser *to phrase* 359
piaffer *to fidget; to stamp one's feet* 359
pianoter *to strum away at the piano, play the piano* 359
picoter *to tickle, make tingle* 359
piéger *to trap* 38
piétiner *to trample* 359
piger *to understand* (slang) 321
piler *to crush* 359
piller *to plunder, sack* 359
piloter *to fly a plane* 359
pincer *to pinch* 373
piocher *to work very hard at, cram* 359
piquer *to sting; to go into a nosedive* 359
pirater *to pirate* 359
pister *to tail, trace, follow* 359
pistonner *to pull strings for, use influence for* 359
pivoter *to pivot* 359
placarder *to put up posters* 359
placer *to place, put* 373
plafonner *to reach one's peak* 359
plaider *to plead* 359
plaindre *to pity* 374
se plaindre *to complain* 375
plaire *to please* 376
plaisanter *to joke* 359
planer *to glide, soar, hover* 359
planifier *to plan* 247
planquer *to hide, stash away* (colloq.) 359
planter *to plant* 359
plaquer *to leave in the lurch, ditch* (slang) 359
plâtrer *to plaster* 359
pleurnicher *to whine, snivel* 359
pleuvoir *to rain p. 41*
plier *to fold* 377
plisser *to pleat* 359
plomber *to weight* 359
plonger *to dive* 321
plumer *to pluck the feathers of* 359
pocher *to poach* 359
poignarder *to stab* 359
poinçonner *to punch a hole in* 359
poindre *to break through, peep through* 307
pointer *to aim, point* 359
poireauter *to be left standing around* 359
poivrer *to pepper* 359
polir *to polish* 264
politiser *to politicize* 359
polluer *to pollute* 129
pommader *to put pomade on* 359
pomper *to pump* 359
poncer *to sand* 373
ponctionner *to puncture* 359
pondérer *to balance, counterbalance* 101
pondre *to lay* (egg) 541
pontifier *to pontificate* 247
porter *to carry, wear* 378
poser *to set down, put down* 379
positionner *to position* 359
posséder *to possess* 380
poster *to mail* 359
postuler *to apply for* 359
potasser *to cram for an exam* (slang) 359
potiner *to gossip* 359
poudrer *to powder* 359
pourchasser *to pursue* 359
pourrir *to rot* 264
poursuivre *to pursue* 381
pourvoir *to provide p. 44*
pousser *to push; to grow* 382
pouvoir *to be able, can* 383
pratiquer *to practice; to be religiously observant* 384
précéder *to precede* 101
prêcher *to preach* 359
se précipiter *to rush into, throw oneself* 385
préciser *to specify* 359
préconiser *to advocate, recommend* 359
prédestiner *to predestine* 359
prédire *to predict* 386
prédominer *to predominate* 359
préexister *to preexist* 359
préfacer *to preface* 373
préférer *to prefer* 387
préjuger *to prejudge* 321
prélever *to deduct* 316
préméditer *to premeditate* 359
prémunir *to warn, guard, protect* 264
prendre *to take* 388
prénommer *to name after* 359
préoccuper *to worry* 359
préparer *to prepare* 389
présager *to be a sign/omen of* 321
prescrire *to prescribe* 202
présenter *to present, introduce* 390
présider *to preside* 359
se presser *to rush, hurry* 391
présumer *to presume* 359
présupposer *to presuppose* 359
prétendre *to claim* 392
prêter *to lend* 393
prévenir *to notify, warn* 394
prévoir *to foresee* 395
prier *to request, ask; to pray* 396
primer *to outdo* 359
priser *to value, esteem* 359
privatiser *to privatize* 359
se priver de *to deprive oneself* 397
privilégier *to give greater importance to* 247
procéder *to proceed, behave, act* 398
procurer *to obtain* 359
produire *to produce* 399
profaner *to profane* 359
professer *to profess* 359
profiler *to profile* 359
profiter *to profit, take advantage* 359
programmer *to program* 359
progresser *to improve, progress* 359
prohiber *to prohibit, forbid* 359

projeter *to plan, project* 400
prolonger *to prolong, extend* 401
se promener *to talk a walk, go for a ride* 402
promettre *to promise* 403
promouvoir *to promote* 212
promulguer *to promulgate* 359
prôner *to extol, praise* 359
prononcer *to pronounce* 404
propager *to propagate* 321
proportionner *to make proportionate* 359
proposer *to propose, suggest* 405
proscrire *to proscribe* 202
prospérer *to prosper, thrive* 406
protéger *to protect* 407
prouver *to prove* 408
provenir *to be from* 543
provoquer *to incite, provoke* 359
psalmodier *to chant, drone* 247
publier *to publish* 247
puiser *to draw* (water) 359
pulvériser *to pulverize* 359
punir *to punish* 409
purger *to purge* 321

Q

quadriller *to cover, control; to crisscross* 359
quadrupler *to quadruple* 359
qualifier *to describe as* 247
quantifier *to quantify* 247
quereller *to scold* 359
questionner *to question* 359
quêter *to collect money* 359
quintupler *to quintuple* 359
quitter *to leave* 410

R

rabâcher *to harp on* 359
rabattre *to lower, reduce, take down* 411
rabibocher *to reconcile* 359
raboter *to plane down* 359
se rabougrir *to shrivel up* 264
raccommoder *to mend, repair* 359
raccompagner *to walk someone home* 359
raccorder *to join, link* 359
raccourcir *to shorten* 264
raccrocher *to hang back up, hang up* 412
racheter *to buy back; to redeem* 23
racler *to scrape* 359
raconter *to tell, narrate* 413
radicaliser *to radicalize* 359
radier *to cross off, erase from* 247
radiodiffuser *to broadcast* 359
radiographier *to X-ray* 247
radoter *to talk drivel* 359
radoucir *to make milder, soften* 359
raffermir *to strengthen, harden* 264
raffiner *to refine* 359
raffoler *to be crazy about* 414
rafistoler *to patch up* 359
rafler *to swipe, steal, run off with* 359
rafraîchir *to refresh* 415
ragaillardir *to perk up* 264
rager *to fume, be furious* 321
raidir *to stiffen* 264
railler *to mock* 359
raisonner *to reason* 359
rajeunir *to make/get younger* 264
rajouter *to add more of something* 359
ralentir *to slow down* 416
râler *to groan, moan, give the death rattle* 359
rallier *to rally* 247
rallonger *to lengthen, extend* 417
ramasser *to pick up* 418
ramener *to take/bring someone back* 419
ramer *to row* 359
se ramifier *to ramify* 247
ramollir *to soften* 264
ramoner *to sweep* (chimney) 359
ramper *to crawl, creep* 359
rancarder *to arrange a date with* 359
rancir *to grow rancid* 264
rançonner *to demand ransom* 359
ranger *to straighten up, put away* 420
ranimer *to revive* 359
rapatrier *to repatriate* 247
râper *to grate* 359
rapetisser *to shorten; to belittle* 359
rappeler *to call back, remind* 421
se rappeler *to remember* 422
rappliquer *to come back* 359
rapporter *to bring back* 359
rapprocher *to bring nearer* 359
raréfier *to rarify* 247
raser *to shave* 359
rassasier *to satisfy* 247
rassembler *to gather, collect* 359
rasseoir *to sit back up* 65
ratatiner *to shrivel* 359
rater *to miss, fail* 359
ratifier *to ratify* 247
ratiociner *to quibble* 359
rationner *to ration* 359
ratisser *to rake, comb, sweep* 359
rattacher *to fasten again* 359
rattraper *to catch up with* 359
raturer *to make corrections to a text* 359
ravager *to ravage* 321
ravaler *to clean, restore* (building) 359
ravir *to delight* 264
se raviser *to change one's mind* 359
ravitailler *to resupply* 359
raviver *to revive* 359
rayer *to rule, draw lines* 362
rayonner *to shine forth* 359
se réabonner *to renew one's subscription* 359
réaccoutumer *to reaccustom* 359
réadapter *to readjust, rehabilitate* 359
réadmettre *to readmit* 331
réagir *to react* 264
réapprendre *to relearn* 54
réarmer *to reload, rearm* 359
rebattre *to reshuffle* 80
se rebeller *to rebel* 359
rebrousser *to turn back* 359
rebuter *to repel, repulse* 359
recaler *to fail* 359
receler *to receive stolen goods* 316
recenser *to take the census* 359
réceptionner *to sign for delivery* 359
recevoir *to receive* 423
rechaper *to retread* 359
réchapper *to pull through an illness* 359
recharger *to reload* 106
rechausser *to put someone's shoes back on* 359
rechercher *to try to find, seek out* 359
rechigner *to balk* 359
rechuter *to relapse* 359
récidiver *to commit a second offense* 359
réclamer *to ask for, claim* 359
reclasser *to reclassify* 359
recoller *to stick back on* 359
récolter *to harvest* 359
recommander *to recommend* 359
recommencer *to begin again* 116
récompenser *to reward, recompense* 359
recomposer *to put together again* 359
recompter *to recount* 359
réconcilier *to reconcile* 247
reconduire *to drive someone back* 122
réconforter *to comfort* 359
reconnaître *to recognize* 424
reconquérir *to reconquer* 124
reconsidérer *to reconsider* 101
reconstituer *to build up again* 129
reconvertir *to reconvert* 264
recorder *to restring* 359
recorriger *to correct again, remark* 321
recoucher *to put back to bed* 359
recoudre *to stitch up again* 137
recouper *to cut again* 359
recourber *to bend* 359
recourir *to resort to* 139
recouvrer *to recover, win back* 359

recouvrir *to cover* 140
recréer *to recreate* 359
recreuser *to dig up again* 359
se recroqueviller *to curl up, shrivel up* 359
recruter *to recruit* 359
rectifier *to rectify* 247
recueillir *to gather, collect* 425
reculer *to move/step backwards* 426
récupérer *to get back, recover* 101
récurer *to scour* 359
recycler *to recycle* 427
redécouvrir *to rediscover* 157
redéfinir *to redefine* 264
redemander *to ask for again* 359
redémarrer *to start up again* 359
redescendre *to go/come back down* 178
redevenir *to become again* 188
redevoir *to still owe* 359
rediffuser *to rebroadcast, repeat* 359
redonner *to give back* 359
redoubler *to increase, intensify* 359
redouter *to dread* 359
redresser *to stand upright again* 359
réduire *to reduce* 428
rééditer *to republish* 359
rééduquer *to rehabilitate* 359
réélire *to reelect* 206
réemployer *to re-use* 214
réessayer *to try again* 236
réexaminer *to reexamine, reconsider* 359
réexpédier *to forward* (mail) 247
refaçonner *to refashion* 359
refaire *to remake, redo* 257
se référer à *to consult* 101
réfléchir *to reflect* (think) 429
refléter *to reflect* (mirror) 101
refleurir *to blossom again* 264
refondre *to recast* 541
réfracter *to refract* 359
refroidir *to get cold* 264
refouler *to drive back, repress* 430
refuser *to refuse* 431
réfuter *to refute* 359
regarder *to look at* 432
regarnir *to stock again* 264
régenter *to rule over* 359
regimber *to rebel* 359
régler *to settle, arrange* 101
régner *to reign* 101
regorger *to abound in* 321
regretter *to be sorry, regret* 433
regrossir *to regain weight, get fat again* 264
regrouper *to regroup* 359
régulariser *to regularize* 359
réhabiliter *to rehabilitate* 359
réhabituer *to reaccustom* 359
rehausser *to heighten, set off, emphasize* 359
réimposer *to reimpose* 359
réimprimer *to reprint* 359
réincarcérer *to reimprison* 101
réinstaller *to reinstall* 359
réintégrer *to reinstate* 359
réinventer *to reinvent* 359
réitérer *to reiterate* 101
rejaillir *to splash back up* 264
rejeter *to reject, throw back* 434
rejoindre *to rejoin; to get back onto* 435
rejouer *to play again* 359
relancer *to throw back; to restart* 373
relater *to relate* 359
relativiser *to relativize* 359
relaxer *to relax; to discharge* 359
relayer *to relieve, take over from* 362
relever *to pick up again; to rebuild* 359
relire *to read again, reread* 318
relouer *to rent again* 359
reluire *to shine* 346
remanier *to revise, reshape* 247
remaquiller *to put makeup on again* 359
remarquer *to notice* 436
remballer *to rewrap* 359
rembarquer *to re-embark* 359
rembobiner *to rewind* 359
remboîter *to put back together again* 359
rembourser *to pay back* 359
remédier *to remedy, make right* 247
remémorer *to recollect* 359
remercier *to thank* 437
remettre *to put back* 438
remmener *to take back, bring back* 327
remonter *to go/come back up* 359
remontrer *to show again* 359
remordre *to bite again* 336
remorquer *to tow* 359
remoudre *to grind again* 337
rempiler *to restack* 359
remplacer *to replace, put back* 439
remplir *to fill* 440
rempocher *to put back in one's pocket* 359
remporter *to take away, take back* 359
remprunter *to borrow again* 359
remuer *to move about* 129
renaître *to be reborn* 341
renchérir *to go further, add more* 264
rencontrer *to meet* 441
rendormir *to put to sleep again* 196
rendre *to return, give back* 442
renfermer *to hold, contain* 359
renfoncer *to push further in* 373
renforcer *to reinforce, strengthen* 373
se renfrogner *to scowl, frown* 359
renier *to renounce, repudiate* 247
renifler *to sniff* 359
renommer *to reappoint* 359
renoncer *to renounce, give up* 373
renouer *to tie again* 359
renouveler *to renew, resupply, replenish* 50
rénover *to modernize, renovate* 359
renseigner *to give information, inform* 359
rentrer *to return, go home* 443
renverser *to knock over* 359
renvoyer *to send back, send away, fire* 444
répandre *to scatter, spread* 445
reparaître *to reappear* 446
réparer *to fix, repair* 447
repartir *to leave again* 448
répartir *to distribute, allocate, divide* 449
repasser *to cross again; to retake an exam; to iron* 450
repaver *to repave* 359
repêcher *to fish out* 359
se repentir *to repent, be sorry about* 328
repérer *to spot, locate, pinpoint* 451
repeser *to weigh again* 316
répéter *to repeat* 452
repeupler *to repopulate* 359
répliquer *to reply, retort* 359
repolir *to polish up again* 264
répondre *to answer* 453
reporter *to take, carry back* 359
se reposer *to rest* 454
repousser *to drive back, push back, reject, repel* 359
reprendre *to take up again, start again* 455
représenter *to represent* 359
réprimer *to repress, put down, quell* 359
reprocher *to reproach* 359
reproduire *to reproduce* 399
reprouver *to condemn* 359
répudier *to repudiate* 247
requérir *to call for, require* 25
réquisitionner *to requisition* 359
réserver *to reserve* 359
résider *to reside* 359
se résigner *to resign oneself* 359
résister *to resist* 359
résonner *to resonate* 359
résorber *to absorb* 359
résoudre *to resolve* 456
respecter *to respect* 359

respirer *to breathe* 359
resplendir *to shine* 264
responsabiliser *to make someone responsible* 359
resquiller *to gatecrash, sneak in* 359
ressembler *to resemble* 457
ressentir *to feel, experience* 458
resserrer *to tighten* 359
resservir *to serve again, serve seconds* 492
ressortir *to go/come out again* 498
ressouder *to resolder* 359
restaurer *to feed* 359
rester *to remain, stay* 459
restituer *to restore, return* 129
restreindre *to limit, restrict* 259
résulter *to result* 359
resurgir *to re-emerge* 264
rétablir *to re-establish* 264
retaper *to fix up* 359
retapisser *to put up new wallpaper* 359
retarder *to delay, make someone late* 359
reteindre *to dye again* 512
retendre *to stretch out one's hand again* 541
retenir *to retain* 460
retentir *to ring* 264
retirer *to remove, withdraw* 461
retomber *to fall again* 519
retordre *to twist again* 541
rétorquer *to retort* 359
retoucher *to touch up* 359
retourner *to return* 462
retracer *to relate; to retrace* 373
rétracter *to take back, withdraw a statement* 359
retrancher *to deduct, take out* 359
retransmettre *to broadcast* 331
retraverser *to cross back* 359
rétrécir *to shrink* 264
retremper *to resoak* 359
rétribuer *to pay* 129
retrousser *to roll up* 359
retrouver *to find, find again* 463
réunifier *to reunify* 247
réunir *to meet, gather* 264
réussir *to succeed* 464
réutiliser *to reuse* 359
revaloriser *to revalue* 359
rêvasser *to daydream* 359
se réveiller *to wake up* 465
réveillonner *to have late night Christmas dinner* 359
révéler *to reveal* 466
revendiquer *to demand* (rights, etc.) 359
revendre *to resell* 541
revenir *to come back* 467
rêver *to dream* 359
réverbérer *to reverberate* (sound), *reflect* (light) 101
reverdir *to become green again* 264
révérer *to revere* 101
revernir *to revarnish* 264
reverser *to pour out more* 359
revêtir *to take on* (form, appearances) 546
réviser *to review* 359
revitaliser *to revitalize* 359
revivre *to come alive again, live again* 550
revoir *to see again* 468
révolter *to revolt* 359
révolutionner *to revolutionize* 359
révoquer *to revoke* 359
revoter *to vote again* 359
rhabiller *to dress again* 359
se rhabiller *to get dressed again* 289
ricaner *to snicker* 359
ricocher *to ricochet* 359
rider *to wrinkle* 359
ridiculiser *to ridicule* 359
rigoler *to laugh; to have fun* 359
rimer *to rhyme* 359
rincer *to rinse* 469
riposter *to answer back* 359
rire *to laugh* 470
risquer *to risk* 359
rissoler *to brown* 359
ristourner *to give a rebate or refund* 359
rivaliser *to rival* 359
river *to rivet* 359
roder *to break in, put into service* 359
rôder *to prowl* 359
rogner *to clip, trim* 359
romaniser *to romanize* 359
rompre *to break* 471
ronfler *to snore* 359
ronger *to gnaw* 472
roter *to belch* 359
rôtir *to roast* 473
roucouler *to coo* 359
rouer (de coups) *to beat up* 359
rougeoyer *to glow with a reddish glow* 343
rougir *to blush* 474
rouiller *to rust* 359
rouler *to roll* 475
roupiller *to sleep, snooze* 359
roussir *to turn reddish brown* 264
rouvrir *to reopen* 355
rudoyer *to treat rudely/harshly* 343
se ruer sur *to pounce on* 359
rugir *to roar* 264
ruiner *to ruin* 359
ruisseler *to stream, flow* 50
rutiler *to shine brightly* 359

S

saborder *to scuttle a ship; to terminate a business* 359
saboter *to sabotage* 359
sabrer *to mangle* (text)*; to fail students mercilessly* 359
saccager *to turn upside down, ransack* 321
sacquer *to fire, sack* 359
sacrer *to crown; to consecrate* 359
sacrifier *to sacrifice* 247
safraner *to season with saffron* 359
saigner *to bleed* 359
saillir *to stick out, jut out* see *assaillir, p. 42*
saisir *to seize* 476
saler *to salt* 359
se salir *to get dirty* 477
saliver *to salivate* 359
saluer *to greet* 359
sanctifier *to sanctify, hallow* 247
sanctionner *to sanction* 359
sangler *to strap, strap up* 359
sangloter *to sob* 359
saper *to undermine* 359
satisfaire *to satisfy* 478
saupoudrer *to sprinkle, dust with* 359
sauter *to jump* 479
sauvegarder *to save* 480
sauver *to save* 481
se sauver *to run away, escape* 482
savoir *to know* 483
scandaliser *to scandalize* 359
scander *to scan* 359
schématiser *to schematize* 359
scier *to saw* 247
scinder *to split, divide* 359
scintiller *to sparkle, glitter* 359
se scléroser *to become sclerotic* 359
scolariser *to school, provide schools for* 359
scruter *to scan, scrutinize* 359
sculpter *to sculpt, sculpture* 359
sécher *to dry* 484
seconder *to assist* 359
secouer *to shake* 485
secourir *to aid, relieve* 139
sécréter *to secrete* 101
sectionner *to sever, divide up* 359
sécuriser *to make someone feel safe or secure* 359
séduire *to seduce, charm* 486
segmenter *to segment* 359
séjourner *to stay* 487
sélectionner *to select* 359
seller *to saddle* 359
sembler *to seem* 359
semer *to sow* 488
sensibiliser *to sensitize* 359
sentir *to feel; to smell* 489
séparer *to separate* 490

seriner *to hammer away at, repeat incessantly* 359
sermonner *to lecture someone, sermonize* 359
serpenter *to snake, wind* 359
serrer *to squeeze, press* 491
servir *to serve* 492
sextupler *to sextuple* 359
siéger *to be at the seat of, have its seat at* 38
siffler *to whistle* 493
siffloter *to whistle* (a tune) 359
signaler *to indicate, notify, signal* 494
signaliser *to put up road signs* 359
signer *to sign* 495
signifier *to mean, signify* 247
silhouetter *to draw the silhouette* 359
sillonner *to cut across* 359
simplifier *to simplify* 247
singer *to ape, mimic* 359
siroter *to sip* 359
situer *to locate* 129
skier *to ski* 247
slalomer *to slalom; to zigzag between* 359
snober *to snub* 359
socialiser *to socialize* 359
soigner *to take care of* 359
solder *to settle an account; to put goods on sale* 359
solidifier *to solidify* 247
solliciter *to apply for, request* 359
solubiliser *to make soluble* 359
sombrer *to sink* 359
sommer *to enjoin, summon* 359
somnoler *to doze* 359
sonder *to probe, poll* 359
songer *to think, reflect* 496
sonner *to sound* 497
sonoriser *to add a sound track to* 359
sortir *to go out* 498
se soucier *to care about* 247
souder *to solder* 359
souffler *to blow* 499
souffrir *to suffer* 500
souhaiter *to wish* 501
souiller *to soil* 502
soulager *to relieve* 321
soûler *to get someone drunk* 359
soulever *to lift, lift up* 316
souligner *to underline, emphasize* 359
soumettre *to submit* 503
soupçonner *to suspect* 359
souper *to have supper* 359
soupirer *to sigh* 359
souscrire *to subscribe* 202
soustraire *to subtract* see *traire, p. 44*
soutenir *to support* 515
soutirer *to extract money from* 359
se souvenir *to remember* 504
spatialiser *to spatialize* 359
spécialiser *to specialize in* 359
spécifier *to specify* 247
spéculer *to speculate* 359
spiritualiser *to spiritualize* 359
sprinter *to sprint* 359
stabiliser *to stabilize* 359
stagner *to stagnate* 359
sténographier *to take down in shorthand* 247
stériliser *to sterilize* 359
stimuler *to stimulate* 359
stocker *to stock* 359
stopper *to stop* 359
stratifier *to stratify* 247
stresser *to stress, cause stress* 359
strier *to striate* 247
structurer *to structure* 359
stupéfier *to stun* 247
styler *to train* 359
styliser *to stylize* 359
subir *to undergo* 264
sublimer *to sublimate* 359
submerger *to submerge* 321
subodorer *to perceive, sniff out* 359
subordonner *to subordinate* 359
suborner *to bribe* 359
substantiver *to nominalize* 359
substituer *to substitute* 129
subtiliser *to make off with, pilfer* 359
subventionner *to subsidize* 359
succéder *to succeed, follow, come after* 101
succomber *to succumb* 359
sucer *to suck* 505
suçoter *to suck* 359
sucrer *to sugar, sweeten* 359
suinter *to ooze* 359
suivre *to follow* 506
superposer *to superimpose* 359
superviser *to supervise* 359
suppléer *to substitute for* 359
supplémenter *to pay the excess fee, charge excess fee* 359
supplicier *to torture* 247
supporter *to bear, stand* 507
supposer *to suppose* 359
supprimer *to suppress, cancel* (train, newspaper, etc.) 359
suppurer *to suppurate* 359
surabonder *to be overabundant* 359
surbaisser *to lower a ceiling* 359
surcharger *to overload* 321
surélever *to raise a ceiling* 316
surenchérir *to outbid* 264
suréquiper *to overequip* 359
surestimer *to overestimate* 359
surévaluer *to overvalue* 129
surexposer *to overexpose* 359
surgeler *to freeze* (food) 279
surgir *to arise, spring up* 264
surimposer *to overtax* 359
se surmener *to overwork* 327
surnommer *to nickname* 359
surpasser *to outdo* 359
surpayer *to overpay* 362
surplomber *to overhang* 359
surprendre *to surprise* 508
sursauter *to be startled, jump* 359
surseoir *to grant a stay, reprieve p. 44*
surtaxer *to surcharge* 359
surveiller *to keep an eye on* 359
survenir *to occur* 543
survivre *to survive* 509
survoler *to fly over* 510
suspecter *to suspect* 359
suspendre *to hang something over something* 541
susurrer *to whisper* 359
suturer *to suture* 359
sympathiser *to get along well with* 359
synchroniser *to synchronize* 359
syndiquer *to unionize* 359
synthétiser *to synthesize* 359
systématiser *to systematize* 359

T

tabasser *to beat someone up* 359
tabler *to count on* 359
tacher *to stain* 359
tâcher *to try* 359
tacheter *to fleck, spot* 306
taillader *to gash* 359
tailler *to cut stone, make clothing* 359
se taire *to keep quiet* 511
talonner *to hound, be on the tail of* 359
talquer *to put talcum powder on* 359
tambouriner *to drum* 359
tamiser *to sift* 359
tamponner *to mop up; to crash into* 359
tanguer *to pitch and toss* 359
tanner *to tan* (hides) 359
taper *to tap; to type* 359
se tapir *to crouch* 264
tapoter *to tap* 359
taquiner *to tease* 359
se targuer *to boast* 359
tarir *to go dry* 264
tartiner *to butter* 359
tasser *to pile* 359
tâter *to touch, grope* 359
tatouer *to tattoo* 359
taxer *to tax* 359
teindre *to dye* 512
teinter *to tint* 359

télécommander *to operate by remote control* 359
télécopier *to fax* 247
télédiffuser *to broadcast by TV* 359
téléguider *to control by radio* 359
téléphoner *to phone* 513
télescoper *to smash up; to mix things up* 359
téléviser *to televise* 359
témoigner *to witness* 359
tempérer *to temper* 101
tempêter *to rant and rave* 359
temporiser *to delay, stall* 359
tenailler *to torture* 359
tendre *to stretch, tighten, extend* 514
tenir *to hold* 515
tenter *to tempt* 359
tergiverser *to procrastinate* 359
terminer *to finish* 516
ternir *to tarnish* 264
terrasser *to overwhelm, bring down* 359
se terrer *to crouch down to the ground* 359
terrifier *to terrify* 247
tester *to test; to make one's will* 359
téter *to suck, nurse* 101
théoriser *to theorize* 359
tiédir *to warm up* 264
timbrer *to stamp* 359
tinter *to ring* 359
tintinnabuler *to tinkle* 359
tiquer *to make a face* 359
tirailler *to tug at* 359
tirer *to pull* 517
tisser *to weave* 359
titrer *to title* 359
tituber *to stagger* 359
titulariser *to give tenure to* 359
toiletter *to groom* 359
toiser *to look up and down* 359
tolérer *to tolerate* 518
tomber *to fall* 519
tomer *to mark by volumes* 359
tondre *to shear* 520
tonifier *to tone up* 247
tonner *to thunder* 359
tonsurer *to tonsure* 359
toper *to shake on something* (deal) 359
torcher *to wipe clean* 359
torchonner *to be slipshod* 359
tordre *to twist* 521
torpiller *to torpedo* 359
torréfier *to roast* (coffee) 247
tortiller *to fidget with* 359
torturer *to torture* 359
totaliser *to total* 359
toucher *to touch* 522
tourbillonner *to swirl* 359
tourmenter *to torment* 359
tournebouler *to make one's head swim* 359
tourner *to turn* 523
tourniquer *to wander around* 359
tournoyer *to twirl* 343
toussailler *to have a slight cough* 359
tousser *to cough* 524
toussoter *to have a slight cough* 359
tracasser *to bother, vex* 359
tracer *to trace, draw* 373
tracter *to tow* 359
traduire *to translate* 525
traficoter *to tamper with, fiddle with* 359
trafiquer *to trade illegally* 359
trahir *to betray* 526
traîner *to drag* 359
traire *to milk p. 44*
traiter *to treat* 527
tramer *to plot* 359
trancher *to cut, sever; to settle, resolve* 359
tranquilliser *to reassure, calm* 359
transborder *to transfer* (change trains) 359
transfuser *to transfuse* 359
transgresser *to infringe upon* 359
transhumer *to move to summer pastures* 359
transiger *to compromise* 321
transir *to chill* 264
transiter *to pass through* 359
transmettre *to hand down, transmit* 331
transmuer *to transmute* 129
transpercer *to pierce* 373
transpirer *to perspire* 359
transplanter *to transplant* 359
transporter *to transport* 359
transposer *to transpose* 359
traquer *to track* 359
traumatiser *to traumatize* 359
travailler *to work* 528
traverser *to cross* 529
travestir *to dress up* 264
trébucher *to stumble* 359
trembler *to tremble* 530
trembloter *to quiver* 359
tremper *to soak* 359
trépasser *to pass away, pass on* 359
tressaillir *to quiver* see *assaillir, p. 42*
tresser *to braid, plait* 359
tricher *to cheat* 531
tricoter *to knit* 359
trier *to sort* 247
trifouiller *to mess up, rummage in* 359
trimbaler *to lug something around* 359
trinquer *to clink glasses* 359
triompher *to triumph* 359
tripatouiller *to mess with, cook the books* 359
tripler *to triple* 359
tripoter *to finger, fiddle with* 359
se tromper *to make a mistake* 532
trompeter *to trumpet* 306
tronçonner *to cut into sections* 359
trôner *to be enthroned* 359
tronquer *to truncate* 359
troquer *to swap* 359
trotter *to trot* 359
trottiner *to trot along, toddle* 359
troubler *to disturb, confuse* 359
trouer *to make a hole* 359
trousser *to truss* 359
trouver *to find* 533
truquer *to rig, fix* 359
truster *to monopolize* (market) 359
tuer *to kill* 534
tuméfier *to make something swell up* 247
turbiner *to slave away* 359
tutoyer *to say* tu *to* 535
tuyauter *to tip someone off* 359
typer *to render a character on the stage* 359
tyranniser *to tyrannize* 359

U

ulcérer *to ulcerate* 101
unifier *to unify* 247
uniformiser *to standardize* 359
unir *to unite, join* 536
urbaniser *to urbanize* 359
urger *to be urgent* 321
user *to use* 537
usurper *to usurp* 359
utiliser *to use, utilize* 538

V

vacciner *to vaccinate* 359
vaciller *to totter, vacillate* 359
vadrouiller *to bum around* 359
vagabonder *to roam around* 359
vaguer *to wander* 359
vaincre *to conquer* 539
valider *to validate* 359
valoir *to be worth* 540
valoriser *to develop* (land, etc.) 359
valser *to waltz* 359
vanner *to winnow* 359
vanter *to praise* 359
se vanter *to boast* 359
vaporiser *to spray* 359
varapper *to rock-climb* 359
varier *to vary, change* 247
varloper *to plane* 359
vasouiller *to fumble about* 359
se vautrer *to wallow* 359
végéter *to vegetate* 101

véhiculer *to transport* 359
veiller *to be awake, stay up* 359
vélariser *to velarize* 359
velouter *to give the texture of velvet to* 359
vendanger *to harvest grapes* 359
vendre *to sell* 541
vénérer *to venerate* 101
venger *to avenge* 542
venir *to come* 543
ventiler *to ventilate* 359
verbaliser *to book, report* (police) 359
verdoyer *to be green, verdant* 343
vérifier *to check* 544
vernir *to varnish* 264
verrouiller *to bolt* 359
verser *to pour* 545
versifier *to put into verse, versify* 247
se vêtir *to get dressed* 546
vexer *to vex, hurt, offend* 359
vibrer *to vibrate* 359
vidanger *to drain, empty* 321
vider *to empty* 359
vieillir *to get old* 547
vinaigrer *to put vinegar on* 359
violacer *to give a purple color to* 373
violer *to rape, violate* 359
virer *to turn; to transfer money* 359
virevolter *to do a pirouette* 359
viriliser *to make manly* 359
viser *to aim* 548
visionner *to view* (film) 359
visiter *to visit, inspect* 549
visser *to screw on* 359
visualiser *to visualize* 359
vitrer *to put glass in a window, door, etc.* 359
vitupérer *to vituperate* 101
vivifier *to enliven* 247
vivoter *to live in dire straits* 359
vivre *to live* 550
vocaliser *to vocalize* 359
vociférer *to scream* 101
voguer *to drift, wander* 359
voiler *to veil* 359
voir *to see* 551
voisiner *to be located next to* 359
voler *to fly; to steal* 552
voleter *to flutter* 306
voltiger *to flutter* 321
vomir *to vomit* 264
voter *to vote* 359
vouer *to dedicate, vow* 359
vouloir *to want* 553
vouvoyer *to say* vous *to* 554
voyager *to travel* 555
vriller *to pierce* 359
vrombir *to hum, roar* (motors) 264
vulgariser *to popularize* 359

Z

zébrer *to streak with* 101
zézayer *to lisp* 362
zieuter *to have a glance at* 359
zigouiller *to kill, bump off* 359
zigzaguer *to zigzag* 359
zipper *to zipper* 359

ABOUT THE AUTHORS

David M. Stillman, Ph.D., is a well-known writer of foreign language textbooks, multimedia courses, and reference books. He is President of Mediatheque Publishers Services, a leader in the development of instructional materials in Spanish, French, Italian, German, and ESL. He holds a Ph.D. in Spanish linguistics from the University of Illinois. He has taught at Boston University, Cornell, and Harvard. He has been appointed to national committees devoted to the improvement of teacher training and the academic level of future teachers in foreign languages. He is an Assistant Professor at The College of New Jersey, where he teaches languages and linguistics and coordinates an innovative program of student-led conversation practice.

Ronni L. Gordon, Ph.D., is a prominent author of foreign language textbooks, reference books, and materials for multimedia. She is Vice President of Mediatheque Publishers Services, a leader in the development of foreign language instructional materials for trade, college, and high school. She is an education consultant specializing in foreign languages, literature, history, curriculum development, and teacher training. She holds a Ph.D. in Spanish language and Spanish and Latin American history and literature from Rutgers University and has taught Spanish language and Latin American literature and history and coordinated Spanish language programs at Harvard University and Boston University. She has read in foreign languages for the National Endowment for the Humanities, presented at the U.S. Department of Education, and consulted on states' K–12 academic standards for world languages. She founded the Committee for Quality Education, an organization devoted to the improvement of academic standards in the public schools in Brookline, MA. She is an associate scholar of a Philadelphia-based think tank.